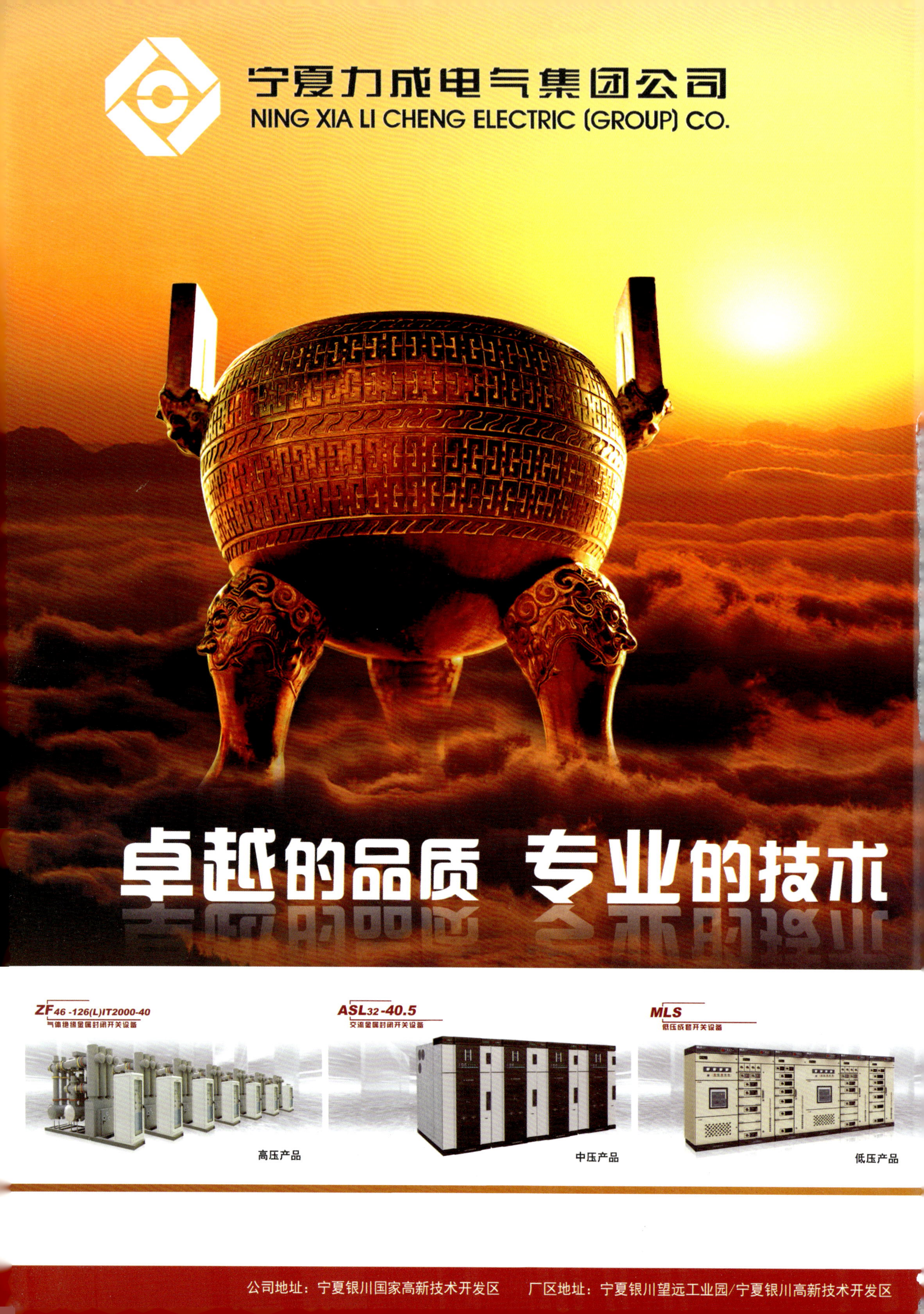

宁夏力成电气集团公司
NING XIA LI CHENG ELECTRIC (GROUP) CO.
卓越的品质 专业的技术
ZF46-126(L)IT2000-40
气体绝缘金属封闭开关设备
高压产品
ASL32-40.5
交流金属封闭开关设备
中压产品
MLS
低压成套开关设备
低压产品
公司地址：宁夏银川国家高新技术开发区 厂区地址：宁夏银川望远工业园/宁夏银川高新技术开发区

株洲南车时代电气股份有限公司

ZHUZHOU CSR TIMES ELECTRIC CO., LTD.

公司简介

1964 年，为适应中国铁路电气化事业发展的需要，原株洲所半导体研究小组承担起为 6Y1 型机车进行“硅整流管取代汞引燃管”试验的重任，开始了研发、制造大功率半导体器件的历史，拉开了公司电力电子产业发展的序幕。

经过近半个世纪的发展，公司电力电子产业已从单一的双极器件技术，发展到同时具备高压大电流器件、IGCT、IGBT 等技术的行业先锋；服务领域从单纯的电力机车发展到了智能电网、轨道交通等众多领域；产业规模从年产几百万元发展到了数亿元。6in 高压大电流晶闸管代表当前世界先进水平，高压大功率 IGBT 芯片生产线即将竣工投运，公司是国内拥有 IGCT 全套领先技术的厂家。2008 年并购 Dynex 公司，产业版图从中国株洲跨越到英国林肯。当前公司市场占有率和影响力在国内均处于领先地位，技术水平已跻身国际先进行列。

公司电力电子产业主要产品有：普通晶闸管、普通整流管、快速晶闸管、门极关断（GTO）晶闸管、集成门极换流晶闸管（IGCT）、续流和吸收二极管、绝缘栅双极型晶体管（IGBT）及功率组件。目前大功率半导体器件已广泛应用于高压直流输电（HVDC）、机车牵引与传动、无功功率因数补偿（SVC）、大电流电源、高压软起动、工业传动、电机励磁、感应加热等领域，成功应用于中国、北美、欧洲、东南亚和中东等市场。

公司建立了 ISO9001、EHS14001、OHSAS18001、IRIS 体系，致力于以精益的产品、一流的服务满足客户需求，为大功率半导体器件产业的持续发展做出贡献。

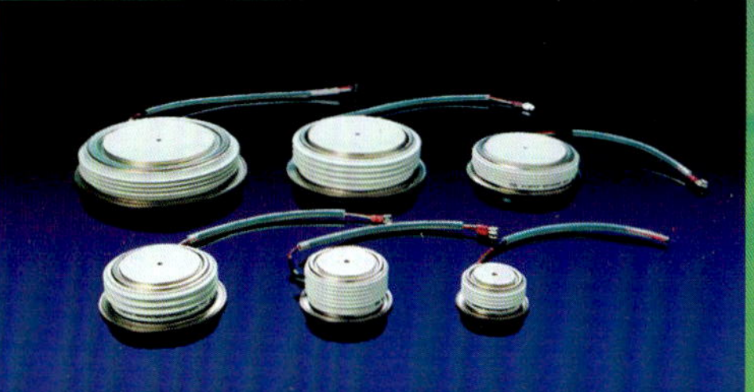

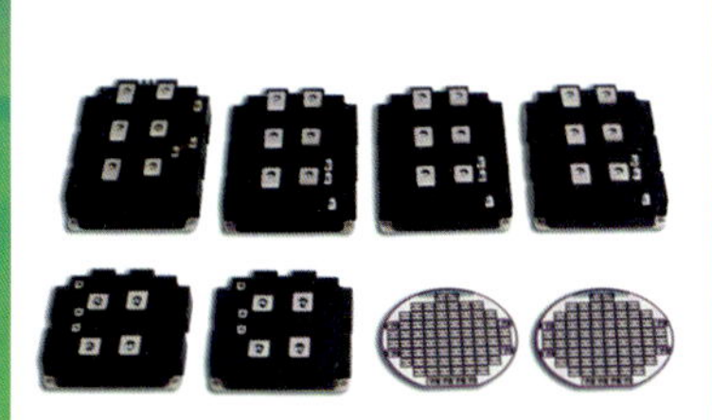

4in 器件生产线

6in 器件生产线

8inIGBT 芯片生产线

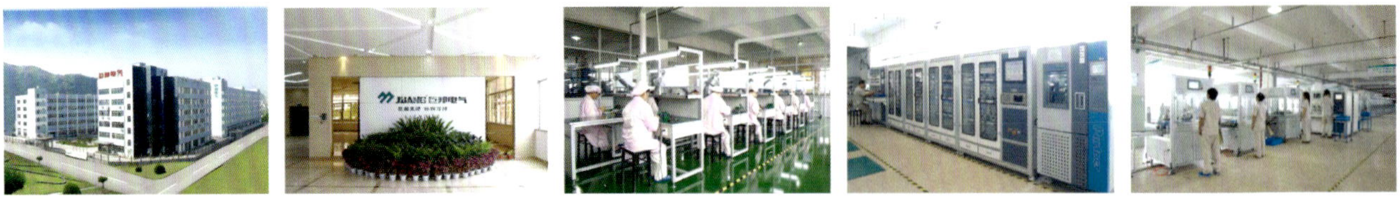

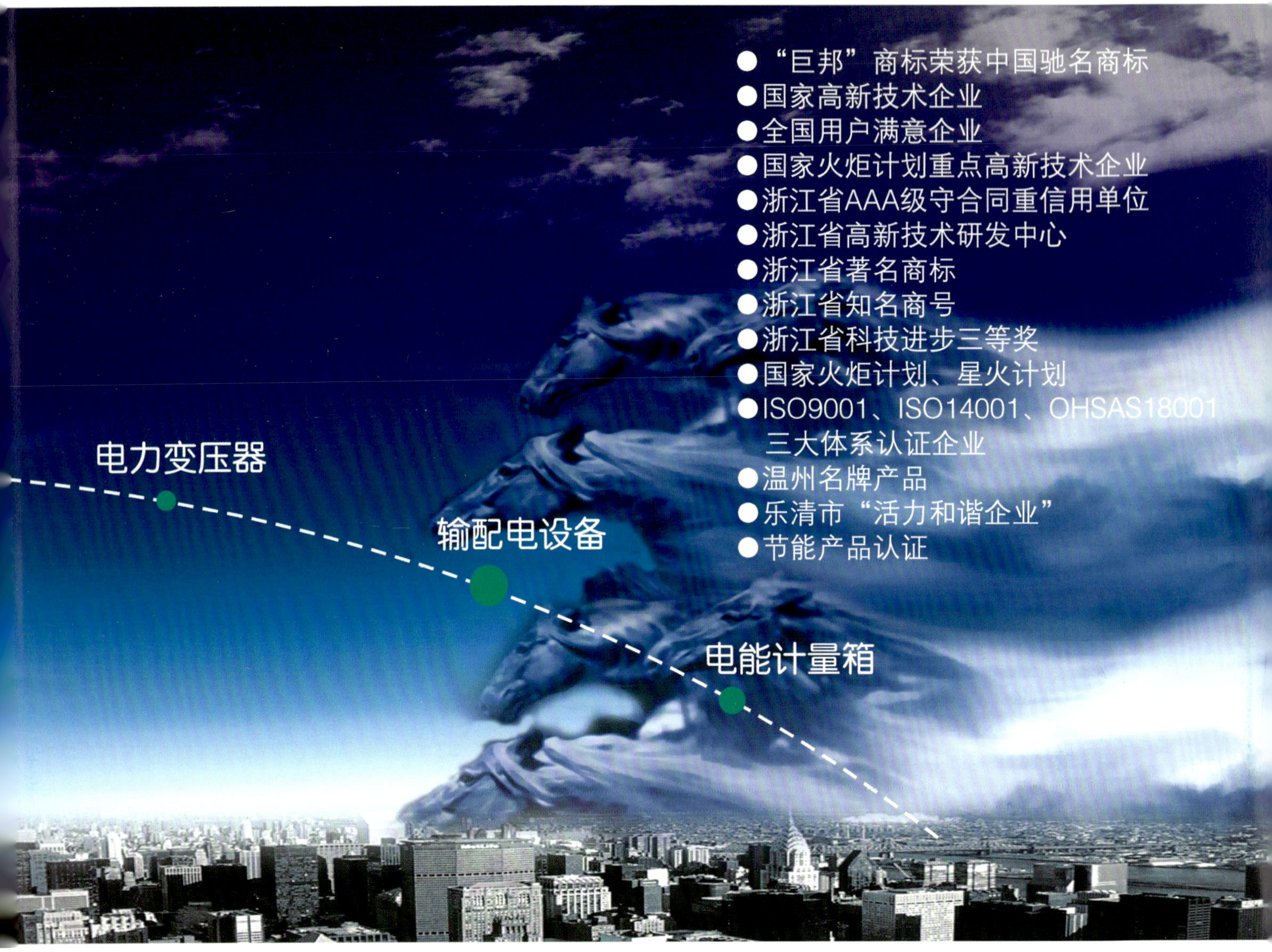
●“巨邦”商标荣获中国驰名商标
●国家高新技术企业
●全国用户满意企业
●国家火炬计划重点高新技术企业
●浙江省AAA级守合同重信用单位
●浙江省高新技术研发中心
●浙江省著名商标
●浙江省知名商号
●浙江省科技进步三等奖
●国家火炬计划、星火计划
●ISO9001、ISO14001、OHSAS18001三大体系认证企业
●温州名牌产品
●乐清市“活力和谐企业”
●节能产品认证
电力变压器
输配电设备
电能计量箱

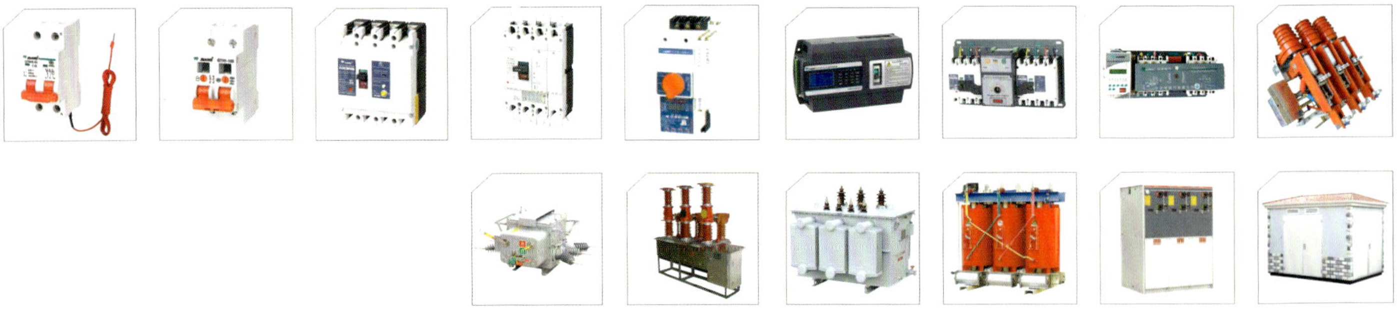

天正绿~
不一样的来电感觉

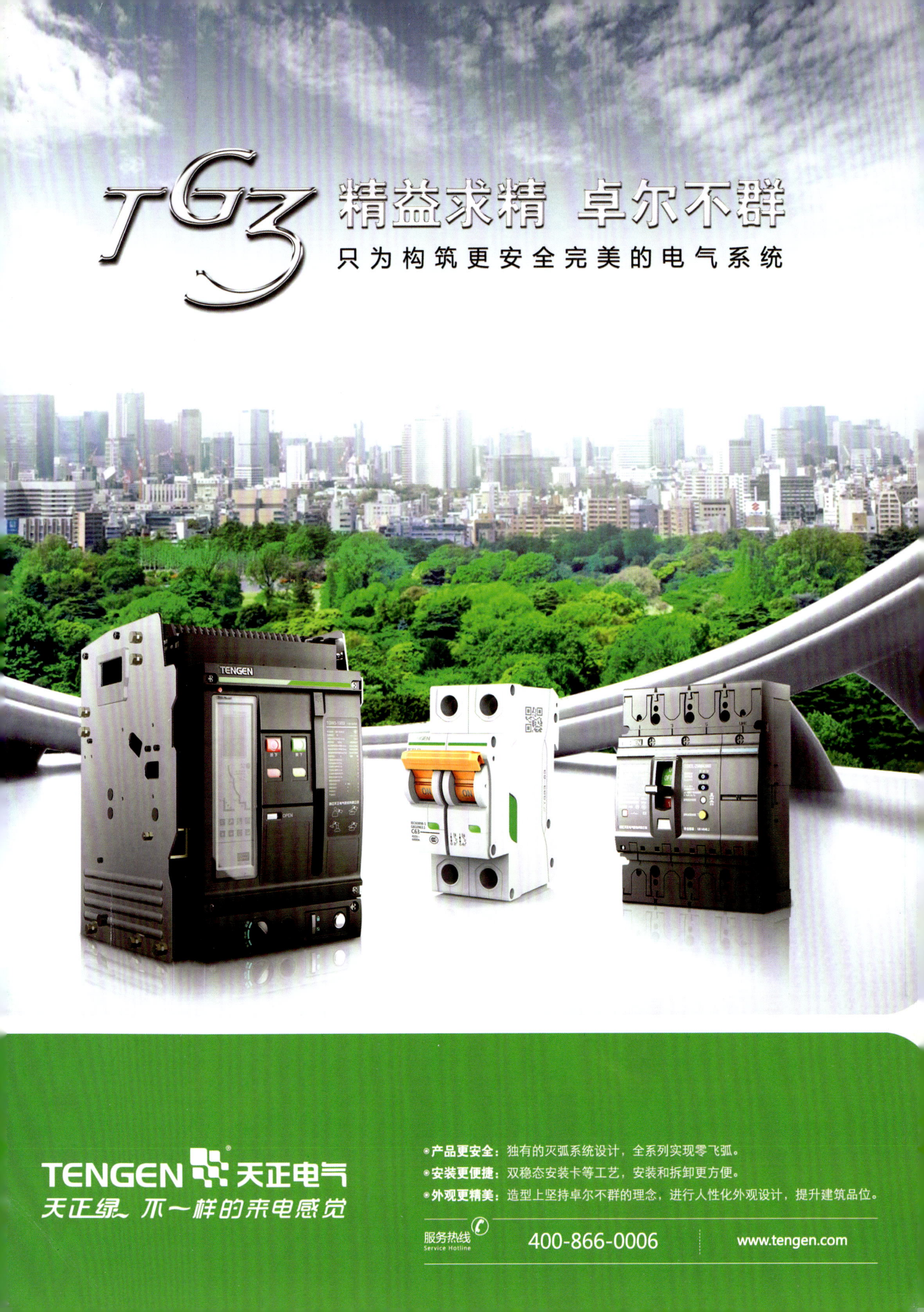
TG3
精益求精 卓尔不群
只为构筑更安全完美的电气系统
TENGEN
TENGEN 天正电气
天正绿 不一样的来电感觉
●产品更安全：独有的灭弧系统设计，全系列实现零飞弧。
●安装更便捷：双稳态安装卡等工艺，安装和拆卸更方便。
●外观更精美：造型上坚持卓尔不群的理念，进行人性化外观设计，提升建筑品位。
服务热线 Service Hotline
400-866-0006
www.tengen.com

TÜV

专业制造 真诚服务

Specialized Manufacture Warmhearted Service

公 司 简 介

合肥神马科技集团有限公司隶属于中国联合装备集团，公司位于国家合肥经济技术开发区，是业界公认的中国电线电缆装备制造行业的领军企业。

自20世纪80年代初开始，合肥神马全面涉足线缆装备制造领域，产品种类和市场份额逐年增加，并稳居全国同行业前列。公司因此被中国电器工业协会认定为“具有影响力”和“具有影响力品牌”企业。

20多年来，合肥神马专注于线缆装备的研究与创新，建有国家企业技术中心并承担多项国家和省市科技攻关项目。目前，已累计开发出电力电缆设备、通信电缆设备和光缆设备等60多个品种。其中，获得国家专利和省市科技进步奖数十项，主要产品均被中国电器工业协会推介为质量可信产品。

凭借多年服务于线缆行业积累的丰富经验，合肥神马致力于满足客户的个性化需求，向中国各地以及伊朗、越南、印度、韩国、日本、俄罗斯、美国、英国、德国等近40个国家和地区的客户提供高品质的产品、强有力的技术支持和完善的售后服务，是国内外客户值得信赖的合作伙伴。

现在，秉承和努力实践“专业制造、真诚服务”的经营理念，合肥神马正不断开拓创新，向建设成为全球线缆专用装备领先制造商的目标迈进。

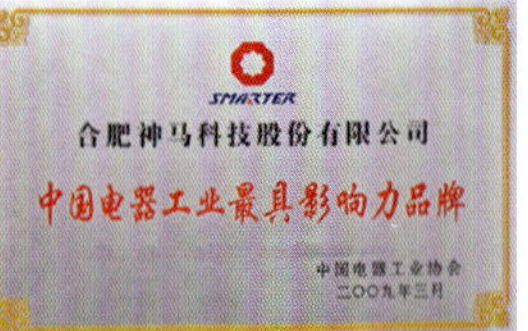

■ LJL350×2铝金属护套挤压机

■ CPD盘绞履带牵引型成缆机

■ LHDDϕ450mm等径轮型滑动式铜大拉丝机

■ JLK框型绞线机

伸缩臂式履带起重机

伸缩臂式履带起重机功能简介

伸缩臂式履带起重机是我公司与大连理工大学合作开发的新一代系列产品，该机为国内填补空白产品，技术先进，性能卓越，是现代吊装工程理想的作业施工设备。

本机同时兼备汽车起重机无需拆卸臂架及履带起重机可带载行走的优点，又具有适应各种工作场地的履带底盘，其履带可以降低对地面的压强，可以更接近吊装载荷，其伸缩臂的灵活性使起重机可以通过较低的空间，主要应用在桥梁下，隧道内等高度受限以及建筑工地内转场频繁的非路面工作场合。因而，伸缩臂履带起重机经常可以代替吨位大得多的轮式起重机和桁架臂履带起重机。本机还具有液压伸缩的履带跨距，收回时便于运输，而伸出时能提高起重机的稳定性能。

地址：合肥经济技术开发区 繁华大道240号
电话：0086-551-62205888
传真：0086-551-62205889

新区地址：合肥经济技术开发区 云谷路3399号
电话：0086-551-62572888
传真：0086-551-62572889

邮编：230601
电邮：smarter@188.com
网址：www.chinasmarter.com

中国机械工业年鉴系列

中国电器工业年鉴

2013

中国机械工业年鉴编辑委员会
中国电器工业协会
编

《中国电器工业年鉴》由综述、特别关注、行业概况、企业概况、产品与项目、标准化、统计资料和大事记 8 个部分组成，集中反映电器工业 37 个子行业的生产发展、产品产量、市场销售、科技成果及新产品、质量及标准、基本建设及技术改造等情况，公布电器工业权威统计数据，重点推出行业品牌企业。《中国电器工业年鉴》自 1998 年创刊以来，已连续出版 16 期，现已成为国内外了解中国电器工业和企业的重要窗口。

《中国电器工业年鉴》的主要发行对象为政府决策机构，电器工业相关企业决策者，从事市场规划、企业规划的中高层管理人员。同时，《中国电器工业年鉴》也发往国内外的投资机构、银行及证券机构等。

《中国电器工业年鉴》2013 年刊在保持常规内容的基础上，针对电器工业的杰出人物和生态设计、节能与绿色发展专项开辟了“特别关注”栏目；开辟了“两化融合，推动转型升级”栏目，推广在“两化融合”进程中取得的重要成果和经验。

图书在版编目（CIP）数据

中国电器工业年鉴．2013 ／中国机械工业年鉴编辑委员会中国电器工业协会编．—北京：机械工业出版社，2014.2

（中国机械工业年鉴系列）

ISBN 978-7-111-45567-7

Ⅰ．①中… Ⅱ．①中… Ⅲ．①电气工业—中国—2013—年鉴 Ⅳ．① F426.6-54

中国版本图书馆 CIP 数据核字（2014）第 016290 号

机械工业出版社（北京市西城区百万庄大街 22 号　邮政编码 100037）

责任编辑：董蕾

北京宝昌彩色印刷有限公司印制

2014 年 2 月第 1 版第 1 次印刷

210mm×285mm•25 印张 •32 插页 •1030 千字

定价：350.00 元

凡购买此书，如有缺页、倒页、脱页，由本社发行部调换

购书热线电话（010）68326643、88379829

封面无机械工业出版社专用防伪标均为盗版

中国机械工业年鉴系列

作为『工业发展报告』

记录企业成长的每一阶段

中国机械工业年鉴

编辑委员会

中国电器工业年鉴

明鉴电器工业

装备现代电力

中国电器工业年鉴
执行编辑委员会

中国电器工业年鉴

明鉴电器工业

装备现代电力

中国电器工业年鉴执行编辑委员会

中国电器工业年鉴

明鉴电器工业

装备现代电力

中国电器工业年鉴
执行编辑委员会

中国电器工业年鉴

明鉴电器工业
装备现代电力

中国电器工业年鉴 编辑出版工作人员

总　编　辑　郭　锐

主　　　编　李卫玲

副　主　编　刘世博　肖新军

执行主编　朱彩绵

责任编辑　董　蕾

图文设计　张慕原

市场编辑　徐艳艳　孔凡军　蒋　斌

地　　　址　北京市西城区百万庄大街22号（邮编100037）

编　辑　部　电话（010）88379829　传真（010）68997966

发　行　部　电话（010）68326643　传真（010）68326017

E-mail:cmiy@vip.163.com

http://www.cmiy.com　www.mepfair.com

中国电器工业年鉴

明鉴电器工业
装备现代电力

中国电器工业年鉴
特约顾问单位特约顾问

企业名称	特约顾问
上海杨行铜材股份有限公司	倪林根
常熟开关制造有限公司（原常熟开关厂）	唐春潮
天津百利特精电气股份有限公司	史　祺
宁波天安（集团）股份有限公司	蒋保民
西安西电开关电气有限公司	王佐林
东方电气集团东方锅炉股份有限公司	徐　鹏
正泰集团有限公司	南存辉
巨邦电气集团有限公司	张建芳
苏州万龙电气集团股份有限公司	王立权
华荣科技股份有限公司	胡志荣
浙江天正电气股份有限公司	高天乐
江苏华鹏变压器有限公司	钱洪金
平高集团有限公司	李永河
吉林永大集团股份有限公司	吕永祥
西安西电变压器有限责任公司	杨东礼
南阳防爆集团股份有限公司	白照昊
株洲南车时代电气股份有限公司电力电子事业部	吴煜东
南京汽轮电机（集团）有限责任公司	沈　群
宁夏力成电气集团有限公司	陈庆成
江苏天港箱柜有限公司	巫振祥
上海新华控制技术（集团）有限公司	栾广富
新黎明科技股份有限公司	郑振晓
上海精益电器厂有限公司	张林寿
江苏新洛凯机电有限公司	臧文明
上海天逸电器有限公司	陈　晓
四川电器集团股份有限公司	朱开友
东芝水电设备（杭州）有限公司	广田达也
湘潭电机股份有限公司	周建雄
合肥神马科技集团有限公司	岳光明
江苏上上电缆集团有限公司	丁山华
上海良信电器股份有限公司	任思龙
钟祥市新宇机电制造有限公司	游学峰
湖南科通电气设备制造有限公司	朱大可
苏州太湖电工新材料股份有限公司	施文磊
菲尼克斯（中国）投资有限公司	顾建党

中国电器工业年鉴

明鉴电器工业

装备现代电力

中国电器工业年鉴
特约顾问单位特约编辑

企业名称	特约编辑
上海杨行铜材股份有限公司	张彦峰
常熟开关制造有限公司（原常熟开关厂）	秦海强
天津百利特精电气股份有限公司	梁　燕
宁波天安（集团）股份有限公司	杜锡仁
西安西电开关电气有限公司	张　惠
东方电气集团东方锅炉股份有限公司	姚志光
正泰集团有限公司	王正红
巨邦电气有限公司	王孝雨
苏州万龙电气集团股份有限公司	程玉标
华荣科技股份有限公司	郑晓荣
浙江天正电气股份有限公司	施长云
江苏华鹏变压器有限公司	张为群
平高集团有限公司	温铭丽
吉林永大集团股份有限公司	范学勇
西安西电变压器有限责任公司	孙　琪
南阳防爆集团股份有限公司	张红信
株洲南车时代电气股份有限公司电力电子事业部	许　鹏
南京汽轮电机（集团）有限责任公司	肖　强
宁夏力成电气集团有限公司	王文红
江苏天港箱柜有限公司	巫　珏
上海新华控制技术（集团）有限公司	戈黎红
新黎明科技股份有限公司	魏　勇
上海精益电器厂有限公司	徐正阳
江苏新洛凯机电有限公司	谈建平
上海天逸电器有限公司	杨晓舟
四川电器集团股份有限公司	王　瑜
东芝水电设备（杭州）有限公司	周佳虹
湘潭电机股份有限公司	宁练君
合肥神马科技股份有限公司	汪　敏
江苏上上电缆集团有限公司	丁齐舰
上海良信电器股份有限公司	陈　平
钟祥市新宇机电制造有限公司	邹振环
湖南科通电气设备制造有限公司	朱一夫
苏州太湖电工新材料股份有限公司	马俊锋
菲尼克斯（中国）投资有限公司	钱秀娟

前　言

2012年电器工业经历了极为艰难的一年。面对严峻挑战，全行业以转变发展方式为主线，按照“抓主攻高端、促结构调整”的总体部署，奋力进取，取得了良好的业绩。完成工业总产值49 007.69亿元，同比增长12.05%；主营业务收入47 258.09亿元，同比增长9.72%；产品销售率97.75%；利润总额2 761.81亿元，同比增长5.54%。2012年第四季度电器工业企稳回升，这一态势延续到了2013年。2013年上半年的数据显示，电器工业平稳增长，进入了中速增长期。但行业整体市场需求不足、重点产品产量增长缓慢、产品价格有所下滑、行业盈利能力仍然疲弱，形势并不乐观。

在这种形势下，加快结构调整、促进转型升级是当前和今后一个时期的第一要务。党的十八大提出，要实施创新驱动发展战略，并将其作为加快完善社会主义市场经济体制和加快转变经济发展方式的重要内容，把推动发展的立足点转到提高质量和效益上来。以“调结构、转方式、创新驱动”为指导思想，以掌握能源装备制造业核心技术、实现关键零部件制造产业化为目标，提出能源装备制造业发展的顶层设计和政策措施，进一步明确路线和途径，有助于电器工业尽快突破核心关键技术和设备，主攻高端，加快转型。

创新驱动不仅仅包括创新体制，还应包括创新能力建设、试验研发装置的建设等。

在国家实施重大技术装备30年后，我国电器工业取得了辉煌的成就。“引进、消化、吸收和自我创新”的技术路径，全面带动我国发电设备制造业的核心竞争力实现质的飞跃。发电设备的设计制造技术达到国际先进水平，自主创新能力不断提升。而依托国家重点工程，输变电设备制造业也具备了世界领先水平的制造与创新能力，直流输电成套设备的技术水平已经进入世界领先行列。然而，电器工业依然存在着原始创新能力较弱的问题。

2013年1月，国务院印发《“十二五”国家自主创新能力建设规划》，从创新基础条件建设、重点领域创新能力、创新主体实力、区域创新能力布局、创新环境五个方面，确立了到“十二五”末要达到的具体目标。要求进一步强化企业技术创新主体地位，提高大中型工业企业研发投入占主营业务收入的比例，一批创新型企业进入世界500强。建成若干一流科研机构，创新能力和研究成果进入世界同类科研机构前列；建设一批高水平研究型大学，一批优势学科达到世界一流水平，关键核心技术的有效供给能力明显提升。

电器工业要实现全面强盛，需要坚持创新驱动、结构优化、质量为先、绿色发展的方针，实现制造与信息技术的融合、制造与服务的融合。要加强企业新产品研发能力的建设，加快新材料、关键特种材料的开发和产业化，实现先进制造工艺的研发和推广应用。当前，电器工业发展的重中之重是提高产品的可靠性。要实施质量提升工程，提高产品全寿命周期中的使用价值。在产品整个生命周期中，大力推广生态化设计、绿色工艺材料、精确成形技术等，积极推进产品再制造。2014年，电器工业面临的形势依然严峻，全行业企业要做好企业技术升级，通过精细化管理提高产品质量和企业效益，为电器工业的新发展打下坚实的基础。

中国电器工业协会终身荣誉会长 陆燕荪

2013年12月

YT
上海杨行铜材有限公司
杨行铜材 服务电力
地址：上海市宝山区共祥路355号(月杨工业园区)
邮编：201901
电话：021-56390088
传真：021-56390079
http://www.sh-yhtc.com
E-mail: xingzhengbu@sh-yhtc.com
上海杨行铜材有限公司

广告索引

树电器工业之品牌
展优秀企业之形象

聚焦“两化融合，推动转型升级”专题

江苏新洛凯机电有限公司

江苏新洛凯机电有限公司的母企业始建于 1970 年 11 月，已有 43 年的历史，是国内高、低压断路器操作机构、抽屉（框）架及其附件的专业生产企业。公司总占地面积 40 000m²，总建筑面积 34 300 m²。公司现有员工 550 多人，其中大中专以上学历的占员工总数的 65%，工程技术人员占员工总数的 21%。

公司已拥有包括激光切割机、数控折弯机、数控冲床、加工中心、车削中心在内的多套现代化精密加工设备，并已经具备包括材料化学分析、金相分析、力学性能分析、显微硬度分析、三坐标测量仪等在内的完善的检测手段及设施。

目前，洛凯的主要客户有上海电气、大全电气集团、正泰电器集团、德力西电气集团等国内知名企业，还有西门子（SIEMENS）公司、通用电气（GE）公司、伊顿（EATON）公司、施耐德（Schneider）公司等国际跨国电气业巨头。通过多年的努力，洛凯得到了顾客和权威部门的广泛认可。真诚希望新老客户与洛凯携手共进，共同发展。

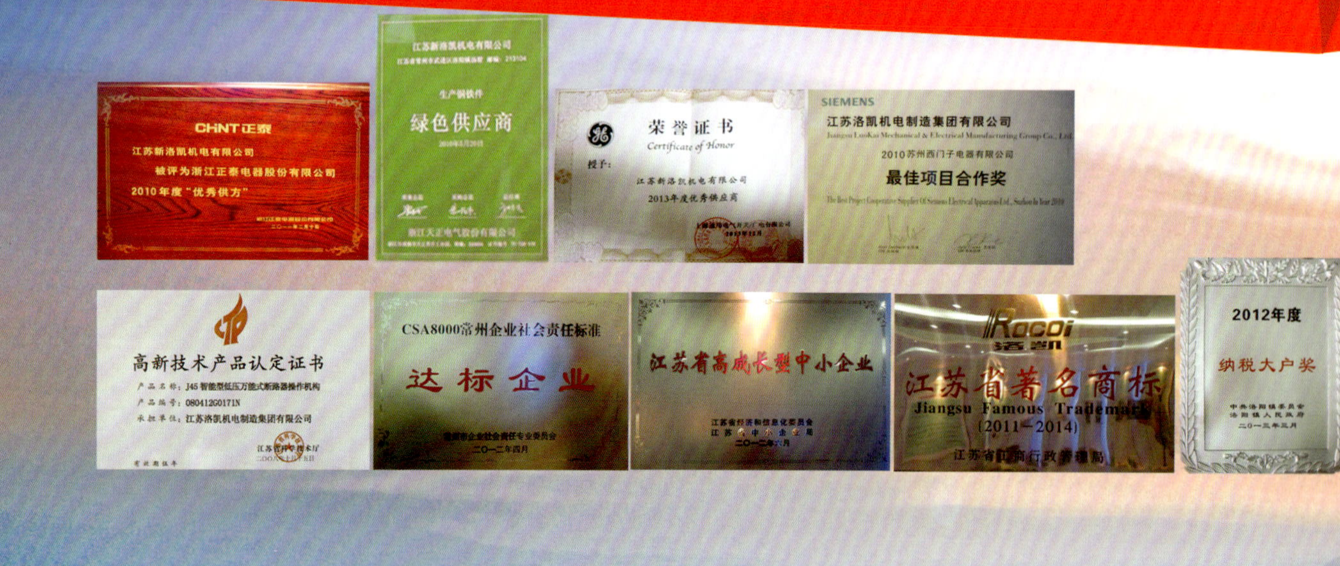

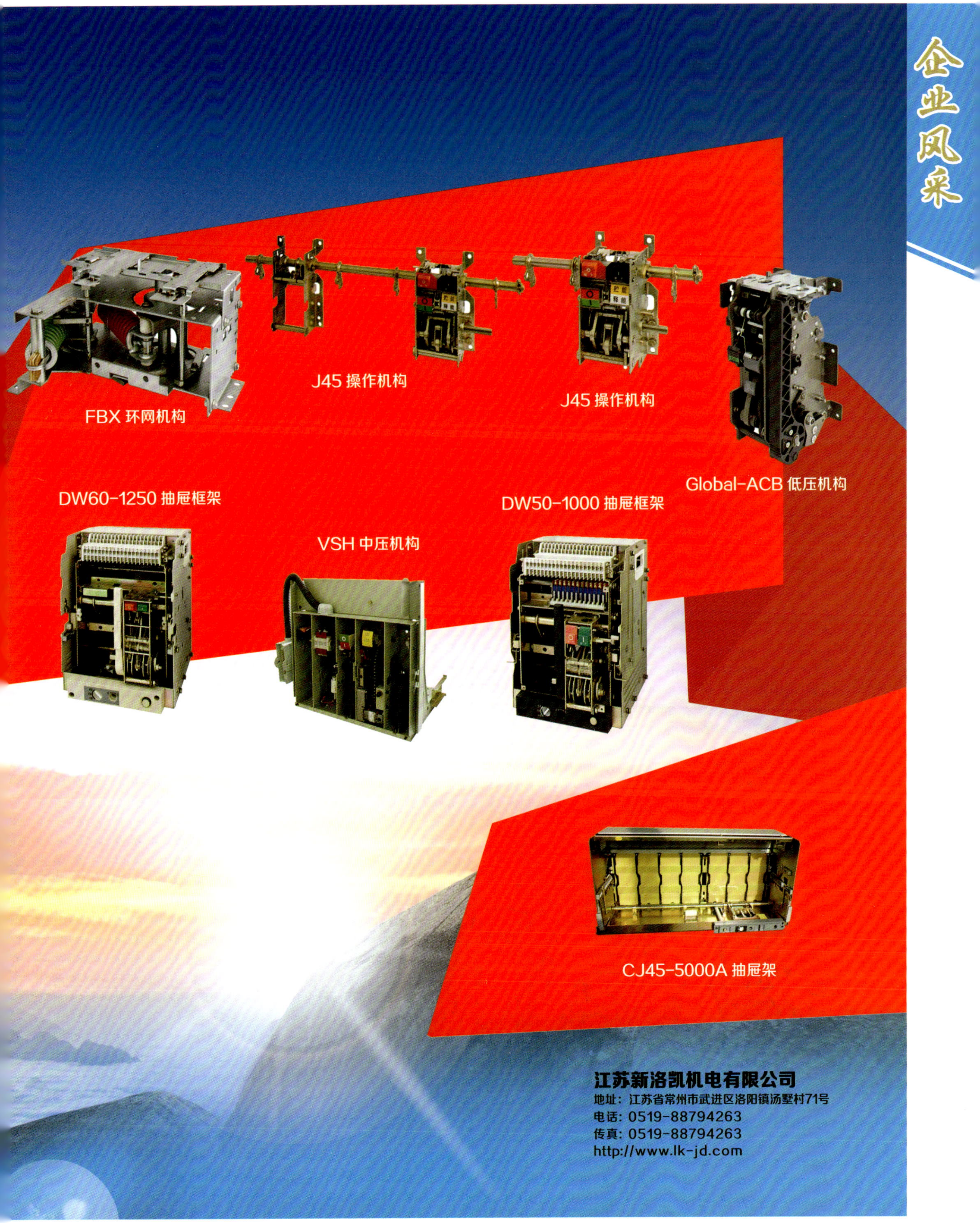
企业风采
FBX 环网机构
J45 操作机构
J45 操作机构
Global-ACB 低压机构
DW60-1250 抽屉框架
VSH 中压机构
DW50-1000 抽屉框架
CJ45-5000A 抽屉架
江苏新洛凯机电有限公司
地址：江苏省常州市武进区洛阳镇汤墅村71号
电话：0519-88794263
传真：0519-88794263
http://www.lk-jd.com

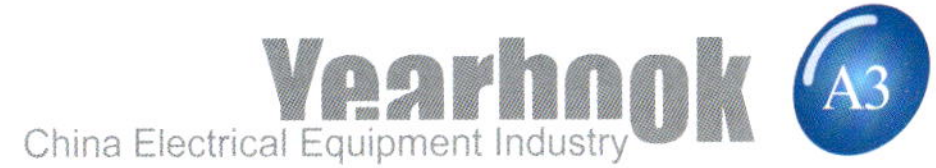

湖南科通国际工矿机电设备展销中心向全国机电设备企业诚招加盟展销商

● **公司简介**

湖南科通电气设备制造有限公司系中国电器工业协会理事单位，中国电器工业协会电控配电设备分会常务理事单位、变频器分会理事单位等，公司是聚三十年的沉淀集研发、制造、销售、服务于一体的矿山电气自动化设备、高低压输配电领域的高新技术企业。

为发展矿山装备、工程机械和矿山高低压电器电控装备产业，我公司汇集国内品牌优势，开拓国内外市场，组建科通国际工矿机电设备展销中心，为矿山装备领域提供一个高效的信息、技术、设备交流平台，为国内各机电制造企业提供一个面向国内外市场展示和交易产品的公共平台。

● **展销中心设施**

该平台符合国家“十二五”发展规划思路，系 2013 年湖南省机电设备外贸展示服务平台重点项目和新型工业化重点项目，同时被列入 2013 湖南（湘潭）先进矿山装备和工程机械展览会主要成员单位之一。展馆展厅面积：主楼一、二、三层每层 1 000 m²；后楼一至五层每层 1 600 m²，并且配有客用电梯 2 台、3t 货用电梯 1 台、5t 和 10t 起重机各 1 台。

● **服务理念**

为机电产品用户和供应商提供优质的公共服务展销平台。

📞 免费咨询热线：400-87-19199

● **经营合作方式**

本平台汇聚国内外知名品牌机电设备（产品），服务工矿、服务电力。凡进场展示的产品样品长期免费展示，长期代理销售。

● **合作目的意义**

共建展销平台，彰显产品品牌，演绎企业文化，展示服务风采，搭建多渠道联盟，优势互补，实现互利共赢。

真诚携手，共谋发展！

● **参展范围**

高低压电控配电设备、元器件、变压器、电抗器、配件、辅件；交直流调速设备；自动化设备、仪器仪表、防爆电器；安防、电机、风机、焊接设备；工矿照明设备、电池、风能 / 太阳能配件；电工材料、电线电缆、工具、防护用品；电机车配件及电控、挖掘机配件及电控设备、牙轮钻机配件及电控设备、其他露天井下采矿设备配件及电控设备等。

国家火炬计划项目WK(D)-4P
全数字变频调速电控设备

新节能型WK(D)-10P、12P
多传动带回馈交流变频调速电控设备

国家重点新产品KYZ-250P牙轮钻机变频调速控制设备

科技创新金奖GWB5-6C微机型高压户外计量保护柜

科通电气

湖南科通电气设备制造有限公司

地　址：湖南省湘潭市河东大道63号　邮　编：411104
电　话：0731-58512128　58512129
传　真：0731-58512127　58513127
E-mail: hnktdq@163.com　http:// www.hnktdq.com

四川電器集团股份有限公司 SICHUAN ELECTRICAL APPARATUS CO., LTD.

企业概述 Company Summarize

四川电器集团股份有限公司（www.seac.com.cn）始建于1965年，系研制和生产高低压输配电成套开关装置和高压电器元件的专业企业，国家大型二级企业、四川省高新技术企业、四川省企业技术中心。是汇源集团有限公司（www.huiyuangroup.com.cn）全资控股，多元化投资结构的企业集团。主业生产40.5kV及以下高压开关元件和高、低压成套开关装置，产品广泛用于电力、交通、铁道、矿业、冶金、建筑、石化等行业的输配电系统以及电网建设与改造。

作为国内知名电器生产企业，中国电器工业协会理事、中国电器工业协会高压开关分会常务理事、中国电器工业协会电控与配电分会常务理事、四川省电工行业协会理事单位，四川电器集团股份有限公司多次参加全国高压开关设备联合设计、全国直流电源联合设计以及众多高低压开关设备的鉴定工作，并享有国家28家高压定点生产企业和44家低压成套开关设备定点生产企业殊荣。

公司产品均采用国家标准及国际 IEC标准进行设计制造，确保了产品质量稳定和设备安全运行。公司引进美国、德国、英国、日本等国家先进数控设备，不断提高生产工艺水平和产品质量，公司还先后与美国伊顿，德国西门子公司合作，取得了巨大的品牌效应。

荣誉资质 Qualification Certificate

多年来，四川电器依靠雄厚的实力赢得国家、省市权威机构的信赖。不但通过了ISO9001质量管理体系认证，产品也均获得了国家强制性产品认证证书和型号使用证书，多项产品荣获了国家专利（ZL201020123457.9　ZL201220325848.8），凭借优良的技术和可靠的质量多次获得重要表彰并荣膺国家"863"计划CIMS应用示范企业和高新技术企业的光荣称号，连续被评为四川省名牌产品。

- 高压开关协会常务理事单位
- 27.5kV和40.5kV真空断路器额定电流和额定短路电流处于世界领先水准
- 27.5kV断路器开关及开关设备，铁道标准制定单位
- 40.5kV六氟化硫断路器产品处于国内领先地位

我们要做的是让客户满意  四川電器

地址：成都市高新西区西芯大道5号　邮编：611731

数字化生产线 Digital production line

精确，精心，打造电气配电设备产品精品，保证一流的产品质量，为客户提供可靠服务

引进德国EHRT公司、美国威德曼、日本AMAD公司、小松KOMATSU公司、村田机械等先进数控生产设备，形成高效率、大规模生产能力。

主流产品 Mainstream products

更多产品详情请登录 www.seac.com.cn 查询

KYN28A-12 系列铠装移开式交流金属封闭开关设备

■额定电流达5 000A，额定短路开断电流40kA，通过4 500m高海拔型式试验，通过凝露污秽及内部故障电弧试验
■手车采用独特，精确的自动对位装置，安全可靠

KYN60-40.5 系列铠装移开式交流金属封闭开关设备

■额定电流达6 300A，额定短路开断电流40kA，国际领先，可以在海拔至4 500m地区使用，引进西屋公司技术开发，智能化，小型化
■专有的手车电动推进技术，独特的中置式滑轮一导轨设计

XYW-27.5(XBS-27.5) 系列电气化铁道户外开关站（分区亭）

■运行成本低，检修安全方便，无人值守电气化铁道开闭所（分区亭）建所模式，箱式结构，一次和二次设备均在箱内安装
■设计独特，造型美观，结构紧凑，模数化组合，成套性强

KYN□-24 系列铠装移开式交流金属封闭开关设备

■按IEC标准和GB标准设计制造，高性能的机械联锁和电气联锁，手车自动对位装置便于推进
■结构合理，技术先进，性能稳定

SEAC 1 (12kV) 固封式真空断路器

■额定电流1 250～5 000A，额定短路开断电流 25～50kA，断路器配模块化的弹簧操动机构，可靠性高，机械寿命可达30 000次
■外绝缘爬电比距大于20mm/kV，可在凝露、II级污秽环境下使用

SEAC 2(24kV) 固封式真空断路器

■产品系列化强，额定电流2 500A，额定短路开断电流31. 5kA，断路器配模块化的弹簧操动机构，可靠性高，机械寿命可达20 000次
■满容量开断额定短路电流达30次，开合容性电流能力达C2级

SEAC 4(40.5kV) 固封式真空断路器

■额定电流1 250～5 000A，额定短路开断电流25～50kA，断路器配模块化的弹簧操动机构，可靠性高，机械寿命可达20 000次
■外绝缘爬电比距大于20mm/kV，可在凝露、II级污秽环境下使用

ZW□-2X27.5 户外单相双极高压交流真空断路器

■额定电流2 500A，额定短路开断电流31. 5kA，额定短路开断电流开断次数30次，采用固封极柱真空灭弧室绿色环保，整体技术处于国内领先水平 ■按3 000m绝缘设计，适用于高海拔地区

邮箱：xsgs@vip. 163. com
电话：028-69080799（业务部） 传真：028-69080746（业务部）
028-65305900（市场部） 028-65305938（市场部）
028-69080798（推广部） 028-69080756（推广部）

更迅速　更顺畅　更安全　更便捷　更可靠　更真切　更强劲

更灵动　更智慧　更卓越　更环保　更节能

更稳健　更精准　更智能

SF_6绝缘共箱式环网开关设备　预装式变电站

[专用于终端线路上、户内分支箱、欧式箱变、开闭所、配电站中]

- ■ 安装方便快捷
- ■ 气体泄漏率≤0.01%
- ■完善的五防联锁，安全可靠
- ■ 可扩展性强，模块化组合
- ■ 电动、手动操作，安全可靠
- ■主开关断口可视，无需另配隔离开关
- ■ 共箱式开关多达七个单元
- ■开断能力强
- ■零排放，免维护

巨邦电气集团有限公司
JUBANG ELECTRIC GROUP CO., LTD.

地址：浙江省乐清市经济开发区纬二十路巨邦科技园(325600)
电话：0577-61668666　传真：0577-61666755　Http://www.mccb.cn

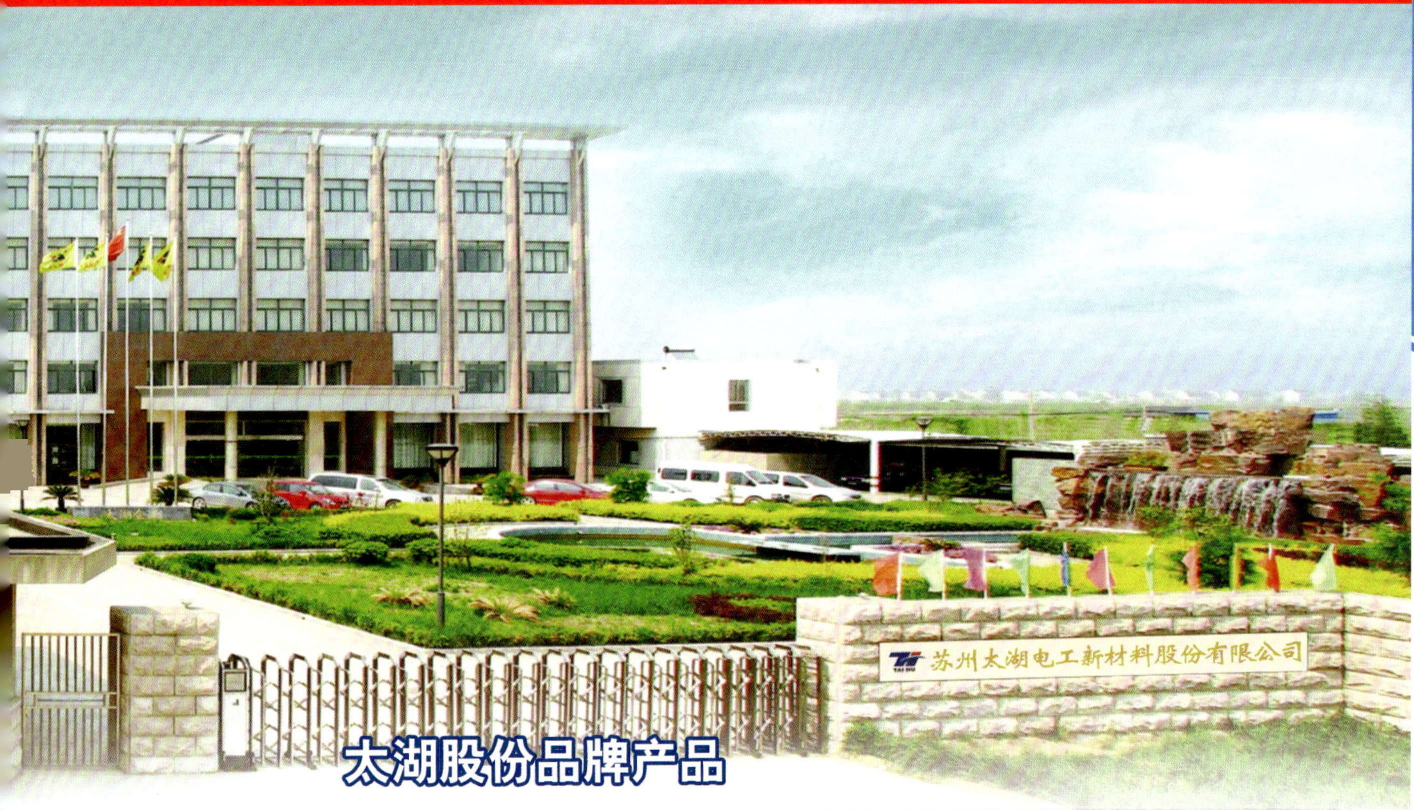

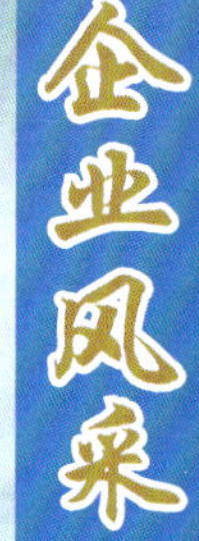

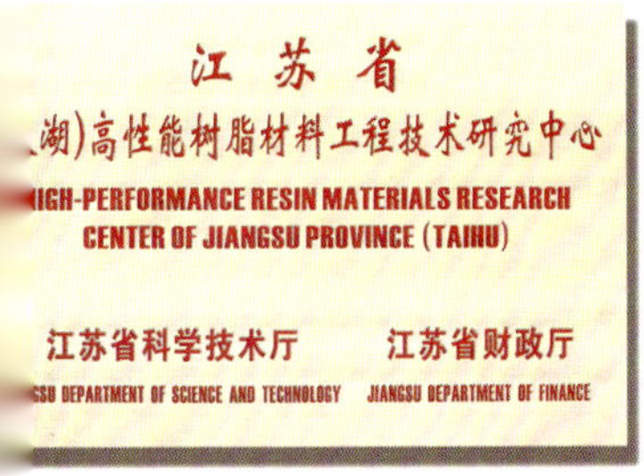

苏州太湖电工新材料股份有限公司
太湖股份品牌产品

绝缘漆

表面漆

层压制品

柔软复合材料

风电线圈

胶粘带

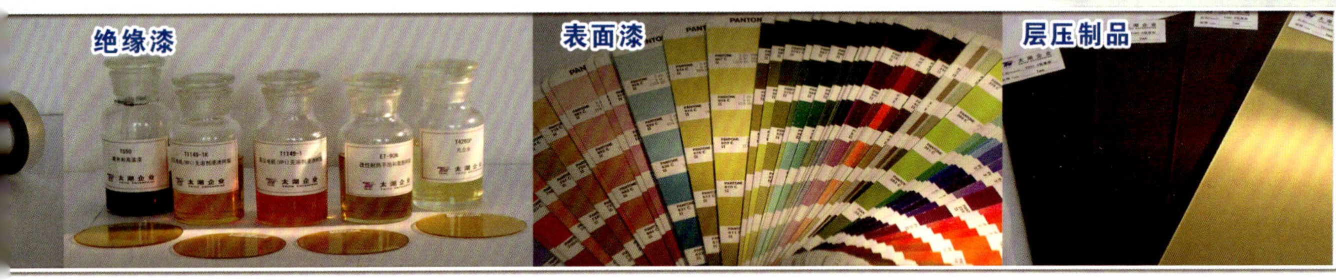

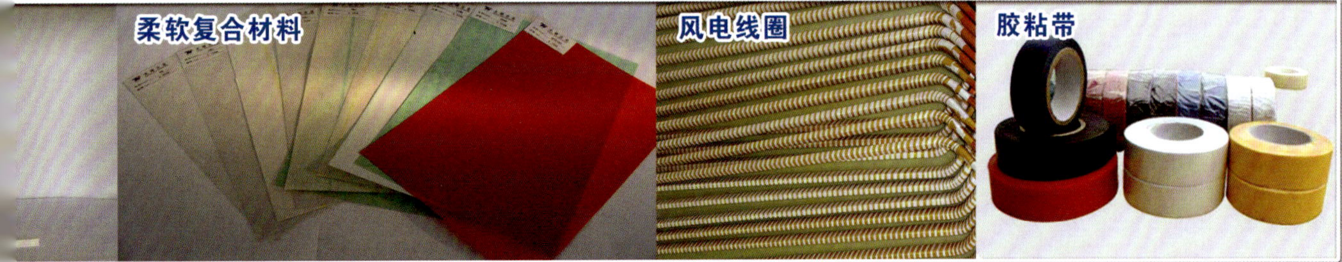

江 苏 省
(太湖)高性能树脂材料工程技术研究中心
HIGH-PERFORMANCE RESIN MATERIALS RESEARCH
CENTER OF JIANGSU PROVINCE (TAIHU)
江苏省科学技术厅
江苏省财政厅
JIANGSU DEPARTMENT OF SCIENCE AND TECHNOLOGY
JIANGSU DEPARTMENT OF FINANCE

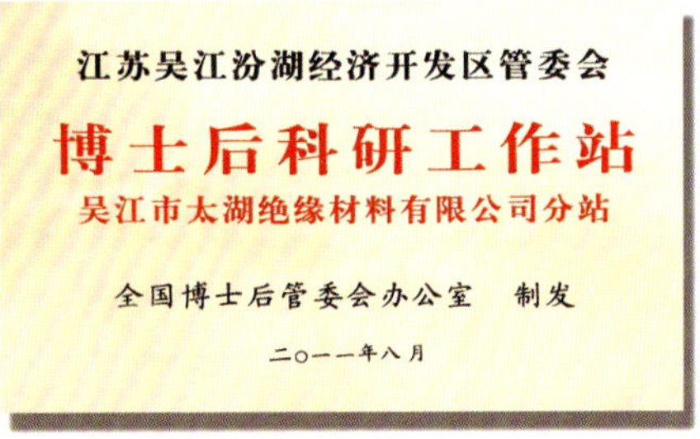

江苏吴江汾湖经济开发区管委会
博士后科研工作站
吴江市太湖绝缘材料有限公司分站
全国博士后管委会办公室 制发
二〇一一年八月

高新技术企业
证书
企业名称：吴江市太湖绝缘材料有限公司
证书编号：GF201132000603
发证时间：2011年9月30日
有 效 期：三年
批准机关：

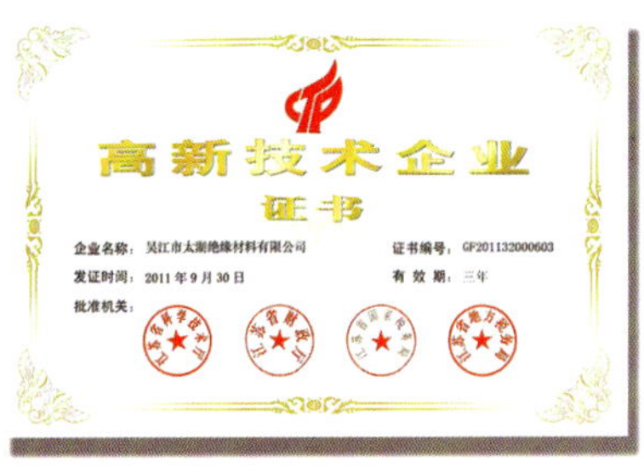

地址：中国江苏省汾湖高新技术产业开发区北厍工业园

低压主令电器领军者

官网二维码

微博二维码

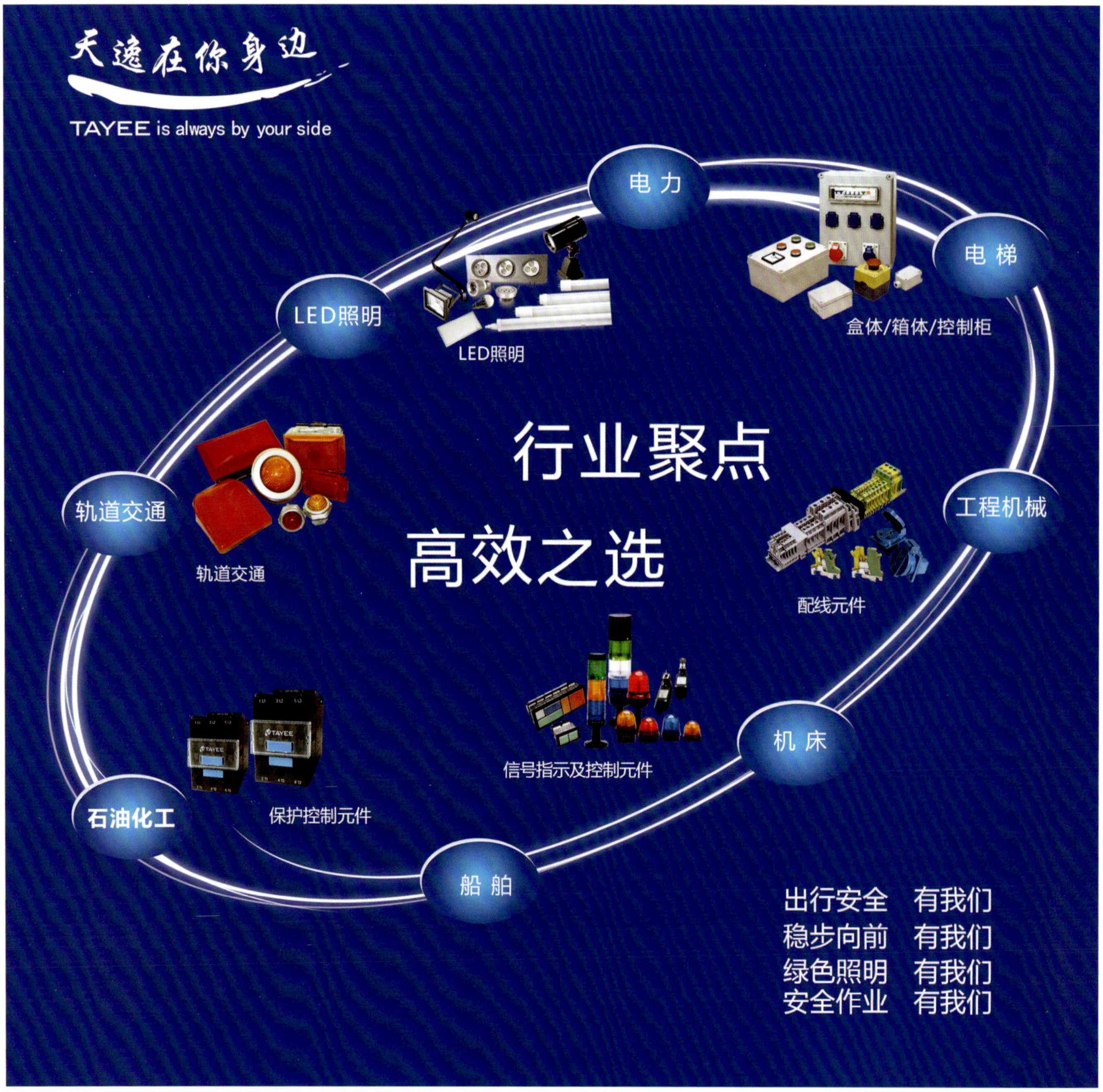

天逸在你身边

TAYEE is always by your side

电力

电梯

LED照明

盒体/箱体/控制柜

行业聚点

高效之选

轨道交通

工程机械

配线元件

信号指示及控制元件

机床

石油化工

保护控制元件

船舶

出行安全　有我们
稳步向前　有我们
绿色照明　有我们
安全作业　有我们

服务热线
400-820-4217

厂址：上海市松江区车墩镇北闵路101号　电话：021-57776240　传真：021-67654522
销售：上海市宜山路889号齐来大厦1702室　电话：021-54012233　传真：021-54012399
http://www.tayee.com.cn　E-mail:sale@tianyi-electric.com

上海精益電器廠有限公司

Shanghai JINGYI Electrical Apparatus Factory Co.,Ltd.

上海精益电器厂有限公司，是由创建于 20 世纪 50 年代中期的上海精益电器厂于 2003 年 9 月改制而成，是以“黑猫”牌低压电器为主导产品的专业企业。

公司是上海市低压电器行业协会的创始单位之一和副会长单位，是上海市科技企业联合会副会长，也是全国低压电器标准化委员会委员单位之一。公司 1997 年以来连续获得上海市高新技术企业称号，主要产品自 1998 年以来蝉联上海市名牌产品称号，“黑猫”品牌是上海市著名商标。

上海精益电器厂有限公司的总部设立在上海市青浦工业园区崧泽大道 10500 号，公司新注入资本 1.8 亿元，占地面积约 10 万 m²。拥有包括实验室在内的产品研发技术中心大楼、生产基地和仓储中心等约 3 万 m² 的建筑。公司现有员工约 600 人，其中从事各种产品的专业研发人员近百人，拥有产品自动化和标准化生产作业以及质量检测自动化流程的生产线，ERP 系统贯穿于公司整个营运的管理。

上海精益电器厂有限公司除生产享誉市场、信誉良好的 HA 系列万能式断路器和 HM 系列塑料外壳式断路器等共计 23 大类产品外，业务还涉及成套、健身器材、物业、电器联结器、变形机器人、文教体育用品等多种产品领域。

公司 1996 年获得 ISO9001 质量管理体系认证，2008 通过 ISO9001 换版复审和 ISO14001、OHSAS18001 认证。同年，被上海市科技部门认定为上海市科技小巨人培育企业和上海市专利试点企业。“黑猫”牌低压电器产品具有卓越的性能和创新的结构设计，拥有各种发明和实用新型专利 40 多项和百余张 CCC、CE、CB 和 UL 认证证书，曾荣获多项国家、上海市奖项，其品质广泛受到国内外用户的青睐与好评。

上海精益电器厂有限公司将秉承合资公司先进的管理方法，并按照市场经济规律，以不断创新精神，着眼于全球先进的低压电器产品与高新技术的开发，用专业、精品、个性化不断为客户提供具有想象力、吸引力和实用性的产品。我们将倡导以客户为中心，多方位的营销策略，充分融合行业的渠道优势，紧密依托代理商和经销商、广泛支持的合作伙伴，提供先进的产品与完善服务，平衡各方共同利益，完善利益共享机制，促进同步发展，共铸辉煌的明天。

低压配电

新一代 HA60 系列
智能型万能式断路器

HA1、HA2、HA3 系列
智能型万能式断路器

DW15-630 系列
DW15-1600 系列
DW15-2500 系列
万能式断路器

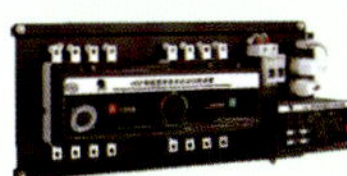
HQ2 系列
智能型双电源自动切换装置
（CB 级）

HQ6G-63 系列
自动转换开关
（CB 级）

DW17B （ME）
系列万能式断路器

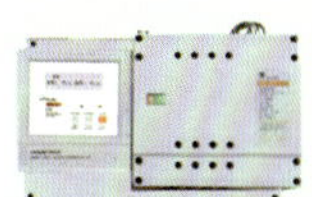
HQ5 系列
双电源自动转换开关
（PC 级）

HM3 系列
塑料外壳式断路器

HM60 系列
塑料外壳式断路器

HM3-R 系列塑料外壳式
剩余电流断路器

中压配电

HVS1-12 （ZN63A）
户内高压真空断路器

低压控制与保护电器

HG1 系列
隔离开关

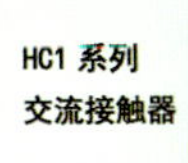
HC1 系列
交流接触器

低压终端电器

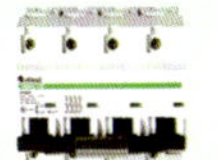
HB45-63 HB45-32N
HB45L-32N HB45L-63
小型断路器

XEMC 湘电集团 湘电集团有限公司

湘电集团有限公司创建于 1936 年，原名湘潭电机厂，是我国电工行业的大型骨干企业和重大技术装备国产化基地，享有“中国机电产品的摇篮”的美誉。现已发展成为中国电工行业综合技术优势和产品配套能力均领先的企业之一，是中国机械工业百强企业、中国机械工业优秀企业。公司拥有全资子公司 8 家、分公司 6 家、控股公司 8 家（含 1 家上市公司湘电股份）。在职员工 10 000 余人，资产总额 290 亿元。

公司主导产品包括：大中型高效节能电机、城轨交通电机电控装置与轻轨整车、船舶电力推进系统、兆瓦级风电成套装备、太阳能发电成套装备、大型工业泵和核泵、大型电动轮自卸车、新能源汽车及电梯等，属于国家重点发展和扶持的 16 个关键技术装备领域，是我国实施节能减排和发展“两型产业”的引领、示范性战略性产业，产品广泛应用于电力、能源、矿山、交通、化工、轻工、水利、冶金等多个领域。

湘电集团始终立足并走在中国装备制造业前列，以“兴业报国，共赢共享”为企业宗旨，以“领军中国电工装备制造业”为目标，力争为振兴民族工业，加快中国重大装备制造业国产化进程而做出更大贡献。

◆ **交、直流电动机产业系列**

火电辅机电机、冶金变频电机、直流轧钢电机、水泥建材电机、水利工程电机、石化防爆电机、地铁牵引电机、永磁 / 双馈风力发电机

◆ **大型工业用水泵系列**

立式斜流泵、立式凝结泵、立式涡壳泵、中开离心泵、轴流泵、潜水电泵、多级泵、悬臂泵、不堵式泵、挖泥船泵、脱硫泵、排污泵、核电用泵

◆ **风力发电机系列**

XE 系列 1.5MW/2MW/2.5MW/3MW 直驱型风力发电机组（永磁发电 / 电励磁发电）

XE 系列 5MW 永磁直驱型海上风力发电机组

◆ **大型矿山运输设备**

108t/154t/220t/300t/320t 电动轮自卸车

100t/150t/200t/224t 大型工业电机车

18t/25t/45t 交流变频调速电机车

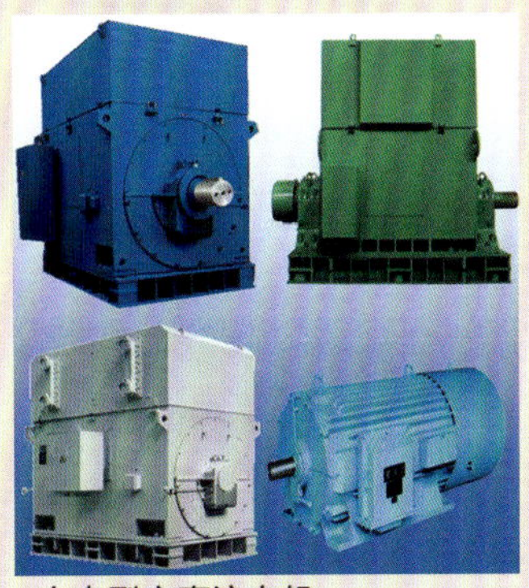
大中型交直流电机

新型城市轻轨车

大中型工业用水泵

108/154/220/300t 重型矿山运输装备

太阳能发电成套装备

2MW 风力发电机组

地址：湘潭市岳塘区下摄司街 302 号　　网址：www.xemc.com.cn

电话：400-809-6906　0731-58596397　　邮编：411101

综合索引

明鉴电器工业
装备现代电力

中国工业年鉴出版基地

编辑说明

一、《中国机械工业年鉴》是由中国机械工业联合会主管、机械工业信息研究院主办、机械工业出版社出版的大型资料性、工具性年刊，创刊于 1984 年。

二、根据行业需要，1998 年中国机械工业年鉴编辑委员会开始出版分行业年鉴，逐步形成了中国机械工业年鉴系列。该系列现已出版了《中国电器工业年鉴》《中国工程机械工业年鉴》《中国机床工具工业年鉴》《中国通用机械工业年鉴》《中国机械通用零部件工业年鉴》《中国模具工业年鉴》《中国液压气动密封工业年鉴》《中国重型机械工业年鉴》《中国农业机械工业年鉴》《中国石油石化设备工业年鉴》《中国塑料机械工业年鉴》《中国热处理行业年鉴》《中国齿轮工业年鉴》《中国磨料磨具工业年鉴》和《中国机电产品市场年鉴》。

三、《中国电器工业年鉴》作为该年鉴系列之一，1998 年创刊，每年出版，2013 年为第 16 期。该年鉴集中反映了电器工业各分行业的发展情况，全面系统地提供了电器工业各分行业的主要经济技术指标。

四、《中国电器工业年鉴》2013 年版内容由综述、特别关注、行业概况、企业概况、产品与项目、标准化、统计资料和大事记 8 部分构成，统计数据由国家统计局、中国机械工业联合会相关统计部门和中国电器工业协会提供，数据截至 2012 年 12 月 31 日。

五、《中国电器工业年鉴》主要发行对象为政府决策机构、电器工业相关企业决策者，从事市场规划、企业规划的中高层管理人员。同时，《中国电器工业年鉴》也发往国内外的投资机构、银行、证券机构等。

六、本年鉴在编撰过程中得到了中国电器工业协会及所属分会、研究院所和企业的大力支持和帮助，在此深表谢意。

八、由于水平有限，难免出现错误及疏漏，敬请批评指正。

中国机械工业年鉴编辑部

2013 年 12 月

中国机械工业年鉴系列

《中国机械工业年鉴》

《中国电器工业年鉴》

《中国工程机械工业年鉴》

《中国机床工具工业年鉴》

《中国通用机械工业年鉴》

《中国机械通用零部件工业年鉴》

《中国模具工业年鉴》

《中国液压气动密封工业年鉴》

《中国重型机械工业年鉴》

《中国农业机械工业年鉴》

《中国石油石化设备工业年鉴》

《中国塑料机械工业年鉴》

《中国热处理行业年鉴》

《中国齿轮工业年鉴》

《中国磨料磨具工业年鉴》

《中国机电产品市场年鉴》

目　　录

综　　述

特 别 关 注

行 业 概 况

企 业 概 况

产品与项目

标 准 化

统 计 资 料

大 事 记

Contents

Overview

Special Focus

General Situation of the Industry

General Situation of Enterprises

Products and Projects

Standardization

Statistical Data

Chronicle of Events

综述

以宏观视角，分析2012年电器工业整体运行情况及电器产品进出口情况

Analyzing the global operation situation of electrical equipment industry and the import & export of electrical equipment products in 2012 from the macro view point

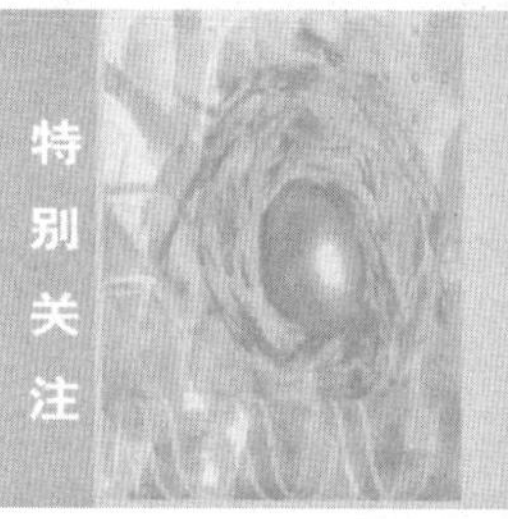

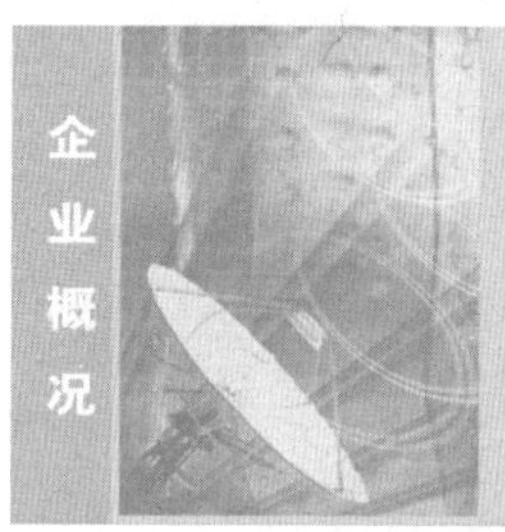

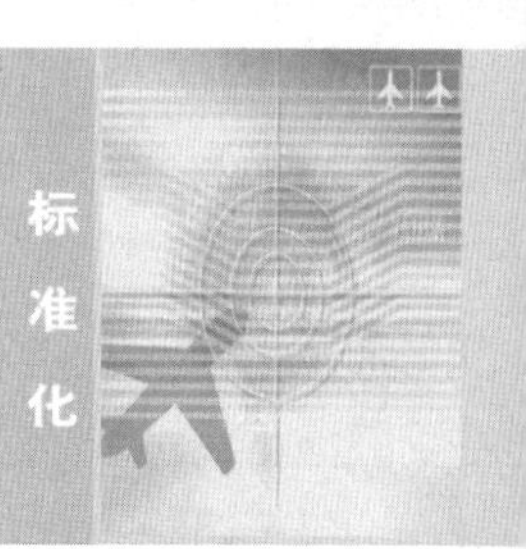

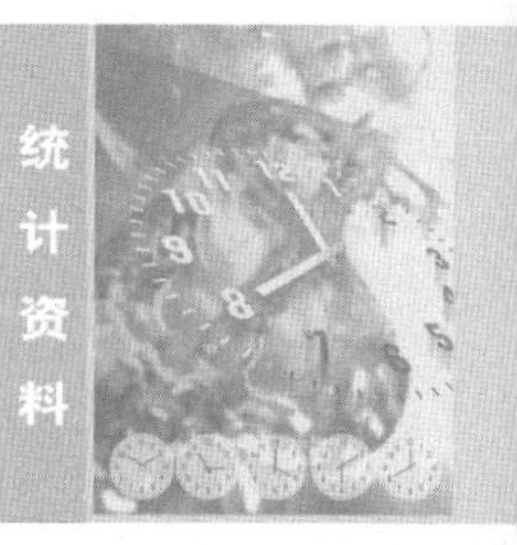

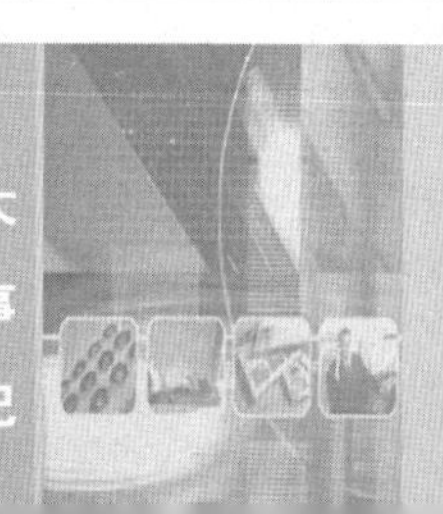

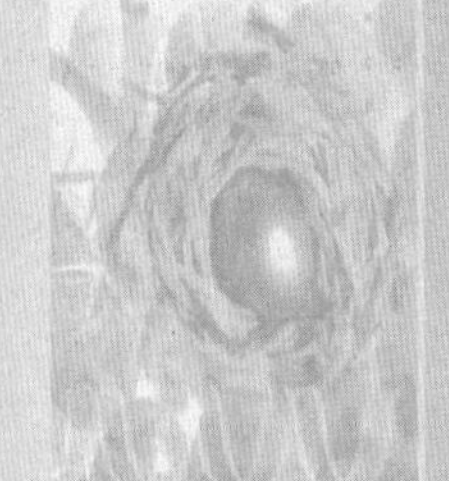

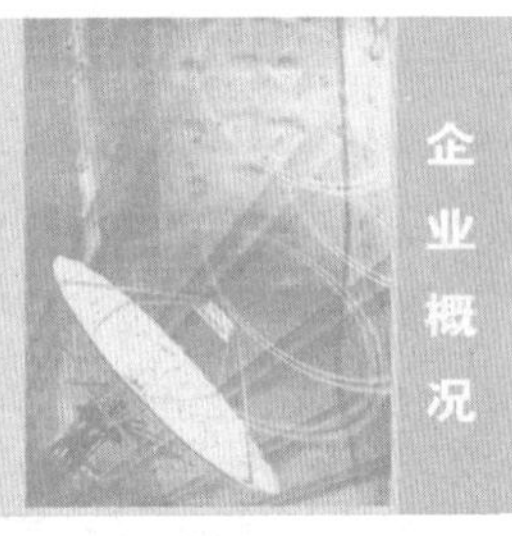

综述

2012 年电器工业经济形势分析

一、2012 年电器工业经济运行情况

2012 年电器工业的经济运行情况总体上可以用“前三季度困难很多、形势严峻，四季度企稳回升、初现转机”概括。

2012 年电器工业完成工业总产值 49 007.69 亿元，同比增长 12.05%；工业销售产值 47 902.69 亿元，同比增长 11.96%；产品销售率为 97.75%。完成主营业务收入 47 258.09亿元，同比增长 9.72%；利润总额 2 761.81 亿元，同比增长 5.54%；资产总计 38 544.74 亿元，同比增长10.69%。进出口总额 1 453.30 亿美元，同比增长 3.10%。行业规模以上企业 19 808 家，从业人员 486.52 万人。

（一）2012 年电器工业经济运行特点

1.前三季度产销累计增速呈下行态势，四季度开始出现企稳迹象，但仍与上年相差很大

2012 年前三季度产销增速持续下滑。3 月、6 月、9 月电器工业累计工业总产值同比分别增长 12.95%、10.74% 和 10.34%，累计工业销售产值同比分别增长12.45%、10.07% 和 9.74%。从第四季度起，尽管产销出现企稳回升迹象：10 月、11 月、12 月累计工业总产值同比分别增长 10.71%、11.42% 和 12.05%，累计工业销售产值同比增长 10.64%、11.27% 和 11.96%，但产销增长幅度与上年比较仍相差悬殊，是除 2009 年之外近十年来最低的。全年工业总产值和销售产值增速比 2011 年分别降低 14.93 个百分点和 14.52 个百分点。

2.固定资产投资增速呈下行态势

固定资产投资呈下行态势：3 月、6 月、9 月、12 月固定资产累计投资增速分别为 22.11%、20.32%、18.53% 和 15.51%，与 2011 年相差 10 个百分点以上。固定资产投资的减速与国内外经济形势不乐观以及电器工业长期以来形成的产能过剩有很大关系，但其仍高于产销增速 3.5 个百分点。2012 年电器工业固定资产投资情况见表 1。

表 1　2012 年电器工业固定资产投资情况

时间	2012 年			2011 年		时间	2012 年			2011 年	
	累计投资额（亿元）	同比增长（%）	占机械行业比重（%）	累计投资额（亿元）	占机械行业比重（%）		累计投资额（亿元）	同比增长（%）	占机械行业比重（%）	累计投资额（亿元）	占机械行业比重（%）
2 月	578.96	24.57	26.11	464.75	28.67	8 月	5 324.42	20.09	24.55	4 433.72	26.06
3 月	1 299.11	22.11	25.64	1 063.86	27.18	9 月	6 161.94	18.53	24.36	5 198.49	26.00
4 月	2 012.89	21.96	25.38	1 650.48	26.97	10 月	6 915.68	17.29	24.26	5 896.00	26.06
5 月	2 814.07	21.02	24.82	2 325.22	26.53	11 月	7 632.46	16.33	24.14	6 561.03	26.07
6 月	3 764.00	20.32	24.63	3 128.31	26.36	12 月	8 389.20	15.51	24.13	7 262.92	26.08
7 月	4 600.52	21.41	24.73	3 789.23	26.23						

3.电器工业进出口增速持续走低

2012 年 3 月、6 月、9 月、12 月电器工业累计进出口总额同比分别增长 5.57%、5.05%、3.62% 和 3.10%。其中各季度累计进口额均较上年下降，降幅分别为 5.29%、4.85%、3.83% 和 3.05%；累计出口额同比分别增长 13.24%、11.62%、8.47% 和 7.03%。2012 年电工电器产品进出口总额 1 453.30 亿美元，同比增长 3.12%，其中进口 533.01 亿美元，同比下降 3.05%；出口 920.29 亿美元，同比增长 7.03%。进口降幅“收窄”的同时，出口增速下滑的趋势依旧未出现明显改善。与 2011 年相比，2012 年无论进口额、出口额还是进出口总额增速的落差都非常大，这与当前国内外市场需求走弱有关，对外贸易困难加大。

4.主要产品产量增长疲弱

2012 年以来，电器工业主要产品产量增长疲弱。1—12 月重点统计的 22 类主要产品产量中，实现增长的产品仅占 68%。作为主导产品的发电设备（发电机组），1—12 月的产量为 12 683.22 万 kW，同比下降 8.9%。输配电设备中，变压器产量 143 132.18 万 kV · A，同比增长 0.36%；高压开关板 161.98 万面，同比增长 13.12%；低压开关板 3 313.85 万面，同比增长 4.48%。作为最主要的用电设备，交流电动机 2012 年产量为 25 691.32 万 kW，同比下降 3.55%。

根据当前电源建设和投资减速的情况分析，未来发电设备市场总体需求下滑的趋势已经显现。2012 年以来，汽轮发电机、风力发电机组和电站用汽轮机等产品产量连续下降，与 2011 年同比增长 20% 以上的情况相差甚远，是影响电器工业产销增长的突出因素。

2012 年电器工业主要经济指标和产品产量完成情况见表 2。

表2　2012年电器工业主要经济指标和产品产量完成情况

指标名称	单位	完成情况	同比增长(%)	指标名称	单位	完成情况	同比增长(%)
工业总产值	亿元	49 007.69	12.05	互感器	万台	1 723.91	-0.75
工业销售产值	亿元	47 902.69	11.96	电力电容器	万 kvar	35 616.21	14.61
出口交货值	亿元	6 192.00	-4.11	高压开关板	万面	161.98	13.12
产品销售率	%	97.75		低压开关板	万面	3 313.85	4.48
水轮发电机组	万 kW	2 358.96	1.59	高压开关设备(110kV 以上)	万台	50.61	21.23
汽轮发电机	万 kW	9 223.54	-6.84	通信及电子网络用电缆(对)	km	46 181 574	-12.94
风力发电机组	万 kW	1 775.66	-22.72	电力电缆	万 km	4 001.97	13.54
工业锅炉(蒸汽)	t	439 337	-2.15	光缆(芯)	km	185 084 924	34.31
电站锅炉(蒸汽)	t	538 170	4.99	钢绞线	万 t	369.07	31.69
电站用汽轮机	万 kW	7 773.75	-24.70	绝缘制品	万 t	161.8	2.59
电站水轮机	万 kW	670.71	8.58	铅酸蓄电池	万 kVA · h	17 486.22	27.35
燃气轮机	万 kW	600.16	165.99	电焊机	万台	428.09	6.09
交流电动机	万 kW	25 691.32	-3.55	工业电炉	台	14 634	-14.01
变压器	万 kV · A	143 132.18	0.36	电动工具	万台	25 316.50	5.12
其中:大型电力变压器	万 kV · A	19 516.90	-2.71				

注:数据源自国家统计局。

(二)2012年电器工业效益分析

1.主营业务收入企稳回升

主营业务收入前三季度逐月下滑,四季度企稳回升,全年实现9.72%的增长。2012年2—12月电器工业各月累计实现主营业务收入分别为:5 745.85亿元、9 678.92亿元、13 283.43亿元、17 044.06亿元、21 504.99亿元、25 257.34亿元、29 108.81亿元、33 292.24亿元、37 441.01亿元、42 069.02亿元、47 258.09亿元,同比分别增长10.12%、12.21%、10.85%、9.7%、9.64%、9.11%、8.48%、8.38%、8.57%、9.07%和9.72%,形成了前三季度增长速度逐月下滑,四季度开始趋向平稳,至年末略有回升的走势。

2.利润总额止跌回稳

利润总额降幅在二季度初达到6.7%之后逐月"收窄",至三季度末已趋近"0",四季度起利润增幅由"负"转"正"。

2012年2月,电器工业累计实现利润总额252.74亿元,同比下降4.74%;3月累计实现利润总额454.19亿元,同比下降5.52%;4月累计实现利润总额622.14亿元,同比下降6.70%;5月累计实现利润总额819.20亿元,同比下降5.16%;6月累计实现利润总额1 055.68亿元,同比下降4.86%;7月累计实现利润总额1 232.38亿元,同比下降3.20%;8月累计实现利润总额1 419.97.亿元,同比下降3.07%;9月累计实现利润总额1 657.18亿元,同比下降0.54%,已接近"0",开始出现止跌回稳迹象。10月累计实现利润总额1 889.47亿元,同比增长0.19%;11月累计实现利润总额2 213.60亿元,同比增长0.23%;12月累计实现利润总额2 761.81亿元,同比增长5.54%。四季度起行业利润总额增幅终于实现由"负"转"正"。

3.行业盈利能力减弱

2012年电器工业成本费用利润率为6.28%,比2011年降低0.26个百分点;主营业务收入利润率为5.84%,比2011年降低0.24个百分点;总资产利润率为7.17%,比2011年降低0.34个百分点;总资产贡献率为12.09%,比2011年降低0.02个百分点。

电器工业企业亏损额和亏损面较上年都有不同程度的扩大。2012年3月、6月、9月、12月电器工业亏损面分别为21.66%、18.08%、16.79%和12.51%,而2011年同期的亏损面分别仅为17.62%、14.04%、和13.05%和10.06%;亏损企业的亏损额分别为99.32亿元、173.01亿元、247.05亿元和305.32亿元,而上年同期则分别只有49.95亿元、81.03亿元、121.52亿元和185.38亿元。

上述情况表明,尽管2012年电器工业企业亏损面逐季减小,行业总体盈利能力仍较2011年有所减弱。

二、2012年电器工业进出口情况

2012年电器工业进出口贸易总额1 453.31亿美元,同比增长3.10%。其中,进口额533.01亿美元,同比下降3.05%;出口额920.30亿美元,同比增长7.03%;出口交货值6 192.00亿元,同比下降4.11%。2012年电器工业进口额前20名产品见表3。2012年电器工业出口额前20名产品见表4。

表 3　2012 年电器工业进口额前 20 名产品

序号	产品名称	单位	进口量	数量同比增长（%）	进口额（万美元）	金额同比增长（%）
1	低压电器				1 360 817.29	2.23
2	电线电缆	kg	297 548 048	-6.74	557 444.39	2.63
3	电动机				490 547.04	1.79
4	电力电子元器件及静止变流器				444 704.81	-26.65
5	低压开关零件	kg	83 517 170	-11.67	407 193.59	-10.45
6	低压开关板、柜	个	57 280 129	26.78	355 880.58	-4.41
7	变压器、互感器	个	150 243 610 372	13.86	344 206.41	15.78
8	微分电机	台	2 118 776 859	-2.99	296 864.13	5.54
9	静止变流器用零件	kg	29 554 324	-21.04	144 565.40	3.77
10	内燃发电机组	台	60 042	-28.24	120 663.46	4.70
11	电炉及工业炉	台	45 273	0.31	117 014.20	-19.92
12	电工合金	kg	38 325 777	-14.32	111 844.48	1.80
13	焊接设备	台	89 350	37.35	94 029.78	-10.57
14	绝缘制品	kg	25 286 568	2.78	65 801.67	-3.64
15	高压开关	个	6 968 441	-16.75	64 787.42	-22.11
16	发动机点火电机	个	78 718 601	8.66	60 017.49	15.72
17	汽轮机零件	kg	13 356 024	-31.47	46 653.75	-21.26
18	燃气轮机	台	73	305.56	34 788.43	669.58
19	焊接材料	kg	44 523 917	-17.49	29 657.24	-13.49
20	汽轮机	台	102	30.77	27 762.55	61.83

表 4　2012 年电器工业出口额前 20 名产品

序号	产品名称	单位	出口量	数量同比增长（%）	出口额（万美元）	金额同比增长（%）
1	电线电缆	kg	1 936 368 396	3.43	1 742 258.59	12.50
2	低压电器				1 131 052.95	12.88
3	电动机				969 901.09	5.76
4	电力电子元器件及静止变流器				838 566.42	9.56
5	电动工具	台	190 913 344	-4.14	568 215.43	0.39
6	微分电机	台	2 833 850 965	-9.01	460 848.41	9.95
7	低压开关板、柜	个	262 144 877	25.10	385 327.79	17.88
8	内燃发电机零件	kg	599 553 658	-0.63	382 914.08	8.95
9	变压器、互感器	个	48 413 745 405	6.92	367 082.60	6.30
10	内燃发电机组	台	9 854 393	-13.54	347 483.97	3.21
11	低压开关零件	kg	230 239 536	4.27	316 508.71	7.50
12	电工合金	kg	229 907 586	-11.19	258 430.79	-6.50
13	气体压缩机	台	249 582 915	6.85	213 474.56	9.04
14	蓄电池	个	153 232 144	14.28	211 078.73	12.30
15	静止变流器用零件	kg	79 701 256	-1.15	163 479.69	28.94
16	电碳制品	kg	1 473 372 309	3.17	157 294.70	-0.41
17	蒸汽锅炉零件	kg	359 704 716	-38.15	152 483.35	-27.51
18	高压开关	个	61 495 827	7.39	124 809.88	15.92
19	汽轮机零件	kg	65 032 119	-30.41	99 965.24	-25.87
20	风力发电机组零件	kg	388 735 753	48.69	97 504.87	55.44

三、需要关注的主要问题

1.应收账款快速上涨,企业资金周转压力增大

在以往历年中,凡电力建设发展迅猛、用户单位资金充足时期(如2006年、2007年和2008年),用户货款支付及时,有的甚至全部现款提货,设备制造企业应收账款基本处于合理状态。

但中国电器工业协会2012年对发电设备企业的调研情况显示,当年发电设备企业应收账款快速上涨。如,东北某发电设备企业上半年销售收入逾100亿元,应收账款已达140亿元;西南某企业销售200亿元,应收账款150亿元;锅炉行业前9个月产量减少36%,应收账款却增长118%。资金沉淀造成周转率下降,已经影响了企业的资金使用效率和正常运营。

2.企业利润下降导致研发投入经费"缩水"

企业盈利能力下降,导致企业无力投入大量的科研经费,研发和创新能力不足,更无力开展基础性、前瞻性的研究,只能维持简单的重复性再生产,使企业发展后劲不足、持续发展底蕴不厚实。

对于一些基础性、共性技术,不少企业虽已认识到开展研究的必要性和紧迫性,但一方面苦于无力独自承担研究成本,另一方面也基于对当前国内知识产权保护力度不够而屡屡出现研究成果短期被同行仿冒情况的担忧,普遍缺乏研发方面投入的积极性。

3.低价竞标造成产品质量下降、可靠性降低

很长一段时间以来,部分输配电设备的用户在集中招标时采用低价中标原则,导致设备生产企业为了保持市场份额纷纷降低投标价格。输配电设备价格一降再降,大多数产品售价已经处于与成本接近的水平,甚至出现过某变压器大型企业在某次投标中"以变压器材料成本的80%作为投标价格"的不正常现象。在这种情况下,部分中标企业只能通过粗制滥造、以次充好、偷工减料等手段勉强维持,对产品质量造成了严重损害;再加之物价水平持续上升,这些企业无力给职工提供与社会经济环境相适应的薪酬,致使职工缺乏认同感、归属感和向心力,队伍难以稳定。上述诸多因素均对产品质量造成不利影响。这种情况下交付使用的产品,极有可能在较短时间内就暴露出各种不同的缺陷,即便暂时"正常"运行,也不可避免地存在故障隐患。

低价中标的现象尽管总体已有所减少,但在产能严重过剩的风电设备行业仍然相当严重。低价中标令风电机组制造企业产生了为追求低成本而忽视产品质量的倾向,造成机组运行不稳定,故障较多。

4.发电和输变电设备企业质保金回收困难

由于体制、机制的原因,我国电力用户单位一直处于强势地位。部分用户单位凭借垄断地位,在产品不存在任何质量问题、电厂投运正常的情况下,仍迟迟未按照合同规定支付占总合同额10%的质保金。而设备制造企业为了能和用户续签新合同,无法使用法律手段催要质保金。在当前产品价格持续走低、企业处于微利运行的局面下,质保金也在一定程度上影响企业正常运营。

5.国际贸易摩擦增多,进出口贸易更加困难

当前电器工业面临着进出口增速下滑,对外贸易困难加大,特别是贸易摩擦增多的局面。据商务部统计,2011年全年,国外共发起针对我国反倾销、反补贴、保障措施及特保调查的案件67起,涉案金额59亿美元,其中针对电工电器产品的有5起,涉及单相电动机、电线电缆和光伏电池等。而2012年电器工业遭遇新发和继发贸易摩擦事件多达12起,发案密度明显增大。从产品种类看,12个案件包括了8类不同产品;从地域看,地域广,横跨了太平洋、印度洋、大西洋;从发起"救济"的国家看,不仅有发达国家,也有发展中国家;从贸易救济措施种类看,既有"两反两保",也有知识产权纠纷。上述情况表明,当前在全球经济仍面临许多困难,增长乏力、需求减弱的大环境中,贸易保护主义抬头的趋势非常明显,贸易摩擦越来越多地呈现出案发时间间隔短、密度大的常态化倾向和涉及产品多、地区广以及救济手段多样化的特点。

2011年,美国针对我国太阳能板和太阳电池等光伏产品开始反倾销和反补贴调查,2012年11月,终裁落地,美方将针对我国相关生产和出口企业征收18.32%~249.96%的反倾销关税,以及14.78%~15.97%的反补贴关税。

2012年11月8日,欧盟接到投诉之后,对我国输欧光伏产品进行了"反倾销"和"反补贴"调查。2013年8月7日,欧盟宣布针对中国输欧光伏产品"反补贴"调查仍将继续,但目前暂时不会采取临时措施,还需要密切关注事件进展。

〔供稿单位:中国电器工业协会行业发展与咨询部〕

2012年我国电工电器产品进出口情况

2012年,受国际金融危机的深层次影响,全球经济复苏乏力,国际市场对电工电器产品的需求减弱,我国电工电器产品出口增速进一步放缓,进口呈现负增长。据海关统计,2012年,我国电工电器产品(按中国机械工业联合会统计范围,下同)累计进出口1 426.5亿美元,比上年增长3.1%,增速放缓14.2个百分点。其中,出口904.5亿美元,

比上年增长7%，增速放缓13个百分点；进口522亿美元，比上年下降3%；实现贸易顺差382.5亿美元，比上年增长24.4%。

一、2012年我国电工电器产品主要出口特点

（一）一般贸易成为最大贸易方式

2012年，我国以一般贸易方式出口433亿美元，比上年增长9.8%，占我国电工电器产品出口总额的47.9%；以加工贸易方式出口380亿美元，比上年增长5.4%，占我国电工电器产品出口总额的42%。此外，以对外承包工程出口货物方式出口44.9亿美元，比上年下降18.7%。

（二）外商投资企业仍为最大出口主体，私营企业出口增幅高于总体

2012年，外商投资企业出口电工电器产品514.4亿美元，比上年增长9.6%，占我国电工电器产品出口总额的56.9%；私营企业出口257.7亿美元，比上年增长13.7%，高于同期我国电工电器产品整体出口增幅6.7个百分点；国有企业出口132.1亿美元，比上年下降11.2%。

（三）中国香港地区成为第一大出口目的地

2012年，我国对中国香港地区出口电工电器产品149.1亿美元，比上年增长15.7%，香港地区重新成为第一大出口目的地；对美国出口140.0亿美元，比上年增长15.9%；对欧盟出口131.8亿美元，与上年同期基本持平。对以上三地的出口额合计占同期我国电工电器产品出口总额的46.5%。同期，对东盟出口107.3亿美元，比上年增长12.4%，为我国电工电器产品出口第四大市场。

2012年我国电工电器产品前十大出口市场见表1。

表1　2012年我国电工电器产品前十大出口市场

出口市场	2012年		2011年	
	出口额（亿美元）	同比增长（%）	出口额（亿美元）	同比增长（%）
全国总计	904.5	7.0	845.5	20.0
中国香港	149.1	15.7	128.8	13.4
美国	140.0	15.9	120.8	15.8
欧盟	131.8	0.1	131.7	21.1
东盟	107.3	12.4	95.4	24.4
日本	78.3	8.9	71.9	13.8
印度	41.3	-32.1	60.7	29.3
韩国	38.5	1.4	38.0	24.8
巴西	16.5	19.3	13.8	27.7
俄罗斯联邦	16.4	6.6	15.4	33.2
澳大利亚	14.5	2.4	14.2	31.0

（四）主要商品出口情况

1.三大类电工电器产品出口概况

我国电工电器产品出口结构可具体分为发电设备、输变电设备和其他电器设备三大类。2012年，输变电设备出口份额依旧最大，且增速高于同期我国电工电器产品整体出口增幅4.9个百分点，所占比重相应提升2.6个百分点；除输变电和发电设备外的其他电器设备出口份额次之；发电设备出口份额最小。

2012年我国三大类电工电器产品出口情况见表2。

表2　2012年我国三大类电工电器产品出口情况

商品名称	2012年			2011年		
	出口额（亿美元）	同比增长（%）	占总出口额的比例（%）	出口额（亿美元）	同比增长（%）	占总出口额的比例（%）
合　计	904.5	7.0	100.0	845.5	20.0	100.0
输变电设备	530.1	11.9	58.6	473.9	15.0	56.0
其他电器设备	240.6	3.9	26.6	231.5	24.9	27.4
发电设备	133.8	-4.5	14.8	140.1	31.0	16.6

2.三大类电工电器产品出口具体情况

（1）输变电设备出口：2012年，我国出口输变电设备530.1亿美元，比上年增长11.9%，占我国电工电器产品出口总额的58.6%，占比较2011年提升2.6个百分点。出口额前三位的产品依次是“电线电缆”“低压电器及零件”和“稳压电源、静止式变流器及零件”，分别出口174.2亿美元、146.1亿美元和86.9亿美元，分别比上年增长13.1%、13.6%和11.6%。其余6项输变电设备中，1 000V以上开关、熔断器及零件的出口增速显著高于整体。2012年我国输变电设备产品出口情况见表3。

表3　2012年我国输变电设备产品出口情况

商品名称	2012年		2011年	
	出口额（亿美元）	同比增长（%）	出口额（亿美元）	同比增长（%）
输变电设备	530.1	11.9	473.9	15.0
电线电缆	174.2	12.5	154.9	20.2
低压电器及零件	146.1	13.6	128.6	18.3
稳压电源、静止式变流器及零件	86.9	11.6	77.9	15.6
1 000V以上开关、熔断器及零件	68.2	12.0	60.9	17.2
16kV·A以上变压器、互感器及零件	48.7	8.6	44.9	9.0
1 000V及以下开关、继电器、熔断器	34.8	11.4	31.2	-5.4
16kV·A及以下变压器、互感器及零件	15.1	1.2	14.9	-0.7
绝缘子及零件	9.8	10.1	8.9	18.8
电力电容器及零件	1.1	-3.1	1.1	15.4

（2）其他电器设备出口：2012年，我国出口其他电器设备240.6亿美元，比上年增长3.9%，占我国电工电器产品出口总额的26.7%。其中，出口额前三位的产品依次是“电动

机及零件”“电动工具及零件”和“电磁铁”。除“电动机及零件”实现增长外，其他两大商品均呈降势。在其他电器设备的其余6项商品中，“工业炉及零件”增速最快。2012年我国其他电器设备产品出口情况见表4。

表4 2012年我国其他电器设备产品出口情况

商品名称	2012年		2011年	
	出口额（亿美元）	同比增长（%）	出口额（亿美元）	同比增长（%）
其他电器设备	240.6	3.9	231.5	24.9
电动机及零件	87.3	5.3	82.9	19.3
电动工具及零件	60.4	−0.1	60.4	18.9
电磁铁	29.0	−2.2	29.6	88.4
铅酸蓄电池及零件	21.8	11.7	19.5	6.3
电碳制品	16.2	−0.01	16.2	19.5
焊接机器及零件	12.6	14.6	11.0	37.9
焊剂、焊条	4.9	12.1	4.4	24.6
工业炉及零件	4.5	15.9	3.9	33.3
分电器、火花塞	4.0	10.6	3.6	18.4

(3)发电设备出口：2012年，我国出口发电设备133.8亿美元，逆势下降4.5%，占我国电工电器产品出口总额的14.8%。其中，出口额前三位的产品依次是“内燃发电机组及零件”“蒸汽锅炉及零件”“风力和其他发电机组及零件”，其中，“风力和其他发电机组及零件”增速高达40.1%。在10项发电设备出口中，“蒸汽锅炉和过热水锅炉的辅助设备及零件”降幅最大，出口8.1亿美元，比上年下降35.5%。2012年我国发电设备产品出口情况见表5。

表5 2012年我国发电设备产品出口情况

商品名称	2012年		2011年	
	出口额（亿美元）	同比增长（%）	出口额（亿美元）	同比增长（%）
发电设备	133.8	−4.5	140.1	31.0
内燃发电机组及零件	58.4	4.8	55.7	29.1
蒸汽锅炉及零件	19.5	−19.5	24.2	31.1
风力和其他发电机组及零件	15.5	40.1	11.0	107.0
汽轮机及零件	12.0	−24.4	15.8	22.8
蒸汽锅炉和过热水锅炉的辅助设备及零件	8.1	−35.5	12.5	61.7
交流发电机及零件	7.5	−16.6	9.0	15.8
其他发电机	7.1	7.3	6.7	28.4
水轮机及零件	4.7	8.4	4.4	0.3
集中供暖用的热水锅炉及零件	0.7	19.8	0.6	51.8
燃气轮机	0.3	32.0	0.3	−85.5

二、2012年我国电工电器产品进口特点

(一)加工贸易为最大进口贸易方式，一般贸易降幅高于整体

2012年，我国以加工贸易方式进口电工电器产品230.3亿美元，比上年增长0.6%，占我国电工电器产品进口总额的44.1%；以一般贸易方式进口210.1亿美元，比上年下降8.2%，深于同期我国电工电器产品整体进口降幅5.2个百分点，占我国电工电器产品进口总额的40.2%；以海关特殊监管区域方式进口73.3亿美元，比上年增长3.7%；以外商投资企业作为投资进口的设备、物品方式进口7亿美元，比上年下降14.5%。

(二)外商投资企业进口逾七成

2012年，外商投资企业进口电工电器产品395亿美元，比上年下降1.1%，占我国电工电器产品进口总额的75.7%；同期，私营企业进口67.1亿美元，比上年下降1.7%，占我国电工电器产品进口总额的12.9%；国有企业进口59.5亿美元，比上年下降14.6%，占我国电工电器产品进口总额的11.4%。

(三)日本为最大进口来源地

2012年，除国货复进口外，日本是我国电工电器产品的最大进口来源地，进口120.5亿美元，比上年下降5.9%，占我国电工电器产品进口总额的23.1%；自欧盟进口117.6亿美元，比上年下降12%；自东盟进口42亿美元，比上年增长5.2%。此外，国货复进口122.4亿美元，比上年增长5%。2012年我国电工电器产品前十大进口市场见表6。

表6 2012年我国电工电器产品前十大进口市场

进口市场	2012年		2011年	
	进口额（亿美元）	同比增长（%）	进口额（亿美元）	同比增长（%）
合　计	522.0	−3.0	538.2	13.3
中华人民共和国	122.4	5.0	116.6	13.6
日本	120.5	−5.9	128.0	16.2
欧盟	117.6	−12.0	133.7	12.1
东盟	42.0	5.2	39.9	27.9
韩国	39.1	1.2	38.7	8.0
美国	33.6	−3.6	34.9	5.3
中国台湾	21.0	−5.1	22.1	3.5
瑞士	8.8	20.8	7.3	22.4
墨西哥	5.1	13.9	4.5	13.2
挪威	1.8	7.6	1.7	16.6

(四)主要商品进口情况

1.三大类电工电器产品进口概况

我国电工电器产品进口结构可具体分为发电设备、输变电设备和其他电器设备三大类。2012年，输变电设备进口份额超过7成，但降幅高于同期我国电工电器产品进口整体水平0.7个百分点；除输变电和发电设备以外的其他电

器设备进口份额次之;发电设备进口所占份额最小,是三大类电工电器产品中进口额唯一出现增长的,增幅5.5%。2012年我国三大类电工电器产品进口情况见表7。

表7 2012年我国三大类电工电器产品进口情况

商品名称	2012年			2011年		
	进口额(亿美元)	同比增长(%)	占总进口额的比例(%)	进口额(亿美元)	同比增长(%)	占总进口额的比例(%)
合 计	522.0	-3.0	100.0	538.2	13.3	100.0
输变电设备	385.8	-3.7	73.9	400.3	12.4	74.3
其他电器设备	96.2	-3.8	18.5	100.0	16.0	18.6
发电设备	40.0	5.5	7.7	38.0	17.1	7.1

2. 三大类电工电器产品进口具体情况

(1)输变电设备进口:2012年,我国进口输变电设备385.8亿美元,比上年下降3.7%,占我国电工电器产品进口总额的73.8%。在9项输变电设备进口中,最大进口品种"低压电器及零件"进口额181.3亿美元,比上年下降3%,占输配电设备产品进口总额的47.1%;"电线电缆""16kV·A以上变压器、互感器及零件"分列第2、第3位且增势较强,分别进口53.8亿美元、46.6亿美元,比上年增长3.1%、9.4%。2012年我国输变电设备产品进口情况见表8。

表8 2012年我国输变电设备产品进口情况

商品名称	2012年		2011年	
	进口额(亿美元)	同比增长(%)	进口额(亿美元)	同比增长(%)
输变电设备	385.8	-3.7	400.3	12.4
低压电器及零件	181.3	-3.0	186.8	8.5
电线电缆	53.8	3.1	52.2	16.6
16kV·A以上变压器、互感器及零件	46.6	9.4	42.6	5.8
稳压电源、静止式变流器及零件	40.8	-23.6	53.4	17.1
1 000V及以下开关、继电器、熔断器	38.3	-1.8	38.9	33.8
绝缘子及零件	8.1	3.5	7.8	-6.5
16kV·A及以下变压器、互感器及零件	7.9	2.7	7.7	5.4
1 000V以上开关、熔断器及零件	6.8	-17.2	8.2	31.8
电力电容器及零件	2.3	2.3	2.2	14.3

(2)其他电器设备进口:2012年,我国进口其他电器设备96.2亿美元,比上年下降3.8%,占同期我国电工电器产品进口总额的18.5%。其中,进口额10亿美元以上的产品分别是"电动机及零件""电磁铁""工业炉及零件"和"焊接机器及零件",进口额分别为45.1亿美元、13亿美元、12.9亿美元和11.2亿美元。2012年我国其他电器设备产品进口情况见表9。

表9 2012年我国其他电器设备产品进口情况

商品名称	2012年		2011年	
	进口额(亿美元)	同比增长(%)	进口额(亿美元)	同比增长(%)
其他电器设备	96.2	-3.8	100.0	16.0
电动机及零件	45.1	-0.6	45.3	16.2
电磁铁	13.0	1.2	12.9	46.7
工业炉及零件	12.9	-16.7	15.5	0.9
焊接机器及零件	11.2	-9.1	12.3	11.9
分电器、火花塞	3.1	27.3	2.5	21.8
焊剂、焊条	3.0	-12.7	3.4	15.9
电动工具及零件	2.8	9.5	2.5	18.4
铅酸蓄电池及零件	2.6	21.4	2.1	-2.0
电碳制品	2.5	-26.8	3.4	25.8

(3)发电设备进口:2012年,我国进口发电设备40亿美元,比上年增长5.5%,占我国电工电器产品进口总额的7.7%。其中,进口额前三位的产品依次是"内燃发电机组及零件""汽轮机及零件"和"交流发电机及零件",分别进口17.8亿美元、7.4亿美元和3.8亿美元,比上年下降2.1%、1.8%和6.8%。此外,"燃气轮机"进口激增6.7倍,达到3.5亿美元。2012年我国发电设备产品进口情况见表10。

表10 2012年我国发电设备产品进口情况

商品名称	2012年		2011年	
	进口额(亿美元)	同比增长(%)	进口额(亿美元)	同比增长(%)
发电设备	40.0	5.5	38.0	17.1
内燃发电机组及零件	17.8	-2.1	18.2	18.2
汽轮机及零件	7.4	-1.8	7.6	23.6
交流发电机及零件	3.8	-6.8	4.1	31.5
燃气轮机	3.5	669.6	0.5	-57.1
其他发电机	2.9	5.3	2.7	27.7
风力和其他发电机组及零件	2.1	15.5	1.9	-5.0
蒸汽锅炉及零件	1.3	-5.0	1.4	14.0
蒸汽锅炉和过热水锅炉的辅助设备及零件	0.5	-33.5	0.8	53.9
集中供暖用的热水锅炉及零件	0.4	8.2	0.4	20.2
水轮机及零件	0.2	-55.0	0.5	-18.3

三、2012年我国电工电器产品进出口亮点及面临的主要问题

(一)出口方面

1.亮点

国内电器工业技术装备水平不断提高,有利于提升产业国际竞争力。2012年,电器工业完成工业总产值49 007.69亿元,同比增长12.05%;完成销售产值47 902.69亿元,同比增长11.96%;产销率为97.75%。在行业规模迅速扩张的同时,产品技术水平也有了显著提升。在发电设备制造领域,60万kW超临界、100万kW超超临界火电机组和70万kW水电机组等形成了批量生产能力,产品的技术质量也已达到国际先进水平;在输变电设备制造领域,我国在超高压和特高压大容量变压器、电抗器、SF_6断路器、隔离开关、绝缘子、避雷器等产品制造领域取得长足进步,技术性能达到国际先进或国际领先水平。当前已自主研制成功世界上首套1 000kV、300万kV·A分相单体式特高压变压器和电压等级最高、容量最大的1 000kV、96万kV·A高压并联电抗器等关键设备,实现了我国输变电行业技术的全面升级。产品技术水平的提升有利于提升产业国际竞争力。

2.问题

一是电力工业境外新签合同额同比出现下滑。2012年我国对外承包工程业务新签合同额1 565亿美元,其中电力工业境外工程新签合同额占比下降8.2%,为13.6%,位居第三。主要是受低迷的全球经济环境影响,印度经济增长出现下滑,设备投资增长停滞,使我国在印度电力工业领域新签合同额大幅下降了100亿美元。

二是企业面临的劳动力资源压力将持续加重。国家统计局公布数据显示,2012年,我国15~59岁劳动年龄人口比上年减少345万人,在相当长时期里第一次出现了绝对下降。中国发展研究基金会发布的报告认为,2010—2020年劳动年龄人口将减少2 900多万人。2012年6月11日,我国发布《国家人权行动计划(2012—2015年)》,提出建立工资正常增长机制,稳步提高最低工资标准,最低工资标准年均增长13%以上。伴随劳动年龄人口的减少、劳工诉求意识增强,我国劳动力成本将不断提升、人口红利趋于消失,电器工业出口企业面临的人力资源压力将继续加重。

三是部分行业准入门槛低,过度竞争局面严重。如,在2012年电工电器产品出口份额最大的“电线电缆”领域中,我国已经拥有各类电线电缆企业7 000多家,97%以上是民营性质的中小企业,其中,部分企业根本不具备生产能力、质量控制和检测能力,加上集中于低端产品,产能过剩,企业纷纷开展低价竞销,行业平均利润率下降,企业合理利润难以保障。部分企业不顾产品质量,偷工减料、以次充好,电线电缆产品质量难以保证。2012年国家质量监督检验检疫总局开展的电线电缆产品质量联动抽查结果显示,生产领域电线电缆抽查合格率平均为88.2%。

四是非传统市场的出口空间仍未得到挖掘利用。据国际货币基金组织报告,2013年新兴经济体和发展中国家将取得平均5.5%的增长,仍是推动全球经济增长的动力,其中东盟5国(印度尼西亚、马来西亚、泰国、菲律宾、越南)将增长5.5%。此外,俄罗斯于2012年8月22日正式成为世贸组织第156个成员,承诺总体关税水平将从2011年的10%降至7.8%,其中工业制成品将从9.5%降至7.3%,机电产品关税从8.4%降至6.2%。国际货币基金组织报告称,2013年俄罗斯经济将增长3.7%,我国应抓住这一有利时机向俄罗斯扩大出口。部分新兴市场仍然具备一定的经济活力,而我国电工电器产品出口一直集中在发达国家等传统市场,忽略对非传统地区的开拓,不仅不利于巩固出口规模、增加新增长点,更不利于分散市场风险。

3.隐患

世界经济形势不容乐观,贸易保护主义持续蔓延,加大了出口难度。2012年,世界经济仍处在调整转型期,低速增长态势仍在延续,国际金融危机的深层次影响持续蔓延。联合国2013年5月23日发布的年中更新版《2013年世界经济形势与展望》报告称,世界经济面临的下行风险尚未完全消失,预计2013年全球经济将增长2.3%,继续维持低速增长的态势。受此影响,发达经济体贸易保护主义将会进一步升温,对外转嫁内部经济困境的意图会有所增强;同时,欧美国家纷纷实施再工业化战略,促进制造业回归,国际产业与科技竞争更趋激烈。

(二)进口方面

一是国内能源消费增速放缓,削弱了电工电器设备的进口需求。中国能源研究会《中国能源发展报告2013》显示,2012年国内经济增速放缓,能源消费增速将进一步放缓。2012年,全国基建新增发电设备容量8 020万kW,回落至9 000万kW以下,此前至2011年全国基建新增发电设备容量已连续6年超过9 000万kW。其中,水电设备新增1 551万kW,火电设备新增5 065万kW,并网风电设备新增1 285万kW,并网太阳能发电设备新增119万kW。2012年全国全社会用电量49 591亿kW·h,同比增长5.5%,增速比2011年回落6.5个百分点。2012年,全国电力工程建设完成投资7 466亿元,同比下降1.9%。全社会用电量增速和电力工程建设步伐均放缓,一定程度上削弱了发电设备的进口需求。

二是部分核心技术的缺失制约电器工业产业的发展。我国风电和光伏产业前期发展一直以引进技术、引进项目、装配制造为主。当前我国已成为世界电器制造大国,但非制造强国,部分关键零部件仍主要依赖进口,成为制约行业发展的瓶颈。在一些关键技术和核心技术方面,我国企业仍然受制于跨国公司的制约。

四、对当前问题采取的积极措施和相关建议

一是加强自主创新和技术改造能力,提升产业综合竞争力。加强自主创新和技术改造。把推进自主创新作为转变发展方式的中心环节,发展重大技术装备,突破关键技术，进一步提高自主化能力。

二是调整对外贸易政策、运用多种鼓励政策稳定出口。保持优惠政策延续性，降低商检和物流费用，加强公共服务体系建设，实施提高出口退税率等政策，推进出口产品多元化和市场多元化，推动企业创新和品牌建设，促进产品出口。

三是培育具有国际竞争力的龙头企业，加大“走出去”战略实施力度。建立并完善落后产能的淘汰机制，提高行业准入门槛，着力提升产业集中度和专业化程度，培养自主创新能力和产业竞争力的龙头企业，进一步拓展海外市场，发展对外承包业务，引导企业适当向外转移产能，严控行业产能过剩风险。

四是加强和完善产业安全预警机制，积极应对贸易壁垒。建立重点产品的实时跟踪机制，加强对重点产品以及处于产业链上游的元器件产品的监控，随时关注进口国的贸易政策，运用 WTO 框架下的合理条例维护自己的权益，积极应对各种贸易摩擦。

五、2012 年我国电工电器产品进出口具体情况

2012 年我国电工电器分类产品进口情况见表 11。2012 年我国电工电器分类产品出口情况见表 12。

表 11　2012 年我国电工电器分类产品进口情况

商品编码	商 品 名 称	进口量单位	进口额（万美元）	同比增长（%）	进口量	同比增长（%）
	合　计		5 220 152.11	-3.00		
一	发电设备		400 355.95	5.49		
1	蒸汽锅炉及零件		13 014.04	-4.96		
84021190	蒸发量超过 45t/h 的其他水管锅炉	台	1 309.49	281.37	10	66.67
84021200	蒸发量不超过 45t/h 的水管锅炉	台	1 126.43	-55.58	70	-26.32
84021900	未列名蒸汽锅炉，包括混合式锅炉	台	3 953.45	-28.61	228	-33.53
84029000	蒸汽及过热水锅炉零件	kg	6 624.66	25.56	2 394 834	61.49
2	集中供暖用的热水锅炉及零件		4 201.51	8.22		
84022000	过热水锅炉	台	533.62	48.08	57	29.55
84031090	其他集中供暖用的热水锅炉	台	2 459.11	-1.27	3 033	-15.33
84039000	集中供暖用的热水锅炉零件	kg	1 208.77	17.24	1 981 543	0.32
3	蒸汽锅炉和过热水锅炉的辅助设备及零件		5 409.48	-33.55	1 952 076	-45.11
84041010	蒸汽锅炉和过热水锅炉的辅助设备	kg	1 886.73	-54.34	925 654	-67.00
84041020	集中供暖用锅炉的辅助设备	kg	50.37	-83.09	38 887	-51.61
84042000	水蒸气或其他蒸汽动力装置的冷凝器	kg	68.76	-82.94	53 625	-71.87
84049090	84041010、84042000 所列设备的零件	kg	3 403.63	2.90	933 910	94.24
4	汽轮机及零件		74 425.03	-1.81		
84068110	40MW<输出功率≤100MW 的汽轮机	台	5 630.64	321.59	7	133.33
84068200	输出功率不超过 40MW 的汽轮机	台	22 131.90	39.90	95	26.67
84069000	汽轮机零件	kg	46 662.49	-20.42	13 356 526	-30.03
5	水轮机及零件		2 149.67	-54.98		
84101100	水轮机及水轮，$P\leq1\ 000$kW	台	154.32	4023.71	4	-76.47
84109010	水轮机及水轮的调节器	kg	216.64	-10.45	1 623	3.11
84109090	其他水轮机及水轮的零件	kg	1 778.71	-60.72	943 587	-57.38
6	燃气轮机	台	34 788.41	669.57	73	305.56
84118100	其他燃气轮机，$P\leq5\ 000$kW	台	1 096.32	181.37	28	250.00
84118200	其他燃气轮机，$P>5\ 000$kW	台	33 692.10	715.62	45	350.00
7	交流发电机及零件		38 101.50	-6.77		
85016100	交流发电机，输出功率≤75kV · A	台	1 891.86	-8.44	17 110	-25.82
85016200	交流发电机，75kV · A<输出功率≤375kV · A	台	720.35	-14.09	431	36.39
85016300	交流发电机，375kV · A<输出功率≤750kV · A	台	709.64	-46.20	86	-15.69

（续）

商品编码	商品名称	进口量单位	进口额（万美元）	同比增长（%）	进口量	同比增长（%）
85016410	交流发电机,750kV·A<输出功率≤350MV·A	台	16 595.35	-1.84	867	-12.69
85016420	交流发电机,350MV·A<输出功率≤665MV·A	台	1 145.27		1	
85016430	交流发电机,输出功率>665MV·A	台	2 355.36	14.95	1	0.00
85030020	输出功率超过350MV·A交流发电机的零件	kg	14 683.65	-16.98	6 604 872	-36.21
8	内燃发电机组及零件		178 098.68	-2.15		
85021100	压燃式内燃机发电机组,输出功率≤75kV·A	台	2 454.42	-31.59	3 713	-30.14
85021200	压燃式内燃机发电机组,75kV·A<输出功率≤375kV·A	台	4 414.65	-33.47	966	-48.56
85021310	压燃式内燃机发电机组,375kV·A<输出功率≤2MV·A	台	64 064.92	7.67	2 254	-9.26
85021320	压燃式内燃机发电机组,输出功率>2MV·A	台	26 652.02	-3.17	511	6.68
85022000	装有点燃式活塞内燃发动机的发电机组	台	4 452.79	-26.67	14 028	109.06
85030090	其他专用于或主要用于8501或8502机器的零件	kg	76 059.89	-3.33	77 376 283	-10.55
9	风力和其他发电机组及零件		21 444.68	15.45		
85023100	风力发电机组	台	328.64	-72.02	40	-91.21
85023900	未列名发电机组	台	18 750.34	56.47	38 569	-42.26
85030030	子目号8502.31所列发电机组零件	kg	2 365.70	-56.33	1 737 085	-61.29
10	其他发电机	个	28 722.95	5.29	2 928 952	-8.18
85114010	机车航空器船舶用起动电机及两用起动发电机	个	1 869.96	-5.65	8 641	80.74
85114091	输出功率≥132.39kW其他发动机用起动电机	个	2 108.21	-18.03	162 362	-22.88
85114099	其他起动电机及两用起动发电机	个	5 996.64	-7.23	1 147 397	-10.93
85115010	其他机车、航空器及船舶用发电机	个	2 083.64	-31.56	677	176.33
85115090	未列名发电机	个	16 664.50	26.09	1 609 875	-4.54
二	输变电设备		3 858 035.41	-3.72		
11	16kV·A以上变压器、互感器及零件		465 899.88	9.43		
85042100	液体介质变压器,额定容量≤650kV·A	个	809.98	129.75	11 605	592.01
85042200	液体介质变压器,650kV·A<额定容量≤10MV·A	个	1 450.80	-42.90	128	-36.00
85042311	液体介质变压器,10MV·A<额定容量<220MV·A	个	1 680.86	603.08	27	92.86
85042312	液体介质变压器,220MV·A≤额定容量<330MV·A	个	15 234.06	1551.41	27	-73.53
85042313	液体介质变压器,330MV·A≤额定容量<400MV·A	个	137.10		1	
85042321	液体介质变压器,400MV·A≤额定容量<500MV·A	个	5.65	-99.83	17	54.55
85042329	液体介质变压器,额定容量≥500MV·A	个	2.19	-7.28	6	-64.71
85043300	其他变压器,16kV·A<额定容量≤500kV·A	个	3 295.01	-26.77	37 106	1.55
85043400	其他变压器,额定容量>500kV·A	个	4 412.21	46.37	4 856	861.58
85045000	其他电感器	个	307 914.62	11.17	150 189 860 670	13.84
85049011	额定容量≥400MV·A的液体介质变压器的零件	kg	89.93	-6.43	37 287	-63.45
85049019	其他变压器的零件	kg	20 991.16	-12.09	22 633 073	-18.46
85049090	8504所列其他货品的零件	kg	109 876.30	-0.12	23 763 617	-16.03
12	16kV·A及以下变压器、互感器及零件	个	79 436.08	2.69	1 523 652 122	-1.55
85043110	额定容量≤1kV·A的互感器	个	3 167.04	-44.08	9 313 432	-35.54
85043190	未列名额定容量≤1kV·A的变压器	个	70 763.03	6.32	1 513 408 471	-1.19
85043210	1kV·A<额定容量≤16kV·A的互感器	个	1 971.37	72.56	175 122	15.97

（续）

商品编码	商品名称	进口量单位	进口额（万美元）	同比增长（%）	进口量	同比增长（%）
85043290	1kV·A<额定容量≤16kV·A 的未列名变压器	个	3 534.64	-11.37	755 097	-42.39
13	稳压电源、静止式变流器及零件		408 313.86	-23.59		
85044020	不间断供电电源	台	11 404.93	-11.57	382 530	38.73
85049020	稳压电源及不间断供电电源的零件	kg	34 673.70	19.68	5 800 679	-36.30
85044091	具有变流功能的半导体模块	个	124 124.53	-24.25	1 318 638 557	31.91
85044099	未列名静止式变流器	个	238 110.69	-27.55	399 337 383	-2.55
14	电力电容器及零件	kg	22 691.38	2.28	5 548 868	-11.52
85321000	50/60Hz 电路用固定电容，无功功率≥0.5kvar	kg	6 163.05	-5.87	2 137 392	-11.31
85329010	85321000 所列电容器的零件	kg	129.35	-38.13	61 046	-15.95
85329090	其他电容器的零件	kg	16 398.98	6.28	3 350 430	-11.57
15	1 000V 以上开关、熔断器及零件		67 888.87	-17.18		
85351000	熔断器，线路电压>1 000V	个	630.17	-7.81	595 590	166.07
85352100	自动断路器，1 000V<线路电压<72.5kV	个	11 061.34	-26.40	12 271	-22.22
85352910	用于电压不低于 72.5kV，但不高于 220kV 的线路的自动断路器	个	438.20		1 426	
85352920	用于电压高于 220kV，但不高于 750kV 的线路的自动断路器	个	132.56		47 001	
85352990	用于电压高于 750kV 线路的自动断路器	个	1 686.76		169	
85353010	用于电压不低于 72.5kV，但不高于 220kV 的线路的隔离开关及断续开关	个	15.06		25	
85353020	用于电压不低于 220kV，但不高于 750kV 的线路的隔离开关及断续开关	个	167.16		34	
85353090	用于电压超过 1 000V 但低于 72.5kV，或高于 750kV 的线路的隔离开关及断续开关	个	2 122.48		11 836	
85354000	避雷器、电压限幅器及电涌抑制器，电压>1 000V	个	2 777.47	28.25	27 119 816	2.10
85359000	其他开关、保护或连接用电气装置，电压>1 000V	kg	11 438.61	-37.99	1 389 463	-32.94
85372010	全封闭组合式高压开关装置，线路电压≥500kV	台	1 961.01	-21.29	2 611	-15.72
85372090	其他电力控制或分配盘、板、台等，电压>1 000V	kg	35 166.09	-17.17	4 884 660	-19.03
85381010	编号 85372010 所列货品的零配件	kg	291.94	-58.51	45 689	-58.62
16	1 000V 及以下开关、继电器、熔断器	个	382 524.59	-1.77	22 361 835 440	
85361000	熔断器，线路电压≤1 000V	个	55 225.49	4.08	8 551 666 756	-6.53
85362000	自动断路器，线路电压≤1 000V	个	20 003.86	-14.59	78 354 968	40.10
85363000	其他电路保护装置，线路电压≤1 000V	个	53 593.59	6.14	1 553 628 831	-3.70
85364110	继电器，电压≤36V	个	57 202.15	5.15	849 368 338	1.78
85364190	继电器，36V<电压≤60V	个	2 784.61	-16.58	24 777 584	-46.41
85364900	继电器，60V<线路电压≤1 000V	个	26 185.93	-15.47	171 411 789	-17.14
85365000	开关，线路电压≤1 000V	个	164 320.38	-3.12	10 948 598 315	-0.19
85366100	灯座，线路电压≤1 000V	个	3 208.57	-22.42	184 028 859	-31.58
17	低压电器及零件		1 812 500.61	-2.96		
85366900	插头及插座，线路电压≤1 000V	个	178 165.31	-3.85	15 687 149 593	0.26

（续）

商品编码	商 品 名 称	进口量单位	进口额（万美元）	同比增长（%）	进口量	同比增长（%）
85369000	其他连接用电气装置，线路电压≤1 000V	kg	799 416.74	5.86	96 608 358	-1.68
85371011	用于电压不超过1 000V线路的可编程序控制器	个	87 843.32	-13.47	2 425 119	-10.96
85371019	用于电压不超过1 000V线路的其他数控装置	个	64 107.32	-23.56	3 553 148	-31.51
85371090	其他电力控制或分配盘、板、台等，电压≤1 000V	个	204 233.43	9.51	52 049 755	39.56
85381090	8537其他货品的盘、板等基座，未装有关装置	kg	8 238.75	-21.09	1 296 098	-32.58
85389000	8535、8536或8537所列装置的其他零件	kg	399 252.59	-10.22	82 268 412	-11.19
85413000	半导体开关元件等	个	24 521.00	-22.45	1 586 748 537	-35.29
85433000	电镀、电解或电泳设备及装置	台	46 722.15	-31.88	10 017	78.91
18	电线电缆	kg	538 273.87	3.13	283 236 827	-6.46
85441100	铜制绕组电线	kg	52 549.46	-6.28	44 179 988	-11.12
85441900	其他绕组电线	kg	1 005.61	-33.90	890 879	-33.13
85442000	同轴电缆及其他同轴电导体	kg	28 586.04	35.98	5 011 677	2.71
85443020	机动车辆用点火布线组及其他布线组	kg	18 126.90	13.83	5 148 223	6.01
85443090	其他车，航空器，船用点火布线组及其他布线组	kg	3 841.75	-18.89	985 224	16.43
85444211	有接头电缆，额定电压≤80V	kg	67 275.44	49.11	10 970 995	-11.46
85444219	其他有接头电导体，额定电压≤80V	kg	84 252.72	4.73	19 892 255	0.02
85444221	有接头电缆，80V<额定电压≤1 000V	kg	32 181.50	0.25	13 012 786	8.23
85444229	其他有接头电导体，80V<额定电压≤1 000V	kg	65 467.79	-13.46	31 270 929	-20.95
85444919	其他电导体，额定电压≤80V	kg	83 975.25	-0.52	84 147 797	-1.84
85444921	其他电缆，80V<额定电压≤1 000V	kg	28 159.62	1.03	20 946 516	7.17
85444929	其他电导体，80V<额定电压≤1 000V	kg	42 639.88	-9.92	32 695 821	-15.22
85446012	电缆，1kV<额定电压≤35kV	kg	12 200.41	19.63	8 561 905	15.64
85446013	电缆，35kV<额定电压≤110kV	kg	810.40	-47.55	246 497	-48.72
85446014	电缆，110kV<额定电压≤220kV	kg	209.29	85.95	139 107	378.08
85446019	电缆，额定电压>220kV	kg	508.58	-73.39	173 308	-77.74
85446090	未列名电导体，额定电压>1 000V	kg	3 831.13	-27.42	1 810 645	-27.30
85447000	由每根被覆光纤组成的光缆	kg	12 652.10	18.35	3 152 275	37.91
19	绝缘子及零件	kg	80 506.27	3.55	26 665 087	2.52
85461000	玻璃制的绝缘子	kg	121.09	-32.61	5 458	-58.90
85462010	输变电线路绝缘瓷套管	kg	8 349.74	50.54	1 745 311	-6.51
85462090	其他陶瓷制的绝缘子	kg	603.22	-37.78	353 848	15.25
85469000	其他绝缘子	kg	7 897.61	42.85	1 156 857	13.55
85471000	陶瓷制绝缘零件	kg	6 017.02	-3.63	2 727 548	-5.67
85472000	塑料制绝缘零件	kg	47 662.43	-3.45	13 940 534	-7.37
85479010	内衬绝缘材料的贱金属制线路导管及其接头	kg	1 474.78	-10.64	307 490	-4.00
85479090	未列名的电气机器、器具或设备用绝缘配件	kg	7 722.88	-0.24	1 398 393	38.73
70200012	工业绝缘子用玻璃伞盘	kg	657.49	25.83	5 029 648	42.31
三	其他电器设备		961 760.75	-3.79		
20	电动工具及零件		27 835.94	9.55		
84672100	手提式各种电钻	台	2 391.28	1.24	469 828	4.28

（续）

商品编码	商 品 名 称	进口量单位	进口额（万美元）	同比增长（%）	进口量	同比增长（%）
84672210	电动手提式链锯	台	18.66	117.86	4 099	174.55
84672290	其他手提式电锯	台	184.84	-36.88	15 945	-53.15
84672910	手提电动砂磨工具（包括磨光机、砂光机等）	台	1 051.78	-5.98	156 836	7.75
84672920	手提式电刨	台	23.88	-46.22	2 951	-49.80
84672990	其他手提式电动工具	台	6 676.64	29.84	259 111	-4.09
84679110	电动手提式链锯用的零件	kg	829.57	11.87	1 294 110	30.45
84679910	品目 8467 所列其他电动手提式工具的零件	kg	16 659.29	6.11	7 453 106	-8.92
21	电动机及零件		450 628.29	-0.57		
85011010	玩具电动机，$P \leqslant 37.5W$	台	2 073.55	-6.82	87 732 631	-8.80
85011091	微电机，$P \leqslant 37.5W$，20mm≤机座尺寸≤30mm	台	57 840.42	-1.69	806 235 934	-7.23
85011099	其他电动机，$P \leqslant 37.5W$	台	152 006.66	11.97	1 174 465 854	0.66
85012000	交直流两用电动机，$P > 37.5W$	台	1 991.59	4.70	4 358 576	31.68
85013100	直流电动机及直流发电机，$P \leqslant 750W$	台	52 864.56	0.26	46 223 085	-1.83
85013200	直流电动机及直流发电机，$750W < P \leqslant 75kW$	台	4 240.14	-25.34	195 024	-37.35
85013300	直流电动机及直流发电机，$75kW < P \leqslant 375kW$	台	903.18	-51.17	3 273	54.39
85013400	直流电动机及直流发电机，$P > 375kW$	台	3 305.87	192.12	177	45.08
85014000	其他单相交流电动机	台	17 678.30	-0.31	21 961 358	7.79
85015100	多相交流电动机，$P \leqslant 750W$	台	30 319.88	1.93	2 311 799	48.88
85015200	多相交流电动机，$750W < P \leqslant 75kW$	台	49 654.08	-11.54	515 930	-20.77
85015300	多相交流电动机，$P > 75kW$	台	57 875.30	-12.48	12 418	-14.26
85024000	旋转式变流机	台	108.85	-90.70	161	-50.76
85030010	玩具电动机和微电机的零件	kg	19 765.91	-10.97	5 945 115	-14.08
22	电磁铁		130 419.28	1.15		
85051110	稀土永磁体	kg	58 834.49	-3.67	2 997 398	-40.58
85051190	其他金属永磁铁及磁化后准备制永磁铁的物品	kg	34 695.07	13.30	10 117 244	9.98
85051900	其他永磁铁及磁化后准备制永磁铁的物品	kg	18 562.56	1.82	25 254 718	-17.19
85059010	电磁起重吸盘	kg	233.23	-18.42	9 595	-77.07
85059090	电磁铁；电磁或永磁工件夹具；8505 的零件	个	18 093.93	-3.33	89 592 535	-41.94
23	铅酸蓄电池及零件		25 890.06	21.37		
85071000	用于起动活塞式发动机的铅酸蓄电池	个	15 691.24	48.92	2 449 696	37.35
85072000	其他铅酸蓄电池	个	9 227.87	-2.41	4 449 593	17.26
85079010	铅酸蓄电池的零件	kg	970.94	-27.50	1 914 651	0.25
24	分电器、火花塞	个	31 294.45	27.30	75 789 663	9.44
85111000	火花塞	个	13 515.15	24.72	57 102 567	3.35
85112010	机车航空器船舶磁电机、直流发电机及磁飞轮	个	209.33	66.57	2 677	100.67
85112090	其他点火磁电机、永磁直流发电机及磁飞轮	个	282.27	2.28	242 355	42.62
85113010	机车、航空器及船舶用分电器、点火线圈	个	359.70	7.70	87 794	3.54
85113090	其他分电器、点火线圈	个	16 928.00	30.11	18 354 270	33.50
25	工业炉及零件		129 373.02	-16.71		
85141010	可控气氛热处理炉	台	23 634.57	-31.84	700	4.63

（续）

商品编码	商品名称	进口量单位	进口额（万美元）	同比增长（%）	进口量	同比增长（%）
85141090	其他工业或实验室用电阻加热炉及烘箱	台	47 647.83	-21.04	27 243	7.28
85142000	工业或实验用感应或介质损耗工作的炉及烘箱	台	12 313.42	1.27	7 232	6.21
85143000	其他工业或实验室用炉及烘箱	台	14 148.79	-45.06	3 747	-27.14
85144000	其他工业或实验用感应或介质损耗热处理设备	台	15 783.57	19.01	5 084	-47.58
85149090	品目 8514 所列其他设备的零件	kg	15 844.83	73.38	4 722 581	225.83
26	焊接机器及零件		112 058.99	-9.06		
85151100	钎焊烙铁及焊枪	个	1 594.00	110.83	55 341	-9.77
85151900	其他钎焊机器及装置	台	9 379.23	39.18	15 431	-26.75
85152110	全自动或半自动电阻直缝焊管机	台	1 428.24	-33.29	441	65.17
85152190	其他全自动或半自动电阻焊接机器及装置	台	19 038.43	9.99	4 205	108.68
85152900	其他电阻焊接机器及装置	台	1 138.57	-80.19	885	-47.97
85153110	全自动或半自动的螺旋焊管机	台	467.21	-73.80	74	-40.32
85153190	其他全自动或半自动电弧焊接机器及装置	台	12 662.80	-17.66	5 088	-5.85
85153900	其他电弧焊接机器及装置	台	2 077.27	-27.31	26 426	216.25
85158000	其他焊机；热喷金属或硬质合金的电气机器	台	48 020.63	-8.37	36 851	41.05
85159000	8515 所列机器的零件	kg	16 252.60	-10.22	1 517 061	-21.15
27	电碳制品	kg	24 599.22	-26.85	15 582 414	-35.11
85451100	炉用碳电极	kg	4 662.82	-44.03	10 520 241	-45.16
85451900	其他碳电极	kg	1 492.11	10.79	512 483	49.74
85452000	碳刷	kg	9 880.12	8.79	1 352 675	2.44
85459000	其他电气设备用石墨或碳精制品	kg	6 303.92	-48.43	1 314 077	-4.67
68141000	粘聚或复制云母制板、片、带	kg	1 731.53	-4.25	1 514 594	42.25
68149000	其他已加工的云母及其制品	kg	528.73	-36.62	368 344	-49.15
28	焊剂、焊条	kg	29 661.49	-12.73	44 524 538	-17.28
83111000	焊剂涂面的贱金属电极，电弧焊用	kg	5 985.54	-24.93	6 589 357	-19.08
83112000	焊剂为芯的贱金属制焊丝，电弧焊用	kg	12 760.74	0.19	23 343 223	-7.18
83113000	焊剂涂面或做芯贱金属条或丝，钎焊或气焊用	kg	8 470.11	-21.41	12 682 810	-30.08
83119000	其他贱金属焊条等；贱金属粉制金属喷镀丝条	kg	2 445.10	-2.19	1 909 148	-20.36

表 12　2012 年我国电工电器分类产品出口情况

商品编码	商品名称	出口量单位	出口额（万美元）	同比增长（%）	出口量	同比增长（%）
	合　计		9 044 967.51	6.97		
一	发电设备		1 337 711.33	-4.52		
1	蒸汽锅炉及零件		194 770.91	-19.50		
84021110	蒸发量在 900t/h 及以上的发电用锅炉	台	3 856.56	219.01	181	654.17
84021190	蒸发量超过 45t/h 的其他水管锅炉	台	11 280.60	28.98	201	246.55
84021200	蒸发量不超过 45t/h 的水管锅炉	台	14 696.12	18.90	930	3.22
84021900	未列名蒸汽锅炉，包括混合式锅炉	台	12 458.10	33.90	1 705	16.54
84029000	蒸汽及过热水锅炉零件	kg	152 479.52	-27.50	359 704 716	-38.15
2	集中供暖用的热水锅炉及零件		7 248.49	19.83		

（续）

商品编码	商 品 名 称	出口量单位	出口额（万美元）	同比增长（%）	出口量	同比增长（%）
84022000	过热水锅炉	台	116.32	-53.77	31	-46.55
84031090	其他集中供暖用的热水锅炉	台	1 132.25	29.95	1 541	58.54
84039000	集中供暖用的热水锅炉零件	kg	5 999.91	21.80	8 859 871	-1.75
3	蒸汽锅炉和过热水锅炉的辅助设备及零件	kg	80 584.23	-35.48	175 272 638	-39.30
84041010	蒸汽锅炉和过热水锅炉的辅助设备	kg	48 633.32	-28.05	81 567 299	-7.12
84041020	集中供暖用锅炉的辅助设备	kg	223.20	738.84	381 670	564.58
84042000	水蒸气或其他蒸汽动力装置的冷凝器	kg	3 570.95	-12.84	5 109 741	-39.98
84049090	84041010、84042000 所列设备的零件	kg	28 156.75	-47.06	88 213 928	-54.14
4	汽轮机及零件		119 750.45	-24.43		
84068110	40MW<输出功率≤100MW 的汽轮机	台	1 682.63	-51.29	6	-45.45
84068120	100MW<输出功率≤350MW 的汽轮机	台	6 102.74	-22.70	5	-50.00
84068200	输出功率不超过 40MW 的汽轮机	台	12 436.71	1.56	138	12.20
84069000	汽轮机零件	kg	99 528.37	-26.20	64 706 255	-30.76
5	水轮机及零件		47 498.87	8.41		
84101100	水轮机及水轮，P ≤1 000kW	台	607.46	10.52	901	254.72
84101200	1 000kW< P ≤10 000kW 的水轮机及水轮	台	3 365.51	-38.88	121	-32.02
84101390	P >10 000kW 的其他水轮机及水轮	台	2 668.70	-1.67	52	0.00
84109010	水轮机及水轮的调节器	kg	2 035.33	83.12	1 170 141	57.27
84109090	其他水轮机及水轮的零件	kg	38 821.87	14.41	44 041 910	14.38
6	燃气轮机	台	3 346.86	31.98		
84118200	其他燃气轮机，P >5 000kW	台	3 346.86	31.98	11	-15.38
7	交流发电机及零件		74 804.17	-16.60		
85016100	交流发电机，输出功率≤75kV · A	台	18 567.21	2.67	1 016 302	31.89
85016200	交流发电机，75kV · A<输出功率≤375kV · A	台	9 319.07	-4.99	41 641	-4.63
85016300	交流发电机，375kV · A<输出功率≤750kV · A	台	2 904.25	-12.53	5 137	-13.75
85016410	交流发电机，750kV · A<输出功率≤350MV · A	台	26 246.56	-10.75	5 927	-13.78
85016420	交流发电机，350MV · A<输出功率≤665MV · A	台	2 681.85	-16.83	5	-54.55
85030020	输出功率超过 350MV · A 交流发电机的零件	kg	15 085.22	-41.63	9 189 944	-18.70
8	内燃发电机组及零件		583 532.75	4.84		
85021100	压燃式内燃机发电机组，输出功率≤75kV · A	台	61 818.00	0.49	471 998	1.64
85021200	压燃式内燃机发电机组，75kV · A<输出功率≤375kV · A	台	37 424.43	13.51	25 679	9.52
85021310	压燃式内燃机发电机组，375kV · A<输出功率≤2MV · A	台	61 077.23	10.27	6 259	-4.05
85021320	压燃式内燃机发电机组，输出功率>2MV · A	台	13 045.94	11.24	219	-13.78
85022000	装有点燃式活塞内燃发动机的发电机组	台	163 576.32	0.72	9 327 283	-14.39
85030090	其他专用于或主要用于 8501 或 8502 机器的零件	kg	246 590.84	6.02	418 441 059	-1.35
9	风力和其他发电机组及零件		154 822.15	40.15		
85023100	风力发电机组	台	46 696.23	32.98	19 388	20.44
85023900	未列名发电机组	台	10 617.45	-16.09	21 879	288.96
85030030	子目号 850231 所列发电机组零件	kg	97 508.46	55.51	388 735 747	48.73
10	其他发电机	个	71 352.45	7.27	23 792 176	8.12
85114010	机车航空器船舶用起动电机及两用起动发电机	个	855.97	55.81	166 649	268.47

（续）

商品编码	商 品 名 称	出口量单位	出口额（万美元）	同比增长（%）	出口量	同比增长（%）
85114091	输出功率≥132.39kW 其他发动机用起动电机	个	845.42	28.25	66 682	36.07
85114099	其他起动电机及两用起动发电机	个	43 114.86	7.97	18 188 631	9.76
85115010	其他机车、航空器及船舶用发电机	个	1 230.08	23.39	9 992	2 763.04
85115090	未列名发电机	个	25 306.13	3.79	5 360 222	0.38
二	输变电设备		5 300 955.44	11.85		
11	16kV · A 以上变压器、互感器及零件		487 335.99	8.61		
85042100	液体介质变压器，额定容量≤650kV · A	个	9 049.52	1.50	53 961	18.61
85042200	液体介质变压器，650kV · A<额定容量≤10MV · A	个	11 749.56	32.68	2 356	18.87
85042311	液体介质变压器，10MV · A<额定容量<220MV · A	个	60 521.91	15.90	1 015	-1.07
85042312	液体介质变压器，220MV · A≤额定容量<330MV · A	个	9 518.10	-0.80	41	-43.06
85042313	液体介质变压器，330MV · A≤额定容量<400MV · A	个	2 342.57	54.70	16	128.57
85042321	液体介质变压器，400MV · A≤额定容量<500MV · A	个	3 231.07	8.78	20	100.00
85042329	液体介质变压器，额定容量≥500MV · A	个	6 151.34	130.49	31	520.00
85043300	其他变压器，16kV · A<额定容量≤500kV · A	个	8 277.02	0.49	189 133	652.11
85043400	其他变压器，额定容量>500kV · A	个	15 266.25	-1.53	3 184	8.56
85045000	其他电感器	个	236 351.84	2.55	48 409 863 366	6.92
85049011	额定容量≥400MV · A 的液体介质变压器的零件	kg	876.08	-20.48	1 322 262	13.03
85049019	其他变压器的零件	kg	40 691.39	2.89	92 513 833	16.23
85049090	8504 所列其他货品的零件	kg	83 309.33	24.18	39 652 971	-7.53
12	16kV · A 及以下变压器、互感器及零件	个	150 932.12	1.23	2 602 915 421	-4.61
85043110	额定容量≤1kV · A 的互感器	个	10 431.17	52.46	25 237 125	4.99
85043190	未列名额定容量≤1kV · A 的变压器	个	136 005.29	-1.28	2 576 593 958	-4.69
85043210	1kV · A<额定容量≤16kV · A 的互感器	个	78.80	-75.62	4 643	-95.77
85043290	1kV · A<额定容量≤16kV · A 的未列名变压器	个	4 416.86	6.33	1 079 695	5.96
13	稳压电源、静止式变流器及零件		869 190.19	11.60		
85044020	不间断供电电源	台	124 927.93	2.09	20 487 439	0.17
85049020	稳压电源及不间断供电电源的零件	个	80 153.47	34.27	40 030 133	6.06
85044091	具有变流功能的半导体模块	个	39 943.21	0.00	1 256 851 693	124.63
85044099	未列名静止式变流器	个	624 165.58	12.09	2 038 865 297	-0.04
14	电力电容器及零件	kg	10 557.91	-3.08	10 271 077	-8.58
85321000	50/60Hz 电路用固定电容，无功功率≥0.5kvar	kg	4 594.40	-4.50	4 060 763	-0.77
85329010	85321000 所列电容器的零件	kg	377.44	-19.00	393 803	-25.90
85329090	其他电容器的零件	kg	5 586.07	-0.55	5 816 511	-12.02
15	1 000V 以上开关、熔断器及零件		682 119.28	12.00		
85044099	未列名静止式变流器	个	624 165.58	12.09	2 038 865 297	-0.04
85321000	50/60Hz 电路用的固定电容器，额定无功功率≥0.5kvar	kg	4 594.40	-4.50	4 060 763	-0.77
85329010	品目 85321000 所列电容器的零件	kg	377.44	-19.00	393 803	-25.90
85329090	其他电容器的零件	kg	5 586.07	-0.55	5 816 511	-12.02
85351000	熔断器，线路电压>1 000V	个	7 589.16	44.55	2 451 930	5.65
85352100	自动断路器，1 000V<线路电压<72.5kV	个	5 193.09	18.21	29 387	46.89
85352910	用于电压不低于 72.5kV，但不高于 220kV 的线路的自动	个	4 267.92		1 968	

（续）

商品编码	商 品 名 称	出口量单位	出口额（万美元）	同比增长（%）	出口量	同比增长（%）
	断路器					
85352920	用于电压高于 220kV，但不高于 750kV 的线路的自动断路器	个	3 136.45		642	
85352990	用于电压高于 750kV 线路的自动断路器	个	127.59		131	
85353010	用于电压不低于 72.5kV，但不高于 220kV 的线路的隔离开关及断续开关	个	1 851.86		66 863	
85353020	用于电压不低于 220kV，但不高于 750kV 的线路的隔离开关及断续开关	个	1 411.51		1 347	
85353090	用于电压超过 1 000V 但低于 72.5kV，或高于 750kV 的线路的隔离开关及断续开关	个	2 747.50		130 772	
85354000	避雷器、电压限幅器及电涌抑制器，电压>1 000V	个	6 920.06	10.75	3 427 137	5.43
85359000	其他开关、保护或连接用电气装置，电压>1 000V	kg	14 150.62	11.87	15 778 253	32.18
16	1000V 及以下开关、继电器、熔断器	个	347 537.85	11.44		
85361000	熔断器，线路电压≤1 000V	个	20 644.19	1.68	4 465 585 071	-3.06
85362000	自动断路器，线路电压≤1 000V	个	79 850.26	12.18	476 960 363	19.40
85363000	其他电路保护装置，线路电压≤1 000V	个	43 720.61	47.08	472 900 958	39.64
85364900	继电器，60V<线路电压≤1 000V	个	32 556.72	-1.62	326 772 612	-8.74
85365000	开关，线路电压≤1 000V	个	151 973.27	8.19	9 678 567 547	-4.52
85366100	灯座，线路电压≤1 000V	个	18 792.81	9.91	937 973 899	-7.92
17	低压电器及零件		1 461 267.28	13.61		
85366900	插头及插座，线路电压≤1 000V	个	164 772.25	8.78	4 963 293 975	-1.70
85369000	其他连接用电气装置，线路电压≤1 000V	kg	544 930.76	16.58	136 590 012	1.10
85371011	用于电压不超过 1 000V 线路的可编程序控制器	个	34 796.63	3.09	6 570 357	5.26
85371019	用于电压不超过 1 000V 线路的其他数控装置	个	22 949.70	-4.87	12 282 476	-9.51
85371090	其他电力控制或分配盘、板、台等，电压≤1 000V	个	327 634.45	21.81	242 100 441	27.65
85381090	8537 其他货品的盘、板等基座，未装有关装置	kg	20 620.45	13.77	33 857 842	17.98
85389000	8535、8536 或 8537 所列装置的其他零件	kg	295 841.00	7.11	196 402 551	2.22
85413000	半导体开关元件等	个	26 960.70	-16.36	3 046 537 214	-18.08
85433000	电镀、电解或电泳设备及装置	台	22 761.35	63.69	247 325	349.89
18	电线电缆	kg	1 742 038.16	12.48	1 763 348 087	-5.81
85441100	铜制绕组电线	kg	48 003.50	-3.02	53 569 569	4.37
85441900	其他绕组电线	kg	11 961.76	1.33	28 422 310	-1.83
85442000	同轴电缆及其他同轴电导体	kg	144 519.09	7.59	296 548 977	-3.04
85443020	机动车辆用点火布线组及其他布线组	kg	314 106.29	12.75	180 279 782	2.39
85443090	其他车，航空器，船用点火布线组及其他布线组	kg	13 449.23	47.29	10 045 222	35.32
85444211	有接头电缆，额定电压≤80V	kg	193 997.89	18.45	132 429 875	-0.74
85444219	其他有接头电导体，额定电压≤80V	kg	185 719.01	26.33	98 948 164	-18.39
85444221	有接头电缆，80V<额定电压≤1 000V	kg	130 977.37	0.94	179 009 240	2.86
85444229	其他有接头电导体，80V<额定电压≤1 000V	kg	211 687.07	6.65	251 696 045	-1.80
85444911	其他电缆，额定电压≤80V	kg	97 583.94	2.44	172 762 620	3.10
85444919	未列名电导体，额定电压≤80V	kg	51 558.45	21.48	45 332 357	20.61
85444921	其他电缆，80V<额定电压≤1 000V	kg	152 495.05	14.16	256 570 535	23.78

（续）

商品编码	商品名称	出口量单位	出口额（万美元）	同比增长（%）	出口量	同比增长（%）
85444929	其他电导体,80V<额定电压≤1 000V	kg	63 365.36	10.91	81 381 895	9.48
85446012	电缆,1kV<额定电压≤35kV	kg	31 763.63	19.76	59 310 249	30.88
85446013	电缆,35kV<额定电压≤110kV	kg	2 362.24	41.33	2 918 619	40.10
85446014	电缆,110kV<额定电压≤220kV	kg	3 104.88	−48.82	3 772 758	−47.38
85446019	电缆,额定电压>220kV	kg	334.71	−71.91	650 228	−69.38
85446090	未列名电导体,额定电压>1 000V	kg	3 056.60	8.84	3 228 490	−10.70
85447000	由每根被覆光纤组成的光缆	kg	81 992.10	37.36	79 233 772	12.51
19	绝缘子及零件	kg	97 584.52	10.10	355 506 224	14.55
85461000	玻璃制的绝缘子	kg	12 970.23	50.82	73 840 823	85.05
85462010	输变电线路绝缘瓷套管	kg	5 030.97	1.14	17 805 623	0.64
85462090	其他陶瓷制的绝缘子	kg	21 798.17	8.02	160 177 374	6.67
85469000	其他绝缘子	kg	16 784.70	19.76	26 692 273	11.92
85471000	陶瓷制绝缘零件	kg	7 269.66	−0.17	27 230 028	3.13
85472000	塑料制绝缘零件	kg	17 582.18	−3.17	18 467 281	1.31
85479010	内衬绝缘材料的贱金属制线路导管及其接头	kg	6 998.50	21.76	14 064 625	26.79
85479090	未列名的电气机器、器具或设备用绝缘配件	kg	8 824.18	−6.54	14 449 354	−29.33
70200012	工业绝缘子用玻璃伞盘	kg	325.93	27.21	2 778 843	8.23
三	其他电器设备		2 406 300.74	3.94		
20	电动工具及零件		603 992.26	−0.08		
84672100	手提式各种电钻	台	226 890.22	−4.62	61 624 840	−6.98
84672210	电动手提式链锯	台	12 148.62	1.78	2 764 783	−0.06
84672290	其他手提式电锯	台	72 504.79	2.80	22 052 078	−4.58
84672910	手提电动砂磨工具(包括磨光机、砂光机等)	台	92 756.78	−0.36	43 584 038	−6.73
84672920	手提式电刨	台	9 055.43	2.93	3 390 500	−2.91
84672990	其他手提式电动工具	台	154 796.64	7.65	57 468 859	1.17
84679110	电动手提式链锯用的零件	kg	2 045.81	37.08	3 345 237	26.82
84679910	品目 8467 所列其他电动手提式工具的零件	kg	33 793.97	−8.54	38 418 463	−12.46
21	电动机及零件		872 892.01	5.30		
85011010	玩具电动机, P ≤37.5W	台	4 265.23	−13.83	113 951 158	−31.46
85011091	微电机, P ≤37.5W,20mm≤机座尺寸≤30mm	台	86 346.36	6.87	1 241 018 617	−13.43
85011099	其他电动机, P ≤37.5W	台	175 170.20	11.22	1 261 737 966	−3.12
85012000	交直流两用电动机, P >37.5W	台	19 324.93	5.26	30 494 570	2.00
85013100	直流电动机及直流发电机, P ≤750W	台	145 902.34	11.84	180 793 083	2.27
85013200	直流电动机及直流发电机,750W< P ≤75kW	台	25 974.20	6.17	4 830 526	−11.70
85013300	直流电动机及直流发电机,75kW< P ≤375kW	台	1 336.45	−4.23	882	−3.71
85013400	直流电动机及直流发电机, P >375kW	台	2 101.99	3.92	526	−3.66
85014000	其他单相交流电动机	台	229 856.29	1.98	251 441 024	2.49
85015100	多相交流电动机, P ≤750W	台	29 873.42	10.66	5 864 945	7.17
85015200	多相交流电动机,750W< P ≤75kW	台	102 415.98	−3.79	5 065 386	−6.66
85015300	多相交流电动机, P >75kW	台	36 237.19	1.57	55 867	−12.39
85024000	旋转式变流机	台	12.02	−69.73	628	−97.56

（续）

商品编码	商 品 名 称	出口量单位	出口额（万美元）	同比增长（%）	出口量	同比增长（%）
85030010	玩具电动机和微电机的零件	kg	14 075.40	-2.43	7 836 116	-11.57
22	电磁铁		289 899.16	-2.15		
85051110	稀土永磁体	kg	171 580.82	-5.40	16 352 838	0.08
85051190	其他金属永磁铁及磁化后准备制永磁铁的物品	kg	49 321.65	-11.00	67 764 790	-20.57
85051900	其他永磁铁及磁化后准备制永磁铁的物品	kg	37 515.46	-5.30	145 791 130	-7.24
85059010	电磁起重吸盘	kg	1 488.54	7.33	61 036	88.34
85059090	电磁铁;电磁或永磁工件夹具;8505 的零件	个	29 992.68	62.36	337 293 466	66.06
23	铅酸蓄电池及零件		217 788.78	11.71		
85071000	用于起动活塞式发动机的铅酸蓄电池	个	37 761.10	24.32	20 962 992	35.50
85072000	其他铅酸蓄电池	个	173 254.22	9.95	132 270 924	11.51
85079010	铅酸蓄电池的零件	kg	6 773.45	-3.38	21 211 969	1.80
24	分电器、火花塞	个	39 808.97	10.64	328 320 147	2.04
85111000	火花塞	个	10 185.24	16.71	239 779 212	-0.75
85112010	机车航空器船舶磁电机、直流发电机及磁飞轮	个	78.08	382.31	16 870	690.16
85112090	其他点火磁电机、永磁直流发电机及磁飞轮	个	2 984.86	8.51	7 534 627	11.62
85113010	机车、航空器及船舶用分电器、点火线圈	个	414.65	53.86	414 927	120.82
85113090	其他分电器、点火线圈	个	26 146.14	7.96	80 574 511	10.03
25	工业炉及零件		44 661.65	15.91		
85141010	可控气氛热处理炉	台	5 982.01	100.64	462	50.98
85141090	其他工业或实验室用电阻加热炉及烘箱	台	13 756.91	37.82	123 479	34.17
85142000	工业或实验用感应或介质损耗工作的炉及烘箱	台	3 985.39	10.39	5 801	17.57
85143000	其他工业或实验室用炉及烘箱	台	9 185.83	10.60	456 833	274.14
85144000	其他工业或实验用感应或介质损耗热处理设备	台	3 192.36	33.75	20 145	17.64
85149090	品目 8514 所列其他设备的零件	kg	8 559.17	-24.03	7 291 566	-32.54
26	焊接机器及零件		126 249.32	14.57		
85151100	钎焊烙铁及焊枪	个	6 224.97	4.16	30 287 209	-5.74
85151900	其他钎焊机器及装置	台	1 657.76	10.31	447 702	70.41
85152110	全自动或半自动电阻直缝焊管机	台	6 577.29	60.25	3 171	56.21
85152190	其他全自动或半自动电阻焊接机器及装置	台	5 610.40	-25.36	122 430	-2.24
85152900	其他电阻焊接机器及装置	台	9 046.10	10.79	673 505	18.94
85153110	全自动或半自动的螺旋焊管机	台	85.26	-89.87	5	-44.44
85153190	其他全自动或半自动电弧焊接机器及装置	台	7 130.47	37.51	253 144	47.95
85153900	其他电弧焊接机器及装置	台	46 081.88	18.55	4 522 247	14.54
85158000	其他焊机;热喷金属或硬质合金的电气机器	台	20 555.76	7.78	1 558 102	24.06
85159000	8515 所列机器的零件	kg	23 279.43	22.76	15 599 335	6.50
27	电碳制品	kg	161 833.48	-0.01	1 483 617 094	3.23
85451100	炉用碳电极	kg	64 400.06	5.05	231 424 389	-7.51
85451900	其他碳电极	kg	80 582.76	1.15	1 222 669 873	6.87
85452000	碳刷	kg	6 249.33	1.84	2 323 998	-6.45
85459000	其他电气设备用石墨或碳精制品	kg	6 062.19	-44.04	16 954 051	-45.90
68141000	粘聚或复制云母制板、片、带	kg	3 774.71	34.25	8 156 068	28.84

（续）

商品编码	商 品 名 称	出口量单位	出口额（万美元）	同比增长（%）	出口量	同比增长（%）
68149000	其他已加工的云母及其制品	kg	764.42	-30.65	2 088 715	-23.32
28	焊剂、焊条	kg	49 175.10	12.06	387 337 540	9.71
83111000	焊剂涂面的贱金属电极，电弧焊用	kg	27 946.09	18.33	288 330 610	10.66
83112000	焊剂为芯的贱金属制焊丝，电弧焊用	kg	10 989.91	8.13	55 393 980	3.10
83113000	焊剂涂面或做芯贱金属条或丝，钎焊或气焊用	kg	8 983.99	4.49	39 447 985	12.54
83119000	其他贱金属焊条等；贱金属粉制金属喷镀丝条	kg	1 255.11	-16.53	4 164 965	12.05

〔撰稿人：海关总署张炳政、刘颖〕

2012年影响电器工业的重要事件

一、三峡最后一台机组并网发电，向家坝水电站首批机组正式发电

2012年7月世界最大水电站——三峡电站最后一台机组正式并网发电。至此，经过十多年的安装、调试，三峡电站全部机组投入运行。12月，金沙江向家坝水电站实现首批两台机组全部并网发电目标。此举标志着我国已建和在建的第三大水电站开始发挥发电效益，进入收获期。

二、核电重启引来新一轮核电装备发展高潮

受2011年日本核电事故影响，从2011年3月16日开始，我国停止了一切核电建设项目，根据2012年10月24日国务院常务会议精神，“十二五”期间内陆地区核电项目不能建设。2012年5月底，《核安全与放射性污染防治“十二五”规划及2020年远景目标》获中国国务院常务会议原则通过。2012年年底以来，随着浙江三门核电站、山东石岛湾核电站、江苏田湾核电站工程项目的相继启动，中国核电装备行业有望迎来新一轮发展高潮。

三、风电企业处境艰难，光伏产业深陷“双反”泥潭

风电产业2012年持续负增长，龙头企业频传裁员新闻，某些地区出现了风电设备制造企业倒闭的现象。2012年，我国光伏产业“腹背受敌”：一方面，需求下降导致产能过剩；另一方面，欧盟、美国开展“双反”调查。上半年，近九成国内多晶硅企业停产，众多上市企业也濒临破产。但与风电产业相比（由于缺乏政府对上网风电补贴等政策的支持，2012年我国风电弃风限电超过200亿kW·h，由此造成的经济损失超过100亿元），政府明显“青睐”光伏产业。2012年国务院密集出台了多项引导光伏产业健康发展、把外销转为内需的政策和规划。

四、特高压建设加速

2012年5月13日，哈密南—郑州±800kV特高压直流输电工程开工，标志着“疆电外送”战略实施迈出关键一步。7月28日，溪洛渡左岸—浙江金华±800kV特高压直流输电工程开工。2012年12月12日，锦屏—苏南±800kV特高压直流输电工程正式投入商业运行。在这一年，皖电东送特高压交流工程也顺利推进。截至2012年年底，国家电网公司已建成投运的、在建的、国家已批准开展前期工作的特高压工程分别为3项、3项、5项。可以说，国内特高压设备制造企业正迎来更好的发展机遇。

五、配变设备迎来产业升级良机

2012年11月6日，财政部、国家发展改革委、工业和信息化部联合发布《关于印发〈节能产品惠民工程高效节能配电变压器推广实施细则〉的通知》，就推广产品范围及条件、推广补贴标准等进行了明确规定。推广产品为三相10kV电压等级、无励磁调压、能效等级2级及以上、额定容量30~1 600kV·A的油浸式和额定容量30~2 500kV·A的干式配电变压器，该范围涵盖了S13及以上能效标准的硅钢变压器和SH15非晶变压器。

六、新一代智能变电站建设启动

2012年12月7日，国家电网公司在京召开新一代智能变电站示范工程建设启动会，会议通过了示范工程里程碑计划和设备研制计划。新一代智能变电站以“系统高度集成、结构布局合理、经济节能环保、支撑调控一体”为目标，推动智能变电站创新发展。

〔供稿单位：中国电器工业协会行业发展与咨询部〕

弘扬电器工业2012年作出杰出贡献人物的精神，聚焦生态设计、节能与绿色发展专项行动

Promoting the spirit of persons who have made outstanding contributions in electrical industry in 2012, focusing on ecological design, energy saving and green development campaign

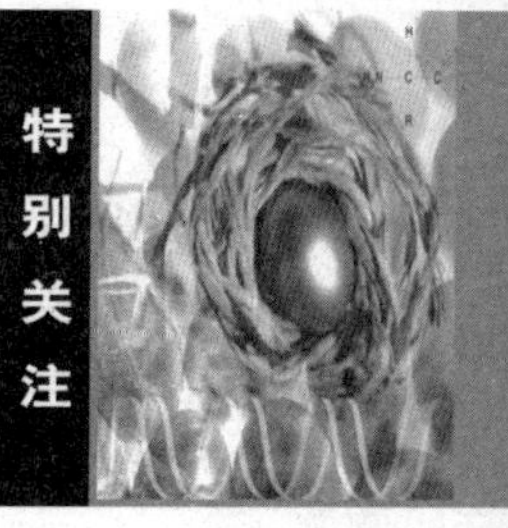

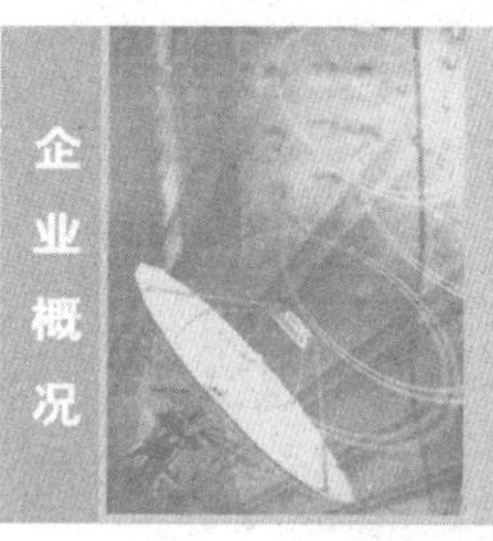

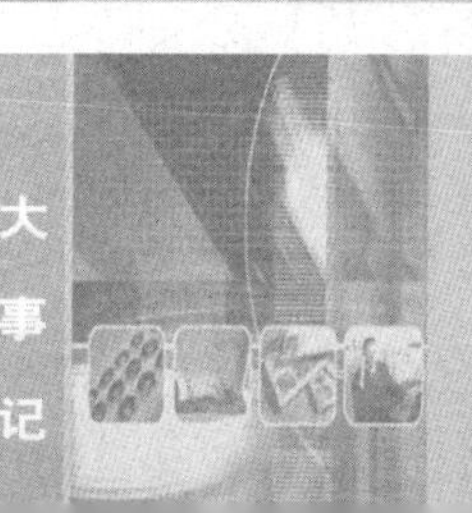

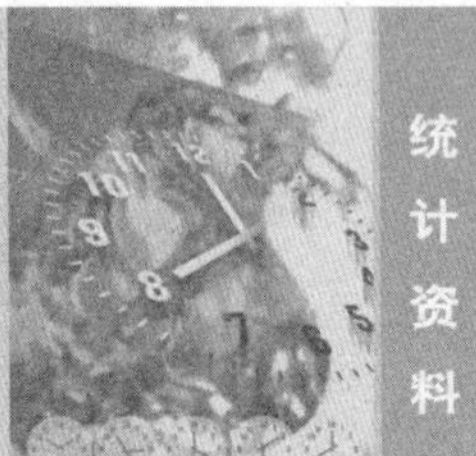

人物——王松明

事件——生态设计与节能绿色发展

人　　物

——王松明

王松明，1962—2012年，中共党员，江苏上上电缆集团副总经理。1983年进入溧阳电缆厂工作，从电线电缆材料技术员成长为研究员级高级工程师，并成为享受国务院特殊津贴的专家。享有“江苏省劳动模范”“江苏省333高层次人才”“江苏省六大人才高峰”“江苏省有突出贡献中青年专家”“江苏省质量管理突出贡献者”等多项荣誉称号。先后主持和参与了国家“863”项目1项，主持国家标准、行业标准制修订10项，主持国家级新产品9项、省科技攻关计划2项，获20项国家专利。13项产品填补国内空白，三代核电缆技术填补国际空白，并使企业在核电站核岛内电缆、磁悬浮列车长定子电缆、港口机械用卷筒电缆等领域的研究与国际接轨，在国内处于领先地位。所担纲的技术中心被认定为国家级企业技术中心，并经批准组建了国家博士后科研工作站和江苏省特种电线电缆工程技术研究中心。

2011年4月，江苏上上电缆集团在美国电缆公司弃标的情况下承接三代核电AP1000壳内电缆项目。作为第三代核电缆研制的技术总指挥，王松明带领科研团队，每天早上召开专项例会，晚上挑灯夜战，翻看白天的试验记录、整理试验数据、撰写试验报告，全身心地投入研发攻关。在产品试制中，最多的一种产品连续试制了30多次。

2011年10月底，王松明贲门癌复发，但病体没有击垮意志。在他的坚持下，仅耗时1年多就攻克了三代壳内核电缆的核心技术难关，打破了当时业内普遍认为“光做试验就需至少两年”的定论。2012年9月17日，王松明倒在了工作岗位上，年仅50岁，这一天，距世界首堆AP1000壳内电缆正式交付仅差7个多月。他牺牲时，已解开了世界首堆三代核电AP1000壳内电缆的核心技术难题。

国家核电技术公司领导这样评价王松明：“他的离去，是中国核电领域的重大损失。中国如果编写核级电缆发展史，缺少了‘王松明’三个字，将是不完整的。”

事　　件

——生态设计与节能绿色发展

工业和信息化部　发展改革委　环境保护部
关于开展工业产品生态设计的指导意见

工信部联节〔2013〕58号

各省、自治区、直辖市工业和信息化、发展改革、环境保护主管部门：

为贯彻落实《国务院关于加强环境保护重点工作的意见》（国发〔2011〕35号）、《国务院关于印发“十二五”节能减排综合性工作方案的通知》（国发〔2011〕26号）和《国务院关于印发节能减排“十二五”规划的通知》（国发〔2012〕40号），引导企业开展工业产品生态设计，促进生产方式、消费模式向绿色低碳、清洁安全转变，提出以下意见：

一、充分认识开展工业产品生态设计的重要意义

生态设计是按照全生命周期的理念，在产品设计开发阶段系统考虑原材料选用、生产、销售、使用、回收、处理等各个环节对资源环境造成的影响，力求产品在全生命周期中最大限度降低资源消耗、尽可能少用或不用含有有毒有害物质的原材料，减少污染物产生和排放，从而实现环境保护的活动。

生态设计是实现污染预防的重要措施。污染预防是改变“先污染后治理”发展方式的根本途径。研究表明，80%的资源消耗和环境影响取决于产品设计阶段。在设计阶段，充分考虑现有技术条件、原材料保障等因素，优化解决各个环节资源环境问题，可以最大限度实现资源节约，从源头减少环境污染。

生态设计是落实生产者责任延伸制度的要求。推行工业产品生态设计可以使企业在产品设计阶段就综合考虑污染预防措施，采用合理的结构和功能设计，选择绿色环保原材料和易于拆解、利用的部件，从而更好地履行产品回收、利用和最终处置的责任，实现经济、环境和社会效益的最大化，把生产者责任延伸制度落到实处。

生态设计是提升产品竞争力的迫切要求。在全球资源环境压力日益突出的情况下，提供绿色环保产品已成为国际潮流和趋势，迫切要求我国加快推进产品生态设计工作，开发、制造符合国际市场需求的绿色环保产品，提高产品的国际竞争力。

生态设计有利于绿色技术创新。生态设计作为先进设计理念，更注重应用先进资源节约和环境保护技术实现节能、节材、环保及资源综合利用等目标；同时，也对无毒无害或低毒低害的绿色材料、资源利用效率高和环境污染小的绿色制造技术等提出需求，推动相关技术的研发与推广应用。

二、总体要求

（一）基本思路

树立源头控制理念，以产品全生命周期资源科学利用和环境保护为目标，以技术进步和标准体系建设为支撑，开展工业产品生态设计试点，建立评价与监督相结合的产品生态设计推进机制，通过政策引导和市场推动，促进企业开展产品生态设计。

（二）主要原则

——坚持试点先行。针对产品清洁生产现状，选择有代表性的产品开展生态设计试点，积累相关经验，逐步拓展产品范围，丰富评价内容，推动工业产品生态设计不断深化。

——坚持科技支撑。引导、支持企业和科研机构加大投入力度，开发一批关键共性清洁生产工艺技术和无毒无害或低毒低害原材料（产品），加大应用和推广力度，提升产品的生态设计水平。

——坚持企业主体。引导企业把开展生态设计作为提升产品竞争力、履行企业社会责任的重要措施，加强政策支持和引导，建立有利于企业开展生态设计的政策和市场环境。

（三）目标任务

到2015年，初步建立政策引导与市场推动相结合的工业产品生态设计推进机制。生态设计推进工作有序展开，制定一批产品生态设计标准；初步建立生态设计产品评价和监督管理机制；开展产品生态设计试点，发布生态设计产品评价结果清单；开发、应用和推广一批无毒无害或低毒低害原材料（产品）以及清洁生产工艺技术。

三、重点工作

（一）组织开展工业产品生态设计试点。综合考虑资源消耗、环境影响、清洁生产技术水平、社会关注度等因素，选择汽车、电子电器等产品，制定相应生态设计评价实施细则，开展生态设计试点工作。在试点工作基础上，积累、总结相关经验，逐步拓展评价内容和试点产品范围。

（二）编制重点产品生态设计标准。研究产品从设计到回收处理各环节的典型案例和共性经验，提出产品生态设计标准体系框架，组织编制产品生态设计通则。选择一批生产过程资源消耗大、污染物排放多、有毒有害物质含量高的重点产品，研究制定生态设计标准。

（三）建立产品生态设计评价监督机制。研究制定产品生态设计评价管理制度，逐步规范产品生态设计评价管理工作；推动开发基于生态设计标准的信息管理系统，提升支持产品生态设计水平评价与监督信息化水平；组建专家队伍，为评价和监管提供技术支持。

（四）夯实生态设计基础，推进技术开发应用。收集、分析重点产品的资源消耗和污染物产生、排放相关数据，逐步建立产品生态设计基础数据库；试行产品生命周期评价；研发一批生产、回收处理过程中有毒有害物质控制技术和易回收、可重复使用的绿色环保材料；推广易拆解、易分类的产品设计方案。

四、保障措施

（一）加强组织实施。加强部门间的协调配合，形成责任明确、共同推进的管理体制；地方各级工业和信息化、发展改革、环境保护主管部门要推动本地区企业积极开展工业产品生态设计；有关行业协会及科研院所要充分发挥自身优势，做好政策和技术咨询服务；企业应主动建立全流程生态设计管理制度，提高产品生态设计水平。

（二）完善鼓励措施。开展有毒有害原料（产品）替代，发布生态设计产品目录，研究建立优秀生态设计产品奖励机制，支持生态设计产品扩大社会影响、提高市场竞争力。研究制定支持企业开展产品生态设计的财税政策，优先考虑将有关产品列入政府采购名录，推动关键共性技术和产品的研发、应用与推广。优先支持对生态设计有重要促进作用的技术改造项目，加强与金融机构的信息沟通和对接，将相关项目列入绿色信贷支持计划。

（三）开展国际合作。跟踪国际贸易规则变化，按照平等互利的原则，推动产品生态设计评价标准及检验、检测、评价结果的国际互认，支持生态设计产品拓展国际市场。开展政府、企业、科研院所等各层面的国际交流，加强技术合作,不断提高我国工业产品生态设计水平。

(四)加强宣传教育。组织生态设计相关技术和政策的专业培训,提高企业生态设计能力和管理水平。开展多种形式的宣传教育活动,充分利用广播、电视、报刊、网络等新闻媒体,加强生态设计理念和产品的宣传力度,引导消费者购买生态设计产品,培育绿色消费环境。

工业和信息化部　国家发展改革委　环境保护部

2013 年 1 月 30 日

国内外电工电子产品生态设计法规及标准化进展现状

一、前言

随着生活水平的提高和科技的不断进步,人们日益关注生态环境保护、人类健康安全以及可持续发展。在世界范围内,各个国家和地区的立法部门也纷纷采取措施,推动工业产品的生态设计发展。生态设计(eco-design),也称为绿色设计(green design)、环境友好设计(environment-friendly design)或者环境意识设计(environmentally conscious design),是指按照全生命周期的理念,在产品设计开发阶段系统考虑原材料选用、生产制造、运输和销售、使用和维护、生命末期回收处理等各个生命周期阶段对资源环境造成的影响,力求产品在全生命周期中最大限度降低资源消耗,尽可能少用或不用含有有毒、有害物质的原材料,减少污染物的产生和排放,从而实现环境保护的活动。

在工业产品生态设计研究领域,电工电子产品的生态设计研究属于开展较早、研究较深入且取得产业化成果较多的一类。一方面是因为电工电子产品本身的特性:在社会生产和生活的各个领域广泛使用,在全生命周期内消耗大量的资源和能源,废弃产品及含有的有毒、有害物质可能严重污染环境,需要采取各种措施减少其环境影响;另一方面则是因为电工电子产品更新升级周期短,行业内部竞争激烈,企业为适应政府和市场对于生态产品的要求不断改进产品设计,发掘其减少环境影响的巨大潜力。

在产品开发阶段若能考虑其将对环境造成的影响,便能改善该产品的环境绩效。如何全方位监控产品在每一个环节对环境的影响,将影响降到最低,成为人们关注的焦点。为此,世界各国纷纷制定产品环境绩效改善目标和标准,而这种趋势正是国内外对电工电子产品制定政策法规及开展标准化工作的背景和基础。

二、国内外立法情况

1.欧盟生态设计相关指令

2005 年欧盟理事会发布了《用能产品生态设计指令》(EuP 指令,2005/32/EC),在此基础上,欧盟陆续对电视机、冰箱等 13 种产品提出具体的生态设计规定。2009 年欧盟理事会发布了《建立能源相关产品的生态设计要求框架指令》(以下简称 ErP 指令),从而将产品范围由耗能产品扩大至所有耗能相关产品。结合已发布实施的涉及产品原材料获取阶段和制造阶段的 RoHS 指令(在电子电气设备中限制使用某些有害物质指令),以及涉及产品生命末期回收处理阶段的 WEEE 指令(废弃电子电气设备指令),欧盟一系列推进电子电气产品有害物质限制和生态设计的举措,基本形成了较为完整的相关法制化和标准化的体系框架。

在 ErP 指令框架下,欧盟进一步制定针对一种或一类用能产品生态设计要求的法规,称作"实施措施"。根据指令要求,欧盟优先考虑销售或贸易数量巨大、对环境有重大影响、具高成本效益改善潜力的产品,主要为电工电子产品(包括消费类产品和工业用产品)。截至 2013 年 7 月,已颁布实施措施的产品类型有:电子电气设备待机关机、简单机顶盒、非定向家用灯、荧光灯及镇流器、外部电源、电动机、循环器、电视机、家用制冷器具、家用洗碗机、家用洗衣机、125W~500kW 通风机(非住宅用)、空调及电扇、计算机及服务器、定向灯及发光二极管灯、家用烘干机、独立无轴封循环器及产品内置无轴封循环器、水泵等。

2.美日生态立法

类似的,美国和日本也有关于电工电子产品的环境立法。美国联邦政府于 2009 年提出了《H.R. 2420:电气设备环保设计法案》(EDEE 法案),用以修订 1976 年制定的《有毒物质控制法》(TSCA),确保在美国各州和对外贸易中,对电气设备使用的某些有害物质实施联邦统一的管控法规。美国当前虽尚无联邦层面的废旧电子产品回收处理法律,但已在州层面上实施了类似于 RoHS 和 WEEE 的法规。如加利福尼亚州颁布的《电子废弃物回收再利用》法案,规定从 2004 年 7 月 1 日起消费者在购买新的电脑或电视机时,要交纳每件 6~10 美元的电子垃圾回收处理费,而新泽西州和宾夕法尼亚州立法确定通过征收填埋和焚烧税来促进有关家电企业回收利用废弃物。日本在环境保护的法律框架之下,形成了旨在节约能源的《节能法》、旨在合理处理废弃物的《废弃物处理法》和旨在推进再循环的《资源有效利用促进法》,在这三个法律之下,制定了一系列更加具体的操作法,比如《容器包装再循环法》《家电再生利用法》《绿色采购法》等。其中 2001 年正式实施的《家电再生利用法》规定由家用电器制造商、进口商负责对电视机、电冰箱、洗衣机、房间空调器四种废旧家电的回收和处置,并进行再商品化。2003年10月,又规定对家用电脑实施强制回收,在销售环节交纳回收处理费。

3.中国政策法规

我国针对电工电子产品的环保立法工作正式开始于2006年,当年公布、2007年开始实施的《电子信息产品污染控制管理办法》,标志着我国电子信息产品限制使用有害物质制度的正式实施。2010年,我国开始修订《电子信息产品污染控制管理办法》,扩大了调整范围,修订了限制使用有害物质的目录管理的合格评定必须采取强制性认证的管理模式。2009年国务院令发布、2011年开始实施的《废弃电器电子产品回收处理管理条例》中规定了电器电子产品生产者和进口商应当符合国家有关电器电子产品污染控制的规定,采用有利于资源综合利用和无害化处理的设计方案,使用无毒无害或者低毒低害以及便于回收利用的材料。因此,我国工业领域开展生态设计的思路已经明确,将按照源头控制、以工业产品全生命周期资源科学利用和环境保护为目标,以技术进步和标准体系建设为支撑,开展产品生态设计试点,建立评价与监督相结合的生态设计推进机制,通过政策引导和市场推动,促进企业开展产品生态设计。工业和信息化部、国家发展和改革委员会及环境保护部2013年就推行工业产品的生态设计发布了指导意见。意见提出,将于2015年初步建立生态设计产品评价和监督的管理机制;开展产品生态设计试点,发布生态设计产品评价结果清单;开发、应用和推广一批无毒无害或低毒低害原材料(产品)以及清洁生产工艺技术。

三、国内外标准化工作进展

1.国际标准化工作进展

电气工程和电子工程领域中的国际标准化工作由国际电工委员会(IEC)归口管理。作为成立时间最早、历史最为悠久的国际性电工标准化机构,IEC发布的标准被公认为电工、电子产品国际贸易和仲裁的基础性技术依据。2004年6月,鉴于世界各国对于用能产品领域环境保护的要求不断提升,尤其是受到欧盟RoHS指令、WEEE指令及当时正在制定的EuP指令影响,IEC决定设立新技术委员会TC111电工电子产品与系统的环境标准化技术委员会,管理和加强电工电子产品环境标准活动。当前IEC/TC111由日本的Yoshiaki Ichikawa担任主席,由意大利的Andrea Legnani担任秘书,在2012年10月召开的IEC/TC111全会上,确定了其未来3~5年的工作重点聚焦于包括电工电子产品的生态化设计过程(重点关注可回收性的设计)等领域的环境问题。IEC/TC111已在环境意识设计、材料声明、有害物质测试、产品信息、碳足迹等领域内制定了15项国际标准,有6项标准项目组正在开展工作。IEC/TC111正在制定的标准见表1。IEC/TC111已经发布的标准见表2。

表1 IEC/TC111正在制定的标准

标准代号	标准名称	工作组	当前阶段	发布日期
IEC 62321-6	电工产品中限用物质的测定 第6部分:GC-MS、IA-MS和HPLC法测定聚合物和电子件中的多溴联苯和多溴二苯醚	WG3	CCDV	2014.7
IEC 62321-7-1	电工产品中限用物质的测定 第7-1部分:比色法测定金属无色和有色防腐镀层中的六价铬	WG3	ACDV	2015.3
IEC 62321-7-2	电工产品中限用物质的测定 第7-2部分:比色法测定聚合物和电子件中的六价铬	WG3	ACDV	2015.3
IEC 62321-8	电工产品中限用物质的测定 第8部分:质谱法测定聚合物中的邻苯二甲酸酯	WG3	ANW	2015.6
IEC 62545	电子电气产品的环境信息(EIEEE)	预研项目	PWI	
IEC/TR 62726	基于基线的电气电子产品和系统温室气体减排(二氧化碳当量)量化导则	WG4	ANW	2012.12
IEC/TR 62824	电气电子产品材料效率提升指南	PT62824	ANW	2014.3

表2 IEC/TC111已经发布的标准

标准编号	标准名称	发布时间
IEC/PAS 62545	电气电子产品的环境信息	2008.1
IEC 62321	电工产品 六种限用物质(铅、汞、镉、六价铬、多溴联苯和多溴二苯醚)的测定	2008.12
IEC/PAS 62596	电工产品 限制物质的测定 抽样程序 指南	2009.1
IEC 62430	电气电子产品的环境意识设计	2009.2
IEC/TR 62476	电子电气产品限制使用物质的评价指南	2010.2
IEC 62474	电工行业产品的材料声明	2012.3
IEC/TR 62635	制造商和回收商提供报废信息以及电子电气产品可回收率计算的指南	2012.8
IEC/TR 62725	电子电气产品和系统的温室气体排放(二氧化碳当量)的量化方法	2013.3
IEC 62321-1	电工产品中限用物质的测定 第1部分:引言和概述	2013.5

（续）

标准编号	标 准 名 称	发布时间
IEC 62321-2	电工产品中限用物质的测定　第 2 部分：拆分、解体和机械制样	2013.6
IEC 2321-3-1	电工产品中限用物质的测定　第 3-1 部分：X 荧光光谱法筛选电工产品中的铅、汞、镉、总铬和总溴	2013.6
IEC 62321-3-2	电工产品中限用物质的测定　第 3-2 部分：燃烧—离子色谱法（C-IC）筛选电子电气产品中的总溴	2013.6
IEC 62321-4	电工产品中限用物质的测定　第 4 部分：CV-AAS、CV-AFS、ICP-OES 和 ICP-MS 法测定聚合物、金属和电子件中的汞	2013.6
IEC 62321-5	电工产品中限用物质的测定　第 5 部分：AAS，AFS，ICP-OES 和 ICP-MS 法测定聚合物和电子件中的铅、镉、铬以及金属中的铅、镉	2013.6
IEC 62542	电子电气产品和系统的环境标准化　环境标准化　术语	2013.6

2009 年，IEC/TC111 发布了 IEC 62430《电子电气产品的环境意识设计导则》，规定了将环境因素引入产品设计与发展过程的要求和规程，明确了生命周期思想为环境意识设计的基础概念和原则，要求在产品设计和开发的过程中考虑整个生命周期中的重要环境因素，并针对减少电子垃圾、创造环境友好产品提出了细致的技术规范。其中，开展环境意识设计的基本过程为：分析法规和利益相关方的环境要求，识别与评价环境意识和相应环境影响，设计和开发，评审和持续改进。在实施上述过程中，还应记录相关的结果、结论以及责任的分配。

在 IEC 62430 制定过程中，我国通过选派专家参加工作组和承办国际工作组会议，在标准中充分表达了我国对于环境意识设计的意见和需求，使其不仅成为我国电工电子产品环境意识设计与国际标准化工作接轨的基础，而且成为我国电工电子产品开展环境意识设计的基础性标准。

2.国内标准化工作进展

2005 年，为及时跟踪和参与 IEC/TC111 工作，国家标准化管理委员会批复成立电工电子产品与系统的环境标准化工作总体组及其下设的环境设计工作组和有害物质检测方法工作组，分别对口 IEC/TC111 及下设的 WG2（环境设计工作组）和 WG3（有害物质检测方法工作组）。2007 年 12 月 29 日，以全国电工电子产品与系统的环境标准化工作组及下设的材料声明、环境设计、有害物质检测方法和回收利用四个分工作组为基础，组建成立全国电工电子产品与系统的环境标准化技术委员会及相应的四个分技术委员会。全国电工电子产品与系统的环境标准化技术委员会编号为 SAC/TC297，秘书处设在中国质量认证中心。其中的环境设计分技术委员会（SAC/TC297/SC2），秘书处由中国电器工业协会承担，负责我国电气电子产品与系统的环境设计标准化工作。为与 IEC/TC11 相对应，将制定的标准名称统一为“环境意识设计标准”。

第一届 SAC/TC297/SC2 由 46 名委员组成，根据以企业为主体参与国家标准化活动的原则，由常熟开关制造有限公司王春华董事长担任主任委员，副主任委员单位包括中国电器工业协会、中国电器科学研究院、中国检验认证（集团）有限公司、信息产业部电子工业标准化研究所、中国家用电器研究院、信息产业部电信研究院泰尔实验室。分标委会秘书处设在中国电器工业协会，秘书长、副秘书长分别来自中国电器工业协会、中国电器科学研究院和常熟开关制造有限公司，委员包括电工、电子、家电和通信领域的技术专家以及相关的企业代表、行业协会代表和检测机构代表。

SAC/TC297/SC2 成立后，以开放体系、国际接轨、行业协作和量力而行为原则，研究建立了我国电工电子产品的环境设计标准体系。该体系共分为三个层次：环境意识设计基础标准、环境意识设计方法标准、产品环境意识设计标准。其中环境意识设计基础标准适用于所有电工电子产品，提出环境设计的基本原则和指导；环境意识设计方法标准，适用于所有电工电子产品，以第一层环境意识设计基础标准为基础，提出环境设计的实施方法和要求，包括环境设计实施过程中需要的支撑工具；产品环境设计标准，首先按电工、电子、通信、家电四大领域划分，提出各个产品领域的环境意识设计要求和指导；然后依据各产品领域的环境意识设计标准制定具体产品的环境意识设计标准。

在环境意识设计基础标准层面，制定了如环境意识设计术语、产品设计评价、环境因素识别、用能产品生态设计技术导则等通用标准，同时紧跟国际标准化工作进展，及时转化了国际标准，形成了 GB/T 20877—2007《电气产品标准中引入环境因素的导则》（等同采用 IEC 导则 109：2003）、GB/T 21273—2007《环境意识设计 将环境因素引入电工产品的设计和开发》（等同采用 IEC 导则 114：2005）；在环境意识设计方法标准层面，转化国际标准形成了 GB/T 23686—2009《电子电气产品的环境意识设计导则》（等同采用 IEC 62430 CDV：2008）、GB/T 23690—2009《电子电气产品材料声明程序》（等同采用 IEC PAS 61906：2005）、GB/T 2368—2009《信息通信技术和消费电子产品的环境意识设计导则》（修改采用 ECMA341：2004）等，并开展了产品材料选择、可再生利用导则、材料效率等国家标准的制定，为GB/T 23686—2009的实施提供了方法支撑；在产品环境设计标准层面，针对产品量大面广、技术条件成熟的部分行业领域先行开展了标准制定工作，针对低压电器、电器附件、中小型电机、变压器、电线电缆、电动工具、铅酸蓄电池等产品制定了环境意识设计导则。这些标准的实施为电工电子行业实施节能减排、支撑国家培育和发展节能环保战略性新兴产业提供了科学有效的技术依据。截至2013年7月，SAC/TC297/SC2已发布26项国家标准。SAC/TC297/SC2已发布的国家标准见表3。

表3 SAC/TC297/SC2已发布的国家标准

标准编号	标准名称
GB/T 20877—2007	电气产品标准中引入环境因素的导则
GB/T 21273—2007	环境意识设计 将环境因素引入电工产品的设计和开发
GB/T 23686—2009	电子电气产品的环境意识设计导则
GB/T 23687—2009	信息通信技术和消费电子产品的环境意识设计导则
GB/T 23688—2009	用能产品环境意识设计导则
GB/T 23689—2009	信息通信技术和消费电子产品环境意识设计声明导则
GB/T 23690—2009	电子电气产品材料声明程序
GB/T 24975.1—2010	低压电器环境意识设计导则 第1部分:总则
GB/T 24975.2—2010	低压电器环境意识设计导则 第2部分:隔离器
GB/T 24975.3—2010	低压电器环境意识设计导则 第3部分:断路器
GB/T 24975.4—2010	低压电器环境意识设计导则 第4部分:接触器
GB/T 24975.5—2010	低压电器环境意识设计导则 第5部分:熔断器
GB/T 24975.6—2010	低压电器环境意识设计导则 第6部分:按钮信号灯
GB/T 24975.7—2010	低压电器环境意识设计导则 第7部分:接线端子
GB/T 24976.1—2010	电器附件环境意识设计导则 第1部分:总则
GB/T 24976.2—2010	电器附件环境意识设计导则 第2部分:电缆管理用导管系统和管槽系统
GB/T 24976.3—2010	电器附件环境意识设计导则 第3部分:家用和类似电缆卷盘
GB/T 24976.4—2010	电器附件环境意识设计导则 第4部分:工业用插头插座和耦合器
GB/T 24976.5—2010	电器附件环境意识设计导则 第5部分:家用和类似用途插头插座
GB/T 24976.6—2010	电器附件环境意识设计导则 第6部分:家用和类似用途的器具耦合器
GB/T 24976.7—2010	电器附件环境意识设计导则 第7部分:家用和类似用途低压电器用的连接器件
GB/T 24976.8—2010	电器附件环境意识设计导则 第8部分:家用和类似用途固定式电气装置的开关
GB/T 26669—2011	电工电子产品环境意识设计 术语
GB/T 26671—2011	电工电子产品环境意识设计评价导则
GB/T 28179—2011	电工电子产品环境意识设计 环境因素的识别
GB/T 26670—2011	中小型电机环境意识设计导则
GB/T 28180—2011	变压器环境意识设计导则

与IEC等国际标准化组织不同的是，SAC/TC297/SC2组织开展了针对具体产品的环境意识设计导则(IEC/TC111只制定基础性和平行标准)。在这些标准的制定过程中，一方面坚持了环境意识设计的基本原则，即生命周期思想，将对环境影响的评测贯穿产品的整个生命周期，即对原材料采购、生产过程、包装、运输、销售、使用、维修到报废和回收等各个环节进行分析评估，包括有毒有害物质的避免及替代、原材料和能源的节约使用、污染物排放的预防和减排、产品使用寿命的延长、废弃产品的减量及再生利用性能的提高等；另一方面针对我国行业实际需要，在制定过程中广泛考虑了国内外对于产品环境性能的法律法规及相关标准的要求，及时吸收了行业内先进的设计经验和管理经验，结合科研院所的研究成果，为行业制定出具有引导性和前瞻性的环境意识设计导则。

SAC/TC297/SC2工作的开展，为我国电工电子领域专家参与国际标准化工作提供了重要途径，同时也为我国提升了在国际环境标准化领域中的话语权，这在世界各国都愈发重视环境保护及其标准化工作的形势下具有重要意义。SAC/TC297/SC2有三位专家参与IEC/TC111的环境意识设计标准化工作，其中副秘书长张亮作为IEC/TC111/

PT62824材料效率工作组的召集人，负责组织开展IEC/TR 62824(电气电子产品材料效率提升指南)制定工作。该标准是配合IEC 62430，实施环境意识设计关键环节的基础标准。

2013年6月，SAC/TC297/SC2开始换届工作，下一届SC2的工作计划包括：结合电工电子产品领域的不同特点和需要，继续为产品领域提供适应市场需求的环境设计指导，便于产品设计人员有针对性地实施环境设计；配合国家节能减排、生态设计工作需求，及时制定针对电气电子产品的单位产品能耗限额标准、温室气体减排评价标准等，为管理工作提供技术支撑的标准；在实践中不断验证和完善已制定的通用基础标准，及时开展修订和维护，并根据需要补充制定其他基础性标准。

〔撰稿人：中国电器工业协会滕云、张亮、郭丽平〕

2013年工业节能与绿色发展专项行动实施方案(节选)

一、背景

党的十八大提出大力推进生态文明建设，着力推进绿色发展、循环发展、低碳发展，形成节约资源和保护环境的空间格局、产业结构、生产方式、生活方式。《国务院关于印发工业转型升级规划(2011—2015年)的通知》明确，把绿色低碳发展作为工业转型升级的重要方向和任务之一。贯彻落实党的十八大精神，实现“十二五”规划任务，要求加快推进工业节能降耗，加快实施清洁生产，加快资源循环利用，促进工业向节约、清洁、低碳、高效生产方式转变，推动工业转型升级。

结合工作实际和现有基础，选择电机、涉铅行业等重点领域和行业，通过开展2013年工业节能与绿色发展专项行动，在能效提升和绿色发展方面取得突破，探索工业节能与绿色发展的模式和实现途径，实现以点带面，带动工业节能与综合利用整体工作取得进展。

二、指导思想

以电机能效提升、涉铅行业绿色发展为抓手，组织动员全系统力量实施节能与绿色发展专项行动，细化实施方案，明确目标任务，加强政策引导，强化标准约束，开展监督检查，全面提升电机能效水平、促进电机产业升级，促进铅酸蓄电池、再生铅等涉铅行业规范发展，提高污染防治水平，推动行业绿色低碳转型。

三、主要目标

(一)力争推广、淘汰和节能改造电机及电机系统1亿kW，扩大高效电机市场份额，促进电机产品升级换代和产业升级，提高电机能效水平，实现全国工业用电节约1%(300亿kW·h左右)。

(二)通过加强行业准入管理，扭转行业分散、混乱局面，提高原生铅冶炼、铅酸蓄电池生产和再生铅产业集中度，促进产业组织结构优化调整，加快实现铅酸蓄电池规范生产、有序回收、合理再生利用；探索铅酸蓄电池生产者责任延伸制度实施机制，建设一批铅再生循环利用示范工程，铅再生循环利用比重提高到40%，加快形成全国铅资源循环利用体系。

四、重点任务及工作安排

(一)实施电机能效提升计划

1.推广高效电机。充分利用中央财政节能产品惠民工程高效电机、风机、泵、压缩机等财政补贴政策，力争全年推广高效电机(风机、泵、压缩机)3 000万kW；建设2~3个高效电机定转子冲片、绝缘材料等关键配套材料规模化生产示范工程，降低高效电机生产成本，提高高效电机的生产保障能力；对电机生产企业进行贯标核查，推动企业转型生产高效电机产品。

2.淘汰低效电机。制订发布在用低效电机淘汰路线图，将淘汰低效电机目标任务分解落实到地方，年内淘汰低效电机4 000万kW；制订《高耗能落后机电设备(产品)淘汰目录》(第三批)，完善落后电机淘汰政策机制；指导列入国家节能低碳行动的万家企业尽快制定淘汰落后电机工作方案，明确淘汰时间，鼓励企业优先选用高效电机替换落后电机，开展淘汰低效电机专项监察。

3.实施电机系统节能技术改造。指导年耗电1 000万kW·h以上的重点企业制定电机系统节能改造方案，明确能效提升目标及主要任务；引导企业采用变频调速、变极调速、相控调压及先进适用的匹配技术对风机、泵、压缩机等电机系统进行节能改造；推动第三方节能服务公司以合同能源管理模式对工业园区、大企业集团电机集群进行改造。全年实现电机系统节能改造3 000万kW。

4.实施电机高效再制造。建设一批电机高效再制造示范工程。选择上海市等基础条件好的省(市)开展电机高效再制造试点，探索通过“以旧换再”及再制造企业“大宗用户定向回购”模式，建立废旧电机回收体系，力争年内高效再制造电机达到300万kW；制定电机高效再制造标准、规范，加强检测、认证等基础能力建设。

5.加快高效电机技术研发及应用示范。筛选一批高效电机生产、设计、控制及系统匹配等领域的先进技术，发布先进适用技术目录；开展重大应用技术成果鉴定，组织开展应用示范；推动安全可靠的绝缘栅双极型晶体管（IGBT）等电力电子芯片及模块在电机节能领域的推广应用。

6.扩大对外交流与合作。通过与联合国开发计划署、国际铜业协会等国际组织的合作，加强电机能效提升基础能力建设；组织对地方工业和信息化主管部门、重点用电企业、电机企业等开展电机能效标准、电机系统节能改造技术方案、电平衡测试等方面培训；加强与国际电工技术委员会（IEC）等国际标准化组织机构合作，开展电机能效标准对标及互认；组织国内电机生产企业、有关机构参加全球电机能效峰会，发布中国电机能效提升计划，与欧美等进行电机技术、标准和能效提升政策交流。

（二）涉铅行业绿色发展计划

1.印发促进铅酸蓄电池和再生铅产业规范发展的意见。加强政策协调，会同相关部门按照分工方案抓好各项工作的部署落实。

2.实施铅酸蓄电池行业准入管理。严格执行《铅蓄电池行业准入条件》和《铅蓄电池行业准入公告管理暂行办法》，对新建、改扩建和现有铅酸蓄电池生产企业实施准入公告管理，联合环境保护部发布符合准入条件的企业名单公告；组织开展各地区行业主管部门以及骨干企业准入管理培训工作，加大准入管理实施力度；抓紧淘汰落后铅酸蓄电池生产能力，重点淘汰开口式、干式荷电、镉及砷含量超标以及经整改环保不达标的落后铅酸蓄电池生产能力。

3.实施再生铅行业准入管理。部署《再生铅行业准入条件》实施工作，严格执行准入条件，对新建再生铅项目严格准入和备案管理，严禁新建单系列生产能力在5万t/a以下项目；对再生铅行业生产企业实行准入公告管理，联合环境保护部发布符合准入条件的企业名单；加快淘汰落后再生铅生产能力。

4.建设铅再生循环利用示范工程。组织实施《再生有色金属产业发展推进计划》，按照再生铅产业布局要求，利用技术改造等资金渠道，在全国支持符合准入条件要求的企业建设一批铅再生循环利用示范项目。

5.建设铅循环利用体系。选择部分省份开展铅酸蓄电池循环利用体系建设试点，探索铅酸蓄电池生产者责任延伸制度实施机制，建设回收体系。支持铅酸蓄电池、再生铅企业与专业回收公司联合试点，委托符合资质要求的专业回收公司提供废铅酸蓄电池回收服务。鼓励以再生铅企业为核心，依靠自身力量或依托电池生产商、销售商的成熟销售体系建立回收网络，开展电池回收业务。

五、进度要求

（一）电机能效提升计划

——发布《电机能效提升计划》。（3月）

——组织对电机生产企业进行贯标核查。（4月）

——将高效电机推广、低效电机淘汰、电机系统节能改造目标分解落实到地方。（5月）

——组织对重点用电企业开展高耗能落后电机设备专项监察。（4季度）

——组织实施高效电机及高效风机、泵、压缩机推广政策，淘汰落后低效电机，对重点用电企业进行技术培训，开展电平衡测试，开展电机系统节能技术改造和高效再制造试点。（全年）

（二）涉铅行业绿色发展计划

——按国务院批复意见，与有关部门联合印发促进铅酸蓄电池和再生铅产业规范发展的意见，部署落实有关任务。（3月）

——发布《关于做好〈再生铅行业准入条件〉实施工作的意见》。（4月）

——利用中央财政清洁生产资金渠道，支持铅酸蓄电池和再生铅企业实施清洁生产技术示范。（9月）

——实施铅酸蓄电池、再生铅行业准入管理，建设铅再生循环利用示范工程。（全年）

——按照淘汰落后产能工作总体部署，落实铅酸蓄电池和再生铅行业淘汰企业名单，利用中央财政淘汰落后产能专项资金，支持落后产能淘汰。（全年）

——推进铅资源循环利用体系建设。支持再生铅企业与汽车4S店、维修店、铅酸蓄电池销售网点、报废汽车回收公司等建立商业化的铅酸蓄电池回收模式；协调中国移动、中国电信、中国联通三家电信运营商，与试点省份铅酸蓄电池、再生铅企业签订铅酸蓄电池定向回收利用协议；批复试点地区铅酸蓄电池及再生铅回收体系建设实施方案。（全年）

六、保障措施

（一）利用节能产品惠民工程政策支持，推广高效电机及电机系统。

（二）加大财政资金支持力度。中央财政产业振兴和技术改造专项在项目评审及计划下达过程中将对电机系统改造、铅再生循环利用（铅酸蓄电池回收再利用）等项目予以优先考虑；中央财政清洁生产专项资金加大对铅酸蓄电池、再生铅清洁生产技术项目的支持；淘汰落后产能中央财政奖励资金支持淘汰铅冶炼、铅酸蓄电池、再生铅落后产能。地方工业和信息化主管部门充分利用节能减排、技术改造、中小企业等专项资金对专项行动给予支持。

（三）强化标准约束和监督检查。发挥强制性电机能效新标准、行业准入条件作用，开展电机能效新标准贯标活动，对铅酸蓄电池、再生铅实施准入管理。加强监督检查，组织开展能耗限额标准执行情况和高耗能落后电机淘汰、落后产能淘汰等专项督察。

（四）按照《关于促进铅酸蓄电池和再生铅产业规范发展的意见》，建立部门协调工作机制，分工落实有关任务。

（五）充分利用联合国开发计划署、国际铜业协会等国际机构的资金支持，加强方案论证、宣传培训、专家咨询等基础能力建设。

发展现代产业体系
大力推进 信息化与工业化
融合

XD 西安西电开关电气有限公司

XIAN XD SWITCHGEAR ELECTRIC CO.,LTD.

西安西电开关电气有限公司（以下简称西开电气）是我国输配电行业中的大型企业—中国西电集团公司的核心子企业，前身为西安高压开关厂，公司始建于 1955 年，是我国第一个五年计划期间 156 项重点工程之一。经过半个多世纪的发展，已成为我国高压、超（特）高压开关设备研发、制造、销售和服务的主要基地，公司的主要产品为气体绝缘金属封闭开关设备 (GIS) 和 SF_6 断路器 (GCB)，电压等级覆盖 72.5~1 100kV，产品在特高压、大容量、小型化、智能化等方面拥有成套的自主知识产权，主导着我国开关行业的发展。

20世纪80—90年代	21世纪前十年	2012年
起步阶段： 引入CAD等软件	稳步推进： 设计、机加工、工艺等各部门分别实现数字化改造	深化融合： 将独立和分散的信息化模块融合，实现更高层次信息化

从 20 世纪 90 年代引入 CAD 起，西开电气 20 多年来采取“三步走”战略，稳步推进信息化建设，取得了瞩目的成绩。

西开信息化三步走历程

以智能化产品实现重点跨越，带动产业转型升级

西开电气自 1996 年就已开展智能化技术研究，逐步实践用信息技术对传统产品进行改造，在产品中综合运用微电子技术、网络技术、软件技术、感测技术、控制技术等，深入开展智能组件技术的自主集成和开发，不断推进智能化高压开关技术的发展，提升产品品质。高压开关行业的智能开关标准就是以西开电气的企业标准为基础制定的。

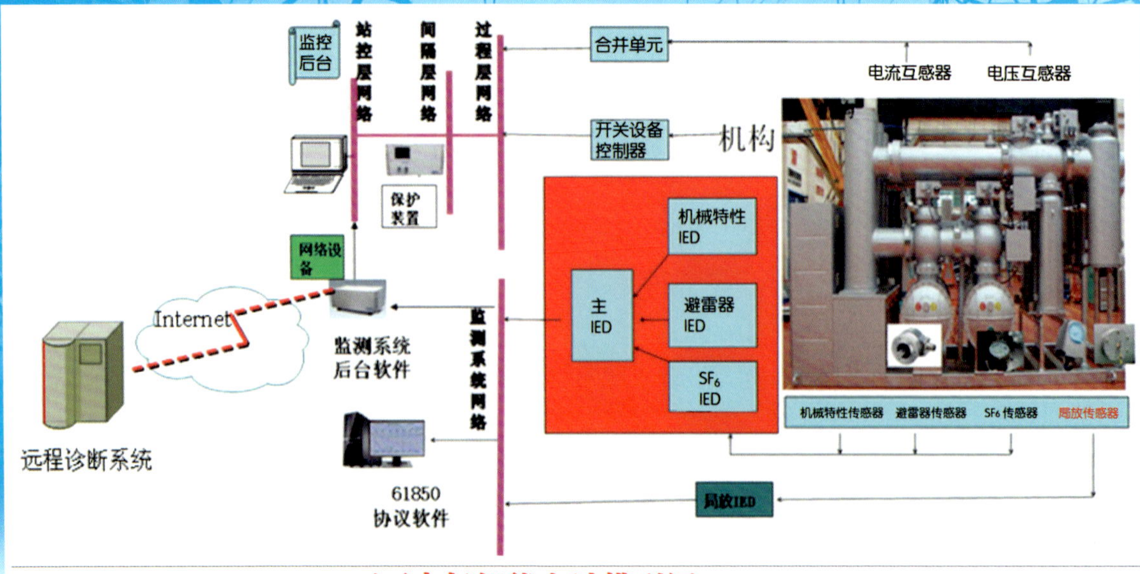

西开电气智能电站模型图

西开电气智能化产品应用及智能化电站建设

以数字化制造拓展 PLM 平台，打造核心竞争力

数字化制造是以快速灵活地响应不断变化的客户需求和实现高端制造为目的。它不仅缩短研发设计周期、降低设计成本、提高设计质量，也是与客户进行可视、立体、感性交流，达到异地协同设计与异地制造的必备手段。

目前，国内同行业中尚没有企业能够实现数字化设计、数字化单元技术集成、制造管理和数字化设备的集成。因此，系统实现数字化制造，是从真正意义上向高端装备制造业发展转型的核心之一。实现全过程的可视化、数字化，建成一个电力装备数字化产业平台，对于带动整个行业发展数字化制造具有巨大的推动作用，对整个制造业也具有示范样本作用。

设计部门：三维技术与 PDM 协同提升设计水平

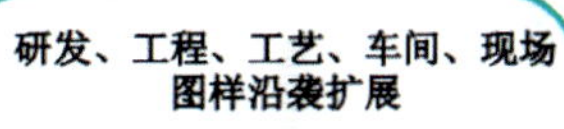

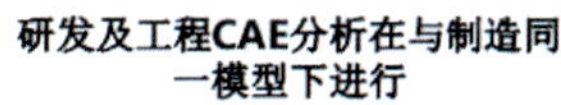

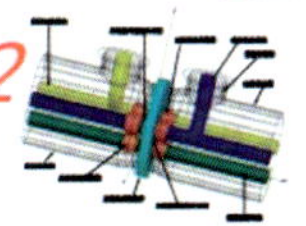

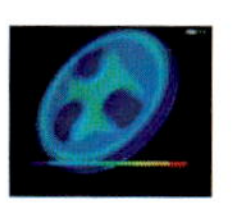

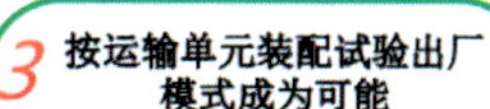

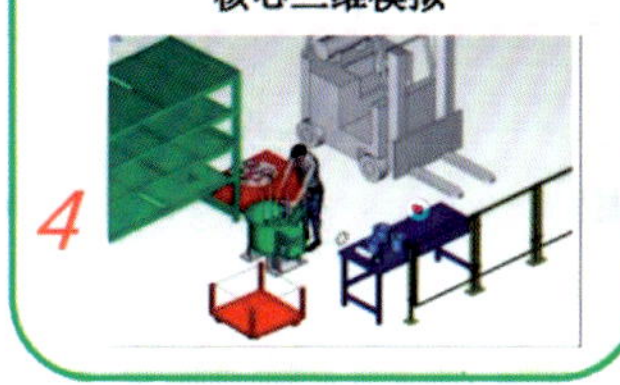

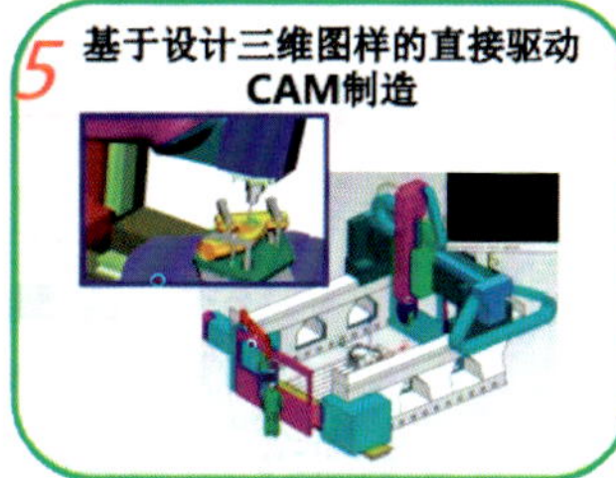

西安西电开关电气有限公司
XIAN XD SWITCHGEAR ELECTRIC CO.,LTD.

工艺部门：可视化工艺提升装配效率

三维可视化装配工艺的编制，使装配过程的指导更加形象直观，可操作性更强，降低了对装配操作工人的技能要求。

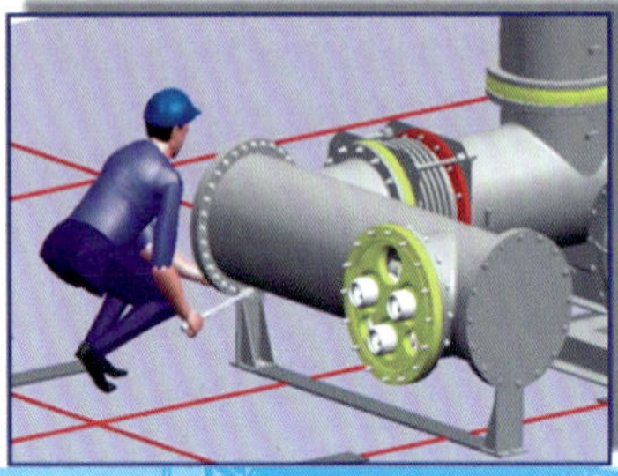

生产车间：制造执行系统（MES）促进生产制造

2001 年开始，西开电气引入分布数字控制(DNC/MDC)系统，从单台机床开始，逐步构建车间局域网，进而建成以太网，再后来形成信息共享平台，将设计、编程序和加工过程连成一体。“十一五”期间，西开电气机加工车间形成以网络化、数字化和智能化为目标的 DNC 底层构架，形成了新的作业环境。

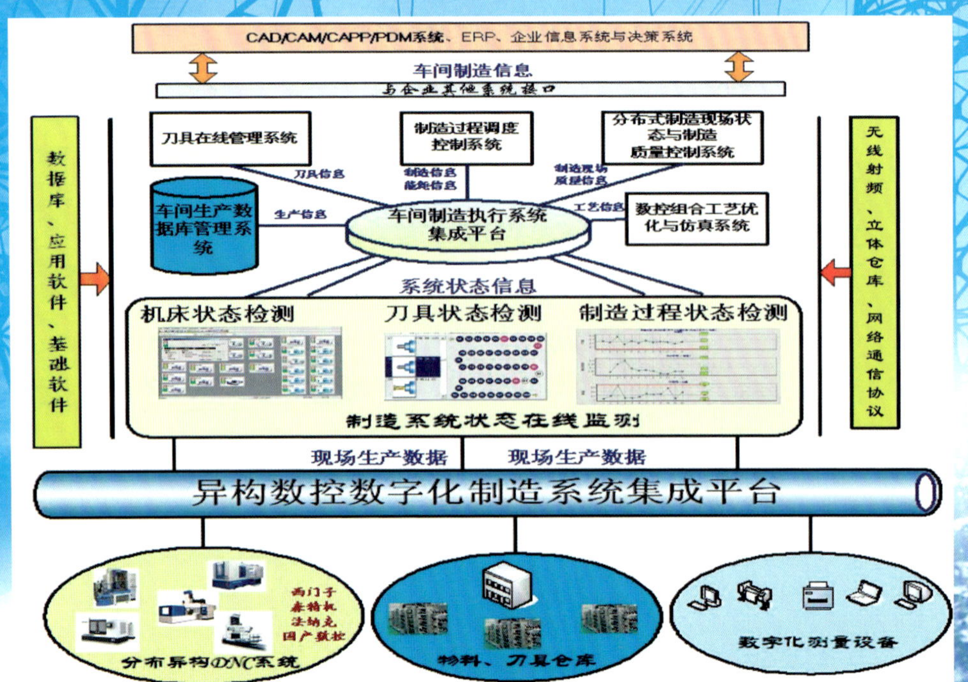

以信息化管理为抓手，搭建以 ERP 系统为核心的管理平台

统一了可视化服务界面和服务标准，通过 4008 呼叫中心、GPS 车辆管理、专家视频系统、档案标准化管理和产品远程诊断系统，实现了产品全生命周期管理。

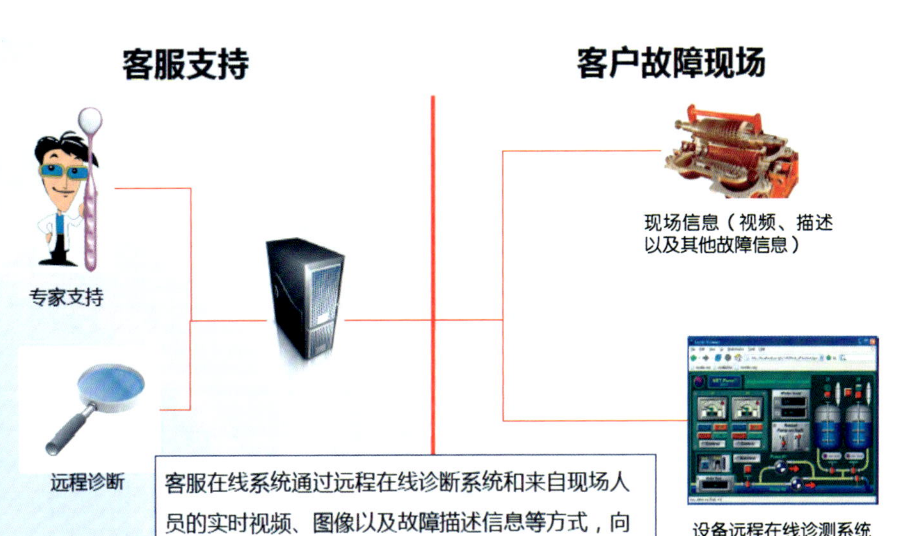

西开电气“十二五”展望

展望“十二五”，西开电气踏实履行公司发展战略：做精、做强高压开关业务，积极拓展国际市场，为客户提供产品全寿命周期维护方案，稳居中国高压开关行业的领先地位，跻身全球高压开关行业前五强。

西开电气“十二五”信息化发展战略：建立一个基于高端电力装备的，面向多主体协同的综合智能化技术、数字化制造、信息化管理的开关产业数字化平台，进一步提升高端电力制造装备的设计、制造、实验及测试能力，做好“国家两化深度融合示范企业”。

XD 西安西电开关电气有限公司
XIAN XD SWITCHGEAR ELECTRIC CO.,LTD.

志存高远，努力成为国际高压开关领域的领先者

——西开电气以两化融合带动产业转型升级

西安西电开关电气有限公司（简称西开电气）是我国输配电行业中的大型企业——中国西电电气股份有限公司（简称西电电气）的核心子企业。公司始建于1955年，是我国第一个五年计划期间156项重点工程之一，是我国高压、超（特）高压开关设备研发、制造、销售和服务的主要基地，主要产品为气体绝缘金属封闭开关设备（GIS）和 SF_6 断路器（GCB），电压等级覆盖72.5～1 100kV，产品在特高压、大容量、小型化、智能化等方面拥有成套的自主知识产权，主导着我国开关行业的发展。

为了贯彻落实我国“全面提高信息化水平，推动信息化和工业化深度融合”的发展战略，西开电气立足实际，根据自身优势和发展需要，通过实施“以智能组件为重点的产品智能化开发应用，以4CP/MES为核心的分布式数字化制造，以ERP为核心的多企业协同管理平台”三大关键性措施，于2012年基本实现了“由传统制造业向高端制造业转变，以两化融合带动产业转型升级”的目标，探索出了一条极具特色的融合发展之路。2013年年初，西开电气被评为“国家两化深度融合示范企业”。

一、以智能化产品实现重点跨越，带动产业转型升级

特高压电网建设是我国“十二五”重点发展方向。在城市化进程加快、电源建设突飞猛进的前提下，国家建设大容量坚强智能电网是必然的选择。超高压开关设备作为国家智能电网的核心设备，提高其质量、自主研发与制造能力，对于实现国家智能电网的建设目标具有重要的支撑意义。作为中国电力装备制造业的骨干企业，西开电气利用信息技术的优势，努力提高电力设备的数字化程度和智能化水平，使产品的技术含量、质量和可靠性得到进一步提升。

——利用信息技术改造传统产品。在产品中综合运用微电子技术、网络技术、软件技术、感测技术、控制技术等，发挥传感器、工控机、微处理器等作用，把传统的电力设备改造成为智能化的电力设备，提高电力行业的生产力水平，提高我国电力装备制造业的国际竞争力。

——深入持续研究智能化GIS产品。依托西电电气智能化输变电设备的成套、研发、制造和试验能力，西开电气积极开展一体化、系统化研究与设计，深入开展对各智能组件技术的自主集成和开发，不断推进智能化高压开关技术的发展和品质的提升，为我国智能电网建设提供坚强的保障。

近年来，西开电气自主研发成功了GIS间隔智能监测装置（IED），集 SF_6 气体状态、断路器状态、避雷器状态在线监测为一体，已有11个工程共96套应用和订货，市场业绩优秀；自主研发设计、制造特高频（UHF）内置式局放传感器，同局放监测专业厂家的采集、分析判定系统部分（IED）连接形成UHF局放监测系统；自主研发成功电子式电流互感器、电子式电压互感器、复合式电子互感器和合并单元等，已应用于多个工程，并陆续在后续智能化工程中投入使用。目前，正在研发GIS智能开关控制器，已实现GIS控制与二次厂家的开关控制器的一体化融合。

——实现对智能化GIS的远程诊断。采用计算机网络、通信技术，远程监控公司智能化GIS运行状态，快速处理设备运行所遇到问题。

二、以数字化制造拓展PLM平台，提高企业核心竞争力

在高压电器制造行业，目前尚没有企业能够实现数字化设计、数字化单元技术集成、制造管理和数字化设备的集成。因此，在电力设备设计制造行业的龙头企业——西电电气，能够建成一个电力装备数字化产业平台，极大地推动整个行业数字化制造发展，对整个制造业也具有示范样本作用。西开电气从长远发展的战略考虑，精心规划并积极构建数字化制造平台，为深化企业资源共享、推动企业创新打下基础。

——可视化设计技术的应用。经过多年的发展，西电电气已具有良好的CAD应用基础，建立了以PLM系统为核心的CAD/CAE/CAPP/CAM一体化集成应用系统，实现了多企业主体数字化设计平台建设及应用。通过PLM系统，西开电气建立了涵盖各类产品的完整数据模型，在此基础上建立起企业级的数据共享、协同工作平台，大大提高了设计效率和质量。

特别是三维CAD设计在产品研发和工程项目设计中得到全面普及应用。设计的三维CAD的模型被下游CAE、CAPP、CAM、三维可视化等工作利用共享，车间装配现场使用的是同一模型；

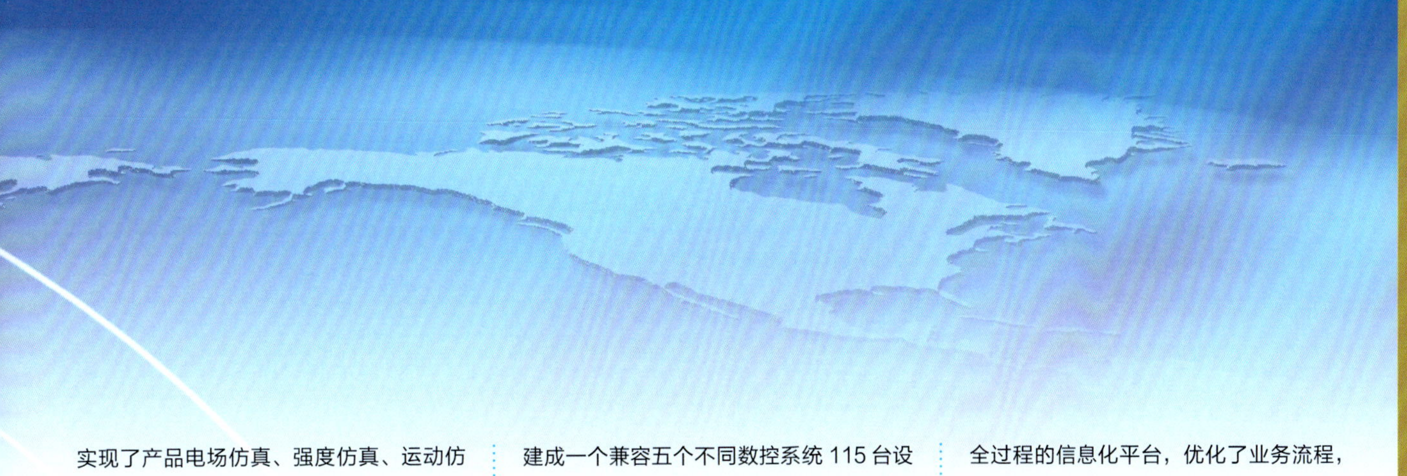

实现了产品电场仿真、强度仿真、运动仿真以及液压仿真分析，在产品研制和产品改进过程中，使设计方案对比更直观、设计结果更可信，加快了产品研发的进度，降低了产品研发的成本；产品设计、工艺与制造的过程控制实现一体化，CAD/CAE/CAPP/CAM与PDM无缝集成，使设计与工艺业务顺畅衔接、同步工作，大大缩短了产品制造技术准备时间。

——可视化工艺技术的应用。实现三维可视化装配工艺的编制，利用可视化加工工序卡直观地指导工艺过程，使装配过程的指导更加形象直观，可操作性更强，降低了对装配操作工人的技能要求；实现安装现场的可视化指导，在现场的装配工艺中进一步加入人物、厂房、起重机等人机工程界面，使现场装配作业指导文件具有更强的指导作用；建立安装所用器械的三维模型，使用UG软件将产品装配过程所使用到的工位器具、设备、实验仪器、厂房行车等建立起三维模型，并进一步运用UG和3DVIA两种软件的装配仿真动画制作技术，完成了3P1T机构拆卸动画、550kV GIS套管装配动画。这些仿真动画技术被应用于荆门百万伏发电机断路器等重大项目，在向电网公司及用户汇报演示中得到高度评价。

——数字化制造在车间级的应用。目前，西开电气数字化车间已形成了一个基于国产数控装备、数控系统、多种异构异地数控装备，能适应多种复杂制造过程要求、满足高端电力设备要求的车间数字化制造系统，为未来高端电力装备实现智能制造奠定下基础。同时，西开电气与西安交通大学产学研结合，共同推进数字化制造在车间级的应用，已获得国家科技重大专项。

在数字化车间的实际应用中，一是搭建成一个兼容五个不同数控系统115台设备的DNC/MDC系统，即加工代码的上传、下传及管理，实时提取设备加工过程的数据，以数据库表的形式充实MIS系统的加工基础数据，从而使车间基础数据更加科学合理，加工资源得到最有效的使用；二是充分利用已有的UG软件资源与先进数控设备，从而实现从设计UG三维建模到车间CAM使用，从产品开发到生产现场的CAD/CAM一体化，确保零件图样在数控设备现场实时在线；三是建成车间MIS系统，从计划到来料、从来料到派工、生产、完工、转出，形成一个车间全生产过程的闭环管理，将完工汇报质检延伸到生产现场，实现了物流、资金流、信息流的统一；四是在刀具信息检测的监测/传感网络基础上，研究刀具的智能选配、动态调度、寿命预测、库存预警等技术内容，开发车间刀具在线管理系统。

三、以ERP系统为核心搭建管理平台，提升企业管理水平

遵循“效益驱动、总体规划、分步实施、重点突破”的原则，自1996年开始至今，西开电气持续推进企业信息化科技工程，不断优化企业业务流程，以信息化技术的运用促进了企业管理水平和生产效率以及对市场反应速度的提高。

——集中式数据管理中心的建设。西开电气建立了集中式信息管理系统的硬件平台——西开电气数据管理中心，全部通过内部局域网和互联网，利用应用接入系统，实现了各个生产基地的数据访问、上百家供应商的应用访问、上百个销售网点和办事处的访问。

——搭建以ERP系统为核心的管理平台。首先搭建起财务业务一体化的信息管理平台，能够支撑输配电设备产品线，贯穿销售、设计、采购、生产、售后服务全过程的信息化平台，优化了业务流程，提高了管理效率和效益；其次，实现了ERP与系统设计研发平台的集成，使内部工程数据、管理信息得到集成和共享，提高了产品在研发和生产方面的领先水平；第三，实现了客户、供应商的全价值链管理，使企业向价值链上下游的信息得到集成和共享，企业与业务伙伴的利益达到共赢；最后，ERP系统中的财务和供应链报表分析体系，能够深入挖掘业务数据价值，为管理层提供快速、准确的决策支持信息，提高了分析及决策能力。

——客户服务系统推动企业向“服务制造型”转型升级。客户服务系统以信息为纽带，通过对产品和客户信息的有效管理和资源共享，达到咨询、大修、三包、临备、投诉等业务的标准化管理和快速流转，从而实现“产品全生命周期管理、服务全过程管理、资源全局优化管理”的客户服务目标。西开电气正在探索由产品的设计、制造、安装，到后期的运营、维修、报废一体的电站代管工作。目前，西开电气已经与三峡电站签订协议，打通了三峡向家坝产品远程诊断服务。这标志着西开电气向服务型制造业转型迈出了最重要的一步。

随着信息技术在西开电气的广泛应用和渗透，两化融合的作用日益显现，有力地推动了企业的自主创新能力，综合竞争力不断增强，产品不断向高端智能制造发展，企业向国际一流迈进的步伐日益加快。“十二五”期间，西开电气将建立一个基于高端电力装备的，面向多主体协同的智能化技术、数字化制造、信息化管理的开关产业数字化平台，进一步提升高端电力装备的设计、制造、实验及测试能力，早日实现“成为国际高压开关领域的领先者”的愿景。

服务社会
传真：029-84241479
http://www.xdxb.com.cn
XD

聚焦『两化融合』推动转型升级

▲居世界领先地位的 BKDFYT-200000/1000 特高压单相有级可控并联电抗器

▲ODFPSZ-700000/750 单相自耦变压器运行在银川东变电站

▲糯扎渡 800kV 直流输电工程 ZZDFPZ-340800/500-800 换流变压器

▲ODFPS-1000000/1000 特高压自耦变压器已有 4 台产品运行于国网特高压交流试验示范工程

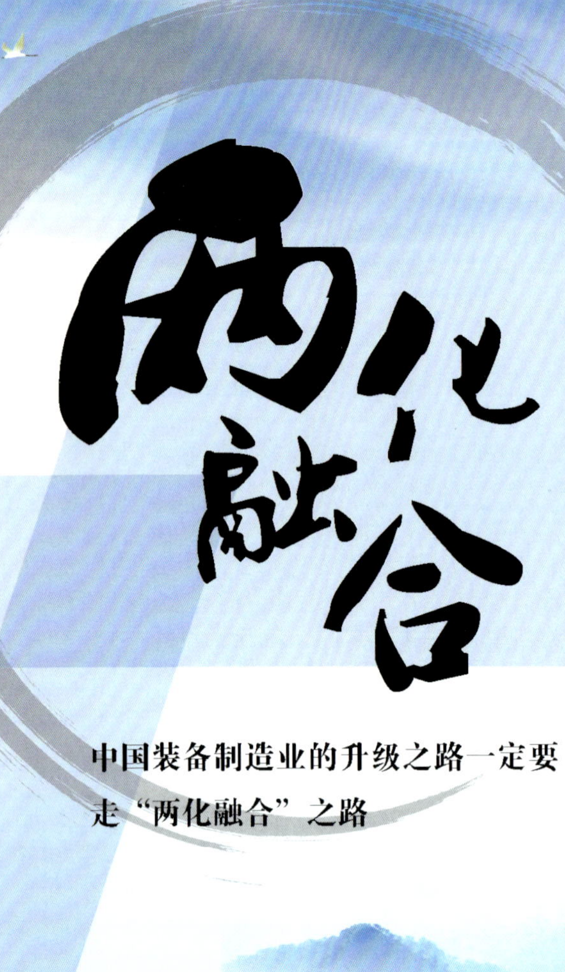

中国装备制造业的升级之路一定要走“两化融合”之路

行业概况

逐一分析电器工业37个分行业的生产、市场、科技成果及新产品、质量标准、基本建设及技术改造、管理等方面在2012年取得的成果，展现未来发展目标

Analyzing one by one the achievements made in 2012 by the 37 sub-industries of electrical equipment industry in aspects of production, market, scientific and technical achievements, new products, quality standard, capital construction, technical transformation and management, unfolding the future development target

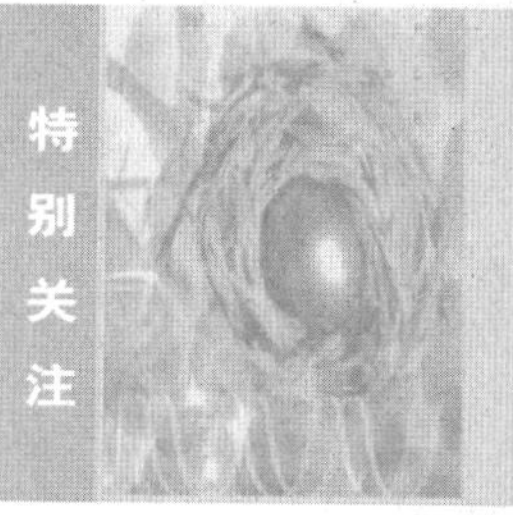

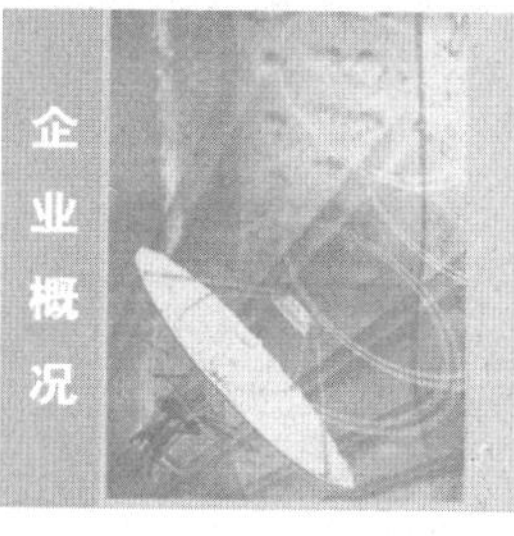

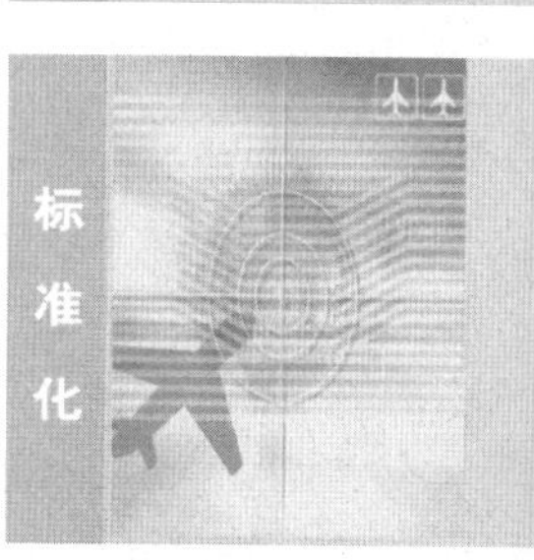

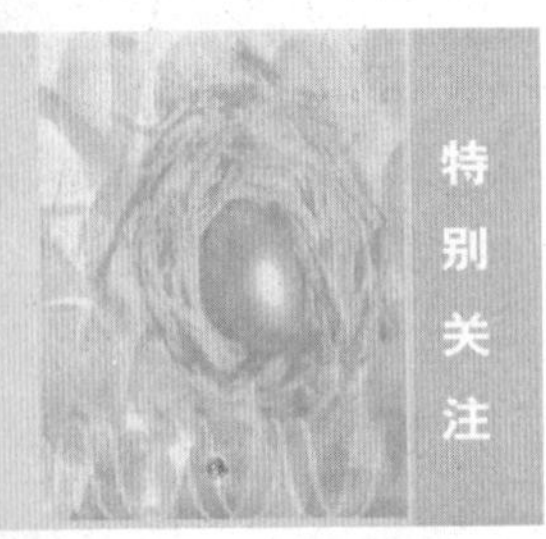

行业概况

工 业 锅 炉

我国现有锅炉制造企业 5 316 家，其中 A 级 536 家、B 级 793 家、C 级 2 060 家、D 级 1 675 家。锅炉行业规模以上企业区域分布见表 1。

表 1　锅炉行业规模以上企业区域分布

省、市、自治区	企业数量（家）	占比（%）
全国	952	100.00
山东	130	13.66
江苏	128	13.45
辽宁	127	13.34
浙江	67	7.04
四川	59	6.20
湖北	53	5.57
河南	48	5.04
黑龙江	47	4.94
上海	33	3.47
河北	32	3.36
北京	28	2.94
广东	28	2.94
吉林	27	2.84
湖南	26	2.73
天津	24	2.52
安徽	22	2.31
山西	14	1.47
陕西	14	1.47
广西	13	1.37
内蒙古	11	1.16
福建	9	0.95
江西	7	0.74
甘肃	5	0.53

生产发展情况　受国家减排指标的控制要求，小型燃煤锅炉运行受到限制，中小型燃煤锅炉的生产和需求减少，大容量、洁净燃料锅炉的生产和需求有所提高。同时，水煤浆锅炉、燃垃圾锅炉、燃生物质锅炉、余热及废气利用锅炉、冷凝式锅炉等锅炉产品和技术受到重视，锅炉产品整体水平和性能水平有所提高。根据中国电器工业协会工业锅炉分会的统计，2012 年 57 家工业锅炉主要生产企业完成工业增加值 34.85 亿元，占工业总产值的 24%；实现利润总额 10.83亿元，人均创利 4.47 万元；全员劳动生产率 14.38 万元/人，仍处于低水平状态。2012 年 57 家工业锅炉主要生产企业主要经济指标见表 2。

表 2　2012 年 57 家工业锅炉主要生产企业主要经济指标

指 标 名 称	计量单位	2012 年	2011 年	同比增长（%）
工业总产值	万元	1 452 018	1 388 827	4.55
新产品产值	万元	680 787	586 529	16.07
工业销售产值	万元	1 408 147	1 348 546	4.42
其中：出口交货值	万元	69 712	58 140	19.90
工业增加值	万元	348 471	315 535	10.44
全年从业人员平均人数	人	24 238	21 931	10.52
累计完成固定资产投资	万元	99 346	93 086	6.73
年末科技活动人员合计	人	3 911	3 663	6.77
科技活动经费筹集总额	万元	47 214	45 254	4.33
年末研究与试验发展人员	人	2 444	2 382	2.60
研究与试验发展经费支出	万元	34 173	32 929	3.78
新产品开发经费支出	万元	38 272	32 151	19.04
年末资产合计	万元	1 942 966	1 705 878	13.90
流动资产小计	万元	1 355 604	1 199 078	13.05
流动资产年平均余额	万元	1 173 606	984 398	19.22
固定资产小计	万元	551 169	436 727	26.20
固定资产净值年平均余额	万元	412 308	322 895	27.69
年末负债合计	万元	1 221 119	1 067 958	14.34
年末所有者权益合计	万元	779 490	619 127	25.90
主营业务收入	万元	1 352 964	1 271 469	6.41
主营业务成本	万元	1 033 982	989 374	4.51
主营业务税金及附加	万元	10 617	11 726	-9.46
其他业务收入	万元	105 580	107 877	-2.13
营业费用	万元	64 189	65 626	-2.19
主营业务利润	万元	225 024	216 461	3.96
管理费用及财务费用	万元	124 576	120 359	3.50
利息支出	万元	24 472	16 475	48.54
利润总额	万元	108 306	98 321	10.16
工业中间投入合计	万元	807 245	844 808	-4.45
应交增值税	万元	44 864	49 298	-8.99

产品分类产量 根据国家统计局公布数据,2012 年全国工业锅炉产量 43.93 万 t/h。2007—2012 年全国工业锅炉按地区产量统计见表 3。

表 3 2007—2012 年全国工业锅炉按地区产量统计 (单位:t/h)

地 区	2007 年	2008 年	2009 年	2010 年	2011 年	2012 年	地 区	2007 年	2008 年	2009 年	2010 年	2011 年	2012 年
全国	207 065	222 781	292 150	336 382	413 329	439 337	山东	21 691	22 027	49 744	25 439	34 541	39 885
北京	3 314	3 429	3 923	3 448	2 846	3 510	河南	35 464	35 915	46 955	69 071	80 351	88 912
天津	9 855	9 794	7 634	7 023	6 317	7 331	湖北	2 701	3 677	2 676	2 650	4 586	3 503
河北	8 325	9 439	10 948	9 516	12 837	12 288	湖南	8 131	9 431	41 085	59 304	67 967	21 286
山西	2 147	1 784	3 479	7 316	11 028	11 487	广东	1 167	808	2 140	2 901	633	1 240
内蒙古	1 221	1 183	1 330	1 264	1 042	877	广西	2 616	3 130	5 062	8 772	12 273	10 958
辽宁	17 237	19 123	18 275	16 134	16 958	21 489	重庆	714	913	968	838	685	1 789
吉林	12 405	4 678	4 755	6 989	12 872	16 624	四川	6 977	17 529	25 532	37 589	64 752	64 844
黑龙江	10 681	9 907	10 318	13 313	13 477	27 834	云南	292	146	208	254		
上海	3 269	3 560	3 706	764		12 800	陕西	2 163	1 887	3 728	3 938	4 052	3 766
江苏	29 969	34 123	31 427	32 541	34 509	32 119	甘肃	1 872	1 680	1 646	1 761	1 283	2 749
浙江	19 826	23 010	11 317	17 234	18 485	17 814	青海	57	59	0	43		
安徽	3 037	4 051	2 636	5 196	9 380	26 877	宁夏	331	326	667	696	103	74
福建	8	127	444			6 933	新疆	144	204	402	668	826	931
江西	1 453	843	1 144	1 718	1 525	1 418							

注:由于统计范围、数据缺损及错误,数据误差较大,需要进行分析和必要的修正。

根据工业锅炉的市场需求及生产综合分析,2012 年工业锅炉产量约 25 万 t/h、2.5 余万台。根据中国电器工业协会工业锅炉分会的统计,57 家工业锅炉主要生产企业合计生产工业锅炉 11 868 台、13 5131t/h。2012 年 57 家工业锅炉企业分类产品产量见表 4。2012 年 57 家工业锅炉生产企业不同蒸发量锅炉产量见表 5、表 6。

表 4 2012 年 57 家工业锅炉企业分类产品产量

产 品 类 别	产量(台)	占总产量比例(%)	产量(t/h)	占总产量比例(%)
按介质划分				
蒸汽锅炉	6 887	58.03	78 731	58.26
热水锅炉	3 778	31.83	47 275	34.99
有机热载体锅炉	1 203	10.14	9 124	6.75
按锅炉炉型划分				
水管锅炉	2 984	25.14	64 175	47.49
锅壳锅炉	6 589	55.52	38 605	28.57
其他(有机热载体炉)	1 251	10.54	10 056	7.44
其他(余热锅炉)	1 044	8.8	22 297	16.50
按燃烧方式划分				
固定炉排/手动活动炉排	357	3.01	568	0.42
链条炉排	5 106	43.02	53 585	39.66
往复炉排	98	0.83	2 086	1.54
循环流化床/沸腾炉	292	2.46	14 709	10.88
室燃炉	6 015	50.68	64 184	47.50
按压力划分				
常压	817	6.88	1 121	0.83

（续）

产品类别	产量（台）	占总产量比例（%）	产量（t/h）	占总产量比例（%）
$P \leqslant 0.69$MPa	25	0.21	84	0.06
0.69MPa< $P \leqslant 1.25$MPa	9 549	80.46	90 297	66.82
1.25MPa< $P \leqslant 2.5$MPa	1 184	9.98	31 635	23.41
$P > 2.5$MPa	293	2.47	11 993	8.88
按燃料划分				
烟煤	5 591	47.11	67 818	50.19
无烟煤	47	0.40	319	0.24
其他煤种	22	0.19	1 109	0.82
油、气	4 643	39.12	38 428	28.44
煤粉	22	0.19	1 004	0.74
水煤浆	141	1.19	1 885	1.39
生物质	253	2.13	2 414	1.79
电	98	0.83	72	0.05
余热利用	1 031	8.69	21 539	15.94
垃圾	20	0.17	546	0.40
按容量划分				
$Q \leqslant 1$t/h	1 457	12.28	1 088	0.81
1t/h< $Q \leqslant 4$t/h	3 355	28.27	9 368	6.93
4t/h< $Q \leqslant 10$t/h	4 134	34.83	30 674	22.70
10t/h< $Q \leqslant 20$t/h	1 753	14.77	29 826	22.08
20t/h< $Q \leqslant 35$t/h	483	4.07	12 816	9.48
35t/h< $Q \leqslant 75$t/h	467	3.93	26 651	19.72
$Q > 75$t/h	219	1.85	24 708	18.28

注：室燃炉包括余热锅炉、燃油气锅炉、煤粉锅炉和水煤浆锅炉等。

表5　2012年57家工业锅炉生产企业不同蒸发量锅炉产量　（单位：台）

产品类别	≤1t/h	1~4t/h	4~10t/h	10~20t/h	20~35t/h	35~75t/h	75t/h
按介质划分							
蒸汽锅炉	650	1 734	2 622	1 245	353	222	61
热水锅炉	807	1 325	823	325	95	245	158
有机热载体锅炉	0	296	689	183	35	0	0
按锅炉炉型划分							
水管锅炉	214	346	1 062	591	281	292	198
锅壳锅炉	1 229	2 542	2 302	424	45	29	18
其他（有机热载体炉）	0	296	691	229	35	0	0
其他（余热锅炉）	14	171	79	509	122	146	3
按燃烧方式划分							
固定炉排/手动活动炉排	206	135	16	0	0	0	0
链条炉排	247	1 331	2 461	657	196	113	101
往复炉排	0	27	19	19	20	7	6
循环流化床/沸腾炉	0	1	8	113	34	98	38

（续）

产品类别	≤1t/h	1～4t/h	4～10t/h	10～20t/h	20～35t/h	35～75t/h	75t/h
室燃炉	1 004	1 861	1 630	964	233	249	74
按压力划分							
常压	463	347	7	0	0	0	0
P ≤0.69MPa	6	13	5	1	0	0	0
0.69MPa< P ≤1.25MPa	948	2 900	3 878	1 241	239	263	80
1.25MPa< P ≤2.5MPa	40	95	227	410	156	145	111
P >2.5MPa	0	0	17	101	88	59	28
按燃料划分							
烟煤	399	1 422	2 407	796	224	206	137
无烟煤	21	2	16	4	4	0	0
其他煤种	0	0	3	4	5	2	8
油、气	906	1 663	1 462	368	80	93	71
煤粉	0	1	1	5	0	15	0
水煤浆	0	8	47	58	28	0	0
生物质	33	74	119	9	3	15	0
电	84	14	0	0	0	0	0
余热利用	14	171	79	509	119	136	3
垃圾	0	0	0	0	20	0	0

表6　2012年57家工业锅炉生产企业不同蒸发量锅炉产量　（单位：t/h）

产品类别	≤1t/h	1～4t/h	4～10t/h	10～20t/h	20～35t/h	35～75t/h	75t/h
按介质划分							
蒸汽锅炉	541	5 073	19 629	20 766	9 424	13 803	9 495
热水锅炉	547	3 625	6 319	6 145	2 578	12 848	15 213
有机热载体锅炉	0	670	4 725	2 915	814	0	0
按锅炉炉型划分							
水管锅炉	173	1 107	8 125	10 168	7 749	16 085	20 768
锅壳锅炉	904	7 193	17 268	7 180	1 060	1400	3 600
其他（有机热载体炉）	0	670	4 737	3 835	814	0	0
其他（余热锅炉）	12	399	544	8 643	3 193	9 166	340
按燃烧方式划分							
固定炉排/手动活动炉排	157	315	96	0	0	0	0
链条炉排	246	3 991	17 888	10 914	5 103	5 540	9 903
往复炉排	0	74	146	350	546	430	540
循环流化床/沸腾炉	0	4	65	1 916	1 050	6 465	5 209
室燃炉	685	4 985	12 479	16 646	6 117	14 216	9 056
按压力划分							
常压	258	816	47	0	0	0	0
P ≤0.69MPa	2	43	24	15	0	0	0
0.69MPa< P ≤1.25MPa	798	8 190	2 8677	21 495	6 076	15 231	9 830
1.25MPa< P ≤2.5MPa	30	319	1 800	7 035	4 178	7 550	10 723

（续）

产品类别	≤1t/h	1~4t/h	4~10t/h	10~20t/h	20~35t/h	35~75t/h	75t/h
P>2.5MPa	0	0	125	1 281	2 562	3 870	4 155
按燃料划分							
烟煤	357	4 158	17 527	13 322	6 013	11 550	14 891
无烟煤	14	8	132	65	100	0	0
其他煤种	0	0	18	75	175	80	761
油、气	629	4 512	11 215	6 693	2 090	4 573	8 716
煤粉	0	4	10	100	0	890	0
水煤浆	0	32	364	760	729	0	0
生物质	32	230	864	168	75	1 045	0
电	45	27	0	0	0	0	0
余热利用	12	399	544	8 643	3 088	8 513	340
垃圾	0	0	0	0	546	0	0

注：室燃炉包括余热锅炉、燃油气锅炉、煤粉锅炉和水煤浆锅炉等。

生产工艺水平　多数企业进行了技术改造，完善了工艺设施和检测手段。通过改造，行业和企业的工艺水平显著提高。主要表现在：

（1）板材下料以数控气割替代了手工及半自动气割。

（2）锅筒纵、环缝自动焊接设备应用广泛。

（3）管子、管板焊接普遍采用氩弧焊打底、手工焊盖面工艺，少数企业采用全位置氩弧焊接；CO_2 气体保护焊得到推广。

（4）配备了膜式壁自动生产线、蛇形管连续弯制生产线、液压双头自动弯管机、管排弯制等高效和先进装备。

（5）锅筒、集箱数控钻孔逐步得到应用。

（6）计算机辅助工艺设计（CAPP）得到不同程度的推广。

（7）周向X光探伤机普遍使用，自动洗片机得到推广，有些还采用了工业电视、直线加速器等设备和手段。

（8）封头、炉胆、炉排等专业化协作生产越来越普及，炉排材质和结构得到改善。

市场风险　工业锅炉的市场需求除受国民经济发展速度和投资规模等因素影响外，还受能源政策和节能、环保要求的制约。影响市场需求的主要因素有：国民经济的发展速度和投资规模；北方地区采暖需要和住宅建设；第三产业和民营企业的发展；效率低、污染重的落后锅炉淘汰改造；正常的更新改造等。

锅炉行业面临的主要风险是国内外经济的波动、政策限制、结构性产能过剩和周期性产能过剩等，热电联产机组的广泛应用将挤占和替代供热市场的工业锅炉份额。锅炉行业的风险评级是中级。

（1）城市集中供热对分散集中供热需求的影响。随着各地城市供热产业的迅猛发展，热力网输送热能系统发展很快。统计数据显示，当前我国热电联产机组承担了城市热水采暖供热量的30%、城市工业用汽的83%。“十二五”期间增加的热电联产机组装机规模约1.1亿kW，拆除小锅炉5万台。到2015年，我国热电联产机组装机规模计划达2.5亿kW；北方采暖地区大型城市建筑物采暖集中供热普及率将达到65%，其中热电联产在集中供热中的比例达到50%。热电联产机组的大力推广和建设，对中小型热水锅炉的市场造成了强烈的冲击。2005—2012年锅炉在用及生产情况见表7。

表7　2005—2012年锅炉在用及生产情况

年份	在用锅炉（万台）	其中：工业锅炉（万台）	热电联产（万kW）	年供热量（万GJ）	工业锅炉生产（万t/h）
2005	55.38	54.90	6 981	192 549	13.2
2006	54.31	53.35	8 311	227 565	15.0
2007	53.41	52.44	10 091	259 651	17.5
2008	57.82	56.88	11 583	249 702	19.0
2009	59.52	58.48	14 464	258 198	21.3
2010	60.73	59.50	16 655	283 760	22.5
2011	62.03	61.00	20 387	297 859	24.5
2012	62.30	61.20	（22 500）		25.0

有条件的省市要求新增供热面积全部实现热电联产或以燃气等清洁能源供热；积极推进现有燃煤供热锅炉实现热电联产替代或改用天然气，中心城区燃煤小锅炉全部拆除改造。

（2）空调、空气源技术的发展，也将在一定程度上挤占传统采暖锅炉市场。空气源热泵行业2011年销售收入为50亿元，2012年为62亿元，2013年预计达到100亿元。生产厂家也从2005年的54家增至当前的400家。

综合分析市场需求的相关因素，虽然热力消费年均增长率为5%，但考虑新建建筑节能措施的应用以及热电联产的推广,工业锅炉实际市场容量将出现负增长。而各级政府禁燃区的建立以及煤改气等环保政策的推进,将在一定阶段内增加环保型锅炉的需求。

产品发展方向 今后,小容量燃煤锅炉的比重将明显下降,大容量循环流化床锅炉等采用清洁燃烧技术的锅炉得到发展。随着天然气管网的延伸、扩展以及城市“禁燃区”范围的扩大,燃气锅炉将得到广泛应用。

(1)节能减排是国家持续发展的需要。2012 年 2 月 27 日,工信部公布的《工业节能“十二五”规划》圈定的三项节能工程——工业锅炉窑炉节能改造、电机系统节能改造、余热余压回收利用,成为工业节能重点领域。在我国以煤为主要能源的结构背景及节能减排的压力下,环保型燃煤锅炉产业面临良好的产业政策环境。采用清洁燃料和洁净燃烧技术的高效、节能、低污染锅炉将是锅炉产品的发展趋势。

(2)根据国家要求,地级市的建成区都要划定专门的禁止燃烧区域,重点区域的城市禁燃面积要达到 80%,非重点区域的城市要达到 60% 以上。大部分的省会城市、部分二级城市在城区推出禁煤令,在淘汰中小型燃煤锅炉的同时促进了集中供热、燃气锅炉等应用,部分地方政府也已出台了鼓励将燃煤锅炉改造为燃气锅炉的补贴政策。

(3)碱回收炉、垃圾焚烧炉、秸秆炉、蔗渣炉、利用锅炉燃烧高炉、转炉煤气发电,能够充分利用能源,成为节能的优良途径。

(4)太阳能系统与燃煤、燃气、燃油工业锅炉结合纳入第五批节能技术推广目录。

(5)工业生产中,使用的各种窑炉燃料耗用量大、热效率低,利用余热锅炉加以回收利用,可减少企业能耗和污染排放,余热锅炉将得到广泛应用。

锅炉能效测试机构 国家质量监督检验检疫总局特种设备局要求各地质监部门做好对高耗能特种设备节能标准执行情况的监督检查,进一步落实锅炉节能监管各项制度,加快推进节能技术机构能力建设,大力促进节能技术进步,积极探索创新节能工作机制。

锅炉是重要的能源转换设备,要在对锅炉设计文件安全性能进行鉴定的同时,做好锅炉设计文件节能审查、锅炉定型产品能效测试、锅炉节能监管等工作。未通过节能审查的锅炉设计文件不得投入生产。在用工业锅炉能效测试工作已被国家发展和改革委员会列入“十二五”单位 GDP 能耗考核体系实施方案中的省级人民政府节能目标责任评价考核指标,特种设备节能工作已逐步融入国家节能工作。2012 年 5 月 1 日起,无能效测试合格报告的锅炉产品一律不得出厂。

特种设备局将着力加快能效测试机构的建立和测试能力的提升,重点加强地市级锅炉能效测试机构能力建设,严格落实工业锅炉定型产品能效测试制度。2012 年第四批锅炉能效测试机构名单见表 8。

表 8 2012 年第四批锅炉能效测试机构名单

序号	机构名称
在用工业锅炉能效测试(含蒸汽锅炉、热水锅炉、有机热载体锅炉)	
1	乌兰察布市特种设备检验所
2	锡林郭勒盟特种设备检验所
3	阿拉善盟特种设备检验所
4	抚顺市特种设备监督检验所
5	中国石油天然气股份有限公司油田节能监测中心(中国石油天然气股份有限公司辽河油田分公司)
6	辽宁工业锅炉能效检测有限公司
7	吉林省能源测评中心(吉林省计量科学研究院)
8	中国石油天然气股份有限公司吉林石化分公司能源监测站(吉林市吉化金祥压力容器检测有限公司)
9	通化市节能监测站
10	绍兴市能源检测院
11	安庆市特种设备监督检验中心
12	宜春市特种设备监督检验中心
13	菏泽市产品质量监督检验所
14	青岛海大节能技术中心有限公司
15	山东世通检测评价技术服务有限公司
16	广东省湛江市质量技术监督标准与编码所
17	自贡市特种设备监督检验所
18	乐山市特种设备监督检验所
19	泸州市特种设备监督检验所
20	陕西省锅炉压力容器检验所(由原陕西省特种设备质量安全监督检测中心更名)
21	贵州省特种设备检验检测院(由原贵州省锅炉压力容器检验中心更名)
在用工业锅炉能效测试(额定蒸发量小于 20t/h 的蒸汽锅炉、额定热功率小于 14 MW 的热水锅炉)	
1	上海轻工环境保护压力容器监测总站
2	台州市特种设备监督检验中心

标准 我国现行锅炉行业法规标准体系包含 1 个国家行政条例、9 个部门规章制度、80 多个安全技术规范、1100 多个标准。2012 年度颁布的其他相关标准有:DB 32/2062—2012《锅炉运行能效限额及监测技术要求》、ISO 23551-1:2012《气体燃烧器和燃气器具的安全和控制装置 特殊要求 第 1 部分:自动阀与半自动阀》、JIS B8407-1-2012《强制送风燃烧器 第 1 部分:气体燃烧器》、JIS B8407-2-2012《强制送风燃烧器 第 2 部分:燃油器》。

2012 年,《特种设备安全法(草案)》由十一届全国人大常委会第二十八次会议审议。2013 年 6 月 29 日,《特种设备安全法》公布;2014 年 1 月 1 日起施行。

2012 年 10 月 23 日 TSG G0001—2012《锅炉安全技术监察规程》由国家质量监督检验检疫总局批准颁发。该规程将原劳动部颁发的《蒸汽锅炉安全技术监察规程》

(1996)、《热水锅炉安全技术监察规程》(1991 年颁布、1997 年修订)、《有机热载体安全技术监察规程》(1993 年)以及原国家质量技术监督局 2000 年颁布的《小型和常压热水锅炉安全监察规定》等锅炉技术法规进行了整合。

协会工作 2012 年 10 月 31 日,工业锅炉分会在上海组织召开了 2012 中国国际供热及热动力技术展览会暨第十届国际锅炉、辅机及工艺设备展览会,同期举办 2012 年工业锅炉行业节能减排新产品、新技术研讨会与推广会。完成第五批工业锅炉节能产品的评审和推荐工作。

〔撰稿人:中国电器工业协会工业锅炉分会、中国联合工程公司张浩〕

余热锅炉

生产发展情况 2012 年,受欧债危机持续反复影响,我国出口业务增幅回落,内需提振经济乏力,导致整体经济呈下行态势。余热锅炉行业也受到一定影响,发展速度有所放缓,但多数企业坚持把技术进步和创新作为加快转变经济发展方式的重要支撑,努力推进行业持续健康发展,行业整体经济仍保持平稳发展态势。据不完全统计,2012 年各企业生产各类余热锅炉 783 台,合计 34 928t(蒸汽),实现产值 435 486 万元。与上年相比,余热锅炉生产数量同比下降 1.4%,折合蒸汽量同比下降 7.4%,余热锅炉产值同比增长 1.4% 。

节能环保产业是国家大力支持发展的新兴产业,余热锅炉行业各企业充分抓住这一难得的发展机遇,积极拓展余热锅炉产品市场。一些重点骨干企业,如杭州锅炉集团股份有限公司、苏州海陆重工股份有限公司和盐城市锅炉制造有限公司等企业的余热锅炉产品产值占企业工业总产值的比例均超过 80% 以上;江联重工股份有限公司(原江西江联能源环保股份有限公司)余热锅炉产值占比也超过 50%。此外,无锡华光锅炉股份有限公司、江苏太湖锅炉股份有限公司等企业的余热锅炉产值也占有相当的份额。上述企业不但余热锅炉的产量、产值、品种名列行业前茅,而且具备独立的研发、设计和生产能力,凭借多年发展沉淀的基础,在余热锅炉各细分领域继续保持很强的竞争能力,这些特色产品也得到市场的广泛认可。

产品分类产量 数据显示,2012 年焦炉煤气余热锅炉、燃气轮机余热锅炉、干熄焦余热锅炉和炼油催化装置余热锅炉等产品产量较上年有较大的增长。2012 年各类余热锅炉产量见表 1。2012 年主要生产企业余热锅炉产量及产值见表 2。

表 1 2012 年各类余热锅炉产量

序号	产品类别	产量(台)	产量(蒸汽)(t)	主要生产企业
合计		783	34 929	
1	燃气轮机余热锅炉	32	4 813	杭州锅炉集团股份有限公司、无锡华光锅炉股份有限公司
2	高炉煤气余热锅炉	62	7 230	杭州锅炉集团股份有限公司、江联重工股份有限公司、苏州海陆重工股份有限公司
3	焦炉煤气余热锅炉	29	2 016	杭州锅炉集团股份有限公司、江苏太湖锅炉股份有限公司、江联重工股份有限公司
4	水泥窑余热锅炉	226	4 815	杭州锅炉集团股份有限公司、盐城市锅炉制造有限公司、江苏太湖锅炉股份有限公司
5	烧结机余热锅炉	77	3 475	盐城市锅炉制造有限公司、杭州锅炉集团股份有限公司、苏州海陆重工股份有限公司
6	垃圾焚烧余热锅炉	30	1 235	无锡华光锅炉股份有限公司、杭州锅炉集团股份有限公司、江联重工股份有限公司、苏州海陆重工股份有限公司
7	炼油催化装置余热锅炉	20	1 285	苏州海陆重工股份有限公司、江苏太湖锅炉股份有限公司
8	干熄焦余热锅炉	34	2 740	杭州锅炉集团股份有限公司、苏州海陆重工股份有限公司
9	生物质锅炉	26	2 373	苏州海陆重工股份有限公司、江联重工股份有限公司、济南锅炉集团有限公司
10	氧气转炉余热锅炉	15	553	苏州海陆重工股份有限公司
11	有色冶金余热锅炉	29	589	苏州海陆重工股份有限公司、江苏太湖锅炉股份有限公司、盐城市锅炉制造有限公司

（续）

序号	产品类别	产量（台）	产量(蒸汽)（t）	主要生产企业
12	硫酸余热锅炉	44	1 422	盐城市锅炉制造有限公司、苏州海陆重工股份有限公司、杭州锅炉集团股份有限公司、山东华源锅炉有限公司
13	玻璃窑余热锅炉	44	317	苏州海陆重工股份有限公司、杭州锅炉集团股份有限公司、浙江双峰锅炉制造有限公司
14	低热值尾气余热锅炉	12	137	杭州锅炉集团股份有限公司、苏州海陆重工股份有限公司、山东华源锅炉有限公司、江苏太湖锅炉股份有限公司
15	小化肥造气余热锅炉	18	738	盐城市锅炉制造有限公司
16	加热炉余热锅炉	32	203	山东华源锅炉有限公司、江苏太湖锅炉股份有限公司
17	其他余热锅炉	53	988	杭州锅炉集团股份有限公司、苏州海陆重工股份有限公司、盐城市锅炉制造有限公司

表 2　2012 年主要生产企业余热锅炉产量及产值

序号	产品类别	产量（台）	产量（蒸汽）（t）	产值（万元）
1	杭州锅炉集团股份有限公司	356	15 332	220 121
2	苏州海陆重工股份有限公司	101	5 790	73 915
3	盐城市锅炉制造有限公司	156	6 091	54 600
4	江联重工股份有限公司	52	4 672	49 097
5	无锡华光锅炉股份有限公司	14	1 297	22 473
6	江苏太湖锅炉股份有限公司	53	995	7 350
7	济南锅炉集团有限公司	6	523	6 825

市场及销售　2012 年，国内外宏观经济环境不断变化，锅炉制造行业产能与市场需求的不匹配，导致市场竞争无序，产品销售价格下滑，余热锅炉行业面临新的挑战。据不完全统计，2012 年各锅炉制造企业销售余热锅炉 769 台(套)，合计 34 308t(蒸汽)，销售收入达 440 570 万元，各项指标均较 2011 年下降。其中，余热锅炉销售数量同比下降 7.1%，折合蒸汽量同比下降 5.3%，销售收入同比下降 1.6%。

余热锅炉行业重点企业通过积极调整产品结构和市场结构，寻求新的市场，特别是亚洲新兴市场，取得了良好的业绩。据统计，2012 年行业相关企业出口余热锅炉 13 台(套)，合计 622 t(蒸汽)，销售收入 1 613 万美元，与上年同期比较有显著的提升。其中，盐城市锅炉制造有限公司向印度出口水泥窑余热锅炉 6 台，折合蒸汽 230t，销售金额约 1 000 万美元；无锡华光锅炉股份有限公司向巴基斯坦出口 2 台燃气轮机余热锅炉，当年实现销售金额 318 万美元；杭州锅炉集团股份有限公司向新加坡出口 1 台冶金余热锅炉，销售金额近 112 万美元；江苏太湖锅炉股份有限公司分别向泰国、印度出口焦炉煤气余热锅炉和低热值尾气余热锅炉共 3 台，销售金额 101 万美元。

杭州锅炉集团股份有限公司通过与多家国内著名公司合作的方式，2012 年向巴基斯坦和白俄罗斯等国家出口 9F 级燃气轮机余热锅炉共 4 台，折合蒸汽量 1 360t，销售金额逾 40 000 万元。

新产品研发及成果转化　2012 年，国内市场需求下降，国际经济增长放缓，导致市场竞争加剧，行业主要制造企业通过加大产品结构调整力度，加强新产品研发，提高产品附加值，取得了可喜的成绩，展现了诸多亮点。

杭州锅炉集团股份有限公司与中信重工机械股份有限公司、西安交通大学合作完成的“水泥窑纯低温余热发电成套工艺”荣获 2012 年度国家科技进步奖二等奖。该项目成功开发出具有自主知识产权的水泥窑纯低温余热双压发电工艺系统、复杂热场多点取热工艺及装置、均流抗磨式高效双压低温余热锅炉、低温低压渐缩等压蜗壳式补汽汽轮机等关键系统和装备，实现了余热发电技术和装备的完全国产化，并达到了国际先进水平。此外，NG-400/13.7-Q 型高温超高压带再热系统全燃高炉煤气锅炉和 QC18.5/750-14.5-3.82/450 倒“N”型镍铁冶炼余热锅炉两项目通过了由浙江省经济和信息化委员会、浙江省财政厅联合组织的浙江省装备制造业重点领域首台套产品认定；NG-54000F-R 型 9F 级燃气轮机余热锅炉列入 2012 年度杭州市重点产业发展资金项目。2012 年，公司还新增 4 项发明专利和 12 项实用新型专利授权，申请专利 12 项。

杭州锅炉集团股份有限公司下属的杭州新世纪能源环保工程股份有限公司坚持以技术创新为先导，充分发挥自身在垃圾焚烧锅炉技术方面的优势，不断进行改进型创新和品牌提升型创新活动，市场竞争力大幅度提高，产品技术和社会效益均获得权威技术部门的高度认可。2012 年被国家科技部认定为“国家火炬计划重点高新技术企业”，标志着该公司在开拓高新技术领域方面迈上了一个重要的台阶。

无锡华光锅炉股份有限公司进一步加大产品结构调整和技术创新力度，在引进比利时 CMI 余热锅炉技术成功开发 9F 级燃气轮机联合循环立式余热锅炉后，又完成了首套 9F 级燃气轮机联合循环卧式余热锅炉项目的研发设计，形成了 9F 级燃气轮机立式、卧式余热锅炉两大系列。公司研制的400t/d炉排垃圾焚烧余热锅炉经性能测试，主要指标达到国内先进水平。公司与西安交通大学合作开展NO_x脱除技术深度集成创新项目，主要进行高效国产化低NO_x燃烧锅炉关键技术的研发。公司先后被认定为国家生活垃圾焚烧发电技术创新联盟成员单位、国家鼓励发展的重大环保技术装备依托单位，并荣获江苏省人民政府颁发的2012年度江苏省企业技术创新奖，进入江苏省科学技术厅颁布的“江苏省第一批创新型领军企业培育入库企业”。此外，2012年公司获授权专利28项，其中发明专利10项、实用新型专利18项。

苏州海陆重工股份有限公司坚持把技术进步和创新作为加快转变经济发展方式的重要支撑，加大新产品开发力度，提高产业核心竞争力。针对铅冶炼过程中产生的高黏性、高腐蚀、高烟尘、高烟温的特点，自主开发了CF28/1300-30-4.0型基夫赛特法有色冶炼余热锅炉。该炉根据基夫赛特炉冶炼工艺特点，通过数值计算和实验研究，逐一解决了余热锅炉入口烟道设计、入口烟道密封、锅炉积灰、受热面腐蚀等难题，保证了锅炉在恶劣工况下的适应性和安全性。该产品通过由江苏省经济和信息化委员会组织的鉴定，各项技术指标达到国际先进水平，为填补国内空白的首创产品；该产品拥有完全自主知识产权，取得了多项国家发明专利及实用新型专利，对有色冶炼、节能环保先进工艺技术的推广具有重大推动作用。该锅炉荣获苏州市科技进步奖三等奖。公司通过引进芬兰技术，开展BFB造纸污泥焚烧锅炉关键技术的研发，突破了重大环保工程项目中的技术瓶颈，促进了企业转型升级和技术进步，现已完成新产品设计，正在开展新产品试制。此外，公司“加压气流床煤气化余热锅炉研制及产业化”科研项目进展顺利，开发了应用于KBR气化炉工艺流程的余热锅炉，拥有核心自主知识产权并获得发明专利，取得良好的经济和社会效益。2012年，公司新增1项发明专利授权和9项实用新型专利授权，并申请5项专利。

江联重工股份有限公司研发的Q149/960-62-4.42/450型干熄焦余热锅炉通过了南昌市工业信息化委员会组织的新产品鉴定，获得江西省和南昌市优秀新产品三等奖。该炉采用新的复合水循环技术及对流受热面强化传热技术、防磨档板及超音速喷涂SiF4Ni-Cr合金等复合防磨技术与复合多层密封技术，提高了热效率，保证了锅炉安全稳定运行。JG-75/9.8-T型高温高压燃混合生物质锅炉是公司着力打造的另一款新产品，环保节能效果和经济效益显著，获得江西省优秀新产品一等奖和南昌市优秀新产品一等奖。此外，该公司的高炉煤气锅炉系列产品还被江西省质量技术监督局评为江西省名牌产品。2012年，公司新增8项实用新型专利授权，并申请14项专利。

济南锅炉集团有限公司根据国家新能源产业政策要求，开发研制了多款具有自主知识产权的联合炉排生物质锅炉。其中，YG-130/9.8-T3型联合炉排锅炉被山东省经济和信息化委员会列入“2012年度山东省技术创新第三批项目”。2012年，该公司共申报了6项专利，其中，“二阶式水冷振动炉排”“双水冷振动炉排”等5项实用新型专利已获得国家实用新型专利证书，1项发明专利仍在受理中。

在激烈的市场竞争中，浙江双峰锅炉制造有限公司依靠人才智本、科学管理和创新机制的优势，加快新产品研发速度，2012年完成了SHS20型系列水煤浆锅炉、纯氧燃烧液态硫工艺余热锅炉、燃废弃物流化床锅炉等项目的研发。

江苏太湖锅炉股份有限公司以技术创新为先导，不断提升自主开发能力，大力发展符合国家环保政策的新型锅炉产品，拓宽余热锅炉应用领域。2012年，成功开发了TH70-3.82/380-M型生物质燃料锅炉等多款新产品。

质量及标准 2012年，《干熄焦余热锅炉技术条件》《烧结机余热锅炉技术条件》2项余热锅炉行业标准被国家能源局列入“2012年第二批能源领域行业标准制修订计划项目”，计划编号分别为能源20120437、能源20120438。这2项标准由能源行业余热利用设备标准化技术委员会提出，杭州锅炉集团股份有限公司为主要起草单位，计划要求在2013年完成。此外，列入“2011年第二批能源领域行业标准制修订计划项目”的2项余热锅炉行业标准——《余热锅炉用钢制烟囱技术条件》和《单轴单页式烟气档板门设计制造和验收标准》正在编制中。

为表彰杭州锅炉集团股份有限公司在科技创新与标准创新方面所取得的成绩，浙江省质量技术监督局授予该公司“浙江省标准创新型企业”称号。公司还获得浙江省质量技术监督局颁发的“应用型质量管理创新项目”奖。

基本建设及技术改造 2012年，受外部大环境的影响，余热锅炉行业各企业的固定资产投资大幅下降。据不完全统计，主要生产企业完成固定资产投资约8 470万元，其中基本建设投资4 476万元，技术更新改造投资3 994万元，仅为上年的1/4。

无锡华光锅炉股份有限公司完成投资1 400余万元的燃气轮机回收设备技术改造项目。项目投运后可新增燃气轮机余热回收设备6台(套)，根据测算可新增销售收入6 000万元，新增利润500万元，新增税金150万元。同时，改善了生态环境，经济效益和社会效益明显。

江苏太湖锅炉股份有限公司把打造低碳绿色经济作为公司的发展战略目标，加大技术更新改造投资，加快新产品研发力度。2012年，公司技术更新改造投资额达1 625万元，完成了新型生物质锅炉、角管式大型热水锅炉、有机热载体炉等多款锅炉的研制。

企业管理 杭州锅炉集团股份有限公司充分利用上市公司的资本优势，在做大做强主业的同时，继续加大在新能源领域和资源领域的投入力度，进一步拓展产业链。公司继上年受让新疆腾翔镁制品有限公司31.36%的股权后，继续增资4 000万元，提升持股比例至44.52%。新能源领域也取得丰硕的成果，公司拥有发明专利的太阳能光热发电技术已经在杭州完成小试；与浙大中控等公司合资兴建的青海德令哈太阳能光热发电项目进展顺利，一期(10MW)

于2013年7月5日并网发电。2012年，中华全国总工会授予公司“全国职工职业技能实习基地”牌匾。

苏州海陆重工股份有限公司通过了“江苏省百强民营科技企业”“江苏省工程技术中心”的认定，获得“2012中国十佳新锐上市公司”和“江苏省两化融合设计示范企业”等多项称号，获颁“江苏省五一劳动奖状”。

无锡华光锅炉股份有限公司加快产品结构调整和产业结构调整步伐，逐步向产业链的上下游延伸，向电站设计、设备成套、工程总包领域升级，最终实现从传统制造企业向综合方案解决商转型。公司被无锡市人民政府列入“第一批无锡市创新型领军企业(智慧企业)培育企业名单”。

江苏太湖锅炉股份有限公司被中国机械工业企业管理协会授予“现代化管理企业”称号，公司还被评为“中国机械500强”“中国500最具价值品牌”。

山东华源锅炉有限公司被山东省科学技术厅、山东省财政厅、山东省国家税务局、山东省地方税务局联合授予高新技术企业称号。

根据公司战略发展的需要，经国家工商行政管理总局核准，并经江西省工商行政管理局依法变更登记，2012年8月，江西江联能源环保股份有限公司名称变更为“江联重工股份有限公司”。

〔撰稿人：杭州余热锅炉研究所蒋建民　审稿人：杭州余热锅炉研究所赵剑云〕

工业燃气轮机

生产发展情况　国家发展绿色经济和低碳经济的方向已经确立，对电力装备制造业来说，就意味着国家要继续淘汰高污染、高能耗、低效率的落后机组，燃气轮机发电机组以其效率高、污染排放低的特点占据整个市场需求的重要地位。随着“西气东输”“西电东送”工程的进行和沿海经济发达地区能源结构的调整，以及分布式能源发展的需要，一个全新的以燃气轮机为动力源的发电设备市场开始出现。2012年，我国对燃气轮机产业的发展进行了全面的论证和安排，这是燃气轮机行业自主研发之路的关键节点。

在《能源发展“十二五”规划》中，400~500MW级整体煤气化联合循环(IGCC)多联产及碳捕获、分布式能源燃气轮机发电示范工程、中/低热值燃气蒸汽联合循环发电示范工程等被列入“十二五”时期能源示范工程重点任务。当前我国天然气发电设备装机容量约占总装机容量的4%；到2030年，预计我国发电总装机容量将达到26.57亿kW，其中天然气发电设备装机容量的比重将上升到9%左右。“十二五”时期，预计全国新增燃气电站3 000万kW。

天然气分布式能源的发展与国内燃气轮机发电项目的日渐增多，为整个燃气轮机行业的可持续发展提供了良好的市场基础，非常有利于进一步完善产业布局，持续提高企业管理能力、技术水平，逐步改进产品质量，降低交货风险，降低制造、采购成本。多年来发达国家对我国实施燃气轮机核心技术封锁，我国虽然通过“以市场换技术”的方式取得了燃气轮机制造技术，但是设计技术和核心部件的制造技术依旧是制约我国燃气轮机市场发展的主要因素，包括高温部件的制造技术。近年来，随着我国装备制造业整体研发能力的提升，我国燃气轮机自主研发能力显著增强，一些制约发展的核心技术逐渐被攻克。国家已经把燃气轮机作为装备制造业的重中之重予以支持，国内的相关企业和科研单位也积极采取引进、消化吸收再创新的方式，努力攻克燃气轮机核心技术。

2012年，经过哈尔滨电气集团哈尔滨汽轮机厂有限责任公司、上海电气电站设备有限公司上海汽轮机厂、东方电气集团东方汽轮机厂有限公司、南京汽轮电机(集团)有限责任公司、杭州汽轮机股份有限公司等诸多燃气轮机制造企业的努力，燃气轮机技术转让与国产化水平有了进一步的提升。燃气轮机及其联合循环发电装置、热电联产、中低热值冶金煤气回收利用、化工行业尾气回收利用等节能环保项目均有不同程度的发展。2012年燃气轮机行业主要企业经济指标见表1。

表1　2012年燃气轮机行业主要企业经济指标

指标名称	单位	南京汽轮电机(集团)有限责任公司	上海电气电站设备有限公司上海汽轮机厂	哈尔滨汽轮机厂有限责任公司	东方电气集团东方汽轮机有限公司	杭州汽轮机股份有限公司
从业人员平均人数	人	2 840	3 288	5 600	7 645	3 743
工业总产值	万元	412 053	731 725	502 248	1 235 362	494 687
固定资产净值平均余额	万元	67 902	156 033	112 450	505 110	87 527
销售收入	万元	412 500	791 335	511 131	1 550 796	463 940
利税/利润	万元	43 536/27 744	33 246/10 090	-34 819/-60 913	151 830/40 393	138 348/105 792
全员劳动生产率	元/人	264 000	344 644	143 516	333 819	483 531
资本保值增值率	%	102.5	106.6	75.7	103.6	115.3

（续）

指 标 名 称	单位	南京汽轮电机(集团)有限责任公司	上海电气电站设备有限公司上海汽轮机厂	哈尔滨汽轮机厂有限责任公司	东方电气集团东方汽轮机有限公司	杭州汽轮机股份有限公司
总资产贡献率	%	5.4	1.7	-3.0	3.9	19.8
产销率	%	97.7	100.0	100.0	100.0	97.4
质量损失率	%	0.14	0.067	0.19	0.39	0.41
燃气轮机产量	台/MW	5/631.6	14/3 340		5/1 518	2/100
燃气轮机工业产值	万元	70 732	131 589			50 000

1. 哈尔滨电气集团哈尔滨汽轮机厂有限责任公司

2012 年,哈尔滨电气集团哈尔滨汽轮机厂有限责任公司的燃气—蒸汽联合循环机组继续取得较好的市场业绩。

(1)F 级燃气轮机。2012 年,哈尔滨汽轮机厂有限责任公司根据市场形势,在与 GE 公司合作生产多台 9FA 系列产品的基础上,开始引进其原装 9FB 系列和少量 6FA 系列产品,其中 9FB 系列较 9FA 在出力、效率、排放等指标上都有一定提高。该公司 2012 年共执行 F 级燃气轮机机组,总容量为 2 790MW,均计划 2013 年投产发电。其中,9FA 中标项目(含 2011 年年底中标项目)7 台,其中半山 2 台、镇海 3 台、横琴 2 台,共计 1 793MW;6FA 中标项目(2011 年中标)2 台(大唐江山),共计 160MW;9FB 中标项目(2011 年年底中标项目)3 台(大唐北京高井项目),共计 837MW。

(2)E 级燃气轮机。2012 年,哈尔滨汽轮机厂有限责任公司与欧洲 ALSTOM 公司签订合作协议,引进 E 级燃气轮机——GT13E2 系列,逐渐形成针对国内电厂进行主设备总承包的能力。GT13E2 燃气轮机为 E 级,ISO 条件下单机出力 180MW,热效率 37.3%,联合循环时总出力 255MW,全厂热效率 53.5%以上。

2012 年以来共获得 3 个项目,5 台机组,其中深圳南天电力 1 台、华能苏州 2 台、华能桐乡 2 台。上述 3 个项目均由哈尔滨汽轮机厂有限责任公司提供电厂的主机设备,包括燃气轮机、汽轮机、余热锅炉和发电机,部分提供全厂 DCS 系统。

(3)燃气—蒸汽联合循环汽轮机。2012 年联合循环市场所配的汽轮机全部为供热机组,这也是今后国内联合循环市场的新趋势。另外,哈尔滨汽轮机厂有限责任公司在海外获得了几台汽轮机订单。配套联合循环的汽轮机总体立足于国内自主知识产权设计制造,产品系列异常丰富,今后还将以供热机组为主。

1)配 S109E 的汽轮机机组:执行了孟加拉羌德普项目 1 台,60MW。双压单缸单排汽纯凝机组。

2) 配 S209E 的汽轮机机组:执行了阿塞拜疆电力公司项目 1 台,120MW。双压双缸双排汽纯凝机组。

3) 配 S309E 的汽轮机机组:执行了巴基斯坦滨佳盛电力公司项目 1 台,180MW。双压双缸双排汽纯凝机组。

4) 配 V94.2 的汽轮机机组:执行了俄罗斯捷宁斯卡娅电力公司项目 2 台,165MW。双压双缸双排汽、采暖抽汽机组。

5) 配 V84.3A 的汽轮机机组:执行了委内瑞拉比西亚电力公司项目 1 台,160MW,为 60Hz 的三压再热双排汽纯凝机组。该机还可以配 S207FA 燃气轮机。

6)配 GT13E2 的汽轮机机组:执行了国内深圳南天、华能桐乡和苏州共 3 个项目 5 台。单机 75MW,三压、单排单抽机组,抽汽压力 1.30MPa,最大抽汽量 200t/h。同时提供余热锅炉和发电机的主机全套供货。

7) 配 S106FA 的汽轮机机组:执行了大唐江山项目 2 台,浙江衢州海星项目 3 台。单机 40MW,双压单抽单缸机组。

8)配 S109FA 的汽轮机机组:执行了印度坎大帕里电力公司项目 1 台,单机 120MW,三压再热纯凝机组。执行了浙能半山 2 期项目 2 台,单机 130MW,三压再热抽汽机组。执行了浙能镇海 2 期项目 3 台,单机 110MW,单压、双抽轴向排汽机组。执行了中电投横琴项目 2 台,单机 130MW,三压、再热、三缸双排汽机组。

9)配 S209FA 的汽轮机机组:执行了巴基斯坦古杜电力公司项目 1 台,单机 260MW。三压再热纯凝机组。

10)配 S109FB 的汽轮机机组:执行了大唐北京高井项目 1 台,单机 160MW。三压再热、抽凝背机组(带 SSS 离合器)。

11)配 S209FB 的汽轮机机组:执行了大唐北京高井项目 1 台,单机 320MW。三压再热、抽凝背机组(带 SSS 离合器)。

2.上海电气电站设备有限公司上海汽轮机厂

上海电气电站设备有限公司上海汽轮机厂 2012 年拥有 SGT5-4000F(2)、SGT5-4000F(4)、SGT5-4000F(4+)三种 F 级燃气轮机以及 SGT5-2000E(7)E 级燃气轮机技术,并拥有燃气轮机控制(I&C)技术。2012 年共完成 14 台燃气轮机的加工制造和装配,达到并超过了月产燃气轮机 1 台的计划。截至 2012 年年底,上海汽轮机厂共获得 49 台燃气轮机订单,其中 F 级 SGT5-4000F 燃气轮机 33 台,分别供给上海石洞口、河南郑州、河南中原、浙江萧山、厦门东亚燃气轮机电厂、上海临港燃气电厂、北京京能燃气轮机电厂等;E 级 SGT5-2000E 燃气轮机 16 台,供给北京郑常庄燃气轮机电厂和宁夏东部燃气轮机电厂等热电联供联合循环机组;国内首个大型 IGCC 示范项目——绿色煤电有限公司天津临港项目 IGCC 合成气燃气轮机 1 套。

上海汽轮机厂已经实现了 F 级燃气轮机部件的全部国

产化：

（1）F级燃气轮机：当前已经实现包括压气机轴承座（包括轴承）、压气机静叶持环、压气机动静叶片、燃烧室外缸（2#、3#缸）、透平缸、透平静叶持环、透平轴承座（包括轴承）、排气扩散器、转子轮盘、中心拉杆、燃气轮机控制系统和辅助系统等在内的燃气轮机部件100%国产化。同时，合资成立的热部件公司已经正式开始热部件的加工制造，并开始向国外供货。上海汽轮机厂已经初步具备了燃气轮机100%国产化的基本条件。

（2）E级燃气轮机：随着宁夏东部E级燃气轮机的顺利发运，E级燃气轮机国产化达到新的高度。上海汽轮机厂已经在宁夏东部项目上实现了压气机轴承座、静叶持环1、静叶持环2、静叶持环3、透平静叶持环、排气扩散器以及压气机叶片等重要部件的国产化，而E级燃气轮机辅助系统在此之前已经完成国产化采购。根据新中标的中山民众项目燃气轮机的排产计划，上海汽轮机厂预计在2014年实现E级燃气轮机的透平轴承座、中间缸、排气缸、管路支架、轮盘以及转子的国产化，即在2014年实现E级燃气轮机的100%国产化。

上海申能临港燃气电厂一期工程共有4台F级燃气轮机联合循环机组，均投入商业运行。其中前两台燃气轮机型号为SGT5-4000F（2），后两台为SGT5-4000F（4）。与（2）型燃气轮机相比，（4）型燃气轮机的出力和效率均有明显提升。上海临港3#、4#燃气轮机作为首台应用于国内项目的SGT5-4000F（4）型燃气轮机，性能在同类燃气轮机中名列前茅，受到了业主的一致好评。2012年上海申能临港燃气电厂凭借4#机组出色的性能荣获亚洲最佳燃气电厂称号。

上海汽轮机厂在北京京桥项目中首次采用了"二拖一"分轴布置的F级燃气轮机联合循环机组，京桥项目的2台燃气轮机已于2012年交付业主。京桥项目的中标填补了上海汽轮机厂在F级分轴燃气轮机机组领域的空白。

宁夏东部燃气轮机项目为4台E级燃气轮机联合循环机组，通过该项目，上海汽轮机厂与西门子正式启动了E级燃气轮机的技术转让。上海汽轮机厂将在宁夏东部项目中逐步实现压气机轴承座、所有静叶持环、排气扩散器以及压气机叶片的国产化。

3.东方电气集团东方汽轮机有限公司

东方电气集团东方汽轮机有限公司已经具备了制造F级和E级燃气轮机及联合循环机组的能力。近年来随着燃气轮机市场的增长，东方汽轮机有限公司一方面着力培养燃气轮机研发设计和制造人才，一方面加强和三菱重工的技术合作，加快技术引进和消化吸收的步伐。相继建成19个加工中心，配备主要加工设备2 000余台，相当数量的先进燃气轮机制造设备投入运行，实现了年产15台以上F级机组的生产和服务能力。仅2012年度，全国F级机组招标达到28台，东方汽轮机有限公司中标接近60%。2012年该公司共生产F级燃气轮机5台/151.8万kW，燃气—蒸汽联合循环汽轮机5台/76.7万kW。

燃气轮机服务是东方汽轮机有限公司服务产业最成熟的业务，可按客户需求提供个性化服务，并提供总承包和实际单价结算两种模式。

4.南京汽轮电机（集团）有限责任公司

20世纪90年代以来，南京汽轮电机（集团）有限责任公司一直是国内9E、6B重型燃气轮机的生产基地。2012年该公司生产9E燃气轮机机组5台，共631.6MW；燃气-蒸汽联合循环用汽轮机4台/240 MW。2012年共签订4套9E机组合同。

2012年南京汽轮电机（集团）有限责任公司与美国GE公司签订了6FA重型燃气轮机及轴排联合循环汽轮机的技术转让协议，丰富了公司的燃气轮机产品线。MS6001FA型燃气轮机简单循环的额定功率为70MW，联合循环功率为107MW，可燃用煤制气、天然气和液化石油气。该型号机组的进气温度1 288℃，排气温度597℃，热效率高，污染物排放少。

南京汽轮电机（集团）有限责任公司首台自主生产的9E燃气轮机发电机辅机间2012年1月顺利完成试车。2012年10月全面启动燃气轮机转子国产化工作，国产化程度进一步提高。继大机加160t和100t厂房投入使用后，2012年公司又组织实施紧邻的75t跨厂房改造以及工艺路线布置调整，相继完成多台大设备的搬迁安装。

5.杭州汽轮机股份有限公司

杭州汽轮机股份有限公司生产的工业燃气轮机是以钢铁公司富余的高炉煤气为燃料，其联合循环发电装置功率为50MW等级，型号为M251S。该型号燃气轮机自首台成功投运后，普遍被我国钢铁企业认同。

2012年该公司完成了2台工业燃气轮机机组，合同金额约5亿元；签订了2台工业燃气轮机组的供货合同，合同金额5亿元。2012年杭州汽轮机股份有限公司M251S燃气轮机生产及销售情况见表2。

表2　2012年杭州汽轮机股份有限公司M251S燃气轮机生产及销售情况

产品代号	数量（套）	配套汽机	最终用户	功率（MW）	燃料	备注
G0011	1	无	重庆钢铁集团有限公司	50	高炉煤气	2012年3月出厂
G0012	1	无	首钢迁安钢铁有限公司	50	高炉煤气	2012年10月出厂
G0014	1	无	太原钢铁公司	50	高炉煤气	2013年6月出厂
G0015	1	无	太原钢铁公司	50	高炉煤气	2013年9月出厂

杭州汽轮机股份有限公司作为一家引进燃气轮机制造技术的企业，近几年通过工艺技术攻关和生产经验的积累，生产制造水平、燃气轮机及其配套设备的国产化率得到了进一步提高，主机部分除热部件外均实现了国产化，配套设备的国产化率也有所提高，

综上所述，在天然气发电市场景气的2012年，我国生产各等级系列发电用、中低热值高(焦)炉气发电用或联合循环用燃气轮机的大型企业，包括哈尔滨电气集团哈尔滨汽轮机厂有限责任公司、上海电气电站设备有限公司上海汽轮机厂、东方电气集团东方汽轮机厂有限公司、南京汽轮电机(集团)有限责任公司、杭州汽轮机股份有限公司等抓住了机遇，自身竞争力不断提高。

在燃气—蒸汽联合循环发电装置中，余热锅炉是不可或缺的重大装备之一。经多年努力，国内已经有多家成熟的燃气轮机余热锅炉供应商，如杭州锅炉集团股份有限公司、无锡华光锅炉股份有限公司、上海电气集团上海锅炉厂有限公司、东方电气集团东方锅炉股份有限公司、哈尔滨电气集团哈尔滨锅炉厂有限责任公司等。

杭州锅炉集团股份有限公司长期致力于余热资源的利用和开发，余热锅炉产品已有20余个系列100多个品种，产品广泛应用于冶金、化工、电力等多个行业。该公司2012年1月与美国GE公司合作，签约成为巴西国家石油公司207FA燃气轮机及余热锅炉项目的余热锅炉供货商。2012年9月，与中国机械进出口(集团)有限公司合作，为孟加拉希拉甘杰150MW燃气电站联合循环升级工程供货。由杭州锅炉集团股份有限公司供货的(9F余热锅炉)上海临港燃气电厂一期工程4号机组于2012年3月并网成功，投入商业运行。

哈尔滨电气集团哈尔滨锅炉厂有限责任公司2012年3月成功签订了大唐国际北京高井燃气热电联产工程3台35万kW级燃气供热机组余热锅炉合同。该机组是国内首台GE 9FB型燃气轮机的联合循环机组，也是国内最大的燃气—蒸汽联合循环机组。

科技成果及新产品 2012年，燃气轮机制造业围绕新产品开发、技术引进和生产开展了大量的科研工作，不断提高机组的国产化率，取得了较好的成绩。

我国自主研发的首台R0110重型燃气轮机在“863”计划的支持下，经过中航集团沈阳黎明航空发动机公司和中海油深圳电力公司等单位多年联合攻关，于2012年12月完成了72h连续带负荷并网发电运行，整机性能达到课题任务书规定的运行考核要求。R0110燃气轮机重大项目于2002年10月立项，采取了“产学研用”相结合的创新组织机制，组建了涵盖全国冶金、机械、电子、航空、电力等行业30余家单位的联合体以及专家组，在材料研制、设计、试验、整机制造及试验运行的全过程中联合攻关，立足国内，自主研发。

哈尔滨汽轮机厂有限责任公司的“重型燃气轮机联合循环装置及自主知识产权的汽轮机关键技术研究”于2006年列入黑龙江省科技攻关计划项目(项目编号为GA06A303-1)，2012年已通过省科技厅验收。

质量及标准 2012年7月全国燃气轮机标准化委员会在北京完成换届工作，清华大学教授、中国工程院院士蒋洪德担任新一届标准化委员会的主任委员，新一届标准化委员会的秘书处设在南京燃气轮机研究所。

2011年成立的全国能源行业余热利用设备标准化技术委员会2012年通过了《能源行业余热利用设备标准化技术委员会章程》《能源行业余热利用设备标准化技术委员会秘书处工作细则》，并广泛开展冶金、石油、化工、电力、建材和机械等余热领域的标准化工作，在遵循国家各类政策法规基础上，对余热利用设备专业的标准行使修订、制订、补充、完善、规划、废除等权利。

2012年，哈尔滨汽轮机厂有限责任公司参与修订JB/T 5885《燃气轮机液体燃料接收、贮存和管理》、JB/T 5886《燃气轮机　气体燃料使用导则》、JB/T 8741《燃气轮机包装与贮运技术条件》、JB/T 9591.1《燃气轮机　油系统清洁度》、JB/T 9591.2《燃气轮机油系统清洁度测试取样》、JB/T 9591.3《燃气轮机油系统清洁度测试用显微镜计数法测定油液中固体颗粒污染度》6项机械行业标准。

哈尔滨汽轮机厂有限责任公司荣获“2012年度全国机械工业质量管理小组活动杰出企业”称号。

2012年，南京汽轮电机(集团)有限责任公司积极倡导劳模、技师发挥示范引领作用，劳模技师创新工作室取得了出色的成绩：“三坐标划线装置”获得国家专利，“9E燃气轮机二级复环加工技术攻关”获得中国机械工业联合会“优秀质量管理小组”活动成果二等奖。该公司通过了中国质量认证中心质量管理体系等三体系认证。

杭州锅炉集团股份有限公司获得浙江省“质量管理创新项目奖”。

〔撰稿人：南京燃气轮机研究所朱燕　审稿人：南京汽轮电机(集团)有限责任公司刘卫宁〕

大型水电设备

截至2012年年底，全国全口径发电装机容量11.44亿kW，同比增长8.2%。其中，水电装机容量2.49亿kW，同比增长8.3%，占全国总发电量的21.77%，占比较上年下降0.06个百分点。2012年全国新增发电设备容量8 700万kW，同比下降3.2%。其中，水电新增装机容量1 900万kW，同比增长55.1%，占全国新增装机容量的21.84%，占比较上年增加8.29个百分点。

生产发展情况 2012年，哈尔滨电机厂有限责任公司经济运行总体保持平稳，资产运营质量稳中有升。该公司开展内部能源管理体系审核，强化能源计量管理和指标考

核，工业增加值综合能耗(标准煤)下降到 0.11t/万元，综合能源消耗(标准煤)总量控制在 2.1 万 t 之内，节能减排工作持续深入。

东方电气集团东方电机有限公司在经历了 2011 年的高位运行后，开始出现回落。完成工业总产值 683 441 万元，比上年下降 2.52%；完成工业增加值 201 615 万元，比上年增长 6.04%。2012 年全面完成生产经营任务，发电设备产量再次突破 3 000 万 kW。

哈尔滨电机厂(昆明)有限责任公司 2012 年的生产经营工作存在很多困难，已签订的合同中部分暂停和取消；部分合同尽管在执行，也存在着合同款不能按期支付的问题，给公司的生产组织、流动资金的筹措使用等带来了很多困难和不确定因素。同时，原材料价格的总体上涨、水电设备产品价格持续下滑也对企业经济指标的实现和盈利能力造成很大的影响。

2012 年大型水电设备行业主要企业主要经济指标完成情况见表 1。2012 年大型水电设备行业主要企业工业增加值完成情况见表 2。

表 1　2012 年大型水电设备行业主要企业主要经济指标完成情况

企业名称	工业总产值(万元)	比上年增长(%)	产品销售收入(万元)	年末固定资产原价(万元)	年末固定资产净值(万元)	全员劳动生产率(元/人)
东方电气集团东方电机有限公司	683 441	-2.52	650 880	271 515	166 145	262 280
哈尔滨电机厂有限责任公司	537 069	15.04	551 475	243 891	101 068	334 665
东方电气集团东风电机有限公司	65 163	-30.56	77 907	48 631	25 379	49 350
哈尔滨电机厂(昆明)有限责任公司	45 531	19.61	46 398	16 925	6 325	55 067
广东鸿源机电股份有限公司	29 954	6.47	27 589	17 843	17 081	34 949
中国长江动力集团有限公司	87 451		80 193	41 832	18 247	90 661

表 2　2012 年大型水电设备行业主要企业工业增加值完成情况

企业名称	工业增加值(万元)	同比增长(%)	工业增加值占总产值的比重(%)
哈尔滨电机厂有限责任公司	206 053	13.23	38.37
东方电气集团东方电机有限公司	201 615	6.04	29.50
东方电气集团东风电机有限公司	13 300	-46.80	20.41
哈尔滨电机厂(昆明)有限责任公司	7 814	3.96	17.16
中国长江动力集团有限公司	23 318	-34.67	26.66

产品产量　2012 年，全国共生产水轮发电机组2 358.96 万 kW，同比增长 1.59%，占全国发电设备总产量的 18.6%，占比较上年增长 0.04 个百分点。

东方电气集团东风电机有限公司生产发电设备 339.3 万 kW，其中水电设备 81.06 万 kW。

东方电气集团东方电机有限公司 2012 年发电设备产量 3 211.35 万 kW，比上年下降 16.16%。水电、核电设备产量增幅较大，其中，水轮发电机组完成 29 组/668.2 万 kW，机组容量比上年增长 22.28%；大贯流、抽水蓄能和大型机组多。

哈尔滨电机厂(昆明)有限责任公司水电产品完成产值 3.41 亿元，实现机组产量 65.99 万 kW，较上年同期的 2.6 亿元和 56.24 万 kW，分别增长 31.2%和 17.3%。生产水力发电设备 36 台(套)(发电机 36 台，水轮机 45 台，水电站辅助设备 28 台)，其中调速器及油压装置 13 台、励磁装置 15 台。

2012 年大型水电设备行业主要企业大型水电设备产量、产值见表 3。

表 3　2012 年大型水电设备行业主要企业大型水电设备产量、产值

企业名称	产量(台/套)	产量(万 kW)	台平均容量(万 kW/台)	产值(万元)	台平均产值(万元/台)
哈尔滨电机厂有限责任公司	29	652.84	22.51	329 408	11 358.90
东方电气集团东方电机有限公司	29	668.20	23.04	415 724	14 335.31
中国长江动力集团有限公司	20	5.85	0.29	4 692	234.60
东方电气集团东风电机有限公司	23	72.24	3.14	23 405	1 017.61
哈尔滨电机厂(昆明)有限责任公司	22	59.66	2.71	22 813	1 036.95
广东鸿源机电股份有限公司	1 389	42.38	0.03	43 482	31.30

注：大型水电设备指单机容量在 1 万 kW 以上者。

市场及销售　2012 年全国完成电源基本建设投资额 3 772亿元，同比下降 3.9%。其中，完成水电基本建设投资额 1 277 亿元，同比增长 31.5%。

受国际、国内经济下行压力增加、社会用电量下降的影响，国内发电设备市场需求减少 30%以上，水电市场表现得较为低迷，全年公开招标项目只有 5 个。由于大中型机组设备招标项目相对较少，现有的水电开发项目远不能满足发电设备制造厂的需求，水电设备市场竞争持续激烈和残酷，制造厂家为取得项目相继在价格上大幅跳水。国际市场上，哈电、东电合计获得 2 417MW 的水电项目，其中，哈电获得 2 017MW 项目，东电获得 400MW 项目。

2012 年，哈尔滨电机厂有限责任公司积极有效地整合内外部资源，攻坚克难，逆势突破，国际市场开发获得了丰硕的成果，全年共完成国外订货 26 亿元。共参与水电市场开发 53 项，签约项目(含小签)7 项，共计 15.2 亿元。

面对严峻的市场经营环境、紧缩的宏观经济政策、竞争加剧的产品市场、持续走低的产品价格，东方电气集团东风电机有限公司坚持以市场需求为导向、以销售为龙头、以管理提升为抓手、以降本增效为核心，狠抓技术、质量上档升级，推进产品结构优化升级调整，确保生产经营总体受控。全年完成营业收入 7.71 亿元，新承接订单 8.62 亿元，其中国内市场累计承接订单 7.5 亿元，国外市场累计承接订单 1.12亿元。在国内市场，成功签署了新疆小山口二级电站混流式机组与岷江航电汉阳电站灯泡贯流式机组订单。在国际市场，加深与成套公司的合作力度，区域市场开拓取得较大突破。在较好地维持传统东南亚水电市场的基础上，签订出口单机容量最大的埃塞俄比亚 GD3 项目；与西班牙业主签订首个出口中美洲的哥斯达黎加 TORITO 项目，完全按欧洲技术标准执行。2012 年，公司迈出了由传统制造型企业向制造服务型企业转型的第一步，成立了电站工程服务部以强化电站安装、改造、备品备件、技术服务等业务；圆满完成了第一个海外工程总承包项目——巴基斯坦恰希玛水电站“交钥匙”工程，并顺利完成总装机容量 280MW 的沙湾电站水发机组主机制造与机电设备安装项目。

东方电气集团东方电机有限公司针对 2012 年发电设备市场需求减少的情况，及时调整营销策略，继续加强国际、国内市场开拓，创新营销模式，探索新的营销渠道；建立营销快速反应机制，设立北京代表处；围绕重点市场，加强项目策划，丰富营销手段；加大营销工作考核力度，较好地提高了营销人员的积极性。2012 年完成国内产品销售收入 464 337 万元，比上年下降 15.10%，其中水电占 49.41%，占比较上年提高 11.52 个百分点；完成国外产品销售收入 180 283万元，比上年增长 56.96%，其中水电占 78.98%，占比较上年提高 16.89 个百分点，水电产品主要销往巴西、埃塞俄比亚、越南、巴基斯坦；全年新增生效合同 58.41 亿元。在常规水火电需求减少的情况下，公司调整市场策略，在电站改造和中小水火电市场取得较好成绩，获得了葛洲坝、陈村、小关子等电站改造项目以及巨亭、石头峡、神华宁煤等中小水火电项目。受全球经济下滑的影响，国外发电设备市场需求也在萎缩，越南、印度等传统市场需求大幅度减少，公司继续加强与代理单位合作，寻找新的合作伙伴，签订了哥斯达黎加水电项目。

哈尔滨电机厂(昆明)有限责任公司水力发电设备收入占 60.75%，是公司的主导产品。10MW 以上的机组比重逐年增加，出口机组继续保持增长，出口至印度、越南、缅甸、土耳其。2012 年新签订水电项目合同 30 个，总额 27 603 万元，共计 57 组/67.381 万 kW。

2012 年大型水电设备行业主要企业大型水电设备产品销售收入见表 4。2012 年国内水电项目招标情况见表 5。

表 4　2012 年大型水电设备行业主要企业大型水电设备产品销售收入

企业名称	国内销售收入(万元)	同比增长(%)	出口额(万美元)
哈尔滨电机厂有限责任公司	283 649	3.98	52 821
东方电气集团东方电机有限公司	229 411	10.71	22 636
东方电气集团东风电机有限公司	25 586	-6.09	1 748
中国长江动力集团有限公司	2 739		46
哈尔滨电机厂(昆明)有限责任公司	4 258	-59.71	268
广东鸿源机电股份有限公司	41 117	50.06	658

表 5　2012 年国内水电项目招标情况

序号	项目名称	业主单位	机组参数	中标情况
1	多布	国电西藏尼洋河流域水电开发有限公司	容量:4×30MW 型式:贯流式 水头:24/16.7/13.5m	东电机组
2	猴子岩	国电大渡河流域水电开发有限公司	容量:4×425MW 型式:混流式 水头:147.6/130/98.7m	哈电机组

（续）

序号	项 目 名 称	业主单位	机组参数	中标情况
3	仙居	国网新源控股有限公司	容量:4×375MW 型式:抽水蓄能 水头:497/447/433m	哈电水泵水轮机 东电发电电动机
4	苗尾	华能澜沧江水电有限公司	容量:4×350MW 型式:混流式 水头:104.6/93/81.6m	东电水轮机 哈电发电机
5	洪屏	国网新源控股有限公司	容量:4×300MW 型式:抽水蓄能 水头:565/540/520m	上海福伊特机组
6	深圳	南方电网调峰调频公司	容量:4×300MW 型式:抽水蓄能 水头:466.8/419/432m	初步定标: 东电中标水泵水轮机 哈电中标发电电动机

科技成果及新产品　广东鸿源机电股份有限公司的梅州市电力装备工程技术研究开发中心积极开展科技活动，继续加强与广东工业大学、嘉应学院、华南理工大学的产学研合作，引进先进技术、设备，招聘吸收专业人才，在消化吸收国内外先进技术的基础上，研究开发新型高效水轮发电机组、新能源汽车新型电机等新产品，并得到广东省有关部门的立项支持。

哈尔滨电机厂有限责任公司开展了以下重大技术攻关项目：

（1）大型抽水蓄能机组控制系统及系统集成技术研发。建立系统模型，进行仿真计算。

（2）600kW海底式潮流发电机组设计研究。已经完成水机部分基本结构设计，正进行优化设计；电机部分也已完成初步设计，已进入样机试制阶段。

完成了以下新产品的试制：

（1）研制的大型抽水蓄能机组通过验收试验，结果优良。

（2）开展了冲击发电机变频调速装置的研制。冲击发电机变频调速系统进行了静态和负载试验，根据串联H桥变频器原理，设计出高压、大功率变频器，采用高性能控制器，开发出适合冲击发电机拖动调速工况软件控制系统。完成了系统方案论证和设计，功率单控制板、光纤通信板、I/O板以及IGBT接口设计。

哈尔滨电机厂有限责任公司承担的国家科技支撑计划项目——1 000MW水力发电机组研究项目的7个课题全部通过技术验收。2012年9月和11月，为辽宁蒲石河和安徽响水涧抽水蓄能电站制造的最后一台机组分别投入商业运行。

东方电气集团东风电机有限公司有序推进西藏旁多水利枢纽工程水轮发电机组设计及制造、驱动电机一体化技术研究、电动汽车动力集成系统三个四川省省级科研项目。以中小型冲击式转轮研究为突破口，运用CFD技术对冲击式转轮实际运行工况进行数字化分析、研究，已取得阶段性成果。“新型国产化环保性水溶性漆在水发机、汽发机上的应用”项目通过四川省新产品鉴定。

中国长江动力集团有限公司围绕经营和生产目标，组织各部门协同作战，适时调整开发计划，完成水轮发电机组设计5项。

东方电气集团东方电机有限公司2012年完成的水轮发电机组重大生产任务：溪洛渡5#、6#、7#，锦屏一级4#、5#水轮机，糯扎渡2#、3#、4#和大岗山1#水轮发电机，仙游2#、3#、4#抽水蓄能机组，巴西杰瑞5#～12#贯流式机组等。自主研制的三峡地下厂房700MW蒸发冷却水轮发电机组顺利投产发电，并荣获四川省科技进步奖二等奖。开展了以仙居为代表的400MW级抽水蓄能机组核心技术研发，自主研制的仙游300MW抽水蓄能机组正在工地安装调试。2012年完工新产品12项，台山1 750MW核能发电机、绍兴480MW燃气轮发电机、峡江40MW贯流式水轮发电机组、2.0MW电励磁风力发电机和5.85MW海上风力发电机等重点新产品按期完工，并在厂内进行了鉴定。3月1日，由公司生产制造的溪洛渡右岸电站首台机组10#发电机转子成功吊入机坑，各项技术参数满足设计规范要求。7月4日，采用该公司具有完全自主知识产权的“定子绕组常温自循环蒸发冷却”技术设计制造的三峡地下电站27#机组正式移交，标志着公司圆满完成了三峡电站的全部制造任务。

哈尔滨电机厂（昆明）有限责任公司共计完成24台水轮机、20台发电机、5个球阀和无刷励磁机的开发设计，另有励磁、调速器、自动化等新产品的设计任务。“立轴水斗式水轮机转轮液压拆装装置”获发明专利授权。

重庆赛力盟电机有限公司完成了以下新产品试制及重大技术攻关项目：

（1）自主研发设计制造YSF400-18/1730 400V 60Hz立式异步水轮发电机。该产品采用滚动与滑动相结合的轴承结构，性能参数优良，产品出口韩国。

（2）设计完成SF-K2500-52/3400 6.6kV同步水轮发电机。该产品转速极低，定转子风路设计采取独特方式。

（3）完成HLA551C-WJ-110卧式混流式水轮机试制。该水轮机为该公司恢复水轮机制造以来试制的第一台水轮机，已经成功运行，公司基本具备恢复制造水轮机的能力。

(4)完成 HLA551C-LJ-168 立式混流式水轮机试制。该水轮机由于工作水头不高,因此配套电机功率不大,但水轮机结构属于中型混流式水轮机。

(5)试制了 ZDJP502-LH-265 立式轴流式水轮机。该水轮机试制后,公司已具备规模生产水轮机的能力。

(6)完成了 HLA551C-WJ-88 和 HLA575C-WJ-76 两规格水轮机的自主设计。通过这两个规格水轮机的设计,该公司验证并编制了一批水轮机设计计算程序,基本掌握了水轮机设计的关键技术。

重庆赛力盟电机有限公司开发了中大型水轮发电机工艺,研发了现场安装技术,包括单只 VPI 圈式线圈绝缘工艺在中型水轮发电机上的应用,分瓣机座组装、叠压工艺,叠片磁轭叠压工艺,工地现场组装、安装工艺,其中水轮发电机单只圈式线圈 VPI 绝缘技术处于国内领先水平。开发水轮机工艺,包括固定导叶、活动导叶的数控加工,蜗壳焊接工艺,水轮机装配工艺等。

2012 年大型水电设备行业主要企业新产品开发情况见表 6。

表 6　2012 年大型水电设备行业主要企业新产品开发情况

电站名称	水轮机型号	水头范围(m)	额定功率(MW)	转轮直径(m)	额定转速(r/min)	发电机型号	额定容量(MW)	电压(kV)	功率因数(cos φ)
哈尔滨电机厂有限责任公司									
仙居抽水蓄能	HLNA1131-LJ-485	420.96~492.27	382.7	4.857	375				
		437.31~502.9	399.6						
厄瓜多尔索普拉多拉	HLA351e-LJ-335	350.45~388.77	163.9	3.35	360	SF162-20/6400	162	13.8	0.9
厄瓜多尔 CCS	CJ1176N-L-334.9/(6×26)	594.27~616.74	188.266	3.349	300	SF184.5-24/6800	184.5	13.8	0.9
埃塞俄比亚大复兴	HLA855d-LJ-633	85.0~143.0	375	6.33	125	SF375-48/12800	375	18	0.9
伊朗羌姆溪	HLA855a-LJ-240	83~137.8	56.12	2.4	333.33	SF55-18/4900	55	13.8	0.9
厄瓜多尔 MINAS	CJA-L-246/(6×22.2)	468.16~511.54	91.87	2.460	360	SF90-20/5500	90	13.8	0.9
苗尾					107.1	SF350-56/14000	350	18	0.9
东方电气集团东风电机有限公司									
广东清远电站	GZB1140-WP-670	12/3.9/7.7	15	6.7	75	SFG15-80/684	4×15	10.5	0.85
智利拉哈电站	GZD350-WP-390	18.34/15.27/9.7	17.2	3.9	166.7	SF17.2-36/4500	2×17.2	10.5	0.85
四川夹江毛滩电站	ZZD471-LH-550	21/18.7/15	34	5.5	107	SF34-56/8200	3×34	10.5	0.85
四川大渡河黄金坪电站	HLD294A-LJ-242	65.5/61/50.8	25	2.42	250	SF25-24/4800	2×25	10.5	0.85
土耳其卡亚倍电站	HLD438C-LJ-196	173.6/164.6/138.9	39.4	1.96	428.6	SF39.4-14/4250	2×39.4	10.5	0.85
西藏拉萨旁多电站	HLD420-LJ-318	66.2/52/34.2	40	3.18	187.5	SF40-32/6800	4×40	10.5	0.85
马拉维卡普奇拉电站	HLJF3017-LJ-266	64/56.4/46.7	32	2.66	214.3	SF32-28/6400	2×32	11	0.9
哥斯达黎加 TORITO 电站	HLA551-LJ-260	55.157/49.98/47.682	30	2.6	225	SF30-32/5600	2×30	11	0.9
新疆开都和小山口二级电站	HLJF3635D-LJ-280	33.64/31.3/28.17	17.8	2.8	150	SF17.8-40/6000	3×17.8	10.5	0.85
土耳其 BAGISTASI电站大机	HLA551C-LJ-348	49.6/48.35/45.95	46.155	3.48	166.7	SF46.155-36/7300	3×46.155	13.8	0.9
东方电气集团东方电机有限公司									
云南鲁地拉	HLD563-LJ-710	64.9~94	367	7.1	100				
四川大岗山					125	SF650-48/14500	650	18	0.9
埃塞吉布Ⅲ	HLD522-LJ-360	122~214	187	3.6	250	SF187-24/7250	187	15	0.85
江西峡江	GZ(982)-WP-770	4.0~14.39	41.0	7.7	71.4	SFWG40-84/8700	40	13.8	0.9
哈尔滨电机厂(昆明)有限责任公司									
云南木加甲一级电站	CJA475-L-178/4×16	468	30.93	1.78	500	SF30-12/3600	30	10.5	0.85
云南汤满河电站	CJA475-L-155/4×12	519.7	20.6	1.55	600	SF20-10/3300	20	10.5	0.85
四川卧罗桥电站	HLD294-LJ-260	89	51.28	2.60	272.7	SF50-22/6000	50	10.5	0.85
云南盈江勐乃河二级电站	HLA542-LJ-145	195	12.37	1.45	600	SF12-10/2860	12	10.5	0.85
越南南方水电站	HLA351-LJ-155	223.1	18.557	1.55	600	SF18-10/3300	18	10.5	0.8

（续）

电站名称	水轮机型号	水头范围(m)	额定功率(MW)	转轮直径(m)	额定转速(r/min)	发电机型号	额定容量(MW)	电压(kV)	功率因数(cos ϕ)
四川省甘洛银都水电站	HLA551-LJ-290	29.5	14.7	2.90	150	SF14-40/5500	14	10.5	0.85
新疆克州布仑口公格尔电站	CJ(PV6)-L-205/6×16.6	632	68.72	2.05	500	SF67-12/4450	67	10.5	0.9
土耳其伊布鲁电站	CJA475-L-140/4×12.5	445	15.773	1.4	600	SF15.3-10/2860	15.3	11	0.9
泰国块瑙电站	HLA616-LJ-205	32.6~62.7	15.43	2.05	272.7	SF15/22/4650	15	10	0.9
云南怒江其其河电站	HLA630-LJ-150	77	12.37	1.50	428.6	SF12-14/3300	12	10.5	0.8
新疆肯斯瓦特(小机)电站	HLJF1809-LJ-160	95	10.417	1.60	428.6	SF10-14/3300	10	10.5	0.8
缅甸布鲁桥三级						SF27-14/3850	27	11	0.9

质量及质量管理 2012年，哈尔滨电机厂有限责任公司水轮机、汽轮发电机整台份数、一次交检合格率、质量指数、产品质量等级品率、工业产品销售率、新产品产值率等指标都高于2011年，而质量损失率低于2011年，其他指标趋于稳定，产品质量各项指标逐年上升。该公司将质量管理体系文件进行了修订，发布实施了英文版质量手册。11月，通过了华信技术检验有限公司的质量管理体系年度监督复评。此次复评扩大了质量体系产品覆盖范围，在原有水轮机、水轮发电机、汽轮发电机产品的基础上，增加了核能汽轮发电机及其辅助设备的设计、制造、安装、销售和服务的审核内容。2012年，哈尔滨电机厂有限责任公司线圈分厂火电定子绝缘班火炬QC小组、降本增效QC小组、哈电计量测试中心求准QC小组、精益求精QC小组获得全国机械工业优秀质量管理小组一等奖，水电分厂重金镗床班QC小组获得二等奖。

中国长江动力集团有限公司加大质量整改和质量改进及考核力度，内部质量管理损失率下降到0.026%，产品一次合格率达到94.7%。

东方电气集团东方电机有限公司针对霍州电厂1#发电机发生的定子铁心熔损质量事故，把霍州定子返厂日3月20日定为“质量日”，把2012年定为“质量年”。组织开展了“发电机异物的危害”大型讲座，逐步形成“人人关心质量、重视质量、创造质量、享受质量”的良好氛围，员工的质量意识不断提高。

哈尔滨电机厂（昆明）有限责任公司2012年度没有顾客的重大投诉，用户满意度调查综合得分均在90分以上。

标准 2012年，东方电气集团东风电机有限公司参与了《中小型水轮机发电机基本技术条件》《灯泡式水轮发电机基本技术条件》2项国家标准和《水轮发电机用制动器》《水轮发电机推力轴承弹性金属塑料瓦技术条件》2项行业标准的制定。

东方电气集团东方电机有限公司积极参与各标准化委员会的采标活动，主导编制了GB/T 28546—2012《大中型水电机组包装、运输和保管规范》、GB/T 14478—2012《大中型水轮机进水阀门基本技术条件》、GB/T 28572—2012《大中型水轮机进水阀门系列》等标准。

基本建设及技术改造 广东鸿源机电股份有限公司按照集团公司制订的可持续发展计划，重点加快企业转型升级，实施跨越式发展。公司计划投资超18亿元，在兴宁、韶关两地建设大型研发、生产基地：在兴宁计划投资超10亿元，建设广东鸿源机电产业工业园；在韶关计划投资超8亿元，在莞韶产业园（浈江片区）建设研发、生产基地。届时，公司产品的单机容量达30万kW，年产值将超20亿元，上交国家税费超1.2亿元。项目工程正在进行中。

2012年，哈尔滨电机厂有限责任公司技措计划立项82项，采购项目74项，建安项目8项，合计22 761万元，另外有5项论证项目。截至2012年12月末，外购项目累计完成41项。特批计划25项，已完成19项。科研基础设施计划项目共计安排40项，其中正式执行计划37项，总投资2 745万元，3项为论证项目。截至2012年12月末已完成32项。特批计划20项，已完成17项。

新建水力试验3#、4#、5#、6#台建设规划两期建成，Ⅰ期建设水力试验3#、4#台，即贯流式水轮机模型试验台和可逆式水轮机模型试验台，位于水力发电设备国家重点实验室南侧；Ⅱ期规划建设水力试验5#、6#台，即轴流式水轮机模型试验台和水泵模型试验台，位于水力发电设备国家重点实验室北侧。

2012年，东方电气集团东风电机有限公司完成固定资产投资3 600万元，其中机加能力更新改造累计完成投资1 350万元。主要完成设备包含风电机座加工专用卧式镗床、V70数控加工中心、SVT125数控高速单柱立式车床、CK7530数控车床、立式车削加工中心等，公司整体机加能力和水平有较大提升。完成信息化建设投入140万元。

中国长江动力集团有限公司快速启动并高标准、高起点地实施搬迁改造项目，已完成全部工程建筑施工图设计、六大生产厂房地下基础施工和综合办公楼等工程的招标工作，完成250余台设备的订购和实验设备总包工程设计招标工作，为确保整体搬迁按期完成赢得了时间。

东方电气集团东方电机有限公司2012年完成固定资产投资20 459万元，其中基本建设10 354万元、技术改造10 105万元；新增固定资产19 878万元，重点建设项目有序向前推进。新建职工培训中心，主体工程正在施工；18m立式车床已投入使用，进一步缓解了厂内大型发电机部件加工制造瓶颈;研究试验基地建设项目正在进行方案设计的修订完善;水力试验台(二期)项目前期技术准备已完成,分批进入设备招标。

哈尔滨电机厂(昆明)有限责任公司新厂建设初步选定建设用地,建设用地在昆明市经济技术开发区(属国家级开发区),总面积40.9万 m^2。

2012年大型水电设备行业主要企业固定资产投资完成情况见表7。

表7　2012年大型水电设备行业主要企业固定资产投资完成情况

企业名称	固定资产投资(万元)	同比增长(%)	基本建设投资(万元)	同比增长(%)	技术更新改造投资(万元)	同比增长(%)
东方电气集团东方电机有限公司	20 459	-54.60	10 354	-24.44	10 105	-67.78
哈尔滨电机厂有限责任公司	13 900	-31.61	2 568	-65.85	11 332	-11.50
东方电气集团东风电机有限公司	3 600	-26.11	320	-59.85	3 280	-19.51
广东鸿源机电股份有限公司	1 287	-56.81	985	-43.00		
中国长江动力集团有限公司	1 109	-21.51			1 109	-21.51

对外合作　10月6日,“华中科技大学—东方电气集团东方电机技术研究中心”成立,东方电气集团东方电机有限公司总经理贺建华当选该研究中心理事会理事长。

结构调整　东方电气集团党组对东风电机有限公司领导班子进行调整,确定了以党委书记、董事长胡江鸿,总经理尹国军为主要负责人的新公司领导班子。平稳有序地推进改革改制工作,4个子公司业务整合工作按计划完成,为公司产品结构进一步优化、价值链进一步延伸打下了坚实基础。

2012年9月,中国长江动力集团有限公司与航天科技集团战略重组成功。中国长江动力集团有限公司制定和完善了企业“十二五”发展规划,立足能源动力设备产业链上下游领域,以产品经营为依托,以资本运作为纽带,以机制创新为动力,充分利用航天科技的研发能力、人才优势以及长动集团专业团队和制造经验,打造航天高端装备制造中心,实现由加工销售型向服务营销型能源整体解决方案的国际化经营产业集团的转变。

管理及改革　哈尔滨电机厂有限责任公司制定和完善了科研课题成果奖励制度,新产业、新产品科研储备项目成果奖励办法等管理制度和工作标准。构建了集项目管理、科研开发、成果推广转化于一体的科技创新平台,更新了技术委员会委员名单。充分利用现代信息化管理手段,通过对公司工艺管理、采购收料无纸化管理、电子采购平台、供应商管理、车间工票管理等系统的开发,逐步实现了信息化系统集成,把各项业务从原来的职能管理上升到流程管理,提高了技术管理效率和技术管理水平。

东方电气集团东方电机有限公司启动了东方电机管理提升活动,完成了第一阶段“全面启动、查找问题”工作,查找出9大类33项具体问题;制定了第二阶段“专项提升、协同推进”整改措施计划并严格按计划组织实施。整合成立了信息中心,启动了PDM-ERP系统升级项目,组建了ERP系统切换、PDM优化升级、企业流程管理三个项目团队,加速推进信息化建设。优化了物料计划、库存及配送业务流程,整合成立物料管理部。10月12日,在东方电机54周年厂庆之际,《国器铸就》一书公开发行。该书展现了东方电机50余年发展历程中的巨大精神财富。

〔撰稿人:中国电器工业协会大电机分会王金华〕

火电设备

截至2012年年底,全国电网发电装机容量已达到114 491万kW,其中水电24 890万kW,占21.74%;火电81 917万kW,占71.6%;核电1 257万kW,占1.1%;风电6 083万kW,占5.3%。总发电量已达到49 774亿kW·h,其中,水电8 641亿kW·h,占17.36%;火电39 108亿kW·h,占78.57%;核电982亿kW·h,占1.97%;风电1 004亿kW·h,占2.02%。30万kW以上火电机组可靠性稳定在较高水平,平均等效可用系数(EAF)大于92%;全国6 000kW及以上火电机组供电标准煤耗326g/(kW·h),比上年减少4g/(kW·h),降幅1.5%。

生产发展情况　2012年火电设备行业经历了由高位到下降的调整过程,在全球经济增长动力持续减弱的影响下,行业始终坚持科学发展观,紧紧围绕“十二五”规划的实施,以重管理、调结构作为转变发展方式的主线,全行业坚持科技创新、推进结构调整、发展现代制造服务业,不断扩展产品品种,以适应我国电力结构调整的市场需求。截至2012年年底,高参数大容量发电设备已占总产量的75%以上。在全年发电设备产量中,火电机组占64%、水电机组占18.3%、风电机组占8.9%、核电机组占8.8%,清洁发电设备的比重逐渐提高。但是,随着市场订单量的下降和产能、生产成本的上升,行业生产与发展面临着上下挤压的困境;项目技术要求高、订单不确定性增大、部分项目交货期变动、货款回收难度大、项目风险增加等也使行业形势愈发严峻。2012年火电设备制造行业主要锅炉、汽轮机制造企业经济指标及产品产量见表1。

表1　2012年火电设备制造行业主要锅炉、汽轮机制造企业经济指标及产品产量

企业名称	工业总产值（万元）	主营业务收入（万元）	全员劳动生产率（元/人）	电站锅炉/电站汽轮机		
				产量（台）	产量（t/h）	产量（万kW）
东方锅炉股份有限公司	1 243 681	1 164 962	408 866	58	69 182	
上海锅炉厂有限公司	1 120 561	1 165 266	1 094 291	34	43 589	
哈尔滨汽轮机厂有限责任公司	502 248	508 083	143 516	40		1 402
哈尔滨锅炉厂有限责任公司	851 173	847 029	636 583	45	57 888	
东方汽轮机有限公司	1 235 361	1 530 778	329 765	88		2 595
上海汽轮机有限公司	731 724	764 637	348 566	58		2 285
北京北重汽轮电机有限责任公司	107 073	109 411	111 372	18	15 986	227
济南锅炉集团有限公司	105 263	117 662	136 520	86	12 140	
南京汽轮电机(集团)有限责任公司	412 053	402 609	264 000	120	10 370	489
北京巴布科克·威尔科克斯有限公司	165 574	165 157	105 455	7	12 776	
中国长江动力集团有限公司	87 451	8 000		67		191
青岛捷能汽轮机集团股份有限公司	247 199	309 801	456 228	307		333

产品分类产量　2012年全国发电设备完成总产量12 683.22万kW，同比下降8.9%。其中，水电机组2 322.31万kW，同比下降10.6%；火力机组8 115.31万kW，同比下降13.6%；风电机组1 124.6万kW，同比下降19.2%；核电机组1 121万kW，同比增长107.6%。

全年累计生产电站锅炉6 882.9万kW，同比下降16.4%。30万kW及以上电站锅炉完成108台/5 203.4万kW，其中，100万kW级超超临界锅炉7台/726万kW；60万kW级37台/2 356.4万kW（超超临界锅炉7台、超临界锅炉19台、CFB锅炉1台）；30万kW级64台/2 121万kW（超临界锅炉27台、CFB锅炉13台）；20万kW级及以下电站锅炉1 679.5万kW。

全年累计生产电站汽轮机7 773万kW，同比下降28%。30万kW及以上电站汽轮机完成115台/5 735万kW。其中，100万kW级超超临界汽轮机9台/911万kW，核电汽轮机6台/630万kW；60万kW级27台/1 729万kW（超超临界汽轮机7台、超临界汽轮机15台、空冷汽轮机3台）；30万kW级72台/2 365万kW（超临界汽轮机20台、空冷汽轮机10台）；20万kW级及以下电站汽轮机2 138万kW。

全年累计生产汽轮发电机9 223万kW，同比下降6.84%。30万kW及以上汽轮发电机完成132台/5 972万kW，其中，100万kW级15台/1 500万kW，60万kW级35台/2 231万kW，40万kW级12台/504万kW，30万kW级79台/2 637万kW；20万kW级及以下汽轮发电机2 350万kW。

市场及销售　2012年，由于国家能源结构优化调整，核电、水电、气电、风电等清洁能源比重有所提升，国内大型火电设备市场需求有所下降。30万kW以上火电机组共招标64个项目/130台机组，总容量逾7 000万kW，燃气轮机招标总容量约为1 700万kW（9F级18个项目，36套机组；9E级5个项目，10套机组）。随着国内火电设备产能的上升，行业内竞争又进一步激烈，大型火电机组市场竞争再次加剧，而中小型热电联供火电机组市场受到“上大压小”的限制，导致产品价格下滑。但气电市场由于受资源供应状况的改善以及政策鼓励措施的影响，燃机订货量由低谷迅速回升。各企业实施“走出去”战略，通过整机出口、国际分包项目等亦获得一定的合同订单，出口主要集中在第三世界和少数第二世界国家，但发电设备出口交货值较上年下降30%左右。另外，国内企业在国际市场上的不规范竞争，甚至是恶性竞争已成为影响行业发展的制约因素。

上海电气电站设备有限公司上海汽轮机厂借助于西门子的技术优势，2012年在电站汽轮机和燃机市场领域的累计订货量仍维持在300亿元以上。

东方汽轮机有限公司新增订货量仍与上年基本持平，但构成发生了较大变化，气电比重大幅度上升，占电站汽轮机新增订货总量的比重过半。

哈尔滨汽轮机厂有限责任公司2012年新增订单约100亿元。

中国长江动力集团有限公司2012年市场订单基本与上年持平。

南京汽轮电机（集团）有限责任公司2012年新增订货量与上年基本持平，但火电略有下降，燃机和风电稳步增长。

科技成果及新产品　上海发电设备成套设计研究院2012年坚持以“科技创新”为主线推进各项科研工作。一批国家、上海及该院科技发展基金和青年创新基金项目获准立项和验收。该院负责组织的“CAP1400常规岛关键设备自主设计和制造”课题已完成大部分转子、叶片关键部件试验验证工作，为TG包设备采购提供技术支撑；组织完成“核电站主要辅助设备自主设计与制造技术研究”重大专项课题立项研讨会，确立了课题研制内容；“汽机及厂房综合试验设施”“核安全相关设备鉴定及材料评估试验平台”课题通过国家能源局审查。2012 年该院共有 14 个政府科研项目获得立项;“863”项目“超超临界 1 000MW 汽轮机寿命与可靠性综合设计分析技术研究”等 5 个政府科研项目通过验收;上海市科委项目“汽轮机高中压、低压转子解剖试验研究”通过验收。在核电领域,该院承担的 CAP1400 核安全相关设备(共 11 个大类)鉴定中心正在组建和落实,部分关键设备已完成鉴定大纲的编制,以及质保手册和程序文件的编制和发布;“核安全相关设备鉴定及材料评估试验平台”重大专项获得批复, LOCA 试验台设计方案、抗震试验台方案通过专家评审,高低温交变湿热试验箱和高温老化试验箱已具备试验条件。2012 年,该院新申请专利 18 项,获专利授权 9 项,其中发明专利 7 项;发表科技论文 27 篇。“锅炉长周期安全高效运行关键技术及其应用”获得国家教育部科学技术进步奖一等奖。

上海电气电站设备有限公司上海汽轮机厂 2012 年科研资金投入率继续保持 5%以上,重点完善了先进的整体通流叶片优化技术(AIBT)平台开发,并在百万千瓦等级核电汽轮机研制及产业化、大型低压转子锻件的国产化制造和应用性能研究、新一代高效超超临界汽轮机技术等重点技术研发领域取得进展。该厂承接、参与的国家、市级重点课题共 7 项,“激光表面复合强化与再制造关键技术及其应用”获国家科学技术进步奖二等奖,“超超临界发电装备材料关键技术研发及应用”“采用先进通流技术(AIBT)的优化型亚临界 300MW 汽轮机开发”获中国机械工业科学技术奖二等奖,“超超临界 660MW 汽轮机”获国家重点新产品认定。该厂 2012 年共申请专利 30 项,其中申请发明专利 21 项。截至 2012 年年底,该厂已累计获得授权的实用新型专利和发明专利 174 项。

东方汽轮机有限公司 2012 年围绕常规火电、核电、燃气轮机、风电、太阳能等产业,开展了涉及材料、工艺、设计技术等多方面的科研项目研究,共立项 58 项,完成了 50 项。2012 年还在实施的科研项目 135 项,科研经费投入约占主营业务收入的 3%。该公司完成了以下重大技术装备研制及重大技术攻关项目:①5.5MW 海上型风电机组的研制及样机现场安装和试验;②F 级 50MW 重型燃气轮机的概念设计,正在进行施工设计,建成了高温叶片、压气机试验平台;③CAP1400 核电汽轮机的概念设计,正在进行施工设计,还完成了末级长叶片动应力和气动试验见证。该公司基本完成了以下国家、部、省(市)级科研项目:

(1)发展和改革委员会国家能源大型清洁高效发电技术研发中心和实验室建设项目,包括“高温部件实验室”“民用核电站控制棒驱动机构检测中心”“6MW 全功率、全工况风电试验台”“核电汽轮机焊接转子检测中心”4 项组建工作。

(2)国家核电重大专项“CAP+核电站大型半速饱和蒸汽汽轮机设计方案及关键共性技术研究 ”科研项目,当前正在进行验收材料的准备工作。

(3)完成国家科技支撑计划课题“耐低温大型双馈式变速恒频风电机组的研制”“核电汽轮机焊接转子的开发”项目并通过了国家科技部验收。2012 年该公司“先进高效大型供热汽轮机组关键技术研究及应用”获中国机械工业科学技术奖一等奖,“超超临界 1 000MW 空冷汽轮机开发”获四川省科技进步奖一等奖。

哈尔滨汽轮机厂有限责任公司 2012 年科研经费投入约占主营业务收入的 5%。该公司重点科研项目共 6 项,主要涉及 F 级燃机和燃压样机、槽式太阳能热发电、大型汽轮机焊接转子成套设备以及 700℃超超临界汽轮机关键技术研究等科研项目。省级课题项目共 3 项,分别是大型半转速核电汽轮机低压缸模块研制、EMS 系统研究与应用、1 000MW空冷汽轮机末级叶片设计研究。2012 年,该公司的 FA 级燃气—蒸汽联合循环汽轮机获得国家重点新产品奖励,“60Hz/300MW 等级汽轮机研制”项目获得中国机械工业科学技术奖二等奖,“1 000MW 超超临界汽轮机研制”项目获得省级科技进步奖二等奖,“汽轮机转子枞树形轮槽铣刀研制”项目获得省级科技进步奖三等奖。

南京汽轮电机(集团)有限责任公司 2012 年研发投入上亿元,占销售收入的比重约为 3%。完成“863”计划项目与中科院工程热物理所的协作课题——合成气燃料的供应系统和控制系统研发,并通过验收;开展了 6FA 联合循环机组的厂化设计,并着手研发设计配套 F 级燃机的变频起动发电机系列。2012 年该公司获得 6 项国家专利。

质量及标准 2012 年,全国锅炉压力容器标准化技术委员会锅炉分标委会和全国汽轮机标准化技术委员会组织行业有关单位开展 27 项国家标准的制修订工作,完成 7 项国家标准的制修订;完成 20 项行业标准的制修订,其中 8 项形成报批稿,1 项形成送审稿;参加 IEC/TC5 标准工作组,参与轮机蒸汽纯度、汽轮机规范、热力性能试验等国际标准化工作。

上海电气电站设备有限公司上海汽轮机厂 2012 年继续推行卓越绩效评价准则,发布了企业社会责任报告书,并通过了质量、环境、职业健康安全管理体系的换证审核和焊接管理体系的年度监督审核。

南京汽轮电机(集团)有限责任公司 2012 年组织制定了年度质量管理工作计划和质量改进计划,并组织各有关部门加以实施和改进,为该公司推进产品名牌战略、争创和保持政府质量奖起到了促进作用。

东方汽轮机有限公司 2012 年依据 GB/T 19001—2008 idt ISO 9001:2008《质量管理体系　要求》及 GJB 9001A—2001《质量管理体系要求》要求建立、运行质量管理体系,结合体系要求及核电项目合同特殊要求,依据每个项目合同编制了项目质保大纲及相关项目专用程序文件作为对现行质管体系的补充与完善。2012 年该公司通过了武器装备质量管理体系认证。

哈尔滨汽轮机厂有限责任公司 2012 年依据 GB/T 19001—2008 idt ISO 9001:2008《质量管理体系　要求》及

GJB 9001A—2001《质量管理体系要求》要求建立、运行质量管理体系，进一步完善了现有《质量管理体系程序》文件77个、现行质量记录470个。根据顾客要求，编制项目质量保证大纲或质量计划，补充制定必要的程序文件，以满足项目特殊的质保要求。

基本建设及技术改造 2012年火电设备制造行业加紧投资优势项目，全年累计完成固定资产投资近30亿元。

南京汽轮电机（集团）有限责任公司2012年实施技改项目133项，实际投入技改资金约3 000万元。继2011年大装配、大机加160t、100t厂房投入使用后，该公司又组织实施紧邻的75t跨厂房改造以及工艺路线布置调整，完成数十台设备的搬迁集聚。“大型燃气轮机转子国产化”列入国家重点技术改造项目，已进入申报竣工验收阶段；18万kW燃气—蒸汽联合循环发电设备、利用余热余压汽轮发电设备节能改造、工业汽轮机生产等技改项目基本完成。

东方汽轮机有限公司受2008年“5·12”大地震后异地重建的影响，2012年固定资产投资完成额较前几年有所降低，固定资产投资完成约4亿元，均为续建项目。2012年，该公司进一步对核电设备、燃机、风电设备开展技改投入。在核电设备方面，开展CAP1400及以上核电汽轮机的制造，在德阳分部基地实施“350t高速动平衡及核电厂房接长”项目。项目投入资金逾1亿元，建成后将能够具备承担2 200MW级以下25Hz、30Hz半转速核电大尺寸、重型转子的高速动平衡及超速试验；1 000MW级以下50Hz、60Hz全速汽轮机和燃气轮机转子的高速动平衡试验及超速实验条件。试验转子最大低压末级动叶片长度可达到2 032mm（80in）。在燃机方面，为掌握燃机三大部件关键设计技术、透平高温叶片材料技术、控制技术等核心技术，计划投资数亿元用于F级50MW燃机研发项目，其中压气机试验台建设项目中的压气机试验厂房及增压站已于2011年年底完工交付使用，2012年压气机试验台拖动系统安装完成。该试验台由东方汽轮机有限公司自主设计、建造，是国内同行业首台重型燃机压气机试验台。在风电方面，该公司实施“6MW全功率、全工况风电试验台”项目的建设，项目计划投入数千万元，主要进行“不同风力发电机组的LVRT（低电压穿越）技术”“不同风力发电机组的HVRT（高压穿越）技术”“不同风力发电机组的运行容量曲线技术”等研究，2012年年底该试验台建成投用，并于2013年完成“5.5MW海上风力发电机组”的相关试验。2012年10月23日，该公司的东汽灾后异地重建项目顺利通过竣工验收，2012年11月18日完成了项目后评价。

上海电气电站设备有限公司上海汽轮机厂2012年未提出新增战略性固定资产投资计划。在建的固定资产投资项目执行情况正常，截至2012年12月，各项目完成投资金额占总投资预算的61.5%。近年来该厂共投入资金数亿元分批实施装备更新项目，共计更新设备近200台，先后引进了具有先进水平的数控铣床、数控叶片型面铣床、叶片加工中心等50余台加工精度高、工效高的数控设备。

管理及改革 上海电气电站设备有限公司上海汽轮机厂2012年启动了竞争力提升项目（简称CIP项目）。项目围绕生产经营各条线的综合能力进行项目提升，在成本管理、产品质量管理、交货期等方面做出了改进。该厂将从CTG Ⅱ、CTG分包项目、供应链管理和转型规划、采购、燃机能力提升、信息化推进、技术、HR、质量和强制性要素、现场管理和EHS、临港业务11个专业条线和7个产品包着手推进竞争力提升，做好后续阶段的现状分析、制定措施、推进实施等工作，确保至2015年三年内实现交货周期降低15%、成本降低20%和质量水平持续提升的目标。

南京汽轮电机（集团）有限责任公司2012年全面扩大和深化与美国GE公司的合作，2012年10月19日，与GE公司签署了6FA重型燃气轮机及9E联合循环轴向排汽汽轮机的技术转让协议；参股中国机械设备工程股份有限公司（CMEC）并签订了战略合作协议，构建电站产品出口平台。该公司成立了采购部，集中采购要素，利用市场机制和规模效应，规范流程，实现公平公正招标、比质比价采购，在降本方面取得成效。

东方汽轮机有限公司2012年根据集团公司要求，实施管理提升活动，提质增效，全面推进精益制造、降本增效、二级成本核算、质量改进等工作。

哈尔滨汽轮机厂有限责任公司2012年在技术引进和合资、合作上有所收获：自2012年下半年开始与阿尔斯通公司就E级燃机的技术转让达成初步意向；与美国UTC公司联合完成F级燃气轮机透平第一级高温动叶片冷却结构设计技术和气冷透平冷却设计技术，进行F级燃机高温部件合金开发和制备工艺初步研制；该公司以西班牙STA公司作为技术支持，于2012年11月成功签订阿根廷萨尔塔20MW光热发电项目合同。2012年该公司开展了“企业管理提升年”活动，通过开展管理提升，加快推进管理方式进一步向集约化和精细化转变，全面提升公司管理水平和经济效益，增强企业核心竞争力。

〔撰稿人：上海发电设备成套设计研究院郑健富　审稿人：上海发电设备成套设计研究院张瑞〕

内燃发电设备

2012年全国电力供需形势总体平衡，全社会用电量4.96万亿kW·h，同比增长5.5%，增速较2011年回落6.2个百分点，创下四年以来新低。第三产业、城乡居民生活用电增速明显高于全社会用电量，成为拉动用电增长的主要动力。

生产发展情况 内燃发电设备行业19家上报数据企业全年完成工业总产值61.98亿元，工业销售产值59.55亿元，主营业务收入55.94亿元。16家可对比数据企业电站产品共实现销售收入51.90亿元，同比增长9.29%；实现产品利润7.23亿元，同比增长10.67%；发展持续向好。2012年内燃发电设备行业主要经济指标见表1。2012年内燃发电设备行业电站产品经济指标见表2。2012年内燃发电设备行业主要会员企业基本情况见表3。

表1　2012年内燃发电设备行业主要经济指标

指标名称	单位	数值	同比增长（%）
企业数	家	15	
工业总产值	亿元	56.88	2.96
工业增加值	亿元	12.08	1.15
主营业务收入	亿元	51.68	5.05
主营业务税金及附加	亿元	0.33	53.06
利润总额	亿元	6.26	-2.78
年末固定资产原价	亿元	8.05	11.84
固定资产净值平均余额	亿元	6.28	9.64
流动资产合计	亿元	41.84	4.13
流动资产平均余额	亿元	39.89	5.74
所有者权益	亿元	30.64	6.63
全员劳动生产率	元/人	185 012.81	

表2　2012年内燃发电设备行业电站产品经济指标

指标名称	单位	上报数据	可对比数据	
			数值	同比增长（%）
企业数	家	19	16	
销售收入	亿元	52.79	51.90	9.29
产品利润	亿元	7.42	7.23	10.67
出口交货值	亿元	7.24	7.03	-6.25

表3　2012年内燃发电设备行业主要会员企业基本情况

单位名称	主要产品
安徽德科电气科技有限公司	陆用/船用系列三相同步发电机、高压发电机、永磁发电机
福州福发发电设备有限公司	生产10大系列100多种不同规格的柴油发电机组，功率24~2 400kW
广东康菱动力科技有限公司	低压常规标准型柴油、燃气（沼气、天然气、煤层气/瓦斯）发电机组（HG、HC、HP、HD、HW、HV、HM系列）；城市垃圾填埋场沼气发电站项目建设，分布式能源项目设计建设，煤层气/石油伴生气收集、处理及气体利用发电站设计建设，各种污水处理厂沼气发电项目设计和建设等；中高压（3.3kV/6.3kV/10.5kV）大功率柴油/燃气/多种燃料发电机组及电站建设；拖车发电机组/拖车静音发电机组/移动电源车；防雨/静音/超静音发电机组；船舶/火车/冷藏车等特种用途发电机组，船舶用柴电动力系统平台；ATS切换柜及各种电柜屏类；各式发电机组控制系统；中高速大功率柴油机零部件
广州英格发电机股份有限公司	中小型发电机，具有完全自主知识产权、适合大批量生产兆瓦级双馈风电机和大型垂直轴风电机组；能独立完成普通异步、双馈异步风力发电机，永磁、电励磁同步风力发电机，10kV以下民用、船用三相同步发电机的研制及产业化生产
南京沃尔奔达电力工程有限公司	柴油发电机组及其附件
山东斯坦福机电设备有限公司	发电机、发电机组、柴油发电机组
上海科泰电源股份有限公司	智能环保集成电站，包括普通机组、静音电站、移动电站、挂车电站、方舱电站及电源一体化解决方案
上海伊华电站工程有限公司	陆用发电机组、船用发电机组、拖车电站、低噪声电站、集装箱电站
无锡华友发电设备有限公司	固定式发电机组、移动式发电机组（车载式、拖挂式）、厢式低噪声工频柴油发电机组等，功率12~1 200kW
扬州飞鸿电材有限公司	8~5 000kW柴油发电机组产品：普通、低噪声、自动化及遥控型、移动电站、船用机组，发电机
扬州市华东动力机械有限公司	柴油发电机组、发电机
英泰集团有限公司	柴油发电机组（船用、陆用），发电机（船用、陆用），散热器，锂电池，高档汽车饰件
郑州金阳电气有限公司	内燃发电设备产品（发电机组、高原电站、挂车电站、汽车电站、方舱电站、取力发电系统），发电机，为内燃机电站产品和发电机产品配套的控制屏，自动化机组控制器，发电机组数显仪，发电机电压调节器，电子调速器，同步器，负荷分配器等产品及配套用电子产品

（续）

单位名称	主要产品
郑州宇动新能源有限公司	内燃机驱动的柴油发电机组：标准型机组、普通静音机组、住宅型静音机组、超静音机组、拖车型机组、车载式移动电站、集装箱静音机组，汽油、天然气机组
重庆鑫源农机股份有限公司	汽油、柴油发电机组，汽油、柴油发动机，汽油、柴油水泵机组，农业机械，园林机械等
浙江幸福机电科技有限公司	1~3 000kW 柴油发电机组，汽油发电机组，燃气发电机组，燃气发电机组及发电机，电站方舱厢体，电气控制系统的设计、开发、生产和服务。当前主要开展 800kW 及以下发电机组、电站方舱厢体的设计、开发、生产和服务
江西清华泰豪三波电机有限公司	发电机组、汽车电站、方舱电站、挂车电站、发电机
广东西电动力科技股份有限公司	机组功率 7~3 438kV·A，涵盖一般发电用途和各种特种用途发电机组，产品种类有标准型机组、普通型静音机组、住宅型静音机组、超静音机组、拖车型机组、车载移动电站、集装箱型静音机组和高压柴油发电机组以及汽油、天然气机组，灯塔等
深圳市赛瓦特动力科技股份有限公司	柴油、汽油、天然气发电机组，移动式照明发电机组
石家庄建筑机械有限公司	B/FL912/913W 和 FL511 两大系列风冷柴油机产品（功率 5~131kW），风冷柴油发电机组产品（5~120kW）及机械零部件加工
河北华北柴油机有限责任公司	道依茨柴油机、发电机组
福建唐力电力设备有限公司	发电机组
山东华力机电有限公司	柴油、汽油发电机组，燃气发电机组，生物质能发电机组，高压发电机组，高压并网机组，自动化机组，低噪声电站产品等

产品分类产量 2012 年，21 家成套企业上报的 14 类产品产量中，普通机组产量份额大于 2011 年，占所有产品产量的份额高达 82.76%；其他机组产品占比基本不变。数码机组、高压机组、发电电焊产品产量逐年增加，双燃料机组产量下降较为明显。2012 年内燃发电设备行业产品产量及占比见表 4。

表 4 2012 年内燃发电设备行业产品产量及占比

产品类别	生产企业（家）		产量（台）		产量占比（%）	
	2012 年	2011 年	2012 年	2011 年	2012 年	2011 年
合　计	78 423	86 841				
普通机组	20	21	（柴）14 831	（柴）13 572	18.91	15.63
			（汽）50 063	（汽）56 383	63.84	64.93
船用机组	6	6	330	959	0.42	1.10
气体机组	6	6	222	207	0.28	0.24
自动化机组	15	16	（柴）5 542	（柴）7 598	7.07	8.75
			（汽）37	（汽）691	0.05	0.80
数码机组	3	3	（柴）1 506	（柴）1 337	1.92	1.54
			（汽）13	（汽）11	0.01	0.01
高压机组	9	10	196	107	0.25	0.12
双燃料机组	1	3	4	464	0.01	0.53
其他机组产品	5		2 488		3.17	
其他低噪声产品	7	14	267	2 001	0.34	2.30
挂车电站	12	16	777	825	0.99	0.95
方舱电站	8	8	200	210	0.26	0.24
汽车电站	7	10	197	304	0.25	0.35
低噪声房	9	11	527	1 969	0.67	2.27
发电电焊	3	3	1 223	170	1.56	0.20

市场及销售 由于世界经济不景气,需求受限,2012年出口总量较2011年略有下降。300~500kV·A产品增幅显著,说明该功率段产品具有一定的技术和价格优势,具备较强的国际市场竞争力。而在国内市场,大功率机组需求增长明显。2012年内燃发电设备行业产品销量见表5。

表5 2012年内燃发电设备行业产品销量

功率范围(kW)	上报21家企业销量(台)		14家对比企业销量			
			数量(台)		同比增长(%)	
	内销	出口	内销	出口	内销	出口
小 计	59 294	26 070	55 839	21 586	5.57	-0.19
功率<10	42 706	17 321	42 609	16 190	5.33	-9.06
10≤功率<100	6 671	4 521	5 706	3 276	8.83	49.52
100≤功率<200	3 114	1 408	2 703	861	-0.26	13.44
200≤功率<300	2 078	979	1 536	410	-0.26	19.19
300≤功率<400	1 661	521	1 245	225	10.67	84.43
400≤功率<500	1 105	565	734	256	1.52	166.67
500≤功率<1 000	1 426	525	959	269	3.90	23.39
1 000≤功率<2 000	484	168	323	97	103.14	2.11
功率≥2 000	49	62	24	2	41.18	100.00

2012年,压燃式2 000kV·A以下发电机组产品进口量均呈下降趋势,375 kV·A以下产品进口量同2011年相比大幅下降(75kV·A以下产品同比下降30.53%,75~375 kV·A产品同比下降48.26%),375~2 000kV·A产品同比下降8%。2 000kV·A以上产品进口数量略有增长,增幅7.2%。点燃式发电机组产品进口量同比增长114.43%。

压燃式375kV·A以下产品进口额同2011年相比大幅下降(75kV·A以下产品同比下降31.86%,75~375kV·A产品同比下降33.61%),375~2 000kV·A产品进口额同比增长10.79%,2 000kV·A以上产品进口额同比下降3.92%。点燃式发电机组产品进口金额同比下降26.82%。

2012年,内燃发电机组产品出口形势和进口正好相反。2 000kV·A以下产品出口量均有小幅上升,其中75kV·A以下产品同比增长1.52%,75~375kV·A产品同比增长9.34%,375~2 000kV·A产品基本持平,增幅0.26%。2 000 kV·A以上产品出口量同比下降22.84%。点燃式发电机组产品出口量同比下降14.39%。

内燃发电机组产品出口额重回上升通道。75kV·A以下产品出口额略有上升,同比增长0.36%;75~375kV·A产品同比增长13.58%;375~2 000kV·A产品同比增长10.06%;2 000kV·A以上产品同比增长16.16%。点燃式发电机组产品出口额基本持平,同比增长0.75%。

2012年内燃发电设备进出口见表6。2012年内燃发电设备进出口数据对比见表7。

表6 2012年内燃发电设备进出口

产 品 类 别	功率范围(kV·A)	进口量(台)	进口额(万美元)	出口量(台)	出口额(万美元)
压燃式内燃发电机组	功率≤75	3 737	2 482	471 978	61 841
	75<功率≤375	965	4 417	25 717	37 554
	375<功率≤2 000	2 278	66 176	6 546	60 905
	功率>2 000	506	25 983	277	13 667
点燃式发电机组		13 998	4 430	9 329 718	163 609

表7 2012年内燃发电设备进出口数据对比

产 品 类 别	功率范围(kV·A)	出口量/进口量	同比增长(%)	贸易差额(万元)	进口额同比增长(%)	出口额同比增长(%)
压燃式内燃发电机组	功率≤75	126.30	46.13	59 359	-31.86	0.36
	75<功率≤375	26.65	111.34	33 137	-33.61	13.58
	375<功率≤2 000	2.87	8.85	-5 271	10.79	10.06
	功率>2 000	0.55	-27.97	-12 316	-3.92	16.16
点燃式内燃发电机组		666.50	-60.07	159 179	-26.82	0.75

2012年机组产品主要进口源仍为发动机、发电机技术领先的欧洲国家和拥有廉价劳动力、不断设立生产基地的亚洲国家。出口市场方面，亚洲占我国压燃式发电机组出口量份额的63.21%，比2011年提高2.05个百分点；非洲市场同2011年相比，略有下降，为10.69%；美洲市场达18.25%，提高2.39个百分点。亚洲、美洲市场占点燃式发电机组的出口份额分别比2011年提高5个百分点和9个百分点，达36.06%和24.32%；非洲市场所占出口份额减少11个百分点，降至31.21%，接近2010年水平。2012年内燃发电设备主要进口源市场见表8。2012年内燃发电设备主要出口目的地见表9。

表8　2012年内燃发电设备主要进口源市场　　（单位：台）

国家或地区	压燃式内燃发电机组					点燃式内燃发电机组
	功率≤75kV・A	75kV・A<功率≤375kV・A	375kV・A<功率≤2 000kV・A	功率>2 000kV・A	小计	
朝鲜						20
中国香港	1	7	4		12	
印度	4	12			16	
印度尼西亚	11		8	13	32	
日本	1 959	52	735	120	2 866	7 096
马来西亚		18	15		33	
新加坡	4	14	67	16	101	1
韩国	2	145	150	47	344	
越南	1		55	18	74	
中国	65	11	19		95	6 527
比利时		4	1		5	8
丹麦		73	26		99	4
英国	68	396	208	104	776	13
德国	217	78	23		318	58
法国	212	1	1	1	215	10
意大利	204	2	8		214	112
荷兰	39	8	20	6	73	1
奥地利						20
芬兰	1	3	4	18	26	
挪威		21	10	34	65	
波兰				28	28	
瑞典		35	8	1	44	
加拿大	2	4			6	
美国	936	61	912	100	2 009	106
澳大利亚	7	5			12	11

表9　2012年内燃发电设备主要出口目的地　　（单位：台）

国家或地区	压燃式内燃发电机组					点燃式内燃发电机组
	功率≤75kV・A	75kV・A<功率≤375kV・A	375kV・A<功率≤2 000kV・A	功率>2 000kV・A	小计	
孟加拉国		526		5	531	
缅甸		394			394	
中国香港	2 567	433	306	15	3 321	
印度尼西亚	18 813	2 776	1 005	58	22 652	550 976
伊朗			109	2	111	
伊拉克	25 273	416	89		25 778	246 070

（续）

国家或地区	压燃式内燃发电机组					点燃式内燃发电机组
	功率≤75kV·A	75kV·A<功率≤375kV·A	375kV·A<功率≤2 000kV·A	功率>2 000kV·A	小计	
日本						95 454
黎巴嫩	21 015				21 015	
马来西亚	6 179	780	329	20	7 308	
巴基斯坦	3 200			2	3 202	481 656
菲律宾	9 283	1 184	378	15	10 860	
沙特阿拉伯	5 527	333	318	2	6 180	
新加坡	4 322	931	311	11	5 575	
韩国			84		84	
泰国		788	265		1 053	55 318
土耳其	17 447	1 928	87		19 462	
阿拉伯联合酋长国	65 716	1 284	477		67 477	1 038 053
也门	17 848				17 848	154 855
越南		446	139		585	
哈萨克斯坦		44			44	
安哥拉	30 403	736	155		31 294	568 347
埃及						122 122
尼日利亚			56	6	62	1 408 602
南非	4 724				4 724	170 977
德国						123 245
荷兰						105 981
芬兰						69 749
俄罗斯联邦	17 086	1 862	175	4	19 127	220 187
阿根廷						118 851
巴西	21 682			4	21 686	
智利	9 769	612			10 381	
哥伦比亚	7 628	453			8 081	
墨西哥						54 765
委内瑞拉		499	269	3	771	
加拿大						99 757
美国	20 282	378			20 660	1 495 291
澳大利亚	5 916	1 188	284		7 388	92 443

科技成果及新产品 2012 年，内燃发电设备行业企业申请电站行业实用新型专利 136 项、发明专利 50 项、外观专利 127 项。内燃发电设备行业部分会员单位专利情况见表 10。2012 年内燃发电设备行业会员单位获奖情况见表 11。2012 年内燃发电设备行业会员单位新产品投入、产出情况见表 12。

表 10 内燃发电设备行业部分会员单位专利情况

单位名称	简述
安徽德科电气科技有限公司	2012 年获批专利 5 项
广东康菱动力科技有限公司	当前拥有授权专利 37 项，其中发明专利 5 项、实用新型专利 23 项、外观设计专利 9 项；受理专利 9 项，其中发明专利 7 项、实用新型 2 项

（续）

单位名称	简述
广州英格发电机股份有限公司	拥有专利71项，其中PCT国际专利3项、国家发明专利29项、实用新型专利34项、外观专利5项
上海科泰电源股份有限公司	获得8项发明专利、14项实用新型专利、3项外观专利，受理5项发明专利和1项实用新型专利
扬州飞鸿电材有限公司	2012年申请专利12项，授权6项
英泰集团有限公司	获批实用新型专利6项，外观专利16项
郑州金阳电气有限公司	2012年获批实用新型专利3项
郑州宇动新能源有限公司	2012年申请专利8项（其中实用新型专利6项、发明专利2项），获得授权专利6项，发明专利在公示期的2项
重庆鑫源农机股份有限公司	2010年以来申请专利140项，已授权发明专利2项、实用新型专利23项、外观专利114项
浙江幸福机电科技有限公司	2012年申报专利13项
江西清华泰豪三波电机有限公司	申报专利46项，受理46项，授权42项
广东西电动力科技股份有限公司	已经授权发明专利1项、实用新型专利13项、外观专利4项
深圳市赛瓦特动力科技股份有限公司	取得5项专利授权
河北华北柴油机有限责任公司	获得7项专利授权
福建唐力电力设备有限公司	获得6项实用新型专利、1项外观专利
山东华力机电有限公司	受理发明专利1项，获得外观设计专利4项、实用新型专利7项

表11　2012年内燃发电设备行业会员单位获奖情况

单位名称	简述
上海科泰电源股份有限公司	环保低噪声柴油发电机组、核安全级柴油发电机组、通信机站低噪声柴油发电机组和低噪声车载电站4个项目成为上海市高新技术成果转化项目。其中，3项获得上海市自由创新产品称号，2个产品进入上海市重点新产品项目
英泰集团有限公司	江苏省重大科技成果转化项目
郑州金阳电气有限公司	2012年获河南省科技进步奖三等奖1项
重庆鑫源农机股份有限公司	收割机4LZ-0.3获重庆工业设计银奖
江西清华泰豪三波电机有限公司	国家重点新产品1项（2kW永磁变频柴油发电机组），国家火炬计划1项（0.5kW便携式汽油发电机组），两化深度融合专项资金项目1项（移动电站智能化信息系统），国家重大科技成果转化项目1项（永磁逆变电源静音液冷成套技术），江西省技术发明奖1项（中频永磁发电机技术研究与应用），南昌市科技进步奖三等奖2项（75kW大功率诱饵电站和2-120GC出口型方舱电站），南昌市重点新产品补助计划项目1项（系列化拖车电站），南昌市军民融合科技创新计划1项（SB-ZW-75-6P高速中频发电机），江西省优秀新产品奖3项（SB-FWZ4-30、15驻车行驶取力发电机等），南昌市优秀新产品奖3项（2kW高空浮空器柴油发电机组等）
广东西电动力科技股份有限公司	“无人值守多油机组合式方舱通信电源电站”“电能质量自动监控柴油发电机组”分别获得2012年汕头市科学技术奖一等奖和三等奖

表12　2012年内燃发电设备行业会员单位新产品投入、产出情况

序号	单位名称	新产品产值		新产品开发经费支出	
		2012年（万元）	同比增长（%）	2012年（万元）	同比增长（%）
1	安徽德科电气科技有限公司	2 109		72	
2	福建唐力电力设备有限公司	7 000	40.00	1 300	44.44
3	广东康菱动力科技有限公司	25 414	-14.30	1 786	21.41
4	广东西电动力科技股份有限公司	52 166	16.59	1 500	79.01
5	广州市英格发电机股份有限公司	15 972	-16.99	252	-42.47
6	河北华北柴油有限责任公司	15 071	-15.16	2 120	-28.45

（续）

序号	单位名称	新产品产值		新产品开发经费支出	
		2012 年（万元）	同比增长（%）	2012 年（万元）	同比增长（%）
7	江西清华泰豪三波电机有限公司	20 821	40.87	884	-21.35
8	江西清华泰豪微电机有限公司	7 000	33.64	259	-18.36
9	山东斯坦福机电设备有限公司	2 367	44.86	57	111.11
10	上海科泰电源股份有限公司	1 100	10.00	1 685	23.81
11	无锡华友发电设备有限公司	1 560	-44.31		
12	扬州飞鸿电材有限公司			15	15.38
13	英泰集团有限公司	4 560	-75.11	3 585	25.35
14	郑州金阳电气有限公司	1 126	-30.45	466	-43.77
15	郑州宇动新能源有限公司	3 800	280.00	160	190.91
16	重庆鑫源农机股份有限公司	6 800	3.83	100	-71.59

基本建设及技术改造　2012 年，内燃发电设备行业企业积极扩大生产规模和生产能力，建立新产品生产基地，14 家会员企业全年完成基建及更新改造措施项目投资额 1.94 亿元。

安徽德科电气科技有限公司在合肥生产基地规划建设面积 13.2 万 m^2，第一期已建成 3.6 万 m^2 现代化厂房。南京沃尔奔达电力工程有限公司自 2008 年起投资 3 000 万元用于新厂房建设和技术改造，现已完成建设并投产。山东斯坦福机电设备有限公司 2012 年投资 520 万元的 4 480 m^2 厂房竣工。上海科泰电源股份有限公司募投项目“环保智能集成电站产业化项目”和“技术研发中心项目”总投资 2 亿元，预计 2013 年年底建成投产。扬州市华东动力机械有限公司搬进新厂区——江都仙城工业园。英泰集团有限公司新征地 13.3 万 m^2（200 亩），投入逾 2 200 万元新建新产品（江苏省重大科技成果转化项目）生产基地。郑州金阳电气有限公司新厂选址在郑州市国资工业园，位于郑州中原西路，占地面积 20.13 万 m^2（302 亩）。浙江幸福机电科技有限公司 1 号生产基地位于诸暨市次坞工业区，占地面积 3.3 万 m^2（50 亩）；2 号基地位于湖州经济技术开发区，占地面积 14.13 万 m^2（212 亩），正在建设中。广东西电动力科技股份有限公司 2012 年获准组建全数字型智能电源电站汕头市工程技术研究开发中心。

〔撰稿人：中国电器工业协会内燃发电设备分会王丰玉〕

大型风电设备

基本情况　2012 年，我国风电场装机容量增长速度继续减慢，新增风电机组（台湾省未计入）7 872 台，装机容量 1 296 万 kW，装机容量同比下降 26.49%。平均新增单机容量 1.65MW，比 2011 年增长 6.5%。2012 年国内所装机组的最大单机容量为 5MW。

截至 2012 年年底，我国（台湾省未计入）有 31 个省（直辖市）、自治区和特别行政区参加了风电场建设，累计安装并网型风电机组 53 764 台，累计装机容量约 7 531.4 万 kW，累计装机容量同比增长 20.84%。截至 2012 年年底，我国风电累计装机容量（台湾省未计入）超 100 万 kW 的省份有 14 个，其中超 500 万 kW 的省份 5 个，分别为内蒙古（1 862.38 万 kW）、河北（797.88 万 kW）、甘肃（647.9 万 kW）、辽宁（611.83 万 kW）、山东（569.1 万 kW）。其中，风力资源丰富的内蒙古自治区建成了辉腾锡勒、辉腾梁、巴音郭勒和赤峰等多处大型风力发电场，成为唯一超 1 000 万 kW 的风电装机大省，占全国风电总装机容量的 24.72%。与此同时，国电集团所属风电场在 2012 年新增并网容量达到 318 万 kW，累计并网容量接近 1 300 万 kW。这些数字都说明，我国风电产业经过多年技术进步后，已经跨过连续快速发展的阶段，正在步入稳定、成熟的发展阶段。

截至 2012 年年底，我国已有 30 多家大型风电机组整机制造企业向国内外风电市场提供合格的大型风电机组整机。根据企业的产品产业化集成程度，大致可分为以下三种类型：

第一类：产业化落实程度非常好，具备大批量生产能力，新增市场份额大。这类风电机组制造企业有 6 家：新疆金风科技股份有限公司（以下简称金风科技，2012 年装机 252.15 万 kW）、国电联合动力技术有限公司（以下简称联合动力，2012 年装机 202.9 万 kW）、华锐风电科技有限公司（以下简称华锐风电，2012 年装机 120.3 万 kW）、广东明阳风电技术有限公司（以下简称广东明阳，2012 年装机 113.35 万 kW）、湖南湘电风能有限公司（以下简称湘电风能，2012 年装机 89.3 万 kW）、上海电气风电设备有限公司（以下简称上海电气，2012 年装机 82.20 万 kW）。这 6 家企业 2012 年新增装机容量均超过 80 万 kW，新增装机容量市场份额均超过 5%。

第二类：产业化落实程度很好，具备大批量生产能力，新增市场份额较大。这类风电机组制造企业有10家：远景能源（2012年装机54.4万kW）、Gamesa公司（2012年装机49.32万kW）、东方汽轮机有限公司（以下简称东方汽轮机，2012年装机46.65万kW）、Vestas公司（2012年装机41.44万kW）、重庆海装风电设备有限公司（以下简称重庆海装，2012年装机39.95万kW）、株洲南车时代风电公司（2012年装机38.58万kW）、浙江运达风力发电工程有限公司（2012年装机36.45万kW）、三一电气有限责任公司（以下简称三一电气，2012年装机27.5万kW）、沈阳华创风能有限公司（2012年装机26.31万kW）、许继风电科技有限公司（2012年装机17.2万kW）。这10家企业2012年新增装机容量均超过15万kW，新增装机容量市场份额均超过1%。

第三类：产业化集成已经完成，产业化落实程度较好，具备批量生产能力而且有一定新增市场份额。这类风电机组制造企业有14家：浙江华仪风电有限公司（2012年装机11.4万kW）、中科天道新能源有限公司（2012年装机7.8万kW）、美国GE风能有限公司（2012年装机6万kW）、银河风力发电有限公司（2012年装机5.75万kW）、西门子风能公司、德国Nordex公司、宁夏银星能源股份有限公司、北京京城新能源有限公司、山东长星集团、潍坊瑞奇能风电公司等。

此外，还有50多家企业开发了兆瓦级风电机组产品或样机，尚未进入国内外市场。

随着国内风电市场需求的扩大，风力发电机关键部件配套生产企业有了较快的发展，风电设备制造和配套部件专业化产业链正逐步形成。

叶片制造企业国内现有60多家，已经批量生产的企业有：中材科技股份有限公司（以下简称中材科技）、中航（保定）惠腾风电设备有限公司（以下简称保定惠腾）、连云港中复连众复合材料集团有限公司（以下简称中复连众）、艾尔姆玻璃纤维制品（天津）有限公司、中能风电设备有限公司、上海玻璃钢研究院、北京玻璃钢研究院等企业。此外，广东明阳、东方汽轮机、联合动力、Vestas 、Gamesa等风电机组整机制造商自建叶片生产厂，满足企业需求。当前，国产风电机组叶片已经能够满足国内风电产业发展的需要。具备多兆瓦级叶片生产制造能力的企业达到5家，中复连众生产的为5MW机组配套的62m叶片，达到国际先进水平。

发电机制造企业有：永济电机厂有限公司、南车株洲电机有限公司、东方电机股份有限公司、兰州电机有限责任公司、上海电机厂有限公司、湘潭电机有限公司、南京汽轮机长风新能源有限公司、大连天元电机股份有限公司等。此外，北京北重汽轮电机有限责任公司、江苏新誉重工科技有限公司、中国航天万源国际（集团）有限公司（以下简称航天万源）、三一电气、Vestas、Gamesa、Suzlon等风电机组整机制造商自建发电机生产厂，满足企业需求。当前，国产风电机组发电机基本能够满足国内风电产业发展的需要。

齿轮箱制造企业有：南京高精齿轮股份有限公司、大连重工通用减速机厂、重庆齿轮箱有限责任公司、Winergy（天津）有限公司、中国第二重型机械集团公司（德阳）、杭州前进风电齿轮箱有限公司等，已能批量生产兆瓦级齿轮箱，基本能满足国内风电产业发展的需要。但由于某些大型齿轮箱对轴承质量要求很高，当前国内暂时无法提供合格的产品，这类齿轮箱产能受国外轴承供应的影响较大。另外齿轮箱制造工艺、质量和产能的提高，需要一些高精设备来保证，这些设备订购周期将对产能产生一定影响。

风电机组轴承的制造企业有：洛阳轴承集团技术中心有限公司、瓦房店轴承集团有限责任公司、浙江天马轴承厂和徐州罗特艾德回转支承有限公司等。这些企业已批量生产1.5MW和2MW风电机组主轴轴承，产品正处于批量应用阶段。当前，我国部分风电机组制造公司还在采购国外SKF和FAG公司的产品。在偏航、变桨轴承供应商中，除了上述厂家以外，还增加了大连冶金轴承、洛阳心能轴承、洛阳汇工、浙江人本、洛阳心强联轴承、上海联合滚动轴承和连云港雷德曼等厂商。当前，我国风电机组轴承短缺的情况已经得到缓解，但是，对于2MW以上的风电机组来说，轴承仍是制约机组产能的因素之一。

变流器和整机控制系统的制造企业有：深圳市禾望电气有限公司、北京科诺伟业能源科技有限公司、合肥阳光电源有限公司、北京清能华福风电技术有限公司、天津瑞能电气有限公司、金风科技下属的北京天诚同创电气有限公司、景新电气、国电龙源电气（保定）、大全集团、九洲电气、东方日立（成都）电控设备有限公司、上海海得控制系统股份有限公司等十多家企业。当前国产1.5MW变流器已经批量生产，2MW变流器处于小批量生产或试应用阶段，已能满足部分国内风电整机配套的需要，但国内市场上需求的大部分变流器和整机控制系统仍需从外资公司购买，其中ABB、AMSC-Windtec（美国超导）、Converteam（科孚德）等公司是最主要的变流器供应商。

我国塔筒、轮毂、机舱等部件的制造企业超100家，如上海泰胜风能装备股份有限公司、天顺风能（苏州）股份有限公司、辽宁大金重工股份有限公司等完全能够满足国内风电产业发展的需要。

市场及销售　2012年国产机组的累计装机容量市场占有率达到86.1%，远远超过外资企业。其中，金风科技的份额最大，占全国累计装机容量的20.2%；华锐风电第二，占全国累计装机容量的18.8%。外资企业产品占国内累计市场份额的14%，各企业产品所占份额均略有下降。

2012年国产机组新增装机容量的市场占有率达到92.5%。其中，金风科技的份额最大，占全国新增装机容量的19.5%；联合动力第二，占新增装机容量的15.7%。

风电机组产业仍然很集中，累计装机容量前十名制造商的容量比例之和已经达到83.2%，新增装机容量前十名制造商的容量比例之和已经达到81.2%。截至2012年年底，累计装机容量排名前五位的分别为金风科技、华锐风电、东方汽轮机、联合动力和广东明阳，其中华锐风电、东方汽轮机的累计装机份额有所下降，而联合动力、广东明阳的市场份额有所上升，金风科技则基本保持原有的市场份额。

2012 年，新增风电装机容量排名前五位的分别为金风科技、联合动力、华锐风电、广东明阳和湘电风能，装机容量分别为 2 521.5MW、2 029MW、1 203MW、1 133.5MW 和 893MW。年新增装机容量超 500MW 的企业达到 7 家，市场排名前 15 位的企业新增装机容量均超 250MW。外资企业（除 Gamesa 外）新增装机容量市场占有率进一步下滑；内资企业中，华锐风电、东方汽轮机和华创风能的市场占有率明显下滑，湘电风能、上海电气、远景能源、广东明阳、三一电气的市场占有率均有明显上升，联合动力、金风科技的市场占有率有微幅下降，重庆海装、浙江运达、南车时代和许继风电的市场占有率则有微幅上升。

2012 年我国风电装机容量前 20 名风电机组制造商见表 1。

表 1　2012 年我国风电装机容量前 20 名风电机组制造商

序号	制造商名称	累计装机容量（MW）	占当年累计装机容量比例（%）	所占比例增长（百分点）	制造商名称	新增装机容量（MW）	占全国新增装机容量比例（%）	所占比例增长（百分点）
	合　计	75 314.2	100.0		合　计	12 960.0	100.0	
1	金风科技	15 200.4	20.2	-0.1	金风科技	2 521.5	19.5	-0.9
2	华锐风电	14 180.0	18.8	-2.0	联合动力	2 029.0	15.7	-0.4
3	东方汽轮机	7 354.5	9.8	-1.3	华锐风电	1 203.0	9.3	-7.4
4	联合动力	7 311.0	9.7	1.2	广东明阳	1 133.5	8.7	2.0
5	广东明阳	4 256.5	5.7	0.7	湘电风能	893.0	6.9	2.9
6	Vestas	3 979.9	5.3	-0.4	上海电气	822.0	6.3	2.3
7	Gamesa	3 279.1	4.4	-0.1	远景能源	544.0	4.2	2.2
8	湘电风能	2 694.5	3.6	0.7	Gamesa	493.2	3.8	1.7
9	上海电气	2 603.5	3.5	0.6	东方汽轮机	466.5	3.6	-1.8
10	GE	1 635.5	2.2	-0.3	Vestas	414.4	3.2	-0.6
11	华创风能	1 571.1	2.1	0	重庆海装	399.5	3.1	0.9
12	浙江运达	1 462.5	1.9	0.1	南车时代	385.8	3.0	0.4
13	南车时代	1 302.3	1.7	0.2	浙江运达	364.5	2.8	0.7
14	远景能源	1 292.5	1.7	0.5	三一电气	275.0	2.1	1.1
15	重庆海装	1 274.8	1.7	0.3	华创风能	263.1	2.0	-1.5
16	Suzlon	901.3	1.2	-0.2	许继风电	172.0	1.3	0.4
17	三一电气	598.0	0.8		浙江华仪	114.0	0.9	
18	Nordex	574.2	0.8	-0.1	中科天道	78.0	0.6	
19	浙江华仪	560.1	0.7	0	GE	60.0	0.5	-1.2
20	宁夏银星	505.0	0.7	-0.1	银河风电	57.5	0.4	
	其他	2 777.5	3.5	0	其他	270.5	2.1	0.6

注：根据中国可再生能源学会风能专业委员会资料整理，按 2012 年装机容量数据排序。

我国风电新增装机容量已经连续两年下降，从 2011 年开始我国风电产业进入稳定发展期和慢速增长期。以高质量的设备和高质量的服务取胜，精心开发大型海上风电机组，努力开拓国际市场，从风电制造大国向风电强国转变是风电产业界今后 5 年的主要任务。

出口情况　国内风电机组已分别出口智利、美国、印度、英国、泰国、古巴、巴西、白俄罗斯、哈萨克斯坦、保加利亚、澳大利亚、西班牙、意大利、埃塞俄比亚、厄瓜多尔、瑞典等国家。美国、南非和澳大利亚是增长潜力巨大、相关配套较为成熟的国际风电市场。在国产风电设备的价格优势逐渐削弱、技术和质量仍亟须提高的情况下，东南亚、南非、东欧等地区的风电市场可能更适合中国企业发展，一些整机制造商已经在此类市场获得订单。

2008—2012 年，先后有保定惠德、浙江华仪、金风科技、上海电气、华锐风电、江苏新誉、联合动力、三一电气等十多家企业出口风电机组整机设备，累计出口风电机组 412 台，共 707.65MW。2012 年，我国整机出口数量大幅度增长，达到 225 台，容量达 430.45MW。其中，华锐风电出口数量最多，达到 93 台，容量 177MW；金风科技第二，出口 54 台，容量 87.25MW。

2012 年我国风电机组出口情况见表 2。

表2 2012年我国风电机组出口情况

企业名称	型号/功率	出口容量(MW)	出口量(台)	出口国家(地区)
合计		430.45	225	
华锐风电科技(集团)股份有限公司	1.5MW	54.0	36	土耳其
	1.5MW	52.5	9	意大利
	3MW	52.5	13	意大利
	3MW	36.0	12	西班牙
	1.5MW	34.5	23	巴西
新疆金风科技股份有限公司	GW1500	43.0	22	美国
	GW2500	43.0	4	美国
	GW1500(50Hz)	19.5	13	澳大利亚
	GW1500(60Hz)	16.5	11	厄瓜多尔
	GW2500(60Hz)	7.5	3	泰国
	750kW	0.75	1	乌兹别克斯坦
沈阳华创风能有限公司		61.2	17	美国
三一电气有限责任公司	2MW	50.0	25	美国
广东明阳风电技术有限公司	1.5MW	49.5	33	保加利亚
湖南湘电风能有限公司	2MW	4.0	2	伊朗
浙江运达风力发电工程有限公司	1.5MW	1.5	1	伊朗

国内市场需求 截至2012年年底，我国已有20多家大型企业积极参与千万千瓦级风电基地建设和其他风电场开发工作，许多中小企业也投入到中小型风电场的建设中。当前，我国风电开发商主要有五种类型。

(1)中央电力集团。它们是国电、大唐、华能、华电和中电投，2012年分别占我国风电累计装机容量和新增装机容量的57.3%和58.6%。

(2)中央所属的能源企业。国华集团、中海油、中广核、三峡总公司和中节能等都属于这类企业，2012年分别占我国风电累计装机容量和新增装机容量的12%和13%以上。

(3)省市自治区所属的电力或能源企业。京能、河北建设、宁夏发电集团、鲁能、福建投资和粤电等都属于这类企业。这类企业数量多，在地方拥有一定的资源，在各地风电场开发中，业绩显著。2012年在我国风电累计装机容量和新增装机容量市场中，约占13%左右的市场份额。

(4)港资和民营企业。中国风电、香港建设新能源和天润投资等，约占3%以上的市场份额。

(5)外资企业。汉能、宏腾能源等，市场份额很少，约占1%左右。

相对前三类开发企业，后两类企业进行的风电场项目较少，规模也不大。

根据国家风电信息管理中心2013年3月公布的统计报告，截至2012年年底，全国(未计入港、澳、台地区)共建有1 445个风电场，风电累计并网容量6 266万kW，约占全国电源装机总量的5.5%。2012年，全国新增风电并网容量1 483万kW，内蒙古、河北新增风电装机超过200万kW。2012年我国风电并网容量前十名风电场投资开发商见表3。

表3 2012年我国风电并网容量前十名风电场投资开发商

序号	开发商	新增并网容量(MW)	市场份额(%)	开发商	累计并网容量(MW)	市场份额(%)
	总计	14 828.6	100.00	总计	62 664.5	100.00
1	国电集团	3 185.4	21.48	国电集团	12 998.3	20.74
2	大唐集团	1 966.1	13.26	华能集团	8 341.2	13.31
3	华能集团	1 760.2	11.87	大唐集团	7 709.1	12.30
4	华电集团	1 174.5	7.92	华电集团	4 011.6	6.40
5	国华电力	793.2	5.35	国华电力	3 146.2	5.02
6	中广核	757.4	5.11	中广核	2 958.1	4.72
7	华润	650.9	4.39	中电投集团	2 730.2	4.36
8	中电投集团	605.7	4.08	华润电力	2 033.7	3.25
9	京能	492.8	3.32	京能集团	1 696.8	2.71
10	三峡新能源	331.0	2.23	三峡新能源	1 278.3	2.04
	其他	3 111.4	20.98	其他	15 761.3	25.15

注：根据国家风电信息管理中心2013年3月提供的报告整理。

当前，我国风电场主要集中在华北、西北、东北和华东地区，海上风电还处于起步和探索阶段，其运行环境复杂，技术要求高，施工难度大，面临众多的技术和管理难题。今后，我国沿海地区风电场和海上风电场的装机容量将逐步增加。

2012年，我国海上风电场新增装机46台，新增机组容量127MW，其中潮间带风电场装机容量113 MW，占2012年我国海上风电场新增装机容量的89%。

截至2012年年底，我国已安装海上风电机组389.6MW。其中，安装在潮间带风电场的风电机组容量达到261.5MW，占2012年底中国海上风电场累计装机容量的67%；安装在近海风电场的风电机组容量128.1MW，占2012年我国海上风电场累计装机容量的33%。

已经建成的最大海上风电项目是上海东海大桥海上风电场一期工程(102MW)，其余为各主要风电机组制造厂家在江苏省海上风电项目中安装的风电机组样机。

为我国海上风电场提供风电机组的主要供应商是华锐风电、金风科技和西门子公司，其中华锐风电和西门子公司提供的风电机组主要供应近海风电场，而金风科技提供的直驱永磁风电机组主要安装在江苏省的潮间带风电场。

2012年我国新增海上风电机组情况见表4。截至2012年年底我国海上风电机组供应商累计装机情况见表5。

表4　2012年我国新增海上风电机组情况

省份	项 目 名 称	风电场开发商	风电机组供应商	安装数量(台)	装机容量(MW)
总 计				46	127
山 东	滨海海上风电项目一期	国电集团	联合动力	1	3
	潍坊实验风电场			1	6
福建	福清海上风电项目	福建投资	湘电风能	1	5
江苏	龙源如东潮间带项目	龙源集团	重庆海装	2	10
	龙源如东15万kW海上(潮间带)示范风电场		金风科技	20	50
	龙源如东15万kW海上(潮间带)示范风电场增容			20	50
	江苏响水潮间带2×3MW试验风电场项目	长江新能源		1	3

表5　截至2012年年底我国海上风电机组供应商累计装机情况

序号	供应商	装机数量(台)	累计装机容量(MW)	累计装机容量占比(%)
	总 计	144	389.6	100.0
1	华锐风电	56	170.0	43.6
2	金风科技	44	109.5	28.1
3	西门子	21	50.0	12.8
4	重庆海装	4	14.0	3.6
5	上海电气	6	13.6	3.5
6	联合动力	4	12.0	3.1
7	湘电风能	2	7.5	1.9
8	明阳风电	3	6.0	1.6
9	三一电气	2	4.0	1.0
10	远景能源	2	3.0	0.8

风电机组制造技术发展特点

1.水平轴风电机组技术仍然是主流

水平轴风电机组技术因其风能转换效率高、转轴较短的特性，在大型风电机组上更显出经济性等优点，使水平轴风电机组仍然是国内大型风电机组的主流机型。近期发展的大型垂直轴风电机组因转轴过长、风能转换效率不高，起动、停机和变桨困难等问题，尚无市场份额，样机安装数量有限。但其具有全风向对风、变速装置及发电机可以置于风轮下方或地面等优点，近年来，相关研究和开发也在不断进行并取得一定进展。

2.风电机组单机容量持续增大

随着单机容量不断增大和利用效率的提高，1.5～2.5MW已是2012年国内主流机型，新安装机组的平均单机容量已经达到1.65MW，最大风电机组为5MW。

海上风电场的开发进一步加快了大容量风电机组的发展，我国华锐风电的3MW海上风电机组已经在上海东海大桥海上风电场成功投入运行。3.6MW、5MW和6MW海上风电机组已经陆续下线。当前，华锐风电、金风科技、联合动力、湘电风能、重庆海装、东方汽轮机和广东明阳等公司都在研制和试验5MW或6MW的大容量海上风电机组，为大规模开发海上风电做好准备。

3.变桨变速功率调节技术得到广泛采用

变桨距功率调节方式具有载荷控制平稳、安全和高效等优点，近年来在大型风电机组上得到了广泛应用。结合变桨距技术的应用以及电力电子技术的发展，大多风电机组开发制造厂商开始使用变速恒频技术，并开发出变桨变速风电机组。2010年，全国安装的风电机组全部采用变桨变速方式。2MW以上的风电机组大多采用三个独立的电控调桨机构，通过三组变速电机和减速箱对桨叶分别进行闭环控制。

4.双馈异步发电技术仍占主导地位

外资企业丹麦Vestas公司、西班牙Gamesa公司、美国GE风能公司、印度Suzlon公司以及远景能源公司等都在生产双馈异步发电型变速风电机组。

我国的华锐风电、东方汽轮机、联合动力、广东明阳等企业也在生产双馈异步发电型变速风电机组。华锐风电研发的3MW双馈异步发电型变速恒频风电机组已经批量投入运行,6 MW双馈异步发电型变速恒频风电机组已经试运行;联合动力的6 MW双馈异步发电型变速恒频风电机组已经下线。

5.直驱式、全功率变流技术迅速发展

无齿轮箱的直驱方式能有效地减少齿轮箱问题造成的机组故障,可有效提高系统的运行可靠性和寿命,降低维护成本。金风科技与德国Vensys公司合作研制的1.5MW直驱式风电机组,已在风电场安装上千台。2012年新增的大型风电机组中,永磁直驱式风电机组约占26.4%。

6.各种全功率变流风电机组得到应用

伴随着直驱永磁式风电机组的增多以及高速齿轮箱配高速永磁风电机组的出现,全功率变流技术得到了广泛的发展和应用。全功率变流的并网技术,使风轮和发电机的调速范围扩展到0~150%的额定转速,全功率变流技术在满足机组的低电压穿越功能方面提供了很好且简单的解决方案,扩大了机组的风能利用范围。近年来,随着全功率变流技术的成熟,部分企业选择了同步电机或笼型电机搭配齿轮箱和全功率变流器的传动链形式,主要分为两类,一类是在1 000kW以下的机组中,采用了电励磁同步电机搭配全功率变流器的形式,如重庆海装、长星风电和久和能源科技有限公司的850kW机组,航天万源的900kW的机组;另外一类为永磁同步电机或笼型电机搭配齿轮箱和全功率变流器,主要应用在2.5MW及以上机型中。很多企业选择了永磁同步电机或笼型电机搭配齿轮箱和全功率变流器的传动链形式,比如金风科技的3MW机组、广东明阳的3MW超紧凑机组和南车时代的2.5MW机组, Vestas的V112、西门子的SWT-3.6-120和Gamesa的G10X-4.5等机组。

7.低风速地区风电设备研发取得进展

针对我国大多数地区处于低风速区的实际情况,国内企业通过技术创新,研发出针对性的风电机组产品及解决方案,最明显的特征为风轮叶片更长、塔架更高,捕获的风能资源更多。国内生产1.5MW机组的30余家企业中,已有10多家具备了供应风轮直径86m以上机型的能力。

8.大型风电机组关键部件的性能日益提高

我国风电设备的产业链已经形成,在某些基础结构件、铸锻件等领域已经具有优势,不仅能满足国内市场需求,而且已经向国际市场供货。我国在大型风电机组关键部件方面也取得了明显的进步。

9.叶片技术发展趋势

随着风电机组尺寸的增大,叶片变得更长,为此,设计时通过增加叶片的刚度避免叶片的尖部不与塔架相碰。为了减小重力作用、保持频率,需要减小叶片的重量,在长度大于50m的叶片上将广泛使用强化碳纤维材料。好的疲劳特性和好的减振结构有助于保证叶片的工作寿命。

将开发叶片状况检测设备并安装在风电机组上,以便检测出叶片结构中的裂纹,避免产生致命损坏。该检测设备不久将成为陆上风电机组的必备品。

为了方便兆瓦级叶片的道路运输,某些公司已经着手研究把叶片制作成两段的技术。如,使叶片由内、外两段组成,靠近叶根的内段由钢制造,外包玻璃钢壳体形成气动形状表面。

10.风电场建设和运营的技术水平日益提高

随着投资者对风电场建设前期的评估和建成后运行质量的要求越来越高,国外已经针对风资源的测试与评估开发出许多先进测试设备和评估软件。在风电场选址方面已经开发出商业化的应用软件,在风电机组布局及电力输配电系统的设计上也开发出了成熟软件。国外还对风电机组和风电场的短期及长期发电量预测开展了很多研究,预测精确度可达90%以上。

11.恶劣气候环境下的风电机组可靠性得到重视

我国北方有沙尘暴、低温、冰雪、雷暴,东南沿海有台风、盐雾,西南地区高海拔,这些恶劣的气候环境已对风电机组造成很大的影响,如增加维护工作量,减少发电量,严重时还导致风电机组损坏。因此,2012年以来我国的风电机组研发单位着手进行防风沙、抗低温、防雷击、抗台风、防盐雾等研究,确保风电机组在恶劣气候条件下能可靠运行,提高发电量。

12.低电压穿越技术得到应用

随着风力发电装机容量的不断增大,我国的电网系统运行导则对风电机组的低电压穿越(LVRT)能力做出了规定。在电网电压跌落情况下,风电机组必须采取应对措施,确保风电系统安全运行并实现LVRT功能。当前,我国已有十多家企业的风电机组产品具备了低电压穿越性能,十多种机组通过了中国电力科学院的低电压穿越性能试验。

13.海上风电技术成为重要发展方向

随着海上风电场规划规模的不断扩大,我国各主要风电机组整机制造厂都积极投入大功率海上风电机组的研制工作。华锐风电率先推出3MW海上风电机组,并在上海东海大桥海上风电场批量投入并网运行;6MW海上风电机组已于2011年10月在江苏射阳县临港产业区完成首台机组的吊装。金风科技研制的6MW直驱式海上风电机组已经下线。湘电风能收购了荷兰达尔文公司,合作研发的5MW海上直驱永磁风电机组已经投入试运行。重庆海装成立了海上风力发电工程技术研发中心,形成了全套产业链,完成了5 MW海上风电机组的研发。联合动力研制的6MW海上风电机组已经安装试运行。广东明阳、上海电气、东方汽轮机、南车株洲电力、浙江华仪等都在全力研制大型海上风电机组。

世界风电市场 2008—2012年,世界风电累计装机容量年平均增长率为24.9%,新增装机容量年平均增长率为17.8%,风电发展速度趋于缓慢,但仍然保持世界增长最快能源的地位。根据丹麦BTM咨询公司报告,2012年世界新增风电装机容量4 495.1万kW,产值总额达到577亿欧元

(2011 年为 522 亿欧元)。截至 2012 年年底,全世界风电累计装机容量 285 761MW,同比增长 18.6%。

1.市场发展

2012 年,世界上已有 83 个国家在积极开发和应用风能资源。从累计装机容量上看,欧洲仍然是风力发电市场的领导者。截至 2012 年年底,其累计装机容量 110 196MW,占世界风电装机总量的 38.56%;亚洲累计装机容量 94 687MW,占世界风电装机总量的 33.15%;美洲累计装机容量 72 382MW,占世界风电装机总量的 25.33%。但是,在新增装机容量方面,欧洲已经失去了其多年的领先地位,仅占 28.5%,美国和中国仍是推动世界风电产业的力量。

2012 年世界新增装机容量前十大市场合计新增装机 38 113MW,占世界新增装机容量的 84.9%(2011 年为 86.2%),美国、中国、德国、印度和英国 5 国占世界新增装机容量的 73%(2011 年为 74%),产业集中度略有下降。我国在连续四年位居世界新增装机容量首席地位后,2012 年名列第二。

2012 年世界累计装机容量前十大市场合计装机 243 393MW,占世界累计装机容量的 85.2%,中国、美国、德国、西班牙和印度 5 国占累计装机容量的 73%,我国继续名列榜首。

2012 年世界装机容量十大市场见表 6。

表 6　2012 年世界装机容量十大市场

序号	国家	新增装机容量(MW)	占世界新增装机容量的份额(%)	国家	累计装机容量(MW)	占世界累计装机容量的份额(%)
1	美国	13 124	29.2	中国	75 372	26.4
2	中国	12 960	28.8	美国	60 208	21.1
3	德国	2 415	5.4	德国	31 467	11.0
4	印度	2 336	5.2	西班牙	22 462	7.9
5	英国	1 958	4.4	印度	18 602	6.5
6	意大利	1 272	2.8	英国	9 113	3.2
7	西班牙	1 112	2.5	意大利	7 998	2.8
8	巴西	1 077	2.4	法国	7 593	2.7
9	加拿大	936	2.1	加拿大	6 214	2.2
10	罗马尼亚	923	2.1	葡萄牙	4 363	1.5

注:根据 BTM 咨询公司 2013 年 3 月统计资料整理。

2.海上风电市场

截至 2012 年年底,世界海上风电机组并网总容量 511 万 kW。2012 年,世界海上风电新增装机容量 113.1 万 kW,比 2011 年增长 140%,占世界风电新增装机的 2.52%。海上风电场的建设主要集中在欧洲的英国、德国、丹麦、荷兰、瑞典、爱尔兰和比利时等国家,中国成功建设了上海东海大桥海上风电场和江苏潮间带风电场,美国也开始筹建本国第一个海上风电场。英国在 2012 年海上新增装机 75.6 万 kW,占世界海上风电新增容量的 66.8%,继续保持世界领跑者地位;德国近两年采用 5MW 和 6MW 大型风电机组建设海上风电场。这些海上风电场 60%都在浅海区。

2012 年,3.6~6MW 海上风电机组的技术已经成熟并达到批量生产的阶段。随着海上风电的迅速发展,单机容量为 5~6MW 的风电机组已经进入商业化运营。投入运行的最大机组是由 Repower 和阿尔斯通提供的 6MW 风电机组。美国 7MW 风电机组已经研制成功,正在研制 10MW 机组;英国也正在设计 10MW 机组,挪威正在研制 14MW 机组,欧盟正在考虑研制 20MW 的风电机组,世界各主要风电机组制造厂商都在为未来更大规模的海上风电场建设做前期开发。2012 年年底,世界在建的海上风电场共有 4 815.6MW,其中计划在 2013 年完工的海上风电场容量为 3 263MW。

发展近海风电场的主要国家是英国、丹麦、比利时、中国和德国,2012 年年底其累计装机容量分别占世界海上总装机容量的 56%、16.3%、7.4%、6.3%和 5.4%。

2012 年近海风电场装机容量见表 7。

表 7　2012 年近海风电场装机容量

国家	新增装机容量(MW)	累计装机容量(MW)
合　计	1 130.5	5 110.7
比利时	184.5	379.5
中国	110	319.9
丹麦	0	832.9
德国	80	278.0
爱尔兰	0	25.0
荷兰	0	246.8
挪威	0	2.3
葡萄牙	0	2.0
瑞典	0	163.3
英国	756	2 861.0

注:根据 BTM 咨询公司 2013 年 3 月统计资料整理。

3.世界风电设备供应商

2012年世界十大供应商提供了3 337万kW的机组，产业集中度略有下降。2012年，GE风能取代Vestas公司成为世界前十大供应商的第一名，金风科技、联合动力、华锐风电和广东明阳进入前十名，分别列为第七、第八、第九和第十名。

截至2012年年底，世界十大供应商累计提供2.36亿kW的机组，产业集中度有所下降。金风科技、华锐风电、联合动力和广东明阳进入前十名，分别列为第七、第八、第九和第十名。

2012年世界十大风电设备供应商见表8。

表8　2012年世界十大风电设备供应商

序号	制造商	国家	新增装机容量（MW）	制造商	国家	累计装机容量（MW）
1	GE	美国	6 696	维斯塔斯	丹麦	56 780
2	维斯塔斯	丹麦	6 020	GE	美国	37 108
3	西门子	德国	4 114	安耐康	德国	29 370
4	安耐康	德国	3 538	歌美飒	西班牙	27 745
5	苏司兰集团	印度	3 177	苏司兰集团	印度	23 852
6	歌美飒	西班牙	2 625	西门子	德国	20 192
7	金风科技	中国	2 609	金风科技	中国	15 452
8	联合动力	中国	2 029	华锐风电	中国	14 369
9	华锐风电	中国	1 380	联合动力	中国	7 323
10	广东明阳	中国	1 183	广东明阳	中国	4 159

注：根据BTM咨询公司2013年3月统计资料整理。

4.风电设备产品发展

当前，国外风电市场的主力机型是1.5～3.6MW，2012年全世界新装机组的单机平均功率为1.85MW。2012年全世界功率1.5MW以上的风电机组当年装机容量占总装机容量的96.3%，其中功率2.5MW以上的风电机组当年装机容量占总装机容量的12.8%，而2010年这一比例只有8.4%。单机容量逐步增大已成为国际风电市场发展的必然趋势。2012年各功率等级风电机组的市场份额见表9。

表9　2012年各功率等级风电机组的市场份额

产品类别	比例（%）	产品类别	比例（%）
小型风电机组<750kW	0.1	主流型风电机组1 500～2 500kW	83.5
1MW级风电机组750～1 499kW	3.5	多兆瓦级风电机组>2 500kW	12.8

注：根据BTM咨询公司2013年3月统计资料整理。

2012年，直驱式风电机组品种比2011年有所增多，生产直驱式风电机组的厂家数量也有增加。直驱式风电机组占世界已安装风电机组的19.5%。但是传统的双馈感应发电机组仍为主流机型。2012年可选购的兆瓦级商品化风电机组见表10。

表10　2012年可选购的兆瓦级商品化风电机组

名称/型号	单机容量（kW）	风轮直径（m）	控制机构	备注
Acciona AW -1500	1 500	70/77/82	变桨距（V）	6极双馈发电机
Acciona AW 3000	3 000	100/109/116	变桨距（V）	6极双馈发电机
Alstom Wind 1.67MW	1 670	80/85.5	变桨距（V）	
Alstom Wind 3.0MW	3 000	100/110	变桨距（V）	
Alstom Wind 2.7MW	2 700	122	变桨距（V）	
Alstom Halide 150	6 000	150	变桨距（V）	直驱永磁海上风电机组
Areva Wind M5000	5 000	116/135	变桨距（V）	Multibrid概念/海上应用
Bard 5.0	5 000	122	变桨距（V）	双馈异步风电机，海上应用

（续）

名称/型号	单机容量（kW）	风轮直径（m）	控制机构	备注
CCWE-1500DF	1 500	70/77/82	变桨距(V)	双馈
CCWE-1500D	1 500	78/82	变桨距(V)	永磁直驱
CCWE-3000/100DF	3 000	100	变桨距(V)	双馈机组 陆上/海上应用
Clipper Liberty 2.5MW	2 500	89/93/96/100	变桨距(V)	同步永磁发电机
CSIC 重庆海装 2.0MW	2 000	82/87/93/100	变桨距(V)	双馈机组
CSIC 重庆海装 5.0MW	5 000	154	变桨距(V)	海上风电机组
CSR 南车 1500	1 500	82/88	变桨距(V)	高原型
CSR 南车 1650	1 650	82/88	变桨距(V)	
CSR 南车 2500	2 500	105	变桨距(V)	高速永磁发电机
Dongfang, DEC,1.5 MW	1 500	70/77/82/89	变桨距(V)	IGBT 逆变器
Dongfang, DEC,2.0 MW	2 000	87/93/103/108	变桨距(V)	IGBT 逆变器
Dongfang, DEC,2.5 MW	2 500	90/100	变桨距(V)	6 极,双馈发电机
Dongfang, DEC,3 MW	3 000	100/115	变桨距(V)	双馈发电机
Enercon E70, 2.3 MW	2 300	71	变桨距(V)	直驱,环型发电机
Enercon E82, 2.0 MW	2 000	82	变桨距(V)	直驱,环型发电机
Enercon E82, 2.3 MW	2 300	82	变桨距(V)	直驱,环型发电机
Enercon E82, E3-3.0 MW	3 000	82	变桨距(V)	直驱,环型发电机
Enercon E82,E4- 3.0 MW	3 000	82	变桨距(V)	直驱,环型发电机
Enercon E92- 2.35 MW	2 350	92	变桨距(V)	直驱,环型发电机
Enercon E101, 3.05 MW	3 050	101	变桨距(V)	直驱,环型发电机
Enercon E115-2.5 MW	2 500	115	变桨距(V)	直驱,环型发电机
Enercon E126,7.58MW	7 580	127	变桨距(V)	直驱,环型发电机
Envision E77	1 500	77.5	变桨距(V)	双馈
Envision E70	1 500	70.6	变桨距(V)	双馈
Envision E82	1 500	82.2	变桨距(V)	双馈
Envision E87	1 500	87	变桨距(V)	双馈
Envision E92	1 500	93	变桨距(V)	双馈
Envision E90	2 300	90	变桨距(V)	双馈
Envision E100/103	2 300	100/103	变桨距(V)	双馈
Envision E128	3 600	128	局部变桨距	直驱、双叶片
Fuhrlander FL MD70/77	1 500	70/77	变桨距(V)	双馈异步发电机
Fuhrlander FL 1500	1 500	70/77	变桨距(V)	双馈异步发电机
Fuhrlander FL 2000	2 050	93.2	变桨距(V)	双馈异步发电机
Fuhrlander FL 2500	2 500	90/100/104	变桨距(V)	双馈异步发电机、转子带滑环
Fuhrlander FL 3000	3 000	120.6	变桨距(V)	中速永磁发电机(半直驱)
GAMESA 2MW	2 000	80/87/90/97/114	变桨距(V)	双馈感应发电机
GAMESA 128-4.5MW	4 500	128	变桨距(V)	永磁同步发电机
GE Wind 1.5MW 系列	1 500	77	变桨距(V)	IGBT-逆变器
GE Wind 1.6MW 系列	1 600	82.5~100	变桨距(V)	IGBT-逆变器
GE Wind 2.5MW 系列	2 500	100/103	变桨距(V)	IGBT-逆变器,永磁发电机
GE Wind 2.75MW 系列	2 750	100/103	变桨距(V)	IGBT-逆变器,永磁发电机
GE Wind 4.1MW 系列	4 100	113	变桨距(V)	直驱永磁发电机,海上机组
金风科技 1500	1 500	70/77/80/87/93	变桨距(V)	直驱、永磁发电机

（续）

名称/型号	单机容量（kW）	风轮直径（m）	控制机构	备注
金风科技 2500	2 500	100/109/112	变桨距(V)	直驱、永磁发电机
金风科技 3000	3 000	100	变桨距(V)	半直驱 陆上/海上两用
湖南湘电 Z 2000	2 000	72/82/87/93	变桨距(V)	直驱、永磁发电机
湖南湘电 Z 2500	2 500	90	变桨距(V)	直驱、永磁发电机
湖南湘电 Z5000	5 000	115/128	变桨距(V)	直驱、永磁 海上机组
MHI，MWT 92	2 400	92/95/102	变桨距(V)	IGBT-逆变器
明阳风电，MY 1.5 系列	1 500	77/83/89	变桨距(V)	IGBT-逆变器
明阳风电 SCD 2.5/3.0	2 500/3 000	92/100/108	变桨距(V)	永磁同步发电机
Nordex N77/82	1 500	77/82	变桨距(V)	双馈异步发电机
Nordex N90/100	2 500	90100	变桨距(V)	双馈异步发电机
Nordex N117	2 400	117	变桨距(V)	双馈异步发电机
REPOWER MM82	2 050	82	变桨距(V)	双馈异步发电机 IGBT-逆变器
REPOWER MM92	2 050	92.5	变桨距(V)	双馈异步发电机 IGBT-逆变器
REPOWER MM100	1 800/2 000	100	变桨距(V)	双馈异步发电机 IGBT-逆变器
REPOWER 3.2 MM114	3 200	114	变桨距(V)	双馈异步发电机
REPOWER 3.4 MM104	3 400	104	变桨距(V)	双馈异步发电机
REPOWER 3.0 MM122	3 000	122	变桨距(V)	双馈异步发电机/ 混合结构塔架
REPOWER 5MW	5 075	126	变桨距(V)	双馈异步发电机 IGBT-逆变器/陆上/海上
REPOWER 6MW	6 150	126	变桨距(V)	
上海电气 W1250	1 250	62/64/70	变桨距(V)	双馈感应发电机
上海电气 W2000	2 000	87/93/99/105	变桨距(V)	双馈感应发电机/海上/陆上
上海电气 W3600	3 600	116/122	变桨距(V)	双馈感应发电机/海上/陆上
西门子 SWT-2.3-82	2 300	82.5	主动失速	异步发电机
西门子 SWT-2.3-93/101/108	2 300	93/101/108	变桨距(V)	异步发电机/陆上/海上
Siemens SWT-2.3. 113	2 300	113	变桨距(V)	直驱永磁
Siemens SWT-3.0. 101	3 000	101	变桨距(V)	直驱永磁
Siemens SWT-3.6-107/120	3 600	107/120	变桨距(V)	异步发电机/陆上/海上
Siemens SWT-6-120/154	6 000	120/154	变桨距(V)	直驱/永磁发电机 海上机组
华锐风电 SL1500	1 500	70/77/82/89	变桨距(V)	双馈机组
华锐风电 SL3000	3 000	90/100/105/115	变桨距(V)	双馈机组/陆上/海上
华锐风电 SL5000	5 000	128	变桨距(V)	双馈机组/陆上/海上
Suzlon S64/66-1.25MW	1 250	64/66	变桨距(V)	异步发电机
Suzlon S82-1.5MW	1 500	82	变桨距(V)	带滑环的单速感应发电机
Suzlon S88-2.1MW	2 100	88	变桨距(V)	带滑环的异步感应发电机
Suzlon S95/97-2.1MW	2 100	95/97	变桨距(V)	DFIG
联合动力 UP 1500	1 500	77/82/86/100/108	变桨距(V)	IGBT 逆变器
联合动力 UP 2000	2 000	96/103	变桨距(V)	IGBT 逆变器
联合动力 UP 3000	3 000	100/108	变桨距(V)	IGBT 逆变器
联合动力 UP 6000	6 000	136	变桨距(V)	双馈发电机
VESTAS V80	2 000	80	变桨距(V)	变频控制系统/双馈 永磁都有
VESTAS V90-1.8/2MW	1 800/2 000	90	变桨距(V)	变频控制系统/双馈 永磁都有
VESTAS V90-3MW	3 000	90	变桨距(V)	DFIG 陆上/海上机组
VESTAS V100-1.8MW	1 800	100	变桨距(V)	DFIG 发电机带滑环

（续）

名称/型号	单机容量（kW）	风轮直径（m）	控制机构	备注
VESTAS V100-2.0MW	2 000	100	变桨距(V)	DFIG 发电机带滑环
VESTAS V100-2.6MW	2 600	100	变桨距(V)	DFIG
VESTAS V112-3.0MW	3 000	112	变桨距(V)	永磁发电机陆上/海上
WinWind -1MW	1 000	60	变桨距(V)	Multibrid 同步永磁发电机 IGBT
WinWind -3MW	3 000	90/100/103/109	变桨距(V)	Multibrid 同步永磁发电机 IGBT

注:根据丹麦 BTM 咨询公司 2013 年 3 月统计整理。

〔撰稿人:中国农业机械工业协会风能设备分会祁和生、沈德昌〕

电站辅机

生产销售情况　面对当前外部经济环境日趋复杂、传统产品市场竞争加剧、常规产品利润空间逐渐缩小的大环境,电站辅机各个企业努力调整产品结构,力求开拓多样化产品市场,加大新产品开发和大型铸锻件关键技术研究力度,取得了显著成效。

中国华电工程(集团)有限公司不断加大市场开拓力度,2012 年系统外项目中标占比达到 31.17%。传统工程承包优势得以巩固,公司工程承包规模不断增大,新能源业务实现历史突破,燃机噪声治理、海上风电等业务顺利推进,已初见成效。印尼巴淡项目正式投产;巴厘岛项目正式开工建设;脱硫脱硝、水处理和露天煤矿剥采 BOT 业务稳步推进,取得良好成绩;页岩气业务取得突破,中标 4 个区块,超过全国招投区块总数的 1/5,在 80 余家参投单位中独占鳌头。目前,资产经营收益在公司整体收益中的占比不断提升,改变了原来只靠工程承包的单一业务格局。

上海电力修造总厂有限公司依托中国电力建设集团有限公司和五大发电集团签订的战略联盟协议,通过高端营销拓展营销渠道,充分挖掘上层资源争取订单。坚持内联外合、国内外市场并重的市场策略,加快营销渠道创新,实现区域化管理。分别在新疆乌鲁木齐、河南郑州建立了商务中心,通过优势互补、资源整合,实现业务突破。2012 年新疆商务中心实现销售收入 945 万元,超额完成年度经营目标。河南商务服务中心也已进入起步阶段,各项工作正在有序开展。出口销售方面,公司先后签订了赞比亚、印度哈迪亚、菲律宾普丁巴图、印度纳佳、伊拉克华事德二期 5 项出口项目,合同金额 10 905.6 万元。公司自行研制的锅炉调速给水泵组远销菲律宾、沙特阿拉伯、印度、印度尼西亚、土耳其、伊拉克、越南、老挝、斯里兰卡、伊朗、巴基斯坦、赞比亚等 14 个国家。

上海鼓风机厂有限公司制定了“稳定电站(国内外)、发展冶矿、突破改造、规范贴牌”的总体营销思路,面对外贸产品大幅度减少的情况,认真分析市场,结合自身优势劣势,实行精细化管理,做好包括技术方案、商务方案在内的项目前期工作。管理的强化提高了项目中标率,2012 年新接订单超过上年同期。其中,引风机中标率从 20% 上升到 30% 以上,电站动叶可调风机(送风机、引风机、一次风机)市场中标率从 30% 上升到 43%。

2012 年部分电站辅机企业经济指标见表 1。

表 1　2012 年部分电站辅机企业经济指标

企业名称	工业总产值（万元）	销售收入（万元）	纳税总额（万元）	利润总额（万元）	研发费用（万元）	职工人数（人）
中国华电工程(集团)有限公司	945 000	945 000	42 688	114 000	23 500	3 376
上海重型机器厂有限公司	272 185	261 985	2 202	-99 285	21 322	2 924
上海电力修造总厂有限公司	107 528	107 464	657	4 118		557
上海鼓风机厂有限公司	76 414	80 954	3 220	1 577		657
西安电力机械厂	17 504	20 023	1 009	-4 412	600	1 258

科技成果及新产品　电站辅机企业不断加大新技术、新产品的开发投入,在消化、吸收、引进技术的基础上,更加注重自主技术创新,强调自主知识产权的拥有。

1.科技研发及投入

中国华电工程(集团)有限公司高度重视科技研发,2012 年核定科研开发费用同比增长 76.01%,确保了科研项目研发工作的顺利开展。

上海重型机器厂有限公司 2012 年确定科技预算项目 36 项,截至 2012 年年底完成结题 20 项。2012 年用于科技投入资金 21 322 万元,占产品销售收入的 8.1%。公司将主要科技经费投向能体现国家和上海市产业发展战略、具有市场需求、发展空间大的项目,投向有前瞻性和发展前景的科研和产业化项目;重点建设为社会提供技术服务的公共研发平台、重点实验室,添置了大型仪器设备。

2.新产品

中国华电工程(集团)有限公司积极打造凝结水精处理系统和设备产业链,加紧开发研制核水处理设备与空冷机组凝结水精处理工艺,取得了较好的研究成果。根据国家“十二五”节能减排新政策,公司大力开展300MW机组低温循环水余热利用技术的研发,实现了吸收式热泵技术在国内300MW水冷机组上的首次工程应用,大大提升了现有机组的供热能力和经济性,项目成功申请成为2012年中央国有资本经营预算重大技术创新及产业化项目。公司自主研发的火力发电厂数字化水处理岛技术,打破了传统常规设计,在节约土地、降低造价、节能优化方面优势明显,达到国内领先水平,成果获得中国华电集团科技进步奖一等奖。

在给水泵产品方面,上海电力修造总厂有限公司自主研发的配套巴基斯坦恰希玛核电二期工程340MW机组常规岛主给水泵组交付投运;研制的首台国产AP1000核电站常规岛给水泵组前置泵顺利交付,完成了主给水泵的设计研发并投入样机试制;完成1 000MW级超超临界机组HZB303-720前置泵系列化的设计和生产,并已发运至用户单位。当前着手研发生物质能发电项目高温超高压机组锅炉给水泵。在高温高压阀门方面,公司成功研制出600MW超临界机组闸阀、迷宫式截止阀和1 000MW级超超临界机组给水泵最小流量阀、高加联程阀等一批新产品,部分关键阀门填补了国内空白。该公司自主研发的再循环最小流量阀在我国第一艘航空母舰“辽宁舰”上一次投运成功。在焊接材料方面,完成了用于核电领域的Ni152镍基焊条、配套WB36钢种、可取代进口产品的结607CrNiMo等13个新品种焊接材料;完成R727耐热钢焊条、R72、J50KG、J60KG钨极氩弧焊丝等新品试制。公司最新研制的FK6A40型1 000 MW级超超临界火电机组锅炉给水泵、GJ767-50DN450高加三通阀及TMQ2-P58 28V吹灰减压站气动减压阀荣获2012第六届中国(上海)国际流体机械展览会(IFME)金奖,JMQ2-P61 30V主蒸汽疏水阀荣获展会银奖。

上海鼓风机厂有限公司完成了0.3m低温跨声速模型风洞主压缩机的详细设计。该风洞风机运行工况为最低温度-190℃、最高压力4.5×10^5Pa,风机最高选型圆周速度达到200m/s,目前只有德国ETW和美国NASA拥有此风洞。公司完成了空气动力性能的论证、转子动力学的论证、转子结构热力学分析、主要转动部件主轴、叶片的材料选择,并对高速电机的可行性进行了研究。

西安电力机械厂2012年投入资金逾600万元,开发研制了STM4060双进双出磨煤机、MB-3248型棒磨机、水处理全膜法工艺技术、S11型系列立体三角卷铁心变压器、SZ11型35kV有载调压电力变压器、10kV紧凑箱式变电站及开闭所、330kV输电线路工程三分裂配套金具、±800kV特高压直流大截面导线配套金具、高海拔地区750kV变电站节能防晕金具、1 000kV特高压交流输电线路工程配套金具等。

3.重大科研课题

中国华电工程(集团)有限公司紧紧围绕国家及地方能源发展战略,始终坚持公司科技项目研发与国家能源发展、市场需求紧密结合,认真研究各类科技优惠政策,多途径开展科技立项,逐步提升公司科技项目的科学性、创新性与实用性。2012年,公司新立科技项目62个,其中,“十二五”科技计划备选项目、国家重点新产品计划项目等国家级科技立项9项,华电集团科技项目13项,公司承担的国家及省市科技项目水平稳步提升。在环保水务领域开展燃煤电厂烟气水分回收技术研究、火电厂烟气污染物联合脱除技术等课题研究。在清洁能源领域,参与的“863”课题——太阳能热发电技术研究取得重大阶段性成果。该课题重点示范项目——延庆八达岭太阳能热发电实验电站正式竣工,标志着我国第一座兆瓦级塔式太阳能热发电实验电站成功诞生,也标志着公司初步掌握了太阳能塔式热发电关键技术。2012年,公司再次参与、承担“10MW槽式太阳能热与燃煤机组互补发电示范工程应用研究”与“数百瓦级光伏并网微型逆变器研制与示范”2项国家“863”课题,进一步巩固了在太阳能热发电技术研究方面的领先地位。另外,公司“规模化养殖场动物粪便热电联产技术研究与产业化示范”项目成功申报国家“十二五”科技支撑计划项目并通过国家科技部审核。

上海重型机器厂有限公司2012年技术创新、产品开发项目65项(97子项),其中75子项已全部完成课题内容,22子项完成阶段性目标并结转至2013年。完成国家能源局“大型压水堆及高温气冷堆核电站”重大专项等5个子课题,上海市科委重大专项、节能专项及技术中心能力建设3个项目的验收;完成上海市战略性新兴产业项目——CAP1400核岛主设备关键锻件研制和智能热处理实验室建设等4项科研项目的申报立项工作。同时,核电AP1000和高温堆项目通过了由中国机械工业联合会组织的鉴定,获得了较高的评价。

上海电力修造总厂有限公司与上海交通大学合作对核电用Inconel690镍基合金焊条配方等进行开发性研究,共同完成Inconel690镍基合金焊条成分优化设计,药皮配方的优化设计、实验筛选、精确优化改进,DDC敏感性评价技术及实验方法等内容;采用ASME规范及RCC-M规范进行焊接工艺的评定。

4.创新平台建设

中国华电工程(集团)有限公司加快推进科研平台建设。精心打造国家级企业技术中心、国家能源分布式能源技术研发(实验)中心等科研平台,在实验室建设、重大课题承担、相关标准制定等方面取得明显成效。公司下属单位华电电力科学研究院与两院院士深入合作,积极推进院士工作站建设,确保了公司发电技术及相关领域技术的领先优势。

上海电力修造总厂有限公司与上海工程大学机械工程学院签订了共同建立产学合作教育基地的协议,加强产、学紧密合作,将学校的科研力量和公司的技术、资金优势有力结合,提高自主创新产出效益。同时,与高校开展人才委托培养计划,以校企"双导师"培养人才为纽带,使产学研能够紧密、长久地开展。启动了国家实验室(CNAS)的认证工作,完成了检测中心的质量手册、程序文件和作业指导书的编写,按照CNAS认证要求添置相关设备、开展人员培训等,并已启动了实验室测量审核程序。4大类12个系列产品通过CE认证,为产品进入国际市场打下了基础。

专利 中国华电工程(集团)有限公司2012年获得专利授权47个,专利拥有量累计达到214个,其中发明专利25个;公司商标使用及维护工作持续推进,荣获2012年"中关村商标试点单位"称号;公司系统工程技术人员在国内外科技期刊及学术交流会议上发表各类专业技术文章达170篇,为历年之最。2012年,公司7个科技项目通过华电集团或行业协会组织的成果鉴定或评审,推荐23项科技成果申报国家及省市各级科技奖励,获得各种科技进步奖15项。

上海重型机器厂有限公司获得中国工业博览会铜奖1项,上海电气重大科技创新三等奖1项,上海电气科技进步奖二等奖1项;成功申报高新技术产业化先进个人1名,闵行区高层次人才2名,上海市优秀学科带头人1名。2012年,公司通过国家知识产权局专利审查并获得授权证书的专利35项,其中发明专利22项、实用新型专利13项。公司于2012年12月被上海市经委、市国资委、市知识产权局、商标局、版权局等单位联合认定为上海市知识产权局优势企业,被闵行区评选为2011年专利工作先进单位和2012专利工作示范企业。

上海电力修造总厂有限公司继续被认定为上海市企业技术中心;取得科技创新成果15项,多项成果填补了国内空白,部分达到了国际先进水平。年内申报专利21项,其中3项取得相应证书;年内发表科技论文3篇。公司主动参与了上海中心城区复兴站干式电抗器振动源和噪声源的综合治理,治理效果良好,并取得5项发明专利。

质量管理与品牌建设 电站辅机企业不断创新项目管理思路,完善工程总承包、投资等各类项目运营管控体系,项目管理与品牌建设工作取得良好成效。

1.质量管理

中国华电工程(集团)有限公司注重强化安全生产管理,成立了安全生产部,各项安全管理工作有序开展;不断加强体系管理工作,公司质量管理资质能力不断提升,具备对国内外火电工程、风电工程开展质量评价的能力,取得火电(含核电、燃机)、风电工程质量评价能力甲级资质,建立起百人质量评价队伍;坚持做好采购管理和工程造价管理,严格执行招竞标管理制度,扎实推进工程造价管理,有效地保障了各合同项目实现预期效益目标;切实加强投资项目管理,做好投资项目管控模式的研究工作,确保环保水务BOT项目及海外项目的投资收益;部署开展公司首批进入运营管理项目的后评价工作,重视运营后的跟踪管控,形成项目闭环管理体系,确保预期效益。

上海重型机器厂有限公司对质量体系文件进行了换版修改,2012年底获得北京军友诚信质量认证有限公司新颁发的武器装备质量管理体系审核认证证书。根据职业健康安全管理体系标准GB/T 28001—2011升级版的变化,对原管理手册涉及的职业健康安全管理体系标准内容进行修改。2012年5月顺利通过ASME-NPT/MO授权证书和规范标记(ASME钢印)换证审核。核电质保体系运行有效,民用核安全设备制造资格许可证仍在有效期范围内(有效期至2016年12月31日)。公司通过了上海质量体系审核中心的能源管理体系再认证审核。

上海电力修造总厂有限公司按照ISO 9001:2008质量管理体系、ISO 14001:2004环境管理体系、OHSAS 18001:2007职业健康安全管理体系的相关要求,年内共开展2次内部审核和摩迪认证公司的1次外审,召开1次管理评审会议。公司主导产品锅炉给水泵、阀门、焊接材料等四大类12个系列产品于2012年开展CE认证,2013年1月获得CE认证证书。

西安电力机械厂建立了较为完善的质量管理体系,订立了为用户提供安全可靠产品、确保产品质量达到考核指标、顾客投诉和意见处理率100%等质量目标,产品质量稳步提高,2012年没有发生重大质量事故。

2.品牌建设

中国华电工程(集团)有限公司不断完善与创新在建项目管控模式,大大提升了公司项目建设水平。江苏望亭、宁夏灵武、四川珙县、昌吉水岛/脱硫等一批系统总承包项目先后获得国家优质工程银奖、中国电力优质工程奖等奖项,14项成果分获中国电力建设优秀质量管理(QC)小组成果奖和中国电力建设科学技术成果奖;公司获得中国施工企业管理协会颁发的"技术创新先进企业"称号。2012年,公司通过不断对标先进,消除短板,综合竞争能力大幅提升,物料输送、管道等业务继续保持行业龙头地位;空冷业务规模进入国内前三名;脱硫、脱硝工程投运机组容量分别位居国内第三和第六,综合市场占有率进入行业前五名;火电和核电常规岛水处理工程市场占有率遥居行业第一;在太阳能热发电、生物质沼气发电、分布式能源利用等专业技术和品牌方面已位居国内前列。

上海重型机器厂有限公司生产的磨煤机等产品获得了中国设备管理协会设备信用体系管理中心颁发的中国电站辅助类设备信用AAA级制造企业设备信用等级评估认定证书(有效期至2014年9月7日)。HP磨煤机被上海市名牌推荐委员会推荐为2011年度上海名牌产品(有效期至2013年12月31日)。

上海鼓风机厂有限公司完成全市燃煤电厂机组脱硝改造工程,包括外高桥一电厂、外高桥二电厂、石洞口二电厂以及宝钢低碳技术创新示范工程项目等风机改造任务,共计1.25亿元,企业被评为上海市重点工程实事立功竞赛优秀工厂。完成了创历史纪录的“改造风机”150台,其中完成合格铝叶片7750片,完成合格钢叶片5280片,钢叶片也创历史最高纪录。2012年公司荣获上海市文明单位、上海市重点工程立功竞赛优秀工厂、全国机械500强、中国机械工业管理进步企业、全国企业文化建设优秀单位、上海市二级安全生产标准化企业、上海市诚信创建企业等称号,获上海市著名商标认定,产品获上海市名牌产品称号。

上海电力修造总厂有限公司“电力”牌焊接材料获上海名牌产品、2012年度中国机械工业优质品牌称号。公司蝉联中国工业行业排头兵企业,获上海市高新技术企业、上海市纳税信用等级A类企业、企业合同信用AA级单位、资信等级AAA级企业以及上海市守合同、重信用企业等称号;通过上海市清洁生产企业审核评估和安全生产标准化二级企业达标审核。

基本建设及技术改造 中国华电工程(集团)有限公司将装备制造作为主营业务之一,大力推进制造基地建设进程。航改型燃机制造项目通过反垄断调查,建厂工作有序推进;脱硝催化剂、电厂节能设备的研制已取得阶段性成果;曹妃甸、天津、武汉、郑州四大重工基地产能不断增长,呈现产品高端化、生产智能化的良好趋势。

上海重型机器厂有限公司为了有效监控能源使用状况,计划逐步实施节能可视化项目。主要针对公司生产中使用的电力、天然气、蒸汽和氧气等主要能种,通过现场数据采集,将设备的能源用量和累计数据实时地传输给能源中心——中央监控室,同时在需要时将每台监控设备的能源使用和变化曲线予以展现,为产品工艺改进提供分析参考。当前,一期A项目已经投入使用,这是国内同行业中较先进的能源管理系统工程。公司正着力加强新产品研发,尽快将“十一五”期间投资改造形成的能力形成生产力。2012年,公司共完成日常技措配套更新等零星技术改造投资890万元。

上海电力修造总厂有限公司围绕“市场年”战略目标和营销订单目标,共计完成给水泵162台、前置泵172台、液力偶合器28台、给水泵芯包21套、阀门2284台(套)、焊接材料3246.86t。完成了海阳AP1000核电站2#机的给水泵组并交付使用;巴基斯坦C3、C4核电项目给水泵和AP1000核电站常规岛给水泵新产品试制项目也已按原定计划稳步展开。为满足百万千瓦等级超超临界火电机组主给水泵单机全速试验与核电泵常温及联机试验要求,公司实施给水泵试验台升级改造工程,并接受了由国家主办的化学分析、力学性能、无损检测测量等一系列审核,取得了满意结果。这是国内外检测实验室能力验证最高规格的考核,也是CNAS认证的必备条件。

上海鼓风机厂抓好以发展高温气冷堆主氦风机和燃料球压缩机为主要内容的技术改造项目,共计投资8824万元,整个工程已完成一半以上。

西安电力机械厂2012年主要完成了机械制造公司4m×12m龙门铣平台围栏制作安装、200T平台护栏制作安装、数控机床基础施工、铆焊车间改造及设备基础施工、机械制造公司车间图像监控系统工程等。

对外交流 电站辅机企业积极落实“走出去”发展战略,结合国内发展形势及企业自身特点,不断学习、引进国外先进的管理经验和生产技术,全面提升企业自身的综合实力。

2012年,中国华电工程(集团)有限公司与荷兰艾斯特空冷技术公司开展直接空冷、间接空冷相关技术研究的全面合作;与比利时哈蒙集团合作开发满足国内噪声治理需求的通风湿冷塔技术;引进德国哈蒙公司的海水脱硫技术,努力掌握工艺流程核心技术;吸收消化美国康美泰克公司的脱硝催化剂技术,逐步实现脱硝催化剂关键技术的国产化。另一方面,公司与清华大学、哈尔滨工业大学、浙江大学等国内知名高校建立联系,在汞污染控制、综合脱硝、烟气回收等方面进行合作研究,均取得较好的成效。

上海电力修造总厂有限公司积极实施“双百”战略和国际化战略,在向海外顾客提供优质产品的同时,主动将产品售后服务延伸到海外市场。与美国Flowserve、英国克莱德、瑞士苏尔寿、日本三菱等跨国企业围绕百万千瓦等级火电、核电给水泵项目展开技术合作,结合公司多年积累的配套600~1000MW火电技术和经验,经转化设计,完成常规岛主给水泵组国产化目标,性能达到国际先进产品水平,并具备明显的低成本优势。与印度尼西亚国家电力公司旗下的PT Pembangkitan Jawa-Bali(PJB)公司开展战略合作,拟为印度尼西亚国家电力公司所有的电厂提供关键辅机备品和售后服务的技术支持。

管理及改革 面对国内外市场的新形势,电站辅机企业不断加强战略引领,扎实做好内部管理和项目管控,切实为企业的健康可持续发展奠定了基础。

1.企业管理

中国华电工程(集团)有限公司高度重视战略引领作用,进一步修订、完善了公司“十二五”发展规划:以科学发展和科技创新为引领,围绕能源工程和新兴工业领域业务拓展,不断提升公司核心竞争力和可持续发展能力,初步建成国内一流科工集团。公司充分做好国家现有各类优惠政策的归集和争取工作,成为五大发电集团在京单位中唯一享受出口退(免)税快捷服务的单位。公司严控成本费用,引入费用利润率等关键业绩指标,全年节约财务费用近亿元。公司不断完善信息化管理,实现招投标评审、合同评审、采购评审等工作流程电子化,确保了合同管理的规范性与相关信息的准确性,荣获2012年“中国电力信息化推进示范单位”称号。

上海重型机器厂有限公司坚决贯彻集团公司创新驱动、转型发展的战略思想,着力于企业内部的改革与结构调整,不断优化产业结构、组织结构及从业人员结构,确保企业在困境中健康发展。在产业结构调整方面,深入贯彻落实上海市政府“两头在沪、中间在外”的产业调整思想,积极开展“四项产能”即中小锻件、中小铸件、中小零部件和结构件的产能转移工作,充分利用江浙两省的社会资源,释放和提升大型铸锻件核心零部件的产能。在组织架构调整方面，关闭清算上重环保设备工程公司。在从业人员结构调整方面，全面开展定岗定编工作，梳理产能过剩部门的二三线辅助管理岗位人员，鼓励干部员工转岗上一线，盘活人员资源总量。在人员结构的调整中，加强对人才的培养和核心员工队伍建设，继续加强“1+3+5”的青年人才、高级工程师+高级技师的双师人才和“3+3+3”技术工人的培养。2012 年上海重型机器厂有限公司首批 262 名核心员工占在册员工总数的 8.8%。

上海电力修造总厂有限公司按照管理“扁平化”的要求，全面竞聘中层干部，更名部分管理部门，全面实现与集团公司“接得住，对得上”。梳理和调整公司原有的行政组织架构，将市场营销部和客户服务中心整合为商务中心，将金工车间和装配车间合并为制造事业部，将热加工车间改为事业部制。

2012 年以来，上海鼓风机厂有限公司对成本预估工作进行了梳理，减少了挂账现象，并在二级核算小组内进行了分工，对部分大额配套件、经销件进行预估，有效控制了预估成本，减少了补成本现象。同时，改进、优化信息化中心的产品成本结算方式，将部分手工结转方式改为由 ERP 自动批量结转，提高了成本结转的速度和效率。2012 年，公司通过法律等途径回笼三年以上的应收账款 146 万元。制定了“陈旧应收账款催收承包管理规定”，沁北电厂、岳阳电厂、伊朗地铁等项目已部分回笼 183.6 万元。加强对现有库存的分析判断，对三年以上的呆滞积压物资进行相应处置，全年共处置不良存货 956t，回笼资金 404 万元。加强对货币资金的有效管理，合理进行资金运作，全年共节约利息支出 25 万元。充分利用财税优惠政策，退回税金 55 万元。争取到闸北区财政补贴 31 万元。高温堆主氦风机和燃料球压缩机技术改造项目获得资助 520 万元。

西安电力机械厂随着主辅分离改革的实施，整体划入中国能源建设集团公司。面临生存的压力和挑战，西安电力机械厂制定了企业发展战略和发展计划，确定企业定位和发展方向。及时调整产业政策，确定产业西移，利用经济调整加强自身建设，利用产业政策发展新的产业。

2.制度创新

中国华电工程(集团)有限公司根据投资项目管控需要，引入投资评价，不断完善投资项目的全过程管理和监督；加大统计工作力度，建立统计数据监控评估和工作网络，获评丰台区首批诚信统计单位；重视绩效考核机制的完善，加大了净利润、回款率两项关键指标的考核权重，确立了业绩为导向的绩效考核评价和激励约束机制；修订完善公司安全生产、档案管理等制度，全年累计制定、发布各类制度 21 项，公司职能管控及服务能力大幅提升。

上海重型机器厂有限公司积极推进“精简体制架构，裁减机构臃员”大部制改革举措，机模木业公司归并冶铸分厂，热加工的生产流程及组织架构更趋合理；设立了后勤保障部，撤销了武装保卫处、总务管理处、卫生处，三部门合并后班组数比原来减少 1/3。人力资源部削减了劳动人事处、安置办公室。

〔撰稿人：中国华电工程(集团)有限公司张新〕

电动工具

生产及市场情况 2012 年，我国电动工具行业克服了世界经济增速放缓、美债信用评级被降低、欧债危机继续蔓延等众多不确定因素的影响，在国家一系列经济政策的推动下，全年取得了较好的生产经营业绩。据测算，电动工具的国内市场销售量约比上年增长 10%；外贸出口金额继续创历史新高，比上年增加 2 189 万美元。

列入年度统计的 51 家企业全年生产电动工具 13 595.89万台，产值达 269.68 亿元；全年销售 13 510.39 万台，占生产量的 99.37%，其中外销 10 577.57 万台，占销售量的 78.29%。2012 年电动工具行业主要经济指标见表 1。

表 1 2012 年电动工具行业主要经济指标

序号	项 目 名 称	单位	2012 年	2011 年
1	企业数	家	51	57
2	总产量	万台	13 595.89	9 441.57
3	总销售量	万台	13 510.39	9 512.09
4	其中：外销量	万台	10 577.57	7 016.56
5	外销金额	亿元	180.33	202.16
6	工业总产值	亿元	269.68	279.27
7	总资产	亿元	205.26	201.74
8	固定资产	亿元	33.39	35.92
9	累计固定资产投资	亿元	5.62	7.35
10	生产面积	万 m^2	183.62	194.99
11	职工人数	人	39 174	41 463
12	利润	亿元	7.96	7.35
13	上交税收	亿元	2.80	3.34

销售量靠前的产品有：角向磨光机销售 1 456.43 万台，占砂磨类工具销量的 96.09%，占总销量的 10.78%；冲击电钻销售 437.80 万台，占建筑类工具销量的 40.53%，占总销量的 3.24%；电锤销售 467.32 万台，占建筑类工具销量的 43.26%，占总销量的 3.46%；电圆锯销售 133.38 万台，占木工类工具销量的 12.35%，占总销量的 0.98%；电钻销售274.25万台，占金属切削类工具销量的 71.95%，占总销量的 2.03%。

产品进出口 据海关总署统计，2012 年我国出口各类手持式电动工具 19 091.33 万台，比上年下降 4.14%；零部件 45 071.60t，比上年下降 8.76%。手持式电动工具及零部件出口总额 606 631.90 万美元，与上年持平。

2012 年我国进口各类电动工具 90.69 万台，与上年持平；进口电动工具零件 9 106.21t，比上年下降 7.44%。

2001—2012 年我国电动工具整机出口量走势见图 1。2001—2012 年我国电动工具整机出口额走势见图 2。

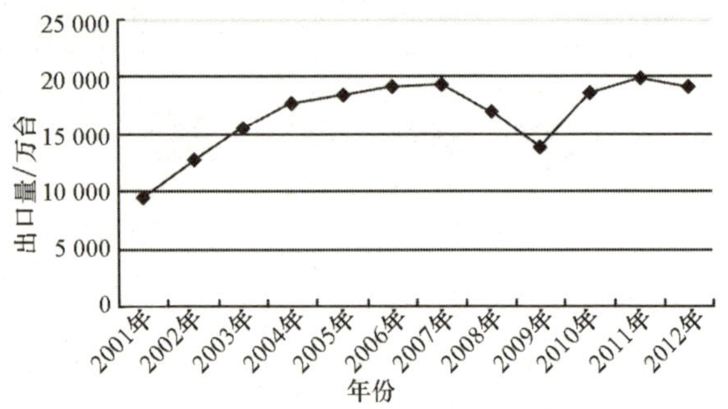

图 1　2001—2012 年我国电动工具整机出口量走势

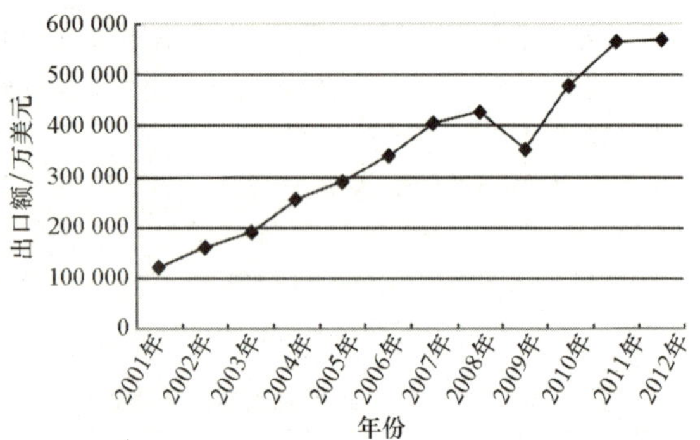

图 2　2001—2012 年我国电动工具整机出口额走势

2012 年我国电动工具的出口国家（地区）仍以美国、德国、荷兰、英国等欧美国家为主。其中，美国、德国、荷兰、英国、俄罗斯 5 个国家共进口整机 8 539.20 万台，成交金额 281 648.78万美元，占我国出口总量和金额的 44.73%、49.57%，累计进口量同比下降 3.14%，成交金额同比增长 1.62%。5 个国家成交量和成交金额的增幅分别是：美国为 3.02%和 8.10%、德国为-8.89%和-8.74%、荷兰为-13.27%和-7.83%、英国为 5.57% 和 4.74%、俄罗斯为-24.18%和-14.65%。

展会　中国·启东天汾第十三届科技五金交易会于 1 月 27—29 日在江苏启东市吕四港镇天汾国际电动工具商贸城开幕。

第二十一届中国国际五金博览会于 3 月 13—15 日在上海新国际博览中心举行。

第二十三届全国电动工具配套会议暨中国（武义）五金工具博览会于 4 月 9—10 日在浙江武义县举行。

第十七届中国五金博览会于 9 月 26—28 日在永康国际会展中心举行。开幕仪式上，中国电器工业协会为永康市人民政府授“中国电动工具之都”铜牌。

会议　全国电动工具行业大会于 4 月 9 日在浙江武义召开。行业协会会员单位、行业重点骨干企业以及行业资深人士 150 余人参加。会议分析了国内外电动工具形势，介绍了境外认证、国内电动工具认证实施细则的换版等行业关心的问题。

4 月 28 日，余姚市电动工具行业协会举行第四届会员大会，50 多家会员企业的领导或代表及有关方面人士 60 多人出席了会议。经民主选举，产生了以宁波天邦实达工具有限公司总经理郭建鸿为会长，陈民元为常务副会长，陈勇、鲁孝良、蔡裕成、鲁金法、赵龙水、吴志强、叶晓波为副会长，鲁绍群为秘书长的新一届协会领导集体。

11 月 18—19 日，中国电器工业协会电动工具分会六届五次理事（扩大）会议在上海松江召开。来自电动工具分会的理事及部分行业重点骨干企业主要领导及代表 100 余人出席这次会议。电动工具分会秘书长张传富就中国电器工业协会电动工具分会的换届程序、六届理事会工作报告、修改《中国电器工业协会电动工具分会工作条例》等作专题报告。

标准认证　新版《电气电子产品类强制性认证实施规则 电动工具》编号 CNCA-014:2011，于 2012 年 3 月 1 日起正式实施。主要内容有：明确了认证证书 5 年有效期及期满换证的要求；补充了对样品真实性的要求；根据产品特点、质量状况等具体情况实施监督检查分类管理和合理确定监督检查频次的要求；明确要求执行《强制性产品认证证书注销、暂定、撤销实施细则》；适度放宽了电动工具认证产品的单元划分原则等。

7 月，全国电动工具标准化技术委员会电动工具标准起草工作组在上海召开会议，认真审议了《手持式、可移式电动工具和园林工具的安全　第 1 部分：通用要求》初稿，并提出了 300 多条修改、补充意见，基本形成了此项重要基础标准的征求意见稿。12 月 6—10 日召开的全国电动工具标准化技术委员会六届四次委员会议，审查了该标准送审稿，并于 2012 年底前上报国家标准主管部门审批。

8 月 20 日，宝时得机械（中国）有限公司检测中心成功获得了中国合格评定国家认可委员会颁发的实验室认可证书。

职业分类　由中国电器工业协会电动工具分会牵头的《国家职业分类大典》“电动工具制造工”部分，完成了从业者信息采集，并整理上报国家职业分类大典（机械行业）修订领导办公室，提请审核无误后予以采纳。

人事变动　5 月 15 日，我国电动工具行业的专业研究机构——上海电动工具研究所主要领导进行了调整，徐鹏任所长、谢卫平任党委书记。

〔撰稿人：上海电动工具研究所金轶〕

大型电机

2012 年，电动机制造业共完成工业总产值 359.38 亿元，其中新产品产值 147.63 亿元；实现工业销售产值 348.61

亿元，其中出口交货值 28.34 亿元；实现利润总额 23.85 亿元。

生产发展情况 2012 年，中国电器工业协会大电机分会统计的 9 家企业实现工业总产值 208.09 亿元，同比下降 5.54%；8 家企业完成工业增加值 57.06 亿元，同比下降 2.2%。

受宏观经济影响，长沙电机厂有限责任公司经营状况大幅滑坡。除二季度还维持正常水平外，其余月份均处于低迷状态，经营效益远低于 2008 年危机时的水准。受内需不振以及房地产宏观调控、基础建设减少等因素的影响，工程机械行业处于低谷期，为钢、电、机械、水泥等工程项目配套产品的电机需求减少，订单下滑明显，全年产销几乎没有起色。年底资产、负债双降，负债率极高，仅所有者权益较年初增长明显。

受国家经济形势及公司搬迁的影响，2012 年重庆赛力盟电机有限公司的主要经济指标均出现不同程度的下滑，只有出口交货值、交流发电机和直流电机的产值产量呈现增长态势。2012 年实现工业总产值 51 189 万元，同比下降 23.3%。

哈尔滨电气动力装备有限公司在生产、经营、技术开发、工程建设、基础管理等方面开展了扎实有效的工作，完成了各项考核指标和公司年初制定的主要指标。2012 年完成产值 6.1 亿元，同比增长 56%，其中常规产品产值 4.3 亿元，核电产品产值 1.9 亿元；完成产量 97.8 万 kW，同比增长 9%；完成营业收入 5.12 亿元，同比下降 1.9%。

上海电气集团上海电机厂有限公司明确了“强管理，增效益；调结构，拓市场；防风险，稳增长”十八字年度方针，积极应对严峻的宏观经济形势，扎实推进各项工作，完成了保证企业健康经营发展的调整指标，运行质量比上年有所好转。

2012 年大型电机行业主要企业主要经济指标完成情况见表 1。2012 年大型电机行业主要企业工业增加值完成情况见表 2。

表 1 2012 年大型电机行业主要企业主要经济指标完成情况

企业名称	工业总产值（万元）	比上年增长（%）	产品销售收入（万元）	年末固定资产原价（万元）	年末固定资产净值（万元）	全员劳动生产率（元/人）
东方电气集团东方电机有限公司	683 441	−2.5	650 880	271 515	166 145	262 280
上海电气集团上海电机厂有限公司	277 581	−9.3	282 905	116 691	43 516	215 726
重庆赛力盟电机有限公司	51 189	−23.3	56 528	20 215	17 602	78 256
哈尔滨电气动力装备有限公司	61 175	55.7	49 899	74 107	58 405	119 913
长沙电机厂有限责任公司	33 502	−31.6	31 576	26 311	25 410	50 885
哈尔滨电机厂（昆明）有限责任公司	45 531	19.6	46 398	16 925	6 325	55 067
山东齐鲁电机制造有限公司	128 414	2.7	134 805	95 376	50 206	135 918
湘潭电机股份有限公司	659 791	−12.7	538 868			
兰州兰电电机有限公司	140 280	16.7		23 474	17 716	

表 2 2012 年大型电机行业主要企业工业增加值完成情况

企业名称	工业增加值（万元）	同比增长（%）	增加值占总产值比重（%）
东方电气集团东方电机有限公司	201 615	6.04	29.50
上海电气集团上海电机厂有限公司	55 830	6.31	20.11
重庆赛力盟电机有限公司	12 721	1.23	24.85
哈尔滨电气动力装备有限公司	15 133	112.33	24.74
长沙电机厂有限责任公司	5 806	−43.50	17.33
哈尔滨电机厂（昆明）有限责任公司	7 814	3.96	17.16
山东齐鲁电机制造有限公司	25 906	5.81	20.17
湘潭电机股份有限公司	245 764	−11.81	37.25

产品产量 2012 年，我国共生产交流电动机 25 691.2 万 kW，同比下降 3.29%。

长沙电机厂有限责任公司 2012 年完成交流电动机产量 155.2 万 kW，同比下降 36.3%；电机总产值 2.9 亿元，同比下降 34.8%。

重庆赛力盟电机有限公司完成主要产品产量 291.33 万 kW，其中交流发电机产量 25.13 万 kW，同比增长 93.31%；交流电动机产量 256.03 万 kW，同比下降 17.6%；直流电机产量 10.15 万 kW，同比增长 37.91%。

哈尔滨电气动力装备有限公司 AP1000、福清/方家山、C3/C4 等核电项目，以及天然气长输管线电机、27 000kW 高炉风机电机等重点项目全面进入执行阶段；核电基地厂房建设已基本完成,主要设备相继投入使用,已基本可以满足在手核电合同生产制造的需要。2012 年公司完成常规产品合同 348 台,产值 4.3 亿元。其中,交流电机 289 台、直流电机 95 台。同时,完成 2011 年尾工 126 台,产值 7 186 万元。

哈尔滨电机厂(昆明)有限责任公司完成电动机产值 1.41亿元,产量 107.81 万 kW,同比分别下降 3.97%和 0.2%。公司面临的主要困难是能源、原材料价格大幅波动,市场竞争激烈,产品价格涨幅低于原材料价格等。

东方电气集团东方电机有限公司完成交流电动机 16 台/9.053 万 kW,比上年下降 43.86%;完成直流电机 5 台/1.012 4万 kW,比上年增长 382.10%;完成各类控制设备 205 套,比上年增长 28.13%。

2012 年大型电机行业主要企业大型电机产量、产值见表 3。

表 3　2012 年大型电机行业主要企业大型电机产量、产值

企业名称	产量(台/套)	同比增长(%)	产量(万 kW)	同比增长(%)	台平均容量(万 kW/台)	产值(万元)	同比增长(%)	台平均产值(万元/台)
东方电气集团东方电机有限公司	21	-41.67	10.07	-37.58	0.48	2 982	-57.68	142.00
上海电气集团上海电机厂有限公司	5 797	-4.86	1 041.60	-0.41	0.18	64 457		11.12
重庆赛力盟电机有限公司	265	-37.50	36.47	-53.75	0.14	7 497	-48.05	28.29
哈尔滨电气动力装备有限公司	362	51.46	97.83	44.68	0.27	39 106	62.50	108.03
长沙电机厂有限责任公司	88	22.22	16.30	8.67	0.19	3 331	-3.88	37.85
哈尔滨电机厂(昆明)有限责任公司	1	-91.67	0.10	-94.01	0.10	35	-93.28	35.00
湘潭电机股份有限公司	952	-15.45	298.37	-4.13	0.31	71 728	-10.32	75.34
山东齐鲁电机制造有限公司	305	-59.28	21.65	-63.93	0.07	3 700	-63.93	12.13

市场及销售　2012 年,受连续两年国内宏观调控政策以及国际金融危机的影响,国内不少大型项目处于停滞状态,国外市场严重萎缩,电工行业普遍出现资金紧张、市场竞争白热化、价格战加剧、产成品因项目原因无法及时交货收款、运营风险加大等问题。

长沙电机厂有限责任公司销售总额下滑,主营业务利润萎缩,加上用工成本增长,管理费用、财务费用增幅过快等因素,亏损加剧。2012 年上半年累计合同量同比下滑 40%,形势严峻,当时阶段以跑市场、落实订单为首要任务。随着下半年宏观经济的调控,GDP 增速放缓,工程建筑、冶金机械、电力行业对电机的需求明显减少,小电机合同锐减,而大电机从 11 月起跟随下滑,合同量已不能保证生产经营的正常运行,订单不足是企业存在的最突出问题。当前产品销售主要集中在国内市场,国外市场均为国内工程项目配套出口。

2012 年长沙电机厂有限责任公司对销售机构及市场区域规划进行了较大调整,不断优化调整销售政策,下半年在全国范围内建立大区制销售管理模式,攻坚细分市场,特别是与相关研究院所建立合作关系,拓展产品推介渠道,巩固老客户的同时,积极争取新的主机配套单位。全年完成电机销售收入 31 576 万元,采取现款现货方式,对工程招标项目也采取了严格的回款措施。大中型交流电动机产品以销定产,2012 年共生产交流电动机 155.2 万 kW,销售交流电动机 163.6 万 kW,产销率 105%,产销率一直保持在较高水平。全年销量高于产量近 10 万 kW、2 000 万元,消库存明显,各项存货平均余额均小幅减少。

重庆赛力盟电机有限公司实现主营业务收入 52 757 万元;产品销售回款 62 450 万元;完成出口交货值 6 412 万元,同比增长 50.98%。受国内外经济增速减缓、公司市场开拓力度不大以及用户群结构性的影响,公司总体订货比 2011 年有所下降。其中,中电机订货实物量同比下降 31.98%,价值量下降 32.86%;直流电机订货变化不大。产销率 103.41%,比上年减少 3.08 个百分点,由于 2012 年产出不足,市场销售靠存货维持。

湘潭电机股份有限公司推行“整体营销”和“全员营销”,以客户为关注焦点,加快区域营销中心建设,深入开展“三个一”活动,实行重大项目领导分工负责制。加强营销及售后服务队伍建设,实行营销人员、营销经理上岗资格管理制度,全年累计 350 人通过考核。公司积极拓展国际市场,1 100 台非晶高效节能电机成功进入美国市场;与日立签订了第一台工业发电机合同,推动由单一电动机向电动机、发电机并举的产业结构转变。2012 年出口的主要产品有交直流电机、电气成套设备、水泵等,主要出口到泰国、印度、印度尼西亚、巴基斯坦、越南、巴西、土耳其、美国等国家和地区。

哈尔滨电气动力装备有限公司在经营发展中,着重采取了推行管理改进、注重技术创新、紧缩财务支出等措施,部分重点工程、重点项目取得了突破性进展,整体保持平稳运行态势。全年正式签订合同额 9.64 亿元,同比增长 14.4%,其中,常规产品 3.72 亿元,核电产品 5.92 亿元。回收货款 5.56 亿元,同比增长 3.7%。实现常规产品综合毛利率 5.3%,同比下降 12%。在公司传统优势行业——冶金行业不景气的情况下,加大了非优势项目的市场开发力度,备品备件市场开发取得新突破。开发了万家寨引黄工程大泵电机项目、福建鼎新 1 780 热轧项目、西气东输增压泵站电机项目、中信重工矿山项目、北方重工集团项目。

上海电气集团上海电机厂有限公司实现销售收入35.3亿元,完成年度调整指标,比上年下降6.1%;年末存货余额8.45亿元,比上年下降5%;货款回笼与上年基本持平。商务部加强了对经销商的管理,出台了新的经销商管理办法,加强监控、考评,使经销商的运行质量达到了历年最好水平。2012年承接订单28.8亿元,比上年下降24.7%,但市场占有率达到27.5%,比上年增加1个百分点,保持并巩固了行业领先地位,市场结构调整、新行业突破取得了初步成效。该公司加快发展服务产业,逐步推进售后服务由放射式向网络式转化、由被动型向主动型转化。2012年服务产业化实现销售收入8 700万元,比上年增长55.2%,成为公司产销规模和经济效益的重要组成部分。在产品销售有所下降的情况下,服务产业的增长显得尤为重要。在第一分公司和唐山、郑州特约维修站初步合作试点的基础上,公司已经就进一步推进服务产业化、做大做强修理品、备品备件销售、售后服务四个方面工作制订发展计划,于2013年有效推进。

哈尔滨电机厂(昆明)有限责任公司交直流、高低压电动机产能在技术改造后大幅提高,实现销售收入14 864万元,其中出口59万美元。出口的主要产品类型有中型高压电机、Y系列电动机、YR2系列电动机等,主要出口到比利时、新加坡、印度、马来西亚、德国等国家。

2012年大型电机行业主要企业大型电机产品销售收入完成情况见表4。

表4 2012年大型电机行业主要企业大型电机产品销售收入完成情况

企业名称	国内销售收入(万元)	同比增长(%)	出口额(万美元)	同比增长(%)
东方电气集团东方电机有限公司	3 148	-53.51		
上海电气集团上海电机厂有限公司	206 037	6.56	4 577	-41.18
重庆赛力盟电机有限公司	8 565	-54.92	241	2.11
哈尔滨电气动力装备有限公司	32 522	63.37	1 690	258.71
长沙电机厂有限责任公司	3 100	-9.62	18	
哈尔滨电机厂(昆明)有限责任公司	35	-93.28		
山东齐鲁电机制造有限公司	6 239	-36.13		
湘潭电机股份有限公司	145 521			

科技成果及新产品 2012年,长沙电机厂有限责任公司针对专门的细分市场和特殊领域,结合产品竞争力实施抓大放小策略。大电机发展方向:推广高效电机,加快淘汰现有的高耗能老旧电机,积极向高新产业尖端领域靠拢,从而带动高压电机的市场增长。以市场为导向,新产品开发稳步推进。开发设计完成的YLST400-16/1730 10kV大型立式农用排灌电机,以技术人员赴现场与用户沟通、测绘的数据为基础,采用独立底座推力瓦结构,充分满足了用户的需求。设计完成YKS5000-2/1180 6kV大型高速电动机,组织召开了技术交底会及质量策划会,确保一次性试制成功。此外,T450-4 315kW 10kV同步电机、T1250-36/2600大型同步电机、YJS630紧凑型电机、YDKK560-10/12 450kW/355kW 6kV高压变极调速电机、YLKKT710-12大型立式空空冷却循环泵电机等一系列新产品的研发成功,为公司参与市场竞争、满足不同需求积累了宝贵经验,也为今后的研发方向探索出新的渠道。2012年3月该公司试制成功国内第一台低压超大功率4 200kW电机。

重庆赛力盟电机有限公司的新产品试制情况如下:

(1)完成了YKK450~560-4~8P 10kV系列、YKK560-4~8P 6kV系列、Y系列(IP23)高效电机设计,在此基础上对超高效电机的开发进行了预研。

(2)成功开发了18 000r/min高速电机,首次在高速电机中使用铸铜转子,具备了开发20 000r/min高速电机的能力。

(3)完成了YKK400~560-4~6P 6kV IP54电机,Y355~560-4~8P 6kV/10kV IP23电机,YKK400-4~6P 6kV、YKK450~560-4~6P 6kV/10kV IP54电机的铸铝转子系列设计。

(4)完成Y/YR500-560 IP23取消顶罩设计,在满足性能的前提下,减小了电机体积,降低了成本。

(5)自主研发设计的5 000~8 000kW大型异步电动机,采用最新的少胶云母与环氧酸酐VPI浸漆绝缘工艺与切边冲槽冲制工艺,性能指标优良,效率高、噪声低,在国内同行业处于先进水平。

(6)开发了Z710-3 1 250kW 660V 500~1 000r/min三轴承榨轧糖中型直流电动机。该电动机为滑动轴承改滚动轴承结构,轴承负荷重;电机过载要求高,可频繁过载,适应压榨机工况;转动惯量低,采用细长型转子,控制响应能力快。

(7)开发的Z400-4A 355kW 660V 715r/min和Z450-4A 660V 500kW 710r/min两规格提升机直流电动机,应用于西藏4 689m环境,每分钟起动20~40次,过载2倍,电机可靠性非常高。

(8)完成了TKS4000-4/1430 11kV及TKS3600-4/1430 6kV同步电动机设计,拖动的风机转动惯量大,起动性能要求高。

(9)完成了TL900-16/1730 10kV电机设计,该电机是为"南水北调"工程泵站配套的大型同步电动机。

重庆赛力盟电机有限公司在新技术、新工艺、新材料等方面取得了重大成果。开发10kV级减薄绝缘工艺，试验样机的绝缘厚度全国最薄，电机绝缘减薄10%，可使电机成本下降4.5%。开发了环氧酸酐VPI工艺，公司的高压电机全部采用该技术，走在该技术应用的前列。结合牵引电机的试制生产，开发了C级绝缘技术和导条与端环的数控中频焊接技术。

哈尔滨电气动力装备有限公司通过自主研发、对引进技术消化吸收再创新，已经基本掌握了核主泵及主泵电机产品的世界先进技术。通过对交直流电动机等传统产品进行设计优化及新产品开发，公司的技术研发能力进一步提升，形成了具有交直流特色的电动机、核主泵及主泵电机制造技术优势和竞争力。同步电机完成西气东输二线东段20 000kW大功率高转速防爆电机2套机组的优化设计，完成山西万家寨引黄工程立式水泵8台电动机的设计；异步电机完成1 800kW风扇磨煤机电动机设计，完成脉冲发电机组拖动电机方案设计及初步结构设计。CAP1400屏蔽泵电机项目、三门循泵项目、高温气冷堆项目等研发设计工作正在有序开展。制定工艺攻关项目31项。其中核电攻关项目24项，完成16项；民品攻关项目7项，完成6项。其中，定转子环焊缝设备的自行调试，打破了国外设备不能自行处理故障的束缚，大大节约了试验件试制的周期，对核电部件国产化进程、技术上的突破有巨大的推动作用。成功申报专利18项，有2项实用新型专利已经受理。2012年，公司荣获黑龙江省“科技成果转化先进企业”称号。

上海电气集团上海电机厂有限公司根据“立足当前抓治标、放眼长远抓治本”的指导思想，加快推进基础科研、产品发展，以提升后续竞争能力，取得了较好的成绩。全年完成新产品试制26项、工艺攻关39项及新产品研发、科研项目、标准化项目等技术基础工作。加大研发费用投入，全年研发费用占销售收入的比重保持在5%。2012年试制成功的新产品技术含量、档次比较高。自主研制成功的2 100kW高速永磁变频同步电机，结构简单、体积小、重量轻、效率高，运行时无需电流励磁，定子、转子气隙大，控制性能好，转子结构灵活多样，可选范围大，电机各项性能指标优良，在永磁电机产业化方面迈出了关键一步。自主开发了15 000kW、20 000kW大型LNG装备国产化项目压缩机组用高速电动机，实现了国内LNG工程所需技术、装备国产化的突破。

哈尔滨电机厂（昆明）有限责任公司2012年度共计开发了173个规格的电动机新产品（包括改型及高压电机）。“一种车削内大外小轴孔的工具和方法”“一种电机换轴工具及其换轴方法”获得国家发明专利授权。

2012年大型电机行业主要企业新产品完成情况见表5。

表5　2012年大型电机行业主要企业新产品完成情况

型　号	额定功率（kW）	额定电压（kV）	额定电流（A）	额定转速（r/min）	功率因数	效率（%）	过载能力（倍）	转动惯量（kg·m²）
重庆赛力盟电机有限责任公司								
Z710-4B	1 250	0.75	1 750	400/600/1 200		95	1.8	
Z710-4B	1 250	0.75	1 750	500/600/1 200		95	1.8	
Z710-4B	1 500	0.75	2 095	500/600/1 000		95	1.8	
Z630-1	1 000	0.75	1 405	1 000/1 200		95.2	2	
Z450-3A	600	0.44	1 442	1 036/1 500		94.2	2	
Z560-3A	900	0.66	1 443	739		94.2	2	
Z400-3A	400	0.55	780	760		92.8	2.2	
Z630-3	1 250	0.75	1 755	750/1 100		94.9	2	
Z560-2B	700	0.66	1 130	600/1 300		93.8	2.5	
GZ143-5	400	0.63	694	500/1 100		91.9	1.8	
Z450-4A	500	0.66	804	715		94.3	2	
Z400-4A	355	0.66	572	710		93.5	2	
Z630-4B	1 250	0.66	1 998	600/1 200		94.5	2	
Z560-1	630	0.75	890	850/1 200		94.3	2	
Z710-1A	1 500	0.75	2 095	750/1 000		95.2	1.5	
Z450-3A	450	0.66	732	600		93.2	1.8	
Z710-3	1 250	0.66	1 997	500/1 000		94.5	1.8	
YR1430-10	1 000	6	128	593	0.8	94.1	1.8	452
YR1430-12	800	6	110	493	0.75	93.5	1.8	418

（续）

型　号	额定功率（kW）	额定电压（kV）	额定电流（A）	额定转速（r/min）	功率因数	效率（%）	过载能力（倍）	转动惯量（kg·m²）
YRKK900-6	4 000	10	285	997	0.85	95.5	1.8	1 030
YR900-6	4 000	10	284	995	0.85	95.8	1.8	1 030
YRKS800-12	1 600	10	128	495	0.76	94.7	1.8	620
YKK900-10	2 240	10	168	598	0.81	95	1.8	520
YRKK900-8	2 500	11	166	746	0.83	95.6	2.2	974
YPTKS710-6	2 100	10	152	100~1 000	0.84	95.1	1.8	275
Y710-12	950	10	74	496	0.78	95.3	1.8	140
SYKS800-4	4 500	10	301	1 496	0.89	96.9	1.9	445
YRKK800-8	2 800	6.3	317	745	0.84	96.2	1.9	680
YRKK800-10	2 000	6.6	224	596	0.81	95.9	2	845
YRKK710-10	1 200	3.3	282	594	0.78	95.4	1.9	
YR1430-8	1 250	10	94	742	0.81	94.5	1.8	390
YRKK800-6	2 200	10	155	993	0.86	95.4	1.8	542
YPT800-8	1 800	10	132	75~750	0.82	95.7	2.3	550
SYKS710-4	3 000	10	210	1 494	0.86	96	1.8	244
YR1730-8	2 240	10	166	743	0.82	95	1.8	1 021
YRKS710-12	1 250	6	168	495	0.76	94.5	1.8	377
YRKS800-12	1 600	6	205	495	0.78	95.7	1.8	620
YPT710-6	1 600	10	117	100~1 000	0.83	94.8	1.8	220
YPT710-6	1 600	10	132	100~1 000	0.83	94.9	1.8	240
YRKK800-6	2 000	10	146	745	0.83	95.5	2.1	590
YKK800-8	2 240	10	161	747	0.83	96	2.2	675
SYKS710-4	3 000	10	210	1 494	0.86	96	1.8	244
YRKK710-8	1 400	6.6	157	743	0.82	95.1	1.8	300
YKK800-14	1 500	10	117	427	0.77	95.9	2	620
YR1730-12	1 800	6	214	494	0.85	95.1	1.8	1 156
YR1730-12	2 000	6	263	494	0.86	95.3	1.8	1 330
YX710-8-W	1 600	6	193	746	0.83	96.2	1.8	333
YR900-8	3 150	10	230	746	0.83	95.2	2	1 009
YKS1180-2	3 200	6	361	2 985	0.9	96.1	1.8	70
YRKS710-8	1 250	10	93	741	0.82	94.7	1.8	240
YRKK710-6	1 800	10	127	997	0.85	95.7	1.8	250
YKK800-8	2 240	10	161	747	0.83	96	2.2	675
YFM800-12	1 400	6	179	494	0.8	94	2.3	
YRKK710-10	1 250	6	166	594	0.77	94.2	1.8	355
YR1430-8	1 400	10	104	742	0.82	94.6	1.8	432
YR710-12	900	10	71	494	0.77	94.8	1.8	300
YKK710-6	1 600	11	103	996	0.85	95.9	2.3	260
YKK710-6	1 800	11	115	996	0.86	96.1	2.2	290
YRKK1000-8	3 500	10	260	745	0.83	95	1.8	1 727

（续）

型　号	额定功率（kW）	额定电压（kV）	额定电流（A）	额定转速（r/min）	功率因数	效率（%）	过载能力（倍）	转动惯量（kg·m²）
YRKK1000-10	4 000	6.6	432	715	0.84	96.4	1.8	1 778
YR1730-12	1 800	6	214	494	0.85	95.1	1.8	1 156
哈尔滨电气动力装备有限公司								
YKS710-4	3 150	10	217	1 489	0.89	95.5	1.8	380
YKS1000-4	13 500	10	895	1 489	0.9	96.9	1.8	1 215
YKK900-10	3 200	10	229	595	0.83	96.5	1.8	800
YRKK800-6	3 000	10	211	994	0.85	96	2.5	
YKSL3000-14	3 000	6	358	421	0.82	94	1.8	1 580
YLKK2000-14/1730	2 000	6.6	214	422	0.83	93.5	1.8	1 480
YTM710-6	1 700	6	210	993	0.816	95.4	2	295
YBLKS1120-4	1 500	1.4/1.65	717/584	175/440	0.928/0.94	92.9/94.9	2.5/1.75	1 300
YBP1000-8	2 300	3	516	600	0.892	96.1	3	1 120
YBP4100-6	4 100	2.5/3.2	1 119/847	315/980	0.882/0.908	96/96.3	1.75	1 850
YBP5000-6	5 000	2.5/3.2	1 361/1 031	385/1 200	0.881/0.912	96.3/96	1.75	1 900
YBP710-6	1 200	0.55/0.69	3×526/3×390.5	400/1 200	0.939/0.905	95.2/94.8	2.75/1.6	270
YBP2400-4	2 400	2 200/3 200	713/489	360/1 500	0.92/0.93	95/94	2.0/1.5	880
YR6000-12	6 000	10	416	496	0.86	96	3	5 000
YR2000-12	2 000	10	146	496	0.83	95	3	1 450
YBP2800-4	2 800	2.2/3.2	841/566	357/1 500	0.91/0.94	95.5/94.8	2/2	1 100
YLBP1500-12	1 500	0.52/0.69	2 238/1 497	130/260	0.76/0.86	93/95	2.75/2.25	1 400
YBP3600-6	3 600	2.5/3.2	974/743	300/900	0.88/0.9	95.5/96	2.5/1.5	1 560
YBP4800-6	4 800	2.7/3.2	1 233/990	400/1 200	0.86/0.91	96/95.4	2.5/1.5	1 650
YLKK1250-12/1430	1 250	10	96	495	93.5	0.8	1.8	700
YKSL2100-14	2 100	6	271	424	93.5	0.77	1.8	1 380
YLKK1400-14/1600	1 400	6.6	214	422	93.5	0.83	1.8	1 480
TBP4000-16/3150	4 000	3	817	28-56	1	94.7		62 000
TBP5500-4/1500	5 500	1.71/1.74	2×999/2×1006	900～1 500	0.948	98		980
TBP27000-4/2000	27 000	10 000	1 768	1 500	0.9	97	1.5	9 980
TM800-36/2600	800	10	54	166.7	0.9	92.5	2	22 552
TBP6000-4/1500	6 000	2.3/2.6	2×830/2×739	900～1500	0.925	98		1 050
TMW4800-30/3050	4 800	6	532.4	200	0.9	96.5	2.025	17 987
TBP2240-20-3150	2 240	1.14	1 199.9	34	1	94.5		37 005
TBP2800-4/1400	2 800	1.65	1 005.1	600	1	97.5	1.319	415
TBP8000-4/2320	8 000	1.65	2 878.4	160～410	1	97.35		7 806
TBP6500-6	6 500	3.2	1 377.7	200～550	1	97.99		22 132
TM3300-30	3 300	10	217.9	200	0.9	96.22	2.044	16 342
TM2000-30	2 000	10	132.5	200	0.9	95.76	2.387	13 274

（续）

型　　号	额定功率（kW）	额定电压（kV）	额定电流（A）	额定转速（r/min）	功率因数	效率（%）	过载能力（倍）	转动惯量（kg·m²）
TMW2600-30	2 600	10	174.6	200	0.9	95.6	2.177	43 408
TM4300-30	4 300	10	283.4	200	0.9	96.71	2.143	103 192
TM1250-30	1 250	10	83.9	200	0.9	94.47	2.272	36 176
TM1600-30	1 600	10	106.2	200	0.9	95.63	2.27	51 628
T7100-6	7 100	10	469	1 000	0.9	97.1	2.21	65 960
TMW2500-30	2 500	10	174.6	200	0.9	95.6	2.177	43 408
TMW4800-30	4 800	10	319.3	200	0.9	96.53	2.02	103.92
TMW3600-30	3 600	10	240.8	200	0.9	96	2.06	70 476
TMW2600-30	2 600	10	174.6	200	0.9	95.6	2.177	43 408
T8400-6	8 400	10	554.2	1 000	0.9	97.2	2.24	1 895
TBP7000-4	7 000	1.65	2 509.4	200～500	1	97		24 504
TM2200-30/2860	2 200	10	145.7	200	0.9	96.98	2.178	9 629
TBPM1850-30/2860	1 850	10	122.9	200～210	0.9/1.0	95.58	2.097	12 907
TBP3150-20	3 150	3.15	603.4	48	1	95.78	2	37 500
TBP900-20	900	1.14	479.8	65	1	94.91	2	14 000
TBP4500-16	4 500	1.65	1 633.7	50～100	1	96.48		42 100
TLBP22500-10	22 500	3.1	4 270	528～600	1	98.24		90 000
TBPY20000-2	20 000	10	1 184	4 800	1	97.5		600
Z710-4B	1 237	660	2 000	360/800		93.71	1.4/1.3	573.1
Z990/270	1 400	750	2 000	1 000		93.33	2	342.5
Z1000-4	3 000	950	3 350	400/650		94.3	2.0/1.6	1 598
Z1350/470	2 650	800	3 520	500/750		94	2.5/2.0	1 425
Z2500/1400	4 200	1 000	4 700	50/100		89	2.5/1.6	32 450
Z3200/1210	6 000	1 100	6 005	50/100		90.2	2.5/2.0	75 750
ZKJ2150/500	700	660	1 210	54		87	2	7 800
ZKJ2500/400	1 000	850	1 400	48		83	2	12 000
ZKJ3100/530	2 600	900	3 310	57.29		87.28	2	30 500
上海电气集团上海电机厂								
YZBP7500-6	7 500	3.05	1 658	1 200	0.898	96.7	2	
TG2000-56	2 000	6	225	107.1	0.9	95.05	2	27 400
YZBP5250-6	5 250	2.15	1 645	280	0.898	95.9	2	
TDZB7000-16	700	2.95	721	80	1	95	2	118 000
YZBP2800-6	2 800	1.1	1 710	250	0.911	94.4	2.2	
哈尔滨电机厂（昆明）有限责任公司								
YKK710-10P	1 000	10	102.5	595	0.83	94.95	2.32	463.9
东方电气集团东方电机有限公司								
BPY6000-12	6 000	6.9	625	475/600	0.83	96.5	2	2 437
BPY12500-16	12 500	8	1 096	20/360	0.85	97	1.8	12 342
BPYL900-6	1 500	0.51/0.69	2 027	160/380	0.89	94	3	1 240
Y25000-4	25 000	10	1 627	1 495	0.91	97	2	2 114
TDS8000-6	8 000	10	529	1 000	0.9	97	1.8	1 879

（续）

型　号	额定功率（kW）	额定电压（kV）	额定电流（A）	额定转速（r/min）	功率因数	效率（%）	过载能力（倍）	转动惯量（kg·m²）
BPT4800-12	4 800	3.15	916	60/120	1	94.5	1.2	16 366
BPT6400-4	6 400	2.4/2.75	850	1 000	0.92	97.5	0.6	840
ZJD250/115-14	2 800	0.75	4 150	50/100		90	2.5	24 500
T8000-8/2150	8 000	10.5/5.25	440	750/900	0.85	96.5	1.8	3 600
ZFS1200-540	3 200	0.75	4 490	750/900		94.8	2	680

质量及认证　2012年，长沙电机厂有限责任公司顺利通过ISO 9000质量管理体系监督审核、高效电机节能认证质量管理体系监督审核、3C认证质量管理体系现场检查以及防爆电机生产许可证内部检查与整改验收。3月，完成了高压防爆电机（H355～560）的认证工作，获得了增项后的全国工业产品生产许可证证书，证书编号为XK06-014-01079，有效期5年。

重庆赛力盟电机有限公司中电机一次交检合格率达到88.4%，经重庆市质量技术监督局的产品监督抽查，YKK400-4-WF1 IP54/400kW/6 000V产品各项指标合格。2012年，该公司Y、YKK、YKS等6个系列836个规格（H355～1000）产品进入国家第二批“节能产品惠民工程”推广目录，Y3系列（H160～355）电动机获得高能效产品认可。

湘潭电机股份有限公司质量管理部组织各单位对交流电机、直流电机、牵引电机、风电、百吨车、机车、军品、水泵等大类产品进行识别，寻找共性技术质量问题予以持续改进项目立项，经专家评审确定了134个公司级质量持续改进项目。2012年集团公司各单位报告QC成果80个，共创可计算节约价值466.7万元。6月，在湖南省机械装备工业2011年度质量管理成果发表暨表彰大会上，公司团队申报的6个QC成果和2个质量信得过班组全部荣获特等奖和一等奖，湘电集团有限公司获得“2011年度湖南省机械装备工业质量标杆企业”称号，公司总经理陈飞翔获得“2011年度湖南省机械装备工业质量管理卓越领导人”称号，江清波等5人获得了“2011年度湖南省机械装备工业质量管理优秀质量工作者”称号。7月，在银川市召开的全国机械工业第31次质量信得过班组和质量管理小组代表大会上，电机事业部“倾情”QC小组、特电事业部“远航”QC小组获全国机械工业优秀质量管理小组一等奖，特电事业部308车间大刨铣班获全国机械工业优秀质量信得过班组一等奖。“倾情”QC小组的“提高定子铁心顾客满意率”作为示范项目进入总结表彰大会进行成果演示。湘电集团有限公司荣获“全国机械行业群众性质量管理活动优秀企业”称号。

哈尔滨电气动力装备有限公司持续改进和完善质量体系，适时对《质量手册》进行完善和升版，全年通过9家单位13次外部质量体系检查。部署和安排管理提升工作，共梳理出13个方面69项问题。

上海电气集团上海电机厂有限公司把提升质保体系运行质量、实现产品实物质量突破作为立足点，编制了“2012年质量管理体系提升计划”，明确各课题的目标、措施、负责人及完成时间，纳入季度质量绩效考核。同时强化员工的质量意识和岗位技能培训，建立“工艺纪律执行有效性督查机制”，有效地管控产品质量的生产过程，取得良好成效。通过对质量管理体系的第三方审核、第二方审核、内部质量审核、创上海市政府质量奖、国家质检总局出口免验到期续延审核等工作，系统梳理质保体系运行情况，及时发现、解决问题，确保体系对内部运行、对合格分供方管控的有效性，取得了良好实效，巩固和提高了质量管理水平和产品实物质量。2012年顾客满意度达87.75%，获“中国质量诚信企业”“上海市卓越质量管理先进企业”称号，公司总经理荣获上海市质量金奖，产品获上海市名牌产品称号。

基本建设及技术改造　长沙电机厂有限责任公司以方便制造为目的，工艺改革层出不穷。为保证防爆电机的质量，跟踪指导防爆电机装配，避免了因装配工艺而导致擦内盖的情况。验证确认轴承内盖的加工工艺，确保防爆电机轴承内盖的质量。完成水压试验保护工装及中型端盖水压试验工装，很好地保证水压试验安全、有效地进行。设计完成Y3-355 380V冲片复式冲孔落圆模，缩短了生产周期，为Y3-355电机顺利推广奠定了基础。

2012年，随着新厂房使用过渡期的结束，长沙电机厂有限责任公司基本建设及工程款项陆续完工交付。土地和固定资产投资726万元，其中房屋和建筑物投资490万元、机器设备191万元、运输工具45万元，相对前两年都有所回落。2012年对VPI真空压力浸漆设备进行了工艺改造，今后的技改投入将着重于技术、工艺的改造。

湘潭电机股份有限公司加快传统产业升级换代，围绕核心能力、关键工艺，加大技改投入，全年完成技改技措35项。积极推广高效节能电机，全年向国家财政部“节能产品惠民工程”上报高效电机100万kW。启动结构调整项目，加快推进电机中型柔性生产线、线圈生产线、牵引柔性生产线等项目建设进度，生产方式朝规模化、自动化、智能化方向发展。

2012年大型电机行业主要企业固定资产投资完成情况见表6。

表 6 2012 年大型电机行业主要企业固定资产投资完成情况

企业名称	固定资产投资（万元）	同比增长（%）	基本建设投资（万元）	同比增长（%）	技术更新改造投资（万元）	同比增长（%）
东方电气集团东方电机有限公司	20 459	-54.60	10 354	-24.44	10 105	-67.78
上海电气集团上海电机有限公司	9 881	-21.08	787		9 094	-27.36
重庆赛力盟电机有限公司	2 280	-53.27	1 830	-55.83	450	-38.86
哈尔滨电气动力装备有限公司	11 820	-55.04	9 415	-63.11	1 230	60.57
长沙电机厂有限责任公司	726	-91.94	490	-94.37	236	-24.36
山东齐鲁电机制造有限公司	20 489	53.22			20 489	53.22

对外合作 上海电气集团上海电机有限公司与富士电机签署了合资意向书，旨在通过合资，获得最先进的技术，推进公司“十二五”发展战略。

管理及改革 2012 年 8 月起，长沙电机厂有限责任公司实施管控模式改革，涉及子公司的成立、机构人员的竞聘等。公司调整企业管控模式，以集团总公司为母公司，下设大、小电机公司，特种电机公司，资产管理公司，物业管理公司 5 个全资子公司和 1 个电工材料控股子公司，实施分级管控模式，以销售为龙头的经营模式基本形成。

哈尔滨电气动力装备有限公司对机构设置、部门职能进行了较大调整，管理重心下移，制造部门的管理工作、管理水平有了一定的提高。先后在设计、工艺和电机制造部等部门试点薪酬改革，对非计时计件人员月度奖金分配办法进行了调整，加大了部门调整、分配权限。公司将生产部各生产工段及部分职能班组从生产部分离，成立电机制造部，负责常规产品的制造；成立核电制造部，负责所有核电产品、大型电动机、批量电动机的生产以及泵产品、高端产品的生产；成立重大建设项目管理办公室，确保重大建设项目顺利进行；将采购职能与仓储职能分离，仓储室从物资供应部划分到生产部。

上海电气集团上海电机厂有限公司强化、突出降本增效工作，主要是做好目标成本管理和落实降本指标两方面工作。将一些业务金额大、影响面广、盈利能力不佳的产品，作为目标成本专项推进内容，如包钢新体系 2250 主轧机项目、中型 Y 系列电机，在控制产品成本的同时提高成本管理水平，建立成本管控机制，取得了良好成果。落实降本指标，重点抓技术降本、采购降本和管理降本。全年实现降本金额 1.56 亿元。在人工成本大幅增长、市场竞争十分惨烈的情况下，毛利率稳中有升，全年达到 19.5%，比上年实际上升 2 个百分点。2012 年是上海电气“管理年”。按照把企业发展战略和年度重点工作有效落实到基层的思路，管理进步方面的重要工作是推进班组建设。班组建设工作的重点是现场管理、工艺纪律和质量管控、安全生产。经过上海市质量审核中心评审，线圈分厂旋绕工段及嵌线工段被评为五星级现场，中型电机分厂被评为四星级现场。

〔撰稿人：中国电器工业协会大电机分会王金华〕

中小型电机

生产发展情况 2012 年，中小型电机行业生产、销售呈现逐季下行趋势，主要经济指标“全线飘红”；电机出口一路下滑；利润总额同比下降；期末产成品存货增加，订货量下降；货款回收困难，应收应付账款高位运行；行业经济运行质量下降。

2012 年，72 家企业完成工业总产值 521.06 亿元，比上年减少 37.38 亿元，同比下降 6.7%；产品销售收入达到 540.55亿元，比上年减少 20.23 亿元，下降 3.6%；行业实现利润 28.1 亿元，比上年减少 4.7 亿元，下降 14.2%；工业总产值、产品销售收入、利润总额均比上年下降。2012 年中小型电机行业 72 家企业主要经济指标见表 1。2012 年中小型电机行业经济效益综合指数前 20 名企业见表 2。

表 1 2012 年中小型电机行业 72 家企业主要经济指标

序号	指标名称	单位	2012 年	2011 年	2012 年与上年相比	
					增加额	增长率（%）
1	工业总产值	万元	5 210 641	5 584 487	-373 846	-6.7
2	工业增加值（含应交增值税）	万元	1 233 487	1 385 399	-151 912	-11.0
3	工业销售产值	万元	5 043 758	5 407 651	-363 894	-6.7
4	产品销售收入（不含税）	万元	5 405 452	5 607 772	-202 319	-3.6

（续）

序号	指 标 名 称	单位	2012年	2011年	2012年与上年相比	
					增加额	增长率（%）
5	货款实际回收额	万元	5 787 911	5 820 795	-32 885	-0.6
6	产品销售成本	万元	4 410 635	4 590 519	-179 884	-3.9
7	产品销售费用	万元	221 090	212 593	8 497	4.0
8	产品销售税金及附加(不含应交增值税)	万元	29 779	26 263	3 516	13.4
9	管理费用	万元	365 476	356 654	8 823	2.5
10	财务费用	万元	125 990	102 288	23 703	23.2
11	其中:利息支出	万元	117 277	93 608	23 668	25.3
12	其他业务利润	万元	22 488	23 001	-513	-2.2
13	利润总额	万元	280 901	327 532	-46 632	-14.2
14	平均流动资产	万元	5 101 435	4 547 569	553 866	12.2
15	期末资产总额	万元	7 581 437	7 135 493	445 945	6.2
16	期末负债总额	万元	4 753 251	4 561 264	191 987	4.2
17	期末产成品存货	万元	532 461	458 107	74 354	16.2
18	期末应收账款净额	万元	1 467 454	1 272 683	194 771	15.3
19	期末应付账款	万元	1 067 239	1 095 856	-28 618	-2.6
20	本年订货总量(含上年为当年订货数)	万 kW	18 225.3	20 008.7	-1 783.4	-8.9
21	从业人员劳动报酬	万元	312 529	290 964	21 565	7.4
22	从业人员平均人数	人	77 212	77 579	-367	-0.5
23	应交增值税	万元	144 389	138 813	5 576	4.0
24	平均资产总额	万元	7 387 119	6 394 076	993 043	15.5
25	期末所有者权益	万元	2 827 760	2 590 949	236 812	9.1

注:以上汇总数据包含上报中国电器工业协会中小型电机分会统计的大型电机和小功率电机企业。

表2　2012年中小型电机行业经济效益综合指数前20名企业

名次	企 业 名 称	经济效益综合指数	总资产贡献率（%）	资本保值增值率（%）	产品销售率（%）
1	上海日用-友捷汽车电气有限公司	475.2	20.6	108.1	91.7
2	浙江西子富沃德电机有限公司	403.3	18.9	144.7	94.0
3	六安江淮电机有限公司	357.1	26.3	126.7	100.0
4	中电电机股份有限公司	335.5	18.1	130.9	90.9
5	安徽皖南电机股份有限公司	314.5	16.8	119.9	100.2
6	大速电机有限公司	309.0	77.2	120.5	99.5
7	南阳防爆集团股份有限公司	301.6	20.3	116.8	94.5
8	卧龙控股集团有限公司	295.8	11.9	110.6	99.4
9	江苏锡安达防爆股份有限公司	279.7	15.1	116.9	97.5
10	浙江中源电气有限公司	270.6	28.7	132.5	100.0
11	宁夏西北骏马电机制造股份有限公司	268.1	14.5	117.4	69.4
12	大连日牵电机有限公司	252.3	22.6	123.6	101.3
13	山东华力电机集团股份有限公司	249.0	15.2	105.3	100.4
14	广东江门电机股份有限公司	248.7	29.8	168.4	119.4
15	佳木斯电机股份有限公司	242.2	14.1	117.2	98.3

（续）

名次	企 业 名 称	经济效益综合指数	总资产贡献率（%）	资本保值增值率（%）	产品销售率（%）
16	浙江金龙电机股份有限公司	232.0	8.6	193.3	95.8
17	江西特种电机股份有限公司	217.8	9.7	105.8	105.5
18	无锡华达电机有限公司	215.6	13.3	116.8	96.6
19	杭州新恒力电机制造有限公司	214.8	16.6		105.8
20	中国长江航运集团电机厂	212.1	10.3	103.6	99.5

注：上述排名包含上报中国电器工业协会中小型电机分会统计的大型电机和小功率电机企业。

2012 年仅有 9 家盈利企业的工业增加值、电机收入及销量、回款总额、利润总额、人均收入、所有者权益 6 项指标实现同时增长。许多企业流动资金吃紧，行业期末存货、应收账款与上年相比，均有较大增长；应付账款比上年略有回落，企业资金回笼的压力及风险进一步加大。

72 家企业中有 33 家企业利润下降，占企业总数的 46%；有 12 家企业亏损，占企业总数的 17%，其中 2 家企业减亏，5 家企业亏损加剧，5 家企业新步入亏损。

2012 年 72 家企业主要指标变化情况见表 3。

表 3　2012 年 72 家企业主要指标变化情况

指 标 名 称	变化情况	企业数（家）	占企业总数（%）	指 标 名 称	变化情况	企业数（家）	占企业总数（%）
电机总产量	下降	42	58.3	期末所有者权益	增长	52	72.2
销售收入	下降	47	65.3	成品存货	增长	41	56.9
工业增加值	增长	35	48.6	负债总额	上升	36	50.0
货款回收总额	增长	25	34.7	应收账款净额	增长	41	56.9
企业利润	下降	33	45.8	应付账款	增长	34	47.2
亏损企业		12	16.7	利润总额超过 6 000 万元		12	16.7
人均收入	增长	50	69.4				

产品分类产量　2012 年小型交流电动机产量比上年下降 7.7%，大中型交流电动机产量比上年下降 3.7%，大中型电机产量降幅小于小型交流电动机；一般交流发电机产量比上年下降 14.8%，直流电动机产量比上年下降 10.1%。全行业总产量达到 16 703.8 万 kW，比上年减产 1 225.5 万 kW，降幅 6.8%。出口产量达到 2 495.1 万 kW，比上年下降 5.3%。2012 年中小型电机行业 72 家企业的产品产量见表 4。2012 年中小型电机行业产量超 600 万 kW 的 10 家企业见表 5。

表 4　2012 年中小型电机行业 72 家企业的产品产量

序号	指 标 名 称	2012 年（万 kW）	2011 年（万 kW）	比上年增长	
				数额（万 kW）	增长率（%）
1	小型交流电动机	8 941.3	9 686.0	−744.7	−7.7
2	大中型交流电动机	6 145.9	6 382.5	−236.6	−3.7
3	一般交流发电机	1 003.6	1 178.6	−175.0	−14.8
4	直流电动机	613.0	682.2	−69.2	−10.1
5	在总产量中：出口产品产量	2 495.1	2 635.1	−140.0	−5.3

表 5　2012 年中小型电机行业产量超 600 万 kW 的 10 家企业

序号	企 业 名 称	总产量（万 kW）	序号	企 业 名 称	总产量（万 kW）
1	山东华力电机集团股份有限公司	1 169.0	6	南阳防爆集团股份有限公司	872.0
2	上海电气集团上海电机厂有限公司	1 127.6	7	江苏大中电机股份有限公司	729.0
3	佳木斯电机股份有限公司	1 010.3	8	六安江淮电机有限公司	716.9
4	卧龙控股集团有限公司	915.7	9	安徽皖南电机股份有限公司	676.0
5	湘电集团有限公司	905.5	10	西安泰富西玛电机有限公司	637.0

市场及销售 2012年中小型电机行业经济发展中不平衡、不协调、不可持续的矛盾和深层次问题凸显：一是中低端产品产能过剩、行业经济增长存在较大下行压力，出口面临的困难加大；二是产品结构调整任务艰巨，推广高效节能产品依然存在阻力与困难；三是原材料波动、劳动用工等成本上升导致利润下降。此外，在紧缩政策和内外需回落双重夹击下，装备制造业、钢铁产业等部分下游企业出现了多年未遇的停产现象，国家对房地产的调控也给上下游的相关行业带来较大影响，电机行业许多企业合同持有量减少，合同签订率下滑，以致到了第四季度，部分企业出现产能放空现象。从行业统计数据看，在人民币持续升值、外需下降的复杂形势下，一季度出口增长回落，二季度出口电机收入与一季度相比下滑6.7%；下半年出口电机收入和出口电机量环比继续下滑，双双出现负增长。年末累计出口电机2 728.1万kW，比上年减少304.3万kW，下降10.0%；出口电机收入52.33亿元，比上年减少2.12亿元，下降3.9%。在43家出口企业中，25家企业销量减少（减少428.6万kW），占58.1%；有18家企业销量增加（增加124.3万kW），占41.9%。

2012年中小型电机行业销售情况见表6。2012年中小型电机行业产品销售收入突破10亿元的11家企业见表7。2012年中小型电机行业电动机销售收入突破10亿元的10家企业见表8。

表6 2012年中小型电机行业销售情况

序号	指标名称	单位	2012年	2011年	比上年增长	
					增加额	增长率（%）
1	产品销售收入（不含税）	万元	5 405 452	5 607 772	-202 319	-3.6
2	其中：电动机收入	万元	3 712 869	3 921 636	-208 767	-5.3
3	发电机收入	万元	269 981	315 585	-45 604	-14.5
4	总收入中：出口收入	万元	523 282	544 493	-21 211	-3.9
5	产品销售总量	万kW	16 243.4	17 821.1	-1 577.7	-8.9
6	其中：电动机销售量	万kW	15 273.4	16 651.6	-1 378.3	-8.3
7	发电机销售量	万kW	880.4	1 159.6	-279.2	-24.1
8	总销量中：出口销售量	万kW	2 728.1	3 032.4	-304.3	-10.0

表7 2012年中小型电机行业产品销售收入突破10亿元的11家企业

序号	企业名称	销售收入（万元）	序号	企业名称	销售收入（万元）
1	湘潭电机股份有限公司	1 251 685	7	西安泰富西玛电机有限公司	120 663
2	卧龙控股集团有限公司	865 049	8	六安江淮电机有限公司	120 146
3	佳木斯电机股份有限公司	283 211	9	安徽皖南电机股份有限公司	114 280
4	上海电气集团上海电机厂有限公司	282 905	10	浙江西子富沃德电机有限公司	104 254
5	南阳防爆集团股份有限公司	245 682	11	江苏大中电机股份有限公司	103 990
6	山东华力电机集团股份有限公司	221 373			

注：上述排名包含上报中国电器工业协会中小型电机分会统计的大型电机和小功率电机企业。

表8 2012年中小型电机行业电动机销售收入突破10亿元的10家企业

序号	企业名称	销售收入（万元）	序号	企业名称	销售收入（万元）
1	卧龙控股集团有限公司	643 186	6	湘潭电机股份有限公司	152 024
2	佳木斯电机股份有限公司	283 211	7	西安泰富西玛电机有限公司	120 663
3	南阳防爆集团股份有限公司	245 682	8	六安江淮电机有限公司	120 146
4	上海电气集团上海电机厂有限公司	235 066	9	安徽皖南电机股份有限公司	114 280
5	山东华力电机集团股份有限公司	217 173	10	江苏大中电机股份有限公司	103 990

注：上述排名包含上报中国电器工业协会中小型电机分会统计的大型电机和小功率电机企业。

随着宏观经济调控的进行，GDP增速放缓，工程建筑、冶金机械、电力行业对电机的需求明显减少，长沙电机厂有限责任公司小电机合同锐减。该公司针对细分市场和特殊领域，结合公司产品竞争力实施抓大放小策略，大力推广高压高效电机，加快淘汰现有的高耗能老旧电机，积极向高新产业尖端领域靠拢，带动了高压电机市场的增长；小电机立足于湖南市场，稳固并发展低压大功率和非标型号电机，加快防爆、核级电机的前期筹备工作，尽快促使其形成产业化。2012 年实现交流电动机产量 155.2 万 kW，同比下降 36.3%；电机总产值 2.9 亿元，同比下降 34.8%；销售交流电动机 163.6 万 kW，产销率 105%；主营业务收入 31 576 万元，同比下降 29.5%；回笼资金 3.4 亿元，同比下降 32%。由于销售总额下滑，主营业务利润萎缩，加上用工成本增长，管理费用、财务费用增幅过快，公司亏损 2 025 万元，亏损进一步加剧。

重庆赛力盟电机有限责任公司订货总量比 2011 年有所下降，交流电动机、一般发电机、直流电机三大类产品产销呈两降一升态势。主打产品交流电动机销售收入下降，完成销售 42 906 万元，降幅 26.69%，占总收入的 75.90%；一般发电机销量增幅较大，销售收入 6 256 万元，比上年增长 25.85%；直流电机销售收入 2 361 万元，比上年下降 46.15%，但仅占总收入的 4.18%。2012 年公司产出不足，市场消化了部分存货，产销率为 103.41%，同比下降 3.08%。该公司 2012 年实现工业总产值 51 189 万元，比上年下降 23.25%；完成主要产品产量 291.33 万 kW，比上年下降 12.01%；实现销售收入 56 528 万元，比上年下降 16.72%，其中出口电机 6 412 万元，比上年增长 50.98%；产品销售回款 62 450 万元，比上年下降 24.02%；实现利润总额 1 767 万元，比上年下降 36.9%。

中国长江航运集团电机厂实施了稳健的降价策略，以保障应收货款的收缴，但是电机销量同比下滑 20%，造成销售收入较大幅度下降，全年实现销售收入 23 366 万元，同比下降 20.38%。受人工成本与研发费用支出幅度加大及银行融资成本的增加等因素影响，企业利润大幅下降，全年利润总额 252 万元，同比下降 58.82%。

山西电机制造有限公司因市场景气指数下降、供排产的订单量减少，不得不调整销售价格，双重原因导致销售收入下降。2012 年，该公司产品销售收入 13 376.8 万元，同比下降 5.53%，其中出口电机收入 1 726.38 万元，略有上升；利润总额比上年有所提高。

兰州电机股份有限公司面对供过于求，普通电机合同明显不足的情况，强化销售政策力度，加大对风电机组、特种电机（特殊用途、军工产品、核电配套）、高效节能电机等新产品开发的投入，加快产品结构调整和产业转型升级步伐，2012 年工业总产值同比增长 16.7%。公司不断拓展海外市场，积极调整出口结构，在继续保持出口小型电动机的格局下，出口大中型电机 173.4 万元，全年自营出口创汇 339.52 万美元。

西安泰富西玛电机有限公司加大中型高压交流电动机和 Z4 直流电动机的推广力度，2012 年逆势上扬，成为工业增加值、电机销量及销售收入、回款总额、利润总额、人均收入、所有者权益六项指标同时增长的盈利企业。全年电机产品销量 626 万 kW，比上年增长 21.29%；其中高压电机占比达 47.7%，Z4 直流电动机占比达 11.6%。实现销售收入 120 663 万元，比上年增长 24.35%；实现利润 6 165 万元，比上年增长 150%。

山东力久特种电机有限公司近年来狠抓产品质量和售后服务，购置了先进的加工和检测设备，引进了优秀的专业技术人才，保证了产品的更新创新，先后获得了山东省名牌产品和山东省著名商标称号。2012 年实现销售收入 17 917 万元，其中出口电机销售收入 2 098 万元，均比上年有所增长。

六安江淮电机有限公司在市场需求疲软、用工成本增加等因素的影响下，主要经济指标虽比上年有所下降，全年仍实现销售总量 717.4 万 kW，销售收入 120 146 万元，利润总额 11 176 万元。

福建福安闽东亚南电机有限公司通过细分市场、改变营销策略等方式，探索差异化经营，不断提高竞争能力，挤进了长期由国外品牌垄断的高端市场。该公司采用新专利技术研发的混合动力客车用水冷异步电机、混合动力汽车发电机、纯电动汽车驱动电机、中频永磁发电机、SLG 无刷发电机等新产品逐步进入市场，同时积极寻求渠道进军海外市场，优化服务，取得了良好的销售业绩。2012 年，该公司实现销售收入 20 631 万元，比上年增长 12%；实现利润总额 632 万元，比上年增长 28%；出口电机 1 331 万元（2011 年出口额为零）。

浙江西子富沃德电机有限公司按照当前电梯市场的产品速度、行业集中度、区域规模、客户性质及竞争对手的营销范围细分市场，中速无齿轮曳引机注重品质和成本的控制，同时加大低速无齿轮曳引机和超高速无齿轮曳引机的开发、销售力度，以产品优势维护顾客群；国际市场以南美洲和亚洲为主，逐步向北美洲和欧洲发展，国际市场的销售额及销售比例逐年上升。2012 年公司发运 6.8 万台，实现销售收入 104 254 万元，纳税总额 6 020 万元，利润总额 12 333万元，市场占有率 31%，新产品产值率 85%。

南车株洲电机有限公司对风力发电机、高压电机、油田电机、电动汽车用电机、铁路用电机等市场进行细分，有选择性地开拓市场新领域，与国外企业合作，或通过贴牌生产美国标准环保节能高压电机，快速实现高压电机批量生产，确保了产品利润。2012 年该公司实现销售收入 25.31 亿元，人均销售收入 102.4 万元，利润总额 1.31 亿元；其中风力发电机产品及工业特种电机产品销售收入 68 256 万元，占公司销售收入的 26.96%。

南阳防爆集团股份有限公司国内产品销量与销售收入双双下滑，国内市场全年实现销售收入 21.19 亿元，较 2011 年下降 2.6%；其中主导产品防爆电机实现收入 17.25 亿元，同比下降 4%左右。该公司在抢占国内市场的同时，不断拓宽外贸渠道，注重与高端用户的纵深合作，2012 年电机外贸产销保持较高增速，在较高价格的带动下，全年实现出口收入 3.368 亿元，同比增长 43%；其中主导产品防爆电机出口收入 1.14 亿元，同比增长 48%。

佳木斯电机股份有限公司受石油石化、钢铁、煤炭开采、汽车和机械设备行业增速持续下滑的影响，在原有行业订单不足的情况下，积极拓展新兴行业，加大与配套主机厂的联系，重点跟踪项目业主，加大宣传力度，力荐公司优势产品，争取每一笔订单。2012 年，该公司产品产量达到 1 010.28 万 kW，其中小型交流电动机 262.67 万 kW，大中型交流电动机产量 747.61 万 kW，成为电机行业中第三个突破 1 000 万 kW 大关的企业。该公司完成工业总产值 278 326 万元，工业增加值 273 530 万元，实现销售收入 283 211 万元。

浙江琦星电子有限公司抓住工业缝纫机将从传统的机械类产品向机电一体化产品过渡的市场变化机遇，积极开发电机控制技术，研制了伺服电动机及其控制系统以适应缝纫设备的升级换代。该产品填补了缝制伺服电动机及其驱动控制系统国际空白，当前该公司生产的主导产品缝纫机用伺服电动机及其控制系统占市场总额的 15%。2012 年公司在市场不利的情况下逆势上扬，全年实现销售收入 27 276万元、利润 3 783 万元，同比分别增长 65%和 136%。

山东华力电机集团股份有限公司紧跟国家产业政策导向，逐步淘汰 Y 系列、Y2 系列电机，在国内继续加大专用电机的推销力度，普通电机所占销售比重持续下降，专用电机的比重呈上升趋势；加大了高效电机推广力度，高效电机销售比重呈缓慢增长态势；加强外销渠道拓展，出口电机 277 万 kW。2012 年该公司生产小型交流电动机 1 052 万 kW，大中型交流电动机 105 万 kW（其中高压电机 68 万 kW），风力发电机 12 万 kW。全年实现销售收入 221 373 万元，其中出口电机 46 604 万元；利润总额 5 875 万元。

安波电机集团有限公司在国内外经济错综复杂，电动机行业生产、销售逐季下行的大环境下，整机销售额达 6.78 亿元，同比增长 8%，其中国内销售 1.73 亿元，约占总销售额的 25%；完成工业总产值 6.86 亿元，产销率达 98.83%。该公司 75%的电机产品销往欧洲和东南亚地区，实现出口额 8 201 万美元，其中三相电动机占总出口销售额的 73%，单相电动机占总出口销售额的 27%。

珠海凯邦电机制造有限公司在开拓高端空调电机市场领域的同时，积极开拓海外市场，2012 年产销电机 5 000 万台，销售额达 25 亿元，其中高端的直流无刷电机增量明显；出口印度尼西亚及中国台湾空调电机 1.1 万台，出口额 9.7 万美元。

无锡华达电机有限公司出口订单明显下滑，2012 年内外销售占比分别为 68.7%、31.3%。电机出口额和出口量比上年双双下降 20%以上，国内市场继续保持在压缩机、水泵两大领域的优势。公司全年生产电机 354 万 kW，同比下降 33%；销售电机 352 万 kW。实现产品销售收入 6.25 亿元，同比下降 23%；实现利润总额 6 042 万元，与上年相比略有提高。

福建闽东电机有限公司进一步发挥闽东电机、三禾电器在国际市场的品牌影响力，并运用其销售渠道扩大电机和水泵的出口。特别是三禾电器在水泵的市场拓展上，坚持以客户需求为导向，形成了新的增长点，在国内同行业出口普遍下滑的情况下，三禾电器水泵出口年增长仍达到 33.33%。

2012 年中小型电机出口额前 10 名企业见表 9。

表 9　2012 年中小型电机出口额前 10 名企业

序号	企业名称	出口创汇额（万美元）	出口量（万 kW）	出口国家或地区
1	浙江金龙电机股份有限公司	8 482.9	353.1	澳大利亚、意大利、德国、西班牙等
2	山东华力电机集团股份有限公司	7 397.0	277.0	欧洲、中东地区、南非、韩国、东南亚、俄罗斯等
3	河北电机股份有限公司	2 947.0	79.9	北美、南美、欧洲、澳大利亚、韩国、日本
4	江苏大中电机股份有限公司	2 805.0	127.0	美国、德国、土耳其、比利时、西班牙、俄罗斯、丹麦等
5	无锡华达电机有限公司	2 502.0	95.0	欧洲、美国、日本、印度、韩国、南非、新加坡
6	南阳防爆集团股份有限公司	2 488.0	111.5	美国、澳大利亚
7	江苏清江电机制造有限公司	2 162.0	131.0	西欧、北非、东南亚、日本等
8	湘潭电机股份有限公司	1 994.2	44.2	苏丹、巴基斯坦、印度尼西亚、南非
9	衡水电机股份有限公司	1 764.0	68.0	北美、欧洲
10	重庆赛力盟电机有限责任公司	1 050.2	26.4	泰国、印度、柬埔寨、马来西亚、土耳其、俄罗斯、缅甸

注：按电机产品出口创汇额排名。

科技成果及新产品　上海电机系统节能工程技术研究中心有限公司自主研发的 YE2 系列高效三相异步电动机（机座号 80~355）被认定为 2012 年度上海市专利新产品。该产品功率等级与机座号的对应关系可与德国 DIN42673 产品相媲美，效率比普通三相异步电动机提高 3%左右；拥有核心技术发明专利授权 3 项、实用新型专利 7 项、软件著作权 2 项。该产品技术已成功转让近 50 家企业。

上海电科电机科技有限公司承担的“863”计划课题——达到 IE3 标准的节能型三相异步电动机核心技术研究于 2012 年 7 月通过了科技部验收。该课题完成了电机效率的不确定度评价技术、低不确定度的电机效率测试方法和确定杂散损耗的核心技术研究、低不确定度的电机效率自动测量核心技术研究、降低超高效电机各类损耗等核心技术研究，形成了多项拥有自主知识产权的核心技术，共申请专利7项，软件著作权1项；发表论文9篇；制定国家标准2项。

2012年2月4日和5日，上海电气集团上海电机厂有限公司自主研制的国内最大功率17MW正压型防爆异步电动机和国内最大功率36MW无刷励磁同步电动机，分别通过由中科院院士汪耕、清华大学教授李发海领衔的专家组鉴定。专家组一致认为：电机设计合理、性能优良，填补了国内空白，主要技术指标达到国际同类产品先进水平，具备批量生产条件。

山东力久特种电机有限公司研制的DYTS系列大功率永磁同步力矩伺服电动机系统为山东省重点技术创新项目，通过了省级成果鉴定，获威海市科技进步奖二等奖。TYPL永磁变频螺杆泵专用电机系统通过了省级成果鉴定，该系统设计新颖、工艺先进，具有明显的节能效果，填补了国内空白，达到了国际先进水平，获得10项专利授权，获威海市科技进步奖三等奖。KYGJ空气压缩机用高效电动机系统研发项目列入了山东省科技攻关计划。该系统是由高效空压机专用变频电机和空压机专用智能控制系统组成的一体化装置，通过变频器调节电动机的频率，从而改变电动机的转速，能精准控制空气压缩机的输出压力，完美匹配电动机和负载，达到节能目的。该项目已经完成产品研发和试制。NEMA系列大转矩电机研发项目列入山东省科技发展计划(政策引导类)。该系列电动机是全封闭自扇冷式电动机，按照美国电机制造商学会NEMA标准设计和制造，是出口北美地区的产品，适用于要求起动转矩高、起动电流小、运行过程转差较大的重负载场合，具有噪声低、振动小、安全可靠等优点，已经完成产品研发和试制。

2012年2月，中国长江航运集团电机厂与华中科技大学共同完成的船舶轴带无刷双馈交流发电系统通过了湖北省科技厅组织的科技成果鉴定，鉴定结论为：该项目技术为国际首创，达到国际先进水平。该厂与华中科技大学共同承担的“轴带无刷双馈交流发电系统系列化应用于固定桨船舶并实现产业化”项目列入工信部2012年国家重大科技成果转化项目，并获得项目资助。特种电机按需制造模式下的信息化综合集成与创新项目获批为2012年信息化和工业化深度融合专项资金项目，并获得项目资助。由该厂与华中科技大学、中船重工集团和中国船级社共同承担的400kW级定距桨船舶无刷双馈轴带发电机技术研究项目列入工信部2012年高技术船舶科研计划项目，并获得项目资助。

2012年，南昌康富电机技术有限公司共有9个项目申报了江西省科技厅重点新产品项目计划和江西省工信委新产品项目计划，并顺利通过省级鉴定。其中SB-HW4Z-200高效励磁船用轴带发电机、400kW高效励磁大功率单相发电机、120kW高速隐极同步发电机和KF-W4.D-800Q电动轮自卸车用节能牵引发电机4个项目技术处于国内领先水平。H280/H355节能电推发电机和TH-W4.D-400Q机车节能牵引发电机等获江西省科技厅优秀新产品奖及南昌市工信委优秀新产品二等奖、三等奖。该公司全年申报39项专利，其中发明专利6项、实用新型专利33项，已受理了26项实用新型专利和2项发明专利，另有39项专利获得了专利证书。

南阳防爆集团股份有限公司的煤矿开采变频一体机关键技术研究及产业化项目获得河南省企业创新资金支持。该项目根据煤矿开采变频一体机的关键技术特点，将变频器与电机的关键技术有机结合起来，研制出满足煤矿安全开采要求的节能变频一体机，对研究中取得的关键技术及时申请了国家专利，并通过技术改造达到产业化生产规模。12月4日，该公司研制的YZYKK、YZYKS355-1120系列高压正压型电动机项目通过河南省科技厅组织的专家鉴定。该产品整机结构先进，密封结构可靠，内部布管合理，正压控制装置安全有效，达到国内领先水平，获南阳市科技进步奖二等奖。YKK/YKS355~630-2P低中心高大容量高压电机项目通过南阳市科技成果鉴定。该电机中心高与功率等级的对应关系远高于现行行业标准，效率高、振动小、噪声低，达到国内领先水平，获南阳市科技进步奖二等奖。2012年，公司获得国家专利授权74项，其中发明专利8项。该公司还获得国家火炬计划重点高新技术企业证书(证书编号：GZ20124100009)。

无锡华达电机有限公司研发的IE2高效电机被授予江苏省优秀新产品奖。

浙江琦星电子有限公司研制的缝制设备用伺服电动机及控制系统获浙江省科学技术进步奖三等奖。该项目实现了多项智能化功能，如自动拨线、自动剪线、自动抬压脚、自动定针缝、自动倒回缝、自动曲折缝等，直接替代了手工操作，提高了工作效率，降低了生产成本。QD589缝纫机用伺服电动机及其驱动控制系统通过浙江省科技成果鉴定，鉴定结论为该项目达到国内领先水平。公司的工业绣花机用控制系统的开发及产业化项目总投资650万元，其中自筹250万元、银行贷款300万元、浙江省政府2012年扶持资金100万元。该项目完成后，产品逐步形成批量生产，到2017年达到50 000套的生产规模。公司的一种一体式包缝机、伺服电动机(节能)、一体化控制系统等12项技术获得了实用新型专利授权，工业缝纫机用一体式伺服驱动系统获外观专利授权。

重庆赛力盟电机有限责任公司的轨道交通电牵引电机研制及产业化项目、电动汽车电机及驱动系统迁建技改项目列入重庆市发改委科技计划项目，10kV大中型高压异步电动机项目列入重庆市科委的战略性重点新产品项目，环氧酸酐VPI绝缘工艺和高效高压三相异步电动机列入重庆市经信委技术创新项目，1.5~2.5MW风电机组双馈式发电机样机研制(科技攻关)项目获得重庆市电力科学技术奖一等奖。

南车株洲电机有限公司承担的二型车牵引电机和变压器研制列入国家科技支撑计划项目，于2012年12月通过了科技部组织的专家验收。高速重载机车异步牵引电动机技术研究项目于2012年12月列入湖南省科技厅新产品计划项目。FYDK01异步风力发电机和FYKS03风力发电机于2012年11月通过了湖南省经济和信息化委员会组织的专家鉴定，均达到国际先进水平。商用空调用高速永磁同步变频调速电机的研制、FYKS01水冷双馈风力发电机的研制、3MW半直驱永磁同步风力发电机的研制于2012年10月通过了湖南省科学技术厅组织的专家鉴定，均达到国际先进水平。其中，商用空调用高速永磁同步变频调速电机转速12 000r/min，打破了国际巨头的技术垄断，并在此基础上完成了130kW、240kW、320kW、480kW、560kW 5种功率等级永磁电机的研制，部分技术达到国际领先水平。

佳木斯电机股份有限公司承担的国家科技重大专项——主氦风机设备制造技术研究项目，截至2012年年底已完成样机设计并进入试制阶段。大功率主给水泵用高压三相异步电动机、TZYW系列正压型无刷励磁同步电动机、Y(YKS)/YKK710第二代精品系列高压三相异步电动机2012年通过项目鉴定验收，其中TZYW系列正压型无刷励磁同步电动机获国家重点新产品证书。NEMA高效变频三相异步电动机、YBPT高压变频隔爆型三相异步电动机已完成研制。2012年，该公司的高效高压节能电机项目获黑龙江省科技进步奖二等奖，YB3系列隔爆型三相异步电动机项目获黑龙江省机械工业科技进步奖二等奖。

襄阳南车电机技术有限公司的电动汽车高性能永磁驱动电机制造技术项目，获得2012年产业振兴和技术改造项目中央预算内投资计划支持，得到资助资金1 320万元。

浙江西子富沃德电机有限公司研制的FLB系列高效节能直驱式永磁同步抽油机用螺杆泵电动机被评为2012年浙江省工业转型升级专项资金首台套装备，已获3项专利授权。承担的省级工业新产品开发项目——LION永磁同步无齿轮曳引机（浙经信技备字〔2011〕57号，编号：201101AE0033）和7m/s超高速曳引机（浙经信技备字〔2011〕57号，编号：201101AE0032）于2012年5月通过鉴定。LION永磁同步无齿轮曳引机在不使用光电编码器的情况下，利用磁敏式位置传感器将方波信号输入变频器，变频器再将三相变频正弦波输入永磁同步电动机，控制电机的运转，产品结构安全可靠，降低了噪声，提高了硅钢利用率，产品获得专利授权2项。7m/s超高速曳引机额定转矩可达5 175N·m，温升不大于80K，效率高达92.80%，噪声低于65dB，最大轴负荷可达40t，系统总质量9.9~13t。该曳引机的电机为90kW，但体积只相当于55kW感应式异步电机，大大节省了金属材料和加工费用，产品获专利授权3项。在浙江省备案的工业新产品开发项目——GETM3.5H永磁同步无齿轮曳引机主要应用于中低速客梯领域，实施时间为2012年1月至2014年9月，2012年项目按计划完成前期准备工作；在浙江省备案的工业新产品开发项目——低噪声DZD1-500双线圈制动器已经完成，进入鉴定验收阶段。行星齿轮箱货梯曳引机（Tiger）项目已完成，进入鉴定验收阶段。HD制备均一性NdFeB磁粉及其研发曳引机专用大尺寸磁瓦的关键技术荣获2012年度浙江省科学技术奖二等奖。

兰州电机股份有限公司承担的国家科技支撑计划课题——“海上5MW双馈异步风力发电机及变流器研制”起止时间为2009年9月至2013年8月，课题主要开展海上5MW双馈异步风力发电机及变流器研制，掌握相关设计、制造和软硬件核心技术，综合技术指标和可靠性达到国际先进水平，并与国产5MW近海风电机组配套进行实验和应用验证，形成小批量生产能力，并示范推广。承担的“863”计划课题——“前端调速式风电机组设计制造关键技术研究”研究风电机组的液力变矩驱动链路、气动、载荷、低电压穿越、多风沙高原寒冷适应性等关键技术，开展探讨取消变流器和塔基变压器的可能解决方案，自主开发研制适应西部地区高海拔、温差大、多风沙自然环境，具有低电压穿越能力、无功输出能力强的前端调速式风电机组，项目起止时间2009年3到2013年8月。承担的甘肃省科技重大专项——2MW液力耦合变矩无刷同步电励磁风力发电机组研制项目，已具备小批量生产能力。承担的甘肃省风力发电重大装备技术创新与产业化项目获甘肃省机械工程学会科学技术奖一等奖、2012年度甘肃省科学技术进步奖三等奖。

福建福安闽东亚南电机有限公司承担的高性能伺服电动机及高精度控制系统的研发及产业化项目是福建省重大专项先进装备与制造技术领域项目，实施时间为2012年9月至2015年9月，正处于电磁设计阶段。承担了“863”科研项目——“千瓦级燃料电池与太阳能电池互补的供能系统”项目中的“燃料电池备用应急电源系统的中试规模制造及运行”子课题，实施时间2012—2014年，当前处于产品试制阶段。

江西特种电机股份有限公司研制的WSM-T系列无齿轮永磁同步曳引机采用多磁极结构、高精度绝对位置编码器和发明专利复合磁钢（专利号ZL201110009401.X），降低了电机损耗，改善了控制性能，其结构紧凑，承载能力强，性能指标达到国内领先水平，已通过江西省科技厅鉴定。研制的YB2系列高压隔爆型三相异步电动机已通过江西省科技厅鉴定，性能指标达到国内领先水平。该产品采用特殊的通风结构、外压装及多扣片铁心压装工艺，绕组采用少胶绝缘工艺，可有效解决电机散热问题，降低了损耗，具有功率密度高、效率高、体积小、重量轻的特点；其独立的辅助接线盒（实用新型专利ZL201120013451.0），使用方便。研制的QPMA系列电动汽车专用永磁同步电动机采用新型的散热结构、复合磁钢结构、新型磁钢槽型、内置式永磁转子结构和具有自主知识产权的水冷却机座，结构紧凑，运行稳定，具有噪声小、功率密度大、效率高等特点。该产品通过了江西省科技厅鉴定，性能指标达到国内先进水平。研制的YPQ系列电动汽车专用变频调速三相异步电动机，采用新型铸铜转子工艺和水冷却机座，结构紧凑、运行稳定，具有噪声小、过载能力强、功率密度大、效率高等特点，可以满足纯电动和混合动力车辆的技术要求。该系列电机已通过江西省科技厅鉴定,性能指标达到国内领先水平。该公司自行设计的JT1100系列电动轮椅车产品驱动和切换装置采用高效富锂锰基锂离子双电池,同时开发了智能型控制器,可实现自动切换;并采用一种切换传动形式的半轴装置及其动力驱动设备,可实现手动、电动的自由切换,结构简单、操作方便、节能环保。该产品已通过江西省科技厅鉴定,性能指标达到国内领先水平。2012年公司还获得了新型磁钢定位装置、新型离心风机冷却装置、一种电机刷盒装置等7项实用新型专利授权。

安波电机集团有限公司开发的控制器一体化电机集成品科研项目2012年被列入福建省区域重点项目,并获得100万元扶持资金,当前已批量生产。该公司自主研发的MII系列集成调速电机通过了福建省经贸委新产品新技术鉴定。该系列的三款型号产品——MIIG通用集成调速电机、MIIS小功率集成调速电机、MIIF风机专用集成调速电机均达到国内先进水平,已获4项实用新型专利授权。

六安江淮电机有限公司承担的高效系列高压电机生产线技术改造项目获安徽省优秀技术改造项目(皖经信技改〔2012〕366号)称号,电机穿转子使用数控装置等15项产品(技术)获实用新型专利授权。该公司被认定为第三批安徽省创新型企业(科策〔2012〕143号)。

山东华力电机集团股份有限公司的YSE2系列水泵专用高效率电动机研发项目列入山东省第一批技术创新项目,YFE2系列风机专用高效率电动机研发项目列入山东省第二批技术创新项目。

2012年1月,福安远东华美电机有限公司的电动机、电泵、高效创新研发技术入选“中国机械工业创新技术”,NP系列超高效电机、YJM系列高效电机产品入选“中国机械工业创新产品”。2012年3月,该公司被认定为福建省第一批高新技术企业。

2012年7月6日,科技部发布2012年度第一批科技型中小企业技术创新基金项目立项公告,福建省闽东中小电机创新型产业集群建设首获国家创新基金项目50项,资助经费3 269万元。

质量 国家中小电机质量监督检验中心于2012年2月29日至4月26日对上海市8个区/县(分别为奉贤、松江、嘉定、金山、青浦、普陀、闵行、浦东新区)生产领域企业生产的三相异步电动机产品进行了监督抽查。此次共抽查了20家生产企业的20批次三相异步电动机样品,合格率80.0%。此次抽查的生产企业数约占上海市三相异步电动机生产企业的80%,抽查的产品中没有外省市品牌产品。

此次抽查依据《2012年1季度上海市三相异步电动机产品质量监督抽查实施方案》规定的抽样方法在生产单位实施抽样,依据的检验标准是GB 18613—2006《中小型三相异步电动机能效限定值及能效等级》、GB 14711—2006《中小型旋转电机安全要求》、GB 755—2008《旋转电机 定额和性能》和相关强制性标准、国家标准、行业标准以及企业已备案的企业标准或质量承诺。抽查的产品包括低压三相异步电动机及其派生系列产品,每个批次抽取同型号、同规格的三相异步电动机产品。电机机座号不大于H200,抽样基数不少于10台,抽取其中3台;电机机座号H200~280,抽样基数不少于6台,抽取其中2台;电机机座号大于H280,抽样基数满足抽样数量即可,抽取1台。抽查重点检验电动机的发热、耐压、效率、功率因数以及振动和噪声等性能指标,突出安全、节能和环保要求。

此次抽查涉及有限责任公司、民营(私营)企业和中外合资企业3种企业所有制性质,其中大型企业1家、中型企业5家、小型企业14家。共抽查了885个项次,合格870项次,项次合格率为98.31%。不同企业性质抽查结果见表10。不同企业规模抽查结果见表11。不同质量特性抽查结果见表12。

表10 不同企业性质抽查结果

企业性质	不合格(家)	合格(家)	抽查总数(家)	合格率(%)
有限责任公司	3	12	15	80.0
私营	1	1	2	50.0
中外合资	0	3	3	100.0

表11 不同企业规模抽查结果

企业规模	不合格(家)	合格(家)	抽查总数(家)	合格率(%)
大型企业	0	1	1	100.0
中型企业	0	5	5	100.0
小型企业	4	10	14	71.4
总计	4	16	20	80.0

表12 不同质量特性抽查结果

序号	检验项目	合格(项次)	不合格(项次)	抽查总数(项次)	合格率(%)
	总计	870	15	885	98.31
1	标志检查	53	6	59	89.83
2	接线标志、接线图检查	59	0	59	100.00
3	保护接地装置检查	56	3	59	94.92
4	接线装置检查	59	0	59	100.00
5	绝缘电阻测定	59	0	59	100.00

（续）

序号	检验项目	合格（项次）	不合格（项次）	抽查总数（项次）	合格率（%）
6	旋转方向检查	59	0	59	100.00
7	超速试验	59	0	59	100.00
8	工频耐电压试验	59	0	59	100.00
9	机械强度检查	59	0	59	100.00
10	引线防护	56	3	59	94.92
11	振动测定	59	0	59	100.00
12	噪声测定	59	0	59	100.00
13	堵转试验（堵转电流和堵转转矩的测定）	59	0	59	100.00
14	热试验（温升试验）	59	0	59	100.00
15	效率及功率因数测定	56	3	59	94.92

抽查结果显示：有限责任公司、私营企业及中外合资企业其合格率分别为80.0%、50.0%和100%，4家不合格企业全部是小型企业，主要不合格项目是产品标志标识、保护接地装置、引线防护、功率因数等。

造成上述质量问题的主要原因是：企业对于电机产品相关标准、法规等方面的理解和认识有较大的缺失，工艺文件欠缺或未作明确规定，缺乏严格的工艺纪律约束，以致工艺措施、工序质量控制不到位，主要质量项目不符合标准要求。

此次监督抽查，电动机能效水平是根据GB 18613—2006《中小型三相异步电动机能效限定值及能效等级》标准判定的，其中9家被抽查企业电机的效率达到该标准的2级能效，11家被抽查企业电机的效率达到该标准的3级能效。与2011年相比，总体能效水平大幅度提升。（注：GB 18613—2012《中小型三相异步电动机能效限定值及能效等级》效率指标已提高一个等级）

2012年没有开展三相异步电动机产品的国家监督抽查。2009—2012年三相异步电动机产品上海市监督抽查和国家监督抽查对比分析见表13。

表13　2009—2012年三相异步电动机产品上海市监督抽查和国家监督抽查对比分析

年份	上海市抽查合格率（%）	国家抽查合格率（%）
2009	63.2	67.5
2010	82.6	
2011	66.7	72.3
2012	80.0	

自2009年以来，上海市三相异步电动机监督抽查连续进行了四次，抽查的合格率波动比较大，总体质量水平还不稳定。

2012年安徽皖南电机股份有限公司申报的中国石化集团公司金陵石化有限责任公司金陵分公司高效电机节能改造项目被授予中国电机系统节能优秀项目。该项目是在欧盟Switch Asia项目的支持下，由中国标准化研究院（CNIS）、中国节能协会节能服务产业委员会（EMCA）、联合国工业和发展组织（UNIDO）等机构共同实施的国际合作项目“中国电机系统节能挑战项目”15个获奖项目之一。2012年，该公司生产的“WNM”牌Z4直流电机获得“安徽省名牌产品”称号；9月20日，公司被授予2012年度全国水泥工业设备配备件“优秀供应商”称号；12月31日，“南华”商标被正式认定为中国驰名商标。

2012年12月31日，福安远东华美电机有限公司的“远东电机”商标被认定为“中国驰名商标”。

重庆赛力盟电机有限责任公司的“赛力盟”被认定为重庆市著名商标。

福建福安闽东亚南电机有限公司自行研发的SLG系列无刷发电机2012年获“福建省名牌产品”称号。

兰州电机股份有限公司的中小型发电机获甘肃省名牌产品、用户满意产品称号，公司荣获用户满意企业称号。

标准　IEC/TC2大会（Plenary）及WG12、WG28、WG31工作组会议于2012年5月28日至6月1日在日本京都召开。全国旋转电机标准化技术委员会、上海电机系统节能工程技术研究中心有限公司、卧龙电气集团股份有限公司、河北电机股份有限公司、山东华力电机集团股份有限公司、湘潭电机股份有限公司、江苏锡安达防爆股份有限公司等7家单位代表组成中国代表团参加了此次国际会议。该会议主要介绍了3年来各工作组、维护工作组的工作进展，对一些悬而未决的意见和建议进行讨论、形成决议，并对TC2近年的战略、电机领域的标准化发展进行了规划。

2012年11月28—29日，全国旋转电机标准化技术委员会七届一次年会在杭州召开。会议回顾了标委会2007—2012年开展的组织建设、标准体系建设、标准的科研工作、标准制修订及参与IEC国际标准化活动等方面的工作，全面总结了第六届旋转电机标委会工作，审查了有关标准。

2012年中小型电机行业相关标准情况见表14。

表 14　2012 年中小型电机行业相关标准情况

序号	标准号	项 目 名 称
批准发布的国家标准		
1	GB/T 1032—2012	三相异步电动机试验方法
2	GB/T 28562—2012	YVF 系列变频高压三相异步电动机技术条件(机座号 355~630)
3	GB/T 28575—2012	YE3 系列(IP55)超高效率三相异步电动机技术条件(机座号 80~355)
4	GB/T 2820.11—2012	往复式内燃机驱动的交流发电机组　第 11 部分:旋转不间断电源 性能要求和试验方法
5	GB/T 12974—2012	交流电梯电动机通用技术条件
6	GB/T 29314—2012	电动机系统节能改造规范
7	GB/T 29326—2012	包括变速应用的能效电动机选择和应用导则
实施的国家标准		
1	GB/T 27744—2011	超高效三相永磁同步电动机技术条件(机座号 132~280)
2	GB/T 1032—2012	三相异步电动机试验方法
3	GB/T 28562—2012	YVF 系列变频高压三相异步电动机技术条件(机座号 355~630)
4	GB/T 28575—2012	YE3 系列(IP55)超高效率三相异步电动机技术条件(机座号 80~355)
上报的国家标准		
1	GB/T ××××	旋转电机　电压型变频器供电的旋转电机耐局部放电电气绝缘结构(Ⅱ型)的鉴别和认可试验
2	GB/T 12973—××××	换向器与集电环尺寸
上报的行业标准		
1	JB/T ××××	高效率三相异步振动电机技术条件(激振力 0.6~250kN)
2	JB/T ××××	电机产品型号编制方法
3	JB/T ××××	内馈斩波交流调速电机系统技术条件
4	JB/T 10444	Y2 系列、YX2 系列高压三相异步电动机技术条件及能效分级(机座号 355~560)
5	JB/T 10445	YR 系列 10kV 绕线转子三相异步电动机技术条件(机座号 400~630)
6	JB/T 10446	Y 系列、YX 系列 10kV 三相异步电动机技术条件及能效分级(机座号 400~630)
7	JB/T 7118	YVF2 系列(IP54)变频调速专用三相异步电动机技术条件(机座号 80~355)
8	JB/T 3320.1	小型无刷三相同步发电机技术条件
9	JB/T 3320.2	小型单相同步发电机技术条件
10	JB/T ××××	三相交流电动机拖动典型负载机组能效等级　第 2 部分:螺杆空压机机组能效等级
申报制修订国家标准计划项目		
1	GB/T ××××	旋转电机绝缘结构功能性评定　总则
2	GB /T××××	绝缘结构功能性评定　成型绕组试验规程　电压耐久性评定
3	GB/T ××××	绝缘结构功能性评定　成型绕组试验规程热、电综合应力耐久性多因子评定
4	GB/T ××××	电机产品型号编制方法
5	GB ××××	旋转电机　定额和性能
6	GB/T ××××	单速三相笼形感应电动机起动性能
7	GB/T ××××	交流电机定子成型线圈耐冲击电压水平
8	GB/T ××××	旋转电机定子绕组绝缘离线局部放电测量
9	GB/T ××××	旋转电机定子绕组绝缘在线局部放电测量
申报制修订行业标准计划项目		
1	JB/T ××××	YSR 系列封闭式离心制冷机用高压三相异步电动机技术条件
2	JB/T ××××	电机高效再制造技术规范
3	JB/T ××××(完成上报)	三相交流电动机拖动典型负载机组能效等级　第 2 部分:螺杆空压机机组能效等级
4	JB/T ××××	永磁无铁心发电机技术条件
5	JB/T ××××	SRM 系列开关磁阻调速电动机技术条件
6	JB/T ××××	中型高压电机定子线圈技术条件

基本建设及技术改造 山西电机制造有限公司立项实施整体迁建改造项目，项目总投资 56 989 万元，其中新增固定资产投资 46 040 万元，新增流动资金 9 549 万元（铺底流动资金 2 865 万元），利用原有固定资产净值 1 400 万元。项目实施后，将达到年产各类大型、中小型高低压电机 449 万 kW生产能力，产品销售收入 10 亿元的规模。2012 年该公司基本完成了项目土地购置和前期规划，在山西省太原市小店区西温庄征地 12.6 万 m^2（用地面积 10.62 万 m^2）开始新建生产厂房、办公楼及辅助设施。2012 年完成基本建设投资 1 738 万元，技术更新改造投资 702 万元。

2012 年 2 月 12 日，凯捷利集团西南国际机电产业基地建设项目奠基。该项目规划总投资 60 000 万元，总建筑面积 92 000m^2，分两期建设，建成后将成为云南省新兴的重点机电产品出口基地、昆明市特色产业园。

2012 年 5 月，福建省出台《关于加快推进闽东电机电器千亿产业集群发展措施的通知》，从土地配套、财税扶持、技术改造等九个方面提出具体扶持措施，计划通过 5 年时间，打造闽东电机电器千亿产业集群。福安市结合当地实际，出台符合当地发展的产业集群规划，支持企业技术改造转型升级、产品查验检验、集体商标使用、金融扶持、确保用工需求等，提速推进甘棠、湾坞、铁湖、王基岭等新兴工业园区的开发建设。仅甘棠电机工业园区，当前累计完成投资 8.4 亿元，基本完成园区主干道路网和绿化、亮洁工程建设，一期入驻园区的 29 家电机电器企业全部动工建设。宁德市引进排名亚洲第一、世界第三的台湾东元电机集团，投资建设电机工业园，用大项目引领行业大发展。该园区已正式投入生产，并与安波、远东等十余家闽东电机企业建立商贸合作关系。

福建闽东电机有限公司的高效节能水泵增产扩能项目，是福建省产业调整和振兴的重点项目，包括产品研发楼、检测楼、三座厂房及配套附属设施在内的一期工程于 2012 年年底全面竣工并投入生产，建筑面积 4.2 万 m^2。该生产基地除装备自动化程度高、技术先进的生产线外，还设有研发中心、实验室和检测中心等。2012 年 7 月，该公司另一项省重点项目闽东电机（寿宁）有限公司年产 9 800t 电机配套精密铸件生产线建设项目二期工程举行了奠基仪式。

六安江淮电机有限公司在六安市金安区城北乡工业园总投资 5 亿元的新厂区，占地面积 40.9 万 m^2，新建厂房 21 万 m^2，行政办公及生活服务设施 6 万 m^2，2012 年底完成整体搬迁，形成年产系列高效节能环保电机 2 000 万 kW，年产系列高压电机、特种电机 500 万 kW，年工业总产值 50 亿元，利税 5 亿~8 亿元的生产能力。

2012 年 5 月，南阳防爆集团股份有限公司的大型防爆电机专业化生产中心建设项目在南阳国家高新区举行了开工奠基仪式。该项目共分两期建设，一期总投资 12.63 亿元，征地面积 26.7 万 m^2，主要建设大型防爆电机关键零部件、机械加工和装配的专业化生产中心，联合加工厂房、铁心制造中心、线圈制造中心和装配中心，型式试验站或试验中心等生产设施，以及辅助配套设施和研发办公用房设施。项目全部建成后，生产能力将达到 1 500 万 kW，产值 50 亿元。基于战略需要，公司还在服务站建设、煤专电机、军核电机制造等业务方面投资了 4 909 万元，其中技术更新改造投资 3 887万元。

无锡华达电机有限公司在胡埭工业园征地新建厂房，项目占地面积 66 670m^2、建筑面积 43 081m^2，计划总投资22 488 万元，其中技术设备投资 5 200 万元。该项目已于 2012 年 5 月开工，预计 2014 年 4 月将实施部分搬迁工作。该公司 2012 年固定资产投资 4 835 万元，其中基本建设投资 4 570 万元，技术更新改造投资 265 万元。

江西特种电机股份有限公司 2012 年总投资 27 980 万元，其中基本建设投资 21 998 万元、技术更新改造投资5 982 万元。该公司还于 2012 年 6 月 8 日注册设立了全资子公司江西江特电动车有限公司，注册资本 2 000 万元，当前正在进行厂房建设。

2012 年 9 月 4 日，佛山市正大机电（集团）产业园奠基仪式在佛山市欧洲工业园举行。该项目总占地面积 1.67 万 m^2（25 亩），是佛山市正大机电（集团）公司未来的总部大厦以及工业控制、机电装备设备的制造与研发中心、贸易与物流中心。同时，该产业园计划引进西门子、SKF、Atlas 等国际装备品牌的装配、维修和售后服务等项目。产业园总投资金额预计 2.5 亿元，以公司自筹资金为主。

山东力久特种电机有限公司 2012 年总投资 2 000 万元，其中基本建设投资 1 350 万元，技术更新改造投资 650 万元。

浙江琦星电子有限公司的 100 套伺服电动机及其驱动控制系统生产技改项目获得浙江省财政厅 2012 年度财政专项扶持，总投资 4 300 万元，其中基本建设投资 2 800 万元，技术更新改造投资 1 500 万元；计划建成 16 万 m^2 的国家伺服电动机及系统产业化基地，30 条自动生产流水线，形成年产节能伺服电动机及控制系统 360 万套的生产规模。

浙江西子富沃德电机有限公司的新建西子电梯部件产业化项目为 2012 年杭州市第一批重点项目，项目总投资 66 200万元，2012 年厂房及实验中心基本建成，部分设备购置完成，完成投资 10 000 万元。2012 年 10 月，公司的高效节能稀土永磁同步电动机生产线技改项目被列入杭州市第三批重点工业投资（技术改造）项目，项目总投资 4 677 万元，其中设备投资 3 397 万元、土建投资 1 080 万元，建成标准厂房面积 13 440m^2。项目主要采用自主研发、拥有专利的稀土永磁同步无齿轮技术或工艺，引进具有国际先进水平的绕线机设备，购置成型压机、立式加工中心、数控卧式车床等国产设备。项目建成后形成年产 15 万台高效节能稀土永磁同步电动机的生产能力，2012 年已完成投资 3 400 万元。

南车株洲电机有限公司 2012 年涉及风电机、工业特种电机固定资产投资约 3 980 万元，其中基本建设投资 750 万元，技术改造新增投资 3 230 万元。通过上述投资，公司逐渐完善并形成年产 1.5MW 及以上风力发电机 3 500 台，油田、电动汽车、高压电机等各类工业特种电机 2 500 台的生产能力，工业特种电机逐步向高效节能电机方向发展。

安波电机集团有限公司2012年技术更新改造投资5 000万元，其中2 000万元用于新建4条IE2效率电机生产线；3 000万元投入新产品产业化项目，拟建立4条集成调速电机生产线，项目完成后将达到年产集成调速电机30万台的目标。

珠海凯邦电机制造有限公司2012年总投资7 400万元，其中基本建设投资800万元、技术更新改造投资6 600万元。该公司的技术更新改造主要为塑磁转子自制技术改造，填补了不能自制塑磁转子的空白，降低了产品制造成本，保证了产品交货期；开展了端盖自制技术改造，引进了全自动设备，解决了铁壳、塑封端盖全外购问题，提高了产品质量，降低了电机端盖成本。该公司还为扁平型交流永磁同步电机、圆形交流永磁同步电机、方形交流永磁同步电机、三相异步电机、永磁同步电梯门电机等新产品的研发，增添了有关设备和检测仪器。

福安远东华美电机有限公司投入200多万元新建的电机试验检测中心，于2012年12月获得国家能效标识能源效率检测实验室资质。

佳木斯电机股份有限公司2012年技术更新改造投资5 194万元，以环氧酸酐漆配套绝缘结构应用等重点技术攻关为主线，通过新建浸漆厂房、冲剪厂房以及电工车间绕组生产等技术改造项目的实施，结合VPI浸漆罐等新设备的选型、调整，优化了工艺流程，改造了设备，提升了产品制造能力、制造质量以及核心部件的制造水平。

兰州电机股份有限公司2012年完成投资13 664.8万元，其中风场建设投资12 188万元。该公司还为在2015年前整体搬迁入驻兰州新区工业园项目完成投资1 094万元。

2012年，华力电机集团股份有限公司在荣成市经济开发区工业园建设华力电机高端产业园（集团新总部），总投资15 300万元，占地面积20万m^2，主要建设高能量密度电机、高效电机研发中心、中试基地和生产与测试中心，总建筑面积12万m^2，计划2015年完成建设，预计年产高效电机、高能量密度电机1 200万kW。

对外合作　2012年2月27日，佳木斯电机股份有限公司与哈尔滨工业大学在哈尔滨工业大学国际会议中心举行战略合作签约仪式。双方承诺形成电机产业产、学、研、用相结合的发展格局，以联合开发新产品、解决科研开发难题为目标，通过哈尔滨工业大学的技术支撑，提升佳木斯电机股份有限公司产品的技术水平，并在电动汽车研发、多相船用发电机研发、高效电机关键技术研发等方面取得突破；通过共建电机产业园区提升佳木斯电机股份有限公司产品的配套能力，增强公司产品研发及生产制造能力。

南阳防爆集团股份有限公司与英国PPI公司于2012年年初签订了2/4P发电机联合开发协议。联合开发的新型发电机效率比当前国际先进效率标准提升0.2%~0.5%（仅发电机本体1台年节约标煤750t左右），重量降低15%~30%。

运用该技术，该公司推出了QFW-55-2汽轮发电机和QFW-32-4汽轮发电机两款新型节能发电机，其中QFW-55-2汽轮发电机即将交付GE公司使用，QFW-32-4汽轮发电机也在试生产过程。同年9—10月，该公司与南车株洲电力机车研究所有限公司合资成立南阳防爆集团电气系统工程有限公司，新公司注册资本8 000万元，其中南阳防爆集团股份有限公司持股51%，南车株洲电力机车研究所有限公司持股49%；合资成立了襄阳南车电气系统技术有限公司，注册资本8 000万元，其中南车株洲电力机车研究所有限公司持股51%，南阳防爆集团股份有限公司持股49%。同期，河南省防爆电气院士工作站揭牌。

2012年，潞安矿业集团与西门子（中国）有限公司签订了合资意向书。双方将在山西省长治市高新区合资生产大型特种电机项目，一期工程预计总投资5亿元。项目建成后，将填补国内大型特种电机项目生产空白，打造山西高端装备制造业品牌。潞安矿业集团还将其旗下的山西防爆电机（集团）有限公司的资产与西门子（中国）有限公司工业领域驱动技术集团签订了资产销售和购买协议。

2012年山东力久特种电机有限公司与山东省科学院自动化研究所、山东大学电气工程学院、沈阳工业大学国家稀土永磁电机工程技术研究中心签订了合作研发协议，合作研发永磁同步电机及其驱动系统的研发与产业化项目。该项目总投资1 000万元，研发费用四方分别投资200万元、80万元、80万元、40万元，公司还投入600万元用于提供材料、自制工装等。该项目已经研发完成，进入小批量生产阶段，截至2012年10月该项目产品共销售12 609kW，实现销售收入1 853.5万元，纳税269.3万元，利润266.3万元。该公司还引进消化吸收了符合美国NEMA MG1-2009电机标准的NEMA大转矩电机研发项目，全部实现国产化，各项指标均满足标准要求，现已批量生产。项目产业化后，预计年产NEMA大转矩电机25万kW，年新增销售收入9 000万元，年新增税收973.75万元，年新增利润626.25万元，具有较好的经济和社会效益。

兰州电机股份有限公司2012年完成了德国LDW公司交付2MW无刷同步风力发电机技术文件的消化、转化，生产制造的2MW无刷同步风力发电机达到了LDW公司的产品质量技术标准，于2012年10月获得德国LDW公司颁发的2MW无刷同步风力发电机生产技术许可证。

管理及改革　兰州电机股份有限公司于2012年3月注册成立了全资子公司——兰电民勤风力发电有限公司，注册资本300万元，主要从事风力发电新能源的开发、投资与管理。该公司设立了兰州兰电物业管理有限公司，注册资本50万元，已完成工商注册。

〔撰稿人：中国电器工业协会中小型电机分会曹莉敏　审稿人：中国电器工业协会中小型电机分会陈伟华〕

小功率电机

生产发展情况 2012年国内电机行业经济运行放缓，生产销售持续下行；受欧美主权债务危机等因素影响，外部需求减少，出口下滑迅猛，行业经济运行质量下降，企业经营压力增大。

2012年，30家小功率电机企业工业总产值达到284.62亿元，同比增长18.8%；工业销售产值280.05亿元，同比增长24.1%；实现利润22.89亿元，同比增长25.7%，其中利润总额超过500万元的企业有18家。2012年小功率电机行业主要经济指标见表1。2012年小功率电机行业主要经济效益指标见表2。2012年小功率电机行业主要经济指标前10名企业见表3。

表1 2012年小功率电机行业主要经济指标

经济指标	单位	2012年
企业数	家	30
工业总产值	万元	2 846 168
工业增加值	万元	453 896
工业销售产值	万元	2 800 478
产品销售收入	万元	2 729 201
利润总额	万元	228 903
年末资产总额	万元	2 729 368
流动资产平均余额	万元	1 706 382
职工平均人数	人	37 074
工程技术人员	人	4 008

表2 2012年小功率电机行业主要经济效益指标

指标名称	单位	行业标准值	2012年	2011年
总资产贡献率	%	10.70	15.90	17.22
资本保值增值率	%	120.00	100.60	112.90
资产负债率	%	≤60.00	44.00	47.04
流动资产周转率	次	1.52	2.90	2.24
成本费用利润率	%	3.70	5.77	7.57
全员劳动生产率	元/人	16 500.00	4 286 793.42	115 313.23
产品销售率	%	96.00	97.70	92.97

注：根据上报的30家小功率电机企业数据统计。

表3 2012年小功率电机行业主要经济指标前10名企业

排序	企业名称	工业总产值（万元）	企业名称	主营业务收入（万元）	企业名称	利润（万元）
1	卧龙控股集团有限公司	863 174	卧龙控股集团有限公司	865 049	卧龙控股集团有限公司	97 473
2	广东威灵电机制造有限公司	670 000	广东威灵电机制造有限公司	650 537	广东威灵电机制造有限公司	65 672
3	珠海凯邦电机制造有限公司	253 555	珠海凯邦电机制造有限公司	226 868	杭州富生电器股份有限公司	10 636
4	杭州富生电器股份有限公司	250 319	杭州富生电器股份有限公司	209 398	浙江京马电机有限公司	9 832
5	江苏三江电器集团有限公司	133 000	江苏三江电器集团有限公司	130 340	上海日用-友捷汽车电气有限公司	9 041
6	上海日用-友捷汽车电气有限公司	108 329	上海日用-友捷汽车电气有限公司	99 365	浙江联宜电机股份有限公司	6 890
7	浙江京马电机有限公司	87 390	浙江京马电机有限公司	87 300	江苏三江电器集团有限公司	6 384
8	福建安波电机集团有限公司	68 486	福建安波电机集团有限公司	68 570	杭州微光电子股份有限公司	6 241
9	浙江联宜电机股份有限公司	66 928	浙江联宜电机股份有限公司	64 788	福建安波电机集团有限公司	4 314
10	浙江特种电机有限公司	40 262	浙江特种电机有限公司	34 346	北京京仪敬业电工科技有限公司	2 501

注：根据上报的30家小功率电机企业数据统计。

市场及销售 威海泰富西玛电机有限公司继续巩固原有产品的市场地位，同时不断加大高效节能新产品的市场推广力度，扩大品牌影响力，提升产品的市场占有率，形成了全国销售网络格局。根据市场形势的变化，进行科学的理性分析，适时调整产品价格，不盲目跟风，力争遵守行业市场规律。继续推行绩效考核制度，全面提升营销人员的素质能力，通过采取区域划分销售模式，调动营销人员的工作积极性，加强对销售业绩的评估与考核，优胜劣汰，推动企业的销售工作进入规范化轨道。2012年实现销售收入33 879万元。

北京京仪敬业电工科技有限公司的控制电机产品2012年销售收入同比增长9.6%。

杭州微光电子股份有限公司的主要产品有冷柜电动机、外转子风机电动机、ECM电机等，2012年产量近600万台。该公司已成为全球电机细分行业的龙头企业，产品销往近50个国家和地区，终端客户包括全球500强企业。

2012 年,冷柜电动机产量 506 万台,销售额 16 350 万元,创汇 1 601 万元;外转子产品年产量 84 万台,销售额 13 115 万元,创汇 1 302 万美元。

广东宝力电器有限公司 2012 年订单与上年相比较为稳定,美国市场普通风扇订单明显增加,工业吹风机、电机等产品的设计、生产、制造有回流北美本土的趋势;亚洲、南美洲地区以及南非等市场活跃,有中高档电机产品的需求。

浙江联宜电机股份有限公司自营出口,具有广泛和稳定的国际市场渠道和客户网络,现有工艺水平与开发能力在国内同行业处于领先水平,生产的高精度控制微电机得到国际客户认可,是 Panasonic、Chamberlain、ABB、Lenze、Samsung等国际著名公司的最佳供应商。公司产品性价比具有一定优势,总体上出口价格比国际同类产品低 30%~50%,产品质量良好。

浙江特种电机有限公司的中小型电机、冰箱空调压缩机电动机、外销高压清洗机电动机、粉碎机电动机等产品 2012 年完成销售额近 4 亿元。受宏观经济、产品结构周期性调整和家电产品补贴政策变化的影响,2012 年销售产值同比下降 11.8%。高效节能电机的销量大幅增长,其中中小型电机总销量增长 8%左右;冰箱空调制冷压缩机电动机销量下降近 20%;出口用电机产品销量总体增长,其中单相交流电机增长 11%,三相交流电机下降 16%。

江苏三江电器集团有限公司各项经营业绩稳中有升。全年开票销售 13.3 亿元,实现利税 8 000 万元,同比分别增长 6.5%和 8.3%。外经公司在世界经济持续低迷、外销形势异常严峻的情况下,自营出口额连续四年超过 5 000 万美元。江苏富天江电子电器有限公司 2012 年销售各类直流无刷电机 224 万台,净利润达 3 000 万元;江苏三江迪生电机有限公司打破串激电机一枝独秀的局面,三相变频电机、直流无刷电机均取得良好的生产销售业绩;东晟机电设备有限公司硅钢片分切、定转子冲压业务稳步开展,保证了集团下属各子公司生产活动的正常开展。

天津市中环天虹微电机有限公司把开发高效电机、提高产品档次作为公司市场开发、产品开发的重点,取得了一定的成效。2012 年申报专利 3 项,高效节能电机研发占新产品开发的 50%以上。新研制成功的磁悬浮轴承技术具有广阔的市场发展前景,国内市场已经开始小批量生产。

福建安波电机集团有限公司专注于电机的生产研发,历次金融市场动荡对公司的影响仅限于市场刚性需求的短暂萎缩。2012 年整机销售额达 6.78 亿元,较上年增长 8%,

珠海凯邦电机制造有限公司作为格力电器下属的全资子公司,在格力电器的带动下,各项关键业绩指标(KPI)完成情况良好,产量和销售额比 2011 年有较大幅度的上升,产量同比增长 9.86%,销售额同比增长 7.55%。除了保证格力电器集团内部的稳定供应外,该公司还加强了外部客户的开发,新客户数量大幅提升,外部电机销售量和销售额同步增长。2012 年外部客户销售额同比增长 532.8%,外部电机销售量同比增长 510.7%。

浙江京马电机有限公司 2012 年完成总产量 1 050.7 万台,销售量 1 050.3 万元,实现销售收入 87 300 万元。其中,国内销售 743.5 万台,完成销售收入 61 712 万元;出口 306.8 万台,创汇 4 265 万美元,同比增长 1.02%。

杭州富生电器股份有限公司各项经济指标均稳健发展,2012 年共生产各类电机 2 550 万台,实现工业总产值 25.03亿元,销售收入 20.94 亿元,创利税 1.42 亿元,比上年分别增长 10.9%、2.2%和 0.2%。为应对复杂多变的形势,公司抓项目推进,抓市场开拓,抓技术创新,跻身第 25 届中国电子元件百强第 13 位。2012 年该公司完成股份制改革,5 月 6 日首次股东大会顺利召开,正式更名为杭州富生电器股份有限公司。

开平市三威微电机有限公司产值、销售、利税比 2011 年略有下降,共生产各种电机 22 万台,实现利税逾 900 万元,整体形势在下半年有好转趋势。

科技成果及新产品 威海泰富西玛电机有限公司实施防伪方案,有效扼制了假冒伪劣产品对“文宝”牌产品市场的冲击。完成 Y2-180~280-4P 电机低谐波绕组设计、试制并批量投产,可节约逾 100 万元。

杭州富生电器股份有限公司以“节能减排”为导向,不断开发高效制冷压缩机电动机、高效节材型电动机,提高与主机配套的能效化。2012 年,公司加快新型材料替代研究,积极采用 CAD2011、SOLIDWORKS、ESAIMOTOR 等软件开展产品优化设计。重点开展“小型压缩机用电机以铝代铜的改造”项目,并在铝线电机的研究过程中,获得“一种新型接线端子的链接方法”发明专利授权,小型制冷压缩机铝线电机的产品比重增至 80%以上。重点开展三相永磁电机以“铁氧体”取代稀有资源“钕铁硼”的改造,得到国际、国内高端市场的认可。完成外转子采用离心浇铸工艺的改造,该工艺可在不增加原材料的前提下,至少提高每台转子效率 20%以上。该公司生产的空调电动机的离心浇铸转子,2012 年已扩量生产,产品供不应求。此外,根据“立足电机产业,巩固制冷压缩机用电机,大力发展高附加值电机系列产品”的定位,该公司技术研发中心着重开展工业电机、风扇电动机、新能源汽车驱动总成等其他系列产品的研发,与浙江大学、浙江科技学院等高校成立了项目开发组。

浙江联宜电机股份有限公司 2012 年开发了多种新产品,均通过省级新产品鉴定。纺织机械用电动机 85YN100-100 的定转子冲片,采用平行齿设计,转子冲片采用深槽设计;前后端盖轴承采用辗磙工艺,提高了轴承室的尺寸精度,处于国内同类产品的领先水平。智能电动车辆控制器 DK100-50 采用全新的电机相电流检测方式,检测下桥 MOSFET 压降,有效减少损耗、降低成本、提高效率;采用充电抑制互锁回路,保证充电器控制器无输出,提高安全性;采用全新的数学模型估算电池剩余电量并输出对应的模拟量,为驾驶者提供电量指示,处于国内同类产品的先进水平。该公司还开发了高压无刷主流电动机驱动器、纺织机械智能控制器、座椅高度调节器用电动机、变频空调用电动机、电动工具用行星减速电动机、潜水泵用防水电动机、智能刨冰机用电动机、空气调节系统用电动推杆等产品。

福建安波电机集团有限公司强化技术团队和研发力量，从美国贝尔实验室引进世界级的电机控制专家，实现了安波(超)高效电机技术、控制技术、机电一体化技术(系统机能)的高难度技术突破。“异步电机与控制器的一体化产品开发”项目被列为福建省重大科技项目，自主研发的MII系列集成调速电动机2012年被福建省科技厅列为福建省区域和重点项目，并获得100万元扶持资金。

浙江京马电机有限公司通过引进和消化吸收，自行研发和实施新技术新材料科研项目9项，获得国家专利15项。研发的滚筒洗衣机用串激电动机，定子采用注塑工艺，增强绝缘性能，提高生产效率；转子采用全自动绕线、滴漆、封胶，保证电机在16 000r/min的高速状态下安全可靠运转；采用意大利全自动生产线，生产效率大幅提高。此外，还研发了CPT超静音油烟机塑封电动机和YXQ大容量洗衣机用电动机。

北京京仪敬业电工科技有限公司研制的GAK8024-300W三相异步电动机是专为北京南常肉食机械有限公司专供日本的绞肉机配套设计的。该产品研制设计始于2006年中期，2012年根据用户要求调整了性能，提高了电动机的堵转转矩和最大转矩的指标要求。SYX130Z-1.5kW交流永磁伺服电动机为高档全功能数控车床的进给驱动系统研制，产品具有结构紧凑、外观精美、性能指标高和运行平稳的特点。该产品体积小、成本低、效率高、负载率高，主要技术指标与行业标准水平等同。

杭州微光电子股份有限公司积极开展技术创新工作，加大技术人员的引进力度，加强新产品开发及参数变化。离心风机、电容电机等系列产品快速开发投产，质量稳定，形成了固定的产销量。开发研制了多种高效节能电机风机，如特种高防护等级的外转子轴流风机、电子控制宽域调速外转子轴流风机、一种交流输入的直流无刷外转子轴流风机、基于仿真软件设计的特形风叶外转子轴流风机、节能型轴流风机专用电容电机、节能调速型外转子贯流风机、节能高效防爆型电子整流直流无刷(ECM)微特电机。专利产品“一种带插座的电机”由于维修方便，引出端子可靠性好，符合国际标准，在国外市场上取得了较好的业绩；发明专利“一种节能的定子组件”使每个产品降低成本近1元，为企业带来了实在的经济效益；“外转子电机准用插槽机”将原近10人的工作量减少到1人，大大提高了劳动生产率；“内径百分表测量率”“一种罩极电机的端盖检具”等多种专用检测工具解决了专用零部件测量定位难度大、数量多的问题，可帮助检测人员在短时间内做出判断。

质量及标准 威海泰富西玛电机有限公司通过了小功率单、三相异步电机CCC认证监督检查；通过了ISO 9001、ISO 14001、OHSAS 18001管理体系认证监督检查。参与GB/T 1032—2012《三相异步电动机实验方法》的修订，主持GB/T 28575—2012《YE3系列(IP55)超高效率三相异步电动机技术条件(机座号80~355)》的制定。

珠海凯邦电机制造有限公司2012年8月23日通过CTDP实验室认证，意味着该公司拥有了自主依据美国UL标准对进入美国市场的电机进行安全检测的能力，是我国电机制造行业首家通过UL-CTDP认可的企业。合肥凯邦电机有限公司以951.7分的佳绩顺利通过了安全生产标准化一级企业评审，同年底通过国际高新技术企业复审。

江苏三江电器集团有限公司2012年通过建立健全质量检测制度和质量保证体系，产品质量稳中有升。集团检测中心完成各项改造工作，顺利通过了国际实验室认可并取得了CNAS证书。该公司还通过了江苏省质量技术监督局的工业AA级质量信用评价等级考核。另外，公司持续推进3Q5S活动，ISO 9001、ISO 14001、OHSAS 18001管理体系均通过了监督审核。

天津市中环天虹微电机有限公司2012年通过了CQC质量管理体系复评换证、集团公司品牌建设验收；接受了重要客户2次工厂检查；通过3C认证复查、UL认证6次工程审查。天虹QC小组获得2012年优秀质量管理小组一等奖，“提高伦茨部品加工产能”项目获得集团公司和市级2012年QC优秀成果一等奖。

卧龙控股集团有限公司2012年获“绍兴市质量管理星级(五星)企业”称号。

基本建设及技术改造 福建安波电机集团有限公司2012年基本建设和技术改造共投资5 000万元，其中基本建设投资2 655万元，技术更新改造投资2 345万元。2010年研发的高效电机(IE2)年销售量达到总销售量的60%，为了扩大生产，2012年投资2 655万元新建生产线4条；研发的集成调速电机已小批量生产，为新产品实现产业化计划投资2 345万元，新建生产线4条，年产30万台。

杭州微光电子股份有限公司2012年共投资825万元进行基本建设，590万元进行技术更新改造。2012年5月至2013年8月建设500万台高效节能电机(风机)生产项目。该项目计划总投资25 500万元，建成后可形成年产500万台高效节能电机(风机)的生产能力。

杭州富生电器股份有限公司2012年共投资20 665万元进行基本建设和技术改造。

(1)完成年产2 500万台高效节能环保压缩机电动机生产线投资项目，对现有的生产工艺及老设备进行改革、改造和更新，2012年6月正式投入生产。实际投入资金6.53亿元，用汇3 669万美元，新建了定子冲压成形车间、定子绕嵌线车间、电机专用设备车间等建筑，总建筑面积1 064 437m^2；分别从德国、瑞士、美国、日本引进龙门式五面体加工中心、数控光学曲线磨床、立式镗铣加工中心、五轴联动数控镗铣加工中心、精密数控慢走丝线切割机床、数控精密外圆磨床、数控万能精密外圆磨床、数控精密内圆磨床各类专用设备250台(套)。

(2)持续推进先进工艺装备的研究与应用，以“节能减排”为导向，重点研发全自动离心式转子浇铸机。铸铝产品一次合格率达到99.8%以上，并实现铝废料余饼循环利用，与传统的压铸设备相比生产效率提高1.5倍。其中，电机离心模具上的哈夫锁紧装置、电机转子离心浇铸后免车削自动化加工工艺及装置已获国家发明专利并正在申请国内首台套。

(3)拟投资12.9亿元，新增13.3万m^2(200亩)土地用于高效节能电机及控制器生产线项目建设，着力打造全球领先的微电机制造基地。

浙江联宜电机股份有限公司启动高效节能复合式电机产业化项目建设，项目总投资17 000万元，达产后可实现年产15万套高效节能复合式电机。截至2012年年底完成总投资的87%，产能达到9万台。利用新厂区内现有空余场地，新建联合厂房1幢，建筑面积37 920 m^2；新增关键生产及检测设备，如自动绕线机、加工中心、数控铣床、复合电机总装生产线、静音室、三坐标测量仪、电磁兼容测试系统、振动试验台等，提高了工艺装备水平，增强了企业核心竞争能力；完善供电、供水等公用动力配套设施。

江苏三江电器集团有限公司总投资5 000万元进行基本建设与技术改造。靖江东晟机电设备制造有限公司新增硅钢片分切、高冲设备，新购电机自动化装配线、电机定子嵌线自动流水线各2条。投资完成城南开发区20 000m^2厂房的新建工作。2012年8月，公司在通过测量管理体系认证的基础上，通过了国家认可实验室的申报及验收。

卧龙控股集团有限公司2012年完成厂房及机电产业园建设投资共4 549万元。技术改造项目有：高效节能中小型交流电机技改项目，2012年投资3 925万元，工程进度74.86%；武汉电机技改项目，投资553万元，工程进度10%；家电公司技改项目，投资640万元，工程进度72.35%；大容量锂离子电池技改项目，投资734万元，工程进度21.38%；东源变压器技改项目，投资297万元，工程进度100%；灯塔电源扩建技改项目，投资2 592万元，工程进度100%；银川变压器技改项目，投资1 319万元，工程进度100%。

〔撰稿人：中国电器工业协会小功率电机分会孙博洋〕

微 电 机

生产发展情况 受国际、国内宏观经济形势等不利因素的影响，2012年度微电机行业产销明显放缓，经济运行面临多重挑战。

2012年，国内外经济下行压力加大，各种形式的国际贸易保护主义不断抬头，贸易摩擦等问题凸显，世界范围通胀加剧，原材料价格猛涨，劳动力成本增加，发达国家经济放缓、产品需求下降，加之国内市场需求还不够旺盛，导致我国微电机行业市场需求减弱，部分企业产能无法有效释放，库存激增，部分中小型外贸企业表现更为明显。

2012年，微电机行业30家企业（其中大中型企业16家）完成工业总产值134.72亿元，同比增长6.34%；工业销售产值131.91亿元，同比增长5.39%；新产品产值54.12亿元，同比增长5.88%；主营业务利润24.34亿元，同比增长9.09%，其中利润总额增加超500万元的企业只有10家，比上年减少11家；总体运营成本110.52亿元，同比增长13.11%；出口交货值37.22亿元，同比下降7.30%；全年从业人员36 058人，同比下降3.28%；固定资产投资大幅回落，全年合计仅5.09亿元，同比下降41%。与前几年相比，行业发展速度已经明显放慢。

2012年微电机行业30家企业主要经济效益指标见表1。2012年微电机行业固定资产投资前10名企业见表2。2012年微电机行业出口额前10名企业见表3。2012年微电机行业重点企业经济效益综合指数前10名企业见表4。2012年微电机行业重点企业工业增加值前10名企业见表5。2012年微电机行业重点企业成本费用利润率前10名企业见表6。2012年分会重点企业全员劳动生产率前10名企业见表7。

表1 2012年微电机行业30家企业主要经济效益指标

序号	指标名称	单位	行业标准值	2012年	2011年	序号	指标名称	单位	行业标准值	2012年	2011年
1	总资产贡献率	%	10.70	13.92	13.34	4	全员劳动生产率	元/人	16 500.00	123 402.02	120 570.46
2	资本保值增值率	%	120.00	145.47	139.00	5	成本费用利润率	%	3.71	10.62	9.60
3	流动资产周转率	次	1.52	1.48	1.38	6	产品销售率	%	96.00	92.27	97.91

表2 2012年微电机行业固定资产投资前10名企业

序号	企业名称	2012年(万元)	2011年(万元)	序号	企业名称	2012年(万元)	2011年(万元)
1	卧龙电气集团股份有限公司	36 421	30 728	6	山东山博电机集团有限公司	1 098	1 480
2	河北电机股份有限公司	1 926	2 200	7	宁波中大力德传动设备有限公司	1 013	903
3	横店集团联宜电机有限公司	1 229	1 196	8	西安微电机研究所	906	895
4	成都银河磁体股份有限公司	1 177	917	9	大连德迈仕精密轴有限公司	905	735
5	江苏超力电器有限公司	1 171	1 085	10	广东嘉和微特电机股份有限公司	750	928

表3　2012年微电机行业出口额前10名企业

序号	企业名称	2012年（万元）	2011年（万元）	序号	企业名称	2012年（万元）	2011年（万元）
1	卧龙电气集团股份有限公司	65 669	61 252	6	大连德迈仕精密轴有限公司	9 031	8 000
2	成都银河磁体股份有限公司	41 858	49 646	7	深圳市唯真电机有限公司	8 397	9 288
3	河北电机股份有限公司	18 543	21 539	8	东阳市横店东磁电机有限公司	6 294	5 058
4	横店集团联宜电机有限公司	17 918	19 477	9	上海金陵雷戈勃劳伊特电机有限公司	5 653	5 135
5	湖南科力电机股份有限公司	15 600	15 000	10	山东山博电机集团有限公司	3 419	4 398

表4　2012年微电机行业重点企业经济效益综合指数前10名企业

序号	企业名称	经济效益综合指数	序号	企业名称	经济效益综合指数
1	杭州集智机电股份有限公司	6.14	6	成都精密电机厂	2.43
2	大连德迈仕精密轴有限公司	5.47	7	宁波中大力德传动设备有限公司	2.37
3	卧龙电气集团股份有限公司	2.99	8	成都银河磁体股份有限公司	2.29
4	南通振康焊接机电有限公司	2.76	9	浙江尤奈特电机有限公司	2.27
5	横店集团联宜电机有限公司	2.43	10	上海司壮电机有限公司	2.18

表5　2012年微电机行业重点企业工业增加值前10名企业

序号	公司名称	2012年（万元）	2011年（万元）	序号	公司名称	2012年（万元）	2011年（万元）
1	卧龙电气集团股份有限公司	172 904	156 579	6	湖南科力电机股份有限公司	7 431	1 432
2	横店集团联宜电机有限公司	15 808	14 719	7	浙江尤奈特电机有限公司	5 805	4 513
3	河北电机股份有限公司	15 376	9 325	8	西安微电机研究所	3 600	2 049
4	大连德迈仕精密轴有限公司	9 709	5 847	9	金坛市微特电机有限公司	1 866	1 437
5	宁波中大力德传动设备有限公司	7 575	6 536	10	上海司壮电机有限公司	380	339

表6　2012年微电机行业重点企业成本费用利润率前10名企业

序号	企业名称	成本费用利润率（%）	序号	企业名称	成本费用利润率（%）
1	杭州集智机电股份有限公司	63.20	6	西安微电机研究所	12.91
2	成都精密电机厂	23.50	7	横店集团联宜电机有限公司	11.81
3	成都银河磁体股份有限公司	22.82	8	湖南科力电机股份有限公司	11.81
4	南通振康焊接机电有限公司	18.86	9	浙江尤奈特电机有限公司	10.79
5	卧龙电气集团股份有限公司	13.55	10	宁波中大力德传动设备有限公司	10.51

表7　2012年分会重点企业全员劳动生产率前10名企业

序号	企业名称	全员劳动生产率（元/人）	序号	企业名称	全员劳动生产率（元/人）
1	大连德迈仕精密轴有限公司	557 988.51	6	成都银河磁体股份有限公司	135 406.11
2	杭州集智机电股份有限公司	444 024.39	7	南通振康焊接机电有限公司	134 333.33
3	卧龙电气集团股份有限公司	286 787.20	8	金坛市微特电机有限公司	125 234.90
4	横店集团联宜电机有限公司	157 137.18	9	浙江尤奈特电机有限公司	121 443.51
5	宁波中大力德传动设备有限公司	142 924.53	10	河北电机股份有限公司	116 045.28

市场及销售 2012年度面对全球经济增速放缓、微电机相关市场的萎靡不振，行业企业积极采取应对措施，加速企业转型升级，优化人员配置，大力提高产品附加值，在市场开拓、企业管理、新品研发、生产线改造及人才建设与引进等方面都开展了大量的工作，各方面工作水平均有了很大的提升。

成都银河磁体股份有限公司积极采取应对措施，大力开发新客户、新市场，及时与企业客户沟通，同时加快企业生产线技术改造，降低人员成本。围绕2012年度经营计划，积极推进各项工作，经营总体保持常态。2012年度，实现营业收入48 716.31万元，同比下降13.57%；实现利润总额8 983.65万元，同比下降46.81%，归属于上市公司股东的净利润7 698.66万元，同比下降46.54%。

金坛市微特电机有限公司2012年度生产经营运行基本稳定，但利润率仍然偏低，主要还是劳动力成本提高、产品价格竞争激烈、人民币升值等因素造成的。全年实现销售收入6 293万元，完成目标的87.4%，比2011年增长3.2%；应收账款余额766.8万元，资金回笼率98.4%；应付账款余额873万元；产销率95.33%，存货余额556万元，基本实现了年初制定的目标。

威灵控股有限公司是一家境外上市公司，受复杂的国际、国内市场环境的影响，生产经营遇到了一定困难，销售收入同比下降19%。未来该企业将更加关注企业间的战略合作和国家的政策导向，力争尽快走出颓势。

湖南科力电机股份有限公司2012年的运营状况明显下滑。2012年实际产量不到1 800万台，不到产能的70%，市场需求的减弱致使产能无法释放、库存激增。该企业在未来将大力引进高中端技术人才，增加新产品及新技术的研发经费投入。

天津市中环天虹微电机有限公司是一家外向型国有企业，2012年主营业务收入与同期相比偏低，制造成本、管理费用及人工成本也明显增加。该公司以追求价值最大化为目的，找准定位，拓展市场，把企业工作重心放在转变、调整、变革上，实现企业健康发展。2012年完成工业总产值5 922万元、销售收入6 200万元、出口创汇446.7万美元。

联宜电机有限公司大力实施文化强企战略，以文化力提升其核心竞争力和软实力。2012年该公司实现销售收入66 928万元，同比增长12.3%；工业总产值64 537万元，同比增长12%；利润总额6 890万元，同比增长10%。在统计的大中型企业中，该企业表现较为突出。2012年完成股份制改造，成立浙江联宜电机股份有限公司。

天津万特机械有限公司是一家外贸型中小企业，近几年来由于人民币对美元的汇率不断上涨以及国外用户降价、国内劳动力成本上涨等，该企业的生产、经营遇到很多困难，2012年度经营情况与2011年相比没有太大的变化，销售数量、产值略有减少。当前，该公司老用户的订单数量比较稳定，保证其能够继续运营；新开发的欧洲市场逐渐稳固，并有扩大的可能性；国内市场虽不太尽人意，但仍然在努力开拓中。

上海司壮电机有限公司是以专业制造和销售减速器为主的中小企业，2012年遇到的突出难题表现在：劳动力成本急剧上升，产品利润率有所下降。企业积极采用新技术、新材料、新工艺，以保证质量、降低成本，解决劳动力成本上升问题，全年销售收入同比增长12%。虽然企业发展速度相对往年略有下降，但是产品的利润空间相对尚可，企业可以继续稳定发展。

无锡市黄氏电器制造有限公司不断提高产品质量，提升品牌知名度，2012年运营情况良好，完成工业总产值1.12亿元；销售60kW微电机990万台、50kW微电机48万台；实现利润314万元，同比增长8%，处于同行业领先地位。

淄博博山杰瑞微电机有限公司2012年重视提升产品性价比，明确各环节的分工与责任，大力投资新项目。实现销售收入1 900万元，同比增长10%；工业总产值2 349万元，同比增长8%；利润总额137万元，同比增长9%，是统计的中小规模企业里为数不多发展较为良好的企业。

科技成果及新产品 成都银河磁体股份有限公司坚持自主研发、自主创新，2012年新增专利授权2项，累计研发700多种新规格型号的粘结钕铁硼磁体，其中有200多种新型号规格的磁体已批量供货。该企业持续改进生产粘结钕铁硼磁体的专有技术工艺体系，部分产品的生产效率提高1倍以上。

广东嘉和微特电机股份有限公司2012年共有3项产品获得梅州市科技进步奖，取得了19项实用新型专利和5项发明专利的授权。

上海司壮电机有限公司研发出强度更高、寿命更长的粉末冶金齿轮。2012年新品开发重点放在安全设备配套、高新技术设备配套两个方面，前者是大楼消防自动排烟窗电动机，后者是通信卫星天线自动跟踪电动机。

横店集团联宜电机有限公司2012年联合中科院、清华大学等知名电机科研机构开展了军工产品、机器人、轨道交通等8个高尖端项目的合作。2012年获得97项国际授权，被工信部、财政部认定为第二批“国家技术创新示范企业”。

威灵控股有限公司2012年新开发的汽车助力转向器电动机已经批量生产，工业控制项目已经取得大的突破。

天津市中环天虹微电机有限公司2012年把开发高效电机、提高产品档次列为工作重点，共开发新产品23个品种38个规格，提供样机53台(个)，其中5个系列的高效电机已经批量生产。申报专利3项。该公司新研制成功的磁悬浮轴承，在国内刚刚起步，有广阔的市场发展前景。

湖南科力电机股份有限公司2012年获得发明专利授权1项、实用新型专利3项。其中该公司新品复合型线叶片叶轮贯流风机及高效节能型贯流风机采用自有专利技术，达到了国际节能环保标准，符合国家产业政策要求，满足了市场需求。

无锡市黄氏电器制造有限公司2012年把新产品开发和创新放到了首要位置。针对国内外客户在精密仪器及工业设备中对大转矩电机的使用需求开发了 28KTYZ、64KTYZ、70KTYZ 系列电机。当前该批次新品已被日本、韩国、瑞典的客户批量使用。

金坛市微特电机有限公司 2012 年主要完成了动力单元电机、水冷双定子无刷电机、电动汽车他励和串激电机的初样电机的开发。

质量及标准 全国微电机标准化技术委员会(以下简称微标委)在推进国际标准的转化、加快行业产品标准的制修订步伐,面向市场、面向企业开展标准工作等方面做了一定工作。根据国家标准化管理委员会的要求,顺利完成了国家标准、国家标准计划项目和行业标准计划项目的清理整顿工作。

微标委负责组织、制定完成《永磁交流伺服电动机通用技术条件》等 6 项行业标准项目,组织申报了 12 项行业标准的制修订工作,根据上级机关要求完成了“十二五”规划。

微标委于 2012 年 12 月 17—20 日在西安召开年会。会议组织行业专家审查并通过了《微电机安全通用要求》等 6 项标准项目,并于年底前完成标准报批工作。

基本建设及技术改造 成都银河磁体股份有限公司 2012 年积极推进募投等新项目的建设,进展顺利。该公司结合自身产品和工艺特点,投入资金对粘结钕铁硼磁体设备体系进行了部分自动化或半自动化改造,研制成功了热压钕铁硼磁体所需的设备,并对钐钴磁体相关设备进行了适应性改造,使其效能更高。

淄博博山杰瑞微电机有限公司 2012 年投入 50 万元扩建厂房及厂区配套设施,需要增加的设备、仪器已经考察确定,所需资金来源基本落实。

广东嘉和微特电机股份有限公司 2012 年投资 750 万元开工建设年产 2 000 万台微电机的技术改造项目,该项目已经列入广东省技改项目之一。

横店集团联宜电机有限公司 2012 年新建逾 4 万 m^2 厂房完工并投入生产,多项技改项目列入发改委、省经信委及东阳市重点技改项目。

威灵控股有限公司常州基地 2012 年已经开始建设。

天津市中环天虹微电机有限公司 2012 年基本建设投资 12 万元,技术更新改造投资 16 万元。

湖南科力电机股份有限公司 2012 年对现有的硬件进行适当的修补及维护,在新产品试产过程中,对相关的设备进行了技改,投入资金近 500 万元。

无锡市黄氏电器制造有限公司技术改造和基础建设同步进行,全面淘汰原有设备,增加自动绕线机、自动焊锡机、插针机、铆盖板机、铆机壳机,总投资 45 万元。

行业管理 微电机分会于 2012 年 6 月 11—12 日在无锡成功召开六届二次理事会议, 53 名代表出席。与会代表就后金融危机时代微特电机行业发展方向及技术发展趋势开展了热烈的讨论,同时安排部署了 2012 年度标准工作。

微电机分会继续实施推进品牌战略,开展诚信体系建设。分会会员深圳龙德科技公司被评为 2012 年度中国电器工业十大有影响力品牌产品,广东嘉和电器股份有限公司通过商务部信用体系 3A 级单位复审工作,金坛市微特电机有限公司的永磁直流电机(跑步机专用)被中国电器工业协会评为“质量可信产品”。

微电机分会分别于 2012 年 8 月 15—18 日在西安、9 月 11—13 日在深圳举办了单相串激电动机设计培训班,来自全国 20 余家单位的百余名学员参加了培训。

2012 年 9 月中旬,微电机分会成功主办了第 18 届微特电机暨第 12 届永磁电机技术创新与发展论坛,该论坛已成为微电机行业每年一次的重要技术交流会议。79 家全国微电机及相关行业的厂商、26 所科研机构和高等院校共计 220 多位代表参会。报告论文集收集综述类、应用类、设计与研究、管理论文共 40 多篇。

微电机分会秘书处获得中国电器工业协会 2012 年度统计及经济运行分析先进集体称号。

《微电机》期刊 2012 年发表论文 300 多篇,入编 2012 年版《中文核心期刊要目总览(中文核心期刊)》。

2012 年微电机分会秘书处积极发展新会员单位 8 家:宁波菲仕电机技术有限公司、东莞市赛仑特实业有限公司、浙江凯文磁钢有限公司、浙江西子富沃德电机有限公司、中山大洋电机股份有限公司、江苏上骐集团有限公司、浙江东能电子科技有限公司、上海恩牧必精密轴承制造有限公司等。

〔撰稿人:西安微电机研究所延石　审稿人:西安微电机研究所张朴〕

防 爆 电 机

生产发展情况 2012 年在国内经济增速逐季放缓与货币政策紧缩的影响之下,防爆电机行业由于需求不足,企业订货困难,产销规模逐季下滑;而由于订单不足,价格竞争激烈,行业收入、效益指标较上年同期下降较多。同时产品存货增加,货款回收困难,应收、应付账款高位运行,行业经济运行质量下降,企业经营压力进一步加大。

2012 年,由于电机价格、产销量下降,行业收入下降,电机产品实现销售收入 165.93 亿元,比上年减少 7.91 亿元,同比下降4.55%。有 30 家企业电机销售收入较上年同期下滑,占统计企业总数的 75%;10 家企业销售收入较上年同期增长,占整个行业企业总数的 25%。电机销售收入突破 10 亿元的企业有 6 家。

2012 年防爆电机行业实现利润 11.9 亿元,比上年减少 1.22 亿元,同比下降 9.28%。40 家企业中有 16 家企业利润上升,占统计企业总数的 40%;有 24 家企业利润下滑,占企业总数的60%。9家企业亏损，占企业总数的22.5%。利润总额超4 000万元的企业有9家。行业综合经济效益指数为190.7，同比下降25.6，主要原因是企业库存持续上升，流动资产周转率低，利润下滑、成本上升，成本费用利润率降低所致。

综上分析，受国内经济增速放缓的影响，2012年防爆电机行业各企业订单均减少，行业产销增速也逐季放缓。由于电机需求还不明显，2013年上半年防爆电机行业产销规模继续下降，利润也会较上年同期出现较大幅度下降。

2012年防爆电机行业工业总产值前15名企业见表1。2012年防爆电机行业工业增加值前15名企业见表2。2012年防爆电机行业部分企业经济效益指标见表3。

表1 2012年防爆电机行业工业总产值前15名企业

序号	企业名称	2012年（万元）	2011年（万元）	同比增长（%）	序号	企业名称	2012年（万元）	2011年（万元）	同比增长（%）
1	佳木斯电机股份有限公司	278 326	276 392	0.70	9	无锡华达电机有限公司	68 105	90 094	-24.41
2	南阳防爆集团股份有限公司	257 342	253 504	1.51	10	江西特种电机有限公司	64 008	75 103	-14.77
3	山东华力电机集团股份有限公司*	220 081	253 470	-13.17	11	江苏锡安达防爆股份有限公司	39 122	37 400	4.60
4	六安江淮电机有限公司*	120 128	141 176	-14.91	12	长沙电机厂有限责任公司*	33 502	49 185	-31.89
5	安徽皖南电机股份有限公司	118 277	124 502	-5.00	13	上海品星防爆电机有限公司	26 758	32 408	-17.43
6	江苏大中电机股份有限公司	106 371	104 315	1.97	14	大连日牵电机有限公司*	21 983	23 095	-4.82
7	抚顺煤矿电机制造有限公司	95 027	90 124	5.44	15	广东省东莞电机有限公司	21 659	24 677	-12.23
8	浙江金龙电机股份有限公司*	70 638	69 075	2.26					

注：带*者的工业总产值，含非防爆电机工业总产值数据。

表2 2012年防爆电机行业工业增加值前15名企业

序号	企业名称	2012年（万元）	2011年（万元）	同比增长（%）	序号	企业名称	2012年（万元）	2011年（万元）	同比增长（%）
1	南阳防爆集团股份有限公司	89 632	76 813	16.69	9	无锡华达电机有限公司	13 650	12 150	12.35
2	佳木斯电机股份有限公司	52 200	51 910	0.56	10	江苏锡安达防爆股份有限公司	11 345	11 919	-4.82
3	山东华力电机集团股份有限公司*	43 442	50 820	-14.52	11	大连日牵电机有限公司*	7 789	6 958	11.95
4	六安江淮电机有限公司*	39 041	43 905	-11.08	12	长沙电机厂有限责任公司*	5 806	4 897	18.56
5	安徽皖南电机股份有限公司	31 587	30 217	4.53	13	浙江浦东电机有限公司	5 585	4 316	29.40
6	江西特种电机有限公司*	23 043	31 543	-26.95	14	中泉集团有限公司	4 296	2 490	72.53
7	浙江金龙电机股份有限公司*	19 464	18 749	3.81	15	分宜宏大煤矿电机制造有限公司	4 256	2 932	45.16
8	江苏大中电机股份有限公司	18 832	17 608	6.95					

注：带*者的工业增加值，含非防爆电机工业增加值数据。

表3 2012年防爆电机行业部分企业经济效益指标

序号	企业名称	总资产贡献率（%）	资产保值增值率（%）	资产负债率（%）	流动资产周转率（%）	成本费用利润率（%）	劳动生产率（元/人）	产品销售率（%）	经济效益综合指数
1	南阳防爆集团股份有限公司	19.6	118.5	46.3	1.3	15.9	248 013	94.5	300.9
2	佳木斯电机股份有限公司	14.1	117.2	49.2	1.3	9.5	207 637	98.3	242.8
3	六安江淮电机有限公司	24.1	126.7	37.8	3.1	10.3	322 920	100.0	352.8
4	沈阳黎明电机制造有限公司	12.3	88.4	37.2	3.8	5.0	354 211	85.0	329.3
5	安徽皖南电机股份有限公司	13.3	119.9	58.9	3.2	4.7	317 457	100.2	308.2
6	江苏锡安达防爆股份有限公司	14.8	116.9	27.2	1.5	9.3	265 691	97.5	277.0
7	大连日牵电机有限公司*	21.7	115.9	42.8	2.4	15.9	139 094	101.3	249.9
8	无锡市锡安防爆电机有限公司	24.0	113.0	51.3	2.8	7.5	176 809	100.7	249.2

（续）

序号	企业名称	总资产贡献率（%）	资产保值增值率（%）	资产负债率（%）	流动资产周转率（%）	成本费用利润率（%）	劳动生产率（元/人）	产品销售率（%）	经济效益综合指数
9	山东华力电机集团股份有限公司	13.8	105.3	51.4	4.2	2.7	213 474	100.4	246.9
10	江苏环球特种电机有限公司	18.4	113.9	29.2	3.6	5.8	172 198	98.5	235.4
11	浙江金龙电机股份有限公司*	6.4	193.3	57.6	1.5	6.5	204 238	95.8	226.3
12	江西特种电机有限公司*	8.5	105.8	34.2	0.7	11.9	177 664	105.5	214.9
13	上海品星防爆电机有限公司	12.8	111.2	42.4	6.3	3.4	114 934	109.2	210.4
14	江苏大中电机股份有限公司	11.8	110.6	52.5	3.1	4.8	131 692	100.8	191.4
15	浙江浦东电机有限公司	5.9	67.3	68.6	0.6	3.9	203 832	100.0	188.8
16	温州南洋防爆电机有限公司	34.0	100.5	32.6	2.6	15.5		86.1	184.0
17	中泉集团有限公司	3.3	97.4	65.9	0.7	3.6	176 066	100.0	170.9
18	分宜宏大煤矿电机制造有限公司*	5.0	232.0	33.0	0.9	4.4	103 301	91.7	151.3
19	南阳防爆微特电机有限公司	14.6	114.3	53.2	3.2	3.3	60 457	105.2	150.1
20	无锡锡山安达防爆电气设备有限公司	8.2	103.7	83.6	1.3	3.2	121 638	100.0	148.1
21	抚顺煤矿电机制造有限公司	15.0	113.5	29.3	0.9	17.1		91.2	139.0
22	无锡华达电机有限公司	13.8	116.8	36.1	1.7	10.8	25 610	96.6	139.0
23	河南豫通电机股份有限公司	12.0	99.7	44.5	3.1	5.2		100.0	111.7
24	浙江沪新电机有限公司	15.7	101.6	21.8	3.3	3.4		100.0	110.1
25	江苏特种电机厂	6.6	105.5	65.8	2.2	−0.3	60 233	100.0	108.6
26	上海大速电机有限公司	5.7	140.3	47.2	2.5	1.8	31 376	100.1	106.4
27	无锡市南方防爆电机有限公司	6.8	111.8	55.3	1.0	1.2	60 040	100.7	105.0
28	江苏远中电机股份有限公司	3.9	107.1	80.0	2.1	0.2	41 424	100.0	90.1
29	佳木斯防爆电机有限公司	10.7	119.7	57.0	2.8	0.3	5 174	73.3	90.1
30	长沙电机厂有限责任公司*	−0.5	365.3	95.4	0.9	−6.2	50 885	100.7	79.8
31	南阳新普公司防爆电机有限公司	5.0	96.3	106.2	2.0	0.2	29 602	108.7	72.1
32	广东省东莞电机有限公司	−2.7	85.8	74.4	1.4	−6.7	56 356	100.0	51.6
33	山东山防防爆电机有限公司	−1.4	96.0	46.7	1.1	−4.7	24 608	90.5	42.4
34	河南安阳华安煤矿电机有限责任公司	0.3	96.0	84.2	0.5	−2.3	20 613	97.2	42.2
35	鞍山三环电机有限公司	−0.9	34.0	64.2	0.9	−4.6	29 375	85.5	35.5
36	丹东黄海电机有限公司	−6.0	186.9	114.5	3.3	−7.8	22 000	103.4	35.4
37	重庆特种电机厂有限责任公司	−2.8	88.0	78.7	0.5	−15.1	30 811	96.3	−5.1
38	浙江防爆电机有限公司	−2.6	58.3	92.5	0.5	−10.5	−1 063	111.2	−13.9
39	上海亨得电机有限公司	7.0	104.6	23.9	−	3.2		89.2	
40	沈阳实力电机有限公司							96.4	
	平均	11.9	115.8	50.3	1.6	7.6	137 285	96.0	190.7

注：带*者含非防爆电机数据。

产品产量及销售　2012年，防爆电机行业整体的生产、销售、订货同比下降。全年行业总产量7 445.4万kW，同比减少228万kW，较上年同期下降2.97%；防爆电机产量2 363.3万kW，同比减少10万kW，同比下降0.44%；高压防爆电机产量1 136.5万kW，同比增加31.71万kW，较上年同期增长2.79%，低压防爆电机产量1 226.8万kW，同比减少44万kW，较上年同期下降3.46%。2012年防爆电机销量2 268.5万kW，同比减少93万kW，较上年同期下降3.95%。2012年防爆电机累计订货2 479.2万kW，同比减少101万kW，较上年同期下降3.9%。

2012年防爆电机产量超百万千瓦规模的防爆电机企业有南阳防爆集团股份有限公司、佳木斯电机股份有限公司、江苏锡安达防爆股份有限公司、佳木斯防爆电机有限公司、江苏大中电机股份有限公司、抚顺煤矿电机制造有限责任公司6家企业，且产量同比增长，比2011年减少1家企业，合计产量1 629万kW，占行业总产量的68.93%。防爆电机产量达到300万kW以上的企业有南阳防爆集团股份有限公司和佳木斯电机股份有限公司，其中，南阳防爆集团股份有限公司产量达到513万kW，同比增加16万kW，增幅3.22%；佳木斯电机股份有限公司产量达到469万kW，同比增加37万kW，增幅8.56%。其他企业产量分别为：江苏锡安达防爆股份有限公司产量达到199万kW，同比增加17万kW，同比增长9.34%；佳木斯电机有限公司达到119万kW，同比下降2.46%；江苏大中电机股份有限公司达到137万kW，同比增长0.74%；抚顺煤矿电机制造有限责任公司产量达到192万kW，同比增长3.23%。防爆电机产量50万~99万kW的企业有5家。

科技成果及新产品 根据《国务院关于印发节能减排“十二五”规划的通知》以及《财政部 国家发展改革委关于印发<节能产品惠民工程高效电机推广实施细则>的通知》文件精神，高效、节能已经成为防爆电机行业新的、重要的发展方向。

我国当前在高效以及超高效节能防爆电机市场上几近空白，为此中国电器工业协会防爆电机分会秘书处协同南阳防爆电气研究所组织行业相关专家开始新一代高效节能防爆电机——YBX3系列高效电机的研制。通过理论分析和试验验证，掌握了降低电机各项损耗的设计技术、控制技术、制造技术，确定了不同功率等级、不同频率、不同电压的电机设计制造特点，将现代的电机制造设计、计算机软件控制技术、电力电子技术、测试技术有机地结合起来，使其符合GB 18613标准高效率值的规定，并与国际最新的效率标准接轨。对研究中取得的关键技术及时申请国家专利进行知识产权保护。提供符合GB 18613—2012标准中2级效率指标的隔爆型典型系列产品，达到产业化生产规模，在防爆电机行业推广。

质量及标准 我国于2012年颁布国家标准GB 18613—2012《中小型三相异步电动机能效限定值及能效等级》，并于2012年9月1日起实施。标准规定了中小型三相异步电动机的能效等级、能效限定值、目标能效限定值、节能评价值和试验方法。当前我国市场上广泛推广的YB3系列隔爆型三相异步电动机可满足GB 18613—2012中的3级能效等级，部分规格可达到2级目标能效等级。

2012年，国家防爆电气产品质量监督检验中心（CQST）依据防爆系列国家标准及国际标准完成样机检验3 300台次，发放防爆合格证2 400多份，煤矿安全标志产品检验720台，国外厂商委托办理中国防爆合格证198份，国内客户委托办理国外认证137家。CQST顺利通过了国家安全生产甲级机构复查评审，零缺陷通过了IECEx国际实验室复评审和中国船级社实验室复评审。

2012年5月26日，全国防爆电机标准化分技术委员会三届一次会议在浙江省上虞市召开，完成了对JB/T 7565.2《隔爆型三相异步电动机技术条件 第2部分：YB3-W、YB3-TH、YB3-THW、YB3-TA、YB3-TAW系列隔爆型三相异步电动机（机座号63~355）》、JB/T 7565.3《隔爆型三相异步电动机技术条件 第3部分：YB3-F1、YB3-WF1、YB3-F2、YB3-WF2系列隔爆型三相异步电动机（机座号63~355）》、JB/T 7565.4《隔爆型三相异步电动机技术条件 第4部分：YB3系列隔爆型（Exd ⅡCT1~T4 Gb）三相异步电动机（机座号63~355）》和JB/T ××××《隔爆型变频调速三相异步电动机技术条件 第2部分：YBBP系列隔爆型（Exd ⅡCT4 Gb）变频调速三相异步电动机（机座号80~355）》等4项行业标准的审查，并提出相关意见。

全国防爆电机标准化分技术委员会三届二次会议于2012年11月28—30日在江苏省扬州市召开。南阳防爆电气研究所所长、分标委主任委员王军在讲话中要求分标委努力遵循规范化、制度化管理的原则，逐渐形成标准编写质量高、时间准时、标准编写数量多的特点，满足防爆电机多元化和信息化的要求。会议审查通过了JB/T 5337.1《YW2系列无火花型三相异步电动机（机座号80~355）》、JB/T 7565.6《YB3-H系列船用隔爆型三相异步电动机（机座号63~355）》、JB/T 9593.1《YBK3系列煤矿井下用隔爆型三相异步电动机（机座号80~355）》、JB/T 9595.1《YA2系列增安型三相异步电动机（机座号80~355）》、JB/T 9595.2《YA2-W、YA2-WF1系列户外、户外防腐增安型三相异步电动机（机座号80~355）》、JB/T 10352《YFB2系列粉尘防爆型三相异步电动机（机座号63~355）技术条件》、JB/T ××××.1《YBX3系列高效率高压隔爆型三相异步电动机（机座号355~630）》、JB/T 11202.2《YAKK、YAKK-W系列高压增安型三相异步电动机（机座号355~630）》、JB/T ××××.1《YBX3系列（10kV）高效率高压隔爆型三相异步电动机（机座号400~630）》《YA2系列增安型高压三相异步电动机技术条件（机座号355~560）》《TZYW系列正压型外壳型无刷励磁同步电动机（4P、6P）技术条件》《YB3系列（10kV）高压隔爆型三相异步电动机技术条件（机座号400~630）》《低压隔爆型三相异步电动机技术条件 第1部分：YB3系列低压隔爆型三相异步电动机技术条件（机座号400~450）》、JB/T 7565.5《YBF3系列风机用隔爆型三相异步电动机（机座号63~355）》《YBBP系列隔爆型（Exd ⅡCT1~T4）变频调速三相异步电动机（机座号80~355）》《TBZY系列螺杆抽油泵专用直驱式隔爆型三相永磁电动机（机座号225~355）》《YBBZ泵站用隔爆型高压三相异步电动技术条件》和《YBSD系列矿用隔爆型双速三相异步电动机技术条件》共计18项行业标准。

分标委秘书处已完成上述22项标准报批稿、编制说明、申报单编制等工作，如期按计划上报。

基本建设及技术改造 2012年，防爆电机行业实现基本建设及更新改造投资额47 440.48万元，同比增长43.68%，投资速度加快。统计的防爆电机行业40家企业中，17家企业进行了基本建设及技术改造，占被调查企业总数的42.5%。其中，投资额1亿元以上的企业为广东东莞电机有限公司，投资额14 164万元；投资额1 000万～1亿元的企业为南阳防爆集团股份有限公司、佳木斯电机股份有限公司、江苏大中电机股份有限公司、六安江淮电机有限公司、山东华力电机集团股份有限公司、无锡华达电机有限公司和抚顺煤矿电机制造有限公司。南阳防爆集团股份有限公司技术改造和基本建设总投资3 948万元，其中80%资金用于更新设备，其他用于改善企业员工的工作条件，为企业生产发展打下了良好基础。上述绝大多数企业年产量超百万千瓦。

2012年防爆电机行业部分企业完成基本建设及技术改造投资额见表4。

表4　2012年防爆电机行业部分企业完成基本建设及技术改造投资额

序号	企业名称	投资额（万元）	序号	企业名称	投资额（万元）
1	广东省东莞电机有限公司	14 164	10	上海大速电机有限公司	785
2	六安江淮电机有限公司	6 700	11	分宜宏大煤矿电机制造有限公司	756
3	无锡华达电机有限公司	5 330	12	江苏环球特种电机有限公司	750
4	佳木斯电机股份有限公司	4 852	13	长沙电机厂有限责任公司	726
5	南阳防爆集团股份有限公司	3 948	14	南阳防爆微特电机有限公司	592
6	山东华力电机集团股份有限公司	3 000	15	大连日牵电机有限公司	201
7	江苏大中电机股份有限公司	2 965	16	佳木斯防爆电机有限公司	100
8	抚顺煤矿电机制造有限公司	1 678	17	温州南洋防爆电机有限公司	21
9	上海品星防爆电机有限公司	873			

行业活动　作为生产特种安全电工产品的行业，在防爆电机行业中开展诚信体系建设、规范行业秩序显得尤为重要和迫切。分会秘书处积极组织开展了此项工作，安徽皖南电机股份有限公司和无锡华达电机有限公司两家企业均取得AAA级信用评价证书。

〔撰稿人：南阳防爆电气研究所曹旭〕

变　压　器

据中国电器工业协会统计，2012年以来电工行业主要产品增长疲软。1—12月重点统计的22类主要产品中，产量增长的占64%。作为主导产品的发电设备（发电机组），1—12月的产量为12 683.22万kW，同比下降8.90%；输配电设备中，变压器产量143 132.18万kV·A，同比增长0.36%。

据国家能源局公布的数据，2012年1—12月新增发电设备装机容量8 700万kW，装机总量比2011年略有减少。其中新增水电设备1 900万kW，新增火电设备5 100万kW，新增核电设备66万kW，新增风电设备1 537万kW。根据当前电源建设和投资降速的情况分析，未来发电设备市场总体需求下滑的趋势已经显现。

招投标　5月，特变电工衡阳变压器有限公司一次中标皖电东送淮南—上海特高压交流输电示范工程浙北站7台1 000kV变压器和电抗器产品。

9月，南京电气（集团）有限责任公司在国家电网公司"皖电东送"淮南—上海1 000kV特高压交流输电示范工程钢化玻璃绝缘子产品招标中，中标550kN交流钢化玻璃绝缘子逾7万只。这是该公司自主研发的重大新产品首次大规模应用于国家特高压交流输电工程，也是国家特高压交流输电工程首次采用国产550kN交流钢化玻璃绝缘子。另外，南京电气（集团）有限责任公司自主研发的500kN直流玻璃绝缘子，于2011年底和2012年初在南方电网"两渡"直流工程中大批中标，为国家重点工程建设作出了贡献。

特高压产品　沈阳变压器研究院与国网中国电力技术装备有限公司、国网智能电网研究院进行项目合作，先后完成了DFP-400000/1000百万伏发电机变压器的研发，产品通过国家级鉴定；完成ODFPS-1000000/1000双百万交流自耦变压器的研发，产品通过国家级鉴定；完成ZZDFPZ-363400/500-400换流变压器的研发，产品通过国家级鉴定；完成ZZDFPZ-363400/500-200换流变压器的研发，样机一次通过全部试验；完成BKD-240000/1100百万伏交流并联电抗器的研发，样机一次通过全部试验；ODFPS-1500000/1000双百万交流自耦变压器的技术方案通过国网专家组织的评审；ZZDFPZ-240800/500-800换流变压器的技术方案通过国网专家组织的评审；ZZDFPZ-405200/500-600换流变压器的技术方案通过国网专家组织的评审；PK-DGKL-800-5000-50干式平波电抗器的技术方案通过国网专家组织的评审。

DFP-400000/1000 特高压升压变压器

ODFPS-1000000/1000 特高压自耦变压器

ZZDFPZ-363400/500-200 换流变压器

PKDGKL-800-5000-50 干式平波电抗器

5 月 4 日，中国西电集团西安西电变压器有限责任公司（以下简称西电西变）为锦屏—苏南±800kV 特高压直流输电工程同里换流站研制的第 14 台换流变压器，在西电西变常州基地完成了全部试验，各项性能指标完全满足技术要求。至此，西电西变已经顺利完成了该工程全部 14 台低端换流变压器的设计制造任务。

锦屏—苏南±800kV 特高压直流输电工程同里换流站第 14 台低端换流变压器进行长期空载试验（戴克勤 摄）

6 月 11 日，保定天威保变电气股份有限公司（以下简称天威保变）制造完成锦屏—苏南特高压直流输电工程用首台 363.4MV · A/±800kV 换流变压器，并通过所有试验项目，主要技术性能指标优于合同要求。该变压器是世界上容量最大的±800kV 换流变压器，也是天威保变继世界首台 1 000kV 特高压交流变压器后又一填补世界空白的产品。

9 月，天威保变研制的 1 500MV · A/1 000kV 等三项电力变压器通过国家能源局、中国机械工业联合会组织的新产品鉴定。专家组认为，天威保变研制的 1 500 MV · A/1 000kV 电力变压器是当前世界上电压等级最高、单相容量最大的单体式自耦三绕组无励磁调压电力变压器，产品优化了主纵绝缘结构，有效解决了局部过热和有关机械强度问题，属国际首创，主要技术性能指标国际领先；400MV · A/1 000kV 电力变压器解决了线圈漏磁分布、屏蔽结构等关键技术问题，产品具有结构合理，局部放电、温升、噪声低等特点，主要技术性能指标居国际领先水平；750MV · A/500kV 电力变压器采用便于解体运输的结构，开发了独特的防潮和运输防护技术、易于拆卸的引线机械连接结构以及相应的现场组装技术，主要技术指标达到国际先进水平。

南京电气（集团）有限责任公司自主研发的 830（760）kN 直流盘形悬式玻璃绝缘子产品通过技术鉴定，为向国家电网正在建设的“疆电外送”特高压直流工程哈密南—郑州±800kV 特高压直流输电工程供应产品做好了准备。

国内首台套 6 月 25 日，由特变电工沈阳变压器集团有限公司自主研发生产的±400kV 充 SF_6 直流套管在四川锦屏—苏南特高压直流工程挂网通电并安全运行，这是国内首支自主研制、用于直流输变电工程的国产直流套管，打破了国外的技术垄断。6 月 27 日，伴随着锦屏—苏南±800kV特高压直流输电工程极 1、极 2 双极低端解锁成功，双极带电运行，特变电工沈阳变压器集团有限公司为该工程研制的 12 台换流变压器全部带电运行成功。

6 月，特变电工沈阳变压器集团有限公司电气组件分公司自主研制的±400kV 环氧树脂浸纸干式换流变压器套管顺利通过型式试验，各项指标达到国际先进水平，产品试制成功。该产品填补了国内空白，为解决国家重大装备“空心化”问题作出了积极贡献。

±400kV 环氧树脂浸纸干式换流变压器套管

10 月，大连北方互感器集团有限公司研发的 LRGBT-2 型额定电流比为 150 000/5A 特大电流标准互感器顺利通过全部例行试验，各项性能指标均符合相关标准要求，已成功交付使用。LRGBT-2 特大电流标准互感器是应客户特殊需求研制的产品，设备额定电压 2kV，额定电流比分别为 30 000/5A、150 000/5A，准确级为 TPY，具有暂态保护功能，可作为试验室高精度检验计量用的标准互感器，堪称互感器参数检验的"标尺"。由于 150 000/5A 属超大电流比，二次导线需绕制 30 000 匝，大大增加了产品制造工艺的复杂程度。在二次绕组红线时采用了国内先进的双头全自动红线机进行包绕，可同时完成红线和包扎层间绝缘，提升了红线均匀度，绝缘性能得到可靠保障。采用分级式绕线方式解决了国内大电流产品无试验设备、无法进行产品调试和检测的难题，产品绕制匝数的准确率达到 100%，误差控制在 0.01%以内。

新产品 7 月，三变科技股份有限公司制造的 SFZ11-8000/110 智能型电力变压器顺利完成安装调试和现场试验，正式投入使用。该智能型变压器是三变科技为宁波理工智能电站试验展示基地自主研发设计的试验变压器，具有一套完整的智能测控系统，完全满足国家电网提出的智能化变电站中变压器智能化设计的技术要求，性能参数符合国家标准节能型变压器的要求且可靠性高。

6 月 21 日，山东电力设备有限公司自主研发的 DSP-720000/1800 特高压试验变压器一次性通过全部型式试验，实现零局放产出，创造了公司同类产品电压等级最高、容量最大、一次研制成功等 3 项纪录。该变压器的研制成功标志着公司在特高压交流变压器技术研发与批量生产方面取得了一系列重大进展，进一步丰富了"全系列、全电压"特高压变压器产品种类。

9 月，三变科技股份有限公司 ZBW11-D-630 地埋式组合式变电站荣列 2012 年国家火炬计划项目，立项代码为 2012GH041085。该产品由三变科技股份有限公司自主研发，拥有多项专利技术和创新点。产品结构合理，技术成熟，集高压开关柜、变压器、低压配电柜于一体，具有结构紧凑、噪声低、占地面积小等特点，性能达到国内同类产品先进水平。

10 月，常州东芝变压器有限公司为南京市重点工程——南京鼓楼变电站自主研发的 80MV·A/110kV SF_6 气体绝缘变压器一次性通过出厂试验，各项技术性能指标均达到、部分指标优于国家标准和技术协议要求。这是该公司为适应我国城市化建设快速发展、气体变压器市场需求增多的需要，自主研发的当前国内最大容量的 SF_6 气体绝缘变压器。该公司的 SF_6 气体绝缘变压器研发和制造水平已处于国内领先地位，2012 年研发制造了 5 台 SF_6 气体绝缘变压器。

2012 年变压器行业新产品型号注册情况见表 1。2012 年变压器行业新产品试验情况见表 2。

表 1 2012 年变压器行业新产品型号注册情况

企业名称	批准产品型号
包头巨龙变压器有限责任公司	S11-M-30~1600/10、SCB11-1000~1250/10
包头市科电电器制造有限公司	S11-M-30~1600/10
保定天威保变电气股份有限公司	DFP-400000/1000、ODFPS-1500000/1000、OSFPS-750000/500
丹东欣泰电气股份有限公司	SZ11-40000~63000/110、SCB11-315~630/10、ZTSCF-1250/6
广州广高电器有限公司	S13-M-800/10
哈尔滨变压器有限责任公司	SSZ11-180000/220
海南金盘电气有限公司	SC10-5000~20000/35、SCB11-1600~2500/10、SCB10-50~2500/35、SC(H)BH15-1600~2500/10
合肥元贞电力科技股份有限公司	ZGSB-Z·F-2350/35
湖南雁能配电设备有限公司	S11-M-30~1600/10
环宇集团(南京)有限公司	SBH15-M-315~1000/10、S13-M-630~1000/10
江苏宏源电气有限责任公司	S13-M-30~2500/10、SC10-315~400、SCB10-500~2500、SC11-30~400、SCB11-500~2500、S13-M-630/10
江苏华鹏变压器有限公司	SC(H)B11-1600~2500/20、SSZ10-90000~240000/220、SZ11-16000~63000/110、SC(H)B10-500~2000/35、ZQSC(H)-2000/35

（续）

企 业 名 称	批准产品型号
江苏彭变变压器有限公司	S11-M-30~1600/10
江苏上能新特变压器有限公司	SC10-30~160/10、SCB10-200~2500/10
江苏中电输配电设备有限公司	S11-8000~31500/35、SZ11-16000~63000/110
江西亚珀变电设备有限公司	S11-M-630~1600/10
锦州变压器股份有限公司	SZ11-16000~63000/66
聊城市永昌电力设备有限公司	S11-M-30~1600/10
宁波奥克斯高科技有限公司	SCBH15-630~800/10、SG(H)B10-30~2500/10、S11-MD-30~500/10
宁波仁栋电气有限公司	S11-M-30~1600/10、S13-M-315~500/10、S13-M-630/10、ZGS11-Z-630~1600/10、SCB11-315~400/10
青岛特锐德电气股份有限公司	S11-M-30~1600/10
日立钱电(杭州)变压器有限公司	SH15-M-30~2500/10
三变科技股份有限公司	SZ11-20000/35
山东电力设备有限公司	ZZDFPZ-363400/500-200、ODFPS-1000000/1000、ZZDFPZ-363400/500-400、BKD-240000/1100-145、ODFPS-500000/750
山东泰山恒信开关集团有限公司	S11-M-30~1600/10、S13-M-630~1000/10、SH15-M-30~500/10、SCB10-1000~1250/10
山东万达电缆有限公司	S11-M-30~1600/10、SZ11-8000~12500/35、S11-M-100/10
韶关市韶特变压器有限公司	ZGS11-Z-630~1600/10
沈阳昊诚电气股份有限公司	SCB10-315~1250/10
沈阳全密封变压器股份有限公司	S11-M-30~1600/10
特变电工衡阳变压器有限公司	OSFPS-JT-1000000/500、SFP-780000/500、BKD2-140000/750、BKS-60000/66、OSFPSZ-360000/330GY、SFP-H-810000/500、SSP-300000/500、DFP-260000/220、DFP-260000/500、ODFSZ-334000/500、ODFSZ-166700/400、DSP-223000/500、SFP-720000/500、SFFZ-CY-82000/220
特变电工沈阳变压器集团有限公司	BKD-110000/750TH、BKS-75000/330、SFP-1140000/500、ODFS-250000/500
天津市百利纽泰克电气科技有限公司	JDZX8-10(URED10)、JDZX17-10(URED2-10)
卧龙电气银川变压器有限公司	S13-M・RL-30~1600/10、S11-M-30~1600/10
武汉振源电力设备有限公司	SCB10-315~2500/10
西安中扬电气股份有限公司	CKDGKL-8660/110-12W、BKDGKL-80000/110W、PKDGKL-800-3125-75W
新疆邦特电器有限公司	SCB10-1000~1250/10、S11-M-30~1600/10
浙江金三角变压器有限公司	S13—M・RL—315~500/10、S11—M・RL—30~500/10
浙江临高电气实业有限公司	SH15-M-315~500/10
浙江派尔电气有限公司	SBH15-M-315~1000/10
镇江天力变压器有限公司	SH15-M-30~250/10、SBH15-M-630~1000/10
中电电气(江苏)股份有限公司	SC10-30~250/10、SCB10-315~2500/10
中电电气(南京)特种变压器有限公司	SCH15-30~80/10、SCBH15-100~2500/10、SCR(H)BH15-1000~2500/10
中钢集团吉林机电设备有限公司	SFSZ11-180000/220
重庆 ABB 变压器有限公司	BKD-110000/750、ZZDFPZ-363400/800
重庆市亚东亚集团变压器有限公司	SZ11-5000~20000/35
遵义长天变压器有限责任公司	S11-M-30~1600/10

表 2　2012 年变压器行业新产品试验情况

企 业 名 称	产品型号
阿塔其大一互电器有限公司	JDC6-145TAW2、LB-35、CA-35、JDX-35
包头巨龙变压器有限责任公司	S11-M-100/10、S11-M-800/10、SCB11-1000/10

（续）

企 业 名 称	产品型号
保定保菱变压器有限公司	SF-40000/121、30SQ120
保定天威保变电气股份有限公司	SFSZ-240000/220、SZ11-63000/66
保定天威互感器有限公司	LGB-35W3
北京电力设备厂	XKKA/D-66-12/2.5
北京科瑞配电自动化股份有限公司	SBH15-M-1250/10、SBH15-M-315/10、ZGSBH15-Z,F-1600/35
北京天威瑞恒电气有限责任公司	LRGBJ-150、CRGBJ-150/10、ZFGRBLW-252/630-4
本溪泰丰电力设备有限公司	S13-M-315/10
常州江南变压器有限公司	S11-M-1000/10
常州天道变压器有限公司	S11-M·RL-1600/10
成都星宇节能技术股份有限公司	BKSCL-800/10
传奇电气(沈阳)有限公司	IOSK72.5、IOSK245、IOSK550
大连北方互感器集团有限公司	DC-3/10G、LZZW2-24Q、LRZB2-0.5/275、LB7-66W3
大连第二互感器集团有限公司	LZZB(J)-35、JDZXW-35、JDZX-35、JDZW-35、JDZ-35、JDZXW-10、JDZW-10、CKSL-180/10-6、LZZB(J)9-35、LZZB12-24、LZZBJ9-10、LZZB7-35(G)
大连第一互感器有限责任公司	LZZBJ9-10A1C2G、LZZBJ9-10A2C2G、LZZBJ9-10A5C2G、LZZBJ9-10、LZZBT9-17.5A4GW、JDZX6-13.8RG1、LZZBJ9-12、LZZB7-35、LZZB9-24/185、JDZX11-10、JDZ10-10C1、JZFW2-10RW3、JSZFW-10RW3、LMBF-0.5、JDZX10-10C1G、JDZ10-10C1、JDZX9-35、JDZXW2-35、JDZX6-13.8RG1、LZZBJ9-17.5A4G
大连互感器有限公司	JZWX-35、RZL10II、LZZBJ9-10、an36/250f/2s、LZW-35、LZW-24、LZW-12、JZW-12、LFZB8-10、LMZD1-20、JDZ9-35F
大连金业电力设备有限公司	JZFW-24W3、JZFW2-10RW3、UNE35-SIII、JZW3-10R、LZFWT2-27.5
大连金元互感器有限公司	LZZBJ-35W1、JDZ9-35GYW、JDZ26-10、JLSZV-10W
大连新安越电力设备有限公司	LZZBJ9-24、JDZX9-24
大连信达变压器有限公司	SSZ11-63000/110
大连益生电力电器有限公司	SCB10-1000/10
大连中广互感器制造有限公司	JDZ9-10、LZZBJ9-10
丹东通泰电器有限公司	WSTGII-30/7.4
丹东欣泰电气股份有限公司	SCB11-315/10、SCB11-630/10、SCB11-1000/10、SZ11-63000/110
福州天宇电气股份有限公司	SB11-ZT-315(100)/10
抚顺北方电气设备有限公司	S11-M-100/10、S11-M-630/10
广东广特电气有限公司	SZ11-10000/35GYW
广东四会互感器厂有限公司	CKDCKL-400/10-12、CKSC-500/10-5、DKSC-700/100/10.5
广西柳州特变科技有限责任公司	S11-3150/35
广州广高高压电器有限公司	SCB11-800/10、SSZ11-50000/110、SCB10-800/10
广州西门子变压器有限公司	SFSZ10-240000/220、SCB10-2500/35、SR-1500/11.3
国华(诸城)风力发电有限公司	S11-1600/35
哈尔滨变压器有限责任公司	SZ11-50000/66
海南金盘电气有限公司	SCB11-400/10、SCB11-630/10、SCB11-250/10、SCB11-1250/10、SCB11-500/10、SCB10-3150/110、SCB10-630/10、SCLB9-2100/35、SCLB9-2100/35、SC10-31500/10、SCB11-2500/10、ZQSCB-2500/35

（续）

企 业 名 称	产品型号
杭州钱江电气集团股份有限公司	ZGS11-Z-800/10、ZGS11-Z-315/10、S11-M·RL-315/10、S11-M·RL-800/10、SBH15-M-400/10
合肥 ABB 变压器有限公司	SFSZ11-240000/220、2000Dyy101
合肥科变电气有限公司	SCB11-1000/10
湖北天元电力变压器有限公司	SH15-M-315/10
湖南湘变电气有限责任公司	S11-M-315/10、S11-M-1000/10、SCB11-1000/10
葫芦岛电力设备厂	SBH15-M-630/10
沪光集团有限公司	S11-M-1250/10
济南济变志亨电力设备有限公司	SCB11-2500/10
江苏波瑞电气有限公司	S11-M-315/10、S11-M-1000/10
江苏常牵庞巴迪牵引系统有限公司	TT2266
江苏大全长江电气有限公司	S11-1600/35
江苏上能新特变压器有限公司	SCB10-2000/10、SFZ11-100000/220
江苏思源赫兹互感器有限公司	LVB-330W3、LVQBT-330W3、LVQBT-500W3
江苏伊顿电气科技有限公司	SBH15-M-400/10、SH15-M-100/10、SH15-M-630/10
江苏中电输配电设备有限公司	SZ11-5000/110、S11-25000/35
江西变电设备有限公司	SCB10-400/10、SCB10-2000/10、SCR10-2000/10
江西人民输变电有限公司	SZ11-180000/220
锦州变压器股份有限公司	SCB10-1600/10
科盟（合肥）变压器组件有限公司	YSF1-35/25
雷兹互感器（上海）有限公司	GIS12L-3
辽宁恒壹电力设备制造有限公司	SCB10-1000/10
辽宁清源变压器厂	SBH15-M-630/10、S11-M-100/10、S13-M-630/10、S11-M-800/10、SCB10-1000/10
辽宁新明互感器有限公司沈阳分公司	JDQXH-500、JDQXH-110、LR-1100、LRBT-1100
辽宁易发式电气设备有限公司	SBH15-M-630/10、S13-M-315/10、SSZ11-63000/110
明电新加坡有限公司	LNORG
南京博路电气有限公司	SBH15-M-315/10、SBH15-M-630/10
南京立业电力变压器有限公司	SZ11-50000/110
南通晓星变压器有限公司	S11-M-400/10、S11-M-1000/10、SFZ-40000/132
宁波仁栋电气有限公司	S11-M-1000/10、S13-M-315/10、SBH15-M-630/10、SCB11-315/10、ZGS11-Z-800/10、S11-M-315/10、S13-M-1000/10
宁波甬嘉变压器有限公司	SB-100/33
青岛中通电力设备有限公司	S11-M-200/10、S11-M-1000/10
人民电器集团有限公司	S11-M-25/11、S11-M-2000/11、S11-M-1000/33
日新电机（无锡）有限公司	CKS-319/11-6、CKS-1000/40.5-5
三变科技股份有限公司	SC10-8000/10
山东达驰电气有限公司	SSZ11-180000/220
山东电力设备有限公司	SZ11-20000/35、SFSZ-240000/220、SZ11-8000/110、BDK-240000/110-145、ZZDFPZ-363400/500-200、ZZDFPZ-363400/500

（续）

企 业 名 称	产品型号
山东施耐德电力科技研究院有限公司	YBP1-12/0.4(F·R)/T-100
山东泰开变压器有限公司	VQY-25000/110、SZ11-50000/110
山东泰开电力电子有限公司	CKDGKL-2400/66-12
上海大一互电力电器有限公司	CGIS-0.5、LZZBJ9-10、4MC4-30、4MC63、4MC4-10、JDZR10-10、JDZXR-10、LXZK2
上海德力西集团有限公司	SZ11-63000/110
上海电力公司	AGU-252
上海市电力公司电力科学研究院	SZ11-40000/110
申达电气集团有限公司	SZ11-100000/220
深圳市华力特电气股份有限公司	FNGR10.5-1000-10、FNGR10.5-600-10
沈阳鼎立通电气有限公司	BLC46/1250PT-3、BL24/4000PT-4
沈阳昊诚电气股份有限公司	SCB10-315/10、SCB10-400/10、SCB10-630/10、SCB10-800/10、SCB10-1250/10、SCB10-1000/10、SCB10-500/10、S11-M·ZT-315/(100)/10
沈阳互感器有限公司	LRB8-20H、LRBT26-20、LR(B)26-20
沈阳华美变压器制造有限公司	SFSZ11-180000/220
沈阳全密封变压器有限公司	S11-M-1600/10、S11-M-500/10
沈阳三江电器设备有限公司	SBH15-M-630/10
沈阳新阳电气设备有限公司	BDWF-2.4/4000、BYW-2.4/10000
沈阳中电电气设备有限公司	S13-M-630/10
施耐德(苏州)变压器有限公司	SCB10-2500/10
顺特电气设备有限公司	SCB12-500/10、SCB12-2500/10
四川通用电力有限公司	S11-M-800/10、S11-M-100/10、SZ11-6300/35、SCB10-1000/10
特变电工衡阳变压器有限公司	SFSZ11-240000/220、SZ11-20000/35
特变电工康嘉(沈阳)互感器有限责任公司	AGU-145
特变电工新疆变压器有限公司	SFSZ11-240000/220
天津市滨海纽泰克电气有限公司	LMIBJ-10Q、LMZBJ-10Q、URED(I)-10、AM12
天津市博源电力设备技术有限公司	REL10、RZL10、AS12/150b/2
天津市兆安变压器制造有限公司	S11-M-200/10、SB13-M-1000/10
卧龙电气集团北京华泰变压器有限公司	SCB11-2500/10
卧龙电气烟台东源变压器有限公司	SSZ11-240000/220
卧龙电气银川变压器有限公司	S13-M·RL-160/10、S13-M·RL-1600/10、S13-M·RL-800/10、S13-M·RL-315/10
无锡市普天铁心有限公司	SZ11-40000/66(铁心)
芜湖金鹰变压器有限公司	SCB11-2000/10
武强县富阳电器设备有限公司	SMXT-1/1600
新疆邦特电器制造有限公司	S11-M-630/10、SCB10-1250/10、S11-M-100/10
新疆升晟股份有限公司	SFZ11-180000/220
新郑市郑韩电力电器厂	SH15-M-100/10
烟台蓬特变电气有限公司	CKDGKL-360/35-12
延边胜光变压器有限公司	S11-M-630/10、S11-M-100/10
益和电气集团股份有限公司	S11-M-1000/10
云南大理宏电变压器有限公司	SCB10-800/10
浙江派尔电气有限公司	SBH15-M-315/10、SBH15-M-630/10

（续）

企 业 名 称	产品型号
浙江省三门腾龙电器有限公司	WSTII4-30/20-6X5T
镇江市丹高电器有限公司	JDZ9-10、JDZ10-10、JDZX10-10、JDZ11-20、JDZX9-20、LZZBJ9-10、LZZB9-20、LZZBJ9-35、LZZBJ18-10/150b/2
镇江市丹高电器有限公司	LZZB9-20
正泰电器股份有限公司	SZ-80000/150
中国北车大连机车车辆有限公司	JQFP-6200/25、SG1-40L
中山 ABB 变压器有限公司	SFSZ11-240000/220
重庆 ABB 变压器有限公司	BKD-110000/765、ZZDFPZ-363400/500-800

质量及质量管理　2012 年 1 月，三变科技股份有限公司荣获“全国机械工业质量奖”称号，公司董事长卢旭日荣获“优秀质量管理经营者”称号，管理部经理汤聿波荣获“优秀质量管理工作者”称号。全国机械工业质量奖是经中共中央、国务院同意予以保留、继续开展的项目，是政府对机械行业开展多年的质量奖评比活动的充分肯定。

2 月 16 日，特变电工衡阳变压器有限公司特高压装配车间总装班被中国机冶建材工会全国委员会、中国机械工业联合会共同授予“全国机械工业职工技术创新示范班组”称号。该班组主要从事 550kV 及以上并联电抗器、变压器装配、真空油处理以及现场安装服务等工作，技术含量高、操作难度大。自 2004 年成立以来，该班组创造了一次送试合格率 100%及一次投运合格率 100%的行业奇迹。

天威保变（合肥）变压器有限公司被上海铁路局授予 2011 年度“货运安全管理优秀专用线”称号。天威合变公司铁路专用线自 2009 年 6 月开通以来，主要承担大型变压器以及变压器油运输，自运行以来未发生一起安全事故。

3 月，上海市总工会授予上海华明电力设备制造有限公司技术部“上海市团队创先特色班组”称号。华明技术部门在创建“学习型、技能型、创新型、管理型、效益型、和谐型”六型班组活动中取得的示范经验具有推广价值。

西安西电变压器有限责任公司冷作车间夹件班 QC 小组完成的“ASA 变压器铁心夹件制造的研究”荣获 2012 年度全国机械工业优秀质量管理小组活动成果一等奖、西安市质量成果二等奖。

奖项　西电西变作为第一完成单位完成的“±800kV 特高压直流输电关键成套技术装备研制及产业化”项目荣获 2011 年度中国机械工业科学技术奖特等奖；西电西变独立完成的 750kV 单相大容量电力变压器项目荣获 2011 年度中国机械工业科学技术奖一等奖。

海南金盘电气有限公司被评定为出入境检验检疫信用管理 AA 级企业。

天威保变电气股份有限公司被授予“2011 年度机械工业劳动定额定员标准化工作先进集体”称号。

南京电气（集团）有限责任公司荣获“中国工业先锋示范单位”和“重大技术装备首台（套）示范单位”称号，公司总经理、党委书记沈其荣获得“中国工业先锋人物”称号。

4 月 12 日，无锡统力电工有限公司荣获“中国机械工业管理示范企业”称号。

特变电工衡阳变压器有限公司自主研制成功的 320Mvar/1100kV 特高压并联电抗器荣获 2012 年国家重点新产品称号。

专利　三变科技股份有限公司的“一种牵引变压器”“一种双高压低压有载调压变压器”“一种用于变压器的带光纤电磁线”获得实用新型专利证书。其中“一种牵引变压器”“一种双高压低压有载调压变压器”申报发明专利。这三项专利分别解决了现有技术中抗短路能力弱、运行稳定性、可靠性差等问题；解决了现有技术中电压等级不适用于北美市场 72kV 和 138kV 的难题，寻求了既适用两种不同电压等级，又能简化现有结构并降低成本的产品结构；提供了一种用于变压器的带光纤电磁线，解决了现有技术中没有一种电磁线既能应用于变压器绕组又具有通信功能的问题。

认证　8 月，南京电气（集团）有限责任公司质量、环境、安全管理体系通过再认证审核，这是该公司自 2009 年首次通过质量、环境、安全管理三体系一体化认证之后进行的三年换证复审；大连北方互感器集团有限公司质量、环境、职业健康安全管理三大体系运行良好，顺利通过方圆认证中心审核组专家的全面监督审核。

〔撰稿人：沈阳变压器研究院股份有限公司陈萍　审稿人：沈阳变压器研究院股份有限公司曲万里〕

电气控制成套设备

生产发展情况　2012 年，受国际经济持续低迷和国内经济增长放缓的双重影响，电控配电行业发展速度有所放缓，但整体经济运行情况保持平稳。根据对 102 家生产企业的统计，电气控制成套设备行业产量和产值与 2011 年相比均有不同幅度的增长，102 家企业完成工业总产值 854.54

亿元，比上年增加63.37亿元，同比增长8.01%；完成工业销售产值843.68亿元，比上年增加59.30亿元，同比增长7.56%；完成工业增加值248.58亿元，同比增长9.17%；完成主营业务收入813.79亿元，同比增长8.77%；完成利润总额67.19亿元，同比增长6.04%。与2011年同期相比，除利润总额增幅有小幅回升以外，其他指标增幅均有所回落，产销增幅明显收窄。

2012年电气控制成套设备行业重点企业工业总产值排序见表1。2012年电气控制成套设备行业重点企业工业增加值排序见表2。2012年电气控制成套设备行业重点企业工业销售产值排序见表3。2012年电气控制成套设备行业重点企业主营业务收入排序见表4。2012年电气控制成套设备行业重点企业总资产贡献率排序见表5。2012年电气控制成套设备行业重点企业资本保值增值率排序见表6。2012年电气控制成套设备行业重点企业资产负债率排序见表7。2012年电气控制成套设备行业重点企业全员劳动生产率排序见表8。2012年电气控制成套设备行业重点企业经济效益综合指数排序见表9。

表1　2012年电气控制成套设备行业重点企业工业总产值排序

序号	企业名称	工业总产值（万元）	序号	企业名称	工业总产值（万元）
1	许继电气股份有限公司	1 540 165	31	宁波燎原电器集团股份有限公司	50 896
2	大全集团有限公司	1 466 535	32	杭州欣美成套电器制造有限公司	48 541
3	华鹏集团有限公司	656 268	33	杭州杭开电气有限公司	41 072
4	江苏东源电器集团股份有限公司	559 573	34	锦州锦开电器集团有限责任公司	39 823
5	正泰电器股份有限公司	327 070	35	广东顺开电气集团有限公司	39 688
6	上海中发电气（集团）股份有限公司	274 202	36	中煤电气有限公司	39 373
7	天源华威集团有限公司	227 618	37	成都通力集团股份有限公司	38 437
8	宁波天安（集团）股份有限公司	216 182	38	江苏海纬集团有限公司	38 264
9	安徽鑫龙电器股份有限公司	190 800	39	云南云开电气股份有限公司	37 028
10	环宇集团（南京）有限公司	181 372	40	上海纳杰电气成套有限公司	32 250
11	常熟开关制造有限公司（原常熟开关厂）	166 766	41	天津市德利泰开关有限公司	26 370
12	江苏波瑞电气有限公司	166 000	42	浙江群力电气有限公司	25 202
13	川开电气股份有限公司	136 266	43	广东正超电气有限公司	24 327
14	杭申集团有限公司	123 310	44	浙江三辰电器有限公司	22 708
15	四川电器集团股份有限公司	122 464	45	北京通州开关有限公司	21 100
16	江苏威腾母线有限公司	110 758	46	深圳市光辉电器实业有限公司	20 986
17	上海宝临电气集团有限公司	89 865	47	杭州圣力电气有限公司	20 914
18	成都科星电力电器有限公司	88 878	48	厦门协成实业有限公司	18 500
19	常州太平洋电力设备（集团）有限公司	86 550	49	广东番开电气设备制造有限公司	18 335
20	浙宝电气（杭州）集团有限公司	84 705	50	遵义长征电器开关设备有限责任公司	17 986
21	上海天灵开关厂有限公司	75 042	51	苏州工业园区隆盛电器成套设备制造有限公司	16 920
22	天津久安集团有限公司	70 848	52	江苏万奇电器设备有限公司	16 681
23	沈阳华利能源设备制造有限公司	64 793	53	上海安科瑞电气股份有限公司	16 628
24	河南新开电气集团股份有限公司	63 592	54	浙江容大电力设备制造有限公司	16 372
25	天水二一三电器有限公司	61 001	55	西安电器开关厂	15 630
26	上海一开电气集团有限公司	60 438	56	福建森达电气有限公司	15 590
27	宁波天元电气集团有限公司	60 088	57	唐山创元方大电气有限责任公司	15 193
28	寿光巨能电气有限公司	59 289	58	宁波耀华电气科技有限责任公司	14 936
29	上海南华兰陵电气有限公司	57 485	59	珠海派诺科技股份有限公司	14 129
30	宁夏力成电气集团有限公司	52 338	60	泰豪科技（深圳）电力技术有限公司	14 078

表 2　2012 年电气控制成套设备行业重点企业工业增加值排序

序号	企业名称	工业增加值（万元）	序号	企业名称	工业增加值（万元）
1	许继电气股份有限公司	708 800	31	浙宝电气(杭州)集团有限公司	11 435
2	大全集团有限公司	402 557	32	天源华威集团有限公司	9 559
3	华鹏集团有限公司	185 386	33	杭州欣美成套电器制造有限公司	9 230
4	江苏东源电器集团股份有限公司	160 637	34	广东番开电气设备制造有限公司	8 605
5	常熟开关制造有限公司(原常熟开关厂)	81 776	35	宁波燎原电器集团股份有限公司	8 106
6	上海中发电气(集团)股份有限公司	52 432	36	珠海派诺科技股份有限公司	7 959
7	安徽鑫龙电器股份有限公司	50 880	37	上海安科瑞电气股份有限公司	7 717
8	川开电气股份有限公司	50 071	38	成都通力集团股份有限公司	7 468
9	四川电器集团股份有限公司	40 715	39	浙江三辰电器有限公司	6 943
10	法泰电器(江苏)股份有限公司	40 468	40	云南云开电气股份有限公司	6 660
11	江苏海纬集团有限公司	40 450	41	深圳市光辉电器实业有限公司	6 390
12	天津久安集团有限公司	40 213	42	锦州锦开电器集团有限责任公司	5 786
13	江苏波瑞电气有限公司	38 533	43	成都科星电力电器有限公司	5 231
14	环宇集团(南京)有限公司	37 857	44	江苏万奇电器设备有限公司	5 171
15	正泰电器股份有限公司	36 512	45	浙江群力电气有限公司	5 144
16	寿光巨能电气有限公司	28 961	46	苏州工业园区隆盛电器成套设备制造有限公司	4 998
17	常州太平洋电力设备(集团)有限公司	26 164	47	遵义长征电器开关设备有限责任公司	4 884
18	宁波天安(集团)股份有限公司	25 942	48	广东正超电气有限公司	4 626
19	江苏威腾母线有限公司	25 606	49	上海海滨电气股份有限公司	4 514
20	上海宝临电气集团有限公司	19 439	50	北京通州开关有限公司	4 000
21	宁波天元电气集团有限公司	18 016	51	余姚市电力设备修造厂	3 916
22	沈阳华利能源设备制造有限公司	17 626	52	中煤电气有限公司	3 900
23	天水二一三电器有限公司	16 000	53	上海纳杰电气成套有限公司	3 890
24	河南新开电气集团股份有限公司	14 143	54	唐山盾石电气有限责任公司	3 821
25	杭申集团有限公司	13 930	55	天津市德利泰开关有限公司	3 750
26	宁夏力成电气集团有限公司	13 652	56	万电电气有限公司	3 743
27	上海一开电气集团有限公司	13 045	57	广东珠江开关有限公司	3 740
28	上海天灵开关厂有限公司	12 667	58	上海振大电器成套有限公司	3 686
29	上海南华兰陵电气有限公司	12 477	59	浙江容大电力设备制造有限公司	3 662
30	广东顺开电气集团有限公司	11 906	60	宁波耀华电气科技有限责任公司	3 536

表 3　2012 年电气控制成套设备行业重点企业工业销售产值排序

序号	企业名称	工业销售产值（万元）	序号	企业名称	工业销售产值（万元）
1	许继电气股份有限公司	1 576 687	13	川开电气股份有限公司	130 688
2	大全集团有限公司	1 466 535	14	杭申集团有限公司	123 281
3	华鹏集团有限公司	632 875	15	四川电器集团股份有限公司	119 340
4	江苏东源电器集团股份有限公司	548 382	16	江苏威腾母线有限公司	110 758
5	正泰电器股份有限公司	297 520	17	上海宝临电气集团有限公司	87 902
6	上海中发电气(集团)股份有限公司	274 202	18	常州太平洋电力设备(集团)有限公司	86 550
7	天源华威集团有限公司	220 790	19	浙宝电气(杭州)集团有限公司	83 014
8	安徽鑫龙电器股份有限公司	190 800	20	成都科星电力电器有限公司	82 755
9	环宇集团(南京)有限公司	181 290	21	上海天灵开关厂有限公司	74 335
10	宁波天安(集团)股份有限公司	172 610	22	天津久安集团有限公司	70 848
11	常熟开关制造有限公司(原常熟开关厂)	163 487	23	沈阳华利能源设备制造有限公司	67 200
12	江苏波瑞电气有限公司	161 847	24	上海南华兰陵电气有限公司	64 664

（续）

序号	企 业 名 称	工业销售产值（万元）	序号	企 业 名 称	工业销售产值（万元）
25	河南新开电气集团股份有限公司	61 023	43	广东正超电气有限公司	24 327
26	寿光巨能电气有限公司	60 836	44	浙江三辰电器有限公司	21 938
27	上海一开电气集团有限公司	60 252	45	北京通州开关有限公司	21 100
28	宁波天元电气集团有限公司	60 156	46	深圳市光辉电器实业有限公司	20 383
29	天水二一三电器有限公司*	58 501	47	杭州圣力电气有限公司	20 285
30	宁夏力成电气集团有限公司	53 415	48	厦门协成实业有限公司	18 900
31	宁波燎原电器集团股份有限公司	50 800	49	遵义长征电器开关设备有限责任公司	17 925
32	杭州欣美成套电器制造有限公司	48 533	50	苏州工业园区隆盛电器成套设备制造有限公司	16 920
33	成都通力集团股份有限公司	44 971	51	广东番开电气设备制造有限公司	16 518
34	杭州杭开电气有限公司	41 072	52	上海安科瑞电气股份有限公司	16 236
35	广东顺开电气集团有限公司	39 688	53	唐山盾石电气有限责任公司	16 074
36	江苏海纬集团有限公司	38 264	54	浙江容大电力设备制造有限公司	15 936
37	锦州锦开电器集团有限责任公司	36 017	55	江苏万奇电器设备有限公司	15 763
38	云南云开电气股份有限公司	35 544	56	福建森达电气有限公司	15 590
39	天津市德利泰开关有限公司	32 336	57	泰豪科技（深圳）电力技术有限公司	15 485
40	上海纳杰电气成套有限公司	31 748	58	慈溪市大明电气设备成套有限公司	15 257
41	中煤电气有限公司	31 168	59	唐山创元方大电气有限责任公司	15 193
42	浙江群力电气有限公司	25 202	60	西安电器开关厂	14 595

表4　2012年电气控制成套设备行业重点企业主营业务收入排序

序号	企 业 名 称	主营业务收入（万元）	序号	企 业 名 称	主营业务收入（万元）
1	大全集团有限公司	1 401 056	25	宁波天元电气集团有限公司	59 914
2	许继电气股份有限公司	1 327 749	26	天水二一三电器有限公司	59 025
3	华鹏集团有限公司	638 870	27	河南新开电气集团股份有限公司	58 279
4	江苏东源电器集团股份有限公司	548 382	28	沈阳华利能源设备制造有限公司	55 379
5	正泰电器股份有限公司	399 917	29	成都科星电力电器有限公司	54 786
6	上海中发电气（集团）股份有限公司	260 492	30	宁波燎原电器集团股份有限公司	50 787
7	宁波天安（集团）股份有限公司	223 483	31	宁夏力成电气集团有限公司	50 566
8	天源华威集团有限公司	220 790	32	成都通力集团股份有限公司	44 377
9	环宇集团（南京）有限公司	181 290	33	广东顺开电气集团有限公司	41 777
10	安徽鑫龙电器股份有限公司	176 843	34	杭州欣美成套电器制造有限公司	41 488
11	常熟开关制造有限公司（原常熟开关厂）	163 487	35	江苏海纬集团有限公司	38 264
12	江苏波瑞电气有限公司	162 653	36	云南云开电气股份有限公司	37 440
13	杭申集团有限公司	139 900	37	锦州锦开电器集团有限责任公司	35 587
14	川开电气股份有限公司	122 265	38	天津市德利泰开关有限公司	32 336
15	四川电器集团股份有限公司	104 671	39	上海纳杰电气成套有限公司	31 464
16	常州太平洋电力设备（集团）有限公司	90 044	40	中煤电气有限公司	31 153
17	上海宝临电气集团有限公司	89 343	41	浙江群力电气有限公司	25 202
18	江苏威腾母线有限公司	86 059	42	广东正超电气有限公司	24 327
19	浙宝电气（杭州）集团有限公司	83 259	43	浙江三辰电器有限公司	21 938
20	上海天灵开关厂有限公司	74 335	44	深圳市光辉电器实业有限公司	20 383
21	天津久安集团有限公司	69 736	45	杭州圣力电气有限公司	20 258
22	上海南华兰陵电气有限公司	63 837	46	北京通州开关有限公司	19 400
23	寿光巨能电气有限公司	60 836	47	厦门协成实业有限公司	18 900
24	上海一开电气集团有限公司	60 252	48	西安电器开关厂	18 270

（续）

序号	企业名称	主营业务收入（万元）	序号	企业名称	主营业务收入（万元）
49	遵义长征电器开关设备有限责任公司	17 925	55	浙江容大电力设备制造有限公司	15 261
50	杭州杭开电气有限公司	16 362	56	唐山创元方大电气有限责任公司	15 193
51	上海安科瑞电气股份有限公司	16 236	57	江苏万奇电器设备有限公司	15 130
52	唐山盾石电气有限责任公司	16 074	58	珠海派诺科技股份有限公司	14 129
53	慈溪市大明电气设备成套有限公司	15 893	59	福建森达电气有限公司	14 070
54	泰豪科技（深圳）电力技术有限公司	15 886	60	宁波耀华电气科技有限责任公司	13 952

表5　2012年电气控制成套设备行业重点企业总资产贡献率排序

序号	企业名称	总资产贡献率（%）	序号	企业名称	总资产贡献率（%）
1	常德市天马电器成套设备有限公司	236.10	31	寿光巨能电气有限公司	20.29
2	江苏波瑞电气有限公司	135.49	32	四川电器集团股份有限公司	20.27
3	江苏海纬集团有限公司	88.97	33	上海天灵开关厂有限公司	19.75
4	天津久安集团有限公司	70.52	34	上海宝临电气集团有限公司	18.9
5	江苏万奇电器设备有限公司	48.88	35	广东正超电气有限公司	18.71
6	宁波燎原电器集团股份有限公司	41.99	36	常州帕斯菲克自动化技术股份有限公司	18.59
7	常熟开关制造有限公司（原常熟开关厂）	37.21	37	烟台孚信达双金属股份有限公司	18.51
8	浙江群力电气有限公司	36.61	38	万电电气有限公司	17.50
9	珠海派诺科技股份有限公司	35.35	39	吴江金通力电器成套有限公司	17.49
10	上海一开电气集团有限公司	33.20	40	唐山创元方大电气有限责任公司	16.84
11	天源华威集团有限公司	32.86	41	上海中发电气（集团）股份有限公司	16.79
12	慈溪市华通输变电设备有限公司	32.84	42	常州太平洋电力设备（集团）有限公司	16.62
13	天津市德利泰开关有限公司	32.80	43	杭州欣美成套电器制造有限公司	16.21
14	宁波耀华电气科技有限责任公司	31.56	44	川开电气股份有限公司	16.20
15	华鹏集团有限公司	28.38	45	成都科星电力电器有限公司	15.96
16	遵义长征电器开关设备有限责任公司	28.21	46	河南新开电气集团股份有限公司	14.73
17	慈溪市大明电气设备成套有限公司	26.86	47	新乡市安澜电气有限公司	14.39
18	安徽鑫龙电器股份有限公司	26.38	48	天水二一三电器有限公司	14.17
19	福建森达电气有限公司	25.49	49	上海纳杰电气成套有限公司	13.95
20	环宇集团（南京）有限公司	24.72	50	大全集团有限公司	12.42
21	浙江三辰电器有限公司	23.78	51	上海精成电器成套有限公司	11.98
22	上海安科瑞电气股份有限公司	23.27	52	北京通州开关有限公司	11.82
23	宁波天元电气集团有限公司	22.63	53	宁夏力成电气集团有限公司	11.38
24	浙宝电气（杭州）集团有限公司	21.64	54	杭州圣力电气有限公司	10.95
25	深圳市光辉电器实业有限公司	21.49	55	西安新研高压电器制造有限公司	10.19
26	唐山盾石电气有限责任公司	21.44	56	成都通力集团股份有限公司	10.11
27	江苏东源电器集团股份有限公司	21.36	57	苏州凯达电器仪表成套有限公司	9.66
28	江苏威腾母线有限公司	21.32	58	余姚市电力设备修造厂	9.66
29	湖南省衡阳衡仪电气有限公司	20.87	59	许继电气股份有限公司	9.60
30	上海南华兰陵电气有限公司	20.84	60	烟台恒泰电气设备有限公司	9.50

表6　2012年电气控制成套设备行业重点企业资本保值增值率排序

序号	企业名称	资本保值增值率（%）	序号	企业名称	资本保值增值率（%）
1	烟台恒泰电气设备有限公司	580.65	31	浙江三辰电器有限公司	118.66
2	易霸科技（威海）股份有限公司	424.21	32	成都通力集团股份有限公司	118.08
3	上海安科瑞电气股份有限公司	271.47	33	环宇集团（南京）有限公司	116.00
4	广东明电电力设备有限公司	229.74	34	正泰电器股份有限公司	115.56
5	天源华威集团有限公司	209.74	35	天水二一三电器有限公司	115.37
6	遵义长征电器开关设备有限责任公司	207.39	36	常德市天马电器成套设备有限公司	114.99
7	宁波天安（集团）股份有限公司	192.85	37	江苏波瑞电气有限公司	114.61
8	江苏万奇电器设备有限公司	178.23	38	上海宝临电气集团有限公司	114.38
9	安徽鑫龙电器股份有限公司	168.18	39	宁波天元电气集团有限公司	114.08
10	杭州鸿程科技有限公司	164.74	40	宁波燎原电器集团股份有限公司	113.63
11	余姚市电力设备修造厂	164.03	41	四川电器集团股份有限公司	112.78
12	苏州凯达电器仪表成套有限公司	158.80	42	华鹏集团有限公司	111.74
13	西安电器开关厂	146.61	43	常熟开关制造有限公司（原常熟开关厂）	110.96
14	宁波耀华电气科技有限责任公司	142.61	44	上海南华兰陵电气有限公司	110.54
15	西安新研高压电器制造有限公司	135.55	45	深圳市光辉电器实业有限公司	110.30
16	江苏海纬集团有限公司	132.94	46	温州市欧姆林电气辅件有限公司	110.01
17	福建森达电气有限公司	132.17	47	沈阳华利能源设备制造有限公司	109.90
18	厦门协成实业有限公司	130.85	48	天津文纳尔电气系统有限公司	108.11
19	上海中发电气（集团）股份有限公司	130.37	49	常州帕斯菲克自动化技术股份有限公司	108.09
20	河南新开电气集团股份有限公司	129.40	50	长沙电控辅件总厂	108.05
21	上海纳杰电气成套有限公司	128.19	51	上海一开电气集团有限公司	107.31
22	苏州工业园区隆盛电器成套设备制造有限公司	127.08	52	川开电气股份有限公司	107.24
23	唐山创元方大电气有限责任公司	125.86	53	天津久安集团有限公司	107.06
24	吴江金通力电器成套有限公司	125.77	54	寿光巨能电气有限公司	106.69
25	宁夏力成电气集团有限公司	124.70	55	锦州锦开电器集团有限责任公司	106.54
26	珠海派诺科技股份有限公司	121.63	56	大全集团有限公司	106.50
27	常州太平洋电力设备（集团）有限公司	121.52	57	唐山盾石电气有限责任公司	104.84
28	许继电气股份有限公司	121.28	58	上海航大电气有限公司	104.72
29	烟台孚信达双金属股份有限公司	120.77	59	法泰电器（江苏）股份有限公司	104.34
30	江苏威腾母线有限公司	119.90	60	浙江群力电气有限公司	104.05

表7　2012年电气控制成套设备行业重点企业资产负债率排序

序号	企业名称	资产负债率（%）	序号	企业名称	资产负债率（%）
1	上海一开电气集团有限公司	3.65	13	珠海派诺科技股份有限公司	18.70
2	上海安科瑞电气股份有限公司	5.91	14	江苏海纬集团有限公司	18.88
3	浙江海纳电气有限公司	8.02	15	日新恒通电气有限公司	21.15
4	慈溪奇国电器有限公司	9.21	16	河南新开电气集团股份有限公司	22.09
5	西安新研高压电器制造有限公司	10.32	17	北京通州开关有限公司	22.94
6	烟台恒泰电气设备有限公司	12.41	18	天津久安集团有限公司	23.04
7	上海精成电器成套有限公司	12.45	19	江苏东源电器集团股份有限公司	25.38
8	上海振大电器成套有限公司	14.98	20	余姚市电力设备修造厂	25.46
9	杭州鸿程科技有限公司	16.09	21	天津市建电实业有限公司	26.59
10	易霸科技（威海）股份有限公司	16.81	22	厦门协成实业有限公司	27.38
11	常州太平洋电力设备（集团）有限公司	17.23	23	吴江金通力电器成套有限公司	27.97
12	广东明电电力设备有限公司	17.67	24	江苏万奇电器设备有限公司	28.63

（续）

序号	企业名称	资产负债率（%）	序号	企业名称	资产负债率（%）
25	成都通力集团股份有限公司	29.38	43	环宇集团（南京）有限公司	47.47
26	慈溪市华通输变电设备有限公司	30.40	44	上海宝临电气集团有限公司	47.59
27	万电电气有限公司	30.73	45	南京华洋电气有限公司	47.59
28	福建森达电气有限公司	31.02	46	齐齐哈尔齐力达电子有限公司	48.86
29	天津文纳尔电气系统有限公司	34.32	47	上海南华兰陵电气有限公司	49.39
30	寿光巨能电气有限公司	36.00	48	宁波耀华电气科技有限责任公司	49.40
31	法泰电器（江苏）股份有限公司	36.53	49	上海海滨电气股份有限公司	49.60
32	江苏默顿电气有限公司	37.12	50	杭州杭开电气有限公司	49.62
33	上海航大电气有限公司	37.13	51	浙江三辰电器有限公司	49.80
34	广东正超电气有限公司	40.46	52	昆明昆开思维奇机电集团有限公司	49.82
35	常熟开关制造有限公司（原常熟开关厂）	40.91	53	许继电气股份有限公司	50.04
36	安徽鑫龙电器股份有限公司	41.74	54	杭州圣力电气有限公司	50.18
37	唐山创元方大电气有限责任公司	42.35	55	天水二一三电器有限公司	51.09
38	宁波天元电气集团有限公司	42.92	56	四川电器集团股份有限公司	51.82
39	遵义长征电器开关设备有限责任公司	44.59	57	天津市正本电气股份有限公司	52.30
40	川开电气股份有限公司	44.65	58	华鹏集团有限公司	52.50
41	浙宝电气（杭州）集团有限公司	45.50	59	威海华通开关设备有限公司	52.71
42	江苏威腾母线有限公司	47.40	60	大全集团有限公司	52.71

表 8　2012 年电气控制成套设备行业重点企业全员劳动生产率排序

序号	企业名称	全员劳动生产率（元/人）	序号	企业名称	全员劳动生产率（元/人）
1	江苏东源电器集团股份有限公司	1 254 976.56	25	安徽鑫龙电器股份有限公司	287 620.12
2	法泰电器（江苏）股份有限公司	1 176 395.35	26	华鹏集团有限公司	281 741.64
3	江苏海纬集团有限公司	1 047 922.28	27	杭州鸿程科技有限公司	276 294.12
4	上海中发电气（集团）股份有限公司	949 855.07	28	杭州欣美成套电器制造有限公司	272 262.54
5	江苏波瑞电气有限公司	944 436.27	29	上海天灵开关厂有限公司	260 102.67
6	四川电器集团股份有限公司	761 028.04	30	宁波燎原电器集团股份有限公司	253 312.50
7	易霸科技（威海）股份有限公司	697 674.42	31	遵义长征电器开关设备有限责任公司	238 243.90
8	寿光巨能电气有限公司	689 547.62	32	上海海滨电气股份有限公司	237 578.95
9	天津久安集团有限公司	681 576.27	33	温州市欧姆林电气辅件有限公司	232 888.89
10	川开电气股份有限公司	680 310.05	34	珠海经济特区广达电器设备有限公司	229 367.82
11	许继电气股份有限公司	644 187.95	35	珠海派诺科技股份有限公司	229 365.99
12	江苏威腾母线有限公司	519 391.48	36	宁波耀华电气科技有限责任公司	218 283.95
13	常州太平洋电力设备（集团）有限公司	496 470.59	37	浙江容大电力设备制造有限公司	217 976.19
14	常熟开关制造有限公司（原常熟开关厂）	489 383.60	38	浙江三辰电器有限公司	217 648.90
15	大全集团有限公司	442 273.13	39	北京通州开关有限公司	216 216.22
16	上海南华兰陵电气有限公司	415 890.00	40	广东顺开电气集团有限公司	216 079.85
17	宁波天元电气集团有限公司	410 387.24	41	中煤电气有限公司	205 263.16
18	广东番开电气设备制造有限公司	405 896.23	42	上海精成电器成套有限公司	204 609.38
19	宁夏力成电气集团有限公司	403 905.33	43	余姚市电力设备修造厂	202 901.55
20	苏州工业园区隆盛电器成套设备制造有限公司	390 468.75	44	浙宝电气（杭州）集团有限公司	201 320.42
21	浙江群力电气有限公司	372 753.62	45	上海宝临电气集团有限公司	198 357.14
22	沈阳华利能源设备制造有限公司	351 115.54	46	慈溪市大明电气设备成套有限公司	184 605.26
23	深圳市光辉电器实业有限公司	310 194.17	47	上海振大电器成套有限公司	184 275.50
24	成都通力集团股份有限公司	294 015.75	48	上海一开电气集团有限公司	177 963.17

（续）

序号	企业名称	全员劳动生产率（元/人）	序号	企业名称	全员劳动生产率（元/人）
49	苏州凯达电器仪表成套有限公司	177 600.00	55	广东珠江开关有限公司	154 545.45
50	上海纳杰电气成套有限公司	173 660.71	56	天津市德利泰开关有限公司	148 809.52
51	咸阳佳星电器有限公司	162 448.98	57	上海安科瑞电气股份有限公司	144 242.99
52	河南新开电气集团股份有限公司	161 634.29	58	万电电气有限公司	143 961.54
53	天水二一三电器有限公司	157 792.21	59	杭申集团有限公司	143 312.76
54	泰豪科技（深圳）电力技术有限公司	156 460.18	60	唐山盾石电气有限责任公司	142 578.36

表9　2012年电气控制成套设备行业重点企业经济效益综合指数排序

序号	企业名称	经济效益综合指数	序号	企业名称	经济效益综合指数
1	江苏波瑞电气有限公司	9.68	31	苏州工业园区隆盛电器成套设备制造有限公司	3.11
2	江苏海纬集团有限公司	9.63	32	深圳市光辉电器实业有限公司	3.11
3	江苏东源电器集团股份有限公司	9.09	33	浙江三辰电器有限公司	2.84
4	法泰电器（江苏）股份有限公司	7.96	34	上海天灵开关厂有限公司	2.83
5	上海中发电气（集团）股份有限公司	7.09	35	成都通力集团股份有限公司	2.81
6	天津久安集团有限公司	6.70	36	杭州欣美成套电器制造有限公司	2.79
7	常德市天马电器成套设备有限公司	6.16	37	上海一开电气集团有限公司	2.75
8	四川电器集团股份有限公司	5.94	38	浙宝电气（杭州）集团有限公司	2.71
9	易霸科技（威海）股份有限公司	5.89	39	上海宝临电气集团有限公司	2.58
10	常熟开关制造有限公司（原常熟开关厂）	5.82	40	慈溪市大明电气设备成套有限公司	2.48
11	寿光巨能电气有限公司	5.73	41	天津市德利泰开关有限公司	2.44
12	川开电气股份有限公司	5.21	42	余姚市电力设备修造厂	2.40
13	许继电气股份有限公司	5.04	43	唐山盾石电气有限责任公司	2.38
14	江苏威腾母线有限公司	4.39	44	北京通州开关有限公司	2.35
15	常州太平洋电力设备（集团）有限公司	4.35	45	环宇集团（南京）有限公司	2.32
16	珠海派诺科技股份有限公司	4.17	46	万电电气有限公司	2.30
17	浙江群力电气有限公司	4.04	47	慈溪市华通输变电设备有限公司	2.27
18	宁波天元电气集团有限公司	3.94	48	泰豪科技（深圳）电力技术有限公司	2.26
19	上海南华兰陵电气有限公司	3.84	49	上海精成电器成套有限公司	2.26
20	大全集团有限公司	3.83	50	河南新开电气集团股份有限公司	2.24
21	宁夏力成电气集团有限公司	3.69	51	广东顺开电气集团有限公司	2.21
22	上海安科瑞电气股份有限公司	3.60	52	上海纳杰电气成套有限公司	2.15
23	安徽鑫龙电器股份有限公司	3.56	53	天源华威集团有限公司	2.15
24	江苏万奇电器设备有限公司	3.44	54	浙江容大电力设备制造有限公司	2.11
25	宁波燎原电器集团股份有限公司	3.29	55	温州市欧姆林电气辅件有限公司	2.11
26	宁波耀华电气科技有限责任公司	3.27	56	常州帕斯菲克自动化技术股份有限公司	2.06
27	沈阳华利能源设备制造有限公司	3.23	57	天水二一三电器有限公司	2.05
28	广东番开电气设备制造有限公司	3.16	58	苏州凯达电器仪表成套有限公司	2.04
29	遵义长征电器开关设备有限责任公司	3.15	59	广东正超电气有限公司	2.00
30	华鹏集团有限公司	3.14	60	吴江金通力电器成套有限公司	1.96

经济运行特点

1.产销衔接良好，产销增幅收窄

2012年电控配电行业的产销总量比2011年均有不同幅度的增长，行业主要生产企业继续保持平稳增长的态势，但同比增幅趋缓。据统计，2012年电控配电行业102家企业的工业总产值、工业销售产值和主营业务收入均高于2011年，这三项指标的同比增幅分别为8.01%、7.56%和8.77%，开始进入个位数增长阶段。产销率依然保持较高水平，达到98.73%，产销衔接良好。

2.行业增速放缓，企业亏损面有所扩大

统计显示，在102家报表企业中，有7家企业出现亏损状况，与2011年2家亏损企业相比亏算面有所扩大。上报数据的102家企业2012年实现利润总额67.19亿元，同比增长6.04%，与2011年同期增幅相比提高了1.91个百分点。主营业务收入同比增长的企业69家，占统计企业数的67.65%。其中，主营业务收入同比增长超过30%的企业11家，占统计企业数的10.78%；主营业务收入同比增长20%～30%的企业9家，占统计企业数的8.82%；主营业务收入同比增长10%～20%的企业21家，占统计企业数的20.59%；主营业务收入同比增长，但增幅低于10%的企业28家，占统计企业数的27.45%；主营业务收入同比“负增长”的企业33家，占统计企业数的32.35%。这些数据进一步表明电控配电行业增速减慢，当前已经进入产业转型升级和结构优化调整的阵痛期。根据企业反映，企业的利润空间进一步被压缩，这一方面受劳动力成本上升、人民币升值、原材料价格飙升以及全球经济低迷的影响，另一方面则由于产能过剩引起的“价格战”以及长期形成的“低价中标”的评定标准。

3.新产品开发力度加大，科技创新日益受到重视

近年来，电控配电行业一直坚持走以科技创新促进行业发展的道路。102家企业统计资料表明，科技活动筹集经费总额同比增长18.10%，研究与试验发展经费支出同比增长14.26%，新产品开发经费支出同比增长17.63%。102家电控配电企业开发的新产品可统计的产值近292亿元，同比增长22.16%，科技成果转化进程加快。许多企业认识到了提高产品科技含量的重要性，并将在2013年继续把开发新产品当作重要的经济增长点。一些颇具规模和实力的行业企业开始在产品核心技术方面加大投入，进行自主研发和创新，以高附加值的产品提升企业竞争力。2012年，企业开发的新产品获得了各级各类科技进步奖项。上报的102家企业生产的产品中，获国家级奖项的有10种产品，省级奖项的11种，各地区、市级奖项的25种。

存在的问题 根据企业报表，2012年行业发展存在以下几个问题：

1.成本问题

企业成本压力不断加大。一是原材料价格不稳定使企业组织生产处于被动地位，硅钢、铜材等主要金属件价格波动较大，虽然曾有短暂回落，但大部分时间居高不下，燃料、动力原料以及一些基本原材料的上涨进一步推高成本，给企业造成了很大的压力。部分企业甚至采用替代材料，存在产品质量下降的隐患。二是劳动力成本持续攀升。劳动力就业观的转变以及物价水平上升等因素，使“招工难，用工难”问题越发凸显。企业不得不以提高劳动报酬的方式留住人才，利润空间进一步缩小。

2.竞争问题

电控配电行业市场竞争激烈，低价竞争和无序竞争现象依然存在，市场秩序有待规范。

一方面，在电控配电行业多年的发展过程中，由于一些部门和地区在发展方式上存在着过度依赖要素投入扩张经济规模的情况，造成重复建设、产品同质化现象严重，企业间的竞争愈加激烈，“价格战”几乎成为企业参与市场竞争的普遍手段，再加上行业集中度低、进入门槛低、产业分散，导致低端产业恶性竞争等现象存在，部分不具备规模的小企业，以次充好、粗制滥造，并借此压低销售价格，严重干扰了正常的市场秩序，挤压了整个行业的盈利空间。

另一方面，配电设备用户企业凭借强势垄断地位在较长时期内推行“低价中标”的评定标准，大幅度压缩电控配电设备生产企业利润空间。在这种被动的情况下，部分中标企业出现粗制滥造、以次充好、偷工减料等现象，严重影响了产品质量。

3.资金问题

2012年央行虽两次下调存贷款基准利率，在一定程度上降低了企业向银行融资的成本，但从企业生产层面来讲，获得商业银行资金支持的空间依旧狭小，高利率的民间融资仍然是企业重要的融资渠道。中小企业贷款尤其难，很多企业陷入资金短缺的困境。同时，企业普遍反映货款回笼较难，应收账款快速上涨，资金沉淀造成周转率下降。受外部需求放缓和资金紧张的影响，“三角债”问题凸显，并有进一步蔓延扩大的趋势，已影响企业的资金使用效率和正常运营。因此，一些企业生产不平衡，工艺装备落后，没有资金投入开发创新，而老产品竞争又异常激烈，利润微薄，由此陷入恶性循环。

4.用工问题

专业人才缺乏已经成为影响企业生产、制约企业创新的瓶颈问题，企业难以形成稳定的人员队伍，发展后劲不足。近年来，“用工难，招工难”问题突出，企业希望引进更多的专业技术人才，特别需要技术过硬、经验丰富的一线技术人员。人才稀缺，加之物价水平持续上升，导致劳动力成本攀升。当企业无力提供与社会经济环境相适应的薪酬时，队伍难以稳定，人员过于频繁的流动不仅造成人才的流失，甚至还有可能带走原企业的部分核心技术，给企业造成更大的损失。

除此之外，行业整体还存在自主创新能力不强、关键核心技术受制于人、工艺管理水平落后、知名品牌缺乏以及低端产品产能过剩而高端产品产能不足等问题。

科技成果及新产品 2012年10月全国联合设计新产品“智能电网和风力发电系统中节能母线槽的开发及应用”获中国机械工业科学技术奖二等奖。

固定式低压成套开关设备在国内配电系统中应用甚广，而GGD型低压成套开关设备产品已有20多年的历史，并且在低压成套产品中占有相当大的市场份额，但原GGD产品的技术性能已不能完全满足配网自动化系统中低压成套开关设备的需求。2012年8月，中国电器工业协会电控配电设备分会与天津电气传动设计研究所组织行业内骨干企业，成立“GGL型智能固定式低压成套开关设备全国联合设计组”，已有数十家企业报名参加联合设计和样机的试制工作。该产品将在保持现有同类产品高性价比的基础上，提高产品的容量，增大柜体的机械强度，完善外观设计，增加产品的智能化设计等，达到全面提升固定式低压成套开

关设备的产品水平。该项工作2013年全面展开，整个联合设计工作计划于2013年年底全面完成。

质量及标准 2012年电控配电设备分会在会员单位中再次开展了低压成套开关设备“质量可信产品”推介评比工作，最终有19家企业的37个产品通过了“质量可信产品”的评审。

全国低压成套开关设备和控制设备标准化技术委员会2012年年会于2012年12月在天津召开，共有73家单位的96位代表出席。会议审查了《低压成套开关设备和控制设备 第1部分 总则》《低压成套开关设备和控制设备 第2部分 成套电力开关设备和控制设备》《风力发电导电轨(母线槽)》3项国家标准和《铜铝复合导体母线槽》《防腐密封型低压成套开关设备和控制设备》2项行业标准送审稿，认为上述5项标准(送审稿)按审查意见修改后可以作为报批稿上报待批。

行业活动 2012年度，电控配电设备分会部分企业申请了信用体系评价，其中温州兴机电器有限公司、宁波耀华电气科技有限责任公司等企业获得了AAA级信用企业证书，获证企业已由商务部和国资委向社会公布其信用等级。

2012年4月和2012年9月，电控配电设备分会先后组织了40多个单位共65位企业代表赴欧洲和印度进行商务考察。代表们参观了2012汉诺威工业博览会、2012法兰克福国际建筑与照明展及2012印度电力电子展，同时走访了加泰罗尼亚理工大学，参观了风力发电、太阳能等新能源及自动化实验室，从中受到启发，对企业今后产品技术的转型升级有了新的定位。

〔撰稿人:天津电气传动设计研究所孟蝶　审稿人:天津电气传动设计研究所崔静〕

电力电子器件与装置

生产发展情况 2012年，在国内经济增速放缓，市场整体需求下滑的情况下，电力电子行业及时调整经营策略、优化产品结构、开发新的市场，平稳度过了2012年，运行形势总体良好。

根据中国电器工业协会电力电子分会对电力电子行业26家主要生产厂家基本生产情况的统计，2012年共实现工业总产值1 809 318.72万元，比上年增长30.18%；工业销售产值1 750 380.95万元，比上年增长31.83%；工业增加值327 940.84万元，比上年增长13.61%；主营业务收入1 776 032.06万元，比上年增长26.51%；主营业务利润326 971.25万元，比上年增长64.60%；盈亏相抵后实现利润总额106 253.36万元，比上年下降14.52%。2012年电力电子行业26家企业主要经济指标完成情况见表1。2012年电力电子行业26家企业经济效益指标完成情况见表2。

表1　2012年电力电子行业26家企业主要经济指标完成情况

指标名称	2012年指标值(万元)	比上年增长(%)	增长或减少的企业数(家)	增长30%以上的企业数(家)
工业总产值	1 809 318.72	30.18	10	4
工业销售产值	1 750 380.95	31.83	10	3
其中:出口交货值	35 271.00	-51.90	5	1
工业增加值	327 940.84	13.61	9	2
主营业务收入	1 776 032.06	26.51	8	2
主营业务利润	326 971.25	64.60	10	4
利润总额(盈亏相抵后)	106 253.36	-14.52	11	3
税金总额	43 426.54	18.64	14	8
年末资产总额	2 013 245.51	25.10	19	2
年末负债总额	973 103.46	16.36	↓16	↓4
科技活动经费筹集总额	102 683.97	35.38	16	8
研究与试验发展经费支出	62 279.16	28.82	17	6
新产品开发经费支出	44 871.81	-2.10	15	4
新产品产值	700 929.27	28.72	7	4
累计完成固定资产投资	97 483.51	30.24	12	7
全年从业人员平均人数	13 325人	4.84	12	0
年末科技活动人员	4 788人	15.93	12	2
年末研究与试验发展人员	2 492人	15.53	13	4

表 2 2012 年电力电子行业 26 家企业经济效益指标完成情况

指标名称	单位	电工行业标准值	2012 年电力电子行业平均值	达标企业数（家）
总资产贡献率	%	10.70	9.37	12
资本保值增值率	%	120.00	131.54	8
资产负债率	%	≤60	48.34	17
流动资产周转率	次	1.52	1.44	7
成本费用利润率	%	3.71	6.79	18
全员劳动生产率	元/人	16 500.00	246 109.45	24
产品销售率	%	96.00	96.74	16
经济效益综合指数			2.01	

产品分类产量 2012 年电力电子行业参加年报统计的 26 家企业共生产电力电子器件 132 128 万只，销售 11 797 万只（其中销往国外 10 023 万只）；生产电力半导体器件和电力电子设备配套件 2 093 万套，销售 1 575 万套（其中销往国外 518 万套）；生产电力电子设备 1 万多台、6 884 万 kW，销售 1.3 万台、6 863 万 kW（其中销往国外 41 台、11 万 kW）。2012 年电力电子行业参加年报统计的企业电力电子器件产、销、存情况见表 3。

电力半导体器件主要生产厂家有（按生产厂家名称汉语拼音排序）：北京金自天正智能控制股份有限公司、北京卅普科技有限公司、湖北台基半导体股份有限公司、江苏威斯特整流器有限公司、锦州市锦利电器有限公司、齐齐哈尔齐力达电子有限公司、深圳深爱半导体股份有限公司、西安永电电气有限责任公司、扬州四菱电子有限公司、宜昌市晶石电力电子有限公司、浙江正邦电力电子有限公司、株洲南车时代电气股份有限公司电力电子事业部。

表 3 2012 年电力电子行业参加年报统计的企业电力电子器件产、销、存情况

器件名称	产量（只）	国内销量（只）	国外销量（只）	年末库存（只）
合　计	1 321 283 586	1 077 736 557	100 234 145	164 460 285
整流管	9 861 636	8 698 719	30 944	2 837 825
晶闸管	68 484 976	67 231 068	188 500	1 772 742
晶体管	1 241 780 845	1 000 290 639	99 956 276	159 786 354
电力模块	963 160	1 335 814	51 211	46 688
电力组件	151 842	139 190	7 214	13 676
固态继电器	41 127	41 127		3 000

电力电子配套件主要生产厂家（按生产厂家名称汉语拼音排序）为：常州市武进可控硅附件有限公司、河北华整实业有限公司、湖北台基半导体股份有限公司、江苏威斯特整流器有限公司、江阴市赛英电子有限公司、无锡天杨电子有限公司、盐城彩阳电器阀门有限公司。

2012 年电力电子行业参加年报统计的企业电力半导体器件和电力电子设备配套件产、销、存情况见表 4。

表 4 2012 年电力电子行业参加年报统计的企业电力半导体器件和电力电子设备配套件产、销、存情况

产品名称	产量（只/套）	国内销量（只/套）	国外销量（只/套）	年末库存（只/套）
合　计	20 928 929	10 565 116	5 181 331	401 944
螺栓形管壳（含内压接式结构）	264 575	50 740	213 779	5 384
平板形管壳（凸台）	2 661 787	965 753	1 764 966	16 689
平板形管壳（凹台）	40 000	40 000		3 000
模块外壳	70 000	70 000		3 000
其他管壳	15 000	15 000		1 500
水冷散热器	37 330	55 516	578	3 358
风冷散热器	171 119	161 963	8	29 518
热管散热器	8 058	6 011		2 693
组件用散热器	57 484	57 319		3 153
散热器配套件	68 576	67 814		17 649
钼片	400 000	400 000		100 000
门极引线	5 540 000	3 760 000	1 340 000	45 000
定位环	6 220 000	800 000	735 000	25 000
模块结构件	2 255 000	1 585 000	591 000	82 000
压接式门极结构件	3 070 000	2 480 000	536 000	54 000
弹簧片	50 000	50 000		10 000

电力电子设备主要生产厂家（按生产厂家名称汉语拼音排序）为：北京卅普科技有限公司、北京东风机车电器厂、河南森源集团有限公司、江苏威斯特整流器有限公司、九江九整整流器有限公司、齐齐哈尔齐力达电子有限公司、荣信电力电子股份有限公司、西安爱科电子有限责任公司、西安西电电力系统有限公司、西安永电电气有限责任公司。2012年电力电子行业参加年报统计的企业电力电子设备产、销、存情况见表5。

表5 2012年电力电子行业参加年报统计的企业电力电子设备产、销、存情况

产品名称	产量（台）	产量（kW）	国内销量（台）	国内销量（kW）	国外销量（台）	国外销量（kW）	年末库存（台）	年末库存（kW）
合　计	11 485	68 837 432	12 979	68 523 221	41	110 000	254	1 302 511
一般工业用变流器	662	197 460	622	20 760			40	12 000
光伏变流器	334	97 750	313	88 750			21	9 000
高压变频器	187	184 908	184	181 908	2	2 000	20	12 741
软起动器	100	200 000	1 773	126 000	34	68 000	3	6 000
同步电动机励磁设备	21		19				2	
电解电源	79	6 606						
其他电化学用电源	55	429						
感应加热、热处理电源	32		90				63	
其他直流电源	136	2 040	136	2 040				
电动汽车用电力电子装置	23	4 140	23	4 140				
其他机动车用电力电子装置	3 820	2 208 720	3 820	2 208 720			20	28 480
牵引用整流设备（轨道交通）	1 039	637 800	1 036	637 800				
无功补偿设备	1 429	3 416 297	1 424	3 376 297	5	40 000		
串联补偿设备	4		4					
直流输电用阀组件	548	61 600 000	548	61 600 000			56	1 230 000
航空航天用变流器	213	19 170	199	17 910			14	1 260
有源滤波装置（APF）	1 303	262 112	1 288	258 896			15	3 030
交流电力控制器	1 500		1 500					

注：表中台数与容量不吻合的，是因为有的单位只报了台数或容量。

科技成果及新产品　2012年电力电子行业参加年报统计的26家企业共筹集科技活动经费102 684万元，新产品开发经费支出44 872万元。

西安永电电气有限责任公司自主开发成功30t大轴重电力机车牵引功率模块、HXD2B电力机车牵引功率模块、IGBT模块（600V、1200V、1700V、2500V、3300V、4500V、6500V七个系列）、160km/h客运电力机车功率模块等四种全新的产品。对CRH5动车组牵引功率模块优化设计、HXD2B电力机车功率模块故障、IGBT模块失效、机车标准化功率模块、适合不同车型用标准化功率模块进行了研究和分析。从技术原理上，对城轨车辆滤波电抗器设计进行计算研究，对CRH5动车组充电机开展四级国产化验证。

株洲南车时代电气股份有限公司电力电子事业部研发的项目有：①国家重大科技成果转化项目——特大功率电力电子器件研发与产业化，目标是形成国际领先的5in、6in特大功率晶闸管以及大功率IGCT、IGBT模块的成套技术研究、开发与集成的产业化基地。②国家科技重大专项-02专项——高速机车高压芯片封装与模块技术研发及产业化，要求具备600～6 500V/100～2 400A IGBT模块批产能力，产品成功应用于高速机车领域。③国家科技重大专项-02专项——6 500V新型高压高功率芯片工艺开发与产业化，对项目所开发的1 700～6 500V IGBT与FRD芯片进行静态与动态特性检测。④国家科技重大专项——极大规模集成电路制造装备及成套工艺（02）：SiC电力电子器件集成制造技术研发与产业化。

湖北台基半导体股份有限公司自主研发：①6.5kV高压器件。2012年重点技术目标是优化工艺、改善生产效率、稳定和提高良品率，形成大批量生产能力。1.5～5in器件实现全规格量产，KP3500A/7200V高压晶闸管已通过湖北省科技成果鉴定。②高压快速晶闸管。电流2 000～2 500A，电压4 000～4 500V。2012年开发了3.5in和4in两款高压快速晶闸管，KK2500A/4500V快速晶闸管已通过湖北省科技成果鉴定。③焊接模块新技术研究和产品开发。组建了焊接模块封装生产线并形成量产能力，并在此技术平台上研发出IGBT等新型器件的封装技术。MDS100A等形成批量生产能力。IGBT封装和测试技术、产线设备正在开展调研，完成初步规划设计。④脉冲功率器件。以高脉冲功率晶闸管研发为载体，开展多项新技术的研究和应用，保持在该产品技术和应用领域的领先优势。130kA/20kV半导体脉冲开关已通过湖北省科技成果鉴定。⑤机车专用器件。开发高性能大功率晶闸管、整流管等器件，作为关键牵引控制单元，应用于电力机车和地铁等高端设备。新增3个品种，补全4 000V和5 000V系列器件，已成套安装于各型机车。5 000A/5 000V机车用晶闸管通过省科技成果鉴定。⑥高压模块。2012年重点是对部件和结构进行优化设计，提升品质，降低生产成本。3 500～4 200V高压模块具有全球领先的独特优势，416F3等10个规格形成量产能力。

西安西电电力系统有限公司自主研发成功：①配电网静止同步补偿器（DSTATCOM）。该产品采用链式H桥级联的主电路拓扑结构，在功率单元旁路技术、功率单元自取能技术、直流侧电容均衡、链式星形接法补偿不平衡负载等关键技术方面取得突破，具有可靠性高、补偿性能多样化等特点。②有源电力滤波器（APF）装置研制。③大功率能量回馈型高压变频器研制。该产品采用分布式有源整流控制等先进控制策略和方法，在交错谐波优化控制技术、电网相序自适应锁相控制技术、LC串联谐振技术、新型低感三明治母排设计、大功率整机散热系统设计以及全数字化控制及能量回馈试验系统等关键技术及装备方面取得了突破。④采用8.5kV/5 000A电触发晶闸管自主研制的±1 100kV/5 000A直流输电换流阀，已通过国家能源局鉴定。

荣信电力电子股份有限公司应市场需求研发：①南方电网百兆伏安级链式静止无功补偿器，进入现场调试阶段。②中石油西气东输大功率25Mvar变频器，已交付现场使用。③南方电网±160kV/200MW柔性直流输电项目，处于厂内研制阶段。④南非国家电网静止同步补偿器（STATCOM），已交付现场使用。⑤国际热核聚变实验堆动态无功补偿装置（SVC），处于厂内研制阶段。⑥防爆高压变频器（1.6MV·A 6kV），完成厂内试验。⑦10kV 50Mvar动态无功补偿装置（TSC），处于厂内研发阶段。

西安爱科赛博电气股份有限公司自主研发：

（1）模块化电能质量控制器及补偿装置。额定电压400V，额定电流50A，接线方式有三相三线、三相四线，功能为50A APF、35kvar SVG，控制方式有输入电压相序自适应、互感器位置自适应，补偿率不低于90%，相应时间10ms，损耗不超过3%。已小批量试产。

（2）数字化变频电源。输出额定电压三相四线115V，输出额定频率400Hz，稳压精度±1%FS。已进入开发验证阶段。

（3）CSVG中压级联静止无功发生器。额定电压6kV、10kV，容量6Mvar，恒电压、恒无功、恒功率因数控制方式可选，损耗0.8%，响应时间5ms，补偿率不低于95%。已进入试验样机测试阶段。

（4）3.0版500kW光伏逆变器。输出功率500kW，功率因数不小于0.99，增加低电压穿越（LVRT）功能，具有无功支撑能力。进入产品验证阶段，已通过相关试验。

（5）3.0版250kW光伏逆变器。输出功率250kW，功率因数不小于0.99，增加LVRT功能，具有无功支撑能力。进入产品验证阶段，已通过相关试验。

北京东风机车电器厂应市场需求，研发电动轮矿用自卸车变流器、铰接式卡车变流器和钢轨打磨列车控制系统，已分别进入小批量生产和试制阶段。

九江九整整流器有限公司自主研发：①KZX20晶闸管整流装置智能控制柜，单项交流电源220V，电脉冲、光脉冲形式，电流精度0.1%。②孤网运行下铝电解用大功率晶闸管整流系统，额定电压1 500V，额定电流2×50kA，效率>99.5%。③大功率高频开关电源，三相交流电源380V，输出电压0～100V，输出电流0～20kA，频率20kHz，稳流精度0.5%。前两项首台产品样机已在用户现场成功投运，后一项已完成产品样机研发。

齐齐哈尔齐力达电子有限公司自主研发成功交流660V/800mA/6V有源晶闸管过零触发控制器、接触器电寿命不低于100万次直流消弧模块、可正反转/自动/LED显示的三相电动机换相控制模块、1 140V双斜坡电压软起软停的三相交流电机软起动控制模块和500V/300A高压模块。

锦州市锦利电器有限公司开发的KK4000A/4000V快速晶闸管、KP1100A/6500V普通晶闸管和ZP1600A/6500V普通整流管均处于研发中。

浙江正邦电力电子有限公司开展地方科技项目——省级电力半导体器件创新平台建设和快恢复二极管扩散片试制，均处于中试阶段；自主研发项目——方片晶闸管芯片、二极管芯片烧结技术和75AFSRD芯片分别处于试生产、生产和小试阶段。

河北华整实业有限公司自主研发的IGBT模块结构件已正式生产。

盐城彩阳电器阀门有限公司自主研发的融冰用高压串联组件散热器，串组电压24 000V；自主研发的高压软起动串式反并联组件，应用电压10 000V。

2012年电力电子行业企业获奖情况见表6。

表6　2012年电力电子行业企业获奖情况

奖项名称、等级	获奖项目、产品名称	颁奖单位
齐齐哈尔齐力达电子有限公司		
知名品牌奖 产品创新奖	WJR三相电机软起动器	中国电工技术学会 电力电子学会
西安西电电力系统有限公司		
中国机械工业科学技术奖特等奖	±800kV特高压直流输电关键成套技术装备研制及产业化	中国机械工业联合会、中国机械工程学会
科学技术进步奖特等奖	±800kV特高压直流输电技术研发与工程应用	国家电网公司
科学技术奖一等奖	±800kV特高压直流输电设备、试验技术及系统研究	中国电工技术学会
省科学技术奖一等奖		陕西省人民政府

（续）

奖项名称、等级	获奖项目、产品名称	颁奖单位
市科技进步奖二等奖	向家坝—上海特高压直流输电晶闸管换流阀	西安市人民政府
市科技进步奖三等奖	新型静止无功补偿成套装置（SVC）研制	西安市人民政府市科技进步奖三等奖
	青藏铁路长距离送电电能质量成套装置研究	西安市人民政府
集团科学技术进步奖三等奖		中国西电集团
河北华整实业有限公司		
河北省名牌产品	电力电子模块结构件	河北省质量技术监督局
优秀创新企业家		中国电子企业协会
江阴市赛英电子有限公司		
无锡百强百佳企业		无锡市
荣信电力电子股份有限公司		
第二届辽宁省专利奖金奖	66kV 光控水冷晶闸管阀组	辽宁省知识产权局
2012 国家火炬计划奖	高压大功率变频调速装置产业化	国家科技部
科技进步奖特等奖	百兆伏安动态无功补偿装置关键技术研究与应用	中国南方电网公司
湖北台基半导体股份有限公司		
湖北省著名商标	“TECHSEM”商标	湖北省工商行政管理局
湖北省优秀民营企业		中共湖北省委、省人民政府
湖北省工程技术研究中心		湖北省科学技术厅
襄阳市优秀民营企业		中共襄阳市委、襄阳市人民政府
安全标准化二级企业		湖北省安全生产监督管理局
西安爱科赛博电气股份有限公司		
陕西省科学技术奖一等奖	微型电网的系统结构、控制技术、关键装备及其集成化研究	陕西省人民政府
2012 年度科技成果转化与产业化奖	大功率并网逆变器	西安市人民政府
科技创新先进企业		西安高新管委会
盐城彩阳电器阀门有限公司		
质量诚信示范单位		江苏省盐城市质量技术监督局
株洲南车时代电气股份有限公司电力电子事业部		
产品创新奖	集成门极换流晶闸管（IGCT）	中国电工技术学会电力电子学会、中国电工技术学会电气节能专业委员会
中国电工技术学会科学技术奖一等奖	4 000A/4 500V 非对称 IGCT 器件及配套 FRD 研制	中国电工技术学会

质量管理　株洲南车时代电气股份有限公司电力电子事业部在质量管理上采取如下措施：通过建立 IRIS 体系认证完善质量管理；内部过程实行全面质量管理，推行三检制度；通过 QMS 系统管理质量信息，使企业内部质量管理体系完整，运行有效，过程质量得到有效控制，实现了质量信息的共享和实时跟踪反馈。

北京卅普科技有限公司在取得 GB/T 19001—2008 认证资格的基础上，2012 年经中国新时代认证中心再认证审核合格获得认证证书。公司质量管理体系运行有效、适宜，符合 ISO 9001 标准要求，所生产的产品质量稳定可靠，用户对产品质量和服务的满意度达到 95%以上。

湖北台基半导体股份有限公司在通过 ISO 9001：2008 质量体系、生产许可证、CE、RoHS、UL 认证后，在质量管理上采取 6 项措施：

（1）供方及原材料质量控制：与主要供方签订质量技术协议，根据图纸与检测规范对材料进行检验；出现问题及时要求供方改善，并对供方进行月度评价。

（2）对生产过程进行质量控制：制定工艺操作处理，严格按工艺指导作业，设置质量控制点，对不良品进行有效控制，制定改善措施，并进行效果验证。

（3）产品的成品、出厂检验：根据检验报告对产品进行检验，避免不良品流入客户。

（4）设置的计量室主要保证监视、测量设备的计量精度，使其符合标准。

（5）设置了客户售后服务部及产品失效分析值。

（6）设置实验室，完成产品的各种形式试验。公司的质量保证体系能基本满足产品的质量控制要求。

西安爱科赛博电气股份有限公司 2011 年导入 GJB

9001B—2009质量管理体系，2012年持续以GJB的要求完善内部质量管理体系；建立完善的质量管理机构，设置管理者代表、质量管理经理、QS、PQA、SQE、PQE、OQC、CQE、来料检验员、过程检验员、成品检验员等岗位，保证各环节质量管控有效；设立产品质量、客户满意度等质量指标，并以此为目标严格执行过程中的各项要求，保证最终的产品质量及客户满意度。公司产品质量稳定，开箱合格率95%以上，客户满意度90分以上。

荣信电力电子股份有限公司采用ISO 9001质量管理体系，对关键质量控制点进行严格管理，规范管理流程，加强质量监督检查，改善工艺条件，狠抓工艺管理，产品质量大大提高。

北京东风机车电器厂的整流柜、电器柜、辅助交流柜等获得捷克VOP CZ、S.P和BV LCIE China认证机构颁发的CE认证证书。铁道机车整流柜和电力机车充电机通过CRCC认证。

标准化 2012年编制上报了电力电子系统和设备、电力电子器件及附件两个专业领域标准体系初稿。2012年完成10项国家标准报批，2项国家标准和1项行业标准审查，5项国家标准报批阶段工作，11项国家标准复审，1项国家标准和2项行业标准立项申报；开展了11项国家标准和15项行业标准起草和征集意见。

电力电子专业现有国际标准59项，迄今已等同采标27项，修改采标11项，拟采标21项，拟修改采用国外先进标准1项。

2012年电力电子行业国际标准化工作如下：

根据IEC文件，向我国专家征集对国际标准新工作项目提案、标准草案、标准审查草案和标准最终文本的意见29项次，向国际电工委员会IEC投票24项次，投票率100%。

就IEC 60747-6《半导体器件　分立器件　第6部分：晶闸管》 第3版草案，向IEC/TC 47/SC 47E半导体分立器件分委员会（对口我国半导体器件标委会SAC/TC 78）提出60条修改意见。

向国际电工委员会IEC提出电力电子系统和设备、电力电子器件两个专业领域的术语中文译名的建议，以避免专业术语使用不规范或造成混淆、混乱。

根据IEC文件，向国家标准化管理委员会申报并在IEC正式注册工作组专家4人次。截至2012年11月，我国现有IEC/TC 22及其分会工作组召集人3人，正式注册专家50人次（有的专家同时在两个或多个工作组正式注册）。

组织我国专家参加IEC/TC 22/SC 22F（电力电子系统和设备技术委员会/输配电系统电力电子技术分会）2012年会议。

基本建设及技术改造 株洲南车时代电气股份有限公司电力电子事业部2012年8in IGBT芯片生产线（一期投资15亿元）开工建设。项目将配套国际一流的生产工艺和相关设备，致力于打造成集产品设计、芯片制造、系统应用等成套技术研究、开发、集成等于一体的大型产业化基地。公司自主研制的轨道交通用3 300V等级IGBT芯片顺利通过了湖南省科技成果鉴定。IGCT技术得到新的突破，成功研制出3 000A/6 000V和6in 6 000A/6 000V IGCT器件，4 000A/4 500V IGCT达到ABB同档器件水平，在国内某项目成功实现批量应用。

北京卅普科技有限公司（原名清华大学电力电子厂）2012年12月18日由全民所有制校办工厂改制为有限责任公司，改制后更名为北京卅普科技有限公司，为清华控股有限公司的全资公司。

荣信电力电子股份有限公司2012年新建厂房建筑面积逾19 000m^2，工程造价累计1 959.62万元。该公司对高压大功率变频调速装置HVC、高压大功率静止无功发生器SVG等产品进行技术升级改造，提高产品性能。

西安永电电气有限责任公司完成了焊接式IGBT模块封装生产线建设，塑封式和压接式生产线厂房建设和设备调研，完成了IGBT模块设计软件的购置，6 500V/600A等35种IGBT模块产品实现了批量生产。

湖北台基半导体股份有限公司上市募集资金投资项目——125万只大功率半导体器件技术升级及改扩建项目基本建成并逐步投产，2012年完成投资7 060万元，累计完成项目投资的86%，初步建成了具有国内先进水平的功率半导体生产线。同时完善了项目监控机制，强化项目审计，确保项目有序实施和募集资金的规范使用。

西安西电电力系统有限公司的超、特高压直流输电换流阀产业化及新厂区建设项目计划总投资29 800万元，2012年完成投资8 038万元，已累计完成投资29 360万元。该项目主要建设内容包括：在西安高新技术产业开发区购置建设用地11.18万m^2（167.713亩），新建换流阀生产厂房、变流器生产厂房、试验中心、材料库房、成品库房、科技楼及生产辅助楼、倒班宿舍餐饮中心、动力站房及室外工程等。

西安爱科赛博电气股份有限公司建立并优化了军品的生产、调试、老化、检验车间及模块装配、调试、老化、检验车间。建立模块装配、调试、检验生产线4条，购置印制板三防设备1套、高低温试验箱1台、高温老化房2间、仓储设备1批、去离子水设备1套。投入近150万元用于机场电源、光伏逆变器、特种变频电源等测试工装及工装优化，提高了调试和测试的效率和质量，减少了工人的劳动强度。在原振动系统的基础上建成三综合试验箱，在满足GJB 150—2009、GB/T 2423—2001的前提下，提供温度、湿度和振动的综合测试环境，更真实地反映电工电子产品在运输和实际使用过程中对温湿度及振动复合环境变化的适应性，是暴露产品缺陷、新产品研制、样机试验、产品合格鉴定试验全过程必不可少的重要试验手段。

盐城彩阳电器阀门有限公司投入59万元购置数控车床等机械设备4台。

深圳深爱半导体股份有限公司完成MOSFET产业化项目，达到规模化生产能力。

江苏威斯特整流器有限公司投资700万元进行设备改造。

北京东风机车电器厂建成交流传动系统试验站和钢轨打磨检测试验站。

企业经营管理 西安永电电气有限责任公司以铁路高速动车和电力机车变流器、功率模块、充电机为主打产品，铁路高速动车和电力机车变流器、功率模块占总销售收入的90%以上。

荣信电力电子股份有限公司依托自身技术优势及试验平台，大力开发国内外市场，争取到一些高电压、大功率、具有影响力、合同额可观的重点项目，在国际市场占有一定份额。

湖北台基半导体股份有限公司专注功率半导体主业，保持平稳快速增长。晶闸管向两头拓展，加快高端(更大功率、大电流高电压)产品的研发和市场化，保持和提升核心产品优势；延展中小功率品种和规模，增强市场的覆盖面和产品的辐射面；加大模块投资，加快向焊接式方向发展；开发FRD、IGBT、IPM等主业相关产品。

株洲南车时代电气股份有限公司电力电子事业部紧扣"效率提升"和"效能突破"两大主题，及时调整经营策略，明确市场定位，优化产品结构，生产经营、科研开发、管理创效等工作齐抓共管，取得了良好业绩，总销售收入同比增长16%。

西安爱科赛博电气股份有限公司2012年经营方式从定制逐步向批量转型，经营、营销、研发、生产和管理支撑均围绕转型发展进行。针对批量定型产品采用滚动式流水式生产，利用先进设备及工具，通过设计、工艺等环节的改进、创新，严密完善的现场质量控制和操作规范，各类产品生产效率提高18%左右，生产成本降低6%左右，当年维修率降低3%左右。并聘请专业的管理咨询公司，导入专业的产品研发管理模式，通过IPO全面提升公司内部运营的综合水平，持续提升业绩。

北京东风机车电器厂在2012年度传统机车电气产品需求大幅度下降的情况下，通过引进、消化、吸收再创新，相继完成铁路高速多功能作业车电气系统(引进德国GBM技术)、铁路路基处理车电气系统(奥地利PLASSAR技术)、铁路边坡清筛机电气系统(美国LORAM技术)、钢轨打磨列车电气系统(瑞士SPENO技术)等铁路大型养路机械产品以及高速铁路HXD3电力机车(日本东芝技术)电控系统产品的小批量装车或试制。相继开发了电动轮矿用自卸车和铰接式卡车等矿山车辆牵引变流器等电气系统。

〔撰稿人：中国电器工业协会电力电子分会郭彩霞 审稿人：中国电器工业协会电力电子分会蔚红旗〕

电力电容器

生产发展情况 近年来，由于我国电力事业，特别是特高压交直流输电的高速发展，电力电容器行业的产值及产量一直保持较高的增长速度，各企业也快速发展。

2012年，电力电容器行业工业总产值、工业销售产值、产品销售收入、订货额等主要指标保持增长，但利润总额持续下降。2012年电力电容器行业经济效益综合指数微幅下降，主要原因是2012年资本保值增值率大幅下降。在各项经济效益指标中，流动资产周转率下降说明企业资金回笼速度进一步减慢，这与国网、南网改变质保金期限有一定关系；产品销售率下降说明各企业销售情况有所下降，产销衔接情况不理想；同时，成本费用利润率提高说明各企业单位投入产出比有所增强。

2011—2012年电力电容器行业主要经济指标见表1。

表1 2011—2012年电力电容器行业主要经济指标

序号	指标名称	单位	2012年	2011年	比上年增长(%)
1	工业总产值	万元	561 664.98	513 199.82	9.45
2	其中：新产品产值	万元	84 914.44	66 801.21	27.12
3	工业销售产值	万元	530 820.41	502 848.22	5.56
4	其中：出口交货值	万元	17 728.82	15 468.60	14.61
5	工业增加值	万元	116 629.22	106 619.04	9.39
6	产品订货额	万元	609 709.83	519 051.37	17.22
7	主营业务收入	万元	462 008.80	458 325.35	0.80
8	主营业务成本	万元	310 214.66	328 231.28	-5.49
9	主营业务税金及附加	万元	2 542.97	2 514.47	1.13
10	应交增值税	万元	18 833.80	21 661.95	-13.06
11	营业费用	万元	46 167.26	42 327.80	9.07
12	管理费用	万元	37 123.21	31 338.20	18.46

（续）

序号	指 标 名 称	单位	2012 年	2011 年	比上年增长（%）
13	财务费用	万元	5 339.45	5 134.75	3.99
14	其中:利息支出	万元	4 982.00	3 392.89	46.84
15	其他业务收入	万元	45 301.79	3 423.80	1 396.56
16	利润总额	万元	31 949.50	33 199.80	-3.77
17	年末资产合计	万元	816 856.91	698 033.60	17.02
18	年末流动资产	万元	576 637.87	493 495.40	16.85
19	流动资产年平均余额	万元	552 205.15	459 318.51	22.05
20	其中:应收账款余额	万元	217 584.34	199 113.68	9.28
21	年末固定资产	万元	191 039.17	165 641.48	15.33
22	固定资产净值年平均余额	万元	147 500.59	114 429.79	28.90
23	全年完成基建投资额	万元	14 390.90	8 926.16	61.22
24	年末负债合计	万元	325 082.83	336 678.75	-3.44
25	年末所有者权益合计	万元	345 907.07	361 354.85	-4.73
26	工业中间投入合计	万元	402 580.77	358 789.66	12.21
27	全年从业人员平均人数	人	7 542	7 706	-2.13
28	年末科技活动人员合计	人	1 262	1 276	-1.10
29	年末研究与试验发展人员	人	459	427	7.49
30	科技活动经费筹集总额	万元	9 339.20	11 728.00	-20.16
31	研究与试验发展经费支出	万元	10 731.04	9 580.77	12.34
32	新产品开发经费支出	万元	6 801.47	5 623.60	20.95
33	万元产值能耗(标准煤)	t	0.08	0.06	24.36
34	总资产贡献率	%	12.82	13.45	-4.68
35	资本保值增值率	%	97.00	164.35	-40.98
36	资产负债率	%	51.10	50.85	0.49
37	流动资产周转率	次	1.71	1.97	-13.20
38	成本费用利润率	%	10.34	9.42	9.78
39	全员劳动生产率	元/人	157 054	137 424	14.28
40	工业产品销售率	%	96.48	100.50	-4.00
41	经济效益综合指数		2.03	2.04	-0.49

1.产值指标

（1）工业总产值。2012 年行业 30 家上报企业完成工业总产值 56.17 亿元，加上部分未申报企业的产值，行业总产值在 65 亿元左右。30 家企业中，产值 1 亿元以上的企业 14 家，其中产值超 5 亿元的企业 3 家。

剔除不可比因素，2012 年行业总产值同比增长 9.45%。行业排名靠前的企业中，西安西电电力电容器有限责任公司、桂林电力电容器有限责任公司、上海思源电力电容器有限公司、新东北电气（锦州）电力电容器有限责任公司等企业 2012 年工业总产值均有一定幅度增长，西安西电电力电容器有限责任公司、桂林电力电容器有限责任公司的增幅 30%以上，日新电机（无锡）有限公司微幅下降；部分中小企业转变经营思路，增加了出口产品并在国内市场占据了部分低端市场份额。总体来看，2012 年整个电力电容器行业发展比较平稳，特别是随着国家电网、南方电网特高压工程的建设，高压电容器产量有所回升。

（2）工业增加值。2012 年电力电容器行业实现工业增加值 11.66 亿元，同比增长 9.39%，主要是由于 2012 年原材料价格基本保持平稳，仅个别品种稍有下降。行业各主要企业中，工业增加值 5 000 万元以上的有 8 家。

（3）出口交货值。2012 年中小企业拓宽了销售渠道，增加了出口量，出口保持了一定增长。2012 年电力电容器行业出口交货值为 1.77 亿元，比 2011 年增加 0.22 亿元，同比增长 14.61%。

2.收入指标

（1）主营业务收入。2012 年电力电容器行业实现主营业务收入 46.20 亿元，同比增长 0.80%。其中，13 家企业收入超 1 亿元，行业排名前三位的企业收入都超过 5 亿元。

（2）主营业务成本与费用项目。2012 年电力电容器行业实现主营业务成本 31.02 亿元，同比下降 5.49%。营业费用 4.62 亿元，同比增长 9.07%；管理费用 3.71 亿元，同比增长 18.46%；财务费用 0.53 亿元，同比增长 3.99%。由于原材料价格基本保持平稳,个别材料价格有所下降,企业生产成本有所下降;行业各企业营销费用、管理费用有所增长,财务费用略有增长,而同时基建投资大幅增加。

(3)利润。2012年电力电容器行业实现利润总额3.19亿元,较上年减少0.13亿元,同比下降3.77%。利润总额1 000万元以上的企业有10家。

经济运行特点

1.工业总产值保持增长,行业龙头企业增长明显

2012年国家电网公司和南方电网公司增加了特高压输电工程的建设,带动电力电容器行业一定程度的恢复发展,集中体现在行业骨干企业大多保持了平稳增长,龙头企业产值快速增长。

2.产销保持微幅增长,产销衔接情况不够良好

整个行业2012年工业销售产值、产品销售收入都保持了微幅增长,产品销售率为96.48%,比2011年小幅下降。行业多数企业采取了有效措施,订单增长,但销售收入没有同时快速增长,产销衔接不够理想。

3.费用增长较快,压缩企业利润增长空间

2012年电力电容器行业原材料价格基本保持稳定,薄膜、铝箔、浸渍剂小幅上涨,钢材、金属化膜小幅回落。行业主营业务成本31.02亿元,同比下降5.49%。同时,营销费用、管理费用、财务费用均出现不同程度上涨,压缩了企业的盈利空间,利润总额持续下降。

4.科研经费保持稳定,努力提高产品水平

2012年电力电容器行业研究与试验发展经费支出、新产品开发经费支出分别比上年增长12.34%、20.95%,继续保持增长势头。行业各企业持续重视科研工作,加大科技投入力度,争取开发出技术水平高的新产品来加强竞争力、扩大市场份额。储能电容器、超级电容器是未来的发展方向。

产品分类产量 随着国家电网公司和南方电网公司特高压工程的加速建设,2012年电力电容器行业主导产品的产值、产量都有所增长。并联电容器、成套装置的产量、产值与断路器电容器的产量小幅增长,成套装置近几年发展较快,产品需求比较稳定;滤波电容器在电网建设中的应用快速增长,产值、产量大幅增长,需求持续增加;电容式电压互感器受电网投资调整的影响,需求持续下降,其增长点主要体现在750 kV及以上产品;电热电容器主要由新安江电力电容器有限公司和上虞电力电容器有限公司供应,产量、产值有一定幅度下降,单位价格略有下降;串联电容器和脉冲电容器的产量、产值有较大幅度的下降。

2011—2012年电力电容器行业主要产品产量见表2。2011—2012年电力电容器行业主要产品产值见表3。

表2 2011—2012年电力电容器行业主要产品产量

产品类型	单位	2012年	2011年	同比增长(%)
一、电力电容器	万 kvar	37 035	38 177	-2.99
1.并联电容器	万 kvar	21 744	19 996	8.74
高压并联电容器	万 kvar	11 325	10 463	8.24
其中:集合式高压并联电容器	万 kvar	421	605	-30.41
低压并联电容器	万 kvar	10 480	9 533	9.93
2.滤波电容器	台	42 571	33 112	28.57
其中:直流滤波电容器	台	7 956	2 621	192.10
3.电容式电压互感器	万 kvar/台	1 376/15 573	1 532/15 520	-10.18/0.34
其中:110 kV	万 kvar	347	386	-10.1
220 kV	万 kvar	438	598	-26.76
330 kV	万 kvar	61	58	5.17
500 kV	万 kvar	320	404	-20.79
750 kV 及以上	万 kvar	62	30	106.67
4.电热电容器	万 kvar	11 626	13 750	-15.45
5.耦合电容器	台	274	309	-11.33
6.断路器电容器	台	279	260	7.31
7.脉冲电容器	台	106	720	-85.28
8.串联电容器	台	1 790	3 598	-50.25
二、成套装置	台(套)	13 337	12 469	6.96
其中:并补成套装置	台(套)	12 863	10 729	19.80
滤波成套装置	台(套)	412	1 180	-65.09
三、其他产品	台(套)	94 662	79 904	18.47

表 3　2011—2012 年电力电容器行业主要产品产值

产品类型	2012 年（万元）	2011 年（万元）	同比增长（%）
一、电力电容器	400 384	391 490	2.48
1.并联电容器	298 117	286 413	4.75
高压并联电容器	195 821	195 152	0.34
其中:集合式高压并联电容器	18 379	24 796	-25.88
低压并联电容器	102 296	91 262	12.09
2.滤波电容器	47 197	37 666	25.30
其中:直流滤波电容器	7 247	2 025	257.88
3.电容式电压互感器	34 290	33 560	2.17
其中:110 kV	11 060	12 297	-10.06
220 kV	7 681	9 007	-14.72
330 kV	1 880	1 530	22.88
500 kV	6 335	8 010	-20.91
750 kV 及以上	2 280	1 172	94.54
4.电热电容器	11 741	14 754	-20.42
5.耦合电容器	1 071	454	135.9
6.断路器电容器	347	155	123.87
7.脉冲电容器	31	1 808	-98.28
8.串联电容器	935	2 815	-66.78
二、成套装置	120 829	106 432	13.53
其中:并补成套装置	101 463	92 403	9.80
滤波成套装置	18 903	12 709	48.74
三、其他产品	22 611	19 454	16.23

市场及销售　2012 年电力电容器行业销售情况与 2011 年基本持平，产品销售率下降 4.00%，主营业务收入比上年增长 0.80%。部分企业的销售额有所下降，西安西电电力电容器有限责任公司、桂林电力电容器有限责任公司主营业务收入比 2011 年有所增加，西安西电电力电容器有限责任公司、桂林电力电容器有限责任公司、日新电机（无锡）有限公司 3 家企业的主营业务收入均超 5 亿元。2012 年，并联电容器的产销量小幅回升，滤波电容器的产销量有大幅增长，电热电容器产销量有所下降。2012 年电力电容器行业主要产品产销量见表 4。2012 年电力电容器行业企业出口情况见表 5。

表 4　2012 年电力电容器行业主要产品产销量

产品名称	产量（万 kvar）			销量（万 kvar）		
	2012 年	2011 年	比上年增长（%）	2012 年	2011 年	比上年增长（%）
并联电容器	21 744	19 996	8.74	14 191	13 283	6.84
滤波电容器	42 571 台	33 112 台	28.57	22 340 台	15 125 台	47.70
电容式电压互感器	1 376	1 532	-10.18	1 507	1 419	6.20
电热电容器	11 626	13 750	-15.45	11 009	13 957	-21.12

表 5　2012 年电力电容器行业企业出口情况

公司名称	产品型号/名称	出口量（台、套）	出口交货值（万元）	出口国家或地区
西安西电电力电容器有限责任公司	电容式电压互感器	343	978	非洲、亚洲
	并联电容器及成套装置	53	655	非洲、亚洲
	交流滤波电容器	15	662	非洲、亚洲
	电流互感器	211	532	非洲、亚洲

（续）

公 司 名 称	产品型号/名称	出口量（台、套）	出口交货值（万元）	出口国家或地区
桂林电力电容器有限责任公司	电容式电压互感器	277	623	东南亚、非洲、白俄罗斯
日新电机(无锡)有限公司	电容式电压互感器	366	1 643	泰国、巴基斯坦、埃塞俄比亚
上虞电力电容器有限公司	RFM3.0-5450-0.7J 电热电容器	2 670	1 210	印度
	滤波电容器	780	390	印度
浙江指月电气有限公司	BSMJ 自愈式低压并联电容器		827	土耳其、俄罗斯
	JKL5CF 控制器		135	俄罗斯、巴基斯坦
	CJ19 交流接触器		72	俄罗斯
上海永锦电气集团有限公司	高压并联电容器		500	古巴
广东顺容电气有限公司	并联电容器	362	226	波兰
	滤波电容器	68	61	波兰
苏州士林电机有限公司	低压并联电容器	587 200	3 057	东南亚、伊朗、中国台湾
温州九康电气有限公司	低压并联电容器	3 567	2 851	中东、美洲

此外，陕西合容电气电容器有限公司出口 293 万元，正泰(温州)电气有限公司出口 221 万元，德力西电气(芜湖)有限公司出口 1 700 万元，佛山市顺德胜业电器有限公司出口低压并联电容器 1 279 万元。

科技成果及新产品 电力电子技术、智能控制技术和信息通信技术的不断发展，推动了许多电力新技术、新设备的出现，智能化控制无功补偿技术已经在低压公用配电网中得到应用。智能式低压电力电容器具有可靠性高、运行能耗低、节电效果好、便于现场维护与调整等优点，但因起步较晚，占整个低压无功补偿的总量仅约 5%。当前，低压无功补偿的相关技术标准已经出台，中国电器工业协会 2013 年第 1 号(总第 10 号)公告批准发布了协会标准《ZJW 智能集成低压无功补偿装置》(标准号 CEEIA B220-2013)。

据不完全统计，2012 年电力电容器行业共有 5 家企业 46 种新产品通过了市级以上新产品鉴定。

上海思源电力电容器有限公司的 8 种产品通过国家能源局鉴定，分别是：CAM6.16-559-1W 型串联电容器，CAM6.143-576-1W 型串联电容器，ZCB98.56/1000-1502592/559QW 特高压串联成套装置电容器组，ZCB 73.716-500-663552/576QW、ZCB54.24-525-390528/339FW 超高压串联成套装置电容器组，TBB35-60000/500AQW、TBB66-108000/500AQW、TBB525-301824/524AQW 高压并联电容器装置。

上海永锦电气集团有限公司的 8 种高压并联电容器新产品通过了国家机械、电力两行业鉴定，型号分别是：BAM11/$\sqrt{3}$-334-1WRF、BAM11/2-334-1WRF、BAM12/2$\sqrt{3}$-334-1WRF、BAM12/$\sqrt{3}$-334-1WRF、BAM11/2-417-1WRF、BAM12/2-334-1WRF、BAM12/2-417-1WRF、BAM11/2-500-1WRF。

陕西合容电气电容器有限公司研制生产的 10 种新产品通过了国家级能源科学技术成果鉴定，分别是：BAM 6.56-584-1W 型高压并联电容器、BAM7.34-438-1W 型高压直流输电系统用并联电容器、TBB110-42000/583-AQW 型高压并联电容器成套装置、TBB500-294336/438-AQW 型高压直流输电系统用并联电容器组、BAMH38.5/$\sqrt{3}$-6667-1W 型集合式高电压并联电容器、BAMH42/ -6667-1W 型集合式高压并联电容器、BAMH79/$\sqrt{3}$-9334-1W 型集合式高电压并联电容器、TBB35-60000/500-AQW 型高压并联电容器成套装置、TBB66-108000/500-AQW 型高压并联电容器成套装置、TBB66-28000/9334-ACW 型集合式高电压并联电容器成套装置。

河南省豫电中原电力电容器有限公司生产的 BAM11/$\sqrt{3}$-250-1W、BAM11/$\sqrt{3}$-400-1W 并联电容器通过了焦作市新产品鉴定。

西安 ABB 电力电容器有限公司生产的 18 种新产品通过了国家机械、电力两行业鉴定。

2012 年，电力电容器行业获得科技进步奖励及其他奖励的项目有：

西安西电电力电容器有限责任公司的“765kV 电子式电容分压互感器”获得西安市科学技术奖三等奖；桂林电力电容器有限责任公司的“±400kV、±800kV 直流联网工程电容器及其装置”获广西新产品优秀成果奖，“TCB46.2-138432/412-1QW 型串联电容器及成套装置”“1 000kV 电容式电压互感器”获广西科技成果奖，“1 000kV 特高压交流示范工程 110kV 并联电容器装置研制”获广西科技进步奖二等奖、桂林市科学技术特别贡献奖；新东北电气集团电力电容器有限公司的“直流输电用并联电容器”荣获 2012 年锦州市科技进步奖二等奖；上虞电力电容器有限公司的“柱上式成套补偿装置”获上虞市工业企业重大科技项目奖；上海思源电力电容器有限公司的“1 000kV 特高压用 CAM6.16-559-1W 串联电容器”获得上海市重点产品质量振兴攻关成果奖。

此外，青岛市恒顺电气股份有限公司的“HSEC 牌高压无功补偿及滤波成套装置”获得青岛市名牌产品称号，

110kV MSVC 获得山东省重点领域首台技术装备称号；上海永锦电气集团有限公司产品获得上海市名牌产品称号；佛山市顺德区胜业电气有限公司的“晶闸管开关”被认定为2012年广东省高新技术产品。

河南省豫电中原电力电容器有限公司被评为焦作市科技型中小企业，“豫电”商标被认定为河南省著名商标；上海思源电力电容器有限公司的“Sieyuan”商标被认定为上海市著名商标。

2012年，相关科研、技术人员在《电力电容器与无功补偿》期刊及《2012年电力电容器与无功补偿技术论文集》上共发表论文122篇。

标准

1.会议

全国电力电容器标准化技术委员会第七届第三次会议于2012年12月1—3日在厦门市召开。会议审查通过了GB/T ×××××—××××《高压并联电容器装置的通用技术要求》及GB/T 6115.1—××××《电力系统用串联电容器　第4部分：晶闸管控制串联电容器》标准送审稿，责成标准主要起草单位根据审查意见对标准送审稿进行修改，按要求提出标准报批稿、编制说明及意见汇总处理表，并按期完成报批工作。会议讨论了2013年度全国电力电容器标准化技术委员会拟申报的5项标准制修订计划项目。

能源行业无功补偿和谐波治理装置标准化技术委员会第一届第二次会议于2012年12月2—4日在厦门市召开。会议审查了NB/T ××××—××××《磁控电抗器型高压静止无功补偿装置(MSVC)》标准送审稿，责成标准起草工作组根据审查意见对标准送审稿进行认真修改，按要求提出标准报批稿、编制说明及意见汇总处理表，并按期完成报批工作。会议讨论通过了2013年度能源行业无功补偿和谐波治理装置标准化技术委员会拟申报的2项标准制修订计划项目。朱静秘书长介绍了按成立大会后返回的修改建议整理完成的体系表(讨论稿)，会后将继续征询意见。

2.电力电容器标准制修订

新发布实施的标准：GB/T 20993—2012《高压直流输电系统用直流滤波电容器及中性母线冲击电容器》于2012年11月1日起实施，GB/T 28543—2012《电力电容器噪声测量方法》于2012年11月1日起实施，JB/T 7115—2011《低压电动机就地无功补偿装置》于2012年4月1日起实施，JB/T 1811—2011《压缩气体标准电容器》于2012年4月1日起实施。

已行文上报的国家标准1项：GB/T 17702—××××《电力电子电容器》。待批准的行业标准2项：JB/T 7114.1—××××《电力电容器产品型号编制办法　第1部分：电容器单元、集合式并联电容器及箱式并联电容器》、JB/T 7613—××××《电力电容器产品包装通用技术条件》。

GB/T ××××—××××《高压并联电容器装置的通用技术要求》(计划号：20091642-T-604)已召开4次工作组会议，送审稿提交全国电力电容器标准化技术委员会第七届第三次会议进行审查。GB/T 6115.4—××××《电力系统用串联电容器　第4部分：晶闸管控制串联电容器》(计划号：20100759-T-604)，修改采用IEC 60143-4：2010《电力系统用串联电容器　第4部分：晶闸管控制的串联电容器》，已召开2次工作组会议，送审稿提交全国电力电容器标准化技术委员会第七届第三次会议进行审查。《高压直流输电系统用交流PLC滤波电容器》《高压直流输电系统用直流PLC滤波电容器》2项国家标准已召开1次工作组会议，计划2013年度完成送审、报批。完成质检公益性行业科研专项项目IEC ××××《电力电容器　高压无功补偿装置》国际标准提案，已上报中国电器工业协会和国家标准化管理委员会。

截至当前，秘书处共收到IEC/TC33工作文件26份，其中投票文件12份。已完成9份文件的投票工作，33/518/CDV、33/519/CDV文件正在征求意见。2012年，收到IEC/TC33发布的正式出版物共1份：IEC 60358-1：2012 Ed.1.0《耦合电容器和电容器分压器　第1部分：通用规则》(Coupling capacitors and capacitor dividers - Part 1 : General rules)。

产品鉴定及型号注册　2012年全行业共有6家企业提出产品鉴定预审申请，秘书处对54个电力电容器类产品进行了认真审核并提出了预审报告。2012年共审查了2家单位8个产品型号。2012年国家电力电容器质量监督检验中心检验合格的产品及企业见表6。

表6　2012年国家电力电容器质量监督检验中心检验合格的产品及企业

单位名称	产品型号及名称
ABB(中国)有限公司	CLMD13、CLMD43、CLMD53、CLMD6 低电压并联电容器
SAMWHA CAPACITOR CO.,LTD.	TAF-T105765S10R 高电压串联电容器
埃特罗斯(北京)电气有限公司	BO/R MT-12/$\sqrt{3}$-455 高电压并联电容器
爱普科斯上海产品服务有限公司	MKK AC 阻尼电容器
安德利集团有限公司	BSMJ0.4-20-3 低电压自愈式并联电容器
北京莱宝威斯康科技有限公司	BSMJ0.45-15-3 低电压自愈式并联电容器
成都市景山电子科技有限公司	JWF95 均压阻尼电容器
德力西电气有限公司	BSMJ0.4-30-3 低电压自愈式并联电容器
东莞市中铭电气有限公司	LC480-25/3 低电压自愈式并联电容器

（续）

单位名称	产品型号及名称
佛山市顺德区巨华电力电容器制造有限公司	BSMJ0.45-25-3 低电压自愈式并联电容器
高捷联电源环保科技(苏州)有限公司	LMD(BKMJ)13-0.4-15、CLMD(BKMJ)43-0.4-30、LMD(BKMJ)63-0.4-60 低电压自愈式并联电容器
广东顺容电气有限公司	BAM 11/$\sqrt{3}$-334-1W、BAM11/$\sqrt{3}$-100-1W、BAM11/$\sqrt{3}$-200-1W、BAM22/2$\sqrt{3}$-334-1W 高压并联电容器
桂林电力电容器有限责任公司	DAM19.68-2.82、DAM23-2.82、DAM8.85-52.8、DAM15-4.42、DAM15-5.29、DAM16.45-6.43、DAM17.63-3.22、DAM19.68-2.82、DAM23-2.82 直流滤波电容器，BAMH241.5/$\sqrt{3}$-10 000-1CW 集合式高电压并联电容器，BAM12/4-313-1 高电压并联电容器，AAM17.35-5.99、AAM6.45-49.9、AAM6.59-32.24、AAM6.53-52.24、AAM6.45-49.9、AAM6.59-32.24、AAM 17.35-5.99 交流滤波电容器
河南省豫电中原电力电容器有限公司	BAM12/2-417-1W、BAM11/$\sqrt{3}$-334-1W 高压并联电容器
鹤壁市鑫华中电器有限公司	ASMJ0.75-22-1、BSMJ0.4-22-1 低电压自愈式滤波电容器
华研国电(北京)科技发展有限公司	ASMJ0.5-20-1 低电压自愈式并联电容器
来恩伟业(鹤壁)电子科技有限责任公司	ASMJ-450-320 滤波电容器
莱茵技术监督服务(广东)有限公司	TMPDSYT 525-50.0-3 低电压自愈式并联电容器
乐清市倍禹电气科技有限公司	BSMJ0.4-30-3 低电压自愈式并联电容器
乐清市九叶电子科技有限公司	JYS0.45-20-3 低电压自愈式并联电容器
内蒙古鄂尔多斯市鸿生科技有限公司、浙江威斯康电气有限公司	BSMJ0.24-32.9-1 低电压自愈式并联电容器
南通能达电力科技有限公司	NDL-TRF/0.25-20-3Y 低电压自愈式并联电容器
宁波高云电气有限公司	BCMJ6 0.4-30-3、BSMJ0.45-25-3 低电压自愈式并联电容器
宁国翰宇电子有限公司	BPMJ0.44-30-3 低电压自愈式并联电容器
宁国市裕华电器有限公司	470μF/1 200V 直流滤波电容器
普世通(北京)电气有限公司	PSTNBFM11/$\sqrt{3}$-334-1W 高电压并联电容器
青岛市恒顺电气股份有限公司	BAM12/$\sqrt{3}$-100-1W、BAM12/$\sqrt{3}$-50-1W 高电压并联电容器，BAM10.5-100-1W 电气化铁道专用并联电容器，BAM10.45-36-1W 直流滤波电容器
日新电机(无锡)有限公司	BAMX22-10000-3W、BAMX73.7/$\sqrt{3}$-21277-3W、BAMX73.7/$\sqrt{3}$-21277-1W 集合式Ⅱ型(箱式)高电压并联电容器，BAMr4.62-170-1W、BAM12/$\sqrt{3}$-50-1W、BAM12/$\sqrt{3}$-100-1W、BAMr11-334-1W、BAMr11/2-417-1W、BAMr11/$\sqrt{3}$-500-1W、BAMr12/$\sqrt{3}$-500-1W、BAMr11/2-500-1W、BAMr11-500-1W、BAM12-100-1W、BAMr24/2-500-1W、BAMr22/2-500-1W、BAMR21-334-1W、BAMr8.159-462.1-1Wh 高电压并联电容器，BAMX11/$\sqrt{3}$-10000-1W 集合式Ⅱ型(箱式)高电压并联电容器
山东迪生电气股份有限公司	BAMr11/$\sqrt{3}$-334-1W、BAMr11/$\sqrt{3}$-500-1W 高电压并联电容器
陕西合容电气电容器有限公司	BAM7.34-438-1W、BAM11/$\sqrt{3}$-150-1W、BAM11/$\sqrt{3}$-150-1W、BAM6.56-584-1W、BAM38.5/14$\sqrt{3}$-158.8-1 高电压并联电容器，BAM7.34-438-1W 高压直流输电系统用并联电容器
陕西智容电气有限公司	ZR-10 电容器用压嵌式绝缘套管
上海库柏电力电容器有限公司	BAM12-700-1W、BAM11/2$\sqrt{3}$-334-1W 高电压并联电容器
上海拉塞电气有限公司	LSTC480VAC-30kvar-3P 低电压自愈式并联电容器
上海萨费尔智能电器有限公司	SFEMJ-0.45-30.0-3 低电压自愈式并联电容器
上海市电力公司	BAM6.062-334-1W 、BAM5.5-500-1W 高电压并联电容器
上海思源电力电容器有限公司	BAM12-500-1W、BAM12/2-500-1W 高压并联电容器
上海永锦电气集团有限公司	BAM11/$\sqrt{3}$-50-1W 高电压并联电容器
深圳供电局有限公司物流服务中心	BAM11/$\sqrt{3}$-334-1W 高电压并联电容器

（续）

单 位 名 称	产品型号及名称
沈阳华威电力设备有限公司	PDHW 450-30-3 低电压自愈式并联电容器
士林电机厂股份有限公司	SPF-07355334S 高电压并联电容器
四川省科学城久信科技有限公司	BKMJ0.45-30-3D、BKMJ0.45-30-3、BKMJ0.45-15-3 低电压自愈式并联电容器
苏州士林电机有限公司	SH-R430517R3T、SH-R250512S 低电压自愈式并联电容器
天津士林电器有限公司	BSMJ0.4-15-3 低电压自愈式并联电容器
通用电气(中国)研究开发中心有限公司	CPC900F100、CPC830D120 低电压自愈式并联电容器
无锡赛晶电力电容器有限公司	BAM12/2-417-1W、BAM11/$\sqrt{3}$-700-1 高电压并联电容器，WCAM 6.029-619-1W 串联电容器
无锡亿能电气有限公司	BSMJ0.85-30-3 低电压自愈式并联电容器
西安 ABB 电力电容器有限公司	CAM6.168-740-1W、CAM6.25-568-1W 串联电容器，DAM24.34-11.6W、DAM14.2-34W、DAM14.2-34W 直流滤波电容器，AAM20.4-597-1W 交流滤波电容器，BAM6.63-615-1W、BAM6.08-556-1W 高电压并联电容器
西安创新能源工程有限公司	HS-10 电容器用压嵌式绝缘套管
西安德威克电力电容器有限公司	DWKBC0.44-03-3 低电压自愈式并联电容器
西安特容电气有限公司	BKMJ0.45-30-3 低电压自愈式并联电容器
西安西电电力电容器有限责任公司	DAM12.18-23.2W、DAM11.94-20.3W、DAM10.23-36W 直流滤波电容器，AAM8.5-248.6-1W、AAM12.7-164.2-1W、AAM6.44-510.7-1W、AAM10-208.4-1W、AAM11.75-209.5-1W、AAM13.12-229.1-1W、AAM15-187.1-1W 交流滤波电容器，DAM9.45-30W、DAM7.42-45W 直流中性母线冲击电容器，BAMH11/$\sqrt{3}$-3000/334-1×3W 防护一体化电容器装置
新东北电气(锦州)电力电容器有限公司	BAM12-334-1W、BAM6.56-486.1-1W 高电压并联电容器，AAM8.45-473.3-1W 交流滤波电容器
宜开吉(上海)电气贸易有限公司	MKPg0.48-50-3 低电压自愈式并联电容器
浙江九康电气有限公司	BSMJ0.4-20-3 低电压自愈式并联电容器
浙江威德康电气有限公司	BKMJ0.45-30-3 低电压自愈式并联电容器、BFM11/$\sqrt{3}$-200-1W 高电压并联电容器、BSMJ0.24-32.9-1 矿热炉二次补偿电容器
中山市康达电气有限公司	BKMJ0.44-15-3 低电压自愈式并联电容器
中原电力电容器有限公司	BAM11/$\sqrt{3}$-200-1W 高电压并联电容器

企业管理 2012 年，行业各企业加强企业管理，数家企业通过了权威机构质量管理体系、环境管理体系、职业健康安全管理体系“三标体系”认证评审。桂林电力电容器有限责任公司通过了 ISO 9001：2008 质量管理体系的换证认证；新东北电气集团电力电容器有限公司、上海永锦电气集团有限公司通过了 ISO 9001：2008 质量管理体系认证、ISO 9001：2004 环境管理体系监督认证以及 GB/T 28001—2001 职业健康安全管理体系监督审核。

2012 年，苏州电力电容器有限公司成为和顺电气股份有限公司的全资子公司；河南省豫电中原电力电容器有限公司被认定为“焦作市企业技术中心”，注册资本由 3 333 万元增加到 6 688 万元；青岛市恒顺电气股份有限公司增加注册资本 14 000 万元。

上虞电力电容器有限公司被授予“绍兴市高新技术企业”“浙江省科技型企业”称号，上海永锦电气集团有限公司被认定为“上海市高新技术企业”。

基本建设及技术改造 2012 年电力电容器行业更新生产技术设备或进行生产能力扩建的企业减少，基本建设及技术改造投入 14 390.90 万元，比上年增长 61.22%，主要是由于西安西电电力电容器有限责任公司进行了电容式电压互感器及电流互感器的技术改造。

西安西电电力电容器有限责任公司 2012 年投入近亿元进行了电容式电压互感器及电流互感器的技术改造，新厂房 2013 年下半年投入使用。

桂林电力电容器有限责任公司铁山工业园 2012 年继续完善生产设备。

苏州电力电容器有限公司采购新的全自动卷绕设备和真空浸渍设备。

青岛市恒顺电气股份有限公司的 6 号车间投入使用。

河南省豫电中原电力电容器有限公司 3 号车间投产。

上海思源电力电容器有限公司投入 600 万元进行设备改造和库房建设。

上海永锦电气集团有限公司购入新的检测设备，增强产品检验能力。

淄博莱宝电力电容器有限公司投资“电容器用聚丙烯薄膜”项目。

《中华人民共和国职业分类大典》修订 中国电器工业协会电力电容器分会作为行业归口部门，组织参与了《中华人民共和国职业分类大典（1999年版）》的修订工作。当前，电力电容器职业及其所属的电力电容器配件工、电力电容器卷制工、电力电容器心体加工工、电力电容器真空浸渍工、电力电容器成套装置装配工、电力电容器试验工6个工种已被收录至新版的《中华人民共和国职业分类大典》中。

编辑、出版 《2011电力电容器行业年鉴》共收集30家企业的统计资料，包括了国内大多数高压产品的生产企业。主要内容包括：2011年电力电容器行业综述、各生产企业主要经济指标完成情况、行业主要经济指标排序等内容，附录包含了两行业鉴定项目情况、2011年经国家电力电容器质量监督检验中心检验合格的产品及企业名录等。

完成了行业内刊《电力电容器通讯》全年6期的编辑、出版、发行。

完成了《国家重大装备史话》《输变电设备制造》分册（电力电容器部分）的编写。

行业会议

1.组织召开中国电器工业协会电力电容器分会2012年会员大会

中国电器工业协会电力电容器分会2012年会员大会于2012年11月9—11日在浙江省衢州市召开。会议宣布了新批准入会单位的名单，被接纳入会的江苏现代电力科技股份有限公司、常州市武进东方绝缘油有限公司、厦门兴厦控电气有限公司3家新会员单位做了简短发言。

会议邀请中国电器工业协会副总工郭丽平作了“开展职业技能鉴定 提升行业竞争能力”的报告，国家电力电容器质检中心电容器检测室主任许钒介绍了2012年电力电容器产品检测状况及标准化工作情况，行业专家、西安西电电力电容器有限责任公司教授级高工房金兰作了“我国高压电力电容器技术的发展”的报告。

2.组织召开中国电工技术学会电力电容器专委会2012年学术年会

中国电工技术学会电力电容器专业委员会及2012年学术年会于2012年9月3—5日在上海市召开。来自全国电力电容器行业的80家单位93位代表参加了会议。会议有3项主要议题：中国电工技术学会电力电容器专业委员会换届，选举第七届电力电容器专业委员会及其领导机构；电力电容器及其装置学术交流；参加2012年输变电年会及学术报告会。会议还组织全体与会代表参观了中国电器工业协会在上海举办的2012中国国际电工电器装备博览会。

会议选举产生了第七届电力电容器专业委员会，总会批复的52名委员候选人全部当选（有3名行业资深专家被聘为名誉委员）；西安高压电器研究院蔺跃宏担任第七届电力电容器专业委员会主任委员，国务院三峡办李秦、西安西电电力电容器有限责任公司刘水平、桂林电力电容器有限公司梁琮担任第七届电力电容器专业委员会副主任委员。

在学术交流活动中，秘书处共收到电力电容器及装置的开发、运行、试验、生产工艺、原材料等方面的论文24篇，其中会议交流论文11篇。大会评出优秀论文5篇。

〔撰稿人：中国电器工业协会电力电容器分会平怡、成明〕

高 压 开 关

2012年，我国电力市场增长趋缓，总体平衡宽松。全年全国全社会用电量4.96万亿kW·h，同比增长5.5%，增速比上年回落6.5个百分点，各季度增速分别为6.8%、4.3%、3.6%和7.3%，与同期GDP增速变化趋势相吻合，自2010年以来首次低于GDP增速。用电增速回落到个位数，既是世界经济持续低迷、国家宏观调控共同作用带来的国内经济增长放缓所致，更是我国经济经历30年高速增长，从工业化初、中期转入中后期发展阶段必经的国内经济转型期在电力工业的具体体现。2012年，火电发电量自11月份才结束了4月份以来的持续负增长态势，全年达到3.91万亿kW·h，同比仅增长0.3%；水电发电量8 641亿kW·h，同比增长29.3%。电力企业积极转方式、调结构，优化存量资产，降低财务成本，战略转型积蓄的发展能量和经营成果不断释放，加之受2011年底电价调增翘尾和2012年煤价大幅下降的“双重利好”影响，电力企业长期亏损局面得到有效遏制，经营状况明显改善，发电行业总体经营形势转折向好。

2012年，基建新增装机规模减小，火电新增容量明显下降。全年全国新增装机容量8 700万kW，同比下降3.2%。其中，火电新增5 100万kW，同比下降13.4%；水电新增1 900万kW，同比增长55.1%；风电新增1 537万kW，同比下降3.9%；核电新增66万kW，同比下降39.4%。截至2012年年底，全口径发电装机容量11.44亿kW，其中火电8.19亿kW，水电2.49亿kW，风电6 237万kW，核电1 257万kW。2012年电源完成投资比2011年有所减少，电网完成投资与上年基本持平。全国电力工程建设完成投资7 466亿元，同比下降1.9%。其中，电源工程建设完成投资3 772亿元，同比下降3.9%；电网工程建设完成投资3 693亿元，同比增长0.2%。

生产发展情况 2012年，高压开关行业增长平稳，全年实现工业总产值1 652.28亿元，较上年增长4.72%，增速较上年有所提升。自主创新步伐进一步加快，全年科技活动经费使用44.54亿元，完成新产品产值549.39亿元，较上年增长9.52%，多个科技研发项目获得国家科学技术进步奖和国家能源科技进步奖等全国重要奖项。产业结构调整进一步加快，高压开关产品利润水平明显上升，智能化、环保型、高可靠产品不断推出。

2012年高压开关行业主要技术经济指标见表1。

表1 2012年高压开关行业主要技术经济指标

序号	项　目	单位	2012年	2011年	2012年同比增长(%)
1	全年从业人员人数(总计)	万人	15.49	16.36	-5.31
2	其中：从事高压开关人数	万人	7.87	8.23	-4.35
3	从事科技活动人数	万人	3.52	3.49	0.79
4	从事研发人员人数	万人	1.94	1.88	3.06
5	工业总产值	亿元	1 652.28	1 577.79	4.72
6	其中：高压开关产值	亿元	919.65	897.47	2.47
7	新产品产值	亿元	549.39	501.64	9.52
8	工业销售产值	亿元	1 588.71	1 513.59	4.96
9	其中：出口交货值	亿元	40.74	38.22	6.59
10	工业增加值	亿元	394.95	369.03	7.02
11	主营业务收入	亿元	1 513.02	1 391.78	8.71
12	主营业务成本	亿元	1 105.59	997.74	10.81
13	营业费用	亿元	83.63	84.98	-1.59
14	主营业务税金及附加	亿元	8.89	7.75	14.75
15	应交增值税	亿元	50.65	50.10	1.10
16	管理费用及财务费用	亿元	108.30	103.65	4.48
17	其中：利息支出	亿元	22.41	18.63	20.29
18	其他业务收入	亿元	25.94	23.75	9.21
19	利润总额	亿元	106.70	101.89	4.72
20	其中：高压开关部分	亿元	57.96	53.03	9.30
21	年末资产合计	亿元	1 750.71	1 600.77	9.37
22	年末固定资产原价	亿元	374.51	344.55	8.69
23	年末固定资产净值	亿元	263.06	242.69	8.39
24	全年完成基建投资额	亿元	38.47	47.74	-19.42
25	全年更改措施项目完成投资额	亿元	9.73	11.35	-14.30
26	流动资产年平均余额	亿元	1 066.65	1 007.24	5.90
27	其中：应收账款余额	亿元	463.85	431.01	7.62
28	年末负债合计	亿元	918.94	879.68	4.46
29	年末所有者权益合计	亿元	736.63	681.70	8.06
30	全年科技活动经费使用数	亿元	44.54	41.59	7.10
31	研究与发展经费支出	亿元	77.36	31.91	142.44
32	新产品开发经费支出	亿元	30.07	29.07	3.44
33	全员职工工资总额	亿元	66.18	60.85	8.76
34	资本保值增值率	%	113.66	118.70	-4.25
35	资产负债率	%	52.49	54.95	-4.48
36	流动资产周转率	次	1.42	1.38	2.90
37	成本费用利润率	%	8.22	8.59	-4.31
38	工业全员劳动生产率	万元/人	25.50	22.55	13.06
39	产品销售率	%	96.15	95.93	0.23
40	总资产贡献率	%	10.10	10.67	-5.34
41	销售利税率	%	10.99	11.48	-4.27
42	资金利税率	%	12.50	12.78	-2.19
43	人均创利税	万元/人	10.73	9.76	9.95

（续）

序号	项　目	单位	2012年	2011年	2012年同比增长（%）
44	税金总额	亿元	59.54	57.85	2.92
45	利税总额	亿元	166.24	159.75	4.06
46	应收账款占流动资产比率	%	43.49	42.79	1.64
47	经济效益综合指数	%	2.59	2.43	6.58
48	万元产值能耗平均水平（标煤）	t	0.04	0.03	33.33

1.工业总产值

2012年，高压开关行业完成工业总产值1 652.28亿元，较上年增加74.49亿元，同比增长4.72%，增幅较上年提高0.79个百分点。其中，高压开关产值919.65亿元，较上年增加22.18亿元，同比增长2.47%，增幅较上年下降0.58个百分点。

（1）行业工业总产值。2012年，工业总产值增长率20%以上的企业66家，较上年减少32家，占行业统计企业数的25.58%，比上年减少6.45个百分点。产值增长率50%以上的企业23家，较上年减少1家，占行业统计企业数的8.91%，较上年提高1.72个百分点。

工业总产值1亿元以上的企业中，增长率20%以上的企业50家，较上年减少12家。其中，增长率50%以上的企业16家，较上年增加3家。工业总产值10亿元以上的企业中，增长率20%以上的企业7家，较上年减少1家。

工业总产值下降的企业82家，较上年增加17家，占行业统计企业数的31.78%，较上年提高11.19个百分点。

2012年高压开关行业工业总产值企业构成情况见表2。2012年工业总产值前5位企业见表3。

表2　2012年高压开关行业工业总产值企业构成情况

企业类别	企业数（家）	占比（%）	产值合计（亿元）	占比（%）
总　计	258	100.00	1 652.28	100.00
20亿元以上	15	5.81	922.63	55.84
10亿~20亿元	14	5.43	192.30	11.64
5亿~10亿元	35	13.57	238.52	14.44
1亿~5亿元	115	44.57	260.60	15.77
1亿元以下	79	30.62	38.23	2.31

表3　2012年工业总产值前5位企业

序号	企业名称	工业总产值（亿元）
1	许继集团有限公司	154.02
2	大全集团有限公司	146.65
3	河南森源集团有限公司	106.69
4	泰开电气集团有限公司	72.95
5	西安西电开关电气有限公司	72.72

（2）高压开关产值。2012年，高压开关产值增长率20%以上的企业74家，较上年减少33家，占行业统计企业数的28.68%，较上年下降6.29个百分点。高压开关产值增长率50%以上的企业29家，较上年减少3家，占统计企业数的11.24%，较上年提高0.78个百分点。

高压开关产值1亿元以上的企业中，增长率20%以上企业46家，较上年减少2家。其中，增长率50%以上的企业16家，较上年增加5家。高压开关产值10亿元以上的企业中，增长率20%以上的企业6家，较上年增加4家。

高压开关产值较上年减少的企业80家，较上年增加11家，占行业统计企业数的31.01%，较上年提高8.46个百分点。

高压开关产值增长率低于工业总产值增长率2.25个百分点。高压开关产值占工业总产值的比重为55.66%，较上年（占56.88%）下降1.22个百分点。

2012年高压开关产值企业构成情况见表4。2012年高压开关产值前5位企业见表5。

表4　2012年高压开关产值企业构成情况

企业类别	企业数（家）	占比（%）	产值合计（亿元）	占比（%）
总　计	258	100.00	919.65	100.00
20亿元以上	8	3.10	350.96	38.16
10亿~20亿元	10	3.88	137.90	14.99
5亿~10亿元	24	9.30	164.77	17.92
1亿~5亿元	101	39.15	217.83	23.69
1亿元以下	115	44.57	48.19	5.24

表5　2012年高压开关产值前5位企业

序号	企业名称	高压开关产值（亿元）
1	西安西电开关电气有限公司	72.72
2	平高集团有限公司	72.54
3	泰开电气集团有限公司	43.98
4	许继集团有限公司	43.65
5	新东北电气集团高压开关有限公司	34.28

2.工业增加值

2012年，高压开关行业完成工业增加值394.95亿元，较上年增加25.92亿元，同比增长7.02%。

工业增加值1亿元以上企业66家，较上年增加3家，占行业统计企业数的25.58%。其中，工业增加值5亿元以上的企业16家（华东区10家、中南区4家、西南区1家、西北区1家），较上年增加2家，占行业统计企业数的6.2%，较上年提高1.62个百分点。

工业增加值10亿元以上的企业8家（华东区4家、中南区3家、西北区1家），较上年增加2家，占行业统计企业数的 3.1%，较上年提高 1.14 个百分点。

工业增加值增长率 20%以上的企业 72 家，占行业统计企业数的 27.91%。其中，增长率 50%以上的企业 34 家，占统计企业数的 13.18%。

工业增加值降低的企业 79 家，较上年减少 8 家，占行业统计企业数的 30.62%，较上年提高 2.19 个百分点。

2012 年工业增加值前 5 位企业见表 6。

表 6　2012 年工业增加值前 5 位企业

序号	企业名称	工业增加值（亿元）
1	许继集团有限公司	70.88
2	大全集团有限公司	40.26
3	泰开电气集团有限公司	19.52
4	江苏东源电器集团股份有限公司	16.06
5	河南森源集团有限公司	14.97

3.成本费用

2012 年，高压开关行业成本水平较上年上升了 2.25 个百分点，费用水平与上年持平，其他业务收支和税金等项目水平下降了 0.48 个百分点，利润水平较上年下降 1.77 个百分点。

4.劳动生产率

工业全员劳动生产率 20 万元/人以上的企业 91 家，较上年增加 8 家，占行业统计企业数的 35.27%，较上年提高了 8.15 个百分点。

产品分类产量　2012 年，高压开关行业共生产 126kV 及以上电压等级气体绝缘金属封闭开关设备 16 711 间隔，126 kV 及以上电压等级 SF_6 断路器 7 076 台，高压真空灭弧室 2 082 888 只。2012 年高压开关产品产量见表 7。

表 7　2012 年高压开关产品产量

产品类别	单位	800 kV	550 kV	363 kV	252 kV	126 kV	72.5 kV	40.5 kV	24 kV	12 kV	27.5kV/55kV
SF_6 断路器	台	5	100	78	1 132	5 761	1 766	7 144		943	702
真空断路器	台					6	638	50 444	6 685	571 948	3 455
气体绝缘金属封闭开关设备	间隔	26	370	72	4 212	12 031	104	1 772	97	4 894	26
敞开式组合电器	组			21	256	236	20	580			
金属封闭开关设备	面							68 678	8 393	378 504	1 525
环网柜	台							2 615	1 072	178 203	
隔离开关	组	50	767	361	9 587	24 373	5 362	29 171	5 088	439 731	
接地开关	组		140	114	773	691	17	19 517	1 975	252 010	
负荷开关	台						600	3 982	651	166 363	
熔断器	只							3 933	8 240	461 728	
分段器	台										
重合器	台									1 497	
高压接触器	台							342	1 116	35 628	
箱式变电站	台							5 865	202	31 491	

1.气体绝缘金属封闭开关设备

2012 年，800 kV 及以上电压等级气体绝缘金属封闭开关设备产量 26 间隔，较上年增加 10 间隔。生产企业 3 家。

550 kV 气体绝缘金属封闭开关设备产量 370 间隔，较上年减少 112 间隔。生产企业 7 家，较上年增加 1 家。

363 kV 气体绝缘金属封闭开关设备产量 72 间隔，较上年减少 49 间隔。生产企业 2 家。

252 kV 气体绝缘金属封闭开关设备产量 4 212 间隔，较上年增加 480 间隔，比上年增长 12.86%。生产企业 14 家，较上年增加 2 家。

126 kV 气体绝缘金属封闭开关设备产量 12 031 间隔，较上年增加 2 149 间隔，比上年增长 21.75%，增幅较上年提高 15.17 个百分点。生产企业 28 家，较上年增加 1 家。产量 500 间隔以上的企业 6 家，较上年增加 1 家；产量合计 8 833间隔，占行业生产总量的 73.42%，较上年提高 2.26 个百分点。

2012 年气体绝缘金属封闭开关设备产量前 3 位企业见表 8。

表 8　2012 年气体绝缘金属封闭开关设备产量前 3 位企业

序号	企业名称	产量（间隔）
252 kV	平高集团有限公司	1 140
	西安西电开关电气有限公司	848
	泰开电气集团有限公司	836
126 kV	西安西电开关电气有限公司	2 322
	泰开电气集团有限公司	1 913
	平高集团有限公司	1 847

2.高压交流断路器

2012年高压交流断路器不同类别产品产量比例见表9。

表9 2012年高压交流断路器不同类别产品产量比例

电压等级	SF_6 系列（%）	真空系列（%）
126kV 以上	100.00	
126kV	99.90	0.10
72.5kV	73.46	26.54
40.5kV	12.41	87.59
12kV	0.16	99.84

（1）800 kV 户外高压交流 SF_6 断路器。2012 年，我国 800 kV 及以上电压等级户外高压交流 SF_6 断路器产量 5 台。生产企业 2 家，分别为西安西电开关电气有限公司和平高集团有限公司。

（2）550 kV 户外高压交流 SF_6 断路器。2012 年，550 kV 户外高压交流 SF_6 断路器产量 100 台，较上年减少 45 台。生产企业 4 家，产量最高的企业为平高集团有限公司（40 台）。

363 kV 户外高压交流 SF_6 断路器产量 78 台，较上年增加 24 台。生产企业 3 家，产量最高的企业为平高集团有限公司（28 台）。

（3）252 kV 户外高压交流 SF_6 断路器。2012 年，252 kV 户外高压交流 SF_6 断路器产量 1 132 台，较上年增加 75 台，增幅 7.1%。生产企业 6 家，较上年减少 1 家。

2006—2012 年 252 kV SF_6气体绝缘金属封闭开关设备和高压交流断路器的产量比例分别为 1.57 : 1、1.55 : 1、1.65 : 1、2.13 : 1、2.41 : 1、3.53 : 1 和 3.72 : 1。2012 年 252 kV 户外高压交流 SF_6 断路器产量前 3 位企业见表 10。

表10 2012年252 kV户外高压交流 SF_6 断路器产量前3位企业

企业名称	产量（间隔）
西安西电高压开关有限责任公司	371
平高集团有限公司	245
泰开电气集团有限公司	218

（4）126kV 户外高压交流 SF_6 断路器。2012 年，126 kV 户外高压交流 SF_6 断路器产量 5 761 台，较上年增加 66 台，增幅 1.16%。生产企业 18 家，与上年持平。产量 500 台以上的企业 4 家，产量合计 4 323 台，占行业产量的 75.04%，与上年基本持平。

2006—2012 年 126 kV SF_6气体绝缘金属封闭开关设备和高压交流断路器的产量比例分别为 0.72 : 1、0.78 : 1、1.01 : 1、1.06 : 1、1.41 : 1、1.74 : 1 和 2.09 : 1。2012 年 126 kV 户外高压交流 SF_6 断路器产量前 3 位企业见表 11。

表11 2012年126 kV户外高压交流 SF_6 断路器产量前3位企业

企业名称	产量（间隔）
泰开电气集团有限公司	1 639
江苏省如高高压电器有限公司	1 222
平高集团有限公司	792

（5）72.5 kV 断路器。2012 年，72.5 kV 交流 SF_6 断路器产量 1 766 台，较上年增加 3 台。生产企业 9 家，较上年增加 1 家。产量最高的企业为平高集团有限公司（422 台）。

72.5 kV 高压交流真空断路器产量 638 台，较上年减少 34 台。生产企业 2 家，分别为天水长城开关厂有限公司和浙江紫光电器有限公司。

（6）40.5 kV 断路器。2012 年，40.5 kV 交流 SF_6 断路器产量 7 144 台，降幅 7.33%。生产企业 18 家，产量 500 台以上的企业 5 家，与上年持平。产量最高的企业为泰开电气集团有限公司（1 690 台），占行业总量的 23.66%，较上年提高 1.61 个百分点。

40.5 kV 高压交流真空断路器产量 50 444 台，较上年增加 3 225 台，增幅 6.83%。生产企业 65 家，较上年减少 3 家。产量 1 000 台以上的企业 12 家（华东区 8 家、中南区 2 家、西北区 2 家），与上年持平；产量合计 34 395 台，占行业总产量的 68.18%，较上年提高 1.94 个百分点。产量最高的企业为江苏东源电器集团股份有限公司（7 737 台）。2012 年 40.5kV 交流真空断路器企业构成见表 12。

表12 2012年40.5 kV交流真空断路器企业构成情况

企业类别	企业数（家）	占比（%）	产量合计（台）	占比（%）
总　计	65	100.00	50 444	100.00
1 000 台以上	12	18.46	34 395	68.18
500~1 000 台	12	18.46	7 809	15.48
100~500 台	25	38.46	7 354	14.58
100 台以下	16	24.62	886	1.76

（7）24 kV 交流真空断路器。2012 年，24 kV 高压交流真空断路器产量 6 685 台，较上年减少 20 160 台。生产企业 21 家，较上年减少 6 家。产量最高的企业为日升集团有限公司（1 868 台）。

（8）12 kV 断路器。2012 年，12 kV 交流 SF_6 断路器产量 943 台，较上年减少 1 343 台，降幅 58.75%。生产企业 2 家，较上年减少 2 家。产量最高的企业为湛江高压电器有限公司（557 台）。

2012 年，12 kV 交流真空断路器产量 571 948 台，较上年增加 53 994 台，增幅 10.42%。生产企业 130 家，较上年减少 3 家。产量在 10 000 台以上的企业 12 家（华东区 8 家、中南区 2 家、华北区 1 家、西北区 1 家），较上年增加 1 家；产量合计 286 391 台，占行业生产总量的 50.07%，较上年提高3.38个百分点。

2012年12 kV交流真空断路器企业构成见表13。2012年12 kV交流真空断路器产量前5位企业见表14。

表13　2012年12 kV交流真空断路器产量企业构成

企业类别	企业数（家）	所占比例（%）	产量合计（台）	所占比重（%）
总　计	130	100.00	571 948	100.00
10 000台以上	12	9.23	286 391	50.07
5 000~10 000台	16	12.31	114 133	19.96
1 000~5 000台	53	40.77	152 440	26.65
100~1 000台	41	31.54	18 551	3.24
100台以下	8	6.15	433	0.08

表14　2012年12 kV交流真空断路器产量前5位企业

序号	企业名称	产量（台）
1	华仪电器集团（华仪电气）有限公司	44 927
2	厦门ABB开关有限公司	43 508
3	施耐德（陕西）宝光电器有限公司	41 750
4	河南森源电气股份有限公司	36 176
5	日升集团有限公司	28 972

3.交流金属封闭开关设备

（1）40.5 kV气体绝缘金属封闭开关设备（C-GIS）。2012年，40.5 kV气体绝缘金属封闭开关设备（C-GIS）产量1 772间隔，较上年增加474间隔，增幅36.52%。生产企业5家，较上年减少2家。产量最高的企业为沈阳高压成套开关股份有限公司（792间隔），占行业生产总量的44.7%。

（2）12 kV气体绝缘金属封闭开关设备（C-GIS）。2012年，12 kV气体绝缘金属封闭开关设备（C-GIS）产量4 894间隔，较上年减少4 166间隔，降幅45.98%，生产企业4家，与上年持平。产量最高的企业为许继集团有限公司（2 795间隔）。

（3）40.5 kV交流金属封闭开关设备。2012年，40.5 kV交流金属封闭开关设备产量68 678面，较上年增加11 021面，增幅19.11%。生产企业89家，较上年减少9家。产量2 000面以上的企业8家（华东区6家、中南区1家、西南区1家），产量合计38 164面，占行业生产总量的55.57%。2012年40.5kV交流金属封闭开关设备产量前5位企业见表15。

表15　2012年40.5kV交流金属封闭开关设备产量前5位企业

企业类别	企业数（家）	占比（%）	产量合计（面）	占比（%）
总　计	89	100.00	68 678	100.00
2 000面以上	8	8.99	38 164	55.57
1 000~2 000面	8	8.99	10 874	15.83
500~1 000面	17	19.10	12 751	18.57
100~500面	29	32.58	5 913	8.61
100面以下	27	30.34	976	1.42

在40.5 kV交流金属封闭开关设备中，KYN系列产品产量为59 652面，占86.86%；XGN系列产品为6 952面，占10.12%；GBC、JYN、KGN等系列产品2 074面，占3.02%。

（4）24 kV交流金属封闭开关设备。2012年，24 kV交流金属封闭开关设备产量8 393面，较上年减少403面，降幅4.58%。生产企业25家，较上年减少8家。产量500面以上的企业3家，产量合计4 726面，占行业生产总量的56.31%。产量最高的企业为安徽鑫龙电器股份有限公司（2 779面）。

（5）12 kV交流金属封闭开关设备。2012年，12 kV交流金属封闭开关设备产量378 504面，较上年增加8 598面，增幅2.32%。生产企业155家，较上年减少28家。产量10 000面以上的企业7家（华东区5家、中南区1家、西北区1家），与上年持平；产量合计125 926面，占行业生产总量的33.27%。2012年12 kV交流金属封闭开关设备企业构成见表16。

表16　2012年12 kV交流金属封闭开关设备企业构成

企业类别	企业数（家）	占比（%）	产量合计（面）	占比（%）
总　计	155	100.00	378 504	100.00
10 000面以上	7	4.52	125 926	33.27
5 000~10 000面	9	5.81	52 536	13.88
1 000~5 000面	76	49.03	172 366	45.54
500~1 000面	23	14.84	16 224	4.29
500面以下	40	25.81	11 452	3.03

在12 kV金属封闭开关设备中，KYN系列产品产量为307 754面，占81.31%；XGN系列产品为55 952面，占14.78%；DFW系列产品为6 080面，占1.61%；其他系列产品8 718面，占2.30%。

（6）环网柜。2012年，40.5kV环网柜产量2 615面，较上年增加1 317面，增幅101.46%。生产企业3家，较上年减少2家。产量最高的企业为宁波天安（集团）股份有限公司（2 251面）。

24 kV环网柜产量1 072面，较上年减少291面，降幅21.35%。生产企业7家（华东区4家、中南区3家）。产量最高的企业为长园电力技术有限公司（400面）。

12 kV环网柜产量178 203面，较上年增加30 679面，增幅20.8%。生产企业101家，较上年减少16家。

2012年12 kV环网柜企业构成情况见表17。2012年交流金属封闭开关设备产量前5位企业见表18。

表17　2012年12 kV环网柜企业构成

企业类别	企业数（家）	占比（%）	产量合计（面）	占比（%）
总　计	101	100.00	178 203	100.00
5 000面以上	13	12.87	101 547	56.98
2 000~5 000面	15	14.85	46 352	26.01
1 000~2 000面	8	7.92	11 809	6.63

（续）

企业类别	企业数（家）	占比（%）	产量合计（面）	占比（%）
500~1 000 面	15	14.85	9 785	5.49
100~500 面	27	26.73	7 592	4.26
100 面以下	23	22.77	1 118	0.63

表 18　2012 年交流金属封闭开关设备产量前 5 位企业

序号	企业名称	产量（面）
40.5 kV 交流金属封闭开关设备		
1	安徽鑫龙电器股份有限公司	8 105
2	河南森源电气股份有限公司	7 774
3	泰开电气集团有限公司	6 237
4	江苏东源电器集团股份有限公司	5 621
5	宁波天安（集团）股份有限公司	3 067
12 kV 交流金属封闭开关设备		
1	安徽鑫龙电器股份有限公司	26 510
2	河南森源电气股份有限公司	25 892
3	泰开电气集团有限公司	17 897
4	厦门 ABB 开关有限公司	17 429
5	浙宝电气（杭州）集团有限公司	14 461
12kV 环网柜		
1	北京合纵科技股份有限公司	13 461
2	北京科锐配电自动化股份有限公司	10 203
3	安徽鑫龙电器股份有限公司	9 356
4	大亚电器集团有限公司	9 094
5	北京双杰电气股份有限公司	8 946

4.交流隔离开关与接地开关

（1）800 kV 交流隔离开关。2012 年，800 kV 及以上电压等级交流隔离开关产量 50 组，较上年增加 10 组。生产企业 3 家，产量最高的企业为湖南长高高压开关集团股份公司（27 组）。

（2）550 kV 交流隔离开关和接地开关。2012 年，550 kV 交流隔离开关产量 767 组，较上年增加 46 组。生产企业 7 家，产量最高的企业为新东北电气集团高压开关有限公司（246 组）。

550 kV 交流接地开关产量 140 组，较上年增加 46 组。生产企业 4 家，产量最高的企业是平高集团有限公司（103 组）。

（3）363 kV 交流隔离开关和接地开关。2012 年，363 kV 交流隔离开关产量 361 组，较上年减少 20 组。生产企业 6 家，较上年增加 1 家。产量最高的企业为西安西电高压开关有限责任公司（160 组）。

363 kV 交流接地开关产量 114 组，较上年增加 83 组。生产企业 5 家，较上年增加 1 家。产量最高的企业为泰开电气集团有限公司（68 组）。

（4）252 kV 交流隔离开关和接地开关。2012 年，252 kV 交流隔离开关产量 9 587 组，较上年减少 976 组，降幅 9.24%。生产企业 13 家，较上年增加 1 家。产量 1 000 组以上的企业 3 家，较上年减少 2 家。产量 2 000 组以上的企业 2 家，与上年持平，产量合计 4 585 组，占行业生产总量的 47.83%。产量最高的企业是江苏省如高高压电器有限公司（2 480 组）。

252 kV 交流接地开关产量 773 组，较上年减少 156 组，降幅 16.79%。生产企业 5 家，较上年减少 1 家。产量最高的企业为江苏省如高高压电器有限公司（263 组），占行业产量的 34.02%。

（5）126 kV 交流隔离开关和接地开关。2012 年，126 kV 交流隔离开关产量 24 373 组，较上年减少 655 组，降幅 2.62%。生产企业 20 家，较上年减少 1 家。产量 2 000 组以上的企业共 3 家，较上年减少 1 家；产量合计 17 221 组，占行业生产总量的 70.66%。产量最高的企业为江苏省如高高压电器有限公司（7 022 组）。

126 kV 交流接地开关产量 691 组，较上年增加 53 组，增幅 8.31%。生产企业 7 家，与上年持平。产量最高的企业是湖南长高高压开关集团股份公司（264 组）。

（6）40.5 kV 交流隔离开关和接地开关。2012 年，40.5 kV 交流隔离开关产量 29 171 组，较上年减少 1 561 组，降幅 5.08%。生产企业 24 家，较上年增加 1 家。产量 1 000 组以上的企业 7 家（华东区 4 家、中南区 2 家、西南区 1 家），与上年持平；产量合计 24 511 组，占行业生产总量的 84.03%，较上年提高 1.78 个百分点。产量最高的企业为江苏省如高高压电器有限公司（5 966 组）。

40.5 kV 交流接地开关产量 19 517 组，较上年减少4 055 组，降幅 17.2%。生产企业 14 家，较上年减少 2 家。产量 2 000组以上的企业 3 家，较上年减少 1 家；产量合计为 12 824组，占行业生产总量的 65.71%。产量最高的企业为河南森源集团有限公司（6 150 组）。

（7）24 kV 交流隔离开关和接地开关。2012 年，24 kV 交流隔离开关产量 5 088 组，较上年减少 1 549 组，降幅 23.34%。生产企业 5 家（华东区 4 家、西北区 1 家），较上年减少 1 家。产量最高的企业为宁波鹿鼎电子科技有限公司（3 500 组）。

24 kV 交流接地开关产量 1 975 组。生产企业 4 家（华东区 3 家、中南区 1 家），较上年减少 2 家。产量最高的企业为仪征市电瓷电器有限责任公司（879 组）。

（8）12 kV 交流隔离开关和接地开关。2012 年，12 kV 交流隔离开关产量 439 731 组，较上年增加 31 806 组，增幅 7.8%。生产企业 34 家，较上年减少 7 家。产量 10 000 组以上的企业 10 家（华东区 5 家、中南区 5 家），与上年持平；产量合计为 390 156 组，占行业生产总量的 88.73%，较上年提高 1.55 个百分点。产量最高的企业是河南森源集团有限公司（131 405 组）。

12 kV 交流接地开关产量 252 010 组，较上年增加 30 403组，增幅 13.72%。生产企业 27 家，较上年减少 1 家。

产量10 000组以上的企业7家(华东区6家、中南区1家),较上年增加2家;产量合计为200 581组,占行业生产总量的79.59%,较上年提高10.44个百分点。产量最高的企业为浙江盛中意电力科技有限公司(50 000组)。

5.高压交流负荷开关和熔断器

(1)40.5 kV交流负荷开关。2012年,40.5 kV交流负荷开关产量3 982台,较上年减少319台,降幅7.42%。生产企业10家,与上年持平。产量最高的企业为华仪电器集团(华仪电气)有限公司(1 796台)。

(2)12 kV交流负荷开关。2012年,12 kV交流负荷开关产量166 363台,较上年减少32 986台,降幅16.55%。生产企业47家,较上年减少4家。产量最高的企业为浙江三高电气有限公司(产量14 784台)。

(3)12 kV交流熔断器。2012年,12 kV交流熔断器产量461 728只,较上年减少303 479只。生产企业11家,较上年减少1家。产量50 000只以上的企业2家,较上年减少2家;产量合计278 827只,占行业生产总量的60.39%。产量最高的企业为日升集团有限公司(213 856只)。

6.预装式变电站

(1)40.5 kV预装式变电站。2012年,40.5 kV预装式变电站产量5 865台,较上年增加305台,增幅5.49%。生产企业18家,较上年减少3家。产量最高的企业为泰开电气集团有限公司(1 690台)。

(2)12 kV预装式变电站。2012年,12 kV预装式变电站产量31 491台,较上年减少7 319台,降幅18.86%。生产企业85家,较上年减少16家。产量1 000台以上的企业共8家(华东区6家、东北区1家、中南区1家),较上年减少2家;产量合计16 566台,占行业生产总量的52.61%,较上年提高1.07个百分点。

2012年12kV预装式变电站企业构成见表19。2012年12kV预装式变电站产量前5位企业见表20。

表19 2012年12kV预装式变电站企业构成

企业类别	企业数(家)	占比(%)	产量合计(台)	占比(%)
总 计	85	100.00	31 491	100.00
1 000台以上	8	9.41	16 566	52.61
500~1 000台	8	9.41	5 825	18.50
100~500台	30	35.29	7 120	22.61
100台以下	39	45.88	1 980	6.29

表20 2012年12kV预装式变电站产量前5位企业

序号	企业名称	产量(台)
1	宁波天安(集团)股份有限公司	2 999
2	沈阳昊诚电气有限公司	2 915
3	浙宝电气(杭州)集团有限公司	2 636
4	青岛特锐德电气股份有限公司	2 504
5	安徽鑫龙电器股份有限公司	1 679

7.高压接触器

2012年,40.5 kV高压接触器产量342台,较上年减少150台,降幅30.49%。生产企业2家,产量最高的企业为无锡市蓝虹电子有限公司(216台)。

12 kV高压接触器产量35 628台,较上年增加6 407台,增幅21.93%。生产企业7家,较上年减少2家。产量最高的企业为无锡市蓝虹电子有限公司(30 470台),占行业生产总量的85.52%。

8.高压交流真空灭弧室

(1)40.5 kV高压交流真空灭弧室。2012年,40.5 kV高压交流真空灭弧室产量127 027只,较上年增加24 083只,增幅23.39%。生产企业9家,较上年增加1家。产量最高的企业为成都旭光电子股份有限公司(24 112只)。

(2)24 kV高压交流真空灭弧室。2012年,24 kV高压交流真空灭弧室产量62 384只,较上年增加5 648只,增幅9.95%。生产企业8家,较上年增加1家。产量最高的企业为湖北汉光科技股份有限公司(22 480只)。

(3)12 kV高压交流真空灭弧室。2012年,12 kV高压交流真空灭弧室产量1 893 249只,较上年增加167 622只,增幅9.71%。生产企业9家,与上年持平。产量最高的企业为陕西宝光集团有限公司(463 735只)。

市场及销售

1.主营业务收入

2012年,高压开关行业实现主营业务收入1 513.02亿元,较上年增加121.24亿元,同比增长8.71%,较上年提高7.23个百分点。2012年主营业务收入企业构成见表21。

表21 2012年主营业务收入企业构成

企业类别	企业数(家)	所占比例(%)	收入合计(亿元)	占比(%)
总 计	258	100.00	1 513.02	100.00
20亿元以上	13	5.04	801.94	53.00
10亿~20亿元	13	5.04	180.68	11.94
5亿~10亿元	35	13.57	239.94	15.86
1亿~5亿元	113	43.80	250.47	16.55
1亿元以下	84	32.56	39.99	2.64

2012年,主营业务收入增长率20%以上的企业65家,占行业统计企业数的25.19%,较上年减少28家。其中,主营收入增长率50%以上的企业21家,占行业统计企业数的8.14%,较上年减少1家;主营收入增长率100%以上的企业3家(华东区2家、中南区1家),占行业统计企业数的1.16%,较上年减少1家。

主营业务收入1亿元以上的企业中,增长率20%以上的企业49家,较上年减少6家。其中,增长率50%以上企业12家,较上年减少2家。主营收入10亿元以上的企业中,增长率20%以上的企业11家,较上年增加6家。2012年主营业务收入前5位企业见表22。

表22　2012年主营业务收入前5位企业

序号	企 业 名 称	主营业务收入（亿元）
1	大全集团有限公司	140.11
2	许继集团有限公司	132.77
3	河南森源集团有限公司	106.13
4	泰开电气集团有限公司	70.41
5	西安西电开关电气有限公司	57.48

2.工业销售产值

2012年，完成工业销售产值1 588.71亿元，较上年增加75.12亿元，同比增长4.96%，增幅较上年下降2.13个百分点。产品销售率96.15%，较上年提升0.22个百分点。2012年工业销售产值前5位企业见表23。

表23　2012年工业销售产值前5位企业

序号	企 业 名 称	工业销售产值（亿元）
1	许继集团有限公司	142.99
2	大全集团有限公司	140.24
3	河南森源集团有限公司	62.87
4	泰开电气集团有限公司	61.29
5	西安西电开关电气有限公司	58.16

3.出口交货值

2012年，高压开关行业实现出口交货值40.74亿元，较上年增加2.52亿元，同比增长6.59%。出口交货值占工业销售产值的2.56%，较上年提升0.03个百分点。85家企业完成出口业务，较上年减少13家，占行业统计企业数的32.95%，较上年提高0.92个百分点。

出口交货值1 000万元以上的企业45家，占出口企业的52.94%，较上年减少12家。出口1亿元以上的企业11家，占出口企业的12.94%，较上年增加3家。出口交货值合计26.7亿元，占总出口交货值的65.53%，较上年提高15.16个百分点。

出口交货值增长率20%以上的企业37家，较上年增加1家；增长率50%以上的企业21家，较上年减少3家；增长率100%以上的企业7家，较上年减少8家。出口交货值1亿元以上的企业中，增长率20%以上的企业4家，较上年增加1家。

2012年出口交货值前5位企业见表24。

表24　2012年出口交货值前5位企业

序号	企 业 名 称	出口交货值（亿元）
1	正泰电器股份有限公司	6.54
2	泰开电气集团有限公司	4.90
3	西安西电开关电气有限公司	3.34
4	厦门ABB开关有限公司	2.96
5	人民电器集团有限公司	2.41

4.利润

2012年，高压开关行业实现利润总额106.7亿元，较上年增加4.81亿元，同比增长4.72%。其中，高压开关产品利润57.96亿元，较上年增加4.93亿元，同比增长9.3%。高压开关产品利润占利润总额的54.32%，较上年提高2.27个百分点。

（1）行业利润总额。利润总额1 000万元以上的企业124家，较上年减少7家，占行业统计企业数的48.06%，较上年提高5.25个百分点。1亿元以上的企业22家（华东区15家，中南区3家，东北区、华北区、西南区、西北区各1家），较上年减少4家，占行业统计企业数的8.53%；利润合计67.56亿元，占行业总额的63.32%，较上年提高2.86个百分点。2亿元以上企业10家（华东区7家、中南区3家），较上年减少1家。

利润总额增长率20%以上的企业78家，较上年减少26家，占行业统计企业数的30.23%。增长率50%以上的企业38家，较上年减少4家，占行业统计企业数的14.73%。增长率100%以上的企业22家，与上年持平，占统计企业数的8.53%，较上年提高1.34个百分点。

利润总额1 000万元以上的企业中，增长率20%以上的企业43家，较上年减少6家；增长率50%以上的企业21家，较上年减少1家；增长率100%以上的企业10家，较上年增加2家。利润总额1亿元以上的企业中，增长率20%以上的企业7家，较上年增加2家；增长率50%以上的企业3家。

利润总额较上年下降的企业99家，较上年减少2家，占行业统计企业数的38.37%，较上年提高5.36个百分点。亏损企业13家，较上年增加5家。

2012年利润总额前5位企业见表25。

表25　2012年利润总额前5位企业

序号	企 业 名 称	利润总额（亿元）
1	许继集团有限公司	12.32
2	大全集团有限公司	9.11
3	常熟开关制造有限公司	4.92
4	江苏东源电器集团股份有限公司	4.54
5	泰开电气集团有限公司	4.52

（2）高压开关产品利润。2012年，高压开关产品利润1 000万元以上的企业97家，与上年持平，占行业统计企业数的37.6%。高压产品利润1亿元以上的企业12家（华东区7家、中南区3家、东北区和西北区各1家），较上年增加1家，占行业统计企业数的4.65%；高压产品利润合计24.29亿元，占行业总额的41.91%。

2012年，高压开关产品利润增长率20%以上的企业69家，较上年减少25家，占行业统计企业数的26.74%，较上年减少3.98个百分点。增长率50%以上的企业38家，较上年减少10家，占统计企业数的14.73%，较上年减少0.96个百分点。增长率100%以上的企业24家，较上年减少1家，占统计企业数的 9.3%，较上年提高 1.13 个百分点。

高压开关产品利润下降的企业 95 家，较上年增加 2 家，占行业统计企业数的 36.82%，较上年提高 6.43 个百分点。

2012 年高压开关产品利润前 5 位企业见表 26。

表 26　2012 年高压开关产品利润前 5 位企业

序号	企 业 名 称	高压开关产品利润（亿元）
1	江苏东源电器集团股份有限公司	2.66
2	泰开电气集团有限公司	2.53
3	平高集团有限公司	2.51
4	河南森源集团有限公司	2.45
5	许继集团有限公司	1.96

新产品　2012 年，各电压等级的高压开关设备均有很大发展，技术水平不断提高。发电机断路器在原有产品基础上通过升级改造，研制出性能更好、参数更高的可靠产品；智能化产品的研制也有了长足的发展。

1.特高压、超高压开关设备

（1）550 kV/6 300A 开关设备用出线套管研制成功。该产品由西安西电开关电气有限公司（以下简称西开电气）研制，当前，西开电气 550 kV GIS 产品其他主要元件额定电流已达到 6 300 A。

550 kV/6 300 A 开关设备用出线套管具有参数高、设计合理、可靠性高、结构简单、耐污秽能力强和维修周期长等特点，产品性能达到了技术规范的规定和要求，型式试验结果符合 IEC 标准和国家行业标准，达到了预期开发的目的。

（2）LW13A-550 专项技术研究通过鉴定验收。西开电气的 LW13A-550/Y5000-63 断路器灭弧室为双断口结构，每台断路器配一定数量的电流互感器，每极断路器配一台 CYA6-3 液压弹簧操动机构。断路器可实施分极操作，也可进行三极电气联动操作，适用于大型发电厂、变电站的电力设备和系统的控制及保护。

该项研究使产品性能及适用性得到了提升：①断路器使用地区分布范围广，可在-40～50℃地区正常工作。②开断能力强，灭弧室断口的触头使用高耐烧蚀材料，接触可靠、通流能力大。已完成型式试验：额定短路电流 63 kA、系统直流分量衰减时间常数 120 ms、直流分量 78%开断试验；额定短路电流 50 kA、系统直流分量衰减时间常数 269 ms、直流分量 92%开断试验。③可靠性高，采用液压弹簧操动机构，完成了 16 次电气寿命试验（E2 级）；容性电流开断能力高，已达到 C2 级容性电流开断能力等级。

（3）550 kV 电压等级灭弧室的流场计算分析研究及断路器灭弧室多场耦合关系下电弧特性的仿真计算研究通过西电集团鉴定验收。该项目针对西开电气现有的 550 kV 单断口和双断口断路器的灭弧室结构，计算分析其在开断过程中的流场动态特性，包括气流马赫数、气体密度、流量的变化以及不同的喷口形状、触头直径、压气缸直径、运动特性对于流场的影响，对比两种结构的计算结果，总结流场规律，优化灭弧室结构。项目将传统的理论和试验研究手段演变为理论、试验和仿真技术相结合的新型手段。通过计算机仿真，可以为产品设计提供理论支持，缩短设计周期，大大节约实验成本。

（4）ZF□-1100（L）/6300-63 型气体绝缘金属封闭开关设备用断路器通过国家能源局组织的鉴定。该产品额定电流 6 300A、额定短路开断电流 63 kA、直流分量衰减时间常数 120 ms、机械寿命 5 000 次，灭弧室结构简单、可靠。断路器主要采用将两个完全自主研制的 550 kV、开断电流 63 kA 的灭弧室串联组成双断口结构，根据计算的双断口间不均匀系数，在两端口间分别并联一定的电容器减小断口间电压不均匀程度；为了限制合闸时产生的过电压，两端口分别并联一定的电阻片以吸收合闸过电压，减少对开关设备的损害。该产品是国内首台具有完全自主知识产权的双断口 63 kA 百万伏断路器，技术性能达到国际先进水平，打破了国外企业的技术垄断，填补了我国在该等级产品上自主研制的空白。皖电东送特高压交流输电工程 1 000 kV 沪西变电站已投入试运行该产品 1 台。

（5）ZGW6-1120/J6300-25 型高压直流隔离开关通过鉴定。该产品采用双柱单臂折叠插入式结构；支柱绝缘子采用三角固定支撑，具有良好的抗振性能；动、静触头具有自密封结构，减小了直流吸附效应对触头的影响；主触指采用梅花形结构，保证多点接触，能够满足长时间大电流运行需求。产品额定电流 6 300 A（2h 过负荷电流为 7 245 A），60min 直流耐受电压 1 680 kV，额定雷电冲击耐受电压（峰值 1.2/50 μs）2 700 kV，额定操作冲击耐受电压（峰值 250/2 500 μs）2 100 kV，满足±1 100 kV 特高压直流输电工程技术规范的要求。该产品可用于±1 100 kV 换流站直流场极线隔离开关和直流滤波器高压侧隔离开关，即将在国家电网公司建设的±1 100 kV 特高压直流输电工程中使用。该产品为自主研制，属国际首创，技术水平国际领先。

（6）ZJW2-1120/J25 型高压直流接地开关通过鉴定。该产品采用单臂折叠插入式结构，静触头直接固定在极母线上，结构简洁；合闸时支撑杆与接地刀杆构成三角支撑，提高了产品的稳定性和可靠性。产品 60 min 直流耐受电压 1 680 kV，额定雷电冲击耐受电压（峰值 1.2/50 μs）2 700 kV，额定操作冲击耐受电压（峰值 250/2 500 μs）2 100 kV，满足±1 100 kV 特高压直流输电工程技术规范的要求。该产品可用于±1 100 kV 换流站直流场极线接地开关，即将在国家电网公司建设的±1 100 kV 特高压直流输电工程中使用。该产品为自主研制，属国际首创，技术水平国际领先。

（7）LW23-420/Y4000-50 高压交流罐式 SF_6 断路器。该产品为单断口结构，配用液压弹簧操动机构，不带并联电容；额定电流为 4 000 A，额定短路开断电流 50 kA；开合线路充电电流的能力达到 C2 级；机械寿命 10 000 次。产品属自主研发，具有自主知识产权，综合技术性能处于国际先进水平。

(8) ZJN2-816/J25 型户内高压直流接地开关。该产品采用侧墙布置方式，首次采用双配重结构，合闸时支撑杆和接地刀杆构成三角支撑，提高了产品的稳定性和可靠性。机械寿命 3 000 次，额定短时耐受电流 25 kA(3s)，额定峰值耐受电流 63 kA，满足±800 kV 特高压直流输电工程技术规范的要求。该产品为自主研制，具有完全自主知识产权，技术水平达到国际先进。该产品为±800 kV 换流站阀厅专用接地开关，已在±800 kV 哈密—郑州、溪洛渡—浙江直流输电工程中使用。

(9) GIS 间隔智能监测装置研制成功。西开电气开发的先进、可靠、高速、环保的 GIS 间隔智能监测装置，拥有完全的知识产权和核心技术，可以满足智能 GIS 以及智能电网发展的需要，综合技术水平达到国际先进水平。

(10) 1 100 kV GIS 智能控制柜的研制。西开电气研制的 1 100 kV GIS 智能控制柜由双层保温箱体、控制柜、双制空调、照明设备和电气箱组成。双层保温箱体配合使用集装箱内安装的双制空调的制冷、制热和除湿功能，可以使控制柜内安装的电气元件和智能组件长期处于温度、湿度适宜的工作环境，保证了 1 100 kV GIS 二次控制系统的稳定、安全运行。该产品属自主研发，产品整体设计合理、结构简单紧凑、外形美观、工艺性好、抗振水平高，拥有完全自主知识产权。

(11) 编制国家标准《具有预定极间不同期操作高压交流断路器》。该标准为推荐性标准，对应 IEC/TR 62271-302:2010，规定了具有预定极间不同期操作高压交流断路器的设计、结构、技术要求和试验，为应用于 GB 1984 范围之外的、具有预定极间不同期操作高压交流断路器提供了规范要求，应同 GB 1984 一起使用。西开电气与西安高压电器研究院有限责任公司(以下简称西高院)共同起草编制了该标准。

2.高压开关设备

(1) 252kV 气体绝缘金属封闭智能开关设备通过国家级鉴定。该产品由西开电气按照“一体化设计、一体化试验、一体化交付”的原则研制，包括电子式电流电压互感器、开关设备控制器、GIS 间隔智能监测装置(SF_6 气体状态、断路器机械特性状态、避雷器状态)、局部放电监测系统、智能控制柜等主要智能元件，可实现在线状态监测、智能控制与测量，按照 IEC 61850 规约与变电站主控系统实现全光纤数字化通信。全部智能电子装置随设备一次本体一体化通过高压开关设备强电磁场工况下的试验考核。

(2) ZHN10-24/Y25000-160 发电机断路器成套装置通过国家级鉴定。该产品由西高院、西开电气和中国长江三峡集团公司机电工程局共同设计，中国西电集团公司和中国长江三峡集团公司联合研发，西开电气制造。该产品三相置于共同底架上，配置 SF_6 断路器、隔离开关、接地开关、并联电容器，每极配备一个独立、封闭的金属外壳。断路器、隔离开关、接地开关均为三极机械联动。断路器采用自能灭弧原理，配用液压弹簧机构；隔离开关、接地开关配用电动机机构。该产品具有开断能力强、载流能力大、可靠性高等特点，拥有完全自主知识产权，填补了国内空白，综合技术性能达到国际同类产品的先进水平。

(3) LW62-252/T4000-50 型高压交流 SF_6 断路器。该产品采用双动灭弧室，降低了操作功，采用弹簧操动机构，额定电流 4 000A，额定短路开断电流 50 kA，容性电流开合能力 C2 级，电气寿命等级 E2 级，机械寿命达到 M2 级。该产品为自主研制，具有完全自主知识产权，整体技术参数达到国际先进水平。

(4) ZF11Z-252(L) Y4000-50 型气体绝缘金属封闭开关设备。该产品在 ZF11-252(L)型 GIS 本体上集成了机械状态监测系统、局部放电监测系统，电子式互感器系统和智能控制系统，具有测量数字化、控制网络化、状态可视化、功能一体化和信息互动化等技术特征。该产品为自主研制，具有自主知识产权，技术水平国际领先。

(5) ZZLW3-100/Y5000-5100 型高压直流转换开关。该产品由开断装置和并联电容器转换回路组成，通过合理选择转换回路的技术参数，额定转换电流可达到 5 100 A。开断装置采用双断口机械联动结构，配用集成模块式液压操动机构，最大持续运行电流 5 500 A，机械寿命 10 000 次，满足±1 100 kV 及以下高压直流输电工程技术规范的要求。该产品适用于±1 100 kV 及±800 kV 特高压直流输电工程，用于换流站直流场中性线回路的金属回线转换断路器(MRTB)、大地回线转换开关(GRTS)、极中线侧低压高速开关(LVHS)、中性线接地开关(NBGS)。该产品为自主研制，具有完全自主知识产权，技术水平国际领先。

技术发展动态 为提高产品的竞争力，行业适时调整产品结构，中压开关设备逐步实现精品化、少维护、智能化、环保和小型化。

1.智能化铠装移开式户内交流金属封闭开关设备和控制设备的细化、融合和提高

在已研制的智能化铠装移开式户内交流金属封闭开关设备和控制设备产品基础上，融合开关设备传统技术的一次设备部分与现代先进的传感测量技术、通信技术、计算机技术和控制技术的二次设备部分，并对测量、监测、通信等方面技术进行细化，形成具有较为完善智能化功能的金属封闭开关设备。

智能化开关设备的性能改善和提高是一项长期、艰巨的工作，一些企业在已具有雏形的基础上进行了完善和提高，如在线监测功能的扩展与成熟，IED 功能集成度的提高，IED 之间、IED 与设备之间、变电站系统各设备之间、设备和站控层之间数据信息交换传输的标准化，抗电磁干扰能力等方面，并进行了智能化开关柜的试运行。

配置智能化终端，集测量、控制、保护、监视、通信、显示等多功能于一体，各类传感器信号直接输入智能终端，采用网络通信，支持 IEC 61850 协议，互换性和互操作性好。配备了智能化终端后，二次接线大幅简化，对开关柜总体可进

行空间优化、调整布局。

智能化终端控制功能主要包括真空断路器、电动底盘车（隔离开关）、接地开关、温湿度控制器的控制；保护功能主要包括进线、馈线的保护等；测量功能主要包括电量（电压、电流、功率）、非电量（位移、力、温度）的测量。测量量、监测量、视频、记录等均可在液晶屏上显示。

在线监测功能可实现机械特性、绝缘特性、触头温度、环境温湿度、柜体带电指示等在线监测。

（1）机械特性监测。在已有旋转位移传感器（光电编码器）或直线位移传感器在线检测真空断路器触头行程—时间特性的基础上，耦合力传感器可在线检测触头分、合点的位置时间信号，从而真实测量在线的开距、行程、分合闸速度，还为选相控制提供断口时间依据。

（2）绝缘特性监测。完善和提高了采用漏电流传感器对绝缘件绝缘特性的监测性能，研究了开关柜中局部放电检测手段、方法和可行性。由于对开关设备的绝缘特性监测难度相对较大，成本也较高，中压开关柜的绝缘特性监测应用相对较少。

（3）温升在线监测。中压开关柜温升监测主要集中在一次回路的母线和触头盒上。在选择温度监测传感器的时候，除了采用无线测温技术外，还研究了光纤测温技术。将测温传感器探头预埋至开关柜内一次回路监测点处，通过光纤与处理单元相连，达到在线监测温升的目的。光纤不受电磁干扰，耐腐蚀性能、绝缘性能优异，灵敏度、准确度高，这些特性都适用于高压开关柜内温度在线监测。

采用低功耗的保护装置后，业内还研究了配用小电流信号输出的电流互感器。基于 Rogoskgi 线圈测量技术的电流传感器使电流计量完全线性化，消除了电流互感器的饱和现象；配用小电流信号输出的电流互感器，输出电流 0.05~0.3A 且输出功率小（伏安数小），与微机保护装置更为匹配，同时具有体积小、重量轻、不易发生磁饱和、抗干扰能力强等优点，但需要配用或开发开路故障保护装置以解决线圈不允许开路的问题。

2.手车式真空断路器一、二次融合设计，智能化程度提高

通过对真空断路器进行适应性设计和优化，加强在传感技术和测控技术方面的研究，提高一次设备和二次设备的融合水平，实现智能控制。

机械特性在线检测方面通过研制新型力传感器，加装后转变为在线测量动、静触头的刚分、刚合位置，监测绝缘拉杆上力的突变时刻，从而确定断口的分合闸时刻，并可测量三相分闸同期性、三相合闸同期性。

部分智能化断路器将集成智能终端安装在断路器内部，在面板上配有液晶显示屏，集成断路器及底盘车的测量、控制、保护、监测、通信、显示等功能，实现断路器的合、分操作，短路或过电流保护，在线检测，底盘车的进出等控制和保护，可直接查阅真空断路器的有关运行状态信息，支持 IEC 61850 协议。同时具备接地开关及风机的控制、监测、通信、显示等功能，还可具有开关柜柜体带电指示及温湿度控制器的监测、通信、显示等功能。真空断路器二次接线随着智能化程度提高而得到优化、简化；断路器与机构采用信号线相连接，断路器操动机构的常规二次接线大大减少。

在线监测及综合诊断的内容有：监测机械特性（包括真空断路器分、合闸速度，开距、接触行程及触头磨损状况）；监测分、合闸线圈，过电流线圈的工作状况（电流）；监测电机储能状况，辅助开关转换情况和操作次数计数；实现欠电压、过电流保护，机构电气闭锁保护；监测断路器机械振动情况；储能电机的电流互感器监测弹簧储能系统，由位置传感器实现弹簧储能信号装置功能；监测灭弧室的真空度。

3.真空断路器极柱固封技术得到进一步发展

环氧树脂材料浇注的极柱在寿命终结时，环氧树脂与可回收的其他材料剥离困难，而且这种使用后的环氧树脂回收再利用的价值不高，回收的经济效益不好。出于环保考虑，从研究固封用绝缘材料的角度出发，开发出固封极柱用热塑性材料，提高了制作过程中的注射压力，并使短玻纤与热塑性材料结合。与环氧树脂加二氧化硅（SiO_2）粉等组成的复合材料相比，体积减小 2/3，材料的使用量大幅减少，断路器的重量也减少；短玻纤改进了力的传递性能，机械刚度提高约 100%，机械强度提高约 300%；耐电压强度也有所提高；材料可重复使用。由于固封的工艺有所改变，固封工艺过程的时间大幅减少，生产效率大幅提高，并大幅减少了环氧树脂固化过程消耗的电能。虽然热塑性复合材料价格高，但整个制造过程中综合成本提高的并不多。

4.固体绝缘环网柜研制取得新进展

中压开关设备采用真空灭弧室已得到广泛认同，采用固体绝缘材料包覆后的固封极柱真空断路器也得到广泛应用。将固封技术扩大应用，在绝缘上采取包覆、屏障、屏蔽等措施，研制、开发了固体绝缘环网柜。固体绝缘环网柜结构特征概括为：采用环氧绝缘材料将主回路包覆为几个模块（如断路器模块、隔离开关模块、母线等），断路器采用真空灭弧室，隔离开关密封于环氧绝缘材料的腔体中，其他模块采用环氧树脂包覆；各模块插接连接或螺栓连接；包覆后的绝缘介质外表面涂覆导电或半导电屏蔽层并可直接可靠接地，也有采用密封的不锈钢箱体，箱体内充干燥空气；内置负荷开关或断路器的真空灭弧室、隔离开关等。

固体绝缘柜方兴未艾，国内外各大电气设备制造公司都在研制或进一步完善，但市场竞争已显激烈，国内企业竞争力不足，在结构、工艺、材料方面有较多雷同。

5.向精品化方向发展

结合工艺创新进行产品创新，产品的生产技术（包括新工艺、新设备及新的管理和组织方法）发生了重大变革，适应于自动化、智能化生产线。结合生产技术、生产控制系统、质量管理系统等对产品进行创新，将已有产品向精品化方向发展，达到提高产品一致性、互换性、可靠性的

目的。

6.研制多工位或多用途真空开关

围绕固体绝缘开关柜的开发,研究了多工位真空开关,主要有真空隔离断路器、三工位真空开关(含接通、隔离、接地三个工位)、双断口的三工位真空开关。

多用途真空开关主要是真空隔离开关、真空接地开关、真空隔离断路器,当前主要集中在12 kV电压等级,目的是扩大真空灭弧室的用途和应用范围,研究真空灭弧室用作隔离开关、接地开关的结构、方案以及需要解决的技术问题。

双断口的三工位真空开关具有串联的2个真空灭弧室,或1个灭弧室内有2个串联的断口,实现线路的合、分、隔离三个工位。在利用真空灭弧室高开断性能的同时,提高了隔离的可靠性。

用户对真空灭弧室的漏气率存在疑虑,以及真空灭弧室作为隔离开关,其真空断口是不可靠的断口且不可视,这些都不利于真空灭弧室作为隔离断口方案进行应用或推广。

7.对空气断口的隔离开关进行了深入研究

固体绝缘环网柜要求隔离开关断口可见,业内试图用空气断口在固体绝缘环网柜中实现这种需求,即将隔离开关的动、静触头置于一个绝缘件上。当隔离开关处于分闸位置时,动、静触头为不同电位,除了存在空气间隙的击穿、绝缘件的对地击穿外,还多了一个可能的途径就是动、静触头间绝缘件的沿面爬电闪络,即使没有闪络也有存在泄漏电流的可能性。将空气断口用于固体绝缘环网柜的隔离开关、接地开关中,研究限制泄漏电流的措施,探讨提高这种断口可靠性的措施。

8.全地埋式与半地埋式成套开关设备逐步进入市场

半地埋式或全地埋式开闭所、预装式变电站逐步进入市场。全埋与半埋式户外成套开关设备需解决防雨水、地下水渗透及排水、潮湿、凝露及散热等问题。当前,一般半地埋式或全地埋式箱式变电站容量限制于630 kV·A及以下。半地埋式或全地埋式开闭所中使用的主要是环网柜。当前发展仅是初级阶段,从长远看有一定的市场需求量。

运行情况 截至2012年年底,国家电网公司系统(以下简称"公司系统")12~1 100 kV高压设备在运量948 180台(组/间隔),同比增加99 983台(组/间隔),增幅11.8%。其中,12~1 100 kV断路器584 030台,同比增长14.2%;72.5~1 100 kV隔离开关322 991组,同比增长7.1%;72.5~1 100 kV组合电器41 159间隔,同比增长16.5%。12 kV及以上断路器无油化率98.8%,提高6个百分点;72.5 kV及以上开关设备组合化率达25.2%。

12 kV断路器、126 kV隔离开关、126 kV组合电器是同类设备中装用比例最高的,均占58.0%以上;组合电器整体增长率高于敞开式断路器、隔离开关;72.5 kV断路器、隔离开关、组合电器均是同类设备中增长率最高的;40.5 kV及以下中压断路器增长率较高。

1.断路器

72.5 kV及以上断路器共91 524台,其中瓷柱式断路器87 585台,罐式断路器3 939台,同比分别增长8.9%和19.3%。

126 kV断路器装用量最大,为53 139台,占断路器总装用量的58.1%;800 kV和363 kV罐式断路器设备占同一电压等级产品装用量比重较大,分别为95.2%和42.2%。

2.组合电器

72.5 kV及以上组合电器共装用30 878断路器间隔,同比增加5 459个间隔,增幅21.2%。其中GIS设备28 260间隔,其他组合电器2 618间隔,增幅分别为19.5%和26.9%。GIS母线间隔共计8 752个,同比增加1 175个间隔,增幅15.5%。

126 kV断路器间隔装用数量最多,为19 485间隔,占组合电器总装用量的63.1%;1 100 kV和550 kV电压等级HGIS占比较大,分别达到70.6%和54.9%。

开关设备"年轻化"水平逐年提升,72.5 kV及以上断路器和组合电器平均运行年限仅为6.7年和4.6年,超过20年以上的"老旧设备"比例仅占1.3%和0.3%。

3.开关柜装用情况

12~40.5 kV开关柜共486 341面,同比增加61 001面,增幅14.3%;其中断路器柜412 135面,母线设备柜74 206面,同比分别增长13.2%和21.1%。

12 kV开关柜装用量最大,为423 061面,占开关柜总装用量的87.0%;各电压等级开关柜中断路器柜、母线设备柜的装用比例基本一致。

设备运行中的主要问题如下:

1.断路器操动机构、组合电器本体SF_6气体泄漏、隔离开关发热等质量缺陷多发

开关设备缺陷类型较为集中,包括断路器操动机构打压频繁、组合电器本体SF_6气体泄漏、隔离开关发热等,分别占设备严重、危急缺陷的28.0%、32.7%、39.1%。分析原因主要是由于断路器操动机构零部件材质不佳,加工工艺不良引起机构阀体磨损、密封不严,导致操动机构无法储能、频繁打压;组合电器SF_6气体管路接头、密度继电器接头和充气阀门等部件或密封件材质不良、公差配合不好,罐体加工存在沙眼,法兰与瓷柱浇注不严等原因造成漏气;隔离开关动、静触头镀银层厚度、均匀度不佳,触头表面氧化、积尘等导致回路锈蚀、电阻增加,发热问题突出。

2.开关设备用盆式绝缘子制造质量亟待提高

2012年,发生了多次GIS用盆式绝缘子放电炸裂故障,问题盆式绝缘子多为国产化产品。分析原因主要是制造厂进行工艺国产化时,采用从国外直接引进图样和生产线方式,对核心关键工艺的消化吸收和理解掌握不够深入,致使超特高压国产化盆式绝缘子的制造工艺控制不够稳定,存在内部应力不宜彻底释放,金属嵌件与环氧树脂结合部位工艺处理不当等问题,在运输或安装等外力作用下易产生内部微裂纹。

3.早期开关设备瓷套管和绝缘子断裂故障不容忽视

2012年连续发生2起252 kV罐式断路器套管爆裂以及1起126 kV隔离开关支持瓷绝缘子断裂等故障,共同点是故障瓷绝缘子均属于运行年限超过15年的“老旧”设备。早期生产的套管和瓷绝缘子在法兰根部胶装部位防水处理上存在缺陷,长期运行后易发生密封失效,不能有效防止水分进入水泥夹层,导致水分结冰膨胀后使得瓷套管或瓷绝缘子根部发生涨裂。

4.开关设备用绝缘件质量管控缺少标准支撑

近年来,绝缘拉杆、盆式绝缘子、瓷套管等开关设备用绝缘件由于制造质量或安装工艺等问题已造成多起设备故障,成为影响开关设备运行可靠性的关键因素,因此对这些部件的质量管控提出了很高的要求,但当前在技术标准和反事故措施中仍缺少相应的具体规定。即便对单一绝缘件的技术特性及相关参数提出指标要求,也缺乏对绝缘件质量判定的检测方法、判断依据,在缺陷暴露或故障发生后很难进行原因定性和试验检测分析,给故障责任认定、后续隐患排查和缺陷治理带来困难。

5.变电设备状态检测技术研究需进一步深化

近几年,大量带电检测仪器和各类在线监测装置投入使用,但是缺少健全完备的技术导则、标准,严重缺乏同时具备熟练掌握仪器设备检测、综合开展分析判断能力的专业技术人员,造成带电检测结果和数据的分析、判断水平不高,检测有效性偏低。

标准　2012年高压开关行业标准见表27。

表27　2012年高压开关行业标准

标准号	标准名称
正式发布的标准	
GB 28525—2012	额定电压72.5 kV及以上紧凑型成套开关设备
GB/T 28534—2012	高压开关设备和控制设备中六氟化硫(SF_6)气体的释放对环境和健康的影响
GB/T 28537—2012	高压开关设备和控制设备中六氟化硫(SF_6)的使用和处理
GB/T 28565—2012	高压交流串联电容器用旁路开关
GB/T 28810—2012	高压开关设备和控制设备　电子及其相关技术在开关设备和控制设备的辅助设备中的应用
GB/T 28811—2012	高压开关设备和控制设备　基于IEC 61850的数字接口
GB/T 28819—2012	充气高压开关设备用铝合金外壳
即将发布的标准	
GB 1984—201×	高压交流断路器
GB 1985—201×	高压交流隔离开关和接地开关
GB 14810—201×	额定电压72.5 kV及以上交流负荷开关
CB/T ××××—201×	具有预定的极间不同期操作的交流断路器
GB/T ××××—201×	充气高压开关设备用钢制外壳
NB/T ××××—201×	核电厂1E级设备鉴定
NB/T ××××—201×	核电厂用1E级开关设备和控制设备的质量鉴定
NB/T ××××—201×	3.6~40.5 kV智能交流金属封闭开关设备
NB/T ××××—201×	额定电压72.5 kV及以上气体绝缘金属封闭智能开关设备
2013年制定、修订的标准	
GB/T 2900.20—201×	电工术语　高压开关设备
GB 3804—201×	3.6~40.5 kV高压交流负荷开关
GB/T 5273—201×	高压开关设备和控制设备端子尺寸标准化
GB/T 14808—201×	交流高压接触器和基于接触器的电动机起动器
JB/T 8754—201×	高压开关设备和控制设备型号编制办法
NB/T ××××—201×	高压开关设备用盆式绝缘子

型号证书发放　2012年,西安高压电器研究院共为41家科研生产单位发放了共10类高压开关设备产品型号证书143个,其中颁发证书35个,使用证书108个。

试验检测　西高院“特高压交直流输变电设备试验系统改造”项目通过竣工验收。该项目由交流大容量试验系统改造、直流换流阀运行系统改造、新建特高压试验大厅和特殊环境试验室改造4个子项组成,是配合国家特高压网架的规划发展及特高压输变电设备的研发、检测需要,对西高院原有试验系统进行的一系列改造。

2012年2月21日,西高院顺利成为IECEE CB实验室。该资质的获得,使西高院成为可以按特定IEC标准对相关产品进行CB检测的实验室,可以为生产企业的产品出口提供国际认可的CB检测报告。

4月2日,世界首例±1 100 kV直流输电换流阀全套绝缘型式试验在西高院特高压试验大厅成功完成，试验各项参数均达到世界领先水平。荷兰 KEMA 实验室（作为第三方监理）全程见证了试验过程。该试验的成功完成，标志着西高院已成为世界上首个具备±1 100 kV 换流阀全套型式试验能力的实验室，并在特高压直流输电关键设备试验领域达到国际领先水平。

4 月 6 日，西高院获工信部"工业产品（高压输配电设备）质量控制和技术评价实验室"授牌，成为我国高压输配电领域唯一获此授牌的实验室。

7 月 3 日，随着西高院 5# 冲击发电机与 4# 冲击发电机并机短路调试的成功，"大容量试验系统扩容升级改造"项目的预期目标基本实现，并正式投入试运行。该试验系统的成功扩容升级，标志着西高院在容量试验方面的试验能力已达到当前国际最高水平：

三相直接试验：14 kV/200 kA，40.5 kV/50 kA，72.5 kV/40 kA。

合成试验：单相 1 100 kV/120 kA，三相 363 kV/100 kA。

短时电流：峰值 600 kA，0.3s；有效值 200 kA，2s。

变压器突发短路试验 500 kV/240 MV · A。

该系统试运行以来，状态良好，各系统工作正常，已完成数台国家重点工程产品，如特高压 T100a、63 kA、时间常数 120 ms 等的大容量短路试验。

随着 5# 冲击发电机系统的建成投运，西高院具备了 12～36 kV、200kA 及以下发电机断路器的短路开断试验能力，并率先成功完成了由西开电气自主研发生产的 ZHN10-24/Y25000-160 型发电机断路器的型式试验，包括短路开断电流 160 kA、时间常数 150 ms 的短路开断关合试验，短时耐受电流 160 kA/2 s，峰值耐受电流 440 kA 的短时和峰值耐受电流试验，额定电流 27 kA 的温升试验等。

2012 年，根据国家电网公司发展智能电网的需要，西高院组织编写了《智能高压开关设备性能检测方案》，并由国家电网公司正式发布。依据该方案，当前已完成 60 余台（套）国内制造企业研发制造的智能高压开关设备的性能检测工作，其中智能 GIS 5 台、160 kA 发电机保护断路器 1 台、智能断路器 3 台、智能开关柜 50 台、智能隔离断路器 2 台。

试验检测以《智能高压设备技术导则》《智能气体绝缘金属封闭开关设备性能检测方案》为基础，结合了各制造厂相关技术规范，一次本体试验项目从 GB 1984—2003 和 GB 7674—2008 中选择，主要验证添加智能化元件后本体性能是否受到影响以及智能元件在强电磁环境等条件下的工作是否正常。试验项目主要包括：外壳强度试验、密封性试验、辅助和控制回路绝缘试验、绝缘试验、特殊环境试验、电子式互感器测试、断路器基本短路方式试验、动热稳定试验、隔离开关开合母线电流试验、机械寿命试验等。

12 月 22 日，西高院牵头申报的"国家能源开关设备评定中心""国家能源绝缘子评定中心""国家能源避雷器评定中心"和"国家能源电容器评定中心" 通过国家能源局组织的专家评审。

行业会议 中国电器工业协会高压开关分会第六届第四次理事会暨能源结构调整与高压开关技术发展论坛于 2012 年 6 月 14—18 日在西安召开，共有 500 余家单位的 800 余名代表参加会议。国家能源局能源节约和科技装备司李冶司长在讲话中指出，国家将考虑采取以下几方面措施应对可能的经济下滑：一是引导、帮助、支持企业开拓新的市场；二是国家重点工程的招标采购坚持立足国产化；三是要下大力气建立起适合中国国情的，同时符合市场规律的电器产品、能源技术装备的质量管理制度和体系。

2012 年 3 月和 9 月，高压开关分会组织召开了六届六次、六届七次常务理事工作会议。会议审议通过了 2011 年工作总结和 2012 年工作计划等相关事宜，并提出了具体建议和意见。会议批准 48 家企业成为中国电器工业协会高压开关分会会员，通报了关于增补李明鑫为高压开关分会秘书处副秘书长的决定。会议研究了分会换届事宜，同意增加部分近年来发展较好、市场影响大的行业骨干企业为第七届理事、常务理事。

2012 年 4 月 19—20 日，西高院成功举办了"国际特高压设备及大容量试验技术研讨会"。会议汇集了来自 ABB，西门子，阿尔斯通，日本三菱、日立、东芝，法国 ESEF、荷兰 KEMA 实验室以及国内制造企业河南平高电气有限公司、新东北电气集团高压开关公司、西开电气等有关专家学者 40 余人。与会专家围绕"特高压交、直流设备及试验技术、特高压标准、大容量试验技术"等主题进行了深入探讨，共 15 篇主题报告在会上进行了交流。

〔供稿单位：中国电器工业协会高压开关分会〕

绝缘子避雷器

2012 年，绝缘子避雷器行业总体生产运行平稳，产销基本衔接。经济效益继续下滑，但下滑速度得到遏止，利润总额虽然还是负增长，但亏损额度减少。产业结构调整步伐加快，科研成果、新产品数量比上年大幅度提高，全年完成新产品产值 25.36 亿元，比上年增长 22.24%，增幅较上年提高 15 个百分点。

生产发展情况 据电力新增装机容量和绝缘子避雷器需求量关系的经验数据测算，在抽样统计基础上估算，绝缘子避雷器行业 2012 年的工业总产值约为 140 亿元，其中绝缘子行业超过 100 亿元，避雷器行业约 30 亿元，和 2011 年持平。2012 年绝缘子避雷器各类产品主要生产企业见表 1。

表 1　2012 年绝缘子避雷器各类产品主要生产企业

序号	产品类别	企业名称
1	线路瓷绝缘子	大连电瓷集团股份有限公司、NGK 唐山电瓷有限公司、苏州电瓷厂有限公司、内蒙古精诚高压绝缘子有限责任公司、无锡华能塞拉姆绝缘子有限公司
2	电站电器用棒形支柱瓷绝缘子	西安西电高压电瓷有限责任公司、唐山高压电瓷有限公司、抚顺电瓷制造有限公司、河南省中联红星电瓷有限责任公司、苏州电瓷厂有限公司、中材高新材料股份有限公司
3	电站电器用空心瓷绝缘子	西安西电高压电瓷有限责任公司、醴陵市华鑫电瓷电器有限公司、抚顺高科电瓷电气制造有限公司、抚顺电瓷制造有限公司、湖南华联火炬电瓷电器有限公司、河南爱迪德电力设备有限责任公司
4	线路玻璃绝缘子	南京电气(集团)有限责任公司、四川省宜宾环球集团有限公司、自贡塞迪维尔钢化玻璃绝缘子有限公司
5	套管	西安西电高压套管有限公司、南京电气(集团)有限责任公司、沈阳传奇套管有限公司、沈阳鼎力通电气有限公司、湖南华联火炬电瓷电器有限公司
6	线路复合绝缘子	东莞市高能电气股份有限公司、广州市迈克林电力有限公司、淄博泰光电力器材厂、襄樊国网合成绝缘子有限公司、新疆新能天宁电工绝缘材料有限公司、大连电瓷集团股份有限公司
7	电站电器用复合绝缘子	江苏神马电力股份有限公司、西安西电高压套管有限公司、平高集团复合绝缘子事业部、浙江华高电气有限公司
8	高压金属氧化物避雷器	西安西电避雷器有限责任公司、廊坊电科院东芝避雷器有限公司、抚顺电瓷制造有限公司、南阳金冠电气有限公司、温州益坤电气有限公司、西安神电电器有限公司、深圳市银星电力电子有限公司

2012 年列入绝缘子避雷器行业统计报表的企业 92 家，其工业总产值超过 100 亿元，经济总量占全行业 70%以上，估计 220kV 及以上系统用绝缘子避雷器产品在总量中的比重超过 85%。2012 年绝缘子避雷器行业主要经济指标见表 2。

表 2　2012 年绝缘子避雷器行业主要经济指标

序号	项目指标	单位	2012 年	2011 年	比上年增长(%)
1	工业总产值	万元	1 001 455	946 302	5.83
2	工业销售产值	万元	923 448	864 806	6.78
3	工业增加值	万元	235 964	217 772	8.35
4	出口交货值	万元	200 971	180 827	11.14
5	利润总额	万元	48 053	48 624	-1.17
6	从业人员数	人	26 685	28 381	-5.98
7	全员劳动生产率(增加值)	元/人	119 932	114 828	4.45

(1)工业总产值：2012 年，绝缘子避雷器行业完成工业总产值 100.15 亿元，较上年增加 5.52 亿元，比上年增长 5.83%，增速较上年下降 2.81 个百分点。

2012 年，绝缘子避雷器行业中工业总产值 5 000 万元以上的企业有 53 家，占行业统计企业数的 57.61%，产值合计 909 959 万元，占行业总产值的 90.86%；产值 1 亿元以上的企业有 31 家，占行业统计企业数的 33.70%，产值合计 754 341 万元，占行业总产值的 75.33%；产值 3 亿元以上的企业有 8 家，占行业统计企业数的 8.70%，产值合计 355 525 亿元，占行业总产值的 35.50%。

(2)工业销售产值：2012 年，绝缘子避雷器行业完成工业销售产值 92.34 亿元，较上年增加 5.86 亿元，比上年增长 6.78%，增速较上年下降 4.18 个百分点。

(3)工业增加值：2012 年，绝缘子避雷器行业完成工业增加值 23.60 亿元，较上年增加 1.82 亿元，比上年增长 8.35%，增速较上年增加 11.71 个百分点。

(4)出口交货值：2012 年，绝缘子避雷器行业完成出口交货值 20.10 亿元，较上年增加 2.01 亿元，比上年增长 11.14%，增速较上年下降 14.88 个百分点。

(5)利润总额：2012 年，绝缘子避雷器行业完成利润总额 48 053 万元，较上年减少 571 万元，比上年下降 1.17%，降幅较上年减少 7.76 个百分点。

(6)从业人员数：2012 年，绝缘子避雷器行业从业人员数为 26 685 人，较上年减少 1 696 人，比上年下降 5.98%。

(7)全员劳动生产率：2012 年，绝缘子避雷器行业全员劳动生产率为 119 932 元/人，较上年增加 5 104 元/人，比上年增长 4.45%，增速较上年下降 23.12 个百分点。

2012 年绝缘子避雷器行业工业总产值前 20 名企业见表 3。2012 年绝缘子避雷器行业工业增加值前 20 名企业见表 4。2012 年绝缘子避雷器行业利润总额前 20 名企业见表 5。2012 年绝缘子避雷器行业全员劳动生产率前 20 名企业见表 6。

表3　2012年绝缘子避雷器行业工业总产值前20名企业

序号	企业名称	2012年（万元）	2011年（万元）	比上年增长（%）	序号	企业名称	2012年（万元）	2011年（万元）	比上年增长（%）
1	大连电瓷集团股份有限公司	80 622	82 528	-2.31	11	南阳金冠电气有限公司	24 077	21 792	10.49
2	南京电气（集团）有限责任公司	70 309	42 023	67.31	12	温州益坤电气有限公司	22 540	19 600	15.00
3	淄博泰光电力器材厂	38 000	50 800	-25.20	13	青州市力王电力科技有限公司	22 408	20 444	9.61
4	自贡塞迪维尔钢化玻璃绝缘子有限公司	36 000	38 000	-5.26	14	塞迪维尔玻璃绝缘子（上海）有限公司	22 161	19 862	11.57
5	醴陵华鑫电瓷科技股份有限公司	33 765	33 625	0.42	15	广州市迈克林电力有限公司	21 803	21 050	3.58
6	苏州电瓷厂有限公司	33 001	37 284	-11.49	16	四川省宜宾环球集团有限公司	21 054	21 162	-0.51
7	西安西电高压电瓷有限责任公司	32 610	29 950	8.88	17	浙江泰仑绝缘子有限公司	19 800	22 000	-10.00
8	河北新华高压电器有限公司	31 218	29 636	5.34	18	东莞市高能电气股份有限公司	18 464	16 612	11.15
9	抚顺高科电瓷电气制造有限公司	26 966	26 002	3.71	19	浙江金利华电气股份有限公司	17 874	18 606	-3.94
10	西安西电避雷器有限责任公司	25 200	24 007	4.97	20	抚顺电瓷制造有限公司	16 743	17 111	-2.15

表4　2012年绝缘子避雷器行业工业增加值前20名企业

序号	企业名称	2012年（万元）	2011年（万元）	比上年增长（%）	序号	企业名称	2012年（万元）	2011年（万元）	比上年增长（%）
1	南京电气（集团）有限责任公司	17 577	15 736	11.70	11	塞迪维尔玻璃绝缘子（上海）有限公司	6 574	3 961	65.95
2	青州市力王电力科技有限公司	15 852	14 385	10.20	12	四川省宜宾环球集团有限公司	6 500	4 438	46.46
3	南阳金冠电气有限公司	13 962	12 578	11.00	13	淄博泰光电力器材厂	6 415	7 393	-13.23
4	安徽一天电气技术有限公司	10 629	5 248	102.54	14	浙江泰仑绝缘子有限公司	6 290	6 830	-7.91
5	温州益坤电气有限公司	8 569	7 451	15.00	15	河北新华高压电器有限公司	5 879	2 077	183.05
6	苏州电瓷厂有限公司	8 520	8 299	2.66	16	东莞市高能电气股份有限公司	5 585	5 025	11.14
7	抚顺高科电瓷电气制造有限公司	8 360	6 458	29.45	17	内蒙古精诚高压绝缘子有限责任公司	5 389	11 298	-52.30
8	浙江金利华电气股份有限公司	7 813	6 591	18.54	18	广州市迈克林电力有限公司	5 010	4 423	13.27
9	浙江中能电气有限公司	7 100	6 286	12.95	19	西安神电电器有限公司	4 556	3 659	24.51
10	醴陵华鑫电瓷科技股份有限公司	6 860	4 470	53.47	20	正泰电器股份有限公司	4 298	3 980	7.99

表5　2012年绝缘子避雷器行业利润总额前20名企业

序号	企业名称	2012年（万元）	2011年（万元）	比上年增长（%）	序号	企业名称	2012年（万元）	2011年（万元）	比上年增长（%）
1	大连电瓷集团股份有限公司	4 327	6 222	-30.46	11	正泰电器股份有限公司	2 035	1 697	19.92
2	淄博泰光电力器材厂	4 299	3 842	11.89	12	安徽一天电气技术有限公司	2 032	1 238	64.14
3	自贡塞迪维尔钢化玻璃绝缘子有限公司	3 305	371	790.84	13	西安神电电器有限公司	1 985	2 681	-25.96
4	内蒙古精诚高压绝缘子有限责任公司	3 290	3 791	-13.21	14	山东瑞泰玻璃绝缘子有限公司	1 705	15	11 117.11
5	青州市力王电力科技有限公司	3 286	2 642	24.38	15	山东省垦利县新型电力器材厂	1 659	1 524	8.86
6	河北新华高压电器有限公司	2 874	2 077	38.37	16	塞迪维尔玻璃绝缘子（上海）有限公司	1 547	233	564.55
7	南阳金冠电气有限公司	2 822	2 439	15.70	17	浙江金利华电气股份有限公司	1 533	2 490	-38.42
8	醴陵华鑫电瓷科技股份有限公司	2 742	3 944	-30.48	18	明电舍（郑州）电气工程有限公司	1 077	847	27.15
9	广州市迈克林电力有限公司	2 178	1 783	22.15	19	浙江泰仑绝缘子有限公司	986	1 091	-9.62
10	南京电气（集团）有限责任公司	2 172	2 055	5.69	20	四川省宜宾环球集团有限公司	877	548	60.04

表 6　2011 年绝缘子避雷器行业全员劳动生产率前 20 名企业

序号	企 业 名 称	2012 年（元/人）	序号	企 业 名 称	2012 年（元/人）
1	青州市力王电力科技有限公司	804 670	11	温州益坤电气有限公司	244 829
2	塞迪维尔玻璃绝缘子(上海)有限公司	513 576	12	淄博泰光电力器材厂	192 643
3	浙江中能电气有限公司	417 647	13	西安神电电器有限公司	180 079
4	南阳金冠电气有限公司	325 455	14	南京电气(集团)有限责任公司	170 485
5	浙江金利华电气股份有限公司	321 523	15	浙江电瓷厂有限责任公司	164 643
6	正泰电器股份有限公司	307 000	16	东莞市高能电气股份有限公司	155 139
7	河北新华高压电器有限公司	273 442	17	广州市迈克林电力有限公司	143 143
8	明电舍(郑州)电气工程有限公司	268 598	18	连云港石港高压电瓷有限公司	133 268
9	安徽一天电气技术有限公司	267 738	19	山东省垦利县新型电力器材厂	130 000
10	浙江泰仑绝缘子有限公司	254 656	20	武汉博大科技随州电气有限公司	125 877

产品分类产量　2012 年,绝缘子避雷器行业共生产瓷绝缘子 34.85 万 t,比上年增长 4.29%。其中,线路瓷绝缘子 20.50 万 t,比上年增长 2.5%;电站电器瓷绝缘子 14.35 万 t,比上年增长 6.96%。线路玻璃绝缘子产量为 2 458 万片,比上年增长 24.58%。复合绝缘子产量为 681 万只,比上年增长 19.47%。避雷器产量为 431.97 万只,比上年增长 30.48%。

2012 年绝缘子避雷器行业主要产品产量见表 7。2012 年绝缘子避雷器生产企业 110kV 及以上产品产量汇总见表 8。

表 7　绝缘子避雷器行主要产品产量

产 品 名 称	单位	2012 年	2011 年	比上年增长(%)
瓷绝缘子	t	348 456	334 116	4.29
线路瓷绝缘子	t	204 966	199 963	2.50
其中:160kN 及以上悬式	万只	506.91	473.30	7.10
电站电器瓷绝缘子	t	143 490	134 153	6.96
空心瓷绝缘子				
110kV 等级	只	1 167 892	1 112 014	5.02
220kV 等级	只	210 316	225 851	-6.88
330kV 等级	只	11 342	10 055	12.80
500kV 等级	只	23 918	18 400	29.99
750kV 及以上等级	只	2 510	1 450	73.10
支柱瓷绝缘子元件				
110kV 等级	只	366 917	401 912	-8.71
220kV 等级	只	153 302	162 040	-5.39
330kV 等级	只	15 767	15 672	0.61
500kV 等级	只	34 326	30 738	11.67
750kV 及以上等级	只	8 944	5 762	55.22
线路玻璃绝缘子	万片	2 458	1 973	24.58
100(120)kN 及以下	万片	1 002	869	15.30
160kN	万片	620	401	54.61
210(240)kN	万片	468	335	39.70
300kN	万片	154	129	19.38
400(420)kN	万片	101	110	-8.18
530(550)kN	万片	109	52	109.62
盘形悬式瓷(玻璃)复合绝缘子	万片	72	52	38.46
高压套管	只	20 858	21 422	-2.63
瓷外套高压套管	只	20 443	21 422	-4.57
110kV 等级	只	13 702	14 567	-5.94

（续）

产 品 名 称	单位	2012年	2011年	比上年增长（%）
220kV 等级	只	2 701	2 327	16.07
330kV 等级	只	70	197	-64.47
500kV 等级	只	193	214	-9.81
750kV 及以上等级	只	30	7	328.57
复合外套高压套管	只			
110kV 等级	只	415		
复合绝缘子	万只	681	570	19.47
棒形悬式复合绝缘子				
110kV 等级	只	873 492	703 381	24.18
220kV 等级	只	276 587	317 120	-12.78
330kV 等级	只	15 729	11 404	37.93
500kV 等级	只	74 981	75 892	-1.20
750kV 及以上等级	只	42 748	52 379	-18.39
支柱复合绝缘子元件				
110kV 等级	只	44 807	24 823	80.51
220kV 等级	只	7 894	4 492	75.73
330kV 等级	只	900	821	9.62
500kV 等级	只	400	100	300.00
750kV 及以上等级	只	384	9	4 166.67
空心复合绝缘子				
110kV 等级	只	16 385	3 698	343.08
220kV 等级	只	2 310	1 457	58.54
330kV 等级	只	86	46	86.96
500kV 等级	只	372	175	112.57
750kV 及以上等级	只	7	3	133.33
避雷器	只	4 319 714	3 310 555	30.48
10kV 及以下	只	3 416 715	2 414 092	41.53
12~35kV	只	779 634	796 683	-2.14
45~69kV	只	22 940	9 736	135.62
110kV 等级	只	75 955	70 598	7.59
220kV 等级	只	20 568	15 824	29.98
330kV 等级	只	641	678	-5.46
500kV 等级	只	2 011	1 455	38.21
750kV 及以上等级	只	146	75	94.67
直流避雷器	只	1 104	1 414	-21.92

表8　2012年绝缘子避雷器生产企业110kV及以上产品产量汇总

（企业名称按汉语拼音排序）

序号	企 业 名 称	产 品 名 称	单位	110kV	220kV	330kV	500kV	750kV
1	安徽一天电气技术有限公司	避雷器	只	240	99			
2	重庆市鸽牌电瓷有限公司	线路瓷绝缘子	t	5 585（其中：悬式160kN及以上0.879万片）				
		空心瓷绝缘子	只	19				
		支柱瓷绝缘子元件	只	1 966				

（续）

序号	企业名称	产品名称	单位	110kV	220kV	330kV	500kV	750kV
3	重庆市华能氧化锌避雷器有限责任公司	棒形悬式复合绝缘子	只	90				
		避雷器	只	51				
4	大连北方避雷器有限公司	避雷器	只	245	227			
5	大连电瓷集团股份有限公司	线路瓷绝缘子	t	45 302(其中:悬式 160kN 及以上 200 万片)				
6	东莞市高能电气股份有限公司	棒形悬式复合绝缘子	只	110 971	38 610	3 514	17 869	11 592
		支柱复合绝缘子元件	只	203	345			
7	抚顺电瓷制造有限公司	空心瓷绝缘子	只	9 341	5 120	1 235	532	42
		支柱瓷绝缘子元件	只	10 300	7 335	2 289	438	488
		空心复合绝缘子	只	1 184	682			
		避雷器	只	3 188	1 862	226	180	50
8	抚顺高科电瓷电气制造有限公司	空心瓷绝缘子	只	53 274	17 774	589	9 303	150
		支柱瓷绝缘子元件	只	2 598	237		1 738	
9	甘肃安口成秭电瓷电器有限责任公司	线路瓷绝缘子	t	99(其中:悬式 160kN 及以上 36)				
		空心瓷绝缘子	只	1 007	1 897			
		棒形悬式复合绝缘子	只	1 276	1 202			
10	广州市迈克林电力有限公司	棒形悬式复合绝缘子	只	74 147	45 127	4 028	15 042	3 076
		支柱复合绝缘子元件	只	40	20			
11	贵州振华红云电子有限公司	避雷器	只	135	65			
12	邯郸市电瓷厂	空心瓷绝缘子	只	2 960	2 230			
13	河北新华高压电器有限公司	棒形悬式复合绝缘子	只	2 332	2 973		1 719	
14	河南爱迪德电力设备有限责任公司	空心瓷绝缘子	只	11 430	13 690	1 140	1 870	180
15	河南德信电瓷有限公司	空心瓷绝缘子	只	3 000	3 500	1 000	500	
16	河南省德立泰高压电瓷电器有限公司	空心瓷绝缘子	只	20 000				
17	河南省中联红星电瓷有限责任公司	支柱瓷绝缘子元件	只	35 408	61 974	570	1 500	300
		复合外套高压套管	只	415				
		棒形悬式复合绝缘子	只	90 630	41 160	1 767	199	
		支柱复合绝缘子元件	只	2 468	492			
		避雷器	只	677				
18	河南毅达电气科技有限公司	棒形悬式复合绝缘子	只	80 000	10 000			
		支柱复合绝缘子元件	只	18 000	2 000			
		空心复合绝缘子	只	10 000				
		避雷器	只	6 000				
19	红光电气集团有限公司	棒形悬式复合绝缘子	只	15 000	4 000	1 000		
		支柱复合绝缘子元件	只	2 000	1 000			
		避雷器	只	2 000				
20	湖南华诚电瓷有限公司	空心瓷绝缘子	只	26 716	3 050	56	273	60
21	湖南华联火炬电瓷电器有限公司	空心瓷绝缘子	只	12 115	1 231			
		支柱瓷绝缘子	只	7 850	2 370			
		瓷外套高压套管	只	6 056	1 270			
22	江苏南瓷绝缘子有限公司	线路瓷绝缘子	t	1 200(其中:悬式 160kN 及以上 6 万片)				
		空心瓷绝缘子	只	3 000	2 000			
		支柱瓷绝缘子元件	只	5 000	5 000			

（续）

序号	企 业 名 称	产 品 名 称	单位	110kV	220kV	330kV	500kV	750kV
23	江西强联电瓷股份有限公司	支柱瓷绝缘子元件	只	7 279	4 927	5 788	703	
24	醴陵华鑫电瓷科技股份有限公司	空心瓷绝缘子	只	87 336	42 144	5 560	6 631	870
25	明电舍(郑州)电气工程有限公司	避雷器	只	804	678		75	
26	牡丹江北方高压电瓷有限责任公司	线路瓷绝缘子	t	3 343(其中:悬式 160kN 及以上 11.21 万片)				
27	内蒙古精诚高压绝缘子有限责任公司	线路瓷绝缘子	t	19 000(其中:悬式 160kN 及以上 103.44 万片)				
28	南京电气(集团)有限责任公司	空心瓷绝缘子	只	1 161				
		支柱瓷绝缘子元件	只	5 862				
		瓷外套高压套管	只	1 969	454	24	107	1
		线路玻璃绝缘子	万片	736(其中:160kN 及以上 415)				
		棒形悬式复合绝缘子	只	20 776	941	16	52	36
29	南阳金冠电气有限公司	避雷器	只	13 681	6 275	45	847	21
30	宁波市镇海国创高压电器有限公司	避雷器	只	7 148	1 849			
31	平高集团复合绝缘子厂	支柱复合绝缘子元件	只	217				
		空心复合绝缘子	只	2 636	1 333	2	80	2
32	萍乡市第二高压电瓷厂	线路瓷绝缘子	t	9 100(其中:悬式 160kN 及以上 63 万片)				
33	萍乡市电瓷制造有限公司	空心瓷绝缘子	只	2 600				
		支柱瓷绝缘子元件	只	5 500	4 500			
34	萍乡市华为电瓷电器科技有限公司	线路瓷绝缘子	t	8 900(其中:悬式 160kN 及以上 2.7 万片)				
35	青州市力王电力科技有限公司	棒形悬式复合绝缘子	只	7 200	890			
		支柱复合绝缘子元件	只	320	160			360
		避雷器	只	180				
36	塞迪维尔玻璃绝缘子(上海)有限公司	线路玻璃绝缘子	万片	297.3(其中:160kN 及以上 187.3)				
37	山东高亚瓷绝缘子科技有限公司	线路瓷绝缘子	t	9 350(其中:悬式 160kN 及以上 28 万片)				
38	山东瑞泰玻璃绝缘子有限公司	线路玻璃绝缘子	万片	173.4(160kN 及以上 16.89)				
39	山东省垦利县新型电力器材厂	棒形悬式复合绝缘子	只	108 298	8 852			
		避雷器	只	107				
40	山东淄博电瓷厂有限公司	线路瓷绝缘子	t	9 184(其中:悬式 160kN 及以上 19 万片)				
41	陕西同远机电有限公司	避雷器	只	100				
42	上海德力西集团有限公司	棒形悬式复合绝缘子	只	21 500				
		避雷器	只	3 150				
		避雷器	只	132	11			
43	深圳市银星电力电子有限公司	避雷器	只	3 094	1 202		153	
44	沈阳鼎力通电气有限公司	瓷外套高压套管	只	1 609	162			
45	石家庄市电瓷有限责任公司	线路瓷绝缘子	t	2 410(其中:悬式 160kN 及以上 3 万片)				
46	石家庄市发运电气有限公司	棒形悬式复合绝缘子	只	10 450				
		支柱复合绝缘子元件	只	17 090	1 090			
		空心复合绝缘子	只	320	5			
		避雷器	只	1 130	80			
47	四川省宜宾环球集团有限公司	线路玻璃绝缘子	万片	438(其中:160kN 及以上 348)				
48	苏州电瓷厂有限公司	线路瓷绝缘子	t	22 906(悬式 160kN 及以上 63.68 万只)				
		支柱瓷绝缘子元件	只	209 455	16 18	53 824	2 056	34

（续）

序号	企业名称	产品名称	单位	110kV	220kV	330kV	500kV	750kV
49	唐山高压电瓷有限公司	空心瓷绝缘子	只	296				
		支柱瓷绝缘子元件	只	63 014	35 675		17 631	5 762
50	温州益坤电气有限公司	棒形悬式复合绝缘子	只	8 700	2 510			
		避雷器	只	2 216	538			
51	武汉博大科技随州电气有限公司	棒形悬式复合绝缘子	只	12 100	2 500		100	
		避雷器	只	1 207	189			
52	西安超码复合材料公司	支柱复合绝缘子元件	只	210				
		空心复合绝缘子	只	860				
		避雷器	只	6 500				
53	西安神电电器有限公司	避雷器	只	804	72			
54	西安西电避雷器有限责任公司	避雷器	只	8 981	4 921	370	831	75
55	西安西电高压电瓷有限责任公司	空心瓷绝缘子	只	30 879	14 828	1 092	3 188	891
		支柱瓷绝缘子元件	只	10 559	29 929	2 490	4 461	1 273
56	西安西电高压套管有限公司	瓷外套高压套管	只	4 068	815	46	79	29
		棒形悬式复合绝缘子	只	8 062	82	2 246		18 044
		支柱复合绝缘子元件	只	59				14
		空心复合绝缘子	只	885	290	84	292	5
57	阳泉高压电瓷有限责任公司	空心瓷绝缘子	只	2 101	675			
58	宜宾志源高压电器有限公司	避雷器	只	612	189			
59	宜兴华源电工设备有限公司	棒形悬式复合绝缘子	只	27 610	2 660			
		支柱复合绝缘子元件	只	800	430			
		避雷器	只	786	132			
60	原平高龙电力设备有限公司	棒形悬式复合绝缘子	只	5 000	1 000			
		空心复合绝缘子	只	500				
		空心瓷绝缘子	只	584 237				
		支柱瓷绝缘子元件	只	16 028	1 777			
61	浙江高能电力设备有限公司	棒形悬式复合绝缘子	只	203 000	104 000			
		避雷器	只	8 000				
62	浙江华高电气有限公司	棒形悬式复合绝缘子	只	300	280	158		
		支柱复合绝缘子元件	只	1 900	800	900	400	10
63	浙江海沃电力设备有限公司	棒形悬式复合绝缘子	只	1 000	100			
64	浙江金利华电气股份有限公司	线路玻璃绝缘子	万片	244.7(其中:160kN 及以上 124.14)				
65	浙江泰仑绝缘子有限公司	线路玻璃绝缘子	万片	180(其中:160kN 及以上 124)				
66	浙江中能电气有限公司	棒形悬式复合绝缘子	只	10 050	1 700			
		避雷器	只	7 805	1 878			
67	正泰电器股份有限公司	棒形悬式复合绝缘子	只	15 000	1 000			
		避雷器	只	7 510	1 150			
68	中材高新材料股份有限公司	空心瓷绝缘子	只	12	203		11	17
		支柱瓷绝缘子元件	只	4 786	45 367	1 376	7 299	1 387
69	淄博柳泉电瓷有限责任公司	线路瓷绝缘子	t	9 500(其中:悬式 160kN 及以上 6 万只)				

（续）

序号	企业名称	产品名称	单位	110kV	220kV	330kV	500kV	750kV
70	淄博泰光电力器材厂	棒形悬式复合绝缘子	只	40 000	7 000	3 000	40 000	10 000
		支柱复合绝缘子元件	只	1 500	1 500			
71	自贡塞迪维尔钢化玻璃绝缘子有限公司	线路玻璃绝缘子	万片	389(其中:160kN 及以上 241)				

市场及销售　绝缘子避雷器行业统计报表显示，2012年绝缘子避雷器行业工业销售产值为92.34亿元，比上年增长6.78%，增速较上年下降4.18个百分点；产品销售率为98.39%，较上年增长1.35个百分点。工业销售产值排名前20位企业中，增长率在20%以上的企业有：南京电气（集团）有限责任公司、浙江金利华电气股份有限公司、塞迪维尔玻璃绝缘子（上海）有限公司、四川省宜宾环球集团有限公司、河北新华高压电器有限公司。2012年绝缘子避雷器行业工业销售产值前20名企业见表9。

表9　2012年绝缘子避雷器行业工业销售产值前20名企业

序号	企业名称	2012年（万元）	2011年（万元）	比上年增长（%）	序号	企业名称	2012年（万元）	2011年（万元）	比上年增长（%）
1	大连电瓷集团股份有限公司	83 620	79 247	5.52	11	南阳金冠电气有限公司	23 772	20 036	18.65
2	南京电气（集团）有限责任公司	62 110	43 133	44.00	12	塞迪维尔玻璃绝缘子（上海）有限公司	23 075	18 220	26.65
3	自贡塞迪维尔钢化玻璃绝缘子有限公司	43 336	38 000	14.04	13	内蒙古精诚高压绝缘子有限责任公司	22 000	21 415	2.73
4	四川省宜宾环球集团有限公司	39 000	31 543	23.64	14	广州市迈克林电力有限公司	20 299	20 291	0.04
5	淄博泰光电力器材厂	34 000	46 800	-27.35	15	温州益坤电气有限公司	19 835	17 248	15.00
6	苏州电瓷厂有限公司	33 059	37 053	-10.78	16	浙江金利华电气股份有限公司	18 400	14 388	27.88
7	醴陵华鑫电瓷科技股份有限公司	32 994	32 798	0.60	17	东莞市高能电气股份有限公司	17 067	19 361	-11.85
8	河北新华高压电器有限公司	27 543	22 339	23.30	18	抚顺电瓷制造有限公司	16 607	18 479	-10.13
9	西安西电高压电瓷有限责任公司	27 436	28 777	-4.66	19	抚顺高科电瓷电气制造有限公司	15 712	14 908	5.39
10	西安西电避雷器有限责任公司	25 200	24 007	4.97	20	西安西电高压套管有限公司	15 395	16 000	-3.78

2012年国内销售产值为80.05亿元，较上年增加3.75亿元，比上年增长4.57%。国内销售产值占工业销售产值的79.93%，较上年增加0.04个百分点。国内销售产值排名前20位企业中，增长率在20%以上的企业有：西安超码复合材料公司、重庆鸽牌电瓷有限公司、自贡塞迪维尔钢化玻璃绝缘子有限公司、浙江金利华电气股份有限公司、河北新华高压电器有限公司。2012年绝缘子避雷器行业国内销售产值前20企业见表10。

表10　2012年绝缘子避雷器行业国内销售产值前20名企业

序号	企业名称	2012年（万元）	2011年（万元）	比上年增长（%）	序号	企业名称	2012年（万元）	2011年（万元）	比上年增长（%）
1	大连电瓷集团股份有限公司	55 488	53 922	2.90	11	苏州电瓷厂有限公司	19 146	23 469	-18.42
2	南京电气（集团）有限责任公司	38 637	33 531	15.23	12	醴陵华鑫电瓷科技股份有限公司	18 212	18 292	-0.44
3	淄博泰光电力器材厂	34 000	46 800	-27.35	13	浙江金利华电气股份有限公司	17 291	12 747	35.65
4	四川省宜宾环球集团有限公司	33 000	32 549	1.39	14	抚顺高科电瓷电气制造有限公司	15 712	14 908	5.39
5	自贡塞迪维尔钢化玻璃绝缘子有限公司	27 933	20 184	38.39	15	青州市力王电力科技有限公司	14 369	13 086	9.80
6	河北新华高压电器有限公司	26 647	20 704	28.70	16	西安西电高压套管有限公司	12 504	16 000	-21.85
7	西安西电高压电瓷有限责任公司	26 517	27 240	-2.65	17	广州市迈克林电力有限公司	12 394	13 618	-8.99
8	西安西电避雷器有限责任公司	25 200	21 114	19.35	18	西安超码复合材料公司	11 988	5 880	103.88
9	内蒙古精诚高压绝缘子有限责任公司	22 000	21 415	2.73	19	重庆鸽牌电瓷有限公司	11 775	6 963	69.11
10	南阳金冠电气有限公司	21 921	18 518	18.38	20	东莞市高能电气股份有限公司	11 381	13 294	-14.39

2012年行业完成出口交货值20.10亿元，比上年增长11.14%。出口交货值占工业销售产值的20.07%，增速较上年下降0.04个百分点。出口交货值排名前20位企业中，增长率在50%以上的企业有：南京电气(集团)有限责任公司、四川省宜宾环球集团有限公司、西安西电高压套管有限公司、山东瑞泰玻璃绝缘子有限公司。2012年绝缘子避雷器行业出口交货值前20名企业见表11。

表11　2012年绝缘子避雷器行业出口交货值前20名企业

序号	企业名称	2012年（万元）	2011年（万元）	比上年增长（%）	序号	企业名称	2012年（万元）	2011年（万元）	比上年增长（%）
1	大连电瓷集团股份有限公司	28 132	25 325	11.08	11	四川省宜宾环球集团有限公司	6 000	4 000	50.00
2	南京电气(集团)有限责任公司	23 473	9 602	144.46	12	东莞市高能电气股份有限公司	5 686	6 067	-6.28
3	塞迪维尔玻璃绝缘子(上海)有限公司	18 894	16 247	16.30	13	福建和盛崇业电瓷有限公司	5 541	5 027	10.22
4	温州益坤电气有限公司	17 950	12 130	47.98	14	西安西电高压套管有限公司	2 891		
5	自贡塞迪维尔钢化玻璃绝缘子有限公司	15 403	17 816	-13.54	15	明电舍(郑州)电气工程有限公司	2 602	2 348	10.82
6	醴陵华鑫电瓷科技股份有限公司	14 782	14 506	1.90	16	山东瑞泰玻璃绝缘子有限公司	2 500		
7	苏州电瓷厂有限公司	13 913	13 584	2.42	17	山东淄博电瓷厂有限公司	2 473	2 338	5.77
8	广州市迈克林电力有限公司	7 905	6 876	14.97	18	唐山高压电瓷有限公司	2 220	3 163	-29.81
9	抚顺电瓷制造有限公司	6 388	6 901	-7.43	19	南阳金冠电气有限公司	1 851	1 518	21.94
10	正泰电器股份有限公司	6 200	5 900	5.08	20	浙江高能电力设备有限公司	1 842	1 645	11.98

科技成果及新产品　绝缘子避雷器行业产业结构调整步伐加快。据不完全统计，2012年全行业有近20项科研成果获国家、省、市科学技术进步奖，优秀新产品奖；数个商标获得国家、省、市著名商标称号；数个产品获得省(市)名牌产品称号；20余个项目获得国家专利，数量比2011年大幅度提高。2012年绝缘子避雷器行业科技成果获奖(含名牌产品等)情况见表12。

表12　2012年绝缘子避雷器行业科技成果获奖(含名牌产品等)情况

序号	项目名称	获奖单位	奖项及级别
1	特高压交流输电关键技术、成套设备及工程应用	中国西电(第二完成单位)	国家科技进步奖特等奖
2	500kV系统用无间隙金属氧化物避雷器	西安西电避雷器有限责任公司	西安市科学技术奖二等奖
3	±600kV干式直流穿墙套管	西安西电高压套管有限责任公司	中国西电集团科技进步奖二等奖
4	420kN系列瓷绝缘子	内蒙古精诚高压绝缘子有限责任公司	呼和浩特市科学技术进步奖二等奖
5	Y20W-828/1620W 1 000kV交流无间隙瓷外套金属氧化物避雷器	南阳金冠电气有限公司	河南省科技进步奖二等奖
6	超特高压复合绝缘子的综合研究及工程应用	郑州祥和集团电气设备有限公司	河南省电力公司科技进步奖二等奖
7	110~1 000kV复合绝缘子的深化研究及工程应用	郑州祥和集团电气设备有限公司	河南省科技厅科技进步奖三等奖
8	FZSW系列交流系统用复合支柱绝缘子	青州市力王电力科技有限公司	山东省中小企业自主创新奖二等奖
9	550kN系列直流盘形悬式玻璃绝缘子	南京电气(集团)有限责任公司	江苏省优秀新产品奖
10	空气动力型玻璃绝缘子	南京电气(集团)有限责任公司	江苏省高新技术产品
11	1 000kV棒形支柱绝缘子	抚顺电瓷制造有限公司	辽宁省优秀新产品奖
12	特高压棒形支柱绝缘子	抚顺电瓷制造有限公司	国家重点新产品
13	XWP-300、XWP-240盘形悬式瓷绝缘子	牡丹江北方高压电瓷有限责任公司	黑龙江省高新技术产品
14	高强度瓷套	邯郸市电瓷厂	河北省优质产品
15	110~220kV氧化锌避雷器	贵州振华红云电子有限公司	贵阳市优秀新产品二等奖
16	组合避雷器	安徽一天电气技术有限公司	合肥市科学技术奖三等奖
17	“PK”牌商标	醴陵华鑫电瓷科技股份有限公司	中国驰名商标
18	“FXWP”商标	青州市力王电力科技有限公司	山东省著名商标

（续）

序号	项 目 名 称	获 奖 单 位	奖项及级别
19	“金旭”商标	湖南太阳电力电瓷电器制造有限公司	湖南省著名商标
20	“柳泉”商标	淄博柳泉电瓷有限责任公司	山东省著名商标
21	“CY”牌商标	福建和盛崇业电瓷有限公司	福州市著名商标
22	“高能”牌图形商标产品	东莞市高能电气股份有限公司	广东省名牌产品
23	70~420kN 系列耐污盘形悬式瓷绝缘子	内蒙古精诚高压绝缘子有限责任公司	内蒙古自治区名牌产品
24	短尾油纸电容套管	西安西电高压套管有限责任公司	西安市名牌产品
25	“神电”牌金属氧化物避雷器	西安神电电器有限公司	西安市名牌产品

绝缘子避雷器行业统计报表显示，2012 年行业新产品产值为 25.36 亿元，比上年增长 22.24%，增幅较上年提高 15 个百分点。新产品产值排名前 20 位企业中，增长率在 30% 以上的企业有：东莞市高能电气股份有限公司、南京电气（集团）有限责任公司、西安西电高压套管有限公司、浙江电瓷厂有限责任公司、西安西电避雷器有限责任公司。2012 年绝缘子避雷器行业新产品产值前 20 名企业见表 13。2012 年绝缘子避雷器行业新产品产值率前 20 名企业见表 14。

表 13　2012 年绝缘子避雷器行业新产品产值前 20 名企业

序号	企 业 名 称	2012 年（万元）	2011 年（万元）	比上年增长（%）	序号	企 业 名 称	2012 年（万元）	2011 年（万元）	比上年增长（%）
1	南京电气（集团）有限责任公司	33 892	11 851	185.98	11	抚顺电瓷制造有限公司	6 634	8 993	-26.23
2	醴陵华鑫电瓷科技股份有限公司	24 310	19 876	22.31	12	江苏南瓷绝缘子有限公司	6 125		
3	苏州电瓷厂有限公司	22 476	26 756	-16.00	13	唐山高压电瓷有限公司	5 890	6 163	-4.43
4	河北新华高压电器有限公司	16 525	17 781	-7.06	14	西安西电高压套管有限公司	5 562	3 063	81.59
5	抚顺高科电瓷电气制造有限公司	16 200	15 900	1.89	15	宁波市镇海国创高压电器有限公司	5 354	7 424	-27.88
6	青州市力王电力科技有限公司	15 084	13 680	10.26	16	河南爱迪德电力设备有限责任公司	5 000	3 981	25.61
7	西安西电避雷器有限责任公司	12 052	8 674	38.94	17	正泰电器股份有限公司	4 677	4 320	8.26
8	温州益坤电气有限公司	11 644	10 125	15.00	18	南阳金冠电气有限公司	4 567	3 968	15.10
9	东莞市高能电气股份有限公司	10 896	3 326	227.60	19	浙江金利华电气股份有限公司	4 520	4 652	-2.83
10	西安西电高压电瓷有限责任公司	8 516	7 978	6.74	20	浙江电瓷厂有限责任公司	4 321	2 807	53.94

表 14　2012 年绝缘子避雷器行业新产品产值率前 20 名企业

序号	企 业 名 称	新产品产值率（%）	工业总产值（万元）	新产品产值（万元）	序号	企 业 名 称	新产品产值率（%）	工业总产值（万元）	新产品产值（万元）
1	青州市力王电力科技有限公司	104.98	14 369	15 084	11	芜湖市凯鑫避雷器有限责任公司	56.11	2 832	1 589
2	抚顺高科电瓷电气制造有限公司	103.11	15 712	16 200	12	浙江电瓷厂有限责任公司	55.02	7 853	4 321
3	江苏南瓷绝缘子有限公司	96.05	6 377	6 125	13	武汉博大科技随州电气有限公司	52.94	3 585	1 898
4	宁波市镇海国创高压电器有限公司	84.06	6 369	5 354	14	河北新华高压电器有限公司	52.93	31 218	16 525
5	醴陵华鑫电瓷科技股份有限公司	72.00	33 765	24 310	15	温州益坤电气有限公司	51.66	22 540	11 644
6	苏州电瓷厂有限公司	68.11	33 001	22 476	16	南京电气（集团）有限责任公司	48.20	70 309	33 892
7	邯郸市电瓷厂	66.04	3 180	2 100	17	西安西电避雷器有限责任公司	47.83	25 200	12 052
8	江西强联电瓷股份有限公司	60.00	3 595	2 157	18	牡丹江北方高压电瓷有限责任公司	43.85	2 725	1 195
9	唐山高压电瓷有限公司	59.26	9 939	5 890	19	抚顺电瓷制造有限公司	39.62	16 743	6 634
10	东莞市高能电气股份有限公司	59.01	18 464	10 896	20	正泰电器股份有限公司	37.57	12 450	4 677

据不完全统计,2012 年绝缘子避雷器行业通过国家二行业、省、市鉴定的新产品有 40 余项,比 2011 年大幅提高。2012 年绝缘子避雷器行业通过鉴定的重要新产品研制项目见表 15。

表 15 2012 年绝缘子避雷器行业通过鉴定的重要新产品研制项目

序号	项 目 名 称	完 成 单 位
1	交流盘形悬式玻璃绝缘子 LXY-530(550)D、LXY1-530(550)D	南京电气(集团)有限责任公司
2	330kV、500kV 交流系统架空线路用棒形悬式复合绝缘子	南京电气(集团)有限责任公司
3	直流盘形悬式玻璃绝缘子 LXZY-830(760)	南京电气(集团)有限责任公司
4	双伞型直流盘形悬式瓷绝缘子系列:XZWP1-160(U160BP/170D)、XZWP1-210(U210BP/170D)、XZWP1-300(U300BP/195D)、XZWP1-400(420)[U400(420)BP/205D]、XZWP1-530(550)[U530(550)BP/240D]	苏州电瓷厂有限公司
5	钟罩型直流盘形悬式瓷绝缘子系列:XZP-400(420)[U400(420)BP/205H]、XZP-530(550)[U530(550)BP/240H]	苏州电瓷厂有限公司
6	三伞型直流盘形悬式瓷绝缘子系列 XZWP2-530(550)[U530(550)BP/240T]	苏州电瓷厂有限公司
7	三伞型交流盘形悬式瓷绝缘子系列 U400(420)BP/205T、U530(550)BP/240T	苏州电瓷厂有限公司
8	双伞型交流盘形悬式瓷绝缘子系列 U400(420)BP/205D、U530(550)BP/240D	苏州电瓷厂有限公司
9	±800kV 特高压直流输电工程中性母线用避雷器	西安西电避雷器有限责任公司
10	韩国±80kV 直流输电工程用直流避雷器	西安西电避雷器有限责任公司
11	±500kV 直流输电工程用直流避雷器	西安西电避雷器有限责任公司
12	±400kV 直流联网工程用直流避雷器	西安西电避雷器有限责任公司
13	盘形悬式瓷绝缘子系列:XSP_1-300、XP_1-400(420)、XWP_2-400(420)、XP-550、XWP-550	内蒙古精诚高压绝缘子有限责任公司
14	直流 1 100kV 支柱绝缘子 ZSZ-1100/16K、直流 800kV 支柱绝缘子 ZSZ-800/12.5K	中材高新材料股份有限公司
15	交流 1 100kV 支柱绝缘子 ZSW-1100/16K-3、交流 800kV 支柱绝缘子 ZSW-800/16K-4	中材高新材料股份有限公司
16	圆柱头盘形悬式瓷绝缘子系列:XP-420/400、XHP2-300	大连电瓷集团股份有限公司
17	直流盘形悬式瓷绝缘子系列:XZMP-210、XZP2-300、XZP-550/530、XZMP-160、XZMP-300、XZP-160	大连电瓷集团股份有限公司
18	互感器空心复合绝缘子 FHYW-126/110kV	大连电瓷集团股份有限公司
19	变电站用电站支柱复合绝缘子系列:ZSW-72.5/12.5、FZSW-126/12.5、FZSW-252/6	大连电瓷集团股份有限公司
20	线路用线路柱式复合绝缘子系列:FPS-69/13、FPS-138/13、FPS-230/8	大连电瓷集团股份有限公司
21	±800kV 直流工程套管和大型套管工艺技术研究	西安西电高压套管有限责任公司
22	±125kV 干式换流变压器套管	西安西电高压套管有限责任公司
23	1 100kV/3 150A 油-SF_6 胶浸纸电容式变压器套管	西安西电高压套管有限责任公司
24	40.5~550kV/1 250~6 500A 油纸电容式变压器套管	西安西电高压套管有限责任公司
25	12~46kV/630~4 000A 法兰式系列变压器套管	西安西电高压套管有限责任公司
26	40.5kV/16 000A 大电流油纸电容式变压器套管	西安西电高压套管有限责任公司
27	550kV 交流系统电气设备用空心复合绝缘子	西安西电高压套管有限责任公司
28	高速铁路腕臂支撑绝缘子	西安西电高压套管有限责任公司
29	糯扎渡±800kV 悬吊式直流电容器组用拉杆绝缘子	西安西电高压套管有限责任公司
30	500kV 电容器瓷套	抚顺高科电瓷电气制造有限公司
31	±800kV 特高压直流系统极母线用金属氧化物避雷器(YH20WDB-969/1621)	南阳金冠电气有限公司
32	±800kV 特高压直流系统换流阀用金属氧化物避雷器(YH1WV11-204/369)	南阳金冠电气有限公司

（续）

序号	项 目 名 称	完 成 单 位
33	±800kV 特高压直流系统金属回线用金属氧化物避雷器（YH20WEM-279/418）	南阳金冠电气有限公司
34	±800kV 特高压直流系统滤波器用金属氧化物避雷器（Y48.3WFA-140/341）	南阳金冠电气有限公司
35	盘形悬式瓷绝缘子系列 U210B、U210BP、U300B	重庆鸽牌电瓷有限公司
36	耐污型悬式玻璃绝缘子系列：FC160P/C170DC、FC160D/C170DC、FC160D/C155DC、FC160D/C146DC、FC210P/C170DC、FC210D/C170DC、FC30P/C195DC、FC300D-AN/C195DC、FC400(420)P/C205DC、FC530(550)P/C2400DC、FC530(550)F/C240DC	自贡塞迪维尔钢化玻璃绝缘子有限公司
37	钟罩型悬式钢化玻璃绝缘子 U530(550)BP/240H	四川省宜宾环球集团有限公司
38	±412kV 至±816kV 直流系统用复合外套环氧芯支柱绝缘子	青州市力王电力科技有限公司
39	126～1 100kV 交流系统用复合外套环氧芯支柱绝缘子	青州市力王电力科技有限公司
40	电气化铁路接触网用棒形复合绝缘子	郑州祥和集团电气设备有限公司
41	35kV 阻容吸收滤波装置	陕西同远机电有限公司

质量及标准 2012 年国家绝缘子避雷器质量监督检验中心接受生产企业、运行部门、政府部门等 200 余家单位的委托检验 694 项，比上年增长 40%。其中，绝缘子检验 422 项，比上年增长 42%；避雷器检验 272 项，比上年增长 38%。

2012 年，国家质量监督检验检疫总局再次下达了避雷器国家质量抽检任务，对 59 家避雷器企业生产的 59 种复合外套无间隙金属氧化物避雷器进行了产品质量国家监督抽查，共涉及天津、河北、辽宁、江苏、浙江、山东、河南、湖北、湖南、广东、重庆、四川、陕西等 13 个省、直辖市，合格企业数为 48 家，不合格企业数为 11 家，企业合格率为 81.4%。

2012 年发布了 1 项避雷器专业国家标准：GB/T 28547—2012《交流金属氧化物避雷器选择和使用导则》；2 项绝缘子专业行业标准：JB/T 9678—2012《盘形悬式绝缘子用钢化玻璃绝缘件外观质量》和 JB/T 9683—2012《绝缘子产品型号编制方法》。

西安高压电器研究院负责国内对口的 IEC/TC 36 和 IEC/TC 37 国内技术工作，2012 年共收到文件 41 个，其中 IEC/TC 36 文件 17 个，IEC/TC 37 文件 24 个。投票文件共 11 个，其中 IEC/TC 36 文件 4 个，IEC/TC 37 文件 7 个，投票或答复率均为 100%。2012 年 IEC/TC 36 发布绝缘子出版物 1 个：IEC/TR 62730：2012 Ed.1.0《户内和户外用高压聚合物绝缘子起痕和蚀损试验——转轮试验和 5 000h 试验》；IEC/TC 37 发布避雷器出版物 1 个：IEC 61643-21《低压电涌保护器——第 21 部分：电信和信号网络的电涌保护器——性能要求和试验方法》。

全国绝缘子标准化技术委员会 2012 年年会于 2012 年 11 月 25—28 日在广州市召开。来自全国各地的绝缘子制造企业、科研院所、运行部门、大专院校等 78 家单位的委员（或委员代表）和观察员共 95 人参加了会议。

会议讨论审查了 7 项标准送审稿：GB/T 19519—××××《架空线路绝缘子——标称电压高于 1 000V 交流系统用悬垂和耐张复合绝缘子——定义、试验方法及接收准则》；NB/T ××××《交流变电站和电器设备用 1 100 kV 复合绝缘子尺寸与特性》；GB/T 19443—××××《标称电压高于 1 000V 的架空线路用绝缘子—直流系统用瓷或玻璃绝缘子串元件——定义、试验方法和接收准则》；GB/T 21421.2—××××《标称电压高于 1 000V 的架空线路用复合绝缘子 第 2 部分：尺寸和特性》；GB/T ××××《架空线路绝缘子——标称电压高于1 500V直流系统用悬垂和耐张复合绝缘子——定义、试验方法及接收准则》；GB/T 1000.2—××××《高压线路针式瓷绝缘子尺寸与特性》；JB/T 8177—××××《绝缘子金属附件热镀锌层通用技术条件》。

全国避雷器标准化技术委员会 2012 年年会于 2012 年 11 月 28 日至 12 月 1 日在湖北省武汉市召开。来自全国各地的避雷器制造企业、科研院所、电力部门和观察员等 88 人参加了会议。会议审查了 2 项国家标准和 2 项机械行业标准的送审稿：GB/T 18802. 12—201×《低压电涌保护器 第12 部分：低压配电系统的电涌保护器——选择和使用导则》；GB/T 18802.21—201×《低压电涌保护器 第 21 部分：电信和信号网络的电涌保护器（SPD）——性能要求和试验方法》；JB/T 6479—201×《交流电力系统线路阻波器用有串联间隙金属氧化物避雷器》；JB/T 9670—201×《金属氧化物避雷器阀片用氧化锌》。

为了配合绝缘子、避雷器技术领域相关标准的制修订工作，西安高压电器研究院有限责任公司、全国绝缘子标准化技术委员会（SAC/TC80）及全国避雷器标准化技术委员会（SAC/TC81）组织出版了《绝缘子与避雷器标准译文集（十三）》。该册译文集包括：IEC 62199：2004-05《直流系统用套管》、IEC 61462：2007-02《空心复合绝缘子——额定电压高于 1 000 V 电气设备用承压和非承压绝缘子——定义、试验方法、接收准则和设计推荐》、IEC 61952：2008-05《架空线路用绝缘子——标称电压高于 1 000 V 的交流系统用线路柱式复合绝缘子——定义、试验方法和接收准则》、IEC/TS 62371： 2008-05《额定电压高于 1 000V 的电气设备用承压和非承压空心瓷或玻璃绝缘子特性》、IEC/TR 62662：2010-08《聚合物绝缘子芯体材料脆性断裂的形成、试验和诊断导则》、IEC 60099-4 and 2：2009《避雷器—第四部分：交流无间隙金属氧化物避雷器》、IEC 60099-8：2011，《避雷器—第8部分：1 kV以上交流系统架空输配电线路用外串联间隙金属氧化物避雷器（EGLA）》、IEC 61643-21 and 1：2008《低压电涌保护器　第21部分：电信和信号网络的电涌保护器——性能要求和试验方法》。

基本建设及技术改造　2012年绝缘子避雷器行业在基本建设及技术改造方面的投资明显回落。据不完全统计，2012年绝缘子避雷器行业投资1 000万元以上的项目不足10项，实际完成投资额逾2亿元，和2011年相比大幅度下滑。

2012年绝缘子避雷器行业主要基本建设和技术改造情况见表16。

表16　2012年绝缘子避雷器行业主要基本建设和技术改造情况

序号	项 目 名 称	投资（万元）	建设单位	备注
1	复合绝缘子	4 300	四川省宜宾环球集团有限公司	一期生产电压等级10～750kV交流产品和电压等级为±400kV、±500 kV、±630kV、±750kV的直流产品
2	50万只复合绝缘子技术改造	2 600	山东省垦利县新型电力器材厂	预计2013年6月竣工。项目完成后达到50万只/年的生产能力。总投资5 200万元
3	超（特）高压复合绝缘子和交直流电容套管产业化项目	2 457	西安西电高压套管有限公司	2008年6月至2012年12月，总投资37 795万元
4	建设3 200m² 的GIS避雷器装配车间	1 800	明电舍（郑州）电气工程有限公司	预计2013年3月竣工
5	窑炉余热利用和燃气改造	1 500	抚顺高科电瓷电气制造有限公司	减少15 000t（标准煤），燃料成本下降40%
6	有机复合绝缘子技术改造（整体搬迁）	1 432	山东省垦利县新型电力器材厂	2010年12月开工，2013年完成整体搬迁。征用土地66 615m²，已建成9 448 m² 生产车间
7	氧化锌电阻片生产线	1 200	陕西同远机电有限公司	预计产值2 000万元，利润200万～300万元
8	6 300t悬式瓷绝缘子生产线	950	牡丹江北方高压电瓷有限责任公司	2010年5月开始，预计2013年10月竣工。完工后实现销售收入5 500万元，利税1 200万元
9	自主研发多套生产设备	800	青州市力王电力科技有限公司	形成年产5 000柱大型复合支柱绝缘子的生产能力
10	年产3 000支750kV大型空心瓷套	800	河南爱迪德电力设备有限责任公司	2011年8月至2013年5月。新增销售收入1 100万元
11	新建实验室	800	萍乡百斯特电瓷有限公司	包括陡波、雷电冲击、无线电等
12	2M以上整体成形大型瓷套数控内外仿修坯机及配套设施投资改造项目	582	西安西电高压电瓷有限责任公司	形成252kV断路器用各类瓷套3 600只，产值3 020万元，达产年利润268万元
13	窑炉节能技术改造等项目	570	山东瑞泰玻璃绝缘子有限公司	以天然气代替重油和液化气，减少污染，节约燃料成本35%；安装窑炉烟气余热锅炉产生蒸汽，代替外购蒸汽
14	新增一条高吨位大盘径交/直流悬式成形生产线	500	苏州电瓷厂有限公司	年新增高吨位大盘径交、直流悬式绝缘子约20万～25万片
15	电瓷窑炉及电瓷生产工艺改造清洁生产项目	430	湖南太阳电力电瓷电器制造有限公司	2012年1月至2013年10月。预计可减排粉尘5.2t/a、固体废物600.5t/a、减排悬浮物1.05 t/a，节能645.6t标准煤
16	新高窑项目	300	醴陵华鑫电瓷科技股份有限公司	增加年产值3 000万元
17	设备大修、改造	252	抚顺电瓷制造有限公司	提高产品质量2%～10%
18	扩大规模改造	210	福建和盛崇业电瓷有限公司	年增加产量2 000t
19	试验室改造、添置设备	200	上海电瓷厂	改变了作业环境、提升了产量与质量
20	玻璃绝缘子装配生产线	150	南京电气（集团）有限责任公司	年新增20万只12t标准型玻璃绝缘子装配生产能力
21	注射模具冷却系统改造	150	广州市迈克林电力有限公司	产品的合格率由原来的95%提高为97%，经济效益283万元

对外合作 据不完全统计,2012年绝缘子避雷器行业20家企业组织了60多批近180人次分别前往美国、印度、德国、俄罗斯、越南、韩国、印度尼西亚、泰国、巴西、加拿大、朝鲜、马来西亚、斯里兰卡、南非、匈牙利、土耳其、菲律宾、印度尼西亚、法国、澳大利亚、巴基斯坦、意大利、西班牙、日本、墨西哥及秘鲁等国家和地区参加展会、商务洽谈、走访用户、市场调研等。主要国家为:美国(13次)、印度(9次)、德国(9次),内容主要为参加展会(27次)、商务洽谈(15次)、走访客户(10次)。和2011年相比,出国(地区)的企业数量、批次和人数都明显提高,说明绝缘子避雷器行业企业更加注重国际市场,走出国门寻求发展。2012年绝缘子避雷器行业出国(境)考察情况见表17。

表17 2012年绝缘子避雷器行业出国(境)考察情况

考察单位	考察内容	人数	国家或地区
大连电瓷集团股份有限公司	参加展会	2	朝鲜
	参加展会	2	马来西亚
	参加展会	2	俄罗斯
	参加展会	2	斯里兰卡
南京电气(集团)有限责任公司	商务洽谈	4	印度
	听证会	3	印度
	交货商定	4	印度
	参加展会	2	南非
	合同签订	3	加拿大
	参加展会	2	美国
	国外试验	2	匈牙利
	参加展会	2	德国
西安西电高压套管有限责任公司	商务洽谈	2	土耳其
	商务洽谈	2	印度
抚顺电瓷制造有限公司	参加展会	2	朝鲜
	商务洽谈	2	德国
	商务洽谈2次	2	美国
	商务洽谈	4	韩国
苏州电瓷厂有限公司	参加展会	5	美国
	走访客户	3	马来西亚、菲律宾
	走访客户	3	泰国
抚顺高科电瓷电气制造有限公司	商务洽谈	3	德国
	参加展会	3	美国
	商务洽谈	3	俄罗斯
	参加展会	2	南非
醴陵华鑫电瓷科技股份有限公司	参加展会	6	德国、美国
	商务走访	8	俄罗斯、印度
南阳金冠电气有限公司	参加展会	2	美国
	参加展会	2	南非
湖南华联火炬电瓷电器有限公司	参加展会	4	美国
	商务洽谈	2	瑞典
萍乡百斯特电瓷有限公司	参加展会	2	印度
	参加展会	2	美国
	参加展会	2	印度尼西亚
	参加展会	2	南非

（续）

考 察 单 位	考察内容	人数	国家或地区
河南爱迪德电力设备有限责任公司	走访客户	2	德国、印度
四川省宜宾环球集团有限公司	参加展会	2	美国
	高层会面	2	印度
	商务洽谈	1	巴西、秘鲁、法国
	商务洽谈	2	德国
萍乡市华为电瓷电器科技有限公司	参加展会	3	巴西
	商务洽谈	3	澳大利亚
山东瑞泰玻璃绝缘子有限公司	商务洽谈	2	印度
湖南太阳电力电瓷电器制造有限公司	走访客户	3	泰国、印度尼西亚、巴基斯坦
中材高新材料股份有限公司	商务洽谈	3	德国
	考察	4	意大利
浙江中能电气有限公司	参加展会	3	越南
济南玫德铸造有限公司	参加展会	2	美国
	走访客户	3	美国
	参观学习	2	美国
	参加展会	2	意大利
	参加展会	2	南非
	走访客户	2	马来西亚
	走访客户	1	印度
	走访客户	3	德国
	走访客户	3	西班牙
	参观学习	12	日本
	拜访亚洲玛钢协会	3	泰国
	参加展会	2	德国
	走访客户	3	墨西哥
山东合太恒科技股份有限公司	考察调研	3	意大利、德国
巩义市铠源超细粉有限公司	市场考察	3	美国

行业会议 中国电器工业协会绝缘子避雷器分会2012年会员大会于2012年9月14—17日在重庆市召开，来自全国绝缘子避雷器行业的153家单位的201位代表参加了此次会议。大会完成了绝缘子避雷器分会的换届工作。新一届（第六届）理事会由49家理事单位组成，李鹏（西安高压电器研究院有限责任公司）任理事长，刘桂雪（大连电瓷集团股份有限公司）、冯元（西安西电高压电瓷有限责任公司）、沈其荣［南京电气（集团）有限责任公司］、吕怀发（西安西电避雷器有限责任公司）、肇辉（抚顺电瓷制造有限公司）、陈安（西安西电高压套管有限公司）、曹惠林（上海电瓷厂）、韦洪根（苏州电瓷厂有限公司）、刘泽良（唐山高压电瓷有限公司）任副理事长，姚君瑞（西安高压电器研究院有限责任公司）任秘书长。大会表彰了重庆鸽牌电瓷有限公司等10家2012年先进会员单位，并颁发了奖牌。

中国电工技术学会电工陶瓷专委会2012年工作会议暨学术交流会于2012年9月3—5日在上海市召开。国务院三峡办李秦副司长提出了技术引导市场的概念，国家能源局能源节约和科技装备司王书强处长谈论了可持续发展的问题和国家产业政策等。工业和信息化部科技司张力超处长指出科技和产业要紧密结合。会议论文集共收录绝缘子避雷器方面的论文19篇。

中国电器工业协会绝缘子避雷器分会2012年统计工作会议于2012年12月12—14日在昆明市召开。参加会议的有来自行业20家单位的26名代表。会议主要内容有：绝缘子避雷器行业2011年统计工作总结及2012年统计与经济运行分析工作安排；介绍了2011年绝缘子避雷器行业经济运行情况；讲解了绝缘子避雷器年报表中统计指标的计算方法，规范统一计算口径；相互交流互相学习，提高企业和行业的统计水平。

编辑出版

1.《绝缘子避雷器动态》

《绝缘子避雷器动态》为内部出版发行刊物，1958 年创刊，2012 年 12 期的总期号为 356 期。《绝缘子避雷器动态》2012 年出版 12 期，报导各类信息近 300 条。主要有政策法规 10 篇、特约专稿 5 篇、行业活动近 20 条、企业动态 50 余条、企业大事记 45 家单位、市场分析 7 篇、技术交流 3 篇、质量与标准 10 余条、综合信息约 80 条，还有公告栏（国家绝缘子避雷器质量监督检验中心发放的检验报告名录）、新会员简介、资料信息、服务台等栏目。

2.《2011 年绝缘子避雷器行业统计资料汇编》

《2011 年绝缘子避雷器行业统计资料汇编》共收集了行业 105 家企业的统计资料（其中生产企业 89 家、配套件企业 16 家），生产企业工业总产值为 97.26 亿元，经济总量占全行业的近 70%，覆盖行业内全部电压等级、全部产品类型。主要内容包括"2011 年绝缘子避雷器行业综述""汇总表""主要经济指标排序""主要产品产量排序""各企业报表"和"绝缘子避雷器行业统计指标解释"六部分。

和往年相比，《2011 年绝缘子避雷器行业统计资料汇编》收录的企业数继续增加，每年必录的企业 70 家左右，基本保证了数据的纵向可比性。

3.《复合绝缘子技术文集》

翻译出版《复合绝缘子技术文集》，收录复合绝缘子文章 22 篇。

4.《电瓷避雷器》

《电瓷避雷器》为公开出版发行刊物，2012 年共出版 6 期，第 6 期的总期号为 250 期，全年共刊登论文 100 余篇。

〔撰稿人：中国电器工业协会绝缘子避雷器分会倪淑文、杨军　审稿人：中国电器工业协会绝缘子避雷器分会姚君瑞　审定人：西安高压电器研究院有限责任公司元复兴〕

继电保护及自动化设备

生产发展情况　2012 年，继电保护及自动化设备行业参加统计工作的企业 137 家，上报统计数据的 87 家。没有上报数据的企业，根据上市公司年报或者企业在协会申报注册的资料进行保守统计计算。

2012 年，继电保护及自动化设备行业完成主营业务收入 475.07 亿元，实现利润总额 58.22 亿元。参与统计的行业内企业资产总额 918.89 亿元；全部职工人数 78 253 人，其中工程技术人员 39 482 人。2012 年继电保护及自动化设备行业经济指标见表 1。2012 年继电保护及自动化设备行业主营业务收入 20 强企业见表 2。2012 年继电保护及自动化设备行业总资产贡献率 20 强企业见表 3。2012 年继电保护及自动化设备行业全员劳动生产率 20 强企业见表 4。2012 年继电保护及自动化设备行业经济效益综合指数 20 强企业见表 5。2012 年继电保护及自动化设备行业部分企业出口情况见表 6。

表 1　2012 年继电保护及自动化设备行业经济指标

指标名称	单位	2012 年	2011 年	比上年增长（%）	指标名称	单位	2012 年	2011 年	比上年增长（%）
企业数	家	137	132	3.79	固定资产	万元	4 020 680	2 970 024	35.38
主营业务收入	万元	4 750 730	3 814 051	24.56	流动资产	万元	6 378 031	4 878 780	30.73
利润总额	万元	582 216	554 643	4.97	全部职工人数	人	78 253	65 192	20.03
资产总额	万元	9 188 760	6 540 767	40.48					

表 2　2012 年继电保护及自动化设备行业主营业务收入 20 强企业

序号	企业名称	主营业务收入（万元）	序号	企业名称	主营业务收入（万元）
1	许继集团有限公司	1 037 330	11	长园深瑞继保自动化有限公司	87 000
2	国电南瑞科技股份有限公司	602 793	12	江苏金智科技股份有限公司	82 120
3	南京南瑞继保电气有限公司	416 348	13	积成电子股份有限公司	69 980
4	国电南京自动化股份有限公司	414 723	14	河南思达高科技股份有限公司	48 282
5	思源电气股份有限公司	289 173	15	广州智光电气股份有限公司	46 122
6	东方电子集团有限公司	205 109	16	重庆新世纪电气有限公司	43 402
7	北京四方继保自动化股份有限公司	164 493	17	山东鲁能智能技术有限公司	36 093
8	上海置信电气股份有限公司	154 592	18	宁波福特继电器有限公司	32 534
9	深圳市科陆电子科技股份有限公司	137 890	19	石家庄科林电气股份有限公司	31 681
10	北海银河高科技产业股份有限公司	93 294	20	北京紫光测控有限公司	30 337

表3　2012年继电保护及自动化设备行业总资产贡献率20强企业

序号	企业名称	总资产贡献率（%）	序号	企业名称	总资产贡献率（%）
1	浙江南瑞电力自动化有限公司	43.15	11	上海安科瑞电气股份有限公司	23.27
2	上海华通自动化设备有限公司	31.34	12	南京因泰莱电器股份有限公司	23.20
3	江苏斯菲尔电气股份有限公司	28.54	13	上海中发电力自动化有限公司	23.00
4	山东科汇电力自动化有限公司	26.87	14	许昌中正电子科技有限公司	22.57
5	长园深瑞继保自动化有限公司	26.84	15	西门子电力自动化有限公司	22.49
6	南京南瑞继保电气有限公司	26.01	16	广东南丰电气自动化有限公司	22.30
7	石家庄科林电气股份有限公司	25.25	17	河南东海电气有限公司	22.18
8	西安市远征科技有限公司	24.92	18	北京紫光测控有限公司	21.90
9	宁波福特继电器有限公司	24.60	19	天津市双源津瑞科技有限公司	21.71
10	保定和易法电气科技有限公司	23.52	20	成都瑞科电气有限公司	19.48

表4　2012年继电保护及自动化设备行业全员劳动生产率20强企业

序号	企业名称	全员劳动生产率（元/人）	序号	企业名称	全员劳动生产率（元/人）
1	南京南瑞继保电气有限公司	1 476 908.78	11	山东鲁能智能技术有限公司	261 533.33
2	上海中发电力自动化有限公司	1 437 272.73	12	广东南丰电气自动化有限公司	255 680.00
3	上海置恒电气有限公司	1 325 750.00	13	积成电子股份有限公司	249 073.45
4	北京四方继保自动化股份有限公司	1 226 846.01	14	浙江华源电气有限公司	234 939.76
5	许继集团有限公司	723 300.34	15	许昌中正电子科技有限公司	225 217.39
6	东方电子集团有限公司	611 039.39	16	哈尔滨光宇电气自动化有限公司	219 230.77
7	武汉中元华电科技股份有限公司	531 739.13	17	重庆新世纪电气有限公司	213 651.45
8	山东科汇电力自动化有限公司	362 710.84	18	浙江南瑞电力自动化有限公司	208 875.00
9	南京钛能电气有限公司	328 947.37	19	西安市远征科技有限公司	199 242.42
10	南京因泰莱电器股份有限公司	278 419.35	20	石家庄科林电气股份有限公司	194 166.67

表5　2012年继电保护及自动化设备行业经济效益综合指数20强企业

序号	企业名称	经济效益综合指数	序号	企业名称	经济效益综合指数
1	南京南瑞继保电气有限公司	11.88	11	南京钛能电气有限公司	3.49
2	上海中发电力自动化有限公司	10.18	12	南京因泰莱电器股份有限公司	3.35
3	北京四方继保自动化股份有限公司	9.15	13	石家庄科林电气股份有限公司	3.14
4	上海置恒电气有限公司	8.92	14	广东南丰电气自动化有限公司	3.14
5	许继集团有限公司	5.39	15	西安市远征科技有限公司	3.01
6	武汉中元华电科技股份有限公司	4.52	16	上海华通自动化设备有限公司	2.89
7	东方电子集团有限公司	4.41	17	江苏斯菲尔电气股份有限公司	2.78
8	山东科汇电力自动化有限公司	4.09	18	山东泰开自动化有限公司	2.77
9	上海安科瑞电气股份有限公司	3.59	19	积成电子股份有限公司	2.75
10	浙江南瑞电力自动化有限公司	3.52	20	许昌中正电子科技有限公司	2.70

表6　2012年继电保护及自动化设备行业部分企业出口情况

企业名称	2012年（万元）	同比增长（%）	企业名称	2012年（万元）	同比增长（%）
河南思达高科技股份有限公司	27 611	-28.57	阿城继电器股份有限公司	3 592	342.91
国电南瑞科技股份有限公司	19 211	64.00	西门子电力自动化有限公司	2 756	459.03
宁波福特继电器有限公司	16 617	-11.95	重庆新世纪电气有限公司	2 604	-38.80
东方电子集团有限公司	12 198	1.26	许继集团有限公司	1 574	-80.34
思源电气股份有限公司	9 975		积成电子股份有限公司	601	-43.14
南京南瑞继保电气有限公司	9 947	29.08	江苏斯菲尔电气股份有限公司	192	
北海银河高科技产业股份有限公司	7 539		山东科汇电力自动化有限公司	165	-0.60
深圳市科陆电子科技股份有限公司	7 324	0.69	苏州万龙电气集团股份有限公司	75	59.57
北京四方继保自动化股份有限公司	5 515	-0.29	湖北天瑞电子有限公司	37	60.87

继电保护及自动化设备行业2012年抽样调查87家企业进行了主要产品的产销存情况统计，调查范围包括国有及国有控股企业、三资企业、民营企业等大、中、小各类企业。2012年主要产品产、销、存情况见表7。

表7　2012年主要产品产、销、存情况

产品类别	产量		销量		库存量
	实物量（套）	价值量（万元）	实物量（套）	出口量（套）	实物量（套）
总　计	25 463 307	618 889	14 245 795	15 576	13 395 160
变电站自动化系统	72 168	111 807	71 126		5 286
变压器保护装置	41 611	18 180	42 222		1 571
其他	1 479 179	68 348	1 425 104		293 383
调度自动化系统	19 421	61 808	19 383	45	2 622
断路器保护装置	1 453 802	10 262	148 357		
发电厂自动化系统	3 466	11 178	2 930	5	94
继电器	30 085	41 934	29 963	6 593	784
开关电源	905 652	45 138	779 839		157 146
连接器	20 560 161	6 460	10 485 237		12 401 055
母线保护装置	30 254	6 893	30 157	28	668
配电自动化系统	71 939	34 353	67 947	102	3 933
其他保护装置	615 616	118 345	610 703	8 634	85 874
水电站自动化系统	2 615	17 038	2 587	37	26
线路保护装置	88 210	29 065	82 002	114	1 946
新能源类	89 128	38 080	448 238	18	440 772

行业结构　2012年，参与统计的137家企业中，国有及国有控股企业16家，民营企业112家，外资企业9家。国有企业规模较大，2012年主营业务收入完成268.7亿元，占总收入的56.56%；民营企业盈利能力较强，主营业务收入占全行业的31.04%，利润总额占总利润的39%；三资企业数量相对较少，而且更多的是和国内巨头合作参与市场竞争，所占市场份额较小。

137家企业中，主营业务收入3亿元以上的大型企业19家，共完成主营业务收入391.76亿元，占总收入的82.46%；主营业务收入3 000万元至3亿元的中型企业47家，共完成主营业务收入53.92亿元，占总收入的11.34%；主营业务收入3 000万元以下的小型企业71家，完成主营收入29.42亿元，占总收入的6.2%。按照“贝恩思分类法”，行业为寡头垄断型，行业集中度较高。

137家企业，基本集中在珠三角经济圈、长三角经济圈、京津冀都市经济圈（渤海湾经济圈），行业集中度较高。

珠三角经济圈分布了41家企业，主要营业收入1 016 181万元，占比21.34%；实现利润总额127 331万元，占比24.69%。企业发展迅速，规模虽然不大，但盈利能力较强。长三角分布了46家企业，主营业务收入2 120 726万元，占比47.64%；实现利润总额245 689万元，占比44.64%。我国继电保护的主要大中型企业都集中在此。京津冀都市经济圈带分布了35家行业企业；主营业务收入1 193 383万元；实现利润总额103 763万元，占比20.12%。

137家企业分布在全国19个省、直辖市，其中江苏、广东、上海、北京、河北、浙江、山东7个企业最多的地区集中了108家企业。河南虽然只统计了8家企业，但其拥有的行业龙头企业许继集团2012年主营业务收入接近104亿元，占总收入的21.89%，并且盈利能力高于行业平均值。

2012年继电保护及自动化设备行业不同经济类型企业主要经济指标及其行业占比见表8。

表8　2012年继电保护及自动化设备行业不同经济类型企业主要经济指标及其行业占比

指标名称	单位	合计	国有及国有控股企业	民营企业	三资企业
企业数	家	137	16	112	9
占比	%	100.00	11.68	81.75	6.57
主营业务收入	亿元	475.1	268.7	147.5	58.9
占比	%	100.00	56.56	31.04	12.40
利润总额	亿元	58.2	31.2	22.7	4.3
占比	%	100.00	53.61	39.00	7.39
全部职工人数	人	78 253	56 172	23 740	8 261
占比	%	100.00	63.35	26.89	9.36

上市公司　我国智能电网产业链的上市公司主要涉及电力电网设备类、电力自动化/智能化、高压/特高压设备等上市公司。2012年，继电保护及自动化设备行业统计的137家企业中，涉及继电保护及自动化设备行业的上市公司20家，继电保护及自动化产业链上市公司13家，共33家上市公司。2012年，33家上市公司实现主营业务收入7 105 094万元，工业总产值7 811 415万元，销售产值6 825 297万元，利润总额403 095万元。2012年继电保护及自动化设备行业产业链上、下游33家上市公司主要经济指标见表9。

表9　2012年继电保护及自动化设备行业产业链上、下游33家上市公司主要经济指标

（单位：万元）

序号	企业名称	主营业务收入	工业总产值	销售产值	利润总额
1	特变电工股份有限公司	2 032 514	1 150 535	1 150 535	105 490
2	许继集团有限公司	1 037 330	1 383 693	1 376 663	69 485
3	国电南瑞科技股份有限公司	602 793	414 723	414 723	53 680
4	国电南京自动化股份有限公司	414 723	867 439	355 141	36 795
5	思源电气股份有限公司	289 173	434 266	268 224	34 144
6	保定天威保变电气股份有限公司	282 967	282 967	282 967	-168 328
7	东方电子集团有限公司	205 109	201 034	201 643	6 016
8	北京四方继保自动化股份有限公司	164 493	289 173	289 173	35 702
9	上海置信电气股份有限公司	154 592	112 236	112 236	23 870
10	深圳市科陆电子科技股份有限公司	137 890	95 730	95 730	9 633
11	华仪电气股份有限公司	131 949	131 949	131 949	5 225
12	荣信电力电子股份有限公司	128 713	112 412	112 412	10 105
13	北京科锐配电自动化股份有限公司	112 412	99 048	99 048	22 765
14	河南森源电气股份有限公司	99 048	66 393	66 393	9 573
15	北海银河高科技产业股份有限公司	93 294	39 554	39 554	3 454
16	长园集团股份有限公司	241 322	427 657	241 322	28 481
17	三变科技股份有限公司	83 807	128 713	128 713	12 908
18	江苏金智科技股份有限公司	82 120	164 265	164 265	4 785
19	积成电子股份有限公司	69 980	48 282	72 036	9 271
20	青岛特锐德电气股份有限公司	66 393	42 675	42 675	9 574
21	江苏东源电器集团股份有限公司	59 337	83 807	83 807	587
22	宏发科技股份有限公司	300 825	296 190	167 489	46 512

（续）

序号	企业名称	主营业务收入	工业总产值	销售产值	利润总额
23	河南思达高科技股份有限公司	48 282	602 793	602 793	3 232
24	广州智光电气股份有限公司	46 122	25 175	25 175	−5 295
25	哈尔滨九洲电气股份有限公司	42 675	31 497	31 497	4 987
26	福建中能电气股份有限公司	31 497	21 722	21 722	1 289
27	麦克奥迪（厦门）电气股份有限公司	29 191	29 191	29 191	4 128
28	深圳奥特迅电力设备股份有限公司	25 175	28 401	22 565	3 135
29	青岛市恒顺电气股份有限公司	24 726	24 726	24 726	6 277
30	东北电气发展股份有限公司	21 722	59 337	59 337	5 832
31	上海安科瑞电气股份有限公司	16 236	16 618	16 236	5 169
32	珠海万力达电气股份有限公司	15 447	82 120	82 120	1 542
33	武汉中元华电科技股份有限公司	13 237	17 094	13 237	3 072

市场分布　截至2012年年底，国家电网公司220kV及以上电压等级系统在运的进口保护装置中，ABB公司的市场占有率最高，其生产的产品占全部进口装置的57.32%，其次分别是ALSTOM公司（19.56%）、SEL公司（10.81%）、GE公司（7.07%）、三菱公司（2.44%）、西门子公司（2.34%）。2012年国外主要保护厂家各电压等级产品市场占有率见表10。2012年国外主要保护厂家各电压等级产品市场占有率见表11。

表10　2012年国外主要保护厂家各电压等级产品市场占有率　（%）

制造厂家	750kV系统	500kV系统	330kV系统	220kV系统
ABB		61.37	39.58	45.87
ALSTOM		22.25	20.83	11.56
SEL		7.40	10.42	6.03
GE		4.25	6.25	30.39
三菱	100.00	3.02	22.92	0.06
西门子		1.40		5.20

表11　2012年国外主要保护厂家各类保护装置市场占有率　（%）

保护类别	ABB	ALSTOM	GE	SEL	日本三菱	西门子
线路保护	48.74	34.31	9.22	2.78	4.37	0.56
母线保护	95.02	0.15	3.22	1.03	0.44	
变压器保护	59.78	2.71	5.57	25.65	0.1	5.86
电抗器保护	77.42				3.23	12.90
断路器保护	55.33	29.71	2.41	8.25	3.65	0.15
过电压远跳保护	85.28	3.68		9.82		1.23
其他保护	22.26	23.26	34.88	4.65	2.99	7.97

截至2012年年底，220kV及以上电压等级系统中，国内各主要保护厂家的市场占有情况如下：南京南瑞继保电气有限公司（以下简称南瑞继保）生产的保护装置共53 164台，占全部保护装置的44.99%；国电南京自动化股份有限公司（以下简称国电南自）生产的保护装置共26 319台，占全部保护装置的22.27%；北京四方继保自动化股份有限公司（以下简称北京四方）生产的保护装置共20 241台，占全部保护装置的17.13%；许继电气股份有限公司（以下简称许继电气）生产的保护装置共9 126台，占全部护装置的7.72%；长园深瑞继保自动化有限公司（以下简称长园深瑞）生产的保护装置共7 621台，占全部保护装置的6.45%。2012年国内主要保护厂家各电压等级保护装置市场占有率见表12。2012年国内主要企业各类保护装置市场占有率见表13。2012年国内主要企业各区域电网保护装置市场占有率见表14。

表12　2012年国内主要保护厂家各电压等级保护装置市场占有率　（%）

制造厂家	1 000kV系统	750kV系统	500kV系统	330kV系统	220kV系统
南京南瑞继保电气有限公司	48.05	40.99	55.38	34.49	43.34
国电南京自动化股份有限公司	15.58	14.42	16.43	22.42	23.90
北京四方继保自动化股份有限公司	18.18	21.70	15.44	25.97	16.68
许继电气有限公司	12.99	18.69	4.12	11.06	8.15
长园深瑞继保自动化有限公司	5.19	4.21	4.92	5.52	6.96

表 13　2012 年国内主要企业各类保护装置市场占有率　（%）

保护类别	南京南瑞继保电气有限公司	国电南京自动化股份有限公司	北京四方继保自动化股份有限公司	许继电气有限公司	长园深瑞继保自动化有限公司
线路保护	48.37	20.05	20.22	7.72	3.25
母线保护	33.17	11.72	6.00	7.78	39.94
变压器保护	39.89	30.46	13.73	9.01	3.93
电抗器保护	35.52	38.79	11.25	8.67	3.51
断路器保护	47.12	23.07	19.19	6.40	3.16
过电压远跳护	55.03	12.32	23.14	7.77	1.41
其他保护	47.51	28.86	10.43	9.67	0.79

表 14　2012 年国内主要企业各区域电网保护装置市场占有率　（%）

制造厂家	华北电网	华东电网	华中电网	东北电网	西北电网	国调直调
南京南瑞继保电气有限公司	51.16	46.00	43.86	38.87	35.08	61.48
国电南京自动化股份有限公司	21.13	29.30	20.45	14.49	19.58	14.07
北京四方继保自动化股份有限公司	18.11	13.01	13.26	28.70	22.05	16.17
许继电气股份有限公司	3.31	2.73	14.75	6.09	17.12	3.21
长园深瑞继保自动化有限公司	5.31	6.46	6.51	10.92	5.23	3.46

运行情况　截至 2012 年年底，国家电网公司 220kV 及以上交流系统（含青海和西藏 110kV 系统，下同）继电保护装置共有 125 320 台，比 2011 年增加 24 277 台，增幅 24.02%。2012 年国家电网公司继电保护装置分布情况见表 15。

表 15　2012 年国家电网公司继电保护装置分布情况　（单位：台）

保护类别	1 000kV 系统	750kV 系统	500kV 系统	330kV 系统	220kV 系统	小计
总　计	77	1 500	27 505	7 889	88 349	125 320
线路保护装置	8	291	6 974	1 785	40 263	49 321
母线保护装置	12	142	2 265	705	8 155	11 279
变压器保护装置	24	118	3 692	920	19 889	24 643
电抗器保护装置	8	213	907	108	48	1284
断路器保护装置	17	333	7 797	2 086	17 188	27 421
过电压及远跳保护装置	8	285	3 409	1 544	389	5 635
其他保护装置		118	2 461	741	2 417	5 737

截至 2012 年年底，国家电网公司 220kV 及以上交流系统共有微机型保护装置 124 511 台，微机化率 99.35%，微机化率提高 0.76 个百分点。2012 年继电保护装置微机化率见表 16。2012 年继电保护装置国产化率见表 17。

表 16　2012 年继电保护装置微机化率　（%）

保护类别	1 000kV 系统	750kV 系统	500kV 系统	330kV 系统	220kV 系统	合计
总　计	100.00	100.00	98.83	99.40	99.50	99.35
线路保护装置	100.00	100.00	100.00	100.00	99.98	99.98
母线保护装置	100.00	100.00	92.94	99.43	98.43	97.41
变压器保护装置	100.00	100.00	97.81	100.00	99.76	99.47
电抗器保护装置	100.00	100.00	97.13	100.00	97.92	97.90
断路器保护装置	100.00	100.00	99.71	99.38	98.80	99.11
过电压远跳保护装置	100.00	100.00	99.88	100.00	100.00	99.93
其他保护装置	100.00	100.00	98.90	95.95	98.01	98.15

表17　2012年继电保护装置国产化率　(%)

保护类别	1 000kV系统	750kV系统	500kV系统	330kV系统	220kV系统	小计
总　计	100.00	99.87	80.73	99.39	97.97	94.30
线路保护装置	100.00	99.31	72.83	99.27	98.55	94.94
母线保护装置	100.00	100.00	79.29	99.71	97.40	93.94
变压器保护装置	100.00	100.00	68.96	98.15	95.46	91.61
电抗器保护装置	100.00	100.00	96.58	100.00	100.00	97.59
断路器保护装置	100.00	100.00	82.75	99.43	99.92	95.00
过电压及远跳保护装置	100.00	100.00	95.28	100.00	99.49	97.11
其他保护装置		100.00	89.76	99.46	96.90	94.21

截至2012年年底，220kV及以上系统线路共有纵联保护46 360台，比上年增加3 534台。其中采用光纤通道的有38 932台，比上年增加3 306台，占比83.98%，占比较上年提高0.79个百分点；采用载波通道的有7 400台，比上年增加228台，占比15.96%，占比较上年减少0.79个百分点；采用微波通道的有28台，与上年持平，占比0.06%，占比较上年减少0.01个百分点。

2012年国家电网在用继电保护及自动化设备缺陷原因分布见表18。2012年各电压等级系统缺陷率见表19。2012年各类别保护装置的缺陷率见表20。2012年保护装置缺陷部位及占比见表21。

表18　2012年国家电网在用继电保护及自动化设备缺陷原因分布　(%)

缺陷原因	危急缺陷	严重缺陷	一般缺陷	缺陷原因	危急缺陷	严重缺陷	一般缺陷
制造质量不良				调试质量不良	3.28	2.33	1.49
插件损坏	67.54	54.19	50.46	设备老化	4.92	6.98	2.48
原理缺陷	1.64	2.33	2.48	辅接点异常	1.31	0.23	1.28
内部通信中断	2.30	4.19	4.46	外部干扰	0.98	2.56	3.26
装置死机	4.26	6.16	5.60	其他	11.15	16.97	23.95
运行维护不良	2.62	4.07	4.54				

表19　2012年各电压等级系统缺陷率　(单位:次/百台·年)

缺陷原因	750kV系统	500kV系统	330kV系统	220kV系统	缺陷原因	750kV系统	500kV系统	330kV系统	220kV系统
总　计	1.000	1.643	2.104	2.199	运行维护不良	0.133	0.062	0.114	0.089
制造质量不良					调试质量不良		0.029	0.038	0.045
插件损坏	0.867	0.796	1.306	1.187	设备老化		0.091	0.076	0.089
原理缺陷		0.062	0.051	0.044	辅接点异常		0.015	0.063	0.017
内部通信中断		0.073	0.063	0.092	外部干扰		0.091	0.076	0.045
装置死机		0.080	0.203	0.121	其他		0.345	0.114	0.468

表20　2012年各类别保护装置的缺陷率　(单位:次/百台)

缺陷原因	线路保护装置	母线保护装置	变压器保护装置	电抗器保护装置	断路器保护装置	过电压及远跳保护装置	其他保护装置
制造质量不良							
插件损坏	1.389	1.569	0.763	0.545	0.398	0.532	0.488
原理缺陷	0.047	0.035	0.028	0.000	0.022	0.053	0.000
内部通信中断	0.146	0.044	0.012	0.078	0.018	0.053	0.052
装置死机	0.118	0.062	0.049	0.156	0.033	0.053	0.000
运行维护不良	0.140	0.080	0.057	0.000	0.007	0.018	0.192

（续）

缺 陷 原 因	线路保护装置	母线保护装置	变压器保护装置	电抗器保护装置	断路器保护装置	过电压及远跳保护装置	其他保护装置
调试质量不良	0.071	0.018	0.016	0.078	0.011	0.035	0.070
设备老化	0.122	0.071	0.028	0.156	0.062	0.000	0.279
辅接点异常	0.018	0.080	0.008	0.000	0.007	0.000	0.035
外部干扰	0.130	0.027	0.012	0.000	0.004	0.000	0.000
其他	0.817	0.337	0.101	0.078	0.040	0.177	0.523

表 21　2012 年保护装置缺陷部位及占比

缺陷部位	占比（%）
保护装置本体	
电源插件	10.17
AC 插件	1.82
CPU 插件	12.71
开入插件	2.37
开出插件	0.97
MMI 插件	9.87
A/D（VFC）插件	2.24
其他	16.22
合计	56.37
通道接口设备	17.62
通道加工设备	15.93
二次回路及辅助继电器（含对时回路和通信回路）	10.08

标准　2013 年，继电保护及自动化设备分会标准中心组织我国专家参与制定了 5 项国际标准，完成了 5 项国际标准草案的研究和投票，提交投票意见 140 条，采纳修改建议 80 余条。这 5 项标准分别是：IEC 60255-121 Ed.1《量度继电器和保护装置　第 121 部分：距离保护功能要求》CDV，IEC 60255-149 Ed.1《量度继电器和保护装置　第 149 部分：电热继电器功能要求》FDIS，IEC/IEEE 60255-24 Ed.2《量度继电器和保护装置　第 24 部分：电力系统暂态数据交换通用格式》FDIS，IEC 60255-26 Ed.3《量度继电器和保护装置　第 26 部分：电磁兼容要求》FDIS，IEC 60255-27 Ed.2《量度继电器和保护装置　第 27 部分：产品安全要求》FDIS。

组织制定了 3 项国家标准：GB/T 14598.26《量度继电器和保护装置　第 26 部分：电磁兼容要求》、GB/T 7267《电力系统保护及自动化机柜（屏）基本尺寸系列》、GB/T 7268《电力系统保护及自动化装置用插箱及插件面板基本尺寸系列》。其中，GB/T 14598.26 是把量度继电器和保护装置领域的所有电磁兼容标准整合在一起，发布实施后将代替本专业的所有电磁兼容标准。2013 年 9 月 24—27 日在四川松潘县召开的全国量度继电器和保护设备标准化技术委员会年会及国家标准审查会，审查通过了 3 项国家标准送审稿。

组织完成了 3 项能源行业标准的制定：《电气化铁路牵引变电所综合自动化系统》《城市轨道交通电力监控系统通用技术要求》和《智能变电站网络报文及分析装置技术条件》。2013 年 4 月 17—19 日在河南郑州召开的标准审查会，审查通过了这 3 项标准的送审稿。当前，已完成标准报批稿并报批。

2013 年 5 月 27—30 日，IEC/TC95 MT4（功能标准）国际工作组会议在匈牙利召开。工作组会议对 IEC 60255-187-1《发电机、变压器、电抗器差动保护功能要求》草案进行了讨论，并对即将开展的 IEC 60255-187-2/3《母差、线路差动保护功能要求》的下一步工作进行了研讨。会议通报了 IEC 60255-121《距离保护功能要求》和 IEC 60255-149《电热继电器功能要求》标准的最新进展情况。我国专家胡家为、赵希才参加了会议。

2013 年 5 月 31 日，国家标准化管理委员会在许昌召开国家智能电网综合标准化试点工作启动会。会议决定在新能源并网、智能变电站、智能调度、电动汽车充换电以及技术标准国际输出 5 个领域选取 12 个工程项目开展试点工作。

智能电网设备入网检测　2013 年，行业检测中心继续加大对新能源产品检测的投入力度。投资 2 000 万元新建 1 MW 光伏逆变器低电压穿越检测平台，能够满足欧美各国光伏电站并网运行准则以及国家电网公司企业标准《光伏电站接入电网技术规定》《光伏电站接入电网测试规程》中关于低电压穿越测试标准的要求。测试装置可以满足最大额定容量 1 MW 和 0.5 MW 及以下光伏逆变器的低电压穿越试验要求。投资 280 万元购置了 630 kW 光伏阵列 IV 模拟器，主要应用于光伏逆变器研发及测试。

行业规约测试中心积极参与各类智能电网设备的研究和试验活动，构筑了电力用户与制造企业间技术协调的新平台：积极配合国家电网公司智能电网和智能变电站技术研究工作，承担了模拟量输入式合并单元、合并单元智能终端集成装置、故障录波装置和网络记录分析仪等多项测试规范的编写任务；积极构建继电保护故障信息系统测试、智能变电站过程层设备性能测试、时间同步系统测试、通信规约一致性测试等自动化试验平台。

为适应国家标准和行业标准的新要求，行业检测中心按新的国家标准配备了试验仪器设备，还承担了国家电网公司科技项目“智能变电站车载电磁兼容控制及试验平台研制”的部分研究工作：增加了数字继电保护测试仪以满足 IEC 61850 智能变电站相关数字化产品的测试能力要求；自主研发了触点性能试验装置，满足国家标准对触点性能负荷控制、接通容量、断开容量的测试要求；对电磁兼容辐射电磁场试验设备进行了升级，满足国际及国家标准最高测试频率由 1 GHz 提高到 2.7 GHz 的要求；为满足无线电干扰委员会标准 CISPR 22 及 CISPR 11 提出的辐射骚扰频率提高至 6GHz 的检测要求，行业电磁兼容测试中心投入资金逾 80 万元购进测试频率达 7GHz 的测量接收机，并对天线等附件进行了相应升级。

行业检测中心对电磁兼容试验中心交流电网检测能力进行了升级，购入能够满足 500 kW 及以下光伏逆变器检测用桥堆整流式直流电源及耐电压至 10 kV 电压探头。行业电磁兼容测试中心已成为国内唯一能够满足金太阳认证电磁兼容全项目检测的实验室。电磁兼容测试中心先后购入 2 套检测设备——静电放电发生器、电快速瞬变脉冲群测试仪及浪涌抗扰度测试仪，打造了多项检测两套测试平台，基本满足了日益增加的检测需求。2013 年，电磁兼容测试中心承担了国家电网公司科技项目"智能变电站车载电磁兼容控制及试验平台研制"的部分研究工作，制定国家电网标准 1 项、完成技术论文 2 篇、研制车载电磁兼容试验平台 1 套。

行业电力系统仿真中心已具备满足直流±1 100 kV、交流 1 000 kV 等交直流混联大系统的电力系统仿真研究和动模试验能力。自主研发成功 F6-10000 试验专用多功能录波分析装置和 Profisim 直流现场层模拟系统，两项成果均顺利通过省级鉴定，达到国际领先水平；2012 年至今，针对含有分布式电源独立型或并网型的微电网系统，建立物理动模试验模型，开展三态控制保护试验研究；2013 年，开展了国家电网公司溪洛渡左岸—浙江金华±800 kV 特高压直流输电工程控制保护系统的 FPT 和 DPT 试验。

管理 2013 年 4 月 26 日，中国电器工业协会标准化工作委员会二届四次理事会议对电工行业 2012 年、2013 年获得的"中国标准创新贡献奖""机械工业科学技术奖""电工标准—正泰创新奖"进行了颁奖。分会负责起草的 GB/T 22390.1~6—2008《高压直流输电系统控制与保护设备》荣获"电工标准—正泰创新奖"一等奖。

2013 年分会完成了会员企业许继集团有限公司信用等级的复评工作。积成电子股份有限公司、重庆新世纪电气有限公司的信用等级评价复评工作正在积极开展中。

〔撰稿人：许昌开普电气研究院胡韵华、葛艳娜 许昌许继风电科技有限公司邓清阂〕

低压电器

生产发展情况 2012 年，低压电器行业产销平稳增长，利润总额小幅增长，自主开发成果显现，经济运行质量较好。但受原材料成本、劳动力成本、财务成本不断上涨及市场竞争激烈的影响，行业中不少企业的利润和经济效益受到一定程度的冲击，致使低压电器行业整体利润增幅比上年有所下降。2012 年低压电器行业主要经济指标见表 1。

表 1 2012 年低压电器行业主要经济指标

名称	单位	完成	同比增长（%）
产品销售收入	亿元	610	9.47
工业增加值	亿元	146	4.29
利润总额	亿元	44	7.32
低压电器进出口总额	亿美元	55.09	5.33
其中：进口额	亿美元	26.81	0.79
出口额	亿美元	28.28	10.04

根据低压电器产品特点和海关对产品进出口的归类方法，对不同税则号采用不同的统计系数，统计结果为：2012 年低压电器进出口总额 55.09 亿美元，同比增长 5.33%，进出口增幅低于上年。其中，进口额 26.81 亿美元，同比增长 0.79%；出口额 28.28 亿美元，同比增长 10.04%；出口额的增长速度比进口额高 9.25 个百分点。

据行业统计，2012 年低压电器行业工业总产值（低压元器件总产值）上亿元的企业为：

10 亿元以上：浙江正泰电器股份有限公司、德力西电气有限公司、浙江天正电气股份有限公司、厦门 ABB 低压电器设备有限公司、常熟开关制造有限公司（原常熟开关厂）、苏州西门子电器有限公司、上海电器股份有限公司人民电器厂、人民电器集团有限公司。

5 亿~10 亿元：环宇集团有限公司、施耐德万高（天津）电气设备有限公司、天水二一三电器有限公司、上海良信电器股份有限公司、北京 ABB 低压电器有限公司、杭申集团有限公司、天津百利特精电气股份有限公司、华通机电集团有限公司、长城电器集团有限公司、耀华电器集团有限公司、常安集团有限公司、罗格朗低压电器（无锡）有限公司、厦门宏美电子有限公司。

1 亿~5 亿元：上海西门子线路保护系统有限公司、上海精益电器厂有限公司、北京人民电器厂有限公司、厦门士林电机有限公司、上海人民企业集团温州电器有限公司、上海天逸电器有限公司、江苏大全凯帆电器有限公司、河北宝凯电器有限公司、现代重工（中国）电气有限公司、法泰电器（江苏）股份有限公司、沈阳斯沃电器有限公司、三信国际电器上海有限公司、遵义长征电器开关设备有限责任公司、巨邦电器有限公司、上海第一开关制造有限公司、天水长城控制电器有限责任公司、二一三电器（上海）有限公司、苏州万龙集团有限公司、杭州乾龙电器有限公司、北京正北元电器有限公司、上海电器陶瓷厂有限公司、宁波奇乐电气集团有限公司。

2012 年低压电器行业经济效益综合指数前 10 名企业见表 2。

表2 2012年低压电器行业经济效益综合指数前10名企业

序号	企业名称	经济效益综合指数	总资产贡献率（%）	资本保值增值（%）	资产负债率（%）	流动资产周转率（次）	成本费用利润率（%）	全员劳动生产率（万元/人）	产品销售率（%）
1	施耐德万高（天津）电气设备有限公司	8.62	95.32	129.84	59.27	2.26	52.71	69.26	98.59
2	厦门ABB低压电器设备有限公司	6.53	50.35	114.58	68.63	1.57	35.87	60.61	100.27
3	常熟开关制造有限公司（原常熟开关厂）	5.82	37.21	110.96	40.91	1.34	42.94	48.94	98.03
4	华通机电集团有限公司	4.87	32.61	103.56	50.88	4.80	7.35	51.41	96.97
5	天津百利特精电气股份有限公司	3.95	6.15	73.54	59.88	1.26	6.59	51.17	105.85
6	北京ABB低压电器有限公司	3.65	25.59	75.67	57.02	1.54	25.30	27.93	111.33
7	上海电器股份有限公司人民电器厂	3.37	19.59	60.04	75.60	2.58	4.34	37.28	95.38
8	苏州西门子电器有限公司	3.10	11.17	93.33	65.76	2.14	9.06	32.36	100.73
9	浙江正泰电器股份有限公司	3.09	22.37	99.62	46.03	1.36	19.49	23.42	98.81
10	上海良信电器股份有限公司	3.00	29.39	132.91	39.93	1.77	16.88	19.86	100.00
	行业平均值	2.35	20.57	138.65	52.63	2.29	8.09	16.57	94.33

行业发展特点

1.产销总体保持平稳增长

根据统计分析，整个行业继续保持比较平稳增长的态势。上报的108家企业中，全年生产销售增长的企业占60%左右，15%左右的企业生产销售与2011年基本持平，还有25%左右的企业生产销售比2011年有所下降。

2012年，在公布的第13届中国电气工业100强中，通用低压电器分会会员单位浙江正泰电器股份有限公司等占据百强14席。

2012年，低压电器行业主要产品的产量均有不同程度的增长。2012年低压电器行业主要产品产量见表3。

表3 2012年低压电器行业主要产品产量

产品名称	单位	产量	同比增长（%）
万能断路器	万台	90	9.76
塑壳断路器（含漏电）	万台	4 630	10.56
小型断路器（含漏电）	亿极（亿台）	8.8（5.6）	9.84
接触器	万台	10 500	10.53
刀开关类	万台	1 350	12.50

2.经济运行质量总体尚可

主营业务收入保持平稳增长，但增幅同比减少2.29个百分点；工业增加值和利润总额同比小幅增长，但增幅同比分别减少0.97和0.57个百分点；成本费用利润率高于全国标准值（3.71%）；60%左右的企业总资产贡献率超过10.7%的国家标准值；50%左右的企业流动资产周转率高于1.52次的全国标准值。

3.利润总额增长缓慢

据统计，2012年全行业的利润同比虽有增长，但增长缓慢。受国际经济大环境复杂多变，主要原材料价格持续趋于高位，劳动力成本、财务成本不断上涨，价格与渠道的恶性竞争逐步升级等影响，行业中相当一部分中小企业产品成本增加，利润空间变小，销售负增长，企业利润和经济效益受到影响，15%左右的企业出现亏损。这些企业一方面缺乏规模效益和具有核心竞争力的产品，另一方面长期以来缺乏技术改造，产品单一、产品附加值低引起生产能力过剩，企业缺乏发展后劲。

4.竞争主体愈加多元，加剧市场竞争

低压电器行业形成了跨国公司与国内本土优势企业共存的竞争格局。在我国低压电器市场持续增长和产业升级的驱使下，跨国公司继续携技术与管理优势大力扩张，多渠道渗透国内市场，竞争主体愈加多元，市场竞争加剧。

5.出口贸易增长缓慢

据海关统计，2012年我国低压电器产品的出口额较2011年虽有一定的增长，但增幅明显低于上年。

2012年，进出口量较大的低压电器产品主要为继电器、断路器、熔断器等。继电器产品进口额同比下降2.94%，出口额同比增长2.01%。断路器产品进口额同比下降14.64%，出口额同比增长12.16%。熔断器产品进口额同比增长4.03%，出口额同比增长1.68%。2012年低压电器主要产品进出口情况见表4。

据行业统计，2012年30%左右的企业有一定的出口量，比2011年有所增长，但增幅明显低于上年。

科技成果及新产品 2012年低压电器行业获中国机械工业科学技术奖项目见表5。

表4 2012年低压电器主要产品进出口情况

税号	产品名称	进口		出口	
		数量（个）	金额（万美元）	数量（个）	金额（万美元）
85361000	熔断器，线路 $U \leqslant 1\,000V$	8 545 975 092	55 212	4 465 366 074	20 644
85362000	自动断路器，线路 $U \leqslant 1\,000V$	78 317 988	20 003	476 952 680	79 849
85363000	其他电路保护装置，线路 $U \leqslant 1\,000V$	1 552 517 112	53 565	472 838 225	43 700
85364110	继电器，$U \leqslant 60V$	873 112 096	59 927	1 608 749 389	73 410
85364900	继电器，$60V \leqslant U \leqslant 1\,000V$	171 375 583	26 184	326 697 692	32 555
85365000	开关，线路 $U \leqslant 1\,000V$	10 939 366 316	164 332	9 677 471 274	151 931
85369000	其他连接用电器装置，线路 $U \leqslant 1\,000V$	96 600 127	799 550	136 598 158	544 933

表5 2012年低压电器行业获中国机械工业科学技术奖项目

序号	项目名称	获奖单位名称	获奖人员名单	奖级
1	家用及类似场所用带选择性保护的主断路器（VB60）	上海电器科学研究所（集团）有限公司、法泰电器（江苏）股份有限公司、上海电器陶瓷厂有限公司	尹天文、季慧玉、龚骏昌、葛伟骏、陈颖、虞国荣、林海鸥、周积刚、周英姿、徐锦虎	二等奖
2	小体积、轻量化的中压真空断路器	常熟开关制造有限公司（原常熟开关厂）	王春华、管瑞良、王卫成、杨俊、张福民、倪金松、朱佳梦、彭志东、周健、周鏸	二等奖
3	多变频单元集中控制在电机系统节能中的应用	上海电器科学研究所（集团）有限公司、上海电机系统节能工程技术研究中心有限公司、山西防爆电机（集团）有限公司、上海电科电机科技有限公司、上海格立特电力电子有限公司	冯东升、陈伟华、金惟伟、吴汉熙、杨跃农、强雄、杨枢林、徐静、韩宝江、张毅	二等奖
4	可集成多通信协议的网络化电力监控	上海电器科学研究所（集团）有限公司	吴小东、薛吉、蔡忠勇、奚培锋、琚长江	二等奖
5	GB/T 22696《电气设备的安全风险评估和风险降低》	上海电动工具研究所、机械工业北京电工技术经济研究所、上海电器科学研究所（集团）有限公司、中国电器工业协会许昌智能电网装备试验研究院、苏州市华测检测技术有限公司	李邦协、方晓燕、潘顺芳、李锋、包革、曾雁鸿、张亮、季慧玉、刘文、李晓静	二等奖

2012年，低压电器行业各企业积极开发新产品，据不完全统计，全行业推出了数百种新产品，其特点是高性能、小型化、电子化和智能化等。2012年低压电器行业新产品见表6。

表6 2012年低压电器行业新产品

序号	企业名称	产品型号
1	浙江正泰电器股份有限公司	NC□-09~95交流接触器、DZ47-63小型断路器、NH40-3150A/SZ自动转换开关
2	常熟开关制造有限公司（原常熟开关厂）	CW3V-3200真空断路器，CM5X-125塑壳断路器，CM5L、CM5ZL带剩余电流保护塑壳断路器，CM5Z-250ip电能监测型塑壳断路器，CAP2-1600三、四极自动转换开关电器，CB1-125控制与保护开关电器
3	上海电器股份有限公司人民电器厂	RMM2L-100带剩余电流保护塑壳断路器，RMK-800、1000交流接触器，RMW3-2500万能式断路器，RMM3D系列塑料外壳式断路器
4	浙江天正电气股份有限公司	THK1-45、100控制与保护开关电器，TGM3-250塑壳断路器，THM3L-250具有剩余电流保护的断路器，TGB3LE-63剩余电流断路器，THM2塑壳断路器，TGM1Z-800智能型塑壳断路器，TGM2E-400、630/3N剩余电流保护断路器，TGM2L-100、250/3N剩余电流保护断路器，TGB3S-63小型断路器，TGB1LE-40剩余电流动作断路器

（续）

序号	企业名称	产品型号
5	天水二一三电器有限公司	GSD2-100电动机智能保护器,GSZ4-250J双极直流接触器,GSC3-40/65X交流接触器,GSC2-2000交流接触器,GSZ8-200、400直流接触器,GSB1微型断路器
6	苏州西门子电器有限公司	3KD系列隔离开关
7	华通机电集团有限公司	CFC20J(CJ20J)节能型交流接触器、CFB5S系列小型断路器
8	环宇集团有限公司	DZ47-125小型断路器、HUM18-63N小型断路器
9	上海良信电器股份有限公司	NDM5-160系列塑壳断路器、NCJ1系列手动式转换开关、NDW1-2000系列可带电插拔式控制器、NDW3-4000系列万能式断路器、NDB2L(LE)-25系列剩余电流动作断路器
10	北京人民电器厂有限公司	GW51-2000、3200、5000万能式断路器,GPN-GQ微型断路器,G20微型断路器,GM5-40P双断点微型断路器,GMT32微型断路器,GNT微型断路器
11	法泰电器(江苏)股份有限公司	FTB3(LE)高分段微型断路器、FTM2智能型剩余电流断路器
12	罗格朗低压电器(无锡)有限公司	TX3小型断路器、TX3R带过电流保护的剩余电流动作断路器
13	上海电器陶瓷厂有限公司	STQ自动转换开关电器
14	上海西门子线路保护系统有限公司	5SJ6系列DJ/MT/PT微型断路器、5SU9系列MT/PT/DJ漏电保护开关
15	无锡新宏泰电器有限责任公司	HTW65万能式断路器、HTS塑壳断路器
16	三信国际电器上海有限公司	3SB71N小型断路器经济型、3SL71剩余电流动作断路器、3SC8交流接触器改型、3SW68-2500万能式断路器
17	沈阳斯沃电器有限公司	SIWOM1系列塑料外壳式断路器
18	河北宝凯电器有限公司	BKZ45-32N系列小型断路器、BKZ45L-32N系列剩余电流断路器、BKC1系列交流接触器、BKR1系列热过载继电器、BKQ1-63N末端型双电源自动转换开关
19	北京正北元电器有限公司	BB2-63小型断路器、BM30Z智能塑壳断路器
20	常安集团有限公司	CAH3-63、125隔离开关,CAH2-100隔离开关,CAMHS-100小型断路器,CAM3L-100、250、400、630自动重合闸断路器
21	长城电器集团有限公司	DZ20LE-630剩余电流断路器
22	宁波奇乐电气集团有限公司	QLM2-250H四极塑壳断路器、QLM2L-100四极电子式智能型塑壳断路器
23	宁波燎原电器集团股份有限公司	NLM1G-800塑壳断路器
24	巨邦电气有限公司	GTCPS-45控制与保护开关电器、GTB63-63微型断路器
25	杭州乾龙电器有限公司	QLL2系列剩余电流动作断路器、JD6系列剩余电流动作保护器
26	南京鼎牌电器有限公司	LJM6L剩余电流断路器
27	贵州长征开关制造有限公司	MA60-250、630系列智能型万能式断路器,TBBQ6自动转换开关电器
28	遵义长征电器开关设备有限责任公司	VCP2000-12真空断路器
29	天水长城控制电器有限责任公司	CJ156-800转动式交流接触器
30	上海电科博耳电器开关有限公司	S(D)3-250塑壳断路器、S(D)Z-400新一代智能断路器
31	科都电气有限公司	CKDC1交流接触器、CKDC2交流接触器、CKDR1热继电器
32	上海华联低压电器有限公司	HLM2-125、250、400、800塑壳断路器
33	厦门联容电控有限公司	XKQE-63系列双电源开关、XKQRF系列隔离开关熔断器组、XKQG隔离开关
34	江苏凯隆电器有限公司	CKW60-630智能型万能式断路器、CKW65-4000智能型万能式断路器、CKM65系列塑壳断路器、CKK65-50系列控制与保护电器、CKB65-100系列带选择性保护断路器

产品型号注册与管理 2012年,中国电器工业协会通用低压电器分会共受理产品型号申请111份,其中正式发证49份,预发62份。2012年低压电器发证型号见表7。

表7 2012年低压电器发证型号

序号	申请单位	产品名称	行业型号/企业型号
1	济南凯比电力设备有限公司	小型断路器	KBBB1-63
2	杭州诚翔电气有限公司	塑壳断路器	CXUM1
3	珠海市珈禾电气设备有限公司	自动转换开关	YJHQ1
4	珠海市珈禾电气设备有限公司	控制与保护开关	YJHK
5	浙江万业电气有限公司	塑壳断路器	TSIM2
6	佛山市萌特生电气有限公司	信号灯	AD123
7	佛山市萌特生电气有限公司	按钮	LA123
8	重庆汉道装饰材料有限公司	小型断路器	HADB1
9	杭州同庆电气设备有限公司	塑壳断路器	HTQM1
10	长春钧德科技有限公司	小型断路器	JDTB1
11	长春钧德科技有限公司	剩余电流动作断路器	JDTB1L
12	乐清市金豪电器有限公司	按钮	LA156
13	浙江贝司特电气有限公司	塑壳断路器	VSTM1
14	三信国际电器上海有限公司	万能式断路器	3SW68
15	三信国际电器上海有限公司	小型断路器	3SB71-63
16	浙江兰德电器有限公司	小型断路器	CLDB2
17	佛山市佳华电器科技发展有限公司	塑壳断路器	CFJM1
18	深圳市旭能达电气科技有限公司	万能式断路器	SNW1
19	深圳市旭能达电气科技有限公司	塑壳断路器	SNM1
20	深圳市旭能达电气科技有限公司	剩余电流动作断路器	SNB7L
21	深圳市旭能达电气科技有限公司	小型断路器	SNB7
22	深圳市旭能达电气科技有限公司	自动转换开关	SNQ2
23	深圳市旭能达电气科技有限公司	剩余电流动作断路器	SNM1L
24	浙江盟联电气股份有限公司	塑壳断路器	ZMLM1
25	浙江康飞电气有限公司	塑壳断路器	KFAM1
26	易立特电气无锡有限公司	塑壳断路器	EPM1
27	浙江乾龙科技有限公司	塑壳断路器	QKM1L
28	河北宝凯电器有限公司	小型断路器	BKB75-63
29	梅兰日兰电气集团(苏州)有限公司	塑壳断路器	MRM1
30	梅兰日兰电气集团(苏州)有限公司	小型断路器	MRB65
31	梅兰日兰电气集团(苏州)有限公司	万能式断路器	MRW1
32	盐城市华能电器有限公司	塑壳断路器	FLMM2
33	深圳新宝凯电器有限公司	万能式断路器	XBKW5
34	浙江洛凯电气有限公司	万能式断路器	ROKW1
35	上海精益电器厂有限公司	万能式断路器	HA60
36	南京汉墨电气有限公司	塑壳断路器	HMTM2
37	南京汉墨电气有限公司	万能式断路器	HMTW2
38	扬州龙凤电器设备有限公司	塑壳断路器	LFDM1
39	广发电器集团有限公司	塑壳断路器	GFMM1

（续）

序号	申 请 单 位	产 品 名 称	行业型号/企业型号
40	上海航大电气有限公司	小型断路器	HDEB1-63
41	上海航大电气有限公司	剩余电流动作断路器	HDEB1LE-63
42	浙江兆正机电有限公司	交流接触器	ZZC5
43	浙江兆正机电有限公司	交流接触器	ZZC6
44	威海施耐德电气有限公司	塑壳断路器	WSNM1-100
45	威海施耐德电气有限公司	双电源自动转换开关	WSNQ1-100
46	上海扎可电气有限公司	塑壳断路器	ZSTM2-250
47	苏州凯迪森电气设备有限公司	塑壳断路器	KDSM1
48	苏州凯迪森电气设备有限公司	剩余电流动作断路器	KDSM1L
49	上海德兰尔兰电气有限公司	小型断路器	DLEB1

标准化 2012年全国低压电器标准化技术委员会(以下简称低压电器标委会)制定、修订国家标准8项,参与能源局行业标准制定1项。2012年低压电器行业制定、修订的标准见表8。

表8 2012年低压电器行业制定、修订的标准

序号	标准号	标准项目名称	制定或修订
1	GB/T ××××	低压开关设备和控制设备 第5-7部分:控制电路电器和开关元件 用于带模拟输出的接近设备的要求	制定
2	GB/T ××××	低压开关设备和控制设备 第5-8部分:控制电路电器和开关元件 三位启动开关	制定
3	GB/T ××××	低压开关设备和控制设备 第5-9部分:控制电路电器和开关元件 流量开关	制定
4	GB 16916.1	家用和类似用途的不带过电流保护的剩余电流动作断路器(RCCB) 第1部分:一般规则	修订
5	GB 16917.1	家用和类似用途的带过电流保护的剩余电流动作断路器(RCBO) 第1部分:一般规则	修订
6	GB/T ××××	低压熔断器 第5部分:低压熔断器应用指南(IEC 60269-5:2010 ,IDT)	制定
7	GB/T ××××	低压熔断器 第6部分:太阳能光伏系统保护用熔断体的补充要求(IEC 60269-6:2010 ,IDT)	制定
8	GB/T ××××	低压系统内设备的绝缘配合 第2-1部分:应用指南 IEC 60664系列标准应用指南,定尺寸示例及介电试验(IEC/TR 60664-2-1:2011,IDT)	制定
9	NB/T ××××—201×	风力发电机组 双馈异步发电机用瞬态过电压抑制器	制定

2012年对应的IEC出版物总计64项(其中国际标准56项,技术报告8项),已转化为我国国家标准58项,其中等同采用47项,修改采用11项。

2012年,低压电器标委会秘书处共收到IEC文件101份,其中应投票文件34份,投票率100%。

2012年标准化主要活动有:

2月7—8日,国际电工委员会家用断路器和类似设备技术委员会电击防护工作组的电动汽车和直流研究小组(IEC/SC23E/WG2/IG/EVDC)会议在德国法兰克福举行。7名成员出席了会议,中国派出1名代表参加会议。

2月9日,2012年低压熔断器标准项目第一次工作组会议在上海电器科学研究所顺利召开。13家单位20位代表参加会议。全国熔断器标准化技术委员会秘书长季慧玉在会上总结分析了低压熔断器标准体系,提出下一步工作要求。

3月5—6日,中德电动汽车分工作组EG1专家组会议在天津召开,中德双方共计40余名专家及代表出席会议。中方专家就中国充电接口标准概览、中国充电基础设施标准项目及路线图、中国电动汽车相关标准发展方向、国家电网公司充电设施建设和标准化情况等议题作了相关报告,德方专家就IEC和ISO标准项目概览,IEC 61851-X标准发展方向、混合充电系统、PWM信号(状态、未解决问题、国标和IEC标准对比)、对中国标准的理解和疑问等议题作相关报告并进行了交流,确定了中德双方下一步主要工作。

3月19—20日,全国熔断器标准化技术委员会低压熔断器分技术委员会(SAC/TC340/SC2)在杭州组织召开标准审查会议。24家单位34人参加会议。全国熔断器标准化技术委员会秘书长季慧玉在会上介绍了低压熔断器国内标准体系、国内外发展趋势及国际新动态。

3月20日,GB 16916.1《家用和类似用途的不带过电流保护的剩余电流动作断路器(RCCB) 第1部分:一般规则》和GB 16917.1《家用和类似用途的带过电流保护的剩余电流动作断路器(RCBO) 第1部分:一般规则》标准修订第1次工作组会议在杭州召开,41位技术专家参加会议。会议分别从标准的任务来源;标准的制修订原则;IEC 61008-1:2010版与IEC 61008-1:1996+A1:2002相比,修订的主要内容;IEC 61008-1第3版修改单1正在研究的最新内容四个方面开展讨论。

4月23—28日,IEC SC17B/WG2工作组在日本神户召开会议,就WG2负责的标准制修订计划和制修订内容进行讨论。低压电器标委会派3人参加会议。

5月21—24日,国际电工委员会家用断路器和类似设备分技术委员会小型断路器(IEC SC23E/WG1)和电击防护工作组(IEC SC23E/WG2)会议在杭州举行,来自世界各国24名代表出席会议,低压电器标委会派4人参加会议。

10月1—5日,IEC第76届年会在挪威奥斯陆召开,低压电器标委会派1名代表参加了IEC SC23E家用断路器和类似设备分技术委员会大会、IEC TC64电气装置和电击防护委员会大会、IEC TC23电气附件委员会会议。此次年会的议题是:IEC TC64、TC23和SC23E三个技术委员会涉及的直流应用、电动汽车、智能电网和微网的国际发展趋势及关键技术研究。

10月23—24日,低压电器标委会(SAC/TC 189)、全国低压设备绝缘配合标委会(SAC/TC 417)、全国熔断器标委会(SAC/TC 340)在青岛联席召开标委会工作会议暨标准审查会。94家单位152人参加会议。

行业活动 2月2日,浙江正泰电器股份有限公司IPO募集资金投资项目——上海诺雅克电器有限公司生产基地乔迁庆典在上海市松江工业区举行。

3月14日,中国电器工业协会在北京召开低压电器可靠性工作研讨会,探讨了有序开展低压电器可靠性工作。通用低压电器分会组织正泰、德力西、常熟开关、上海人民、ABB、施耐德等24家行业优秀企业的主要领导和代表共31人参加会议。

4月18—27日,以中国电器工业协会通用低压电器分会秘书长尹天文为团长的109人代表团对德国ABB、法国海格、德国菲尼克斯和德国魏德米勒4家知名电气制造公司进行了技术考察和交流,考察团还参观了德国2012国际楼宇及照明展和汉诺威工业博览会。

6月27日,中国电器工业协会通用低压电器分会在温州召开分会可靠性工作组成立大会,行业28家优秀企业的主要领导和代表共32人参加。会议通过了"可靠性工作组的工作细则",发布了低压电器可靠性提升工程倡议书。

6月27—29日,中国电器工业协会通用低压电器分会会员大会暨2012年行业发展研讨会在温州召开,150家单位近300位代表出席会议。会议以国家宏观经济政策为导向,针对行业企业面临的转型升级、质量提升、自主创新、结构调整等内容开展讨论和交流。

9月5日,"京人电器"杯中国低压电器行业首届"艾唯奖"颁奖典礼在上海举行。"艾唯奖"评选出"十大最具影响力品牌"(ABB、施耐德、西门子、正泰、常熟开关、德力西、上海人民电器厂、伊顿、天水二一三、天正)、"最佳用户满意品牌"(施耐德电气、ABB、常熟开关、正泰电器)、"最具发展潜力品牌"(北京人民电器厂、法泰、良信)、"最佳科技新锐品牌"(北京明日、万龙、凯隆电器)和"十大风云人物"(常熟开关名誉董事长唐春潮、上电科总裁陈平、西门子低压产品事业部总经理贝拓明、德力西总裁齐毅夫、ABB营销总监黄翔、上海人民电器厂厂长沈敬梓、北京人民电器厂董事长南寅、天正电气总裁施长云、杭申集团董事长马传兴、天水二一三总经理倪筱仁)。

9月6日,通用低压电器分会在上海举行第八届中国智能电工技术论坛暨智能电网及能效管理、新能源与智能电器研讨会。围绕智能电网及能效管理、新能源与智能电器两大主题,从产、学、研三个层面深入探讨交流智能电工领域最新的政策、技术、市场等方面的情况及发展趋势。

12月9—22日,中国电器工业协会、通用低压电器分会共同组织中国电工电器制造行业有关领导和专家一行30人前往美国考察。

12月25—28日,中国电工技术学会低压电器专业委员会第十六届学术年会暨第六届第三次专委会在宁波召开,110位代表(包括委员41人)参加会议。34名论文作者进行分组交流,10篇论文荣获优秀论文奖。专委会名誉主任陈德桂、前秘书长陈培国两位老专家荣获"低压电器专业委员会特殊贡献奖"。

〔撰稿人:中国电器工业协会通用低压电器分会孙琪荣〕

防 爆 电 器

生产发展情况 2012年由于国际和国内经济增长减速,煤炭行业经济效益下滑,防爆电器行业也从连续几年两位数的增长回落到平衡发展的阶段。全行业49家重点企业共完成工业总产值982 157万元,比上年增长11.2%;实现利润173 824万元,比上年增长7.6%。

2012年防爆电器行业重点企业工业总产值排序见表1。2012年防爆电器行业重点企业工业销售产值排序见表2。2012年防爆电器行业重点企业主营业务收入排序见表3。2012年防爆电器行业重点企业工业增加值排序见表4。2012年防爆电器行业重点企业总资产贡献率排序见表5。2012年防爆电器行业重点企业全员劳动生产率排序见表6。2012年防爆电器行业重点企业资产负债率排序见表7。2012年防爆电器行业重点企业经济效益综合指数排序见表8。

表 1　2012 年防爆电器行业重点企业工业总产值排序

序号	企业名称	2012 年（万元）	2011 年（万元）	同比增长（%）	序号	企业名称	2012 年（万元）	2011 年（万元）	同比增长（%）
1	华荣科技股份有限公司	189 692	148 683	27.58	26	人民电器集团防爆电器有限公司	11 216	9 789	14.58
2	电光防爆科技股份有限公司	135 882	133 087	2.10	27	德力西集团防爆电器有限公司	9 854	9 731	1.26
3	飞策防爆电器有限公司	45 603	41 744	9.24	28	沈阳市中兴防爆电器总厂	9 500	9 422	0.83
4	八达电气有限公司	41 227	39 820	3.53	29	焦作华飞电子电器股份有限公司	9 057	12 078	-25.01
5	江苏恒通电气仪表有限公司	40 698	37 310	9.08	30	甘肃容和矿用设备集团有限公司	8 773	7 529	16.52
6	济源市矿用电器有限责任公司	36 864	22 316	65.19	31	燎原防爆电器有限公司	8 031	7 285	10.24
7	新黎明防爆电器有限公司	31 176	26 964	15.62	32	沈阳市电工防爆器材厂有限公司	7 309	7 294	0.21
8	山西汾西机电有限公司	28 595	24 785	15.37	33	沈阳三丰电气有限公司	7 300	4 426	64.93
9	合隆防爆电气有限公司	28 540	25 330	12.67	34	沈阳市环宇防爆电器总厂	7 220	6 018	19.97
10	无锡军工智能电气股份有限公司	28 449	20 165	41.08	35	鸡西德元电器有限公司	6 501	8 197	-20.69
11	华夏防爆电气有限公司	27 562	25 641	7.49	36	江苏欧瑞防爆电气有限公司	5 960	4 870	22.38
12	天津市天矿电器设备有限公司	20 225	18 505	9.29	37	焦作市景安机电设备制造有限公司	5 545	6 084	-8.86
13	创正防爆电器有限公司	20 150	18 650	8.04	38	湘潭煤矿机械电器有限公司	4 670	4 278	9.16
14	上海宝临防爆电器有限公司	19 388	16 475	17.68	39	山西长治市防爆电器有限公司	4 200	4 787	-12.26
15	振达科技有限公司	19 332	18 025	7.25	40	沈阳市凯鑫防爆电器厂	4 100	3 300	24.24
16	济源市华宇矿业电器有限公司	18 322	18 231	0.50	41	冀州市南午防爆电器有限公司	3 185	3 268	-2.54
17	沈阳北方防爆股份有限公司	17 696	20 351	-13.05	42	大同市同大防爆电器有限公司	3 038	3 100	-2.00
18	合肥开关厂有限公司	14 463	13 310	8.66	43	沈阳广角成套股份有限公司	2 714	2 687	1.00
19	长城电器集团防爆电器有限公司	14 439	13 752	5.00	44	四平市同创电器设备制造有限公司	1 800	2 116	-14.93
20	济源市煤炭高压开关有限公司	13 732	15 617	-12.07	45	沈阳飞驰科技有限公司	1 706	1 369	24.62
21	淄博市博山防爆电器厂有限公司	13 600	9 640	41.08	46	沈阳华兴防爆器材有限公司	1 676	3 300	-49.21
22	西安重装渭南光电科技有限公司	13 497	11 207	20.43	47	沈阳防爆电器制造有限公司	1 600	1 700	-5.88
23	上海电器厂实业有限公司	12 576	14 158	-11.17	48	四平市四开电器设备制造有限公司	1 119	4 800	-76.69
24	通化变压器制造有限公司	12 392	14 764	-16.07	49	瓦房店防爆电器有限公司	724	700	3.43
25	大庆安正防爆电气有限公司	11 259	6 451	74.53					

表 2　2012 年防爆电器行业重点企业工业销售产值排序

序号	企业名称	2012 年（万元）	2011 年（万元）	同比增长（%）	序号	企业名称	2012 年（万元）	2011 年（万元）	同比增长（%）
1	华荣科技股份有限公司	186 497	158 245	17.85	26	西安重装渭南光电科技有限公司	11 011	10 913	0.90
2	电光防爆科技股份有限公司	114 157	111 591	2.30	27	德力西集团防爆电器有限公司	9 539	9 465	0.78
3	飞策防爆电器有限公司	42 113	40 227	4.69	28	沈阳市中兴防爆电器总厂	9 439	9 416	0.24
4	江苏恒通电气仪表有限公司	40 698	37 310	9.08	29	甘肃容和矿用设备集团有限公司	8 970	7 613	17.82
5	八达电气有限公司	39 087	36 010	8.54	30	焦作华飞电子电器股份有限公司	8 947	12 040	-25.69
6	济源市矿用电器有限责任公司	33 584	20 531	63.58	31	江苏欧瑞防爆电气有限公司	7 521	6 071	23.88
7	无锡军工智能电气股份有限公司	30 259	18 130	66.90	32	燎原防爆电器有限公司	7 258	6 625	9.55
8	新黎明防爆电器有限公司	30 194	27 514	9.74	33	沈阳市电工防爆器材厂有限公司	7 173	7 159	0.20
9	山西汾西机电有限公司	29 212	24 785	17.86	34	沈阳市环宇防爆电器总厂	7 074	5 895	20.00
10	合隆防爆电气有限公司	28 068	24 985	12.34	35	沈阳三丰电气有限公司	6 424	3 689	74.14
11	华夏防爆电气有限公司	23 659	22 691	4.27	36	鸡西德元电器有限公司	5 581	8 019	-30.40
12	创正防爆电器有限公司	20 115	18 562	8.37	37	湘潭煤矿机械电器有限公司	5 200	3 707	40.28
13	天津市天矿电器设备有限公司	19 953	18 271	9.21	38	焦作市景安机电设备制造有限公司	5 176	6 204	-16.57
14	振达科技有限公司	18 752	17 133	9.45	39	山西长治市防爆电器有限公司	4 200	4 787	-12.26
15	上海宝临防爆电器有限公司	18 723	15 690	19.33	40	沈阳市凯鑫防爆电器厂	4 100	3 300	24.24
16	沈阳北方防爆股份有限公司	17 592	20 148	-12.69	41	大同市同大防爆电器有限公司	2 928	2 987	-1.98
17	济源市华宇矿业电器有限公司	16 056	16 156	-0.62	42	冀州市南午防爆电器有限公司	2 869	2 867	0.07
18	长城电器集团防爆电器有限公司	14 810	13 587	9.00	43	沈阳广角成套股份有限公司	2 714	2 687	1.00
19	合肥开关厂有限公司	14 357	12 846	11.76	44	四平市同创电器设备制造有限公司	1 800	2 116	-14.93
20	淄博市博山防爆电器厂有限公司	13 470	9 640	39.73	45	沈阳华兴防爆器材有限公司	1 676	3 900	-57.03
21	通化变压器制造有限公司	12 069	14 732	-18.08	46	沈阳飞驰科技有限公司	1 666	1 339	24.42
22	济源市煤炭高压开关有限公司	11 516	14 608	-21.17	47	沈阳防爆电器制造有限公司	1 500	1 600	-6.25
23	上海电器厂实业有限公司	11 372	12 117	-6.15	48	四平市四开电器设备制造有限公司	1 385	4 610	-69.96
24	大庆安正防爆电气有限公司	11 203	6 317	77.35	49	瓦房店防爆电器有限公司	669	681	-1.76
25	人民电器集团防爆电器有限公司	11 013	9 613	14.56					

表3　2012年防爆电器行业重点企业主营业务收入排序

序号	企业名称	2012年（万元）	2011年（万元）	同比增长（%）	序号	企业名称	2012年（万元）	2011年（万元）	同比增长（%）
1	华荣科技股份有限公司	179 154	158 245	13.21	26	上海电器厂实业有限公司	9 558	10 309	-7.28
2	电光防爆科技股份有限公司	11 6095	111 422	4.19	27	德力西集团防爆电器有限公司	9 539	9 465	0.78
3	飞策防爆电器有限公司	42 113	40 227	4.69	28	沈阳市中兴防爆电器总厂	9 439	9 416	0.24
4	江苏恒通电气仪表有限公司	41 040	37 310	10.00	29	焦作华飞电子电器股份有限公司	8 947	11 974	-25.28
5	八达电气有限公司	38 487	36 010	6.88	30	江苏欧瑞防爆电气有限公司	7 521	6 071	23.88
6	济源市矿用电器有限责任公司	30 578	21 867	39.84	31	燎原防爆电器有限公司	7 258	6 625	9.55
7	新黎明防爆电器有限公司	30 194	27 514	9.74	32	甘肃容和矿用设备集团有限公司	7 100	5 788	22.67
8	山西汾西机电有限公司	27 909	19 690	41.74	33	沈阳市电工防爆器材厂有限公司	6 740	6 727	0.19
9	合隆防爆电气有限公司	27 620	24 558	12.47	34	沈阳市环宇防爆电器总厂	6 318	5 625	12.32
10	无锡军工智能电气股份有限公司	27 053	18 500	46.23	35	沈阳三丰电气有限公司	6 017	3 689	63.11
11	华夏防爆电气有限公司	24 462	23 457	4.28	36	焦作市景安机电设备制造有限公司	6 000	5 975	0.42
12	创正防爆电器有限公司	20 115	18 562	8.37	37	鸡西德元电器有限公司	5 559	8 055	-30.99
13	天津市天矿电器设备有限公司	19 953	18 271	9.21	38	湘潭煤矿机械电器有限公司	4 493	2 030	121.33
14	振达科技有限公司	18 751	17 133	9.44	39	山西长治市防爆电器有限公司	4 180	4 391	-4.81
15	上海宝临防爆电器有限公司	18 723	15 690	19.33	40	沈阳市凯鑫防爆电器厂	3 518	3 100	13.48
16	济源市华宇矿业电器有限公司	14 879	14 805	0.50	41	大同市同大防爆电器有限公司	2 927	2 987	-2.01
17	长城电器集团防爆电器有限公司	14 810	13 252	11.76	42	冀州市南午防爆电器有限公司	2 869	2 867	0.07
18	淄博市博山防爆电器厂有限公司	13 338	9 640	38.36	43	沈阳广角成套股份有限公司	2 714	2 687	1.00
19	合肥开关厂有限公司	13 320	12 240	8.82	44	四平市同创电器设备制造有限公司	1 800	2 116	-14.93
20	沈阳北方防爆股份有限公司	13 025	18 277	-28.74	45	沈阳华兴防爆器材有限公司	1 676	3 900	-57.03
21	通化变压器制造有限公司	12 069	14 732	-18.08	46	沈阳飞驰科技有限公司	1 666	1 339	24.42
22	大庆安正防爆电气有限公司	11 203	6 317	77.35	47	沈阳防爆电器制造有限公司	1 550	1 650	-6.06
23	济源市煤炭高压开关有限公司	11 079	15 223	-27.22	48	四平市四开电器设备制造有限公司	1 138	4 600	-75.26
24	人民电器集团防爆电器有限公司	11 013	9 613	14.56	49	瓦房店防爆电器有限公司	702	673	4.31
25	西安重装渭南光电科技有限公司	10 913	10 890	0.21					

表4　2012年防爆电器行业重点企业工业增加值排序

序号	企业名称	2012年（万元）	2011年（万元）	同比增长（%）	序号	企业名称	2012年（万元）	2011年（万元）	同比增长（%）
1	华荣科技股份有限公司	79 433	62 035	28.05	26	人民电器集团防爆电器有限公司	3 411	2 978	14.54
2	电光防爆科技股份有限公司	45 528	44 376	2.60	27	西安重装渭南光电科技有限公司	3 374	2 802	20.41
3	江苏恒通电气仪表有限公司	13 229	14 598	-9.38	28	大庆安正防爆电气有限公司	3 115	1 806	72.48
4	新黎明防爆电器有限公司	10 580	8 269	27.95	29	焦作华飞电子电器股份有限公司	2 621	3 790	-30.84
5	八达电气有限公司	10 534	11 975	-12.03	30	沈阳市中兴防爆电器总厂	2 546	2 523	0.91
6	济源市矿用电器有限责任公司	9 993	6 216	60.76	31	鸡西德元电器有限公司	2 509	2 925	-14.22
7	无锡军工智能电气股份有限公司	9 696	7 224	34.22	32	甘肃容和矿用设备集团有限公司	2 351	2 024	16.16
8	飞策防爆电器有限公司	9 682	9 011	7.45	33	沈阳市环宇防爆电器总厂	2 217	1 867	18.75
9	合隆防爆电气有限公司	9 140	8 118	12.59	34	焦作市景安机电设备制造有限公司	2 196	2 240	-1.96
10	山西汾西机电有限公司	8 835	7 710	14.59	35	沈阳三丰电气有限公司	2 131	1 269	67.93
11	华夏防爆电气有限公司	8 722	7 837	11.29	36	江苏欧瑞防爆电气有限公司	2 099	1 714	22.46
12	沈阳北方防爆股份有限公司	6 479	8 498	-23.76	37	沈阳市电工防爆器材厂有限公司	1 827	1 955	-6.55
13	合肥开关厂有限公司	6 079	5 700	6.65	38	山西长治市防爆电器有限公司	1 359	1 521	-10.65
14	长城电器集团防爆电器有限公司	5 802	5 575	4.07	39	湘潭煤矿机械电器有限公司	1 325	1 111	19.26
15	上海宝临防爆电器有限公司	5 715	4 904	16.54	40	沈阳市凯鑫防爆电器厂	1 151	912	26.21
16	天津市天矿电器设备有限公司	5 657	5 193	8.94	41	冀州市南午防爆电器有限公司	992	916	8.30
17	振达科技有限公司	5 526	4 466	23.73	42	大同市同大防爆电器有限公司	929	888	4.62
18	淄博市博山防爆电器厂有限公司	5 263	4 019	30.95	43	沈阳广角成套股份有限公司	839	811	3.45
19	济源市华宇矿业电器有限公司	5 238	5 212	0.50	44	四平市同创电器设备制造有限公司	590	662	-10.88
20	创正防爆电器有限公司	4 930	3 917	25.86	45	沈阳飞驰科技有限公司	522	411	27.01
21	济源市煤炭高压开关有限公司	4 325	5 278	-18.06	46	沈阳华兴防爆器材有限公司	469	1 035	-54.69
22	德力西集团防爆电器有限公司	3 618	3 548	1.97	47	沈阳防爆电器制造有限公司	408	433	-5.77
23	上海电器厂实业有限公司	3 581	5 084	-29.56	48	四平市四开电器设备制造有限公司	380	1 400	-72.86
24	燎原防爆电器有限公司	3 574	3 257	9.73	49	瓦房店防爆电器有限公司	258	252	2.38
25	通化变压器制造有限公司	3 442	3 450	-0.23					

表 5　2012 年防爆电器行业重点企业总资产贡献率排序

序号	企业名称	总资产贡献率(%)	序号	企业名称	总资产贡献率(%)
1	江苏恒通电气仪表有限公司	73	26	冀州市南午防爆电器有限公司	24
2	华荣科技股份有限公司	69	27	沈阳北方防爆股份有限公司	24
3	新黎明防爆电器有限公司	57	28	瓦房店防爆电器有限公司	24
4	沈阳市电工防爆器材厂有限公司	52	29	振达科技有限公司	23
5	大庆安正防爆电气有限公司	49	30	沈阳飞驰科技有限公司	23
6	长城电器集团防爆电器有限公司	47	31	山西汾西机电有限公司	22
7	合肥开关厂有限公司	45	32	人民电器集团防爆电器有限公司	21
8	德力西集团防爆电器有限公司	43	33	沈阳市凯鑫防爆电器厂	20
9	焦作市景安机电设备制造有限公司	41	34	燎原防爆电器有限公司	20
10	淄博市博山防爆电器厂有限公司	40	35	甘肃容和矿用设备集团有限公司	20
11	沈阳市环宇防爆电器总厂	39	36	合隆防爆电气有限公司	19
12	沈阳广角成套股份有限公司	38	37	通化变压器制造有限公司	18
13	飞策防爆电器有限公司	37	38	济源市矿用电器有限责任公司	15
14	四平市同创电器设备制造有限公司	37	39	沈阳市中兴防爆电器总厂	14
15	济源市华宇矿业电器有限公司	37	40	大同市同大防爆电器有限公司	13
16	电光防爆科技股份有限公司	37	41	沈阳三丰电气有限公司	12
17	创正防爆电器有限公司	36	42	四平市四开电器设备制造有限公司	12
18	八达电气有限公司	34	43	上海电器厂实业有限公司	11
19	无锡军工智能电气股份有限公司	34	44	西安重装渭南光电科技有限公司	9
20	上海宝临防爆电器有限公司	31	45	湘潭煤矿机械电器有限公司	9
21	鸡西德元电器有限公司	30	46	山西长治市防爆电器有限公司	8
22	江苏欧瑞防爆电气有限公司	29	47	沈阳防爆电器制造有限公司	8
23	天津市天矿电器设备有限公司	27	48	沈阳华兴防爆器材有限公司	5
24	焦作华飞电子电器股份有限公司	26	49	济源市煤炭高压开关有限公司	3
25	华夏防爆电气有限公司	25			

注:全国标准值为 10.7%。

表 6　2012 年防爆电器行业重点企业全员劳动生产率排序

序号	企业名称	全员劳动生产率(元/人)	序号	企业名称	全员劳动生产率(元/人)
1	电光防爆科技股份有限公司	541 356	26	通化变压器制造有限公司	149 652
2	合肥开关厂有限公司	416 370	27	合隆防爆电气有限公司	145 079
3	无锡军工智能电气股份有限公司	377 276	28	飞策防爆电器有限公司	138 711
4	八达电气有限公司	329 188	29	济源市华宇矿业电器有限公司	137 120
5	华夏防爆电气有限公司	311 500	30	焦作市景安机电设备制造有限公司	133 091
6	淄博市博山防爆电器厂有限公司	309 588	31	沈阳市中兴防爆电器总厂	120 094
7	上海电器厂实业有限公司	293 525	32	焦作华飞电子电器股份有限公司	115 973
8	华荣科技股份有限公司	273 059	33	振达科技有限公司	110 520
9	德力西集团防爆电器有限公司	254 789	34	冀州市南午防爆电器有限公司	109 011
10	济源市矿用电器有限责任公司	246 741	35	沈阳广角成套股份有限公司	108 961
11	江苏恒通电气仪表有限公司	237 932	36	四平市同创电器设备制造有限公司	100 000
12	鸡西德元电器有限公司	232 315	37	沈阳北方防爆股份有限公司	95 279
13	新黎明防爆电器有限公司	226 552	38	甘肃容和矿用设备集团有限公司	91 124
14	燎原防爆电器有限公司	207 791	39	沈阳飞驰科技有限公司	87 000
15	长城电器集团防爆电器有限公司	200 761	40	沈阳市凯鑫防爆电器厂	76 733
16	创正防爆电器有限公司	195 635	41	湘潭煤矿机械电器有限公司	69 737
17	山西汾西机电有限公司	195 033	42	瓦房店防爆电器有限公司	64 500
18	上海宝临防爆电器有限公司	193 729	43	济源市煤炭高压开关有限公司	57 361
19	沈阳市环宇防爆电器总厂	191 121	44	沈阳防爆电器制造有限公司	56 667
20	西安重装渭南光电科技有限公司	190 621	45	沈阳华兴防爆器材有限公司	46 900
21	人民电器集团防爆电器有限公司	172 273	46	沈阳市电工防爆器材厂有限公司	46 253
22	天津市天矿电器设备有限公司	171 945	47	山西长治市防爆电器有限公司	42 469
23	沈阳三丰电气有限公司	166 484	48	四平市四开电器设备制造有限公司	37 255
24	大庆安正防爆电气有限公司	159 744	49	大同市同大防爆电器有限公司	27 243
25	江苏欧瑞防爆电气有限公司	149 929			

注:全国标准值为 16 500 元/人。

表7　2012年防爆电器行业重点企业资产负债率排序

序号	企业名称	资产负债率（%）	序号	企业名称	资产负债率（%）
1	沈阳北方防爆股份有限公司	1	26	沈阳广角成套股份有限公司	46
2	燎原防爆电器有限公司	5	27	长城电器集团防爆电器有限公司	47
3	大同市同大防爆电器有限公司	5	28	新黎明防爆电器有限公司	48
4	瓦房店防爆电器有限公司	7	29	上海电器厂实业有限公司	51
5	德力西集团防爆电器有限公司	18	30	四平市四开电器设备制造有限公司	52
6	飞策防爆电器有限公司	20	31	沈阳华兴防爆器材有限公司	54
7	沈阳市环宇防爆电器总厂	25	32	沈阳市凯鑫防爆电器厂	55
8	上海宝临防爆电器有限公司	26	33	电光防爆科技股份有限公司	55
9	沈阳防爆电器制造有限公司	28	34	华荣科技股份有限公司	56
10	大庆安正防爆电气有限公司	28	35	四平市同创电器设备制造有限公司	58
11	鸡西德元电器有限公司	29	36	合隆防爆电气有限公司	59
12	八达电气有限公司	31	37	华夏防爆电气有限公司	59
13	天津市天矿电器设备有限公司	33	38	通化变压器制造有限公司	60
14	人民电器集团防爆电器有限公司	36	39	济源市华宇矿业电器有限公司	70
15	创正防爆电器有限公司	37	40	焦作市景安机电设备制造有限公司	70
16	振达科技有限公司	39	41	湘潭煤矿机械电器有限公司	72
17	无锡军工智能电气股份有限公司	40	42	济源市煤炭高压开关有限公司	74
18	沈阳市电工防爆器材厂有限公司	40	43	济源市矿用电器有限责任公司	74
19	甘肃容和矿用设备集团有限公司	41	44	西安重装渭南光电科技有限公司	74
20	冀州市南午防爆电器有限公司	42	45	淄博市博山防爆电器厂有限公司	76
21	江苏欧瑞防爆电气有限公司	43	46	山西长治市防爆电器有限公司	78
22	沈阳市中兴防爆电器总厂	43	47	焦作华飞电子电器股份有限公司	80
23	沈阳三丰电气有限公司	44	48	山西汾西机电有限公司	92
24	江苏恒通电气仪表有限公司	44	49	沈阳飞驰科技有限公司	95
25	合肥开关厂有限公司	46			

注：全国标准值≤60%。

表8　2012年防爆电器行业重点企业经济效益综合指数排序

序号	企业名称	经济效益综合指数	序号	企业名称	经济效益综合指数
1	华荣科技股份有限公司	5.47	26	沈阳市电工防爆器材厂有限公司	2.82
2	电光防爆科技股份有限公司	5.45	27	上海电器厂实业有限公司	2.78
3	无锡军工智能电气股份有限公司	4.68	28	燎原防爆电器有限公司	2.69
4	德力西集团防爆电器有限公司	4.53	29	西安重装渭南光电科技有限公司	2.67
5	江苏恒通电气仪表有限公司	4.49	30	四平市同创电器设备制造有限公司	2.67
6	沈阳市环宇防爆电器总厂	4.47	31	瓦房店防爆电器有限公司	2.61
7	合肥开关厂有限公司	4.42	32	沈阳北方防爆股份有限公司	2.61
8	八达电气有限公司	4.20	33	人民电器集团防爆电器有限公司	2.59
9	淄博市博山防爆电器厂有限公司	4.19	34	合隆防爆电气有限公司	2.39
10	华夏防爆电气有限公司	3.86	35	振达科技有限公司	2.35
11	新黎明防爆电器有限公司	3.76	36	沈阳三丰电气有限公司	2.32
12	焦作市景安机电设备制造有限公司	3.75	37	湘潭煤矿机械电器有限公司	2.26
13	大庆安正防爆电气有限公司	3.43	38	冀州市南午防爆电器有限公司	2.22
14	创正防爆电器有限公司	3.38	39	沈阳飞驰科技有限公司	2.20
15	长城电器集团防爆电器有限公司	3.38	40	甘肃容和矿用设备集团有限公司	2.12
16	飞策防爆电器有限公司	3.09	41	通化变压器制造有限公司	2.11
17	江苏欧瑞防爆电气有限公司	3.08	42	沈阳市凯鑫防爆电器厂	1.88
18	济源市华宇矿业电器有限公司	3.07	43	沈阳市中兴防爆电器总厂	1.81
19	焦作华飞电子电器股份有限公司	3.06	44	四平市四开电器设备制造有限公司	1.74
20	上海宝临防爆电器有限公司	3.01	45	沈阳防爆电器制造有限公司	1.46
21	鸡西德元电器有限公司	2.98	46	山西长治市防爆电器有限公司	1.28
22	沈阳广角成套股份有限公司	2.95	47	大同市同大防爆电器有限公司	1.12
23	山西汾西机电有限公司	2.91	48	沈阳华兴防爆器材有限公司	1.10
24	济源市矿用电器有限责任公司	2.90	49	济源市煤炭高压开关有限公司	0.81
25	天津市天矿电器设备有限公司	2.88			

产品分类产量 2012年各类厂用防爆电器产量均有不同程度增长;矿用防爆电器产量增长趋缓,部分产品产量比2011年有所下降。2012年防爆电器主要产品产量见表9。

表9 2012年防爆电器主要产品产量

产品名称	2012年（台）	比上年增长（%）	产品名称	2012年（台）	比上年增长（%）
矿用隔爆型高压配电装置	38 157	-1.5	厂用防爆配电箱	159 334	10.0
矿用隔爆型电磁起动器	293 400	5.3	厂用防爆电磁起动器	175 298	10.5
矿用隔爆型馈电开关	157 200	7.0	厂用防爆操作柱	367 800	13.2
矿用隔爆型组合开关	9 880	5.9	厂用防爆控制按钮	987 000	10.6
矿用隔爆型变压器综合装置	84 131	9.5	厂用防爆插接装置	526 340	11.0
矿用隔爆型高压电缆连接器	4 313	-24.0	厂用防爆荧光灯	1 640 000	5.2
矿用隔爆型主令电器	1 170 000	-7.2	厂用防爆其他灯具	2 970 000	11.3
矿用隔爆型插接电器	374 860	-1.9	粉尘防爆电器	620 000	5.2
矿用隔爆型干式变压器	2 160	7.2	粉尘防爆灯具	534 000	9.0
矿用隔爆型移动变电站	4 526	-5.2	船用防爆电器	49 935	22.0

市场及销售 2012年厂用防爆电器产品销售市场仍保持较好的发展态势,产品销售量和销售额均比上年有较大增长;而矿用防爆电器产品受煤炭行业经济下滑影响,产品销售量和销售额均比上年有所下降。2012年全行业重点企业共实现产品销售额933 349万元,比上年增长6%。2012年主要产品销售量及销售额见表10。2012年销售收入5 000万元以上的企业见表11。

表10 2012年主要产品销售量及销售额

产品名称	销售量（台）	销售额（万元）	产品名称	销售量（台）	销售额（万元）
矿用隔爆型高压配电装置	36 700	91 686	厂用防爆配电箱	154 700	72 792
矿用隔爆型电磁起动器	258 700	76 158	厂用防爆电磁起动器	165 000	19 632
矿用隔爆型馈电开关	142 000	102 419	厂用防爆操作柱	348 400	41806
矿用隔爆型组合开关	9 346	95 750	厂用防爆插接装置	496 000	59 518
矿用隔爆型高压电缆连接器	4 230	846	厂用防爆荧光灯	1 520 000	68 400
矿用隔爆型变压器综合装置	78 600	23 586	厂用防爆灯	269 000	92 180
矿用隔爆型主令电器	1 130 000	13 566	粉尘防爆电器	589 600	28 276
矿用隔爆型插接电器	353 800	14 384	粉尘防爆灯具	498 100	29 886

表11 2012年销售收入5 000万元以上的企业

序号	企业名称	销售收入（万元）	序号	企业名称	销售收入（万元）
1	华荣科技股份有限公司	186 497	20	淄博市博山防爆电器厂有限公司	13 470
2	电光防爆科技股份有限公司	114 157	21	通化变压器制造有限公司	12 069
3	飞策防爆电器有限公司	42 113	22	济源煤炭高压开关有限公司	11 516
4	江苏恒通电气仪表有限公司	40 698	23	上海电器厂实业有限公司	11 372
5	八达电气有限公司	39 087	24	大庆安正防爆电气有限公司	11 203
6	济源市矿用电器有限责任公司	33 584	25	人民电器集团防爆电器有限公司	11 013
7	无锡军工智能电气股份有限公司	30 259	26	西安重装渭南光电科技有限公司	11 011
8	新黎明防爆电器有限公司	30 194	27	德力西集团防爆电器有限公司	9 539
9	山西汾西机电有限公司	29 212	28	沈阳市中兴防爆电器总厂	9 439
10	合隆防爆电气有限公司	28 068	29	甘肃容和矿用设备集团有限公司	8 970
11	华夏防爆电气有限公司	23 659	30	焦作华飞电子电器股份有限公司	8 947
12	创正防爆电器有限公司	20 115	31	江苏欧瑞防爆电气有限公司	7 521
13	天津市天矿电器设备有限公司	19 953	32	燎原防爆电器有限公司	7 258
14	振达科技有限公司	18 752	33	沈阳市电工防爆器材厂有限公司	7 173
15	上海宝临防爆电器有限公司	18 723	34	沈阳市环宇防爆电器总厂	7 074
16	沈阳北方防爆股份有限公司	17 592	35	沈阳三丰电气有限公司	6 424
17	济源市华宇矿业电器有限公司	16 056	36	鸡西德元电器有限公司	5 581
18	长城电器集团防爆电器有限公司	14 810	37	湘潭煤矿机械电器有限公司	5 200
19	合肥开关厂有限公司	14 357	38	焦作市景安机电设备制造有限公司	5 176

2012年防爆电器行业49家企业中17家企业有出口贸易,共向俄罗斯、越南、伊朗、印度、巴基斯坦、南非、吉尔吉斯斯坦、乍得、哈萨克斯坦等国出口各类厂用、矿用防爆电器和防爆灯具111万台,实现出口额5 202万美元,比上年增长13.3%。

科技成果及新产品 2012年全行业骨干企业在产品结构调整、企业转型升级和技术创新方面取得了很大成绩。江苏恒通电气仪表有限公司、电光防爆科技股份有限公司、华荣科技股份有限公司、华夏防爆电气有限公司、八达电气有限公司、创正防爆电器有限公司、济源市煤炭高压开关有限公司、新黎明防爆电器有限公司、飞策防爆电器有限公司、沈阳北方防爆股份有限公司、焦作市景安机电设备制造有限公司、沈阳防爆电器制造有限公司、鸡西德元电器有限公司、长城电器集团防爆电器有限公司、天津市天矿电器设备有限公司、沈阳广角成套电器股份有限公司、焦作华飞电子电器股份有限公司、上海宝临防爆电器有限公司、振达科技有限公司、济源市矿用电器有限责任公司、济源市华宇矿业电器有限公司、合隆防爆电气有限公司、沈阳华兴防爆器材有限公司、四平市四开电器设备制造有限公司、无锡军工智能电气股份有限公司、甘肃容和矿用设备集团有限公司、西安重装渭南光电科技有限公司27家企业荣获国家、省、市著名商标、科技创新、高新技术专利示范、质量先进、煤炭机械工业优秀企业称号,获得省市级技术中心和中国电器工业协会AAA信用等级证书。

9家企业18种产品获得省、市科技进步奖。其中,八达电气有限公司研制的KJ410型煤矿供电防越级跳闸数字化监控系统获浙江省科技进步奖二等奖,KBZ20系列矿用隔爆型智能永磁真空馈电开关、IPK60型矿用隔爆兼本质安全型自动排水监控主机、PJG9L系列矿用隔爆兼本质安全型高压真空配电装置、QJGZ系列矿用隔爆兼本质安全型高压真空电磁起动器获浙江省科技进步奖三等奖;焦作市景安机电设备制造有限公司研制的矿用隔爆兼本安型LED巷道灯获河南省科技成果奖;沈阳防爆电器制造有限公司研制的BSJ1系列矿用隔爆型绞车电控装置获辽宁省中小企业专精特新产品奖;振达科技有限公司研制的PJG-630/10型矿用隔爆兼本质安全型高压配电装置获科技部星火计划项目奖,QJR-400型矿用隔爆兼本质安全型真空电磁软起动器获浙江省科技进步奖;济源市矿用电器有限责任公司研制的QBRG-400/10(6)K型矿用隔爆型交流高压软起动控制器、ZPS-1140(660)型煤矿井下自动排水系统获河南省科技进步奖三等奖;甘肃容和矿用设备集团有限公司研制的ZBT-160/1140型矿用隔爆型交流变频调速装置获甘肃省科技进步奖二等奖;西安重装渭南光电科技有限公司研制的高光效大功率LED防爆照明灯具获中国节能协会“节能中国十大应用新技术奖”;电光防爆科技股份有限公司研制的QJGR系列矿用隔爆兼本安型高压真空交流软起动器获科技部国家火炬计划新产品奖,QJZ系列矿用隔爆型双电源多回路组合开关获温州市科技成果奖;合隆防爆电气有限公司研制的BAD83-M自动悬挂式大功率高频防爆无极灯获乐清市科技进步奖三等奖,BZA8050系列防爆防腐主令控制器、BAD61节能环保防爆灯获国家科委科技成果奖。

2012年全行业共有91项产品和技术获得发明专利、实用新型专利和外观设计专利。电光防爆科技股份有限公司开发的KBSG-1600~6300/10(6)型防爆多电压干式变压器、QJZ(QBZ、KJZ、KBZ)型一种分级闭锁防爆开关,华荣科技股份有限公司开发的用于防爆灯的LED光源模组、防爆工作灯及防爆工作套件、具有对外充电功能的工作灯,无锡军工智能电气股份有限公司开发的KYZPJ型紧凑型防爆高压配电装置,华夏防爆电气有限公司开发的一种防止电缆火灾的方法,新黎明防爆电器有限公司开发的用于封闭式壳体中的断路器的操作机构,天津市天矿电器设备有限公司开发的KJYF-□/96型煤矿井下可移动分体式避难舱共9项产品和技术获得国家发明专利。华荣科技股份有限公司开发的BH81系列防爆灯、BDD91系列防爆灯、BAD308E-T防爆调光工作灯、BAD212微型防爆调光工作灯、BAD503折叠式防爆强光工作灯、BAD503直立式防爆强光工作灯、BSZD81防爆航空闪光障碍灯、DQM防爆电缆夹紧密封接头、BAZ51防爆镇流器、BCZ85-63防爆插接装置、号筒式防爆扬声器、BJY防爆洁净荧光灯、BAD85-M70防爆LED灯、BAD82防爆HID灯、BAD85-M30防爆LED灯、BAY85防爆LED灯、BCZ85-125防爆插接装置、GCD616防爆固态照明灯、BAY81-QT防爆荧光灯;新黎明防爆电器有限公司开发的BSD118防爆LED照明灯,BZD120-50W、80W防爆无极灯;焦作华飞电子电器股份有限公司开发的带式输送机防爆综合保护装置、防爆急停闭锁装置;上海宝临防爆电器有限公司开发的BAD95、BAD98防爆无极灯,BSZD防爆航空障碍灯,BAD1102组合式防爆灯,BAX82固态防爆灯,BL8050防爆信号指示灯;振达科技有限公司开发的BQD86-30矿用隔爆型电磁起动器、充电式发爆器;合隆防爆电气有限公司开发的防爆荧光灯共32项产品获得产品外观设计专利。华荣科技股份有限公司开发的防爆固态照明灯、隔爆型防爆灯、LED防爆灯、手提式防爆探照灯、防爆工作灯及防爆工作组件、防爆强光工作灯、防爆调光工作灯、电量指示装置及防爆调光工作灯;电光防爆科技股份有限公司开发的KBZ16系列矿用隔爆型开盖联锁保护装置,QJZ-400、1600系列矿用隔爆兼本质安全型多回路真空电磁起动器,KBZ16系列一种隔爆型接线端子,QJZ16系列煤矿用本安型自动水位控制器,QBZ-120/1140(660、380)N矿用隔爆兼本质安全型真空电磁起动器,QJZ-30系列矿用隔爆型吊车控制组合真空电磁起动器,QJZ-400系列煤矿井下用电气设备的闭锁机构,PJG31系列矿用隔爆兼本质安全型永磁式高压真空配电装置,KBZ92系列矿用隔爆型真空馈电开关;新黎明防爆电器有限公司开发的BFd92防爆泛光灯、用于防爆灯的指示机构、BYD703防爆灯的锁紧机构、AH防爆接线盒、BYD703防爆LED荧光灯、BZD118

防爆照明灯；华夏防爆电气有限公司开发的一种电气开关隔爆外壳快开机构、一种电气设备特殊防爆结构及供电方法；无锡军工智能电气股份有限公司开发的PBG770-□/10(6)矿用隔爆型永磁机构高压真空配电装置、KBGR矿用隔爆型高压可调电抗式软起动控制器；天津市天矿电器设备有限公司开发的KJYF-□/96煤矿井下用可移动分体式避难舱、KBZ系列矿用隔爆型真空馈电开关、一种高压配电装置、一种高压配电装置用联锁装置；创正防爆电器有限公司开发的CZ0878LED防爆泛光灯、M0876防爆荧光灯、CZ0201四极防爆开关、CZ0251防爆插接装置；焦作华飞电子电器股份有限公司开发的矿用急停闭锁开关；上海宝临防爆电器有限公司开发的采用无极灯的防爆照明装置、组合式防爆灯、采用发光二极管的防爆航空障碍灯、用于固态免维护防爆灯的散热装置、防爆信号指示灯、防爆无极灯、LED防爆灯具；甘肃容和矿用设备集团有限公司开发的矿用隔爆型过零控制开关、矿用隔爆型开关隔离换向装置；西安重装渭南光电科技有限公司开发的双管防爆LED巷道灯、LED灯具通透式散热结构；合隆防爆电气有限公司开发的防爆断路器高盖操作机构、防爆灯具连接机构、防爆IC卡读卡器保护罩共50项产品和技术获得国家实用新型专利。

2012年全行业骨干企业根据市场需要开发了以下新产品：矿用隔爆兼本质安全型PLC控制箱，KJZ-800、1800/3300系列矿用隔爆兼本质安全型移动变电站用组合开关，KJYF-96/12、16矿用可移动式救生舱，QJGZ-150~1600/10(6)矿用隔爆兼本质安全型多回路高压真空电磁起动器，KJZ-1800/3.3、1.14kV矿用隔爆兼本质安全型动力中心用组合开关，QJZ1-30/1140(660)-4D矿用隔爆兼本质安全型多回路真空电磁起动器，PJG31-50~1200/10(6)Y矿用隔爆兼本质安全型永磁式高压真空配电装置，KJZ-400(200)/1140(660)JB矿用隔爆兼本质安全型真空馈电开关，PBG770-□/10(6)矿用隔爆型永磁机构高压真空配电装置，QBGPT770矿用隔爆型高压真空电磁起动器用电压互感器柜，QBG770矿用隔爆型高压真空电磁起动器，WBB50矿用隔爆型无功功率自动补偿装置，ZJZ-10/1140(660)M矿用隔爆兼本质安全型真空照明信号综合保护装置，ZJT-2×110/660JF矿用风机用隔爆兼本质安全型双电源双变频调整装置，QJR-2×400/1140(660)矿用隔爆兼本质安全型双回路软起动器，BPJ125、160、200、250/1140矿用隔爆兼本质安全型交流变频器，PFB/35煤矿用隔爆型电磁阀，KHP121A-Z矿用隔爆兼本质安全型带式输送机保护装置主机，KHJ0 15/18矿用本质安全型急停闭锁开关，KYJD1-127矿用隔爆兼本质安全型带式输送机控制箱，KDW24/18矿用隔爆型锂离子蓄电池及电源管理系统，ZL-4.0/380j煤矿井下防爆制冷装置，ZBZ-10/1140(660)Y矿用隔爆型压缩机变压器综合保护装置，矿用隔爆兼本质安全型计算机，60A·h矿用隔爆兼本质安全型不间断电源，ZTP-200/660矿用隔爆型提升机变频电控装置，TH15矿用本质安全型操作台，BPB-200/660K矿用隔爆型低压交流变频器，LB-200/660K矿用隔爆型滤波电抗器，KYJ-230-20/660矿用隔爆兼本质安全型可编程序控制箱，PB24矿用隔爆型显示屏，DLB-36C矿用隔爆型电铃，DGS24/127L矿用隔爆型LED巷道灯，KBA127H矿用隔爆型红外摄像仪，ZSK1140/600矿用隔爆型自动排水装置，BAD85-M防爆高效节能LED灯，BAD82系列防爆高效节能HID灯，BXM81系列高效节能智能型防爆照明配电箱，BJK-YT防爆一体式摄像仪，BDJ301防爆对讲机，BYD703防爆防腐全塑荧光灯，BZD126防爆高效照明灯，BFd92防爆泛光灯，CZ0878IED120W/150W LED防爆泛光灯，CZ0870d250、400W防爆投光灯，CZ08E6系列高亮度防爆电筒，CZ0201防爆四极开关，BAX1208-50W~200W LED固态免维护防爆灯，BAX1207-20W~150W、BAX1211 20W~150W、BAX1212 20W~150W LED固态免维护防爆防腐灯，BFS-F(S)系列防爆排风扇，BJY51系列防爆防腐洁净荧光灯，BAD83系列防爆高效节能无极灯，BFKX防爆智能控制箱，BdC防爆二极管灯具，BEW系列防爆开水器，BBG系列防爆冰箱，BF28159系列防爆防腐断路器，BAT51防爆应急安全通道灯，B□D87防爆快开盖应急灯，BLH-□防爆螺杆泵电源耦合器，BED-30W~150W隔爆兼本质安全型防爆灯。

信用等级评定 江苏恒通电气仪表有限公司、华荣科技股份有限公司、电光防爆科技股份有限公司和沈阳北方防爆股份有限公司4家企业获得中国电器工业信用等级AAA级证书。

职业鉴定与培训 防爆电器分会于2012年10月在上海召开了防爆电器行业职业技能鉴定工作筹备工作会议，行业骨干企业代表40余人参加。会议就开展职业技能鉴定工作进行了研讨，建议在国家职业分类大典中增加防爆电气装配工、防爆电气检验工和防爆电气维修工。

2012年7月，经中国电器工业协会批准，中国电器工业协会防爆电器技术培训中心成立。培训中心主要针对防爆电器产品制造和煤炭、石油、化工等行业的管理、设计、维护人员，进行防爆电器基础知识、产品设计、产品选型、产品安装与维护等专业技能培训。截至2012年年底共为中海油天津公司、中国船级社天津公司、神华北电胜利能源有限公司等用户企业和防爆电器制造厂培训120人，收到了很好的效果。为开展好技术培训工作，培训中心编写了“防爆电器基础知识”“防爆电器产品选型”“防爆电器设备现场检测流程”“油气生产防爆电气设备检测指南”等培训资料。

基本建设及技术改造 2012年，全行业基本建设和技术改造投资3.87亿元，比上年下降17%。其中基本建设投资3.26亿元，技术更新改造投资0.61亿元。

对外合作 根据中国电器工业协会的计划安排，应美国艾默森和洛克菲尔防爆电器公司的邀请，由中国电器工业协会防爆电器分会理事长、江苏恒通电气仪表有限公司董事长尹宇任团长，防爆电器分会李绍春秘书长任副团长，中国电器工业协会国际合作部邹其文任领队，沈阳北方防爆股份有限公司、沈阳环宇防爆电器总厂、电光防爆科技股份有限公司、沈阳沈兴防爆器材有限公司、合隆防爆电气有限公司、新黎明防爆电器有限公司、浙江沈海防爆灯具有限公司、上海宝临防爆电器有限公司、瓦房店防爆电器有限公司、山西中安电气有限公司10家单位为团员的一行22人，于2012年11月历时15天考察了美国艾默森和洛克菲尔电气公司。

考察期间，中方企业与美国艾默森和洛克菲尔公司有关负责人和技术专家就美国防爆电器技术现状及发展趋势和中美两国防爆电器行业技术交流与合作进行了座谈。我方人员详细了解了艾默森和洛克菲尔公司的发展史，尤其是对防爆电器产品的发展过程和当前产品生产水平进行了详细的考察，并参观了产品生产线及样品室。通过考察，行业人员更深入地了解了美国防爆电器产品现状和发展方向，对促进防爆电器行业发展具有重要意义。

2012年3月中国电器工业协会防爆电器分会与中国国际贸易促进会化工行业分会、北京振威国际展览有限公司共同主办了第十二届中国国际防爆电气技术设备展览会。共有国内外100多家企业展示了各类先进的防爆电气设备，收到了很好的效果。

行业活动 防爆电器分会于2012年4月在南昌召开了分会第六届一次会员大会，完成了防爆电器分会第六届理事会的换届工作。

会议经无记名投票选举大庆安正防爆电气有限公司等56家单位为防爆电器分会第六届理事会理事单位。在防爆电器分会六届一次理事会上，经理事单位无记名投票选举江苏恒通电气仪表有限公司尹宇董事长为防爆电器分会第六届理事长，沈阳电气传动研究所易兰利所长为常务副理事长，岑德柱等11人为副理事长，易丰周等15人为常务理事。

根据理事长提名，理事会表决同意沈阳电气传动研究所李绍春副所长为防爆电器分会秘书长；李绍春秘书长提名，理事会表决同意：沈阳电气传动研究所于晓光主任、江苏恒通电气仪表有限公司金亮副主任为分会副秘书长；于晓光兼任分会行业发展部和办公室主任，沈阳电气传动研究所刘秀霞主任为分会信息交流部主任、杨秀东主任为分会科技质量部主任。

为充分发挥防爆电器行业技术专家和防爆电器产品检测中心在行业技术工作中的指导作用，经中国电器工业协会防爆电器分会六届一次常务理事会研究，决定聘任：中国煤炭科工集团沈阳研究院温永言副院长、中国煤炭科工集团上海研究院陈同宝副院长、国家煤矿防爆安全产品质量监督检验中心刘春富主任、国家安全生产上海矿用设备检验检测中心刘冰主任、国家安全生产上海防爆电气检测检验中心徐建平主任、国家安全生产重庆矿用设备检测检验中心徐三民主任、石油和化学工业电气产品防爆质量监督检验中心殷红主任、佳木斯防爆电机研究所尚志奎所长、国家安全生产唐山矿用泵检测检验中心陈在学高工、原南阳防爆电气研究所所长项云林高工10人为防爆电器分会高级技术顾问。

会上，尹宇理事长代表防爆电器分会第五届理事会做了题为"科技创新 推动防爆电器行业跨越发展"的分会第五届理事会工作报告。报告肯定了防爆电器分会在第五届理事会任期四年内，针对行业的发展与进步、行业会员单位共同关心的问题，结合行业实际情况开展的很多工作，在协会组织建设、信息交流、经营协调、提高产品质量、产品开发和技术创新等方面开展的一系列形式多样的活动，为振兴防爆电器行业作出了一定贡献，得到了广大会员单位的支持与认可，取得了很大成绩。并就今后行业发展提出了措施与建议，根据2012年的形势和主要任务对分会工作进行了部署。

会议还对五届理事会期间关心分会建设、积极支持分会工作的有关单位和人员进行了表彰，授予江苏恒通电气仪表有限公司等32家单位分会先进单位称号，授予金益辉等32名同志分会先进工作者称号。

〔撰稿人：中国电器工业协会防爆电器分会李绍春〕

电线电缆

生产发展情况 根据电线电缆制造企业的统计快报，2012年3741家电线电缆生产企业共完成主营业务收入11 458.96亿元，同比增长9.65%；利润总额597.37亿元，同比增长17.85%。另158家光纤光缆企业2012年完成主营业务收入777.43亿元，同比增长18.48%；利润总额73.68亿元，同比增长12.95%。

市场及销售 青岛汉缆股份有限公司中标国家电网公司输变电项目2012年第二批线路材料招标项目，中标总金额2.73亿元，中标电缆121.322km，其中110kV交联电缆59.917km、220kV交联电缆61.405km；电缆附件合计621套；导线合计6 670.461t。中标国家电网公司输变电项目2012年第五批线路材料招标项目，中标总金额2.15亿元，中标电缆83.526km，其中110kV交联电缆33.99km、220kV交联电缆49.536km；电缆附件合计447套；导线合计5 249.352t。分别中标国家电网公司输变电项目哈密南—郑州±800kV特高压直流输电线路工程导线施工标段（二）导地线、导线施工标段（三）导地线、国家电网公司输变电项目新疆与西北主网联网750kV第二通道输变电工程特殊导线及地线3个项目，中标电缆总数量9 662.02t，中标总金额1.69亿元。

特变电工新疆线缆厂中标美克化工股份有限公司的二期年产10万t BDO仪表电缆项目；中标新疆西域通输变电工程有限公司宁夏项目钢芯铝绞线产品超过1 000万元；中标郑州市轨道交通一号线风水电项目工程低烟无卤电缆标

段，中标金额超过 1 650 万元；中标山东信发集团 800 亿元铝电综合循环项目的高压标段 1 789 万元；中标国家电网哈密—郑州±800kV 特高压直流线路工程及新疆与西北主网联网 750kV 第二通道输变电工程线路材料项目，中标导线 10 605t，中标金额达 1.7 亿元；中标神华集团 2012 年第六批电缆采购项目 5 个标段，合同金额共计 5 314 万元。

无锡市曙光电缆有限公司中标四川省电力公司协议库存采购项目 10kV 电缆，中标金额 1.168 亿元；中标山东电力集团公司新建住宅小区配套工程及山东电力集团公司配网工程设备材料协议库存招标低压电缆、10kV 架空绝缘导线、布电线项目，中标金额 1.2 亿元；中标山东电力集团公司 2012 年第二批农网改造升级工程协议库存招标项目中的 10kV 电力电缆、低压电缆、10kV 架空绝缘导线，累计中标金额 1.4 亿元。

江苏中超电缆股份有限公司中标山东电力集团公司的低压电缆项目 7 021 万元和 10kV 电力电缆项目 7 165 万元；中标湖北省电力公司的低压电力电缆、布电线项目 2 298 万元；中标陕西省地方电力（集团）有限公司的钢芯铝绞线和架空绝缘导线（1kV）项目 2 467 万元；中标 2013 年农网及城市配网建设与改造工程第一批设备材料协议库存采购项目与 2013 年住宅供电配套工程第一批设备材料协议库存采购项目共 4 个标包，中标金额共计 1.66 亿元。

河南通达电缆股份有限公司中标 2012 年度网省协议库存招标第二批第三类第一片区项目和 2012 年度网省协议库存招标第二批第二类第二片区项目，中标物资分别为钢芯铝绞线 13 536t、铝包钢绞线 1 650t，中标金额超过 2.33 亿元；中标国家电网公司输变电项目 750kV 导地线 2012 年第一批招标活动第 3 包及国家电网公司输变电项目 500（330）kV 导地线 2012 年第一批招标活动第 8 包，中标物资分别为钢芯铝绞线 2 335.92t 及铝包钢芯铝绞线 1 873.05t，总金额逾 6 954 万元。

特变电工山东鲁能泰山电缆有限公司中标湖北农网 2 批招标、江苏电力第一批协议库存招标 1kV、10kV 等低压电缆项目，总金额超过 5 000 万元；在国家电网公司 2012 年第一批集中规模招标项目中，中标 220kV 高压电缆、110kV 高压电缆、导线产品，总金额达 1.26 亿元。

上海摩恩电气股份有限公司中标福建省电力公司 2012 年度基建、技改、城农网配改及大修类工程的电力电缆采购项目，中标金额 7 620 万元。

LS 红旗电缆（湖北）有限公司中标厄瓜多尔国家电力公司 840km ACAR 架空导线项目。

福建南平太阳电缆股份有限公司中标国家电网公司福建省电力有限公司新建住宅配套项目及城农网配电项目低压架空绝缘导线等 8 个项目，中标金额合计 64 369 万元。

陕西银河远东电缆有限公司中标国家电网公司输变电项目 2012 年第二批线路材料，中标 500（330）kV 导地线（JL/GIA300/40）1 196.15t，中标合同金额 1 900 万元。

江苏新远东电缆有限公司在重庆市电力公司集中规模招标采购中，中标 35kV 及以下电缆、10kV 架空绝缘导线、钢芯铝绞线 3 个项目，总金额约为 1 亿元。

特变电工（德阳）电缆股份有限公司中标埃塞俄比亚电力公司低压电力电缆 2 100 万美元。

金杯电工股份有限公司中标长沙市轨道交通 2 号线一期工程 AC35kV、AC110kV 电力电缆及相关服务采购项目，合计金额 8 223 万元。

金杯电工衡阳电缆有限公司中标湖北电力 2013 年农网及城市配网建设与改造工程第一批设备材料协议库存采购项目、2013 年住宅供电配套工程第一批设备材料协议库存采购项目，中标金额合计 1.179 亿元。

无锡江南电缆有限公司中标大连万达商业地产有限公司电缆项目，中标总金额 2.4 亿元。

自贡市西南电线电缆公司中标四川省电力公司 2012 年第二批协议库存物资集中招标项目，中标铝芯布电线 5 000万元。

江苏亨通电力电缆有限公司中标铁路建设项目部管物资采购招标第十三批项目，中标金额 1 547 万元。

科技成果及新产品 航天电工技术有限公司的光纤复合低压电缆（OPLC）技术成果通过评审鉴定，研制的 JLHA3-675-61 中强度铝合金绞线、JL/G2A-900/75-84/7 钢芯铝绞线通过中国电力企业联合会组织的产品技术鉴定。

江苏中天科技股份有限公司研发的低风压钢芯铝绞线、铝合金芯铝绞线两类新产品通过中国电力企业联合会组织的产品技术鉴定。

宁波东方电缆股份有限公司的额定电压 220kV 交联聚乙烯绝缘光电复合海底电缆、额定电压 220kV 交联聚乙烯绝缘三芯光电复合海底电缆、额定电压 110kV 交联聚乙烯绝缘阻燃电力电缆等产品通过中国电力企业联合会组织的产品技术鉴定。

上海顺潮工业有限公司开发研制的膜包矩形铝绞线和组合膜包矩形铝绞线通过中国电力企业联合会组织的产品技术鉴定。

河南科信电缆有限公司研制的 JL/G3A-1000/45 和 JL/G2A-1000/80 钢芯铝绞线通过中国电力企业联合会组织的产品技术鉴定。

杭州电缆股份有限公司研制的 JGQNRLHX/EST-400/65 特强钢芯高强耐热铝合金型线绞线、JLHA1/G4A-900/240-72/37 特强钢芯高强铝合金绞线和 JLB40-120-19 铝包钢绞线等产品通过中国电力企业联合会组织的产品技术鉴定。

维世佳沈阳电缆有限公司研制的 DJL/G1A-630/45-46/7 低风压钢芯铝绞线、JLCNH60X/LBY14-350/70-247 铝包股钢芯超耐热铝合金绞线、JLCNH60XJ/EST-630/55-315 间隙型特强钢芯超耐热铝合金绞线和 JL/G2A-1000/80-84/19 钢芯铝绞线等产品通过中国电力企业联合会组织的产品技术鉴定。

特变电工新疆线缆厂研制的 JLRX1/F2B-360/40-231 纤维增强树脂基复合芯软铝型线绞线、JNRLH60/G2A-630/45-45/7 钢芯耐热铝合金绞线和 JL/G2A-1000/80-84/19 钢芯铝绞线通过中国电力企业联合会组织的产品技术鉴定。

安徽新兴电缆集团有限公司获得的 4 项专利成果：一种耐寒用屏蔽控制软电缆、一种硅橡胶绝缘耐高温专用扁软电缆、一种变频系统用电力电缆、一种农用防湿直埋电力电缆通过安徽省科学技术厅专家组鉴定。

安徽宏源特种电缆集团有限公司研发了 5 项产品：HYY887 系列聚酰亚胺复合绝缘电线、JHQYJ 系列舰船用轻型低烟交联聚乙烯薄壁绝缘通信电缆、JKQYJ 系列舰船用轻型低烟交联聚乙烯薄壁绝缘控制电缆、舰船用特种耐高温电缆、特种矩形软电源电缆通过省级科技成果鉴定。

特变电工（德阳）电缆股份有限公司研制的额定电压 6kV（U_m=7.2kV）到 35kV（U_m=40.5kV）挤包绝缘耐火电力电缆和节能轻型铝合金电力电缆两项产品通过省级科技成果鉴定。

浙江万马电缆股份有限公司研发的导体内置测温光纤 110kV 电力电缆、高强度中压港口机械卷筒电缆和高耐弯曲高强度阻燃橡套软电缆通过省级新产品鉴定。

无锡市明珠电缆有限公司的额定电压 6kV/10kV 及以下移动设备用组合扁形软电缆（YEUBP-6/10）、额定电压 6kV/10kV 及以下港口机械用动力移动软电缆（GJPEF（H）R-6/10、GTBE1URP-0.6/1）、额定电压 0.6kV/1kV 及以下陶瓷化硅橡胶绝缘钢吊耐火电缆（TCGE-G-0.6/1）、27.5kV 轨道交通及电气化铁路单相交流交联聚乙烯绝缘电力电缆（TDWD-YJY73/27.5kV）通过省级新产品鉴定。

四川明星电缆股份有限公司的机场助航灯光回路埋地电缆、光纤复合低压绝缘电力电缆、预分支电缆、新型耐火陶瓷化硅橡胶绝缘电缆通过省科技成果鉴定。

江苏亨通电力电缆有限公司的额定电压 6~35kV 交联聚乙烯绝缘耐火电力电缆、额定电压 35kV 及以下风力发电机组用耐扭曲软电缆被认定为江苏省高新技术产品。

宝胜集团有限公司研发的深井探测用电力通信智能电缆，纵向阻水导体结构电缆，无卤低烟阻燃耐喷淋、抗冲击型耐火电缆 3 种新产品获得实用新型专利。

安徽华星电缆集团有限公司研发的环保型纳米复合高聚物控制电缆、耐寒防腐蚀防潮抗紫外线控制电缆、耐高温潮湿防腐蚀控制电缆获得实用新型专利。

安徽华宇电缆集团有限公司的一种复合绝缘舰船用电缆、一种高压引接电缆、一种聚丙烯绝缘辐照交联聚烯烃护套油井加热电缆、一种纳米陶瓷化海洋工程和船用防火中压电力电缆、一种耐高温耐火耐磨热电偶用补偿导线、一种自承式抗拉软电缆获得实用新型专利。

天津金山电线电缆股份有限公司的太阳能系统用光伏电缆、无卤低烟 A 类阻燃船用电缆、风机塔筒用耐扭曲电缆、核电站用耐辐照电缆、10kV 级引接电机软电缆获得实用新型专利。

LS 红旗电缆（湖北）有限公司成功研制出用于智能电网及通信网建设的电力与通信合二为一的新型空压光复合电缆。

青岛汉缆股份有限公司成功研发了交联聚乙烯绝缘光纤复合海底电缆软接头 HYJQ41-F127/220kV 1×800mm^2+2×SM（15+1）C。

远东电缆有限公司研发出新型防火耐火电缆——瓷化硅胶耐火电缆。

江苏长峰电缆有限公司子公司上鸿润复合材料公司成功研发并制作出 5154A 铝合金杆。

质量及认证 江苏南瑞银龙电缆有限公司通过电能（北京）产品认证中心有限公司（PCCC）认证。

天津金山电线电缆股份有限公司的交联聚乙烯绝缘（阻燃、耐火）电力电缆系列、塑料绝缘（含阻燃）控制电缆等 7 类系列产品通过电能（北京）产品认证中心有限公司（PCCC）认证。

江苏亨通高压电缆有限公司的塑力电缆、交联聚乙烯绝缘电力电缆、海底电缆（含光纤复合海底电缆）通过电能（北京）产品认证中心有限公司（PCCC）认证。

重庆鸽牌电线电缆有限公司通过 GJB 9001B—2009 军工质量管理体系认证的审核，取得军工质量管理体系认证证书。

特变电工山东鲁能泰山电缆有限公司的铜丝屏蔽型高压交联电缆 YJSAY 127/220kV 1×1 600mm^2 和相配套的附件，顺利通过 KEMA 试验，获得 KEMA 试验认证。

远东电缆有限公司的电源和控制托盘电缆、风力发电机托盘电缆两种产品通过美国 UL 认证。

天津金山电线电缆股份有限公司通过 ISO 14001：2004、GB/T 24001：2004 环境管理体系和 OHSAS 18001：2007 职业健康安全管理体系认证。

标准 国家质量监督检验检疫总局和国家标准化管理委员会发布了 GB/T 11026.2—2012《电气绝缘材料　耐热性　第 2 部分：试验判断标准的选择》、GB 311.1—2012《绝缘配合　第 1 部分：定义、原则和规则》、GB 28374—2012《电缆防火涂料》、GB/T 28427—2012《电气化铁路 27.5kV 单相交流交联聚乙烯绝缘电缆及附件》、GB/T 28429—2012《轨道交通 1 500V 及以下直流牵引电力电缆及附件》、GB/T 28509—2012《绝缘外径在 1mm 以下的极细同轴电缆及组件》、GB/T 28518—2012《煤矿用阻燃通信光缆》、GB/T 28567—2012《电线电缆专用设备技术要求》、GB/T 7424.5—2012《光缆　第 5 部分：分规范　用于气吹安装的微型光缆和光纤单元》、GB/T 28542—2012《道路车辆应急起动电缆》、GB/T 29197—2012《铜包铝线》、GB/T 29199—2012《光缆防鼠性能测试方法》、GB/T 29233—2012《管道、直埋和非自承式架空敷设用单模通信室外光缆》、GB/T 29269—2012《信息技术　住宅通用布缆》、GB/T 29309—2012《电工电子产品加速应力试验规程　高加速寿命试验导则》、GB/T 29310—2012《电气绝缘击穿数据统计分析导则》、GB/T 29311—2012《电气绝缘材料　交流电压耐久性评定　通则》、GB/T 29313—2012《电气绝缘材料热传导性能试验方法》、GB/Z 28820.3—2012《聚合物长期辐射老化　第3部分:低压电缆材料在役监测程序》等标准。

工业和信息化部发布了JB/T 8734.1—2012《额定电压450/750V及以下聚氯乙烯绝缘电缆电线和软线　第1部分:一般规定》、JB/T 8734.2—2012《额定电压450/750V及以下聚氯乙烯绝缘电缆电线和软线　第2部分:固定布线用电缆电线》、JB/T 8734.3—2012《额定电压450/750V及以下聚氯乙烯绝缘电缆电线和软线　第3部分:连接用软电线和软电缆》、JB/T 8734.4—2012《额定电压450/750V及以下聚氯乙烯绝缘电缆电线和软线　第4部分:安装用电线》、JB/T 8734.5—2012《额定电压450/750V及以下聚氯乙烯绝缘电缆电线和软线　第5部分:屏蔽电线》、JB/T 8734.6—2012《额定电压450/750V及以下聚氯乙烯绝缘电缆电线和软线　第6部分:电梯电缆》等标准。

国家能源局发布了NB/T 20087—2012《核电厂安全重要仪表和控制电缆老化管理指南》、NB/T 20112—2012《压水堆核电厂反应堆厂房电缆端接技术规程》、NB/T 31034—2012《额定电压1.8/3 kV及以下风力发电用耐扭曲软电缆　第1部分:额定电压0.6/1 kV及以下电缆》、NB/T 31035—2012《额定电压1.8/3 kV及以下风力发电用耐扭曲软电缆　第2部分:额定电压1.8/3 kV电缆》、NB/T 31036—2012《额定电压1.8/3 kV及以下风力发电用耐扭曲软电缆　第3部分:扭转试验方法》等标准。

基本建设及技术改造　江苏新远程电缆股份有限公司进行超高压环保智能型交联电缆技术改造。该项目总投资24 521万元,其中建设投资19 521万元,铺底流动资金5 000万元。新增主要工艺设备及测试仪器设备47台(套),新增建筑面积22 752m^2。

无锡市曙光电缆有限公司首期投资5亿元、三年内投资15亿~20亿元的海底电缆项目落户江西省瑞昌市码头工业城。项目占地面积6.67万m^2(100亩),达产后可年产1 000km海底电缆。

安徽欣意电缆有限公司在石家庄的河北欣意稀土高铁铝合金电缆项目总投资25亿元,项目规划占地面积约133万m^2(2 000亩),用于扩大生产和建设研发中心,形成以铝代铜的电缆研发和生产基地。

河南科信电缆有限公司的年产20万t节能高导铝合金电缆项目,总投资11.6亿元,一期项目投资7.1亿元,项目占地面积约33.3万m^2(500亩)。

安徽和电普华电气有限公司总投资18亿元的芜湖生产基地项目开工,项目用于铝合金电缆产业升级换代,预计2015年建成投产。

对外合作　江苏亨通光电股份有限公司与巴铜CBC导体有限公司在巴西合资建设年产70万芯公里光缆项目,江苏亨通光电股份有限公司与巴铜股比51∶49。项目计划总投资600万美元,占地面积约6 000m^2。

成都普天电缆股份有限公司与中国普天信息产业股份有限公司、法尔胜集团及江苏法尔胜泓昇集团有限公司成立普天法尔胜光通信有限公司,从事通信用光导纤维、光缆及相关产品的生产,以及自营和代理各类商品及技术的进出口业务,计划年产光纤1 000万芯公里,光缆1 100万芯公里。该公司注册资本5亿元,四家公司分别占45%、5%、31%及19%权益。

安徽江淮电缆集团有限公司与法国PMS国际贸易公司签订合作协议,这有助于公司开辟欧洲市场。

《全国电线电缆光缆价格检测目录》　2012年3月19日,《全国电线电缆光缆价格检测目录》审核会议在北京召开,40多家单位代表出席。会议确定了电缆主要原材料测算标准;将电缆分为裸线、电气装备线、电力电缆和通信电缆及电缆附件五大类;决定由重点企业牵头组织调研,测算出行业同类产品的平均水平,编入目录,作为市场合理价格的参考。

6月4日,《全国电线电缆产品检测价格目录》编制工作复审会议在重庆召开。会议对《2012年全国电线电缆产品检测价格目录》中的5大类产品、31个小类产品进行了审核,对目录中不合理的地方提出修改意见。

线缆行业修典　2012年1月4—6日,国家职业分类大典线缆行业修典工作委员会在浙江杭州召开线缆修典第二次工作会议,参加会议的有行业修典工作委员会24家单位联系人、代表30余人。会议总结了信息采集阶段工作,同时对编写阶段工作进行了具体安排和部署。

5月7—9日,国家职业分类大典电线电缆行业修订审定会在山东召开。会议讨论了修典送审稿,获得专家组的审定认可。

管理及行业交流　2012年4月6—8日,中国电器工业协会电线电缆分会绕组线专业工作部七届三次主任委员扩大会议在无锡市召开。电线电缆分会、上海电缆研究所等23家单位40多人出席。会议回顾了行业2011年发展形势,展望了2012年,对绕组线工作部在推进技术进步、节能减排等方面工作予以肯定,并对绕组线工作部未来工作提出更多要求。

4月19日,中国电器工业协会电线电缆分会在福建省福州市召开七届三次理事长工作会议。会议部署了2012年分会的各项工作重点,主要包括:开展2012年工作的设想以及《中华人民共和国职业分类大典》线缆行业修订工作、行业"劳动定额定员标准"编制、成品电缆成本信息编制、《电线电缆手册》修订、亚洲电线电缆行业合作组织筹备策划成立等行业工作。

5月15日,全国机械工业劳动定额定员标准化技术委员会电缆分会在昆明召开第一次工作会议,主题为"如何确立一套适合本行业制造特点的劳动定额定员标准化编制模板"。会议最终提出了一套既符合全国机械工业劳动定额定员标委会对现行定额标准制定的基本要求,又适用于电缆行业定额标准化编制的模式。

9月24日,2012中国电线电缆行业大会在上海举行,此次会议主题为新形势下的线缆行业转型升级。大会邀请国家相关部门和领导就宏观经济形势、线缆行业转型升级等话题进行解读和剖析，来自电线电缆、光纤光缆、专用设备、材料及相关企业的领导、技术负责人、行业专家学者、代表以及台湾地区电线电缆工业同业公会代表团等500多人参加。

9月25日，第五届中国国际线缆及线材展览会（WireShow2012）在上海开幕。此次展会国际色彩浓厚、科技新品众多，最大亮点是以“高效、节能、环保、低碳”为主题的线缆原辅材料、工艺技术交流。展会为期4天，吸引了来自26个国家和地区的900多家企业参展，国内外专业观众33 000多人，创历史新高。展出面积超过52 000m^2，展出内容覆盖线材生产与精制机械、加工设备、辅助加工材料、材料和特种电线电缆、测控技术、检测工程及其他相关领域。

9月26日，由中国电器工业协会电线电缆分会、印度尼西亚线缆协会、国际铜业协会、马来西亚线缆协会、越南线缆协会以及中国台湾地区线缆协会等6个国家（地区）线缆行业协会联合会发起的亚洲电线电缆行业合作组织（AWCCA）成立仪式在上海举行。会议审议通过了“亚洲电线电缆行业合作组织章程”，选举中国电器工业协会副会长、电线电缆分会理事长、上海电缆研究所所长魏东为第一届亚洲电线电缆行业合作组织主席，印度尼西亚线缆协会为秘书长单位，国际铜业协会为副秘书长单位，秘书处设在中国电器工业协会电线电缆分会对外工作交流部。

10月24—27日，2012绕组线行业技术论坛在江苏常州召开，论坛主题为促技术进步、提管理水平。会议组织论文23篇，涉及耐高温绕组线新产品及技术发展动向、漆包线介质损耗测试技术的深层次探讨、下游产品对行业的新要求、漆包机的节能减排和漆包线的能耗标准、新型漆包线漆的开发研究、漆包线企业生产管理系统等。

11月1日，中国（芜湖）电线电缆博览会暨产品质量峰会开幕，会议主题为“提升产品质量，促进产业发展，建设质量强国”，参会者包括政府部门、行业协会、电线电缆产业界、科技界、大用户和消费者。

〔撰稿人：上海电缆研究所陆成王　审稿人：上海电缆研究所吴士敏〕

绝 缘 材 料

生产发展情况　根据绝缘材料分会对行业内主要企业的统计，2012年绝缘材料行业各项经济指标略微增长，增幅减缓，企业经济效益有所下滑，经济运行总体呈现低速增长的态势。2012年行业统计企业完成工业总产值1 727 781万元，主营业务收入1 559 624万元，全员劳动生产率177 810元/人。2012年绝缘材料行业统计企业工业总产值前10位企业见表1。2012年绝缘材料行业统计企业主营业务收入前10位企业见表2。2012年绝缘材料行业统计企业工业增加值前10位企业见表3。

表1　2012年绝缘材料行业统计企业工业总产值前10位企业

企业名称	2012年（万元）	2011年（万元）	比上年增长（%）
广东生益科技股份有限公司	412 020	369 850	11.40
长园集团股份有限公司	282 347	229 518	23.02
山东金宝电子股份有限公司	210 300	218 000	-3.53
四川东材科技集团股份有限公司	185 050	173 014	6.96
株洲时代电气绝缘有限责任公司	62 049	60 368	2.78
苏州巨峰电气绝缘系统股份有限公司	56 591	61 158	-7.47
宁波华缘玻璃钢电器制造有限公司	55 886	50 695	10.24
浙江荣泰科技企业有限公司	45 080	39 880	13.04
苏州太湖电工新材料股份有限公司	38 630	39 597	-2.44
江苏亚宝绝缘材料股份有限公司	30 223	27 464	10.05

表2　2012年绝缘材料行业统计企业主营业务收入前10位企业

企业名称	2012年（万元）	2011年（万元）	比上年增长（%）
广东生益科技股份有限公司	394 626	364 677	8.21
长园集团股份有限公司	241 322	194 069	24.35
山东金宝电子股份有限公司	200 210	222 396	-9.96
四川东材科技集团股份有限公司	103 824	125 983	-17.59
株洲时代电气绝缘有限责任公司	59 908	79 315	-24.47
宁波华缘玻璃钢电器制造有限公司	54 841	49 312	11.21
苏州巨峰电气绝缘系统股份有限公司	48 474	59 932	-19.12
浙江荣泰科技企业有限公司	46 877	41 630	12.60
苏州太湖电工新材料股份有限公司	35 120	35 997	-2.44
江苏亚宝绝缘材料股份有限公司	30 168	27 356	10.28

表3　2012年绝缘材料行业统计企业工业增加值前10位企业

企业名称	2012年（万元）	2011年（万元）	比上年增长（%）
广东生益科技股份有限公司	63 830	75 223	-15.15
四川东材科技集团股份有限公司	48 113	44 984	6.96
山东金宝电子股份有限公司	27 036		
苏州巨峰电气绝缘系统股份有限公司	21 603	13 743	57.19
长园集团股份有限公司	18 692	61 396	-69.56
宁波华缘玻璃钢电器制造有限公司	12 463	10 646	17.07
浙江荣泰科技企业有限公司	10 650	9 562	11.38
苏州太湖电工新材料股份有限公司	9 428	10 037	-6.07
泰州魏德曼高压绝缘有限公司	7 543	8 392	-10.16
湖南广信电工科技股份有限公司	6 233	8 238	-24.34

产品分类及产量　2012年绝缘材料行业统计企业主要产品产量、销量、销售收入见表4。

表 4　2012 年绝缘材料行业统计企业主要产品产量、销量、销售收入

项 目 名 称	单位	油漆树脂	浸渍纤维制品	层压制品	云母制品	电工塑料	薄膜及复合材料	其他类材料
生产量	t	68 973	10 611	142 685	12 152	116 889	45 384	80 835/6 000(套)/30 万只
销售量	t	64 350	10 405	144 158	11 320	117 693	42 494	78 726/6 000(套)/30 万只
销售收入	万元	124 384	28 262	625 634	60 824	92 782	123 445	323 900

市场及销售　2012 年受国外需求持续萎缩和国内行业投资增长放缓等因素的影响，国内经济增长动力不足。发电设备产量增幅减缓；输变电设备中高压开关设备（110kV 以上）保持一定增长，变压器行业仍然为低速增长；通信及电子信息和家用电器产品消费量有所增加，需求将保持平稳增长的趋势。

受此影响，2012 年国内绝缘材料行业企业经营成本上升，利润下滑较大，行业结构性产能过剩局面仍然存在，市场开拓难度加大，高端产品仍受制于人，出口减缓。统计资料表明：2012 年绝缘材料中电工塑料的产量和销售量增幅较大，同比分别增长 11% 和 11.93%；油漆树脂、层压制品、云母制品的产量销量略微增长。油漆树脂产品中，无溶剂浸渍漆的产量占总量的 55%，仍位居首位；F、H、C 级浸渍漆产量虽增长但增幅只有 2.65%，与往年相比增幅明显减缓。层压制品中各类层压棒及应用于高铁的成型件增幅较大，覆铜箔板产量与上年基本持平。薄膜及复合材料的产量和销量有所下降。电工塑料中耐高温、高强度的酚醛塑料增长较大，不饱和聚酯模塑料也有一定增长，高压开关和干式变压器用的浇注胶、高性能绝缘纸及纸板和成型件等仍保持增长态势。云母制品中，柔软云母板产量及销量增幅较大，云母带中防火带和 F、H 级多胶云母带及中胶云母带的产销有所增长，用于新能源的少胶云母带略有增长。

2012 年绝缘材料行业统计企业销售绝缘材料产品总量 469 146t/6 000 套（件）/角环 30 万只/异形件 7 000 套（件），实现销售收入 1 379 232 万元。2012 年绝缘材料行业统计企业销量、销售收入前 10 位企业见表 5、表 6。

表 5　2012 年绝缘材料行业统计企业销量前 10 位企业

企 业 名 称	2012 年（t）	2011 年（t）	比上年增长（%）
宁波华缘玻璃钢电器制造有限公司	73 120	68 500	6.74
山东金宝电子股份有限公司	57 914	57 570	0.60
广东生益科技股份有限公司	53 992	52 301	3.23
四川东材科技集团股份有限公司	47 773	57 497	-16.91
湖南广信电工科技股份有限公司	26 008	26 040	-0.12
株洲时代电气绝缘有限责任公司	25 053	33 053	-24.20
浙江荣泰科技企业有限公司	25 033	23 500	6.52
浙江省乐清树脂厂	23 500	18 000	30.56
龙口澳兴绝缘材料有限公司	14 000	9 800	42.86
常州乔尔塑料有限公司	14 000		

表 6　2012 年绝缘材料行业统计企业销售收入前 10 位企业

企 业 名 称	2012 年（万元）	2011 年（万元）	比上年增长（%）
广东生益科技股份有限公司	402 617	371 719	8.31
山东金宝电子股份有限公司	200 210	222 396	-9.98
长园新材料股份有限公司	104 850	97 135	7.94
四川东材科技集团股份有限公司	103 824	125 983	-17.59
宁波华缘玻璃钢电器制造有限公司	73 120	49 312	48.28
株洲时代电气绝缘有限责任公司	62 049	78 368	-20.82
苏州太湖电工新材料股份有限公司	35 120	35 997	-2.44
江苏亚宝绝缘材料股份有限公司	30 168	27 356	10.28
苏州巨峰电气绝缘系统股份有限公司	27 793	27 797	-0.01
浙江荣泰科技企业有限公司	25 033	41 630	-39.87

2012 年绝缘材料出口 58 882t，实现出口交货值 322 474 万元，出口创汇 51 727 万美元，出口量、出口交货值、创汇均比上年有所增长。从产品分类来看，2012 年绝缘材料行业出口产品主要是层压制品中的覆铜箔板，为 35 153 万美元，约占出口总额的 68%，所占份额有所减少；薄膜及复合材料出口额为 2 576 万美元；电工塑料出口额为 699 万美元；浸渍纤维制品出口额为 945 万美元，与上年度相比出口创汇增幅最大；其他类绝缘材料出口为 10 599 万美元。2012 年绝缘材料行业创汇金额前 10 位企业见表 7。2012 年部分绝缘材料出口创汇额见表 8。

表 7　2012 年绝缘材料行业创汇金额前 10 位企业

企 业 名 称	创汇金额（万美元）	比上年增长（%）
广东生益科技股份公司	33 251	10.7
山东金宝电子股份有限公司	7 908	45.8
长园新材料股份有限公司	3 821	33.6
四川东材科技集团股份有限公司	2 010	-43.5
南通中菱绝缘材料有限公司	1 004	20.9
北京新福润达绝缘材料有限公司	940	-25.4
宁波华缘玻璃钢电器制造有限公司	699	-26.3
龙口澳兴绝缘材料有限公司	650	25.0
江苏亚宝绝缘材料股份有限公司	319	11.5
泰州魏德曼高压绝缘有限公司	301	11.9

表8　2012年部分绝缘材料出口创汇额

产品类别	创汇金额（万美元）	比上年增长（%）
层压制品	36 908	5.0
其中：覆铜箔板	35 153	5.8
层压板材	1 755	-9.2
电工塑料	699	-26.3
薄膜及复合制品	2 576	-33.3
浸渍纤维	945	18.4
其他绝缘材料	10 599	10.0

科技成果及新产品　2012年，绝缘材料行业各企业努力提高自主创新能力，加快重点产品的产业化，取得多项科技成果和新产品。

四川东材科技集团股份有限公司开展的新型N-P协同无卤阻燃苯并嘧嗪/环氧树脂合成技术研究及应用，解决了高含N苯并嘧嗪单体的合成，含P、N环氧树脂固化剂合成，马来酰亚胺基团的P系化合物添加剂合成等技术难题；完成了单体-固化剂-通用环氧树脂复配体系的研究；解决了专用树脂与多种成形条件的适配性技术难题。完成了两种高含N苯并嘧嗪单体和含N、P环氧树脂固化剂，含马来酰亚胺基团的P系化合物添加剂及含磷腈结构阻燃添加剂的研制。开发出应用于覆铜箔板行业和电机、电器绝缘材料用的低成本高性能N-P协同无卤阻燃基体树脂。用高性能F、H级无卤阻燃玻璃布层压板向电子灌封行业提供了高含N苯并嘧嗪单体和含N、P环氧树脂固化剂及六苯氧基环三磷腈（HPCTP）的阻燃添加剂，开发了N-P协同无卤阻燃电子灌封树脂。该项目获2012年度石油和化学工业协会科技进步奖二等奖及绵阳市科技进步奖一等奖。公司研制的环氧聚酰亚胺薄膜少胶粉云母带主要技术指标为：云母含量≥50%，胶粘剂含量4%~10%，电气强度≥50MV/m，拉伸强度≥30N/10mm，耐电晕性≥130h。产品性能可靠稳定，使用工艺性良好，能满足包扎及VPI树脂浸渍的工艺要求和风电电机、特种电机及电磁线绝缘结构的技术要求。该公司研制的电磁线用环氧聚酯薄膜粉云母带主要技术指标为：胶含量2%~10%，电气强度≥50MV/m，拉伸强度≥40N/10mm，能连续600m无缺陷稳定制造超薄型云母带产品（0.065mm）。该公司研制的耐湿热聚酯薄膜主要技术指标为：PCT寿命≥80h（121℃，100%RH），断裂伸长率≥80%。产品能与国外同类产品——东洋纺的Q3215薄膜、东丽MX11薄膜以及杜邦帝人VPET薄膜等相当，技术处于国际先进水平。该公司研制的无卤阻燃聚丙烯片材主要技术指标为：阻燃等级≥0.35mm（V-2），≤0.25mm（VTM-0）；击穿电压≥5kV；拉伸强度≥20MPa；断裂伸长率（纵向）≥15%；收缩率（80℃、30min），MD≤0.3%，TD≤0.3。其产品无析出，具有优异的耐水解性、耐电压性，良好的阻燃性能。通过改进配方体系中关键技术及制造工艺，不仅阻燃等级达到V-0级，且解决了表面耐刮伤的问题，技术水平国际领先。

苏州巨峰电气绝缘系统股份有限公司研制开发出高透气性少胶云母带，采用独创的干法喷粉上胶技术生产高透气性少胶云母带，具有透气性高、浸透性好、胶粘剂含量少、柔软性好、储存期长、绕包工艺性好等特点，特别是高透气性和浸透性正是大型高压发电机组VPI主绝缘必须具备的，这是现有云母带制造技术所无法达到的，是我国大电机绝缘领域的一项重大技术突破。产品可应用于各类电机或电器产品的绝缘处理，特别适用于大型高压电机，电压等级13.8~27kV，单边绝缘厚度3~7mm线圈（棒）主绝缘真空压力浸渍工艺（VPI）处理工艺。当前国内需求完全依赖进口，该产品的批量生产打破了国外的技术封锁和价格垄断，依靠产品价格和运输服务优势，将逐步扩大国内市场占有率，并积极开拓国际市场，逐步建立起与Alstom、ABB、TECO、GE、Siemens等国际大电机公司的合作，实现出口创汇，提升我国少胶云母带主绝缘产品的国际竞争力。该产品为独立开发，拥有自主知识产权，已申请专利5项，其中发明专利3项、实用新型专利2项（已授权），产品性能达到国际同类产品的先进水平，于2012年11月通过江苏省经济和信息化委员会组织的新产品鉴定，获苏州市吴江区科技进步奖二等奖。该公司研制的电机散绕组专用改性聚酯亚胺浸渍树脂，由亚胺改性耐热不饱和聚酯树脂、高沸点高活性稀释剂和多种助剂组成，既能快速固化又具有良好的热稳定性，闪点较高，饱和蒸汽压较低，贮存稳定性好，挥发性有机化合物（VOC）排放<3%，环保性能优良；配合通电加热浸渍工艺，提高了浸漆质量，可满足风力发电机及其他电机散嵌绕组的绝缘性能要求，性能达到国外同类产品先进水平，填补了国内空白，已通过苏州市吴江区科技局组织的项目验收。该公司研制的超低温快干浸渍树脂，采用自行合成的DCPD不饱和树脂，提高了产品的力学性能与热性能，降低了成本。引入酯化后的环氧大豆油，提高了涂层的柔韧性和附着力，具有低温快干、电气性能优异、贮存稳定性好等特点。产品经多家用户批量使用，反映良好，具有良好的经济效益和社会效益。该产品拥有自主知识产权，处于国内领先地位，已通过江苏省科技局组织的项目验收。该公司研制的H级变压器无溶剂浸渍树脂，由阻燃环氧树脂，耐热聚酯、柔性树脂和低挥发活性稀释剂等组成，具有阻燃性能优异、柔韧性好、粘结力高、机械强度好、抗潮耐盐雾、工艺适应性好等特点，满足应用要求，具有良好的经济和社会效益。

西安西电电工材料有限责任公司研制的少胶含量粉云母带，胶含量3%~11%，击穿电压≥10MV/m，抗拉强度达到用户要求。该产品采用模具底灌式的真空浸胶工艺以及环氧酸酐体系、涤纶布为增强材料，产品力学性能和电气性能良好，综合技术性能达到国内先进水平。该公司研制的115低挥发无溶剂浸渍漆，采用合理的胶粘剂配方设计及制造工艺，具有良好的力学、电气性能，尤其在高温下机械强度高、高湿度下电气性能稳定、耐漏电起痕指数高，可自熄、抗污等。主要技术参数为：

固体挥发物 140℃/3h(10g 样)，小于 6%。

电气强度：常态时不小于 22MV/m，浸水 24 h 时不小于 20MV/m，(180±2)℃时不小于 18MV/m。

体积电阻率：常态时不小于 $1\times10^{13}\Omega\cdot m$，浸水 24h 时不小于 $1\times10^{12}\Omega\cdot m$，(180±2)℃时不小于 $1\times10^{8}\Omega\cdot m$。

广东生益科技股份有限公司开展了无铅高多层、高可靠性基材的产业化研究。该类基材需要满足高 Tg、低膨胀系数(CTE)、高刚性、高耐热、高尺寸稳定性、良好的印制电路板(PCB)加工性及可靠性等综合要求。该公司研制的高导热系列基材，能够满足在高耐热环境长期工作的 PCB 的应用要求，具有高导热性、高散热性及高绝缘性特点。研制的挠性基材，采用无卤无锑阻燃，阻燃性能达到 UL94 V-0 级，不含卤素、锑、铅、镉、汞、六价铬等，是满足市场无卤环保要求及欧盟 RoHS 指令要求的新一代挠性电子电路基材。

浙江荣泰科技企业有限公司开展水性超支化环氧绝缘浸渍漆研究开发。该项目研究采用一种新型的自乳化性环氧聚合物体系，开发高性能的水性绝缘浸渍漆产品，主要研究内容包括：

(1)新型自乳化性超支化环氧聚合物的分子设计：以乙氧基季戊四醇、二羟甲基丙酸、环氧氯丙烷或环氧树脂为主要成分合成新型的超支化环氧聚合物，有效解决了水性绝缘浸渍漆的低黏度化，乳液稳定性，乳化剂、水对绝缘性的影响以及固化物的脆性等技术难题。

(2)水溶性环氧树脂潜伏固化剂的合成：解决水性绝缘浸渍漆与环氧树脂的相容性、潜伏性、固化物绝缘性等问题。

(3)乳液制备、性能最佳化和应用研究：实现国内首创的不含助溶剂的水性环保绝缘浸渍漆的开发。

主要技术指标：黏度 50~150s，固体含量 41%~43%，挥发性有机物含量≤4%，固化条件为 160℃/4h，稳定性不少于 3 月，闪点>93℃，电气强度≥70MV/m。

苏州太湖电工新材料股份有限公司研制的 TH 不饱和聚酯玻璃纤维增强端圈，是以一种 UL 认证的新型高耐热树脂为基体，经缠绕、固化成型的绝缘材料。通过改变基体树脂提高了耐热等级和耐电压强度等电绝缘性能，产品的技术关键在于新耐热树脂的合成和其应用工艺。性能指标为：

绝缘电阻：常态下不小于 $3.0\times10^{12}\Omega\cdot m$，浸水 24h 时不小于 $2.8\times10^{12}\Omega\cdot m$，(180±2)℃时不小于 $1.0\times10^{8}\Omega\cdot m$。

平行层向绝缘电阻：常态下不小于 $5.2\times10^{12}\Omega\cdot m$，浸水 24h 时不小于 $3.6\times10^{10}\Omega\cdot m$，(180±2)℃时不小于 $1.0\times10^{8}\Omega\cdot m$。

该公司研制的大型高压发电机用少胶云母带，采用了新型的国产化原材料、少胶云母带的全新特殊上胶工艺方式以及全新上胶装置设备，性能指标为：击穿电压≥1 500V，拉伸强度≥80N/10mm，挺度≤60N/m。该公司研制的 T-H1169 无溶剂高纯度环氧浸渍树脂，以降低黏度提高渗透性，减少挥发份、无“三苯”有害气体排放、降低热态介质损耗、提高贮存稳定性为研发目标，选用高纯度环氧树脂，自主研发新型潜伏性固化体系，提高了树脂的交联密度，解决了固化过程中有害气体的挥发份、介质损耗、贮存稳定性等问题，确保防潮、防盐雾，以满足环保要求和 VPI 浸渍工艺的特殊使用条件。性能指标为：

击穿强度：常态时不小于 25MV/m，浸水时不小于 23MV/m。

体积电阻系数：常态时不小于 $1.0\times10^{13}\Omega\cdot m$，浸水时不小于 $1.0\times10^{12}\Omega\cdot m$。

宁波华缘玻璃钢电器制造有限公司研制的 SMC 电表箱，采用添加绝缘材料的自主配方，解决原有材料绝缘性能不足的问题，达到高绝缘性、高阻燃性、强耐腐蚀性的性能要求；通过改进材料制作工艺，克服了钢制、塑料电表箱易老化、易腐蚀、绝缘差、耐寒性差、阻燃性差、寿命短的缺点，达到增强产品性能、降低使用成本的目的。该公司研制的接触轨绝缘支架，具有低热值、无烟毒性、高强度、高耐烧蚀性的特点，能满足地铁使用环境要求。该产品采用无碱玻璃纤维纱，并使用三氧化二铁作为填料，能很好地满足在高温环境下平台不断裂、牢固性强的要求。

质量及质量管理 2012 年机械工业电工材料产品质量监督检测中心为绝缘材料生产厂家和应用厂家提供各类绝缘材料、绝缘制品及绝缘结构等的检测服务 1 000 多批次，出具科学、客观、公正的检测报告，对检测中暴露出来的问题，提出改进建议。

受国内经济环境的影响，近一年多来，传统的绝缘材料例如绝缘漆、以云母为基的绝缘材料、电工层压制品等材料的检测量有所降低。电力行业近年对有关电力设备及部件的绝缘性能作了相应规定，检测中心及时地拓展了该领域业务，如各类电表箱外壳材料的检测；配合有关电力研究院进行了大量的液体与固体绝缘组件综合评定。

新能源如风电、核电及光伏发电等的崛起，使相应的绝缘材料和绝缘结构的综合评定需求大幅度增加。相关检测技术不断提高和完善，现已逐步形成相应的测试方法及相关标准。

标准化 2012 年全国绝缘材料标准化技术委员会组织审查 5 项国家标准的复核上报工作，仔细复核《电气用压纸板和薄纸板　第 3 部分：压纸板》国家标准报批稿，于 2012 年 5 月完成上报。与此同时，考虑到《电气用压纸板和薄纸板　第 3 部分：压纸板》与《电气用压纸板和薄纸板　第 2 部分：试验方法》的协调一致性要求，对《电气用压纸板和薄纸板　第 2 部分：试验方法》国家标准中的“层间粘结性”试验方法一章进行仔细复核修改后一同完成上报。

另外，对 2010 年年会审查通过的《电气用非纤维素纸　第 2 部分：试验方法》《电气用聚芳酰胺纤维纸板　第 1 部分：定义、名称及一般要求》《电气用聚芳酰胺纤维纸板　第 2 部分：试验方法》3 项国家标准仔细复核修改，于 2012 年 6 月完成上报。

组织《电气绝缘用漆　第6部分:环保型水性浸渍漆》等5项国家标准及《电气绝缘浸渍漆和漆布快速热老化试验方法　热重点斜法》等23项行业标准的制修订。由于环保型水性浸渍漆尚无对应的国际标准,为了做好标准的起草工作,充分体现标准的先进性和适应性,2012年8月15日在浙江省嘉兴市,组织由桂林电科院、嘉兴荣泰科技、杜邦(上海)公司、上海电动工具所等相关专家和标准起草单位对GB/T 1981.6—××××《电气绝缘用漆　第6部分:环保型水性浸渍漆》(草案稿)进行了审查。该标准参照IEC 60464-3-2:2001《电气绝缘用漆　第3部分:单项材料规范　第2篇:热固化浸渍漆》制定,属国内先进水平。

组织开展太阳能电池绝缘背板国家标准试验验证工作。我国尚无太阳能电池绝缘背板方面的国家标准或行业标准,也无对应产品的国际标准,而该产品属新能源领域电工基础性新材料,涉及多方利益,为此全国绝缘材料标委会决定组织开展该产品的试验验证工作。当前已完成试验验证数据的汇总和分析,编制了试验验证报告,并根据试验验证结果,修改了《晶硅太阳能光伏组件用绝缘背板》征求意见稿(第1稿),拟将修改稿(第2稿)提交标准第2次起草会议研究讨论。下一步将定稿后的标准草案在标委会委员范围内征求意见,争取早日完成标准的制定报批工作。

2012年还承担4项全国电气绝缘材料与绝缘系统评定标准化技术委员会委托的基础方法标准的制修订:《电气绝缘材料　耐热性　第2部分:试验判断标准的选择》(修订GB/T 11026.2—2000);《电气绝缘材料　耐热性　第4部分:老化烘箱　单室烘箱》(修订GB/T 11026.4—1999);《固体绝缘材料在潮湿条件下相比电痕化指数和耐电痕化指数的测定方法》(修订GB/T 4207—2003);《用液体萃取测定电气绝缘材料离子杂质试验方法》(修订GB/T 7196—1987)。4项标准已通过国家标准技术审查部技术审查。

基本建设及技术改造　2012年绝缘材料行业基本建设投资59 232万元,更新改造资金额为40 318万元。用于固定资产投资额为74 813万元,其中技术改造资金为59 493万元。2012年绝缘材料行业部分企业基建技改投资情况见表9。2012年绝缘材料行业部分企业技术改造项目及效果见表10。

表9　2012年绝缘材料行业部分企业基建技改投资情况　(单位:万元)

企业名称	基本建设投资					更新改造资金	
	投资计划	投资完成数	其中			计划数	实际完成
			生产性	建安工程	设备工具购置		
广东生益科技股份公司		7 968	4 159	2 305	1 504	955	2 022
圣欧芳纶(江苏)股份有限公司	5 500	2 563	2 563			1 500	1 255
四川东材科技集团股份有限公司	36 527	36 527	21 686		14 841	36 527	36 527
西安西电电工材料有限责任公司	1 000	900	202	110	588	76	79
株洲时代电气绝缘材料有限公司	800	800	400		400		
龙口澳兴绝缘材料有限公司		1 050	155		895		
宁波华缘玻璃钢电器制造有限公司		1 535			1 535		
山东呈祥电工电气有限公司		980					150
江苏亚宝绝缘材料有限公司	300	231			231		
河南许昌电工绝缘材料有限公司	30	28					85
常州乔尔塑料有限公司	3 000	2 943		896	2 047		
宝应县精工绝缘材料有限公司	100	100	100				
上海同立电工材料有限公司	1 000	3 521		918	2 603		
上海龙怡机电材料有限公司	100	86			86		
浙江乐清树脂厂					200	200	

表10　2012年绝缘材料行业部分企业技术改造项目及效果

企业名称	项目名称	效果
四川东材科技集团股份有限公司	年产3万t无卤永久性高阻燃聚酯薄膜生产线	该项目于2012年11月建成,实际完成投资12 389万元,已形成年产3万t无卤阻燃聚酯薄膜的生产能力。2014年达产后,平均每年新增销售收入48 487万元,新增利润7 367万元,新增税收2 800万元,新增出口创汇200万美元
宁波华缘玻璃钢电器制造有限公司	年产1万t轨道交通配套产品生产线技改	项目投资2 800万元,引进先进材料生产线、研发设备和生产设备49台(套),达到年产1万t轨道交通配套产品的生产规模。项目完成后年增销售收入16 000万元,年税收1 300万元,净利润2 400万元

（续）

企业名称	项目名称	效果
苏州巨峰电气绝缘系统股份有限公司	线圈工艺技术及车间改造	项目总投资4 000万元，项目完成后能形成年产3 000t电机线圈的生产能力，预计新增销售收入38 000万元，创利税14 000万元
西安西电电工材料有限责任公司	真空浸胶脱气设备改造	投资210万元，更新改造真空浸胶脱气设备，新增产值1 200万元
衡阳恒缘电工材料有限公司	C级—改性双马来酰亚胺玻璃纤维增强模塑料	项目建设时间2012年1—8月，设计投产能力3.58万套绝缘成型加工件，现投产能力9 000套绝缘成型加工件，年新增销售收入3 600万元，新增利税900万元
浙江荣泰科技企业有限公司	复合材料	该项目设计投产能力3 000t/a，现已生产复合材料500t，新增产值3 000万元，利税330万元

行业活动 中国电器工业协会绝缘材料分会于2012年5月9—11日在桂林召开绝缘材料厂长经理总工程师暨分会工作会议，80余位代表参加。中国电器工业协会副会长、桂林电器科学研究院陈仲院长，中国电器工业协会绝缘材料分会理事长、桂林电器科学研究院刘亮副院长，中国电器工业协会绝缘材料分会副理事长、四川东材科技集团股份有限公司于少波董事长等5位分会副理事长出席了会议。年会讨论了绝缘材料分会主攻高端、推进转型升级等工作重点及发展方向，刘亮理事长作2011年度绝缘材料分会工作报告，李耀星秘书长介绍了绝缘材料分会与日本电气机能材料工业会的交流情况，孙瑛副秘书长介绍了组团赴美国参观考察的相关事宜。

会上开展了进出口工作经验交流。四川东材科技集团股份有限公司、北京新福润达绝缘材料有限责任公司、南通中菱绝缘材料有限公司、宝应精工绝缘材料有限公司4家进出口业务开展较好的企业介绍了做好进出口业务发展前的准备工作、规避风险、业务拓展及沟通技巧等，分享了各自的进出口工作经验。

会议还进行了企业管理工作经验交流。苏州巨峰电气绝缘系统股份有限公司、衡阳恒缘电工材料有限公司、上海均达科技发展有限公司、西安西电电工材料有限责任公司、烟台民士达特种纸业股份有限公司、浙江荣泰科技企业有限公司、苏州太湖电工新材料股份有限公司企业7家企业介绍了各自的管理工作经验，其共同的观点是：企业发展的根本在于重视创新和产品质量管理，避免恶性竞争。

会议呼吁行业内各企业避免恶性竞争，加强科技创新，推进产品结构调整和转型升级，鼓励企业以产品技术创新和高质量产品竞争模式来共同推动绝缘材料行业的发展。

中国电器工业协会绝缘材料分会和中国电工技术学会绝缘专委会于2012年10月17—19日在湖南衡阳召开2012年全国环境友好型绝缘材料及应用技术专题研讨会。此次会议围绕国家节能减排、环保低碳的国策，对环境友好型绝缘材料及其应用技术的发展进行专题研讨。会议共征集到论文约50篇，其中43篇论文收录会议论文集。共有来自全国各地约120家绝缘材料生产企业及其上下游行业的企业和相关科研院所及高校的专家、委员、学者及技术、销售、管理人员200余人参加了会议。

主题报告分别从变压器、电机行业等应用企业角度和绝缘材料生产企业角度对国内外不同类型绝缘材料与绝缘技术的特点、应用和发展趋势及新型绝缘材料的应用和发展进行了分析。特变电工衡阳变压器有限公司的孙树波总工程师作“变压器绝缘材料应用研究及发展趋势”的报告，分析了变压器行业绝缘材料应用现状及要求，对比了国内及进口关键绝缘材料的性能及其应用情况，并提出在当前发电、输电设备都朝着超高压、特高压、大容量方向发展的形势下，开发耐高温绝缘材料、阻燃绝缘材料、环保节能绝缘材料、高介电性能及低介电损耗绝缘材料势在必行。哈尔滨电气动力装备有限公司的方建国高级工程师作“HPC电机绝缘技术简介”的报告，介绍了HPC电机绝缘发展历程，提出了核电的发展对绝缘材料的新要求。衡阳恒缘电工材料有限公司的李孟德总工程师作“超支化聚合物的研究与应用”的报告，株洲时代新材料科技股份有限公司周升总工程师作“论绝缘材料在新型环保节能产业中的转型升级发展趋势”的学术报告。会上共有17位作者就各自的论文进行了交流，让参会代表了解到相关领域的发展、动态及存在的问题，取得了良好的效果。此次专题研讨会参会的电机、变压器及发电设备等应用企业非常多，对绝缘材料行业的发展提出了不少新要求和新希望，有利于推动绝缘材料行业的快速发展。

〔撰稿人：桂林电器科学研究院有限公司孙瑛、赵浩融　审稿人：桂林电器科学研究院有限公司李耀星〕

铅酸蓄电池

生产发展情况 随着我国汽车、摩托车、电动自行车、电信、新能源及其他产业的快速发展，铅酸蓄电池的需求量呈持续、快速增长趋势。2012年是国家对铅酸蓄电池企业持续治理的一年，虽然很多企业被关停，但是诸多大型、规范性企业已逐步按国家工信部、环保部的要求改造升级，总体来说,铅酸蓄电池行业的发展情况较好。

2012 年,上报的 32 家企业实现主营业务收入 1 140 亿元,较上年增加 423 亿元,同比增长 59.1%。主营业务收入前三名的企业为超威电源有限公司、天能集团有限公司、江苏理士电池技术有限公司;增幅较大的企业为超威电源有限公司和天能集团有限公司;另有 14 家企业主营业务收入增加 1 亿元以上。铅酸蓄电池行业的主营业务收入占化学电源产业的 70%,仍然是电池行业最重要的产品系列。

在统计的 32 家企业中,共有 30 家企业参加利润汇总,共实现利润 351 572 万元,按 26 家企业的可比口径计算,利润总额增加 14 403 万元,增幅 6%。

盈利大户有天能电池集团有限公司、超威电源有限公司、骆驼集团股份有限公司,其他利润总额超 1 亿元的企业有浙江南都电源动力股份有限公司、江苏双登集团有限公司、风帆股份有限公司。利润总额 5 000 万~1 亿元的企业有 6 家,分别是湖南丰日电源电气股份有限公司、江苏理士电池技术有限公司、天津杰士电池有限公司、福建省闽华电源股份有限公司、山东圣阳电源股份有限公司和哈尔滨光宇蓄电池股份有限公司。增幅较大的企业为浙江南都电源动力股份有限公司,增幅 74%。

2012 年统计显示,铅酸蓄电池行业完成工业总产值逾 1 700 亿元,按可比口径计算增加 900 多亿元,同比增长 137%。工业总产值 20 亿元以上的企业有天能集团有限公司、超威电源有限公司、江苏理士电池技术有限公司、江苏双登集团有限公司、骆驼集团股份有限公司、风帆股份有限公司和浙江南都电源动力股份有限公司。

2012 年,铅酸蓄电池行业管理费用按可比口径计算下降 3%,是降幅最大的一年。有 11 家企业的管理费用下降,占统计企业的 34.4%。统计数据表明,多家企业有效地控制了管理费用的增长,行业内规模较大的企业都在控制管理费用上下功夫,虽然产值、利润增幅很大,但管理费都控制在 10%~20%。降幅较大的企业有武汉银泰科技电源股份有限公司、济宁远征电源有限公司、福建泉州大华蓄电池有限公司、扬州阿波罗蓄电池有限公司,其中,武汉银泰科技电源股份有限公司利润增幅 85%以上,费用下降 52%。

行业发展特点

1.产业集中度提高

铅酸蓄电池行业经过近三年的环保整顿,企业数量逐年减少,中小企业陆续退出,大型企业占主体结构已成定局。汽车用蓄电池 5 家生产企业的产量占该类型电池总产量的 79%,他们是骆驼集团股份有限公司、风帆股份有限公司、天津杰士电池有限公司、成都川西蓄电池(集团)有限公司、江苏理士电池技术有限公司。电动助力车电池 3 家生产企业的产量占该类型电池总产量的 90%以上,他们分别是超威电源有限公司、天能集团有限公司、浙江南都电源动力股份有限公司。固定用铅酸蓄电池 3 家生产企业的产量占该类型电池总产量的 68%以上,分别是江苏理士电池技术有限公司、江苏双登集团有限公司、浙江南都电源动力股份有限公司。前 20 名企业完成了行业绝大部分的主营业务收入、利润、产值,凸显出环保整顿后,铅酸蓄电池行业重新划分的格局。部分中小型企业在产能或环保要求上不能达到《铅酸蓄电池行业准入条件》(以下简称《准入条件》)的要求,这些企业面临关闭或者寻求被兼并。集中度的提高意味着行业总体竞争力的提升,一批具有一定规模的企业加快投入,有实力的企业加速重组、兼并。当前约有 300 多家企业处于正常生产中,行业的洗牌仍在持续。

2.技术进步加速

国家对铅酸蓄电池行业开展的大规模环境整治,有力推动了行业生产技术、生产设施、设备与生产工艺的提升,有力促进了产业的快速发展,也有效降低了环保方面的压力。当前,铅酸蓄电池行业的生产设施、设备以机械化、自动化设备为主,已不复原来的劳动密集型产业。根据《准入条件》和清洁化生产要求,行业的主流企业不断加大设备更新力度,全行业已引进 30 多条拉网板栅生产线、连铸连轧等先进生产线。骆驼集团股份有限公司、风帆股份有限公司、江苏双登集团有限公司、山东圣阳电源股份有限公司等企业都已使用这些先进设备。铸片生产工艺也按准入条件的要求,从铅锭的熔化到成片完全实现机械化。

3.主动加大环保投资力度

经历了环保整顿,仍在从事铅酸蓄电池产业的人士重新审视企业与环保的关系,环保成为长期的任务。行业当前的环保投入已占固定资产投入的 25%以上,环保设备也在更新,部分企业为了彻底改变,不惜重金从国外引进技术及设备。多数企业也更加注重培养员工的环保意识,加强员工保护,作业环境、生产环境都有了很大改善。

4.总体效益下滑,利润率下降

2012 年,虽然行业主营业务收入增长 59.1%,但整体利润率较低。许多企业 2012 年主营业务收入为最好水平,但多数企业利润水平却不高。

以上问题的出现,除了是诸多因素的综合影响结果外,如固定资产投入加大(增幅 20%左右以上)、搬迁新建、原材料上涨、劳动力成本提高等,也说明产品脱离了正常价格轨道,企业间无序竞争、相互杀价,使得本应得到的利润蒸发了。2012 年的价格战从未停止,最终导致全行业整体效益水平下降。在行业发展的严峻时刻,各企业还需要依靠过硬的高端产品、品牌产品及优质的售后服务赢得终端客户,更要制定相对合理的价格。

产品分类产量 32 家企业全年生产铅酸蓄电池 182 993 008 kVA·h,较上年增加 61 389 811kVA·h,增幅 50.5%。其中产量较大的企业有超威电源有限公司、天能集团有限公司、江苏理士电池技术有限公司、骆驼集团股份有限公司、风帆股份有限公司和江苏双登集团有限公司,合计产量 145 054 791kVA·h,占总产量的 79.3%。

1.汽车用铅酸蓄电池

参加统计的 12 家企业全年产量 39 766 689kVA·h,按可比口径计算增长18%。产量最大的为骆驼集团股份有限公司。该品种铅酸蓄电池产量超200万kVA·h的企业有5家,100万~200万kVA·h的企业有4家。

2.固定型蓄电池

参加统计的13家企业全年产量26 301 971kVA·h,较上年减少1 127 297 kVA·h,按可比口径计算下降4.1%。产量较大的企业有江苏理士电池技术有限公司、江苏双登集团有限公司、浙江南都电源动力股份有限公司、山东圣阳电源股份有限公司和哈尔滨光宇蓄电池股份有限公司。五家企业产量之和占该品种电池总产量的85%。增幅较大的企业是浙江南都电源动力股份有限公司,增幅56%。

3.电动助力车用蓄电池

2012年众多生产电动助力车的企业倒闭,有实力的集团公司整合力量,加大了生产能力。全年产量97 597 350kVA·h,较上年增加64 381 530kVA·h,按可比口径计算增长193.8%。该类电池的生产大户为超威电源有限公司、天能集团有限公司和浙江南都电源动力股份有限公司。受市场电动助力车热销及集团企业收购合并中小型企业的影响,超威电源有限公司和天能集团有限公司的产量增长都非常明显,电动助力车用铅酸蓄电池产量现已超过其他类型铅酸蓄电池,位居各系列首位。

4.摩托车用蓄电池

参加汇总的8家企业全年产量3 889 675kVA·h,较上年有较大幅度增加,按可比口径计算增长31%。产量大户为江苏理士电池技术有限公司、广东猛狮电源科技股份有限公司。

出口 2012年铅酸蓄电池行业有15家企业产品销往东南亚、澳大利亚、欧盟体国家和美国等国家或地区。受国际经济复苏的拉动,企业的出口产值陆续恢复。2012年实现出口总量11 626 597kVA·h,较上年增加125万kVA·h,按可比口径计算增长12%。出口量最多的企业为江苏理士电池技术有限公司、浙江杰斯特电源有限公司、浙江南都电源动力股份有限公司、江苏双登集团有限公司和扬州阿波罗蓄电池有限公司。

科技成果及新产品 骆驼集团股份有限公司研发起停VRL系列电池以及富液式起停电池、AGM起停电池。

山东圣阳电源股份有限公司开展“智能跟踪定位蓄电池鉴定材料”“SC系列阀控式密封铅酸蓄电池”“SP系列12V改进型高能AGM电池”“智能型光伏汇流箱及离网智能型光伏控制器”项目。2012年共获得一种纯铅胶体蓄电池(ZL201120260172.4实用新型专利)、一种防脱卡扣式电池盒(ZL201120260156.5实用新型)、一种胶体蓄电池防酸制胶机(ZL201120260133.4实用新型)等10项专利授权。

超威电源有限公司研发了耐高温储能铅酸蓄电池、智能型电动车用铅酸蓄电池、电动车用长寿命胶体密封铅酸蓄电池、混合动力用铅酸蓄电池、高能电动助力车用全胶体电池等多项产品,获得授权专利67项,其中发明专利12项、实用新型专利38项、外观设计专利17项。

武汉银泰科技电源股份有限公司研发了6DZM12/20动力电池、6CNF50/65/100/150/200储能电池系列、6OPZV600/400/800/1000等管式胶体电池,另获得泡沫碳电池技术、地埋式储能电池结构设计等科技成果。2012年共取得一种太阳能专用铅酸蓄电池电池盖(ZL201220338307.9)、一种纯电动车用铅-碳电池的制作方法(ZL201210271048.7)、一种电动车用铅酸蓄电池负极板栅(ZL201220371178.3)等5项专利授权。

扬州阿波罗蓄电池有限公司新研发了6-QH-70S电池及3D-180电池。共获得铅酸蓄电池板栅(ZL201220015316.4)、一种铅酸蓄电池板栅(ZL201220015313.0)等6项专利授权。

标准 2012年,涉及铅酸蓄电池的3项标准通过审核,分别是:GB/T 19638.2—201×《固定型阀控式铅酸蓄电池 第1部分 技术条件》、GB/T ××××—201×《固定型阀控式铅酸蓄电池 第2部分 产品品种和规格》、JB/T ××××—201×《铅酸蓄电池环境意识设计导则》。

基本建设及技术改造 超威电源有限公司实施了河北超威新建项目、浙江省重点企业研究院建设项目、长兴众成公司节能技术改造项目,其全资子公司超威创元实业有限公司实施锂电技术改造项目。超威集团17家子公司实施了清洁生产技术改造项目,18家子公司实施了自动化生产装备改造项目。

骆驼集团股份有限公司实施了骆驼电池工业园配套设施建设项目,骆驼海峡新型蓄电池有限公司实施了100万kVA·h牵引(管式)电池扩建项目,骆驼集团华南蓄电池有限公司实施了600万kVA·h全循环新结构密封型蓄电池项目,谷城骆驼塑胶制品实施了异地新建工程项目。

山东圣阳电源股份有限公司实施了高性能胶体蓄电池项目和新型铅酸蓄电池生产扩迁建项目。

武汉银泰科技电源股份有限公司2012年共建设完成3条电动助力车用阀控电池生产线,日产量达20 000只;完成阀控密封铅酸蓄电池生产车间系统环保设备升级改造。

扬州阿波罗蓄电池有限公司进行了电池板栅、垫板、焊接头及生产线的改进,改进与调整了和膏配方,新增热带地区电池的和膏配方。

〔撰稿人:中国电器工业协会铅酸蓄电池分会邬冬妮〕

电工合金

生产发展情况 2012年,电工合金行业主要原材料白银的价格巨幅下降,市场低迷、产销增速放缓,导致全行业工业总产值大幅下降,全行业完成工业总产值约100亿元,较上年下降约15%。大部分产品产量相对2011年明显下滑，电工合金（含电触头元件）产量较上年下降约13%，但银铜复合带材和电器元件等产品继续呈现较高的增长势头。第四季度，在国家宏观经济政策的调控下，随着国家经济的企稳回升，电工产品市场回温，电工合金行业基本保持健康发展。2012年电工合金行业工业总产值前10名企业及其产量（不含磁钢）见表1。

表1　2012年电工合金行业工业总产值前10名企业及其产量（不含磁钢）

序号	企业名称	工业总产值（万元）	产量（t）	利润总额（万元）
1	中希集团有限公司	153 502	578（另加302t复合带）	12 806
2	福达合金材料股份有限公司	125 058	383（另加412.4t电器元件）	
3	温州宏丰电工合金股份有限公司	71 165	650	5 025
4	桂林金格电工电子材料科技有限公司	58 310	183（另加铜基触头2.5万件）	2 528
5	佛山通宝精密合金股份有限公司	51 781	2 221（双金属）72（银基）	3 895
6	领先大都克（天津）电触头制造有限公司	40 000	14（铆钉2亿颗，其他产品18.35万片）	
7	安平县飞畅电工合金有限公司	26 744	1 279	32
8	上海人民电器厂电器触头分厂		93	4 461
9	重庆川仪自动化股份有限公司金属功能材料分公司	23 075	215	
10	浙江乐银合金有限公司	21 000	77	994

产品分类产量　2012年全行业银基电触头材料（线材、片材）产量约为1 180t，比上年下降13%；铜基触头材料（主要为CuW触头，不含真空开关用触头和低压用铜基触头）约600t，比上年增长15%；真空开关用触头材料（主要为CuCr系列）产量约500万片，比上年增长12%；其他电工合金材料（包括换向器用银铜复合带材、热双金属、焊料和电器元件等）约11 000t，比上年增长20%；铸造铝镍钴磁钢约2 900t，与上年度基本持平。2012年电工合金分类产品产量见表2。

表2　2012年电工合金分类产品产量

产品名称	产量（t）	产品名称	产量（t）
电触头材料		银铜合金	2 500
银基触头材料	1 180	热双金属	2 650
铜基触头材料（不含真空触头）	600	其他	2 000
真空触头材料	159	磁钢产品	
银铜复合带材和元件	4 000	铸造铝镍钴磁钢	2 900

市场及销售　2012年全行业产品销售收入约950 000万元，利润总额约52 500万元；出口创汇约6 500万美元，比上年增长约25%。2012年电工合金行业国内销售收入前9名企业见表3。2012年电工合金产品主要出口创汇企业见表4。

表3　2012年电工合金行业国内销售收入前9名企业

序号	企业名称	产品销售收入（万元）	全员劳动生产率（万元/人）	主要产品
1	中希集团有限公司	153 216	177	银基触头、银铜复合带
2	福达合金材料股份有限公司	117 790	126	银基触头、电器元件
3	温州宏丰电工合金股份有限公司	69 930	109	银基触头、银铜复合带
4	桂林金格电工电子材料科技有限公司	62 524	247	银基触头
5	佛山通宝精密合金股份有限公司	43 882	167	热双金属、银基触头
6	领先大都克（天津）电触头制造有限公司	40 000		银基触头、银铜复合带
7	安平县飞畅电工合金有限公司	26 336	220	银铜合金、银基触头
8	重庆川仪自动化股份有限公司金属功能材料分公司	26 609	62	复合带材、银基触头
9	浙江乐银合金有限公司	17 616	98	银基触头、银铜合金

表4　2012年电工合金产品主要出口创汇企业

序号	企业名称	产品	出口国家和地区	创汇额（万美元）
1	中希集团有限公司	银基触头、复合带	欧洲、东南亚、美国等	2 100
2	苏州市希尔孚合金材料有限公司	银基触头、铜钨系列产品	欧洲、亚洲	1 316
3	福达合金材料股份有限公司	银基触头及其元件	欧洲、美国等	814
4	宁波电工合金有限公司	电触头	美国、英国	809
5	温州宏丰电工合金股份有限公司	银基触头及其组件	欧洲、美洲	752
6	苏州市三立电工合金有限公司	钨合金零件、烧结接点	日本	315
7	佛山通宝精密合金股份有限公司	热双金属、银铜带	印度、泰国和中国香港	142
8	浙江乐银合金有限公司	电触头	欧洲、南亚、南美洲	110
9	重庆川仪自动化股份有限公司金属功能材料分公司	贵廉金属复合带材	印度、韩国和中国香港、中国台湾地区	79
10	桂林金格电工电子材料科技有限公司	银基触头、铜铬触头	欧洲、东南亚	44

科技成果及新产品　桂林金格电工电子材料科技有限公司的“接触器用银镍/铜片状触头”和“模内铆接法银镍触头元件”分别于2012年9月和10月通过了浙江正泰接触器有限公司和上海天逸电器有限公司的鉴定，投产能力分别为100kg/月和200万件/月。

福达合金材料股份有限公司的挤压复银型 $AgSnO_2$(12)带状电触头、智能电表用细颗粒 $AgSnO_2$(12)ASE触点材料、银氧化物-铜-银氧化物钎焊节银三复合焊接铆钉、1# AgNi-Cu-Ag精密带状节银型复层电接触材料和新型抗氧化微型断路器用CuBC触点材料等项目获得省级工业新产品立项。该公司新项目——磁保持继电器用高氧化物含量银氧化锡氧化铟材料于2012年9月完成鉴定，获得浙江省优秀工业新产品新技术三等奖。

中希集团有限公司的环保节银型银氧化锡(10)/铜复合电触头材料于2012年5月下旬被国家科学技术部批准为国家重点新产品；承担的国家星火计划项目——稀土弥散型银氧化锌线材开发于2012年11月中旬通过温州市科学技术局组织的验收，获得乐清市2012年第二批科技成果奖励10万元；承担的国家火炬计划项目——银氧化铜(10)/铜复合片状触头于2012年12月中旬通过温州市科学技术局组织的验收，获得乐清市2012年第二批科技成果奖励15万元。上海中希合金有限公司承担的国家火炬计划项目——新型银氧化锡材料于2012年8月通过上海市科学技术局组织的验收；承担的重点科技项目——$AgSnO_2In_2O_3$(14)新型材料于2012年6月通过上海市科学技术局组织的评定。中希集团有限公司从日本引进化学包覆法粉末电触头技术，年产量达到24t。

温州宏丰电工合金股份有限公司的纳米颗粒增强电接触功能复合材料项目获得浙江省科技进步奖二等奖。

佛山通宝精密合金股份有限公司的电池复合金属材料2012年12月通过了佛山市科学技术局主持的鉴定，投产能力30t/a。该公司运用先进复合技术，开发出应用于锂电、动力及聚合物等各类电池上的层状高性能电池复合金属材料，获得了佛山禅城区科学技术奖二等奖；承担了无镉环保银基电接触材料关键技术与产业化研究项目，通过掌握关键的粉末制备技术，开发出可实施产业化的无镉银氧化锡类高性能产品，成功批量应用于替镉的领域，获得了广东省科学技术奖三等奖；运用多年的技术沉淀并持续对热双金属产品开展深入研发，开发出一系列60多种热双金属产品，广泛用于低压电器与家用电器等领域，质量稳定可靠，获得“广东省名牌产品”称号。

重庆川仪自动化股份有限公司金属功能材料分公司的银氧化铜/铜电接触材料和Cu/Fe继电器复合材料于2012年12月通过了重庆川仪自动化股份有限公司的内部鉴定。该公司在第一代换向器材料AgCuNi/Cu、AgCuZnNi/Cu基础上，研究稀土元素及添加量、工艺、材料服役性能等，通过在银合金中加入微量稀土，开发出AgCuNiRE、AgCuPdNiRE等系列新型复合材料及异型丝。该材料具有优良的耐磨和抗电弧烧蚀性，使用寿命长，高温稳定性好，含Au三层材料化学稳定性好、工作接触电阻稳定，广泛用于常规电机、微型主轴电机及各种微型振动电机换向器，获得发明专利授权1项。公司负责起草GB/T 26330—2010《银、银合金/铜、铜合金复合带材》标准，获得重庆市科技进步奖二等奖。

浙江乐银合金有限公司的环保节银型 $AgSnO_2In_2O_3$/Cu复合电触头和环保型高性能AgCuONiO复合电触头于2012年12月通过鉴定，登记为浙江省科学技术成果。高能粉碎工艺制备环保型银氧化锡稀土触头开发项目列入国家级星火计划项目。

浙江省冶金研究院有限公司的新型真空触头材料ZY1型合金研制项目获得杭州市科技进步奖三等奖。

质量及标准　2012年电工合金行业企业获得认可认证情况见表5。

表 5　2012 年电工合金行业企业获得认可认证情况

序号	企 业 名 称	认可认证内容	证书编号	获取时间
1	浙江乐银合金有限公司	温州市知名商标		2012.2
		乐清市纳税 200 强企业		2012.2
		国家三级安全生产标准化		2012.12
		国家级星火计划项目	2012GA700179	2012.10.18
		温州市科技创新型企业	2012018	2012.11.14
2	中希集团有限公司	测量管理体系认证	CMS〔2012〕AA1069	2012.7.4
		标准化良好行为	温 BTX〔2012〕022	2012.6.4
		上海市名牌	S12120	2012.12.31
		上海高新技术企业	GR201231000005	2012.9.23
3	佛山通宝精密合金股份有限公司	二级计量体系合格证	粤量工 Q 字(2012)061	2012.4
		“创建标准化良好行为企业”AAAA 级	GSP(44L)000571-2012	2012.8
4	安平县飞畅电工合金有限公司	ISO 9001：2008 质量管理体系认证	3099QN4	2012.5.23
5	福达合金材料股份有限公司	中国合格评定国家认可委员会实验室认可证书	CNAS L5555	2012.3.22

2012 年 12 月在广西北海召开了第三届全国电工合金标准化技术委员会 2012 年年会，共有 40 位委员及特邀专家代表参加会议。会议审查并通过了 JB/T ××××—××××《冷压焊复合自动机》、JB/T ××××—××××《低压电器用铜钢复合片(带)》和 JB/T 9548—××××《铁铬铝合金化学分析方法》等 11 项标准，并上报标准化主管部门。

基本建设及技术改造　桂林金格电工电子材料科技有限公司于 2012 年 9 月对产自台湾的自动冲床进行技术改造，设计投产能力 400 万件/a，于 2012 年 12 月对化学制粉装置进行技术改造，设计投产能力 20t/a。

福达合金材料股份有限公司于 2012 年 1 月完成环保型触头元件技改项目，年新增产能 100t；2012 年 12 月完成电触头及触头组件技改项目，新增电触头产能 30t、触头组件产能 2 500 万件。

佛山通宝精密合金股份有限公司于 2012 年 1 月引进高精度拉矫机，投产能力达到 200t/月；于 2012 年 12 月完成对加工成型设备的自动化改造，投产能力达到 100 片/分。

安平县飞畅电工合金有限公司完成中国高新电工材料生产基地项目。该项目占地面积 133 340m^2，新建车间、成品库、原材料库、办公楼等辅助公用工程，总建筑面积 54 660m^2，购置生产及检测设备 736 台(套)，年生产高新电工材料 4 000t。

温州聚星电接触科技有限公司于 2013 年 2 月引进高压氧化银氧化锡氧化铟电接触材料的研制项目，对原有生产线进行技术改造，达到年产银触点 60t、复合跳板 10t 的生产能力。

天水西电长城合金有限公司于 2012 年 12 月对高压电工触头生产基地建设项目进行技术改造，设计投产能力(产值)可达 25 240 万元。

行业活动　2012 电工合金行业年会于 2012 年 9 月 4 日在上海召开，来自全国电触头材料生产和相关电器制造的专家、企业管理人员、工程技术人员等 70 人参加。分会理事长陈仲向大会报告了电工合金行业 2011 年的生产经营情况、技术创新成果及分会下一阶段的工作设想。年会主题报告还有：中国电器工业协会白文波副秘书长作“2012 年上半年电工行业经济运行情况”报告、上海电器科学研究院副总裁陆尧作“电接触材料在智能电网用户端中的发展趋势”报告、机械工业标准化技术协会秘书长于美梅作“企业标准化与企业经营”报告、国家知识产权局专利局光电技术发明审查部部长崔伯雄作“专利保护与市场竞争”报告、西安高压电器研究院高级工程师颜莉萍作“中高压真空开关中触头材料的应用”报告。会上，中国平安贵金属交易所和上海有色网就电工合金行业白银集中采购平台建设进行了探讨。

〔撰稿人：桂林电器科学研究院有限公司崔得锋　审稿人：桂林电器科学研究院有限公司谢永忠〕

家 用 电 器

生产发展情况　2012 年，我国家电行业在困难中前行。一方面，世界经济增长动力明显减弱、国内房地产市场低迷、家电以旧换新政策退出、市场需求疲软等因素对家电业造成冲击；另一方面，国家积极推动多项政策，扩大内需，众多家电企业也逆流而上，在困境中求突破、谋发展。

在这些因素的综合影响下，2012 年我国家电行业发展呈现“前低后高”的态势。前三季度产值均低于2011年同期水平,10月份以后行业逐渐回暖,全年家电行业完成工业总产值11 400亿元,同比增长13%。2012年家电行业主要产品产值见表1。

表1　2012年家电行业主要产品产值

产品类别	产值（亿元）	同比增长（%）
家用制冷电器	2 643.18	12.99
家用通风电器	367.30	6.08
清洁卫生电器	1 169.32	9.58
家用美容、保健电器具	270.91	12.75
厨房电器	1 521.91	12.42
家用空调	3 882.48	8.67

国家统计局公布的数据显示,2012年限额以上企业家用电器和音像器材类商品零售额同比仅增长7.2%,在上年增幅同比放缓6.1个百分点的基础上,再次回落14.4个百分点,放缓幅度加大,是近十年的最低增速。

由于大宗原材料价格回落,2012年我国家电行业经济效益自4月份以来持续好转,主营业务收入同比增长8.4%,利润总额累计同比增长20.5%。

2012年,家电下乡政策和节能惠民工程有力地拉动了国内消费潜力。全年全国(不包括山东、河南、四川、青岛)家电下乡产品销售7 991.3万台,实现销售额2 145.2亿元,按可比口径计算,同比分别增长22.6%和18.8%。截至2012年年底,全国累计销售家电下乡产品2.98亿台,实现销售额7 204亿元。节能惠民工程直接带动逾3 270万台高效节能家电的推广,拉动消费需求逾1 154亿元,对冰箱、洗衣机和空调市场的贡献尤为显著。

从销售渠道来看,家电行业电子商务渠道快速发展,网上销售额快速增长,市场规模不断扩大,传统卖场地位进一步受到挑战,传统家电生产企业也纷纷自建电商销售渠道和借助第三方平台开展网上销售。京东、苏宁易购、国美在线等电商网站的白热化“价格战”成为行业焦点;天猫、易迅则发挥渠道优势,推出DIY家电定制业务赢得市场。

从发展趋势来看,高端产品的销售增长加速,逐渐成为家电市场消费者选购的主流。大屏幕彩电、滚筒大容量洗衣机、中高端变频空调等所占市场份额逐步提升,节能、变频、高端、智能等成为家电行业共同的主题。低端产品进入去库存阶段,新增产量较少,取而代之的是品质优越、时尚美观、节能环保的中高端产品。国家出台的家电“十二五”规划中,提出“智能家电示范工程”,将推动家电产业智能化转型到达一个新的阶段。

产品分类产量　2012年,尽管受到国内外不利形势的影响,家电厂家仍积极应对,多数产品产量基本与2011年持平,仍处于历史高位。全年产量呈现前低后高的态势,自9月份以来主要产品产量累计同比增长。2012年家电行业分类产品产量见表2。

表2　2012年家电行业分类产品产量

产品类别	产量（台）	同比增长（%）
冰箱	84 270 480	-3.14
洗衣机	67 415 281	1.35
房间空调器	132 810 846	4.90
电热水器	24 239 491	25.14
吸尘器	80 665 245	-1.24
吸油烟机	21 066 971	4.89
微波炉	69 993 552	12.91
电饭锅	184 047 427	19.72
家用电热烘烤器具	188 561 040	14.01
家用电风扇	132 810 846	4.90

数据来源:中国产业信息网。

从产区看,长三角、珠三角、合肥占主导地位。珠三角产业集群优势明显,长三角品牌活跃度较高,安徽合肥打造家电产业“第三极”。此外,江西南昌、湖北武汉、四川成都、重庆等地正逐渐成为我国重要的家电产业新兴制造基地。北京中怡康时代市场研究有限公司的数据显示,家电行业前十名品牌制造主产地中,广东占44%,浙江占16%,江苏占7%,安徽占8%,珠三角整体领先;但冰箱前十名品牌半数来自江苏和安徽,洗衣机前十名品牌70%来自长三角,微波炉前十名品牌中,浙江和安徽占40%。

市场及销售　2012年受日本电子信息产业发展低迷的影响,日资品牌发展势头有所减弱,市场份额出现下滑。而三星、LG等韩资品牌近几年利用高端技术上的优势,在我国市场迅速发展,市场占有率不断提升。我国国产品牌保持稳定快速发展态势,在市场综合占有率排名前十名的品牌中,占比不断提升。

1.冰箱

2012年,冰箱总销量7 602.1万台,同比下降2.8%。国内市场上,城市市场需求接近饱和,冰洗产品的更新换代刚性需求已在前几年集中释放,各大厂商的“主战场”转移到二、三线城市,而海外市场持续低迷,这些都给冰箱洗衣机市场的发展带来了压力。行业还面临产能过剩的危机。

虽然整个冰箱行业萎靡不振,但是三门、多门、对开门等高端冰箱依然保持增长。大容量、低能耗、高制冷能力、精确控温以及其他特色功能都是消费者关注的热点,能精确控温的“保鲜”智能冰箱成为市场消费新热点。

2.洗衣机

2012年,洗衣机总销量5 567.31万台,同比下降0.13%。从类型上看,波轮式一直以价格优势吸引着大量消费者,而随着高端化趋势的逐步明朗,加之格兰仕等企业推出999元国家节能惠民滚筒洗衣机,滚筒洗衣机的普及趋势更加明显。

从品牌来看,海尔领跑洗衣机市场,小天鹅、西门子、松下、三洋紧随其后,合计占70%以上的市场份额。智能化、功能化、变频新技术及新材料的应用受到消费者追捧，洗衣烘干一体机成为市场亮点。

3.房间空调器

2012年，家用空调总销量10 487.97万台，同比下降3.89%。格力空调依旧成为空调市场占有率第一品牌。日系品牌三菱、大金、松下在政策环境影响下表现稳定，三菱空调仍以8.4%的占有率成为空调市场第三大品牌。

因价格原因，定频产品依然存在较大市场空间，但变频空调凭借舒适度、节能方面的优势进一步受到用户的关注，低端交流变频空调的价格走低也推动了变频空调产品的普及。而直流变频方面，主要厂家都积极研发升级1Hz变频技术，美的、格力"一晚一度"的宣传大战吸引了消费者。

当前，空调产品普遍采用R410A作为制冷剂，虽然此制冷剂对臭氧层不会产生影响，但有低毒，因此空调厂家纷纷寻找替代产品。采用碳氢R290作为制冷剂的格力丙烷空调，产品能效同比提升15%以上。美的、海尔、志高等企业也一直在进行R290空调开发。

4.电热水器

2012年，电热水器总体销量近1 700万台，同比下降8.05%。虽然销量下滑，但是销售额依然平稳增长，这主要得益于中高端产品获得了更多青睐，产品均价有所提升。

2012年，电热水器行业对节能环保技术的提升需求更为迫切。在年中出台的节能家电补贴政策中仅电热水器产品未能列入补贴范围，居民阶梯电价制度在全国范围内正式实行，欧盟以及美国纷纷出台限制电热水器生产和销售的环保指令，这些都进一步加快了电热水器行业的洗牌。厂商或推出"速热"式电热水器，或从高效率和智能化方面改进产品，或加大太阳能或热泵技术的融合力度。当前主要品牌的电热水器产品几乎都达到能效1级和能效2级的要求，行业整体能效水平大幅提高。

5.微波炉

2012年微波炉市场零售量约1 050万台，同比下降11.7%；市场规模为67.2亿元，同比下降5.9%。格兰仕与美的继续保持微波炉市场的领导地位，两者合计占有88.90%的市场份额，行业集中度高。20L和23L容积为市场主流，电子式微波炉零售量增长迅速。

低端微波炉平均利润率仅6%左右，因此格兰仕、美的两大巨头先后宣布停止销售低端产品，放弃价格战，转而加大对高端市场的开发力度。经过近一年的发展，美的变频"蒸立方"比例已占其微波炉销量的80%，而格兰仕微波炉中高档产品和低档产品的比例达到8∶2，由此带动新一轮行业结构调整和转型升级。

6.吸尘器

2012年，吸尘器市场升温，市场规模稳定理性的扩大。1 000元内产品成为市场主体，飞利浦在市场上占有主导地位，美的、海尔、三洋、伊莱克斯等品牌也占据重要的地位，品牌集中度逐渐提高。

吸尘器生产厂家主要集中在江苏、广东以及浙江，产量占行业总产量的96%以上。尤其是江苏苏州，集中了莱克、美的(春花)、三洋等企业，2012年都取得了不俗业绩。

吸尘器在欧美各国的普及率相当高，而在我国进入大众消费市场的时间尚短，在三、四级市场还有很大的市场空间值得挖掘，需要进一步加强产品和品牌宣传力度。

7.吸油烟机

2012年吸油烟机销售额超过95亿元，国内品牌老板、方太、华帝、美的依然表现亮眼，和以西门子为代表的外资品牌一起占据了市场主流。

细分市场中，高端市场上欧式机与侧吸式机占据市场主导地位，零售量份额达到41.6%，零售额份额高达52.05%；在分排风量方面，17m^3及以上的产品增幅最大，零售量、零售额分别增长26.25%和33.16%，烟灶产品高端化、差异化趋势进一步明显。中低端市场上，华帝和美的优势地位相对稳固，分别以6.5%和2.6%的市场份额领先于其他品牌。

8.空气净化器

2012年沙尘暴和PM2.5高浓度污染为一直不温不火的空气净化器市场赢来难得机遇，年市场规模逾27亿元。飞利浦、亚都、松下、夏普四大品牌占据市场主体，美的、海尔等大型家电集团和一些加湿器、除湿机企业也开始跨界进入市场，未来行业还将进一步扩容。

由于缺少严格监管，当前行业虚假宣传现象严重，夸大PM2.5净化率、除菌率、甲醛净化率等数据，售后服务不到位，更换滤网价格虚高，行业亟须规范监管，相关标准正在制定。

出口 我国家电出口额占世界家电总出口额的20%左右。2012年，受欧债危机及全球经济形势不明朗等因素的影响，国际家电市场总体需求有所减弱，西欧等主要出口市场需求持续低迷，南美等新兴市场热度有所减缓，我国家电行业出口放缓，累计完成出口额494.78亿美元，同比增长6.76%，增速同比放缓8.3个百分点；实现贸易顺差464.6亿美元，比2011年增加433亿美元。

从出口产品结构看，2012年我国洗衣机出口近31亿美元，同比增长14.45%；冷藏冷冻箱出口48亿美元，同比增长9.4%；空调出口96亿美元，同比增长1.74%；家用厨房电器具及其零件出口129.27亿美元，同比增长9.54%；家用美容、保健电器具及零件出口额21.09亿美元，同比增长9.02%。总体看，洗衣机的出口增长最快。

欧洲和美国是我国家电产品出口的主要传统市场，累计约占我国家电产品出口的4成。2012年我国对欧盟家电出口额同比下降5%，如果再考虑出口平均单价升高的因素，我国对欧洲出口的实际降幅达到10%。相反，第一季度以来，美国经济缓慢复苏，我国对美国家电产品出口额同比增长11.3%。在两者的共同作用下，家电出口基本保持平稳。

新兴市场中，我国对东盟、泰国、印度尼西亚出口保持两位数增长。对俄罗斯的出口除空调器产品外主要产品出口量均保持高速增长，其中厨房产品增幅明显，电磁炉和电饭锅出口量分别增长178%和375%。空调器出口量下降是由于2011年市场过热，透支了2012年的份额。拉丁美洲市场增幅较上年有所回落，而中东和非洲市场增幅较大，尤其是阿尔及利亚、南非和利比亚分别增长46%、12%和891%。

为抵御贸易保护带来的负面影响，我国家电企业也纷纷加大境外投资力度。美的收购开利拉美空调51%的股权；海尔收购三洋电机在日本以及印度尼西亚、马来西亚、菲律宾、越南的洗衣机、冰箱等白电业务；格力电器在美国南加州市正式成立美国分公司，通过在境外组装和销售，规避贸易风险，发展自主品牌。

2012年全国家电行业月度出口额及增速见图1。2012年主要家用电器进出口情况见表3。

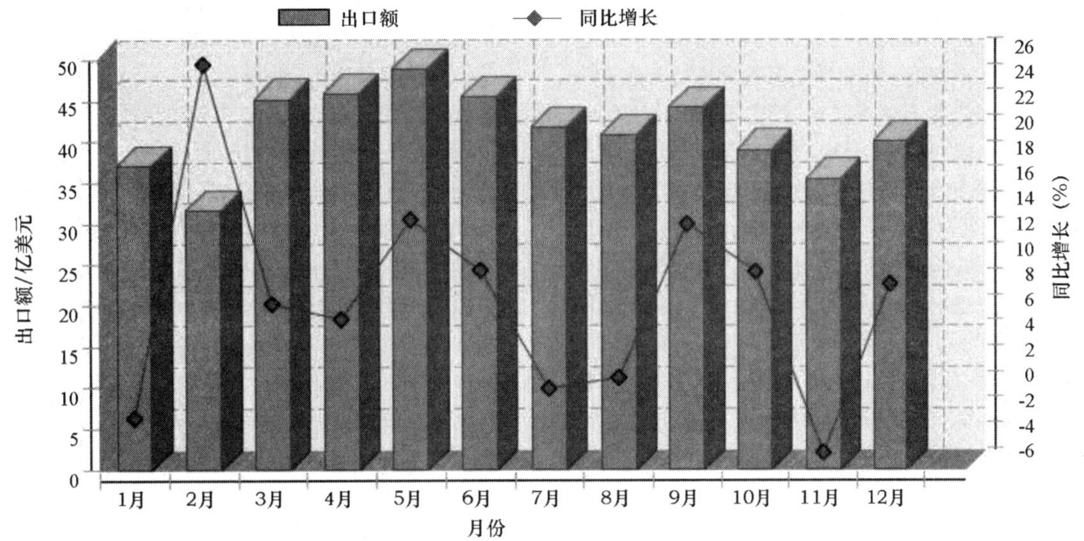

图1 2012年全国家电行业月度出口额及增速

表3 2012年主要家用电器进出口情况

产品名称	进口				出口			
	数量（台）	数量同比增长（%）	金额（万美元）	金额同比增长（%）	数量（台）	数量同比增长（%）	金额（万美元）	金额同比增长（%）
彩电	34 715	62.01	1 406.75	49.32	61 354 880	-5.91	1 209 587.09	-11.42
洗衣机	46 328	-35.47	1 820.54	-38.51	21 711 762	6.86	306 440.82	14.45
电热水器	23 903	5.99	728.01	-16.41	5 231 114	11.18	30 249.38	13.54
空调器	42 566	-41.98	11 392.33	-33.56	42 558 135	-2.45	963 749.15	1.74
电风扇	55 763	-2.64	153.36	10.06	120 717 847	-7.27	175 919.13	2.26
压缩式冰箱	257 696	46.54	17 084.20	22.74	20 060 093	5.05	306 413.96	8.63
冷柜	7 969	10.02	2 160.76	11.15	8 570 500	6.22	148 318.55	12.13
吸油烟机	27 219	-11.84	595.15	-37.98	7 108 997	5.41	37 915.25	9.33
燃气灶	481 529	-16.34	771.24	-35.40	481 278 861	-7.29	160 289.02	3.24
微波炉	13 387	-31.53	450.11	-28.23	53 829 296	-0.13	259 249.10	1.67
电磁炉	10 877	-48.54	322.71	-13.46	12 846 625	24.02	26 302.71	16.73
电饭锅	184 756	20.26	2 083.07	37.22	43 929 954	12.94	57 954.47	22.44
电烤面包机	86 982	2.85	164.13	6.37	91 429 886	-5.67	97 787.58	-4.85
洗碗机	28 159	-22.50	1 344.10	-29.34	2 677 093	6.79	46 526.30	12.89
咖啡机和电茶壶	263 340	107.10	2 983.08	55.11	138 162 328	-0.07	224 151.31	12.92
饮水机	16 436	-49.13	165.42	-41.32	7 455 676	1.73	43 263.60	3.52
食品加工处理机、榨汁机	523 489	-2.19	4 003.94	61.79	174 001 665	1.23	208 826.23	15.53
吸尘器	380 798	24.55	2 387.50	-0.07	89 374 612	-1.44	270 707.05	4.76
电动剃须刀	353 592	-2.63	2 718.91	-15.35	47 894 148	7.45	39 138.54	2.47
电吹风机	13 937	-94.41	9.12	-87.24	83 865 835	0.75	44 938.14	15.47
电熨斗	601 905	109.10	916.49	108.35	90 884 713	-5.44	78 560.91	3.73

数据来源：海关总署。

科技成果及新产品 珠海格力电器股份有限公司攻克普通单级压缩机系统运行范围窄、极限工况下性能差的行业难题，国内外首创双级增焓转子式变频压缩机技术，优化容积比、重压流道和增焓结构设计，结合变频控制技术充分发挥双级增焓转子式变频压缩系统能效水平高、制热能力强、运行范围宽的特点，促进热泵空调和热泵热水器的换代升级。应用该技术的空调器可以在-30~54℃的范围内可靠高效运行，热水器国标工况下能效达到5.4W/W。针对普通空气能热水器存在常温下制热性能系数(COP)未能充分发挥和低温工况制热能力低等问题，该公司研发出变频双击压缩空气能热水器，主机型号 KFRS-3.5JPd/NaA，水箱型号 SX200LCJW/C1，机组在任何时刻能以 COP 值节能运行，真正高效节能，并且具有起动电流小、对电网冲击小、噪声比常规热水器低、减小室外机振动等优点。在全新节能分体机开发方面，按冷量分为 7kBTU、9 kBTU、12 kBTU、18 kBTU、24 kBTU，内机采用大壳体方式，确保制冷产品制冷量足量，大大提升空调制冷能力和能效。研发出新型温湿度独立控制空调系统关键技术，并进行设备开发，有专门的总装厂对多联式空调进行装配。

房间空调器方面，美的集团的“ECO 节能关键技术研究及应用”项目被中国轻工业联合会鉴定为国际领先水平。在此基础上研发的“一晚 1 度电”空调，实验室条件下实现 0.1W 耗电待机、0.1Hz 超低频率运行、±0.1℃恒温精控，大大节约电能。研发的机组容量 53.7kW(72hp)全球最大容量多联机组，全部采用大排量高效率直流变频压缩机及直流电机，其中永磁体转子无需供电驱动，比交流变频机组节能 25%以上，结合 180°正弦直流变频技术、无极矢量变频驱动技术、高效 G 型换热器、R410A 环保冷媒技术，综合能效系数达 5.8，比国家一级能效标准高 63.4%。冰箱方面，通过采用具有自主专利的多路回风系统，解决了行业内“单循环(一个蒸发器)风冷冰箱”在潮湿环境下普遍存在的回风导致蒸发器易集霜、堵塞风道、无法实现正常冷气循环的问题，显著改善回风结构，化霜时间更短，冰箱能耗更低，对设定温度、箱体温度、环境温度等进行全面精确监控，每个温区都有独立的送风回风控制系统，冷藏、变温、冷冻室温度各自独立可控，完美地实现了冷藏、保险、冰温和软冻的功能。洗衣机方面，小天鹅自动投放技术将智能投放技术与衣物重量、衣物面料、温度环境相结合，在有效解决因洗涤剂过度使用造成衣服损伤的同时，减少了污水排放。热水器方面，通过提高内胆质量提升产品品质，选用宝钢专供 BTC 钢板，不易变形，热胀冷缩与涂层同步，有效防止涂层爆裂；原装引进德国 EISENMAN 全自动生产线，采用欧式内胆湿搪工艺，经 850℃高温烘烤工艺处理，使美国顶级内胆涂层均匀地与内胆钢板紧密结合，达到 I 级标准。美的电器提升了电磁炉技术，新一代超薄电磁炉厚度只有 2.5cm，采用滑动触控技术，操作更加便捷，可满足炒菜过程中较为频繁的火力切换要求。

青岛海尔股份有限公司开展了人体工效学、3D 送风、超静音、语音遥控、WIFI 物联网的研究，产品可实现 0.1~160Hz 超宽频运行、1 分钟速冷与 3 分钟速热、宽电压范围运转，最高节能 60.5%；推出了除 PM2.5、除甲醛的健康空调；推出的磁悬浮离心机，省电 50%，推动了中央空调行业升级。冰箱方面，掌握了风冷无霜、F-D PLUS 柔性双变频、全温区三大核心技术，物联网酒柜的双温区技术获得家电科技进步奖一等奖。洗衣机方面，提高了静音、节能、省电、精准、动力性能，洗涤脱水噪声降低 8~10dB，省电 18%。水晶系列洗衣机被称为“世界上最安静的洗衣机”。热水器产品加强对大热水量、快速出水、节能高效、产品与环境融合等方面的研发，推出的 3D+热水器独具速热专利技术，热水输出率超过 90%，热水输出量提升 30%，空气源热泵热水器省电 75%。推出的无尾系列小家电是无线供电技术在家电上的应用，获得了家电科技进步奖一等奖。

江苏白雪电器股份有限公司重点研发 CO_2 压缩机和大力矩小型制冷压缩机。CO_2 跨临界循环下具有高排气温度和温度滑移等特点，CO_2 热泵热水器具有热水温度范围大、制取热水温度高、制热系数高、环境友好等优点，市场前景广阔；研制出的 CO_2 压缩机覆盖输出功率达到 10~40kW，实现半自动控制，测试过程可无需人工控制，精度达到国家标准。研发的大力矩小型制冷压缩机，在相同制冷量情况下可以使用更小的汽缸容积，力矩适应性更广，可在更宽的电压范围内使用，能解决使用频次较高、储存多为饮料、热容量较大、蒸发温度与蒸发压力较高、压缩机工作时负荷变化较大等问题，更好地满足了非冷冻功能的小型制冷器具如小型制冰机、饮料柜、酒柜迅速发展的要求。

合肥美菱股份有限公司致力于将食品管理、通信、娱乐、智能控制等功能集于一体的冰箱技术创新。推出的雅典娜二代智能冰箱集食品管理智能控制、娱乐休闲、绿色节能于一体，提出的“食品管理”理念，从传统冰箱的“被动”基础功能服务转变为智能冰箱的“主动”人性化管理服务。

海信科龙股份有限公司自主研发了 Hi-Smart 第一代压缩机感控技术，推出了海信“苹果派 A8”系列空调。在变频空调技术优势的基础上，成功研发小型 VRF 系列变频多联机，拓展了产品领域。研发出“活水保鲜”系统，将“智能化”战略延伸至冰箱产品，借助智能物联网技术手段实现冰箱的“食品管理”功能。推出了博纳(Bauna)系列高端冰箱新品，一举突破了长期以来冰箱在食物风干、结霜等领域的应用局限。

合肥荣事达三洋电器股份有限公司全年开发冰箱产品 140 多款，产品型谱覆盖全容积段，并重点开发三门、对开门、多门、意式、法式等中高端产品。拥有专业化冰箱人才队伍近百人，完成了各种冰箱产品的试制、完善、量产，全年获冰箱发明、实用新型专利 30 余项。冰箱产品自正式投产以来运营初见成效，整体增幅超过预期。

标准 当前，家电标准化工作正朝着更加细化和创新的方向发展，对促进行业技术进步以及整个产业的转型升级起到越来越重要的作用。2012 年家用电器主要标准实施情况见表 4。

表4　2012年家用电器主要标准实施情况

序号	标准号	标 准 名 称	代替标准号	归口单位（标准主管部门）	实施日期
1	GB/T 17713—2011	吸油烟机	GB/T 17713—1999	全国五金制品标准化技术委员会日用五金分技术委员会	2012.02.01
2	GB/T 28219—2011	智能家用电器的智能化技术通则		全国家用电器标准化技术委员会	2012.09.01
3	GB 4706.32—2012	家用和类似用途电器的安全　热泵、空调器和除湿机的特殊要求	GB 4706.32—2004	同上	2013.05.01
4	GB 4706.107—2012	家用和类似用途电器的安全　整体厨房器具的特殊要求		同上	2013.05.01
5	GB/T 28199—2011	电热油汀		中国轻工业联合会	2012.09.01
6	QB/T 4096.21—2011	家用和类似用途室内加热器的性能　第21部分：对流式加热器的特殊要求		工业和信息化部	2012.07.01
7	QB/T 4096.22—2011	家用和类似用途室内加热器的性能　第22部分：风扇式加热器的特殊要求		同上	2012.07.01
8	QB/T 4096.23—2011	家用和类似用途室内加热器的性能　第23部分：可见灼热辐射式加热器的特殊要求		同上	2012.07.01
9	QB/T 4096.24—2011	家用和类似用途室内加热器的性能　第24部分：充液式散热器的特殊要求		同上	2012.07.01
10	QB/T 4273—2011	洗衣机排水泵技术要求		全国家用电器标准化技术委员会	2012.07.01
11	QB/T 4274—2011	洗衣机进水阀技术条件		同上	2012.07.01
12	QB/T 4272—2011	洗碗机洗涤泵技术要求		同上	2012.07.01
13	QB/T 4268—2011	电压力锅能效限定值及能效等级		同上	2012.07.01
14	SB/T 10696—2012	商用豆浆机		全国饮食加工设备标准化技术委员会	2012.06.01

基本建设及技术改造　珠海格力电器股份有限公司开展新型无稀土节能环保家用空调压缩机技术改造项目，建成后可生产C49、C55新型变频系列压缩机150万台/年，C39新型变频系列压缩机600万台/年，C44新型变频系列压缩机150万台/年。技术改造方面，对家用柜机产品开展结构优化、生产增效、风道优化降噪声等改造，通过采用卡扣等方式，减少连接螺钉20颗，装配效率更高；通过风道优化，噪声由59dB降至57dB，低于国家标准要求。

海信科龙电器股份有限公司对海信容声（扬州）冰箱有限公司生产线开展技术改造，增加了30工位门体发泡线、高压发泡机、油压机、冲床、冰箱发泡生产线以及生产流水线体，提升了冰箱生产效率，提高了设备生产产能。

合肥美菱股份有限公司投资7.3亿元，占地面积80 000m^2，可年产200万台300L以上大容积豪华冰箱一期项目在合肥建成投产。该基地主要生产以雅典娜为主的豪华系列冰箱。该项目与全球最大的发泡原料供应商——陶氏化学公司合作，通过运用陶氏聚氨酯技术（PASCAL技术），显著提升冰箱和冷冻箱的聚氨酯能源效率。

合肥荣事达三洋电器股份有限公司冰箱项目一期竣工投产，建成生产线3条。

管理及改革　美的集团调整管理结构，将集团董事会办公室并入战略经营部；集团IT营运中心更名为IT管理部，撤销规划架构模块，增设制造系统模块，将供应链系统模块MES方案及WMS方案职能划归其管理；将资金中心信息科技部划入IT部管理；原集团香港总部调整为集团驻香港商务处，划入集团行政与人力资源部，原有职能划入集团财务管理部；将照明电气公司并入中央空调事业部；将正力公司并入压缩机事业部；将安得物流公司战略投资部和人力资源部合并,成立应运与人力资源部。

青岛海尔股份有限公司进一步推进“海外市场坚持创牌发展”战略,基于全球领先研发平台的产品竞争力提升,实现市场高端占位。按品牌零售量统计,海尔冰箱、洗衣机、酒柜、冷柜四类产品的全球市场占有率继续蝉联第一。其中,冰箱占全球市场的 14.8%,第五次蝉联全球第一;洗衣机占全球市场的 11.8%,第四次蝉联全球第一;海尔酒柜占全球市场的 15.3%,第三次登顶全球第一;海尔冷柜占全球市场的 18.6%,第二次跃居全球第一。

TCL 集团全面提升综合竞争能力,形成了以 TCL 多媒体、TCL 通讯、TCL 家电集团和华星光电为核心产业的“4+6”的业务架构。通过加强与公司内部产业协同联动,优化产品结构和共享销售渠道实现家电集团业务整体逆市增长。实施“全云战略”,从企业战略高度提前布局,打造业内最强的智能云电视产品阵营。持续为 TCL 品牌注入年轻化、时尚化、国际化的价值取向和全新活力,与国际娱乐产业开展深度合作,相继成为《变形金刚 3》《云图》《钢铁侠 3》等好莱坞巨片的合作伙伴。

合肥美菱股份有限公司开展了“凤凰”行动竞赛活动,确定了“在未来三年内,冰箱(柜)产品内外销综合市场地位达到国内企业第二”的终极目标以及 2012—2014 三年分阶段目标。通过在整体制造、整机销售、前端配套及服务支撑等子公司(部门)的基层组织中开展竞赛活动,公司的运营能力和系统效率全面提升。

春兰电器股份有限公司将 2412 内螺纹铜管全面应用在换热器上,降低了产品成本,通过技术改造提高了生产效率;通过与江苏卫视、湖南卫视和文汇报等主流媒体举办“春兰杯”世界职业围棋锦标赛等大力开展宣传推广活动。

〔撰稿人:中国电器科学研究院有限公司毛竹　审稿人:中国电器科学研究院有限公司黄伟玲〕

电自动控制器

电自动控制器是指工业或家用领域电器、电子或机械设备,如电热器具、冷冻器具、电动器具、空调器、电子门锁、压力器具、智能电器等使用的控制器。这类产品能对温度、压力、动作时间、湿度、流量、液位、电流、电压及加速度等各种特性进行调节和控制,并对电路进行保护。

生产发展情况　2013 年,国内电器制造业复苏势头强劲。随着房地产市场的回暖,家电特别是空调、洗衣机等大家电生产出现了放量增长,带动了家电配件生产的增长。在整机生产增长的情况下,各电控制器企业扩大产能并加大研发力度,不断满足整机生产需要,确保产业的规模化发展。

1.机械式温控器

机械式温控器是温控器市场的主要产品类型。国内从事机械式温控器生产的企业中,佛山市通宝股份有限公司和江苏常恒自动控制器有限公司规模较大,浙江中雁温控器有限公司、佛山市九龙机器厂、三春电器实业有限公司等也具备一定的生产规模,在温控器生产领域表现活跃。外资品牌主要有艾默生、丹佛斯、英维思、E.G.O.和 STRIX(思瑞克思)等。其中,思瑞克思与三春电器在电水壶温控器和电水壶、咖啡壶、多功能电茶壶等领域均涉足整机代工和生产,具有一定的规模。

2.流体感应控制器及电磁阀

2013 年由于空调产业的稳步增长和变频空调能效标准换版,电磁阀等产品产量稳步提高。浙江盾安精工集团、三花控股集团有限公司、佛山华鹭制冷器件有限公司、常州兰柯四通阀有限公司、常州西玛特电器有限公司、安徽天大企业(集团)有限公司、浙江春晖集团公司等企业的产销量占据该领域 80%以上的市场份额。其中,三花控股集团有限公司在四通换向阀和电磁阀的制造和销售方面稳居行业首位;浙江盾安精工集团的截止阀产量最大。

3.起动器和保护器

2013 年,随着家电产业复苏,空调、冰箱压缩机用电动机—压缩机用热保护器、起动继电器(俗称“两器”)产业发展较快:起动器市场发展迅猛;保护器厂家由于受到变频空调市场份额扩大和控制器产量增长的影响,生产受到一定的影响。此外,无功耗及低功耗起动器产品得到进一步发展,江苏天银集团等企业在这一领域发展迅速。

4.变频控制器

2013 年,不仅变频空调市场占有率大幅提升,变频技术在其他家电品类上的推广应用也取得了突破性进展,越来越多的冰箱、洗衣机和小家电应用了变频控制技术。变频家电市场的全面起动在一定程度上带动了变频控制器和变频元器件厂产销量的增长。2013 年,不少变频控制器和变频元器件生产企业在加强深度开发空调应用市场的同时,对旗下业务进行“微调”,进一步拓宽了变频控制技术在家电上的应用范围。

5.智能控制器

当前该产品主要由家电企业自行研发和批量配套整机生产。智能控制器企业往往选择个别产品作为突破口,逐渐在个别产品上形成自己的技术优势。而家电智能控制器企业的客户比较单一,家电整机厂的要求也较高,家电智能控制器企业通过投入大量人力、物力进行研发或技术升级,争取开发出与家电整机厂产品高度匹配的产品。由此,智能控制器企业逐渐积累了优势,进而将该产品打造成企业的核心产品。因此,现阶段智能控制器仍处于单品牌系列和单产品范围阶段,互联互通较为困难。

2012 年电自动控制器行业工业总产值前 20 位的企业有:佛山通宝股份有限公司、江苏常恒集团自动控制器有限公司、常州西玛特电器有限公司、浙江中雁温控器有限公司、宁波市镇海宏业电器开关厂、宝应电器厂、佛山市天朋温控器有限公司、浙江三花制冷集团有限公司、艾默生电气(深圳)有限公司、三春电器实业有限公司、思瑞克斯(广州)电器有限公司、佛山市禅城区九龙机器厂、广东中山中恒电器有限公司、浙江盾安人工环境设备股份有限公司、平顶山市联立机电有限公司、深圳鑫汇科电子有限公司、万宝冷机集团广州电器有限公司、杭州星帅尔电器有限公司、宁波欧知电器科技有限公司、宁波贞观电器有限公司。

市场及销售 2013 年,家电节能补贴政策结束,并不再推出新的家电消费补贴政策。市场虽有波动,但房地产市场火爆等积极因素促进和前两年产品冷冻年的市场积蓄,整体家电市场销售火爆,特别是白色家电和电热类家电的产量复苏,带动了控制器市场的增长。加之国际整体经济逐渐向好,外向市场逐步复苏等影响,电自动控制器产业 2013 年上半年整体产量增长。

截至 2013 年 10 月,佛山通宝股份有限公司温控器年销售额达 2.3 亿元,其中,突跳式温控器年销售额达 9 500 万元,保护器年销售额为 8 000 万元,体胀式毛细管温控器年销售额达 5 000 万元。佛山市九龙机器厂和旗下芜湖九龙控制器有限公司,2013 年温控器年产量约 800 万支,主要是毛细管式温控器,其中,配套电热水器的温控器占总产销量约 65%,配套烤箱的温控器占比约 10%,配套洗碗机、取暖器等其他家电的温控器约占 25%。2013 年应用于大功率烤箱的温控器,其销售量增长幅度十分明显。

江苏常恒集团自动控制器有限公司 2013 年温控器生产销售与 2012 年相比增长明显。森萨塔电子技术(上海)有限公司 2013 年年中共销售突跳式温控器超 800 万支,2013 年前 9 个月温控器产销量已超过 2012 年。思瑞克斯(广州)电器有限公司中国区主抓高端电水壶和咖啡壶控制器市场推广,2013 年出口量也显著提高。

在冰箱起动器、保护器领域,森萨塔电子技术(上海)有限公司的冰箱压缩机起动器、保护器销售额占总业务收入的 28%左右,2013 年冰箱压缩机起动器、保护器将实现 5%的增长。受无功耗起动器业务扩张的拉动,江苏天银机电 2013 年冰箱压缩机起动器、保护器产销量将超过 8 000 万只,该公司加大了变频控制器对于加西贝拉压缩机的配套力度。兰溪市越强电器有限公司已形成冰箱、空调压缩机用起动器、保护器 4 000 万只的年生产能力,2013 年保持上年的业务水平,冰箱压缩机起动器、保护器产销量接近2 000 万只,占总体业务量的 80%。与此同时,杭州星帅尔电器股份有限公司也构建了年产各类起动器、保护器等配件8 000 万只的生产规模,全力拼抢市场份额。

而对于空调保护器领域来说,变频空调市场占有率的不断扩大,给空调保护器生产企业带来了较大的冲击,内置式过载保护器相应丧失一部分应用市场。宁波生方横店电器有限公司生产和销售的家用空调压缩机内置式保护器 UP3 系列,占据我国该类产品 70%的市场份额,受到的冲击最大。

产品研发

1.低功耗和无功耗起动器

在零配件采购过程中,冰箱整机厂对任何一项耗能技术指标都不放松。普通冰箱压缩机起动器在工作时会有 2~3W的功耗,但装配于高端冰箱的压缩机能效要求高,于是出现了功耗低于 0.4W 的低功耗产品和功耗低于 0.05W 的无功耗产品。天银机电在无功耗起动器领域起动较早,八年前就开始推广此类产品,但由于无功耗起动器供货价格是普通产品的 2 倍,推广遇到一定困难。近两年,随着国家标准对冰箱能效的要求越来越高以及家电节能惠民政策的拉动,冰箱整机提高能效水平的需求越来越迫切,各大冰箱厂纷纷转型生产高端节能冰箱,无功耗起动器订单饱满。兰溪市越强电器有限公司的低功耗起动器也已经实现小批量供货;无功耗起动器完全依照 PTC 起动器的匹配方式设计研发,已通过测试,压缩机厂无需匹配测试,也不用调整现有产品设计,就能直接装配其无功耗起动器。

2.智能电自动控制器系统

智能控制系统还处在快速发展中,已成为多年未有较大变化的零部件和整机产业今后若干年内的主要发展方向。其主要功能是利用手机等智能网络终端,实现一定区域内所有智能家电、智能家居产品无线、网络化集中控制,同时预留与智能电网的接口,实现家庭用电智能监测。其技术难点在于不同品牌和型号智能家电控制系统的协议互通。当前,包括海尔、海信、美的、康宝等企业均实现了小规模智能产品使用和互联,大范围的协议互通仍在协调之中。

3.PTC 起动器和保护器备用保护系统(IBPS)

压缩机发生故障或堵转后,保护器会自动断开电机电路,防止因电机温度过高造成燃烧损毁。电机温度下降后,保护器自动恢复通电,持续通断动作,从而保证电机处在相对安全的温度,直至故障解决。如果故障持续存在,保护器因持续动作继而超出保护器寿命,可能会失效,呈现永久断开状态(断路)或闭合状态(短路)。闭合状态是不安全的,备用保护系统(IBPS)可以消除这个安全隐患。森萨塔正计划把所有起动器和保护器都升级为带有 IBPS 保护的产品,以此提升品牌竞争力。当前,森萨塔带有备用保护系统的起动器、保护器主要装配于冰箱压缩机,在空调应用领域也有相应产品投放。

4.变频器远程控制器

这是一种实现变频器远程操作的智能仪表,通过 RS485 网络远程控制变频器的起动、停止、加速、减速、正反转等,并实时显示变频器的工作频率、转速等运行状态信息。单机通信距离可达 1 200m(9 600bit/s),有效减少变频器的干扰。这样就可将变频器安装在电动机附近,通过屏蔽通信线或无线模块接到远端操作室内仪表盘上的变频器远程控制器上,在操作室内就能观察和操作变频器的运行状态。另外,变频器远程控制器还可接外置操作按钮,有手动/自动切换及监听等功能,可接入计算机控制系统,便于工程使用。

标准 2012—2013 年,控制器行业共有 1 项标准发布实施:GB/T 29486—2013《家用和类似用途变频控制器术语》于 2013 年 7 月 1 日实施。该标准界定了家用和类似用途变频控制器的术语和定义,不仅有利于规范企业的设计研发及生产领域的专业用语,加强企业间的技术沟通,推动变频产品沿着标准化和规范化的方向发展,而且有助于规范宣传用语,使消费者在选择变频家电时有统一的参考,便于其理解产品及相关功能指标。

2013 年分别有 5 项控制器行业标准发布了征求意见稿,分别是:JB/T 6740.3—20××《小型全封闭制冷电动机 压缩机用电流式起动继电器》(项目编号:2012-1619T-JB);JB/T 6739.2—20××《小型全封闭制冷电动机 压缩机用热保护器》(项目编号:2012-1620T-JB);JB/T 6740.2—20××《小型全封闭制冷电动机 压缩机用正温度系数热敏电阻起动继电器》(项目编号:2012-1621T-JB);JB/T ××××—20××《电自动控制器 双金属片式防水温控器》(项目编号:2012-1622T-JB);JB/T ××××—20××《电自动控制器 磁敏温控开关》(项目编号:2012-1623T-JB)。

2012 年 12 月 5—7 日全国家用自动控制器标委会四届三次工作年会暨标准审查会在贵州省贵阳市召开。会议对 2012 年标委会在标准制修订、新标准项目起草、各项日常工作、控制器领域标准体系框架建设等相应工作进行了全面总结,并通报了 2012 年 IEC/TC72 标准化最新发展动态,主要为 TC72 各工作组的标准修订议案。与会代表讨论通过了 2013 年全国家用自动控制器标委会工作计划及 2013 年度标准计划,提出要尽快完善控制器领域标准体系框架的建设工作。会议完成了《家用和类似用途双稳态电磁阀的通用检测方法》与《家用和类似用途地暖设备用温度控制系统的安全要求》两项标准送审稿的审查。

〔撰稿人:中国电器科学研究院有限公司钱峰 审稿人:中国电器科学研究院有限公司谢浩江〕

电器附件

生产发展情况 2012 年,在房地产调控政策的持续实施下,刚性需求和改善性需求逐步释放,对首次购房者信贷支持力度加大,房地产销售呈现"前低后升"的态势,与之配套的开关、插座、电气导管等电器附件市场稳中略涨。

2012 年,电器附件行业经济效益综合指数排名前 10 名的企业有:飞雕电器集团有限公司、浙江德力西国际电工有限公司、浙江正泰建筑电气有限公司、湖南深思电工实业有限公司、杭州鸿雁电器有限公司、TCL-罗格朗国际电工(惠州)有限公司、西蒙电气(中国)有限公司、跃华控股集团有限公司、公牛集团有限公司和广东华声电器股份有限公司。

工业总产值前 10 名企业有:公牛集团有限公司、TCL-罗格朗国际电工(惠州)有限公司、杭州鸿雁电器有限公司、广东华声电器股份有限公司、飞雕电器集团有限公司、浙江正泰建筑电器有限公司、立维腾电子(东莞)有限公司、松下电气机器(北京)有限公司、西蒙电气(中国)有限公司和北京 ABB 低压电器有限公司。

主营业务收入前 10 名的企业有:公牛集团有限公司、广东华声电器股份有限公司、杭州鸿雁电器有限公司、飞雕电器集团有限公司、TCL-罗格朗国际电工(惠州)有限公司、松下电气机器(北京)有限公司、浙江正泰建筑电器有限公司、北京 ABB 低压电器有限公司、奇胜工业(惠州)有限公司和立维腾电子(东莞)有限公司。

总资产贡献率前 10 名企业有:浙江正泰建筑电器有限公司、湖南深思电工实业有限公司、TCL-罗格朗国际电工(惠州)有限公司、南京海锚电器制造有限公司、西蒙电气(中国)有限公司、浙江王邦电器有限公司、浙江德力西国际电工有限公司、公牛集团有限公司、飞雕电器集团有限公司和立维腾电子(东莞)有限公司。

资本保值增值率前 10 名企业有:广东华声电器股份有限公司、公牛集团有限公司、奇胜工业(惠州)有限公司、TCL-罗格朗国际电工(惠州)有限公司、浙江正泰建筑电器有限公司、浙江王邦电器有限公司、杭州鸿雁电器有限公司、西蒙电气(中国)有限公司、宁波瑞明电器有限公司和广东福田电器有限公司。

流动资产周转率前 10 名企业有:宁波瑞明电器有限公司、南京海锚电器制造有限公司、湖南深思电工实业有限公司、立维腾电子(东莞)有限公司、浙江正泰建筑电器有限公司、公牛集团有限公司、飞雕电器集团有限公司、松下电气机器(北京)有限公司、浙江恒泰电工有限公司和西蒙电气(中国)有限公司。

成本费用利润率前 10 名企业有:湖南深思电工实业有限公司、浙江恒泰电工有限公司、浙江王邦电器有限公司、TCL-罗格朗国际电工(惠州)有限公司、西蒙电气(中国)有限公司、浙江正泰建筑电器有限公司、飞雕电器集团有限公司、浙江德力西国际电工有限公司、立维腾电子(东莞)有限公司和杭州鸿雁电器有限公司。

全员劳动生产率前 10 名企业有:飞雕电器集团有限公司、浙江德力西国际电工有限公司、奇胜工业(惠州)有限公司、杭州鸿雁电器有限公司、跃华控股集团有限公司、浙江正泰建筑电器有限公司、广东华声电器股份有限公司、南京曼奈柯斯电器有限公司、松下电气机器(北京)有限公司和湖南深思电工实业有限公司。

产品销售率前 10 名企业有:奇胜工业(惠州)有限公司、浙江德力西国际电工有限公司、南京曼奈柯斯电器有限公司、天基电气(深圳)有限公司、湖南深思电工实业有限公司、宁波万事达综研电气有限公司、浙江恒泰电工有限公司、广东福田电器有限公司、泰力实业有限公司和飞雕电器集团有限公司。

2012年电器附件行业工业总产值和主营业务收入增幅较大的企业见表1。

表1 2012年电器附件行业工业总产值和主营业务收入增幅较大的企业

序号	企业名称	工业总产值比上年增长（%）	主营业务收入比上年增长（%）
1	杭州鸿世电器有限公司	41.52	38.26
2	浙江王邦电器有限公司	33.77	32.55
3	公牛集团有限公司	29.65	27.16
4	南京海锚电器制造有限公司	28.49	9.98
5	湖南深思电工实业有限公司	27.73	28.83
6	跃华控股集团有限公司	27.49	29.41
7	广东福田电器有限公司	12.82	12.58
8	飞雕电器集团有限公司	10.43	30.00
9	宁波瑞明电器有限公司	8.00	5.00
10	西蒙电气(中国)有限公司	7.84	6.00

科技成果及新产品 电器附件行业各企业把握行业技术发展趋势及市场需求的变化，坚持实用型和前瞻性研究相结合的理念，分析市场的需求和发展走向，在持续改进和升级现有主导产品的同时，加大新产品和新技术的研究和开发。

杭州鸿雁电器有限公司推出多项改进、优化方案，提高产品质量，完善产品性能。2012年完成了杭州市重大技术创新项目——植物组培的高效智能LED光照系统的应用研究。该项目立足于浙江本地组培企业的实际情况，以国际上先进的LED光照理念为指导，结合各研究单位在LED照明、智能控制、远程控制、植物组培研究、植物生理形态、组培生产等领域的优势，进行LED在植物组培中的应用研究，成果可快速在生产中推广使用，为本土组培企业、LED照明企业占领产业制高点奠定基础。研制出替代传统筒灯的LED筒灯，节能和寿命更具优势。在家居布线系统产品的基础上，研究无线AP解决方案，提供无线网络接入延伸功能，一部分为远端无线AP接入模块，可安装在墙面86AP接入模块，完成和带WIFI终端设备的连接；另一部分为信息箱内有线路由和供电模块，提供给无线AP的供电和外网连接功能。小型防火断路器是在原有断路器基础上增加电气火灾检测保护功能的产品，能检测潜在故障电弧并切断电源，从产品上把电气火灾隐患降低至最小极限，其基本型号和漏电断路器的相应产品型号相同。

温州宏丰电工合金股份有限公司在微观结构化环保高性能点接触功能复合材料的制造、新型复合结构Ag/SnO_2电接触材料开发与产业化方面以及自动化装备的生产线开发方面取得了较大突破；加大了层状复合电接触功能复合材料和一体化接触组件中新产品的研发力度。2012年“微观结构化环保高性能电接触功能复合材料产业化”项目被财政部、工信部列入2012年科技成果转化项目，“新型复合结构Ag/SnO_2电接触材料开发与产业化”项目被列入2012年浙江省重大科技专项计划项目，“纳米颗粒增强电接触功能复合材料”项目先后获得2012年度温州市科技进步奖一等奖、浙江省科技进步奖二等奖。

天基电气（深圳）有限公司开发出W8321USB系列1.8USB充电线路板组件，输出额定电流为1.8A，最大电流可达2 100mA，具有完善的保护性能，通过了EMC测试，可对大屏智能手机及平板电脑充电，解决了之前USB充电功能件输出电流过小，对超大电池容量的大屏手持设备不能充电或充电慢的问题。30A/110～240V交流高频感应插卡取电开关为一种采用高频感应技术制作的插卡取电开关，可与市面上绝大多数的高频感应门锁的开门卡片兼容，避免了普通机械式开关插卡取电的问题，尤其适用于高级酒店作取电开关用，其内部电子线路工作电源采用PWM降压供给，克服了阻容式产品降压功耗大、发热大、易失效等弊端。推出的W2744二位千姿系列人体感应开关功能件，采用专门的IC设计，具有性能稳定可靠、外观小巧精致、功能实用全面等特点。

霍尼韦尔朗能电器系统技术（广东）有限公司开发出工程电工产品NB6.0G景致系列，具有以下特点：①同色夜光点，即瓷白色夜光显示点与按键同色，浑然一体；环境光亮时，小巧淡雅的白色夜光显示与白色面板浑然天成；环境光较暗时，则会自动发出柔光，清晰指示开关位置，一点动按键，呈现不同景致；②纯平外观，即纯平面板，辅以两侧直线面设计，实现无间隙拼装；③可便捷安装，超薄后座结合全新推拉式锁扣接线端子，实现超大接线空间，可同时接三根四线，快速接线，省时省力；④产品丰富应用广，新增多媒体产品，能够满足用户多种信息传输需求；多媒体产品设计模块化，产品互换性强，可定制产生多种产品组合，应用更广泛。

浙江正泰建筑电器有限公司通过创建开发平台，推进核心零部件的标准化，加快新产品开发成功率的同时提升了实物质量，全年自主开发“科莫”“品睿”等8个系列电工新品，电工产品线基本满足市场各级消费者的需求。NEWH系列墙壁开关插座采用铝拉丝、氧化、高光等先进工艺，铁板表面喷塑，具有外观美观、安装架不变形、耐压能力强等优点；自复位开关在使用中能保持盖板不高出面板，方便用户的使用，通过省级鉴定；推出的红外场景开关，采用微功耗单片机，使用LED状态指示，具有无极调光方式，一键关、一键场景恢复，两路调光负载的慢起动关闭，亮度记忆等功能，专门配套设计了一款红外遥控器，遥控信号采用NEC格式编码，遥控距离8m以上，该项目通过了省级鉴定。

宁波瑞明电器有限公司的“具有通用网络节点的智能家电控制系统”项目通过2012年第三批国家级中小企业科技创新项目验收，“模块式”桌面插座产品获得宁波市2012年“和丰奖”。

公牛集团有限公司总结出一般改性聚丙烯用于插座外壳的几点不足，如成型收缩大、冷冲击差、表面质感差、易划伤等，研究开发了“一种电器插座用底缩痕耐划伤阻燃聚丙烯组合物及其制备方法”。运用该方法制备的产品具有地缩痕、耐划伤、阻燃性的特点，很好地解决了上述问题，满足了电器插座的防火要求。

飞雕电器集团有限公司完成了综合布线的开发项目。综合布线即能支持多种应用系统的结构化电信系统，是一个模块化、灵活性极高的建筑物内或建筑群之间的信息传输通道。它包括建筑物外部网络或电信线路的连接点与应用系统设备之间的所有线缆及相关的连接部件。综合布线由不同系列和规格的部件组成，其中包括传输介质，相关连接硬件(如配线架、连接器、插座、插头、适配器)以及电气保护设备等。这些部件可用来构建各种用途的子系统，不仅易于实施，而且能随需求的变化而平稳升级。

广东福田电器有限公司推出福田点开关七剑系列产品——D1S/D2/D3/D4/H100S/H200/H300，提供给用户新的点开关使用体验，增强了公司市场竞争力，受到国内外客户好评。

广东华声电器股份有限公司按照 UL817 及 UL498 标准的要求，开发出美式带熔丝电源线，产品的结构设计、电性能及其他物理性能满足大功率电器产品的要求。

杭州鸿世电器有限公司研究国内外标准，推出符合不同国家标准的电器附件类产品。H05VV-F 电缆系列产品为家用电器类电线，通过韩国 KC 认证。IEC 锁定式连接器产品为家用连接器，是公司专利产品，通过韩国 KC 认证、日本 PSE 认证和美国 UL 认证。IEC 连接器座产品为家用连接器座，通过韩国 KC 认证和日本 PSE 认证。两级带接地不重接插头产品为家用电器插头，通过韩国 KC 认证。7 大系列国家标准电器附件产品，经过 3C 认证。

汕头市东亚电器厂完成了恶劣环境场所使用的高防护高压电器装置及其连接技术的研究。项目研究包括三方面：①结构的研究，电器装置的防护等级提高至 IP67、IP68，适应于恶劣环境场所；②电缆密封电器附件的研究，防护等级达到上述要求；③多种电缆连接技术的研究，可靠连接电力、通信、光纤等多种电缆。

浙江德力西国际电工有限公司开发出三种实用插座：带 USB 充电功能的五孔插座，除具有普通插座的功能以外，还增加了为手持用电设备充电的功能；带 USB 充电功能的旅行排插，在原有排插的基础上增加了充电功能，排插小型化，方便携带；带 WIFI 功能的排插，在原有排插功能的基础上增加了 WIFI 和 USB 充电功能，同时实现小型化，方便使用。另外公司还推出 CD280 系列开关插座。

浙江王邦电器有限公司推出名仕 86 系列开关插座。该系列产品注重细节，风格化设计，选用进口优质塑料、高精度铜材、银镍合金触点，经过国家权威机构检测，性能良好。

泰力实业有限公司推出 5 个系列新产品，分别是：86GE 系列开关插座、奥星系列开关插座、普兰达系列开关插座、TL-U 系列移动插座和 K 系列移动插座，共申请国家专利 7 项。

佛山通宝精密合金股份有限公司进行了 5 种新材料、新产品的研究：①异形精密合金功能材料加工技术的研究。该项目通过精密的定位设计，实现连续的合金带材异形加工。②热双金属材料表面防伪技术的应用与开发。通过设计特殊装置，在热双金属带材表面连续加工上防伪标记。③防锈耐蚀型层状镍基复合金属带材的研制。通过设计合适的原材料并进行表面处理，开发具有防锈耐蚀的复合金属，适用于湿气环境。④节镍通电型热双金属产品的开发。通过合适的材料选配与复合工艺设计，开发出同一应用条件的节镍层状热双金属产品。⑤银合金带材连续挤压无开裂的工艺研究。通过合理设计挤压参数，实现连续大卷的银合带材的挤压加工。

柳州市建益电工材料有限公司利用双复合电沉积技术生产银氧化锡/铜低压电接触元件，克服了纯银、银合金、银-铜机械复合产品易粘着、灭弧性能差、易氧化的缺点，具有硬度高、耐磨性好、化学稳定性好、接触电阻低、抗电腐蚀性能强等优点，同时可根据客户电性能需求、原辅材料的价格和产品价格确定复合层厚度和宽度，最薄的复合层厚度可达 1~2μm。

质量监督抽查 电器附件质量的优劣直接关系人的生命、财产及周围环境的安全。近年来，随着我国电器附件行业的不断发展，企业吸收或引进国外先进技术和管理经验，从仿制和引进技术为主，转向了引进技术与自主研发相结合，加大科研投入，在一些关键技术中进行独立创新，产品技术水平明显提高。当前主要产品如开关插座的整体质量水平与国际先进水平相差不大，现行实施的国家标准大多数是修改采用国际电工委员会(IEC)制定的产品标准。

2012 年，国家质量监督检验检疫总局共抽查了上海、江苏、浙江、福建、广东、重庆等 6 个省、直辖市 99 家企业生产的 100 种插座产品，依据 GB 2099.1—2008《家用和类似用途插头插座　第 1 部分：通用要求》和 GB 1002—2008《家用和类似用途单相插头插座　型式、基本参数和尺寸》的要求，对插座产品的标志，尺寸检查，接地措施，固定式插座的结构，插头和移动式插座的结构，防潮，绝缘电阻和电气强度，温升，拔出插头所需的力，弯曲试验，耐热，爬电距离、电气间隙和通过密封胶的距离，绝缘材料的耐非正常热、耐燃和耐漏电起痕等 13 个项目进行了检验，发现有 8 种产品不符合标准的规定，涉及耐热、接地措施、固定式插座的结构、拔出插头所需的力、尺寸检查项目。

上海市质量技术监督局 2012 年对该市生产和销售的家用和类似用途固定式电气装置的开关产品质量进行了专项监督抽查，抽查产品 40 批次，不合格 4 批次。在这 40 批次产品中，上海市生产的产品 28 批次，不合格 4 批次；外省市生产的产品 12 批次，全部合格。不合格项目主要是标志，端子，爬电距离、电气间隙和穿通密封胶距离。对上海市生产和销售的转换器产品质量进行了专项监督抽查，抽查产品10批次，其中本市生产的产品6批次，外省市生产的产品4批次，全部合格。

广东省质量技术监督局2012年对13个地市（区）101家企业生产的插头插座产品进行质量检测，共抽查了180批次，对产品的额定值，标志，尺寸的检查，防触电保护，接地措施，端子，结构，防潮，绝缘电阻和电气强度，接地触头的工作，温升，分断容量，拔出插头所需的力，软缆及其连接，机械强度，耐热，螺钉、载流部件及其连接，爬电距离、电气间隙和通过密封胶的距离，绝缘材料的耐非正常热、耐燃，防锈性能等20个项目进行了检验，发现41批次产品不合格，涉及耐热、标志、尺寸的检查、软缆及其连接、额定值、接地措施、绝缘材料的耐非正常热和耐燃、防触电保护、端子、结构项目，不合格产品发现率为22.8%；剔除仅标志不合格14批次，实物质量不合格产品发现率为15.0%。对8个地区102家企业生产的固定式电气装置开关产品共102批次进行抽查，对产品的标志，防触电保护，接地措施，端子，开关的机构，防潮，绝缘电阻和电气强度，分段容量，正常操作，机械强度，耐热，螺钉、载流部件和连接，爬电距离、电气间隙和穿通密封胶距离共13个项目进行了检验，发现不合格产品16批次，不合格项目涉及爬电距离、电气间隙和穿通密封胶距离，正常操作，标志，防触电保护，开关结构，绝缘电阻和电气强度。

广州市质量技术监督局2012年对本市生产领域的插头插座、转换器、开关产品质量进行了监督抽查，共抽取了7家企业生产的8批次样品，对标志、尺寸检查、接地措施、固定式插座的结构、插头和移动式插座的结构、防潮、绝缘电阻和电气强度、温升、拔出插头所需的力、弯曲试验、耐热、爬电距离、电气间隙和通过密封胶的距离、绝缘材料的耐非正常热、耐燃和耐漏电起痕、额定值等项目进行检验，有1批次产品标识项目不合格，主要表现为缺少型号或产品目录编号。

陕西省质量技术监督局2012年第一季度对插座及转换器产品质量进行了监督抽查，共抽查31家企业，抽取样品39个批次，对插座及转换器产品的标志、尺寸检查、接地措施、固定式插座的结构、插头和移动式插座的结构、防潮、绝缘电阻和电气强度、温升、拔出插头所用的力、软缆及其连接、耐热、爬电距离和电气间隙、绝缘材料的耐非常热和耐燃等13个项目进行了检验，合格样品37个批次，不合格2批次。其中，耐热项目不达标2批次，拔出插头所用的力项目不达标1批次，样品批次合格率94.8%。

贵州省工商行政管理局2012年对全省9个市、州43户流通领域商品经营主体所经营的开关插座产品进行质量检测，开关主要对防触电保护、端子、结构要求、开关机构、耐老化、开关外壳提供的防护和防潮、绝缘电阻和电气强度、通断能力、机械强度、耐热、爬电距离、电气间隙和穿通密封胶距离、绝缘材料的耐非正常热、耐燃和耐漏电起痕、标志指标进行检测，共随机抽取样品49个批次，不合格产品4批次；插座主要对绝缘电阻和电气强度，温升，机械强度，耐热，爬电距离，电气间隙和通过密封胶的距离，绝缘材料的耐热，耐燃和耐漏电起痕，尺寸，防潮，标志等指标进行检测，共随机抽取样品50个批次，不合格产品6批次。

2012年，山西省质量技术监督局对太原、晋中市场上经销的由省外企业生产的30个批次的开关插座质量进行了监督抽查，合格25个批次，抽样合格率为83.33%。存在的主要质量问题：绝缘材料的耐非正常热、耐燃项目不合格，耐热不合格。对太原、朔州市场上经销的由省外企业生产的20个批次的转换器质量进行了监督抽查，合格17个批次，抽样合格率为85%，主要是绝缘材料的耐非正常热、耐燃、耐热、结构等项目不合格。

基本建设及技术改造 浙江正泰建筑电气有限公司完成了CNC加工中心项目改造，在加工零件改变时，一般只需要更改数控程序，节省生产准备时间，提高了模具加工精度及质量；完成了NEW系列开关钮子自动组装机项目改造，提高了自动化程度，减轻了劳动强度，提高了生产效率。2013年进行了注塑无人车间的改造项目，将注塑和装配工序进行整合，减少人员配置，提升产能和效益；进行热变温高光无痕注塑成形技术设备的改造，从而实现产品外观无熔接线缺陷。

TCL-罗格朗国际电工（惠州）有限公司完成了模具新技术和自动化装配两项技术改造。模具新技术改造项目通过对模具结构及注塑工艺的改善，实现自动化生产，节约资源，提高生产效率。其中，通过重新设计、开发模具，增加模腔数改造出多模腔模具，产品成型后开模时可自动切断水口，已经完成近百套模具的改善及重新开发制作。公司2013年实施铆合连续级进模具技术的改造，将跷板的冲压和手工铆银点工序整合到冲压一个工序，提高效率，降低成本。

公牛集团有限公司完成二级插套在二级座中的自动化装配改进项目，不仅提高了劳动生产率保证了产品质量，还有效降低了生产成本；完成年产2 000万只电源连接器的技术改造，采用PLC、触摸屏、伺服控制、气动元件等制造全自动装配设备，改善车间布局、环境、设备设施、检测仪器、人员组织、品质管理、生产运营方式等，打造生产运营高端产品的能力。2013年公司实施设备自动化改造，采用自动化流水线完成整个插座的组装，为提高产品质量奠定基础。

佛山通宝精密合金股份有限公司完成2项技术改造：①宽带拉矫机的上线。通过自行设计、外部加工，实现了新宽带拉矫机的上线，已投入日常生产，在带材板型控制上起到关键作用。②带材连续倒角加工工艺。通过增添倒角装置，自行设计工装，建立了合金带材连续倒角的加工工艺，能较好地满足客户订单需求。制定了2013年技术改造项目——银基合金新型加工工艺的研究，通过设计现场工装、增添相应装备，开发出新型节银的银基合金批量化加工工艺。

飞雕电器集团有限公司完成功能件铜件整合项目，避免同档次、同买点的不同产品系列物料繁多的情况，在整合过程中加入自动化设计，减少了采购、仓储成本，提高了劳动生产率，节约了劳动力资源，降低成本。2013 年计划实施景尚系列的铜件物料整合，并进行自动化改造，主要是进行同物料的替代，部分无法进行改模调整的原塑料件需新开发模具。

杭州鸿雁电器有限公司开展了电工车间改造项目，大幅提高了电工车间的生产能力、生产效率、过程质量、场地利用率等，生产环境明显改善。2013 年计划实施 HYP 通用化配电箱技术改造项目，强化零件的通用性，引进新设备、新工艺增强加工能力，生产全新的系列配电箱供用户选择。

广东福田电器有限公司研制了自主物联网体系机构下的智能家居。该项目实现了通过网页及苹果移动终端产品控制家用电器，代替了传统的手持遥控终端；基于电力载波技术，解决了产品布线的困扰；以 RFID 协议为基本物理层协议，以无线射频方式实现各终端的控制；以面向对象的方法描述信息家电设备，将不同厂家的家电信息抽象到同一个语言平台进行统一管理。2013 年继续进行该项目的研究，整体完成后将极大改进遥控器产品的设计，提高了产品质量，完善了产品功能，增强了产品可靠性。

浙江王邦电器有限公司实施年产 8 200 万件节能电器电子元件产品的项目改造，规划总用地面积 6 294m^2，总建筑面积 16 364.4 m^2，包括厂房、餐厅、宿舍，建成后年产值 6 000万元。此外，实施装配车间插座流水线自动化改造项目，将装配车间插座流水线设计改进为半自动化流水线。

浙江德力西国际电工有限公司实施集中供料系统改造，其中注塑机采用集中自动上料方式，已投入生产；增加了 3 条输送线，由原来一机一人包装，改为集中包装；公司还采用滑槽式生产线，要求各个工位操作工工作节拍一致，充分调动员工的工作潜力。2013 年公司投入五孔插座自动装配线替代人工装配，引进自动打螺钉机，并在生产现场采用电子看板管理。

泰力实业有限公司完成了锁螺钉组件装配工艺改造项目。通过陆续引进 6 台自动化设备，将传统的手工作业转换为半自动、自动锁螺钉作业，还对产品、模具进行针对性开发设计并调整工序，实现了锁螺钉工艺改进。改进后的成品质量稳定，送检测试合格，符合国家标准要求。公司还在 2012 年度改进纯银点合成合金触点铆合技术，全面使用双面复合银点铆接技术，减少银触点材料成本 60%，性能满足产品标准要求，减少加工成本 30%。2013 年计划实施可拆卸插头组装工艺改进，通过使用自动化设备，将传统手工装配方式改为可拆卸插座的全自动化装配，包括产品各零部件的可装配性技术改进，零部件传送、给料的研究，以及可拆卸插头前工序零件装配工艺自动化的研究等。

柳州市建益电工材料有限公司用铜基复合材料代替银材料生产部分产品，基本达到客户对产品电性能的要求，节银效果明显；完成电镀车间废水处理系统的升级改进项目，达到节水减排的目的，同时基本避免了镍废渣对环境的二次污染。

宁波瑞明电器有限公司自行设计制造 2 台保护门全自动组装机，1 台开关滑钮弹簧全自动组装机，1 台开关端子全自动铆接锁螺丝机，大大提高了生产效率。2013 年计划投入 200 万元，扩大电子线路板生产车间。

杭州鸿世电器有限公司开展了电器附件配件自动组装机的项目改造，均已安装到位，使用效果总体不错，产能明显提高。

广东华声电器股份有限公司完成了裸线车间和挤橡车间设备更换，降低了人工等成本。

管理及改革　2012 年，公牛集团有限公司全面系统地启动了新的三年战略规划制定工作，围绕品牌定位确定未来三年的战略目标及具体战略路径；独立经营电子商务渠道，全面入驻天猫、京东、苏宁等最具影响力的电子商务平台，不断丰富电子商务营销策略，完善电子商务组织架构，形成最具潜力的营销体系之一；人力资源及人才管理队伍建设全面启动，制定“中层管理者胜任力模型构建于应用”“朝阳计划”“雏鹰计划”“雄鹰计划”等项目，整体构建并实施了从一线班组长、应届毕业生到中层管理者的能力提升计划。

杭州鸿雁电器有限公司在宏观经济低迷的大背景下，围绕“产业升级、市场转型、管理变革、客户满意”的经营工作方针，进一步加速产业升级，取得丰硕成果。聚焦“建筑”开发产品，围绕产业核心增值环节，以电气为中心向系统集成方向发展，不断强化智能化与节能化相结合这一产品开发思路，将原五大产业调整为电工电气、照明电器、智能电气、水电管道四大产品族群。以提高传统渠道覆盖率、提升渠道质量、实现渠道有效协同为目标，提出了渠道顶层设计的战略构思，持续推进渠道转型与市场开拓工作，取得了明显成效。公司积极实施管理变革，促进管理提升，以“全面加快推进企业管理方式向集约型、标准化、精细化转变，切实增强企业的核心竞争力，全面提升管理水平和经济效益，实现企业的战略转型”为目标，立足管理提升活动，积极开展管理诊断，扎实落实整改措施，实现了管理水平的提升。

广东福田电器有限公司认真总结机构改革的成效和经验，进一步加强内部建设，机构改革达到了预期目的，强化了功能定位，优化了业务流程，理顺了管理关系，强化了以人为本与竞争择优相结合的原则；进一步优化管理流程，强化过程管理，在实践中完善内部管理制度。

杭州鸿世电器有限公司实施精益化管理，从新建立的物资计划调度中心着手，相继推行了多项具有针对性的方案和政策，改善了物料，一定程度上提高了精益化管理水平。工艺革新力度不断加快，工艺水平有较明显的提升。在不断拓展人才引进渠道和方式的同时，开展一系列不同类别的专业培训，如标准化良好行为企业培训活动、消防演习活动等；进一步推进以“技能、素养、责任心”和“创新精神、责任意识”为主要内容的干部队伍建设，全面增强了公司凝聚力。

飞雕电器集团有限公司全面推行 KPI 考核，企业行政人员的月奖惩浮动工资占总工资的比例达 40%。更加重视研发在企业中的地位，新产品的创新力度进一步加大，产品更新的速度也大大加快，已由 OEM 生产改为自生产，对于 OEM 产品建立了全面管控的技术中心。以电视广告为先锋，进一步加强多头并举营销策略的实施。

湖南深思电工实业有限公司通过多种措施加强管理改革。公司进一步加强团队建设，完善了人才引进、培训、激励的相关制度；加大了品牌建设与管理力度，系统地投放了大量电视广告、行业媒介广告和大型户外广告；加大科技创新的研发投入，开发新产品 400 个规格，并申报了 20 余项专利，其中 17 项已获专利证书；与湖南科技大学成立了产学研基地，进行工业设计战略合作；投入了大量资金进行技术改革，推动了生产自动化水平的提升，节能提效；进一步完善管理规范，继续推动 ISO 9001 国际质量管理体系、ERP 信息管理系统的建设与实施，打造标准化、流程化、数据化的规范管理体系；以“渠道扁平化，服务精细化”为理念，拓展市场，进一步精耕细作基础市场，加大了潜力市场的拓展力度，年销量增长 30%。

广东华声电器股份有限公司深入开展产、学、研活动，依托升级工程中心的建设，与高等院校、科研机构广泛交流、合作，与国内外高等院校或科研单位建立技术合作的战略伙伴关系，积极开展知识产权管理、科技项目申报工作，共开展了 13 项科技计划类、资质认可类的项目，申报完成了 18 项各级政府的调研、统计填报。

南京曼奈柯斯电器有限公司 2012 年经历了股权转让、公司业务拆分后，主要经营业务调整为低压配电箱柜及配套件，定位于“工业用低压配电设备专业厂家”，发展方向为“专业化、高质量、做强、做大”，以地铁、钢铁、电厂、铝厂、机场、码头等传统优势领域为重点市场目标，加大对核电、风能和太阳能市场的开发，包括；在产品设计上，坚持以检修电源箱、照明控制箱、动力配电箱等产品为主，并积极开发开关柜、变频柜、水泵控制箱、射流机箱等智能化新产品，使公司整体呈健康良好发展趋势。

温州宏丰电工合金股份有限公司成功在深圳证券交易所创业板挂牌上市。自主研发、建立符合自身经营情况的信息管理系统，已经制定了较为严格的电子信息系统控制制度，在电子信息系统的开发与维护、数据输入与输出、文件储存与保管等方面开展了较多工作；采取“走出去、请进来”相结合的方式，加强专业技术人员的继续学习，提高了专业技术人员的创新意识以及分析问题、解决问题的能力。

泰力实业有限公司通过自动化设备改造和工艺改革，改进 20 余台自动化组装设备，试图解决企业对人员的过分依赖，减少用工成本，提高生产效率。为此，公司还专门成立了自动化车间，对自动化组装设备的生产进行管理。改革成果在地方同行中有一定影响，起到了一定的示范带头作用。

宁波万事达综研电气有限公司坚持用自动化或半自动化设备替代人工操作，如银触点铆接、开关底壳半成品的插脚等工序；继续改进注塑模具的进料方式，使注塑模具能够满足注塑机自动化生产要求，零件与浇道在脱模时自动分离，达到一名操作员管理多台注塑机的目的。公司对研发部门进行了职能调整，研发部更名为技术中心，主要工作职能为新产品开发，包括新产品涉及的模具的制造；老产品的改善工作则由制造部门的工程科承担。强化管理成本仍是 2012 年的重要工作，随着用工成本的提高，刚性支出不断增加，压缩非生产性人员编制是公司长期要坚持的改革方向。

柳州市建益电工材料有限公司根据管理流程合理、职责明确、运转高速的原则，对科室和生产车间重新进行调整，分别精简了 3 个科室，车间由原来的 5 个调整为 3 个。细化管理、强化员工培训和绩效考核。加大对生产和科技创新的投入，充分合理地利用现有资源，重点解决触片、触点生产过程中出现的难点问题。

余姚市国昌电器有限公司 2012 年进行分块责任承包管理，以资历本为纽带，以独立管理、独立核算、自负盈亏为方向，调动干部员工的工作积极性。通过技术创新、工艺改革、小发明、小创造，大大提高了生产效率；通过降本节支，内部挖潜，以优良的产品质量、合理的产品价格赢得客户的满意。在国际、国内形势不稳定的环境下，通过全公司员工的共同努力，产、销、利比上年同步增长，取得了良好的业绩。

南京海锚电器制造有限公司在内部管理方面重点主抓了两部分工作：①制定员工绩效考核方案。采取逐层考核的方案，考核分数与工资挂钩，员工的工作积极性有所提高，管理成效很好。②组织全厂员工倡议节能降耗活动，浪费行为明显减少。

宁波瑞明电器有限公司的 ERP 管理已经相当成熟，多个项目进行了二次开发和三次开发，原料发放、员工工资、注塑料头等直接影响成本的因素得到了有效控制。

行业活动 中国电器工业协会电器附件及家用控制器分会 2012 年组织开展了电器附件行业“2012 年机械工业品牌培育及表彰活动”工作。杭州鸿雁电器有限公司、浙江正泰建筑电器有限公司、飞雕电器集团有限公司、霍尼韦尔朗能电器系统（广东）有限公司、广东松本电工电器有限公司和宁波公牛电器有限公司的固定式插座及开关产品获得了“2012 年度中国机械工业优质品牌”称号。

中国电器工业协会电器附件及家用控制器分会组织电器附件行业主导企业赴欧洲对本行业世界名企进行实地考察和市场调研，参观学习了具备全球顶尖技术及先进设备的研发试验室以及零部件生产工厂，看到了欧洲最先进的自动化技术以及强大的标准件生产和设计能力，值得中国本土电工企业学习借鉴的先进管理方式和生产模式。

中国电器工业协会电器附件及家用控制器分会、电器附件标委会联合开展征集全国电器附件、家用控制器、小型熔断器行业技术论文的活动,组织行业技术专家组成论文评选小组进行评选,于2013年的技术交流大会公布结果并颁奖。

〔撰稿人:中国电器科学研究院有限公司陈明　审稿人:中国电器科学研究院有限公司谢浩江〕

小型熔断器

近年来,小型熔断器行业不断发展、成长,市场总量的增长幅度远远大于其他行业。

生产发展情况　2012年行业的发展有如下几个特点:

1.企业的产品门类不断扩充

随着市场和技术的发展,不少小型熔断器生产企业纷纷拓展新的电路保护产品。新开发产品的主要方向有:低压熔断器、热熔断器、正温度系数热敏电阻、静电抑制器等。

还有些企业进军其他主动器件和被动元件等领域,拓展了瞬变电压抑制二极管、熔断电阻器、变压器等产品,从小型熔断器的专业生产工厂发展成综合性的电子器件公司,逐渐改变了行业格局。

2.随应用产业发展推出新产品

电子零件总是跟随整机行业的发展而发展,LED绿色照明、光伏设备等整机行业的发展,也带动了不少小型熔断器新产品的开发。

LED绿色照明是近年来发展最红火、最快速的行业之一,其机构紧凑,要求贴片安装。AEM科技(苏州)股份有限公司和功得电子工业股份有限公司先后研发推出了专门为LED照明灯具配套的市电电压表面安装的小型熔断体系列,在LED照明市场上供不应求,前景广阔。

好利来(中国)电子科技股份有限公司和功得电子工业股份有限公司投入大量精力和财力研发为光伏设备配套的熔断器产品系列。这类产品体积大、功率大,已经超过了小型熔断器的范畴。新产品的推出是这些小型熔断器生产工厂技术实力的增强的表现。

3.各企业互相取长补短

传统的小型熔断器是指管状和插件的熔断器,前者问世100多年,后者也有六七十年了。晶片型的小型熔断器发展历史不长,5~10年前还仅有力特保险丝有限公司、AEM科技有限公司、库柏公司等不超过20家美国、欧洲、日本公司生产。当前,萨特保险丝有限公司、大毅科技股份有限公司、好利来(中国)电子科技股份有限公司、华德电子股份有限公司、贝特电子科技股份有限公司、功得电子工业股份有限公司等都有自己生产的表面贴装器件产品,我国和欧美在小型熔断器领域的技术差距在缩小。

当前市场上的晶片型小型熔断器主要有两大类:以力特保险丝有限公司为代表的以聚合材料为主体的薄膜熔断体和以AEM为代表的以玻璃陶瓷为主体的多层独石熔断体。这两类材料、结构和工艺都不同的小型熔断体各有性能和应用上的优势和局限。随着晶片型小型熔断器的不断发展,各企业互相取长补短,主要生产企业纷纷研发新产品,如力特保险丝有限公司推出了陶瓷的片式熔断体、AEM推出聚合物的片式熔断体,产品系列更齐全、应用范围更广泛。

4.重视电路保护的整体方案

一向以来,人们对小型熔断器的认识是:产品结构简单,技术含量不高,只需要凭料号购买就能够满足应用需求。但是在电子工业和数码产品高速发展的时代,小型熔断器逐渐发展打破了这种固有思维。小型熔断器生产企业纷纷提高了对自己的要求,除了重视对熔断器的材料、结构、工艺的研究外,还将关注点扩展到下游应用的电路保护方案。

近年来,较具规模的小型熔断器的生产企业都开始重视电路保护的整体方案:在公司网站上增加了解决方案、技术支持等技术版块,参加各种技术论坛或研讨会宣传电路保护产品及方案,与科研机构、测试单位或院所合作研究和开发,向客户推介和交流时涉及电路的整体保护要求和方案等。小型熔断器行业登上了一个技术新台阶。

5.不断降低成本和市场价格

电子市场的繁荣带动小型熔断器不断发展,但市场竞争的日益加剧也给大部分小型熔断器制造企业带来了成本压力,加上原材料的涨价、劳动力成本的增加,这些因素促使企业从材料、制造工艺等方面想方设法地降低成本,以应对整机厂不断的降价要求以及同业的低价竞争。令人担心的是,小型熔断器正面临着保险电阻、零欧电阻等产品的低价竞争,同时部分整机厂在许多场合不顾后果地省用保护元器件,这些都或许会影响到小型熔断器行业的发展。

6.小型化和表贴化的发展

轻、薄、动、小的数码电子设备的大发展,不断对元器件提出小型化和表贴化的要求;蓬勃发展的LED照明对元器件小型化和表贴化的要求尤其突出。近年来许多生产管状和插件熔断器的企业纷纷推出贴片式的新品,AEM科技有限公司和功得电子工业股份有限公司等企业更进一步推出了应用于交流市电电路的小型贴片熔断器,受到了市场的欢迎。特别是在LED球灯、条灯和筒灯等及其类似领域,由于小型化、表贴化器件既可以满足结构紧凑的需要,又可节省人工和配套成本,许多新设计方案都会将手插或机插的元器件陆续替换为表面贴装元器件,使得AEM科技的小尺寸表面贴装交流市电熔断器供不应求,需要不断扩大产能以满足市场需求。可以说,是应用产业和市场的发展推动和促进了小型熔断器的发展。

标准化工作　2012年,全国熔断器标准化技术委员会小型熔断器分技术委员会(以下简称小型熔断器分委会)开展了2项标准制修订工作：

1.起草GB 9816《热熔断体的要求和应用导则》国家标准

小型熔断器分委会组建了该国家标准的起草工作组。起草工作组人员收集了有关材料，翻译了IEC 60691：2002及其2006年的修订1和2010年的修订2，并对标准内容进行了分析、比较。2012年2月起草了标准征求意见稿，10月在衡阳市召开起草工作组会议，研讨了征求意见稿的反馈意见，并结合近年来标准应用和产品的实际使用情况，讨论了“带负载状态下的动作温度”以及“保持温度”等试验项目。由于当前很多热熔断体被应用于电涌保护器(SPD)，会议讨论了瞬时过载电流试验。2012年12月13日标准送审稿通过审查，会后整理形成标准报批稿。

2.起草GB/T 9364.10《小型熔断器 第10部分：用户指南》国家标准

小型熔断器分委会组建了该国家标准的起草工作组。起草工作组人员收集了相关资料，翻译了IEC 60127-10：2001，并对标准内容进行了分析、比较，于2012年3月起草了标准征求意见稿。2012年12月13日标准送审稿通过审查。随着该标准的制定，我国已将小型熔断器专业领域对口的IEC国际标准，全部转化为我国标准，采标率达100%。

小型熔断器分委会2012年申报了《小型熔断器 第11部分：LED灯用熔断体》等国家、行业标准制修订计划项目共7项，其中国家标准项目6项、行业标准项目1项。当前，已申报1项行业标准项目——《小型熔断器 贴片式熔断体》列入2012年第三批行业标准制修订计划，计划号2012-1628T-JB。

作为同时承担IEC/SC32C(国际电工委员会小型熔断器分技术委员会)秘书处及国内分委会秘书处的单位，中国电器科学研究院大力推进本专业的国际标准化工作，2012年开展了以下工作：

1.编写IEC标准

根据IEC/SC32C的工作安排，2012年度秘书处完成了IEC 60127-2 Ed.3.0《小型熔断器 第2部分：管状熔断体》的委员会草案(CD草案)；IEC 60127-3 Ed.3.0《小型熔断器 第3部分：超小型熔断体》的CD草案；IEC 60127-6 Ed.2.0《小型熔断器 第6部分：小型管状熔断体的熔断器座》的CD草案；IEC 60127-7 Ed.1.0《小型熔断器 第7部分：特殊应用的小型熔断体》的征询意见草案(CDV)、正式国际标准(IS)；IEC 60691 Ed.4.0《热熔断体的要求和应用导则》的CD草案；IEC 60127-4 A2 Ed.3.0《小型熔断器 第4部分：通用模件熔断体(UMF)— 穿孔式和表面贴装式》的CDV草案、正式国际标准(IS)6项IEC标准的编制工作。其中，IEC 60127-4 A2 Ed.3.0标准已于2012年12月顺利出版；IEC 60127-7 Ed.1.0标准2013年3月正式出版，为满足特殊应用的小型熔断器的产品测试提供可行的方案。

以上6项IEC标准的制修订是近年来IEC/SC32C首次对IEC 60127系列标准进行的大规模制修订工作。此次制修订与当前小型熔断器的最新技术结合，完善了标准的各项指标要求，可以促进小型熔断器产品和技术的发展。

2.召开SC32C工作组会议

2012年11月7—8日，IEC/SC 32C在德国卡塞尔市举行了MT10小型熔断器(IEC 60127)维护组和WG12“IEC 60127-7特殊应用的小型熔断体工作组”会议。来自中国、美国、德国、日本等国家的14名代表和专家参加，2名中国专家参加了本次会议。

会议深入研讨了IEC 60127系列标准的修订维护、IEC 60127-7标准的制定事宜，确定了下一步的工作安排。其中，MT10会议讨论了IEC 60127《小型熔断器》第1、2、3、4、6部分等多项国际标准的修订和维护；WG 12会议讨论了IEC 60127-7《小型熔断器 第7部分：特殊应用的小型熔断体》草案的修改意见，决定该标准进入IS阶段，形成国际标准。

3.国际标准化交流培训

SC32C秘书作为国际专家参加了2012年5月8—9日国家标准化管理委员会和IEC在深圳联合举办的首期IEC国际标准化综合知识培训班，并在会上做了《中国电器行业的国际标准化进程——小型熔断器分技术委员会秘书处的工作》专题报告。

4.IEC文件的答复

2012年分委会秘书处收到及跟踪IEC/SC32C的13份文件，其中负责处理答复的IEC文件有4份，投票率为100%。这4份文件分别是：IEC 60127-3 Ed.3.0《小型熔断器 第3部分：超小型熔断体》委员会草案、IEC 60127-6 Ed.2.0《小型熔断器 第6部分：小型管状熔断体的熔断器座》委员会草案、IEC 60127-4 A2 Ed.3.0《小型熔断器 第4部分：通用模件熔断体(UMF)—穿孔式和表面贴装式》征询意见草案、IEC 60127-7 Ed.1.0《小型熔断器 第7部分：特殊申请的小型熔断体》征询意见草案。

产品认证 2012年小型熔断器分委会参与了《器具附件强制性认证产品风险分析与定级》(小型熔断器部分)报告的编制、《强制性产品认证目录描述与界定》(2007年第9号公告)的修订(小型熔断器部分)、器具附件(小型熔断器部分)基本认证模式等工作。

〔撰稿人：中国电器科学研究院有限公司蔡军、中国电器工业协会电器附件及家用控制器分会郑索平 审稿人：中国电器科学研究院有限公司谢浩江〕

牵引电气设备

2012年以来，面对复杂多变的国际、国内形势，行业各企业深入贯彻落实科学发展观，把握稳中求进的工作总基调,加快经济发展方式转变,扎实推进各项工作,从日渐饱和的市场中挖掘商机。

生产发展情况 因受经济发展大环境影响,行业运行过程中的矛盾和困难增加,经济发展呈减缓态势。上报的29家企业统计资料表明,近五年来首次出现了负增长。2012年全行业实现工业总产值182亿元 ,同比下降13%;主营业务收入187亿元,同比下降14%;实现销售产值182亿元,同比下降3%。2012年牵引电气设备行业29家企业工业总产值完成情况见表1。2012年牵引电气设备行业29家企业主营业务收入完成情况见表2。

表1 2012年牵引电气设备行业29家企业工业总产值完成情况

序号	单位名称	工业总产值(万元)
1	大连日牵电机有限公司	21 983
2	湘潭牵引机车厂有限公司	22 130
3	淄博牵引电机集团股份有限公司	7 492
4	永济新时速电机电器有限责任公司	555 203
5	湘电重型装备股份有限公司	60 375
6	上海立新电器控制设备有限公司	2 139
7	天水长城控制电器厂一分厂	1 610
8	湘电集团有限公司	893 764
9	四川省乐山市宇强电机车制造有限公司	11 845
10	浙江巨大矿业有限公司	3 510
11	湘潭县星沙橡胶厂	245
12	湘潭赛虎电池有限责任公司	9 100
13	荣信电力电子股份有限公司	81 909
14	韶山如意电机电器有限公司	5 519
15	沈阳广角成套电器有限公司	2 714
16	常州华盛电机厂	4 528
17	河南南车重型装备有限公司	56 674
18	湘潭新昕通用电气有限公司	3 130
19	湖南三鑫变频牵引电机有限责任公司	1 150
20	常州洲源机电制造有限公司	3 281
21	平遥同妙机车有限公司	9 057
22	盘江六盘水装备制造有限公司	6 532
23	常州基腾电气有限公司	16 621
24	湘潭华南电机车有限公司	2 800
25	湘潭市宇通牵引电气有限公司	1 649
26	湘潭市南方机电制造有限公司	6 094
27	湘潭市牵引电机厂	2 500
28	常州丽华工矿车辆有限公司	1 600
29	湘潭市电机车厂有限公司	27 300

表2 2012年牵引电气设备行业29家企业主营业务收入完成情况

序号	单位名称	主营业务收入(万元)
1	大连日牵电机有限公司	20 127
2	湘潭牵引机车厂有限公司	22 130
3	淄博牵引电机集团股份有限公司	8 216
4	永济新时速电机电器有限责任公司	567 905
5	湘电重型装备股份有限公司	60 164
6	上海立新电器控制设备有限公司	2 417
7	天水长城控制电器厂一分厂	1 488
8	湘电集团有限公司	928 636
9	四川省乐山市宇强电机车制造有限公司	9 962
10	浙江巨大矿业有限公司	3 483
11	湘潭县星沙橡胶厂	250
12	湘潭赛虎电池有限责任公司	5 786
13	荣信电力电子股份有限公司	108 373
14	韶山如意电机电器有限公司	5 299
15	沈阳广角成套电器有限公司	2 714
16	常州华盛电机厂	3 835
17	河南南车重型装备有限公司	41 901
18	湘潭新昕通用电气有限公司	2 388
19	湖南三鑫变频牵引电机有限责任公司	1 431
20	常州洲源机电制造有限公司	3 466
21	平遥同妙机车有限公司	7 354
22	盘江六盘水装备制造有限公司	5 440
23	常州基腾电气有限公司	18 123
24	湘潭华南电机车有限公司	3 436
25	湘潭市宇通牵引电气有限公司	1 409
26	湘潭市南方机电制造有限公司	5 288
27	湘潭市牵引电机厂	2 500
28	常州丽华工矿车辆有限公司	1 480
29	湘潭市电机车厂有限公司	23 125

市场及销售 湘潭牵引机车厂有限公司2012年凭借公司营销管理模式的变革及相关政策支持,通过改革营销架构,改革股本结构;实行区域经理负责制,在全国设立九大区域,聘任九大区域经理,规范了营销体系,培养提升了一批基层销售管理精英队伍。通过细化市场、客户分类管理、强化团队作战能力等方式,加强了市场开拓力量,2012

年开发机车新客户 82 家,合同额接近 4 000 万元,同比增长 16%;全年获取招标信息 254 个,进一步扩大了公司产品的市场保有量。沈阳广角成套电器股份有限公司立足现有市场,积极努力地开辟新渠道,不断更新产品研发思路,创新产品特性,市场销售状况良好,公司销售收入基本达到年初制订的目标,全年实现销售收入逾 2 700 万元,新增客户 15 家;截至 2012 年底,公司产品订单数量比上年同期有所上升,交易金额也有所提升。巨大矿业有限公司在市场低迷疲软、经济状况走低的情况下采取应对措施,稳定现有的市场客户,积极开辟新的终端客户,提高产品质量和科技含量,根据客户的要求不断改进产品,全年销售收入比上年增长 10%,机车销售比年初计划增长 25%。常州基腾电气有限公司在立足国内市场的基础上,积极寻求新的合作伙伴,依靠优质的产品开拓了巴基斯坦等国际市场。湘电集团坚持以市场为核心,强化"全员营销"意识,逐步实现从关注产品到关注用户、从产品销售商到系统解决方案供应商的转变。加快"走出去"步伐,成功交付澳大利亚力拓集团 4 台电动轮自卸车,并签订了首批大车车斗订单。淄博牵引电机集团股份有限公司累计完成含税销售额 8 629.2 万元。公司坚持以老用户和配套户为基础、积极开发新市场新用户、增加订货量的销售思路,制定了一系列规范制度和鼓励政策,激励业务人员积极拓展市场。做好市场需求调研,协助推动产品优化升级。

科技投入与研发 湘电集团加大科研开发平台建设力度,全年研发经费支出达 6.9 亿元。加快新产品、新技术研发,先后完成优化型 XE93 永磁直驱风力发电机、工业发电机、综合电力系统全功率试验等重点技术攻关项目;300t 电动轮自卸车通过用户鉴定,一批项目列入国家"973"计划、"863"计划、科技支撑项目、国家能源项目和省市重点科研项目,全年共计完成新产品开发 65 项,创新产品产值 50.66 亿元。永济新时速电机电器有限责任公司在不断加强技术创新工作的同时,进一步加大了对国家相关产业和行业政策及相应财政扶持政策的研究,积极争取国家及各级地方政府对企业的科技投入。永济新时速电机电器有限责任公司技术中心创新能力建设项目获得国家补助资金近 500 万元。河南南车重型装备有限公司 2012 年共完成新产品开发、技术革新、新技术、新工艺推广项目共计 28 项,新产品产值 4.7 亿元。开发了 14t 直流架线变频电机车、5t 防爆特殊型蓄电池变频电机车、3t 防爆蓄电池电机车以及 12t、8t 蓄电池电机车行走装置等,电机车用变频器已研制完成并投入生产,运行良好。沈阳广角成套电器股份有限公司不断加大研发投入,研发投入占主营业务收入的 5%,研发团队人员数量从 2010 年的 30 人逐年递增至 2012 年的 40 人。随着煤矿生产技术的革新,企业也不断地进行产品技术创新,截至 2012 年年底,公司新产品的销售收入占主营业务收入的 50%以上。

质量及标准 上海立新电器控制设备有限公司 2012 年通过华信技术检验有限公司 GS/T 19001—2008、ISO 9001:2008 质量管理体系认证,获得管理体系认证证书,完成 JB/T 5791—2002《船用组合开关》标准的修订。常州基腾电气有限公司始终坚持质量第一、用户至上的质量方针,该企业也获得 ISO 9001 质量管理体系认证证书,获得了中国国际强制性产品认证证书(3C)、中华人民共和国特种设备安装改造维修许可证。大连日牵电机有限公司坚持技术创新、质量兴企,有计划地推进、开发高附加值产品,大力开展"五五"标准化工作,做到管理有制度、岗位有定义、工艺有规范、绩效有考核。四川省乐山市宇强电机车制造有限公司推行全员、全过程质量把关,从采购、生产到整车入库的每一个环节都建立了严格的质量控制体系。盘江六盘水装备制造有限公司制定了隔爆型直流牵引电动机企业标准 Q/PLZ 2210—2011(备案号"黔六枝 001-2012")、隔爆型直流斩波调速器企业标准 Q/PLZ 2205.2—2011(备案号"黔六枝 002-2012")、隔爆型司机控制器企业标准 Q/PLZ 2115—2011(备案号"黔六枝 003-2012")。湘电集团有限公司 2012 年主持、参与制修订国家标准、行业标准 28 项,制修订企业产品标准 18 项。

专利 荣信电力电子股份有限公司注重自主知识产权保护,已累计申请国内专利 280 项,申请国际专利近 40 项;获得专利授权 180 项,其中国内发明专利 13 项、美国发明专利 1 项,已累计获得软件著作权 100 项。湘潭市电机车厂有限公司开发了电机车 IGBT 斩波调速控制系统、全液压调速控制系统、变频调速控制系统、智能直流斩波器系统、基于 MAX1989 的智能充电机程序软件、矿用机车牵引变频系统、救生舱电池智能管理系统、矿用机车监测管理系统等多项先进的技术,矿用移动式救生舱、矿用救生舱体、矿用救生舱内外气体共用检测装置获得实用新型专利;取得计算机软件著作权登记证书。湘电集团认真做好知识产权工作,完成专利申报 160 项,取得授权专利 89 项。常州基腾电气有限公司凭借优秀团队的配合,自主创新能力不断增强,共申请了 31 项专利,获得了较好的经济效益。河南南车重型装备有限公司积极开展科技创新和技术革新活动,先后取得 17 类 114 个产品生产许可证和煤矿安全标志认证、6 种煤机产品检修许可证,获得 12 项国家专利;2012 年技术中心申报专利 22 项,其中发明专利 4 项,均已被受理。湘潭牵引机车厂有限公司全年提交专利申请 20 多项,2012 年已受理的专利申请 6 项,已获授权的专利申请 11 项。

基本建设及技术改造 湘潭如意电机电器有限公司新建的 2 000m^2 装配及检测钢结构车间已投产使用。长城控制电器厂一分厂完成了办公楼硬件设施的整修、更换工作以及技术部门硬件设施升级改造工作,完善了大规格接触器实验室配置,升级改进了部分工装模具,添置了新型生产设备。河南南车重型装备有限公司扩大厂房面积逾 7 000m^2,其中逾 4 000m^2 厂房用于总装;调整约 3 000 m^2 原有厂房用于结构件生产;新增数控切割机、油缸专用生产线、热处理设备、20 000kN 压架试验台、喷砂除锈设备、机加工设备、铸钢设备,增加检验、试验设备和人员,保证自制和外委产品的合格率。湘潭市电机车厂有限公司完成了救生舱车间、电气车间约 10 000m^2 的基本建设,现已投入生产。湘潭华南电机车有限公司购得工业园区 2 万 m^2 土地,拟建 21 000m^2 的厂房和办公生活用房,各项拟建手续已基本完成。湘潭市宇通牵引电气有限公司建成机车出厂试验平台及机车运行试验线 1 条。湘潭市南方机电制造有限公司新建电气分公司生产厂房逾 2 200m^2,新购置试验设备逾 60 万元,更新改造投入约 200 万元。沈阳广角成套电器股份有限公司 3 号厂房正式投入使用,新增自动化生产线 2 套。

〔撰稿人:中国电器工业协会牵引电气设备分会吴曙映〕

电 焊 机

2012 年,市场对行业结构调整和转型升级的倒逼压力增大,行业形势分化,经济运行困难加大,主要经济指标的增幅延续 2011 年的下行趋势继续缓慢回落,行业已由"十五""十一五"持续十年的高速增长期转入中低速增长期。此次增速下调是在经济发展目标从追求速度转向追求质量背景下的调整,企业的总体反应和升级趋势令人欣慰,市场倒逼机制正在产生预期的效果。

电焊机主要产品产量虽然平稳增长,但低端产品的产能过剩与高端产品制造能力的不足让电焊机制造产业境地尴尬。由于中高端装备的需求急剧增加,而企业缺乏技术储备,行业结构调整的任务十分艰巨。伴随着经济增长方式的转变,用工、融资、原材料等成本费用的上升正演变为企业需长期面对的压力,原、辅材料价格的大幅上涨使产品成本上升、利润空间下降,导致以产品价格作为重要竞争手段的销售市场竞争更加激烈;产能过度扩张、市场环境恶化导致产品质量不高。电焊机制造企业应该通过加快推进高技术、高品质产品的研发制造,实现产品结构的调整和升级。为此,企业在通过扩大产量、调整产品结构维持企业盈利的同时,也要建立健全内部资产整合和管理制度,规范操作程序,全方位地调动员工的生产积极性,提高产品质量、降低生产制造成本和管理成本,增大利润空间,提高产品的市场竞争能力,实现企业效益目标。

截至 2013 年 6 月底,电焊机分会秘书处共收到 59 家生产型企业的有效年报资料,比 2011 年增加了 2 家。这 59 家企业涵盖了全国主要的电焊机厂、切割机和兼业制造厂、大型焊接辅机具厂。从上报的数据来看,面对复杂多变的国内外形势,电焊机行业生产企业按照政府提出的稳中求进的工作总基调,着力稳增长、调结构、促转型,积极争取相关政策措施,缓解内需萎缩和经济下行的不利影响,行业整体运行由缓中趋稳向趋稳回升方向发展,产业结构调整稳步推进。

生产发展情况 2012 年,上报的 59 家企业工业总产值同比下降 2.58%,工业销售产值同比增长 0.33%,增长趋势再度放缓。工业增加值同比下降 7.45%,工业中间投入同比增长 1%,全年从业人员平均人数同比下降 1.1%,工厂占地面积同比增长 0.6%(生产场地面积同比增长 2.36%)。但是,出口交货值同比增长 11.86%,说明出口市场的空间还较大。电焊机行业总体呈现缓慢回升、温和增长、平稳发展的态势。2012 年电焊机行业主要经济指标完成情况见表 1。

表 1 2012 年电焊机行业主要经济指标完成情况

序号	指标名称	单位	2012 年	2011 年	同比增长(%)
1	工业总产值	万元	1 193 388	1 225 030	-2.58
2	工业销售产值	万元	1 130 518	1 126 777	0.33
3	其中:出口交货值	万元	262 307	234 499	11.86
4	工业增加值	万元	313 898	339 154	-7.45
5	工业中间投入合计	万元	827 357	819 155	1.00
6	新产品产值	万元	394 077	400 568	-1.62
7	新产品开发经费支出	万元	35 336	33 390	5.83
8	科技活动经费筹集总额	万元	44 069	39 337	12.03
9	年末科技活动人员合计	人	4 592	4 060	13.10
10	研究与试验发展经费支出	万元	36 611	33 287	9.99
11	年末研究与试验发展人员	人	2 797	2 728	2.53
12	全年从业人员平均人数	人	19 023	19 234	-1.10
13	其中:技术人员	人	3 660	3 905	-6.27
14	管理人员	人	3 122	3 241	-3.67

（续）

序号	指 标 名 称	单位	2012 年	2011 年	同比增长（%）
15	工人	人	12 241	12 078	1.35
16	其中:高级职称	人	422	410	2.93
17	中级职称	人	1 356	1 306	3.83
18	中级以下	人	3 224	2 873	12.22
19	工厂占地面积	m^2	2 060 686	2 048 425	0.60
20	其中:生产场地面积	m^2	1 059 330	1 034 911	2.36

2012 年,59 家企业固定资产同比增长 25.15%,年末资产总额同比增长 2.96%,主营业务收入同比下降 0.54%,其他业务收入同比增长 28.63%;营业费用、管理费用和财务费用三大费用均有所增加,利润总额同比下降 8.07%,支付的人力资源费用同比增长 15.43%,上交税金同比增长 11.05%,经营活动产生的现金净额同比下降 6.21%。2012 年固定资产投入增加较多,营业费用、管理费用、财务费用以及人力费用增长,利润总额和经营活动产生的现金净额的减少反映出行业运行的艰难,存在的主要问题仍然是“需求不旺、产能过剩、成本费用上升”。这是电焊机行业自 2008 年金融危机以来经济增长最缓慢的一年。2012 年电焊机行业财务指标完成情况见表 2。2012 年电焊机行业经济效益评价考核指标见表 3。

表 2　2012 年电焊机行业财务指标完成情况

序号	指 标 名 称	2012 年（万元）	2011 年（万元）	同比增长（%）	序号	指 标 名 称	2012 年（万元）	2011 年（万元）	同比增长（%）
1	流动资产平均余额	1 000 950	958 651	4.41	11	主营业务利润	247 926	251 594	-1.46
2	固定资产净值年平均余额	200 687	167 803	19.60	12	其他业务收入	14 876	11 565	28.63
3	固定资产小计	241 464	192 935	25.15	13	营业费用	62 596	61 174	2.33
4	年末资产总额	1 400 295	1 360 082	2.96	14	管理费用	95 909	87 901	9.11
5	应交增值税	26 206	27 242	-3.80	15	财务费用	6 534	5 545	17.82
6	年末负债总额	484 860	493 496	-1.75	16	其中:利息支出	12 728	10 329	23.22
7	年末所有者权益总额	915 434	866 586	5.64	17	利润总额	134 578	146 396	-8.07
8	主营业务收入	1092 727	1 098 685	-0.54	18	支付的人力资源费用	102 356	88 672	15.43
9	主营业务成本	806 479	798 553	0.99	19	支付的各项税金	63 188	56 900	11.05
10	主营业务税金及附加	5 880	6 081	-3.30	20	经营活动产生的现金净额	107 550	114 671	-6.21

表 3　2012 年电焊机行业经济效益评价考核指标

指 标 名 称	单位	2012 年	2011 年	变化量
总资产贡献率	%	14.34	17.20	-2.86
资本保值增值率	%	109.04	123.65	-14.61
资产负债率	%	45.40	46.37	-0.97
流动资产周转率	次	1.65	1.81	-0.16
成本费用利润率	%	8.90	10.32	-1.42
全员劳动生产率	元/人	133 879.80	152 861.63	-81 981.80
产品销售率	%	94.89	93.87	1.02
经济效益综合指数		1.96	2.22	-0.26
利润率(利润总额/营业收入)	%	12	13	-1.00
人均产值(工业总产值/平均人数)	万元/人	63	64	-1.56
人力成本率(人力成本/营业收入)	%	9	8	1.00

2012 年，59 家上报企业的经济效益指标平均值，除资产负债率基本持平，产品销售率平均值(94.89%)比 2011 年增加 1.02 个百分点以外，其他指标都是下降的。其中经济效益综合指数平均值为 1.96，比 2011 年下降 0.26；利润率平均值为 12%，下降 1 个百分点；人均产值 63 万元/人，下降了 1.56%；而人力成本率 9%，却上升了 1 个百分点，行业企业在艰难中稳步前进。

经济运行亮点

1.生产集中度不断提高，大企业作用更加突出

从 2012 年上报的 59 家企业有效年报中可以看出，唐山松下、欧地希、深圳瑞凌、深圳佳士 4 家全国排头兵企业占全行业工业总产值的 28%，占全行业工业销售产值的 29%。电焊机行业规模企业优势日渐明显，从业人员平均人数占全行业的 21%，主营业务收入占全行业的 27%，利润总额占全行业的 39%。

2.民营企业活力进一步增强

我国电焊机行业大部分民营企业表现出平稳的增长势头。从行业总体运行态势看，主要经济指标增速有不同程度的回升。

产品分类产销 2012 年 59 家企业产量 6 872 573 台(套)，产值 1 050 798 万元；销售 6 791 395 台(套)，销售额 1 052 409万元；库存 476 586 台(套)，库存价值量 91 134 万元。与 2011 年相比，产量增加 809 943 台/套，产值增加 39 811万元；销售增加 970 573 台/套，价值量增加 37 829 万元；库存实物量增加 145 683 台/套，库存价值量增加 20 287 万元。2012 年电焊机行业 59 家企业主要产品产、销、存情况见表 4。

表 4 2012 年电焊机行业 59 家企业主要产品产、销、存情况

产品细分类别	生 产		销 售		库 存	
	实物量（台/套）	价值量（万元）	实物量（台/套）	价值量（万元）	实物量（台/套）	价值量（万元）
合 计	6 872 573	1 050 798	6 791 395	1 052 409	476 586	91 134
电弧焊机小计	4 303 606	652 286	4 258 100	654 701	333 348	64 558
交流弧焊机（弧焊变压器）	972 112	54 979	973 320	55 669	45 489	4 571
直流手工弧焊机（弧焊整流器）						
逆变≤250A	1 473 062	101 959	1 453 816	101 969	116 024	7 947
逆变>250A	539 758	95 093	531 529	94 568	49 606	8 261
非逆变类	42 911	12 163	43 553	12 185	4 671	1 398
TIG 焊机						
逆变≤250A	259 183	35 551	251 819	34 662	26 844	2 905
逆变>250A	128 159	38 563	129 904	38 503	12 359	4 106
非逆变类	11 955	7 919	12 073	7 983	970	1 323
MIG/MAG 熔化极气体保护弧焊机						
逆变≤250A	124 108	29 458	121 357	28 741	13 491	3 159
逆变>250A	212 266	134 961	204 326	136 573	28 658	14 830
非逆变类	366 050	63 826	363 617	65 617	17 371	4 383
埋弧焊机						
逆变类	16 392	21 369	16 380	21 580	2 071	1 989
非逆变类	4 545	6 926	4 677	7 068	630	759
等离子弧焊机						
逆变类	20 093	6 836	18 501	7 001	2 411	353
非逆变类	0	0	9	3	0	0
其他焊机	4 850	2 935	4 622	3 017	635	303
等离子弧切割机						
逆变<100A	75 398	14 162	75 854	15 111	7 510	1 086
逆变≥100A	44 938	19 598	44 783	19 776	3 822	6 759
非逆变类	7 826	5 988	7 960	4 676	786	427

（续）

产品细分类别	生　产		销　售		库　存	
	实物量（台/套）	价值量（万元）	实物量（台/套）	价值量（万元）	实物量（台/套）	价值量（万元）
电阻焊机小计	27 199	42 651	26 489	42 623	2 064	5 223
点(凸)焊机	17 088	26 269	17 016	26 232	903	3 902
缝焊机	417	7 285	376	7 336	79	599
对焊机	2 464	3 935	2 344	3 776	288	386
控制器	7 230	5 161	6 753	5 279	794	336
特种焊接设备小计	5 652	103 288	5 546	97 644	768	7 755
电渣焊接设备	568	25 336	493	25 272	122	246
螺柱焊机	1 119	562	1 298	667	273	409
光束焊接设备	2	600	2	600	0	0
焊接机器人	3 963	76 791	3 753	71 105	373	7 099
专机自动化小计	165 385	126 487	162 676	130 225	3 660	6 351
专用成套焊接设备	163 701	61 287	160 941	59 755	3 626	4 583
焊接机器人配套专用成套焊接设备	1 684	65 200	1 735	70 469	34	1 768
焊接中心自动化小计	2 170	20 771	2 189	20 687	75	416
操作机	416	4 052	420	4 033	7	64
滚轮架	959	5 102	972	5 016	62	317
变位机	377	2 526	378	2 530	6	35
非标配套专用成套焊接设备	418	9 093	419	9 108	0	0
辅机具及配套件小计	2 368 561	105 315	2 336 395	106 529	136 671	6 830
送丝机(装置)	240 597	22 891	239 718	22 955	9 606	1 438
焊接小车	44 563	3 721	43 357	3 742	2 222	417
焊枪(炬)						
CO_2 焊枪	53 543	12 067	58 288	13 898	2 958	308
氩弧焊枪	14 223	1 964	14 400	2 258	1 281	80
割枪	1 706	1 459	1 776	1 660	99	36
电焊钳	14 925	20 977	15 940	20 978	243	1
焊条烘干设备	15	18	15	18	0	0
其他	1 998 990	42 218	1 962 902	41 019	120 262	4 550

2012 年，各类电弧焊机产品产量、销量占比多数呈下降趋势，其中交流弧焊机占比下降最大。占比增幅较大的有以下 3 类产品：

1.逆变>250A 的直流手工弧焊机

占电弧焊机总产量的 12.54%，较 2011 年同期增加 3.54 个百分点；占电弧焊机总产值的 14.58%，比上年同期增加 2.58 个百分点。占电弧焊机总销量的 12.48%，较 2011 年同期增加 4.48 个百分点；占电弧焊机总销售额的 14.44%，比上年同期增加 2.44 个百分点。

2.逆变≤250A 的 TIG 焊机

占电弧焊机总产量的 6.02%，较 2011 年同期增加 1.02 个百分点；占电弧焊机总产值的 5.45%，比上年增加 1.45 个百分点。占电弧焊机总销量的 5.91%，较 2011 年同期增加 0.91 个百分点；占电弧焊机总销售额的 5.29%，比上年同期增加 1.29 个百分点。

3.逆变>250A 的 MIG/MAG 熔化极气体保护弧焊机

占电弧焊机总产量的 4.93%，较 2011 年同期增加 0.93 个百分点；占电弧焊机总产值的 20.69%，比上年同期增加 4.69 个百分点。占电弧焊机总销量的 4.8%，较 2011 年同期增加 0.8 个百分点；占电弧焊机总销售额的 20.86%，比上年同期增加 4.86 个百分点。

2012 年电弧焊机分类产品产量、产值占比情况见表 6。2012 年电弧焊机分类产品销量、销售额占比情况见表 7。2012 年各类焊机产量、产值占比情况见表 8。2012 年各类焊机销量、销售额占比情况见表 9。

表6 2012年电弧焊机分类产品产量、产值占比情况

产品类别	2012年产量(%)	2011年产量(%)	产量占比增长	2012年产值(%)	2011年产值(%)	产值占比增长
交流弧焊机(弧焊变压器)	22.59	23.11	-0.52	8.43	11.13	-2.70
直流手工弧焊机(弧焊整流器)						
逆变≤250A	34.23	38.00	-3.77	15.63	17.00	-1.37
逆变>250A	12.54	9.00	3.54	14.58	12.00	2.58
非逆变类	1.00	2.00	-1.00	1.86	3.00	-1.14
TIG焊机						
逆变≤250A	6.02	5.00	1.02	5.45	4.00	1.45
逆变>250A	2.98	2.00	0.98	5.91	6.00	-0.09
非逆变类	0.28	1.00	-0.72	1.21	2.00	-0.79
MIG/MAG熔化极气体保护弧焊机						
逆变≤250A	2.88	5.00	-2.12	4.52	5.00	-0.48
逆变>250A	4.93	4.00	0.93	20.69	16.00	4.69
非逆变类	8.51	7.00	1.51	9.78	12.00	-2.22
埋弧焊机						
逆变类	0.38	0.43	-0.05	3.28	3.00	0.28
非逆变类	0.11	0.14	-0.03	1.06	1.00	0.06
等离子弧焊机						
逆变类	0.47			1.05	1.00	0.05
其他焊机	0.11			0.45	1.00	-0.55
等离子弧切割机						
逆变<100A	1.75	2.00	-0.25	2.17	2.00	0.17
逆变≥100A	1.04	1.00	0.04	3.00	3.00	0.00
非逆变类	0.18	0.00	0.18	0.92	1.00	-0.08

表7 2012年电弧焊机分类产品销量、销售额占比情况

产品类别	2012年销量(%)	2011年销量(%)	销量占比增长	2012年销售额(%)	2011年销售额(%)	销售额占比增长
交流弧焊机(弧焊变压器)	22.86	23.00	-0.14	8.50	11.32	-2.82
直流手工弧焊机(弧焊整流器)						
逆变≤250A	34.14	38.00	-3.86	15.57	16.00	-0.43
逆变>250A	12.48	8.00	4.48	14.44	12.00	2.44
非逆变类	1.02	2.00	-0.98	1.86	3.00	-1.14
TIG焊机						
逆变≤250A	5.91	5.00	0.91	5.29	4.00	1.29
逆变>250A	3.05	2.00	1.05	5.88	6.00	-0.12
非逆变类	0.28	1.00	-0.72	1.22	2.00	-0.78
MIG/MAG熔化极气体保护弧焊机						
逆变≤250A	2.85	5.00	-2.15	4.39	5.00	-0.61
逆变>250A	4.80	4.00	0.80	20.86	16.00	4.86
非逆变类	8.54	7.00	1.54	10.02	12.00	-1.98

（续）

产品类别	2012年销量（%）	2011年销量（%）	销量占比增长	2012年销售额（%）	2011年销售额（%）	销售额占比增长
埋弧焊机						
逆变类	0.38	0.44	-0.06	3.30	3.48	-0.18
非逆变类	0.11	0.14	-0.03	1.08	1.54	-0.46
等离子弧焊机						
逆变类	0.43	0.00	0.43	1.07	1.00	0.07
非逆变类			0.0002	0.0005		
其他焊机	0.11	0.00	0.11	0.46	1.00	-0.54
等离子弧切割机						
逆变<100A	1.78	2.00	-0.22	2.31	2.00	0.31
逆变≥100A	1.05	1.00	0.05	3.02	3.00	0.02
非逆变类	0.19	0.31	-0.12	0.71	1.00	-0.29

表8　2012年各类焊机产量、产值占比情况

产品类别	2012年产量（%）	2011年产量占比（%）	产量占比增加	2012年产值占比（%）	2011年产值占比（%）	产值占比增加
电弧焊机	62.62	74.23	-11.61	62.08	66.11	-4.03
电阻焊机	0.40	0.46	-0.06	4.06	5.45	-1.39
特种焊接设备	0.08	0.07	0.01	9.83	6.17	3.66
专机自动化	2.41	0.14	2.27	12.04	8.61	3.43
焊接中心自动化	0.03	0.06	-0.03	1.98	2.89	-0.91
辅机具及配套件	34.46	25.03	9.43	10.02	10.78	-0.76

表9　2012年各类焊机销量、销售额占比情况

产品类别	2012年销量占比（%）	2011年销量占比（%）	销量占比增长	2012年销售额占比（%）	2011年销售额占比（%）	销售额占比增长
电弧焊机	62.70	73.49	-10.79	62.21	64.82	-2.61
电阻焊机	0.39	0.47	-0.08	4.05	5.48	-1.43
特种焊接设备	0.08	0.09	-0.01	9.28	7.14	2.14
专机自动化	2.40	0.16	2.24	12.37	8.72	3.65
焊接中心自动化	0.03	0.06	-0.03	1.97	2.79	-0.82
辅机具及配套件	34.40	25.73	8.67	10.12	11.05	-0.93

2012年，电弧焊机、电阻焊机、焊接中心自动化、辅机具及配套件占焊机总产值的比例处于下降趋势。电弧焊机占比下降幅度较大，产量和产值占比分别减少11.61和4.03个百分点，电弧焊机销售量和销售额占比分别减少10.79和2.61个百分点。

特种焊接设备、专机自动化的占比处于上升趋势，其中专机自动化的产量和产值占比分别上升2.27和3.43个百分点，销售量和销售额占比分别上升2.24和3.65个百分点。行业企业更关注技术含量更高的特种焊接设备和专机自动化，成套解决方案的能力有所提高。

出口　2012年，我国电焊机行业经济形势稳中有增，外贸经济形势总体良好。上报的59家企业中36家企业有出口业务，占所有上报企业的61%。59家企业出口电焊机255 831万元，比2011年57家企业电焊机出口额220 145万元增长16%。电焊机主要出口到澳大利亚、巴西、德国、俄罗斯、法国、韩国、马来西亚、美国、南非、日本、瑞典、泰国、新加坡、新西兰、意大利、印度、英国等国家。2012年电焊机出口情况见表10。

表10　2012年电焊机出口情况

地区	出口量（台/套）	出口量占比（%）	出口额（万元）	出口额占比（%）	出口额占比增长（百分点）
合计	3 614 787	100.00	255 831	100.00	
亚洲	379 296	10.49	73 015	28.54	-14.34

（续）

地　区	出口量（台/套）	出口量占比（%）	出口额（万元）	出口额占比（%）	出口额占比增长（百分点）
非洲	23 213	0.64	3 411	1.33	-2.93
欧洲	1 425 879	39.44	80 225	31.36	9.23
大洋洲	171 202	4.74	13 964	5.46	4.96
美洲	557 854	15.43	30 854	12.06	-0.40
其他	1 057 343	29.25	54 363	21.25	3.48

新产品研制　2012年，电焊机行业完成新产品产值394 077万元，相对2011年下降1.62%，但是企业加大了对新产品开发的投入力度，新产品开发经费支出35 336万元，较2011年增长5.83%；科技活动经费筹集总额44 069万元，较2011年增长12.03%。2012年末科技活动人数较2011年增长13.1%，研究与试验发展经费支出36 611万元，较2011年增长9.99%，研究与试验发展人数较2011年增长2.53%，这些表明企业更加重视新产品的研发，为企业未来发展提供了更加强大的后劲。

2012年，电焊机行业获得各级机构（政府）奖励（含认证）60项，各上报单位获得专利253项，列入政府科研的项目（本年度立项项目）22项，涉及金额近16 000万元；完成新产品研发与鉴定111项，投入金额近24 000万元，投入人员1 383人次。27家企业上报基建、技改和大型固定资产投资项目27项，投资金额近7.44亿元；对外投资金额3.24亿元；新技术引进投入资金4 827万元。

〔供稿单位：中国电器工业协会电焊机分会〕

电 碳 制 品

生产发展情况　电碳行业有几千家生产企业，多数为中小型企业。2012年上报统计年报的22家企业全部是会员单位。统计汇总分析22家企业上报的数据，电碳行业总体经济发展情况与上年同期相比小幅下降，全行业生产、销售基本保持平稳，产品销售市场竞争激烈，产品销售量和销售额均没有较大增长，市场趋于饱和，企业发展艰难，困难很多。2012年，22家企业完成工业总产值236 567万元，完成工业销售产值235 384万元，较上年有所下降，结束了此前连续四年的增长态势。

2012年，在老产品电机用电刷类、机械用炭类、触点类、特种石墨类、高纯石墨类、石墨制品类略有下滑的同时，重点行业新产业链的配套产品产量不断增加，汽车电机用电刷，电动工具电刷，风电、水电电刷，等静压石墨，电力机车碳滑板及碳/碳复合高端产品等成为企业新的经济增长点。

2012年电碳行业22家企业工业总产值完成情况见表1。2012年电碳行业22家企业工业销售产值完成情况见表2。2012年电碳行业22家企业主营业务收入完成情况见表3。2012年电碳行业22家企业工业增加值完成情况见表4。

表1　2012年电碳行业22家企业工业总产值完成情况

序号	企 业 名 称	工业总产值（万元）	序号	企 业 名 称	工业总产值（万元）
1	宝丰县洁石碳素材料有限公司	11 545	12	无锡中强电碳有限公司	1 950
2	哈尔滨电碳厂	10 003	13	哈尔滨电碳研究所	641
3	成都中超碳素有限公司	1 370	14	神奇电碳集团有限公司	27 263
4	摩根新材料（上海）有限公司	23 944	15	南通市杰利达碳业有限公司	2 580
5	任丘市双楼电碳制品有限公司	7 168	16	兴和县木子炭素有限责任公司	21 849
6	沈阳北碳电刷制造有限公司	3 500	17	苏州东南碳制品有限公司	39 730
7	成都市龙泉曙光电碳制品厂	2 560	18	浙江长征电影碳棒有限公司	9 396
8	东新电碳股份有限公司	3 086	19	青岛西特碳素有限公司	3 250
9	南通电碳厂有限公司	3 950	20	安徽徽光碳制品有限公司	2 030
10	江苏华宇碳素有限公司	4 000	21	乐清市繁荣电碳制品有限公司	1 120
11	自贡凯迪碳素有限公司	914	22	上海东洋炭素有限公司	54 717

表2　2012年电碳行业22家企业工业销售产值完成情况

序号	企 业 名 称	工业销售产值（万元）	序号	企 业 名 称	工业销售产值（万元）
1	宝丰县洁石碳素材料有限公司	10 870	3	成都中超碳素有限公司	1 406
2	哈尔滨电碳厂	10 003	4	摩根新材料（上海）有限公司	25 831

（续）

序号	企业名称	工业销售产值（万元）	序号	企业名称	工业销售产值（万元）
5	任丘市双楼电碳制品有限公司	7 084	14	神奇电碳集团有限公司	26 873
6	沈阳北碳电刷制造有限公司	3 300	15	南通市杰利达碳业有限公司	2 400
7	成都市龙泉曙光电碳制品厂	2 251	16	兴和县木子炭素有限责任公司	23 050
8	东新电碳股份有限公司	2 5370	17	苏州东南碳制品有限公司	39 730
9	南通电碳厂有限公司	3 850	18	浙江长征电影碳棒有限公司	8 841
10	江苏华宇碳素有限公司	4 000	19	青岛西特碳素有限公司	3 10
11	自贡凯迪碳素有限公司	966	20	安徽徽光碳制品有限公司	1 985
12	无锡中强电碳有限公司	1 810	21	乐清市繁荣电碳制品有限公司	1 020
13	哈尔滨电碳研究所	510	22	上海东洋炭素有限公司	53 966

表3　2012年电碳行业22家企业主营业务收入完成情况

序号	企业名称	主营业务收入（万元）	序号	企业名称	主营业务收入（万元）
1	宝丰县洁石碳素材料有限公司	9 890	12	无锡中强电碳有限公司	1 810
2	哈尔滨电碳厂	7 037	13	哈尔滨电碳研究所	510
3	成都中超碳素有限公司	1 202	14	神奇电碳集团有限公司	26 873
4	摩根新材料(上海)有限公司	24 999	15	南通市杰利达碳业有限公司	2 400
5	任丘市双楼电碳制品有限公司	7 071	16	兴和县木子炭素有限责任公司	22 821
6	沈阳北碳电刷制造有限公司	3 350	17	苏州东南碳制品有限公司	39 690
7	成都市龙泉曙光电碳制品厂	2 251	18	浙江长征电影碳棒有限公司	8 841
8	东新电碳股份有限公司	1 725	19	青岛西特碳素有限公司	3 000
9	南通电碳厂有限公司	3 850	20	安徽徽光碳制品有限公司	1 930
10	江苏华宇碳素有限公司	4 000	21	乐清市繁荣电碳制品有限公司	1 050
11	自贡凯迪碳素有限公司	896	22	上海东洋炭素有限公司	53 966

表4　2012年电碳行业22家企业工业增加值完成情况

序号	企业名称	工业增加值（万元）	序号	企业名称	工业增加值（万元）
1	宝丰县洁石碳素材料有限公司	3 235	10	无锡中强电碳有限公司	889
2	哈尔滨电碳厂	1 650	11	神奇电碳集团有限公司	9 548
3	成都中超碳素有限公司	293	12	南通市杰利达碳业有限公司	600
4	任丘市双楼电碳制品有限公司	2 785	13	兴和县木子炭素有限责任公司	3 580
5	沈阳北碳电刷制造有限公司	2 660	14	浙江长征电影碳棒有限公司	1 409
6	成都市龙泉曙光电碳制品厂	752	15	青岛西特碳素有限公司	120
7	南通电碳厂有限公司	860	16	安徽徽光碳制品有限公司	620
8	江苏华宇碳素有限公司	1 310	17	乐清市繁荣电碳制品有限公司	356
9	自贡凯迪碳素有限公司	255	18	上海东洋炭素有限公司	15 656

科技成果及新产品　2012年，电碳行业各企业积极巩固和完善已经取得的科技成果，个别厂家把目光投向了新产品的开发研制。

哈尔滨电碳厂2012年积极加快新产品开发进度，在军品配套科研项目方面加大研制力度，获得国家军品配套科研项目立项1项，现已提供样品，在台架试验中结果良好。该公司在航空电刷、大推力火箭、航空石墨等领域进行了卓有成效的工作。风力发电机用电刷工艺成熟，性能指标达到国际同类产品水平并已推向市场。大规格细颗粒各向同性石墨已经完成试样研制，规格 ϕ 240×480的产品可推向市场。电力机车受电弓用浸金属长支炭滑板和炭基摩擦盘材料制品试样正在研制和生产，取得了一定成果。

2012年,任丘市双楼电碳制品有限公司研制出洗衣机用多孔电刷,具有噪声低、降低温度、抑制放电火花、延长使用寿命等优点,市场前景看好。

中国神奇电碳集团有限公司研发的汽车起动机用电刷2012年获温州市科技进步奖三等奖。QSJ.FD631系列刷架总成、QSJ.QD107系列刷架总成、汽车发电机用电刷、汽车暖风机用电刷4项自主研发的新产品具有较高的使用性能,市场前景巨大。

中超碳素科技有限公司2012年研制开发的新产品有:高密度机械用炭、碳/碳复合材料、碳/陶复合材料,为企业创造了经济效益。

摩根新材料(上海)有限公司2012年自主开发研制的新产品有:DH240滑环、风能用滑环及刷握DH450、高功率冲击机用电刷、高压直流小电机用电刷、家用电器用电刷开发、南1线滑板、南2线滑板、烧结用碳化硅造粒粉。

苏州东南碳制品有限公司2012年获得发明专利授权6项,实用新型专利8项。

南通电碳厂有限公司2012年自主研发电动汽车电机用电刷,市场前景良好。

无锡中强电碳有限公司2012年高性能机械用碳陶复合材料获无锡市科技进步成果二等奖。

质量及标准 2013年6月6日机械工业电碳标准化技术委员会在哈尔滨市召开了标准制修订审查会,审查讨论的4个标准是:《炭弧气刨炭棒 物理及使用性能试验方法》(修订)、《微电机用电刷及触点的电阻率测定方法》(制定)、《风力发电机用电刷》(制定)、《铁路牵引电机用碳滑板》(制定)。

行业活动 中国电器工业协会电碳分会七届四次理事会暨全体会员工作会议于2012年10月26日在成都市召开。此次会议由中国电器工业协会电碳分会主办,东新电碳股份有限公司协办,来自全国50多个企业的70余位代表参加。

会议由中国电器工业协会电碳分会秘书长张启彪主持。中国电器工业协会电碳分会理事长栾洪岐做了题为"促进结构调整 推进转型升级 实现电碳行业平稳健康发展"的工作报告。

神奇电碳集团有限公司虞春生董事长、南通电碳厂有限公司朱志明总经理、四川广汉士达炭素股份有限公司张士公董事长等领导做重要讲话。新入会的江苏华宇碳素有限公司周斌总经理、易朋电碳贸易(上海)有限公司洪敏总经理做了企业介绍性发言。

会议期间,电碳行业专家胡法竹和武汉科技大学许斌教授做了关于"改进、调整电机用电刷生产、使用过程的问题"和"炭材料工业生产用黏结剂和浸渍剂煤沥青的再认识"的学术报告。

〔撰稿人:哈尔滨电碳研究所张爱民 审稿人:哈尔滨电碳研究所张启彪〕

热缩材料

生产发展情况 2012年电工行业度过了艰难的一年,产销增速放缓、经济效益令人担忧,外贸进出口持续下滑。在这种情况下,热缩材料行业各企业始终坚持科学发展观,紧密围绕行业"十二五"规划的实施,努力拼搏,克服困难,实现了行业平稳较快发展。2012年,具有一定规模的热缩材料及制品生产企业200多家,其中上市公司3家;热缩材料产品品种将近100种,生产工业用电子加速器近150台,产品销往60多个国家和地区。2012年,参与行业统计的10家企业共完成工业总产值64.78亿元,比上年增长48.16%;产品销售收入52.24亿元,比上年增长42.72%;企业年末从业人员总数9 233人。2012年热缩材料行业主要经济指标汇总(10家企业)见表1。2012年热缩材料行业工业总产值前8家企业主要经济指标见表2。2012年热缩材料行业经济指标统计平均值与全国标准对比(10家企业)见表3。

表1 2012年热缩材料行业主要经济指标汇总(10家企业)

指标名称	单位	完成
上报企业数	家	10
工业总产值	万元	647 751
产品销售收入	万元	522 421
工业增加值	万元	349 265
出口交货值	万元	32 493
年末资产总额	万元	983 576
年末从业人员总数	人	9 233
从事科研活动人员总数	人	1 952
全年科技活动经费支出	万元	20 219
研究与发展经费支出	万元	16 267

表2 2012年热缩材料行业工业总产值前8家企业主要经济指标 (单位:万元)

序号	企业名称	工业总产值	销售收入	利税总额	年末资产总额
1	长园集团股份有限公司	255 396	241 322	12 648	427 658
2	中科英华高技术股份有限公司	88 332	17 671	1 294	83 916

（续）

序号	企业名称	工业总产值	销售收入	利税总额	年末资产总额
3	深圳市沃尔核材股份有限公司	73 730	66 701	10 521	182 307
4	永固集团股份有限公司	60 972	57 389	8 040	54 465
5	上海至正道化高分子材料有限公司	17 360	15 338	1 937	16 033
6	广州凯恒科塑有限公司	9 210	9 401	2 249	12 841
7	绵阳市振华科技有限公司	9 200	8 286	1 595	5 441
8	大连联合高分子材料有限公司	4 000	4 000	450	4 200

表3　2012年热缩材料行业经济指标统计平均值与全国标准值对比（10家企业）

序号	指标名称	单位	全国标准值	热缩材料分会统计平均值
1	总资产贡献率	%	10.7	18.1
2	资产保值增值率	%	120.0	110.7
3	资产负债率	%	≤60.0	43.7
4	流动资金周转率	次	1.52	1.9
5	成本费用利润率	%	3.71	14.1
6	产品销售率	%	96.0	79.24

科技成果及新产品　由长园集团完成的核级热缩电缆附件研制项目获得国家能源科技进步奖。该项目成功解决了聚烯烃复合材料经热老化、强辐射以及高温高压水蒸气后力学性能以及电性能保持问题，满足了核电站对热缩电缆附件的性能要求。该项目拥有独立自主知识产权，为国内首创，达到国际先进水平。

长园集团研发中心申报的无卤无红磷阻燃环保热收缩材料关键技术的研发与产业化项目获2012年广东省部产学研结合项目立项，获得广东省科学技术厅经费支持，深圳市也将配套资助。符合UL224标准要求的无卤无红磷阻燃热缩材料是升级换代产品，填补了国内空白。

第三届深圳市自主创新百强中小企业颁奖盛典在深圳隆重举行。深圳长园电子材料有限公司以及深圳市沃尔核材股份有限公司荣登"自主创新百强中小企业"榜单。

2012年，深圳长园电子材料有限公司被评选为"2012年国家火炬计划重点高新技术企业"，有效期三年。

国内首次采用成束燃烧试验方法评定阻燃性能的1E级K2/K3类电缆热缩套管组件在深圳通过了由中核集团科技与信息化部主持的产品鉴定。这是中国核电工程有限公司牵头，联合深圳市宏商材料科技股份有限公司和北京市山江科技发展有限公司共同研制的热缩产品，在国内首次采用真正意义上的、具有国际先进水平的"零卤"材料加工工艺。与会专家一致认为：该产品的各项性能指标均居国际先进水平，具有自主知识产权和多项专利属性，具有很好的应用前景。该产品在国内首次完成全部单根和成束燃烧试验，电气性能和力学性能型式试验，热老化、辐照老化试验等特殊型式试验，其无卤、低烟、低毒、阻燃等特性指标均达到并超过了国际同类产品的最高水平。

上海长园电子材料有限公司CYG热收缩套管荣获2011年度上海名牌产品称号。

深圳市沃尔核材股份有限公司"WOER"牌热缩套管产品被授予"广东省名牌产品"称号。

标准化　全国绝缘材料标准化技术委员会电工用热缩材料分技术委员会积极构建热缩材料标准体系框架，制定国家标准和行业标准，加大采用国际标准和国外先进标准的力度。

1.标准立项申请

2012年，电工用热缩材料分技术委员会申请的3项标准在工业和信息化部立项，立项材料于2012年6月报全国绝缘材料标准化技术委员会。标准立项申请项目见表4。

表4　标准立项申请项目

序号	名称	主要起草单位
1	氟弹性体热收缩管	长园集团股份有限公司
2	非阻燃双壁聚烯烃热收缩管	长园集团股份有限公司
3	阻燃双壁聚烯烃热收缩管	长园集团股份有限公司

2.标准报批

2012年年底，电工用热缩材料分技术委员会完成4项标准的报批工作，这4项标准是工业和信息化部2011年第三批工业行业标准制修订计划项目。标准报批项目见表5。

表5　标准报批项目

序号	计划号	名称	主要起草单位
1	2011-1843T-JB	电气用热收缩半软质聚偏二氟乙烯软管	长园集团股份有限公司
2	2011-1844T-JB	电气用热收缩半硬质聚偏二氟乙烯软管	长园集团股份有限公司
3	2011-1845T-JB	电气用热收缩聚四氟乙烯软管	长园集团股份有限公司
4	2011-1852T-JB	核电站1E级热缩电力电缆连接件	长园集团股份有限公司

投资合作 长园集团股份有限公司拟向全资子公司深圳市长园长通新材料有限公司增资1 947.91万元，其中，现金增资747.91万元，以长园长通未分配利润转增资本1 200万元。增资完成后，长园长通注册资本为3 000万元。长园集团股份有限公司已同意全资子公司亚洲电力科技投资有限公司对长园深瑞继保自动化有限公司增资5 000万元，增资完成后，长园深瑞继保自动化有限公司注册资本为2.5亿元。

深圳市沃尔核材股份有限公司公告表示，公司拟通过全资子公司香港沃尔贸易有限公司以4 328万美元(约折合2.73亿元)现金收购乐庭电线持有的惠州一公司、惠州二公司、重庆乐庭、大连乐庭及乐庭国际100%股权。截至6月30日，标的公司未经审计的合并报表净资产为2.93亿元，交易价格折价约2 000万元。通过此次收购，深圳市沃尔核材股份有限公司可以获取著名的电缆品牌"LTK"，加快发展电线电缆业务。

行业活动 2012年5月，由中国电器工业协会热缩材料分会主办，江苏华能热缩材料有限公司和江苏中科海维科技发展有限公司协办的中国电器工业协会热缩材料分会二届三次会议暨二届行业研讨会在苏州召开。来自全国热缩材料及其相关的生产企业、科研院所共60多位代表参加了会议。会议报告了热缩材料行业"十二五"开局之年热缩材料发展成就及热缩材料分会主要工作，分析热缩材料当年面临的形势，提出应对措施，合理安排2012年重点工作。

报告指出，热缩材料面临的形势严峻，世界经济增速下滑，发展中国家经济增长缓慢，成本上升，行业利润越来越小。"十二五"期间，我国工业进入转型升级发展的新阶段，从行业实际情况出发要关注以下几个方面：发展高端产品，促进结构调整；提高创新能力，加快转型升级；转变粗放管理方式，提高企业经济效益。

报告指出，热缩材料行业的重点工作为：把握稳中求进总基调，推进热缩材料行业平稳健康发展，提高自主创新能力，支撑热缩材料转型升级，强化产品质量管理，建立完善热缩材料行业信用体系，系统管理重点突破，整体提升热缩材料标准化水平，加强行业沟通协调，推进共性技术研究，加强分会自身建设，适应行业发展新需求。

报告指出，2012年，长园集团股份有限公司获得了AAA级企业信用等级认定。

〔撰稿人：中国电器工业协会热缩材料分会张冰莹　审稿人：长园集团股份有限公司赵成刚〕

变频器

生产发展情况 根据对变频器行业16家较大规模企业的统计调查，2012年变频器行业完成工业总产值61.53亿元，同比增长9.36%；完成工业销售产值59.28亿元，同比增长6.27%；完成主营业务收入57.35亿元。2012年，16家企业利润总额同比下降12%，工业增加值同比下降9.9%。资产总计99.17亿元，同比增长4.0%；其中固定资产净值5.82亿元，同比增长6.9%；流动资产66.68亿元，同比增长0.02%。从业人员7 061人，同比增长5.2%。

相关统计显示，2012年高压变频器市场业绩整体下滑5%左右，除少数厂商能保证业绩、保持增长外，大部分厂商出现下滑。低压变频器2012年整体市场业绩下滑10%左右，外资企业整体下滑15%以上，降幅比较明显；国内企业增速下滑，但好于预期，部分厂商增幅10%左右，有的甚至达到30%。但整个行业利润率下滑明显，主要是企业为了保业绩以及市场上的同质化竞争影响所致。2012年，面对经济不佳的形势，国内大型企业包括外企普遍开始投资征地新建厂房和工业园区，谋求长远发展。

2012年变频器分会重点企业(部分)工业总产值完成情况见表1。

表1　2012年变频器分会重点企业(部分)工业总产值完成情况

序号	企业名称	工业总产值(万元)	序号	企业名称	工业总产值(万元)
1	北京金自天正智能控制股份有限公司	101 226	9	上海雷诺尔科技股份有限公司	32 349
2	北京利德华福电气技术有限公司	87 823	10	深圳市正弦电气有限公司	16 842
3	唐山开诚电控设备集团有限公司	75 000	11	大连普传科技股份有限公司	15 200
4	深圳市英威腾电气股份有限公司	71 815	12	山东泰开自动化有限公司	12 458
5	北京合康亿盛科技股份有限公司	54 591	13	深圳市易能电气技术有限公司	11 109
6	山东新风光电子科技发展有限公司	39 850	14	德力西(杭州)变频器有限公司	8 315
7	广州智光电气股份有限公司	39 554	15	天津华云自控股份有限公司	8 092
8	台州富凌电气有限公司	38 959	16	江西江特电气集团有限公司	2 123

注：以上厂商提供的总产值数据，包含了非变频器产值部分。

质量及标准 全国变频调速设备标准化技术委员会自成立以来，经过行业内各企业的共同努力，已经建立了相关标准体系，并开展了多项高压、低压变频器相关标准的研究及立项工作。标准化技术委员会成立以来承担的国家标准计划见表2。

表2 标准化技术委员会成立以来承担的国家标准计划

序号	计划项目号	项目名称
1	20100792-T-604	1kV及以下通用变频调速设备 第1部分 技术条件
2	20110964-T-604	1kV及以下通用变频调速设备 第2部分 试验方法
3	20110963-Q-604	1kV及以下通用变频调速设备 第3部分 安全规程
4	20100794-T-604	1kV以上但不超过35kV通用变频调速设备 第1部分 技术条件
5	20100795-T-604	1kV以上但不超过35kV通用变频调速设备 第2部分 试验方法
6	20100793-Q-604	1kV以上但不超过35kV通用变频调速设备 第3部分 安全规程

全国变频调速设备标准化技术委员会秘书处于2012年5月召开了变频器行业内骨干企业参加的标准起草工作组2012年第1次会议，在对《1kV及以下通用变频调速设备 第1部分 技术条件》《1kV及以下通用变频调速设备 第2部分 试验方法》《1kV及以下通用变频调速设备 第3部分 安全规程》《1kV以上但不超过35kV通用变频调速设备 第1部分 技术条件》《1kV以上但不超过35kV通用变频调速设备 第2部分 试验方法》《1kV以上但不超过35kV通用变频调速设备 第3部分 安全规程》6个标准项目征求意见后完成草稿。标委会秘书处于2012年10月召开了变频器标准第2次工作组会议，就标准草稿进行讨论。2012年12月召开全国变频调速设备标准化技术委员会年会，审定4个标准项目，最终完成标准报批。

科技成果 上海雷诺尔科技股份有限公司自主研发生产的RNB6000变频调速器被列入为“2012年度国家火炬计划立项项目清单”。

基本建设及技术改造 天津电气传动设计研究所有限公司（天传所）新能源设备检测及相关电气产品产业化建设项目在滨海高新区天津未来科技城开工启动。该建设项目占地面积8.5万m^2，建筑面积7.3万m^2，总体预算投资4.6亿元，主要包括风力及光伏发电性能检测平台、风力发电机及变桨距性能检测平台等新能源设备检测，以及光伏发电产品、中小水电控制及成套产品和电机调速节能设备及系统集成产品等新能源相关电气产业化产品。项目分期实施建设，一期总投资29 798万元，建筑面积43 655m^2，计划到2015年，项目产品年度总体销售额达到10亿元；2017年度达产后，项目产品年度总体销售额达到15亿元。

希望森兰科技股份有限公司兴建的希望森兰科技园区位于成都西南航空港经济开发区，占地面积6.7万m^2（100亩），总投资2亿元，配备研发中心、机械加工、电路板加工、整机装配、调试检测、后勤保障等全套设施。新落成的森兰科技园，全部采用先进的生产工艺、生产设备、检测仪器和管理机制，拥有员工700余人，形成年产低压变频器130万kW、中高压变频器22万kW和相关配套产品的生产能力。

广州智光电气股份有限公司2012年初兴建智光综合能源产业园，占地面积2.5万m^2，规划建筑面积约6万m^2。产业园计划于2013年年底竣工，2014年上半年正式投入使用，总计划投资2.5亿元。智光综合能源产业园除开展节能环保、新能源技术的研发、产品化外，也计划建设智能化微型电网及综合能源应用示范工程中心，为清洁能源、新能源、分布式能源、微网的研究和应用提供坚实的实验平台，这将成为广东第一个围绕节能环保和新能源探索应用的产业化基地。

上海新时达电气股份有限公司兴建的电气控制新工厂占地面积4万m^2，建成后的建筑面积预计超4万m^2，投资总额约1亿元，计划于2013年建成投产。

荣信电力电子股份有限公司投资建设新疆荣信节能电气有限公司高压大功率电力设备制造项目。该项目占地面积10万m^2，规划建筑总面积约4.2万m^2，一期项目建设面积约1.3万m^2，项目总投资9 000万元。建成后将具备年产各类大功率节能电气设备800台（套）的能力，成为西北地区首家能够提供全系列节能设备和解决方案的企业。

行业活动 2012年12月12—14日，中国电器工业协会变频器分会二届二次理事会暨全国变频调速设备标准化技术委员会2012年年会在湖南长沙召开，会议号召变频器企业为促进行业结构调整、推进转型升级、实现全行业平稳健康发展而努力。来自变频器分会41家理事单位和行业标准起草单位的70余名代表参加会议。

变频器分会二届二次理事会会议上，首先由变频器分会副理事长、大连普传科技股份有限公司董事长张海杰作了题为“促进结构调整，推进转型升级，为实现变频器行业平稳健康发展努力奋斗”的工作报告，中国电器工业协会副会长、秘书长方晓燕作“主攻高端促进变频器行业转型升级”的工作报告。

转型升级发展建议 2012年以来，变频器行业经济运行形势比较严峻，产销增速明显回落，效益下降更为剧烈。面对国际、国内复杂经济环境的不利因素，同时受到行业自身存在的竞争激烈、自主创新能力较弱等深层次矛盾的制约影响，行业发展的不确定性、不平衡性和不协调性依然突出，行业转型升级任重而道远。从当前实际出发，变频器行业转型升级应着重关注以下几个方面：

一是发展高端产品，促进结构调整。尽管国内外市场需求层次多元化的情况依然存在，但对产品高端化的需求趋势越来越明显。我国变频器行业近几年来产能过剩的问题已经相当突出，行业面临着结构调整转型的紧迫形势，应以市场为导向促进高端产品的发展。

二是提高创新能力，加快转型升级。变频器行业要转型升级、占领新的发展制高点，必须集中力量、加大投入、创新体制，尽快提高创新能力，下大力气提升产品附加值。

三是转变粗放型管理方式，提高企业经济效益。相比较于欧美日等发达国家的跨国企业，我国劳动力、土地、环境等优势已不再明显，粗放式生产的增长模式已难以为继，亟须通过强化管理、严格控制生产成本，努力降低能源和材料消耗，尽快提高劳动者素质，大幅度提高劳动生产率、产品质量和服务水平。

四是培育具有国际竞争力的龙头企业，实施“走出去”战略。我国制造业产业集中度较低、专业化程度较低、缺乏品牌产品等问题均比较突出，难以形成较强的竞争力，增加了走出国门占领国际市场的难度。

五是整合传统产业，加快培育新兴产业。处理好培育发展新兴产业和整合传统产业的关系，将使传统产业在既有资源得到充分利用、发挥更大作用的基础上获得新的发展，将使培育发展新兴产业的工作获得事半功倍的效果。

〔供稿单位：中国电器工业协会变频器分会〕

智能电网用户端

《中国电器工业年鉴》首次列入智能电网用户端的内容，原《现场总线》改为《智能电网用户端》。现场总线是自动化领域的一种通信技术，应用范围很广，但产业规模较小。将现场总线与电工行业有机结合，是智能电网技术的重要内容之一。上海电器科学研究所（集团）有限公司一直关注行业最新技术的发展，近年来在现场总线技术的研究基础上结合市场需求和行业发展趋势，着眼于智能电网用户端技术发展，并设立了国家级的研发中心、检测中心以及省市级的重点实验室和产业联盟，同时将中国电器工业协会设备网现场总线分会、中国电工技术学会自动化及计算机专委会、全国电气设备网络通信接口标准化技术委员会的主要工作转向智能电网用户端。

智能电网处于培育和上升期，其形态、规模都还没有定型，对产业范围的定义和描述还有很多值得探讨的地方。

概念及范畴　在电力系统的发电、输电、变电、配电和用电等诸多环节中，用户端主要从用户侧（也称用电侧、用户端、需求侧）角度来考虑、研究和解决有关用电智能化问题，理解和研究用电侧或需求侧电能的来源、控制、管理和使用。随着分布式电源和分布式电力储能在用户端的推广使用，供电侧和需求侧电流之间可能双向流动，用户端在一定条件下可能由用电侧转变为供电侧。需求侧管理通常理解为电网对用户用电需求和用电行为的管理，而用户端管理则可理解为电力用户对自身用电需求和用电行为的管理外，还包括对用电设备、分布式电源、储能设备以及用电能效的管理。

智能电网用户端主要有工矿企业、商用楼宇和居民住宅三大类用户，消耗 80% 以上的电能。用户端发展智能化是实现浮动电价、发电与用电互动、平衡电网峰谷、节能降耗减排、提高用电效率的前提条件。

智能电网用户端技术包括智能配电、智能表计、设备监控、智能家居、电力储能、分布式可再生能源转换、电动汽车充电、通信系统架构、电力监控系统、智能变电站、微电网、能源管理、电能质量等技术以及相关的芯片与半导体技术。

伴随着智能电网技术的推广应用，智能电网用户端产业蓬勃发展，一系列政策、法规、新标准、新技术、新产品、解决方案不断推出。

智能电网标准体系

1.智能电网标准化路线图

智能电网作为战略性新兴产业，将信息化技术与传统电工行业有机结合，相关新技术和新产品不断推出。这些新技术和新产品的标准化亟待解决，国际标准化组织和发达国家的相关标准化机构相继制定了标准化路线图。国际智能电网标准化路线图制定情况见表 1。

表 1　国际智能电网标准化路线图制定情况

国家或组织	路线图名称	发布时间及版本
IEC SG3 智能电网战略组	IEC 智能电网标准化路线图	2010 年 6 月 1.0 版
欧洲 CEN/CENELE/ETSI 联合工作组	智能电网标准最终报告	2010 年 12 月草案报告，2011 年 6 月最终报告
美国 NIST	智能电网互操作标准框架和技术路线图	2010 年 1 月发布 1.0 版，2012 年 2 月发布 2.0 版
德国 DKE	德国 E-energy/智能电网路线图	2010 年 3 月发布 1.0 版，2013 年 3 月发布 2.0 版
加拿大 CNC 国家标准化委员会	加拿大智能电网标准路线图：战略规划	2012 年 12 月 10 日

2.我国智能电网标准体系

国家电网编制了《智能电网技术标准体系规划》，首次系统地提出了包括 8 个专业分支、26 个技术领域、92 个标准系列的智能电网技术标准体系，明确了可以直接采用、需要修订、需要制定的智能电网技术标准。国家电网公司编制的智能电网标准体系见图 1。

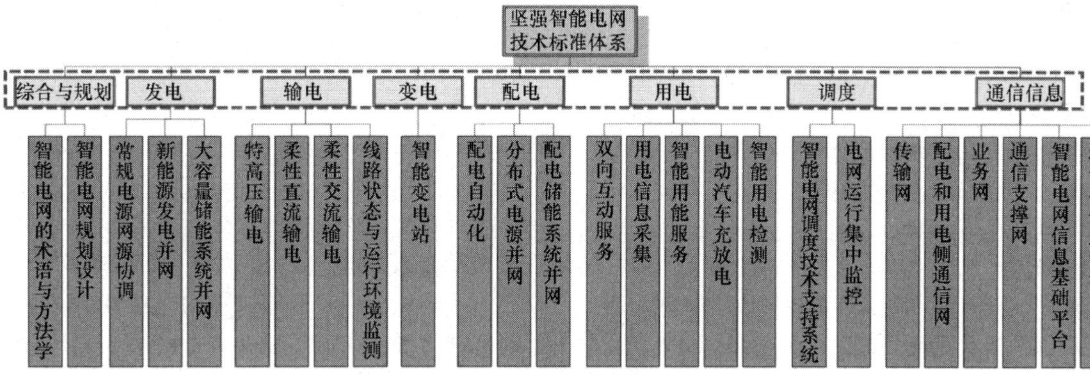

- 坚强智能电网技术标准体系
  - 综合与规划
    - 智能电网的术语与方法学
    - 智能电网规划设计
  - 发电
    - 常规电源网源协调
    - 新能源发电并网
    - 大容量储能系统并网
  - 输电
    - 特高压输电
    - 柔性直流输电
    - 柔性交流输电
    - 线路状态与运行环境监测
  - 变电
    - 智能变电站
  - 配电
    - 配电自动化
    - 分布式电源并网
    - 配电储能系统并网
  - 用电
    - 双向互动服务
    - 用电信息采集
    - 智能用能服务
    - 电动汽车充放电
    - 智能用电检测
  - 调度
    - 智能电网调度技术支持系统
    - 电网运行集中监控
  - 通信信息
    - 传输网
    - 配电和用电侧通信网
    - 业务网
    - 通信支撑网
    - 智能电网信息基础平台
    - 通信与信息安全

图 1　国家电网公司编制的智能电网标准体系

(1)专业分支:划分为综合与规划、发电、输电、变电、配电、用电、调度、通信信息 8 个分支。

(2)技术领域:划分原则是关注坚强智能电网各专业分支的重点发展方向,着重体现“信息化、自动化、互动化”特征,优先服务坚强智能电网试点工程。

(3)标准系列:按照基础与综合、工程建设、运行与检修、设备与材料的逻辑关系划分。

(4)具体标准:分为可以直接采用、需要修订、需要制定的智能电网技术标准三类。

国家电网公司首批推荐的 22 项智能电网核心标准见表 2。

表 2　国家电网公司首批推荐的 22 项智能电网核心标准

序号	标 准 名 称	备注
1	DL 755—2001《电力系统安全稳定导则》	
2	《智能电网的术语与方法学》	待制定,现阶段可参考采用 IEC 62559
3	Q/GDW 392—2009《风电场接入电网技术规定》	
4	《光伏电站接入电网技术规范》	国家电网公司已完成报批稿
5	DL/T 837—2003《输变电设施可靠性评价规程》	
6	架空输电线路状态监测系统标准系列	包括 Q/GDW 242~ Q/GDW 245 等
7	Q/GDW 383—2009《智能变电站技术导则》	
8	DL/T 860《变电站通信网络和系统》标准系列	等同采用 IEC 61850
9	Q/GDW 382—2009《配电自动化技术导则》	等同采用 IEC 61968
10	DL/T 1080《电力企业应用集成 配电管理的系统接口》	
11	《开放的地理数据互操作规范》	等同采用 Open Geodate Interoperability Specification, OpenGIS
12	Q/GDW 480—2010《分布式电源接入电网技术规定》	
13	智能电能表标准系列	包括 Q/GDW354~ Q/GDW 65 等
14	电动汽车充放电标准系列	包括 GB/T 18487(等同采用 IEC 61851)、Q/GDW 233~ Q/GDW 238、Q/GDW Z423、Q/GDW 397~Q/GDW 400 等
15	DL/T 890《能量管理系统应用程序接口》标准系列	等同采用 IEC 61970
16	GB/Z 18700.5《远动设备及系统　第 6-1 部分:与 ISO 标准和 ITU-T 建议兼容的远协议标准的应用环境和结构》	等同采用 IEC 60870-5
17	GB/T 22239—2008《信息安全技术 信息系统安全等级保护基本要求》	
18	IEC 62351《电力系统管理及相应的信息交换　数据和通信安全》	
19	IEC 62357《电力系统控制和相关通信　目标模型、服务设施和协议用参考体系结构》	
20	GB/T 22080~22081—2008 信息安全管理体系标准系列	等同采用 ISO/IEC 27000
21	GB/T 18336—2008《信息技术　安全技术　信息技术安全性评估准则》	等同采用 ISO/IEC 15408
22	GB/T 20279—2006《信息安全技术　网络和终端设备隔离部件安全技术要求》	

研究机构和行业平台

1.国家能源智能电网用户端电气产品研发(实验)中心

该中心是经国家能源局批准成立的智能电网用户端电气设备创新研发和质量测评的公共服务平台，主要任务是开展智能电网用户端共性技术研究，制定相关技术标准和测试方案，建设实验室测试平台，提升创新能力，选择和推荐优秀的系统解决方案，促进新技术的信息交流和应用推广。

2.国家智能电网用户端电器产品质量监督检验中心

该中心获中国合格评定国家认可委员会(CNAS)认可、中国计量认证(CMA)、中国审查认可(CAL)，是由国家质检总局批准授权的唯一一家智能电网用户端国家质检机构，检验结果具有国际市场通用性、第三方公正性和法律效力，已与全球50多个国家的CB试验室实现数据互认。

3.中国智能电网用户端官方网站

该网站依托机构包括中国电器工业协会设备网现场总线分会、中国电工技术学会自动化及计算机应用专业委员会、全国电器设备网络通信接口标准化技术委员会、国家能源智能电网用户端电气设备研发(实验)中心、国家智能电网用户端产品(系统)质量监督检验中心和上海市智能电网需求响应重点实验室等行业和技术研究机构。

4.中国智能电网用户端技术论坛

该论坛聚焦智能配电与电能质量、微电网与供电安全、分布式可再生能源、能源监测与建筑节能、电动汽车充电桩、能源管理与能效提高等主题，每年办一次。

智能电网用户端解决方案

1.《智能电网用户端解决方案汇编(2012版)》

该书汇集了47家厂商的85个解决方案，涉及智能配电系统、智能表计系统、设备监控系统、智能照明系统、智能家居系统、储能系统、分布式可再生能源系统、电动汽车充电系统、电力综合监控系统、能源管理系统、能效管理系统、微电网系统、通信系统等领域，基本反映了智能电网用户端技术范畴、现状以及未来发展态势。

2.2012年度“智能电网用户端优秀解决方案奖”

从《智能电网用户端系统解决方案(2012版)》85个解决方案中评选出2012年度“智能电网用户端优秀解决方案奖”，共计15个。2012年度智能电网用户端优秀解决方案奖名单见表3。

表3　2012年度智能电网用户端优秀解决方案奖名单

编号	供应商名称	方案名称
FA01	常熟开关制造有限公司	Riyear-Powernet智能配电监控系统的优势及运用
FA02	苏州万龙电气集团股份有限公司	智能电网中低压一体化配用电监控管理系统
FA03	上海申瑞继保电气有限公司	京沪高铁虹桥站配电综合监控系统
FA07	法泰电器(江苏)股份有限公司	带区域联锁和级联保护的智能配电系统
FA11	苏州万龙电气集团股份有限公司	IMCS电动机集成控制系统
FA17	上海电器科学研究所(集团)有限公司	同步数据采集系统解决方案
FA30	德国倍福自动化有限公司	PC控制技术为风力发电机提供友好并网条件
FA37	珠海泰坦科技股份有限公司	电动汽车充换储放一体化电站
FA45	通用电气(中国)有限公司	智能小区优化电力系统
FA47	西门子(中国)有限公司	智能园区能源管理系统
FA64	珠海派诺科技股份有限公司	SMARTPM2000建筑能效管理系统
FA65	上海河洛实业有限公司	中央空调节能控制与管理系统解决方案
FA69	通用电气(中国)有限公司	用于分布式能源的微网系统解决方案
FA74	百通赫思曼网络系统国际贸易(上海)有限公司	智能变电站并行冗余/高可靠无缝环网冗余通信方案
FA77	瑞斯康达科技发展股份有限公司	EPON系统在智能电网光纤到户小区中的应用

〔撰稿人:中国电器工业协会设备网现场总线分会蔡忠勇、方佳韵、单明、王璐玥〕

企业概况

分析2012年电器工业中的上市企业，了解其在资本市场的运作情况；回顾优秀企业的发展历程及发展状况

Analyzing the listed companies in the electrical equipment industry in 2012, understanding their operation situation in the capital market, review of the development course and situation of superior enterprises

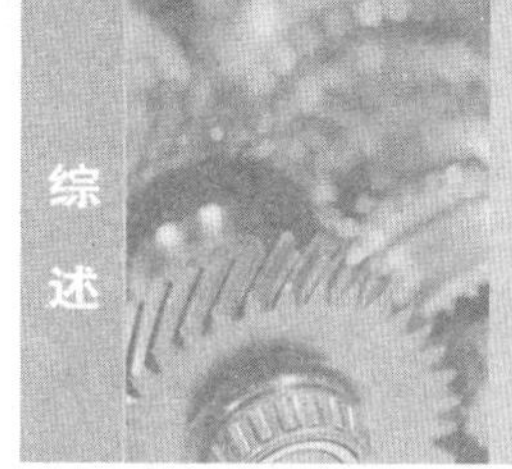

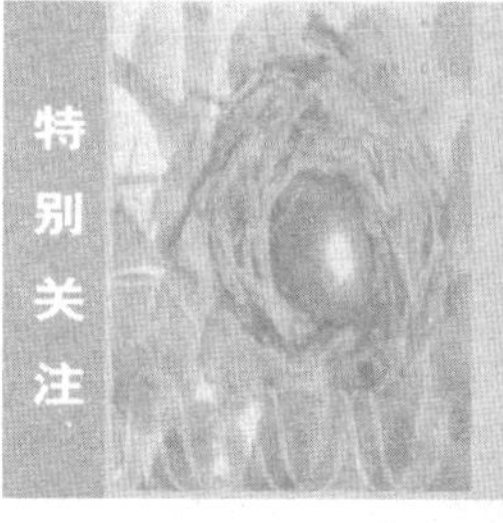

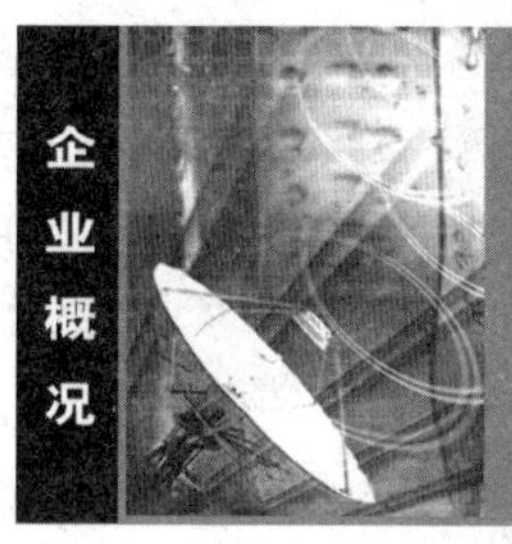

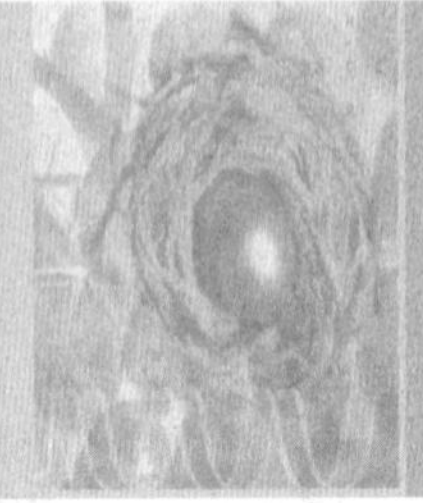

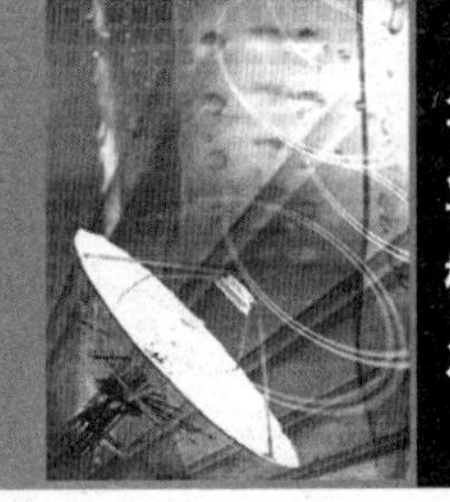

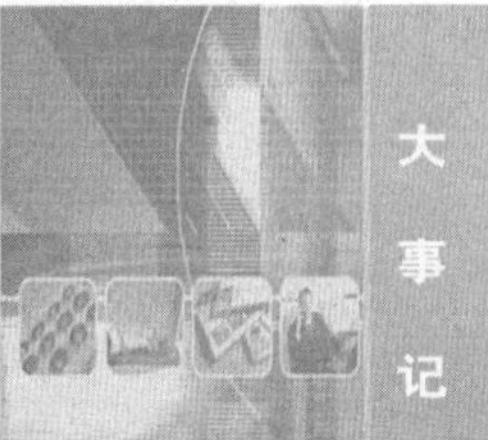

企业概况

电力设备行业上市公司2012年年报综述

2012年,我国电力建设保持较高景气度,但没能延续“十一五”以来持续的增长态势。全国范围内,电力生产和消费增速继续回落,新增装机规模为近7年以来的最低水平。非化石能源继续保持较快发展速度,电力投资规模小幅下降。全国电力供需继续保持总体平衡、略有富余的状态。

2012年,全国全口径发电量49 774亿kW·h,比上年增长5.22%。其中,水电发电量8 641亿kW·h,比上年增长29.3%,占全部发电量的17.4%,占比比上年提高3.2个百分点;火电发电量39 108亿kW·h,比上年增长0.3%,占全国发电量的78.6%,占比比上年降低3.9个百分点;核电、并网风电发电量分别为982亿kW·h和1 004亿kW·h,分别比上年增长12.6%和35.5%,占全国发电量的比重分别比上年提高0.1和0.5个百分点。

2012年,全国全社会用电量49 591亿kW·h,比上年增长5.5%,增速比2011年回落6.5个百分点。其中,第一产业用电量1 013亿kW·h,与上年基本持平;第二产业用电量36 669亿kW·h,比上年增长3.9%;第三产业用电量5 690亿kW·h,比上年增长11.5%;城乡居民生活用电量6 219亿kW·h,比上年增长10.7%。工业用电量36 061亿kW·h,比上年增长3.9%,其中,轻、重工业用电量分别为6 083亿kW·h和29 978亿kW·h,分别比上年增长4.3%和3.8%。

2012年,全国电力工程建设完成投资7 466亿元,同比下降1.9%。其中,电源工程建设完成投资3 772亿元,比上年下降3.9%,占全部电力投资的50.52%;电网工程建设完成投资3 693亿元,比上年增长0.2%,占全部电力投资的49.48%。在电源工程建设完成投资中,水电完成投资1 277亿元,同比增长31.5%;火电完成投资1 014亿元,同比下降10.5%,延续了“十一五”以来逐年递减的态势,火电投资占电源投资的比重降至26.9%;核电完成投资778亿元,同比增长1.8%;风电完成投资615亿元,比上年大幅减少31.8%,结束了“十一五”以来快速增长的态势。

2012年,全国基建新增发电设备容量8 020万kW,回落至9 000万kW以下。其中,水电新增1 551万kW,火电新增5 065万kW,并网风电新增1 285万kW,并网太阳能发电新增119万kW。截至2012年年底,全国发电设备容量达到114 491万kW,比上年增长7.8%。其中,水电24 890万kW(含抽水蓄能2031万kW),占全部装机容量的21.7%;火电81 917万kW(含煤电75 811万kW、气电3 827万kW),占全部装机容量的71.5%;核电1 257万kW,并网风电6 083万kW,并网太阳能发电328万kW。

电力建设取得新成就,世界最大的三峡水电站(2 250万kW)全部建成投产,向家坝、锦屏二级、官地、糯扎渡等一批大型水电站投产发电。《核电安全规划(2011—2020年)》和《核电中长期发展规划(2011—2020年)》获批,5万kW快中子增殖试验堆正式投产,荣城石岛高温气冷堆和田湾3#、4#核电机组开工。风电继续快速发展,光伏发电起步良好,天然气发电比重提高。

2012年,全国基建新增220kV及以上输电线路长度3.2万km,新增变电设备容量1.8亿kV·A,分别比上年减少0.4万km和0.3亿kV·A。截至2012年年底,全国电网220kV及以上输电线路回路长度、公用变设备容量分别为50.7万km、22.8亿kV·A,分别比上年增长6.7%和8.3%。

电网建设成果显著,特高压建设取得实质性进展。锦屏—苏南±800kV、720万kW特高压直流输电工程建成投产,糯扎渡—广东、哈密—郑州、溪洛渡—浙西三项±800kV特高压直流输电工程和淮南—皖南、浙北、上海1 000kV双回特高压交流输电工程开工建设。

2012年,全国跨区送电量2 018亿kW·h,同比增长20.2%;跨省输出电量7 222亿kW·h,同比增长14.2%。其中,西北外送电量同比增长9.1%;华中外送电量同比增长38.0%,包括送华东电量增长48.2%,送西北电量增长146.5%,通过特高压线路送华北电量同比增长231.9%;南方电网区域西电东送电量1 243亿kW·h,同比增长28.3%,增速较上年提高41.5个百分点。

电厂烟气脱硫、脱硝工作持续推进。2012年新投运火电厂烟气脱硫机组总容量约4 500万kW;截至2012年年底,累计已投运火电厂烟气脱硫机组总容量约6.8亿kW,占全国现役燃煤机组容量的90%,比2011年提高1个百分点。2012年新投运火电厂烟气脱硝机组容量约9 000万kW,其中,采用选择性催化还原技术(SCR工艺)的脱硝机组容量占当年投运脱硝机组总容量的98%;截至2012年年底,已投运火电厂烟气脱硝机组总容量超过2.3亿kW,占全国现役火电机组容量的28%。截至2012年年底,已签订火电厂烟气脱硫特许经营合同的机组容量8 389.5万kW,其中,已投运机组容量7 645.5万kW;已签订火电厂烟气脱硝特许经营合同的机组容量750万kW,其中,已投运机组容量570万kW。

2012年,全国6 000kW及以上电厂发电设备平均利用小时数为4 572h,较2011年减少158h。其中,水电设备平均利用小时3 555h,同比增加536h;火电设备平均利用小时4 965h,同比减少340h;核电设备平均利用小时7 838h,同比增加79h;风电设备平均利用小时1 893h,同比增加18h。

2012 年，全国 6 000kW 及以上电厂供电标准煤耗 326g/(kW·h)，比上年减少 3g/(kW·h)；全国电网输电线路损失率 6.62%，同比增加 0.10 个百分点。

2012 年，国家电网完成固定资产投资 3 307 亿元，其中电网投资 3 054 亿元。完成售电量 32 539 亿 kW·h，同比增长 5.2%；完成跨区跨省输送电量 6 054.89 亿 kW·h，同比增长 14%。如期完成 11.53 万户、49.37 万无电人口通电任务，已累计为 149 万户、572 万无电人口解决用电问题。实施农网改造，全面缩短城乡供电差距，完成农网工程投资 807.4 亿元；农网供电可靠率 99.735%，同比提高 0.07 个百分点。特高压电网建设实现重大突破，世界输送容量最大、距离最长、技术最先进的锦屏—苏南±800kV 特高压直流工程投运，皖电东送特高压交流工程顺利推进，哈密南—郑州、溪洛渡—浙西特高压直流工程开工建设。新疆与西北联网第二通道、玉树与青海主网联网、丰满水电站全面治理等一批工程开工建设。

2013 年，国家电网公司计划完成固定资产投资 3 392 亿元，其中电网投资 3 182 亿元，同比增长 4%。国家电网将投运皖电东送特高压交流工程、哈密南—郑州特高压直流工程、新疆与西北联网第二通道、玉树与青海主网联网工程。此外，推进城乡各类用电同网同价；城市年户均停电时间少于 5h，农村年户均停电时间少于 20h。

2012 年南方电网完成电网建设投资 671 亿元，投产重点工程 11 项。完成了广州中新知识城综合能源规划、珠海横琴新区智能电网规划、深圳前海新区电力规划和三沙市多能互补智能微网规划以及广州、深圳“十二五”配网自动化专项规划。云南剩余 8.2 万无电户的用电问题得到彻底解决，实现了全网覆盖范围内的“户户通电”。全年最高统调负荷 1.2 亿 kW；完成售电量 7 010 亿 kW·h；获得专利授权 554 项，同比大幅增长 190%；全年完成西电东送电量 1 243亿 kW·h，创历史新高；云南—广东±800kV 直流输电线路在迎峰度夏期间的能量利用率达到 93.1%，全年送电量突破 200 亿 kW·h。

2013 年，南方电网公司将完成固定资产投资 750 亿元，安排重点工程 19 项，建成投产 11 项。其中，电网基建项目将投资 552 亿元。加快推进“两渡”直流工程建设，继续做好农网升级改造工作。此外，还将制定绿色电网建设行动指南，明确绿色变电站、线路的推广实施路线；开展发、输、配、用全过程高效调度机制建设；继续深化线损管理，大力推广应用节能配变。

预计“十二五”未来几年，电力投资将保持当前水平，特高压、智能电网建设以及农网改造等项目将持续推进。本文将电气设备行业上市公司分为发电设备行业、输变电一次设备、输变电二次设备进行讨论。

一、2012 年年报业绩评述

截至 2013 年 3 月，电气设备行业上市公司从 89 家增加到 93 家，平均总股本为 65 882 万股，在上市公司中属于中等规模。2012 年，发电设备公司业绩普遍下滑，其中大型发电设备公司多年来首次下滑，风电设备公司业绩亏损严重；传统一次设备上市公司业绩基本停止下滑；二次设备上市公司保持良好增长态势。

2012 年电气设备行业上市公司平均营业收入为351 462 万元，净利润 17 595 万元，股东权益 262 947 万元，每股收益 0.23 元，净资产收益率 5.99%。平均总资产 626 060 万元，资产负债率 58.0%，流动资产 464 350 万元，流动负债 312 153 万元，流动比率 1.49，速动比率 1.09。行业资产负债率小幅提升，流动比率和速动比率基本保持稳定，整个行业财务指标仍然保持在合理范围。

通过对 2012 年电气设备行业上市公司生产经营资料的统计表明，这些上市公司中实现营业收入增长的有 53 家，占总数的 57%；营业利润增长的有 42 家，占总数的 45%；实现净利润增长的有 50 家，占总数的 54%。行业产能过剩、市场竞争加剧，加上国家电网公司招标模式改革的影响延续，导致行业整体盈利能力下滑。电气设备行业继 2011 年盈利下滑以后，2012 年仍然处于低谷。整体营业收入同比增长6.89%，营业利润同比下降 13.81%，净利润同比下降 17.56%。

二、发电设备行业：需求不旺，业绩普遍下滑

生产发电设备的上市公司有上海电气(601727)、湘电股份(600416)、华光股份(600475)、卧龙电气(600580)、东方电气(600875)、江特电机(002176)、金风科技(002202)、海陆重工(002255)、浙富股份(002266)、杭锅股份(002534)、华西能源(002630)、华锐风电(601558)、佳电股份(000922)13 家公司。其中，生产综合大型发电设备的企业是上海电气、东方电气，生产中型发电设备的企业是浙富股份，生产中型电机的企业是湘电股份、金风科技和华锐风电，生产小型电机的企业是卧龙电气、江特电机、佳电股份，生产中大型锅炉的企业是华光股份、华西能源，生产余热锅炉的企业是杭锅股份、海陆重工。平均营业收入为1 245 439 万元，净利润 41 805 万元，股东权益 763 866 万元，每股收益 0.21 元，净资产收益率 5.63%。平均总资产 2 272 368 万元，资产负债率 67.17%，流动比率 1.30，速动比率 0.88。发电设备行业上市公司经营情况见表 1。

表 1　发电设备行业上市公司经营情况

简称	总股本（万股）	营业收入（万元）	同比增长（%）	净利润（万元）	同比增长（%）	每股收益（元）	净资产收益率（%）	资产负债率（%）	流动比率	速动比率
湘电股份	60 848	542 450	-13.17	-20 789	-249.55	-0.34	-10.09	83.98	1.14	0.82
华光股份	25 600	338 122	-8.00	8 289	-39.22	0.32	6.45	67.63	1.16	0.78

（续）

简称	总股本（万股）	营业收入（万元）	同比增长（%）	净利润（万元）	同比增长（%）	每股收益（元）	净资产收益率（%）	资产负债率（%）	流动比率	速动比率
卧龙电气	68 773	250 720	-20.31	11 751	5.85	0.17	4.60	41.57	1.32	1.01
东方电气	200 386	3 807 920	-11.27	219 113	-28.31	1.09	13.98	78.87	1.08	0.55
江特电机	42 443	64 654	-11.71	4 724	-16.54	0.11	5.67	33.44	1.92	1.50
金风科技	269 459	1 132 419	-11.83	15 305	-74.77	0.06	1.19	58.41	1.96	1.66
海陆重工	25 820	140 275	2.18	15 145	8.41	0.59	10.65	39.27	1.78	1.24
浙富股份	59 856	92 519	-12.68	12 771	-29.61	0.21	9.45	38.00	1.66	0.94
上海电气	1 282 363	7 707 674	7.25	272 071	-15.66	0.21	8.92	65.73	1.24	0.93
华西能源	16 700	244 924	28.22	10 346	0.98	0.62	6.29	66.95	1.49	1.05
华锐风电	402 040	401 815	-57.73	-58 267	-197.31	-0.14	-4.73	57.06	1.94	1.27
杭锅股份	40 052	1 172 169	195.46	33 878	3.10	0.85	12.89	60.83	1.40	1.13
佳电股份	52 413	295 047	2 331.52	19 130	510.32	0.36	13.81	51.03	1.66	1.11
平　均	195 904	1 245 439	3.92	41 805	-37.68	0.21	5.63	67.17	1.30	0.88

从表1可以看到，2012年发电设备行业整体盈利情况出现明显下滑，其中风机制造行业持续低迷，大型发电设备行业订单依然饱满，但生产进度放缓；电机行业景气度稍好。

湘电股份：费用增长导致业绩转亏，研发工作取得良好进展

公司2012年营业收入542 450.12万元，同比下降13.17%；净利润-20 789.04万元，同比下降249.55%。受国内外经济环境的影响，公司收入减少。公司产品毛利率基本保持稳定，但费用水平明显提高，导致业绩转亏。年报显示公司销售、管理、财务三项费用分别为31 644.15万元、44 577.71万元和38 419.14万元，同比分别增长25.85%、0.51%和39.34%。

公司坚持把传统产业优化升级和战略性新兴产业创新发展作为推动发展的主攻方向，充分发挥机电一体化优势，大力发展风电新兴产业，风电装机容量升至全国第五名。加快传统产业升级换代，围绕核心能力、关键工艺，加大技改投入，全年完成技改技措30多项。积极推广高效节能电机，全年向国家财政部“节能产品惠民工程”上报高效电机100万kW。启动结构调整项目，加快推进电机中型柔性生产线、线圈生产线、牵引柔性生产线等项目建设，生产方式朝规模化、自动化、智能化方向发展。加快重大科技项目研制步伐，直驱式变速恒频风电机组优化技术及产业化等项目通过鉴定；大功率直驱型风力发电机运行特性综合仿真系统研究等项目成功申报国家、省市级科技项目。加快新产品研发，全年完成新产品开发近60项。6MW风力发电机正式下线，成功试制2台3.1MW同步风力发电机，完成柴油发电机组研发。技术创新成果丰硕，湘电长泵AP1000余热排出泵通过鉴定，标志着公司具备核Ⅲ级泵设计、制造、检验、试验能力和批量生产条件。

华光股份：订单价格同比下滑，坚持产业结构调整

2012年，公司实现营业收入33.81亿元，比上年同期减少2.94亿元，同比下降8.00%；实现利润1.18亿元，比上年同期减少0.56亿元，同比下降32.11%；实现归属于母公司所有者的净利润0.83亿元，比上年同期减少0.53亿元，同比下降39.22%。

受国内经济增速放缓、用电需求下降的影响，新建电厂减少，市场竞争更加激烈，公司订单价格同比有所下降。在手订单方面，由于个别项目延迟或推迟交货，公司调整了投产计划，导致产量同比有所下降。因此，公司主营业务收入与上年同期相比有所下降。

（1）产业结构调整方面。2011年公司投资并实际控制的无锡华光新动力环保科技股份有限公司在2012年已具备年产催化剂3 600m^3的能力，当年完成600 m^3催化剂生产和300 m^3催化剂的交货，新增订单3.11亿元（折合装机容量为7 775MW），实现销售收入3 747万元、利润380万元。

（2）市场销售方面。公司增添了首台350MW亚临界煤粉锅炉稳定运行的业绩，余热锅炉、煤粉锅炉的销售业绩均呈同比上升趋势，订单结构更加合理。全年承接合同总额26.03亿元，其中循环流化床锅炉占比38.83%，煤粉锅炉占比24.66%，余热锅炉占比23.21%，垃圾焚烧锅炉占比5.40%。

（3）技术创新方面。公司进一步加大新产品研发力度，完成了首台9F级卧式余热锅炉项目的研发设计，400t/d炉排垃圾焚烧锅炉的性能指标达到国内领先水平。继续加大工艺攻关力度，进一步提高材料平均利用率。当年实现授权专利28项，其中发明专利10项、实用新型专利18项。

(4)管理创新方面。公司实行全面预算管理和精细化生产管理,确保期间费用控制在目标范围内,通过加强物料控制,降低生产成本;进一步推进信息化建设工作,SAP项目已上线正式运行。人才培养方面,公司荣获了"首届江苏技能状元大赛"高技能人才摇篮奖。

卧龙电气:高附加值产品产业化进程加快

2012年,公司实现营业收入250 720.46万元,比上年下降20.31%;实现利润总额15 129.41万元,比上年增长10.13%;归属于上市公司股东的净利润11 751.11万元,比上年增长5.85%。公司整体毛利率水平比上年提高5.31%,其中电机及控制类产品毛利率比上年提高5.10%,蓄电池毛利率比上年提高2.82%,变压器毛利率比上年提高6.61%。公司大幅度减少与主营业务无关的贸易销售,加大自制产品的销售力度,提高国内外优质客户的比例。经营性现金流量净额27 421.72万元,比上年增加37 698.03万元。

公司梳理调整产品结构,加大高附加值产品的生产和客户开拓力度,着重关注毛利率与货款回收等相关指标,盈利能力和运营水平大幅提高。同时,公司继续深入开展降本增效活动,取得明显成效。

电机业务方面,ABS电机、振动电机、电动汽车动力总成、新能源汽车用驱动电机、光伏并网逆变器等产业化销售取得重大突破。

蓄电池业务方面,完成了新厂区的投产,蓄电池的产能是原来的2倍,达到200万kVA·h;同时新厂区也通过了环保验收,蓄电池生产经营已经恢复正常。与此同时,公司利用国家环保整顿的有利时机,在巩固通信用后备电池市场的基础上,积极开拓启动型电池、动力储能型电池和锂电池市场,拓展电池产业的行业应用范围。

变压器业务方面,公司采取低成本和差异化营销策略,利用子公司地理区域优势,调整产品结构,一定程度上遏制了变压器产品的亏损趋势,生产经营逐步好转。

东方电气:项目延期交付导致业绩下滑,在手订单依然充沛

2012年公司实现营业总收入380.79亿元,同比下降11.27%;归属上市公司股东净利润21.91亿元,同比下降28.31%;实现每股收益1.09元;主营业务综合毛利率20.84%,同比增加0.10个百分点。

国内经济增长速度放缓,国内用电量增速低于预期,使得市场需求减少,多个项目暂停或延迟交货。公司调整了生产节奏,将部分项目交货期延后,导致火电产品收入减少。受日本福岛核事故后国家放缓核电项目审批的影响,公司承接的部分核电项目暂停或延缓,核电产品收入同比减少;受风电市场竞争加剧影响,风电产品收入同比减少。上述产品收入的减少导致了公司业务收入的减少。

公司继续保持较高的国内市场份额,占据了40%的国内大中型水电市场份额以及30%左右的国内火电市场份额,燃机市场份额也保持国内领先。公司完成发电设备产量3 261.25万kW,同比下降17.8%。其中,水轮发电机组668.2万kW,同比增长22.3%;汽轮发电机2 538万kW,同比下降22.5%;风电设备55.05万kW,同比下降62.1%。电站锅炉产量2 064.5万kW,同比下降5.7%;电站汽轮机产量2 595.45万kW,同比下降33.7%。

公司新增订单440亿元,其中出口项目8.8亿美元,占12%。新增订单中,高效清洁能源占64%,新能源占14%,水能与环保占8%,工程及服务占14%。截至2012年年末,公司在手订单1450亿元,其中高效清洁能源占60%,新能源占14%,水能与环保占9%,工程及服务业占17%。在手订单中,出口项目占19%。

江特电机:电机需求疲软,加速推进新能源业务

2012年,公司实现营业收入64 653.87万元,同比下降11.71%;营业利润3 587.62万元,同比下降42.55%;利润总额6 045.53万元,同比下降13.50%;净利润5 283.41万元,同比下降14.30%。

电机产业方面:开发了施工电梯电机、电动汽车电机等产品,并对现有产品进行了优化改进;重点开拓了行业前景好、发展潜力大的石油、环保、电动汽车等行业;所有物资集中采购,进一步规范招标管理规定,推行精益生产管理方式,压缩库存;并购电梯电机行业的骨干企业——华兴电机;加大募投项目——变频调速高效率高压电机技术改造项目的实施力度。

矿业方面,新坊钽铌公司全年矿产开采量与上年基本持平,取得了较好的成绩;完成巨源矿业何家坪矿区高岭土采矿证的办证工作,正在进行征地等矿产开采的前期准备工作;宜丰锂业茜坑矿区已勘探部分的采矿证正在办理之中,未勘探部分正在逐步勘探之中。选矿企业泰昌矿业的扩产项目正在进行厂房建设,宜丰矿区的选矿厂建设正在进行选址、规划等工作。

锂电新能源产业方面,对产能偏小的产品,如银锂公司的碳酸锂、江特电动车公司的特种电动车,正在规划或新建厂房,尽快形成新产能;对已形成产能的产品,如江特锂电的富锂锰基正极材料,着力抓好内部管理和市场开拓,力争早日达产达标。

金风科技:产业调整尚未结束,业绩持续下滑

2012年公司实现营业收入1 132 418.90万元,同比下降11.83%;实现营业利润13 364.02万元,同比下降80.85%;实现归属母公司净利润15 305.38万元,同比下降74.77%。

针对国内风电总装机规模下降的市场现状,公司确立了狠抓质量、降低成本、消化库存的生产经营思路,成本控制效果在下半年逐步显现,2012全年机组毛利率为13.69%,较2012年上半年的10.59%增加3.1个百分点;库存高企的状况也得到缓解,截至2012年12月31日,库存量比2011年12月31日下降31.79%。

2012年,公司国内新增装机容量2 521.5MW,市场份额19.5%,继2011年后,再次排名国内第一;国外新增装机容量139MW,同比增长25.25%。截至2012年年底,公司累计装机容量超过1 500万kW,在全球的总装机数超过12 000台,其中1.5MW机组装机超过8 000台,2.5MW机组装机超过200台。

2012年,公司实现风电服务收入(包括软件产品、EPC工程、风资源咨询、技术服务及风机维护服务支持等)40 011.87万元,同比增长6.87%。2013年风电服务仍将作为公司主要业务单元之一。

2012年,公司经营的风电项目实现发电收入25 407.17万元,同比增长82.91%。风电场销售的投资收益25 950万元,同比下降32.93%。公司转让3个风电项目公司(5个风电项目)全部或部分股权,约合权益装机容量117.5MW。截至2012年年底,公司已完工风电场装机容量1 239.5MW,约合权益装机容量740.0MW;在建风电场项目装机容量1 115.5MW,权益装机容量1 029.6MW。

截至2012年12月31日,公司待执行订单总量4 085.75MW,分别为750kW机组0.75MW、1.5MW机组3 049.5MW、2.5MW机组1 002.5MW、3.0MW机组33MW,其中包括海外订单424.25MW。除此之外,公司中标未签订单2 514.5MW,包括750kW机组6MW、1.5MW机组2 058MW、2.5MW机组447.50MW、3.0MW机组3MW;在手订单共计6 600.25MW。2011年年底待执行订单于报告期内完成超过40%,2012年内新增订单当年完成接近50%。

海陆重工:从设备制造商向设计、制造总包商转型

2012年,公司实现营业收入140 274.97万元,同比增长2.18%;实现归属于母公司的净利润15 144.97万元,同比增长8.41%;扣除非经常性损益后归属于母公司的净利润14 260.75万元,同比增长2.35%。

余热锅炉业务方面,国家将高效节能技术和装备、高效节能产品、节能服务产业、先进环保技术和装备、环保产品和环保服务六大领域列为重点支持对象,将促使余热锅炉制造企业及时调整产品结构,开发出技术更先进、参数更高、容量更大、能适应新的市场需求的余热锅炉产品。公司将充分发挥现有的技术、规模、市场地位等优势,实现盈利能力的稳步增长。

压力容器业务方面,大型及特种材质压力容器是国家鼓励自主生产的核心设备,2013年公司再融资项目——大型及特种材质压力容器生产线技术改造项目竣工投产,产能逐步释放。

核承压设备方面,再融资项目——核承压设备制造技术改造项目正常建设中。公司自主承接的核电产品订单也为公司由单一加工制造商向自主承揽业务的模式提供了良好的业绩保障。

浙富股份:订单水平低于预期,核电业务值得期待

2012年公司实现营业收入92 519.15万元,同比下降12.68%;全年实现利润总额14 703.55万元,同比下降32.08%;实现净利润12 771.30万元,同比下降29.61%。

公司继续坚持"关注整个水电市场"的策略,积极参与国外分包项目和国内改造项目;确保上台阶项目和精益项目的获取;积极进军国际市场,加大公司自主投标和以公司为主的投标工作,逐步扩大公司在国际市场上的影响力。2012年公司新增订单6亿元。

公司在成功收购四川华都核设备制造有限公司以后,迅速有效地做好了交接工作,在最短的时间内开始正常运营。2012年公司和中国核动力研究设计院完成了对华都公司的增资工作,控制棒驱动机构的试制和取证工作取得了实质性进展。

上海电气:燃机订单显著增长

2012年公司实现营业收入770.77亿元,同比增长7.25%;归属于母公司股东的净利润27.21亿元,同比下降15.66%。

新能源设备:核电方面,公司掌握了AP1000和EPR两大第三代核电技术,拥有强大的核电设备成套能力,建立了完整的核电核岛产业链,产品涵盖压力容器、蒸发器、稳压器、堆内构件、控制棒驱动机构及核电泵阀等;积极推进CAP1400核电主泵样机国产化研制。风电方面,与西门子共同组建的风电合资公司已正式运作,正加紧3MW及6MW直驱风机产品的技术引进工作。新能源板块实现营业收入66.10亿元,同比下降8.1%,其中风电产品营业收入同比下降23.6%,核电核岛营业收入同比增长12.6%,达30.01亿元;板块毛利率为12.2%,同比增加0.7个百分点。这主要受益于核电核岛毛利率上升5.4个百分点的拉动。

高效清洁能源:公司成功签订国电泰州电厂二期1 000MW级超超临界二次再热机组主机设备合同,这是我国首个百万千瓦级超超临界二次再热机组;受益于我国新一轮燃机市场的发展契机,公司新增燃机订单超过50亿元,在手订单突破100亿元,再创历史新高;公司与国家电网上海电力公司在输配电设备领域组建的合资公司已正式运营,积极参与国家智能电网的建设。高效清洁能源板块实现营业收入359.41亿元,同比增长18.4%;板块毛利率为20.5%,比上年同期下降3.5个百分点;板块营业利润率为8.5%,比上年同期下降1.9个百分点。这主要是板块内冶金研磨设备等重工产品出现经营亏损所致。

现代服务业:依托制造优势,继续对服务业进行资源优化配置。电站EPC海外项目在传统东南亚市场的基础上,逐步向中东和南美拓展;输配电工程海外市场在巩固斯里兰卡、埃塞俄比亚等海外市场的基础上,逐步向南亚、中亚市场开拓。现代服务业板块实现营业收入196.01亿元,同比增长27.2%,主要受益于板块内电站工程总承包业务的增长及电站服务业务的新增收入;板块毛利率和营业利润率分别为10.5%及4.6%,同比分别增加3.5及4.7个百分点,主要因为电站工程总承包及电站服务业务盈利能力的提升。

华西能源:垃圾发电项目取得进展

2012年公司实现营业总收入244 924.4万元,同比增长28.22%;实现营业利润10 134.6万元,同比下降8.31%;归属于母公司所有者的净利润10 346万元,同比增长0.98%。

公司设备总包项目取得突破。海外 BTG 总包 T&M 项目进展顺利，成本和风险监控良好，报告期内，海外 BTG 总包印度 M 项目和自贡垃圾发电设备总包项目实现营业收入 42 149.03 万元。

公司在燃污泥、树皮项目和竹浆黑液碱炉项目上的竞争力得到提高；与安德里茨合作进一步加深，碱炉产品在国际工程分包市场得到认可。公司承接制造的全球最大规模等级的 5 710 tds/d 黑液锅炉——安德里茨乌拉圭项目提前完工，并得到用户的肯定和赞赏。公司开发及拓展新能源市场的能力进一步提高，承接的国内最大规模等级（4×750t/d）的城市垃圾焚烧发电清洁能源项目在深圳宝安成功运营。

华锐风电：经营业绩惨淡

2012 年公司实现营业收入 401 814.5 万元，同比下降 57.73%；实现营业利润 -76 100.5 万元，同比下降 337.25%；实现净利润 -58 267.1 万元，同比下降 197.31%。公司在 2012 年采取多种措施增强销售能力，巩固国内市场优势。拓展海外市场，导致销售费用大幅增加，报告期内公司发生销售费用 68 671.3 万元，同比增长 139.35%，这也影响了公司 2012 年度的利润水平。

公司从科研和供应管理角度着手，进一步降低生产成本，1.5MW、3MW 产品的单位千瓦销售成本均呈现下降趋势，其中 3WM 产品下降 6.09%。公司全力开拓海外风电市场，实现海外销售 47 208.98 万元，占销售收入的比重从 2011 年度的不到 1%提升到 11.83%。公司全力推动在手订单的执行，进一步做好大功率风电机组的营销工作，积极协调、配合业主开展项目审批及风电场并网工作，采取多种措施进行货款回收，同时严格控制成本、加强采购及付款管理，取得了很好的效果，实现 3MW 风电机组销售收入 210 479.87万元，同比增长 103.86%；公司经营性现金流为 -41 567.40万元，比上年同期有了明显改善。

截至 2012 年年底，公司尚未执行完毕的在手订单合计 4 083MW，其中国内订单 3 895.5MW，包括 3MW 风电机组 1 056MW；国际订单 187.5MW，包括 3MW 风电机组订单 96MW。公司国内市场新增订单 1 338MW，国际市场新增订单 261MW。受宏观经济调整、行业增幅放缓、加强并网管理及项目审批、电网消纳及业主资金紧张等原因影响，公司大部分在手订单项目建设推迟，截至 2011 年年末的在手订单执行率为 26.54%；在手已中标尚未签约项目容量合计 9 089MW（国内 9 006.5MW、国际 82.5MW），其中 3MW 及以上风电机组容量占比超过 44.86%。目前国内中标项目中仅有 1 089MW 容量项目进入销售合同商谈阶段，占国内中标项目的 12.09%。

杭锅股份：业绩平稳，收入结构变化较大

2012 年，公司实现营业收入 1 172 169.28 万元，同比增长 195.46%；实现营业利润 48 226.38 万元，同比增长 5.06%；实现归属于母公司的净利润 33 878.36 万元，同比增长 3.10%；扣除非经常性损益后归属于母公司的净利润 32 544.18万元，同比增长 2.41%。

公司收入大幅增长，主要系公司的子公司杭州杭锅江南能源有限公司、宁波杭锅江南国际贸易有限公司拓展贸易业务拉动。原有业务结构变化较大，总包、余热锅炉销售收入分别增长 62.84%、17.83%，工业锅炉、电站锅炉、部件销售分别下降 40.35%、44.42%和 48.98%。

工业锅炉：2012 年工业锅炉实现销售收入 18 869.91 万元，同比下降 40.35%。公司工业锅炉产品主要为垃圾焚烧锅炉，受国家外部经济环境、政策和社会公众对垃圾焚烧炉接受程度的影响，垃圾焚烧项目推进速度放缓，公司持有在手垃圾焚烧炉订单延期执行，导致收入下滑。2013 年转销项目以国内项目为主，毛利水平普遍低于上年同期海外垃圾焚烧锅炉项目，导致 2013 年工业锅炉产品毛利率下降。

余热锅炉：2012 年实现销售收入 181 690.44 万元，同比增长 17.83%；销售毛利率同比增长 1.66%。2013 年公司余热锅炉在上年基础上实现了平稳增长，受益于钢材价格持续回落，毛利率水平略有上升。

电站锅炉：2012 年受电力行业投资放缓、电力设备市场竞争日趋激烈、产品盈利能力低的影响，销售额较上年同期下滑，毛利率也有所下降。电站锅炉实现销售收入 38 275.05万元，同比下降 44.42%。

电站辅机：2012 年电站辅机在核电业务、出口等方面均有所进展，实现销售收入 22 851.21 万元，同比增长 65.72%。公司通过培养员工技能、有效成本控制等措施消化了核电产品前期成本压力，产品毛利率回升 7.66%。

从 13 家上市公司的经营状况分析，2012 年生产锅炉、大型发电机的东方电气、上海电气、华光股份、杭锅股份、海陆重工、浙富股份、华西能源整体业绩出现明显下降，从事风电设备的金风科技、华锐风电、湘电股份业绩持续大幅下滑。

2012 年，国内火电投资连续 6 年同比减少，传统火电市场持续低迷。同时，全球经济增速放缓，海外需求下滑。在内需、外需均不景气的情况下，市场竞争更加激烈，订单价格持续下滑。加上原有订单执行进度不达预期，导致发电设备行业整体盈利情况出现下降。

风电方面，自 2011 年开始，风电行业发展瓶颈逐步显现，并网消纳困难、弃风限电严重、质量事故频发等制约了我国风电行业的发展，产业进入调整转型期，2012 年这一态势仍在延续。与此同时，一系列关于风电技术、并网消纳、项目审批、风电补贴等产业政策集中出台，风电政策体系正在完善。

2012 年 3 月，国家科技部颁布了《风力发电科技发展“十二五”专项规划》，从基础研究类、研究开发类、集成示范类、成果转化类、公共服务体系建设、人才培养和国际科技合作七大方面提出了风电科技发展规划。2012 年 7 月，国家发改委和能源局分别印发了《可再生能源发展“十二五”规划》及《风电发展“十二五”规划》，进一步明确了我国“十二五”期间风电开发目标，并提出发展思路。

2012年7月,国务院《"十二五"国家战略性新兴产业发展规划》提出建立风能资源评价模型、标准、检测、认证体系和数据库。建立风电技术研发机构,突破技术瓶颈。开发与我国气候和地理特点相适应的风电技术和装备,满足陆地、海上风电场建设需要。建立风电场功率预测预报体系,建成风电大型基地配套外输通道,解决风电远距离输送的消纳问题等。

三、电气一次设备行业:业绩小幅反弹

以提供输变电一次设备为主的上市公司有特变电工(600089)、长征电气(600112)、长城电工(600192)、华仪电气(600290)、平高电气(600312)、旭光股份(600353)、宝光股份(600379)、置信电气(600517)、中天科技(600522)、天威保变(600550)、精达股份(600577)、宝胜股份(600973)、中国西电(601179)、广电电气(601616)、正泰电器(601877)、万家乐(000533)、东北电气(000585)、思源电气(002028)、东源电器(002074)、三变科技(002112)、荣信股份(002123)、蓉胜超微(002141)、深圳惠程(002168)、南洋股份(002212)、奥特迅(002227)、万马电缆(002276)、鑫龙电器(002298)、太阳电缆(002300)、中利科技(002309)、英威腾(002334)、科华恒盛(002335)、北京科锐(002350)、森源电气(002358)、中恒电气(002364)、摩恩电气(002451)、长高集团(002452)、中超电缆(002471)、汉缆股份(002498)、金杯电工(002533)、通达股份(002560)、特锐德(300001)、南风股份(300004)、九洲电气(300040)、合康变频(300048)、中能电气(300062)、金利华电(300069)、经纬电材(300120)、汇川技术(300124)、启源装备(300140)、科泰电源(300153)、露笑科技(002617)、永大集团(002622)、通光线缆(300265)、阳关电源(300274)、麦迪电气(300341)、大连电磁(002606)、远程电缆(002692)57家公司。一次设备行业平均营业收入为232 971万元,净利润10 603万元,股东权益200 891万元,每股收益0.22元,净资产收益率5.44%。平均总资产391 674万元,资产负债率48.71%,流动比率1.79,速动比率1.43。电气一次设备行业上市公司经营情况见表2。

表2 电气一次设备行业上市公司经营情况

简称	总股本(万股)	营业收入(万元)	同比增长(%)	净利润(万元)	同比增长(%)	每股收益(元)	净资产收益率(%)	资产负债率(%)	流动比率	速动比率
万家乐	69 082	197 396	-2.40	7 398	5.31	0.11	7.04	54.62	1.53	1.13
东北电气	87 337	21 722	-12.65	1 114	-134.60	0.01	4.10	45.20	2.19	1.90
思源电气	43 968	289 173	46.80	24 830	61.42	0.56	8.67	30.17	2.76	2.19
东源电器	25 337	59 338	-2.77	3 694	1.27	0.15	8.34	52.50	1.27	0.99
三变科技	11 200	83 808	-18.82	588	118.31	0.05	1.32	57.51	1.28	0.90
荣信股份	50 400	128 713	-21.07	11 533	-59.36	0.23	5.44	44.39	1.86	1.53
蓉胜超微	18 189	90 730	-19.14	330	6.07	0.02	1.07	49.64	1.24	0.89
深圳惠程	75 710	37 697	1.84	6 420	-9.05	0.08	5.68	11.49	8.40	6.82
南洋股份	51 026	176 520	-15.43	9 389	-28.79	0.18	5.53	23.97	3.05	2.20
奥特迅	10 858	25 176	44.71	2 435	47.55	0.22	3.93	16.40	4.96	3.84
万马电缆	92 894	385 094	7.99	17 763	25.64	0.20	7.65	40.60	1.85	1.59
鑫龙电器	40 887	94 405	9.50	9 534	31.14	0.26	8.19	41.74	2.43	1.82
太阳电缆	30 150	378 600	8.53	12 502	0.19	0.41	11.09	54.46	1.07	0.78
中利科技	48 060	632 573	31.82	23 604	13.61	0.49	9.37	75.25	1.14	0.83
英威腾	21 888	73 671	6.80	9 042	15.95	0.51	7.70	10.23	7.96	6.85
科华恒盛	22 390	93 341	-0.95	9 467	-12.91	0.42	9.72	28.39	2.61	2.29
北京科锐	21 828	112 412	21.89	8 015	-7.05	0.37	8.01	31.37	2.70	2.28
森源电气	34 400	99 049	39.47	19 217	47.19	0.56	16.95	34.08	2.03	1.50
中恒电气	12 679	39 613	40.15	8 564	79.12	0.68	10.91	16.32	6.70	5.90
摩恩电气	21 960	39 235	-12.07	713	22.61	0.03	1.13	39.74	1.98	1.79
长高集团	13 000	41 057	17.48	5 486	10.25	0.42	5.29	17.05	4.99	3.87
中超电缆	25 360	187 887	3.54	5 393	-32.91	0.25	3.66	61.24	1.35	1.09
汉缆股份	71 544	367 463	-2.38	25 469	-10.90	0.36	6.68	19.01	4.38	3.18
金杯电工	33 600	257 756	2.51	11 631	0.22	0.35	6.57	20.13	4.22	3.30

（续）

简称	总股本（万股）	营业收入（万元）	同比增长（%）	净利润（万元）	同比增长（%）	每股收益（元）	净资产收益率（%）	资产负债率（%）	流动比率	速动比率
通达股份	10 333	97 361	0.89	5 635	3.57	0.55	6.34	36.63	2.02	1.71
露笑科技	12 000	259 796	-9.50	3 753	-29.09	0.31	4.27	51.70	2.23	1.81
永大集团	15 000	24 468	-33.04	5 443	-40.64	0.36	4.78	3.32	27.51	24.28
特 锐 德	20 040	66 393	3.41	8 038	-23.37	0.40	6.69	19.59	3.83	3.29
南风股份	18 800	34 732	-22.59	4 065	-50.19	0.22	4.81	21.94	4.75	4.09
九洲电气	13 890	42 675	-24.68	45 060	1 029.95	3.24	40.56	16.84	7.37	6.53
合康变频	33 814	70 257	18.78	13 505	4.95	0.40	9.00	15.84	4.81	3.65
中能电气	15 490	31 497	-2.33	4 200	-23.71	0.27	5.96	16.34	4.66	3.66
金利华电	7 800	14 510	0.48	1 095	-48.57	0.14	2.30	29.36	2.22	1.59
经纬电材	16 965	31 191	-23.16	2 093	-48.42	0.12	3.54	8.56	8.66	8.05
汇川技术	38 880	119 319	13.20	31 762	-6.60	0.82	11.80	8.99	10.96	10.32
启源装备	12 200	20 602	-28.23	1 277	-67.82	0.10	1.63	10.20	8.12	7.18
科泰电源	16 000	44 622	-8.01	1 333	-66.77	0.08	1.45	9.97	8.41	6.68
通光线缆	13 500	79 872	22.91	6 365	43.80	0.47	8.67	35.65	2.32	2.04
阳光电源	32 256	108 333	24.00	7 280	-57.81	0.23	3.94	32.96	2.84	2.38
特变电工	263 556	2 032 514	11.89	98 063	-20.22	0.37	7.18	64.57	1.33	1.09
长征电气	50 920	82 608	74.23	7 485	13.39	0.15	6.34	53.07	2.18	1.78
长城电工	34 175	191 695	4.37	4 807	39.77	0.14	4.03	61.09	1.44	0.95
华仪电气	52 688	131 950	-16.42	3 319	-44.60	0.06	1.76	48.83	2.64	2.34
平高电气	81 897	328 422	30.05	13 541	677.97	0.17	4.72	55.12	1.43	1.08
旭光股份	27 186	43 465	15.92	11 571	3 830.78	0.43	12.28	17.13	4.33	3.54
宝光股份	23 586	65 088	-1.95	1 544	298.05	0.07	4.10	42.36	1.81	1.23
置信电气	61 871	154 592	20.83	15 219	-7.31	0.25	13.44	38.42	2.03	1.67
中天科技	70 450	581 221	19.25	42 121	19.54	0.60	9.36	39.44	1.80	1.28
天威保变	137 299	282 967	-47.07	-152 463	-4 436.35	-1.11	-28.54	61.62	1.36	0.99
精达股份	72 113	824 844	-14.11	11 558	6.39	0.16	7.34	56.21	1.38	1.14
宝胜股份	30 473	856 947	23.57	10 059	459.30	0.33	5.23	66.28	1.23	1.03
中国西电	435 700	1 248 082	12.15	11 763		0.03	0.84	49.70	1.69	1.28
广电电气	93 258	91 453	-25.31	3 932	-81.01	0.04	1.53	19.17	3.86	3.57
正泰电器	100 500	1 070 316	10.13	126 157	41.07	1.26	27.79	49.09	2.29	1.99
大连电瓷	20 000	63 977	-1.72	3 867	-28.38	0.19	5.36	46.30	1.61	1.10
远程电缆	18 135	229 651	11.28	13 246	11.48	0.86	11.63	32.81	2.48	1.94
麦迪电气	9 200	29 191	-11.89	3 519	-28.30	0.45	7.25	11.78	6.73	6.09
平　　均	49 013	232 971	7.44	10 603	-4.66	0.22	5.44	48.71	1.79	1.43

从表 2 可以看到，一次设备行业营业收入同比增长 7.44%，增幅水平连续下降，净利润比上年同期下滑 4.66%，跌幅收窄。在行业景气度下滑的大背景下，公司通过加强管理提升内部效率，保障主业平稳运营。同时，国家电网招标模式改变带来的影响逐步淡化，一次设备行业经营情况触底反弹。

万家乐：子公司顺特电气设备业绩大幅反弹

2012 年度，公司实现营业收入 197 395.78 万元，同比下降 2.4%；营业利润 8 785.16 万元，同比增长 161.75%；归属于上市公司股东的净利润 7 397.87 万元，同比增长 5.31%。公司通过积极推动顺特电气设备有限公司开源节流，确保了合资公司主导产品市场地位的稳定，大幅提升了合资公司的盈利水平。

合资公司顺特电气设备自成立起经历了复杂的组建、过渡、调整、磨合工作，整合的难度、成本和周期大大超出公司的预期。与此同时，世界经济陷入低迷，海外订单减少，国内经济增速放缓，国家电网投资减少，输配电行业价格竞争愈演愈烈。公司一方面支持合资公司稳定市场规模，强化内部管理，提高运营效率；另一方面加强与外方股东的沟通。2012 年合资公司经营业绩有所改善，实现营业收入 127 783 万元，同比增长 2.91%；实现营业利润 5 135万元，同比增长 395.66 %；实现净利润 4 348 万元，同比大幅增长。

巩固了主导产品干式变压器的市场份额。2012 年干变销售保持稳定，销售额同比增长 12%；全年干变订单基本与上年持平，其中下半年干变订单同比增长 14%。与施耐德的协同效应进一步显现，承接施耐德 Blockset 开关柜订单，全年开关产品销售额突破 1.4 亿元，同比增长 77%，订单突破 1.5 亿元，同比增长 70%；2012 年获得施耐德负责项目协调和全球供应链整合的塞内加尔项目箱变合同，成为迄今为止顺特最大的单个箱变销售合同。但是由于国内电网产品客户主要以国家电网、南方电网为主，其招标价格较低，缺乏国资背景的企业承受较大的压力。

思源电气：产品中标份额提升

2012 年公司新增销售订单 38.97 亿元，同比增长 42.77%；实现营业收入 28.92 亿元，同比增长 46.80%；实现净利润 24 830 万元，同比增长 61.42%；实现扣除非经常性损益后的净利润 18 810 万元，同比增长 67.90%。完成了年初董事会制定的“新增合同订单 35 亿元，实现营业收入 26 亿元”的年度经营目标。

2012 年公司下属第一分公司主营的铁心电抗、消弧线圈等产品持续位列行业第一，变压器油色谱设备在国家电网中标份额排名第一。2012 年第一分公司实现订单 8.52 亿元，同比增长 37.12%，创历史最高。上海思源高压开关有限公司 2012 年完成订单 6.6 亿元，在国家电网集中采购招标中，145kV GIS 中标份额列 110kV 电压等级 GIS 年度第四名；在南方电网集中采购中，145kV GIS 中标份额排名年度第三名。思源高压 2012 年取得了 220kV GIS 国家电网、南方电网投标资质。江苏省如高高压电器有限公司报告期内新增合同订单 93 705 万元，同比增长 16.83%，继续保持隔离开关的市场领先地位。

江苏思源赫兹互感器有限公司主要经营高压互感器产品，报告期内新增合同订单 35 075 万元，同比增长 8.42%；高压互感器产品实现主营业务收入 31489 万元，同比增长 19.12%；新产品 132kV GIS VT、500kV GIS VT、500kV CVT 等也成功取得订单。上海思源电力电容器有限公司主要经营电力电容器产品，新增合同订单 45 045 万元，同比增长 31.71%；实现主营业务收入 32 340 万元，同比增长 30.36%；2012 年国家电网年度中标率提升至行业第三，南方电网年度中标率提升至行业第二。

特变电工：竞争激烈导致毛利率下滑

2012 年，随着电力投资增速下降，输变电产业产能过剩，市场竞争激烈；受国际金融危机影响，光伏产业国际市场需求萎缩，多晶硅等光伏产品价格大幅下跌。公司以转型升级为主线，积极开拓国内、国际市场，大力推动国际化战略实施，加快科技创新步伐，加快转变经济增长方式，2012 年度实现营业收入 203.25 亿元，同比增长 11.89%；营业利润 7.56 亿元，同比下降 33.12%；利润总额 10.55 亿元，同比增长 24.01%；净利润 9.33 亿元，同比增长 24.41%；归属于上市公司股东的净利润 9.81 亿元，同比下降 20.22%。

公司输变电产业加强市场开拓，保持了在高端产品市场的领先地位；新能源产业积极创新营销模式，加强太阳能系统集成业务的市场开拓力度，系统集成及逆变器市场签约大幅增长。公司持续深化实施“走出去”战略，出口结构调整成果显著，成套工程业务所占比重明显上升。

公司输变电产业中变压器实现产量 2.17 亿 kV · A，实现营业收入 90.34 亿元，毛利率 23.37%，下滑 4.1 个百分点；线缆实现裸电线产量 4.55 万 t，电缆产量 22.19 万 km，实现营业收入 46.36 亿元，毛利率 10.74%，上升 3.14 个百分点。产品采取以销定产的方式生产，不存在积压。

公司新能源产业多晶硅产量 3 189t，库存量 450.21t；硅片产量 2 894 万片，逆变器产量 315.5MW，组件 21MW；完成光伏系统集成 451MW。新能源产业总计实现营业收入 24.46亿元，综合毛利率 4.90%，下滑 5.08 个百分点。

长城电工：产品结构调整，盈利能力加强

2012 年公司完成营业收入 191 695.15 万元，同比增长 4.37%；实现营业利润 3 475.83 万元，同比增长 21.70%；实现利润总额 7 264.79 万元，同比增长 44.65%；归属于母公司所有者净利润 4 806.96 万元，同比增长 39.77%。利润总额、净利润的增长，主要是公司积极实施产品结构调整，盈利能力强的产品销售比重增加，铜材、银材等主要原材料采购价格下降。

公司及时调整市场结构，市场开发取得明显成效。中高压开关设备产业加强国网和石化板块市场的开发，国网全年集中采购累计中标 26 047 万元，获得中石化“20+5”主力供应商的佳绩。低压电器产业进一步深化“开发、配送+代理”的营销工作模式，加强重点客户管理，巩固与代理商战略联盟关系，加大了对二、三线城市的开发，并在区域市场取得突破，市场份额有效扩大。自动化产业主抓石油、矿山、节能领域的市场开拓，全年共承接石油钻机电控系统 11 套，产品首次直接进入加拿大市场，同时取得 CSA 加拿大标准协会的产品安全认证；矿山电控装置成功承接靖煤、酒钢等三个大项目；首次以节能服务公司模式开展合同能源管理项目。

东源电器：市场建设初见成效

2012 年，公司实现营业收入 59 337.55 万元，营业利润 3 965.38万元，归属于母公司的净利润 3 693.72 万元，较同期基本持平。输变电产品综合毛利率提升 5.57 个百分点，达到 31.28%。

平高电气:主营业务持续反弹

2012 年公司新签销售合同 39.49 亿元,同比增长 47.90%;实现营业收入 32.84 亿元,同比增长 30.05%;实现净利润 13 588.30 万元,同比增长 752.94%;实现归属于上市公司普通股东的净利润 13 541.30 万元,同比增长 677.97%。

生产质量方面,公司累计生产组合电器产品(GIS) 2 557间隔,断路器产品 857 台,隔离开关产品 3 667 组;实现产值 30.78 亿元,同比增长 39.49%。按期完成新疆乌苏凤凰变、糯扎渡江门换流站、大阪电厂、高岭背靠背换流站、超高压溪洛渡右岸等一批重点工程用产品,完成皖电东送淮南变 6 个间隔、沪西变 3 个间隔特高压封闭式组合电器的生产,并按照计划发运。

市场方面,公司建立重点项目跟踪制度,对重点项目从实施到结束开展全方位跟踪服务。公司在国家电网和南方电网集中招标中,总体市场占有率名列前茅,高端产品占有率领先。成功中标皖电东送特高压交流示范工程、哈密—郑州直流工程、新疆与西北主网联网第二通道工程以及溪洛渡—浙江金华直流工程。

科研方面,全年累计完成科技项目成果申报 31 项,其中国家级 5 项、省部级 18 项、市级 8 项;获得科技荣誉 28 项,其中省部级 7 项、市级 21 项;申请专利 84 项,新增授权专利 75 项,其中发明专利 3 项。主持或参与起草国家标准、行业标准 8 项。新产品研制成绩斐然。公司自主研制的 1 100kV 双断口断路器顺利通过国家级鉴定,填补了我国在该等级产品自主研制的空白;直流转换开关和 1120kV 直流隔离开关顺利通过国家级鉴定,通流能力和开断性能均创世界之最。800kV/63kA 罐式断路器一次性连续通过三档关键试验,创造了高压断路器容量试验的新纪录;智能隔离式断路器顺利通过国家电网公司评审。

置信电气:非晶业务规模显著提升,资产重组取得实质性进展

2012 年公司实现营业收入 154 592.11 万元,同比增长 20.83%;归属于上市公司所有者的净利润 15 219.44 万元;扣除非经营性损益后归属于上市公司所有者的净利润为 14 254.37万元,同比增长 5.15%。

随着国家对节能减排工作的进一步推进,生产非晶合金变压器的企业获得了快速发展的机会,许多电气制造厂商加入非晶合金变压器的竞争队伍。2011 年参与非晶变压器招标的厂商约 60 家,到 2012 年参与非晶变压器招标的厂商已超过 250 家,竞争进一步加剧。加上非晶合金变压器的主要原材料价格居高不下、人工成本上涨,造成公司产品毛利同比下滑。公司非晶变压器实现收入 147 295.75 万元,同比增长 17.89 %;非晶铁心实现收入 5 199.16 万元,同比增长 84.84%。

重大资产重组工作取得重大突破。公司通过向国网电科院定向增发 7 269.63 万股份的方式,购买其持有的上海联能 66%、福建和盛 60%、山东爱普 49%、山西晋能 49%、河南豫缘 30%、河南龙源 30%、帕威尔电气 90%、重庆市亚东亚 78.995%和江苏宏源电气 77.5%股权。同时,国网电科院与置信集团签署协议,受让置信集团所持本公司股份 3 026.34万股。另外,东方国际将所持公司 1 821.75 万股股份(占交易前置信电气总股本的 2.94%)无偿划转至上海市电力公司,上海市电力公司受让股份后将所持该部分股份无偿划转至国网电科院。上海电力实业总公司将其所持公司 5 465.25 万股股份(占交易前置信电气总股本的 8.83%)转让给上海市电力公司,上海市电力公司受让股份后将所持该部分股份无偿划转至国网电科院。上述交易已经获得中国证监会的核准,且已全部实施完成。

蓉胜超微:经营情况持续低迷

2012 年公司实现营业收入 90 730 万元,同比下降 19.14%;销量 13 033t,同比下降 9.19%;实现归属于母公司所有者的净利润 330 万元,与上年度相比基本持平。

通过大量试验分析和理论研究,在对设备进行适应性改良、生产工艺不断优化以及大量客户的使用对比分析基础上,产品的稳定性、粗糙度、柔软性和一致性等达到了国内同行领先水平;公司检测中心已通过"国家实验室认可"。公司自主开发了产品在线监控系统软件,全方位监测产品的制造过程,以保证产品质量的一致性和可追溯性。

中天科技:电信产品增长明显

2012 年,公司主营产品市场环境良好,光纤光缆产品市场需求增长较快,电力产品的特种导线应用范围进一步扩大,使公司主要产品收入均有一定幅度增长。2012 年,公司实现各类产品销售 581 220.99 万元,同比增长 19.25%;营业利润 49 521.93 万元,同比增长 22.33%;净利润 44 701.45 万元,同比增长 19.75%。

电信产品:公司已形成光纤预制棒、光纤、普通光缆、海底光缆、海底光电复合缆、光电复合架空地线、光纤复合低压电缆、射频电缆等产品完整的、独立自主的电信产业链。国家对 4G 网络、"宽带中国"等基础通信设施建设的加快,使公司电信产品市场需求持续增长。特别是光纤预制棒部分产能实现、射频电缆市场价格的合理提升及海底光缆、海底光电复合缆的销售增加,改善了电信产业链的毛利率水平。2012 年通信产品实现销售收入 352 261.51 万元,同比增长 23.18%;毛利率 24.61%,较上年同期提升 1.66 个百分点。

电力产品:国家电网和南方电网对特高压电网、智能电网建设的加快,城市、农村电网改造的推进,对特种导线的需求增长明显。公司特种导线保持较高的市场占有率,改善了电力产品的毛利率水平。装备电缆因市场竞争激烈,且公司装备电缆项目尚在建设中,规模效应未能体现,影响了电力产品的整体盈利能力。2012 年,公司电力产品实现销售收入 208 530.48 万元,毛利率为 15.80%,较上年同期提升 3 个百分点。

公司根据"十二五"发展规划及董事会年度经营目标,结合产品市场情况,完成了光纤扩产、海底光电缆生产线优化等项目建设。在抓紧现有电信、电力两大优势主营的同时,投资设立了中天储能科技有限公司、中天光伏材料有限公司,新开发出220kV以上高压交联产品,稳步培植公司新的增长点。公司2011年度募投项目——光纤预制棒项目实际产量逾200t,装备电缆项目按照计划投产,实现了12 000km产能。

三变科技:转变低价竞标模式,业绩扭亏

针对内外部经营环境的变化,公司改变销售模式,强化财务全面管控,推进应收账款追讨管理,加大科技创新,实现了扭亏为盈,整体经营情况有所好转。全年实现营业收入83 807.59万元,同比下降18.82%;实现净利润587.54万元,同比增长118.31%。

公司按照年初制定的经营思路,转变低价竞标模式,做好转型升级,提升利润空间。加强销售订单价格、利润的控制和分析并做好重点用户市场的开发,取得了订单的突破。同时,加大了外贸产品的销售力度,全年外贸销售较上年度有较大幅度的增长。公司在培育自主知识产权的基础上,不断提升产品的技术含量,提升产品的市场竞争力。2012年共申请专利12项,授权10项,获得软件著作权2项,成果实现产业化6项,完成新产品鉴定4项,列入国家火炬计划1项。加大对节能产品的投入,非晶合金产品形成规模化的产能,S13型节能型配变产品、S13新型节能型立体卷铁心配变产品、S11型节能型干式变压器已完成鉴定,节能产品的竞争能力进一步提升。根据《电力变压器能源效率标识实施规则》,公司完成了电压等级35~220kV、3 150kV·A及以上三相油浸式电力变压器的能源效率标识的使用、备案和申报工作。2013年年初,公司25个规格产品列入《节能产品惠民工程高效节能配电变压器推广目录(第一批)》。

天威保变:输变电、新能源业务双双下滑,业绩严重亏损

2012年公司实现营业收入282 967万元,同比下降47.07%;实现归属于上市公司股东的净利润-152 463万元,同比下降4 436.35%。

输变电产业受市场需求增速放缓的影响,市场竞争激烈,产品销量和单价下降,导致输变电产业收入和毛利率均出现下滑,其中输变电产品收入占主营业务收入的94.1%,收入同比下降17.36%。新能源产业受国际经济持续疲软的影响,产品供需关系失衡、产能过剩的矛盾日益凸显,公司部分子公司已进入停产、半停产状态,新能源产品收入占主营业务收入的5.9%,收入同比下降90.29%。

结合经济形势,公司明确了输变电产业在产业构成中的主导地位,积极推进对非主业资产的清理整顿工作,进一步优化资产、集中主业。公司通过调整市场战略,优化组织结构,完善市场人员配备,加快国际化营销网络建设,大力开拓国内、国际市场。2012年国内市场签订产品合同较上年增长14%。国际市场方面,积极构建海外市场营销网络,并积极推进国外EPC总包项目。

精达股份:产能扩张,业绩保持平稳

2012年,公司基本完成了年初制定的年度工作目标。产品生产和销售总量分别为183 072t和182 927t。基本完成预算目标。其中,特种电磁线产品产量126 901t,同比增长0.97%;销量126 097t,同比下降0.93%。全年实现主营业务收入817 818.41万元、营业利润13 706.68万元,同比分别下降13.00%、21.11%;实现净利润11 557.59万元,同比增长6.39%。

为了满足客户的需求,铜陵顶科镀锡铜线有限公司于2012年4月兴建二期项目,产能为1万t,该项目于10月底完成土建工程,二期的投产使得铜陵顶科镀锡铜线有限公司的产能由年产20 000t扩大到30 000t。在电磁线领域,受成本制约,除了部分领域仍然会使用铜导体外,铝代铜步伐将会不断加快。公司使用募集资金将铜陵精迅特种漆包线有限公司铝线产能由年产12 000t迅速扩大到23 000t,扩大了生产规模。

荣信股份:订单交付延期导致业绩下滑,SVG业务快速发展

2012年,公司实现营业收入128 713.35万元,同比下降21.07%;实现营业利润5 301.63万元,同比下降77.27%;实现净利润11 532.62万元,同比下降59.36%。

公司以节能大功率电力电子设备制造为主营业务方向,保持公司SVC、SVG、HVC等主导产品优势并不断拓宽产品线与产品业务,巩固公司在节能大功率电力电子设备制造领域的领先地位。但由于报告期内受国内外低迷经济形势影响,公司下游客户订单交付时间延长,销售收入减少,同时公司未能实现期间费用的降低,2012年经营业绩低于预期。

2012年SVG业务继续快速发展,总装机量达到800套,无论技术水平还是市场占有率均在国内稳居首位,创造了多项业界第一。继南方电网东莞局首台基于IEGT技术的SVG成功投运后,又成功签约南网3套35kV/±200Mvar SVG项目。同时,公司成功签约用于支撑肯尼亚国家电网风电接入的3套30kV/±100Mvar SVG,合同金额2.18亿元。此外,先后承担了塞尔维亚钢厂、南非电网、莫桑比克电网等基于IEGT的SVG项目,逐步在海外市场占领了制高点。

高压变频业务取得新进展,大功率变频领域的国内领先地位进一步确立。中标中石油湖北LNG(液化天然气)国产化示范工程和山东泰安LNG特大功率变频项目,其中湖北项目是国内最大的LNG工程和我国首个LNG技术装备完全国产化项目。在西气东输超大功率变频器领域,公司已承担西气东输二线工程3套25MV·A大功率变频系统,又签约西气东输三线工程6套25MV·A大功率变频系统。

深圳惠程:新产品销售情况良好

受电网公司统一招标和产品销售结构的影响,部分产品的毛利率出现不同程度的下降。公司更深层次推进精益生产管理,降低制造成本。通过进一步降低采购成本、优化产品设计、加大优势产品的推广力度,公司综合毛利率下降的压力有所缓解。国家电网、南方电网投资规模综合投资较上年略有下降,同时2012年不少大型项目建设期调整、房地产市场建设速度放缓等因素导致公司电力产品在非电网用户领域的市场销售业绩有所下降。全年实现营业收入3.77亿元,同比增长1.84%;实现净利润6 420万元,同比下降9.05%。

公司成功研制出新型全绝缘、全密闭、小型化的真空开关产品系列,内部结构紧凑、体积小,满足户外特别是恶劣环境的使用要求,已经开始批量供货。成功开发出系列新型复合绝缘管状母线,在国内率先实现了连续自动化生产,最大限度地减少了传统手工缠绕、非连续生产方式制造产品存在的质量隐患,产品性能优异、品质稳定。12kV、24kV、40.5kV三类电压等级的新型复合绝缘管状母线系列产品,全部通过国家高压电器质量监督检验中心、国家中低压输配电质量监督检验中心等权威部门检测,达到国内领先水平,已经开始批量供应市场,反应良好。

公司在聚酰亚胺纤维、树脂、泡沫以及纳米纤维等各个领域均取得了重大突破,工业化生产路线得到进一步验证,聚酰亚胺纤维、树脂及纳米纤维工艺路线进一步改善,良品率大大提升。以聚酰亚胺为基础材料的产品系列越来越丰富,聚酰亚胺纤维制品不仅取得原有工业方向的突破,在服装领域也取得重大突破,用其生产的产品系列各方面指标均优于同级别产品,已经形成销售业绩;在聚酰亚胺绝缘纸、活性过滤、复合材料等方面的研发也有新的突破,已经建成中试线,形成小批量试样。

奥特迅:销售改革见效,业绩、订单显著反弹

2012年度,公司总体经营情况良好,业绩实现了稳步增长。实现营业收入25 175.58万元,同比增长44.71%;实现营业利润1 410.91万元,同比增长380.85%;实现利润总额3 135.92万元,同比增长43.60%;归属于母公司股东的净利润2 435.09万元,同比增长47.55%。

公司积极推进营销和服务网络建设,提高售前、售后技术支持响应速度。营销体系改革的成效已经显见,全年新增销售订单39 277.66万元,同比增长29.49%;2012年2月在国家电网部分二次装置协议库存货物招标活动中中标2.1亿元,已签订正式合同约1.83亿元。

公司以高频开关电源研发中心为载体,加强与西安研发中心、各科研机构及高校的合作,对产品进行了持续升级与优化,保持了研发技术的先进性。

南洋股份:持续开拓北方市场

2012年公司实现营业收入176 519.55万元,同比下降15.43%;利润总额13 837.66万元,同比下降32.72%;归属于上市公司净利润9 389.10万元,同比下降28.79%。

营业收入较上年同期减少,主要受宏观经济增速下滑、基础设施建设放缓等因素影响,特别是广州亚运会、深圳大运会的举办,使得广东地区的基础建设提前放量,造成公司在2012年度接到的大项目订单有所下降。利润总额与归属于上市公司净利润分别下降32.72%、28.79%。除了销售量减少外,公司全资子公司南洋天津负责实施的新能源、船用及变频节能特种电缆项目于2012年9月投产,新项目建设投产阶段的筹办费用较多,产能尚未完全释放,同时为了提高新产品销售额,公司加大了市场开拓力度,营销成本相应增加,且近几年劳动成本不断上升,导致公司合并报表的净利润出现下滑。

公司总体发展战略目标依然是:利用品牌、服务、技术优势,做强高压电缆,做优特种电缆;利用集约化、规模化优势做大中压电缆;不断巩固华南市场,持续开拓并占领北方市场,最终形成"南北呼应"的市场格局。

万马电缆:业务范围拓展,净利润显著增厚

2012年,上市公司全年实现合并营业收入385 094.27万元,同比增长7.99%,实现归属于上市公司股东的净利润17 763.47万元,同比增长25.64%。

公司向电气电缆集团、普特实业、金临达实业、张德生、王一群、张云、潘玉泉7名股东购买其所持有的万马高分子、天屹通信、万马特缆三个标的公司100%的股权,从而将公司的业务从单纯的电力电缆领域扩展到电缆料、同轴电缆、光缆等领域。

2012年,国家在智能电网、轨道交通领域的建设投资依然提供了充足的市场需求。但另一方面,铜价虽有起伏但整体保持低位运行,再加上激烈的市场竞争,对电力电缆产品的价格形成制约因素,风力发电等领域需求有所萎缩,上市公司母公司全年实现营业收入27.43亿元,同比增长5.44%;从用铜量角度来讲,全年销售产品实际含铜量达到3.65万t,比上年的3.08万t增长18.51%。

万马高分子在电缆料行业的拓展也取得了优异的成绩,新客户大幅增加,对空白省区的拓展取得了明显的收效,高压交联料、屏蔽料、低烟无卤料等新产品陆续投放市场。同时,加强内部成本管控,采取有效措施控制设备异常停机、水电使用,开展包装物回收利用,改善工艺路线等,每吨制造费用同比下降3.28%。全年产品发出量超过8万t;实现营业收入91 839.51万元,同比增长12.66%;实现归属于母公司股东的净利润3 636.55万元,同比增长81.33%。

鑫龙电器:营销能力加强,业绩稳定增长

公司2012年实现营业收入94 404.59万元,同比增长9.50%;营业利润10 600.41万元,同比增长29.78%;利润总额11 087.3万元,同比增长28.02%;归属上市公司股东的净利润9 534.19万元,同比增长31.14%。

公司在重点市场北京地区建立了北京分公司,并设立16个销售办事处,定期对销售、安装和售后维护人员进行专业技术培训、安装技能培训和产品运行维护培训。

2012年,公司与芜湖市鸠江区招商局签署了安徽鑫龙电器股份有限公司技术研究中心和科技园项目投资合同,拟在芜湖市鸠江经济开发区内投资建设安徽鑫龙电器股份有限公司技术研究中心和科技园项目。投资金额为11亿元,总占地面积约13万 m^2(200亩),总建筑面积约17.5万 m^2。主要建设项目为:高、低压开关柜及元件技术研究中心项目,智能型高分断低压断路器生产线项目,年产 17 万台智能型电力电器元件产品生产线项目、智能型断路器技术研发中心项目及产品孵化基地、高压真空断路器触头在线测温装置生产线建设项目。

太阳电缆:公司运营平稳,销售渠道完善

2012 年公司取得了良好的经营业绩,合并报表实现营业收入 378 599.82 万元,同比增长 8.53%;实现利润总额 18 247.24万元,同比增长 19.51%;实现净利润 13 797.41 万元,同比增长 6.65%;其中归属于上市公司股东的净利润为 12 501.66万元,同比增长 0.19%。

2012 年公司各项投资项目稳步进行。母公司新厂区进行生产布局调整,提高生产效率;包头太阳满都拉电缆有限公司部分生产线建设完成,投入运行,销售渠道初步建立;太阳铜业业务稳步推进。公司已基本形成南北呼应的生产和销售格局。

公司大力拓展新客户和新市场,努力培育新的增长点。在巩固原有省内分销网点的基础上,不断发展新的分销商,分销网络从地级市向县级延伸,福建省内 2012 年新增专卖经销商 10 家,累计 102 家。同时,积极拓展省外销售渠道,2012 年新增省外代理商 20 家,截至年报披露日共拥有省外办事处 17 个、代理商 85 个,营销渠道已经基本覆盖国内主要市场。积极整合公司销售资源,统一协调销售平台,充分发挥各地办事处的作用,跟踪和开发重点项目,先后与青海盐湖集团、万达地产、中煤集团、海尔集团、玖龙纸业等大型公司建立长期的合作关系。

公司获得低烟无卤高阻燃耐火中压交联电缆、高压屏蔽软电缆、快速检测直流电阻装置、圆形分割软导体、环保型耐火中压电缆等实用新型专利。

中利科技:坚定做强特种电缆和光伏电站业务

2012 年度,公司合并报表口径实现营业收入 63.26 亿元,同比增长 31.82%;实现利润总额 3.82 亿元,同比增长 45.76%;归属于母公司所有者的净利润 2.36 亿元,同比增长 13.61%。

面对当前复杂严峻的经济形势,公司转变经营模式,调整产业结构,提高产品技术含量,保持业绩稳定增长,继续巩固在国内特种电缆行业的领先地位,形成光伏电池—组件—电站开发转让的盈利模式,在行业中塑造光伏电站的良好品牌形象是 2013 年的主要经营目标。

公司继续围绕做强特种电缆的经营方针,在巩固阻燃耐火软电缆产品市场的基础上,在铁路系列电缆、高端数据电缆及连接器、海洋工程、矿用电缆领域取得突破。公司获得了铁道部行政许可证,通过了 CRCC 产品认证并实现批量销售,在高端连接器领域获得多家客户的认证并批量供货,矿用电缆获得矿用产品安全认证。光伏电缆实现批量销售,光伏电站与光伏电缆协同发展效用显现。

在光伏业务板块,公司坚持以光伏电站开发建设为主、光伏组件销售为辅的经营策略。公司只承接盈利空间相对较好的纯组件订单,大力拓展光伏电站建设,形成光伏电站开发、建设、转让的盈利模式。在国内电站领域,公司采取自行申请获批开发指标、总包建设然后再出售的模式;在国外电站领域,则通过收购成熟电站开发指标,EPC 采取外包的模式,建成后再出售的业务模式,盈利较好。2012 年公司国内电站建设集中在甘肃、青海、江苏等省,海外电站建设重点集中在德国和意大利等国家和地区。2013 年公司国内电站开发重点仍将是新疆、青海、甘肃等光照资源丰富的区域,海外则重点开拓日本、美国、中美洲地区电站,争取在国内开发光伏电站 400MW,在海外开发光伏电站 200MW,以实现较好的经济效益。

科华恒盛:市场平稳,客户基础加强

公司的主营业务主要包括信息设备用 UPS 电源、工业动力用 UPS 电源、建筑工程电源、风能配套装置及配套产品等。2012 年实现主营业务收入 93 340.86 万元,同比下降 0.95%;实现净利润 9 467.21 万元,同比下滑 12.91%。

国内市场整体发展较为平稳,公司成功入围了国家四大银行(工商银行、农业银行、建设银行、中国银行)、三大通信运营商(电信、移动、联通)、中国人寿、国税总局、中石油、中信银行、地区性银行、各省邮储银行、农信社等重大选型目录;在工业领域,300kV · A 以上功率的产品入选中石油选型目录;在交通行业,EPS 新产品在交通领域批量应用;在公共行业,产品应用于山洪灾害防治、国税地税等重大项目;在新能源领域,太阳能逆变电源产品通过金太阳、CE、TÜV 认证,光伏大功率逆变器顺利通过低电压、零电压穿越测试;在太阳能发电系统方案领域、小型风力发电系统、风光互补照明系统等新能源领域都有广泛应用,同时,配套产品应用于全国知名风电企业;数据中心产品及解决方案在全国 30 个省形成应用案例。

国际市场订单增长。在 UPS 产品销售方面,中大功率 UPS 的占比较高,约占海外销售额的 20%;在新能源产品方面,不断优化风能和太阳能产品,太阳能已拥有较多的可供客户选择的产品及解决方案;成功拓展了美洲市场;积极培植大客户。

公司初步实现了行业拓展部与办事处的矩阵式管理;建立了市场导向体制,引入了市场前端产品规划概念,从成本竞争向技术服务的差异化竞争转型,从产品销售向产品加技术的资源整合方案服务转型;拓展以 UPS 为核心的电力保护解决方案,延伸新能源、云动力数据中心、节能产品线,为公司带来更大的发展空间。

北京科锐:主业基本稳定,探索新业务

2012 年,公司未能实现年初董事会制定的经营计划目标。新增订单 13.5 亿元,同比增长 3.23%;实现营业收入 11.2 亿元,同比增长 21.89%;实现归属于上市公司股东净利润 8 015.37 万元,同比下降 7.05%。

公司完成募投项目的设备安装调试、车间搬迁等工作,顺利完成转产,稳步提高了产能;有序开展工厂化管理工作,加强 6S 现场管理、产品及生产工艺改进,开展生产及技术人员培训等;完善供应商谈判、招标竞价等措施。

公司在稳固配电主营业务的基础上，积极寻找新的业务增长点，拟与北京云涌科技发展有限责任公司合资设立北京科锐云涌科技有限公司，开发并推广防窃电系列产品；与北京三丰达科技有限公司合资设立河南锐丰达石油天然气有限公司，开展清洁能源分销业务。

森源电气：业绩靓丽，省外市场增长明显

2012年度，公司业务持续快速增长，实现业务收入99 048.69万元，同比增长39.47%；利润总额22 765.25万元，同比增长48.96%；净利润19 410.59万元，同比增长48.63%。

随着公司产能扩大、市场的拓展，订单大幅增加，2012年度实现主营业务销售收入98 907.44万元。其中，高压成套设备销售收入62 342.14万元，比上年增长54.38%；高压元件销售收入10 440.86万元，同比增长93.33%；电能质量治理产品及其他15 302.40万元，同比增长15.61%。

2012年度，公司贯彻执行巩固华中市场，大力拓展西北、华北、华东市场的销售策略，取得了显著成效。2012年度，公司在华中市场实现销售收入38 779.67万元，同比增长4.50%；华北市场实现销售收入19 783.00万元，同比增长121.25%；西北市场实现销售收入17 787.91万元，同比增长34.98%；华东市场实现销售收入8 141.44万元，同比增长52.52%；东北市场实现销售收入5 340.77万元，同比增长316.83%；华南市场实现销售收入287.87万元，同比增长287.87%。

摩恩电气：规避铜价波动风险，业绩小幅回升

因受国内外经济形势及市场竞争的影响，公司2012年度实现合并营业收入39 234.91万元，同比下降12.07%。公司坚持对铜材采取"有效套保，远离投机"策略，有效规避了铜价波动带来的经营风险，保证经营利润的稳定，实现净利润713.28万元，较上年同期增长22.61%。

2012年电线电缆行业形势相当严峻，电缆企业无限制扩大规模导致市场饱和，行业竞争加剧。而由于房地产严重受到限制、战役式的电力投入不会再现、高铁建设周期拉长、经济建设速度放慢、西部建设和小城镇建设的特点等因素制约了电线电缆行业销售实现更大的突破。

公司坚持求特、求精、做强、做大的经营理念，整合扩大、细化营销网络布局，强化营销战略部署，大力开拓新市场和潜在客户。2012年公司自主研发了环保型屏蔽和耐化学腐蚀电缆、矿物绝缘防火电缆、风力发电电缆、航空电缆等新产品，并已通过AA认证、电能认证，正在申请船级社认证，这有助于公司进入煤矿开采、海洋石油开采领域。

长高集团：业绩持续回暖

2012年公司实现营业收入41 056.62万元，同比增长17.48%；实现营业利润5 971.75万元，同比增长8.39%；实现净利润(归属于母公司所有者)5 485.66万元，同比增长10.25%。

生产方面：优化生产环境，改善生产工艺，提高生产能力。公司对望城生产基地进行提质改造，调整车间布局，优化了生产环境和流程，完成了装配生产线的技术改造，三条装配流水自动生产线陆续上线。宁乡基地加工中心投产，为GIS配套的表面涂装生产线竣工，筒体生产线也在抓紧建设。长高开关电气的GIS组合电器和SF_6断路器产能稳步提升。

销售方面：传统产品订单稳定增长，新产品实现突破。公司继续加大市场开拓力度，加大电网系统以外的市场开拓以及海外市场开拓。2012年，母公司新增订单41 809.09万元，同比增长10.81%，成功中标哈密—郑州±800kV特高压直流输电工程、新疆与西北主网联网第二通道输变电工程等重要工程。新产品取得重大突破，126kV GIS三次在国家电网集中采购招标中成功中标，2012年长高开关电气新增订单9 980万元，改变了公司在输变电设备中仅有隔离开关的单一产品局面。

技术方面：继续开展技术创新，巩固产品技术优势，不断研发新产品。150kV高参数B系列接地开关通过型式试验，成功实施PDM项目，推进图文档管理，完善产品BOM清单。报告期内母公司新增授权实用新型专利1项、发明专利1项，发明专利"1 100kV带开合高参数母线转换电流装置特高压隔离开关"获"湖南省2012年度首台(套)重大技术装备"荣誉；长高矿机新增授权实用新型专利6项；长高新材获得发明专利1项、实用新型专利6项；长高开关电气获得实用新型专利4项。

特锐德：电力市场进一步拓展

2012年，虽然中国铁路市场建设在第四季度逐步回暖，但由于公司产品使用于整个铁路建设中后期，业绩实现有一定的滞后性，同时煤炭行业市场需求受煤炭价格及供求关系影响而出现下滑，而公司迅速拓展的电力市场尚在全面开拓和发展的初期，因此2012年成为公司发展最为艰难的一年。

在艰难的环境下，公司重点开拓电力、石油等市场，以多元化的行业格局化解风险，基本实现了年度业绩的平稳发展。2012年，公司实现营业收入66 393.10万元，同比增长3.41%；在报告期内，公司的市场开拓力度加大及人工成本增加等因素导致管理费用、销售费用均大幅上涨，利润水平出现下滑。实现营业利润、利润总额和净利润8 532.64万元、9 573.97万元和8 037.54万元，同比分别下降28.53%、22.86%和23.37%。

新工业园全面启用，公司产能大幅提升。募集资金项目建设完毕，特锐德新工业园成为中国最大的箱式变电站研发生产基地。

九洲电气：出售资产，当期利润大增

2012年，公司实现营业收入42 675.22万元，同比下降24.68%；营业成本33 159.51万元，同比下降23.26%；归属上市公司股东的净利润45 060万元，是上年的11.3倍。

2012年，公司将高压变频业务以5.35亿元的价格出售给美国罗克韦尔自动化有限公司。

募集资金项目除建设企业营销网络及技术支持中心建设项目、追加哈尔滨九洲电气技术有限责任公司投资项目外，其余项目均已完成。截至2012年6月30日，年产500套高压大功率变频调速装置扩建项目、新型电力电子器件功率产品成套装置扩建项目、企业技术中心建设项目全部竣工验收，并且开始产生效益。

合康变频：产品线丰富，需求不振导致增速下滑

2012年度，公司主营业务继续保持良好发展势头，各项主要经营指标较上年同期呈现增长态势。实现营业收入70 256.58万元，同比增长18.78%；因报告期内公司加大了销售投入力度使销售费用有所增加，同时按照企业会计准则要求增加坏账准备计提，产品毛利下降，公司营业利润为12 039.58万元，同比下降6.82%；利润总额16 037.58万元，同比增长6.19%；归属于母公司股东的净利润为13 505.37万元，同比增长4.95%。

2012年度，公司管理层按照董事会年初制定的年度经营计划，一方面继续专注于高压变频器产品业务的稳健发展，另一方面积极开展中低压变频器产品的研发及市场推广，已形成了较为完整的变频器产品线。公司中低压变频器产品尚处于培育期，报告期内尚未出现爆发式增长。

汇川技术：市场需求下滑，公司经营情况优于行业平均水平

受宏观经济形势的影响，2012年我国工业自动化产品的市场需求出现下滑，变频器、伺服系统、可编程逻辑控制器的市场需求出现10%~20%的下滑。受此影响，公司没有完成年初既定的经营目标。2012年实现营业收入119 318.66万元，同比增长13.20%；实现营业利润31 106.58万元；同比下降11.68%；实现净利润32 017.23万元，同比下降7.58%。

变频器方面，公司在电梯行业的销售保持较快增长，市场占有率进一步提高。机床、起重机械、空压机、金属制品、纺织机械等OEM行业需求出现下滑，导致通用变频器（中低压）销售出现下滑，但下滑幅度低于行业水平。高压变频器产品凭借有效的市场拓展策略和产品优势，不仅在冶金、煤矿、电力、化工等行业树立了样板点，而且在该产品推出的第一年就实现了约1 500万元的销售收入。

伺服产品方面，受注塑机市场需求下滑的影响，注塑机专用伺服产品销售收入出现下滑，特别是注塑机专用伺服电机下滑较大；通用伺服产品凭借在机械手、电子设备等行业的良好表现，销售收入出现30%以上的增长。

控制类产品表现稳定，销售收入略有增长。新能源电动汽车电机控制器受国家政策的影响，销售出现约10%的下滑，没有完成年度销售目标；光伏逆变器通过金太阳、低电压穿越认证，完成了既定的市场目标。铁路机车牵引试验变流器项目进展顺利，成功中标多个标段，销售收入实现较大增长。

科泰电源：竞争激烈导致价格下降，业绩大幅下滑

2012年公司实现营业收入44 622.40万元，同比下降8.01%；营业利润1 489.85万元，同比下降65.04%；利润总额1 493.25万元，同比下降67.01%；归属于上市公司股东的净利润1 332.73万元，同比下降66.77%；综合毛利率18.58%，比上年同期的25.08%减少6.5个百分点。

2012年公司积极拓展国内业务，加强市场营销的力度，国内销售较上年仍旧实现了增长，但终因海外市场需求疲软，海外市场营业收入大幅下降，导致公司2012年整体营业收入较上年有所下降。2012年公司上下厉行节约，严格控制各项费用支出，销售费用、管理费用较上年有所下降。公司的核心市场——通信行业的准入门槛不断降低，市场竞争进一步加剧，产品售价下降，综合毛利率也随之下降，致使公司2012年的净利润出现了较大幅度的下滑。

公司巩固了通信、电力等核心市场地位，同时从石油石化、军品、船机、港机、IDC数据中心等行业入手，扩大公司在其他细分市场的占有率，将其中一个行业建成新的核心市场；生产经营成本、管理成本较上年均有所下降，募投项目已完成土建工作，进入二次装修阶段。与电子科技大学共建的联合硕士培养基地发展良好，公司的研发水平得到提高，为后期发展奠定了良好的基础。

大连电磁：特高压建设不达预期，公司业绩下滑

2012年公司实现营业总收入63 977万元，同比下降1.72%；营业总成本60 597万元，同比下降0.22%；实现净利润3 764万元，同比下降29.70%。

2012年下半年，公司在淮南—上海、哈密—郑州、溪洛渡—浙江（西）特高压项目竞标中取得较好的成绩，实际获得订单金额超3亿元，为同业第一。当前，公司已完成上述特高压项目的部分供货任务，并对在手订单进行科学排产，确保全部订单高效率、高质量履约。

2012年，具有远距离、大容量输电功能的直流项目建设进程符合预期，具有调配、分流功能的交流项目市场前景尚不明朗。公司对原募投项目计划进行调整，使瓷绝缘子扩大生产能力项目的建设进度与国内外电网投资趋势合拍同步。2013年，公司将继续分析市场需求变化，整合行业资源，合理调整募集资金使用计划，统筹兼顾，探求多样化的产能扩大方式。公司复合绝缘子建设项目的投资进展较快，截至2012年年底，已累计投入18 728.37万元，完成投资进度90.02%。当前，该项目各项与生产相关的软、硬件设施基本就位，生产能力逐步形成。此外，原复合绝缘子生产车间也搬迁至该项目处，进行产能合并。

麦迪电气：登陆资本市场，各项工作稳步推进

2012年，公司实现营业总收入29 191.39万元，同比下降11.89%；实现营业利润4 005.35万元，同比下降23.56%；实现利润总额4 128.02万元，同比下降28.27%；实现归属于上市公司股东的净利润3 518.61万元，同比下降28.30%。

欧债危机后，全球宏观经济持续不景气，公司业务开展的内外压力剧增，销售业绩受到较大冲击；高铁事故造成的高铁项目暂停，日本海啸引发的核电安全的全球讨论，延缓了国内相关项目的开展，多重因素导致公司业绩下滑，对中压产品的影响尤为突出；公司及时调整策略，加大市场开拓力度，积极参加了国内外展览会，取得较好的市场效果，下半年业绩有所回升。全年高压产品及对外出口额均有所增长,部分弥补了中压产品及国内销售的下滑。

公司目前正积极推进APG环氧绝缘制品扩产项目和高压开关绝缘拉杆项目的建设,募投项目实施情况与公司首次公开发行时招股说明书中披露的进度基本一致。金属件加工配套项目作为APG环氧绝缘制品扩产项目和高压开关绝缘拉杆项目的内部配套项目,正进一步评估和优化项目方案。

销售队伍的建设与管理方面,公司逐步建立起一套由前端销售、客户管理、日常商务处理等人员组成的,面向全球市场的销售管理体系。客户拓展方面,在巩固原有客户的基础上,在海外市场,扩大与全球输配电行业跨国企业集团的合作,发展新的海外客户;在国内市场,利用自身的工艺技术和质量控制优势,积极稳妥、有选择性地与行业内重点企业、新技术企业开展合作,包括固封极柱、固体绝缘技术的推广和应用。截至2012年年底,当年新发展客户40家,增加项目合作订单316项。

中国西电:顺利实现扭亏

公司抓住国家调整和振兴装备制造业的机遇,紧密围绕年初制定的生产经营计划,顺利实现了扭亏为盈的目标。2012年公司实现营业收入124.81亿元、营业利润1.22亿元、利润总额1.99亿元、净利润0.90亿元,归属母公司净利润1.18亿元。

公司加大科技创新力度,在电力电子、新能源等重点产业技术领域实现突破,完成有源电力滤波器装置、大功率能量回馈型高压变频器等一批新型电力电子产品样机试制,与中科院合作申报新能源发电超导储能“863”计划研究项目。自主研发成功了一批具有国际先进水平的高端产品:特高压直流输电换流阀、直流开关、换流变压器、罐式断路器等;统筹内外部技术资源,搭建开放式研发平台,与三峡总公司、西安交大联合研制了发电机保护断路器以及±800kV直流、1 100kV交流特高压干式套管,填补了多项国内和国际空白,打破了国外企业的垄断。

加强市场营销及服务,国际贸易和国际化经营取得新进展。实施营销服务一体化,成立了广州运维服务中心,加强与各网省电力公司及其他市场领域在产品大修、检修业务上的战略合作。积极推进与中央及陕西的大型国企建立战略合作关系。大力开展国际贸易,主导产品在区域市场取得突破,760kV复合绝缘子产品首次进入印度市场,开关产品首次进入土耳其市场,美洲市场重点项目有了进展,泰国市场得到恢复,非洲市场有了新突破。与俄罗斯EK公司签订的长期供货合同已开始承接订单,埃及合资公司开关厂房建成并投入生产,印度尼西亚基地建设全面启动。

通达股份:保持良好发展势头

2012年完成了年度既定目标,实现公司稳步、健康、持续的发展。实现营业总收入97 361.29万元,同比增长0.89%;归属于上市公司所有者的净利润5 635.41万元,同比增长3.57%。

2012年,公司紧紧抓住电线电缆行业“十二五”规划及国家电网有关建设特高压及坚强智能电网的契机,进一步稳固国内市场地位,拓展新型节能导线产品,实现国际市场的突破性发展。

广电电气:各项业务普遍下滑

2012年度,公司实现营业收入91 452.52万元,同比下降25.31%;实现净利润4 860.72万元,同比下降76.24%;归属于上市公司股东的净利润3 931.97万元,同比下降81.01%。

2012年销售和订单下降主要源于成套开关柜业务的下降,以及由此带来的柜内配套元器件的下降。2012年的电厂业务依然低迷,上半年火电厂投资下降五成以上,而电厂一直以来占广电电气成套开关柜业务比例的40%左右;同样受行业景气的影响,2012年公司在冶金、造纸领域的业务下降非常明显。2012年在新客户开发方面,数据中心、汽车和港口等领域进展良好,但是由于基数较低,未能弥补电厂等行业下降的影响。

2012年元器件业务整体略有下降,主要因为电厂、钢厂以及与开关柜配套的相关客户市场的不景气。而元器件业务新建渠道销售保持了良好的增长,其中AEG品牌低压元件增长70%。元器件业务在2012年逐渐完成了从代理GE品牌产品到自制产品并拥有品牌的结构调整,效果良好,自制产品占比达到75%。

2012年高压变频器在风机水泵等通用市场表现不佳,市场价格竞争激烈,业务增长乏力,但是在大容量应用以及密炼机等特殊应用方面发展迅速,拉动电力电子业务实现良好增长。

在整体市场低迷、营收下降的情况下,AEG高端低压元件依然实现了70%的增长,主要得益于近两年增加的新产品系列以及不断进行的国产化。AEG低压元件入围了江苏、河北、山东等省电网公司的合格供应商名录。大功率变频器在管线和LNG领域的应用对2012年电力电子的业务增长起到了主要作用。AEG全绝缘环网柜产品在2012年年底完成了全套型式试验,包括国网新增的燃弧试验。2012年,全绝缘环网柜项目获得1 680万元的专项扶持资金。

正泰电器:业绩增长超预期

2012年,在国内外市场形势复杂多变的特殊环境下,公司实现销售收入同比增长10.13%,其中海外销售同比增长32.11%;归属于母公司的净利润同比增长41.07%,净资产收益率24.16%。

产业升级与技术进步稳步推进。公司积极推进产业并购,成功收购了新华控制、正泰仪表、建筑电器和小贷公司;开展内部整合,优化了机床电气和电科电器等公司的股权结构。2012年度,公司的各大建设项目均取得进展:诺雅克逾4万m^2的新厂房投入使用;募投项目智能电器工业园一期工程竣工验收;温州正泰电器科技项目主厂房部分建筑结构封顶,建设项目正有序推进。

营销整合与销售业绩成效显著。公司有计划、有步骤地开展了营销资源整合,加强了"正泰""诺雅克"品牌建设与营销战略,规划了各产业营销通路,拓宽了销售渠道,初步建立了电力行业大客户营销体系,有序推进了营销支持平台的搭建,合理布局驻外销售机构,实现了资源共享与统筹管理。

永大集团:下游开工率低,订单延期导致业绩下滑

2012年公司实现营业收入24 468万元、净利润5 443万元,同比分别下降33.04%和40.64%。

公司的电气开关和高低压开关成套设备行业产品主要采取以销定产的生产政策,因受到宏观经济形势影响客户需求紧缩,所以产量较上年同期下降。

募投项目建设正在按照计划顺利实施,已经取得了阶段性进展。董事会经多方论证,决定将部分募投项目实施地点变更至各方面条件都比较优越的产业园区内。

公司围绕成为"中国永磁电气开关细分行业领军企业"的战略目标,坚持核心主业战略驱动、发展目标导向、低碳节能的理念,逐步有计划性地加大研发投入,充分发挥科技创新对核心业务的支撑和引领作用。积极部署新产品研发及新项目立项工作,逐步充实公司产品线,实现包括SIX-550小型化智能永磁开关柜研制及包括40.5kV户外真空断路器、PCM9000系列综合保护测控装置、高压隔离开关等在内的新项目、新产品储备。

阳光电源:盈利能力下降,龙头地位保持

2012年度,公司按照董事会年初制定的年度经营计划,以"立足国内,发展海外,风电再突破,布局新业务"为指导思想,积极调整经营战略和举措,主营业务继续呈现增长态势。实现营业收入108 333.26万元,同比增长24.00%;因报告期内公司加大了研发及销售投入力度,管理费用、销售费用有所增加,同时计提了相关资产减值准备及产品毛利下降,公司实现归属于母公司股东的净利润为7 280.17万元,同比下降57.81%。

立足国内、积极开拓国内市场。为抢占西北地区,特别是为抓住甘肃的市场机遇,公司分别与甘肃省酒泉市政府和嘉峪关市政府签署了合作协议,在甘肃省酒泉市设立甘肃阳光、酒泉三阳、酒泉朝阳三个全资子公司,投资建设1 000MW光伏逆变器、风能变流器的组装成套项目及开展光伏发电项目的前期工作。

光伏逆变器成功登陆美国市场,面向北美市场研发的产品全线通过CSA认证。为进一步加强在北美的营销及服务团队建设,加速北美市场的拓展和布局,公司收购了联营公司加拿大阳光的51%股权,加拿大阳光成为公司的全资子公司。

SG15KTL、SG20KTL、SG30KTL逆变器顺利通过德国权威认证机构的评估测试,并且获得了国内首张德国中压电网指令(BDEW)证书,成为国内第一家同时通过德国中压和低压电网指令双认证的企业。与德国光伏系统承包商IBC SOLAR开展合作,成为其供应商,为公司在欧洲的销售打下了良好的基础。

四、电气二次设备行业:价格竞争激烈

以提供输变电二次设备为主的上市公司有国电南自(600268)、国电南瑞(600406)、泰豪科技(600590)、四方股份(601126)、许继电器(000400)、河南思达(000676)、东方电子(000682)、银河科技(000806)、金智科技(002090)、科陆电子(002121)、智光电气(002169)、万力达(002180)、理工监测(002322)、浩宁达(002356)、科远股份(002380)、科士达(002518)、新时达(002527)、新联电子(002546)、和顺电气(300141)、恒顺电气(300208)、科大智能(300222)、安科瑞(300286)、光一科技(300356)23家公司。二次设备行业平均营业收入为139 822万元,净利润11 782万元,股东权益133 606万元,每股收益0.34元,净资产收益率9.30%。平均总资产245 560万元,资产负债率45.59%,流动比率1.91,速动比率1.54。电气二次设备行业上市公司经营情况见表3。

表3　电气二次设备行业上市公司经营情况

简称	总股本(万股)	营业收入(万元)	同比增长(%)	净利润(万元)	同比增长(%)	每股收益(元)	净资产收益率(%)	资产负债率(%)	流动比率	速动比率
许继电气	37 827	661 181	51.57	33 202	112.15	0.88	11.84	53.98	1.88	1.39
*ST思达	31 459	48 282	-32.98	-13 758	-73.24	-0.44	-79.71	75.37	0.84	0.57
东方电子	97 816	143 773	21.58	2 455	12.84	0.03	1.76	34.69	2.10	1.62
银河投资	69 922	95 731	-0.03	2 409	113.51	0.03	2.87	58.97	1.21	0.92
金智科技	20 400	82 120	7.32	4 184	3.74	0.21	7.59	49.82	1.53	1.18
科陆电子	39 669	140 397	25.16	8 483	13.10	0.21	6.70	53.66	1.40	1.03
智光电气	26 647	39 554	-23.04	-4 954	-286.48	-0.19	-9.14	53.54	2.14	1.73
万力达	12 498	15 447	-2.29	1 433	-47.87	0.11	3.83	11.59	6.14	4.93
理工监测	14 126	34 213	40.90	10 648	32.22	0.77	9.58	5.00	14.77	13.81
浩宁达	8 000	61 078	15.18	2 115	2.18	0.26	2.26	32.34	2.68	2.17

（续）

简称	总股本（万股）	营业收入（万元）	同比增长（%）	净利润（万元）	同比增长（%）	每股收益（元）	净资产收益率（%）	资产负债率（%）	流动比率	速动比率
科远股份	6 800	23 053	-2.09	2 986	-28.63	0.44	3.36	10.02	7.97	7.23
科士达	20 700	93 444	-0.33	9 157	8.83	0.44	7.12	20.86	3.80	3.29
新时达	20 679	84 048	27.87	13 539	20.60	0.66	9.68	12.61	5.75	4.81
新联电子	16 800	59 777	27.53	17 249	31.58	1.03	15.00	13.64	6.63	6.28
和顺电气	11 040	27 682	44.38	5 106	35.63	0.46	9.05	20.04	4.10	3.11
恒顺电气	14 000	24 726	11.17	5 534	10.93	0.40	8.14	35.22	3.19	3.04
科大智能	10 800	26 374	36.75	2 861	-47.24	0.26	4.73	16.77	5.22	4.82
安科瑞	6 934	16 236	7.88	4 450	10.17	0.65	11.37	5.91	14.47	13.41
国电南自	63 525	414 723	29.43	14 605	-36.34	0.23	6.07	63.12	1.23	1.05
国电南瑞	157 554	602 793	29.35	105 596	23.54	0.67	27.20	49.11	1.84	1.45
泰豪科技	50 033	247 808	-16.47	6 948	28.72	0.14	3.18	62.20	1.41	1.10
四方股份	40 660	234 870	39.26	29 461	35.98	0.73	10.21	32.46	2.73	2.20
光一科技	8 667	38 590	49.92	7 266	38.39	1.03	11.05	16.45	5.18	4.87
平均	34 198	139 822	21.88	11 782	26.04	0.34	9.30	45.59	1.91	1.54

科技部在2012年组织编制了《智能电网重大科技产业化工程"十二五"专项规划》，规划总体目标是突破大规模间歇式新能源电源并网与储能、智能配用电、大电网智能调度与控制、智能装备等智能电网核心关键技术，形成具有自主知识产权的智能电网技术体系和标准体系，建立较为完善的智能电网产业链，基本建成以信息化、自动化、互动化为特征的智能电网，推动传统电网向高效、经济、清洁、互动的现代电网的升级和跨越。规划提出"十二五"期间我国将建成20~30项智能电网技术专项示范工程和3~5项智能电网综合示范工程，建设5~10个智能电网示范城市、50个智能电网示范园区，并通过投资和技术辐射带动能源、制造、材料、控制等产业的技术创新和发展，培育战略性新兴产业，带动相关产业发展，打造一批具有国际竞争力的科技型企业。

根据国家电网公司公布的"十二五"投资计划，在"十二五"期间需完成电网投资1.7万亿元，较"十一五"期间的1.2万亿元增长41.7%，平均每年的电网投资为3 400亿元。随着国内电力新增装机容量的下滑，国内用于线路建设的投资也有所下降，2011—2012年电网投资水平均低于预期。

国电南瑞：充足订单保增长

2012年新签合同89.33亿元，同比增长23.73%；实现营业收入60.28亿元，同比增长29.35%；归属于母公司所有者的净利润10.56亿元，同比增长23.54%；实现每股收益0.67元。

产业发展再上新台阶。公司电网自动化业务合同实现30%以上增长，全年中标94个大中型调度系统、130个智能变电站、30个配电自动化系统、22个电动汽车充换电站、13个省级计量中心等一批重大工程项目，新型智能变电站保护及自动化设备进入国网集招并占据稳固地位，用电自动化业务全年签订合同额超过13亿元，同比增长70%以上。新能源发电控制业务逆势而上，跻身国内主流风电和光伏控制设备集成供应商。总包业务规模超10亿元，特别是在工业领域中标酒钢嘉北EPC总包项目，实现各个专业全面覆盖，对公司未来行业外拓展具有积极示范作用。国际市场拓展取得新进展，中标国网巴西控股公司集控系统、伊朗高级计量架构（AMI）、泰国变电站总包等一批重大国际项目，沙特、土库曼斯坦、越南、苏丹等国际工程进展顺利，为公司下一步开拓国际市场打下了坚实的基础。

技术创新水平不断提升。公司深入推进大研发体系建设，实施产品研发平台化管理，形成产品战略规划、开发流程、项目管理、技术管理和质量管理为一体的科学研发体系，关键技术与重点研发项目取得重大突破。成功完成"三华"电网协调控制与优化调度、节能调度、新一代智能变电站、配网智能监控、分布式发电及接入、高级计量及生产调度平台、新一代励磁调节器、2MW风电全功率变流器等多项关键技术的攻关。

产品制造能力切实增强。瞄准未来终端设备产业需求和企业发展配套产能需求，加快智能电网产业江宁基地配套生产线建设，强化物资管理制度建设和生产流程再造，不断改进产品生产工艺和检测设备，全面落实安全生产责任制，注重"四标"整合体系建设认证，产品生产效率、质量显著提升，物资管控力度持续增强，生产成本费用进一步降低，公司产品制造能力进一步提升。

国电南自:订单乐观,业绩持续性强

2012年,公司全面完成了董事会下达的各项经营指标。累计完成订货合同金额61.71亿元,同比增长35.51%;实现营业收入41.47亿元,同比增长29.43%;实现利润总额36 794.63万元,同比增长22.65%;实现净利润30 780.73万元,同比增长20.65%。

公司智能电网产业累计订货279 042万元,实现营业收入201 456万元。合资子公司南京国电南自自动化有限公司已正式运营,ABB(中国)公司在上海和厦门的电力自动化业务完成注入,公司保持了原有电力系统市场份额的稳步增长,同时积极开拓国际市场。智能电厂产业累计订货46 078万元,实现营业收入33 244万元。公司拥有机、炉、电、辅、仪控制和信息技术一体化的全面解决方案,能够提供智能电厂整体解决方案。水电及新能源产业累计订货105 109万元,实现营业收入75 282万元。轨道交通产业累计订货47 456万元,实现营业收入14 293万元。节能减排产业累计订货45 803万元,实现营业收入32 092万元。电力智能设备产业累计订货93 561万元,实现营业收入48 366万元。

产业园建设快速推进,产业布局持续优化。江宁智能电网产业园进展顺利,2013年主体建筑竣工,成为合资公司南京国电南自自动化有限公司的办公研发生产场地。浦口智能电厂产业园集合了太阳能光伏幕墙发电、热水利用、储能、微电网等多种新能源新技术一体化利用示范工程,当前研发楼和1号楼已竣工,南自美卓、城乡电网公司顺利进驻。位于主城区新模范马路38号的中国(南京)电力工业自动化产业园已经完成地质勘探和试桩,力争在2014年完成公司所拥有的主体楼宇建设。扬州智能产业园一期厂房已建成。与ABB公司合资成立的扬州国电南自开关有限公司已进入产品测试阶段,生产线安装到位。电力电子实验室项目主体封顶;项目建成后,将以电力电子实验室和新能源工程实验室为核心,实现电力电子方向各类相关专业或产品的开发实验和功率测试,为电力电子产品的开发研制提供基础研究支撑试验环境。

理工监测:募投项目完结提升盈利能力

2012年,公司实现营业收入34 212.75万元,同比增长40.90%;主营业务收入33 101.60万元,同比增长58.38%;利润总额11 368.57万元,同比增长22.39%;归属于上市公司股东的净利润10 647.82万元,同比增长32.22%。

国内经济增长放缓,抑制了国内工业投资需求和基础设施建设势头。由于行业竞争激烈无序,公司的传统产品——变压器色谱在线监测系统(MGA)的售价及毛利率出现小幅下滑。

2012年,公司募投项目完结,当年新增效益8 172.77万元。募投项目的完成整体提升了公司的盈利能力。

公司继续保持研发投入,不断增强研发实力,既有产品的升级改进和新产品的研发都取得了可喜的成绩。eIPD研发管理系统已进入试运行阶段,有望提升研发项目管理水平从而增强研发实力。

许继电气:营销能力提高,重大工程稳步推进

2012年公司实现营业收入为661 180.63万元,同比增长51.57%;实现净利润33 201.63万元,同比增长112.15%。

公司整体营销能力显著提高。公司进一步强化重大项目的运作策划,实现订货业绩的大幅增长。溪洛渡—浙西特高压直流工程、皖电东送特高压交流工程、长沙轨道交通2号线一期工程等重大市场运作项目取得圆满成功;保护自动化、监控、电抗器、电能仪表等产品的市场份额稳步提升,变压器、开关柜中标份额达到历史最好水平。

重大工程建设实现客户满意。公司承担了多项国家重大工程的供货调试任务,锦屏—苏南特高压直流输电工程、高岭背靠背扩建工程、辽宁220kV何家智能变电站、郑州地铁1号线、武汉轨道交通2号线一期工程已建成投运,实现了"完工一个工程、征服一批客户、树立一个品牌"的目标;糯扎渡—广东±800kV直流输电工程、皖电东送特高压交流工程、郑州轨道交通项目等按计划顺利推进。受到了国家电网公司、南方电网公司、郑州轨道交通公司、武汉地铁公司等业主单位的高度好评,进一步提升了公司的品牌影响力。

新产品开发成果丰硕。公司坚持推进产品领先战略,积极抢占行业、市场制高点,实现了一批关键核心技术产品的重大突破,有力地提升了公司的核心竞争力。±1 100kV特高压直流控制保护等"启动一批"的10个项目全部完成;智能变电站等"完成一批"的8个项目均进入产业化阶段;特高压直流输电控制保护系统等"培优一批"的6个产品在市场上继续保持良好的发展势头。直流输电自主软硬件平台等项目完成型式试验,区域集中式保护系列产品在辽宁220kV何家智能变电站成功投运。

金智科技:各项业务平稳推进

2012年度,公司电力自动化业务、IT业务、电力工程设计与服务业务三大主营业务有序开展,经营情况总体良好。公司实现营业收入82 120.15万元,较上年增长7.32%,主要来源于公司电网自动化业务、IT业务的较好增长;实现营业利润2 085.03万元,实现净利润4 183.72万元,同比分别增长1.01%和3.74%。

在电网自动化业务方面,公司在国家电网集中招标采购和智能变电站推广应用方面取得了重要进展。2012年,公司在国家电网公司全年6批次统一招标采购中,中标110(66)kV及220(330)kV变电站智能监控项目80个站,累计中标合同金额1.97亿元。

在发电及工业企业电气自动化业务方面,公司总体业绩与2011年度持平;同时,公司在石化、煤炭领域取得一定进展,为未来发展打下了良好的基础。2012年度,虽然火电市场总体延续2011年的严峻形势,但公司改造市场及新建市场并重,继续维持火电市场份额的领先地位,业绩保持平稳。

在IT业务方面,公司保持了良好的发展态势;同时,继续加大研发投入,发展IT业务自有产品及专业化解决方案。作为国家ITSS信息技术服务标准工作组成员及试点单位,公司在江苏首家启动了ITSS符合性评估认证和运维资质认证工作,承接了江苏省ITSS运维服务交付及质量评价平台的试点建设项目。

公司在保加利亚Betapark 2MW光伏发电太阳能电站项目成功运营的基础上,投资建设了保加利亚3MW并网发电项目,并于2012年6月建成投入商业运行。

智光电气:行业需求萎缩,首次出现亏损

国内经济形势严峻,行业整体需求萎缩,导致公司经营出现亏损。2012年度公司实现营业收入39 554.4万元,同比下降23.04%;实现归属于上市公司股东的净利润-4 953.88万元,同比下降286.48%。

公司主营产品高压变频器的主要应用行业普遍存在产能过剩、产业整合转型的情况,市场存在较多不确定性;发电、冶金钢铁、水泥建材等重点大客户技术改造和新建项目的市场需求出现较大幅度的放缓;市场价格竞争因素依然突出,竞争比以往更加激烈,合同履约风险也在增加。

公司继续推动大功率高压变频器的研究和应用,2012年300MW发电机组给水泵变频节能项目、600MW发电机组联合引风机变频节能项目、大型钢铁烧结同步电机变频节能项目、大容量电动机变频软起动项目等均取得突出的应用业绩。

公司控股子公司智光节能在工业电气节能增效、发电厂节能增效、工业余热余压发电利用方面均取得了可喜的业绩,已签订的节能服务项目按时实施、投运或验收。如,酒钢集团照明节能改造项目和变频节能改造项目,酒钢宏晟热电300MW机组汽轮机通流改造项目、宁夏发电集团300MW发电机组给水泵变频改造项目、新余钢铁余热发电项目等。公司同时为近200家工业企业提供能效诊断服务。上述节能服务项目的投运和验收,将会在2013年为公司带来稳定的经营性现金流和营业收入。

万力达:业绩下滑,产品线扩充

2012年公司实现营业收入15 446.51万元,较上年的15 808.84万元减少362.34万元,同比下降2.29%;实现营业利润38.33万元,同比下降97.89%;实现净利润1 432.68万元,同比下降47.87%。

2012年公司营业总收入较上年略有下降,主要原因是受国内宏观经济的影响,厂矿企业继电保护和综合自动化系统的市场需求不断下降。营业利润和净利润分别较上年下降97.89%和47.87%,主要原因:一是受客观经济形势不景气影响,公司的主要经营目标市场——工矿企业电力自动化需求呈萎缩低迷状,停缓建项目不断增加;二是市场竞争激烈,电气自动化行业毛利率水平持续下滑;三是报告期内,公司大力投入电力电子产业,研发费用大幅增加,同时,部分采用代理制的销售管理模式导致销售费用较上年大幅增加;四是新设立的广东布瑞克开关有限公司前期开发投入及矿业板块持续亏损,对公司合并报表利润产生冲抵。

2012年,公司把扩充产品线作为全年工作的头等大事来抓。经过一年的开发整合,公司四大产品已初具规模,并形成相互促进、相互补充的态势。电力自动化产品线已完成了810、610、31C、DM系列中高压保护等各项产品的升级开发,市场表现渐显竞争力;电力电子产品研发生产了高压变频经济版、高压磁控软起动设备、高压SVG产品、低压TSC等产品实现销售;智能开关产品已完成了BRK永磁固封及复合型真空断路器等产品,有效拓展和补充了主营业务;能源管控类产品形成了能源管控产品、工业自控产品和信息系统集成产品。

银河投资:资产利用效率提高,业绩扭亏

2012年,公司实现营业收入95 730.57万元,同比下降0.03%;营业利润2 250.29万元,同比增长111.2%;归属于母公司所有者的净利润2 409.38万元,同比增长113.51%。

2012年是公司面临压力和挑战最大的一年,公司依据年初制定的“稳定经营、持续发展”的思路,围绕提升盈利能力的工作主线,深化客户管理,稳步提高市场份额,提高资金周转率;适时处置部分金融资产和长期股权投资,积极盘活闲置房产、提高资产利用效益。各下属企业都发展良好且呈现出稳中有进的良好态势,绝大多数下属企业实现了盈利,公司整体业绩也扭亏为盈。

科陆电子:产业链延伸,市场拓展见效

2012年,公司实现营业总收入140 397.49万元,同比增长25.16%;实现营业利润5 640.23万元,同比增长2.36%;实现归属于上市公司股东的净利润8 482.50万元,同比增长13.10%。

延伸产业链,切入智能配电一次设备领域。公司抓住机遇,通过收购上海东自公司,正式进入配电网一次设备领域。上海东自产品处于国家优先发展和重点支持的高新技术产业,收购之后,公司实现了一次配电设备和二次配电设备的全面覆盖以及技术融合。公司在国家电网和南方电网招标中相继中标,形成公司新的利润增长点。

坚持自主创新,加大研发投入完善产品布局。在报告期内紧紧围绕“智能电网,新能源接入、节能减排三位一体化战略”核心,积极进行新技术研究及新产品的开发。

完善国内市场,拓展国际市场。报告期内,公司通过多种举措,不断向海外市场推广具有自主知识产权的电力计量检测系列装置,高低压变配电产品,居民、工商业用户单三相系列普通电能表,CPU预付费卡表,ANSI表,可兼容GPRS、CDMA、ZIGBEE、PLC等通信方式的模块表,STS预付费系统及代码式电能表,AMI电力智能管理系统,变电站、专变、公变等电力需求侧计量和监测系列终端设备。

泰豪科技:费用控制得当,业绩稳定增长

2012年公司实现营业收入24.78亿元,虽较上年同期下降16.47%,但实现利润总额8 771.70万元,同比增长11.21%;归属于上市公司所有者的净利润6 947.98万元,同比增长28.72%。

智能电网业务方面,国网公司“SG-ERP”和“三集五大体系”两项重点工程建设为电力信息化带来旺盛的需求和巨大的市场机会，但同时也给该领域制造了一些准入壁垒。公司目前仅在电网调度信息化管理业务中占有一席之地，是国网公司该项业务领域中的框架中标供应商和产品标准化制定单位之一。

智能节能业务方面，公司主要以智能技术应用参与余热余压回收利用工程。

浩宁达：产品体系完善，落实募投项目

2012 年度公司共实现营业收入 61 078.18 万元，同比增长 15.18%；实现归属上市公司股东的净利润 2 114.72 万元，同比增长 2.18%。

主营业务稳定发展，产品体系进一步完善。公司一直是国家电网和南方电网的主流供应商，长期立足于智能电表及用电自动化产品的研发和生产。主营产品在国家电网公司批量招标中所占份额较上年度有所扩大。通过参加在行业以及国际上有影响的产品交流会和展会，国际市场开拓取得了较大进展。在立足于主营产品和业务的同时，公司积极改善产品结构，拓宽产品种类。研发的数字化油田远程管理监控系统，充分运用在短距无线技术领域的丰富经验及领先的专利技术，具备了为油田客户提供专业可靠的数据采集、示功图绘制和分析功能。

建设惠州浩宁达生产基地项目，落实募投项目。2012 年，公司成立全资子公司惠州浩宁达科技有限公司，并使用 5 500 万元募集资金购买了高威尔电子（惠州）有限公司在广东省惠州市大亚湾经济技术开发区所拥有的土地使用权及在建工程。

和顺电气：电力电子产品贡献业绩

2012 年度，公司在积极拓宽市场并加强营销体系建设的同时，进一步发挥技术研发优势，优化产品结构，产品的竞争优势及市场认可度进一步提高，各项经营指标保持稳定增长。实现营业收入 27 682.02 万元，同比增长 44.38%；营业利润 5 537.47 万元，同比增长 32.81%；利润总额 5 887.53万元，同比增长 34.24%；净利润为 5 106.46 万元，同比增长 35.63%。

公司使用超募资金收购了苏州电力电容器有限公司，并对其进行两次增资。2012 年苏州电力电容器有限公司实现营业收入 4 721.69 万元，净利润 364.36 万元，初步体现出预期的整合效应。

公司的募投项目——电力电子设备产品线产能扩大项目和电力电子设备研发中心均已建设完成并投入使用，电力电子设备研发中心引进了多台高、精、尖设备和仪器。

恒顺电气：印度尼西亚项目即将贡献收益

公司开展新业务，搭建产业链，由电力装备供应商向电力综合服务商转变。2012 年，公司实现营业收入24 726.32 元，同比增长 11.17%；实现营业利润 6 138.28 万元，同比增长 18.27%；实现归属于母公司股东的净利润5 534.18万元，同比增长 10.93%。

2012 年公司产品结构发生较大变化，综合毛利率略有提高。受传统无功补偿业务行业需求增速放缓的影响，公司电能质量优化产品销售收入同比下降 8.4%。公司新增了余热余压发电合同能源管理业务，实现销售收入 4 320.5 万元。由于该行业处于起步阶段，国家政策大力支持，毛利率处于较高水平，因此公司整体销售收入比上年提升，毛利率也有所提升。

2012 年公司仍坚持以无功补偿产品为主导的销售策略，同时开展余热余压发电合同能源管理项目的市场开拓。在销售模式上采取灵活的方式，发展电站设备总包、分期收款销售模式，以投资项目的产品需求拉动等不断突破新市场，扩大销售规模，在电网、冶金、煤炭、石油、港口和出口项目等应用领域积极拓展业务。

公司募投建设项目——无功补偿产业化升级项目已于 2012 年投产，但受市场不利及业务拓展不足等方面的影响，未能达到预期效益。该项目主要产品为 MCR 型 SVC，主要的需求方向为智能电网、电气化铁路、冶金煤矿化工等领域，因智能电网投资进度缓慢，铁路行业增速放缓，冶金煤炭化工等行业受宏观经济不景气影响，项目产品整体需求降低，使产品市场销售未能达到预期。

2012 年公司进行了几项重大投资项目，主要包括印度尼西亚 ASAM 电厂投资项目、印度尼西亚东加煤矿及码头、印度尼西亚中加煤矿的资产收购项目，公司正全力协调进一步推进该项目。

新时达：新业务快速成长

2012 年，公司实现营业收入 84 047.82 万元，同比增长 27.87%；实现营业利润 13 732.56 万元，同比增长 10.02%；实现利润总额 15 992.36 万元，同比增长 18.30%；实现净利润 14 140.65 万元，同比增长 20.74%；其中，实现归属于母公司所有者的净利润 13 539.40 万元，同比增长 20.60%。

公司着眼于行业最前沿技术，以“控制”和“驱动”两项自主创新核心技术作为未来产品开发的基础，致力于新型电梯控制系统、新型电梯变频器、高性能工控类变频器、伺服驱动精密位置控制系统、能量回馈等产品的研究开发和新产业增长点的培育，电梯类各项产品不断拓展市场空间，核心业务和配套业务均实现了较快的增长；工控类变频器持续创新，新客户开发取得了可喜的成果，重点领域拓展取得明显成效，成功地实现了业绩倍增。

2012 年，公司实施了股权激励计划，提出并顺利实现了扣除非经常性损益后的归属上市公司股东净利润年均增速不低于 20%的核心考核指标。

公司新增长点的培育也取得了重大突破。2012 年成功地完成了六自由度工业机器人的原型机开发，被上海市经济和信息化委员会列入 2012 年度上海市重大技术装备研制专项，并于 2013 年年初获得了政府核定的支持资金。

科大智能：配电自动化快速增长，整体业绩下滑

2012 年度，公司实现营业收入 26 373.99 万元，同比增长 36.75%；营业利润为 2 408.81 万元，同比下降 55.92%；利润总额 3 251.98 万元，同比下降 46.86%；归属于上市公司股东的净利润2 861.30万元，同比下降47.24%。

公司2012年配电自动化系统收入同比增长84.88%，主要原因是国家加大了对配网自动化投资的力度，配电自动化设备的需求量增大。用电自动化系统收入同比下降29.85%，主要原因是用电自动化系统设备在2011年下半年收归国网集中采购招标后，市场竞争日趋激烈，公司在2012年度的国网集采中标额较少。根据配用电自动化投资的行业发展形势，未来一段时期，公司的配电自动化系统在主营业务收入中的比例将较高。

2012年12月，公司使用超募资金1 800万元向烟台正信电气有限公司增资，增资后公司持有正信电气51%的股权。正信电气在智能开关控制器、分布式FA等领域具备独特的技术，在配电自动化，尤其是分布式FA和智能一次开关控制器领域具有很好的技术积累。通过对正信电气的整合，逐步构建配用电自动化与智能一次技术融合协同发展的产品体系。

新联电子：综合竞争力加强

2012年公司实现营业收入5.98亿元，同比增长27.53%；实现归属于上市公司股东的净利润1.72亿元，同比增长31.58%。

公司充分发挥品牌优势，采取与市场相适应的营销策略，积极调整优化营销网络和营销服务体系，加大重点产品、重点市场和新市场的开拓力度，努力扩大产品市场占有率。2012年，公司新增订单7.7亿元，其中在2012年国家电网公司组织的四次用电信息采集类产品集中招标中，公司中标总金额21 120万元。

公司继续加大产品创新和研发力度，引入竞争机制激发创新活力，积极开展与高校科研合作和人才培养，积极开发新产品，巩固并提升公司在用电信息采集领域的行业地位，努力增强公司发展的核心竞争力。2012年，公司共获得4项发明专利、10项实用新型专利；新产品低压综合配电箱获得中国质量认证中心颁布的国家强制性产品认证证书，并形成销售收入2 096万元。

公司募集资金投资项目——电能信息采集产品研发生产基地按计划投入使用并顺利达产。

光一科技：市场覆盖面增加，业绩快速增长

2012年，公司新增订单4.3亿元，实现营业收入38 589.89万元，同比增长49.92%；实现营业利润7 790.54万元，同比增长39.94%；归属于上市公司股东净利润7 265.61万元，同比增长38.39%，各项指标均创新高。

公司根据市场变化及时调整营销策略，积极组织参加国网统一招标和各网省公司招标，进一步优化营销网络和营销服务体系，在巩固原有市场份额的同时努力拓展市场覆盖面，有效地保证了业绩的持续增长。

公司加大产品创新和研发力度，积极开展与高校产、学、研合作和人才培养工作，持续推进技术研发和产品改进，加快大客户智能交互终端、居民智能交互终端、电网电能质量监测、电力营销GIS信息系统、能效管理决策支持系统等产品的调研和研发、试制进程，待时机成熟时将研究成果产品化，培养公司新的利润增长点。

公司积极推进募投项目的建设，已完成土地购置和基建部分的地基处理工作。电力用户用电信息采集系统产能扩大建设项目完成投入1 826.16万元，研发中心建设项目完成投入268.58万元。

四方股份：二次设备龙头业绩稳定增长

2012年公司累计完成订货合同金额31.09亿元，同比增长41.48%；实现营业收入23.49亿元，同比增长39.26%；实现归属上市公司股东净利润2.95亿元，同比增长35.98%。

2012年，在国家电网六个批次的输变电设备集中规模招标中，在南方电网公司组织的四次二次设备批量集中招标中，公司均取得了很好的成绩，进一步巩固了在全国电力二次设备行业中的地位。公司与厦门ABB、北开合作的开关智能组件项目，通过了国网入网一、二次设备联调试验检测。

在2012年全国火电建设增速明显放缓的背景下，公司适时调整了发电厂产品的市场策略，火电产品实现了持续、稳定的增长，风电、水电产品也得到了迅速发展。在火电自动化领域，新疆天龙200MW机组DCS/NCS一体化项目、新密2×1 000MW机组ECS系统等一批重大项目均顺利投产。在水电自动化领域，万家口子2×99MW机组等一批水电自动化项目成功签订合同，广元昭化灯泡贯流式水力发电机组等一批水电监控项目成功投运。在风电自动化领域，可提高风电入网接纳能力的风功率控制系统、电能质量控制系统等产品在东北等地区得到大规模推广使用。

公司继续保持电力电子方向的研发投入和市场拓展力度，并取得良好进展。变频器低电压穿越电源产品实现批量供货，在东北、内蒙古等市场取得了较高的市场占有率；储能和微电网领域继续保持快速增长，中标世界海拔最高的西藏阿里地区10MW光伏储能微网项目、新疆吐鲁番国家新能源示范基地微网储能项目、珠海万山群岛微网项目等多个标志性工程。

〔撰稿人：平安证券综合研究所于振家、易佳丰投资管理公司殷亦峰〕

影响世界的中国力量

——上海杨行铜材有限公司

2013年2月，全球战略经济发展委员会（GSEDC）、世界城市世界企业研究会（WWRA）、世界品牌组织（WBO）、中国著名品牌发展研究会（CFBRA）和著名投资促进机构美中经贸投资总商会（USCGC）等机构联合推选的“年度影响世界的中国力量品牌500强”排行榜公布。上海杨行铜材有限公司（以下简称杨行铜材）赫然在目。

杨行铜材是国内首家以国际最优质品牌的电解铜为唯一基材，并完全由自身完成熔炼、铸杆、成品全过程生产制造的公司，是国内首家大批量试制并生产换位导线的公司。这家成立之初只有23人，主营特高压、超高压、大容量变压器及电抗器用电磁线的企业，在24年的发展历史中，用自己的力量跟随并推动着中国电力事业的发展。

一、科技创新，给力电力建设

杨行铜材从成立之初，将目光瞄准了变压器绕组材料领域。倪林根厂长五上西北，请来老专家进行技术攻关，制造出质量完全合格的8.5mm×12.5mm铜扁导线，这一在当时国内以及日本、韩国都无法生产的高科技产品，从此打开了杨行铜材驰骋绕组材料领域的大门。

此后，杨行铜材始终跟随电力行业发展动向，不断进行科技创新，满足变压器发展的需求。与沈变公司联合开展技术攻关，成功开发换位导线，带动全国变压器导线的更新换代；成功开发出自粘换位导线，被认可为全国首创产品；研制成功半硬自粘换位导线，产品达到国际先进水平。

面对全国乃至世界范围的激烈竞争，面对变压器用户对电磁线性能越来越高的要求，杨行铜材果断进行了战略调整，走出去、引进来，学习吸收国外的成熟技术和先进管理经验。特别是从2000年以来，大量引进国外的电磁线先进生产和试验设备，逐步淘汰了落后的技术和工艺，生产能力、产品质量和规格品种均有很大的提高，产品的各种性能指标已接近或达到国外同行的水平。

我国电力建设从20世纪90年代起开始快速发展，进入21世纪后更是以超常速度发展，黄河小浪底、四川二滩、云南大朝山、广东大亚湾、秦山核电站、长江三峡等一批特大型电站、电厂以及特高压线路纷纷建成投产。电网容量的增大、电压等级的升高，推动着变压器向更高电压等级和更大容量发展。

杨行铜材以“创新发展、高效节能，尖端科技、装备中国”为信念开展了百万伏产品用电磁线的研发制造。2007年，独家承担国网首条1 000kV特高压试验示范线路晋东南—南阳—湖北荆门两个机组12台1 000kV、1 000kV·A变压器，一个中间站23台1 000kV、200～320kV·A容量电抗器用电磁线的研制生产任务。2008年以来公司又承担起国内首条特高压直流示范工程向家坝—上海奉贤部分直流换流变压器用电磁线的研制任务。2010年又独家承接了“皖电东送”特高压输电线路的电磁线生产任务。凭借两条特高压1 000kV输电线路主变压器及电抗器用电磁线稳定可靠的产品质量，2013年杨行铜材又承接了国网浙北—福州线路特高压交流工程中主变压器及电抗器用电磁线80%的生产任务。

二、大力技改，保障产品质量

变压器是电力系统的关键设备，如果说质量是变压器的生命，导线的质量就是命根子。杨行铜材在原有换位导线生产线的基础上，不断引进国际最先进的一流生产线，产品质量上了一个新的台阶。公司在“人、机、料、法、环”方面的质量管理具有独特的优势，自2003年年初起就多次获得了德国西门子公司总部颁发的“全球采购放行”资格证书。

杨行铜材已经连续十多年产量、销量均排在国内电磁线行业第一。拥有国际最先进的德—意联合制造的DR51.500型换位导线生产线、英国进口的Conform285裸铜扁线生产线及DK7632型模具加工中心，无论规模、设备配置、产品种类规格，还是能力、技术水平都在国内处于领先地位，质量达到国际先进水平。

企业自成立后先后进行了三次技改。其中，第三次技术、设备、基建改造历时三年，总投资约7 000万元，先后引进外国及合资企业的8台（条）生产设备，还购置了多台高精度的性能试验设备，实现了生产设备一流、试验设备一流、制模设备一流，从而为制造一流产品的目标服务。

该公司从德国引进的换位导线专用生产线，极大地扩展了换位导线的生产规格，解决了微型、巨型换位导线的生产难题。并联漆包线根数可达51根（此前为47根），拓展了换位导线在变压器、电抗器中的应用范围。用该设备生产的换位导线几何尺寸精确，导线间组合紧密，“S”弯形状过渡圆滑，漆膜保护良好，异常畸变极小，包纸紧密平整匀称，自动短路报警装置安全可靠、及时，电气性能得到很大改善。用该设备生产的换位导线在卷制线圈时工艺性好。绕组内部换位导线应力大大降低，为变压器及电网的安全运行提供了强有力的保障，社会效益显著。

为满足百万伏产品生产进度、质量、性能、工艺的特殊要求，公司在资金十分紧缺的条件下，投入逾500万元添置生产设备、工装工具。除已有的各种生产导线的机械、电气性能测试设备外，又根据特高压产品的不同要求，投资近百万元购置了当代最先进的检测设备。这些设备、工装的引进和应用,对保证百万伏产品电磁线的生产进度、保证产品质量起到了关键的作用。

三、严格管理,备战百万伏产品

1.严格按质量控制体系强化过程控制、管理

杨行铜材按照ISO 9000体系标准和产品认证标准,系统地围绕产品开展程序化、标准化、文件化工作,用文件、制度、标准等规范行为。多次围绕"配套百万伏主机如何控制电磁线质量"召开专题会,根据电磁线特殊要求和制造难度,结合公司的质保能力,针对不同厂家百万伏产品的具体要求制定了多项实施性文件,并逐一落实到基层和机台员工,确保客户产品用线的优质、安全、可靠。

公司始终以全员参与开展全面质量管理为依托,于1998年在行业内首先通过ISO 9001质量管理体系认证,2001年又顺利进行2000版新标准转换。2007年10月通过ISO 14001、GB/T 24001环境管理体系和OHSAS 18001、GB/T 28001职业健康和安全管理体系认证。对于市场需求动态,行业技术发展远景,新产品技术开发,新工艺研究试制,产前技术评审、交流,重大产品质量策划,技术攻关;生产、检测设备的引进;实物制造的过程控制;出厂检测;售后服务等全过程,都严格按照ISO 9001标准要求实施,精益求精、一丝不苟地开展各个环节的工作。

2.做好风险控制预案及落实

公司制定了特高压产品质量风险预防机制,明确了特高压产品用线的质量风险点是:裸线表面状态及导线性能,导线用纸、漆的绝缘可靠性。认识到生产过程中的净化、防尘、防污、防异物等是降低导线风险的关键,为此制定和实施预防措施30余条(项),并逐一加以贯彻落实。

3.加强员工质量意识教育和技能培训

在技术准备阶段,公司对全体员工开展百万伏产品重要性、质量意识方面的教育,提倡"四个负责"和"六讲",提出口号:高度认识,责任到人,精心操作,优质可靠。各车间多次组织技术、工艺、操作要点、安全等培训,并分别进行理论、实践两方面的考试考核,并采用激励机制激发员工的参与热情和责任心。公司选拔了具有5年以上工作经验、经考核考试双优者从事该项目的生产工作,起到很好的效果。

4.加强原材料采购和检查验收

对百万伏级产品用电磁线的三大主材——铜、纸、漆,公司作为A类采购物资重点进行采购与控制,规定电磁线采用智利"CCC"牌和国内最优品牌电解铜、绝缘纸、绝缘漆。以上用铜、纸都送国家权威检测部门检测,达标后投入使用,成品线的性能因此得到很好的保障。

5.加强生产环境和净洁控制

百万伏产品用线安排在全新全封闭、净化无尘的厂房内制造。聘请保洁人员24h不间断地对环、机、料、工装、地面进行保洁除尘。盘具全部新制特制,吊具全部改用尼龙带绳,成品包装采用全密封方式等,切实保证了生产现场环境的优化。

四、"小精专"之路,引领未来发展

在国家电磁线国产化发展道路的指引下,在坚持走特高压、超高压、大容量变压器、电抗器用电磁线发展方向明确的情况下,杨行铜材的成长需要走"小精专"之路。"小"是要求公司人力配置、技术力量、装备精干集聚,像军队中的特种突击小分队;"精"就是坚持走自主开发和引进国外先进技术相结合的产品研发道路,做出高技术含量、质量可靠的产品;"专"就是要求杨行铜材致力于电磁线行业的领头位置,走专业化道路,为国家乃至世界输变电行业发展提供可靠的电磁线产品和服务。杨行铜材要顺应输变电行业发展,还需要应对电磁线行业风险,通过"做精、做专、做强"实现与大企业、大组织的有效合作。一是切入到大企业产业链条中,成为大企业的一个环节,为大企业服务和配套;二是与其他中小企业分工协作或者以品牌企业、专业市场为龙头形成产业集群;三是积极与政府合作,寻求政府采购的支持。

"战略合作共进、和衷共济双赢"。杨行铜材以"可靠的质量、满意的进度、优质的服务"为原则在竞争中不断攀升,一如既往地朝着"创世界知名品牌"的目标走下去。"以客户为中心,以品牌赢得市场,以管理取得效益,以质量求得生存,以科技夺得发展"的宗旨,将引领杨行铜材发展成为国内外特大型变压器用电磁线领域内的领先企业。

〔供稿单位:上海杨行铜材有限公司〕

良品立信　开创未来

——上海良信电器股份有限公司

上海良信电器股份有限公司(以下简称良信电器)创建于1999年,是由一批多年从事技术开发和管理的电器专业人员联合组建的民营股份企业。公司以尖端的技术、先进的管理、一流的设备,为用户提供安全可靠、环保节能的低压电器元器件。2007年公司建立了环境管理体系、有害物质过程管理体系并通过国际知名认证机构BSI审核,取得了ISO 14001证书、QC 080000证书、ISO 9001证书。

良信电器从成立至今,一直秉承"致力于人们更安全、

便捷、高效地使用电能”的使命，坚持“成为低压电器高端市场国内品牌领导者”的愿景。凭借优秀的企业文化、良好的服务体系、阳光的经营政策、可靠的检测制造设备以及行业标杆客户的实际应用，良信电器在市场上占据一席之地。

良信电器专注低压电器行业十多年，主要以生产低压断路器、工业控制产品、液压断路器、双电源转换开关等为主。断路器产品涵盖万能式断路器、塑壳断路器、小型断路器，最大电流6 300A，分断能力150kA；工业控制产品主要由接触器、热继电器、马达保护器组成，接触器最大电流2 100A；双电源转换开关分CB级与PC级，目前最大电流3 150A。

作为行业中快速成长的一支力量，Nader品牌已广泛应用于电力电源、工控、工(公)建、电力、数据中心、轨道交通、地产、新能源等领域，良信已成为华为技术、唐山松下、三菱电梯、中兴通讯、万科地产、龙湖地产、万达地产等众多中国知名企业值得信任的合作伙伴，同时也被美国GE、艾默生网络能源等诸多国际百强企业认可，成为其全球供应商。

一、服务客户　技术创新

作为亲近客户型企业，公司在市场营销、设计开发及运营过程中皆以顾客需求为导向，满足并争取超越顾客的需求和期望，通过技术创新为顾客创造价值，为客户提供差异化的产品和服务。

良信电器秉承“以客户需求驱动研发流程，围绕提升客户价值进行技术的持续创新”的理念，长期致力于研发投入，专注焊接、组装、检测三大核心工艺，持续构建产品和解决方案的竞争优势，推出适用于智能电网、高性能、低耗能、环保产品。截至2012年12月31日，良信电器已加入全球15个行业标准组织和协会；累计申请专利197项，已获得147项专利证书；参与编制15个低压电器产品标准，满足各个行业客户需求。

40个国内办事处，多角度、全方位地为用户提供及时优质的服务；内部运营始终贯彻快速响应的要求，力求及时满足并超越客户需求和期望。

二、严格控制　绿色环保

公司严守国家及地方环境保护相关的法律法规条例，减少并预防对周围环境的污染，节约能源，减少资源损耗。同时，公司遵守国际和国家对产品中有害物质含量要求的法律法规条例，不断完善采购和生产过程，减少或消除产品中有害物质对环境的污染，精益求精，不断提高自我要求，以超出国际标准40%的严格比例控制产品中有害物质的含量。

三、质量为本　完善突破

质量是企业竞争取胜的关键，公司全体员工优先保证产品质量，并兼顾效率和成本；通过不断完善和技术突破，提升产品质量、环境和有害物质管理体系的有效性，为顾客提供优质可信赖的产品服务。

良信电器致力于“解决客户的压力和挑战，为客户赢得竞争优势”，并加强与海内外客商的合作与交流，携手推动我国乃至世界低压电器行业的繁荣与发展。

〔供稿单位：上海良信电器股份有限公司〕

秉承优势求发展　继往开来谱新章

——钟祥市新宇机电制造有限公司

振动电机是动力源与振动源结为一体的激振源，其激振力利用率高、能耗小、噪声低、寿命长，可用于各种料仓、料斗、溜槽的仓壁振动，以防止物料滞留，促使物料快速运动，也是自同步直线振动筛、振动给料机、振动给料斗、振动输送机等各种振动机械的激振源，是冶金、电力、矿山、煤炭、油田、化工、粮食加工等国民生产部门的理想设备。

创建于1968年的钟祥市新宇机电制造有限公司(以下简称钟祥新宇)，经过45年的发展，已成为集振动电机、振动设备生产基地，铸造基地和电器设备基地三位一体的，以振动电机、振动机械为主导，以铸铁、铸钢产品和电控产品为支撑的，全国最大的振动电机制造企业和振动机械骨干企业。

2012年，面对复杂多变的国内外经济环境和市场形势，面对资金供应紧张、市场竞争激烈、原材料价格上涨等诸多困难和风险，钟祥新宇带领其下属的两家分公司——钟祥市恒宇公司和钟祥市东方红铸造厂，多方采取措施，积极应对，最终实现产出水平不下滑、经营订货有突破、技术创新有进展，继续保持企业的平稳发展。2012年，公司实现工业总产值5亿元，同比增长23.7%；产品销售收入3.2亿元，同比增长22.64%。

45年来，钟祥新宇致力于振动电机的研制、生产和推广，逐渐在市场、技术、品牌、基础管理方面积聚了较大的优势，保障了企业在振动电机行业的领先地位。

一、市场优势

钟祥新宇是中国电器工业协会中小型电机分会理事单位和中国重型机械工业协会洗选设备专业委员会理事单位。在全国振动电机行业中产品品种、技术水平及市场占有率排名第一，是国内唯一生产全系列高效节能振动电机的厂家。公司产品畅销全国各地，占国内振动电机市场份额的25%，并进入国际市场。公司被中国重型机械工业协会洗选设备专业委员会确定为唯一配套单位，产品也被指定为重点配套产品。

二、技术优势

钟祥新宇先后与华中科技大学、上海电科所、武汉大学、东北大学、西南石油大学建立了产、学、研合作关系，科研开发力量雄厚。技术中心被命名为湖北省振动电机工程技术研究中心，是湖北省省级企业技术中心，具有强大的产品研制和开发能力。现有38名工程技术人员从事产品研发，其中教授级高级工程师2人，享受国务院政府津贴专家2人。

2012年6月，公司研制的VBE系列高效节能三相异步振动电机通过了省级新产品鉴定。该系列电机以高效、节能、节材为出发点，运用大量新技术、新工艺、新材料，高效节能、体型小、重量轻、售价低，效率高于国家标准2~2.5个百分点，安装尺寸与国际接轨，综合性能远优于国内同类产品。全系列产品共55个规格，功率0.25~16kW，额定激振力3~220kN，2、4、6、8极，防护等级IP55，整机使用寿命大于10 000h，能满足各类振动机械的工作需要，广泛应用于油田、煤炭、冶金、矿山、钢铁、水电、铸造、建材、化工等行业，是各类振动机械新型、可靠的激振源。经鉴定，VBE系列三相异步振动电机主要性能参数在国内处于领先地位，达到同类产品的国际先进水平，填补了国内空白，可实现出口创汇，替代进口。该项目是国家重大科技专项项目，获国家实用新型专利授权。钟祥新宇也因此成为国内唯一完成高效节能振动电机全系列产品研发和中试的厂家。

凭借多年积累的技术底蕴，钟祥新宇作为主要起草单位编制和修订了机械行业标准JB/T 5330—2007《三相异步振动电机技术条件》，参与制定了《高效节能三相异步振动电机技术条件》标准，为全国振动电机的设计和生产提供了指导性技术文件。

三、品牌优势

钟祥新宇是国内最早生产振动电机的厂家之一，享有外贸进出口自营权。公司有振动电机和振动设备两类主导产品。其中，振动电机包括VB系列振动电机、VBE系列高效节能振动电机、VBH系列频繁起动振动电机、VBL立式振动电机、VBB系列隔爆振动电机、VLB系列户外隔爆振动电机、VBCB侧板式振动电机、VLBL铝壳长杆振动电机；振动机械包括平动椭圆振动筛、直线振动筛、圆振筛、振动给料机、振动料斗、振动输送机、振动放矿机、带式输送机。

“宇兴”牌振动电机是湖北名牌产品，是国内振动电机行业和广大客户公认的品牌产品，可靠性、技术性能国内领先，市场占有率和生产规模居国内振动电机行业之首。先后获得湖北省重大科学技术成果奖、湖北省星火科技成果二等奖、湖北省科技进步奖三等奖以及国家重点新产品称号，部分产品列入国家火炬计划。

四、基础管理优势

钟祥新宇通过了ISO 9001：2008质量管理体系认证，产品通过CQC认证、CCC认证和CE认证。企业计算机信息管理系统由内部局域网、公司网站、CAD设计系统、互联网等构成，实现了计算机优化设计。精细的基础管理有力地促进了企业的良性循环发展，公司先后获得湖北省高新技术企业、湖北省科技中小企业重点培育企业、湖北省重点培育的100家有发展潜力的中小型企业、湖北省优秀民营科技企业、湖北省著名企业等称号，获得湖北省科技型中小企业创新奖，列入湖北省创新型企业建成试点单位。

〔供稿单位：钟祥市新宇机电制造有限公司〕

产品与项目

介绍电器工业在2012年各类奖项中的获奖情况，公布行业信用等级评价以及质量可信产品推荐的结果

Introducing the winners of various prizes in the electrical equipment industry in 2012, announcing the results of evaluation of credit rating and recommended quality-trustable products in the industry

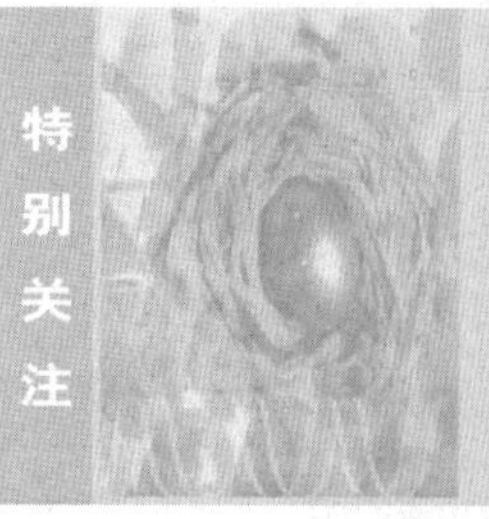

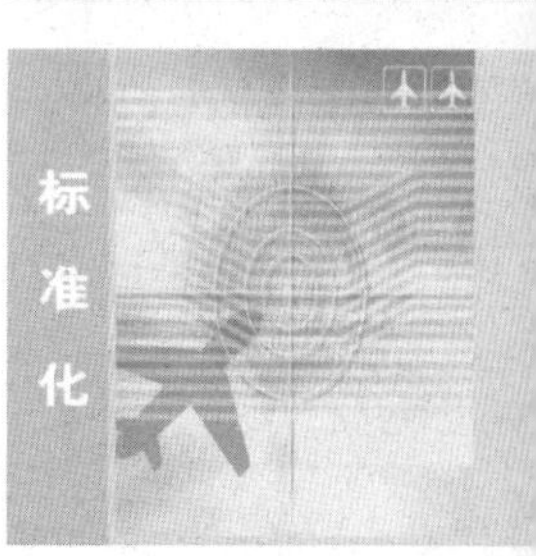

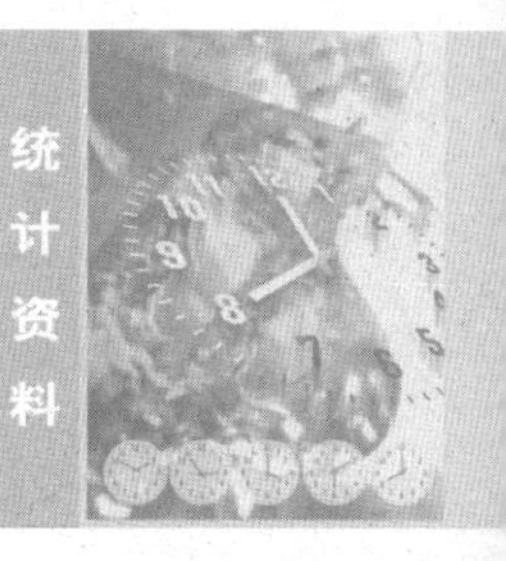

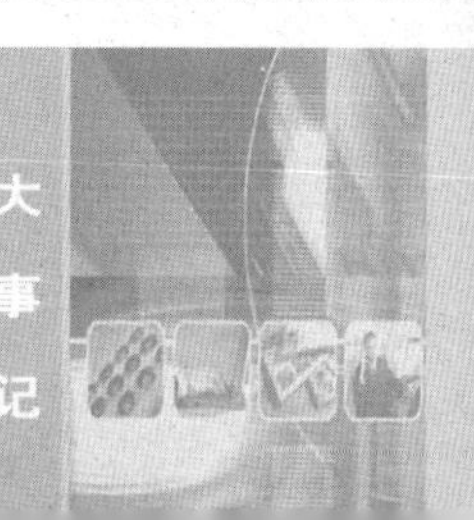

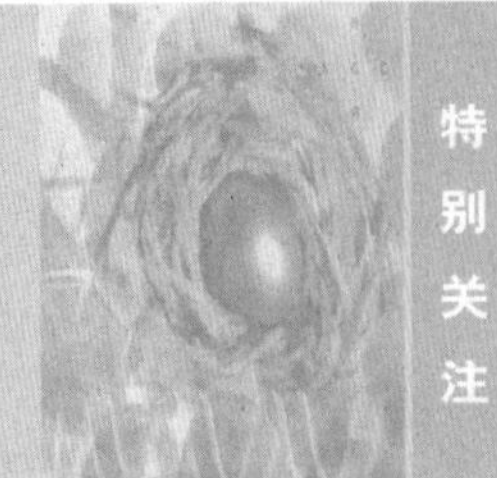

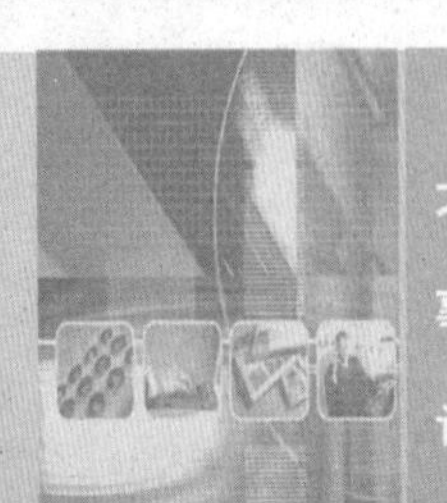

产品与项目

2012年度国家科学技术进步奖获奖项目
2012年度中国机械工业科学技术奖（电工电器项目）
2012—2013年中国电器工业信用等级评价
中国电器工业协会“质量可信产品”推介

2012 年度国家科学技术进步奖获奖项目

项 目 名 称	主要完成人	主要完成单位	获奖等级
特高压交流输电关键技术、成套设备及工程应用	刘振亚、陈维江、宓传龙、林集明、舒印彪、张喜乐、孙昕、钟俊涛、郑宝森、印永华、张猛、韩先才、王绍武、孙永恒、彭开军、丁扬、韩书谟、汪建平、姚斯立、张建坤、袁骏、周孝信、刘泽洪、万启发、张西元、宿志一、李光范、伍志荣、王景朝、邬雄、李正、胡毅、党镇平、何民、梁琮、赵连岐、任春阳、张国良、李瑞生、王永刚、廖俊德、杨林、杨雯、孙竹森、刘开俊、郭剑波、马斌、李明节、刘洪涛、刘鹏	国家电网公司、中国西电电气股份有限公司、中国电力工程顾问集团公司、中国电力科学研究院、特变电工沈阳变压器集团有限公司、国网电力科学研究院、保定天威保变电气股份有限公司、国网交流工程建设有限公司、西安西电变压器有限责任公司、西安高压电器研究院有限责任公司、西安西电开关电气有限公司、河南平高电气股份有限公司、新东北电气(沈阳)高压开关有限公司、特变电工衡阳变压器有限公司、中国电力工程顾问集团华北电力设计院工程有限公司、中国电力工程顾问集团华东电力设计院、中国电力工程顾问集团中南电力设计院、中国电力工程顾问集团东北电力设计院、中国电力工程顾问集团西南电力设计院、中国电力工程顾问集团西北电力设计院、国网运行有限公司、清华大学、西安交通大学、山西省电力公司、河南省电力公司、湖北省电力公司、桂林电力电容器有限责任公司、许继集团有限公司、西安西电高压电瓷有限责任公司、大连电瓷集团股份有限公司	特等奖
开关电器大容量开断关键技术及应用	贾申利、李兴文、史宗谦、陈德桂、王立军、马志瀛、唐春潮、何广丽、魏光林、管瑞良	西安交通大学、常熟开关制造有限公司(原常熟开关厂)、陕西宝光真空电器股份有限公司、河南平高电气股份有限公司	二等奖

2012 年度中国机械工业科学技术奖

(电工电器项目)

2012 年,电器工业共有 58 个项目获得 2012 年度中国机械工业科学技术奖,其中一等奖 2 项、二等奖 22 项、三等奖 34 项。2012 年中国机械工业科学技术奖(电工电器项目)一等奖见表 1。2012 年中国机械工业科学技术奖(电工电器项目)二等奖见表 2。2012 年中国机械工业科学技术奖(电工电器项目)三等奖见表 3。

表 1　2012 年中国机械工业科学技术奖(电工电器项目)一等奖

项 目 名 称	单 位 名 称
10kV 超导变电站关键技术研发及工程示范	中国科学院电工研究所、白银有色长通电线电缆有限责任公司、特变电工股份有限公司、湖南省电力公司科学研究院、中国科学院理化技术研究所、深圳市沃尔核材股份有限公司、河北新宝丰电线电缆有限公司、甘肃省电力公司白银供电公司、湖南省电力公司娄底电业局、华北电力科学研究院有限责任公司
先进高效大型供热汽轮机组关键技术研究及应用	东方电气集团东方汽轮机有限公司

表 2　2012 年中国机械工业科学技术奖(电工电器项目)二等奖

项 目 名 称	单 位 名 称
“0+3”三层共挤橡胶电缆连续硫化生产线	南京艺工电工设备有限公司
多制式模块化绿色 UPS 电源	广东志成冠军集团有限公司、华中科技大学

（续）

项 目 名 称	单 位 名 称
核反应堆用高性能电缆及电工材料	上海电缆研究所、上海特缆电工科技有限公司
中速磨600MW超临界Π型褐煤锅炉研制及产业化	哈尔滨锅炉厂有限责任公司
超高压直流换流变压器瞬态电磁场特性的仿真研究	保定天威集团有限公司、河北工业大学
3.6MW大型风力发电机组	上海电气风电设备有限公司
HJX(D22)-400型硅钢片电动横剪生产线	西安启源机电装备股份有限公司
家用及类似场所用带选择性保护的主断路器(VB60)	上海电器科学研究所(集团)有限公司、法泰电器(江苏)股份有限公司、上海电器陶瓷厂股份有限公司
采用先进流通技术(AIBT)的优化型亚临界300MW汽轮机开发	上海电气电站设备有限公司上海汽轮机厂
智能电网和风力发电系统中节能母线槽的开发及应用	天津电气传动设计研究所、天津天传电控配电有限公司、苏州华铜复合材料有限公司、北京华北长城母线槽有限公司、北京电器有限公司、江苏波瑞电气有限公司、江苏泰宇电气有限公司
高压直流输电换流阀控制技术的研究和推广应用	许继集团有限公司
大容量电力变压器电磁与短路强度分析系统及其工程应用	沈阳工业大学、沈阳变压器研究院股份有限公司、特变电工沈阳变压器集团有限公司、机械工业北京电工技术经济研究所
城市轨道交通车辆电气牵引系统自主研发与应用	株洲南车时代电气股份有限公司
小体积、轻量化的中压真空断路器	常熟开关制造有限公司(原常熟开关厂)
中压大容量系列交流金属封闭开关设备	天水长城开关厂有限公司
JF-9955环氧酸酐VPI树脂	苏州巨峰电气绝缘系统股份有限公司
多变频单元集中控制在电机系统节能中的应用	上海电器科学研究所(集团)有限公司、上海电机系统节能工程技术研究中心有限公司、山西防爆电机(集团)有限公司、上海电科电机科技有限公司、上海格立特电力电子有限公司
响水涧水泵水轮机设计开发	哈尔滨电机厂有限责任公司
126~550kV GIS三维全形态工程设计及应用	西安西电开关电气有限公司
磁通可控式电机与控制系统关键技术研究及产品开发	江苏大学、东南大学、常州市武起常乐电机有限公司
极端条件下系留缆系统的解决方案及其典型应用	上海电缆研究所
60Hz 300MW等级汽轮机研制	哈尔滨汽轮机厂有限责任公司

表3　2012年中国机械工业科学技术奖(电工电器项目)三等奖

项 目 名 称	单 位 名 称
QFZ1405/QFZ1406/QFZ1407型散热器风扇总成关键技术研究及产品开发	上海日用-友捷汽车电气有限公司
交联聚乙烯绝缘无卤低烟阻燃中压耐火电力电缆	宝胜科技创新股份有限公司
额定电压26/35kV及以下乙丙绝缘风能耐扭动力电缆	江苏上上电缆集团有限公司
15kV/80kA真空发电机断路器研制	西安高压电器研究院有限责任公司
钕铁硼永磁与电磁混合励磁稳压发电装置	山东理工大学
钢芯高导电率(63%IACS)铝绞线	远东电缆有限公司
YB3系列隔爆型三相异步电动机	南阳防爆电气研究所有限公司
TWPD-2623便携式局部放电巡检仪	保定天威集团有限公司、保定天威新域科技发展有限公司
ZF15-363(L)(G)/Y4000-50型气体绝缘金属封闭开关设备	新东北电气集团高压开关有限公司
改进型400MW级燃气轮发电机	上海电气电站设备有限公司
超高压三相一体可调并联电抗器	特变电工衡阳变压器有限公司
S(B)H15-(M)-30~1600/10系列非晶合金变压器	通变电器有限公司
WKB-800A系列微机电抗器保护装置	许继电气股份有限公司
WXH-803B微机线路保护装置	许继电气股份有限公司

（续）

项目名称	单位名称
KBSGZY-T-1600~2500 矿用隔爆型移动变电站	许继变压器有限公司
WBH-810A 系列微机变压器保护装置	许继电气股份有限公司
CBZ-8000B 数字化变电站自动化系统	许继电气股份有限公司
旋弧高压断路器关键技术及应用	沈阳工业大学
用激光检测变压器绕组短路振动幅向模拟信号及分析	沈阳变压器研究院股份有限公司
百万千瓦火电机组凝汽器	上海电气电站设备有限公司
深水舰船用无卤耐海水腐蚀纵向水密封电缆	江苏远洋东泽电缆股份有限公司、上海电缆研究所
应用于 700MW 三峡机组主绝缘定子线棒的云母带	哈尔滨庆缘电工材料股份有限公司
SS70H-40A 海洋钻井平台石油钻采电传动控制系统	天水电气传动研究所有限责任公司
可直接焊漆包线的点电焊机	广州微点焊设备有限公司
WK 系列大型矿山挖掘机变频调速多传动带回馈电控设备	湖南科通电气设备制造有限公司
大型并网风电机组关键技术研究与应用	浙江运达风电股份有限公司、浙江大学
SCB13-RL 立体卷铁心树脂绝缘干式变压器	广东海鸿变压器有限责任
非晶硅白膜光伏组件	保定天威集团有限公司、保定天威薄膜光伏有限公司
具有多压力释放通道的双层开关设备	福州大宇电气股份有限公司
绥中 1 000MW 超超临界锅炉自主开发	东方电气集团东方锅炉股份有限公司
直流 800kV 棒形悬式复合绝缘子系列	新疆新能天宇电工绝缘材料有限公司
1 100kV GIS 装配工艺技术研究	河南平高电气股份有限公司
SBH-100A 系列换流变成套保护装置	许继日立电气有限公司
GB/T 22676—2008 冲击电钻 GB/T 22761—2008 电圆锯	弘大集团有限公司

10kV 超导变电站关键技术研发及工程示范

该项目是《国家中长期科学和技术发展规划纲要(2006—2020 年)》之前沿技术“高温超导技术”的重点发展方向，是我国在超导电力技术方面取得的系统性、突破性进展，具有里程碑意义。该项目全面系统地突破了大型高温超导磁体的稳定性和设计制造技术、大容量通电导体设计和制造技术、低温容器设计制造技术、多功能功率变换技术、集中式低温制冷技术、综合性在线监测和控制技术、超导变电站系统集成和匹配协调运行技术等关键科学技术问题，研制出 1MJ/0.5MV · A 高温超导储能系统、10.5kV/1.5kA三相高温超导限流器、630kV · A 10.5kV/0.4kV 三相高温超导变压器和 75m/10.5kV/1.5kA 三相高温超导电缆等多种新型超导电力装置，并通过重大集成创新建成了世界首座超导变电站，实现了应用示范，形成了超导电力技术的系统性解决方案。

该项目实施后共计申请发明专利 89 项，其中 58 项已授权；发表高水平学术论文 196 篇，其中 SCI 收录 63 篇，EI 收录 41 篇。

超导变电站于 2011 年 2 月 16 日投入实际电网示范运行，测试及示范运行表明：超导变电站的额定电压为10.5kV、额定容量为 630kV · A、最大可利用储能量达到 1.08MJ、功率变换装置额定输出功率达到 0.5MV · A，可在 5ms 时间内响应短路故障并大幅度地限制故障短路电流，可实现 10.5kV 侧电网电压谐波畸变率和输出电流谐波畸变率分别小于 0.7%和 1.5%、功率因数大于 0.99 的电能供应，在提高供电质量和供电安全方面具有十分明显的效果。超导变电站的总体技术水平和运行指标均处于世界领先地位。

先进高效大型供热汽轮机组关键技术研究及应用

先进、高效大型供热汽轮机组已被世界各国公认为提高能源利用效率和保护环境的重要手段。该项目从 2006 年开始立项自主研发，主要研究成果如下：

（1）提升了供热机组主蒸汽参数和机组容量，主蒸汽参数覆盖亚临界至超超临界，功率等级 330~660MW。

（2）分析研究了供热机组速比、焓降、反动度、级数、根径匹配关系，确定了效率优异的通流设计方案。

（3）针对供热机组抽汽参数、抽汽量和抽汽级数变化大的情况，系统研究了供热机组轴系动特性规律，揭示了供热机组高中压分合缸的设计特点和原则。

（4）针对供热机组运行特点，自主开发了“以热定电”“热电分调”“牵连调节”控制技术，实现了在一台机组上提供两级供热抽汽，多种抽汽参数组合的可调整双抽供热抽汽汽轮机。

（5）研制了中压调节阀参与调节高压供热抽汽技术，研制了性能可靠的节流型旋转隔板和座缸式大口径供热调节阀技术。

（6）分析研究了高温冷却技术、防汽流激振技术、防固体微粒冲蚀技术，确定了先进有效的技术措施。

（7）研制了凝结水补水除氧装置。

主要代表机型：330MW 亚临界双抽、单抽供热机组，350MW 超临界双抽、单抽供热机组，600MW 超临界双抽、单抽供热机组，660MW 超超临界供热机组。

截至 2011 年年底，采用该项目成果共签订 47 台份经济合同，其中 25 台已投入商业运行。

“0+3”三层共挤橡胶电缆连续硫化生产线

当前，国内的三层共挤一次成形橡胶电缆连续硫化生产线均为进口产品，国外也仅有德国的 TROERST，芬兰的 NOKIA、NEXTROM，瑞士的 MAILLEFER 和美国的 Davis 等少数几家公司可以生产制造。

该项目的发明创新点：

（1）三层一次成形挤出，同时具有单层、双层功能，特别适于 6～35kV 中压橡胶电缆。

（2）新结构，强制喂料、水模温机控制，采用高效多功能螺杆新技术。

（3）模头短导胶段、多变流线型流道结构，均匀包覆和完好合缝。

（4）半悬链布置，悬垂控制。

（5）恒张力控制。

（6）水汽平衡和三回路冷却水循环自动控制。

（7）全线自动控制。

它是国内自主设计并制造的第一条三层一次成形挤出橡胶连续硫化生产线，已通过省市两级新产品投产鉴定，属于国内领先、国际先进水平，打破了我国此类设备依赖进口的现状。

中速磨 600MW 超临界 II 型褐煤锅炉研制及产业化

褐煤燃烧技术一直是世界性难题，此前我国燃用的褐煤亚临界锅炉一直依赖进口。

哈尔滨锅炉厂有限责任公司针对褐煤着火、稳燃、低污染物排放、避免结焦等技术难题开展攻关，开发出与大容量褐煤相适应的锅炉热力、壁温技术、水动力计算软件，首次在 600MW 超临界褐煤锅炉上成功应用新型切圆燃烧系统，完成了大容量褐煤锅炉整体布置方法，制粉系统与锅炉总体布置及炉膛、燃烧器等设备的耦合技术，自主化低 NO_x SOFA 风技术，炉膛传热及水动力特性，防炉膛结渣技术，锅炉制造工艺等关键技术的开发，研制出拥有完全自主知识产权的 600MW 等级配中速磨直吹式制粉系统的超临界褐煤锅炉系列产品，并形成完善的技术标准和技术规范。

哈尔滨锅炉厂有限责任公司自主设计开发的大容量高参数褐煤锅炉系列产品达到了国际先进水平，针对不同特性褐煤在制粉系统、锅炉整体布置、炉膛、燃烧器等关键技术的耦合与优化达到了国际领先水平，并获软件著作权 1 项。该炉型订货 23 台（套），投运 4 台（套），出口印度 9 台（套）。

该项目填补了国内空白，使哈尔滨锅炉厂有限责任公司成为国内唯一拥有大容量褐煤锅炉自主设计、制造和运行业绩的厂家，极大地提升了我国电力装备制造业的技术水平、自主创新能力和市场竞争力。

超高压直流换流变压器瞬态电磁场特性的仿真研究

该项目系统地研究了超（特）高压直流换流变压器、平波电抗器等输变电设备复杂的三维实体结构和多介质、非线性、非正弦瞬态电磁场及高次谐波损耗等的工程算法，提出并建立了可求解的二维、三维有限元及场-路耦合计算模型和提高计算效率与可靠性等一系列有效的方法措施；开发了超（特）高压直流换流变压器瞬态电磁场及高次谐波损耗等特性参数仿真软件包，兼具理论性、通用性及工程实用性；通过模型和典型产品的试验方法研究与验证分析，变压器电磁场量与性能参数的计算精度满足工程设计需要，部分参数优于国外西门子结果，为产品设计提供了技术先进、方法可靠和方便实用的多功能集成化计算工具；通过典型产品复杂电磁场问题研究，获得了换流变压器瞬态电磁场的分布规律和创新性应用结论，实现了超（特）高压直流换流变压器与平波电抗器关键技术的引进、消化、吸收、再创新，解决了我国在特高压交直流输变电产品设计方面经验数据少、电磁场关键应用技术短缺的复杂技术瓶颈问题，并确保了设计制造产品在国内外市场竞争中的优势地位。

该项目研究成果已广泛应用于变压器新产品的研发及优化设计中，实现了超（特）高压直流换流变压器国产化自主设计和电磁技术的重大突破。项目组通过对变压器结构进行电磁场优化分析与设计，共获得拥有自主知识产权的国家专利9项，参加国内外电磁场与高电压等专业学术会议10次以上，在国内外核心期刊发表科技论文近40篇，出版专著（合著）3本。

2011年，该项目通过了省级科技成果鉴定，总体技术性能达到国际领先水平。

3.6MW大型风力发电机组

该项目主要研究大型海上风力发机组整体集成技术，并对发电机、变频器、叶片等核心部件开展了研发工作。3.6MW陆上样机已于2010年8月在临港新城试验风场投运，海上样机已于2011年10月在东海大桥二期风电场投运。

该项目开发的3.6MW海上风机，单台年发电量可达900万kW·h，满发功率3 600kW，叶轮直径116m，起动风速3.5m/s，额定风速11.3m/s。与国际同类机组相比，叶轮直径大，起动风速低，更适合中国低风速条件下使用。风机整体性能先进、质量可靠，达到了国际先进、国内领先水平。

HJX（D22）-400型硅钢片电动横剪生产线

该生产线主要用于变压器铁心硅钢片的剪切生产，为西安启源机电装备股份有限公司自主研发的第三代硅钢片横剪设备，是集成电动伺服驱动技术、现场总线控制、中心定位系统、无地坑缓冲技术于一体的硅钢片剪切设备，可完成中小型全斜接缝铁心的边柱片、轭片和中柱片的冲缺冲孔及剪切，生产效率高、剪切精度高。该设备整体技术处于国内领先、国际先进水平。

主要技术性能参数：剪片宽度40～440mm、剪片长度350～2 500mm、剪片厚度0.25～0.35mm、送料速度214m/min、剪切毛刺≤0.02mm、剪切角度精度±0.05°、剪切长度精度±0.02mm/2m。

主要技术特点：电动伺服剪切技术、基于Profibus、AS-i现场总线和Ethernet控制技术、具有自主知识产权的专用变压器铁心片型剪切控制程序软件、自主研制的专用硬质合金刀具和导轨（专利技术）、全线采用中心定位结构、多轴数字运动及定位控制系统设计、无地坑放料缓冲技术、高精度送料系统、高精度冲缺装置、全自动片型运算功能、中心定位理料功能以及更具优化的片形剪切算法。

该设备已批量生产，出厂30余台，其中出口9台，应用于西门子、天津特变、武汉金盘、海南威特、山东达驰、保定天威等国内外知名变压器生产企业。

家用及类似场所用带选择性保护的主断路器（VB60）

该项目研究了有关带选择性保护小型断路器（SMCB）的新技术、新工艺、新材料、新设备，开发出家用及类似场所用带选择性保护的主断路器VB60，制定了GB 24350《家用及类似场所用带选择性的过电流保护断路器》国家标准。

VB60具有过载短延时、过载长延时、短路分断保护功能，并派生出剩余电流模块、智能模块和各种附件。

I_{nm}:100A；U_e:230/400V；I_n:20～100A；I_{cn}:15kA；单极宽度27mm。

VB60属完全创新设计，技术性能达到国际先进水平，填补了国内空白，具有自主知识产权，打破了国外同类产品的技术垄断。

VB60派生出带通信接口的智能模块，使我国终端电器首次具备网络化控制技术，为智能电网用户端提供一种新型智能化终端电器。

采用先进通流技术（AIBT）的优化型亚临界300MW汽轮机开发

该项目对300MW两缸两排汽机组采用AIBT通流技术进行通流部分整体优化改造，改造投运后300MW亚临界机组整体表现优良，机组的起停灵活性和运行稳定性以及安全性都大幅度提高，汽轮机高压缸效率达到

87%，中压缸效率达到93%，低压缸效率达到89%，汽轮机进汽能力明显增强，机组热耗水平大幅降低，实现了电厂的增容及节能减排。该项目的整体技术已达到国际先进、国内领先水平。

智能电网和风力发电系统中节能母线槽的开发及应用

该设备主要由导体母线、绝缘支撑件、外壳、固定件等组成，产品完全符合GB 7251.2—2006《低压成套开关设备和控制设备　第2部分：对母线干线系统（母线槽）的特殊要求》及相关标准的各项要求。

新型节能母线槽外壳采用铝镁合金型材，由两侧板和上下盖板而成，侧板上设计了散热片和燕尾槽，有利于母线槽的散热，加强了外壳刚度，减轻了母线槽重量，便于安装。同时，铝镁合金是弱磁性材料，在其上产生的涡流及磁滞损耗小、电能损耗低，因此可提高载流能力，降低运行温度。通过在母线槽上安装温度监控系统和漏电监控系统，对母线槽接头部位的温升和漏电故障进行实时监控，实现对母线槽的智能管理和控制，有效预防火灾的发生，提高了母线槽运行的安全性，也保障了母线槽有效运行，增强其使用寿命，更使母线槽产品迈向智能化，同时弥补了国内同类产品在智能化方面的不足。

铜铝复合母线可以以较低的成本选取较大截面，减小导体电阻，降低了母线槽的运行温度，提高了安全性能，更重要的是降低了能耗，达到节能效果。

高压直流输电换流阀控制技术的研究和推广应用

高压直流输电换流阀控制技术是在高压直流输电和特高压直流输电系统中，保障直流系统稳定运行的基础技术。长期以来，该项技术一直掌握在国外少数几家企业手中，造成了国内高压直流系统建设成本高、运行维护麻烦、产品兼容性差、后期备品备件无法可靠保证等问题，对直流系统的稳定运行非常不利。

研究成果包括：实现了高速信号处理技术在高压领域直流换流阀控制中的应用，解决了低电压控制系统在高压阀厅中的电磁兼容问题，创新应用了冗余系统的控制技术和系统切换技术，整合了光控换流阀和电控换流阀的控制技术，制定了完善的高压直流输电阀控系统的制造工艺，研制开发了高压直流输电换流阀控制设备。

采用该研究技术开发的高压直流输电换流阀控制设备应用在葛洲坝—上海的±500kV高压直流输电工程中，自2010年4月运行以来，系统一直运行稳定、可靠。

2011年4月，该项目通过了国家能源局组织的鉴定。结论为：填补了国内空白，整体水平达到国际先进水平，部分指标达到国际领先水平。

通过该项目的实施，采用自主技术的换流阀控制设备实现了在国内首台、首套的运行，打破了国外技术垄断，增强了自主创新能力。

大容量电力变压器电磁与短路强度分析系统及其工程应用

找国110kV及以上的变压器因短路强度不够引起的损坏事故已成为变压器事故的首要原因。因此，变压器设计要求具有足够的抗短路能力，其关键是突发短路时变压器漏磁场与绕组所受的电动力、绕组的稳定性和强度的计算、分析、试验以及相关设计与制造技术。

该项目研究大型变压器电磁场、绕组短路强度计算方法和分析技术，开发工程实用分析系统，可为工程设计人员提供有效的设计工具，对我国自主研制具有国际领先水平的超高压、特高压大容量变压器，提高电网运行可靠性具有重要意义。该项目得到国家自然科学基金和辽宁省科技攻关计划立项支持。

主要内容和创新成果如下：

（1）提出了模拟变压器在突发短路事故工况下的瞬态涡流场的场路耦合模型及绕组动态力计算模型并进行求解，解决了以往采用解析法或电流迭代方法计算误差大的问题，直接引入瞬态过程的电压约束条件，将电磁场和瞬态电流同时求解。

（2）采用数值计算方法和短路动态分析方法，自主开发工程实用的电磁与短路强度分析系统。该系统可用于计算和分析各电压等级、容量的变压器线圈短路力问题，具有良好的人机交互界面和前后处理功能，满足工程要求，已推广应用于变压器制造行业。

（3）计算和分析了变压器短路和空载合闸、重合闸工况下的绕组电动力分布规律。分析了合闸相角、铁心剩余磁通对电流的影响，进而分析了相应的绕组短路强度和稳定性。

（4）建立了变压器绕组固有频率计算模型和分析方法，计算给出了不同预紧力作用下的绕组固有频率，并通过实验验证了方法的正确性。

(5)针对110~1 000kV电压等级多台大容量电力变压器进行了电磁与短路强度分析,给出了机械强度判据和设计依据;研发了绕组抗短路能力的技术并用于变压器研制,产品通过了短路试验考核,具有较强的工程实用性。

成果已应用于20余家企业大型变压器设计、研制和专题分析,发表学术论文28篇。

城市轨道交通车辆电气牵引系统自主研发与应用

电气牵引系统是决定车辆运行性能的核心系统,城市轨道交通车辆电气牵引系统包括交流电传动系统、网络控制与诊断系统、辅助电源系统等三大关键系统。长期以来,该系统的核心技术一直被国外跨国公司如西门子、庞巴迪等垄断,导致车辆采购价格昂贵、维护困难,严重制约了我国城市轨道交通的发展。南车株洲电力机车研究所有限公司自"九五"期间开始投入资金和技术人员进行研究,通过国产化地铁、北京13号线国产化电动客车、上海地铁1号线等重大项目研制,突破了关键技术,形成了工程化和产业化的自主电气牵引系统平台。

当前已研制出适用于直流750V和直流1 500V两种供电制式和两种主要车型(A、B)、拥有完全自主知识产权的电气牵引系统产品及平台,取得了如下的重大突破和创新:

(1)关键基础理论取得重大突破。在列车运行模态计算、实时控制及智能诊断、交流传动非线性系统匹配等理论上取得重大突破。

(2)全面攻克电气牵引系统核心部件及系统集成技术。在电传动系统设计技术、IGBT牵引变流器技术、交流传动控制技术、网络控制与诊断技术、大功率辅助电源系统集成及控制技术等关键技术取得突破。

(3)创建系列化产品平台,适应产业化需求。如IGBT模块系列化产品平台、传动控制硬件平台、高性能传动控制软件平台、高可靠性的网络硬件平台等。

(4)形成系列标准成果,提升行业标准化水平及国际地位。

该项目已获得国家发明专利26项,制定国家标准3项,发表论文15篇。

小体积、轻量化的中压真空断路器

常熟开关制造有限公司综合集成研究了机械、电器、力学、材料和可靠性等一系列先进技术,自行设计开发了拥有自主知识产权的小体积、轻量化的中压真空断路器,产品灭弧能力强、可靠性高,具有电气寿命长、现场维护方便、对环境无污染等优点,技术性能指标处于国内同类产品领先地位,达到国际同类产品先进水平。

项目主要内容:

(1)开发具有高可靠、高抗污染能力,维护方便的固封极柱型CV2-12高压真空断路器,其额定电流630~3 150A。该系列是在国内率先开发的小体积、轻量化的中压真空断路器,采用低压机构中压化的设计理念,实现400V至10kV的机构统一化设计和附件统一化设计,便于维修更换;设计小型化、高可靠的CV1-12系列户内高压真空断路器,额定电流630~4 000A。

(2)设计开发CV1-24高压真空断路器。其体积小、容量大,全系列产品配柜宽度均为1m,3 150A规格的额定短路电流在全国率先达到40kA,断口间额定工频耐压达到业内最高等级79kV,断口雷电冲击耐受电压145kV。

(3)设计开发具有国内最小体积的高压真空断路器CV1-40.5,满足小型化开关柜1.2m的要求,既保证绝缘要求,又减少占地面积。

该项目产品2011年销售2 877台,获得销售收入4 072万元;新增利润386万元,新增税收328万元。

中压大容量系列交流金属封闭开关设备

大容量系列交流金属封闭开关设备主要包括i-AT2-15(Z)/T6300-80固定式交流金属封闭开关设备及i-AY2-15(Z)/T5000-63移开式交流金属封闭开关设备,具有大参数、高开断、高可靠等特点,技术性能达到国际领先水平。自然风冷条件下工作电流达到6 300A,高开断能力达到80kA;额定电流5 500A,高开断能力达到63kA。

该项目产品现已配装天水长城开关厂有限公司自行研发的发电机断路器供货,解决了大容量发电机出口处开关设备的难点问题,带动与之并柜其他规格产品的供货。截至2011年12月31日,累计实现销售收入11 931.24万元,实现工业利税906.78万元。

JF-9955 环氧酸酐 VPI 树脂

环氧酸酐 VPI 树脂不含稀释剂，VOC 排放量极少，清洁环保，符合绿色环保的发展要求，属于环境友好型产品。高压电机线圈经环氧酸酐树脂 VPI 处理，可形成无气隙绝缘，保证线圈绝缘各部件的连续性和较高的导热性，提高槽满率和防潮性能，提升电机的技术经济指标和可靠性，是国际公认的先进绝缘系统。国外只有西门子、丰罗等几家公司生产，黏度大，需加热浸渍，同时价格昂贵，供货周期长，使用不方便。国内由于没有生产分子蒸馏级环氧树脂的技术，环氧酸酐 VPI 树脂的制造仍处于空白阶段。

苏州巨峰电气绝缘系统股份有限公司在国内首家采用分子蒸馏技术，生产 JF-9955 环氧酸酐 VPI 树脂，可替代进口产品，打破了国外技术封锁和垄断，实现环氧酸酐 VPI 树脂的国产化。

该项目采用分子蒸馏环氧树脂制备技术、多官能团小分子环氧树脂精制技术、液体酸酐纯化技术等制备 JF-9955 环氧酸酐 VPI 树脂，全面考察混合树脂的贮存稳定性，树脂固化物的电气性能、耐热性能、力学性能等，进行线棒试验，确定综合性能最好的配方。采取高度密封和真空设备，防止生产过程中引入水分，保证树脂的稳定产生。经权威机构检验，性能与国外先进水平产品相当，已通过中国机械工业联合会组织的产品鉴定，获授权发明专利 1 项、实用新型专利 3 项，已公开发明专利 4 项，发表相关论文数篇，制定企业标准 1 项。

多变频单元集中控制在电机系统节能中的应用

电机系统是我国实施节能减排工程及低碳经济重点关注领域。作为实现电机系统节能的主要措施，变频调速节能技术已列入《十大重点节能工程实施方案》。

各种高性能变频器被广泛应用于电机系统变频调速，多变频单元集中控制更是以其节能效果显著、控制灵活等诸多优点在多负载并联驱动中具有独特优势，因此，多变频单元集中控制已成为电机系统节能减排工程不可替代的重要手段，是落实国家电机系统节能减排政策重要措施之一。较之单个变频系统，多变频单元集中控制带来了新的技术难题，突出表现在电机系统的功率平衡和为实现精准节能调速而进行的负载预测。

难点 1：电机系统的功率平衡。在多变频单元集中控制条件下，变频器往往处于多机随动状况，尤其对于钢缆机和带式输送机这类设备，经常是负重载起动，若此时直接工频起动，将造成设备永久性损坏（如：带撕裂、钢缆跳槽、掉绳和电机烧损等），甚至造成人身事故。采用变频调速时，功率不平衡的矛盾更为突出。

难点 2：电机系统的负载预测。电机系统设备普遍存在着欠载运行的现象；电机系统设备很多场合都为群组运行，一个系统往往由几套甚至几十套设备组成，要实现精准控制、有效调节，负载预测难题凸显。

针对多变频单元集中控制在功率平衡技术、负载预测、并联控制技术等方面存在的技术难点，通过研究多电机集中拖动设备稳态、动态运行时不平衡原因、系统动态运行的数学模型，首次提出多种实用的电机驱动负载模型，并实现计算机模拟控制，先后攻克了多电机集中拖动设备的起动/停止、突加/突减负载、逐加/逐减负载和调速过程中的功率平衡问题等关键技术，在多电机集中拖动设备功率平衡、负载仿真实验、负载预测节能控制、多台变频单元同频、同相位、多变频单元低环流并联等方面实现了突破。开发的国内首套多电机集中拖动设备群组系统变频调速节能控制系统、宽范围模拟负载装置、大功率变频电源，填补了国内空白，经过第三方检测，节电率达到 20% 以上，动态过程功率不平衡率仅为 5%，主要技术达到国际先进水平。

该项目共申请发明专利 4 项（其中已授权 1 项），实用新型专利 8 项（其中已授权 7 项），在国内核心期刊发表论文 9 篇。已实现销售收入 3.5 亿元。

响水涧水泵水轮机设计开发

2000 年以前，我国抽水蓄能电站主机设备几乎全部进口。2003 年国家发展和改革委员会研究决定，以市场换技术，通过统一招标和技贸结合的方式，引进抽水蓄能电站机组设备设计和制造技术。

响水涧抽水蓄能项目是打捆招标技术引进后第一台国产蓄能机组。依托该项目开展了国家科技支撑计划课题——大型抽水蓄能机组水泵水轮机研制，响水涧水泵水轮机设计开发是该课题的一个重要分支课题。

该项目的技术关键和研发成果：开发了性能优良的 HLNA999 水泵水轮机转轮；水泵水轮机总体设计先进合

理,保证机组优良的结构性能;.完善了自补偿径向式主轴密封结构的设计,有效地提高了蓄能机组主轴密封的可靠性;采用自泵内冷却中心支顶轴承,结构简单,运行可靠;将疲劳设计概念引入水泵水轮机部件设计;能够准确把握判断水泵水轮机结构的刚强度计算结果,对部件的固有频率进行计算,避免共振现象发生;开发完善了蓄能机组中压气系统的设计、计算。

响水涧蓄能机组于2011年12月25日完成15天试运行,2012年12月29日投入商业运行,机组运行稳定,工况转换快捷,各项性能指标优良,标志着该课题获得了完全成功。

响水涧水泵水轮机是具有自主知识产权的产品,它的研究成功标志着哈尔滨电机厂有限责任公司已经具备独立研发制造大型抽水蓄能机组的能力,填补了我国自行设计制造大型抽水蓄能机组的空白,打破了国外公司对抽水蓄能机组的垄断。

126~550kV GIS三维全形态工程设计及应用

该项目是对传统气体绝缘金属封闭开关设备(GIS)工程设计技术的提升,实现了GIS工程从二维设计到三维设计的技术飞跃。

利用三维UG软件建立GIS数据模型,并在此基础上进行部件、元件、间隔以及产品级别的装配模拟,其中三维全形态的GIS工程设计为国内首创。应用三维全形态工程设计提前对设计结构进行验证,有效减少设计差错,降低设计和制造成本,进而用全形态的三维工程设计验证来代替当前车间全形态的实物装配验证,减少了厂内装配工作量和充放气次数,降低了对环境的污染,在保证质量的前提下,缩短产品生产周期。

在TeamCenter环境下,利用UG软件对产品进行三维设计模拟,而后将设计模型和PDM系统关联自动生成设计BOM数据,由TCM系统产生工艺信息后下传数据到生产系统,杜绝以往手工搭建设计BOM存在的缺陷,保证了设计数据的准确性。

该项目成果综合技术性能达到国际先进、国内领先水平,并获得了中国西电集团2011年科学技术奖特等奖。截至2011年年底,西开电气工程设计处已在126~550kV GIS工程技术准备中全面实现了从二维到三维的转变,共完成180多个工程,计1 200多个间隔三维技术准备。根据车间装配和现场安装情况,三维全形态工程设计使得设计差错率显著降低,装配工作更加顺畅,对指导生产具有极其重要的积极意义。同时,三维设计实现了企业内部门间数据共享,为可视化装配工艺提供了数据支持,为前期同用户的技术交流和现场装配提供了直观的依据。

磁通可控式电机与控制系统关键技术研究及产品开发

就技术层面而言,“电池、电机、电控”是纯电动汽车的三大共性关键技术。三个关键技术中,电池技术相对独立,电机与电控则结合相对紧密。在电池能量密度未取得重大突破之前,电机及其驱动控制系统的技术发展水平直接影响电动汽车的整车性能,成为衡量电动汽车技术水平的关键标志之一。因此,针对电动汽车运行场合,进行深入系统的研究,提出适合电动汽车等应用场合的牵引电机及其驱动控制技术,不仅具有重要的理论意义,也具有重要的工程实用价值。

课题组以适合我国交通和道路国情的微型电动汽车为切入点,针对微型电动汽车等应用场合对驱动电机性能的要求,在研究传统永磁电机、新型定子永磁型电机、电励磁电机以及直流电机的基础上,提出了一类“磁通可控式电机”,并紧紧围绕“磁通可控式电机及其驱动控制技术”,取得了多项原创性的科研成果,部分关键科研成果推广、应用到微型电动汽车的驱动控制系统。

理论研究方面:

(1)提出了多种具有原创性、结构新颖的磁通可控式电机,获得授权国家发明专利7项、实用新型专利3项,并有部分专利实施许可或转让相关企业。

(2)丰富和发展了磁通可控式永磁电机、磁通可控式直流电机设计、分析和控制的一般理论,在国内外核心期刊以及本领域重要国际会议上发表论文50余篇,其中SCI检索十余篇。培养硕士生、博士生近20名。在该领域的理论研究水平处于国内领先地位。

成果推广应用方面:

(1)研究中注重科研成果的转化,将磁通可控式电机研究理论中“宽调速电机设计理论和技术”“在线效率优化技术”以及“在线磁场控制技术”等研究成果引入定子永磁型电机、传统他励直流电机,开发出一类“磁通可控式电机及其电控系统”,满足了微型电动汽车频繁起动、重载爬坡、高速巡航以及回馈制动等不同运行工况下的动力性能要求,有效解决了该领域一般驱动电机及系统存在的“低压起动性能较差、加速或爬坡能力低”等具有共性的技术难题。

(2)研发的电机及其电控系统已经实现产品化并大批量生产,月供电机及电控系统逾4 000套。截至2012年2月,已累计供货近70 000套,实现新增产值近31 000万元,在国内微型、低速电动汽车市场中,市场占有率在60%以上。

极端条件下系留缆系统的解决方案及其典型应用

在极端条件下的系留电缆是一种集电力输送、信号传输、强力拖曳等功能于一体的综合电缆。该电缆是连接高空设备与地面设备、水下探测设备与主船、油井深层探测设备与地面基地间联系的纽带，充分保证了这些设备的能量供应、信号传输以及强力可靠连接。

这是我国第一次全面针对高空领域、海洋探测领域以及陆地油田深层探测领域等极端条件下使用的系留电缆进行专门的研究，在深入研究系留缆系统在海洋领域、高空领域以及陆地油田深层探测应用领域的共性和差异性的基础上，完成了满足典型应用条件下的三套系留缆系统解决方案：气球拖曳光电复合脐带电缆系统、油井勘探用超声波增油用特种铠装电缆系统、高强度小直径通信兼系留脐带电缆系统。

该系列电缆的研制成功，打破了国外对我国的技术垄断，填补了国内空白，同时迫使国外厂家降低价格，为我国节省了大量外汇。

该项目获得实用新型专利4项，发表科技论文3篇，批量生产超过1 000万元。

60Hz 300MW 等级汽轮机研制

全转速的60Hz 汽轮机转速为3 600r/min，转速的升高和离心力的增大给汽轮机的设计带来很大的难度，叶片强度、轴系安全性、轴承设计等都需要进行针对性的研发，大量的设计标准需要重新制定。

项目研制中开发的多项新技术：

(1)开发了自带阻尼围带、凸台拉筋结构，适用于60Hz 300MW 等级汽轮机的全钢1 017mm 末级长叶片。

(2)建立了60Hz 汽轮机的企业设计体系。形成了轴系及轴承的设计标准、叶轮及联轴器螺栓的安全评估标准、动叶片的动强度考核标准，为开发60Hz 汽轮机系列提供了设计基础和考核依据。

(3)开发了适应60Hz 运行要求的主油泵并形成了试验规范，满足了润滑油系统流量及压力的要求。

该产品设计思路新颖，集成了大量先进技术。机组结构紧凑、安全性及经济性良好。性能考核试验显示，技术指标优于设计值，产品技术性能达到国际先进水平。

该产品已进入国外市场，当前订货7台，执行3台。累计实现销售收入30 005万元，利润5 677万元，税收1 972万元。

QFZ1405/QFZ1406/QFZ1407 型散热器风扇总成关键技术研究及产品开发

QFZ1405/QFZ1406/QFZ1407 型散热器风扇总成用于上海通用汽车科鲁兹/英朗轿车的发动机、水箱和空调冷却系统的散热。

项目产品具有以下特点：

(1)具有功率大、体积小、材料省、效率高、抗振、重量轻、节能降耗可靠性好、使用寿命长、拆卸方便等优点。

(2)合理的叶型设计，使风扇总成冷却效果、噪声、主观舒适性等优于类似产品，并满足整车的冷量要求。

(3)合理的护风罩设计，使产品用料省、变形小、抗振能力强。

(4)电机采用了特殊的滤波电路，能有效地抑制火花，因而减小了风扇总成的传导和辐射干扰对轿车电脑芯片、音响设备等的影响。

经中国科学院上海科技查新咨询中心查新，该项目综合技术达到国内外同类产品先进水平。它的开发成功，填补了国内空白。

由于该散热器风扇具有风量大、效率高、噪声低、抗干扰性好、材料省、使用寿命长等优点，且技术含量较高，具有一定的先进性，其新技术、新工艺、新结构可以运用到以后的新产品中。

交联聚乙烯绝缘无卤低烟阻燃中压耐火电力电缆

宝胜科技创新股份有限公司开发的新型无卤低烟阻燃中压耐火电缆，可以有效隔绝外部火焰气流和热量对绝缘线芯的侵蚀和冲击，增强电缆的耐火性，确保电缆在火焰温度下能够长时间正常工作，提高了耐火电缆的质量稳定性。

新型中压耐火电缆主要采用具有特殊性能的耐火陶瓷化材料，在高温燃烧时仍保持优良的电绝缘性能，并逐步分解形成类二氧化硅无机物耐火层，形成具有较强硬度、能够承受一定冲击的陶瓷状固化壳层，该固化物密封性能好。同时，电缆保护层中的挡火层和降温层起到很好的隔热、隔氧作用，进一步增强了对绝缘线芯的降温保护，有效地增强了电缆的耐火性能。

截至2011年年底，销售额已突破1亿元。

额定电压26/35kV及以下乙丙绝缘风能耐扭动力电缆

风力发电行业的快速发展，催生了对风力发电用电缆的需求。

当前风机发展的主要趋势是：单机容量逐步上升，风机机组结构多样化。而我国风力发电专用的电缆尚处于起步阶段，大量高端电缆产品需要进口且价格昂贵。

该项目产品技术达到国际同类产品先进水平，其中额定电压26/35kV乙丙绝缘风能耐扭动力电缆填补了国内空白。

15kV/80kA真空发电机断路器研制

该项目设计研发了满足15kV电压等级发电机组出口保护用的ZN□-15/T6300-80型户内高压交流真空发电机断路器。

该项目研制的真空发电机断路器是一种安装在发电机和升压变压器之间，或者发电机和发电厂厂用电之间以及其他需要大电流开关设备场合，额定工作电压15kV特殊的大电流开关设备。该产品采用真空作为灭弧介质，具有优良的环保性，属于“绿色制造”新产品，具有维护简单、成本低的优点。

该项目满足GB/T 14824—2008《高压交流发电机断路器》中瞬态恢复电压上升率的要求，非对称短路电流开断T100a和非对称失步短路电流开断OP2下的直流分量大于75%的要求，承载巨大额定电流6 300A时满足温升要求，具有关合峰值短路电流220kA的能力。2011年通过了全部型式试验，产品技术水平达到国际领先。

已经形成西电电气专有技术1项（A级），形成专利4项，其中发明专利1项（审查中）、实用新型专利3项（已经授权）。

钕铁硼永磁与电磁混合励磁稳压发电装置

主要技术内容：

（1）研究混合励磁发电机交轴电枢反应电抗、直轴电枢反应电抗、漏抗、功率因数和输出特性的变化规律，建立发电机气隙磁场数学模型，应用ANSYS软件对合成磁场进行分析，采用分数槽绕组，降低了气隙磁场高次谐波含量，减少损耗，提高发电机效率。

（2）发明了钕铁硼永磁与电磁混合励磁稳压发电机。该发电机由爪极电励磁转子与切向式稀土永磁转子并联同轴、共用同一个电枢绕组、产生的磁场在发电机气隙中合成的组合转子，以及使转子极与定子齿之间的静磁力矩最小化的双层绕组定子组成。获发明专利授权4项，ZL200510104298.1、ZL200510104299.6、ZL200610043449.1、ZL200410023862.2。

（3）发明了集起动机、发电机、飞轮于一体的混合励磁式起动发电集成装置。获发明专利授权2项，专利号：ZL200510044107.7、ZL02135709.9。

（4）发明了由基准电路、比较电路、触发电路和H桥控制电路集成的电子稳压控制技术，通过改变电励磁绕组通电电流的大小和方向，进而改变永磁场和电励磁场在发电机气隙内合成磁场的大小，使发电机输出电压稳定在一定范围内，解决了汽车用混合励磁发电机在宽转速、宽负载范围内输出电压不稳定的问题。获发明专利授权2项，专利号：ZL200910015858.4、ZL200410024309.0。

技术经济指标：额定电压14V，额定功率300W/500W，额定转速4 000r/min，连续工作制，绝缘等级E级，防护等级IPX4，工作温度-40～75℃。

该项目产品既具有电励磁发电机良好的调整特性，又具有永磁发电机高效率、高功率密度、高可靠性优点，解决了原发电机气隙磁场不可调节、输出电压不稳定的问题。关键技术已获得授权发明专利8项。近3年，新增产值5.22亿元，利税7 352万元。

钢芯高导电率(63%IACS)铝绞线

钢芯高导电率(63.0%IACS)铝绞线主要用于超高压输电线路,可将线路损耗降低 2%~3%。

该项目研究了高导电率(63.0%IACS)硬铝线的工艺处理技术、高导电率铝杆的连铸连轧工艺、高导电率硬铝丝的强度不均匀性控制、绞线表面质量的控制。其力学性能和电气性能符合 GB/T 1179—2008《圆线同心绞架空导线》和 Q/GDW 632—2011《高导电率钢芯铝绞线》的要求,单根硬铝线的导电率达到 63% IACS,单根单线的强度符合 GB/T 17048—2009 中硬铝 LY9 的要求,绞线中各单线强度不均匀值不大于 15MPa。该导线比普通的钢芯铝绞线降低电能损耗 3%,具有良好的经济效益。

该产品单位成本 21 500 元/t,销售价格 22 600 元/t。按年产 10 000t/a 计算,销售收入 22 600 万元,年创利税 1 100 万元,利润达 495 万元,上交税金 605 万元。

TWPD-2623 便携式局部放电巡检仪

该产品是保定天威专门为进行高压电气设备的局部放电在线巡回检测应用而研发的一套便携式的局部放电检测设备。该仪器结构紧凑、小巧轻便,具有双通道内置式光电双模式输入接口,采用基于工业级 ARM9 的高性能处理器、WinCE 嵌入式操作系统,工业级高速 ADC,仪器稳定可靠、功耗低,一次充电可连续工作 4h 以上,适用于现场工作环境。信号调理部分采用通道间输入独立隔离接地技术,有效地抑制了通道间的相互串扰。信号输入级采用了小信号无源线性提升技术有效地提高了仪器的信噪比,后级采用数字模拟混合滤波、天线门控、极性判别等多种抗干扰技术抑制干扰噪声,具有局部放电测量无线同步功能。系统内部主要模块间采用板间直插无引线结构,壳体采用整体折板双屏蔽设计,外部防振套采用高弹性材料以提高抗冲击性能。仪器软件采用模块化设计,图形界面,鼠标或触摸屏操作方式,具有检测数据的存储及回放、波形分析、频谱分析、指纹图、单双通道显示等多种功能,集局部放电检测、定位、在线巡检及分析功能于一体。

经省级新产品鉴定,TWPD-2623 便携式局部放电巡检仪的主要技术性能达到国际领先水平。

ZF15-363(L)(G)/Y4000-50 型气体绝缘金属封闭开关设备

ZF15-363(L)(G)/Y4000-50 型气体绝缘金属封闭开关设备以 SF_6 气体作为绝缘和熄弧介质,所有的导电部分均封闭在充有 SF_6 气体的罐体内。采用主母线三相共箱、其余三相分箱结构。所有带电部分都被包围在金属外壳内,并充以一定压力 SF_6 气体作为对接地外壳的绝缘。环氧树脂浇注隔板(俗称盆式绝缘子)用于支持带电导体,并用作与相邻隔室的气体隔离。发生故障后,可以抽出故障隔室里的 SF_6 气体,解体维修,而不影响其他隔室的正常运行。此外,GIS 设备的每个隔室,都装有 SF_6 气体充放气接头、检测隔室内 SF_6 气体密度的密度压力表、防止隔室内气体压力过高的防爆膜,保证设备安全可靠。

整套开关设备均安装在固定于地面的热镀锌钢结构支架上,保证设备坚固可靠。

断路器采用单极、单断口结构,每台断路器由 3 个单极组成,每极配用 1 台液压弹簧操动机构。断路器隔室的气体与其他隔室的气体用两个隔板完全隔离。气体中水分及燃弧后产生的 SF_6 气体分解物,由断路器隔室中的吸附剂吸收。

隔离开关可分为轴向隔离开关(TE)和转角隔离开关(TV、TX)。隔离开关为三相联动操作,由连杆将 A、B、C 三相隔离开关连接起来,由操动机构带动连杆进行分、合操作。

接地开关分为快速接地开关(EB)和检修接地开关(EM)两种。线路侧快速接地开关(EB)一般用于将不带电的输电线路接地。它具有开合感应电流和关合短路电流的能力。快速接地开关(EB)配用电动弹簧操动机构(DB)进行三相联动操作。检修接地开关(EM)用于将 GIS 的各个对地绝缘部分接地,以便在维修、大修或安装期间保护人身安全。检修接地开关(EM)配用电动操动机构(DH),通过连杆进行三相联动操作。

改进型400MW级燃气轮发电机

该项目总结了上海电气电站设备有限公司上海发电机厂研制的400MW级燃气轮发电机的技术规范、性能、主要结构特点、创新性和先进性、关键工艺以及工厂型式试验结果。项目经过引进、消化、吸收、二次开发和再创新，取得了具有自主知识产权的关键技术，完成了项目的开发研制，并已成功地在上海石洞口等电厂投入运行，当前已批量生产制造。

主要特点：

该型发电机能与西门子V94.3A型燃气轮机组完全匹配，与燃气轮机和蒸汽轮机成单轴布置，由燃机和汽机在两端共同拖动。只要燃气轮机和蒸汽轮机允许，它完全能够实现快速起动；同时，该发电机能够频繁起停机，设计结构考虑到负荷变化，能够与燃机完全匹配，满足调峰运行或两班制运行需求。该型发电机也能与常规燃煤电厂的蒸汽轮机匹配。该型发电机性能优良，达到国际先进水平。创新性和先进性：

(1)发电机出力裕度较大，在保持氢压不变的情况下，最大出力可达到470MW，发电机运行的安全可靠性高。

(2)该发电机定子电压高(21kV)，与其他同类型发电机相比，定子电流和电磁力小，发电机出水温升低。

(3)转子铜线采用轴向-径向通风结构，发电机转子温升低。

(4)400MW级21kV定子线圈绝缘采用VPI绝缘处理技术(真空压力浸渍)，不仅能够承受高电压，而且绝缘性能可靠。

(5)起动快、调峰性能好、热效率高、节能效果显著、污染小、超负荷能力强且能稳定运行。

(6)400MW级燃气轮发电机负序能力研究表明该发电机具有非常好的阻尼绕组系统，完全能满足负序能力 I_{22t} = 10s和 I_2 = 10%。

(7)采用三维有限元分析软件对400MW级燃气轮发电机定子铁心的动力特性进行了研究。课题采用了三维PRO/E建模、把电磁场有限元计算结果作为机械分析载荷依据等先进的联合研发手段。根据所建立模型计算得出的定子铁心模态和振动数值计算结果被证明比西屋程序及传统手算公式计算结果更精确。

超高压三相一体可调并联电抗器

该项目重点突破三相一体可调并联电抗器的关键技术瓶颈，提升了我国超高压三相一体可调并联电抗器的研制水平；电感可调功能将在电容补偿的基础上实现电压控制连续可调电感，适应不稳定电网环境，进一步保证了电网运行的稳定性、安全性。

该产品解决了三相一体电抗器产品振动和噪声过大、产品漏磁控制难、绝缘连接系统、恒容量调感等技术难题；完成了铁心饼浇注模制作，应用了“一种新型的铁心饼结构”专利技术，开发了三相铁心夹件系统，独创了三相三柱和五柱同步压紧工艺，使大中容量的电抗器应用三相一体的铁心成为可能，解决了大容量电抗器产品振动和噪声过大的难题；应用了“有磁心电抗器的磁屏蔽结构”专利技术，解决了大容量电抗器因漏磁通造成局部过热的难题；开发了三相有磁心电抗器铁心夹件的绝缘连接系统，有效抑制振动强度，尤其适用于大中容量的三相一体并联电抗器；开发、应用了恒容量调感技术，实现了电抗器的无励磁开关恒容量调感，使产品对不稳定电网环境的适应性更强。

该项目获得2项发明专利、4项实用新型专利，通过了国家级新产品鉴定，产品技术达到国际领先水平。

项目完成后，特变电工衡阳变压器有限公司累计实现销售收入12 873.6万元，净利润2 304.59万元，创造利税892.59万元；出口21台，创汇10 896.6万元。

S(B)H15-(M)-30~1600/10系列非晶合金变压器

S(B)H15-(M)-30~1600/10系列非晶变压器是通变电器有限公司自主开发研制的先锋节能环保型紧凑结构变压器产品。

该产品特点：

(1)铁心采用进口非晶合金带材，线圈导线采用同一批次优质高电导率电磁线或铜箔。

(2)铁心采用四框五柱式结构，截面选用矩形，线圈为带角环的矩形层式线圈结构。

(3)工艺要求：非晶合金带材剪切在自动生产线上进行，铁心必须精确退火，保证低损耗特性，线圈在带张力的绕线机上绕制，引线连接尽量采用冷压接。

主要技术指标：

(1)额定容量:30~1 600kV·A。

(2)额定电压:11、10.5、10、6.3、6±5%或±2×2.5%/0.4kV。

(3)频率:50Hz。

(4)联结组别:Dyn11。

(5)冷却方式:ONAN。

(6)绝缘耐温等级:A级。

(7)噪声水平:满足JB/T 10088—2004《6~500kV级变压器声级》要求。

(8)承受短路能力:每相试验3次,持续时间(0.5±10%)s。

与S11型相比,S(B)H15系列变压器的空载损耗平均下降63.8%,空载电流平均下降48.9%,损耗降低明显。

S(B)H15系列非晶合金变压器项目达产销售量每年逾3 500台,提升企业5.3%的利润。

WKB-800A系列微机电抗器保护装置

WKB-800A系列微机电抗器保护装置适用于220kV及以上电压等级的并联电抗器。WKB-801A装置集成了一台电抗器的全部电气量保护,WKB-802A装置集成了一台电抗器的全部非电量保护。

主要特点:

(1)采用许继电气股份有限公司具有独立产权的软件机器人技术,保护源代码完全由软件机器人自动生成,正确率达到100%,杜绝了人为原因产生的软件Bug。

(2)采用独特的透视镜技术,装置设立总线级、模块级、元件级三级检测点,实现了事故分析"透明化",可以对故障进行快速准确的定位。

(3)采用自适应变特性的综合差动保护,严重故障时保证速动性,轻微故障时采用冗余判别,保证可靠性和灵敏性,实现了继电保护"四性"的辩证统一。

(4)引入反时限特性的差动保护动作方程,差动保护动作速度快,典型动作时间不大于15ms。

(5)保护定值免整定,可根据电抗器的实际铭牌参数自动生成各个保护定值,方便现场使用。

(6)采用比幅式零序方向原理的匝间保护,电抗器内部1.7%匝间短路故障时,保护可灵敏动作。

(7)采用长短数据窗相结合的多重算法,大大提高了软件的抗干扰能力。

(8)装置具备完善的自检功能,从模拟量采集回路到出口继电器动作线圈都可自检,实现了装置的免维护。

(9)分层化、模块化、元件化的软件设计,实现了不同产品软件的最大限度公用,保证了软件的可靠性。

(10)彩色大液晶屏,可滚动显示美观的主接线图和丰富的实时数据。

(11)保护装置已成功应用于国内第一个1 000kV特高压交流试验示范工程,是电抗器电气量和非电量保护装置的唯一配套厂家。

保护功能:

(1)电流互感器(TA)、电压互感器(TV)断线告警功能。在TA、TV二次回路断线后发告警信号,并闭锁相关的功能。

(2)快速可靠的比率差动保护。包括差流速断、分相差动、零序差动。因为电抗器铁心分段拼装而成且各段之间有较大气隙,剩磁较小,空投时穿越性的励磁涌流较小,所以差动保护无需采用二次谐波制动。

(3)灵敏可靠的匝间保护。高压并联电抗器的主要故障形式为匝间短路或单相接地。差动保护从原理上不反应匝间短路故障,需配置专用的电抗器匝间保护,采用绝对值比较式零序方向判别原理的匝间保护灵敏度高、可靠性好。

(4)完善的后备保护功能。后备保护包括主电抗器过流、主电抗器零序过流、主电抗器过负荷、小电抗器过流、小电抗器过负荷。

(5)非电量保护。非电量保护包括主电抗器和小电抗器瓦斯、油温、绕组温度、压力释放等。

WXH-803B微机线路保护装置

WXH-803B微机线路保护装置是以光纤电流差动保护为主体的全线速动主保护,由三段式相间和接地距离保护、阶段式零序保护构成全套后备保护;配置自动重合闸及三相不一致保护。

装置保护性能:

(1)动作速度快,全线以内典型金属性故障主保护动作时间小于18ms(发GOOSE跳闸命令)。

(2)差动保护、距离保护采用变动作特性的原理,在保证保护速动性基础上大大提高保护灵敏度。

(3)采用双重数字滤波算法,有效保证距离保护的快速动作及测量精度。

(4)自适应的振荡判据及先进的振荡识别功能,确保距离保护在系统振荡加区外故障时能可靠闭锁,而在系统未振荡时区内故障快速动作,振荡中区内故障可靠动作。

主要特点：

（1）基于高性能、高冗余的许继新一代硬件平台，采用可视化的逻辑开发工具实现保护透明化设计，差动保护、距离保护采用变动作特性的原理全面提升保护性能，先进的光纤通道技术，装置内存的“日志系统”及“黑匣子”故障定位技术等更易于保护动作的分析。

（2）配置6个与智能一次设备接口的过程层以太网口，支持IEC 61850-9-1或IEC 61850-9-2通信规约。

（3）配置3个与站控层通信的以太网口，支持IEC 61850通信规约。

（4）线路近端故障动作时间小于10ms，主保护全线内典型金属性故障小于20ms。

（5）采用双重数字滤波算法协调工作，有效保证距离保护的快速动作及测量精度。

（6）采用变特性的保护设计，达到继电保护“四性”的辩证统一。

（7）采用自适应的振荡判据及先进的振荡识别功能，提高了保护在系统振荡时的动作性能。

（8）多原理一体化的纵联保护，提高了纵联通道性能变化时保护的可靠性。

（9）纵联光纤通道采用分段CRC校验技术，能够检测出所有形式的误码。

（10）完全支持成帧通信格式，可实现通道故障精确诊断和定位功能。

（11）光纤通道传输采样值采用先进的修正算法，提高了保护抗通道误码的能力。

（12）差动保护灵活适应线路对侧模拟量的采集方式不需手动设置。

（13）基于输电线路分布参数的双端故障精确测距，在高阻故障下测距误差<5%。

（14）硬件回路的全面自检，实现了装置的免维护。

（15）基于分层化、模块化、元件化的设计，全过程使用VLD可视化工具，实现了设计、仿真测试透明化。

（16）独特的“日志系统”和离线的逻辑仿真功能，实现了事故分析透明化。

（17）类Windows图形用户界面设计，主接线图自动显示，菜单简洁、操作方便。

（18）硬件存储容量大，可存储多达100条保护动作报告记录和50条保护事件报告记录。

KBSGZY-T-1600~2500矿用隔爆型移动变电站

当前国内外的隔爆型移动变电站以中小容量为主。随着煤矿向中、大型发展，越来越多的综合采集设备相继在煤矿中使用，1 600kV·A以上的大容量隔爆型移动变电站在市场中占有越来越重要的地位。

大容量矿用隔爆型移动变电站主要由矿用隔爆型移动变电站用干式变压器、矿用隔爆型高压开关和矿用隔爆型低压开关组合而成，其中矿用隔爆型移动变电站用干式变压器主要由内部的变压器器身和波纹式隔爆散热箱体组成。变压器器身为H级绝缘系统，采用NOMEX纸绝缘材料制造的非包封式干式变压器技术，提升了变压器耐热性能，并具有防火性能高、不产生有害气体等特点。高、低压线圈整体同轴绕制，增加了抗短路冲击能力，同时也有效抵御了反复操作所带来的冲击危害。变压器线圈采用VPI真空压力浸漆，具有良好的耐潮性能，局部放电很小，延长了变压器的使用寿命。矿用隔爆型高压开关和矿用隔爆型低压开关相互联锁，具有漏电、过载、短路、断相、过电压和失压等保护功能。

该产品的结构与德国SIMENS类似，结构紧凑，体积小，防爆壳体采用筒型全波纹结构，并在关键处进行了加强，无应力集中区，受力均匀，散热面积大，散热效果好，降低了绝缘材料的老化时间，延长了产品使用寿命，并增强了过负载能力。

WBH-810A系列微机变压器保护装置

该系列装置包含变压器的差动保护、后备保护及非电量保护。有主后一体化配置方式，也有主后分开、各侧后备分开的配置方式。

主要特点：

（1）保护逻辑开发可视化，VLD工具提供标准的基本元件和基本组件，保护逻辑开发过程可视化，保护源代码完全由软件机器人自动生成，杜绝了人工编程可能产生软件Bug的情况，自动生成的代码正确率达到100%。

（2）事故分析透明化，分层、模块化、元件化的设计原则，元件级别、模块级别、总线级别的三级监视点，事故发生后通过透明化事故分析工具可以对故障快速准确定位。高可靠性的软硬件设计，采用嵌入式RTOS，输入、输出分开，强电、弱电分开，具有良好的电磁兼容性和完善的自检功能。

（3）工程软件柔性化，采用功能自描述和数据自描述技术，内容可以通过描述文件以不同的形式重组，功能可以通过配置文件形式重构，解决了不同用户差异化需求和软件版本集中管理的矛盾。

(4)差动保护采用自适应变特性的技术,对于故障特性明显的内部严重故障,快速判别、快速动作,保证速动性;对于故障特征不明显的内部故障,比如高阻接地和轻微匝间短路,采用冗余判别,保证可靠性和灵敏性。

(5)该装置识别励磁涌流时,在采用二次谐波"或"闭锁的同时采用空投主变过程中故障识别专利技术,短时投入按相综合开放判据,既能正确识别励磁涌流,又能在空投故障变压器时快速可靠地开放差动保护,提高了空投故障变压器时差动保护的动作速度。

(6)根据电流过零点时电流互感器(TA)退出饱和的物理特点,采用虚拟制动量的识别TA饱和专利技术,大大提高了差动保护的抗TA饱和能力。发生外部故障,电流波形正常时间≥2.5ms时,差动保护可靠不误动。

保护功能:

(1)快速可靠的比率差动保护。变压器主保护由比率差动、差流速断、差流越限告警组成。采用多段、多折线的方法,能够快速切除区内严重故障,同时也保证轻微故障、复杂故障的灵敏度。采用长短数据窗结合的多重算法,大大提高软件的抗干扰能力。

(2)完备的后备保护。对变压器各侧均配置有完备的后备保护,包括:复合电压过流保护、间隙零序保护、零序过流保护、限时速断保护、母线充电保护、失灵起动保护、零序过电压告警、过负荷等保护,并有TA、TV异常告警。

(3)非电量保护。不需要延时跳闸的非电量保护通过压板直接跳闸,需要延时的非电量保护通过CPU延时后,由CPU驱动相应的跳闸接点。

CBZ-8000B 数字化变电站自动化系统

CBZ-8000B数字化变电站自动化系统适用于35~1 000kV各种电压等级变电站或开关站。

该系统在监控系统体系结构、过程层组网技术、系统时钟同步方案、间隔操作互锁等方面进行有针对性的创新,集中反映在系统网络结构及功能创新,网络化间隔层智能操作及闭锁,可靠的时钟同步方案,灵活、高效的过程层组网方案,网络化低压母线保护,网络化自动功能单元,经济的保护测控组屏方式。

该系统在物理和功能上均采用分层分布式结构,保证了系统组态的灵活性和功能配置的方便性。系统整体上分为站控层、间隔层、过程层三层,站控层和间隔层之间通过光纤以太网通信网络相连。站控层为全站设备监视、测量、控制、管理的中心,通过光缆与间隔层相连,间隔层设备和站控层设备信息以IEC 61850-8方式交互。间隔层按照不同的电压等级和电气间隔单元,以相对独立的方式分散在各个保护室中。在站控层及网络失效的情况下,间隔层仍能独立完成间隔层的监测和断路器控制功能。间隔层测控设备间通过GOOSE协议进行点对点的实时信息交互,实现间隔单元的防误闭锁功能。过程层通过合并器及智能接口单元将电子互感器相关信息按IEC 61850-9中的方式送至间隔层保护和控制设备,并接收来自间隔层设备的控制命令对智能一次设备进行操作。

对于其他非IEC 61850标准智能IED设备,可以通过IEC 61850网关接入方式接入自动化系统。

CBZ-8000B数字化变电站系统以IEC 61850为唯一的通信标准,确保信息的开放型和互操作性。

旋弧高压断路器关键技术及应用

该项目提出了新型旋弧断路器开断机理及开展应用研究。

主要科技内容:

(1)建立新型旋气吹弧方式。通过深入研究电弧产生微观机理、电弧弧根运动、开断过程电弧形态发现:现有断路器设计的实质是通过下游吹弧通道的变化,提高电弧高温能量流的扩散速度,从而提高断口间介质恢复特性;从喷口上游改变吹弧方式,将可更有效控制电弧运动形态。上游形成旋气吹弧,将更有效地控制电弧弧根、电弧与冷气流相互作用过程,更大程度的提高断口间介质恢复能力。这是由被动吹弧方式向主动吹弧方式的重要改变,是高压断路器吹弧原理的一次突破。

(2)旋弧理论的研究及关键技术。建立了动态电弧模型及三维断路器求解模型,建立了旋弧断路器研究数值平台,成功实现了二维和三维空间旋弧高压断路器开断过程的动态仿真,开展了旋弧产生方法,旋弧对电弧弧根、电弧形态的影响,旋弧对介质恢复特性影响等核心技术研究,形成旋弧开断新理论。

(3)旋弧高压SF_6断路器研制。以126kV和220kV高压SF_6断路器为基础,提出凹槽和叶片两种形成旋气旋弧的断路器喷口上游的新型结构。这样的技术措施,一方面在对高压断路器原有喷口型面及尺寸不作大的改动下,减小超声速区,降低超声速强度,有利于提高介质恢复速度和小电流开断;另一方面,旋转气流直接作用于电弧上,产生旋弧,使原来主要分布于动静触头间的集聚电弧能量向整个喷口空间及下游快速输运，大大降低弧芯区温度，对防止开断近区故障和短路开断的热击穿十分有利。

（4）新型旋弧断路器技术应用。旋弧高压断路器所提出的旋气喷口结构，既可保持气流轴向速度，又可产生强切向速度分量。基于新型旋气吹弧理论建立了研究平台，获得软件著作权2项；将旋弧理论研究和方法推广到真空断路器等电器产品中，申报专利17项，已授权专利7项。

用激光检测变压器绕组短路振动幅向模拟信号及分析

电力变压器绕组短路强度一直是变压器产品质量合格与否的重要考核指标。大量短路事故分析表明：内线圈幅向失稳是事故的主要原因。当前短路试验采用阻抗法，大容量变压器短路试验电流小于10 000A、电压220kV以下。

沈阳变压器研究院股份有限公司与泰安泰山电气有限公司合作，制作了1台ODFPS-250000/500kV单相自耦变压器绕组短路振动模型。模型设计取实际产品绕组总高度的1/6，模型内绕组的短路机械强度和短路电动力与原产品一致。在模型内有支撑钢桶放入传感器，将靠近钢桶内绕组的短路振动记录下来，解决了变压器绕组无法直接测量的难题。

激光传感器将测得的位移信号转换成电信号，用快速采集卡同步采集下来，传入微机进行数据分析图像处理，得到振动位移数据和波形。对激光传感器进行了电磁屏蔽，采用电流传输模式，并加入隔离抗干扰措施，着重处理了多个地电位问题。试验得到了不同短路电流下绕组振动位移的实际值，观测到了位移波形状、周期、幅值、频率等量，在指导产品设计中有不可估量的作用。用激光测变压器模型绕组短路振动方法在国内外同行业中尚属首创，该项目已申报发明专利。

百万千瓦火电机组凝汽器

主要技术参数：冷却面积55 600m^2，冷却水量92 000m^3/h，冷却水温22℃，凝汽器背压5.2kPa（平均），冷却管材质TP304。

主要研发内容：

1.采用特有的多区域小管束形式

（1）管束由几个小管束组成，小管束形状狭长。

（2）多区域小管束排列形式，管束排列较为疏松，对传热更为有利。

（3）多区域小管束布置大大改进了管束的进汽条件，管束之间的通道及空冷区布置合理，可以使蒸汽均匀分布，各通道内蒸汽流速趋于一致，避免涡流现象，可降低汽阻。

（4）空冷区布置合理，蒸汽由管束外部向空冷区逐级冷却凝结，管束进口流向抽气口的汽流流程短，并防止尚未凝结的新汽流与已经过冷却管凝结的汽流混合，有效抽出非凝结气体，提高了凝汽器的传热性能。

（5）具有合理的蒸汽通道和回热空间，部分蒸汽从管束两侧的通道直接排入壳体热井，对热井内的凝结水进行加热除氧，从而使凝结水出口含氧量小、过冷度低。

2.凝汽器内部支撑结构

具体考虑如下几个方面：

（1）凝汽器底板中部是最薄弱环节，通过设计经济合理的凝汽器整体内部支撑结构，合理分配重量并安全地传递到多球轴承座上。

（2）凝汽器接颈采用支撑管和筋板组成井字形的支撑型式，按照凝汽器承受外压进行刚性和强度计算，使支撑管间距尽可能大，便于接颈内部低加和三级减温减压装置的布置，减少喉部汽阻。

（3）位于壳体内的管束约占凝汽器总重的1/4～1/3。针对管束布置特点，分析力和力的传递，每个管束用十几块隔板支撑，通过支撑管和筋板将隔板与壳体侧板、底板和接颈连接为一体，沿管束方向采用拉板加强，设计出初步的壳体支撑系结构。按照凝汽器承受外压进行刚性和强度计算，通过建模分析确定最终的经济合理的支撑系结构。这样既保证壳体整体的刚性和强度，减少汽阻，又可减轻凝汽器重量，尤其是将凝汽器的自重和汽轮机低压缸外缸全部荷重合理安全地传递到凝汽器底部两排多球轴承座上。

凝汽器管隔板振动计算、凝汽器颈部结构优化方案、凝汽器壳体整体性结构优化方案及凝汽器水室整体结构优化方案等均为百万火电机组凝汽器国产化设计要考虑的技术问题。

应用于700MW三峡机组主绝缘定子线棒的云母带

应用于700MW三峡机组主绝缘定子线棒的云母带（以下简称三峡带）是以特制云母纸为基材，双面以电工用无碱玻璃布为补强材料，用三峡胶为黏合剂粘结而成。该产品常态时柔软性良好，具有优异的电气性能，耐热等级为F

级，适用于三峡机组及 700MW 以上发电机主绝缘定子线棒绝缘及其他电机电器绝缘。

三峡带的物理、力学及介电性能：

(1)厚度 (0.14±0.01)mm，个别公差±0.02mm。

(2)云母含量(85±4) g/m^2。

(3)胶含量 37%~40%。

(4)挥发物 0.7%~1.1%。

(5)胶化时间 170℃±2℃，10~14 min

(6)介电强度≥46 MV/m。

(7)拉伸强度≥100 N/10mm。

(8)云母纸介电强度 33.5 MV/m。

三峡带固化后的技术指标：

(1)损耗因数常态≤1%，热态 155℃≤3%。

(2)纵向常态弯曲强度≥200 MPa，热态 155℃弯曲强度≥70 MPa；横向常态弯曲强度≥120 MPa，热态 155℃弯曲强度≥40 MPa。

(3)介电强度≥60 MV/m。

SS70H-40A 海洋钻井平台石油钻采电传动控制系统

该项目采用数字控制的方式自动调节励磁来实现他励电机电枢并联运行时负载均衡，自动化程度高，调节跟随响应快，系统简洁可靠，运行稳定。具有以下技术创新点：

(1)采用数字控制自动调节励磁的方法快速完成励磁电流的检测和调节，自动实现两台电机扭矩的跟随均衡。

(2)采用数字控制的方法实现 2 台泥浆泵缸套的等相位角运行，减小了泵压的叠加和变化频率，优化了泵压的输出曲线。

(3)为减小装置体积，采用 2 台电机电枢双并联方案，结构设计符合船体空间结构要求，整体方案设计符合海洋工程规范。

(4)采用双网络现场总线控制，提高了系统的可靠性。

该系统设计简洁可靠，运行稳定，将新技术首次应用于电驱动钻机，具有很强的技术竞争力。现场的运行、负载考核证明：这种控制方案完全能够满足海洋钻井的工况需要，可以在石油钻井行业中大力推广。

可直接焊漆包线的点电焊机

传统电阻焊在焊接漆包线前必须先除去绝缘漆。随着电子元器件向小型微型、多功能高性能发展，漆包线引出线又短又细，除漆更加困难，不除漆又无法焊接，这一技术难题长期困扰着电子元器件的制作。

该发明主要有三个优点：①直接焊接漆包线；②采用不需要下电极的单面焊；③是当前最精细的点焊机，被焊接的漆包线直径一般为 0.02~0.1mm，对焊接的输出电流和操作都要求十分精细。该项目在焊接领域提出了显微焊接和脱漆焊，拓宽了焊接领域的应用，促进该领域科技行业的进步。

电子元器件市场的 1/3 以上需要焊接漆包线，当前绝大多数手机喇叭的生产中均应用了该发明。此外，神舟五号、神舟六号等部分航天航空电子元器件的制造也应用了该发明。

WK 系列大型矿山挖掘机变频调速多传动带回馈电控设备

WK 系列大型矿山挖掘机(简称电铲)变频调速多传动带回馈电控设备克服了直流调速控制系统动态响应慢、能耗高、噪声大、对电机和机械构件冲击大、效率低、可靠性差、维护检修困难且费用高的弊端，填补了交流变频调速技术应用在国内矿山机械上的空白，对于推动交流变频节能控制技术在我国矿山领域广泛应用和挖掘机传统控制系统的改造具有很好的示范作用。

该项目采用由交流变频调速多传动带回馈、可编程序控制器、自主研发的专用控制软件组成的最新一代交流变频控制系统，替代传统的 4M3、10M3、12M3 电动挖掘机系统中发电机—电动机组的直流传动与控制系统。

(1)采用 PLC 控制、Profibus 现场总线和直接转矩控制技术(DTC)，用以控制电铲的提升、推压、回转/行走电动机、通风电动机、开斗电机等，确保电机在多种工况下都保持最佳状态。

(2)改变了变频器输出方式，将变频器输出频率降至电动机的实际转速所对应的频率以下，使负载的机械能转换为电能，回馈供电电网，并形成电气制动。

(3)交流变频调速智能化。利用变频器自主学习方式可自动计算电机的参数，并通过人机对话的小键盘非常方便地设定和修改系统参数，大大缩短了调试时间。

(4)人机界面显示操作技术。司机室内设有人机界面系统以及现场监控视频，可进行软件编程，实现整机的数据管理、运行状态显示、故障诊断等功能。

(5)变频调速系统具有软起动和软制动功能,很好地解决了起动冲击电流大、起动转矩偏低电机起动和停止对电网冲击大的问题。

技术经济指标:①电源输入 380~690V,输出 0~690V 可调;②谐波分量低于 4%;③功率因素接近 1;④调速范围 100∶1;⑤调速精度 0.01%~0.2%;⑥交流变频电机效率≥97.1%;⑦正反转之间最大速度的转换时间<4s;⑧铲斗握持续稳定滑车<0.2m/s;⑨回馈功率 32%,节能 32%;⑩主机械设备和电机维修率下降约 45%。

该产品的技术和性能与国际同类产品相比不逊色,完全可以随主机一同出口,或者替代引进产品。

WK 系列大型矿山挖掘机变频调速多传动带回馈电控设备已应用于国内 15 个省的水利水电、建材、煤炭、钢铁、有色冶金行业 65 个露天矿山和矿山设备制造企业。截至 2011 年 12 月实现销售收入 11 642 万元,利润 1 901 万元,税收 1 436 万元。

该项目产品可节约电能 30%左右,节约维护检修等费用 45%左右,降低噪声 26%左右,提高矿山生产效率 20%以上,延长主机设备使用寿命 4 年以上。据矿山使用单位统计,与直流传动控制系统电控设备相比,该项目产品年台增加矿产量逾 200 余万 t,增加经济效益 100 余万元。台节电 306 600kW · h /a,年节约维护检修费用 20 余万元。

大型并网风电机组关键技术研究与应用

该项目首先对兆瓦级风电机组变速变桨距控制技术展开了研究,用交流励磁变速恒频技术和变桨变速协调控制技术实现了额定风速以下最佳能量转换效率运行、额定风速以上恒速恒功率运行的控制策略,完成了 1.5MW 和 2.5MW变速恒频风电机组控制系统的开发,并在此基础上用动态载荷优化控制技术,降低了风电机组在不稳定工况下运行的疲劳载荷。成功地研发了独立变桨控制技术,解决了大直径叶轮在空间气流场载荷不均衡问题;研发了并网风力发电机组故障穿越技术,其性能与可靠性达到国际领先水平,形成了具有自主知识产权的兆瓦级变速恒频风电机组核心技术。

获得发明专利 7 项、实用新型专利 6 项、软件著作权 6 项,出版专著 3 部,发表论文 29 篇,其中 SCI 收录 12 篇,EI 收录 17 篇。

主要科技创新点:

(1)在国内首先完整地提出了兆瓦级变速恒频风电机组的控制策略和控制方法,并成功地应用于 1.5MW 和 2.5MW变速恒频风电机组,当前正在应用于 5MW 级变速恒频风电机组。

(2)在国际上首先研发了独立变桨控制技术,并成功地应用于兆瓦级变速恒频风电机组。

(3)在国内首先将动态载荷优化控制技术应用于变桨与变速恒频控制策略。

(4)完成了大型并网风力发电机组故障穿越技术的开发与应用。

应用该项目技术成果的兆瓦级变速恒频风力发电机组至今已销售 380 台,累计装机容量 60 万 kW,实现产值 26 亿元。

SCB13-RL 立体卷铁心树脂绝缘干式变压器

高效节能节材的立体卷铁心采用 HIB 钢高牌号硅钢片。立体卷铁心突破传统平面结构,在平面卷铁心变压器的基础上,将三个完全相同的单框拼合成立体等边三角形,再经过拼装和退火处理后,产品的三相铁心磁路完全对称,磁阻大大减小,激磁电流、空载损耗显著降低。该产品是运行噪声更小、结构更紧凑的高效节能、节材、低成本、高性能卷铁心变压器新产品。

SCB13-RL 立体卷铁心树脂绝缘干式变压器同时具有立体卷铁心节能节材、低噪声和树脂绝缘材料的防潮能力强、机械强度高、绝缘安全性好、成本低的优点。

立体卷铁心变压器在生产过程中减少材料的损耗,运行时大幅度降低空载电流和损耗,减少噪声。与 GB/T 10228—2008《干式电力变压器技术参数和要求》相比,空载损耗平均下降 37%,负载损耗平均下降 5%,空载电流下降 68%。与叠铁心干式变压器相比,节省硅钢片用量 25%~30%,节省铜用量 5%~8%。

产品预期将获得国家授权专利 9 项,其中发明专利 1 项,实用新型专利 8 项。项目产业化推广后,预计每年销售量为 2 500 台。

非晶硅白膜光伏组件

薄膜硅太阳电池由于其原材料来源广泛、生产成本低、便于大规模生产，因而具有广阔的市场前景。薄膜硅太阳电池成本不断下降、效率稳步提升，其中背反射工艺对提高薄膜太阳电池的转换效率有着重要的意义。

对薄膜太阳电池来说，背反射层的主要作用是将光线反射、散射回光电转换层，提高太阳光的利用率，从而增大电池的转化效率，增加发电量。常规产品通常采用金属背反射层或钛白粉涂层材料。研究开发替代金属背反射层或钛白粉涂层材料的工艺技术是该项目的重要内容。

非晶硅白膜光伏组件产品应用白色 PVB 膜（简称白膜）作为封装材料及背反射层，替代透明 PVB 和丝网印刷钛白粉涂层工艺和金属背反射层工艺，其中涉及白色 PVB 的主要原材料和主要非晶硅光伏组件生产工艺技术的开发。主要内容有：研究具备背反射功能和封装功能的白色 PVB 封装材料，研发出白色 PVB 材料在薄膜太阳电池中层压工艺技术参数；提高白色 PVB 材料应用于薄膜太阳电池的质量可靠性；提高薄膜太阳电池的转换效率；简化工艺流程，降低生产成本。

非晶硅白膜光伏组件能够提高约 5% 的输出功率，已经获得 TÜV、UL、CQC 等国内外各项认证证书。当前已经成为天威薄膜光伏有限公司的主流产品，远销欧洲、美国、印度、泰国、澳大利亚等国家和地区。

具有多压力释放通道的双层开关设备

该设备在不改变原来 KYN28-12 单回路供电开关设备外形尺寸的情况下实现两个独立的回路供电，各个隔室在内部燃弧故障发生时相邻开关设备仍然可以安全运行。

技术特点：

（1）采用纯空气绝缘。

（2）多种主开关配置方案可供选择，如 ZN21、VB5、VD4、VS1 等。

（3）适用于旧工程增容改造及对占地面积要求较严、出线回路较多的场所。

（4）柜体采用美国通用公司 PV 柜骨架结构，具有高强度、高精度的优点。

（5）双层柜性能稳定，成本较低，体积小，安全、方便和可靠性高，上下两单元各个隔室具有合理的压力释放通道，加上高刚度的柜体骨架，可有效防止内部故障造成的开关柜对人体的伤害。

（6）采用三门式的结构。

该产品 2009 年年底至 2011 年合计生产 845 台（套），合计新增产值 10 839.4 万元，创造利税 3 224.41 万元，已成功在福建紫金矿业、成都石油化工、武汉钢铁等重大项目运行。

绥中 1 000MW 超超临界锅炉自主开发

绥中工程 1 000MW 锅炉为东方锅炉股份有限公司完全自主开发的超超临界直流锅炉，自绥中项目开始，1 000MW 超超临界锅炉进入全面自主设计、整体设计和结构设计阶段。这是我国首批自主设计研发的 1 000MW 超超临界锅炉项目。

该锅炉采用国际上广泛应用的 Ⅱ 型布置型式；下部水冷壁采用内螺纹管螺旋管圈水冷壁，不设节流圈，安全裕度大，可靠性高；采用适合大容量锅炉的前后墙对冲燃烧方式，具有工质出口偏差小、防膛结焦功能强的特点；采用自主研发的低 NO_x 旋流燃烧器及分级燃烧技术，具有燃烧效率高、NO_x 排放浓度低、低负荷稳燃好特点；过热蒸汽温度系统采用水煤比和两级喷水减温控制，调节性能好；再热汽温采用尾部平行挡板调节，调节性能好，可靠性高、经济性好；首次在超超临界锅炉高温级受热面上使用国产 S30432 高温耐热钢，为超超临界机组高温级受热面国产化奠定了基础。

东方锅炉股份有限公司自主完成了 1 000MW 超超临界机组锅炉的性能设计，1 000MW 机组锅炉的总体设计、系统设计、结构设计，1 000MW 机组锅炉关键部件的设计和制造工艺研究，实现了超超临界锅炉高温级受热面材料国产化。完成高温级受热面进口集箱节流孔型式设计，燃烧器区域螺旋水冷壁分屏设计便于车间制造和现场安装，集中解决了前期引进中出现的问题。

1 100kV GIS 装配工艺技术研究

1 100kV GIS 是河南平高电气股份有限公司在 800kV GIS 基础上，通过对特高压关键技术的消化创新，研制出的具有自主知识产权的特高压交流开关设备，打破了国际上少数几家企业对特高压开关设备制造的垄断局面。其断路器采用本体与液压机构分体结构，总重 28t，设备规格大、结构复杂、装配精度高。

该项目针对 1 100kV GIS 装配过程中的各个难点开展工艺攻关，通过设计制作灭弧室装配调试平台、电阻装配工艺装备、灭弧室装配轨道车、Z 形触指装配工装、动力元件装配轨道车及慢分、慢合手动工装等一系列的工艺装备，编制整套的 WSS 装配工艺技术文件，控制产品的装配质量与效率，从而掌握了特高压开关设备的核心装配技术。

GB/T 22676—2008 冲击电钻 GB/T 22761—2008 电圆锯

该项目在综合分析、研究国内外冲击电钻、电圆锯产品型式试验、工况试验，样本、样机测试数据，并在对市场、直接用户、操作者访问、调研的基础上，尤其对冲击电钻在脆性材料上作业的机理状态分析，重点研究不同规格产品的转矩、转速的最佳匹配。与旧标准中的主参数相比：功率提高 40%左右、冲击次数提高 30%～40%（不同规格的差异）、转矩降低 20%～30%；电圆锯产品功率提高 11%～25%（不同规格的差异）、转矩减少 10%～19%。

以此主参数为依据调整设计并制造了新样机，型式试验的全部项目、参数均符合要求。与老参数样机比较，新参数冲击电钻在混凝土上打孔的效率提高51.4%，在钢板上提高 27%；电圆锯锯割效率提高 54%。用“能效可比值”比较，新标准参数的冲击电钻节能 26%，电圆锯节能 41%。

标准中将冲击电钻使用范围扩大到“电子调速和用机械装置设定不同转速范围的产品”。首次引入生态和环保要求的设计内容，限制有害物质的使用，提出使用的绝缘浸渍漆不能含有苯、甲苯、二甲苯、溶剂油等有毒有害、易燃易爆物质。冲击电钻、电圆锯标准的技术性能指标达到国际同类产品水平。

2012—2013 年中国电器工业信用等级评价

哈尔滨电机厂有限责任公司

信用等级：AAA

证书编号：201204611100081

电　　话：0451-82872000

网　　址：www.hec-china.com

主营业务：水轮机、水轮发电机、汽轮发电机及电站控制设备的制造、安装调试、技术服务

电光防爆科技股份有限公司

信用等级：AAA

证书编号：201204611100082

电　　话：0577-62666111

网　　址：www.dianguang.com

主营业务：防爆电器、矿用自动化系统

超威电源有限公司

信用等级：AAA

证书编号：201204611100083

电　　话：0572-6562817

网　　址：www.cnchaowei.com

主营业务：蓄电池生产与销售

华荣科技股份有限公司

信用等级：AAA

证书编号：201204611100084

电　　话：021-59999999

网　　址：www.warom.com

主营业务：防爆电器、专业照明

绍兴汇同蓄电池有限公司
信用等级:AAA
证书编号:201204611100085
电　　话:0575-88159702
网　　址:www.sxhtbattery.com
主营业务:蓄电池

江苏恒通电气仪表有限公司
信用等级:AAA
证书编号:201204611100086
电　　话:0513-83309999
网　　址:www.el-ex.com
主营业务:防爆电器、防爆仪表、防爆灯具及各种防爆附件

佳木斯电机股份有限公司
信用等级:AAA
证书编号:201204611100087
电　　话:0454-8326436
网　　址:www.jemlc.com
主营业务:电动机、屏蔽电泵、局部扇风机制造与维修

河北宝凯电器有限公司
信用等级:AAA
证书编号:201204611100088
电　　话:0312-5852280
网　　址: www.baokai.com.cn
主营业务:低压电器元件及高低压成套控制设备

安徽皖南电机股份有限公司
信用等级:AAA
证书编号:201204611100089
电　　话:0563-5031954
网　　址:www.wnmotor.com
主营业务:三相异步电动机

无锡华达电机有限公司
信用等级:AAA
证书编号:201204611100090
电　　话:0510-81881718
网　　址:www.huadamotors.com
主营业务:电机

骆驼集团股份有限公司
信用等级:AAA
证书编号:201204611100091
电　　话:0710-3344082
网　　址:www.chinacamel.com
主营业务:蓄电池

四川大西洋焊接材料股份有限公司
信用等级:AAA
证书编号:201304611100092
电　　话:0813-5115609
网　　址:www.weldatlantic.com
主营业务:焊接材料

江苏国星电器有限公司
信用等级:AAA
证书编号:201304611100093
电　　话:0519-86261062
网　　址:www.gx-dq.com
主营业务:高低压电器、高低压电器元器件、高低压电器成套设备、LED 照明灯具

宁波耀华电气科技有限责任公司
信用等级:AAA
证书编号:201304611100094
电　　话: 0574-63300809
网　　址:www.cnyaohua.com
主营业务:配电开关控制设备、电力电子元器件

天能电池集团有限公司
信用等级:AAA
证书编号:201304611100095
电　　话:0572-6058095
网　　址:www.cn-tn.com
主营业务:储能电池、动力电池、锂离子电池、镍氢电池

合肥神马科技集团有限公司
信用等级:AAA
证书编号:201304611100096
电　　话:0551-62205888
网　　址:www.smarter.com
主营业务:电工机械专用设备制造

许继集团有限公司
信用等级:AAA
证书编号:201304611100097
电　　话:0374-3212274
网　　址:www.xjgc.com

主营业务:基于信息化自动化技术、电力电子技术、一次设备设计制造技术三大核心技术平台,为电网、绿色环保能源发电、工业用电、轨道交通等领域提供电力装备产品和电力设备的系统解决方案

南京汽轮电机(集团)有限责任公司

信用等级:AAA
证书编号:201304611100098
电　　话:025-84066070
网　　址:www.ntcchina.com
主营业务:燃气轮机、汽轮机、发电机、联合循环电站设备及电动机的设计、制造、销售、安装修理调试服务及自产品的进出口业务

江苏华鹏变压器有限公司

信用等级:AAA
证书编号:201304611100099
电　　话:0519-87302414
网　　址:www.china-hp.com
主营业务:变压器

江苏波瑞电气有限公司

信用等级:AAA
证书编号:2013046111000100
电　　话:0523-87666666
网　　址:www.chinabrdq.com
主营业务:变压器、成套电器设备

沈阳北方防爆股份有限公司

信用等级:AAA
证书编号:2013046111000101
电　　话:024-89161048
网　　址:www.sybf.cn
主营业务:防爆电器、防爆灯具和防爆管件

浙江正泰电器股份有限公司

信用等级:AAA
证书编号:2013046111000102
电　　话:0577-62877777
网　　址:www.chint.com
主营业务:低压电器

浙江意达电器有限公司

信用等级:AAA
证书编号:2013046111000103
电　　话:0579-87627478
网　　址:www.chinaYidatools.com
主营业务:电动工具

浙江恒友机电有限公司

信用等级:AAA
证书编号:2013046111000104
电　　话:0579-87616775
网　　址:www.hengyoupower.com
主营业务:插座、转换器、墙壁开关

山东华凌电缆有限公司

信用等级:AAA
证书编号:2013046111000105
电　　话:0531-83689966
网　　址:www.hl-cable.com
主营业务:电线电缆

浙江富春江水电设备股份有限公司

信用等级:AAA
证书编号:2013046111000106
电　　话:0571-69969708
网　　址:www.zhefu.cn
主营业务:水轮发电机组

山东圣阳电源股份有限公司

信用等级:AAA
证书编号:2013046111000107
电　　话:18253715895
网　　址:www.sacredsun.com
主营业务:新型铅酸蓄电池、锂离子电池、新能源光伏系统集成产品等

天津大桥焊材集团有限公司

信用等级:AAA
证书编号:2013046111000108
电　　话:022-23972605
网　　址:www.tjbridge.com
主营业务:焊接材料

哈尔滨光宇蓄电池股份有限公司

信用等级:AAA
证书编号:2013046111000109
电　　话:0451-86677970-6507
网　　址:www.coslight.com.cn

主营业务：蓄电池

上海杨行铜材有限公司
信用等级：AAA
证书编号：2013046111000110
电　　话：021-56390088
网　　址：www.sh-yhtc.com
主营业务：电磁线

余姚市电力设备修造厂
信用等级：AAA
证书编号：2013046111000111
电　　话：0574-51090380
主营业务：高低压配电屏、电力设备铁附件的制造加工和修理，塑料制品

〔供稿人：中国电器工业协会行业信用建设领导小组办公室亢荣〕

中国电器工业协会“质量可信产品”推介

企业名称	产品名称	规格型号	编号
变频器			
山东泰开自动化有限公司	高压变频器	TKHVERT 系列	2013978
上海雷诺尔科技股份有限公司	高压变频器	RNHV 系列	2013979
	低压变频器	RNB 系列	2013980
北京合康亿盛变频科技股份有限公司	同步电机矢量控制带能量回馈变频器	6kV/4 200kW	2013981
天津华云自控股份有限公司	潜油电泵变频调速装置	HYVERT-MV	2013982
深圳市正弦电气股份有限公司	低压变频器	EM100 系列	2013983
	低压变频器	EM303 系列	2013984
上海格力特电力电子有限公司	低压变频器	VC1000 系列	2013985
	低压变频器	VC2000 系列	2013986
浙江天正电气股份有限公司	低压变频器	TVFE9 系列	2013987
	软起动器	TGS3 系列	2013988
上海广电电气（集团）股份有限公司	高压变频调速及软起动装置	Innovert 系列	2013989
南通新三能电子有限公司	固定铝电解电容器	CD29 系列	2013990
	固定铝电解电容器	CD13 系列	2013991
新华都特种电气股份有限公司	高压变频调速用干式变流变压器	ZTSFG(H)、ZTSFG(H)-RL	2013992
	高压变频调速用油浸式变流变压器	ZTS-RL	2013993
上海辛格林纳新时达电机有限公司	低压变频器	iAstar 系列	2013994
	高压变频器	iAstar 系列	2013995
株洲变流技术国家工程研究中心有限公司	高压变频器	GVF-功率/电压-F2	2013996
	高压软起动装置	TGQ1-功率/电压-BZ	2013997
南京国电南自新能源科技有限公司	高压大容量变频调速系统	ASD 系列	2013998
大连普传科技股份有限公司	低压变频器	PI9000 系列	2013999
江苏宏微科技股份有限公司	IGBT 模块	600～1 700V/15～800A	20131000
	整流桥	1 200～1 800V/50～400A	20131001
	可控硅模块	1 600V/25～200A	20131002

（续）

企业名称	产品名称	规格型号	编号
鞍山泰利德电子有限公司	晶闸管模块	MTC25～1 200A/1 600～3 600V	20131003
	整流管模块、整流桥模块	MDC25～1 200A/1 600～3 600V	20131004
	整流管模块、整流桥模块	MDS20～300A/800～2 400V	20131005
德力西（杭州）变频器有限公司	低压变频器	CDI9200	20131006
陕西龙伸电气有限公司	快速熔断器	RSM 系列	20131007
上海鹰峰电子科技有限公司	电抗器	PCL-1100-EISH	20131008
能科节能技术股份有限公司	中压智能软起动器	NC3S-06-70～1200/NC3S-10-70～1400	20131009
电控配电			
长沙诚源电器成套有限公司	户外箱式变电站	XBZ1/XBJ1	20131010
江苏现代电力科技股份有限公司	智能集成低压无功补偿装置	TDS	20131011
宁波甬新东方电气有限公司	低压抽出式开关柜	GCS	20131012
	交流低压配电柜	GGD	20131013
	低压抽出式开关柜	MNS	20131014
	高压/低压预装式变电站	YB□-12/0.4-630	20131015
黑默（天津）电气工程系统有限公司	检修插座箱	S-system	20131016
福建中能电气股份有限公司	低压抽出式开关柜	GCS	20131017
	交流低压配电柜	GGD	20131018
	预装式变电站	YBM□-12/0.4-630	20131019
余姚市电力设备修造厂	低压抽出式成套开关设备	GCK、GCK2	20131020
	低压抽出式开关柜	GCS	20131021
	交流低压配电柜	GGD2、GGD3	20131022
	智能型/紧凑型箱式变电站	XBZ1、XBJ1	20131023
	交流低压无功功率补偿装置	YDS-SVC	20131024
	无功补偿开关箱	WSJ-IV-3	20131025
	计量箱	XXC10	20131026
	低压电缆分支箱	XZW-2	20131027
	模数化终端组合箱	PZ-30	20131028
	低压封闭式动力箱	XL-21	20131029
	母线槽	LCMX6（密集）/LCKX6（空气）	20131030
慈溪市大明电气设备成套有限公司	低压抽出式开关柜	GCS	20131031
	交流低压配电柜	GGD	20131032
	智能/紧凑箱式变电站	XBZ1/XBJ1	20131033
天津市百利开关设备有限公司	低压抽出式开关设备	GCK2000	20131034
	低压抽出式开关设备	MNS	20131035
	低压固定面板式开关设备	GGD	20131036
	低压成套开关设备	GCK1	20131037
	低压成套开关设备	BLOKSET	20131038
福建省先行电力设备有限公司	低压抽出式成套开关设备	MLS	20131039
福建森达电气有限公司	箱式变电站	YBM（XBZ、XBJ）	20131040
新华都特种电气股份有限公司	三相油浸式立体卷铁心配电变压器/立体卷铁心配电变压器/电力变压器	SB13-M·RL/SB11-M·RL/S11-M·R	20131041

（续）

企业名称	产品名称	规格型号	编号
新华都特种电气股份有限公司	海洋平台三相干式整流变压器	PZTSFGD	20131042
	串联电抗器/干式串联电抗器/10kV串联电抗器	CKSG-324/CKSG-576/CKSGL-120	20131043
天津开合电力科技有限公司	母线槽	KHM	20131044
天津德通电气有限公司	组合式低压开关柜	DTK-2	20131045
北京普瑞斯玛电气技术有限公司	低压抽出式开关柜	GCK	20131046
	低压成套开关设备	GCS	20131047
	低压成套开关设备	GGD	20131048
	低压成套开关设备	MNS	20131049
	预装式箱式变电站	YBM□-12/0.4-630、YBM□-12/0.4-1600	20131050
杭州欣美成套电器制造有限公司	低压抽出式成套开关设备（低压成套开关设备）	GCS	20131051
	低压抽出式成套开关设备（低压成套开关设备）	MNS	20131052
天水二一三电器有限公司	低压抽出式开关柜	GS-GCK	20131053
	低压抽出式开关柜	GS-GCS	20131054
	交流低压配电柜	GS-GGD	20131055
	低压抽出式开关柜	GS-MNS	20131056
宁波天元电气集团有限公司	低压抽出式开关柜/低压成套开关设备	GCK/GCK2	20131057
	紧凑型/智能型箱式变电站、紧凑型/智能型24kV(20kV)箱式变电站	XBJ1/XBZ1、XBJ2/XBZ2	20131058
黄华集团有限公司	抽出式低压开关柜	GCK	20131059
	抽出式低压开关柜	GCS	20131060
	交流低压配电柜	GGD3	20131061
	抽出式低压开关柜	HMNS	20131062
	组合式变电站	YB27-12/0.4-630	20131063
	预装式变电站	YBW-630/12	20131064
天津科峰电气有限公司	低压配电柜	MNS	20131065
杭州之江开关股份有限公司	交流低压抽出式开关柜	GCS	20131066
	低压开关柜	GGD1、GGD2、GGD3	20131067

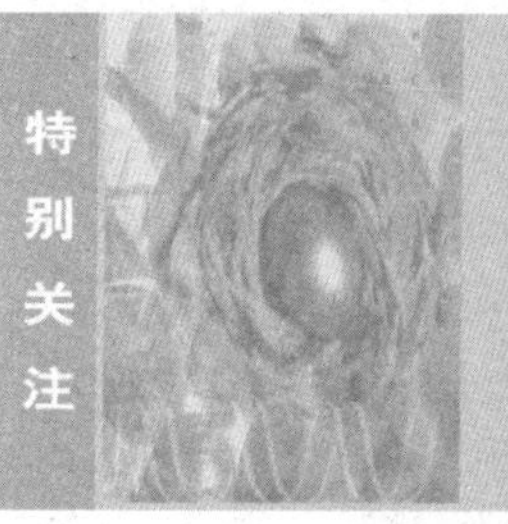

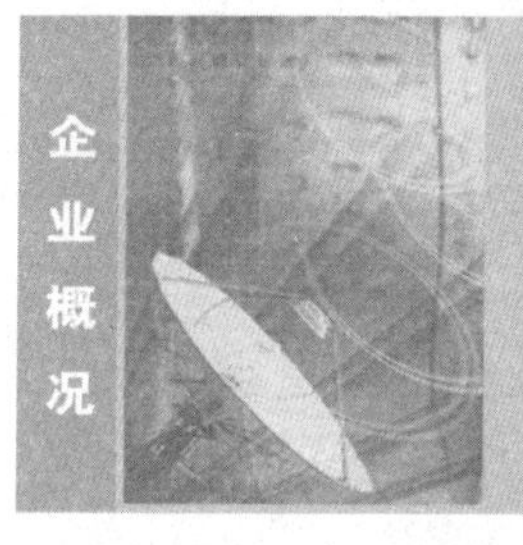

标准化

从标准化重点工作、国际标准化、标准化科研及创新等方面，全面展示电器工业标准化取得的成就

Overall showing the achievements obtained in standardization of electrical equipment industry from the aspects of key work, international standardization, R&D of standardization and standardization innovation

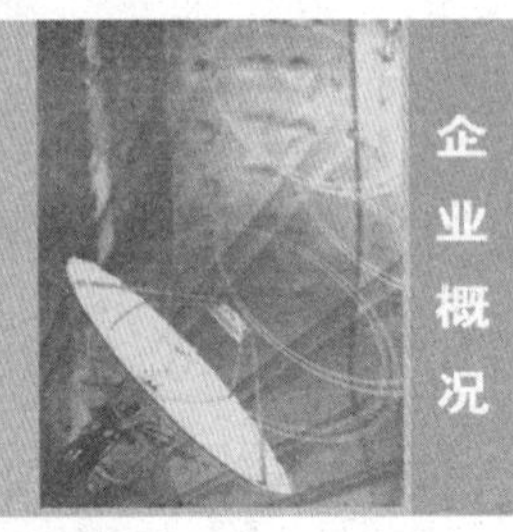

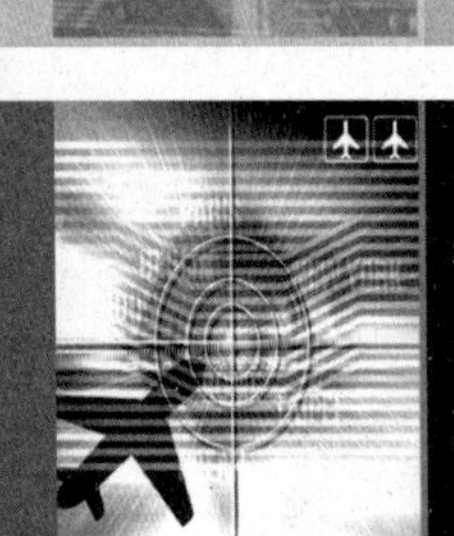

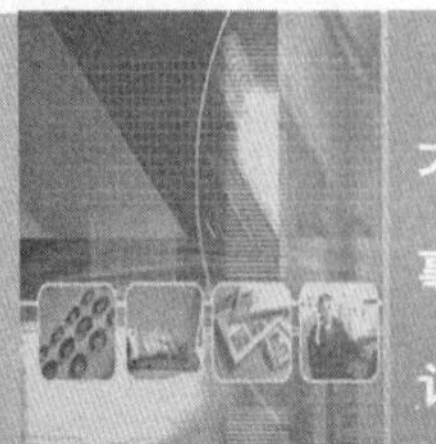

标准化

第一部分:标准化重点工作

2013 年全国标准化工作会议

全国标准化工作会议于 2013 年 2 月 21 日在北京召开。60 家政府机构、20 家行业协会及标准主管部门、80 家地方质检局以及标准委机关处级以上干部参加了此次会议。

会议颁发了 2013 年中国标准创新贡献奖项目奖、组织奖、突出贡献奖和优秀青年奖。由上海电动工具研究所、机械工业北京电工技术研究所、上海电器科学研究所等 5 家单位承担的 GB/T 22696《电气设备的安全　风险评估和风险降低》系列标准研制获中国标准创新贡献奖二等奖,西安高压电器研究院荣获中国标准创新贡献奖组织奖,许昌开普电器检测研究院李亚萍博士荣获中国标准创新贡献奖突出贡献奖。

全国政协副主席、科技部部长万钢在会议中指出,科技与标准的结合越来越紧密,科技进步与产业发展需要创新驱动,产业创新发展需要标准支撑,实施技术标准战略也需要科技与标准更加紧密结合。当前,科技创新和技术标准研发由过去的两个阶段正在融为一体,技术标准为科技成果快速进入市场、形成产业提供了重要支撑和保障。制定和实施技术标准,本质上就是推进科技成果转化,标准在科技成果转化应用中起到了桥梁和纽带作用,是产业调整升级和创新发展的有力推手。万钢强调,今后要认真抓好《"十二五"技术标准科技发展专项规划》的落实,进一步加强技术标准研制,健全技术标准体系,完善科技创新与技术标准融合机制,推动创新成果转化。要切实发挥好技术标准在战略性产业发展中的引领作用,以科技进步和技术标准促进传统产业改造升级,不断推动我国技术标准的国际化。

围绕"强化作用,提升水平"的主题,国家质量监督检验检疫总局局长支树平指出:要服务国家发展,强化支撑作用;要应对国际挑战,强化战略作用;要促进质量提升,强化基础作用。要依靠科技,提升标准水平;要凝聚合力,提升实施水平;要完善制度,提升管理水平。

国家质量监督检验检疫总局党组成员、国家标准化管理委员会主任陈钢在题为"创新驱动、服务发展,推动标准化为全面建成小康社会作出新贡献"的工作报告中,着重讲了两个方面的问题——深入学习贯彻党的十八大精神,推动标准化更好地创新发展、服务科学发展;深入落实"抓质量、保安全、促发展、强质检" 十二字基本要求,扎实做好 2013 年的标准化工作。他要求标准化部门紧扣"五位一体",把握好创新发展、服务发展的战略任务,坚持创新驱动,为创新发展、服务发展提供不竭动力。对于 2013 年的标准化工作,他指出要加强系统管理,四大机制建设要有新进展;推动重点突破,四大领域建设要加大创新力度;促进整体提升,四大体系建设要上新台阶。对于强制性标准,要推行新的管理办法,今后的标准经费支持要侧重于基础、安全和强制性标准。

国际标准化组织(ISO)秘书长罗博 · 斯蒂尔在致辞中赞扬了中国标准化工作取得的成绩,并希望中国与 ISO 一起,共同应对当今世界的重大问题和挑战。

〔撰稿人:机械工业北京电工技术经济研究所徐元凤〕

第二届中国标准化专家委员会成立

第二届中国标准化专家委员会由 46 名委员组成,其中中国标准化科学家 27 名,中国标准化专家 19 名。刘源张、郎志正、陈钢任荣誉主任委员,邬贺铨任主任委员,尹伟伦、张纲任副主任委员,方向任秘书长,汤万金、房庆任副秘书长。第二届中国标准化专家委员会组成人员见表 1。

表 1　第二届中国标准化专家委员会组成人员

序号	姓名	单位	职务/职称	标委会职务
1	刘源张	中国科学院数学与系统研究院	工程院院士/研究员	荣誉主任委员
2	郎志正	北京理工大学	原国务院参事/国际质量科学院院士/中国合格评定国家认可委员会副主任/教授	荣誉主任委员

（续）

序号	姓名	单位	职务/职称	标委会职务
3	陈 钢	国家质检总局、国家标准化管理委员会	质检总局党组成员、标准委主任/研究员	荣誉主任委员
4	邬贺铨	中国工程院	原副院长/工程院院士/研究员	主任委员
5	尹伟伦	北京林业大学	学术委员会名誉主任/工程院农业学部主任/北京市科协副主席/工程院院士/教授	副主任委员
6	张 纲	国家质检总局	原总工程师/国务院参事	副主任委员
7	庞国芳	中国检验检疫科学研究院	工程院院士/研究员	委员
8	张钟华	中国计量科学研究院	首席研究员/工程院院士/研究员	委员
9	方智远	中国农业科学院	工程院院士/研究员	委员
10	李国杰	中国科学院计算技术研究所	原所长/首席科学家/工程院院士/研究员	委员
11	李正邦	中国钢研科技集团有限公司	工程院院士/高级教授	委员
12	钱七虎	总参谋部军事科学技术委员会、解放军理工大学	常委/工程院院士/教授	委员
13	钟群鹏	北京航空航天大学材料失效和预防研究所	所长/学术委员会主任/工程院院士/教授	委员
14	过增元	清华大学航空航天学院	科学院院士/教授	委员
15	吴佑寿	清华大学信息科学技术学院电子工程系	工程院院士/教授	委员
16	王以铭	中华全国工商业联合会	副主席/十届全国人大常委、法律委员会副主任/教授	委员
17	李鹤林	中国石油天然气集团公司石油管工程技术研究院	高级顾问/工程院院士/教授级高工	委员
18	蔡睿贤	中国科学院工程热物理研究所	科学院院士/研究员	委员
19	钱 易	清华大学环境学院	工程院院士/教授	委员
20	高金吉	北京化工大学	工程院院士/教授	委员
21	陈君石	国家食品安全风险评估中心	总顾问/工程院院士/研究员	委员
22	陈宗懋	中国农业科学院茶叶研究所	原所长/工程院院士/研究员	委员
23	刘人怀	暨南大学应用力学研究所	原校长/所长/工程院院士/教授	委员
24	王 越	北京理工大学	原校长/科学院院士、工程院院士/教授	委员
25	龚 克	南开大学	校长/俄罗斯宇航科学院外籍院士/教授	委员
26	李春田	国家质检总局、中国标准化协会	原国家质量技术监督局科技委主任/顾问/教授级高工	委员
27	王海舟	中国钢研科技集团有限公司	原钢铁研究总院副总工程师/工程院院士/教授级高工	委员
28	方 向	国家标准化管理委员会	副主任/研究员	委员兼秘书长
29	汤万金	中国标准化研究院	副院长/研究员	委员兼副秘书长
30	房 庆	中国计量科学研究院	副院长/研究员	委员兼副秘书长
31	于欣丽	国家标准化管理委员会	副主任/研究员	委员
32	张晓刚	鞍钢集团	总经理、ISO/TC17/SC17 主席/教授级高工	委员
33	徐建国	科技部创新体系建设办公室	主任	委员
34	刘 敏	科技部发展计划司	副司长	委员
35	喻子达	海尔集团	副总裁、IEC/MSB 委员/高级工程师	委员
36	郭建平	航天科技集团公司国际合作部	副部长、ISO/TC10/SC6 主席/研究员	委员
37	高思田	中国计量科学研究院纳米新材料计量研究所	所长、ISO/TC1 主席/研究员	委员
38	李亚萍	河南省许昌开普电器检测研究院	院长、IEC/TC95 主席/高级工程师	委员
39	吴永宁	国家食品安全风险评估中心	首席专家/教授	委员
40	赵 波	中国电子技术标准化研究院	院长/高级工程师	委员
41	王利兵	湖南出入境检验检疫局	副局长、ISO/TC264 主席/研究员	委员
42	张宇春	冶金工业信息标准研究院	院长、ISO/TC156 副主席/教授级高工	委员
43	方晓燕	中国电器工业协会	副会长兼秘书长/教授级高工	委员

（续）

序号	姓名	单位	职务/职称	标委会职务
44	马德军	中国家用电器研究院	副院长/教授级高工	委员
45	强　毅	机械科学研究总院中汽认证中心	主任/研究员	委员
46	欧阳劲松	机械工业仪器仪表综合技术经济研究所	所长/教授级高工	委员

〔供稿人：中国电器工业协会朱珊珊〕

创新驱动　服务发展　标准引领我国由电器工业制造大国向强国迈进

——2013 年中国电器工业标准化工作会议暨中国电器工业协会标准化工作委员会二届四次会议工作报告

2013 年中国电器工业标准化工作会议暨中国电器工业协会标准化工作委员会（简称协标委）二届四次会议的主要任务是：深入贯彻 2013 年全国标准化工作会议精神，总结回顾 2012 年电工行业标准化工作，按照“系统管理、重点突破、整体提升”的基本要求，部署 2013 年电工行业标准化工作，通过标准化工作引领我国由电器工业制造大国向强国迈进。

一、2012 年电工行业标准化工作回顾

1.强化电工行业标准化管理工作

电工行业进一步强化标准化管理工作，重点加强对标准制修订过程的管理，探索技术委员会绩效管理机制，加强标准体系建设，推动电工行业标准化工作科学有序发展。按照《机械行业“十二五”标准体系建设工作》要求，开展电工行业“十二五”标准体系建设工作，并提出下一步行业重点标准项目，指导行业开展重点突出的相关标准研制。

2012 年电工行业上报国家标准计划 142 项，已批复 68 项；上报能源行业标准计划 63 项，已批复 59 项。截至 2012 年年底，电工行业现有国家标准 1 730 项、行业标准 1 218 项，其中强制性国家标准 275 项、推荐性国家标准 1 421 项、国家标准指导性技术文件 34 项，相关联采标率达 90% 以上。电工行业承担全国性标委会 46 个、分标委 36 个，能源行业标委会 6 个，机械行业标委会 2 个，对口 71 个 IEC 及 ISO/TC/SC，正在筹建海洋能转换设备标委会、电力电子学标委会软起动分标委。

2.巩固国际标准化工作取得新成效

根据国家标准化管理委员会“统筹国际国内”标准化工作的要求，积极引导行业各专业领域实质性参与国际标准化工作，并通过 IEC/SMB（标准化管理局）技术支撑工作开拓国内标准化工作领域。

3.完善标准与科技紧密结合机制

根据国家重大战略需求导向，以国家科技项目为载体，完善标准与科技专项结合机制；加强技术联盟对标准的引领作用，以新技术研发和产业化发展应用为重点，深化产业联盟对标准的支撑。一是以济柴、江西华电等优势企业为主体，开展“低热值余热余能和废气利用发电设备标准研究”科研项目。二是加强电工行业重点科研项目培育，就“配电及超导变电站”“电机软起动设备及系统”和“低压电气设备和系统安全”涉及的关键技术申报 2014 年公益科研项目。三是积极开展 1 000MW 级水轮发电机、水轮机，高压直流输电用换流器、低压成套设备等发输电领域标准研制工作。四是深化产业技术联盟对标准的支撑作用，成立中国电器工业软起动设备技术联盟。

4.推进新能源领域标准化建设工作

配合《国家能源科技“十二五”规划》，以标准、检测、信息、科研四位一体的工作思路，推进风电电器设备、储能系统、电动汽车等新能源领域相关的标准化建设工作。一是完善能源行业风电电器标准体系。二是推进储能系统标准体系建设与储能应用技术研究，依托“储能及动力电池标准体系研究”工作项目，建立了储能电池标准体系并提出储能设备标准化重点项目。三是依托“电动汽车充放电接口及安全防护技术研究与标准制定”“电动汽车充电设施国际标准提案的研究”等“863”课题任务，开展电动汽车充电设施技术调研。

5.加强电工产品节能、环保、低碳标准制修订

围绕资源节约型、环境友好型社会建设需求，推进节能、环保、低碳标准研制，加强电工产品能源消耗限额标准制修订，跟踪国际低碳标准化工作进展，促进电工行业节能减排事业发展。

6.开展产业联盟标准和协会标准研制

依托行业发展，在低碳技术、软起动等领域试点制定联盟标准，促进产业联盟新技术融入标准；进一步开展协会标准制定，推动协会标准上升为行业标准。一是依托中国电器工业协会低碳技术联盟，根据国家节能环保政策和行业发展，开展电工设备生产能耗限额标准联盟标准研制工作。二是依托中国电器工业软起动设备技术联盟，开展电机软起动相关的联盟标准预研，推进产业创新技术融入标准。三是推进协会标准制定，充分发挥行业协会在引导行业健康发展中的技术标准支撑作用。

二、2013年电工行业标准化指导思想和工作目标

2013年是为我国迈向电工装备制造强国奠定坚实基础的重要一年。

首先，十八大报告中对装备制造业明确提出“推动战略性新兴产业、先进制造业健康发展，加快传统产业转型升级”。这一重要决策部署，对于加快转变经济发展方式、推进经济结构战略性调整具有十分重要的现实意义。全行业必须科学判断未来需求变化和技术发展趋势，实现产业结构优化升级，切实把推动发展的立足点转到提高质量和效益上来。同时，必须促进传统产业尽快向高附加值、低能耗、低污染的集约型发展方式转变，实现产业转型升级。

第二，在过去的一段时期，发布的一系列战略性新兴产业规划政策中均明确提出量化指标。《能源发展“十二五”规划》中提出“到2015年，实现能源消费总量40亿t标准煤，用电量6.15万亿kW·h，单位国内生产总值能耗比2010年下降16%，能源综合效率提高到38%”；《“十二五”节能环保产业发展规划》中提出“到2015年，节能环保产业总产值达到4.5万亿元，增加值占国内生产总值的比重为2%左右，高效节能产品市场占有率由目前的10%左右提高到30%以上”；《高端装备制造业“十二五”发展规划》中提出“到2015年，高端装备制造业销售收入超过6万亿元，在装备制造业中的占比提高到15%”。

第三，《政府工作报告》中提到“中国制造业规模跃居全球首位，高技术制造业增加值年均增长13.4%，成为国民经济重要先导性、支柱性产业”。我国还不是制造强国，制造业整体素质与工业发达国家相比仍然差距很大，如自主创新能力还不强、关键核心技术受制于人、工艺管理水平落后、知名品牌缺乏、整体制造质量较低等，制造业整体综合竞争力还有待提高。创新驱动、科学发展已经成为共识，实施创新驱动发展战略是今后一段时期工作的总体要求。

2013年电工行业标准化工作的指导思想是：深入学习贯彻党的“十八大”、中央经济工作会议和2013年“两会”精神，以邓小平理论、“三个代表”重要思想、科学发展观为指导，贯彻全国标准化工作会议、全国工业和信息化工作会议、全国能源工作会议的精神，按照“系统管理、重点突破、整体提升”的基本要求，优化电工行业标准化管理机制，促进标准与科技创新结合，大力推进工业转型升级和战略性新兴产业领域标准化工作，引领我国由电器工业制造大国向强国迈进。

2013年电工行业标准化工作目标包括：一是配合上级领导部门强化标准化管理、开展标准体系工程建设和探索标委会管理机制创新；二是推进电工行业技术标准创新，为我国科技驱动产业创新发展作出贡献；三是推动电工行业标准化为质量发展做好基础支撑作用，尤其为提高电工产品质量水平提供坚实支撑；四是配合国家战略性新兴产业发展规划，进一步完善电工行业相关的新兴产业领域标准体系；五是统筹国际、国内标准化工作，加大实质性参与国际标准化活动力度。

三、2013年电工行业标准化工作重点

1.跟踪标准化管理新政策，持续优化工作管理机制

贯彻落实全国标准化工作会议有关管理机制建设要求，提升行业标准化科学管理水平。密切跟踪强制性标准管理机制、推荐性标准管理机制、参与国际标准化活动管理办法等一系列国内、国际标准化新政策，及时反映行业意见与诉求，组织各专业领域标委会落实执行。依照中国机械工业联合会开展机械工业技术标准体系建设方案做好电工行业标准体系编制工作，为“十二五”后三年各专业领域标准化工作做出科学规划。

2.促进标准与科技相结合，提升技术标准创新能力

围绕“十二五”技术标准科技发展专项规划，促进科技创新与标准研制紧密结合。顺应新兴技术领域系统化发展趋势和特点，按照系统标准化思路，为开展重点领域综合标准化做好顶层设计。

3.协调开展新能源标准化，助推能源生产和消费革命

加强“信息、标准、检测、研发”四位一体平台建设，提高能源装备自主化水平。着力开展海上风电设备标准化工作，促进海上风电规模化发展。依托太阳能光热发电工程项目，结合IEC/TC117国际标准化动态，开展太阳能光热发电设备标准化工作。筹建电气储能装备标准化机构，积极跟踪IEC/TC120电气储能系统国际标准化活动，为支撑分布式能源发展打下技术基础。稳步推进海洋能发电设备国内、国际标准化工作，组织开展潮流能、波浪能发电设备国内标准研制，服务国家海洋强国战略。完成IEC《智能电网标准化路线图》和IEC《电气储能白皮书》翻译校对及出版工作。结合国内智能电网技术路线和发展模式，参与IEC智能电网系统标准研制。

4.加强节能环保标准化，服务生态文明建设

从产品和组织管理两条渠道为节约能源资源、发展循环经济、保护生态环境提供标准化支撑。启动铅酸蓄电池、工业电热、中小型电机绝缘子等领域单位产品能耗限额标准研制，促进减少装备制造环节能源消耗。跟踪IEC能效顾问委员会国际标准化，继续开展电动机系统节能标准研制，促进产业技术水平进一步提升。配合国家循环经济发展战略行动计划，开展电气产品循环利用及再制造标准研究，做好电气电子产品材料效率国际标准研制。以工业产品生态设计指导意见为依据，研究产品从设计到回收处理各环节的典型案例和共性经验，逐步建立电气产品生态设计指标及测量标准体系，完成变压器环境标志环保标准研制。

5.推进充换电设备标准化，完善新能源汽车供能标准体系

与汽车行业、电力行业共同协作，完善新能源汽车供能标准体系，服务供能基础设施建设。积极推进充电设备标准化，在低压成套开关和控制设备、剩余电流保护、充电电缆等专业领域开展相关标准研制。与电力行业做好协作，跟踪换电系统标准研制进展，联合开展电动汽车充放电设

施标准体系调研，启动放电标准体系建设。

6.统筹推进电工设备质量标准，促进传统产业转型升级

配合《质量发展纲要（2011—2020年）》，依托制造强国战略研究课题任务，启动电工行业能源装备质量提升战略研究，重点抓好电工设备质量与可靠性标准化攻关。跟踪研究ISO、IEC质量及可靠性标准制修订工作进展，启动电工设备可靠性技术指标及评价方法标准研制，为电工设备质量提升提供技术依据。在发电、输电、配电等专业领域开展可靠性技术调研，以低压电器可靠性推进工程为示范，统筹提出其他相关专业领域可靠性标准、检测、企业示范、行业培训等方面的工作推进方案。

7.加强实质性参与力度，扩大各领域国际标准突破

统筹国际、国内标准化工作，加大实质性参与国际标准化活动力度。做好热电联产、高压直流输电术语、电力导线材料、绝缘材料空间电荷、红外电热装置、机械门锁、防爆电器、环境设计、充电设施安全等国际标准研制工作。培育电力电容器、继电保护、稳定电源等领域的新国际标准项目，扩大各领域国际突破项目成果。做好国际、国内协调，争取在IEC组建液流电池分技术委员会并由我国担当秘书处归口。加强电工行业国际标准化管理等。

〔供稿单位：中国电器工业协会标准化与技术评价中心〕

标准化面向市场深入推进行业技术创新产业化

2013年4月25日，中国电器工业协会标准化工作委员会（以下简称协标委）二届四次理事会会议在上海市奉贤区召开。会议由协标委理事长张秋鸿主持，协标委正、副理事长，理事，正、副秘书长共29人参会（6人请假）。会议分析总结了电器工业面临的经济形势和行业发展状况，明确了电工行业各分支领域要以提高经济发展的质量和效益为中心，创新驱动、科学发展、转型升级，加快电器工业由制造大国向制造强国迈进。标准化工作应该在制造业由大向强的转变中发挥重要的引领和支撑作用。会议审议通过了2013年中国电器工业标准化工作会议暨协标委二届四次会员大会议程，审议通过了协标委秘书处提出的“协标委2012年工作总结及2013年重点工作”“2012年度会费收缴与使用报告”，审议通过了“调整和增补理事单位”的议案，通报了2013年“电工标准—正泰创新奖”的奖励名单。

一、协标委2012年工作总结

召开协标委二届三次会员大会和二届三次理事会。会议落实了“系统管理、重点突破、整体提升”的基本方针要求，明确了加强电工标准制修订过程、完善标准体系；加快节能环保、新能源、智能电网、电动汽车等战略性新兴领域标准化研究和支撑；推进产业联盟标准试点和协会标准制定；推进电工产品型号注册备案管理等工作重点。

实施2012年“电工标准—正泰创新奖”奖励。15个项目获2012年“电工标准—正泰创新奖”，其中一等奖3项、二等奖5项、三等奖7项，个人奖励1项，获国际标准化突破贡献奖。

协会标准制定。完成了5项协会标准发布，完成2项协会标准项目调研并签订技术服务协议。

推进启动电工产品型号注册备案管理工作。组织召开电工产品型号注册备案管理推进工作组会议，负责提出“电工产品型号编制方法标准调研统计表”等文件材料，拟配合电工行业开展产品质量提升工程，做好启动部分专业产品型号注册备案管理工作的准备。

启动了协会可靠性推进工作。协会统一组织管理成立了中国电器工业协会可靠性工作推进委员会，推进工作先在低压电器、高压电器、风电电器设备领域试点，分别设立三个专业工作组。首先在低压电器行业进行试点，协标委秘书处跟踪了低压电器可靠性推进进度。

举办“新领域、新技术标准化知识”宣贯会。标准宣贯内容为：绿色创新与低碳发展专题；电能储存技术专题；国际标准版权政策发展专题。

信息宣传及为会员服务。

二、协标委2013年工作重点

2013年中国电器工业协会标准化工作委员会要全面贯彻协会四届四次理事会和分支机构秘书长会议的工作要求和部署，以及2013年全国标准化工作会议“大力实施创新驱动发展战略，深入落实抓质量、保安全、促发展、强基础的工作方针和十二字基本要求”，围绕服务电工企业产品结构优化升级、提高企业竞争力，推动优势企业从以产品生产制造为主体的生产型制造向“产品+服务”为主体的服务型制造转变，提高产业发展的质量和效益，促进大中小企业协调发展。重点工作如下：

（1）组织召开二届四次会员大会和二届四次理事会。全面部署和推进落实2013年协标委主要工作，立足标准化侧重服务电工行业企业标准化工作，努力实践“系统管理、重点突破、整体提升”，探索综合标准化方法的应用，指导协标委秘书处切实有效地为行业企业标准化服务。

（2）不断完善“电工标准—正泰创新奖”的运行机制。2013年“电工标准—正泰创新奖”进一步对奖励运行机制进行完善，从征集对象、奖励范围、推荐渠道、评审专家等多方位进行改进扩展。

（3）加大协会标准推动企业创新技术与产品应用的力度。秘书处要结合电工行业重点领域技术发展和优势企业产品研发，特别是中小企业、民营企业的新产品研发和市场推广应用需求，开展行业新技术、新产品调研工作。在2012年调研的基础上，落实电气设备成套开关装置行业的《智能集成低压无功补偿装置》、工业锅炉行业的《工业煤粉锅

炉》、电工合金行业的《电工用铜-钢复合薄板和带》、风电电器行业的《用于风力发电的智能雷电监测系统》、电工专用设备行业的《电力电容器套管用薄膜绕制机技术条件》等协会标准制定发布，鼓励和推动协会标准转化为国家标准和行业标准，运用标准化手段服务企业技术进步。

(4)搭建协会标准化服务行业科技支撑平台。秘书处要积极搭建协会标准化科技协作平台，有效整合和利用电工行业科技成果资源，组织推动企业科研技术成果的推广应用。具体实施依据是：近几年电工行业申报机械工业技术进步奖的相关成果：电线电缆行业远东电缆有限公司的无机复合绝缘防火（耐火）电缆及其附件、中强度铝合金圆线同心绞架空导线等，新能源和可再生能源行业特变电工新疆新能源股份有限公司的单机500kW太阳能光伏并网逆变器研发，高压输变电行业保定天威集团有限公司的TWPD-2623便携式局部放电巡检仪、TB系列变压器中性点间隙保护装置等，基础新材料领域重庆川仪自动化股份有限公司的新型含稀土电接触复合材料等创新技术。针对这些成果，秘书处将协同有关标委会秘书处组织开展企业科技成果技术调研，通过实施协会标准化科技协作机制，将电工行业企业的科技成果及时转化为协会标准、行业标准。

(5)探索综合标准化的实践应用。根据国家标准化管理委员会推进综合标准化理论与方法研究，开发具有科学性、实用性的方法和工具，推进重点领域综合标准化试点示范，以电气安全标准体系通用基础标准GB/T 22696《电气设备的安全　风险评估和风险降低》系列标准为试点，运用综合标准化思维和方法，开展电气设备安全风险评估的方法研究和评价应用示范。

(6)探索标准化协调推进机制建设。国家标准化协调机制要求政府间层面、国家与地方层面、区域层面等相关方面健全横向融合、纵向畅通的标准化协调推进机制。协标委秘书处一是探索加强电器协会标准化工作与地方标准化管理部门的协作，充分发挥电器协会与地方标准化部门的职能作用和资源优势，利用好地方的支持政策和保障机制，争取地方对本地区电工行业标准化工作的支持，以及为地方企业参与行业标准化工作搭建平台。秘书处将选取北京市技术监督局、上海市技术监督局、江苏省技术监督局、山东省技术监督局、广东省技术监督局等机构探索开展地方支持电工行业标准化工作的协调推进合作。二是探索协会与相关机构协同推进电工新技术、新产品产业化应用和标准转化合作。与中国高科技产业化研究会协作，对与电工行业相关的国家“863”科技成果、国家火炬计划成果，以市场为导向，开展企业技术评价和成果评价，促进国家高新技术成果产业化和高新技术成果的标准化。

(7)标准化工作支撑提高电工产品质量提升。2013年协标委将继续跟踪低压电器可靠性专委会推进工作，将低压电器产品可靠性推进工作作为电工行业试点示范，积极宣传借鉴，争取启动风电电器设备或高压电器设备可靠性研究工作。

(8)做好会员服务，探索特色服务模式。一是根据国家标准化和电工行业重点产业发展需求，开展新标准、新技术宣贯培训、信息咨询。二是继续做好对外宣传工作，配合行业标准化工作和重点领域重要标准研究，及时报道热点工作，发挥协会标准化窗口的效能。三是鼓励协标委企业会员积极利用电工行业标准化平台，反映诉求，促进协标委标准化服务平台发挥标准效益。四是筹备2014年电工高端装备制造业国际技术与标准化考察访问。

(9)加强自身建设，提升服务水平。秘书处一要加强规范管理，建立良好的服务机制；二要配合总会加强会费管理；三要按照中央廉政建设要求，践行勤俭节约，力求实事求是；四要加强秘书处人员建设和日常工作管理，通过自身开展工作和为会员服务，提高年轻人员的业务能力和水平。

三、审议通过“调整和增补理事单位”的议案

增补ABB（中国）有限公司为协标委理事单位，理事代表为ABB（中国）副总裁王中丹；沈阳变压器研究院股份有限公司理事代表郭振岩因工作变动，调整为沈阳变压器研究院股份有限公司总经理刘杰。

四、通报了2013年“电工标准—正泰创新奖”的奖励名单

2013年“电工标准—正泰创新奖”共奖励项目15项，其中一等奖3项、二等奖5项、三等奖7项。奖励先进个人10名，其中“突出贡献奖”6名，为：上海电动工具研究所李邦协、中国电器科学研究院吴国平、中国电器工业协会方晓燕、西安高压电器研究院有限责任公司李鹏、南阳防爆电气研究所王军、上海电器科学研究所（集团）有限公司季慧玉；奖励“优秀中青年”4名，为：上海电器科学研究所（集团）有限公司黄兢业、上海电缆研究所黄国飞、哈尔滨汽轮机厂有限责任公司石玉文、中国电器科学研究院罗军波。

会议商议确定了2014年电工标准化工作会议暨协标委会员大会由常熟开关制造有限公司协办，会议地点定为江苏。

〔撰稿人：中国电器工业协会朱珊珊、曾雁鸿〕

全国电气安全标准化技术委员会四届二次会议暨2012年年会

全国电气安全标准化技术委员会（以下简称安标委）四届二次会议暨2012年年会于2012年10月28日至11月1日在云南省丽江市召开。安标委主任委员杨启明、副主任委员陆宠惠、副主任委员兼秘书长方晓燕以及其他委员（代表)等共计40人参加了会议。

一、传达国家标准化有关精神及近期重点工作

主要内容包括国家标准化工作形势、重点工作领域和任务、标准化发展“十二五”规划中的战略思想,并对下一步安标委的工作、组织建设和人才培养提出了建议。

二、总结2012年安标委工作

内容涉及标准化规划编制与标准体系建设、国家标准制修订、跟踪和实质性参与国际标准化、完成国家公益性标准科研专项的研制和启动新项目、组织开展标准宣贯、标准化成果奖励申报等方面的工作。提出了2013年的工作设想,即在七大方面重点推进标准化工作:不断完善本领域“十二五”规划和标准体系建设,开展电气安全标准制修订,继续实质性参与国际标准化活动争取新的突破,做好公益性标准科研专项的研制和新项目申报,强化标准宣贯和实施效果反馈,注重安标委人才队伍建设,加强秘书处自身建设、增强责任意识和服务意识。

三、国际标准化工作

内容包括IEC/ACOS的基本情况、IEC/ACOS当前开展的主要工作、我国承担的主要工作和成果、下一步拟开展的工作和TC16基本情况。重点介绍了2013年2月在法兰克福召开的ACOS第十届安全论坛的详细情况以及需要继续开展的有关工作:继续开展IEC风险评估指南的研究;继续参与推进ISO/IEC导则51《标准中包括安全因素的编写指南》的修订;组织做好参加ACOS第十届安全论坛会议工作。

四、介绍标准制修订情况

副秘书长曾雁鸿对安标委组织提出的“电气安全标准体系”做了详细介绍说明,使各位委员对安标委电气安全标准体系的编制原则、层次结构、内容以及与相关行业及专业标准化技术委员会的关联情况有了进一步的认识和了解。秘书处马红介绍了2013年安标委5项国标制修订工作情况。

五、“充电系统与设备的安全要求”工作组会议

年会期间还召开了“充电系统与设备的安全要求”工作组会议,商讨了将于第十届ACOS论坛上交流用的PPT,分配了各位工作组成员的工作任务,并对参加ACOS第十届安全论坛的相关事宜进行了部署。

六、2013年主要工作任务

1.不断完善电工领域技术标准体系的建设

秘书处将围绕电器工业“十二五”规划的重点研究方向和安标委创新标准体系建设,侧重加强在基本标准、检测与测量、安全管理等方面开展标准研究和制定。应加强实施监测和评估工作,实施完善标准体系动态管理,及时对规划和标准体系进行评估,适时调整。

2.组织开展5项电气安全标准制修订工作

根据国家标准化管理委员会下达的标准计划,秘书处组织开展5项标准制修订工作,征集工作组成员,完成集资方案。

3.继续实质性参与国际标准化活动

(1)组织专家参加ACOS第十届安全论坛。根据工作组会议决定,秘书处组织机械工业北京电工技术经济研究所、上海电动工具研究所、上海电器科学研究所(集团)有限公司、施耐德电气(中国)有限公司、西门子(中国)有限公司等单位的十余名委员及代表参加“电动汽车充电设备的安全”论坛,并适时提出国际标准提案。

(2)参与开展国际标准ISO/IEC导则51的修订。安标委承担了标准化科研专项“工业无线测控及环境利用设计”等5项国际标准研制中的“电气安全因素国际标准化研究”。下一步要做好对导则51中安全要素技术内容的分析,并结合国际、国内标准中电气安全技术的发展情况和更新内容,就电气安全基本要求与原则、电气安全风险评估等安全因素进行分析,研究提出相关修改意见,以增强导则51指导ISO、IEC标准的适用性,促进导则51对我国电气安全技术的适用性。

4.做好公益性标准科研专项的申报

由秘书处组织预研的《充电电气系统与设备安全要求》国际标准研制充分考虑了电动交通充电设备并延伸到了各类低压电器的充电设备和系统,包括与充电设备通用基础技术相关的安全原则和规定,研究工作量大、难度高,反映了充电系统基础标准的顶层技术设计思想,对其他相关标准具有涵盖和指导意义,符合国家标准化公益性科研专项支持范畴。秘书处将联合上海电动工具研究所组织申报2013年标准科研专项。

5.强化标准宣贯和实施效果反馈

根据年会会议精神,对近年制修订的新标准,秘书处将分类开展标准宣贯会、研讨会,积极推动关键技术标准的贯彻实施,提高标准实施效益。

6.做好标准化服务工作

会后,秘书处尽快将有关信息上传到安标委网站,实时更新安标委信息,利用网站及时发布安标委信息动态和相关标准化报道,快捷、有效地做好信息服务工作;继续配合电气安全各项标准实施要求,做好相关信息宣贯工作。

〔撰稿人:中国电器工业协会马红〕

第二届全国电工电子产品与系统的环境标准化技术委员会材料声明分委会及回收利用分委会成立

2013年5月23日,第二届全国电工电子产品与系统的环境标准化技术委员会材料声明分委会(SAC/TC297/SC1)以及回收利用分委会(SAC/TC297/SC4)成立大会在南京召开。中国电器工业协会标准化与技术评价中心张亮副主任担任第二届SC1委员兼副秘书长，中国电器工业协会郭丽平副总工担任第二届SC4委员。

全国电工电子产品与系统的环境标准化技术委员会材料声明分委会会议由副主任委员、深圳市计量质量检测研究院陈泽勇主任主持。主任委员、北京工业大学环境能源工程学院何洪教授致辞，委员兼秘书长、中国质量认证中心马奇菊高工汇报了第一届SC1工作，并组织讨论了SC1章程及秘书处细则。副主任委员、江苏省检验检疫科学技术研究院何重辉副院长介绍了材料声明国际标准化工作（IEC 62474 Material Declaration for Products of and for the Electrotechnical Industry）。

会议审定了3项国家标准送审稿：

《电子电气产品环境信息》（参照IEC PAS62545 电子电气产品环境信息）《电子电气产品中限用物质评价指南》（等同采用IEC/TR 62476：2010 Guidance for evaluation of product with respect to substance-use restrictions in electrical and electronic products）和《电子电气产品材料声明问卷-基本指南》（等同采用IEC Guide 113：2000 Materials declaration questionnaires - Basic guidelines）。

全国电工电子产品与系统的环境标准化技术委员会回收利用分委会会议由委员兼秘书长、中国质量认证中心骆明非工程师主持。主任委员、国家发改委环资司牛波处长介绍了回收处理管理目录实施及调整情况，环境保护部污防司固体处代表介绍了回收处理企业资质审批及资金实施情况。骆明非汇报了第一届SC4工作，并组织讨论了SC4章程及秘书处细则。会议审定了《废电子电器产品回收处理污染控制导则》国家标准，并组织参观了回收处理工厂。

〔撰稿人：中国电器工业协会滕云〕

紧握时代脉搏　探索新形势下电工行业标准化管理工作新思路

2013年8月14日，中国电器工业协会结合近期国家标准化管理委员会对山东、陕西、辽宁等地区全国技术委员会的巡查工作情况，在河南省南阳市组织召开了2013年加强电工行业标准化管理研讨会，电工行业44家标准化技术委员会的代表参加了此次会议。

国家标准化管理委员会刘霜秋巡视员围绕加强标准体系建设、强制性标准管理等内容传达了国家标准化管理委员会近期的工作精神。他指出国家标准化管理委员会将用三年的时间对强制性标准体系、推荐性标准体系、强制性与推荐性标准协调、配套标准体系进行研究。当前标准化工作存在市场主体活力有待激发、政府标准管理有待改善等问题，国家标准化管理委员会将改革、完善强制性标准管理，加大团体标准研究力度，加快标准化法修订工作。提出了建立有战斗力、有活力的专家队伍，更加注重工作开拓创新，多组织专项研讨会、加强行业交流，不断培养标准化专业人才等方面的工作希望。

南阳市质量技术监督局张照副局长表示南阳标准化工作已经形成政府大力引导、社会广泛关注、企业积极参与的工作局面。

中国电器工业协会标准化与技术评价中心副主任曾雁鸿、副主任张亮、管理室主任徐元凤分别作“建立适应产业发展的标准新形势”“建立适应新形势下的标准风险管理机制”“加强国标计划管理及强制性标准管理”“电工行业国家标准实施反馈机制”报告。会议达成以下共识：

1.强制性标准管理改革应科学、谨慎

强制性标准管理是标准化管理中的重中之重，是关系国计民生的大事，但是由于每个行业布局不同，各个领域情况不同，强制性标准管理的改革应在充分利用现有标准化体制机制基础上，具体情况具体分析，进行深入研究。对于国家标准化管理委员会提出的强制性标准清理整顿工作思路，与会代表建议尽快建立电工行业专家组，结合国内外情况，根据电工行业特点，研究电工行业强制性标准体系，提出科学有效的应对措施，并向上级提出合理化建议。

2.国家标准实施反馈机制应尽快建立

国家标准实施的信息反馈与标准制定、发布、实施过程形成闭环，是标准执行力体现的一个重要因素。建立长效的国家标准实施反馈机制，不仅有利于开展标准适用状况分析，便于进一步做好国家标准制修订工作，不断提高标准质量和水平。同时，实施反馈的信息对于监督标准实施情况，指导今后标准立项工作，使标准更加贴近市场，指导行业、规范生产、引领技术发展都能起到很好的作用。更重要的是，它可以较为客观地反映标准的情况，在标准实施后出现问题时，可以提供较为客观的数据和证明。与会代表均认为，该机制的建立非常必要，应尽快建立起来。

3.标准新形式需要循序渐进、有序开展

《标准化事业发展“十二五”规划》和2013年全国标准化工作会议上，国家标准化管理委员会均提出了要加强联盟标准等“团体”形式标准的制定。随着技术的发展，规范化对生产、生活的作用日益凸显，行业对标准的需求日益增加。由于国家标准、行业标准管理逐步科学、严谨，标准制修订周期变长，不能满足快速发展的技术需求。协会标准、联盟标准在此时起到了积极的作用，为规范行业、引领技术发展提供了帮助。仅中国电器工业协会2005年至今发布的协会标准就达220项。联盟标准是国家现行标准体系的有益补充，技术水平通常比国家标准要高，立项制定速度快，紧跟市场需求，知识产权与专利归属明确，标准推广实施效率高。协会标准具有与联盟标准相同的性质，对于巩固关键技术成果、提升行业专业水平、创造可观的经济和社会效益都具有举足轻重的作用。

4.标准风险管理需要系统全面的管理

将风险管理引入到标准管理中是一个全新的课题。每一个标准的产生都遵循着同样的程序，但也都存在着个性化的内容。所有的标准，都有其共通性和特殊性，如何在标准制定的各个阶段有效规避风险，需要在总结出现问题的基础上开展系统、深入的研究和讨论。出台一个风险规避的指导性文件，将对标准管理工作产生深远的影响。

〔撰稿人：中国电器工业协会标准化与技术评价中心 徐元凤〕

应用综合标准化思想贯彻实施电气设备安全风险评估标准

电力设施与设备为现代人类的工作和生活提供了高效和便利的条件，但电气设备具备特殊属性，电气设备操作者误操作以及电气设备本身因老化、检修不到位、维护不合格、防护装置缺失或设置不当等原因会造成危害，需要开展电气设备安全风险评估和实施风险降低。

安全生产提倡“预防为主”的方针。安全的概念是相对于人类可承受的一个水平，也可理解为对风险的接受能力。开展风险评估是安全生产中重要和首要的工作。风险评估是指在风险事件发生之前或之后（但还没有结束），对该事件给人们的生活、生命、财产等各个方面造成的影响和损失的可能性进行量化评估。当前，风险评估应用于社会生产生活的各个领域，从生活角度考虑的食品安全、生态安全到工业生产的过程管理，风险评估的方法和理念都发挥出重要的作用。因此，开展电气安全风险评估具有重要的意义。

2013 年，电工行业组织制定的 GB/T 22696《电气设备的安全　风险评估和风险降低》系列标准荣获中国标准创新贡献奖二等奖，该项目 2012 年也获得中国机械工业科学技术奖二等奖。

该系列标准以上海电动工具研究所、机械工业北京电工技术经济研究所、上海电器科学研究所（集团）有限公司、许昌智能电网装备试验研究院、苏州市华测检测技术有限公司为主完成，主要起草人是全国电气安全标委会有关专家李邦协、方晓燕、潘顺芳、李锋、包革、曾雁鸿、张亮、季慧玉等。GB/T 22696 系列 5 项国家标准分别于 2008 年和 2011 年发布，结合国家标准研制，我国同期主导制定的国际标准 IEC 导则 116:2010《低压电气设备安全风险评估和风险降低》于 2010 年发布。

GB/T 22696 系列标准研制属国家质量监督检验检疫总局《标准化“十一五”发展规划》中公共安全领域安全标准体系建设，制定出风险管理基础方法标准，实现重点行业安全风险管理。GB/T 22696 系列标准是我国电气设备安全标准体系中的顶层通用基础标准，具有重要基础标准推动专业产品标准创立风险评估标准体系的系统标准化战略意义。标准制定以我国电气安全技术的研究及日趋成熟的风险评估理论为基础，集成创新形成国家标准，填补了电气设备安全风险评估标准体系的空白。

项目研制历时 5 年，技术难度大，研制任务获得国家质检公益性科研《低压电气安全风险评估及降低风险的基本要求》5 项国家标准研制和“十一五”国家科技支撑专项《低压电气设备安全风险评估》国际标准研制的支持。

GB/T 22696.1～.5 系列标准包括了 5 部分：《第 1 部分：总则》，规定了电气设备的范围和达到安全的总体原则、评估过程及程序；《第 2 部分：风险分析和风险评价》，提出了风险分析、风险评价的实施指南及具体方法和工具；《第 3 部分：危险、危险处境和危险事件的示例》，提出了如何具体识别潜在危险源的危险、危险处境和危险事件的方法示例；《第 4 部分：风险降低》，提出了为降低风险，达到安全可选择的适当的保护措施；《第 5 部分：风险评估方法示例》，提出了评估实例，包括实际操作步骤、具体操作方法和工具的应用。系列标准以电气设备安全风险评估过程中的风险分析为核心，降低风险是实现可容许风险的技术措施，示例是体现风险评估可操作性的范例，形成互为配套的系列标准。

标准研究基于风险的方法，研究了交流电压 1 000V 及以下、直流电压 1 500V 及以下的电气设备在整个生命周期中潜在危险源可能对人体健康和财产安全造成危害或损害的风险进行识别、防护和评价的方法，运用风险管理，以专家的专业判定和严格的程序将电气设备的“安全”评估转化为对“风险”的评估，实现对潜在危险源的有效防护，对残余风险实施有效监督，达到有效降低风险的预期效果，提高安全的置信度。研究建立了独特的风险因子体系，首次提出了电气设备安全因子体系和与之对应的安全技术指标体系，涉及 18 大类电气设备相关的 330 项国家标准的关键潜在危险的 8 大类危险源，涉及电气安全因子 102 个，对具体产品的安全风险分析具有突破性的指导作用。

项目不仅制定了具有独立性、自主性和创新性的系列标准，而且建立了科学、先进、可操作性强的电气设备安全风险评估标准体系，拓展了我国电气安全标准体系的系统性和完整性，产生了以基础标准带动产品标准体系创新的战略性效应。在国家标准制定的基础上主导制定的 IEC 导则 116，为 IEC 建立风险评估标准体系作出了贡献，体现了我国安全技术研究水平和安全技术应用的优势，其中的安全要求和技术指标与发达工业国家和主要贸易区域的市场准入安全要求接轨，对提高我国电气设备的质量水平和国际市场竞争力产生了重大积极效应。

标准实施和阶段性成果的应用，凸显出较好的标准化社会效益。如：全国电气安全标委会同期研制的 GB/T

22697.1～.3—2008《电气设备热表面灼伤风险评估》国家标准，即借鉴了 GB/T 22696 标准中有关电气风险评估的基本原理、概念和程序，并具体针对电气设备的热效应可能产生的灼伤危害，提出了灼伤风险评估的基本原则和降低风险的措施原则，推进了风险评估标准在特定安全技术防护领域的应用，在专业或产品安全风险评估标准研制中起到了良好的示范作用；全国电动工具标委会通过制定 GB/T《手持式、可移式电动工具和园林工具的安全　第 1 部分：通用要求》附录 E："电动工具实施 GB/T 22696 的方法"，对电动工具中的重要功能安全部件的安全功能要求进行风险评估、降低风险，以保证"具有安全功能部件"的功能安全可靠。中国烟草总公司应用 GB/T 22696 标准对其下属三纤公司生产过程中的电气设备设施风险进行了系统地评价和控制，根据评估结果，公司董事会批准了五年内三纤电气设备设施安全整改计划。随着整改计划的落实，三纤公司每年将减少因电气设备设施故障导致的经济损失以百万元计，对稳定生产流程、提高产品的产量和质量具有十分重大的意义，同时，也为生产规模的扩展、生产工艺的改进提供了可靠的电力供应保障。浙江弘大企业集团公司采用 GB/T 22696 系列标准对进入市场、并符合 GB 3883、GB/T 7442 标准的带有电子控速的 S1M-180 型角向磨光机进行安全风险评估，提高了产品使用的安全程度，取得显著成效。企业对标准应用评价是：具有评估过程严密、严谨，程序、工具、操作简捷，可操作性强的特点。上述应用成果表明该国家标准已在专业产品的安全标准制定、电气产品的安全研究、电气设备的安全风险评估、消费品安全风险管理与控制、企业安全技术评价等方面得到了较好的应用，取得了重大的标准化社会效益和经济效益，推动了低压电器、电器附件、电动工具、消费品安全等相关产品风险评估技术标准体系的建立。通过为行业和企业提供风险评估技术服务，促进了企业安全生产改进、产品质量控制、安全管理增效、提升产品竞争力等多元化效应，效益显著。

当前，全国电气安全标委会进一步深入探索 GB/T 22696 标准的实施与应用。国家标准化"十二五"规划中，将安全风险和风险管理列入安全标准的重点领域，安标委将根据国家有关法律法规，如安全生产法、国家电气设备安全技术规范等强制性要求，联合相关标委会开展专业产品的风险评估标准制定，协同工作，拟在低压电器、电动工具、电器附件专业先行自愿开展标准制定，推进建立专业产品风险评估标准体系。同时借鉴相关领域风险评估应用情况，配合国家产品质量安全活动，研究标准的实施应用和效益，深入探索开展电气设备安全风险评估自愿评价工作。

〔撰稿人：中国电器工业协会方晓燕、曾雁鸿、马红〕

电工行业标准制修订过程中的风险管理

近年来，社会各界对标准制修订工作愈加关注。特别是在工业及消费品市场，一旦产品发生安全、质量等方面的问题，人们第一时间便会反映到所涉及标准的规定是否充分、科学、合理。相应地，"风险管理"一词越来越多地出现在国家标准化工作要求中。在 2013 年全国标准化工作会议报告有关"深化强制性标准管理机制改革"的章节中就提出了"改革制定程序，逐步实现由部门和地方负责提出立项申请、组织起草、审查、进行风险评估"的内容。

一、标准制修订过程引入风险评估的概念

风险评估现在多应用于产品设计阶段，主要是指通过在产品设计阶段开展产品全生命周期风险评估，根据以往发生的危险或问题事例，对可能存在的风险进行合理规避或降低风险发生概率。实际上，标准也可以视为一种向社会广泛分享的产品，标准制定过程就好像产品的生产过程，在标准计划阶段（设计阶段）引入风险评估，可以有效地降低标准发布后实施过程可能发生的风险。既然是在标准计划阶段引入风险评估。那么，在实施风险评估前就需要至少明确两方面的风险评估准备条件。其一，对以往发生过的、标准全生命周期的风险示例做出归纳整理；其二，对现行标准计划流程的客观条件做出分析，然后再研究将风险评估引入标准计划过程的可行方案。

二、标准制修订过程中的风险示例

首先，2005 年，我国大批出口德国的电动工具（电锤的电缆线和插头）由于没有通过 PAHs（多环芳烃）检测而被滞留在德国海关，同时，还有已经上架的大批电动工具也由于相同原因被撤下德国货架。不可否认，这是国际贸易措施的一个案例。同时我国电动工具标准中确实没有 PAHs 检测方面的要求，此前也从未得知德国有 PAHs 检测要求。标准内容是否充分、兼顾国际市场要求是该案例需要考虑的问题。

第二，我国于 2008 年发布 GB 2099.3—2008《家用和类似用途插头插座　第 2 部分：转换器的特殊要求》。万能插座，顾名思义，就是插座插孔可以插入各种插销。但由于需要相互兼顾，万能插座的结构设计很难做到线接触，如果生产不严格控制，则只能做到点接触，这样就会导致接触面积小、电阻大、发热量也相应变大，容易引发火灾，因此该产品后来被国家明令禁止生产销售。这个示例属于标准在选取规范对象时即存在风险或问题。

第三，我国于 2008 年发布强制性标准 GB 21518—2008《交流接触器能效限定值及能效等级》。交流接触器本身不属于耗能设备，对该产品提出能效要求难以让各国低压电器从业专家理解。同时，交流接触器能效标准还作为强制性标准发布，各国均对标准发布的目的表示疑惑和关切。IEC/SC17B（低压电器和控制设备）专门向我国提出要求，请我国技术对口单位派专家就此标准向其他国家做出解释说明。现在审视这项标准，不难发现标准起草单位中只有两家来自企业，且企业规模、年产值都相对较小。这对于上千家企业、年产值近400亿元的低压电器行业来讲，显然无法反映行业利益。

第四，近期有电缆企业反映正在制定的铝合金电缆标准未考虑行业实际情况。铝合金电缆是一种新型电缆产品。相比于传统的铜芯电缆，铝合金电缆具有重量轻、强度大、低线损、弛度小、耐高温、耐腐蚀、抗蠕变、环境友好等优点，确是一种具备市场前景的电缆产品。但当前生产这种新产品的电缆企业相对较少，在这种背景下制定国家标准就可能引起行业代表性不够的疑虑。新产品上市需要标准，但标准制定过程中又缺少生产新产品的企业，这其实是在世界各国都普遍存在的问题。科学合理定位标准的层次，例如首先发布行业标准、协会团体标准等，然后经市场运行一段时间后再转化为国家标准，便可有效消除行业其他企业的疑虑。

除了上述这些在电工行业中曾发生过的、影响较大的风险示例以外，还有一些相对常见的标准化风险。按标准研制过程划分，主要包括：标准计划阶段的风险，如标准计划适用对象、用户含糊不清，技术归口不协调；标准计划研制阶段的风险，如标准计划研制过程中对反对意见的处理不恰当、标准计划延迟过长；标委会日常工作中的风险，如标委会不作为，常年不开展标准计划研制任务，甚至标委会乱作为，以标准研制为名义向行业收取不合理费用等。

三、电工行业标准化管理流程

当前电工行业标准化管理体系是从标委会到行业部门再到国家标准委的三级管理流程。即：

电工行业标委会主要负责向行业征集标准计划、上报标准计划、标准计划获批准后执行以及标准计划研制完成后的报批工作；

电工行业部门主要负责审核电工行业标委会上报的标准计划、标准计划审核后的上报、与其他行业部门就各项标准计划做出协调以及标委会完成标准计划研制后复核并向国家标准委报批；

国家标准委则主要负责各行业上报标准计划后的审核，组织各行业就标准计划之间的潜在矛盾开展协调，审核/协调标准计划后正式批准标准计划，对各行业上报标准报批稿进行审核，正式批准发布标准。

电工行业标准化管理体系见图1。

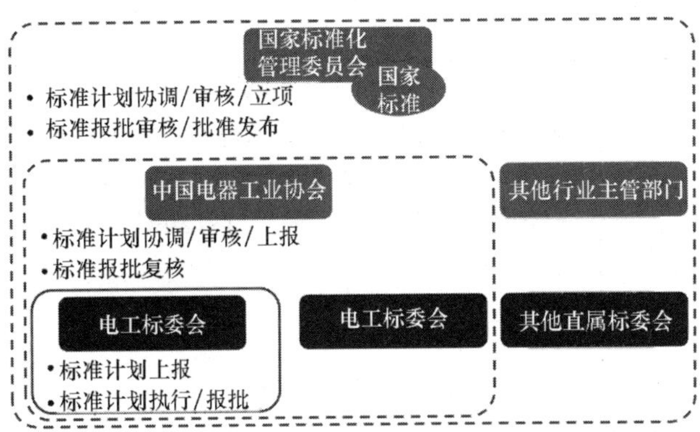

图1　电工行业标准化管理体系

综合上述标准化管理流程，标准计划阶段是引入风险评估的可行阶段。在标准计划阶段各方信息同步共享，可以就标准研制过程中可能预见的各种风险进行评估，从而最大限度地降低后续阶段可能发生的风险，提升标准化工作质量。

四、标准化过程引入风险评估的建议方案

根据电工行业标准化风险示例的整理以及对标准化管理流程的分析，建议考虑在标准计划阶段引入以下方面的风险评估：

首先，针对标准计划阶段的风险评估。该阶段风险评估内容包括：

(1)对标准化对象和适用范围进行风险评估，主要是保证所开展的标准化对象符合标委会工作范围，明确标准用户群体所承担的标准化责任。

(2)对标准计划执行机构进行风险评估，主要是确保法律责任与归口标委会、起草单位相适当。例如，电动汽车充电接口的标准研制，世界各国主要按充电接口安全责任由汽车端承担或由充电端承担判断标准计划执行的主体责任落在哪方。

(3)对标准属性进行风险评估，是为了保证标准化对象与标准属性相适当。例如，对于刚刚投入市场的新型产品，以GB/Z的形式研制标准更有利于根据市场反映及时对标准开展修订。

(4)对标准市场相关性进行风险评估。这实际已经是国际标准化的常规作法，目的是明确标准对象在市场上的占有率或者在市场上的发展潜力。

(5)对标准计划与其他标准或标准计划的协调性进行风险评估。一方面是避免标准矛盾、重复；另一方面，随着技术交叉融合发展，确实需要标准研制过程中各方的协调、协作机制。

第二，针对标准研制阶段的风险评估。该阶段风险评估内容包括：

(1)对标准起草组资源适当性的风险评估。当前国际标准立项准则是：标委会2/3赞成且有5个P成员参与起草，而国内标准立项缺少有关规定，导致标准研制过程参与单位较少，无法反映多数群体利益。

(2)对标准技术性意见处理适当性进行风险评估。在标准研制过程中甚至是标准研制完成后，出现对标准的技术性意见是正常的。由于各方利益博弈，在标准研制完成后，一些技术性意见未得以接受，也属于常见的情况，但需要对这部分技术性意见做出不接受的合理解释和明确记录。

(3)对标准研制周期时长做出风险评估，主要是促进标准计划执行机构合理预计标准研制周期，保证标准研制及时反映市场发展情况。例如，国际标准研制的做法是：对研制周期超过3年的国际标准重新评估所需时长，对研制周期超过5年的国际标准强制要求重新立项。

第三，针对标准验证、调研的风险评估。标准质量的高低肯定与标准计划执行过程中开展的验证、调研是否充分存在紧密联系。

第四,针对标准体系的风险评估。一方面是对各标委会标准体系之间相互协调的风险评估,这样可以尽量在标准化前期阶段消除重复、矛盾;另一方面是随着技术不断发展,对标准体系的相应扩展完善,保证标准反映市场需求。

〔撰稿人:中国电器工业协会张亮〕

探讨建立电工行业适应产业发展的新标准模式

2013 年 8 月 15 日,在南阳市召开的“加强电工行业标准化管理”研讨会的一项议题是:针对当前联盟标准、协会标准和社团标准的发展,探讨建立电工行业适应产业发展的新标准模式。来自电工行业的全国专业标准化技术委员会、能源行业标准化技术委员会秘书处代表近 40 人参加了研究讨论。会议就以下议题,进行了分析研讨。

一、新形势下的新标准模式

近年来,标准化界已经对于联盟标准、协会标准和社团标准形成共识。国家《标准化事业发展“十二五”规划》中,对发展联盟标准的指导意见是:研究制定联盟标准化发展的指导意见,支持产学研用组成联盟,通过原始创新、集成创新和引进消化吸收再创新,共同研制联盟标准;在重大产业和关键共性技术领域,鼓励联盟研制国家标准和行业标准,积极参与国际标准制修订。

2012 年中国产业技术联盟标准论坛中,国家标准委副主任方向指出:在国家层面,积极鼓励支持联盟标准和标准联盟的发展,把推进联盟标准化工作列入全国标准化工作重点;在地方层面,将培育企业联盟标准作为推进标准化发展战略的重要手段。

2013 年国家标准化管理委员会陈刚主任在工作报告中指出:支持企业、产业技术创新战略联盟制定联盟标准,促进自主创新技术研发、应用和市场推广;支持产业集群内中小微企业组成产业联盟或标准联盟。

我国标准化领域对联盟标准已经充分认可,认为联盟标准是联盟成员企业通过协商一致,制定同一技术指标要求的企业产品标准,经标准联盟共同批准,并由国家标准化主管部门登记备案;联盟标准是国家现行标准体系的有益补充,其表现形式为企业产品标准;联盟标准的技术水平通常比国家标准要高;联盟标准立项制定速度快,紧跟市场需求,知识产权与专利归属明确,标准推广实施效率高。

2012 年中国产业技术联盟标准论坛也对协会标准充分肯定,认为行业协会和专业性学会按照一定规则制定的协会标准是联盟标准的重要组成部分,具有与联盟标准相同的性质,也是我国现行四级标准体系的有益补充,对于巩固关键技术成果、提升行业专业水平、创造可观的经济和社会效益都具有举足轻重的作用。

《中国电器工业协会标准管理办法》界定了协会标准:是将引领行业技术发展、满足国家重大工程建设需要、自主研发的新技术,制定为国家标准和行业标准的先期技术规范;是高新技术或先进性适用技术成果转化、产业化前期的规范技术文件;是用于规范产品设计、制造技术文件或指南;同步研究并转化国际标准的草案文件、采用国外协会标准(事实上的国际标准);国际招标中的事实标准等。

二、国内、国际新标准模式的现状

随着我国产业联盟的建立,技术标准作为企业联合、产业协同的纽带,逐步得到重视和应用。在经济环境复杂变化以及产业结构转型的大环境下,企业单打独斗、勇闯江湖的时代已经过去,联合结盟可以有效地整合优势资源、降低研发成本,拓展整体市场份额,提升核心竞争力。据此,地域性或集群性标准联盟快速建立,并在经济活跃的东部沿海地区和中心城市快速发展。根据 2012 年中国产业技术联盟标准论坛资料,截至 2012 年上半年,广东省(产业集群突出)标准联盟已达到 109 个,制定实施各类联盟标准 322 项,其中产业集群联盟标准 179 项;山东技术标准联盟 38 个,联盟标准计划已达 80 项;浙江嘉兴市计划在 3 年内推广实施联盟标准 40 项。此外,广东、山东、浙江等地均出台了相关政策,扶持引导联盟标准。

已发布的联盟标准见表 1。已发布的协会标准见表 2。

表 1　已发布的联盟标准示例

时间	标准联盟	联盟标准	标准发展现状
1998 年	广东中山市家具企业	红木家具	2008 年形成行业标准《深色名贵硬木家具》,2011 年形成国家标准《红木家具通用技术条件》
2008 年	顺德地区	电压力锅联盟标准	2010 年上升为国家标准,2012 年上升为国际标准
2012 年	全国节能减排标准化技术联盟	项目层面的温室气体减排成效评价技术规范	首次发布
2012 年	广东佛山市高明区	人造石英板材	
2013 年	空调质量联盟	空调可靠性及耐久性	
2013 年	中国半导体照明/LED 产业与应用联盟	普通照明用非定向自镇流 LED 灯规格分类,普通照明用非定向自镇流 LED 灯性能要求	

表 2　已发布的协会标准

时间	行 业 协 会	协 会 标 准	标准发展现状
2000 年起	中国标准化协会	《液化石油气消防安全节能阀》《汽车用儿童约束系统》《保健功能纺织品》等	120 多项
1988—2006 年	工程建筑标准化协会	CECS 200:2006《建筑钢结构防火技术规范》	第 200 项，是第一团体制定协会标准
2006 年	中国制冷空调工业协会	CRAA100-2006《氟代烃类制冷剂》	发布第 1 项标准
2007 年	中国保健协会	CAS124-2007《电解制水机》	发布第 1 项标准
2007 年	中国医药包装协会	明胶空心胶囊	
2011 年	中国工程机械工业协会	GXB/T Y 0001《工程机械定义及类组划分》	发布第 1 项标准
2013 年	中国电器工业协会	CEEIA B220-2013 ZJW《智能集成低压无功补偿装置》	第 220 项标准

国际标准领域，除国际标准外，ISO、IEC 两组织认定的非国际标准的国际可供使用文件有以下六类：

(1)技术规范 TS：是指 ISO 或 IEC 出版的未来有可能形成一致意见上升为国际标准的文件，但在文件没有获得批准为国际标准所需要的支持，或不能确定是否达成协商一致，或主题内容尚处于技术发展阶段，或其他原因不可能作为国际标准出版。

(2)可公开提供的规范 PAS：是指 ISO 或 IEC 为满足市场急需而出版的文件。通过发布 PAS 文件，ISO 或 IEC 组织可以和工业界或高新领域保持联系。PAS 文件是 ISO 或 IEC 之外的某一组织协商一致形成的，或是一个工作组内专家协商一致的结果。

(3)技术报告 TR：是 ISO 或 IEC 发布的文件，包括国际标准中或技术规范中收集的各类数据，或来自国家成员体的调研数据。

(4)技术趋势评定 TTA：是 ISO 或 IEC 为响应技术发展初期，为满足标准化问题全球合作需求而出版的文件。它提供新兴领域的先进技术水平和发展趋势，是针对某方面的技术发展，可能成为新的标准化领域。TTA 通常是标准化工作的预研或研究结果。

(5)工业技术协议 ITA：规定新产品或服务的规范性或资料性文件。ITA 只是 IEC 领域有，是在 IEC 之外制定，类似于工业事实标准和规范，帮助推动工业产品生产和投放市场。

(6)国际专题讨论会协议 IWA：通过研讨会机制制定的文件，以响应紧急的市场需求。IWA 只在 ISO 中，需要 ISO 管理批准。

上述国际可供使用文件的共性特点：①由于一定的原因，当前不能但将来可能成为国际标准；②满足新兴领域、高新技术领域或技术快速发展领域的标准化需求；③涉及产品技术、贸易、服务等市场急需的要求；④市场相关利益方形成共识，共同遵循，谋求市场相关方的认可。

根据 ISO/IEC 导则，非国际标准的国际可供使用文件的采用原则是：最好被采用为同类或类似类型的区域或国家可供使用的文件，也可被采用为国家标准，以相关的采用规则和程序来确定。这一原则与我国现有的联盟标准、协会标准的特点和功能类似。

三、创新标准的管理与制定

作为国家标准体系的补充，联盟标准、协会标准管理需要政府出台相关政策措施，主动加以引导和规范，并通过市场培育，建立统一协调的管理机制，制定相关的管理办法，规范市场运作。新型标准制定的管理与实施的基本情况为：联盟组织或行业协会需要制定《联盟/协会标准制定管理办法》；标准属性为推荐性的企业标准，其技术要求严于国家标准或行业标准，在上级标准机构备案；联盟成员单位，可在其产品或说明书、包装物上等标注所执行的联盟标准编号；标准发布机构应积极推动联盟/协会标准转化为国家标准、行业标准或国际标准。在联盟/协会标准的制定过程中，行业中的优势企业是标准制定的主体。

在推进联盟/协会标准制定中，主要探索研究的问题有：①标准的事实法律地位(非四级标准，企业、行业自律，政府授权)。②标准的管理运行机制。对地域群型的联盟标准，由政府引导，行业协会协调，企业主体实施；对行业型的协会标准，由协会指导，依托技术委员会资源。③标准制定过程中知识产权和专利技术的协调(联盟专利政策、共享与有偿)。④政府、技术机构等如何积极支持。⑤中小企业如何更好地参与联盟标准的制定与实施，提升参与感与受益感。

以电器工业领域为例，联盟/协会标准来源主要基于：新兴产业、新技术、多技术相融合领域(如风电、光伏发电、电动交通、智能化电器设备等)；中小企业、民营企业新产品研发和市场产业化应用(具有专利技术的新型产品)；行业科技成果产业化前期(科技成果、鉴定)；行业管理性、方法性、指导性技术规范(市场准入规范、评价、企业行为评价等)；非国际标准的国际可供使用文件。

电工行业协会标准制定示例见表 3。

表 3 电工行业协会标准制定示例

序号	标 准 名 称	专业归口	涉及领域	标准现状
1	CEEIA B210：2010《电工用铜铝复合母线》	成套设备附件行业	新材料	已转化行业标准开展资源认证
2	CEEIA B218 系列《光伏发电系统用电缆 》	电线电缆行业	新能源领域	已列行标计划
3	CEEIA B219：2012《低压开关设备和控制设备控制器-设备接口(CDIs)》	低压电器行业	智能电气新技术	国家标准待批
4	CEEIA B220：2013《ZJW 智能集成低压无功补偿装置》	成套控制装置行业	创新专利技术	已申报行业标准计划
5	CEEIA B221：2013《煤粉工业锅炉》	工业锅炉行业	专利，高效和污染控制	拟申报行业标准
6	CEEIA B222：2013《电工用铜钢复合薄板和带》	电工合金行业	新材料	拟申报行业标准
7	CEEIA B×××：2013《电动钻夹头》系列	电动工具	关键部件专利新产品	拟申报行业标准
8	CEEIA B×××：2013《智能高压交流真空接触器(暂定)》	高压开关	专利新产品	协会标准制定中

四、问题、思考、建议

当前我国经济进入转型升级、科技创新不断涌现的重要发展阶段，国家标准、行业标准发挥着不可替代的技术支撑作用。而随着国家产业技术联盟的建立，联盟标准、协会标准等新标准模式不断出现，其概念、特点和模式，标准化现状，标准运行机制，标准对行业的技术进步、企业提升竞争力的影响意义等，均通过近年的标准实施，取得了实践经验，得到了充分认可。现提出电工行业深入开展新型标准制定的推进工作建议。

第一，电工行业协会标准起步早，自 2005 年至今已发布 220 项，但后劲不足。前期为了管理需要，将一些质量分等标准、上不了计划的标准发布为协会标准，有很大的计划性成分。近几年协标委秘书处探索市场需求，逐步凸显了反映市场需求、企业需求的标准，取得了较好的效果。但这种情况多是自上而下行为，专业标委会没有很好地利用这一平台提供市场服务，缺乏按照个性化需求提供新型标准服务和咨询的能力，希望协会标准能够为各专业标委会提供技术服务的空间。

第二，电工行业没有联盟标准，各专业应该积极探索利用。国家标准委已经明确了联盟标准的功能与地位，其他行业已经做出了良好的示范，相关产业联盟应研究借鉴其他行业的实践经验。

第三，鉴于当前国家、行业标准计划数量有限、申报期限长、制定周期长，联盟标准与协会标准是很好的机制和平台，提供了过渡期的需求，要加以利用和尝试，提升行业服务水平。

第四，建议电工标委会将探索联盟标准、协会标准纳入工作计划，加强研究，积极探索开展新型标准制定，满足个性化服务需求。

〔撰稿人：中国电器工业协会曾雁鸿、朱珊珊〕

电工行业标准化技术委员会绩效考核

标准化技术委员会（以下简称标委会）的管理一直以来都是标准化工作的重点，2013 年全国标准化工作会议提出“全面加强标委会管理。……制定考核评价办法，组织开展考核评价，表彰优秀标委会，通报批评、整顿取消一批不履职、乱作为的标委会”的工作要求。

标委会是开展标准化工作的重要组织基础，也是标准化技术工作的重要组织机构，其建设和管理情况直接影响标准化工作的效果。

一、绩效考核的基本要求

根据《全国专业标准化技术委员会管理规定》（以下简称《管理规定》）的具体要求，结合多年电工行业标准化管理经验，从较为宏观的角度建立标委会考核表（以下简称调查表），邀请电工行业 85 家标委会（77 家全国标委会、分标委会，2 家机械行业标委会、6 家能源行业标委会）配合进行了试点考核。

调查表包含的调查内容按照《管理规定》中标委会需要完成的基本、重点工作内容设计，主要包括标准机构建设情况、标准制修订情况和国际标准化三大类。具体内容如下：

1.标准机构建设

委员人数是否达到《管理规定》要求。一般情况是标委会委员不少于 25 人，分标委会委员不少于 15 人；每年至少召开一次全体委员会年会；可根据需要设有观察成员；相关行业可互派联系人。

2.标准及标准计划执行

是否开展国家标准、能源行业标准、机械行业标准的预研，标准实际立项情况，完成标准计划情况，标准复审情况。

3.参与国际标准化

针对国家标准化管理委员会规定的国际对口的标准化

机构,调查国际标准的文件回复情况;向 IEC/ISO 推荐的注册专家数;提出的 IEC/ISO 国际提案情况。

二、绩效考核分析

为保证准确客观评价标准化机构工作内容的饱满性,对标准化机构成立时间进行了调查。在 85 家标准化机构中,2012 年成立标准化机构 1 家,2011 年成立标准化机构 6 家,2010 年成立标准化机构 2 家,其余均为 2010 年以前成立。标准化机构成立时间分布见图 1。

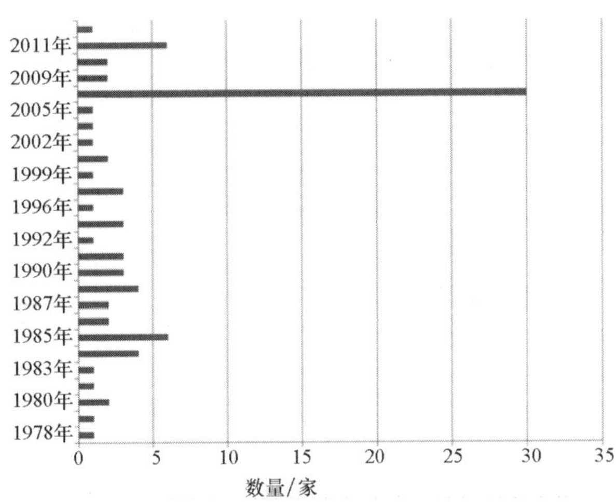

图 1　标准化机构成立时间分布

1.标准机构建设情况

考核标准化机构的基本情况是否达到管理规定要求,也可以从一定程度反映标准化机构的活跃性和可持续发展的潜力。

(1)委员情况。电工行业标委会均符合《管理规定》中委员人数的要求,现有标准化专家共 3 343 人次,分布在发、输、配、用、基础各领域。委员人数达到 50 人以上的标委会有 21 家,约占 25%,其中全国标准化机构 20 家,能源行业标准化机构 1 家。各个标准化机构的委员组成,按照产、学、研、用户的配置均衡架构。如发电领域的全国大型发电机标委会共有委员 61 人,包括哈尔滨电气集团、东方电气集团、上海电气集团等生产厂家,哈尔滨大电机研究所、水科所等研究院所,湖北电力公司等用户单位,哈尔滨理工大学等大专院校,设置合理,充分吸收行业内的各个相关方,保证标准的开放性和协调性。

但是也存在委员人数达标、委员配比合理,由于标委会秘书处组织不力,导致实质性参加标准化工作的委员大幅度下降,审查标准等工作委员人数严重不足的情况。

(2)设立观察员情况。按照《管理规定》要求,标委会和分标委会根据工作需要,可以设观察员,无表决权。电工行业当前设立观察员的标准化机构 31 家,约占全部标准化机构的 36%。观察员人数达到 30 人以上的 6 家,全部集中在输配电领域,其中全国标准化机构 5 家,能源行业标准化机构 1 家。个别标委会观察员人数达到 265 人,从这一指标可以看出机构的活跃程度。

(3)互派委员情况。按照《管理规定》要求,专业领域相关的标委会和分标委会应当互派委员作为联络员。电工行业当前与相关标准化机构互派委员的标委会 60 家,占总数的 70%。其中全国标准化机构 56 家,能源行业标准化机构 3 家,机械行业标准化机构 1 家。其中有行业内部互派联络员的,也有与外行业互派联络员的,如全国往复式内燃燃气发电设备标委会既与行业内全国移动电站标委会互派委员,也与行业外全国内燃机标委会互派委员,并通过互派委员打开由于没有国际标准对口参与国际活动困难的局面,成功加入 ISO/TC70 国际标准制修订工作。

(4)召开年会情况。按照《管理规定》要求,各标委会、分标委会每年至少召开一次全体委员会工作会议。电工行业大部分标委会能按要求召开年会,部分机构(17 家)按照成立年限计算未达到召开全体委员工作会议的要求。其中,三年开过 1 次会议的 4 家,三年开过 2 次会议的 13 家,均为全国标准化机构,主要原因是被下达的标准计划少,预研的工作内容不够丰富。反之,全国高压开关设备标委会等由于标准数多、工作内容丰富,2012 年召开了两次全体会议。

综上所述,电工行业标准化机构设置基本合理,各领域对标准化工作的需求旺盛。特别是输配电领域,参与标准化工作的企事业单位、科研院所众多,对标准化工作热情高涨,各个领域的标准化工作普遍受到本领域的关注。随着标准化工作日益受到国家、行业的重视,电工行业标准化的参与力量正在不断加强;随着技术的发展、融合,电工行业标准化工作范围和涉及的领域正在不断扩大。但是,也有极少部分标准化机构在机构建设中存在问题,需要进一步加强和整改。

2.标准情况

该部分根据《管理规定》中对标委会开展标准研究工作的要求进行了进一步深化,用预研、制修订、复审等可以量化的指标进行考核,以了解标委会开展标准研究工作的投入力度和所遇到的困难。

(1)标准预研。2010—2012 年电工行业共提出标准计划预研项目 1 188 项,其中国家标准计划预研 596 项,机械行业标准计划预研 468 项,能源行业标准计划预研 122 项。三年没有申报标准计划的标准化机构共 3 家,申报 1~2 项标准计划预研的标准化机构 7 家,均为全国标准化机构。

(2)标准制修订。2010—2012 年电工行业共被下达标准计划 880 项,其中国家标准计划 353 项,机械行业标准计划 447 项,能源行业标准计划 80 项。其中标准计划为 0 项的标准化机构共 3 家,与未提出过预研项目的标准化机构重合。三年仅获得 1~2 项标准计划的标准化机构 14 家,其中全国标准化机构 12 家,能源行业标准化机构 2 家。

由上述数据得知,国家标准计划申报成功率 59%;机械行业标准计划申报成功率 95.5%,能源行业标准计划申报成功率 66%。国家标准的立项成功率最低,三年来包括很多行业急需的技术标准,如智能电网用户端系统等标准,由于标准计划数量有限、交叉无法解决而未能及时立项。当然，三年来，电工行业很多重点领域的标准计划也成功立项，仅全国高压开关设备标委会就成功立项新领域（直流输电、核电、智能电网等）、新技术（百万伏特高压）、新产品（隔离断路器、旁路开关、固封极柱等）以及安全性等方面15项标准，并有一部分已经完成。

2010—2012年电工行业共完成标准计划913项，其中完成国家标准432项，机械行业标准计划347项，能源行业标准计划134项。三年内完成标准计划数为0的标准化机构10家，其中全国标准化机构7家，能源行业标准化机构3家。其中，有4家是2011年成立，计划未到完成时间；有3家计划是2011年下达，计划也未到完成时间。由于技术、交叉、经费、人员等原因导致项目进行调整、撤销的达到210项，其中GB标准计划125项，JB行业标准计划80项，NB行业标准计划5项。

（3）标准复审。2010—2012年电工行业共完成标准复审766项，其中完成国家标准481项，机械行业标准计划282项，能源行业标准计划3项，均按照国家要求复审时间进行。

综上所述，从标准预研提出项目和标准计划下达项目数对比可以看出，有7家标准化机构在三年中虽然提出预研计划，但是由于计划数量有限、交叉协调周期过长等原因至少有一年没有拿到任何标准计划项目。从计划完成情况看，虽然三年内各标准化机构均有标准产出，但是由于技术研发跟不上、交叉协调周期过长、经费不足、人员调整等问题，仍有很多项目进展不顺利，发挥更多的主观能动性应是下一步标准化机构的重要工作。根据预研项目和计划完成情况看，部分电工行业标委会机构标准研究工作进展缓慢，具体问题解决措施需要进行研究。

3.国际标准化情况

虽然《管理规定》没有要求必须提出国际标准提案、承担国际秘书处、承担国际高层职务，但是此次对这些指标进行了调查，是加分的环节。

电工行业有国际归口的标准化机构共52家，均为全国标准化机构。2010—2012年电工行业共回复IEC/ISO文件2 126项；在IEC/ISO共推荐注册专家241人次；共提出国际标准计划16项，截至2012年年底共正式批准的国际标准计划7项。此外，所有电工行业有国际归口的标准化机构，都不同程度地开展了国际标准化工作。

即使没有国际对口的标委会如全国电磁屏蔽材料标委会也发挥主观能动性，积极参与到相关领域的国际标准化工作中去。提出的ASTM（美国材料与试验协会）D1711-11a修订提案，获得批准。修订草案中主要增加了GB/T 26667—2011《电磁屏蔽材料术语》的十五类电磁屏蔽材料的定义，为我国电磁屏蔽材料国际标准化走出了第一步。

三、存在问题及建议

1.存在问题

电工行业各标准化机构都在开展工作，但工作饱满性、节奏快慢不同。此次考核主要反映出如下问题：

（1）标准化交叉问题有待解决。从电工行业60家标准化机构互派委员可以看出，随着技术的不断融合，电工行业各领域之间、电工行业与其他行业之间的交叉问题逐渐凸显。而标准计划申报不成功，很多是因为交叉问题解决不了而被搁置。

（2）标准化机构运作需要更多的经费支持。标准经费是支撑一个标准化机构运作的根本，很多标准化机构工作开展缓慢、标准制修订工作延期、国际标准化工作参加少的重要原因是经费不足，这阻碍了各项工作的进程。

（3）标准化机构自身运作有待加强。标准计划无法按时完成、标准计划申报不成功、经费短缺等问题，除了客观原因以外，标准化机构的自身运作也存在问题。秘书处承担单位对标准化工作的重视程度、经济实力、大环境对行业的影响程度都会影响标委会的工作开展。

（4）标准化机构研究工作有待深入。从调整的标准计划数量和立项标准需求看，很多需要立项的项目没有立上，很多立项的项目进行了调整，除了立项困难等客观原因，标准化机构的预研工作也有待开展得更加细致、具体。需要及时跟进新技术的发展，提高申报标准计划数量，标准化机构项目研究速度和广泛性也有待提高。

2.工作建议

（1）建议标准化机构在建立电工行业内有效协调机制上做出努力，及时吸纳与本领域相关的新委员，保证在电工行业内的标准化工作顺利开展；充分发挥行业协会的作用，在上级领导单位的支持下与各行业之间建立有效的协调机制和渠道，保证电工行业及电工相关行业的标准制修订工作质量，为跨领域的标准制定提供保障。

（2）建议标准化机构打开思路，关注国家重点工作任务，从国家、行业、地方、企业及相关方争取经费支持。主动开展如标准宣贯、培训、企业服务等更多工作，为标准化机构高速运行打下良好基础。建议标准化机构承担单位加大对标准化工作的投入力度，履行自己的责任。

（3）建议标准化机构切实转变思想观念，提高对标准化工作重要性的认识，增强标准化工作的紧迫感和责任感，建立有效的标准化机构管理机制，开拓更多的有利于行业的标准化工作。积极主动开展标准预研工作，有计划、有质量地按时完成标准制修订任务，大力探索国际标准化工作，培养更多的国际标准化人才。

（4）建议充分发挥行业协会的服务平台作用，探索标准化管理的新机制，对当前电工行业的标准化机构进行深入研究，提出更加合理的标准化机构设置方案。对工作开展缓慢的标准化机构进行督促和指导，对于标准化工作开展丰富、有效的标准化机构进行奖励，并将其工作经验在行业推广。在国家严格控制标准计划数量、行业标准立项周期加长的情况下，帮助行业制定协会标准或联盟标准，紧密围绕全国标准化工作会议精神，促进标准制定方式多样化，满足不同层次的产业转型升级需求。

〔撰稿人：机械工业北京电工技术经济研究所徐元凤〕

第二部分:国际标准化

国际标准推动积极改变
——2013 年世界标准日

当前,国际社会既要面对全球市场变化,又要在世界经济复苏和有效应对气候变化等亟待解决的问题之间维持平衡。在这种复杂形势下,国际标准是打开全球市场,营造良好商业氛围,刺激经济增长,减缓并适应气候变化,引领积极改变的最强有力手段。

国际标准是全球最优秀专家所形成的共识,其范围涉及用能、能效、交通、管理体系、气候变化、医疗健康、安全和信息通信技术等各个领域。为了公众的共同利益,来自各行各业的专家奉献出他们的专业知识,共同制定标准,与世界各国分享技术创新成果,为企业、政府和社会的积极改变提供坚实平台。

标准为推动发展中国家经济快速发展提供最佳实践经验,避免这些国家重复地做“无用功”。鉴于经济增长与城镇化密切相关,标准化对城市基础设施智能化和可持续发展的重要性日益凸显,为建设更加美好的城市提供了有力支撑。

国际标准也为更多的残障人士享受到更好的产品、服务和生活环境提供重要保障。

同时,标准还是延缓气候变化的途径,在提高能源利用效率、减少资源浪费和温室气体排放等方面发挥着重要作用,可以为可再生能源提供最佳实践,为废弃物处置和循环利用带来最前沿的技术和工序,以满足工业领域提高效率和促进环境可持续发展的需求。

IEC、ISO 和 ITU 等国际标准组织成功推进了国家标准和区域标准的融合,提供了协调统一的全球最佳实践方法,减少了技术性贸易壁垒,促进了社会经济的协同发展。

标准的这些积极作用,为消费者提供了更多的选择机会,提升了产品和服务质量,降低了消费价格和成本,最终使消费者获得更大利益。

长期实践证明,IEC、ISO 和 ITU 开展的国际标准化活动,对于应对当前社会、经济和环境所面临的挑战,提供了全球协商一致的最佳解决方案。因此,推动国际标准化工作比以往具有更加积极的意义。标准将继续致力于消除沟通与合作的障碍,为经济和社会的积极改变提供保障。IEC、ISO 和 ITU 作为最重要的国际标准制定组织,将继续致力于制定更多更好的标准,与世界各国共同分享知识和成果,为全球的繁荣发展作出贡献。

(本文为国际电工委员会(IEC)、国际标准化组织(ISO)、国际电信联盟(ITU)2013 年世界标准日祝词)

〔供稿人:中国电器工业协会朱珊珊〕

IEC/SMB 第 146 次会议

IEC/SMB 第 146 次会议于 2013 年 2 月 13 日在瑞士日内瓦举行。国家标准化管理委员会工业二部戴红主任作为 SMB 成员、中国电器工业协会张亮作为专家参加了此次会议。会议审议了 30 项 IEC/TC/SC 的工作报告、战略业务方案(SBP),研究了限制 IEC/TC/SC 主席任期、IEC 系统标准化、IEC/TC/SC 技术活动管理、电气能效、特高压、家用智能机器人、大规模可再生能源并网等议题,做出了 26 项决议。

一、审议批准 30 项 IEC/TC/SC 工作报告及 IEC 标准计划管理

经审议各 IEC/TC/SC 延迟国际标准计划项目,SMB 批准了 IEC 60050-561 Ed.2.0 等 53 项计划的新目标日期;同意中办要求有关 TC/SC 对 IEC 60050-171 Ed.1.0 等 19 项计划提出进一步信息的意见;决定取消 IEC 60092-100-1 Ed.1.0 等 5 项标准计划,将 IEC 62580-3 Ed.1.0 等 3 项延迟国际标准计划调整为初始阶段。SMB 批准 IEC 60034-25 TS Ed.3.0 等 49 项计划的新目标日期;同意中办对 IEC/IEEE 60780-323 Ed.1.0 等 14 项计划提出的意见。

二、特高压技术

1.特高压战略组

IEC/SMB 特高压战略组(SG2)从 2008 年成立至今,工作已有 5 年。IEC/SMB/SG2 提出下一步工作重点将主要放在特高压交流标准化协调方面。

多数 IEC/SMB 成员认为战略组的主要任务应是标准

化路线图的编制而非协调工作。经IEC/SMB研究，要求IEC/SMB/SG2于2013年10月以前完成特高压交流标准化路线图并撤销。

2.特高压交流新技术委员会(TC)提案

我国于2011年开始与德国专家合作并研究成立IEC特高压交流新TC，现已在IEC/SMB/SG2中提出特高压交流新TC提案。提案提出机构为IEC/SMB/SG2，其中说明中国国家委员会(NC)愿意承担新TC秘书处；新TC成立后，中国拟提名德国作为主席。

该提案得到IEC/SMB成员普遍认可，部分IEC/SMB成员提出新TC应与其他相关TC协调开展工作的意见。

日本NC在会前提出希望承担特高压交流新TC秘书处的想法。经会议期间咨询IEC/SMB秘书，如中日NC无法就承担秘书处达成一致意见，则先由各NC对新TC提案进行投票；如投票通过，再在IEC/SMB中对承担秘书处事宜进行投票。

三、家用智能机器人新技术委员会提案

此前中国与德国已就在IEC推动家用智能机器人形成合作提案并提交IEC/SMB。由于预计IEC/SMB中部分国家可能会提出反对意见，因此中德两国决定先在IEC/SMB中成立系统组(ahG)，与其他国家进一步研究完善新TC提案，以便争取更多支持。

经IEC/SMB研究，决定成立IEC/SMB/ahG47，由中国牵头，美国、墨西哥、荷兰、韩国、日本、德国、TC59和ISO/TC184/SC2参加，负责进一步完善提案，特别是考虑ISO与IEC就机器人领域标准化工作的协调，于2013年6月的SMB第147次会议前做出反馈报告。

韩国IEC/SMB成员在会上提出较为强烈的反对意见，但由于中德提案更加理性合理，得到多数IEC/SMB成员支持。

四、大规模可再生能源并网新技术委员会提案

此前，我国为主提案的大规模可再生能源并网新技术委员会提案已进入IEC理事会(各NC)投票阶段，投票于2013年3月截止。

部分IEC/SMB成员提出IEC开拓新技术领域的传统是先在IEC/SMB审议后再提交各NC投票，而大规模可再生能源并网新TC提案并未经过IEC/SMB审议。

我国IEC/SMB成员与国家电网提案人员会议期间研究后决定，采取相对缓和的表态口径，提出愿意在各NC投票结果出来后与各NC及相关方积极开展协调工作。

五、电气能效

为进一步加强IEC电气能效，特别是系统角度的电气能效标准化工作，经IEC/SMB电气能效战略组(SG1)研究，于此次IEC/SMB会前提出成立电气能效顾问委员会(ACEE)及其工作范围的建议。

该建议得到IEC/SMB认可。IEC/SMB决定于2013年4月15日开始向各国征集成员并任命主席(德国)，并于2013年6月撤销IEC/SMB/SG1。

六、系统标准化

为了顺应电工技术从产品向系统的发展趋势，IEC/SMB于2012年2月决定成立系统组(ahG35)，负责研究IEC系统标准化方法。

IEC/SMB/ahG35研究并反复完善后，提出IEC系统标准化工作方案，分两个阶段开展系统标准化工作：第一阶段，成立系统评估组(System Evaluation Group，简称SEG)；第二阶段，如SEG工作成熟，所评估系统确需开展标准化工作，则可成立系统委员会(System Committee)。为了支持今后系统标准化工作开展，IEC/SMB/ahG35还建议成立系统资源组(System Resource Group，简称SRG)。

批准通过IEC系统标准化工作方案，请IEC导则维护组(DMT)研究更新IEC导则相应内容，另请IEC中办准备行政通告文件将IEC系统标准化方法通报整个IEC。

七、限制IEC/TC/SC主席任期

此前IEC/SMB就限制IEC/TC/SC主席任期的事宜未能达成共识，经IEC理事局(CB)研究，认为有必要限制IEC/TC/SC主席任期，遂将此事返回IEC/SMB研究决策。

IEC/SMB/ahG44研究提出限制IEC/TC/SC主席任期为首次任期3年、可连任一届3年的方案。IEC/SMB成员普遍认可需要限制IEC/TC/SC主席任期的意见，但对方案实施持不同观点。IEC/SMB最终决定采取限制IEC/TC/SC主席任期首次任期6年、可连任一届3年的方案，该决议于2014年1月生效，届时任期已届满9年的IEC/TC/SC主席必须换人。

此外，我国提出利用IEC/TC/SC副主席与IEC/TC/SC主席交接过渡的建议得到IEC/SMB认可。

八、IEC/TC/SC技术活动管理

1. 技术委员会下设多个分技术委员会(SC)

经IEC中办统计，IEC中部分TC/SC下设过多SC，但SC工作并不活跃，因此请有关IEC/TC/SC就该问题提出反馈。IEC/TC22、TC59、CISPR已于此次会前做出回复，提出一些技术领域正在转型期，转型工作需要一段时间研究；SC所面对利益相关方群体不同等回复。IEC/SMB认可上述IEC/TC的意见。

IEC/SMB另对IEC/TC36、TC61未能及时做出回复表示遗憾。

2.完善技术委员会

针对IEC/TC17从未召开TC年会，各SC相对独立活动的问题，IEC/SMB决定将IEC/TC17中涉及高压电气技术和低压电气技术的领域分为两个SC，即IEC/SC17A、SC17C合并为IEC/TC17，IEC/SC17B、SC17D合并为新TC；关于是否保留下设SC的问题，IEC/SMB建议由各TC研究决定。

3.TC活动统计数据

根据TC/SC的统计，有81个TC/SC计划项目少于5项；有46个TC/SC新工作项目提案数量在过去3年中是0项；有24个TC/SC的出版物数量等于或小于5项；有6个TC/SC的专家人数等于或小于10人；有27个TC/SC在过去5年中的会议次数等于或少于1次。

IEC/SMB研究决定:要求满足上述3条及以上的IEC/TC/SC官员就工作状况做出反馈报告,再研究决定是否采取进一步管理措施。

九、建议

继续跟踪IEC/SMB/SG2中对特高压交流新TC的协调修改;与有关IEC/SMB成员沟通,争取成立新TC后对我国承担秘书处给予投票支持。

派出专家牵头IEC/SMB/ahG47工作,明确ISO/IEC机器人工作领域划分,完善IEC家用智能机器人提案,组织家电行业、ISO机器人对口单位成立国内工作组并给予技术支撑。

及时跟踪IEC对大规模可再生能源并网新TC的投票结果,适时与有关IEC/SMB成员沟通,争取成立新TC或新SC。

跟踪IEC系统标准化方法及规则制定进展并给予适当支持,适时组织国内开展系统标准化方法及规则的引入工作。

向有关行业通报限制IEC/TC/SC主席的决议,并建议有条件的IEC/TC/SC掌握主席任期时间点,争取承担IEC/TC/SC主席、副主席工作。

跟踪IEC/TC/SC技术活动管理及调整情况,发挥原对口单位的工作积极性,做好有关单位国际对口的调整。

〔撰稿人:中国电器工业协会张亮〕

IEC/SMB第147次会议

国际电工委员会/标准化管理局(IEC/SMB)第147次会议于2013年6月11日在瑞士日内瓦举行。中国电器工业协会标准化与技术评价中心张亮副主任随我国IEC/SMB成员参加了此次会议。会议的重点内容如下:

IEC/SMB第147次会议研究了IEC系统标准化、IEC/TC/SC技术活动管理、大规模可再生能源并网、智慧城市、家用智能机器人等议题,审议了25项IEC/TC/SC的工作报告、战略业务方案(SBP),做出了27项决议。

一、IEC系统标准化

(1)系统标准化方法。此前,SMB/ahG35(系统标准化特别工作组)已研究提出IEC系统标准化工作方法,下一步将逐步在全体IEC成员国间宣传推广该方法。

为此,SMB/ahG35起草了IEC行政通报文件。经SMB研究,批准同意向全体IEC成员国发送SMB/ahG35起草的文件,撤销SMB/ahG35,下一步拟筹备举办IEC系统标准化研讨会。

(2)智慧城市系统评估组。鉴于各国建设智慧城市的市场需求以及ISO、ITU等国际组织相继启动智慧城市相关标准化工作,日本、德国、中国在SMB会前商定向IEC提交成立智慧城市系统评估组的提案。

SMB会议期间,SMB/SG3(智能电网战略组)召集人提出将智能电网战略组扩展到整个智慧能源领域的想法,但未得到SMB认可。同时,SMB还获悉MSB(市场战略局)即将发布智慧城市白皮书的消息。

经SMB讨论,同意成立智慧城市系统评估组,由日本、德国、中国作为召集人,由MSB和SG3派员参与,随后还将邀请ISO、ITU派员参加该组织。

(3)智能电网系统委员会。此前,SMB/SG3已开展了编写智能电网系统架构、收集智能电网用例等系统标准化工作,为SMB拟定系统标准化工作方法提供了诸多有益的借鉴。

在IEC系统标准化工作方法即将发布的背景下,SMB同意在2014年2月以前将SMB/SG3转为智能电网系统委员会,以更加开放的形式开展一系列智能电网系统标准化工作。

二、新技术领域提案

(1)大规模可再生能源并网。此前,我国新技术领域提案大规模可再生能源并网已经通过IEC理事会投票,但多个投赞成票的国家委员会建议考虑新技术领域与IEC/TC8(系统供电因素)开展协调,其中一些国家委员会建议将新技术领域放在IEC/TC8下开展工作。

为此,SMB会议期间对大规模可再生能源并网新领域的管理进行了三次投票(作为单独TC工作、作为单独项目委员会(PC)工作、作为IEC/TC8下设SC工作)。经投票,SMB决定将大规模可再生能源并网新领域放在IEC/TC8下作为SC开展工作,由中国国家委员会承担该SC秘书处。

(2)家用智能机器人。我国承担的SMB/ahG47(家用智能机器人特别工作组)专家代表召集人在SMB会议上就ISO/IEC机器人工作划分、IEC机器人工作领域等在研事宜进行了介绍。

经SMB研究,要求SMB/ahG47尽快研究工作并提出IEC开展家用机器人新技术领域的工作建议,于2013年9月6日以前提交最终报告,以供SMB于第148次会议期间审议通过。

三、TC/SC技术活动管理

(1)审议TC/SC活动统计数据。此前SMB以TC/SC计划项目数量、新工作项目提案项目数量、出版物数量、专家人数、召开全会次数等定量指标为依据,对一些近年技术活动不活跃的TC/SC提出质询。

经SMB对有关TC/SC活动情况的反馈情况做出审议,发现有关TC/SC的活动情况已经有了一定的改善。由此,SMB决定今后将在每年2—6月定期审议TC/SC活动统计数据。

(2)未参加TC/SC年会的投票。据IEC/TC109(低压电气设备绝缘配合)反应,一些P成员因故无法参加TC年会,但在会前提交了针对某些会议议题的投票。依据IEC导则,此举可视为P成员参会。但在实际情况下,IEC/TC109对投票议题开展了进一步讨论,导致此前P成员的投票只得视为无效。IEC/TC109还认为会前投票视为参会的导则规定可能促使更多P成员不参加年会。

SMB讨论后认为:确实有些P成员会遇到因故无法参会的困难,鼓励P成员在会前对有关议题提出评议意见;但如果P成员没有参会且没有机会参与会议讨论,这些P成员就失去了对讨论后议题的投票权利。

(3)美国国家委员会对文件85/449/FDIS上诉。由于IEC/TC85(电气和电磁量测量设备,我国承担该TC秘书处)标准计划IEC 62638(最终标准草案阶段)涉及安全要求,但安全要求标准化不属于IEC/TC85工作范围,且现有标准草案中的安全要求与相关产品标准中的安全要求不一致。

经SMB会议研究,决定受理美国国家委员会的上诉,成立协调工作组,由IEC中办官员担任召集人,由IEC/TC85、TC61、TC108和ACOS(安全顾问委员会)官员参加。IEC 62638最终标准草案处理暂缓,需在协调工作组达成一致后再按标准制定程序处理。

四、TC/SC工作报告及IEC标准计划管理

在第147次SMB会议期间,SMB审议通过了25项IEC/TC/SC提交的工作报告。

经审议各IEC/TC/SC延迟国际标准计划项目,SMB批准了IEC 60050-171 Ed.1.0等63项计划的新目标日期;同意中办要求有关TC/SC对IEC 60034-2-3 TS Ed.1.0等34项计划提出进一步信息的意见;决定取消IEC 62515 Ed.1.0等7项标准计划,将标准计划IEC 61851-22 Ed.2.0与IEC 61851-1合并;批准IEC 60050-171 Ed.1.0等31项计划的新目标日期;同意中办对IEC 62485-4 Ed.1.0等30项计划提出的意见。

〔撰稿人:中国电器工业协会张亮〕

IEC/ACOS第十届安全标准论坛

近年来,国际电工委员会(IEC)积极关注全球技术发展的热点问题,建立客运和货运的环境友好型交通方式成为未来几年全球性的重大挑战之一,也得到了IEC的重点关注。IEC/ACOS(IEC安全咨询委员会)第十届国际标准安全论坛于2013年2月19—22日在德国法兰克福举办,主题为"电动交通领域的安全",主要探讨各种电力驱动车辆的相关安全问题,来自IEC相关技术委员会的近100名代表出席了会议。中国电器工业协会方晓燕副会长带队,机械工业北京电工技术经济研究所李锋、曾雁鸿,上海电器科学研究所(集团)有限公司包革、陆尧、李新强,上海电动工具研究所徐鹏、李邦协、潘顺芳,中国电器科学研究院刘波,苏州电器科学研究院项雅丽,施耐德电气公司张萍12名中国代表参加。

过去,"汽车"系统与"电气产品"和"电器装置"系统一直是合作共存的关系。但现在由于电动交通的重要性,这些系统演变成为一个全新的系统"电动交通"。

除了技术挑战之外,汽车和电工产品的生产商们还需克服规则(标准)方面的难点。汽车一直遵守联合国欧洲经济委员会(UN ECE)的规则,电气设备必须遵守欧洲指令(例如欧洲的低电压指令、电磁兼容指令)、美国法律(如美国经济委员会NEC),中国的强制性国家标准(GB)等。要保证各地不同规则(标准)制定者在制定规则时,使所有要求达到类似的安全等级,当前还无法用法规解决,因此IEC和ISO将承担主要作用,制定具有高度协调性和一致性的标准文件。2010年IEC和ISO签署的谅解备忘录标志着已在该领域迈进了一大步。当前,电动汽车内部标准主要由ISO承担,电动汽车外部标准化主要由IEC承担。IEC为产品标准化人员提供了一系列强制性的基础安全标准和多专业共用安全标准。这类标准,如《电击防护、绝缘配合或绝缘材料》,在电动汽车内部也同样适用。而国际电工领域内的基础安全标准与多专业共用安全标准间的协调由ACOS承担。

若实现环保驾驶,电能必须来自非排放二氧化碳的方式。

电动汽车在市场上的成功依赖于动力电池的开发及其早期应用取得的进展。这一方面取决于电池的容量和寿命,另一方面也取决于电池的安全性,包括火灾危险,找到一个正确、安全的电池安装方式对于电池的设计者和电动汽车的设计者而言是非常重要的。

而应用可再生资源(如风力、光伏、太阳热能、燃料电池)发电,会给具有分布式能源供给和智能控制的电网的稳定性带来新的挑战。毫无疑问,这些不仅将成为电动交通领域的工作重点,也将成为IEC的重要工作领域。除了智能电网功能方面,该领域也存在新的安全挑战,需要采用新的保护措施,或对保护措施进行改进和重新设计。

充电桩(挂壁式)建立了从电网到电动汽车的接口。不同的充电模式,需要电动汽车与电网双方标准化人员的密切配合,尤其是在安全要求的一致性和互补性方面。对于用户来讲,电动汽车和电网两边的保护等级必须相同。另外,保护等级必须进行横向比对。

会议包含"电动汽车内部相关的电气安全""电动汽车相关的功能性安全""电动汽车与电网连接的安全"三个专题,来自相关技术领域的代表进行了有关CAB/IECEE(在电动汽车领域内的安全认证)、IEC/TC23电气附件、IEC/TC64电击防护及电气安装、IEC/TC69电动道路车辆和电动工业卡车、ISO/TC22道路车辆、IEC/TC57智能电网和智能计量、VDE检测认证研究所(电池安全性,包括着火危险)等专题内容介绍。上海电器科学研究所(集团)有限公司副总裁陆尧代表中国电器工业协会作“中国电动交通的安全要求与检测方法”专题发言。

会议期间,我国代表团根据预期目标,提出了制定 IEC 国际标准“电动车充电系统的安全指南”提案,宗旨是针对 IEC 相关 TC 各自制定自身专业的安全要求、各自把持的情况,促进 ACOS 制定适用于电动交通充电系统的国际标准导则,发挥共性技术协调和安全要求统一的技术管理职能。论坛期间,方会长组织团组成员就该国际标准制定召开了小组讨论会,研究促使 ACOS 接受提案的技术提要文件和行动策略,并在论坛期间分别约见 ACOS 新主席 Philippe Juhel 先生、原主席 F.Harlesss 先生进行沟通交流,使两位 ACOS 主席进一步理解和认同我国提出制定的该国际标准。ACOS 工作组会议中,包革向全体 ACOS 专家介绍了我国提案对未来 IEC 领域电动交通电气安全方面共性技术的协调和统一起到技术支撑作用的战略思路。ACOS 工作组会议责成包革专家提出一份我国提案的技术报告,将在 ACOS 全体专家层面进行技术投票。

会议取得了圆满成功,实现了预期目标。下一步团组成员将依托电气安全标委会技术资源,开展《电动车充电系统的安全指南》研究,并争取国家标准化管理委员会的国际标准专项支持,实现新兴领域国际标准化新突破。

〔撰稿人:中国电器工业协会标准化与技术评价中心 曾雁鸿〕

IEC/SC 32C 秘书处 2012 年度工作

IEC/SC 32C(国际电工委员会小型熔断器分技术委员会)秘书处设在我国,中国电器科学研究院承担了 SC32C 秘书处工作。

一、编制 IEC 标准

2012 年度,秘书处完成了以下 6 项 IEC 标准的编制:

(1)IEC 60127-2 Ed.3.0《小型熔断器　第 2 部分:管状熔断体》的 CD 草案(委员会草案);

(2)IEC 60127-3 Ed.3.0《小型熔断器　第 3 部分:超小型熔断体》的 CD 草案;

(3)IEC 60127-6 Ed.2.0《小型熔断器　第 6 部分:小型管状熔断体的熔断器座》的 CD 草案;

(4)IEC 60127-7 Ed.1.0《小型熔断器　第 7 部分:特殊应用的小型熔断体》的 CDV(征询意见草案)、IS(正式国际标准);

(5)IEC 60691 Ed.4.0《热熔断体的要求和应用导则》的 CD 草案;

(6)IEC 60127-4 A2 Ed.3.0《小型熔断器　第 4 部分:通用模件熔断体(UMF)— 穿孔式和表面贴装式》的 CDV 草案、IS(正式国际标准)。

其中,IEC 60127-4 A2 Ed.3.0 标准已于 2012 年 12 月顺利出版。此外,IEC 60127-7 Ed.1.0 标准顺利进入出版阶段,2013 年 3 月正式出版,为解决特殊应用的小型熔断器的产品测试提供可行的方案。

以上 6 项 IEC 标准的制修订是近年来 IEC/SC 32C 首次对 IEC 60127 系列标准进行的大规模制修订工作。此次制修订与当前小型熔断器的最新技术结合,完善了标准的各项指标要求,可以促进小型熔断器产品和技术的发展。

二、召开 SC32C 工作组会议

2012 年 11 月 7—8 日,IEC/SC 32C 在德国卡塞尔市举行了 MT 10 小型熔断器(IEC 60127)维护组会议和 WG 12IEC 60127-7 特殊应用的小型熔断体工作组会议。来自中国、美国、德国、日本等国家的 14 名代表和专家参加了此次会议。2 名中国专家参加了此次会议。

会议就 IEC 60127 系列标准的修订维护、IEC 60127-7 标准的制定进行了深入的研讨,确定了下一步的工作安排。其中,MT 10 会议讨论了 IEC 60127《小型熔断器》第 1、2、3、4、6 部分等多项国际标准的修订和维护;WG 12 会议讨论了新起草标准 IEC 60127-7《小型熔断器　第 7 部分:特殊应用的小型熔断体》草案的修改意见,决定该标准进入 IS 阶段,形成国际标准。

三、国际标准化交流培训

应主管部门的邀请,SC 32C 秘书作为国际专家参与了 2012 年 5 月 8—9 日国家标准化管理委员会和 IEC 在深圳联合举办的首期 IEC 国际标准化综合知识培训班,并在会上作“中国电器行业的国际标准化进程——小型熔断器分技术委员会秘书处的工作”专题报告,交流国际标准化工作。

〔撰稿人:中国电器科学研究院蔡军〕

2013 年全国燃料电池及液流电池技术与标准化国际研讨会

2013 年 8 月 28—30 日,2013 燃料电池及液流电池技术与标准化研讨会在上海召开。全国燃料电池及液流电池标委会(SAC/TC342)、能源行业液流电池标委会(NEA/TC23)委员,国内燃料电池及液流电池相关企业、科研院所、检测认证机构等专家,以及来自欧洲、日本、美国、韩国等多位国际专家学者 100 余人参加了会议。

会议分别由中国电器工业协会常务副会长杨启明、标委会主任委员衣宝廉院士、科技部高新司副巡视员李宝山、新源动力股份有限公司副总经理侯中军主持。

国家能源局科技装备司张彦文博士指出，燃料电池、液流电池技术已经成为国际研究的热点，其大规模应用将对新能源发展起到推动作用。国家能源局非常关注燃料电池及液流电池技术的发展，并将其列为《国家能源“十二五”科技规划》的重要的发展方向，给予支持，并将研究出台有效政策，推动相关技术的产业发展。

国家标准化管理委员会工业二部项方怀主任工程师指出：燃料电池、液流电池的众多技术优势，将引爆新能源与环保领域工业革命；国家标准委非常关注储能和动力电池技术的发展，对储能技术的标准化工作给予了大力支持；并将进一步对战略性新兴产业标准化发展做出部署，推动燃料电池、液流电池技术及产业的健康发展。

全国燃料电池及液流电池标委会主任委员衣宝廉院士做主题报告，介绍了现阶段燃料电池技术的发展现状与应用前景，中科院大连化物所在燃料电池技术领域的研究发展情况，以及我国燃料电池标准的发展情况。

IEC/TC105 秘书长、汉堡应用技术大学能源系统和燃料电池技术研究所主任 Prof. Wolfgang Winkler 介绍了电化学储能热力学和过程动力学分析，包括燃料电池的热力学分析、储能过程分析，并将燃料电池、液流电池与二次电池系统特征进行了比较分析。

IEC/TC105 主席、东芝公司材料和设备部技术主管 Dr. Fumio Ueno 介绍了日本在燃料电池及液流电池技术方面近期的发展情况，包括家用燃料电池的发展、液流电池在电力调节系统中的发展以及日本在燃料电池及液流电池领域的认证制度及标准化发展情况。

NEA/TC23 主任委员、IEC 液流电池国际标准召集人张华民研究员介绍了全钒液流电池技术及标准化发展情况，并对全钒液流电池的优势、目前遇到的挑战以及应用潜力进行了分析介绍。

此外，与会代表就燃料电池及液流电池技术研究、产品研发、示范运行、产业政策以及标准化工作等内容开展了广泛深入的交流。德国新能源技术研究中心燃料电池部主任 Alexander Dyck 介绍了燃料电池标准化在不同领域推动市场发展情况；韩国氢能燃料电池技术创新中心主席、又石大学能源工程学院教授 Hongki Lee 介绍了韩国燃料电池技术的研发现状及标准化情况；上海汽车集团新能源事业部黄晨东副总经理介绍了上汽集团在燃料电池汽车技术方面的研发情况；UL 美华认证有限公司季良俊研究员介绍了 UL 公司在燃料电池技术标准化与认证方面的研究工作；上海神力科技有限公司总经理兼技术总监胡里清介绍了液流电池用膜材料的研究进展情况；中国电力科学研究院电工新材料研究所所长来小康介绍了电力系统中液流电池技术的应用前景以及当前的示范运行情况；北京普能世纪科技有限公司产品研发总监尹海涛介绍了全钒液流电池储能系统应用案例情况；韩国斗山集团副总裁 Tae Won Lee 介绍了韩国微型燃料电池及微型燃料电池混合系统的发展现状；武汉理工大学潘牧教授介绍了智能能源网络关键技术以及燃料电池在智能能源网络中的应用；武汉银泰科技燃料电池有限公司齐志刚副总经理介绍了武汉银泰在燃料电池备用电源领域的研究开发情况；中科院上海硅酸盐研究所王绍荣研究员介绍了我国固体氧化物燃料电池技术研究及发展情况；弗尔赛能源有限公司马天才技术总监介绍了通信领域用燃料电池备用电源系统开发与应用情况。

会后，参会专家代表参观了同济大学的燃料电池汽车及实验室、弗尔赛能源有限公司燃料电池备用电源示范运行基站，对燃料电池汽车技术、通信基站燃料电池备用电源技术与应用进行了讨论交流。

〔撰稿人：机械工业北京电工技术经济研究所田超贺〕

第三部分：标准化科研

IEC/TC 111 基于基线的电气电子产品与系统温室气体减排量化导则制定跟踪研究报告

一、标准背景

IEC/TC 111 是 IEC 的电气电子产品与系统的环境标准化技术委员会（工作范围不包括 EMC 和 EMF 问题），主要关注电气电子产品与系统的以下环境标准化工作：与 IEC 产品技术委员会合作，在环境领域开展导则、基础标准和平行标准（包括技术报告）的制定；与产品技术委员会联络，制定产品标准中的环境要求，为相似的问题提供通用的技术方法和解决方案，从而保证 IEC 标准间的一致性；与 ACEA

（欧洲汽车制造协会）和 ISO/TC 207（环境管理）联络；在世界范围内密切监控相应的区域性标准化活动，从而形成需要讨论的标准化焦点问题。

2009 年，IEC/TC 111 在以色列召开的全会上成立了温室气体特别工作组（AHG5），负责制定电气电子产品温室气体减排方面的标准提案。经过多次工作会议讨论后，2010 年年底 AHG5 由日本提出了“电气电子产品温室气体排放量化方法”和“电气电子产品温室气体减排量化方法”两个提案。经征求各成员国意见后，提案获得通过，IEC/TC111 正式成立 WG4（温室气体工作组），负责 2 项国际标准的制定工作。

中国电器工业协会是全国电工电子产品与系统的环境标准化技术委员会环境设计分技术委员会秘书处单位，而温室气体的排放是电气电子产品在全生命周期产生的重要环境影响，也是国际关注的热点问题。在制定电气电子产品的环境意识设计导则时，需要随时了解国内外现有产品与系统温室气体排放相关的政策、法规、标准。为此派出专家参加 WG4 工作，跟踪并参与 IEC 国际标准的制定，同时累积国际标准工作经验，为参与国际标准化活动提供借鉴。

二、WG4 工作组概况

1.工作组构成

IEC/TC111/WG4 召集人为日本电器制造商协会（JEMA）的 Kiyoshi Saito，其余 39 名工作组成员分别来自比利时、巴西、加拿大、中国、德国、厄瓜多尔、法国、英国、意大利、日本、韩国、荷兰、瑞典、美国及 ECMA（欧洲计算机制造协会）。其中，来自日本和韩国的成员最多，分别有 6 人参加；其次是中国的 5 人和美国的 4 人。

2.工作内容

IEC/TC111/WG4 的目标是向电气电子工业提供关于产品全生命周期温室气体量化指导以及温室气体减排量化指导。当前从事 2 项标准制定：

（1）TR 62725 电气电子产品与系统温室气体排放量化方法分析（Analysis of quantification methodologies for greenhouse gas emissions for electrical and electronic products and systems）。经各国国家委员会投票，最终技术报告草案获得批准通过。

（2）TR 62726 基于基线的电气电子产品与系统温室气体减排量化导则（Guidance on quantifying greenhouse gas emission reductions from the baseline for electrical and electronic products and systems）。根据 IEC 网站信息，该标准草案尚处于新立项工作（ANW）阶段，但其已发布第一版询问草案（DC），并于 2012 年 8 月 3 日至 9 月 28 日向 IEC/TC111 的 37 个成员国征求意见。征求意见期限内共收到 30 个国家的反馈，其中 9 个国家对标准文本提出了意见。我国作为 P 成员国于 9 月 25 日反馈信息，但未对标准文本提出意见（我国是工作组成员，标准草案制定过程中已直接采纳了我国专家意见）。

三、标准草案内容

1.主要内容及目标

IEC/TC111/TR 62726 的主要内容为：根据对现有及在研的相关标准（例如 ISO 14064-2 和温室气体协议）、地方及国家层面的行动的对比研究，将以上标准及行动中适用于电气电子产品的要求引入标准，并为实施这些要求提供指导。

TR 62726 确定的目标为：为使用者提供指导，以理解相关方法学，并通过量化温室气体减排量为电气电子产品相关的减排项目评价“基于基线的温室气体减排量”。

2.标准框架

根据 IEC/TR 62726/DC 稿 Ed.1，标准确定的框架及需要注意的内容为：

（1）引言。介绍标准的用途、意义、特点及与相关标准的关系。

（2）范围。为电气电子产品规定了基于基线的温室气体减排量化的原则和指导。规定的电气电子产品相关的温室气体减排项目是指发展及供应电气电子产品的项目。适用于电气电子产品的设计者及供应商，不受工业部门、地区、类型、活动和组织规模限制。

（3）规范性引用文件。没有规范性引用文件，后附相关资料性参考文献。

（4）术语和定义。标准中与温室气体核查相关的术语和定义多引用自 ISO 14064 系列及温室气体协议标准。自行创立的定义主要包括：

受评产品：被评价其温室气体减排量的产品。

目标产品：声明其温室气体减排量的产品。

参照产品：其温室气体排放量作为对比的产品。

参照功能：与受评产品具有等同功能的系统（包括传统产品或人类劳动的组合）。

（5）原则。生命周期思想、相关性、完整性、一致性、准确性、透明性和稳妥性。

（6）对现有相关文件的对比性研究。对包括该标准在内的关于温室气体减排量方法学的相关文件进行了对比研究，将研究结果总结在附录 A 中。

（7）量化框架。

1）概述。阐明该标准为基于基线的“电气电子产品相关的温室气体减排项目”温室气体减排量化提供了指导，并提出了开展电气电子产品相关的温室气体减排项目研究的意义及步骤。

2）定义目标和范围。现有的相关标准未对“目标和范围”给出明确定义。该标准为指导组织开展温室气体减排研究定义了两种目标和范围。

3）定义电气电子产品相关的温室气体减排项目。建议按照目标和范围，选择“目标产品”和“受评产品”。如果目标产品是最终产品，则它可以同时作为受评产品；如果目标产品是组成最终产品的中间产品，则应选择最终产品作为受评产品。如，如果将变频器作为目标产品，则可以将使用此变频器的空调作为受评产品。

4) 确定基线情景。温室气体减排量化是相对于温室气体排放量参考值来说的。对于电气电子产品相关的温室气体减排项目,温室气体减排量化应基于一个具有前瞻性的假设基线情景。

为确定基线情景,标准建议按照目标和范围,选择“参照产品”或“参照功能”。可以将参照产品的供应和使用作为基线情景,如果没有参考产品,可以选择“参照功能”,如,将喷气式干手机作为受评产品,用纸擦手与它具有同样的“干手功能”。

5)规定评价边界。①识别原始影响和重要次级影响。为量化温室气体减排量,有必要设定一个由单元构成的评价边界,这些评价边界内的单元应产生温室气体减排项目的原始影响和重要次级影响。建议将受评产品各生命周期阶段产生的温室气体排放与参照产品相应生命周期阶段产生的温室气体排放进行对比。在多数项目中,原始影响发生在使用阶段。

原始影响是指相对于基线情景,由于电气电子产品的发展和供应造成的温室气体排放量的特定变化。对于电气电子产品相关的温室气体减排项目,原始影响通常是使用低碳技术或高效能源技术的结果。

次级影响是指相对于基线情景,由于电气电子产品的发展和供应造成的温室气体排放量的非预期变化。次级影响可能是“积极的”(如减少温室气体排放),也可能是“消极的”(如增加温室气体排放)。根据目标和范围,只有在基线情景和减排项目的温室气体排放量之间的非预期差别与原始影响相比较是不可忽视的时候,可以定义次级影响为“重要的”。

②选择规定评价边界的选项。建议在下列三个选项中选择其一,用以规定边界和证明选择的合理性:由受评产品和参照产品的全生命周期阶段组成的评价边界;由受评产品的全生命周期阶段和参照产品的选择性的相关生命周期阶段组成的评价边界;由与温室气体减排直接相关的受评产品和参照产品的选择性的相关生命周期阶段组成的评价边界。

③考虑受评产品的数量以及/或预测扩散。电气电子产品相关的温室气体减排项目可以是多种产品发展和供应的结果。为了预测与项目相关的温室气体减排量,有必要识别投入市场或已存在于市场的受评产品的数量或容量。标准建议考虑基于以往实际销售的产品数量/额度和基于前瞻性预计的产品数量/额度,当为基线情景选择参照功能时,应根据同样的功能确定产品数量(如1GB移动硬盘等同于10个100MB移动硬盘)。

6)实验性预测和决定评价边界。通过实验性预测,可以获知如何正确规定评级边界(例如,可以确认假设的原始影响和选择的次级影响的重要性),同时获知为评价这些影响所需的数据的可用性和可获得性。例如,为检查边界划分的正确性,需要对参照产品和受评产品的生命周期排放进行一个粗略的预测。

7)预测基线排放量。建议使用两种通用步骤之一预测基线排放量:性能标准步骤和特定项目步骤。当项目使用相同类型但经过改进的技术时,可以使用性能标准步骤,例如改造现有设施。而当项目使用了与传统技术完全不同的其他技术、且没有具有可比较功能的参照产品的情况下(如,利用可再生能源发电代替化学燃料燃烧发电),特定项目步骤可以通过识别相关基线情景,为项目的原始影响建立一个预测的基线排放值。

在量化基于项目的温室气体减排时,经常提出“额外性”的定义作为一个重要的考虑因素。“额外性”是指声明的温室气体减排量仅限于项目核算,如果不实施此项目则不会实现减排。标准认为“额外性”是隐含于估算基准排放量的步骤中的一步。

8)数据收集和质量评价。在确定评价边界的过程中定义了原始影响和次级影响,需要为这些影响的单元过程收集数据。可以通过将活动数据与排放因子相乘,或通过直接测量得出每个生命周期阶段/单元过程的温室气体排放量。计算得出的结果和测量得出的结果都可以根据目标和范围来使用。

标准为每个单元过程的原始影响和次级影响收集的数据提供了评价关联性的指导,用于填补数据差距并持续提升数据质量。当有需要时,数据差距可以用代理或估计数据填补。

在现有管理系统(如环境管理系统EMS、质量管理系统QMS等)可行的情况下,可以将数据收集过程纳入其中,从而改进此过程。

对于评价过程的不确定性评价,标准建议使用IEC TR 62725中第6.8条方法。

9) 预测温室气体减排量。标准建议预测温室气体减排量应是基于选择的评价边界和选择的预测基线排放步骤。温室气体减排量可以认为是下列两项数据之差:基于基线情景的温室气体排放量预测值;基于电气电子产品相关的温室气体减排项目的温室气体排放量预测值。建议按年度预测温室气体减排量,并将各年度的减排量积累为整个项目的减排量。

标准为积累每年的温室气体减排量定义了两种选项:基于产品流的积累和基于存量的积累。

(8) 文件记录。建议使用IEC TR 62725第8章提供的方法。

(9)确认、验证和监督。建议使用IEC TR 62725第9.3条提供的方法。监督是收集数据的一个程序,原则上说,在温室气体减排项目实施后需要开展监督程序,以确认和验证减排量。

(10)通信。建议使用IEC TR 62725中第9.1条和第9.2条提供的指导。

另外,如果研究中的目标产品不是受评产品,应明确说明此情况以避免混淆。

如果目标产品是中间产品，也应该在研究中明确说明，以避免在中间产品和最终产品的温室气体减排量核算之间出现重复计算。

四、项目最新进展

在IEC/TC111 2012年10月19—20日召开的巴西年会期间，WG4召开了工作组会议，详细讨论了各国委员会对TR 62726提出的关于原则、引言、范围及主要技术问题等重要意见，主要讨论的问题包括：

1.标准的商业价值（引言）

电气电子产品需要消耗能源，但可以通过提升电气电子产品的性能，使其他部门减少更多的温室气体排放。

标准的主要受众包括电气电子产品的制造商、消费者和监管者。标准可以为电气电子产品制造组织提供指导，定量化其通过产品及系统减少温室气体排放对于社会的贡献，并进行沟通；同时通过与基线相比较的温室气体减排量形式，评估电气电子产品相关的温室气体减排项目效果。标准还可以为电气电子产品相关的温室气体减排项目研究提供适当的通信交流，对利益相关方施加影响，从而为区分具有不同能效性能的电气电子产品提供市场推广和公众交流的机会。

现在类似的温室气体减排声明主要基于自愿性基础开展，此时建立国际认可的方法学具有商业价值。

2.基于商业价值的温室气体减排量化的目标和范围

现有相关温室气体核查标准的目标和范围主要包括：应用A、自我声明、温室气体减排量预测及测量（如，环境/企业社会责任报告或网络报告）；应用B、检验/验证的减排量及测量（适用于经认证的减排量，如温室气体减排认证证书）。

现有标准重点关注的是应用A，其指导方法同样适用于应用B，但不能完全实现应用B。需要为满足应用B的其他要求施以更多关注，例如ISO 14064-2。

3.重新讨论确定标准中“项目”和“产品（自身）”的定义

TR 62726的关注重点是量化“电气电子产品相关的温室气体减排项目”产生的温室气体减排量。而“电气电子产品相关的温室气体减排项目”是指一项或一系列活动，其表现为进入市场的电气电子产品的发展和供应的结果，这些产品的发展和供应（而不仅限于电气电子产品自身）可以使基线情景中规定的情况发生更改，从而减少温室气体排放。电气电子产品相关的温室气体减排项目示例见表1。

表1 电气电子产品相关的温室气体减排项目示例

电气电子产品相关的温室气体减排项目示例	产品	基线情景
在A市引入500 000单位的高性能UPS	高性能UPS	A市现有1 000 000单位的传统UPS

4.现有相关温室气体核查标准

通过对现有温室气体减量化核查的标准进行分析研究，可以为TR 62726的制定提供很多建议和启发。附录拟列出对TR 62726及以下标准的对比分析：

（1）减排项目方法/产品相关的温室气体减排项目。ISO 14064-2《温室气体　第二部分　项目层次上对温室气体减排和清除增加的量化、监测和报告的规范及指南》；用于项目核算的温室气体协议；ITU-T L系列方法：ICT项目（开始制定的标准）；CSA ICT温室气体减排项目协议。

（2）LCA方法/产品（自身）温室气体减排评价方法。ITU-T L.1410：信息通信技术相关产品、网络与服务环境影响评估法，第2部分（对比论断）。

（3）讨论TR 62726的“评价边界”。建议采用以下三种选择之一，并在下一步工作中对这些选择之间的区别和关系加以澄清：由受评产品和参照产品的全生命周期阶段组成的评价边界；由受评产品的全生命周期阶段和参照产品的选择性的相关生命周期阶段组成的评价边界；由与温室气体减排直接相关的被评估产品和参照产品的选择性的相关生命周期阶段组成的评价边界。

五、下一步工作计划

由WG4的两项标准项目进展来看，其工作更偏重于TR 62725，虽然TR 62726已经开展了两年制定工作，但现行实际状况是该项目缺少各国支持，相对难以有效开展。IEC/TC111巴西年会通过了相关决议：向各国委员会发送为期8周的调查问卷，征求对TR 62726下一步工作阶段的意见。调查问卷有三个选项：标准已足够成熟，可形成DTR（Draft Technical Report，技术报告草案）；标准需要考虑进一步提升，可形成第二版DC；标准需要考虑更多其他改进，应将工作阶段返回为PWI（Preliminary Work Item，预备工作项目）。

IEC/TC111及WG4将根据各国NC反馈的意见，决定TR 62726下一步工作阶段及工作方向。WG4的下一次面对面工作组会议计划于2013年4月中旬召开。

六、结语

虽然因为缺少支持，WG4原计划形成的TR 62726 DTR稿面临重新回炉的危险，但其技术内容分析了国际上广泛认可的几项温室气体排放核算标准，并将这些标准中的原则和要求引入电气电子工业领域，对我国的电气电子工业的温室气体减排核算应具有商业价值及指导意义。同时，该项目的工作过程对我国电工领域专家参与国际标准化活动具有参考和借鉴意义。相关建议如下：

（1）继续跟踪TR 62726工作进展，学习其技术内容，有助于掌握国际温室气体排放及减排核算标准进展。

（2）对IEC/TC111即将发布的TR 62725开展研究，考虑其适用于我国电工领域的可能性以及转化为我国标准的可能性。

（3）在国际热点领域开展国际标准提案及制定时，除明确标准定位、掌握国际技术发展方向外，需要调动相关领域国际专家的积极性，获得支持，才能保证标准项目顺利完成。

〔撰稿人：中国电器工业协会滕云、中国质量认证中心成都分中心黄虹〕

质子交换膜燃料电池低温特性测试方法标准的研制

一、概述

燃料电池具有发电效率高、适应多种燃料环境特性好等优点，近年来已成为能源应用的重要方向之一。质子交换膜燃料电池（PEMFC）是在常温下工作的燃料电池，燃料的化学能绝大部分都转化为电能，只产生少量的废热和水，不产生污染大气的氮氧化物，不需要废热能量回收装置，体积小，质量较轻，具有较强的市场竞争力。当前PEMFC在航天、军事等领域已经得到了广泛的应用，随着技术的不断进步，其应用领域也已经开始向民用扩展，并已有大量的示范应用。

PEMFC的唯一产物是水，在低温情况下，水的结冰会对燃料电池材料与结构造成损伤，因此实用的燃料电池除了考虑安全性的因素外，还应该能够经得起低温的运行环境。因此，制定PEMFC低温环境下的测试方法标准，对于促进燃料电池的可靠性、推动其产业化进程，具有重要的作用。

二、PEMFC低温冷起动研究进展

1.概述

水管理是PEMFC一个重要研究课题。由PEMFC工作原理，可知电池阴极催化剂层既是电池电化学反应进行的场所，也是反应的产物——水产生的场所。在PEMFC常温工作时，电池内部生成水，以气态或液态存在。MEA需要保证良好的湿润性，以便能够起到质子传导的作用，这需要对反应气体加湿处理，因此电池中有反应气体增湿水和反应的产物水。阴极催化层生成水以气态或者液态形式扩散到阴极扩散层，进而进入阴极气体流道，从电池内由气流携带出去。PEMFC水传递示意图见图1。

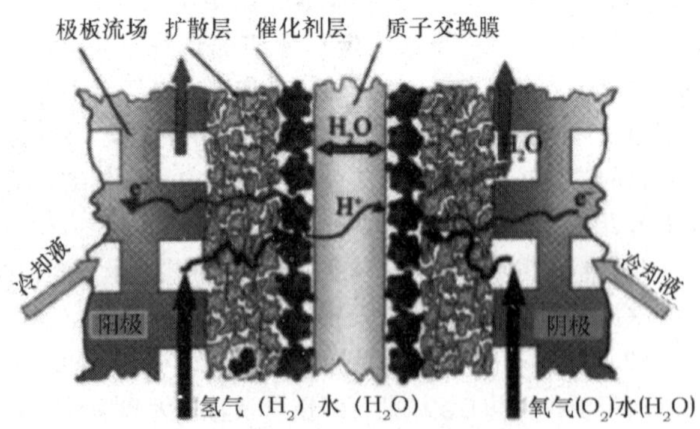

图1　PEMFC水传递示意图

2.水对PEMFC的影响

液态水的存在对PEMFC有以下影响：

（1）影响PEMFC的效率。质子在膜中以水和质子的形式传递，水是质子传导的载体，膜中水含量的多少很大程度决定了电导率的大小。水含量过高，过多的水会导致气体扩散层被“水淹”，无法让气体扩散到催化剂层进行反应，导致输出电压降低，效率下降。此外，电池流道中的液态水存在时形成两相流，可能造成局部堵塞或在流道中聚积，使得氢、氧的流动和扩散减弱或中断，燃料供应受阻，影响电池的正常运行。水含量过少使得电极与膜的接触电阻上升，不利于质子传导。

（2）影响PEMFC的耐久性。由于膜的水含量与膜的机械、化学特性紧密相关，因此膜的水合程度与膜的性能衰退密切相关。一般而言，力学性能和膜内水含量成反比，而膜内水含量增多可以提高其耐腐蚀性。

（3）影响PEMFC的冷起动。水的生成与转移是冷起动成功与否的关键。研究表明，在冷起动过程中催化剂与气体扩散层之间冰的形成对这一过程至关重要，而停机前膜中的水含量也被认为是影响冷起动的关键因素。

3. PEMFC低温冷起动研究现状

当PEMFC处于低于0℃的低温环境中时，电池中的液态水会结冰，无法顺利地从电池内部移除，便在电池内部堆积，甚至覆盖催化剂层表面。由于膜电极（MEA）需要保持一定的含水量，而零度以下膜中水被部分冻结后，含水率变化对MEA的性能有直接的影响。同时，膜中水的冻结行为还将直接破坏膜的微观结构，使得PEMFC的性能发生不可逆转的衰退。因此，低温冷起动是PEMFC在零摄氏度以下环境中所面临的三大难题之一。随着PEMFC的技术发展水平离商业化要求日益贴近，这一问题正引起越来越多的关注。

如果想实现PEMFC在低温下正常起动运行，需要合理控制MEA中的水含量，并深入分析理解PEMFC冷起动过程。从当前国内外的参考文献看，PEMFC冷起动的方法有以下几种：

（1）吹扫，即燃料电池停止工作后用干燥的氮气对其进行吹扫，尽可能减少其内部残留水量；

（2）冷却液加热，即在燃料电池冷起动以前向其内部通入热的冷却液，通过冷却液的循环来加热燃料电池；

（3）端板加热和质子交换膜加热，即向端板内和质子交换膜内加入一定功率的内热源来加热燃料电池；

（4）进气加热，即通过对进入阴阳极的气体进行加热来加热燃料电池；

（5）保温，采取一定的保温措施使停止工作后的燃料电池的温度维持在0℃以上，使其内部残留水不凝结；

（6）燃烧氢气，即向燃料电池的阴极通入一定体积含量的氢气，通过氢氧反应产生的热量来加热电堆。

冷却液加热、进气加热、燃烧氢气、端板加热和质子交换膜加热的目的就是尽可能快地融化燃料电池内部残存的冰，在最短的时间内使燃料电池满足冷起动的要求。

三、PEMFC 低温国内标准化现状

1.概述

全国燃料电池及液流电池标准化技术委员会自 2008 年成立以来,已经完成、正在制定的标准共计 31 项。当前标准的制定主要集中在对质子交换膜燃料电池,包括关键部件及材料的相关要求和测试方法、应用领域质子交换膜燃料电池的标准化工作。《质子交换膜燃料电池堆低温特性测试方法》(计划号为 20100783-T-604)被列入 2010 年国家标准制修订计划,完成后将作为推荐性国家标准发布。

2.PEMFC 低温标准内容

《质子交换膜燃料电池堆低温特性测试方法》标准是针对质子交换膜燃料电池堆在 0℃以下的低温性能进行评估,评估的项目包括 0℃以下的存储、起动、运行。对于电池堆的通用要求将按照已经发布的 GB/T 20042.2—2008《质子交换膜燃料电池电池堆通用技术条件》中规定的通用安全要求执行。低温标准测试的温度范围设置为-40~0℃,采用低温环境实验箱进行电池堆低温性能评估,评估主要针对安全和运行方面。在安全方面,将考察低温环境对电池堆存储、运行安全性能的影响;在运行方面,将考察电池堆在低温环境中的起动、关机、运行的性能。

该标准中的低温试验主要对质子交换膜燃料电池在低温下存储后的性能进行测试。首先,对电池堆进行气密性、运行试验、允许工作压力试验、冷却系统压力试验、窜气试验、压力差试验等常规性能进行测试。之后,针对燃料电池的起动和关机性能进行测试,主要考察起动时间及能耗、关机时间及能耗、吹扫时间及能耗、外部能量消耗量、发电效率等电堆的性能。标准没有具体规定质子交换膜低温存储后进行的起动和关机程序,主要是考虑不能限制技术的发展和进步,同时在附录中给出了推荐性的起动和关机程序,供参考,以便在没有具体起动和关机程序的时候使用。

四、PEMFC 低温国际标准化进展情况

IEC/TC 105(燃料电池技术)当前已经制定和正在制定的标准中尚无 PEMFC 低温冷启动的标准化工作。根据 IEC/TC 105 标准框架,我国拟在 WG11(单电池和电池堆)中提出《质子交换膜燃料电池低温冷启动试验方法》国际标准提案。IEC 62282-7-1:2010《聚合物燃料电池单电池测试方法》于 2013 年开始标准维护工作,可以考虑将我国提出的提案作为一部分内容,增加到 IEC 62282-7-1 中,届时该标准的范围将从现在的单电池扩展到电堆。IEC/TC 105 标准体系框架见图 2。

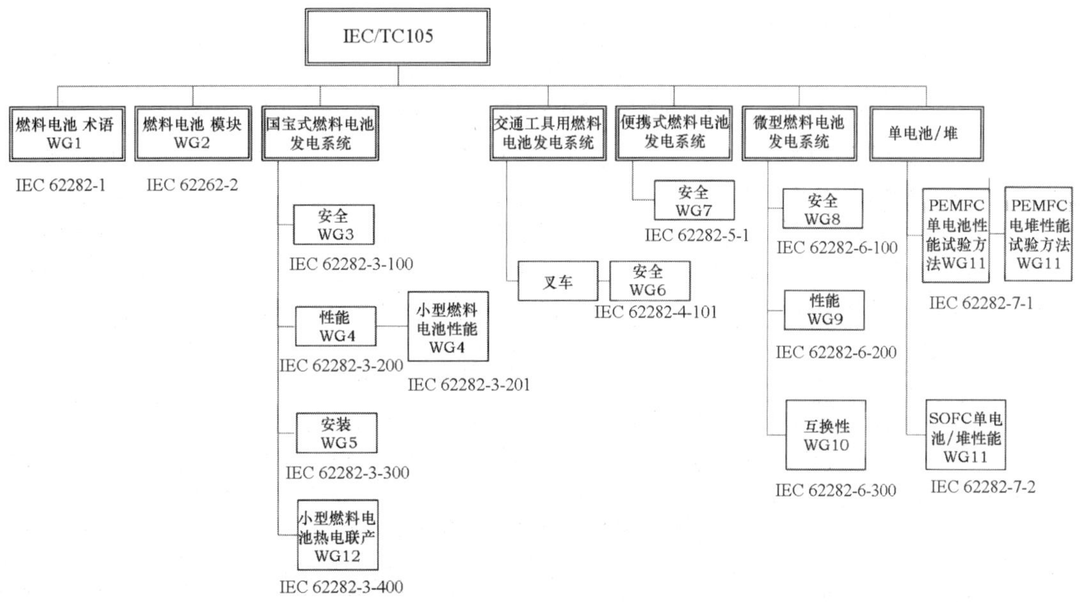

图 2 IEC/TC 105 标准体系框架

欧美、日本、韩国都将燃料电池作为近期发展的重点。欧洲和日本已经将小型固定式燃料电池发电系统在家庭开展热电联产的应用,此外,在电动汽车领域也已经开展应用。燃料电池在应用过程中,避免不了低温的环境条件,因此,该低温标准的制定,可以对燃料电池低温条件下性能的好坏进行评估和判定,保证燃料电池的使用安全,对于推动燃料电池向实用化迈进具有重要的意义。

〔撰稿人:机械工业北京电工技术经济研究所陈晨、田超贺、卢琛钰〕

第四部分：标准化创新

2013年电工标准—正泰创新奖

中国电器工业协会标准化工作委员会秘书处组织专家评审和公示，确定了“GB/T 22390.1～6—2008《高压直流输电系统控制与保护设备》系列标准制定”等15项标准研制项目获2013年“电工标准—正泰创新奖”项目奖，其中一等奖3项、二等奖5项、三等奖7项；10名专家和个人获2013年“电工标准—正泰创新奖”个人奖，其中“突出贡献奖”6名、“优秀中青年奖”4名。

2013年“电工标准—正泰创新奖”个人奖获奖名单见表1。2013年“电工标准—正泰创新奖”项目奖获奖名单见表2。

表1　2013年“电工标准—正泰创新奖”个人奖获奖名单

序号	获奖人	单位	推荐单位	获奖类别
1	李邦协	上海电动工具研究所	全国电动工具标委会	突出贡献奖
2	吴国平	中国电器科学研究院	全国电器附件标委会	突出贡献奖
3	方晓燕	中国电器工业协会	中国电器工业协会	突出贡献奖
4	李　鹏	西安高压电器研究院	西安高压电器研究院	突出贡献奖
5	王　军	南阳防爆电气研究院有限公司	全国防爆电气设备标委会	突出贡献奖
6	季慧玉	上海电器科学研究院	全国低压电器标委会	突出贡献奖
7	黄兢业	上海电器科学研究院	全国低压电器标委会	优秀中青年奖
8	黄国飞	上海电缆研究所	全国裸电线标委会	优秀中青年奖
9	石玉文	哈尔滨汽轮机厂有限责任公司	中国电器工业协会	优秀中青年奖
10	罗军波	中国电器科学研究院	全国旋转电机标委会小功率电机分标委会	优秀中青年奖

表2　2013年“电工标准—正泰创新奖”项目奖获奖名单

序号	标准(项目)名称	推荐单位	奖励等级	获奖人
1	GB/T 22390.1～6—2008《高压直流输电系统控制与保护设备》系列标准制定	全国量度继电器和保护设备标委会	一等奖	郭宏光等
2	电线电缆国际标准研究——碳纤维复合芯架空导线国家(国际)标准研究	全国裸电线标委会	一等奖	黄国飞等
3	GB 25286.1～8—2010《爆炸性环境用非电气设备》系列标准制定	全国防爆电气设备标委会	一等奖	张刚等
4	NB/T 31044—2012《永磁风力发电机—变流器组技术规范》标准制定	中国电器工业协会风力发电电器设备分会	二等奖	苗立杰等
5	GB/T 21972.1—2008《起重及冶金用变频调速三相异步电动机技术条件　第1部分：YZP系列起重及冶金用变频调速三相异步电动机》、GB/T 21969—2008《YGP系列辊道用变频调速三相异步电动机技术条件》标准制定	起重冶金和屏蔽电机标准化分技术委员会	二等奖	苗峰等
6	GB/T 24612.1～2—2009《电气设备应用场所的安全要求》系列标准制定	广东省质量技术监督局	二等奖	项雅丽等
7	GB/T 24975.1～7—2010《低压电器环境设计导则》系列标准、GB/T 24976.1～8—2010《电器附件环境设计导则》系列标准、GB/T 23688—2009《用能产品环境意识设计导则》标准制定	全国电工电子产品与系统的环境标准化委员会环境设计分技术委员会	二等奖	罗怀平等

（续）

序号	标准(项目)名称	推 荐 单 位	奖励等级	获奖人
8	GB/T 25139—2010《汽车用燃料电池发电系统　技术条件》标准制定	全国燃料电池和液流电池标委会	二等奖	胡里清等
9	半导体工业用气体及电子屏蔽材料检测技术标准研究	全国电磁屏蔽材料标委会	三等奖	陆福敏等
10	GB 17465.1～4《家用和类似用途器具耦合器》系列标准制定	中国电器科学研究院	三等奖	蔡军等
11	消费品质量安全影响因子研究及标准研制—任务9电器附件质量安全影响因子的识别、分析和评价及标准研究	中国标准化研究院	三等奖	杨跃翔等
12	JB/T 10980—2010《转换开关电器(TSE)选择和使用导则》标准制定	全国低压电器标委会	三等奖	曲德刚等
13	GB/T 13957《大型三相异步电动机基本系列技术条件》标准制定	全国大型发电机标委会	三等奖	孙玉田等
14	GB/T 24268—2009《银氧化锡电触头材料化学分析方法》标准制定	全国电工合金标委会	三等奖	刘跃平等
15	企业标准 Q/SYJC 32081—2008《气体燃料发电机组》标准制定	全国往复式内燃燃气发电设备标委会	三等奖	李树生等

〔撰稿人：中国电器工业协会曾雁鸿〕

GB 25286.1～8—2010《爆炸性环境用非电气设备》系列标准

GB 25286.1～8—2010《爆炸性环境用非电气设备》系列标准在2013年“电工标准—正泰创新奖”中荣获一等奖。该标准属《国家中长期科学和技术发展规划纲要(2006—2020年)》中的能源、矿质资源和公共安全领域，重点研究爆炸性环境中非电气设备潜在点燃源的防控技术，防止非电气设备在运行或故障状态下产生的机械火花、静电火花、高温气体及热表面点燃爆炸性环境，避免造成人员伤亡和财产损失。该技术广泛应用于能源和矿产资源开发领域勘探与钻井设备、大型矿山机械、海洋开发平台、压缩机、传送设备、计量设备、内燃机及运输车辆等设备，为安全生产提供可靠的保障，减少燃烧、爆炸等重大工业事故的发生。

一、标准主要内容

在爆炸性环境中，非电气设备工作时，各运动机构之间的碰撞、摩擦，设备的超负荷运转，容器的爆裂，均可能产生高温、火花等点燃源，它们一旦与生产现场可能出现的爆炸性混合物相遇，将导致灾难性爆炸事故发生，直接危及人民生命和财产安全。

(1)防止点燃源产生，即设备本身不会产生高温或火花等点燃源，即使有也不会引起爆炸危险。

(2)限制点燃源产生。在正常情况下不会产生点燃源的设备，在特定情况下会产生引起爆炸的点燃源，采取措施，使设备不会产生引起爆炸的故障，或者故障不会使设备产生点燃源。

(3)隔离点燃源与爆炸性环境。通过使用安全气体、液体或者外壳，将点燃源与爆炸性环境隔离，即使出现了点燃源，但由于没有和爆炸性环境接触，也不会引起环境爆炸。

(4)控制爆炸和防止火势蔓延。

该系列标准已发布实施的有：《第1部分：基本方法和要求》《第2部分：限流外壳型“fr”》《第3部分：隔爆外壳型“d”》《第5部分：结构安全型“c”》《第6部分：控制点燃源型“b”》《第8部分：液浸型“k”》。这6项标准主要明确了爆炸性环境中非电气设备防爆技术的基本要求、具体方式方法、试验要求和标志要求。

二、解决的问题

GB 25286.1—2010提出了气体、蒸汽、薄雾和粉尘与空气形成的潜在爆炸性环境中非电气设备的设计、结构、试验和标志等技术要求。

GB 25286.2—2010利用限流外壳防止外壳内部环境变为爆炸性环境，简单有效地解决了在外壳外部环境仅会在极少情况下成为爆炸性环境并且存在时间很短时的防爆问题。

GB 25286.3—2010利用外壳包围点燃源的方法，阻止外壳内部点燃源向外部传播，解决了外壳内部点燃传到外部爆炸性环境中引起爆炸的问题。

GB 25286.5—2010利用保护措施降低点燃危险到合格的安全水平。即选择正常工作条件下不含点燃源的设备类型，然后应用合理的工作原理，使机械故障可能造成引燃温度或引燃火花的危险降低到非常低的水，解决了爆炸性环境中非电气设备点燃危险过高的问题。

GB 25286.6—2010利用传感器与相关的自动/手动防止点燃措施，解决了潜在点燃源转变为有效点燃源的问题。

GB 25286.8—2010利用保护液体包围潜在点燃源，或用保护液体形成流动膜连续覆盖它们，使潜在点燃源失效，解决了气体、蒸汽和/或可燃性粉尘爆炸性环境中非电气设备保护的问题。该部分不用于电气设备，因为它允许液体导电。

三、标准的关键点

1.规定了有关设备试验的分类

即力学性能试验、最高表面温度测量、与防护等级相关的设备非金属部分检测、热冲击试验，试验要求因设备类别不同而存在差异。

2.限流外壳型

假定通风和扩散不会造成显著的短时气体置换，只有当外壳内外存在压差时，才会出现内外气体通过密封进行置换，因此对外壳进行有效密封，但不必达到气密，也可阻止周围的爆炸性环境接近其内部的点燃源。在产品设计时，可以给有点燃源的设备加装一个具有一定防护能力的外壳，具备密封的效果，从而隔绝外壳内部空气和环境中爆炸性气体或粉尘的交换，达到防爆的目的。由于这种结构的设备相对比较简单，可靠性低，因此仅适用 EPLGc、EPLDc 级设备。

3.隔爆外壳型

允许气体或蒸汽通过接合面或法兰进入外壳，如果外壳内部爆炸性环境被点燃，外壳既不会有明显变形，火焰也不会通过接合面或法兰传到外部的爆炸性环境中。这一原理与隔爆型电气设备的原理一样，因此结构的要求、试验方法等也均与 GB 3836.2—2010 相同。这一结构典型方案有：摩擦离合器、制动器衬面、热催化元件等，都是将这些在工作时会产生火花、高温的部件用一个隔爆外壳保护，从而达到防爆安全的要求。其防爆标志为：Exd。

4.结构安全型

选择正常工作条件下不含点燃源的设备类型，然后应用合理的工程原理，使机械故障可能造成引燃温度或引燃火花的危险降到非常低的水平。典型方案有：空压机装过滤器，防止粉尘进入压缩腔；使用耐碳化的润滑油，使得空压机内部工作时不会由于润滑油的高温而发生积碳，从而不会引起空压机的燃烧进而导致爆炸事故。其防爆标志为：Exc。

5.控制点燃源型

在设备中加入传感器，探测即将发生的危险条件，在潜在点燃源转变为有效点燃源之前，在条件恶化的早期阶段启动控制措施。典型方案为采用减压阀、熔断插销、温度调节阀等保护装置，当设备出现非正常工作情况，压力或温度还未达到危险压力或点燃温度时，提前采取措施，如释放压力、切断装置与动力源的连接、断开电源等，使潜在的点燃源不会引起爆炸危险。

6.液浸型

使潜在点燃源浸没在保护液中，或用保护液形成流动膜连续覆盖它们，使潜在点燃源变成无效点燃源。保护液可以是实际的工艺液体本身。典型方案有充油式齿轮箱；浸在油中的盘式制动器，将齿轮或制动器浸没在油中，既可以起到冷却的效果，又可以将齿轮等碰撞产生的火花熄灭，从而防止爆炸。

四、与国内外已有同类标准对比

1.当前国内外同类先进技术情况

（1）国内方面。我国从 20 世纪中叶开始大量研究防爆技术至今，对非电气设备防爆技术的研究未曾间断。尤其近几年，各个工程领域对爆炸性环境中非电气设备防爆技术研究的需求更为迫切。为此，我国自 2007 年起，正式将爆炸性环境用非电气设备防爆技术研究由企业层面上升到国家层面，开始制修订《爆炸性环境用非电气设备》国家强制性标准。

虽然我国非电气设备防爆技术的相关研究处于起步阶段，但通过搜集大量的非电气设备防爆技术实例，不断开展深入的理论研究、严格的试验验证，我国的爆炸性环境用非电气设备技术研究已经系统化、理论化、规范化。

（2）国外方面。欧盟自 1968 年制定协调标准起，其成员国不断改进非电气设备的防爆技术研究，现已能够进行点燃危险级别评定，并根据标准对产品进行针对性设计，从而避免事故发生，确保了人身健康及财产安全，促进了爆炸性环境下设备及保护系统在欧洲市场的贸易流通。此外，IEC 针对非电气设备防爆技术的研究也于近几年正式展开。

对比国内外同类先进技术可知，我国的非电气设备防爆技术研究具有丰富的实践基础。随着科技发展，为满足生产的需求，我国已先于大多数国家，开展针对非电气设备防爆技术的专项研究，成为世界上能够在爆炸性环境中为非电气设备提供安全保障的为数不多的国家之一。

2.与国内外标准对比的综合评述

（1）国内情况。国内绝大部分爆炸性环境用非电气设备产品的设计、制造和安装，所依据的行业标准大都是参照 GB 3836《爆炸性气体环境》系列标准和 GB 12476《可燃性粉尘环境》系列标准制定的，局限于电气装置的通用防爆技术要求，而对于非电气部分的防爆要求考虑不全面。

GB 25286《爆炸性环境用非电气设备》系列标准于 2011 年 9 月 1 日正式实施。该标准实施后，我国的防爆安全技术标准形成了完整的体系，覆盖了气体、蒸汽、薄雾、粉尘与空气形成的潜在爆炸性环境下电气防爆设备和非电气防爆设备的设计、制造、检验、安装、使用的安全要求。

（2）国外情况。欧盟已将非电气设备的防爆认证要求纳入了欧洲最新防爆指令 94/9/EC，即在 2003 年 6 月 30 日欧洲最新指令 94/9/EC 实施之日起，非电气设备必须履行防爆检验程序，并取得防爆认证后才能投放市场。当前，欧洲形成了多种旨在解决非电气设备防爆问题的系列标准，如 ATEX 防爆指令及 EN13463 非电气设备防爆系列标准。

2007 年，IEC/TC31 成立了非电气设备防爆分标委会 31M，并采用欧洲 EN 标准制定相应的非电气防爆标准。

我国非电气设备防爆技术研究和标准的制定已走在世界的前列，并得到了国际认可。该标准填补了非电气防爆安全技术国内空白，为防爆行业再添安全指南；规范了对非电气防爆设备的要求，提高了非电气设备的安全性及可靠性，为人民生命和财产安全提供了有力的保障。

五、标准的作用和实施情况

1.标准的作用和实施情况

在煤矿井下和地面其他爆炸性环境中，除了使用电气设备外，还大量使用了非电气设备，如运输机、气体压缩机、搅拌机、非电动运输车辆等。在这些设备中，采用了减速器、齿轮箱、皮带轮、制动器等装置。这些装置虽然不使用电力，且自身无动力，但在工作时有高速运动部件，使用过程中可能会由于碰撞而产生火花，或由于摩擦、压缩做功等而产生高温。对于爆炸危险场所来说，这些都是危险的点燃源，具有引燃环境中爆炸性物质的危险。虽然在这些设备的设计过程中已经考虑到这些危险，也采取了一些措施来减少危险的产生，如减速器等采用油冷、密封的结构，将运动部件用防护罩保护，但是这些局部的措施并不能从根本上解决非电气设备在爆炸性环境中使用时会产生火花、高温的危险，尤其是这些设备往往都是比较复杂的产品，一个设备上同时有多个结构可能产生爆炸。传统的防爆标准（GB 3836 系列和 GB 12476 系列）采取的防爆措施主要针对电气设备，对非电气设备不适用，因此非常有必要制定专门的标准来规范非电气设备的设计和检验，这一标准化即 GB 25286—2010《爆炸性环境用非电气设备》系列标准。

该标准为强制性标准，于 2011 年 9 月 1 日正式发布实施。

2.标准实施产生的经济效益

当前，国内石油、化工、制药、燃气、大型矿山机械、海洋开发平台等领域突飞猛进地发展，众多新建、扩建和改造项目纷纷上马。为了提高石油、化工等具有爆炸危险行业的生产安全，加快建立我国非电气设备及其保护系统的防爆技术标准体系已刻不容缓。

GB 25286—2010《爆炸性环境用非电气设备》系列标准应运而生，且为国家强制性标准，这极大地提高了非电气设备的防爆性能。当前，我国每年危险环境下使用的设备价值近 1 000 亿元，其中非电气设备占有一定比例，保守估计，非电气设备产品自身每年带来的直接经济效益约 50 亿元，因避免工业事故而带来的间接经济效益约 200 亿元。

此外，该标准打破了国外在该领域的技术垄断，使得国内非电气防爆设备完全可以取代国外同类产品，减少了该类产品的进口量，预计每年为国家节约外汇近 10 亿元。同时该系列标准已达到国际水平，为我国非电气防爆设备进军国际市场提供了强有力的技术支撑，为行业出口创汇作出了贡献。

3.标准实施产生的社会效益

随着机电一体化技术的不断发展，工业生产和过程控制用电气设备的功能正发生质的变化。它们除了具有生产过程电参数的测量与控制、实现电气安全监测和联锁保护的特性外，还往往同时伴有机械运动、光和电磁能量的转换与传递等功能。对于这些电气设备，除了必须考虑设备由电气因素引起的点燃源外，还必须同时考虑由非电气因素产生的机械火花、光辐射和电磁辐射能量等危险点燃源。实验表明，即使是液压式叉车、内燃机车等非电气设备，同样存在有机械火花、热表面、静电等危险点燃源。

在爆炸性危险气体和粉尘物质的储存、运输以及物料的加工和处理过程中，欧洲每年约有 2000 多起爆炸性事故发生。调查发现，相当一部分爆炸事故的起因是由非电气因素引起的。因此，广大工程技术人员、相关的安全管理人员和设备制造厂商对于非电气因素可能引起的爆炸问题都较为重视，在对设备点燃源危险性分析时，既要考虑设备的电气防爆技术要求，也不能忽视其他可能的危险点燃源防爆技术问题。

鉴于此，该系列标准进行了非电气设备防爆技术研究，填补了国内空白，增强了非电气防爆设备产业的核心竞争力，为企业进入市场、参与国内外贸易竞争铺平了道路。此外，该系列标准进一步规范了非电气防爆设备要求，提高了非电气防爆设备的安全性和可靠性，为人民生命和财产安全提供了有力的保障。

〔撰稿人：南阳防爆电气研究所张刚〕

GB/T 22390.1～6—2008《高压直流输电系统控制和保护设备》系列标准

GB/T 22390.1～6—2008《高压直流输电系统控制和保护设备》在 2013 年“电工标准—正泰创新奖”中荣获一等奖。该标准项目在研究制定中，综合了不同国外技术和国产化成果，广泛收集消化国内外标准和技术资料，依托直流输电技术和设备自主化研究，高起点地形成国内适用的控制保护设备基础标准平台。

一、标准主要内容

1.规定

标准对运行人员控制系统、交直流系统站控设备、直流系统极控设备、直流系统保护设备、直流线路故障定位装置和换流站暂态故障录波装置的功能、技术性能、电气性能、力学性能、安全要求及其试验方法等进行了规定。

2.规范

标准规范了换流站控制保护设备的体系结构和分系统之间的接口关系和规约，规范了各控制保护设备的功能配置、层次关系以及技术性能、电磁兼容性、冗余、自检监视和可靠性等要求，考虑不同直流工程配置的灵活性，兼容不同技术理念，为技术和电网发展预留了扩展空间。

3.自主技术的体现

自主开发了 SCANDA 系统；自主开发了换流变压器保护、交/直流滤波器保护，保护装置采用自主开发的软硬件平台；自主开发了远动工作站、保护规约转换工作站。

4.引进技术的消化吸收

引进硬件系统国产化，提高其可靠性和抗干扰能力；引进软件采用二次开发，提高软件系统的可靠性，防止控制系统死机和保护误动作；保护设备采用双重化配置、模块化设计，满足工程的需要。

二、解决的问题

该国家标准的制定，打破了国外垄断，实现了技术跨越，不仅提高了我国高压直流输电系统控制和保护设备的技术水平，填补了我国高压直流输电控制保护设备国家标准空白，完善了国家标准体系，提升了高压直流输电控制保护设备在国际市场的竞争力和话语权。

该标准项目的成果已成功运用于三峡—广东、三峡—上海、贵州—广东Ⅰ回、贵州—广东Ⅱ回和灵宝背靠背 5 项超高压直流输电工程以及世界首条特高压直流输电线路云南—广州工程、向家坝—上海特高压直流输电工程的建设中，为我国高压直流输电、特高压直流输电工程的建设和特高压直流输电控制和保护技术的发展提供了重要的技术依据。

三、标准内容采用先进研究成果的情况

项目研发团队结合自身长期从事直流输电控制保护技术研究取得的自主成果，对国外技术进行了全面的融合创新，研制出 DPS-2000 直流控制保护系统。所取得的成果中，已有 9 项发明专利和 3 项实用新型专利申请获得受理，9 项软件著作权获得授权。

四、标准的关键创新点

(1)运行人员控制系统采用了面向用户、功能强大的报表系统，采用了专门的调试界面和定值查询、整定界面。

(2)站控设备按面向物理对象的原则进行各站控子系统的设置，方便运行人员在线故障定位、分析、处理，采用了完善的防误操作措施等。

(3)极控设备采用了 VBE 软件接口，实现不同设备的互联。

(4)直流系统保护设备改变了功能配置方式，优化了系统资源，提高了系统性能；采用起动+保护动作出口跳闸方式，改进了差动原理，重新确定了制动方式，既提高了安全性，又保证了灵敏度；增加了防误动措施，避免了引进系统中单一元件故障造成保护误动的问题。

(5)采用新的硬件配置，提高了设备的抗干扰性。

五、与国内外已有同类标准对比

1.当前国内外同类先进技术情况

国外：ABB、SIEMENS 等作为国际上少数几家能够完整进行直流输电系统设计、成套设备制造和工程实施的公司，具备成熟的设备设计制造技术和工程经验。同时，在研发能力、资金投入、制造水平等方面也具有总体的实力和优势，在高压直流输电控制保护技术研究方面投入了大量的资金和人力，不间断地进行产品的开发和升级换代。

国内：许继集团有限公司和南京南瑞继保电气有限公司通过多年的自主研发，依托多个工程的成功建设，特别是在建设第一个国产化灵宝直流联网工程和第一个国产化贵州—广东Ⅱ回直流输电工程中，已经掌握了±500 kV 高压直流输电控制保护设备的设计和制造关键技术，并在引进技术的基础上开发了具有自主知识产权的技术，与国外产品处于相同水平，并形成了一批专利技术。

2.与国内外标准对比的综合评述

该国家标准项目的研究制定，综合了不同国外技术和国产化成果，广泛收集消化国内外标准和技术资料，填补了我国高压直流输电控制保护设备国家标准空白，完善了国家标准体系，也为我国特高压直流输电工程的建设和特高压直流输电控制和保护技术的发展提供了重要的技术依据。

六、标准的作用和实施情况

1.标准的作用和实施情况

该标准成果成功运用于云南—广州特高压直流输电工程和向家坝—上海特高压直流输电工程中，为特高压直流输电控制保护设备的设计和生产提供了有力的技术保障，也为我国特高压直流输电控制和保护技术的发展、国家智能电网的建设打下了坚实的基础。

2.标准实施产生的经济效益

该标准已成功运用于我国多项高压直流输电工程中，对直流输电控制与保护设备的设计和生产具有重要的指导作用。

西北—华中背靠背直流联网（灵宝工程）、葛洲坝—南桥换流站改造输电工程生产（或选用）控制保护核心设备 320 台，合计金额 1.6 亿元；东北—华北联网背靠背高岭换流站、三峡右岸直流输电工程生产控制保护核心设备 400 台，合计金额 1.62 亿元；贵州—广东第Ⅱ回±500 kV 直流输电工程生产控制保护核心设备 380 台，合计金额 2.6 亿元。

据不完全统计，近三年实现销售收入 10.3 亿元，新增利润 2.1 亿元，新增税收 0.8 亿元，为国家节支 3.5 亿元，经济效益显著。

3.标准实施产生的社会效益

通过该项目的实施和自主创新，我国掌握了高压直流输电控制保护设备的关键技术，拥有了自主知识产权，构建了高压直流输电控制保护设备国家标准体系，改变了高压直流输电控制保护设备依赖进口的局面，节省了外汇，减少了建设投资；实现了高压直流输电控制保护设备的国产化和产业化，推动了国家高压直流输电控制保护产业的科技进步，为特高压直流输电控制保护设备的研发和标准的制定奠定了基础。

〔撰稿人：许昌智能电网装备试验研究所姚志清、李志勇〕

GB/T 21972.1—2008 和 GB/T 21969—2008 标准

GB/T 21972.1—2008《起重及冶金用变频调速三相异步电动机技术条件　第1部分:YZP 系列起重及冶金用变频调速三相异步电动机》和 GB/T 21969—2008《YGP 系列辊道用变频调速三相异步电动机技术条件》由全国旋转电机标准化技术委员会起重冶金和屏蔽电机标准化分技术委员会归口制定。两项国家标准的制定,贯彻了国家节能减排的产业政策,实现了从科学技术创新到应用的过程。项目在2013年"电工标准—正泰创新奖"中荣获二等奖。

一、标准主要内容

YZP 系列起重及冶金用变频调速三相异步电动机是在 YZ 系列电动机基础上派生的产品,适用于变频器供电的各种起重机械及冶金辅助设备电力传动。

YGP 系列辊道用变频调速三相异步电动机是新一代高可靠性的变频用辊道电机,具有体积小、重量轻、性能好、使用可靠和维护方便等优点,其综合技术指标达到国际同类产品先进水平。该标准所对应的重点领域为起重冶金电机制造领域,该领域的技术发展方向是高效、节能、环保和机电一体化。

国家标准 GB/T 21972.1—2008 和 GB/T 21969—2008 是电机行业的基础产品标准,在标准体系中占有重要位置。标准规定了对应产品的型式、基本参数与尺寸,技术要求,检验规则,试验方法和标志,包装及保用期等技术要求。此两项标准的制定,为产业结构调整与优化升级打下了坚实的基础。标准项目的实施,可以有效地支持产品的发展,对产品质量的提高、产品市场的规范管理以及国民经济的发展起到积极的推动作用。

标准自2009年实施至今已广泛应用于全国的制造企业,制造企业依据标准中规定的技术要求、检验规则及试验方法等组织生产、检验,使产品实现了标准化、系列化和通用化,降低了企业的制造成本和运行成本,使其在市场上更具竞争力,经济效益和社会效益显著,市场前景广阔。

二、标准解决的问题

我国变频调速电动机从研制到生产,至今已有20多年的历史。随着电子技术和计算机技术的飞速发展和节约能源的需要,变频调速技术也得到了空前的发展,产品种类不断增加,产量剧增,应用范围日趋扩大,在工业、商业和其他各个领域得到广泛应用。

起重及冶金用变频调速三相异步电动机和辊道用变频调速电动机具有显著的节能效果,使用范围大,覆盖面广泛,所以生产变频调速电动机的企业越来越多,但产品性能与安装尺寸参差不齐,试验方法各异,型号混乱;同一种用途的变频调速电动机型号和标识不统一,用户在选型与使用时无所适从,形成一种无序状态。

变频调速电动机国家标准的制定,规范了市场,统一了型号,为生产企业和用户的设计、试验和验收提供了可靠、有效的技术依据;利用电机优化设计程序,提高电动机的主要性能指标,达到标准要求的技术水平;同时标准的制定为低碳、节能环保产品的推广应用打下了坚实的基础,提高了产品的市场竞争力。

三、标准的关键创新点

普通电机的用电量约占工业用电量的66%。其中,中小型三相异步电动机的耗电量约占35%,是耗电大户。YZP 系列变频调速电动机产品采用变频调速技术,具有调速范围广、过载能力强、机械强度高的特点。在基频以下恒转矩调速,基频以上恒功率调速。恒转矩运行过程中,可以调整容量,轻载运行时可以降低容量和电压,从而达到节能的目的;电动机整体系统效率提高,大约节能25%~30%,节能效果显著。

YZP 和 YGP 系列变频电动机通过改变交流电频率或电压的方式来实现调速,改善电动机的起动、运行状态,从而实现变频节能。同时电动机绕组采用特殊的槽配合和转子槽形,降低了电磁噪声;电磁线选用变频电机专用电磁线,采用真空压力浸漆工艺,提高了绕组的耐压和抗高次谐波的能力。

YZP 电动机的防护等级规定为 IP54,YGP 电动机的防护等级规定为 IP55,增强了电机运行的可靠性。

四、当前国内外同类先进技术情况

近年来,随着变频器研制开发技术的不断创新、迅速发展和完善,产品性价比趋于合理,变频调速技术被广泛采用。变频调速笼型异步电动机结构简单可靠,维修工作量小,节能、调速性能好,较直流电动机调速更具优越性,广泛用于驱动石油、化工、起重机械、机械加工和冶金等行业的机械设备。当前,国内通过多借鉴国外的研究成果,在实践上下功夫,取得了可喜的成绩。

国外从事变频调速电动机研究的人员在广泛试验研究的基础上,通过优化设计、改进转子槽形、增强绝缘结构、研究新材料、采用绝缘轴承等一系列措施,提高变频调速电机的性能、使用寿命和可靠性,效果显著。

五、与国内外标准对比的综合评述

国外变频电动机标准,如 IEC TS60034-25《旋转电机第25部分:变频器供电专用笼型感应电动机设计与性能指南》(2004年4月第1版),属中小型电机领域。YZP 和 YGP 系列变频调速电动机为特殊电机,当前没有与之对应的国外标准。

国内变频电机行业标准中,《YVF2 系列(IP54)变频调速专用三相异步电动机技术条件(机座号80~315)》为一般用途变频电动机标准,居国内领先水平。GB/T 21972.1—2008 和 GB/T 21969—2008 对应的产品为特种电机,用于恶劣环境的使用场所，对电机的性能要求较高。因此这两项标准的主要性能指标要略高于 YVF2 变频调速专用电动机标准，处于国内领先水平。

六、标准的作用

起重冶金用电动机和辊道用电动机属于特种电机，应用领域广泛，在电机制造领域乃至电工行业占有重要位置。这两项标准制定时及时地将自主创新技术转化为产品标准，提升了标准水平，以标准为桥梁和媒介来加速自主创新技术的规模化、产业化、市场化进程，并以此加快自主品牌和新兴产业的培育发展，促进产业竞争力的提升。

〔撰稿人：佳木斯防爆电机研究所苗峰、佳木斯电机股份有限公司潘波〕

GB/T 24612.1～2—2009《电气设备应用场所的安全要求》系列标准

GB/T 24612.1～2—2009《电气设备应用场所的安全要求》系列标准项目在 2013 年“电工标准—正泰创新奖”中荣获二等奖。该标准对应的重点领域技术方向属于《国民经济和社会发展“十一五”规划纲要》中“加强公共安全保障能力建设，提高公共安全保障水平，维护人民生命财产安全，提高安全生产水平，加强安全生产科研开发、监督监察和支撑体系建设”的重点领域。

一、标准主要内容

该标准基于我国电气安全技术自主制定。电气设备按照设计要求制造后，在使用场所应用时仍存在潜在的安全风险，特别是裸露的导电部件或带电电路部件对设备所在场所工作人员仍可能发生电击危害。针对这一情况，标准规定了电气设备应用场所相关人员应该遵循的原则和电气设备应用场所中断电状态操作电气设备应该满足的基本安全要求。主要技术内容如下：

1.规定了电气设备应用场所内各级人员的责任及人员组织管理原则

要求电气设备应用场所安全要求的责任人是组织的法人代表；电气场所的基本制度包括相关电气安全工作准则；场所人员应按技术程度进行专业分类、技术管理，以合理地执行相关任务。

2.规定了场所人员的安全培训要求

明确提出安全培训适用于电气危害风险。要求专业人员理解电气的相关特有危害，充分了解和确定电气危害与潜在的损伤之间的关系；针对裸露的导电部件或带电电路部件对人员潜在的危害提出了应急程序和紧急救护措施；提出了专业人员应掌握的防护装置（如防电弧、绝缘和屏蔽等）、绝缘工具和测试设备的运用知识，并识别与避免相关电气危险。

3.规定了电气场所的安全程序

提出电气安全程序应使在电气场所的人员具有潜在的电气危险意识，促使在或接近裸露的导电部件或带电电路部件的人员实施必要的自律措施，包括安全工作原则和控制程序，从电气危害、各类危险识别、降低和避免风险的合理步骤、实施防护措施、能源控制以及个人防护材料等方面加以要求。

4.提出了相关电气设备的安全使用要求

针对本体设备以及其他设备如测试仪器、电器附件、线缆、插头插座等相关电气设备，从基本技术结构、电气匹配与兼容、绝缘防护、安全锁定等方面提出了安全技术的解决方案。

5.规定了电气设备安全断电操作的步骤

电气设备安全断电操作步骤应遵循：通过有效标志标识确定供电电源；按照有关规程停止用电负载，断开电源；检查相关电源装置，确定完全断电；对电气感应性或贮存电能的部件或设备，予以放电；通过检测手段确认设备不带电，并装设接地线；进行开关设备锁定及标识。

6.提出了执行锁定和标识操作的原则

详细规定了断开带电体、电路部件的电源后，操作人员应执行设备锁定和标识操作的有关原则和要求，包括对不同专业技术人员的培训内容、工作责任、单独工作的专业人员的防电击控制方式、简单型和复杂型锁定和标识的操作方式、防电击控制的锁定装置的使用操作程序编制原则及操作程序方法。规定提出的锁定和标识程序要求与场所人员的经验、专业技能培训以及工作场所的条件相适应。

7.提出了设置临时性保护接地装置的要求

规定临时保护接地装置的布置地点和方式应能防止每位人员面临危险的电位差；临时的保护接地线应能承受故障持续时间内通过接地点的最大故障电流；临时保护接地装置必须符合国家的相关要求；临时保护接地装置的电阻必须足够小，以确保在导电体或电路部件发生短路时保护器能立即动作。

该标准为电气设备应用场所人员的安全环境提出了技术解决方案，旨在保护在断开的带电体或电路部件处及其附近工作的人员，避免因粗心大意、意外接触上述导电体/电路部件或上述设备发生故障时所面临的触电危险，以实现安全生产和安全管理，满足了我国电气执业人员在电气设备场所中避免伤害、保障人身安全的基本需要。

二、解决的问题

我国电气设备的安全标准体系由基础安全标准和产品安全标准构成。但现有标准体系中，安全方面的措施和防护多是针对电气设备本身而言。实际生产与作业中，安全用电的组织措施如下：一是建立健全安全用电的管理机构，需要由有经验和资质的电气专业人员构成，建立资质考核制度；二是制定和完善安全用电规章，包括安全工作制度和安全操作规程,并要求电气专业人员或相关人员掌握;三是组织安全用电的教育宣传和知识培训;四是进行安全用电检查,需要电气从业人员熟悉电气设备运行的安全状况、保安电源和非电性质的保安措施、反事故措施、现场分析及事故处理等。

带电设备使用场所(在通电状态或未通电状态下)存在对工作场所中的人员造成伤害的潜在电气风险,之前在标准中缺乏系统的研究和规定,在电气安全标准体系中属于空白。GB/T 24612 系列标准提出了电气设备应用场所相关人员和电气设备应用场所中断电状态操作电气设备应该满足的基本安全要求,填补了国家标准的空白。从标准层面提出的技术措施,满足了安全用电组织措施中的相关要求,营造了电气场所的安全环境,实现安全生产,支撑国家法律法规的实施。

三、标准内容采用先进研究成果的情况

依据 GB 19517《国家电气设备安全技术规范》中的安全基本原则、技术要求、风险概念和安全程序,结合电气场所安全防护实践经验,提出了相关人员安全基本要求。

参照了美国防火协会 NFPA 70E 的 110 章《电气设备应用场所安全　通用要求》和 120 章《建立工作条件下的电气安全》。NFPA 70E 作为美国国家安全规范,支撑职业人员安全健康的法规实施。通过借鉴引用国际标准,引入安全健康理念和相关技术要求,并在具体技术规定中充分考虑我国标准体系的实际和可操作性。

参考了现行国家标准中电气安全的相关内容,如参考 IEC 60364 对应的 GB 16895《建筑物电气装置》标准中涉及场所的有关技术要求和防护措施。

引用 GB 3805,根据特低电压(ELV)限值标准的规定,结合电击防护和电流通过人体效应的原理,规定了不同电压条件下裸露带电部件附近的人员需进行重点培训的技术内容。

标准规定的电气设备主要是指电气开关设备和控制设备,充分考虑了有关的技术规定,如 GB 7251《低压成套开关设备和控制设备》等。

四、标准的关键创新点

该标准将我国具有优势的电气安全技术和危险防护技术的研究成果和实践经验制定其中。依据标准评价电气设备的潜在危险并有效地采取防护措施,实现电气场所的安全运行。主要解决的关键技术和创新点如下:

1.通过电气安全技术措施实现电气场所的安全管理

电气安全工作是一项综合性的工作,有工程技术的一面,也有组织管理的一面。工程技术和组织管理相辅相成,有着十分密切的联系。电气安全工作主要有两方面的任务:一方面是通过理论研究分析各类电气事故,研究其机理、原因、构成、特点、规律和防护措施,大多是针对设备或系统;另一方面是研究运用电气的技术措施解决各类安全问题,即研究运用电气监测、电气检查和电气控制的方法来识别、评价系统的安全性,实施安全程序以获得必要的安全条件。该标准即是通过电气安全技术措施实现电气场所相关人员的安全组织管理。

2.通过对相关人员提出要求实现电气安全环境

标准通过规定电气设备应用场所内各级人员的责任、安全培训、电气安全程序、在导电体或电路部件附近工作的要求、电气设备断电状态下和带电状态下的操作要求、电气设备及其他设备的应用要求等,来提供电气设备应用场所的安全环境,从而实现安全生产和安全管理。

3.将电气场所人员安全引入电气安全标准体系

现行电气安全国家标准针对设备、系统的很多,有关电气操作场所人员安全管理的规定多以规程的形式由各行业、企业自行制定,因而安全水平参差不齐,电气安全生产事故时有发生。该标准从人员安全健康角度出发,将科学的管理方法融入电气操作场所管理,将人员安全管理与安全技术有机结合,从国家标准的层面做出系统的规定。

五、与国内外已有同类标准对比

1.当前国内外同类先进技术情况

IEC 尚无同类标准。只在 IEC 60364(我国对应标准是 GB 16895)标准中对建筑物电气装置中数据处理设备等室内特殊场所的接地等提出要求,并不涉及存在电气设备的所有场所的电气安全要求及人员的操作要求。美国的防火协会 NFPA 70E 标准的 110 章《电气设备应用场所安全　通用要求》和 120 章《建立工作条件下的电气安全》对电气应用场所的有关人员作了一些规定。但我国电气安全标准体系特别是电气设备及系统的安全主要源于 IEC,与美国又有很大不同,只能借鉴其安全理念,具体场所的电气安全技术只能在 IEC 的框架下根据我国的具体情况有针对性地继承和发展。

2.与国内外标准对比的综合评述

国外发达国家对从业人员的安全要求,是从法律层面加以要求,相关的标准作为支撑。如为满足美国 OSHA(职业安全和健康行动组织)要求,美国《国家电气规范 NEC》在新法规修订时,指出了现有标准中的电气系统在考虑电气安全的场所实际操作和设备维护方面的不足,认为有必要制定一个新的标准,用以满足 OSHA 职责方面的具体要求。对此,美国防火协会为配套《国家电气规范 NEC》,制定了 NFPA 70E《工作场所的电气安全》标准,从电气从业人员的安全健康出发,制定了四个部分:《第一部分:工厂操作相关的安全》《第二部分:维护要求相关的安全》《第三部分:特殊(专用)设备的安全要求》《第四部分:安装安全要求》。该标准从电气技术措施角度,实现了对电气执业人员的安全保护。

当前我国相关行业也制定了从业人员的技术考核方法和文件,但这些方法和文件制定时间过早,标准内容层次不清,标准结构划分不合理。随着安全技术的发展以及国家对安全生产和安全管理概念认知的提升,保障从业人员人身安全的要求提高,急需制定新的国家标准,将安全作业基本要求集成创新,更加科学地合理归纳后,形成新的标准规范,以满足现代作业场所的人员安全和健康保障要求。

该标准在依据 GB 19517《国家电气设备安全技术规范》总体原则下，参照了美国防火协会 NFPA 70E 的 110 章《电气设备应用场所安全 通用要求》和 120 章《建立工作条件下的电气安全》的安全理念和相关的安全技术要求，主要技术指标与国际标准协调一致。标准研制中，充分考虑到国家标准成体系、成系统和互为配套，标准结构设置“第 1 部分：总则”“第 2 部分：在断电状态下操作的安全措施”两部分。

标准完成并实施后，电气设备应用场所的安全将会更加完善，并为国家安全生产法规提供技术保障。

〔撰稿人：中国电器工业协会曾雁鸿、朱珊珊〕

NB/T 31044—2012《永磁风力发电机—变流器组技术规范》标准

NB/T 31044—2012《永磁风力发电机—变流器组技术规范》由能源行业风电标准化技术委员会归口，属于发电领域高技术标准。该标准获得 2013 年“电工标准—正泰创新奖”二等奖。

一、标准主要内容

风力发电是当前世界上技术相对成熟并可大规模开发利用的可再生能源，是战略性新兴产业竞争的制高点。永磁风力发电机已被国内外认可，正快速占领风电市场。永磁电机有诸多优点，但用于风力发电系统要适应变速运行必须借助变流器方能并入电网。由于励磁磁场不能调节，还需要变流器具有电压调节能力。这样一个发电机—变流器组集成不仅相互有技术要求和接口，而且集成体的综合性能是风电系统追求的目标，特别是试验已不可分割，因此规范永磁风力发电机—变流器组的技术要求和试验方法已成为这一最先进机型应用发展的迫切要求。

该标准规定了永磁风力发电机—变流器组（以下简称“发变组”）的过负荷能力、低电压穿越、电网适应能力、谐波畸变率、电网要求等方面技术内容。主要内容如下：

永磁发电机与变流器相关技术要求和试验方法参照 NB/T 31012—2011《永磁风力发电机制造技术规范》和 NB/T 31015—2011《永磁风力发电机变流器制造技术规范》的规定，重点提出发变组系统集成最优化要求。

发变组过负荷能力：发变组在 110%的额定负荷下，持续运行时间应不少于 1h，发变组应无损坏并能正常工作。

发变组低电压穿越：当电力系统事故或扰动引起并网点电压跌落时，在一定的电压跌落范围和时间间隔内，发变组能够不脱网连续运行。

电网适应能力试验：技术条件方面增加正常使用的电气条件；试验方法方面，包括正常使用电气条件测试、故障条件测试的试验平台修改为推荐选用。

谐波畸变率：增加了分次谐波畸变率，谐波电流允许值参照 GB 14549—1993《电能质量　公用电网谐波》的要求，按照发变组电压等级和相应基准短路容量，计算对应的谐波电流允许值；发变组的并网变压器的等效折算方法参照 GB/T 20320—2006《风力发电机组电能质量测量和评估方法》的要求规定。

电网要求：电网电压总谐波畸变率不应超过 5%。

动态无功支撑能力：增加发变组在低电压穿越过程中应具有的动态无功支撑能力要求。

其他技术方面：确定了发变组负荷控制功能、温升、功率因数测定方法、稳态短路试验等方面内容。

二、关键技术要求与检测方法

1.分次谐波畸变率

首次在风电设备标准中提出分次谐波畸变率的允许值要求，根据 GB/T 14549—1993《电能质量　公用电网谐波》，在额定运行条件下，发变组在公共连接点注入的谐波电流分量应不超过规定的允许值。对于不方便在公共连接点进行谐波测量的，可以根据 GB/T 20320—2006 中 8.4 的方法，通过测量发变组输出端的谐波电流，推算出在公共连接点的谐波电流分量规定的允许值。

2.试验测试平台

发变组试验应在与实际工作等效的电气条件下进行，发变组试验平台见图 1。

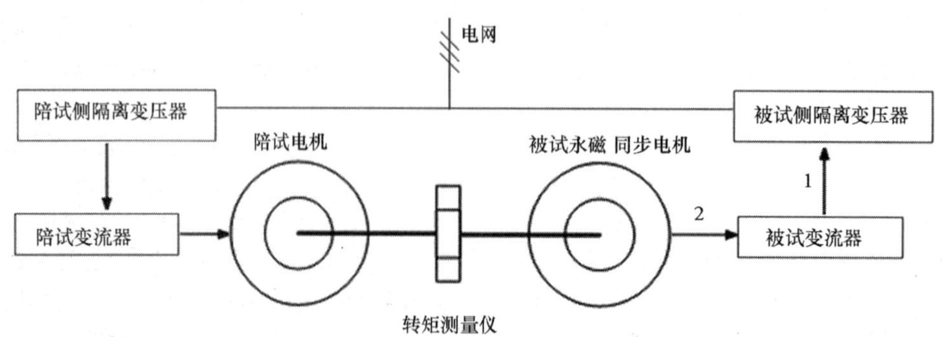

图 1　发变组试验平台

1—被试发变组输出端　2—被试发电机和变流器连接点　3—被试发变组输入端

试验系统由被试永磁风力发电机、被试变流器、被试侧联网隔离适配变压器,陪试拖动电动机、陪试变流器,转矩测量仪(转矩较大时除外),速度传感器(无速度传感器除外),外部电网及相关配电设备等组成。在试验过程中,由拖动电机模拟风力涡轮特性拖动永磁风力发电机变速运行,在控制器的控制下完成被试发变组的一系列试验。

3.电网适应能力试验

(1)正常使用电气条件测试:通过附加装置模拟电网电压产生合适的三相电压,进行正常使用电气条件下电网适应能力测试,以测试发变组在正常使用的电气条件下的运行特性,包括频率变化、电压波动、电压不平衡、电压谐波耐受能力测试。电网模拟装置示意图见图2。

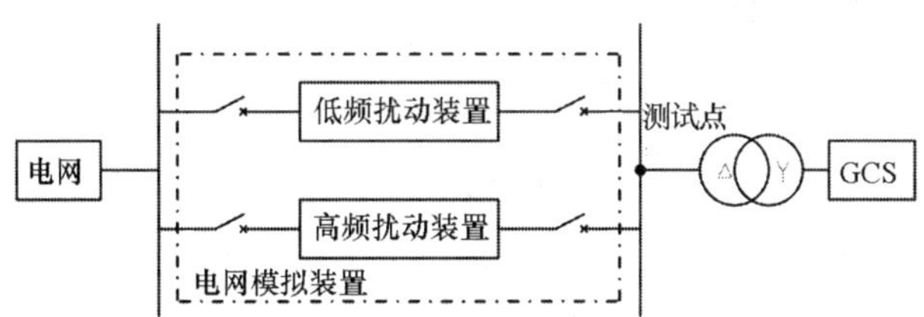

图2 电网模拟装置示意图

(2)故障条件测试:测试发变组在电网电压跌至对发变组低电压穿越要求的电压并在规定的持续时间内的响应特性。电压跌落发生装置可以采用阻抗分压式,限流电抗器接入电网时,限流电抗器的机组侧电网短路容量大于3倍机组额定容量。电压跌落发生装置见图3。

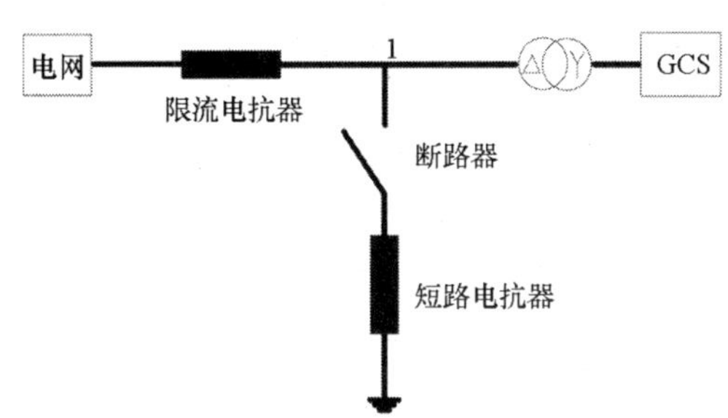

图3 电压跌落发生装置

(3)电压调整率:发电机的电压调整率应与变流器相匹配。一般发电机电压调整率应不超过20%,但发电机输出电压应不超过变流器允许的最大输入电压,发电机的空载电压应不超过变流器输入端允许电压的最大值。被试发电机调节到额定功率、额定转速、额定功率因数,测定发电机的电压调整率。

(4)稳态短路试验(选做试验):将被试发电机定子绕组输出端接入电流传感器,通过开关将绕组短路,用陪试变流器驱动陪试电动机拖动发电机短路运行,从零转速开始调节拖动机的转速使发电机的稳态短路电流增至大于等于额定值,同时测量并记录短路电流I_K。短路试验线路图见图4。

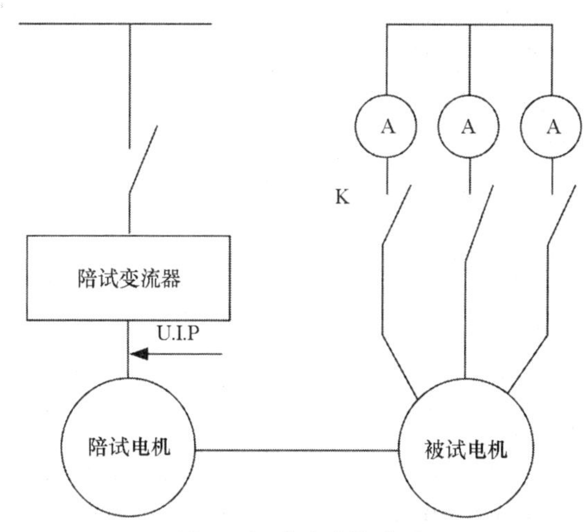

图4 短路试验线路图

(5)发变组输出端突然短路试验:发变组电机输出端应能承受额定电压下的突然短路。其中永磁风力发电机应能承受三相突然短路的冲击而不产生有害变形,突然短路前后空载电压值的变化率应小于2%。

4.试验要求

试验前必须仔细检查电机装配及安装质量。测量仪器及其接到电流传感器次级回路引线的总电阻应不超过该传感器所容许的额定值。在进行三相突然短路时,不允许有人留在被试电机、短路开关及引线(尽可能短)附近,以保证人身安全。

应使短路开关三相基本上在同一时刻短路,各相触头应在彼此不超过15°电角度内闭合。用无感分流器、空心传感器或其他合适的电流传感器测量突然短路电流,传感器的量程和短路开关的容量应大于突然短路电流。试验前,应测定绕组对机壳及相互间的绝缘电阻。

5.试验方法

做三相突然短路试验时,变流器应能做到有效保护,发电机应处于热状态,短路开关到发电机端用的电缆应尽可能短(不超过3m),每根电缆的长度应尽可能相等,以减小电缆阻抗的影响。在短路前的瞬间,测定电机端电压。三相突然短路试验可能导致发电机永磁体不可逆去磁,试验后应检查永磁体的退磁情况,检查发电机各部件是否损坏,检测发电机绕组的绝缘电阻和直流电阻,重新进行发电机的空负荷电压测定。三相突然短路试验属破坏性试验,对电机的寿命有潜在的影响,除用户有特殊要求,一般情况下不推荐进行三相突然短路试验。

三、解决的问题

首先,解决了直驱/半直驱风力发电机组中关键电气成套装置(即发变组)的相关技术参数与试验检测问题。

当前国内已有关于永磁风力发电机的标准,但受外接变流器后改变电气条件的影响,并不能按此标准进行单独的永磁发电机试验,须借助变流器进行电机—变流器组的成套试验。例如,单独电机或变流器无法完成短路试验,并且同一台电机与不同变流器、或同一台变流器与不同电机的试验结果是不同的，经常出现试验的电机与变流器在完成试验后，再与新的变流器或电机组合直接装机，无法保证系统性能。其他项目如电压变化率 du/dt 、电磁兼容性等也存在相同的问题。

其次，节省了风电机组及风电机组关键零部件设备的检测认证周期和费用。

四、标准内容采用先进研究成果的情况

依据 GB/T 25387.1—2010《风力发电机组　全功率变流器　第1部分：技术条件》，在要求上更加详尽。具体体现在防护等级、绝缘要求、总谐波畸变量、分次谐波畸变率、电网适应能力、效率等方面。

低电压穿越能力要求：规定了发变组能够承受机组低电压穿越，保证风机不脱网，并规定发变组在不同试验环境和运行状态、功率指标要求下的具体检测方法。参照了电科院在电网适应性方面的要求成果，包括电压跌落发生装置的设计。

谐波畸变率：增加了分次谐波畸变率，谐波电流允许值参照 GB 14549—1993《电能质量　公用电网谐波》的要求，按照发变组电压等级和相应基准短路容量，计算对应的谐波电流允许值；发变组的并网变压器的等效折算方法参照 GB/T 20320—2006《风力发电机组电能质量测量和评估方法》的要求规定。

关于发电机及变流器单个设备方面：参照了 NB/T 31012—2011《永磁风力发电机制造技术规范》以及 NB/T 31015—2011《永磁风力发电机变流器制造技术规范》相关技术要求和试验方法。

依据 GB 2423—2008《电工电子产品环境试验》中的技术要求，结合我国风电设备的实际应用，提出了低温性能、高温性能、耐湿热性能等技术要求和试验方法。

五、标准的关键创新点

定义了永磁风力发电机与全功率变流器集成概念，针对分次谐波畸变率提供了技术要求参考值、搭建了发变组实验平台、提出了电网适应能力试验、故障条件测试等试验方法。

融合技术要求和试验方法，操作性强。该项产品标准作为制造技术规范，结合了相关陆上风电零部件设备的技术性能要求、参数参考数据等技术条件以及相关性能指标测试、产品性能试验等方面的试验方法要求。制定了能够有效指导我国相关单位开展自主研发、设计、制造、试验、检测等操作性强的标准规范。

六、与国内外已有同类标准全面对比情况

1.当前国内外同类先进技术情况

我国常规风电机组形成了双馈式风力发电机组与直驱式风力发电机组两条技术路线并行发展的态势，其中直驱式风力发电机组采用永磁风力发电机+全功率变流器的直驱式以及齿轮箱+永磁风力发电机+全功率变流器的半直驱技术模式。

与双馈式风力发电机组相比，直驱式风力发电机组由于省去了齿轮箱，具备低风速时高效率、低噪声、高寿命、体积小、运行维护成本低、电网接入性能优异等优点。

永磁风力发电机方面：近些年高磁能永磁体技术发展很快，稀土永磁材料钕铁硼在直驱式发电机中得到广泛应用。采用永磁体技术的直驱式发电机结构简单、效率高。

2.与国内外标准对比的综合评述

当前，国内外均没有针对发变组的具体标准规定。国际方面，仅包括风力发电机组整机设计要求，即 IEC 61400-1《风力发电机组　设计要求》；国内方面，该标准比同类标准如 GB/T 25387.1—2010《风力发电机组　全功率变流器　第1部分：技术条件》在要求上更加详尽，具体体现在：

(1)明确了不同类型产品防护等级。

(2)针对风场频繁出现的设备绝缘问题，于 4.3.4 详细给出了产品的绝缘要求及测试方法。

(3)界定了发电机—变流器组的总谐波畸变率 THD，要求小于 5%。

(4)界定了并网电流分次谐波畸变率，并给出了各次谐波电流标准。

(5)针对低电压穿越等电网问题，提出了变流器对电网的适应能力要求。

(6)界定了发电机—变流器组的线端 du/dt 小于等于 1 000V/μs。

(7)首次提出发变组效率不低于 90%。

(8)界定了发电机—变流器组并网切入电流。

该项能源行业标准更具体地规范了检验细则、试验方法以及判别依据，提出了直驱/半直驱风力发电机组中关键电力设备(即发变组)的电气连接新要求，并增加了一些试验内容；在具体的试验条款上提出了更加严格的要求。

七、标准的作用和实施情况及被其他标准引用的情况

该系列能源行业标准的制定，规范并指导我国风电相关方开展发变组的设计、研发、制造、试验、检测等，促进了风电设备技术引进、消化、吸收、再创新的步伐，提高了风电设备自主化能力，填补了我国该领域标准的空白。

当前，我国已初步完成了风电标准体系的建设，而 NB/T 31044—2012《永磁风力发电机—变流器组技术规范》是风电电器设备中电气系统的关键标准之一，为形成我国风电标准检测认证制度奠定了基础。

八、标准实施产生的经济效益情况

该标准的实施可有效提高海上风电用发变组产品设计的可靠性和设计质量，提供及时准确的试验、改进和验证依据；可有效提高我国直驱/半直驱风电机组质量水平，提供可靠、安全的电能质量和运行环境，避免如大规模风电场解列等故障，满足电网对风电机组低电压穿越的要求，保障风电供电安全，经济效益显著。

该标准奠定了我国风电关键零部件自主化标准制定的基础。我国风电产业以围绕核心技术自主化开展设计制造、推进引进消化吸收再创新为发展路线，该标准为支持国内企业在消化吸收国外先进技术的基础上实现产业化提供了重要参考依据，体现了较好的社会效益。

〔撰稿人：机械工业北京电工技术经济研究所果岩〕

碳纤维复合芯架空导线国际标准和国家标准同步研制

碳纤维复合芯架空导线国际标准研究项目属于输变电领域高新科研项目，获2013年“电工标准—正泰创新奖”一等奖。

架空导线是架空输电线路最主要的元件，在架空输电线路建设投资中约占30%~40%。架空导线产品种类较多，通常的架空导线采用钢、铝材料制造，其中钢芯铝绞线在国内占80%以上，使用经验超过百年，具有稳定可靠的优点。2003年，美国研制成功碳纤维复合芯导线。该导线采用将碳纤维、树脂等拉挤制成的加强芯棒，外层采用软铝型线绞合，与钢芯铝绞线相比具有强度高、重量轻、耐腐蚀、弛度小、大容量、无污染的优点，能减少有色金属资源消耗，明显降低线路损耗。

上海电缆研究所凭借在碳纤维复合芯导线领域的技术优势，利用作为IEC/TC7秘书处的国际标准化平台，选取我国在架空导线领域拥有自主技术成果和技术标准基础的“碳纤维复合芯架空导线”项目，通过研究、试验、解决若干技术关键和难点，完成国家标准3项，国际标准提案1项。在国际标准领域中，提升了我国话语权，为我国产品更多地走向世界提供相关技术标准支撑。

一、解决的问题

碳纤维复合芯导线是一种全新的输电导线，尚无任何国际标准和国家标准。由于没有统一标准，各制造厂家工艺流程差别较大，产品质量参差不齐，检验方法及验收规范都不统一，在工程应用中很容易出现问题。国内积累了大量的工程应用和研发经验，并具备相应的自主知识产权，制定该产品的国家标准，将进一步推动该项技术的进步，统一碳纤维导线设计、制造工艺，规范碳纤维导线的开发和应用，并可在此基础上形成国际标准。该项目研究解决了碳纤维复合芯及其导线产品无国家标准可依的现状，同时也是我国在导体与架空线领域首次自主制定国际标准。

二、标准内容采用先进研究成果的情况

标准采用了科技部中俄合作项目“大容量节能型碳纤维复合芯架空导线研制”中大量的芯棒基础性能测试数据，包括碳纤维芯棒的热老化性能评估数据、盐雾试验性能数据、玻璃化转变温度数据、线膨胀系数数据、卷绕性能数据、弯曲性能数据等。

三、标准的主要成果

(1)首次制定完成GB/T 29324—2012《架空导线用纤维增强树脂基复合材料芯棒》、GB/T 29325—2012《架空导线用软铝型线》以及国家标准《纤维增强树脂基复合芯软型铝绞线》(征求意见稿)3项。

(2)完成IEC国际标准提案——7/621/NP《Supporting member material based on MMC (metallic matrix composite) or PMC (polymer matrix composite) for use in conductors operating at high temperature》国际标准提案1项(与比利时联合)。

(3)完成纤维增强树脂基复合材料芯棒卷绕试验机研制。

(4)在上海电缆研究所内建立了当前碳纤维复合芯导线性能检测最全面、最完善及最先进的检测试验室，国内绝大多数的碳纤维芯棒及导线的试验在该试验室完成，接受美国、澳大利亚等国外公司样品的检测委托任务。

(5)形成了一支碳纤维复合芯导线设计、制造及性能评估人才队伍；成为我国在该产品领域的权威单位，并与国际该产品领域上游产品供应商及用户经常交流，具有一定的国际影响力。

四、与国内外已有同类标准对比

1.国内技术情况

从20世纪90年代开始，美国和日本的科技人员开始研究用有机复合材料代替传统导线的钢芯。到2003年美国CTC公司的碳纤维复合芯导线研制成功，并经过几年的挂网运行检验，性能良好。2006年，国内公司通过从美国进口碳纤维复合芯导线，在福建龙岩电业局建成国内首条碳纤维复合芯导线输电线路并成功投运。当前，我国已经有40多个生产单位、研究院所推出该产品，已先后在200多个工程中使用超过5 000km；部分产品技术指标已达到或超过国外同类产品水平，并有小批量的出口。

国内研发的碳纤维棒材在结构设计、原材料选择、替代材料的使用方面拥有专利技术，部分技术指标以及性价比达到或超过国外同类产品。另外，在型线拉制、绞合等领域拥有绝对的成本优势。综合的技术和成本优势必将推动该类导线的广泛使用。

2.与国内外标准对比的综合评述

我国的碳纤维复合芯导线系列相关国家标准包括：《架空导线用纤维增强树脂基复合材料芯棒》《架空导线用软铝型线》于2011年12月完成报批稿并报批，2013年6月正式颁布实施；《纤维增强树脂基复合芯软型铝绞线》标准为征求意见稿，预计2013年完成报批稿。当前除我国以外，仅美国ASTM在着手制定标准，ASTM的复合芯导线标准当前为CDV阶段。

从技术上比较，我国的复合芯导线系列标准在制定中充分结合我国线路设计的相关规范，与现行相关标准保持匹配，技术指标和相应的试验方法与国内外其他标准相比更加全面和科学。

在我国的积极倡导和推动下，IEC的相关标准制定工作也开始启动。我国先后上报了两次NP提案，最新的提案由我国和比利时共同负责，我国负责树脂基复合芯棒部分，技术蓝本以我国国家标准为基准，相关CD文件已上报。

五、标准的作用和实施情况及被其他标准引用的情况

1.标准的作用和实施情况

该项目制定的国家标准和国际标准尚未正式颁布实施，但是作为重要的技术文件已被较广泛应用于设计、制造、招标、使用等各个环节。碳纤维复合芯及其导线的研发设计单位均将该技术标准作为开发产品的技术依据，国家电网公司复合芯导线的产品采购也按照该技术标准制定采购技术规范，东南亚、南美洲等国家在使用碳纤维复合芯导线过程中也以该技术标准作为蓝本。

2.标准实施产生的经济效益

该标准的实施有利于统一碳纤维复合芯导线技术指标、产品规格、试验方法、验收规则，大大节约了复合芯导线产品在设计、制造、施工、运行维护过程中由于非标产品造成的不必要的资源浪费，推荐规格产品的使用可以大大节约模具、配套金具等生产成本。

标准的实施将进一步推动复合芯导线产品的技术进步和推广应用的步伐。如果碳纤维复合芯导线的采购量占导线总采购量的10%，则导线长度约20万km，产值接近20亿元，每年可以节约近6万t电解铝和1万t钢材，大大减少线路走廊占地面积，极大地缓解资源和环境压力。

该标准作为第一个由我国主导制定的国际标准，以我国的技术规范作为国际标准蓝本，后期将有利于我国产品提升国际竞争力，促进线缆行业产业升级，增加产品出口。

3.标准实施产生的社会效益

该标准的实施将为输电线路设计中的导线选型提供全新的选择，促进电缆行业的产业升级，改变架空导线制造行业低水平、低附加值的现状，同时也为我国新材料行业找到一个很好的应用领域，推动行业间协同发展。

在国内需求和标准化工作的推动下，我国在该领域的技术水平已有后来居上的发展势头，在制造单位数量和部分技术指标上已达到或超过国外同类产品，为后续的持续发展奠定了良好的基础。

〔撰稿人：上海电缆研究所黄国飞、刘斌〕

统计资料

用数据说明电器工业2012年的整体发展情况，以及各重点企业的经济运行情况

Using statistical data to state the integral development situation of electrical equipment industry in 2012 and the economic operation situation of key enterprises

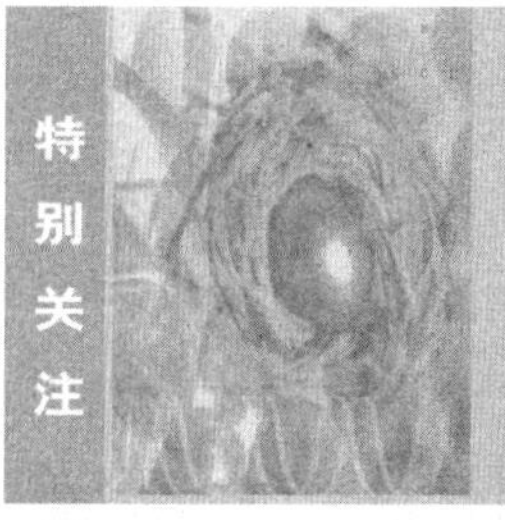

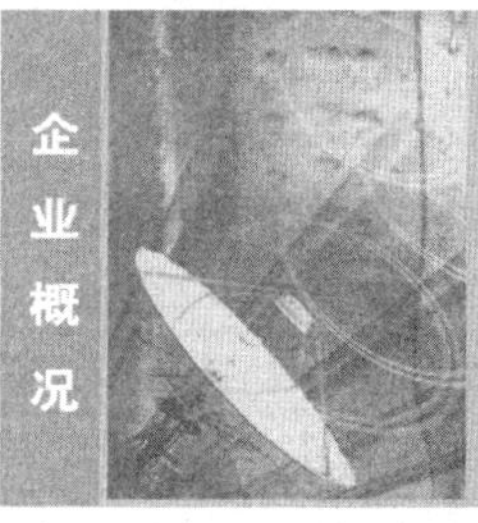

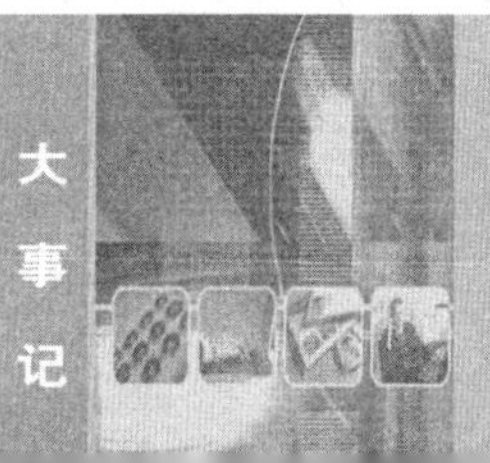

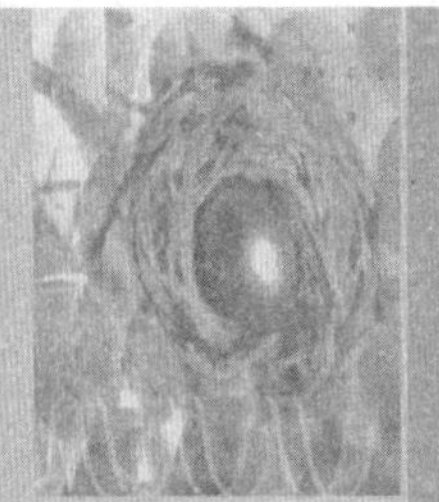

统计资料

2012 年电器工业企业主要经济指标

企业名称	工业总产值（万元）	其中：新产品产值（万元）	工业销售产值（万元）	其中：出口交货值（万元）	全年从业人员平均人数（人）	年末资产总计（万元）	年末负债总计（万元）
电器工业(412 家)	**43 637 370**	**18 198 108**	**42 872 030**	**3 842 514**	**395 473**	**67 557 161**	**41 950 426**
锅炉及辅助设备制造(24 家)	**4 810 550**	**3 368 679**	**4 768 837**	**639 663**	**31 521**	**8 032 594**	**5 996 597**
大型企业(11 家)	**4 479 870**	**3 238 989**	**4 465 160**	**634 327**	**27 971**	**7 570 137**	**5 725 287**
北京巴布科克·威尔科克斯有限公司	165 574	59 547	165 574	29 220	2 066	467 998	362 776
太原锅炉集团有限公司	84 198	49 456	80 762	1 600	2 221	212 763	152 354
哈尔滨锅炉厂有限责任公司	851 173	641 958	842 431	205 872	4 097	1 823 169	1 406 318
上海锅炉厂有限公司	1 120 561	1 080 214	1 118 420	147 550	2 906	1 418 165	1 129 598
无锡华光锅炉股份有限公司	254 038	141 837	249 249	21 275	1 419	320 454	200 580
济南锅炉集团有限公司	105 263	67 833	105 263	2 238	2 003	193 314	147 475
泰山集团股份有限公司	182 705	75 953	198 231	3 319	3 246	357 189	219 518
武汉锅炉集团有限公司	36 598	23 000	36 506		1 190	113 918	233 504
华西能源工业股份有限公司	243 915		236 722	8 620	1 684	497 943	333 188
四川川润股份有限公司	192 164		188 321		1 852	228 066	62 084
东方电气集团东方锅炉股份有限公司	1 243 681	1 099 191	1 243 681	214 633	5 287	1 937 157	1 477 893
中型企业(4 家)	**158 226**	**47 624**	**151 305**	**5 336**	**2 036**	**274 152**	**154 200**
北京锅炉厂	6 609		6 609		330	15 641	14 624
安徽金鼎锅炉股份有限公司	64 549	46 475	63 137	4 565	535	96 237	42 860
长沙锅炉厂有限责任公司	22 178	1 149	17 867	771	735	58 832	51 448
自贡华电锅炉装备制造有限公司	64 890		63 692		436	103 442	45 268
小型企业(9 家)	**172 454**	**82 066**	**152 372**		**1 514**	**188 305**	**117 111**
大连锅炉厂有限公司	13 707	1 547	13 707		222	31 331	23 445
上海克莱德贝尔格曼机械有限公司	34 487		32 192		170	33 315	16 576
杭州杭锅工业锅炉有限公司	82 715	78 579	68 908		286	77 978	45 512
衢州大通锅炉有限责任公司	4 327	225	3 286		106	5 384	2 737
湘潭锅炉有限责任公司	12 000		10 903		220	17 779	15 760
自贡东方热能锅炉设备制造有限公司	9 619		9 468		129	2 887	1 950
自贡东联锅炉有限公司	7 841	1 715	7 841		219	12 248	5 691
新疆西电昌峰锅炉有限责任公司	5 770		4 301		80	5 211	3 449
新疆新天锅炉容器制造有限公司	1 988		1 766		82	2 173	1 992
汽轮机及辅机制造(9 家)	**4 051 031**	**2 005 124**	**4 093 232**	**618 041**	**29 548**	**10 221 609**	**8 153 014**
大型企业(5 家)	**3 969 080**	**1 992 551**	**4 012 045**	**618 041**	**27 910**	**10 125 467**	**8 085 271**
哈汽轮机厂有限责任公司	502 248	150 999	502 324	172 632	5 600	1 198 621	1 007 074
上海电气电站设备有限公司	1 295 966	775 058	1 353 737	295 461	6 672	1 996 316	1 480 072
南京汽轮机(集团)有限责任公司	412 053	106 452	402 503	9 725	2 865	738 742	474 942
杭州汽轮动力集团有限公司	523 451	235 578	518 119	46 496	5 128	2 260 805	1 562 425
东方电气集团东方汽轮机有限公司	1 235 362	724 464	1 235 362	93 727	7 645	3 930 983	3 560 758

（续）

企业名称	工业总产值（万元）	其中：新产品产值（万元）	工业销售产值（万元）	其中：出口交货值（万元）	全年从业人员平均人数（人）	年末资产总计（万元）	年末负债总计（万元）
中型企业（2家）	**31 108**	**8 468**	**30 809**		**1 220**	**56 187**	**35 273**
浙江临海机械有限公司	6 702	4 827	6 603		405	12 032	4 202
东方电气河南电站辅机制造有限公司	24 406	3 641	24 206		815	44 155	31 071
小型企业（2家）	**50 843**	**4 105**	**50 378**		**418**	**39 955**	**32 470**
上海益达机械有限公司	45 108		45 108		283	33 670	29 181
成都龙科重型机械制造有限公司	5 735	4 105	5 270		135	6 285	3 289
水轮机及辅机制造（8家）	**1 052 054**	**547 366**	**1 040 573**	**312 413**	**11 816**	**2 071 782**	**1 328 049**
大型企业（3家）	**844 557**	**524 728**	**840 876**	**249 161**	**9 823**	**1 752 099**	**1 179 052**
浙江富春江水电设备股份有限公司	82 060	76 647	82 002	14 594	1 003	226 403	91 588
东芝水电设备（杭州）有限公司	79 056	30 204	75 433	13 899	1 133	134 948	86 955
东方电气集团东方电机有限公司	683 441	417 877	683 441	220 668	7 687	1 390 748	1 000 509
中型企业（3家）	**200 845**	**19 718**	**195 350**	**63 252**	**1 729**	**306 025**	**137 263**
上海福伊特水电设备有限公司	118 555		118 555		652	149 875	84 085
通用电器能源（杭州）有限公司	57 169		52 437	49 099	596	93 922	16 275
浙江金轮机电实业有限公司	25 121	19 718	24 358	14 153	481	62 227	36 903
小型企业（2家）	**6 652**	**2 920**	**4 347**		**264**	**13 658**	**11 734**
江西天元电机制造有限责任公司	2 040		1 983		125	3 900	2 870
邵阳恒远资江水电设备有限公司	4 612	2 920	2 364		139	9 758	8 864
风能原动设备制造（3家）	**86 438**	**66 917**	**127 423**		**706**	**186 958**	**125 803**
中型企业（1家）	**20 940**	**20 940**	**29 651**		**412**	**52 456**	**35 562**
天津东汽风电叶片工程有限公司	20 940	20 940	29 651		412	52 456	35 562
小型企业（2家）	**65 498**	**45 977**	**97 772**		**294**	**134 502**	**90 241**
宁夏银星能源风电设备制造有限公司	19 521		51 795		164	63 564	52 557
宁夏远高新能源装备制造有限公司	45 977	45 977	45 977		130	70 938	37 684
金属切割及焊接设备制造（21家）	**1 224 824**	**272 838**	**1 192 683**	**117 479**	**8 648**	**577 715**	**282 093**
大型企业（2家）	**940 112**	**248 177**	**919 867**	**80 565**	**5 295**	**334 956**	**154 906**
天津大桥焊接集团有限公司	815 029	215 218	806 260	22 202	4 001	288 936	135 262
浙江天喜实业集团有限公司	125 083	32 959	113 607	58 363	1 294	46 020	19 644
中型企业（1家）	**47 969**		**47 675**	**10 893**	**600**	**48 048**	**5 870**
林肯电气（锦州）焊接材料有限公司	47 969		47 675	10 893	600	48 048	5 870
小型企业（18家）	**236 743**	**24 661**	**225 141**	**26 021**	**2 753**	**194 711**	**121 317**
天津燕桥焊接材料有限公司	19 958		20 063	20 021	145	10 157	4 571
上海斯米克焊材有限公司	25 191		24 092	2 185	239	13 563	8 192
上海梅达焊接设备有限公司	5 391	2 705	5 313	166	78	3 652	1 646
杭州电焊条有限公司	5 208		5 120	2 867	151	3 134	2 835
浙江金航钢管科技有限公司	5 482	805	5 482		89	14 585	9 521
浙江伦宝金属管业有限公司	11 880	8 791	11 876		174	5 542	2 788
淄博齐鲁焊业有限公司	5 449		5 254	782	265	8 234	6 907
山东飞乐焊业有限公司	9 413		3 113		128	5 483	4 929

（续）

企业名称	工业总产值（万元）	其中:新产品产值（万元）	工业销售产值（万元）	其中:出口交货值（万元）	全年从业人员平均人数（人）	年末资产总计（万元）	年末负债总计（万元）
重庆宏扬电力器材有限责任公司	23 093	1 270	23 093		220	14 936	12 818
青海三四一九干燥设备有限公司	1 117	1 004	1 004		61	1 432	755
天津大桥银川电焊条有限公司	14 242		14 311		162	5 006	2 106
银川舟舰钣焊制造有限公司	5 788		5 788		170	15 778	9 352
吴忠市黄河电焊机有限公司	3 708	2 412	3 708		74	2 267	873
宁夏北方精工钢结构实业有限公司	79 497		76 091		299	67 634	42 508
徐州中煤(宁夏)钢结构建设有限公司	6 154	5 648	5 526		197	7 425	4 484
天津大桥银川焊丝有限公司	5 463		5 267		68	3 466	2 583
天津金桥集团新疆天山焊材有限公司	6 366		6 697		167	4 114	398
新疆威奥科技股份有限公司	3 343	2 026	3 343		66	8 303	4 051
烘炉、熔炉及电炉制造(2家)	**11 508**	**4 464**	**13 838**	**10**	**689**	**55 881**	**49 258**
中型企业(1家)	**8 037**	**4 114**	**9 601**	**10**	**520**	**41 094**	**38 304**
北京京仪世纪电子股份有限公司	8 037	4 114	9 601	10	520	41 094	38 304
小型企业(1家)	**3 471**	**350**	**4 237**		**169**	**14 787**	**10 954**
宁波东方加热设备有限公司	3 471	350	4 237		169	14 787	10 954
发电机及发电机组制造(29家)	**2 855 636**	**2 219 887**	**2 825 650**	**266 002**	**23 499**	**6 759 863**	**4 111 150**
大型企业(6家)	**1 038 214**	**657 927**	**1 014 767**	**189 880**	**14 964**	**2 167 881**	**1 324 963**
北京北重汽轮电机有限责任公司	107 073	52 818	107 073	40 010	2 016	222 562	146 763
哈尔滨电机厂有限责任公司	530 769	356 645	553 779	127 103	6 157	1 187 734	647 690
中国长江动力集团有限公司	87 451		75 751	289	2 572	281 327	198 541
重庆水轮机厂有限责任公司	46 836	44 683	36 750	13 212	1 738	97 141	59 174
哈尔滨电机厂(昆明)有限责任公司	45 531	27 338	43 570	9 266	1 419	94 617	56 211
特变电工新疆新能源股份有限公司	220 554	176 443	197 844		1 062	284 500	216 584
中型企业(10家)	**1 709 069**	**1 547 172**	**1 703 838**	**58 201**	**6 912**	**4 446 571**	**2 703 212**
北京京城新能源有限公司	48 565	40 309	47 015		449	158 069	93 597
天津阿尔斯通水电设备有限公司	204 229	204 229	204 229	11 611	967	228 917	64 587
天津市天发重型水电设备制造有限公司	46 650	38 735	46 650	2 759	895	92 601	57 203
上海电气风电设备有限公司	197 760	197 760	197 760		734	542 844	497 509
浙江临海浙富电机有限公司	14 112	8 663	13 262	7 986	328	23 675	6 092
福建南电股份有限公司	43 007	28 874	37 489	6 288	950	92 530	82 191
湖南零陵恒远发电设备有限公司	7 156	5 339	5 500	128	423	25 612	15 578
广东鸿源众力发电设备有限公司	26 200	12 500	20 597	4 407	665	34 631	22 768
中船重工重庆海装风电设备有限公司	110 627		160 020		758	518 070	372 845
新疆金风科技股份有限公司	1 010 763	1 010 763	971 316	25 022	743	2 729 623	1 490 841
小型企业(13家)	**108 353**	**14 788**	**107 045**	**17 921**	**1 623**	**145 411**	**82 975**
天津天发发电设备制造有限公司	14 144	634	13 035	2 990	101	6 489	3 991
上海马拉松·革新电气有限公司	23 994		24 074		176	28 425	3 811
上海伊华电站工程有限公司	2 732		2 945		23	7 288	199
浙江省金华市电机实业有限公司	6 281	5 400	6 230	5 281	219	12 542	9 656

（续）

企业名称	工业总产值（万元）	其中:新产品产值（万元）	工业销售产值（万元）	其中:出口交货值（万元）	全年从业人员平均人数（人）	年末资产总计（万元）	年末负债总计（万元）
湖南汉龙水电设备有限公司	11 967	8 754	12 008	9 526	217	12 288	8 570
邵阳市电机厂有限公司	491		532		78	4 349	3 631
湖南省冷水滩电线电缆有限公司	5 026		5 026		189	2 720	2 553
湖南湘能智能电器股份有限公司	14 220		12 200		86	12 076	8 283
云南省玉溪水力发电设备有限责任公司	2 775		3 406		193	6 542	4 563
昆明电工有限责任公司	4 286		3 636	124	170	3 977	3 266
中能(银川)风电设备有限公司	5 034		8 882		100	12 180	4 291
宁夏华创风能有限公司	13 055		10 723		53	27 692	24 132
宁夏运达风电有限公司	4 348		4 348		18	8 844	6 027
电动机制造(34家)	**3 593 824**	**1 476 316**	**3 486 127**	**283 413**	**48 935**	**6 014 950**	**3 865 323**
大型企业(9家)	**2 924 645**	**1 328 549**	**2 845 362**	**184 627**	**35 072**	**5 184 523**	**3 323 920**
佳木斯电机股份有限公司	278 326	49 468	273 530	3 623	2 514	281 734	138 201
上海电气集团上海电机厂有限公司	277 580	171 114	282 136	29 749	3 217	341 179	207 609
卧龙控股集团有限公司	863 174	330 485	858 019	65 669	6 029	1 196 691	445 112
六安江淮电机有限公司	120 128	54 057	120 146	4 534	1 524	67 980	25 686
南阳防爆集团股份有限公司	257 342	154 920	243 198	33 691	3 614	250 887	116 151
湘电集团有限公司	893 764	537 916	863 154	40 616	13 210	2 783 717	2 268 684
重庆赛力盟电机有限责任公司	60 010		55 810	6 659	1 505	64 304	37 620
西安泰富西玛电机有限公司	92 026	751	92 218	86	1 975	114 811	46 785
宁夏西北骏马电机制造股份有限公司	82 295	29 838	57 151		1 484	83 221	38 072
中型企业(18家)	**597 891**	**132 342**	**586 016**	**91 680**	**12 647**	**771 237**	**511 182**
北京毕捷电机股份有限公司	11 136	7 733	12 595	5 678	880	24 154	30 222
山西防爆电机集团有限责任公司	12 358	116	14 918	12	1 157	66 504	59 706
山西电机制造有限公司	20 181	7 137	17 170	1 297	953	40 178	18 938
大连电机集团有限公司	20 482	10 801	20 813		452	50 273	16 023
泰豪沈阳电机有限公司	16 569	4 186	16 895	408	756	87 540	71 372
大连天元电机股份有限公司	35 003	1 762	34 600		461	71 784	39 644
上海 ABB 电机有限公司	111 069		106 859	32 547	821	46 269	25 376
上海电气先锋电机有限公司	17 286		17 987		360	27 638	14 001
上海南洋电机有限公司	27 930	17 218	30 126	1 412	720	44 203	21 522
八达机电有限公司	18 225	16 303	16 853	14 403	303	14 651	2 460
杭州微光电子股份有限公司	29 912	8 411	29 872	18 709	608	26 639	4 572
安徽皖南电机股份有限公司	139 501	23 715	139 466	4 344	973	57 378	33 286
合肥恒大江海泵业股份有限公司	31 807	22 585	22 719		428	41 069	21 371
淄博牵引电机集团股份有限公司	7 491		7 375		505	32 282	34 295
山东山博集团	29 439	8 129	29 283	3 419	1 033	28 389	23 415
山东省源通机械股份有限公司	14 342		13 965	6 541	506	11 831	6 749
长沙电机厂有限责任公司	33 502	1 136	33 740	1 825	1 141	64 205	61 250
广东省东莞电机有限公司	21 658	3 110	20 780	1 085	590	36 250	26 981

（续）

企业名称	工业总产值（万元）	其中：新产品产值（万元）	工业销售产值（万元）	其中：出口交货值（万元）	全年从业人员平均人数（人）	年末资产总计（万元）	年末负债总计（万元）
小型企业（7家）	**71 289**	**15 425**	**54 749**	**7 106**	**1 216**	**59 190**	**30 222**
天津市百利溢通电泵有限公司	10 712		9 754	6 914	222	11 999	5 202
大连洪成电机有限公司	3 080		3 371		164	3 704	2 961
上海横河电机有限公司	23 472		24 261		210	12 941	3 391
杭州恒力电机制造有限公司	7 048		7 353		261	7 872	4 206
杭州调速电机厂	656		647	192	38	1 567	1 086
山东华普电机科技有限公司	16 481	15 115			187	11 290	4 317
宁夏鑫瑞特电机机械制造有限公司	9 840	310	9 363		134	9 818	9 059
微电机及其他电机制造（7家）	**406 373**	**258 751**	**400 228**	**55 844**	**3 604**	**343 548**	**222 010**
大型企业（1家）	**258 057**	**183 732**	**250 895**	**2 033**	**1 048**	**198 904**	**143 811**
杭州富生电器有限公司	258 057	183 732	250 895	2 033	1 048	198 904	143 811
中型企业（3家）	**144 286**	**74 786**	**145 570**	**52 673**	**2 299**	**130 479**	**70 783**
上海金陵雷戈勃劳伊特电机有限公司	16 319	264	14 862	5 653	397	8 078	3 639
浙江京马电机有限公司	87 390	74 386	87 300	25 588	917	57 763	32 325
浙江方正电机股份有限公司	40 577	136	43 408	21 432	985	64 638	34 819
小型企业（3家）	**4 030**	**233**	**3 763**	**1 138**	**257**	**14 166**	**7 416**
北京敬业北微节能电机有限公司	69	69	69		18	7 251	1 552
天津安全电机有限公司	1 218	164	1 227	121	128	1 927	1 674
浙江丽水速诚电机制造有限公司	2 743		2 467	1 017	111	4 988	4 190
风动和电动工具制造（7家）	**318 746**	**39 295**	**338 514**	**276 423**	**6 827**	**377 552**	**180 567**
大型企业（1家）	**204 271**		**224 884**	**167 510**	**3 613**	**193 021**	**67 769**
博世电动工具（中国）有限公司	204 271		224 884	167 510	3 613	193 021	67 769
中型企业（4家）	**92 713**	**39 295**	**92 198**	**87 481**	**2 902**	**155 233**	**95 125**
河北五洲集团有限公司	4 333	360	4 220	4 220	486	14 622	1 641
浙江恒友机电有限公司	42 439	13 011	42 971	38 346	947	72 809	55 770
浙江金一电动工具有限公司	7 450	1 930	7 312	7 220	305	7 868	3 698
浙江华丰电动工具有限公司	38 491	23 994	37 695	37 695	1 164	59 935	34 017
小型企业（2家）	**21 762**		**21 432**	**21 432**	**312**	**29 298**	**17 673**
杭州潇潇五金工具有限公司	14 299		14 244	14 244	91	6 635	1 030
浙江摩兴电器有限公司	7 463		7 188	7 188	221	22 662	16 643
电工机械专用设备制造（7家）	**1 029 861**	**53 664**	**949 455**	**14 560**	**2 925**	**1 083 035**	**838 773**
中型企业（2家）	**845 522**	**39 884**	**817 926**	**9 901**	**1 563**	**1 004 241**	**787 695**
九星控股集团有限公司	790 457		762 353		953	933 580	732 878
合肥神马科技集团有限公司	55 065	39 884	55 573	9 901	610	70 661	54 817
小型企业（5家）	**184 339**	**13 780**	**131 529**	**4 659**	**1 362**	**78 794**	**51 078**
辽宁东港电磁线有限公司	151 592		102 543		578	41 709	25 237
汕头机械（集团）公司	1 497		1 310	37	249	11 280	11 812
德阳市德东电工机械制造有限公司	13 001	3 000	10 434	3 475	180	4 370	3 059
德阳东佳港机电设备有限公司	14 049	8 650	13 692	949	235	16 206	8 501

（续）

企业名称	工业总产值（万元）	其中:新产品产值（万元）	工业销售产值（万元）	其中:出口交货值（万元）	全年从业人员平均人数（人）	年末资产总计（万元）	年末负债总计（万元）
德阳东方卓越电工设备有限公司	4 200	2 130	3 550	198	120	5 229	2 469
变压器、整流器和电感器制造(55家)	**3 729 057**	**1 697 108**	**3 666 027**	**275 303**	**33 724**	**6 358 739**	**3 586 694**
大型企业(9家)	**2 144 993**	**1 039 045**	**2 130 397**	**161 257**	**16 963**	**4 332 979**	**2 290 594**
西门子电气传动有限公司	169 124		169 726	14 557	1 613	115 932	41 970
特变电工沈阳变压器集团有限公司	491 998	205 892	483 200	87 724	3 120	814 647	491 352
大连第一互感器有限责任公司	90 028	36 625	88 182	1 145	1 603	153 748	55 604
长城电器集团有限公司	102 419	15 433	100 908	6 571	1 380	121 518	81 445
西电济南变压器股份有限公司	63 937	33 237	62 024	1 504	1 168	141 438	92 239
山东鲁能泰山电力设备有限公司	50 696	29 472	50 369	1 155	1 582	119 653	80 946
特变电工衡阳变压器有限公司	570 167	569 482	545 117	41 221	2 083	405 719	165 675
云南通变电器(集团)股份有限公司	87 794	31 450	89 053	1 982	1 332	98 768	57 233
特变电工股份有限公司	518 830	117 454	541 818	5 398	3 082	2 361 557	1 224 131
中型企业(24家)	**1 229 645**	**542 255**	**1 178 848**	**113 820**	**12 652**	**1 632 516**	**1 056 677**
天津市特变电工变压器有限公司	43 369	29 156	46 259		530	64 842	27 995
辽宁易发式电气设备有限公司	25 930	25 930	23 377	10 851	300	44 960	25 261
丹东欣泰电气股份有限公司	53 000		52 977	4 193	620	69 587	35 276
哈尔滨变压器有限责任公司	26 005	13 861	26 143		498	63 752	49 972
上海电气阿尔斯通宝山变压器有限公司	63 641		47 163	26 581	310	85 029	38 155
上海ABB变压器有限公司	52 778	15 707	54 693	5 507	336	38 914	31 079
上海MWB互感器有限公司	27 558		25 814	12 624	455	33 159	15 237
杭州钱江电气集团股份有限公司	84 520	45 338	87 145	9 491	923	127 460	72 960
申达电气集团有限公司	56 211	55 077	56 211	635	435	50 888	40 579
合肥ABB变压器有限公司	87 873		92 925	7 126	694	76 943	41 624
天威保变(合肥)变压器有限公司	41 998	32 779	35 156		685	133 919	96 724
山东达驰电工电气股份有限公司	275 266	165 159	267 508	2 000	940	225 282	183 398
常德国力变压器有限公司	10 123	7 171	9 050	483	300	7 996	3 836
明珠电气有限公司	45 122	35 625	41 355	172	635	73 064	57 321
广东海鸿变压器有限公司	52 852	38 708	47 887	2 602	763	54 003	45 177
重庆望江变压器厂	41 104		37 875		432	29 541	14 529
重庆ABB变压器有限公司	78 040		53 551	27 896	606	88 501	40 954
成都双星变压器有限公司	15 903	14 312	20 042	500	365	33 362	18 016
天威云南变压器电气股份有限公司	29 463	17 894	29 745	2 181	907	98 552	60 644
西安中扬电气股份有限公司	9 374	1 710	8 012		388	40 532	20 991
陕西汉中变压器有限责任公司	21 693	2 220	21 693	978	475	34 616	27 971
卧龙电气银川变压器有限公司	15 457	4 971	19 282		409	44 184	25 996
宁夏力成电气集团有限公司	52 338	36 637	53 415		337	51 958	30 666
新疆升晟股份有限公司	20 027		21 570		309	61 473	52 318
小型企业(22家)	**354 419**	**115 807**	**356 782**	**226**	**4 109**	**393 245**	**239 423**
大连互感器有限公司	4 106	3 038	3 519		235	17 232	14 088

（续）

企业名称	工业总产值（万元）	其中：新产品产值（万元）	工业销售产值（万元）	其中：出口交货值（万元）	全年从业人员平均人数（人）	年末资产总计（万元）	年末负债总计（万元）
辽宁华冶集团发展有限公司	57 900		57 900		261	82 800	52 216
宁波三爱互感器有限公司	3 114	201	3 256		152	5 315	2 421
浙江江山特种变压器有限公司	31 931	24 359	31 569		135	18 968	11 069
浙江电力变压器有限公司	22 898		22 868		216	24 589	15 897
宁波甬嘉变压器有限公司	24 974	21 830	24 930		265	27 701	14 662
浙江天际互感器有限公司	7 665	6 132	7 662		259	17 746	3 672
安庆变压器有限公司	6 091		4 845		208	11 096	7 069
山东临清益和变压器有限公司	53 133		52 581		66	4 662	2 123
淄博市博山调压器有限责任公司	1 638	873	1 740		168	3 084	2 659
山东计保电气有限公司	8 406	961	6 008	226	198	5 672	1 113
株洲市变压器有限公司	7 023	2 810	7 023		60	5 820	2 430
衡阳巨子变压器集团股份公司	8 879		8 244		222	12 743	8 784
华翔翔能电气股份有限公司	30 478	16 543	25 075		280	13 799	1 015
衡阳市新鑫电力变压器有限公司	8 171	5 720	7 828		160	14 333	15 146
广州广高高压电器有限公司	31 032	26 377	27 101		228	42 469	27 491
广州南方电力集团电器有限公司	12 923		20 581		224	26 056	23 018
广东钜龙电力设备有限公司	1 411		1 324		138	10 007	767
云南昆变电气有限公司	18 059	1 716	25 441		263	27 322	23 707
云南大理宏电变压器有限公司	2 300	2 300	2 001		58	1 966	749
宁夏银利电器制造有限公司	2 963	2 947	3 898		219	10 034	5 196
新疆新特顺电力设备有限责任公司	9 324		11 388		94	9 831	4 131
电容器及其配套设备制造（6 家）	**67 284**	**32 013**	**66 883**		**1 326**	**88 833**	**42 841**
中型企业（2 家）	**35 041**	**26 221**	**34 308**		**776**	**54 403**	**28 119**
新东北电气（锦州）电力电容器有限公司	10 525	6 571	11 401		356	24 859	8 352
中山市泰峰电气有限公司	24 516	19 650	22 907		420	29 544	19 767
小型企业（4 家）	**32 243**	**5 792**	**32 575**		**550**	**34 431**	**14 721**
牡丹江北方高压电瓷有限责任公司	2 367	1 195	2 725		163	4 833	3 002
上海库柏电力电容器有限公司	16 081		16 048		121	19 120	7 841
建德市新安江电力电容器有限公司	7 637	4 597	7 644		101	4 870	1 396
常德市天马电气成套设备有限公司	6 158		6 158		165	5 607	2 483
配电开关控制设备制造（76 家）	**5 929 920**	**2 025 071**	**5 648 575**	**347 272**	**67 906**	**8 164 913**	**4 349 115**
大型企业（11 家）	**4 148 857**	**1 580 078**	**3 894 227**	**221 630**	**46 444**	**6 117 096**	**3 262 305**
北京北开电气股份有限公司	73 077	44 360	70 397	1 553	1 013	88 735	81 542
上海电器股份有限公司人民电器厂	129 156	76 352	123 192	5 287	1 082	56 567	29 682
上海施耐德工业控制有限公司	164 140		164 140	7 095	1 010	65 109	37 972
常熟开关制造有限公司	166 766	134 456	163 487	73	1 671	180 198	73 718
宁波天安（集团）股份有限公司	250 312	105 265	204 487	6 903	2 155	466 118	270 550
环宇集团有限公司	132 030	31 519	132 066	5 425	1 771	128 388	73 450
平高集团有限公司	725 369	201 365	591 286	11 499	7 584	1 260 399	717 290

（续）

企业名称	工业总产值（万元）	其中:新产品产值（万元）	工业销售产值（万元）	其中:出口交货值（万元）	全年从业人员平均人数（人）	年末资产总计（万元）	年末负债总计（万元）
广州白云电器设备股份有限公司	100 618	14 827	101 082	397	1 017	170 754	68 166
四川川开实业发展有限公司	373 256	245 453	328 465	19 906	1 800	161 409	93 525
中国西电集团公司	1 911 925	683 437	1 893 191	159 349	26 114	3 428 256	1 750 207
天水长城开关厂有限公司	122 208	43 044	122 434	4 143	1 227	111 163	66 202
中型企业(23家)	**1 276 096**	**308 513**	**1 247 964**	**122 512**	**14 283**	**1 386 943**	**749 716**
北京ABB高压开关设备有限公司	192 955		192 226	21 984	721	180 159	92 364
北京ABB低压电器有限公司	54 219	30 056	60 661	6 506	709	65 187	37 169
山西省电力开关厂	6 874		5 696		331	11 436	8 637
锦州锦开电器集团有限责任公司	36 405	21 961	36 016		1 879	43 664	27 549
哈尔滨九洲电器股份有限公司	43 472		42 603		545	158 142	69 336
上海西门子线路保护系统有限公司	37 352	534	37 514	13 796	316	25 722	7 514
上海西门子开关有限公司	75 065		75 065	2 374	585	55 779	24 713
上海施耐德配电电器有限公司	232 531		232 531	45 372	349	97 037	52 854
浙江开关厂有限公司	117 440	70 464	100 376		825	92 155	66 132
宁波华通电器集团股份有限公司	66 602	35 965	62 604	103	721	52 348	26 901
西门子(杭州)高压开关有限公司	45 384		46 048		429	68 166	31 464
纪元电气集团有限公司	55 321	40 000	55 300		496	24 518	6 650
杭州欣美成套电器制造有限公司	44 061	4 705	39 221		308	34 739	23 044
加西亚电子电器有限公司	32 942	2 200	33 077	29 032	978	19 233	15 227
湖南开关厂	9 039	3 440	8 968	438	517	48 530	45 071
湖南省长高高压开关集团股份公司	35 752	4 516	34 707		608	79 784	18 032
广东省顺德开关厂	21 764		24 025		511	38 803	31 866
中山市明阳电器有限公司	40 373	40 373	40 373		380	71 290	25 487
广东正超电气有限公司	24 327	17 451	24 327		382	17 980	7 274
重庆博森电气(集团)有限公司	12 357		14 660		545	47 139	46 810
中国振华电子集团宇光电工有限公司	31 594	1 471	27 714	1 648	951	43 271	20 177
云南云开电气股份有限公司	37 028	24 759	35 543	606	832	68 206	40 748
新疆新华能电气股份有限公司	23 239	10 618	18 709	653	365	43 654	24 697
小型企业(42家)	**504 967**	**136 480**	**506 384**	**3 130**	**7 179**	**660 875**	**337 094**
北京宏达日新电机有限公司	12 238	10 017	12 636	1 354	174	35 623	6 361
北京京仪敬业电工科技有限公司	10 688	6 033	10 212	285	246	26 919	9 889
天津百利特精电气股份有限公司	36 485	1 443	41 524	1 482	190	97 233	41 825
天津市百利电气有限公司	9 041	9 036	7 286		230	20 592	11 450
天津市百利开关设备有限公司	5 378		5 586		133	12 545	3 865
瓦房店防爆电器有限公司	724		669		40	1 400	100
阜新封闭母线有限责任公司	5 210		5 595		168	1 193	4 790
瓦房店高压开关有限公司	3 341		3 749		143	14 809	-26
上海电瓷厂	8 038	5 082	8 513	9	211	8 587	3 682
上海电器陶瓷厂有限公司	10 713		12 714		297	7 826	3 597

（续）

企业名称	工业总产值（万元）	其中：新产品产值（万元）	工业销售产值（万元）	其中：出口交货值（万元）	全年从业人员平均人数（人）	年末资产总计（万元）	年末负债总计（万元）
宁波开关电器制造有限公司	3 001		2 580		142	4 649	4 095
杭州杭开电气有限公司	41 072		41 072		227	30 184	14 976
浙江时通电气制造有限公司	24 410	14 699	24 410		273	28 402	19 637
温州开元集团有限公司	19 970	4 997	20 154		232	62 462	35 213
浙宝电气（杭州）集团有限公司	22 016	13 310	21 913		225	28 192	18 297
浙江申光电气有限公司	1 816	1 576	1 787		62	5 107	283
杭州电力设备制造有限公司	41 786	25 072	40 393		256	31 183	18 454
慈溪大明电气设备成套有限公司	12 791		15 256		157	8 046	6 411
温州昌泰电气有限公司	5 100		5 197		102	6 739	4 314
浙江科润电力设备有限公司	25 297	11 816	23 939		255	3 309	7 606
淄博市博山防爆电器厂有限公司	9 064		8 980		170	10 575	8 073
湖南雁能森源电力设备有限公司	10 221	9 096	10 136		124	9 692	6 300
湖南雁能配电设备有限公司	19 269	12 675	19 269		148	10 190	6 876
湖南天一电气有限公司	13 662	411	13 662		191	7 918	4 412
湖南创业德力西电气有限公司	7 134	987	7 134		112	5 384	3 550
广州南洋电器有限公司	9 738		9 160		288	19 896	15 370
湛江高压电器有限公司	5 165	3 162	5 107		152	5 424	1 309
广东珠江开关有限公司	5 612	766	4 815		253	9 427	5 348
重庆华洋电器有限公司	33 653		33 072		295	36 998	23 375
昆明开关厂	2 582		2 807		169	7 289	3 799
昆明电器科学研究所	9 686		9 685		177	8 144	6 205
宁夏国飞电气有限公司	6 512		5 470		82	11 953	4 868
远大中联控股集团有限公司	11 783		11 783		234	17 222	4 960
银川市立恒电气公司	16 789		16 789		68	6 595	1 640
宁夏凯晨电气集团有限公司	12 452		10 931		190	10 800	4 784
新疆双新电控设备有限公司	3 601		2 900		79	4 827	2 283
新疆奎开电气有限公司	10 164	6 302	10 164		182	12 125	3 956
新疆电控设备有限责任公司	351		220		53	2 451	919
新疆新能泰开电气有限责任公司	1 233		1 233		80	3 392	3 210
新疆华德利电器成套设备有限公司	4 985		5 593		144	7 490	1 612
新疆燎源成套电气有限公司	5 434		5 434		30	4 901	2 866
新疆昆仑电气有限公司	6 762		6 855		195	13 183	6 560
电力电子元器件制造（10家）	**205 625**	**61 601**	**199 534**	**6 906**	**2 878**	**270 470**	**179 990**
中型企业（2家）	**145 083**	**26 324**	**144 636**		**1 413**	**172 296**	**127 308**
杭申集团有限公司	123 310	11 539	123 281		972	159 652	118 573
桂林机床电器有限公司	21 773	14 785	21 355		441	12 644	8 735
小型企业（8家）	**60 542**	**35 277**	**54 898**	**6 906**	**1 465**	**98 174**	**52 682**
北京京仪椿树整流器有限责任公司	8 290	5 711	8 105	56	259	21 542	10 108

（续）

企业名称	工业总产值（万元）	其中:新产品产值（万元）	工业销售产值（万元）	其中:出口交货值（万元）	全年从业人员平均人数（人）	年末资产总计（万元）	年末负债总计（万元）
天津机床电器有限公司	3 000	207	2 712	193	202	12 083	5 552
天津市第二继电器厂	2 392	1 746	2 372		129	1 365	1 027
天津神钢电机有限公司	11 039		12 046	5 204	144	7 613	2 972
天津市百利纽泰克电气科技有限公司	5 868	4 527	5 609		277	6 520	3 071
天津市百利电气配套有限公司	2 444	1 588	2 399	1 453	121	1 662	1 136
上海电气电力电子有限公司	6 011		6 011		65	13 686	6 671
东方日立(成都)电控设备有限公司	21 498	21 498	15 644		268	33 702	22 146
光伏设备元器件制造(4家)	**72 867**	**39 422**	**78 753**	**3 055**	**745**	**128 776**	**92 211**
中型企业(1家)	**22 455**		**26 078**	**3 055**	**360**	**37 079**	**34 161**
宁夏银星能源光伏发电设备制造有限公司	22 455		26 078	3 055	360	37 079	34 161
小型企业(3家)	**50 412**	**39 422**	**52 675**		**385**	**91 697**	**58 050**
北京京仪绿能电力系统工程有限公司	28 348	19 322	28 401		143	55 939	45 446
天津威乐斯机电有限公司	1 964		1 984		68	2 405	1 624
宁夏日晶新能源装备股份有限公司	20 100	20 100	22 290		174	33 354	10 980
其他输配电及控制设备制造(20家)	**3 882 597**	**1 356 961**	**3 836 345**	**237 136**	**43 459**	**6 474 129**	**2 217 865**
大型企业(6家)	**3 610 400**	**1 344 316**	**3 568 301**	**223 271**	**38 665**	**6 152 909**	**2 006 269**
北京ABB电气传动系统有限公司	358 405	235 989	381 131	38 805	1 045	2 521 193	128 702
正泰集团股份有限公司	1 531 374	769 365	1 528 173	140 700	19 590	2 097 875	1 077 128
德力西集团有限公司	1 064 149	86 966	1 013 226	16 882	10 431	906 506	448 423
天正集团有限公司	204 490	23 199	203 630	5 212	3 677	205 875	119 338
华通机电集团有限公司	123 805	15 500	119 723	1 496	1 015	137 411	76 140
人民电器集团有限公司	328 177	213 297	322 418	20 176	2 907	284 050	156 538
中型企业(5家)	**212 682**	**2 982**	**209 232**	**13 284**	**3 509**	**243 620**	**163 085**
阿城继电器有限责任公司	9 424	2 982	9 366		1 178	34 067	39 328
上海西门子高压开关有限公司	38 654		38 654	6 582	317	74 374	46 889
常安集团有限公司	82 471		82 250	4 098	788	60 517	43 764
重庆新世纪电气有限公司	57 084		53 913	2 604	482	39 878	13 012
新疆华隆油田科技股份有限公司	25 049		25 049		744	34 784	20 092
小型企业(9家)	**59 515**	**9 663**	**58 812**	**581**	**1 285**	**77 600**	**48 511**
大连亿德电瓷金具有限责任公司	3 076		2 605	581	205	2 002	1 257
上海继电器有限公司	9 821	7 766	9 487		298	8 545	5 769
浙江三辰电器有限公司	22 708		21 937		230	17 776	8 853
瑞安市万松电子电器有限责任公司	2 343	1 897	2 133		80	2 632	1 387
万家电器集团有限公司	2 084		1 875		70	19 815	9 663
温州宏伟电气有限公司	1 063		1 063		24	1 064	716
温州市新侨机械电器厂	1 760		1 758		62	2 170	405
宁夏银光钢构件制造有限公司	15 203		16 497		258	21 851	19 370
宁夏大有电器有限公司	1 457		1 457		58	1 746	1 092

（续）

企业名称	工业总产值（万元）	其中:新产品产值（万元）	工业销售产值（万元）	其中:出口交货值（万元）	全年从业人员平均人数（人）	年末资产总计（万元）	年末负债总计（万元）
电线电缆制造(59家)	**8 658 275**	**2 056 760**	**8 587 936**	**212 562**	**47 082**	**7 950 240**	**5 042 082**
大型企业(13家)	**6 259 258**	**1 626 766**	**6 218 579**	**156 294**	**34 079**	**5 704 742**	**3 586 056**
远东控股集团有限公司	2 173 619	782 042	2 149 747	52 106	6 682	1 998 347	1 516 706
浙江万马集团有限公司	483 722	326 099	481 552	43 880	5 116	830 110	507 741
安徽天康(集团)股份有限公司	356 232	215 621	353 288	4 358	2 432	251 373	205 967
绿宝电缆(集团)有限公司	725 911	8 352	715 474		2 964	165 546	92 647
安徽蓝德集团股份有限公司	265 579		237 330	615	1 170	138 000	64 379
福建南平太阳电缆股份有限公司	350 083	27 060	327 729		1 905	248 172	135 242
山东阳谷电缆集团有限公司	423 809	163 571	421 003		2 006	308 726	92 718
航天电工技术有限公司	124 448	653	125 768		1 152	164 405	86 696
金杯电工股份有限公司	309 677	73 597	304 990		1 155	240 783	48 477
广州电气装备集团有限公司	614 702		632 863	49 353	6 012	718 971	436 589
重庆泰山电线电缆有限公司	220 898		218 407	5 850	1 125	272 716	228 313
四川明星电缆股份有限公司	69 839	28 947	111 934	132	1 048	226 102	75 742
昆明电缆股份有限公司	140 739	824	138 494		1 312	141 492	94 839
中型企业(20家)	**1 843 950**	**308 750**	**1 815 728**	**23 266**	**10 201**	**1 571 331**	**967 491**
辽宁宝林集团大连金州电缆有限公司	41 568		40 874		344	66 464	54 595
哈尔滨电缆(集团)有限公司	75 000		71 000		345	76 580	55 628
上海南洋电缆有限公司	25 670		26 187		417	29 998	10 324
上海电缆厂有限公司	65 319		65 110		312	59 832	41 887
杭州电缆有限公司	302 011	33 887	300 953	1 993	807	193 835	133 298
杭州华新电力线缆有限公司	32 595		30 117		310	79 222	68 345
杭州早川电线有限公司	36 427	30 292	34 506	12 168	873	22 973	8 112
浙江万能集团	95 026		93 854		463	44 929	24 543
安徽华菱电缆集团有限公司	129 569	35 631	128 599		623	139 834	91 691
安徽江淮电缆集团有限公司	136 215	87 213	136 215	1 445	595	200 270	108 714
安徽华星电缆集团有限公司	77 256	7 553	75 855		440	60 646	21 041
江西南缆集团有限公司	73 579	4 233	71 581	6 660	624	44 505	23 041
长缆电工科技股份有限公司	27 560		25 977	1 000	533	64 539	27 294
金杯电工衡阳电缆有限公司	136 200	38 275	139 275		716	84 471	28 881
衡阳恒飞电缆有限责任公司	135 750	11 190	120 224		517	66 091	47 852
湖南华凌线缆股份有限公司	100 152	23 032	100 921		580	98 785	51 785
广东电缆厂有限公司	99 399		99 371		553	44 765	34 176
广州岭南电缆股份有限公司	40 357	37 444	39 310		302	65 786	36 395
重庆鸽牌电线电缆有限公司	192 776		194 043		547	100 042	86 352
宁夏天嘉电线电缆有限公司	21 521		21 756		300	27 766	13 536
小型企业(26家)	**555 067**	**121 244**	**553 629**	**33 002**	**2 802**	**674 166**	**488 535**
北京市电线电缆总厂	7 246		7 868		116	153 558	141 607
北京电线电缆研究所	749		689	203	47	870	1 088

（续）

企业名称	工业总产值（万元）	其中:新产品产值（万元）	工业销售产值（万元）	其中:出口交货值（万元）	全年从业人员平均人数（人）	年末资产总计（万元）	年末负债总计（万元）
天津金山电线电缆股份有限公司	48 668	32 121	49 251		256	60 649	38 980
普睿司曼（天津）电缆有限公司	59 032	22 065	62 448	12 732	254	73 572	70 868
埃赛克斯电磁线（天津）有限公司	18 769		18 731	10 032	151	14 303	13 639
乐星电缆（天津）有限公司	32 098		31 674	2 420	68	16 503	9 602
上海南洋-藤仓电缆有限公司	50 085		49 546	2 837	230	13 293	6 183
上海上缆藤仓电缆有限公司	30 914		30 914	3 130	155	39 775	30 846
上海藤仓橡塑电缆有限公司	14 647		15 072	1 648	151	14 656	10 737
温州网牌电线电缆有限公司	5 837		4 670		50	2 835	2 298
江山三星铜材线缆有限公司	54 906		54 551		102	62 075	41 247
威尔鹰集团有限公司	40 150	24 623	38 888		110	39 106	12 090
安徽欣意电缆有限公司	26 302	22 160	26 302		235	63 963	54 690
淮北市天相电缆有限责任公司	15 129	2 851	15 129		72	12 394	3 119
长沙汉河创业电缆有限公司	21 781	17 424	24 727		100	14 338	7 726
怀化湘鹤集团电缆科技股份有限公司	14 860		14 154		102	8 017	4 667
云南红河瑞捷电工有限公司	9 893		9 244		105	6 807	3 829
宁夏天净隆鼎电线电缆有限公司	11 636		8 864		67	5 467	3 039
上海胜华（集团）宁夏电缆有限公司	25 841		25 384		102	15 302	4 256
兴乐集团宁夏电缆有限公司	2 172		2 294		26	3 710	2 471
宁夏七星电线电缆有限公司	14 894		16 095		28	1 400	1 173
宁夏硕邦电线电缆有限公司	9 977		9 865		35	3 540	
宁夏瑞银有色金属科技有限公司	6 746		8 410		35	11 563	743
新疆百商电线电缆有限公司	17 600		14 092		87	28 251	17 002
新疆五元电线电缆厂	8 631		8 263		103	5 134	4 047
新疆博源线缆有限公司	6 504		6 504		15	3 087	2 588
光纤、光缆制造（1家）	**3 881**		**3 881**		**60**	**6 946**	**2 310**
小型企业（1家）	**3 881**		**3 881**		**60**	**6 946**	**2 310**
上海阿尔卡特光缆有限公司	3 881		3 881		60	6 946	2 310
特种陶瓷制品制造（3家）	**94 894**	**22 478**	**100 671**	**40 177**	**2 736**	**216 100**	**114 363**
大型企业（1家）	**56 712**		**62 094**	**26 264**	**1 265**	**125 101**	**57 244**
大连电瓷集团股份有限公司	56 712		62 094	26 264	1 265	125 101	57 244
中型企业（1家）	**33 901**	**22 478**	**33 059**	**13 913**	**1 193**	**60 286**	**30 010**
苏州电瓷厂有限公司	33 901	22 478	33 059	13 913	1 193	60 286	30 010
小型企业（1家）	**4 281**		**5 518**		**278**	**30 713**	**27 109**
自贡红星高压电瓷有限公司	4 281		5 518		278	30 713	27 109
石墨及碳素制品制造（4家）	**64 231**	**17 890**	**65 551**	**20 298**	**1 764**	**115 426**	**54 567**
中型企业（3家）	**59 166**	**17 890**	**61 053**	**17 550**	**1 588**	**108 266**	**53 444**
哈尔滨电碳厂	10 002		10 002		520	21 794	13 614
摩根新材料（上海）有限公司	23 944		25 831	2 840	450	38 843	13 369
浙江国泰密封材料股份有限公司	25 220	17 890	25 220	14 710	618	47 629	26 461

（续）

企 业 名 称	工业总产值（万元）	其中：新产品产值（万元）	工业销售产值（万元）	其中：出口交货值（万元）	全年从业人员平均人数（人）	年末资产总计（万元）	年末负债总计（万元）
小型企业（1 家）	**5 065**		**4 498**	**2 748**	**176**	**7 160**	**1 123**
天津市中环天佳电子有限公司	5 065		4 498	2 748	176	7 160	1 123
其他原动设备制造（1 家）	**11 887**	**7 637**	**11 948**		**183**	**77 989**	**27 867**
小型企业（1 家）	**11 887**	**7 637**	**11 948**		**183**	**77 989**	**27 867**
上海船用曲轴有限公司	11 887	7 637	11 948		183	77 989	27 867
绝缘制品制造（9 家）	**498 504**	**285 168**	**460 710**	**20 523**	**9 339**	**947 736**	**478 830**
大型企业（2 家）	**377 437**	**241 494**	**341 469**	**13 742**	**6 436**	**788 425**	**369 545**
新东北电气（沈阳）高压开关有限公司	192 387	184 164	182 719	5 748	4 510	552 958	348 073
四川东材科技集团股份有限公司	185 050	57 330	158 750	7 994	1 926	235 467	21 472
中型企业（4 家）	**104 817**	**38 738**	**102 238**	**6 375**	**2 369**	**136 837**	**94 574**
抚顺华泰电瓷电气制造有限公司	11 537	6 634	11 379	4 285	535	50 690	33 751
哈尔滨庆缘电工材料股份有限公司	7 993	2 413	7 673		395	6 492	5 317
山东合太恒科技股份有限公司	13 700	10 791	12 453	793	621	10 117	8 620
桂林电器科学研究院	71 587	18 900	70 733	1 297	818	69 538	46 886
小型企业（3 家）	**16 250**	**4 936**	**17 003**	**406**	**534**	**22 474**	**14 711**
北京北益电工绝缘制品有限公司	4 543		4 510	406	150	3 790	2 347
上海电气绝缘材料有限公司	6 771		6 198		169	6 550	3 160
新疆新能天宁电工绝缘材料有限公司	4 936	4 936	6 295		215	12 134	9 204
其他电池制造（10 家）	**858 841**	**233 719**	**796 855**	**62 612**	**13 841**	**947 483**	**568 842**
大型企业（5 家）	**771 078**	**189 983**	**709 035**	**62 259**	**12 273**	**881 939**	**538 312**
风帆股份有限公司	456 500	165 638	424 955	6 006	6 731	342 335	214 729
松下蓄电池（沈阳）有限公司	91 784		85 951	34 897	1 319	80 923	60 508
沈阳东北蓄电池股份有限公司	62 664	4 129	58 755	2 615	1 082	65 498	55 680
哈尔滨光宇蓄电池有限公司	70 025		50 418	15 158	1 400	281 499	140 792
淄博火炬能源有限责任公司	90 105	20 216	88 956	3 583	1 741	111 684	66 603
中型企业（3 家）	**83 319**	**40 511**	**82 374**	**202**	**1 254**	**57 860**	**26 342**
天津汤浅蓄电池有限公司	19 968		21 300		401	14 310	4 120
安徽迅启蓄电池有限公司	42 778	40 511	42 778	202	359	20 989	6 573
宁夏华夏电源有限公司	20 573		18 296		494	22 561	15 649
小型企业（2 家）	**4 444**	**3 225**	**5 446**	**151**	**314**	**7 684**	**4 188**
北京星原丰泰电子技术股份有限公司	2 925	2 425	3 962		189	4 433	2 419
浙江调速电机有限公司	1 519	800	1 484	151	125	3 251	1 769
其他电工器材制造（3 家）	**118 664**	**48 979**	**111 801**	**32 822**	**1 712**	**83 895**	**40 213**
大型企业（1 家）	**64 359**	**38 616**	**65 135**	**31 537**	**1 384**	**46 830**	**22 132**
杭州河合电器股份有限公司	64 359	38 616	65 135	31 537	1 384	46 830	22 132
小型企业（2 家）	**54 305**	**10 363**	**46 666**	**1 285**	**328**	**37 064**	**18 080**
浙江和畅电力铁塔有限公司	2 524		2 785		65	6 499	4 585
佛山通宝精密合金股份有限公司	51 781	10 363	43 881	1 285	263	30 565	13 495

2012年中国电器工业协会各分会企业主要经济指标完成情况

2012年大电机分会企业工业总产值排序

序号	企业名称	2012年（万元）	2011年（万元）	同比增长（%）
1	东方电气集团东方电机有限公司	683 441	701 087	-2.52
2	哈尔滨电机厂有限责任公司	530 769	501 393	5.86
3	南京汽轮电机（集团）有限责任公司	373 223	419 606	-11.05
4	上海电气电站设备有限公司发电机厂	333 495	321 902	3.60
5	兰州兰电电机有限公司	140 280	120 220	16.69
6	山东齐鲁电机有限公司	128 414	125 039	2.70
7	北京北重汽轮电机有限责任公司	129 988	121 449	7.03
8	东方电气集团东风电机有限公司	65 163		
9	重庆赛力盟电机有限责任公司	51 189	66 697	-23.25
10	哈尔滨电机厂（昆明）有限责任公司	45 531	40 018	19.61
11	洛阳中重发电设备有限责任公司	42 067	35 133	19.74
12	广东鸿源机电股份有限公司	29 954	28 133	6.47

2012年汽轮机分会企业工业总产值排序

序号	企业名称	2012年（万元）	2011年（万元）	同比增长（%）
1	东方汽轮机有限公司	1 922 155	2 024 566	-5.06
2	哈尔滨汽轮机厂有限责任公司	640 427	641 300	-0.14
3	上海汽轮机有限公司	610 047	624 524	-2.32
4	杭州汽轮机股份有限公司	470 471	502 292	-6.34
5	南京汽轮电机（集团）有限责任公司	373 223	419 606	-11.05
6	青岛捷能汽轮机股份有限公司	241 165	257 226	-6.24
7	北京北重汽轮电机有限责任公司	129 988	121 448	7.03
8	武汉汽轮发电机厂	107 583	111 830	-3.80
9	无锡透平叶片有限公司	87 029	88 335	-1.48
10	洛阳中重发电设备有限责任公司	32 427	35 132	-7.70
11	中州汽轮机厂	22 580	27 245	-17.12
12	广州广重企业集团有限公司	17 261	24 233	-28.77
13	青岛汽轮机配件有限公司	1 566	1 426	9.82

2012 年汽轮机分会企业工业增加值排序

序号	企业名称	2012 年（万元）	序号	企业名称	2012 年（万元）
1	东方汽轮机有限公司	285 838	8	无锡透平叶片有限公司	30 824
2	杭州汽轮机股份有限公司	196 299	9	武汉汽轮发电机厂	30 123
3	哈尔滨汽轮机厂有限责任公司	119 195	10	中州汽轮机厂	7 329
4	上海汽轮机有限公司	106 006	11	洛阳中重发电设备有限责任公司	5 744
5	南京汽轮电机(集团)有限责任公司	92 419	12	广州广重企业集团有限公司	4 602
6	青岛捷能汽轮机股份有限公司	46 232	13	青岛汽轮机配件有限公司	705
7	北京北重汽轮电机有限责任公司	37 920			

2012 年汽轮机分会企业产品销售收入排序

序号	企业名称	2012 年（万元）	2011 年（万元）	同比增长（%）
1	东方汽轮机有限公司	1 558 809	1 903 315	-18.10
2	上海汽轮机有限公司	646 102	643 797	0.36
3	哈尔滨汽轮机厂有限责任公司	619 030	632 694	-2.16
4	杭州汽轮机股份有限公司	427 479	459 940	-7.06
5	南京汽轮电机(集团)有限责任公司	394 806	426 040	-7.33
6	青岛捷能汽轮机股份有限公司	294 165	274 918	7.00
7	武汉汽轮发电机厂	120 087	105 687	13.63
8	北京北重汽轮电机有限责任公司	114 775	128 662	-10.79
9	无锡透平叶片有限公司	70 221	101 995	-31.15
10	洛阳中重发电设备有限责任公司	32 699	29 087	12.42
11	中州汽轮机厂	22 458	24 316	-7.64
12	广州广重企业集团有限公司	20 150	32 756	-38.48
13	青岛汽轮机配件有限公司	1 071	1 215	-11.85

2012 年汽轮机分会企业全员劳动生产率排序

序号	企业名称	全员劳动生产率（元/人）	序号	企业名称	全员劳动生产率（元/人）
1	杭州汽轮机股份有限公司	558 778	8	北京北重汽轮电机有限责任公司	148 823
2	无锡透平叶片有限公司	420 518	9	中州汽轮机厂	112 228
3	东方汽轮机有限公司	401 064	10	武汉汽轮发电机厂	110 300
4	上海汽轮机有限公司	346 877	11	洛阳中重发电设备有限责任公司	80 561
5	南京汽轮电机(集团)有限责任公司	337 912	12	青岛汽轮机配件有限公司	70 500
6	哈尔滨汽轮机厂有限责任公司	209 445	13	广州广重企业集团有限公司	60 152
7	青岛捷能汽轮机股份有限公司	168 207			

2012 年电站锅炉分会企业工业总产值排序

序号	企 业 名 称	2012 年（万元）	2011 年（万元）	同比增长（%）
1	东方锅炉股份有限公司	1 243 681	1 224 652	1.55
2	上海锅炉厂有限公司	1 120 561	1 120 996	-0.04
3	哈尔滨锅炉厂有限责任公司	851 173	1 002 888	-15.13
4	无锡华光锅炉股份有限公司	254 038	281 052	-9.61
5	杭州锅炉集团股份有限公司	192 252	182 181	5.53
6	北京巴布科克·威尔科克斯有限公司	165 574	306 822	-46.04
7	四川川锅锅炉有限责任公司	106 846	121 486	-12.05
8	济南锅炉集团有限公司	105 263	135 118	-22.10
9	江联重工股份有限公司	93 339	93 205	0.14
10	太原锅炉集团有限公司	84 198	80 199	4.99

2012 年电站锅炉分会企业工业增加值排序

序号	企 业 名 称	2012 年（万元）	2011 年（万元）	同比增长（%）
1	上海锅炉厂有限公司	318 001	265 687	19.69
2	哈尔滨锅炉厂有限责任公司	260 808	310 567	-16.02
3	东方锅炉股份有限公司	155 042	147 558	5.07
4	无锡华光锅炉股份有限公司	92 747	88 488	4.81
5	杭州锅炉集团股份有限公司	40 217	48 291	-16.72
6	江联重工股份有限公司	27 068	27 029	0.14
7	北京巴布科克·威尔科克斯有限公司	21 787	72 043	-69.76
8	济南锅炉集团有限公司	21 516	24 838	-13.37
9	四川川锅锅炉有限责任公司	20 088	18 223	10.23
10	太原锅炉集团有限公司	18 764	16 500	13.72

2012 年电站锅炉分会企业主营业务收入排序

序号	企 业 名 称	2012 年（万元）	2011 年（万元）	同比增长（%）
1	上海锅炉厂有限公司	1 165 266	1 137 390	2.45
2	东方锅炉股份有限公司	1 164 962		
3	哈尔滨锅炉厂有限责任公司	847 029	1 163 821	-27.22
4	无锡华光锅炉股份有限公司	248 678	290 933	-14.52
5	杭州锅炉集团股份有限公司	225 940	243 810	-7.33
6	北京巴布科克·威尔科克斯有限公司	165 157	306 053	-46.04
7	济南锅炉集团有限公司	117 662	149 015	-21.04
8	四川川锅锅炉有限责任公司	97 141	87 105	11.52
9	江联重工股份有限公司	93 903	87 868	6.87
10	太原锅炉集团有限公司	70 296	64 862	8.38

2012 年电站锅炉分会企业全员劳动生产率排序

序号	企业名称	全员劳动生产率（元/人）	序号	企业名称	全员劳动生产率（元/人）
1	上海锅炉厂有限公司	1 094 291	6	江联重工股份有限公司	199 472
2	哈尔滨锅炉厂有限责任公司	636 583	7	济南锅炉集团有限公司	136 520
3	无锡华光锅炉股份有限公司	632 653	8	四川川锅锅炉有限责任公司	115 915
4	东方锅炉股份有限公司	408 866	9	北京巴布科克·威尔科克斯有限公司	105 455
5	杭州锅炉集团股份有限公司	393 898	10	太原锅炉集团有限公司	84 484

2012 年水电设备分会企业工业总产值排序

序号	企业名称	2012 年（万元）	2011 年（万元）	同比增长（%）
1	东方电气集团东方电机有限公司	683 441	701 087	-2.52
2	哈尔滨电机厂有限责任公司	530 769	501 393	5.86
3	浙江富春江水电设备股份有限公司	82 060	101 286	-18.98
4	东芝水电设备(杭州)有限公司	79 056	76 090	3.90
5	东方电气集团东风电机有限公司	65 163	93 835	-30.56
6	重庆赛力盟电机有限责任公司	51 189	66 697	-23.25
7	重庆水轮机厂有限责任公司	46 836	40 869	14.60
8	天津市天发重型水电设备制造有限公司	46 650	41 172	13.31
9	哈尔滨电机厂(昆明)有限责任公司	45 531	40 018	13.78
10	福建南电股份有限公司	43 007	55 005	-21.81
11	湖南华自科技有限公司	39 728	32 250	23.19
12	长江三峡能事达电气股份有限公司	30 434	29 527	3.07
13	宜宾富源发电设备有限公司	30 310	23 316	30.00
14	重庆云河水电股份有限公司	30 157	29 613	1.84
15	广东鸿源机电股份有限公司	29 954	28 133	6.47
16	杭州杭发发电设备有限公司	26 741	30 594	-12.59
17	广东鸿源众力发电设备有限公司	26 200	25 010	4.76
18	河南瑞发水电设备有限责任公司	25 126	21 369	17.58
19	浙江金轮机电实业有限公司	25 120	30 648	-18.04
20	赣州发电设备成套制造有限公司	21 243	18 270	16.27

2012 年水电设备分会企业工业增加值排序

序号	企业名称	2012 年（万元）	2011 年（万元）	同比增长（%）
1	哈尔滨电机厂有限责任公司	206 053	181 973	13.23
2	东方电气集团东方电机有限公司	201 615	190 135	6.04
3	浙江富春江水电设备股份有限公司	34 810	38 824	-10.34
4	东芝水电设备(杭州)有限公司	30 832	28 579	7.88

（续）

序号	企业名称	2012年（万元）	2011年（万元）	同比增长（%）
5	宜宾富源发电设备有限公司	25 765	19 819	30.00
6	福建南电股份有限公司	17 738	13 755	28.96
7	湖南华自科技有限公司	15 122	12 122	24.75
8	东方电气集团东风电机有限公司	13 300	25 000	-46.80
9	重庆赛力盟电机有限责任公司	12 721	12 567	1.23
10	重庆水轮机厂有限责任公司	12 699	12 485	1.71
11	天津市天发重型水电设备制造有限公司	11 592	14 926	-22.34
12	哈尔滨电机厂（昆明）有限责任公司	10 687	9 827	8.75
13	杭州力源发电设备有限公司	8 389	9 001	-6.80
14	广东鸿源众力发电设备有限公司	6 759	6 966	-2.97
15	长江三峡能事达电气股份有限公司	6 637	8 136	-18.42
16	杭州杭发发电设备有限公司	5 639	6 195	-8.97
17	河南瑞发水电设备有限责任公司	5 087	4 701	8.21
18	赣州发电设备成套制造有限公司	5 018	4 316	16.27
19	邵阳恒远资江水电设备有限公司	4 760	3 808	25.00
20	浙江金轮机电实业有限公司	4 346	5 074	-14.35

2012年水电设备分会企业主营业务收入排序

序号	企业名称	2012年（万元）	2011年（万元）	同比增长（%）
1	东方电气集团东方电机有限公司	471 155	484 176	-2.69
2	哈尔滨电机厂有限责任公司	390 065	363 702	7.25
3	东方电气集团东风电机有限公司	60 406	72 357	-16.52
4	浙江富春江水电设备股份有限公司	56 801	67 476	-15.82
5	东芝水电设备（杭州）有限公司	55 327	49 168	12.53
6	重庆赛力盟电机有限责任公司	42 211	60 956	-30.75
7	天津市天发重型水电设备制造有限公司	39 532	38 172	3.56
8	哈尔滨电机厂（昆明）有限责任公司	37 963	32 775	15.83
9	重庆云河水电股份有限公司	35 019	31 383	11.59
10	福建南电股份有限公司	30 269	36 178	-16.33
11	重庆水轮机厂有限责任公司	29 784	26 549	12.19
12	长江三峡能事达电气股份有限公司	25 411	22 801	11.45
13	宜宾富源发电设备有限公司	23 977	18 444	30.00
14	杭州杭发发电设备有限公司	23 420	24 209	-3.26
15	河南瑞发水电设备有限责任公司	21 633	17 591	22.98
16	广东鸿源机电股份有限公司	20 736	20 241	2.45
17	湖南华自科技有限公司	20 610	16 807	22.63
18	浙江金轮机电实业有限公司	18 410	23 921	-23.04
19	赣州发电设备成套制造有限公司	16 365	13 803	18.56
20	杭州力源发电设备有限公司	13 878	16 914	-17.95

2012年水电设备分会企业全员劳动生产率排序

序号	企业名称	全员劳动生产率（元/人）	序号	企业名称	全员劳动生产率（元/人）
1	宜宾富源发电设备有限公司	678 026	11	长江三峡能事达电气股份有限公司	180 845
2	杭州力源发电设备有限公司	414 747	12	杭州杭发发电设备有限公司	142 399
3	浙江富春江水电设备股份有限公司	347 059	13	天津市天发重型水电设备制造有限公司	129 520
4	哈尔滨电机厂有限责任公司	334 665	14	湖南山立水电设备制造有限公司	127 535
5	武汉四创自动控制技术有限责任公司	326 591	15	桐庐天元机电有限公司	123 793
6	东芝水电设备(杭州)有限公司	272 127	16	江西省莲花水轮机厂有限公司	121 429
7	东方电气集团东方电机有限公司	262 280	17	大埔县水力发电设备总厂	117 879
8	广东南丰电气自动化有限公司	255 680	18	浙江临海浙富电机有限公司	105 823
9	湖南华自科技有限公司	208 573	19	广东鸿源众力发电设备有限公司	101 639
10	福建南电股份有限公司	186 715	20	赣州发电设备成套制造有限公司	99 563

2012年内燃发电设备分会企业工业总产值排序

序号	企业名称	2012年（万元）	2011年（万元）	同比增长（%）
1	英泰集团有限公司	248 760	219 600	13.28
2	广东西电动力科技股份有限公司	56 651	55 341	2.37
3	河北华北柴油机有限责任公司	44 505	42 284	5.25
4	广东康菱动力科技有限公司	40 943	47 098	-13.07
5	上海科泰电源股份有限公司	40 550	48 767	-16.85
6	江西清华泰豪三波电机有限公司	35 230	24 780	42.17
7	重庆鑫源农机股份有限公司	33 783	28 147	20.02
8	福建唐力电力设备有限公司	30 000	26 000	15.38
9	广州市英格发电机股份有限公司	23 991	34 573	-30.61
10	扬州飞鸿电材有限公司	9 986	9 510	5.01

2012年内燃发电设备分会企业工业增加值排序

序号	企业名称	2012年（万元）	2011年（万元）	同比增长（%）
1	英泰集团有限公司	60 570	50 173	20.72
2	广东西电动力科技股份有限公司	12 011	16 237	-26.03
3	河北华北柴油机有限责任公司	10 170	9 014	12.82
4	广东康菱动力科技有限公司	7 278	8 373	-13.08
5	江西清华泰豪三波电机有限公司	6 210	3 399	82.70
6	广州市英格发电机股份有限公司	5 830	5 316	9.67
7	上海科泰电源股份有限公司	5 674	12 339	-54.02

（续）

序号	企 业 名 称	2012 年 （万元）	2011 年 （万元）	同比增长 （%）
8	重庆鑫源农机股份有限公司	4 660	4 222	10.37
9	福建唐力电力设备有限公司	4 000	3 500	14.29
10	郑州金阳电气有限公司	3 317	2 954	12.29

2012 年内燃发电设备分会企业主营业务收入排序

序号	企 业 名 称	2012 年 （万元）	2011 年 （万元）	同比增长 （%）
1	英泰集团有限公司	242 560	203 300	19.31
2	广东西电动力科技股份有限公司	49 665	45 992	7.99
3	河北华北柴油机有限责任公司	43 011	42 330	1.61
4	上海科泰电源股份有限公司	40 018	43 921	-8.89
5	广东康菱动力科技有限公司	38 092	46 890	-18.76
6	江西清华泰豪三波电机有限公司	31 613	20 931	51.03
7	重庆鑫源农机股份有限公司	29 474	26 537	11.07
8	广州市英格发电机股份有限公司	24 509	30 235	-18.94
9	无锡华友发电设备有限公司	9 834	10 112	-2.75
10	扬州飞鸿电材有限公司	9 676	9 218	4.97

2012 年高压开关分会企业工业总产值排序

序号	企 业 名 称	2012 年 （万元）	2011 年 （万元）	同比增长 （%）
1	许继集团有限公司	1 383 693	1 400 150	-1.18
2	大全集团有限公司	1 466 535	1 402 443	4.57
3	河南森源集团有限公司	1 068 998	648 544	64.83
4	泰开电气集团有限公司	729 484	623 120	17.07
5	西安西电开关电气有限公司	727 158	726 974	0.03
6	平高集团有限公司	725 369	724 278	0.15
7	江苏东源电器集团股份有限公司	559 573	527 901	6.00
8	盛隆电气集团有限公司	356 417	160 392	122.22
9	新东北电气集团高压开关有限公司	342 839	314 664	8.95
10	正泰电气股份有限公司	342 444	411 068	-16.69
11	人民电器集团有限公司	328 176	337 401	-2.73
12	厦门 ABB 开关有限公司	324 717	339 328	-4.31
13	上海中发电气（集团）股份有限公司	274 202	219 449	24.95
14	山东泰山恒信开关集团有限公司	222 500	174 666	27.39
15	宁波天安（集团）股份有限公司	217 706	193 765	12.36
16	安徽鑫龙电器股份有限公司	190 800	141 334	35.00
17	西安西电高压开关有限责任公司	188 276	181 037	4.00
18	益和电气集团股份有限公司	181 853	176 132	3.25
19	常熟开关制造有限公司	166 766	166 582	0.11
20	川开电气股份有限公司	136 266	127 067	7.24

2012 年高压开关分会企业工业增加值排序

序号	企业名称	2012 年（万元）	2011 年（万元）	同比增长（%）
1	许继集团有限公司	708 762	574 062	23.46
2	大全集团有限公司	402 557	390 057	3.20
3	泰开电气集团有限公司	195 214	160 525	21.61
4	江苏东源电器集团股份有限公司	160 637	150 128	7.00
5	河南森源集团有限公司	149 660	89 229	67.73
6	厦门 ABB 开关有限公司	119 304	116 681	2.25
7	西安西电开关电气有限公司	113 146	107 011	5.73
8	平高集团有限公司	108 829	91 868	18.46
9	常熟开关制造有限公司	81 776	71 997	13.58
10	人民电器集团有限公司	72 190	75 372	-4.22
11	盛隆电气集团有限公司	65 452	21 817	200.00
12	正泰电气股份有限公司	65 417	54 125	20.86
13	益和电气集团股份有限公司	56 697	51 044	11.07
14	上海中发电气(集团)股份有限公司	52 432	43 732	19.89
15	安徽鑫龙电器股份有限公司	50 880	42 400	20.00
16	川开电气股份有限公司	50 071	46 692	7.24
17	宁波天安(集团)股份有限公司	47 214	47 111	0.22
18	上海电器股份有限公司人民电器厂	40 333	14 721	173.98
19	索凌电气有限公司	36 800	33 400	10.18
20	四川电器集团股份有限公司	36 537	35 087	4.13

2012 年高压开关分会企业主营业务收入排序

序号	企业名称	2012 年（万元）	2011 年（万元）	同比增长（%）
1	大全集团有限公司	1 401 056	1 363 956	2.72
2	河南森源集团有限公司	1 061 332	633 929	67.42
3	许继集团有限公司	1 037 330	1 229 397	-15.62
4	泰开电气集团有限公司	704 125	570 001	23.53
5	西安西电开关电气有限公司	574 785	391 803	46.70
6	江苏东源电器集团股份有限公司	548 382	517 342	6.00
7	平高集团有限公司	495 668	390 234	27.02
8	正泰电气股份有限公司	399 917	377 851	5.84
9	厦门 ABB 开关有限公司	327 421	342 492	-4.40
10	人民电器集团有限公司	322 418	337 308	-4.41
11	盛隆电气集团有限公司	302 987	119 544	153.45
12	新东北电气集团高压开关有限公司	293 025	226 209	29.54
13	上海中发电气(集团)股份有限公司	260 492	208 477	24.95
14	宁波天安(集团)股份有限公司	181 185	178 324	1.60
15	安徽鑫龙电器股份有限公司	176 843	130 995	35.00

（续）

序号	企业名称	2012年（万元）	2011年（万元）	同比增长（%）
16	西安西电高压开关有限责任公司	164 699	139 422	18.13
17	常熟开关制造有限公司	163 487	163 267	0.13
18	益和电气集团股份有限公司	154 738	150 056	3.12
19	杭申集团有限公司	139 900	164 927	-15.17
20	施耐德开关（苏州）有限公司	127 418	74 943	70.02

2012年绝缘子避雷器分会企业工业总产值排序

序号	企业名称	2012年（万元）	2011年（万元）	同比增长（%）
1	大连电瓷集团股份有限公司	80 622	82 528	-2.31
2	南京电气（集团）有限责任公司	70 309	42 023	67.31
3	淄博泰光电力器材厂	38 000	50 800	-25.20
4	自贡塞迪维尔钢化玻璃绝缘子有限公司	36 000	38 000	-5.26
5	醴陵华鑫电瓷科技股份有限公司	33 765	33 625	0.42
6	苏州电瓷厂有限公司	33 001	37 284	-11.49
7	西安西电高压电瓷有限责任公司	32 610	29 950	8.88
8	河北新华高压电器有限公司	31 218	29 636	5.34
9	抚顺高科电瓷电气制造有限公司	26 966	26 002	3.71
10	西安西电避雷器有限责任公司	25 200	24 007	4.97
11	南阳金冠电气有限公司	24 077	21 792	10.49
12	温州益坤电气有限公司	22 540	19 600	15.00
13	青州市力王电力科技有限公司	22 408	20 444	9.61
14	塞迪维尔玻璃绝缘子（上海）有限公司	22 161	19 862	11.57
15	广州市迈克林电力有限公司	21 803	21 050	3.58
16	四川省宜宾环球集团有限公司	21 054	21 162	-0.51
17	浙江泰仑绝缘子有限公司	19 800	22 000	-10.00
18	东莞市高能电气股份有限公司	18 464	16 612	11.15
19	浙江金利华电气股份有限公司	17 874	18 606	-3.94
20	抚顺电瓷制造有限公司	16 743	17 111	-2.15

2012年绝缘子避雷器分会企业工业增加值排序

序号	企业名称	2012年（万元）	2011年（万元）	同比增长（%）
1	南京电气（集团）有限责任公司	17 577	15 736	11.70
2	青州市力王电力科技有限公司	15 852	14 385	10.20
3	南阳金冠电气有限公司	13 962	12 578	11.00
4	安徽一天电气技术有限公司	10 629	5 248	102.53
5	温州益坤电气有限公司	8 569	7 451	15.00
6	苏州电瓷厂有限公司	8 520	8 299	2.66
7	抚顺高科电瓷电气制造有限公司	8 360	6 458	29.45

（续）

序号	企业名称	2012年（万元）	2011年（万元）	同比增长（%）
8	浙江金利华电气股份有限公司	7 813	6 591	18.54
9	浙江中能电气有限公司	7 100	6 286	12.95
10	醴陵市华鑫电瓷电器有限公司	6 860	4 470	53.47
11	塞迪维尔玻璃绝缘子（上海）有限公司	6 574	3 961	65.97
12	四川省宜宾环球集团有限公司	6 500	4 438	46.46
13	淄博泰光电力器材厂	6 415	7 393	-13.23
14	浙江泰仑绝缘子有限公司	6 290	6 830	-7.91
15	河北新华高压电器有限公司	5 879	2 077	183.05
16	东莞市高能电气股份有限公司	5 585	5 025	11.14
17	内蒙古精诚高压绝缘子有限责任公司	5 389	11 298	-52.30
18	广州市迈克林电力有限公司	5 010	4 423	13.27
19	西安神电电器有限公司	4 556	3 659	24.51
20	正泰电气股份有限公司	4 298	3 980	7.99

2012年绝缘子避雷器分会企业主营业务收入排序

序号	企业名称	2012年（万元）	2011年（万元）	同比增长（%）
1	南京电气（集团）有限责任公司	72 392	43 971	64.64
2	大连电瓷集团股份有限公司	63 939	64 895	-1.47
3	自贡塞迪维尔钢化玻璃绝缘子有限公司	43 336	30 002	44.44
4	淄博泰光电力器材厂	39 131	40 012	-2.20
5	南阳金冠电气有限公司	37 069	35 736	3.73
6	四川省宜宾环球集团有限公司	33 517	27 705	20.98
7	苏州电瓷厂有限公司	33 059	37 053	-10.78
8	河北新华高压电器有限公司	27 543	22 339	23.30
9	西安西电高压电瓷有限责任公司	26 375	27 734	-4.90
10	醴陵华鑫电瓷科技股份有限公司	24 300	23 760	2.27
11	抚顺高科电瓷电气制造有限公司	24 195	24 483	-1.18
12	塞迪维尔玻璃绝缘子（上海）有限公司	23 075	18 220	26.65
13	西安西电避雷器有限责任公司	22 893	22 153	3.34
14	内蒙古精诚高压绝缘子有限责任公司	22 001	21 415	2.74
15	广州市迈克林电力有限公司	20 299	20 291	0.04
16	温州益坤电气有限公司	19 835	17 248	15.00
17	山东瑞泰玻璃绝缘子有限公司	17 086	14 239	19.99
18	东莞市高能电气股份有限公司	16 769	19 086	-12.14
19	浙江泰仑绝缘子有限公司	16 563	18 129	-8.64
20	青州市力王电力科技有限公司	15 707	13 086	20.03

2012年绝缘子避雷器分会企业全员劳动生产率排序

序号	企业名称	全员劳动生产率（元/人）	序号	企业名称	全员劳动生产率（元/人）
1	青州市力王电力科技有限公司	804 670	11	温州益坤电气有限公司	244 829
2	塞迪维尔玻璃绝缘子(上海)有限公司	513 576	12	淄博泰光电力器材厂	192 643
3	浙江中能电气有限公司	417 647	13	西安神电电器有限公司	180 079
4	南阳金冠电气有限公司	325 455	14	南京电气(集团)有限责任公司	170 485
5	浙江金利华电气股份有限公司	321 523	15	浙江电瓷厂有限责任公司	164 643
6	正泰电气股份有限公司	307 000	16	东莞市高能电气股份有限公司	155 139
7	河北新华高压电器有限公司	273 442	17	广州市迈克林电力有限公司	143 143
8	明电舍(郑州)电气工程有限公司	268 598	18	连云港石港高压电瓷有限公司	133 268
9	安徽一天电气技术有限公司	267 738	19	山东省垦利县新型电力器材厂	130 000
10	浙江泰仑绝缘子有限公司	254 656	20	武汉博大科技随州电气有限公司	125 877

2012年电力电容器分会企业工业总产值排序

序号	企业名称	2012年（万元）	2011年（万元）	同比增长（%）
1	桂林电力电容器有限责任公司	101 851	70 517	44.44
2	西安西电电力电容器有限责任公司	68 942	51 025	35.11
3	日新电机(无锡)有限公司	52 854	53 256	-0.75
4	陕西合容电气电容器有限公司	32 444	36 502	-11.12
5	上海库柏电力电容器有限公司	31 950	35 528	-10.07
6	上海思源电力电容器有限公司	28 142	20 079	40.16
7	青岛市恒顺电气股份有限公司	26 374	28 214	-6.52
8	浙江指月电气有限公司	22 613	20 558	10.00
9	上海永锦电气集团有限公司	19 985	7 735	158.37
10	正泰集团电容器分公司	19 471	24 390	-20.17
11	新东北电气(锦州)电力电容器有限责任公司	15 549	13 020	19.42
12	广东顺容电气有限公司	15 362	10 500	46.30
13	河南省豫电中原电力电容器有限公司	13 956	16 100	-13.32
14	浙江九康电气有限公司	10 975	11 216	-2.15
15	淄博莱宝电力电容器有限公司	9 877	6 583	50.04

2012年电力电容器分会企业工业增加值排序

序号	企业名称	2012年（万元）	2011年（万元）	同比增长（%）
1	日新电机(无锡)有限公司	16 660	11 087	50.27
2	桂林电力电容器有限责任公司	13 481	15 785	-14.60
3	西安西电电力电容器有限责任公司	13 163	11 836	11.21

（续）

序号	企业名称	2012年（万元）	2011年（万元）	同比增长（%）
4	浙江指月电气有限公司	9 234	8 210	12.47
5	陕西合容电气电容器有限公司	6 742	9 855	-31.59
6	上海库柏电力电容器有限公司	6 631	6 039	9.80
7	上海思源电力电容器有限公司	5 433	404	1 244.80
8	淄博莱宝电力电容器有限公司	5 407	2 726	98.35
9	青岛市恒顺电气股份有限公司	4 882	4 726	3.30
10	正泰集团电容器分公司	4 281	3 253	31.60
11	河南省豫电中原电力电容器有限公司	3 591	4 162	-13.72
12	新东北电气（锦州）电力电容器有限责任公司	4 056	4 400	-7.82
13	上海上电电容器有限公司	2 942	3 442	-14.53
14	浙江九康电气有限公司	2 857	2 199	29.92
15	上虞电力电容器有限公司	2 765	4 186	-33.95

2012年电力电容器分会企业主营业务收入排序

序号	企业名称	2012年（万元）	2011年（万元）	同比增长（%）
1	桂林电力电容器有限责任公司	69 041	59 442	16.15
2	西安西电电力电容器有限责任公司	59 825	57 995	3.16
3	日新电机（无锡）有限公司	50 050	52 371	-4.43
4	上海思源电力电容器有限公司	32 340	24 659	31.15
5	上海库柏电力电容器有限公司	31 910	31 350	1.79
6	陕西合容电气电容器有限公司	31 254	35 645	-12.32
7	青岛市恒顺电气股份有限公司	20 406	22 242	-8.25
8	上海永锦电气集团有限公司	19 985	9 947	100.91
9	浙江指月电气有限公司	17 802	15 760	12.96
10	广东顺容电气有限公司	16 884	10 586	59.49
11	新东北电气（锦州）电力电容器有限责任公司	13 983	16 658	-16.06
12	河南省豫电中原电力电容器有限公司	13 888	15 618	-11.08
13	浙江九康电气有限公司	10 958	11 210	-2.25
14	淄博莱宝电力电容器有限公司	9 733	9 577	1.63
15	上虞电力电容器有限公司	9 025	11 310	-20.20

2012年电力电容器分会企业全员劳动生产率排序

序号	企业名称	全员劳动生产率（元/人）	序号	企业名称	全员劳动生产率（元/人）
1	上海库柏电力电容器有限公司	518 045	4	正泰（温州）电气有限公司	321 880
2	浙江指月电气有限公司	357 907	5	日新电机（无锡）有限公司	270 016
3	淄博莱宝电力电容器有限公司	353 379	6	上海上电电容器有限公司	251 453

（续）

序号	企 业 名 称	全员劳动生产率（元/人）	序号	企 业 名 称	全员劳动生产率（元/人）
7	上海思源电力电容器有限公司	215 595	12	无锡华能电力电容器有限公司	155 051
8	青岛市恒顺电气股份有限公司	184 924	13	西安西电电力电容器有限责任公司	142 055
9	河南省豫电中原电力电容器有限公司	172 644	14	上虞电力电容器有限公司	139 646
10	浙江威斯康电气有限公司	164 594	15	宁波高云电气有限公司	138 448
11	德力西电气（芜湖）有限公司	164 550			

2012年电控配电设备分会企业工业总产值排序

序号	企 业 名 称	2012年（万元）	2011年（万元）	同比增长（%）
1	大全集团有限公司	1 466 535	1 402 443	4.57
2	许继电气股份有限公司	1 383 693	1 400 150	-1.18
3	华鹏集团有限公司	656 268	565 260	16.10
4	江苏东源电器集团股份有限公司	559 573	527 901	6.00
5	正泰电器股份有限公司	327 070	284 409	15.00
6	上海中发电气（集团）股份有限公司	274 202	219 449	24.95
7	天源华威集团有限公司	227 618	199 613	14.03
8	宁波天安（集团）股份有限公司	216 182	194 760	11.00
9	安徽鑫龙电器股份有限公司	190 800	141 334	35.00
10	环宇集团（南京）有限公司	181 372	156 356	16.00
11	常熟开关制造有限公司（原常熟开关厂）	166 766	166 582	0.11
12	江苏波瑞电气有限公司	166 000	159 000	4.40
13	川开电气股份有限公司	136 266	127 067	7.24
14	杭申集团有限公司	123 310	150 925	-18.30
15	四川电器集团股份有限公司	122 464	105 543	16.03
16	江苏威腾母线有限公司	110 758	99 931	10.83
17	上海宝临电气集团有限公司	89 865	89 124	0.83
18	成都科星电力电器有限公司	88 878	86 544	2.70
19	常州太平洋电力设备（集团）有限公司	86 550	87 298	-0.86
20	浙宝电气（杭州）集团有限公司	84 705	76 992	10.02

2012年电控配电设备分会企业工业增加值排序

序号	企 业 名 称	2012年（万元）	2011年（万元）	同比增长（%）
1	许继电气股份有限公司	708 762	574 062	23.46
2	大全集团有限公司	402 557	390 057	3.20
3	华鹏集团有限公司	185 386	159 912	15.93
4	江苏东源电器集团股份有限公司	160 637	150 128	7.00
5	常熟开关制造有限公司（原常熟开关厂）	81 776	71 997	13.58
6	上海中发电气（集团）股份有限公司	52 432	43 732	19.89
7	安徽鑫龙电器股份有限公司	50 880	42 400	20.00

（续）

序号	企业名称	2012年（万元）	2011年（万元）	同比增长（%）
8	川开电气股份有限公司	50 071	46 692	7.24
9	四川电器集团股份有限公司	40 715	35 087	16.04
10	法泰电器（江苏）股份有限公司	40 468	13 510	199.54
11	江苏海纬集团有限公司	40 450	35 631	13.53
12	天津久安集团有限公司	40 213	37 867	6.20
13	江苏波瑞电气有限公司	38 533	39 157	-1.59
14	环宇集团（南京）有限公司	37 857	32 636	16.00
15	正泰电器股份有限公司	36 512	31 750	15.00
16	寿光巨能电气有限公司	28 961	17 373	66.70
17	常州太平洋电力设备（集团）有限公司	26 164	27 315	-4.21
18	宁波天安（集团）股份有限公司	25 942	40 016	-35.17
19	江苏威腾母线有限公司	25 606	21 921	16.81
20	上海宝临电气集团有限公司	19 439	5 869	231.21

2012年电控配电设备分会企业主营业务收入排序

序号	企业名称	2012年（万元）	2011年（万元）	同比增长（%）
1	大全集团有限公司	1 401 056	1 363 956	2.72
2	许继电气股份有限公司	1 383 693	1 400 150	-1.18
3	华鹏集团有限公司	638 870	544 411	17.35
4	江苏东源电器集团股份有限公司	548 382	517 342	6.00
5	正泰电器股份有限公司	399 917	267 808	49.33
6	上海中发电气（集团）股份有限公司	260 492	208 477	24.95
7	宁波天安（集团）股份有限公司	223 483	174 406	28.14
8	天源华威集团有限公司	220 790	193 305	14.22
9	环宇集团（南京）有限公司	181 290	156 285	16.00
10	安徽鑫龙电器股份有限公司	176 843	130 995	35.00
11	常熟开关制造有限公司（原常熟开关厂）	163 487	163 267	0.13
12	江苏波瑞电气有限公司	162 653	156 825	3.72
13	杭申集团有限公司	139 900	164 927	-15.17
14	川开电气股份有限公司	122 265	113 965	7.28
15	四川电器集团股份有限公司	104 671	90 208	16.03
16	常州太平洋电力设备（集团）有限公司	90 044	90 417	-0.41
17	上海宝临电气集团有限公司	89 343	88 956	0.44
18	江苏威腾母线有限公司	86 059	78 369	9.81
19	浙宝电气（杭州）集团有限公司	83 259	74 863	11.22
20	上海天灵开关厂有限公司	74 335	72 890	1.98

2012年电控配电设备分会企业全员劳动生产率排序

序号	企业名称	全员劳动生产率（元/人）	序号	企业名称	全员劳动生产率（元/人）
1	江苏东源电器集团股份有限公司	1 254 977	11	许继电气股份有限公司	644 188
2	法泰电器（江苏）股份有限公司	1 176 395	12	江苏威腾母线有限公司	519 391
3	江苏海纬集团有限公司	1 047 922	13	常州太平洋电力设备（集团）有限公司	496 471
4	上海中发电气（集团）股份有限公司	949 855	14	常熟开关制造有限公司（原常熟开关厂）	489 384
5	江苏波瑞电气有限公司	944 436	15	大全集团有限公司	442 273
6	四川电器集团股份有限公司	761 028	16	上海南华兰陵电气有限公司	415 890
7	易霸科技（威海）股份有限公司	697 674	17	宁波天元电气集团有限公司	410 387
8	寿光巨能电气有限公司	689 548	18	广东番开电气设备制造有限公司	405 896
9	天津久安集团有限公司	681 576	19	宁夏力成电气集团有限公司	403 905
10	川开电气股份有限公司	680 310	20	苏州工业园区隆盛电器成套设备制造有限公司	390 496

2012年通用低压电器分会企业工业总产值排序

序号	企业名称	2012年（万元）	2011年（万元）	同比增长（%）
1	浙江正泰电器股份有限公司	896 305	884 066	1.38
2	人民电器集团有限公司	876 855	819 491	7.00
3	德力西电气有限公司	534 565	518 639	3.07
4	华通机电集团有限公司	526 688	500 941	5.14
5	浙江天正电气股份有限公司	365 742	358 288	2.08
6	厦门ABB低压电器设备有限公司	274 680	239 781	14.55
7	常熟开关制造有限公司（原常熟开关厂）	166 766	166 582	0.11
8	现代重工（中国）电气有限公司	158 710	146 900	8.04
9	苏州西门子电器有限公司	149 140	165 465	-9.87
10	天津百利特精电气股份有限公司	133 232	123 991	7.45
11	环宇集团有限公司	132 030	144 937	-8.91
12	上海电器股份有限公司人民电器厂	129 156	143 399	-9.93
13	杭申集团有限公司	123 310	150 925	-18.30
14	长城电器集团有限公司	95 521	126 425	-24.44
15	耀华电器集团有限公司	82 530	97 253	-15.14
16	常安集团有限公司	79 702	71 335	11.73
17	施耐德万高（天津）电气设备有限公司	72 250	63 704	13.42
18	天水二一三电器有限公司	61 001	53 507	14.01
19	上海一开电气集团有限公司	60 438	74 859	-19.26
20	上海良信电器股份有限公司	59 991	56 624	5.95

2012 年通用低压电器分会企业工业增加值排序

序号	企 业 名 称	2012 年（万元）	2011 年（万元）	同比增长（%）
1	浙江正泰电器股份有限公司	278 596	266 811	4.42
2	人民电器集团有限公司	210 445	203 726	3.30
3	华通机电集团有限公司	143 938	136 904	5.14
4	德力西电气有限公司	101 577	161 059	-36.93
5	天津百利特精电气股份有限公司	100 964	70 159	43.91
6	常熟开关制造有限公司(原常熟开关厂)	81 776	71 997	13.58
7	浙江天正电气股份有限公司	76 952	102 978	-25.27
8	厦门 ABB 低压电器设备有限公司	64 190	55 797	15.04
9	上海电器股份有限公司人民电器厂	40 333	37 409	7.82
10	环宇集团有限公司	39 902	30 377	31.36
11	苏州西门子电器有限公司	35 080	33 093	6.00
12	现代重工(中国)电气有限公司	30 527	23 279	31.14
13	施耐德万高(天津)电气设备有限公司	25 420	22 151	14.76
14	常安集团有限公司	23 934	21 198	12.91
15	长城电器集团有限公司	22 765	21 796	4.45
16	上海良信电器股份有限公司	22 340	22 492	-0.68
17	耀华电器集团有限公司	19 853	20 365	-2.51
18	北京 ABB 低压电器有限公司	19 800	25 358	-21.92
19	天水二一三电器有限公司	16 000	14 002	14.27
20	深圳市泰永科技股份有限公司	15 720	11 880	32.32

2012 年通用低压电器分会企业主营业务收入排序

序号	企 业 名 称	2012 年（万元）	2011 年（万元）	同比增长（%）
1	人民电器集团有限公司	875 979	818 635	7.00
2	浙江正泰电器股份有限公司	853 181	812 331	5.03
3	华通机电集团有限公司	510 725	486 351	5.01
4	德力西电气有限公司	458 253	461 392	-0.68
5	浙江天正电气股份有限公司	364 711	351 021	3.90
6	厦门 ABB 低压电器设备有限公司	276 253	240 119	15.05
7	常熟开关制造有限公司(原常熟开关厂)	163 487	163 267	0.13
8	天津百利特精电气股份有限公司	157 579	127 549	23.54
9	苏州西门子电器有限公司	140 696	159 352	-11.71
10	杭申集团有限公司	139 900	164 927	-15.17
11	环宇集团有限公司	132 067	144 741	-8.76
12	上海电器股份有限公司人民电器厂	123 811	136 398	-9.23
13	现代重工(中国)电气有限公司	96 698	92 095	5.00
14	长城电器集团有限公司	94 317	125 233	-24.69
15	耀华电器集团有限公司	88 380	94 123	-6.10

（续）

序号	企业名称	2012年（万元）	2011年（万元）	同比增长（%）
16	常安集团有限公司	79 780	70 660	12.91
17	施耐德万高（天津）电气设备有限公司	72 656	63 291	14.80
18	北京ABB低压电器有限公司	69 187	88 161	-21.52
19	上海一开电气集团有限公司	60 252	74 735	-19.38
20	上海良信电器股份有限公司	59 991	56 624	5.95

2012年通用低压电器分会企业全员劳动生产率排序

序号	企业名称	全员劳动生产率（元/人）	序号	企业名称	全员劳动生产率（元/人）
1	施耐德万高（天津）电气设备有限公司	692 643	11	上海电器股份有限公司人民电器厂	372 763
2	厦门ABB低压电器设备有限公司	606 138	12	现代重工（中国）电气有限公司	354 965
3	上海电器成套厂有限公司	568 100	13	苏州西门子电器有限公司	323 616
4	华通机电集团有限公司	514 064	14	安徽鑫龙低压电器有限公司	312 386
5	天津百利特精电气股份有限公司	511 728	15	常安集团有限公司	309 625
6	常熟开关制造有限公司（原常熟开关厂）	489 384	16	深圳市泰永科技股份有限公司	300 574
7	人民电器集团有限公司	418 796	17	北京ABB低压电器有限公司	279 267
8	中希集团有限公司	392 000	18	安徽广力电气科技发展有限公司	261 468
9	杭州鸿雁盖伊尔电器有限公司	387 346	19	沈阳斯沃电器有限公司	255 498
10	绍兴电力设备成套公司	386 757	20	宁波燎原电器集团股份有限公司	253 313

2012年电力电子分会企业工业总产值排序

序号	企业名称	2012年（万元）	2011年（万元）	同比增长（%）
1	河南森源集团有限公司	1 068 998	648 544	64.83
2	西安西电电力系统有限公司	150 000	92 631	61.93
3	西安永电电气有限责任公司	125 585	141 501	-11.25
4	荣信电力电子股份有限公司	107 080	135 585	-21.02
5	北京金自天正智能控制股份有限公司	101 226	54 612	85.35
6	株洲南车时代电气股份有限公司电力电子事业部	46 065	36 100	27.60
7	深圳深爱半导体股份有限公司	44 055	50 600	-12.93
8	北京七星华创电子股份有限公司	37 121	79 490	-53.30
9	湖北台基半导体股份有限公司	27 182	32 193	-15.57
10	西安爱科电子有限责任公司	20 528	20 248	1.38
11	九江九整整流器有限公司	14 382	18 204	-21.00
12	安徽省祁门县黄山电器有限责任公司	12 618	13 512	-6.62
13	江阴市赛英电子有限公司	7 800	9 200	-15.22
14	河北华整实业有限公司	6 650	6 500	2.31
15	北京东风机车电器厂	6 338	8 977	-29.40

2012年电力电子分会企业工业增加值排序

序号	企业名称	2012年（万元）	2011年（万元）	同比增长（%）
1	河南森源集团有限公司	149 660	89 229	67.73
2	深圳深爱半导体股份有限公司	44 877	50 200	-10.60
3	荣信电力电子股份有限公司	33 100	41 911	-21.02
4	北京七星华创电子股份有限公司	26 496	34 002	-22.08
5	西安西电电力系统有限公司	18 794	8 855	112.25
6	株洲南车时代电气股份有限公司电力电子事业部	13 052	11 879	9.87
7	湖北台基半导体股份有限公司	8 155	9 658	-15.56
8	西安爱科电子有限责任公司	6 454	6 588	-2.03
9	西安永电电气有限责任公司	5 729	5 007	14.42
10	河北华整实业有限公司	5 120	5 040	1.59
11	扬州四菱电子有限公司	2 874	2 699	6.48
12	安徽省祁门县黄山电器有限责任公司	2 798	3 902	-28.28
13	北京东风机车电器厂	2 601	4 530	-42.58
14	盐城彩阳电器阀门有限公司	1 680	1 630	3.07
15	江阴市赛英电子有限公司	1 387	2 350	-40.98

2012年电力电子分会企业主营业务收入排序

序号	企业名称	2012年（万元）	2011年（万元）	同比增长（%）
1	河南森源集团有限公司	1 061 332	633 929	67.42
2	荣信电力电子股份有限公司	127 434	163 082	-21.86
3	西安西电电力系统有限公司	105 734	55 023	92.16
4	北京七星华创电子股份有限公司	99 836	114 821	-13.05
5	北京金自天正智能控制股份有限公司	97 920	75 353	29.95
6	西安永电电气有限责任公司	88 277	137 293	-35.70
7	深圳深爱半导体股份有限公司	42 525	49 661	-14.37
8	株洲南车时代电气股份有限公司电力电子事业部	39 225	34 457	13.84
9	湖北台基半导体股份有限公司	26 967	32 294	-16.50
10	西安爱科电子有限责任公司	19 016	15 166	25.39
11	安徽省祁门县黄山电器有限责任公司	8 566	9 748	-12.13
12	九江九整整流器有限公司	8 139	18 682	-56.43
13	江阴市赛英电子有限公司	8 008	8 953	-10.56
14	河北华整实业有限公司	6 500	6 300	3.17
15	盐城彩阳电器阀门有限公司	5 592	5 310	5.31

2012年电力电子分会企业全员劳动生产率排序

序号	企业名称	全员劳动生产率（元/人）	序号	企业名称	全员劳动生产率（元/人）
1	深圳深爱半导体股份有限公司	378 390	9	西安爱科电子有限责任公司	165 487
2	西安西电电力系统有限公司	367 789	10	盐城彩阳电器阀门有限公司	146 087
3	河南森源集团有限公司	362 461	11	湖北台基半导体股份有限公司	117 507
4	株洲南车时代电气股份有限公司电力电子事业部	278 294	12	扬州四菱电子有限公司	114 502
5	河北华整实业有限公司	266 667	13	西安永电电气有限责任公司	111 459
6	荣信电力电子股份有限公司	236 429	14	江阴市赛英电子有限公司	104 286
7	北京七星华创电子股份有限公司	204 287	15	浙江正邦电力电子有限公司	74 750
8	北京东风机车电器厂	197 045			

2012年防爆电器分会企业工业总产值排序

序号	企业名称	2012年（万元）	2011年（万元）	同比增长（%）
1	华荣科技股份有限公司	189 692	148 683	27.58
2	电光防爆科技股份有限公司	135 882	133 087	2.10
3	飞策防爆电器有限公司	45 603	41 744	9.24
4	八达电气有限公司	41 227	39 820	3.53
5	江苏恒通电气仪表有限公司	40 698	37 310	9.08
6	济源市矿用电器有限责任公司	36 864	22 316	65.19
7	新黎明防爆电器有限公司	31 176	26 964	15.62
8	山西汾西机电有限公司	28 595	24 785	15.37
9	合隆防爆电气有限公司	28 540	25 330	12.67
10	无锡军工智能电气股份有限公司	28 449	20 165	41.08
11	华夏防爆电气有限公司	27 562	25 641	7.49
12	天津市天矿电器设备有限公司	20 225	18 505	9.29
13	创正防爆电器有限公司	20 150	18 650	8.04
14	上海宝临防爆电器有限公司	19 388	16 475	17.68
15	振达科技有限公司	19 332	18 025	7.25
16	济源市华宇矿业电器有限公司	18 322	18 231	0.50
17	沈阳北方防爆股份有限公司	17 696	20 351	-13.05
18	合肥开关厂有限公司	14 463	13 310	8.66
19	长城电器集团防爆电器有限公司	14 439	13 752	5.00
20	济源市煤炭高压开关有限公司	13 732	15 617	-12.07

2012年防爆电器分会企业工业增加值排序

序号	企业名称	2012年（万元）	2011年（万元）	同比增长（%）
1	华荣科技股份有限公司	79 433	62 035	28.05
2	电光防爆科技股份有限公司	45 528	44 376	2.60
3	江苏恒通电气仪表有限公司	13 229	14 598	-9.38
4	新黎明防爆电器有限公司	10 580	8 269	27.95
5	八达电气有限公司	10 534	11 975	-12.03
6	济源市矿用电器有限责任公司	9 993	6 216	60.76
7	无锡军工智能电气股份有限公司	9 696	7 224	34.22
8	飞策防爆电器有限公司	9 682	9 011	7.45
9	合隆防爆电气有限公司	9 140	8 118	12.59
10	山西汾西机电有限公司	8 835	7 710	14.59
11	华夏防爆电气有限公司	8 722	7 837	11.29
12	沈阳北方防爆股份有限公司	6 479	8 498	-23.76
13	合肥开关厂有限公司	6 079	5 700	6.65
14	长城电器集团防爆电器有限公司	5 802	5 575	4.07
15	上海宝临防爆电器有限公司	5 715	4 904	16.54
16	天津市天矿电器设备有限公司	5 657	5 193	8.94
17	振达科技有限公司	5 526	4 466	23.73
18	淄博市博山防爆电器厂有限公司	5 263	4 019	30.95
19	济源市华宇矿业电器有限公司	5 238	5 212	0.50
20	创正防爆电器有限公司	4 930	3 917	25.86

2012年防爆电器分会企业主营业务收入排序

序号	企业名称	2012年（万元）	2011年（万元）	同比增长（%）
1	华荣科技股份有限公司	179 154	158 245	13.21
2	电光防爆科技股份有限公司	116 095	111 422	4.19
3	飞策防爆电器有限公司	42 113	40 227	4.69
4	江苏恒通电气仪表有限公司	41 040	37 310	10.00
5	八达电气有限公司	38 487	36 010	6.88
6	济源市矿用电器有限责任公司	30 578	21 867	39.84
7	新黎明防爆电器有限公司	30 194	27 514	9.74
8	山西汾西机电有限公司	27 909	19 690	41.74
9	合隆防爆电气有限公司	27 620	24 558	12.47
10	无锡军工智能电气股份有限公司	27 053	18 500	46.23
11	华夏防爆电气有限公司	24 462	23 457	4.28
12	创正防爆电器有限公司	20 115	18 562	8.37
13	天津市天矿电器设备有限公司	19 953	18 271	9.21
14	振达科技有限公司	18 751	17 133	9.44
15	上海宝临防爆电器有限公司	18 723	15 690	19.33

（续）

序号	企业名称	2012年（万元）	2011年（万元）	同比增长（%）
16	济源市华宇矿业电器有限公司	14 879	14 805	0.50
17	长城电器集团防爆电器有限公司	14 810	13 252	11.76
18	淄博市博山防爆电器厂有限公司	13 338	9 640	38.36
19	合肥开关厂有限公司	13 320	12 240	8.82
20	沈阳北方防爆股份有限公司	13 025	18 277	-28.74

2012年防爆电器分会企业全员劳动生产率排序

序号	企业名称	全员劳动生产率（元/人）	序号	企业名称	全员劳动生产率（元/人）
1	电光防爆科技股份有限公司	541 356	11	江苏恒通电气仪表有限公司	237 932
2	合肥开关厂有限公司	416 370	12	鸡西德元电器有限公司	232 315
3	无锡军工智能电气股份有限公司	377 276	13	新黎明防爆电器有限公司	226 552
4	八达电气有限公司	329 188	14	燎原防爆电器有限公司	207 791
5	华夏防爆电气有限公司	311 500	15	长城电器集团防爆电器有限公司	200 761
6	淄博市博山防爆电器厂有限公司	309 588	16	创正防爆电器有限公司	195 635
7	上海电器厂实业有限公司	293 525	17	山西汾西机电有限公司	195 033
8	华荣科技股份有限公司	273 059	18	上海宝临防爆电器有限公司	193 729
9	德力西集团防爆电器有限公司	254 789	19	沈阳市环宇防爆电器总厂	191 121
10	济源市矿用电器有限责任公司	246 741	20	西安重装渭南光电科技有限公司	190 621

2012年继电保护及自动化设备分会企业工业总产值排序

序号	企业名称	2012年（万元）	2011年（万元）	同比增长（%）
1	许继集团有限公司	1 383 693	1 400 150	-1.18
2	国电南瑞科技股份有限公司	602 793	466 002	29.35
3	南京南瑞继保电气有限公司	416 348	317 894	30.97
4	国电南京自动化股份有限公司	414 723	320 415	29.43
5	北京紫光测控有限公司	* 285 739	27 524	938.14
6	北京四方继保自动化股份有限公司	210 456	179 808	17.04
7	东方电子集团有限公司	201 034	195 374	2.90
8	深圳市科陆电子科技股份有限公司	164 265	131 249	25.16
9	长园深瑞继保自动化有限公司	105 000	70 000	50.00
10	北海银河高科技产业股份有限公司	95 730	95 757	-0.03
11	江苏金智科技股份有限公司	82 120	76 523	7.31
12	积成电子股份有限公司	73 479	48 961	50.08
13	重庆新世纪电气有限公司	54 084	43 786	23.52
14	上海置恒电气有限公司	48 718	51 390	-5.20
15	河南思达高科技股份有限公司	48 282	72 036	-32.98
16	石家庄科林电气股份有限公司	42 312	32 239	31.24

（续）

序号	企 业 名 称	2012年（万元）	2011年（万元）	同比增长（%）
17	广州智光电气股份有限公司	39 554	51 399	-23.05
18	山东鲁能智能技术有限公司	38 620	29 880	29.25
19	宁波福特继电器有限公司	32 768	38 617	-15.15
20	南京因泰莱电器股份有限公司	28 722	36 716	-21.77

2012年继电保护及自动化设备分会企业工业增加值排序

序号	企 业 名 称	2012年（万元）	2011年（万元）	同比增长（%）
1	许继集团有限公司	708 762	574 062	23.46
2	南京南瑞继保电气有限公司	262 299	200 273	30.97
3	东方电子集团有限公司	201 643	197 108	2.30
4	北京四方继保自动化股份有限公司	198 381	58 798	237.39
5	深圳市科陆电子科技股份有限公司	34 351	29 183	17.71
6	积成电子股份有限公司	22 043	12 362	78.31
7	石家庄科林电气股份有限公司	13 514	10 566	27.90
8	武汉中元华电科技股份有限公司	12 230	9 253	32.17
9	山东科汇电力自动化有限公司	12 042	9 366	28.57
10	山东鲁能智能技术有限公司	11 769	6 476	81.73
11	重庆新世纪电气有限公司	10 298	8 251	24.81
12	江苏金智科技股份有限公司	10 122	9 988	1.34
13	广州金升阳科技有限公司	9 683	3 961	144.46
14	江苏斯菲尔电气股份有限公司	8 782	10 247	-14.30
15	南京因泰莱电器股份有限公司	8 631	11 014	-21.64
16	上海安科瑞电气股份有限公司	7 717	9 074	-14.95
17	宁波福特继电器有限公司	7 511	8 952	-16.10
18	长园深瑞继保自动化有限公司	7 500	5 000	50.00
19	南京磐能电力科技股份有限公司	7 241	6 895	5.02
20	南京钛能电气有限公司	6 250	5 637	10.87

2012年继电保护及自动化设备分会企业主营业务收入排序

序号	企 业 名 称	2012年（万元）	2011年（万元）	同比增长（%）
1	许继集团有限公司	1 037 330	1 229 397	-15.62
2	国电南瑞科技股份有限公司	602 793	466 002	29.35
3	南京南瑞继保电气有限公司	416 348	317 894	30.97
4	国电南京自动化股份有限公司	414 723	320 415	29.43
5	东方电子集团有限公司	205 109	185 940	10.31
6	北京四方继保自动化股份有限公司	164 493	131 090	25.48
7	深圳市科陆电子科技股份有限公司	137 890	109 426	26.01

（续）

序号	企业名称	2012年（万元）	2011年（万元）	同比增长（%）
8	北海银河高科技产业股份有限公司	93 294		
9	长园深瑞继保自动化有限公司	87 000	58 000	50.00
10	江苏金智科技股份有限公司	82 120	76 523	7.31
11	积成电子股份有限公司	69 980	46 630	50.08
12	河南思达高科技股份有限公司	48 282	72 037	-32.98
13	广州智光电气股份有限公司	46 122	43 909	5.04
14	重庆新世纪电气有限公司	43 402	42 586	1.92
15	山东鲁能智能技术有限公司	36 093	22 517	60.29
16	宁波福特继电器有限公司	32 534	38 561	-15.63
17	石家庄科林电气股份有限公司	31 681	24 519	29.21
18	北京紫光测控有限公司	30 337	27 524	10.22
19	西门子电力自动化有限公司	29 864	29 164	2.40
20	南京因泰莱电器股份有限公司	28 654	21 382	34.01

2012年牵引电气设备分会企业工业总产值排序

序号	企业名称	2012年（万元）	2011年（万元）	同比增长（%）
1	湘电集团有限公司	893 764	1 084 263	-17.57
2	永济新时速电机电器有限责任公司	555 203	516 502	7.49
3	荣信电力电子股份有限公司	81 909	163 024	-49.76
4	湘电重型装备股份有限公司	60 375	76 628	-21.21
5	河南南车重型装备有限公司	56 674	46 887	20.88
6	湘潭电机车厂有限公司	27 300	23 000	18.70
7	湘潭牵引机车厂有限公司	22 130	15 200	45.60
8	大连日牵电机有限公司	21 983	23 095	-4.82
9	常州基腾电气有限公司	16 621	18 019	-7.76
10	四川省乐山市宇强电机车制造有限公司	11 845	14 002	-15.40
11	湘潭赛虎电池有限责任公司	9 100	4 500	102.22
12	平遥同妙机车有限公司	9 057	8 234	10.00
13	淄博牵引电机集团股份有限公司	7 492	13 497	-44.49
14	盘江六盘水装备制造有限公司	6 532	8 016	-18.52
15	湘潭市南方机电制造有限公司	6 094	7 950	-23.35

2012年牵引电气设备分会企业工业增加值排序

序号	企业名称	2012年（万元）	2011年（万元）	同比增长（%）
1	永济新时速电机电器有限责任公司	87 285	81 857	6.63
2	荣信电力电子股份有限公司	29 267	40 732	-28.15
3	湘电重型装备股份有限公司	9 344	21 592	-56.72
4	大连日牵电机有限公司	7 789	10 231	-23.87
5	四川省乐山市宇强电机车制造有限公司	6 244	8 460	-26.19

（续）

序号	企业名称	2012年（万元）	2011年（万元）	同比增长（%）
6	浙江巨大矿业有限公司	3 653	3 009	21.40
7	平遥同妙机车有限公司	3 170	2 882	9.99
8	淄博牵引电机集团股份有限公司	2 225	3 777	-41.09
9	常州基腾电气有限公司	2 209	2 583	-14.48
10	湘潭新昕通用电气有限公司	1 522	954	59.54
11	湘潭赛虎电池有限责任公司	1 421	700	103.00
12	盘江六盘水装备制造有限公司	1 241	2 530	-50.94
13	湘潭华南电机车有限公司	830	890	-6.74
14	湘潭市牵引电机厂	625	426	46.71
15	韶山如意电机电器有限公司	529	518	2.21

2012年牵引电气设备分会企业主营业务收入排序

序号	企业名称	2012年（万元）	2011年（万元）	同比增长（%）
1	湘电集团有限公司	928 636	1 233 825	-24.74
2	永济新时速电机电器有限责任公司	567 905	503 655	12.76
3	荣信电力电子股份有限公司	108 373	138 924	-21.99
4	湘电重型装备股份有限公司	60 164	67 882	-11.37
5	河南南车重型装备有限公司	41 901	39 248	6.76
6	湘潭电机车厂有限公司	23 125	13 165	75.66
7	湘潭牵引机车厂有限公司	22 130	13 690	61.65
8	大连日牵电机有限公司	20 127	21 968	-8.38
9	常州基腾电气有限公司	18 123	16 437	10.26
10	四川省乐山市宇强电机车制造有限公司	9 962	11 160	-10.73
11	淄博牵引电机集团股份有限公司	8 216	12 929	-36.45
12	平遥同妙机车有限公司	7 354	7 115	3.36
13	湘潭赛虎电池有限责任公司	5 786	4 240	36.46
14	盘江六盘水装备制造有限公司	5 440	5 403	0.68
15	韶山如意电机电器有限公司	5 299	4 817	10.00

2012年牵引电气设备分会企业全员劳动生产率排序

序号	企业名称	全员劳动生产率（元/人）	序号	企业名称	全员劳动生产率（元/人）
1	浙江巨大矿业有限公司	397 065	9	平遥同妙机车有限公司	128 089
2	四川省乐山市宇强电机车制造有限公司	226 232	10	湘电重型装备股份有限公司	107 156
3	永济新时速电机电器有限责任公司	176 833	11	天水长城控制电器厂一分厂	47 114
4	湘潭华南电机车有限公司	166 000	12	湘潭市牵引电机厂	38 727
5	常州基腾电气有限公司	151 301	13	韶山如意电机电器有限公司	34 732
6	湘潭赛虎电池有限责任公司	149 579	14	上海立新电器控制设备有限公司	29 419
7	湘潭新昕通用电气有限公司	144 545	15	盘江六盘水装备制造有限公司	16 289
8	大连日牵电机有限公司	139 094			

2012 年电焊机分会企业工业总产值排序

序号	企业名称	2012 年（万元）	2011 年（万元）	同比增长（%）
1	唐山松下产业机器有限公司	116 148	152 847	-24.01
2	欧地希机电（上海）有限公司	83 900	85 170	-1.49
3	深圳市瑞凌实业股份有限公司	71 885	76 587	-6.14
4	深圳市佳士科技股份有限公司	62 446	62 271	0.28
5	昆山华恒焊接股份有限公司	62 000	56 000	10.71
6	上海沪工焊接集团股份有限公司	53 500	42 857	24.83
7	深圳华意隆电气股份有限公司	40 707	35 397	15.00
8	小原（南京）机电有限公司	40 048	32 000	25.15
9	山东奥太电气有限公司	39 882	44 082	-9.53
10	凯尔达集团有限公司	39 075	35 155	11.15
11	上海威特力焊接设备制造股份有限公司	36 397	37 440	-2.79
12	北京时代科技股份有限公司	35 122	32 648	7.58
13	无锡汉神电气有限公司	35 006	32 240	8.58
14	浙江肯得机电股份有限公司	33 442	39 223	-14.74
15	唐山长城电焊机总厂有限公司	31 722	28 324	12.00

2012 年电焊机分会企业工业增加值排序

序号	企业名称	2012 年（万元）	2011 年（万元）	同比增长（%）
1	唐山松下产业机器有限公司	58 230	76 839	-24.22
2	深圳市瑞凌实业股份有限公司	20 735	20 176	2.77
3	深圳市佳士科技股份有限公司	20 305	19 512	4.06
4	昆山华恒焊接股份有限公司	13 800	19 600	-29.59
5	山东奥太电气有限公司	13 361	13 408	-0.35
6	上海沪工焊接集团股份有限公司	12 110	11 571	4.66
7	上海东升焊接集团有限公司	10 675	9 475	12.66
8	上海威特力焊接设备制造股份有限公司	10 603	14 742	-28.08
9	无锡汉神电气有限公司	9 807	8 916	9.99
10	嘉兴斯达半导体有限公司	8 500	8 223	3.36
11	深圳华意隆电气股份有限公司	8 481	7 374	15.00
12	唐山长城电焊机总厂有限公司	8 040	7 178	12.01
13	成都焊研科技有限责任公司	7 813	8 342	-6.34
14	成都焊研威达科技股份有限公司	7 305	7 000	4.36
15	广州友田机电设备有限公司	6 718	9 800	-31.45

2012年电焊机分会企业主营业务收入排序

序号	企业名称	2012年（万元）	2011年（万元）	同比增长（%）
1	唐山松下产业机器有限公司	95 321	122 537	-22.21
2	深圳市瑞凌实业股份有限公司	72 716	71 461	1.76
3	欧地希机电(上海)有限公司	71 710	72 800	-1.50
4	深圳市佳士科技股份有限公司	55 835	53 627	4.12
5	昆山华恒焊接股份有限公司	54 994	43 630	26.05
6	上海沪工焊接集团股份有限公司	45 720	41 794	9.39
7	小原(南京)机电有限公司	41 020	31 554	30.00
8	凯尔达集团有限公司	38 348	35 012	9.53
9	北京时代科技股份有限公司	38 322	34 538	10.96
10	上海威特力焊接设备制造股份有限公司	36 397	37 440	-2.79
11	无锡汉神电气有限公司	35 211	33 007	6.68
12	山东奥太电气有限公司	33 275	36 967	-9.99
13	浙江肯得机电股份有限公司	32 331	33 394	-3.18
14	唐山长城电焊机总厂有限公司	30 832	25 623	20.33
15	深圳华意隆电气股份有限公司	30 272	29 498	2.62

2012年电焊机分会企业全员劳动生产率排序

序号	企业名称	全员劳动生产率（元/人）	序号	企业名称	全员劳动生产率（元/人）
1	唐山松下产业机器有限公司	911 268	9	昆山华恒焊接股份有限公司	191 933
2	唐山长城电焊机总厂有限公司	365 455	10	上海威特力焊接设备制造股份有限公司	176 717
3	上海东升焊接集团有限公司	305 000	11	小原(南京)机电有限公司	176 325
4	嘉兴斯达半导体有限公司	300 353	12	济南诺斯焊接辅具有限公司	174 877
5	无锡汉神电气有限公司	298 085	13	武汉凯奇特种焊接设备有限责任公司	171 018
6	成都熊谷加世电器有限公司	245 714	14	上海林肯电气有限公司	170 256
7	深圳鸿柏实业有限公司	217 043	15	广州友田机电设备有限公司	167 950
8	成都焊研科技有限责任公司	194 353			

2012年焊接材料分会企业工业总产值排序

序号	企业名称	2012年（万元）	2011年（万元）	同比增长（%）
1	天津大桥焊材集团有限公司	815 029	803 529	1.43
2	天津市金桥焊材集团有限公司	579 661	572 334	1.28
3	山东索力得焊材有限公司	150 889	147 176	2.52
4	山东聚力焊接材料有限公司	117 635	116 055	1.36
5	上海电力修造总厂有限公司	107 528	98 020	9.70
6	昆山京群焊材科技有限公司	96 203	79 404	21.16

（续）

序号	企 业 名 称	2012年（万元）	2011年（万元）	同比增长（%）
7	四川大西洋焊接材料股份有限公司	93 990	103 680	-9.35
8	武汉铁锚焊接材料股份有限公司	92 500	82 150	12.60
9	常州华通焊业股份有限公司	89 813	85 101	5.54
10	株洲湘江电焊条有限公司	86 420	78 560	10.01
11	天泰焊材（昆山）有限公司	75 000	65 000	15.38
12	江苏中江焊丝有限公司	63 580	61 500	3.38
13	上海大西洋焊接材料有限责任公司	48 288	65 694	-26.50
14	林肯电气（锦州）焊接材料有限公司	47 970	68 916	-30.39
15	天津永久焊接材料有限公司	45 838	31 264	46.62
16	河北翼辰实业集团有限公司	44 000	52 300	-15.87
17	浙江新元焊材有限公司	41 080	40 450	1.56
18	宜昌猴王焊丝有限公司	38 244	32 583	17.37
19	张家港市亨昌焊材有限公司	28 490	34 900	-18.37
20	保定市蓝宇焊材有限公司	27 639	32 120	-13.95

2012年焊接材料分会企业工业增加值排序

序号	企 业 名 称	2012年（万元）	2011年（万元）	同比增长（%）
1	天津市金桥焊材集团有限公司	91 605	78 734	16.35
2	山东聚力焊接材料有限公司	40 658	38 058	6.83
3	天津大桥焊材集团有限公司	32 344	30 596	5.71
4	山东索力得焊材有限公司	31 893	30 907	3.19
5	上海电力修造总厂有限公司	24 296	19 364	25.47
6	常州华通焊业股份有限公司	22 453	21 275	5.54
7	宜昌猴王焊丝有限公司	15 407	11 771	30.89
8	四川大西洋焊接材料股份有限公司	15 228	16 488	-7.64
9	昆山京群焊材科技有限公司	14 985	18 800	-20.29
10	武汉铁锚焊接材料股份有限公司	12 284	11 167	10.00
11	江苏中江焊丝有限公司	10 930	10 580	3.31
12	林肯电气（锦州）焊接材料有限公司	10 894	12 196	-10.68
13	浙江新元焊材有限公司	7 051	11 475	-38.55
14	湖北猴王焊材有限公司	6 536		
15	株洲湘江电焊条有限公司	6 248	5 680	10.00
16	上海大西洋焊接材料有限责任公司	5 837	5 595	4.33
17	张家港市亨昌焊材有限公司	4 594	3 867	18.80
18	浙江永翔电缆集团有限公司	4 289	6 721	-36.19
19	上海斯米克焊材有限公司	3 852	2 230	72.74
20	常熟市华银焊料有限公司	3 425	3 570	-4.06

2012 年焊接材料分会企业主营业务收入排序

序号	企业名称	2012 年（万元）	2011 年（万元）	同比增长（%）
1	天津大桥焊材集团有限公司	810 372	1 022 201	-20.72
2	天津市金桥焊材集团有限公司	616 951	610 516	1.05
3	山东索力得焊材有限公司	150 656	144 862	4.00
4	山东聚力焊接材料有限公司	115 522	113 323	1.94
5	林肯电气（锦州）焊接材料有限公司	148 773	115 236	29.10
6	上海电力修造总厂有限公司	107 464	95 496	12.53
7	四川大西洋焊接材料股份有限公司	105 263	114 049	-7.70
8	常州华通焊业股份有限公司	94 456	85 686	10.24
9	武汉铁锚焊接材料股份有限公司	73 140	62 872	16.33
10	江苏中江焊丝有限公司	63 580	61 046	4.15
11	株洲湘江电焊条有限公司	62 248	60 353	3.14
12	上海大西洋焊接材料有限责任公司	58 292	67 940	-14.20
13	安泰科技股份有限公司	49 206	57 949	-15.09
14	天津永久焊接材料有限公司	45 838	29 550	55.12
15	宜昌猴王焊丝有限公司	38 016	31 805	19.53
16	浙江新元焊材有限公司	35 125	38 784	-9.43
17	张家港市亨昌焊材有限公司	28 420	34 455	-17.52
18	保定市蓝宇焊材有限公司	27 994	31 473	-11.05
19	上海斯米克焊材有限公司	24 141	33 058	-26.97
20	浙江永翔电缆集团有限公司	23 597	22 145	6.56

2012 年焊接材料分会企业全员劳动生产率排序

序号	企业名称	全员劳动生产率（元/人）	序号	企业名称	全员劳动生产率（元/人）
1	宜昌猴王焊丝有限公司	536 829	11	昆山京群焊材科技有限公司	233 775
2	上海电力修造总厂有限公司	436 194	12	山东飞乐焊业有限公司	220 625
3	常熟市华银焊料有限公司	380 556	13	浙江永翔电缆集团有限公司	214 450
4	山东聚力焊接材料有限公司	362 371	14	北京金威焊材有限公司	206 135
5	山东索力得焊材有限公司	330 840	15	林肯电气（锦州）焊接材料有限公司	190 122
6	常州华通焊业股份有限公司	327 303	16	江苏中江焊丝有限公司	188 448
7	重庆双江焊接材料有限责任公司	304 167	17	云南奥云焊材科技有限公司	181 395
8	湖北猴王焊材有限公司	302 593	18	上海斯米克焊材有限公司	176 697
9	武汉银海焊接科技有限公司	298 721	19	张家港市亨昌焊材有限公司	164 071
10	兰州威特焊材有限公司	247 895	20	天津市金桥焊材集团有限公司	149 242

2012年防爆电机分会企业工业总产值排序

序号	企业名称	2012年（万元）	2011年（万元）	同比增长（%）
1	佳木斯电机股份有限公司	278 326	276 392	0.70
2	南阳防爆集团股份有限公司	257 342	253 504	1.51
3	山东华力电机集团股份有限公司	220 081	253 470	-13.17
4	六安江淮电机有限公司	120 128	141 176	-14.91
5	安徽皖南电机股份有限公司	118 277	124 502	-5.00
6	江苏大中电机股份有限公司	106 371	104 315	1.97
7	抚顺煤矿电机制造有限责任公司	95 027	90 124	5.44
8	浙江金龙电机股份有限公司	70 638	69 075	2.26
9	无锡华达电机有限公司	68 105	90 094	-24.41
10	江西特种电机股份有限公司	64 008	75 103	-14.77
11	江苏锡安达防爆股份有限公司	39 122	37 880	3.28
12	长沙电机厂有限责任公司	33 502	49 185	-31.89
13	上海品星防爆电机有限公司	26 758	32 408	-17.43
14	大连日牵电机有限公司	21 983	23 095	-4.81
15	广东东莞电机有限公司	21 659	24 677	-12.23
16	浙江浦东电机有限公司	18 295	17 365	5.36
17	德州恒力电机有限责任公司	17 080	23 208	-26.40
18	中泉集团有限公司	16 800	18 328	-8.34
19	江苏环球特种电机有限公司	14 225	13 818	2.95
20	分宜宏大煤矿电机制造有限公司	14 186	11 206	26.59

2012年防爆电机分会企业工业增加值排序

序号	企业名称	2012年（万元）	2011年（万元）	同比增长（%）
1	南阳防爆集团股份有限公司	89 632	76 813	16.69
2	佳木斯电机股份有限公司	52 200	51 910	0.56
3	山东华力电机集团股份有限公司	43 442	50 820	-14.52
4	六安江淮电机有限公司	39 041	43 905	-11.08
5	抚顺煤矿电机制造有限责任公司	36 830	36 750	0.22
6	安徽皖南电机股份有限公司	31 587	30 217	4.53
7	江西特种电机股份有限公司	23 043	31 543	-26.95
8	浙江金龙电机股份有限公司	19 464	18 749	3.81
9	江苏大中电机股份有限公司	18 832	17 808	5.75
10	无锡华达电机有限公司	13 650	12 150	12.35
11	江苏锡安达防爆股份有限公司	11 345	13 152	-13.74
12	大连日牵电机有限公司	7 789	10 231	-23.87
13	长沙电机厂有限责任公司	5 806	10 276	-43.50
14	浙江浦东电机有限公司	5 585	4 316	29.40
15	中泉集团有限公司	4 296	2 490	72.53
16	分宜宏大煤矿电机制造有限公司	4 256	3 360	26.67

（续）

序号	企业名称	2012年（万元）	2011年（万元）	同比增长（%）
17	沈阳黎明电机制造有限公司	3 365	4 412	-23.73
18	江苏环球特种电机有限公司	3 134	3 014	3.98
19	德州恒力电机有限责任公司	2 630	2 937	-10.45
20	上海品星防爆电机有限公司	2 609	3 345	-22.00

2012年防爆电机分会企业主营业务收入排序

序号	企业名称	2012年（万元）	2011年（万元）	同比增长（%）
1	佳木斯电机股份有限公司	278 143	257 280	8.11
2	南阳防爆集团股份有限公司	245 682	248 511	-1.14
3	山东华力电机集团股份有限公司	221 373	247 110	-10.42
4	六安江淮电机有限公司	120 146	140 178	-14.29
5	安徽皖南电机股份有限公司	114 280	119 727	-4.55
6	江苏大中电机股份有限公司	103 990	103 961	0.03
7	抚顺煤矿电机制造有限责任公司	75 928	71 718	5.87
8	浙江金龙电机股份有限公司	62 709	67 532	-7.14
9	无锡华达电机有限公司	62 478	81 232	-23.09
10	江西特种电机股份有限公司	61 953	68 342	-9.35
11	江苏锡安达防爆股份有限公司	38 144	37 112	2.78
12	长沙电机厂有限责任公司	31 576	44 902	-29.68
13	上海品星防爆电机有限公司	29 228	35 691	-18.11
14	德州恒力电机有限责任公司	25 188	32 497	-22.49
15	广东东莞电机有限公司	20 781	25 625	-18.90
16	大连日牵电机有限公司	20 127	21 968	-8.38
17	浙江浦东电机有限公司	18 295	17 265	5.97
18	中泉集团有限公司	16 800	18 328	-8.34
19	江苏环球特种电机有限公司	14 010	13 395	4.59
20	分宜宏大煤矿电机制造有限公司	12 661	10 000	26.61

2012年防爆电机分会企业全员劳动生产率排序

序号	企业名称	全员劳动生产率（元/人）	序号	企业名称	全员劳动生产率（元/人）
1	沈阳黎明电机制造有限公司	354 211	11	浙江浦东电机有限公司	203 832
2	六安江淮电机有限公司	322 920	12	江西特种电机股份有限公司	177 664
3	安徽皖南电机股份有限公司	317 457	13	中泉集团有限公司	176 066
4	抚顺煤矿电机制造有限责任公司	278 382	14	江苏环球特种电机有限公司	172 198
5	江苏锡安达防爆股份有限公司	265 691	15	无锡华达电机有限公司	152 856
6	南阳防爆集团股份有限公司	248 013	16	大连日牵电机有限公司	139 089
7	温州南洋防爆电机有限公司	214 310	17	江苏大中电机股份有限公司	131 692
8	山东华力电机集团股份有限公司	213 474	18	无锡锡山安达防爆电气设备有限公司	121 638
9	佳木斯电机股份有限公司	207 637	19	上海品星防爆电机有限公司	114 934
10	浙江金龙电机股份有限公司	204 239	20	分宜宏大煤矿电机制造有限公司	103 301

2012年防爆电机分会企业经济效益综合指数排序

序号	企业名称	经济效益综合指数	序号	企业名称	经济效益综合指数
1	抚顺煤矿电机制造有限责任公司	4.47	11	佳木斯电机股份有限公司	2.38
2	六安江淮电机有限公司	3.55	12	浙江金龙电机股份有限公司	2.22
3	沈阳黎明电机制造有限公司	3.30	13	江西特种电机股份有限公司	2.18
4	温州南洋防爆电机有限公司	3.17	14	无锡华达电机有限公司	2.17
5	安徽皖南电机股份有限公司	3.03	15	上海品星防爆电机有限公司	2.12
6	南阳防爆集团股份有限公司	3.01	16	浙江浦东电机有限公司	2.01
7	江苏锡安达防爆股份有限公司	2.78	17	江苏大中电机股份有限公司	1.97
8	大连日牵电机有限公司	2.53	18	中泉集团有限公司	1.78
9	山东华力电机集团股份有限公司	2.49	19	分宜宏大煤矿电机制造有限公司	1.54
10	江苏环球特种电机有限公司	2.44	20	无锡锡山安达防爆电气设备有限公司	1.53

2012年中小型电机分会企业工业总产值排序

序号	企业名称	2012年（万元）	2011年（万元）	同比增长（%）
1	湘电集团有限公司	893 764	1 084 263	-17.57
2	卧龙控股集团有限公司	863 174	788 865	9.42
3	永济新时速电机电器有限责任公司	555 203	516 609	7.47
4	佳木斯电机股份有限公司	278 326	276 392	0.70
5	上海电气集团上海电机厂有限公司	277 581	306 041	-9.30
6	南阳防爆集团股份有限公司	257 342	253 504	1.51
7	山东华力电机集团股份有限公司	220 081	253 470	-13.17
8	兰州电机股份有限公司	140 280	120 220	16.69
9	六安江淮电机有限公司	120 128	141 176	-14.91
10	西安泰富西玛电机有限公司	119 926	112 411	6.69
11	安徽皖南电机股份有限公司	118 277	124 502	-5.00
12	浙江西子富沃德电机有限公司	115 475	126 540	-8.74
13	上海日用-友捷汽车电气有限公司	108 329	98 080	10.45
14	江苏大中电机股份有限公司	106 371	104 315	1.97

2012年中小型电机分会企业工业增加值排序

序号	企业名称	2012年（万元）	2011年（万元）	同比增长（%）
1	湘电集团有限公司	255 655	412 637	-38.04
2	卧龙控股集团有限公司	172 904	156 580	10.43
3	南阳防爆集团股份有限公司	89 632	76 813	16.69
4	永济新时速电机电器有限责任公司	86 908	82 115	5.84

（续）

序号	企业名称	2012年（万元）	2011年（万元）	同比增长（%）
5	上海电气集团上海电机厂有限公司	55 830	52 516	6.31
6	佳木斯电机股份有限公司	52 200	51 910	0.56
7	山东华力电机集团股份有限公司	43 442	50 820	-14.52
8	六安江淮电机有限公司	39 041	43 905	-11.08
9	宁夏西北骏马电机制造股份有限公司	33 436	27 433	21.88
10	兰州电机股份有限公司	32 508	30 750	5.72
11	安徽皖南电机股份有限公司	31 587	30 217	4.53
12	上海日用-友捷汽车电气有限公司	31 023	27 502	12.80
13	西安泰富西玛电机有限公司	29 985	26 978	11.15
14	浙江西子富沃德电机有限公司	28 446	32 889	-13.51

2012年中小型电机分会企业主营业务收入排序

序号	企业名称	2012年（万元）	2011年（万元）	同比增长（%）
1	湘电集团有限公司	928 636	1 233 825	-24.74
2	卧龙控股集团有限公司	865 049	780 054	10.90
3	永济新时速电机电器有限责任公司	604 456	560 000	7.94
4	佳木斯电机股份有限公司	283 211	269 500	5.09
5	上海电气集团上海电机厂有限公司	282 905	313 120	-9.65
6	南阳防爆集团股份有限公司	245 682	248 511	-1.14
7	山东华力电机集团股份有限公司	221 373	247 110	-10.42
8	西安泰富西玛电机有限公司	120 663	97 037	24.35
9	六安江淮电机有限公司	120 146	141 191	-14.91
10	安徽皖南电机股份有限公司	114 280	119 727	-4.55
11	浙江西子富沃德电机有限公司	104 254	114 715	-9.12
12	江苏大中电机股份有限公司	103 990	103 961	0.03
13	上海日用-友捷汽车电气有限公司	99 365	106 719	-6.89
14	兰州电机股份有限公司	75 960	111 657	-31.97

2012年中小型电机分会企业全员劳动生产率排序

序号	企业名称	全员劳动生产率（元/人）	序号	企业名称	全员劳动生产率（元/人）
1	上海日用-友捷汽车电气有限公司	553 982	8	南阳防爆集团股份有限公司	248 013
2	浙江西子富沃德电机有限公司	421 422	9	宁夏西北骏马电机制造股份有限公司	225 310
3	六安江淮电机有限公司	322 920	10	大连天元电机股份有限公司	222 863
4	安徽皖南电机股份有限公司	317 457	11	中国长江航运集团电机厂	217 189
5	卧龙控股集团有限公司	286 788	12	山东华力电机集团股份有限公司	213 474
6	中电电机股份有限公司	277 358	13	佳木斯电机股份有限公司	207 637
7	江苏锡安达防爆股份有限公司	265 691	14	浙江金龙电机股份有限公司	204 238

2012年中小型电机分会企业经济效益综合指数排序

序号	企业名称	经济效益综合指数	序号	企业名称	经济效益综合指数
1	上海日用-友捷汽车电气有限公司	4.75	9	江苏锡安达防爆股份有限公司	2.80
2	浙江西子富沃德电机有限公司	4.03	10	浙江中源电气有限公司	2.71
3	六安江淮电机有限公司	3.57	11	宁夏西北骏马电机制造股份有限公司	2.68
4	中电电机股份有限公司	3.36	12	大连日牵电机有限公司	2.52
5	安徽皖南电机股份有限公司	3.15	13	山东华力电机集团股份有限公司	2.49
6	浙江大速(上海力超)电机有限公司	3.09	14	广东江门电机股份有限公司	2.49
7	南阳防爆集团股份有限公司	3.02	15	佳木斯电机股份有限公司	2.42
8	卧龙控股集团有限公司	2.96			

2012年微电机分会企业工业总产值排序

序号	企业名称	2012年(万元)	2011年(万元)	同比增长(%)
1	卧龙电气集团股份有限公司	863 174	788 865	9.42
2	威灵控股有限公司	670 003		
3	横店集团联宜电机有限公司	66 928	59 754	12.01
4	河北电机股份有限公司	60 286	73 225	-17.67
5	成都银河磁体股份有限公司	48 800	57 142	-14.60
6	深圳市唯真电机有限公司	44 525	40 257	10.60
7	江苏超力电器有限公司	31 230	33 013	-5.40
8	湖南科力电机股份有限公司	30 002	28 457	5.43
9	友贸电机(深圳)有限公司	30 000	25 000	20.00
10	山东山博电机集团有限公司	29 439	30 158	-2.38
11	浙江尤奈特电机有限公司	25 145	20 053	25.39
12	宁波中大力德传动设备有限公司	21 044	18 603	13.12
13	大连德迈仕精密轴有限公司	19 356	14 265	35.69
14	上海金陵雷戈勃劳伊特电机有限公司	16 319	18 797	-13.18
15	东阳市横店东磁电机有限公司	15 585	17 994	-13.39

2012年微电机分会企业工业增加值排序

序号	企业名称	2012年(万元)	2011年(万元)	同比增长(%)
1	卧龙电气集团股份有限公司	172 904	156 579	10.43
2	威灵控股有限公司	162 565		
3	横店集团联宜电机有限公司	15 808	14 719	7.40
4	成都银河磁体股份有限公司	15 504	21 511	-27.93
5	河北电机股份有限公司	15 376	9 325	64.89
6	大连德迈仕精密轴有限公司	9 709	5 847	66.05

（续）

序号	企业名称	2012 年（万元）	2011 年（万元）	同比增长（%）
7	深圳市唯真电机有限公司	8 255	8 045	2.61
8	江苏超力电器有限公司	7 995	8 253	-3.13
9	山东山博电机集团有限公司	7 949	8 143	-2.38
10	宁波中大力德传动设备有限公司	7 575	6 536	15.90
11	湖南科力电机股份有限公司	7 431	1 432	418.92
12	浙江尤奈特电机有限公司	5 805	4 513	28.63
13	东阳市横店东磁电机有限公司	4 936	5 631	-12.34
14	上海金陵雷戈勃劳伊特电机有限公司	4 210	5 236	-19.60
15	杭州集智机电股份有限公司	3 641	3 813	-4.51

2012 年微电机分会企业主营业务收入排序

序号	企业名称	2012 年（万元）	2011 年（万元）	同比增长（%）
1	卧龙电气集团股份有限公司	865 049	780 054	10.90
2	威灵控股有限公司	650 537		
3	横店集团联宜电机有限公司	64 788	57 794	12.10
4	河北电机股份有限公司	60 509	74 476	-18.75
5	成都银河磁体股份有限公司	48 634	56 359	-13.71
6	深圳市唯真电机有限公司	38 783	34 116	13.68
7	江苏超力电器有限公司	29 981	31 692	-5.40
8	山东山博电机集团有限公司	29 284	29 579	-1.00
9	湖南科力电机股份有限公司	26 539	25 726	3.16
10	浙江尤奈特电机有限公司	24 929	20 005	24.61
11	大连德迈仕精密轴有限公司	19 226	17 875	7.56
12	宁波中大力德传动设备有限公司	18 693	17 764	5.23
13	东阳市横店东磁电机有限公司	16 105	11 880	35.56
14	南通振康焊接机电有限公司	15 491	17 595	-11.96
15	上海金陵雷戈勃劳伊特电机有限公司	14 922	15 217	-1.94

2012 年电线电缆分会企业工业总产值排序

序号	企业名称	2012 年（万元）	2011 年（万元）	同比增长（%）
1	亨通集团有限公司	2 270 052	1 641 979	38.25
2	远东控股集团有限公司	2 173 619	2 000 185	8.67
3	宝胜集团	1 993 573	1 912 697	4.23
4	通鼎集团有限公司	1 679 802	1 233 258	36.21
5	富通集团有限公司	1 233 288	917 422	34.43
6	兴乐集团有限公司	1 094 292	1 080 133	1.31
7	铜陵精达特种电磁线股份有限公司	1 044 234	1 016 009	2.78

（续）

序号	企 业 名 称	2012 年（万元）	2011 年（万元）	同比增长（%）
8	江苏上上电缆集团	970 877	1 003 393	-3.24
9	浙江富春江通信集团有限公司	958 330	888 832	7.82
10	赣州江钨新型合金材料有限公司	715 820	629 081	13.79
11	浙江宏磊铜业股份有限公司	615 492	618 560	-0.50
12	无锡江南电缆有限公司	525 808	510 638	2.97
13	无锡市沪安电线电缆有限公司	425 674	335 655	26.82
14	露笑集团有限公司	415 800	386 364	7.62
15	重庆鸽牌电线电缆有限公司	391 525	341 967	14.49
16	上海索谷电缆集团有限公司	360 046	369 195	-2.48
17	福建南平太阳电缆股份有限公司	350 083	313 950	11.51
18	桂林国际电线电缆集团有限责任公司	328 765	316 346	3.93
19	浙江长城电子科技集团有限公司	326 657	320 338	1.97
20	冠城大通股份有限公司	317 857	406 585	-21.82

2012 年电线电缆分会企业主营业务收入排序

序号	企 业 名 称	2012 年（万元）	2011 年（万元）	同比增长（%）
1	亨通集团有限公司	2 151 423	1 461 513	47.21
2	远东控股集团有限公司	2 149 747	1 961 081	9.62
3	宝胜集团	2 093 628	1 699 240	23.21
4	通鼎集团有限公司	1 675 962	1 226 272	36.67
5	富通集团有限公司	1 203 012	911 989	31.91
6	兴乐集团有限公司	1 083 840	1 067 398	1.54
7	浙江富春江通信集团有限公司	1 061 127	928 023	14.34
8	江苏上上电缆集团	1 015 003	1 009 374	0.56
9	铜陵精达特种电磁线股份有限公司	824 843	960 394	-14.11
10	赣州江钨新型合金材料有限公司	724 733	620 268	16.84
11	浙江宏磊铜业股份有限公司	615 492	619 912	-0.71
12	无锡江南电缆有限公司	535 636	492 988	8.65
13	露笑集团有限公司	439 081	367 960	19.33
14	无锡市沪安电线电缆有限公司	409 351	354 532	15.46
15	上海索谷电缆集团有限公司	356 694	335 586	6.29
16	福建南平太阳电缆股份有限公司	340 495	309 913	9.87
17	浙江长城电子科技集团有限公司	326 144	321 137	1.56
18	冠城大通股份有限公司	315 642	407 467	-22.54
19	杭州电缆股份有限公司	300 886	265 532	13.31
20	重庆鸽牌电线电缆有限公司	299 164	263 998	13.32

2012 年绝缘材料分会企业工业总产值排序

序号	企 业 名 称	2012 年（万元）	2011 年（万元）	同比增长（%）
1	广东生益科技股份有限公司	412 020	369 850	11.40
2	长园集团股份有限公司	282 347	229 518	23.02
3	山东金宝电子股份有限公司	210 300		
4	四川东材科技集团股份有限公司	185 050	173 014	6.96
5	株洲时代电气绝缘有限责任公司	62 049	60 368	2.78
6	苏州巨峰电气绝缘系统股份有限公司	56 591	61 158	-7.47
7	宁波华缘玻璃钢电器制造有限公司	55 886	50 695	10.24
8	浙江荣泰科技企业有限公司	45 080	39 880	13.04
9	苏州太湖电工新材料股份有限公司	38 630	39 597	-2.44
10	江苏亚宝绝缘材料股份有限公司	30 223	27 464	10.05
11	圣欧芳纶（江苏）股份有限公司	28 925		
12	山东省呈祥电工电气有限公司	22 965	23 500	-2.28
13	南通中菱绝缘材料有限公司	22 755	18 962	20.00
14	湖南广信电工科技股份有限公司	21 323	23 729	-10.14
15	江阴市沪澄绝缘材料有限公司	20 280	22 061	-8.07
16	泰州魏德曼高压绝缘有限公司	19 985	21 555	-7.28
17	西安西电电工材料有限责任公司	19 002	21 000	-9.51
18	衡阳恒缘电工材料有限公司	18 585	15 127	22.86
19	北京新福润达绝缘材料有限责任公司	17 463	21 078	-17.15
20	广州贝特新材料有限公司	16 826	13 000	29.43

2012 年绝缘材料分会企业工业增加值排序

序号	企 业 名 称	2012 年（万元）	2011 年（万元）	同比增长（%）
1	广东生益科技股份有限公司	63 830	75 223	-15.15
2	四川东材科技集团股份有限公司	48 113	44 984	6.96
3	山东金宝电子股份有限公司	27 036		
4	苏州巨峰电气绝缘系统股份有限公司	21 603	13 743	57.19
5	长园集团股份有限公司	18 692	61 396	-69.56
6	宁波华缘玻璃钢电器制造有限公司	12 463	10 646	17.07
7	浙江荣泰科技企业有限公司	10 650	9 562	11.38
8	苏州太湖电工新材料股份有限公司	9 428	10 037	-6.07
9	泰州魏德曼高压绝缘有限公司	7 543	8 392	-10.12
10	湖南广信电工科技股份有限公司	6 233	8 238	-24.34
11	西安西电电工材料有限责任公司	5 173	4 738	9.18
12	龙口澳兴绝缘材料有限公司	4 100	3 400	20.59
13	衡阳恒缘电工材料有限公司	3 614	2 875	25.71
14	江阴市沪澄绝缘材料有限公司	3 602	3 946	-8.72
15	株洲时代电气绝缘有限责任公司	3 102	9 250	-66.46
16	河南许绝电工绝缘材料有限公司	2 888	2 359	22.42

（续）

序号	企业名称	2012年（万元）	2011年（万元）	同比增长（%）
17	广州贝特新材料有限公司	2 831	3 151	-10.16
18	江苏亚宝绝缘材料股份有限公司	2 729	2 704	0.92
19	北京新福润达绝缘材料有限责任公司	2 627	2 381	10.33
20	圣欧芳纶（江苏）股份有限公司	2 577		

2012年绝缘材料分会企业主营业务收入排序

序号	企业名称	2012年（万元）	2011年（万元）	同比增长（%）
1	广东生益科技股份有限公司	394 626	364 677	8.21
2	长园集团股份有限公司	241 322	194 069	24.35
3	山东金宝电子股份有限公司	200 210		
4	四川东材科技集团股份有限公司	103 824	125 983	-17.59
5	株洲时代电气绝缘有限责任公司	59 908	79 315	-24.47
6	宁波华缘玻璃钢电器制造有限公司	54 841	49 312	11.21
7	苏州巨峰电气绝缘系统股份有限公司	48 474	59 932	-19.12
8	浙江荣泰科技企业有限公司	46 877	41 630	12.60
9	苏州太湖电工新材料股份有限公司	35 120	35 997	-2.44
10	江苏亚宝绝缘材料股份有限公司	30 168	27 356	10.28
11	南通中菱绝缘材料有限公司	26 536	16 955	56.51
12	圣欧芳纶（江苏）股份有限公司	25 562		
13	湖南广信电工科技股份有限公司	22 940	25 237	-9.10
14	衡阳恒缘电工材料有限公司	22 453	18 276	22.86
15	山东省呈祥电工电气有限公司	22 101	22 108	-0.03
16	江阴市沪澄绝缘材料有限公司	20 009	21 927	-8.75
17	西安西电电工材料有限责任公司	17 637	19 806	-10.95
18	北京新福润达绝缘材料有限责任公司	17 320	21 480	-19.37
19	泰州魏德曼高压绝缘有限公司	16 705	18 067	-7.54
20	龙口澳兴绝缘材料有限公司	16 500	12 800	28.91

2012年绝缘材料分会企业全员劳动生产率排序

序号	企业名称	全员劳动生产率（元/人）	序号	企业名称	全员劳动生产率（元/人）
1	广州市宝力达电气材料有限公司	1 998 642	11	广东生益科技股份有限公司	179 348
2	浙江荣泰科技企业有限公司	350 329	12	龙口澳兴绝缘材料有限公司	170 833
3	苏州巨峰电气绝缘系统股份有限公司	316 760	13	泰州魏德曼高压绝缘有限公司	163 978
4	苏州太湖电工新材料股份有限公司	294 625	14	杭州世纪云母绝缘材料有限公司	158 571
5	四川东材科技集团股份有限公司	274 304	15	宁波安力电子材料有限公司	144 930
6	宁波华缘玻璃钢电器制造有限公司	241 064	16	山东金宝电子股份有限公司	143 962
7	江阴市登峰电工材料有限公司	202 241	17	河南许绝电工绝缘材料有限公司	132 454
8	蓬莱市特种绝缘材料厂	193 383	18	宝应县精工绝缘材料有限公司	132 381
9	广州贝特新材料有限公司	186 250	19	上海龙怡机电材料有限公司	130 932
10	江阴市沪澄绝缘材料有限公司	180 100	20	江苏亚宝绝缘材料股份有限公司	120 752

2012年铅酸蓄电池分会企业工业总产值排序

序号	企业名称	2012年（万元）	2011年（万元）	同比增长（%）
1	天能集团	3 847 740	1 602 682	140.08
2	超威电源有限公司	3 785 481		
3	江苏理士电池技术有限公司	640 776	550 250	16.45
4	江苏双登集团有限公司	603 108	602 151	0.16
5	骆驼集团股份有限公司	600 918	408 580	47.07
6	风帆股份有限公司	456 500	390 000	17.05
7	浙江南都电源动力股份有限公司	315 806	168 800	87.09
8	天津杰士电池有限公司	157 554	139 659	12.81
9	湖南丰日电源电气股份有限公司	138 417	134 848	2.65
10	哈尔滨光宇集团股份有限公司	132 689	215 804	-38.51
11	淄博火炬能源有限责任公司	131 203	109 812	19.48
12	福建省闽华电源股份有限公司	124 958	167 516	-25.41
13	成都川西蓄电池（集团）有限公司	123 068		
14	山东圣阳电源股份有限公司	121 557	96 694	25.71
15	松下蓄电池（沈阳）有限公司	91 784	88 698	3.48
16	武汉银泰科技电源股份有限公司	60 000		
17	石家庄华北蓄电池有限公司	58 001	61 065	-5.02
18	浙江杰斯特电源有限公司	57 195	53 068	7.78
19	浙江古越蓄电池有限公司	55 920	58 671	-4.69
20	浙江卧龙灯塔电源有限公司	53 678	18 793	185.63

2012年铅酸蓄电池分会企业工业增加值排序

序号	企业名称	2012年（万元）	2011年（万元）	同比增长（%）
1	天能集团	1 026 064	427 382	140.08
2	骆驼集团股份有限公司	187 726	165 325	13.55
3	江苏双登集团有限公司	168 452	155 351	8.43
4	风帆股份有限公司	93 350	81 100	15.10
5	哈尔滨光宇集团股份有限公司	42 599	66 456	-35.90
6	天津杰士电池有限公司	41 616	38 337	8.55
7	浙江南都电源动力股份有限公司	30 103	8 621	249.18
8	山东圣阳电源股份有限公司	29 175	19 539	49.32
9	淄博火炬能源有限责任公司	26 240	21 962	19.48
10	松下蓄电池（沈阳）有限公司	14 790	14 678	0.76
11	广东猛狮电源科技股份有限公司	14 153	10 669	32.66
12	江苏理士电池技术有限公司	13 866	71 533	-80.62
13	石家庄华北蓄电池有限公司	12 845	13 524	-5.02
14	浙江古越蓄电池有限公司	12 115	10 109	19.84
15	成都川西蓄电池（集团）有限公司	10 637		

2012年铅酸蓄电池分会
企业主营业务收入排序

序号	企业名称	2012年（万元）	2011年（万元）	同比增长（%）
1	超威电源有限公司	3 751 887	1 337 205	180.58
2	天能集团	3 664 514	1 526 364	140.08
3	江苏理士电池技术有限公司	656 273	572 771	14.58
4	江苏双登集团有限公司	576 543	610 212	-5.52
5	风帆股份有限公司	469 363	402 289	16.67
6	骆驼集团股份有限公司	397 277	306 799	29.49
7	浙江南都电源动力股份有限公司	310 441	168 426	84.32
8	天津杰士电池有限公司	156 193	132 562	17.83
9	淄博火炬能源有限责任公司	135 348	109 103	24.06
10	成都川西蓄电池（集团）有限公司	125 580		
11	湖南丰日电源电气股份有限公司	123 743	121 363	1.96
12	哈尔滨光宇集团股份有限公司	120 237	154 836	-22.35
13	山东圣阳电源股份有限公司	117 884	94 684	24.50
14	福建省闽华电源股份有限公司	106 802	107 830	-0.95
15	松下蓄电池（沈阳）有限公司	82 919	88 027	-5.80
16	石家庄华北蓄电池有限公司	55 970	56 810	-1.48
17	浙江古越蓄电池有限公司	52 663	58 081	-9.33
18	浙江杰斯特电源有限公司	50 816	48 068	5.72
19	浙江卧龙灯塔电源有限公司	50 422	25 738	95.90
20	深圳市瑞达电源有限公司	48 789	52 724	-7.46

2012年铅酸蓄电池分会
企业全员劳动生产率排序

序号	企业名称	全员劳动生产率（元/人）	序号	企业名称	全员劳动生产率（元/人）
1	江苏双登集团有限公司	560 013	9	扬州阿波罗蓄电池有限公司	142 732
2	天能集团	556 978	10	山东圣阳电源股份有限公司	139 660
3	天津杰士电池有限公司	402 865	11	风帆股份有限公司	138 687
4	骆驼集团股份有限公司	398 484	12	广东猛狮电源科技股份有限公司	128 664
5	浙江杰斯特电源有限公司	201 124	13	成都川西蓄电池（集团）有限公司	125 882
6	浙江古越蓄电池有限公司	175 580	14	淄博火炬能源有限责任公司	118 251
7	哈尔滨光宇集团股份有限公司	171 632	15	松下蓄电池（沈阳）有限公司	110 209
8	石家庄华北蓄电池有限公司	151 118			

2012年电工合金分会企业工业总产值排序

序号	企业名称	2012年（万元）	2011年（万元）	同比增长（%）
1	中希集团有限公司	153 502	168 065	-8.67
2	福达合金材料股份有限公司	125 058	150 018	-16.64
3	温州宏丰电工合金股份有限公司	71 165	81 319	-12.49
4	桂林金格电工电子材料科技有限公司	58 310	87 716	-33.52
5	佛山通宝精密合金股份有限公司	51 781	56 348	-8.10
6	安平县飞畅电工合金有限公司	26 744	42 459	-37.01
7	重庆川仪自动化股份有限公司金属功能材料分公司	23 075	31 326	-26.34
8	扬州乐银合金科技有限公司	21 000	13 585	54.58
9	宁波电工合金材料有限公司	18 058		
10	苏州希尔孚合金材料有限公司	15 012		

2012年电工合金分会企业工业增加值排序

序号	企业名称	2012年（万元）	2011年（万元）	同比增长（%）
1	中希集团有限公司	35 008	38 985	-10.20
2	佛山通宝精密合金股份有限公司	17 509	11 370	53.99
3	福达合金材料股份有限公司	14 638	35 063	-58.25
4	温州宏丰电工合金股份有限公司	12 243	15 366	-20.32
5	桂林金格电工电子材料科技有限公司	9 795	11 887	-17.60
6	安平县飞畅电工合金有限公司	8 558	13 587	-37.01
7	重庆川仪自动化股份有限公司金属功能材料分公司	6 322	6 277	0.72
8	浙江天银合金技术有限公司	4 758	3 276	45.24
9	宁波电工合金材料有限公司	3 310		
10	北京机床电器有限责任公司	2 458	2 962	-17.01

2012年电工合金分会企业主营业务收入排序

序号	企业名称	2012年（万元）	2011年（万元）	同比增长（%）
1	中希集团有限公司	153 216	167 643	-8.61
2	福达合金材料股份有限公司	117 425	130 014	-9.68
3	温州宏丰电工合金股份有限公司	69 930	79 498	-12.04
4	桂林金格电工电子材料科技有限公司	62 524	92 215	-32.20
5	佛山通宝精密合金股份有限公司	43 988	53 960	-18.48
6	浙江省冶金研究院有限公司	41 266		
7	安平县飞畅电工合金有限公司	26 778	42 228	-36.59
8	重庆川仪自动化股份有限公司金属功能材料分公司	22 815	31 342	-27.21
9	宁波电工合金材料有限公司	22 153		
10	扬州乐银合金科技有限公司	17 616	13 233	33.12

2012年电碳分会企业工业总产值排序

序号	企业名称	2012年（万元）	2011年（万元）	同比增长（%）
1	上海东洋炭素有限公司	54 717	90 454	-39.51
2	苏州东南碳制品有限公司	39 730	37 842	4.99
3	中国神奇电碳集团有限公司	27 263	28 784	-5.28
4	摩根新材料（上海）有限公司	23 944	26 484	-9.59
5	兴和县木子炭素有限责任公司	21 849	22 025	-0.80
6	宝丰县洁石碳素材料有限公司	11 545	11 800	-2.16
7	哈尔滨电碳厂	10 003	6 506	53.75
8	浙江长征电影碳棒有限公司	9 396	8 528	10.18
9	任丘市双楼电碳制品有限公司	7 168	6 605	8.52
10	江苏华宇碳素有限公司	4 000	3 500	14.29

2012年电碳分会企业工业增加值排序

序号	企业名称	2012年（万元）	2011年（万元）	同比增长（%）
1	上海东洋炭素有限公司	15 656	30 607	-48.85
2	中国神奇电碳集团有限公司	9 548	11 179	-14.59
3	兴和县木子炭素有限责任公司	3 580	7 389	-51.55
4	宝丰县洁石碳素材料有限公司	3 235	3 922	-17.52
5	任丘市双楼电碳制品有限公司	2 785	2 562	8.70
6	辽宁红德电碳制品有限公司	2 660	3 485	-23.67
7	哈尔滨电碳厂	1 650	1 435	14.98
8	浙江长征电影碳棒有限公司	1 409	1 279	10.16
9	江苏华宇碳素有限公司	1 310	1 190	10.08
10	无锡中强电碳有限公司	889	765	16.21

2012年电碳分会企业主营业务收入排序

序号	企业名称	2012年（万元）	2011年（万元）	同比增长（%）
1	上海东洋炭素有限公司	53 966	93 214	-42.11
2	苏州东南碳制品有限公司	39 690	37 800	5.00
3	中国神奇电碳集团有限公司	26 873	29 205	-7.98
4	摩根新材料（上海）有限公司	24 999	23 623	5.82
5	兴和县木子炭素有限责任公司	22 821	21 452	6.38
6	宝丰县洁石碳素材料有限公司	9 890	10 780	-8.26
7	浙江长征电影碳棒有限公司	8 841	7 627	15.92

（续）

序号	企业名称	2012年（万元）	2011年（万元）	同比增长（%）
8	任丘市双楼电碳制品有限公司	7 071	6 500	8.78
9	哈尔滨电碳厂	7 037	6 044	16.43
10	江苏华宇碳素有限公司	4 000	3 500	14.29

2012年工业锅炉分会企业工业总产值排序

序号	企业名称	2012年（万元）	2011年（万元）	同比增长（%）
1	泰山集团股份有限公司	132 009	122 650	7.63
2	江联重工股份有限公司	93 339	93 205	0.14
3	哈尔滨红光锅炉集团有限公司	86 676	86 377	0.35
4	杭州杭锅工业锅炉有限公司	82 715	78 911	4.82
5	南通万达锅炉有限公司	68 568	82 786	-17.17
6	江苏双良锅炉有限公司	66 849	61 921	7.96
7	安徽金鼎锅炉股份有限公司	64 548	59 392	8.68
8	无锡中正锅炉有限公司	56 000	42 000	33.33
9	江苏太湖锅炉股份有限公司	55 972	58 382	-4.13
10	无锡太湖锅炉有限公司	48 995	54 060	-9.37
11	天津宝成机械制造股份有限公司	42 992	36 722	17.07
12	安徽博瑞特热能设备股份有限公司	42 498	40 610	4.65
13	山东恒涛节能环保有限公司	41 358	35 800	15.53
14	广州广重企业集团有限公司	36 958	27 245	35.65
15	河南开封得胜锅炉股份有限公司	36 890	37 682	-2.10
16	常州能源设备总厂有限公司	36 879	37 161	-0.76
17	江苏四方锅炉有限公司	31 000	40 070	-22.64
18	无锡锡能锅炉有限公司	30 905	33 689	-8.26
19	广州迪森热能设备有限公司	30 128	14 331	110.23
20	浙江特富锅炉有限公司	29 792	24 825	20.01

2012年工业锅炉分会企业工业增加值排序

序号	企业名称	2012年（万元）	2011年（万元）	同比增长（%）
1	泰山集团股份有限公司	32 854	28 875	13.78
2	杭州杭锅工业锅炉有限公司	29 470	21 159	39.28
3	江联重工股份有限公司	27 068	27 029	0.14
4	南通万达锅炉有限公司	21 995	28 574	-23.02
5	山东多乐采暖设备有限责任公司	21 967	18 220	20.57
6	安徽金鼎锅炉股份有限公司	20 156	19 469	3.53

（续）

序号	企业名称	2012年（万元）	2011年（万元）	同比增长（%）
7	河南开封得胜锅炉股份有限公司	17 063	16 175	5.49
8	哈尔滨红光锅炉集团有限公司	16 900	14 877	13.60
9	江苏双良锅炉有限公司	14 562	15 927	-8.57
10	江苏太湖锅炉股份有限公司	13 832	14 568	-5.05
11	安徽博瑞特热能设备股份有限公司	13 497	12 380	9.02
12	广州广重企业集团有限公司	12 788	6 951	83.97
13	无锡太湖锅炉有限公司	10 807	8 949	20.76
14	天津宝成机械制造股份有限公司	10 195	3 615	182.02
15	山东恒涛节能环保有限公司	8 387	7 260	15.52
16	本溪锅炉（集团）有限公司	8 274	4 736	74.70
17	无锡中正锅炉有限公司	8 000	6 000	33.33
18	杭州胜利锅炉有限公司	6 985	3 202	118.14
19	常州能源设备总厂有限公司	5 670	6 124	-7.41
20	上海新业锅炉高科技有限公司	5 005	2 269	120.58

2012年工业锅炉分会企业主营业务收入排序

序号	企业名称	2012年（万元）	2011年（万元）	同比增长（%）
1	泰山集团股份有限公司	150 670	128 077	17.64
2	江联重工股份有限公司	93 903	87 868	6.87
3	杭州杭锅工业锅炉有限公司	67 357	70 528	-4.50
4	南通万达锅炉有限公司	67 092	82 832	-19.00
5	安徽金鼎锅炉股份有限公司	63 580	46 870	35.65
6	江苏太湖锅炉股份有限公司	59 190	61 550	-3.83
7	无锡中正锅炉有限公司	56 103	42 378	32.39
8	江苏双良锅炉有限公司	55 394	59 115	-6.29
9	无锡太湖锅炉有限公司	48 995	56 573	-13.40
10	哈尔滨红光锅炉集团有限公司	46 170	53 224	-13.25
11	天津宝成机械制造股份有限公司	43 497	11 838	267.44
12	安徽博瑞特热能设备股份有限公司	42 498	40 126	5.91
13	山东恒涛节能环保有限公司	41 348	35 781	15.56
14	郑州锅炉股份有限公司	40 181	43 081	-6.73
15	河南开封得胜锅炉股份有限公司	36 878	34 861	5.79
16	广州广重企业集团有限公司	36 609	32 412	12.95
17	常州能源设备总厂有限公司	34 362	32 436	5.94
18	广州迪森热能设备有限公司	30 128	14 331	110.23
19	大连锅炉厂有限公司	29 652	28 321	4.70
20	无锡锡能锅炉有限公司	29 145	30 579	-4.69

2012年工业锅炉分会企业全员劳动生产率排序

序号	企业名称	全员劳动生产率（元/人）	序号	企业名称	全员劳动生产率（元/人）
1	安阳方快锅炉有限公司	1 126 613	11	湘潭锅炉有限责任公司	212 226
2	泰山集团股份有限公司	1 045 035	12	长春三鼎锅炉有限公司	210 526
3	常州能源设备总厂有限公司	592 102	13	天津宝成机械制造股份有限公司	199 469
4	陕西省渭南锅炉厂	298 606	14	自贡东联锅炉有限公司	192 358
5	无锡锡能锅炉有限公司	282 297	15	山东泰安山锅集团有限公司	190 936
6	浙江双峰锅炉制造有限公司	271 173	16	本溪锅炉（集团）有限公司	172 866
7	广州迪森热能设备有限公司	262 470	17	兰州商通工业锅炉制造有限公司	160 185
8	哈尔滨红光锅炉集团有限公司	261 006	18	威海市锅炉制造厂	155 704
9	温州锅炉厂有限责任公司	245 343	19	威玛山东铸铁锅炉有限公司	153 150
10	安徽金鼎锅炉股份有限公司	227 126	20	西安新环能源有限公司	152 803

2012年工业锅炉分会企业经济效益综合指数排序

序号	企业名称	经济效益综合指数	序号	企业名称	经济效益综合指数
1	温州锅炉厂有限责任公司	9.13	11	威玛山东铸铁锅炉有限公司	2.49
2	安徽金鼎锅炉股份有限公司	7.44	12	西安新环能源有限公司	2.32
3	湘潭锅炉有限责任公司	5.08	13	江苏太湖锅炉股份有限公司	2.32
4	长春三鼎锅炉有限公司	2.96	14	湖北天鹿锅炉有限公司	2.29
5	天津宝成机械制造股份有限公司	2.88	15	烟台火焰山锅炉有限公司	2.20
6	自贡东联锅炉有限公司	2.83	16	杭州杭锅工业锅炉有限公司	2.18
7	山东泰安山锅集团有限公司	2.65	17	杭州胜利锅炉有限公司	1.92
8	本溪锅炉（集团）有限公司	2.65	18	江苏双良锅炉有限公司	1.82
9	兰州商通工业锅炉制造有限公司	2.54	19	鞍山锅炉厂有限公司	1.65
10	威海市锅炉制造厂	2.54	20	大连锅炉厂有限公司	1.63

2012年变频器分会企业工业总产值排序

序号	企业名称	2012年（万元）	2011年（万元）	同比增长（%）
1	北京金自天正智能控制股份有限公司	101 226	54 612	85.35
2	北京利德华福电气技术有限公司	87 823	81 403	7.89
3	唐山开诚电控设备集团有限公司	75 000	56 069	33.76
4	深圳市英威腾电气股份有限公司	71 815	71 710	0.15
5	北京合康亿盛科技股份有限公司	54 591	63 344	-13.82
6	山东新风光电子科技发展有限公司	39 850	38 019	4.82
7	广州智光电气股份有限公司	39 554	51 399	-23.05

（续）

序号	企 业 名 称	2012年（万元）	2011年（万元）	同比增长（%）
8	台州富凌电气有限公司	38 959	43 608	-10.66
9	上海雷诺尔科技股份有限公司	32 349	34 264	-5.59
10	深圳市正弦电气有限公司	16 842	17 892	-5.87

2012年变频器分会企业工业增加值排序

序号	企 业 名 称	2012年（万元）	2011年（万元）	同比增长（%）
1	深圳市英威腾电气股份有限公司	32 523	31 055	4.73
2	唐山开诚电控设备集团有限公司	30 895	20 783	48.66
3	北京合康亿盛科技股份有限公司	23 127	30 203	-23.43
4	台州富凌电气有限公司	20 258	24 448	-17.14
5	山东新风光电子科技发展有限公司	14 586	13 300	9.67
6	北京利德华福电气技术有限公司	12 068	29 931	-59.68
7	上海雷诺尔科技股份有限公司	10 642	15 212	-30.04
8	大连普传科技股份有限公司	5 313	4 512	17.75
9	山东泰开自动化有限公司	3 749	1 201	212.16
10	深圳市易能电气技术有限公司	3 217	2 812	14.40

2012年变频器分会企业主营业务收入排序

序号	企 业 名 称	2012年（万元）	2011年（万元）	同比增长（%）
1	北京金自天正智能控制股份有限公司	97 920	75 353	29.95
2	北京利德华福电气技术有限公司	72 657	86 445	-15.95
3	北京合康亿盛科技股份有限公司	68 735	58 432	17.63
4	深圳市英威腾电气股份有限公司	61 710	63 404	-2.67
5	唐山开诚电控设备集团有限公司	54 091	51 741	4.54
6	广州智光电气股份有限公司	39 554	51 399	-23.05
7	台州富凌电气有限公司	39 205	21 380	83.37
8	山东新风光电子科技发展有限公司	33 800	32 356	4.46
9	上海雷诺尔科技股份有限公司	32 349	34 264	-5.59
10	深圳市正弦电气有限公司	17 076	17 023	0.31

中国电器工业年鉴2013

大事记

记录2012年发生的，对电器工业产生重要影响的政策法规、新技术、新产品及重大事件等

Records of policies and legislations, new technologies, new products and major events occurring in 2012 that had important influence on the electrical equipment industry

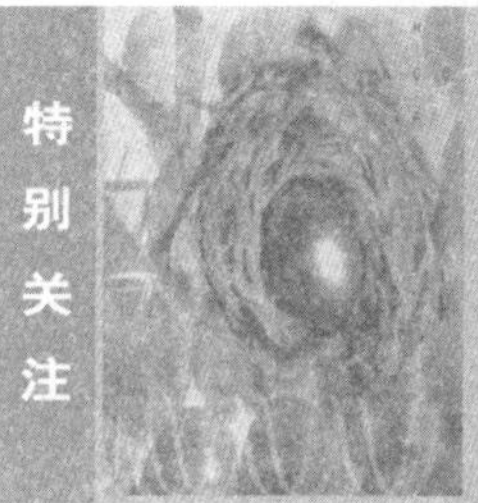

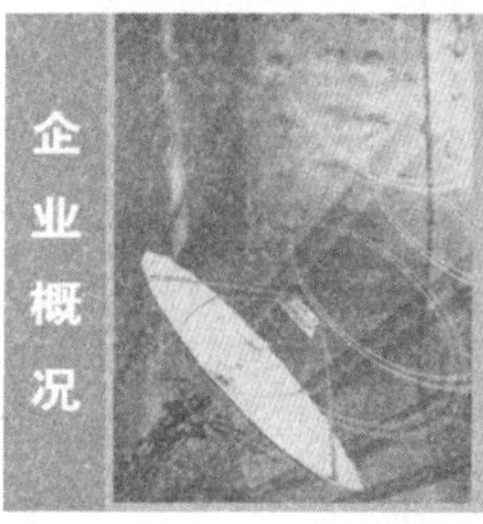

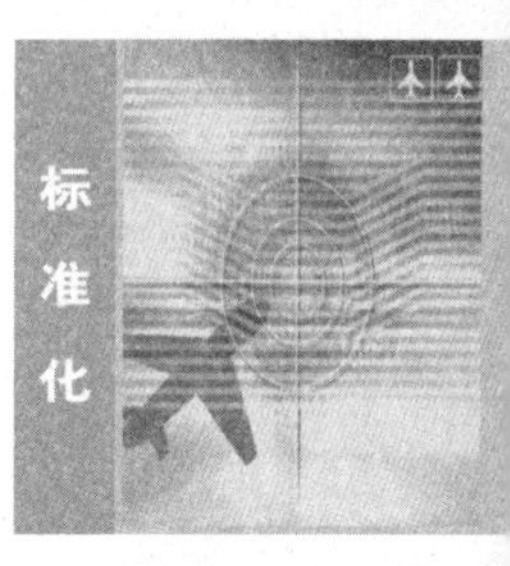

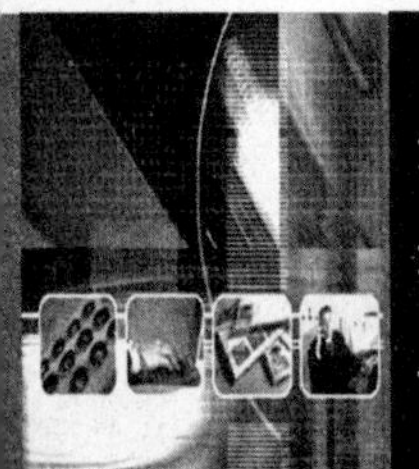

大事记

大事记（2012年）

大事记(2012年)

1月

4日 《再生资源综合利用先进适用技术目录》以2012第1号文的形式由工业和信息化部公布。此次公布的再生资源综合利用先进适用技术涵盖废弃电器电子产品、废旧轮胎橡胶、废旧金属和废玻璃、废塑料和废纺织品、建筑和农林废弃物、废纸张及其他六大类产品综合利用产业领域。

18日 美国商务部宣布对中国输美应用级风塔发起反倾销和反补贴调查。此前,美国风电塔联盟向美国商务部及国际贸易委员会提出申请,要求对出口自中国及越南的风电塔产品发起“双反”调查。

2月

4—5日 上海电气集团上海电机厂有限公司自主研制的国内最大功率17MW正压型防爆异步电动机和国内最大功率36MW无刷励磁同步电动机,分别通过由中科院院士汪耕、清华大学教授李发海领衔的专家组鉴定。专家组一致认为:电动机设计合理、性能优良,填补了国内空白,主要技术指标达到国际同类产品先进水平,具备批量生产条件。

24日 中共中央政治局委员、国务院副总理王岐山一行到中国电力技术装备有限公司许继集团有限公司调研,王岐山参观了智能中压开关生产基地、电动汽车充换电试验站和大功率电力电子设备生产制造车间。王岐山对该公司近年来通过实施“走出去”战略、大力振兴民族装备制造产业的做法给予充分肯定。

25日 由湖北省科技厅主办的“HVFS系列高压变频软起动装置”技术成果鉴定会在北京举行。该产品由大力电工襄阳股份有限公司研制。与会专家审议认为,大力电工高压变频软起动装置提出了提前对相控制技术和环流控制技术,相位差符合同步并网的条件,缩短了同步并网的时间,基本实现了无环流。同时,该装置采用了专用变频软起动数字同期技术,独立监测同步切换并网过程,确保不会因变频软起动装置误动作而造成非同期并网事故的发生,实现了大容量交流电动机无冲击电流平滑起动。该成果实用性强,各种性能指标均符合国家标准,产品可靠性强,填补了我国高压变频软起动技术领域空白,主要技术指标达到了国际先进水平。

29日 我国首台AP1000核电非能动余热排出热交换器在中国东方电气集团有限公司出海口基地——东方电气(广州)重型机器有限公司成功制造并发运。

3月

1日 平高集团有限公司完全自主研发的LW□-252型SF_6断路器在意大利CESI国际电工试验站顺利通过全部型式试验,各项技术指标全部过关,一举打破了跨国公司长期以来在该领域的技术垄断。CESI国际电工试验站是国际电工市场认可的权威电工质量监督检验试验机构,由其出具的试验报告在国际市场上极具说服力。

14日 三峡工程最后一台计划投产的70万kW巨型发电机组顺利完成转子吊装,进入最后的总装与调试阶段。这台编号为27号的机组位于三峡地下电站,机组转子直径逾18m、高约3m,总重达1 980t。转子由一个中心体和32条斜支臂组成,堆叠了2万多张硅钢片,挂装有80个磁极。27号机组是当前三峡工程国产化程度最高的机组之一,也是世界单机容量最大的巨型蒸发冷却机组。机组采用了我国具有完全自主知识产权的“定子绕组自循环蒸发冷却”技术,在运行安全可靠性和操作维护等方面具备优势。

★ 中国西电集团公司与中国广东核电集团有限公司在北京举行了战略合作协议签字仪式。此次签署的战略合作协议主要包括:输变电关键设备技术研发、输变电产品及技术服务合作、国际核电工程建设及市场开拓以及前沿技术研发合作等。双方将在战略合作协议的指导下,在自主研发与制造、工程承包、电力设计、贸易与服务、设备大修等领域进行广泛合作。

22日 我国具有独立自主知识产权的世界最大向家坝1号水轮机导水机构,在哈电集团哈尔滨电机厂有限责任公司制造成功,各项技术参数均满足设计规范要求,制造质量达到精品标准。

29日 中国电器工业软起动设备技术联盟成立大会在湖北襄阳举行。联盟定性为民间非独立法人,机械工业北京电工技术经济研究所与襄阳市标准信息研究所为联盟的联合秘书处,中国电器工业协会副会长兼秘书长方晓燕为联盟第一届理事长。中国电器工业软起动设备技术联盟的成立为软起动产业的突破性发展创造了良好的平台和起点,为走出自己的道路做了扎实的铺垫。

4月

1日 2012年最新修订的《国家

支持发展的重大技术装备和产品目录》《重大技术装备和产品进口关键零部件、原材料商品清单》《进口不予免税的重大技术装备和产品目录》《关于调整重大技术装备进口税收政策有关目录的通知》《海关总署关于进一步鼓励外商投资有关进口税收政策的通知》开始执行，2010 年修订的《财政部、海关总署、国家税务总局关于调整重大技术装备进口税收政策暂行规定有关清单的通知》《财政部、工业和信息化部、海关总署、国家税务总局关于调整大型环保及资源综合利用设备等重大技术装备进口税收政策的通知》，2011 年修订的《财政部、工业和信息化部、海关总署、国家税务总局关于调整三代核电机组等重大技术装备进口税收政策暂行规定有关清单的通知》同时作废。

2 日　中国西电集团公司研制的具有自主知识产权的±1 100kV/5 000A 特高压直流输电换流阀，在荷兰 KEMA 公司的见证下，成功地在西安高压电器研究院试验认证中心通过了全部型式试验。±1 100kV/5 000A 换流阀是当前世界直流输电领域电压和电流等级最高的换流阀产品。此次型式试验的通过，标志着中国西电集团公司已拥有了具有国际领先水平的换流阀设计、制造和试验技术，在直流输电发展史上迈向了新的起点，有力地促进了我国特高压直流输电技术的发展。

3 日　位于张家口张北县的国家风光储输示范工程已连续安全运行 100 天。该工程经受了大风、严寒等恶劣气象条件及各种运行方式的考验，能够有效应对电网故障时高、低电压的影响，系统运行稳定，累计发电超亿千瓦时。它的顺利运行标志着我国新能源综合利用技术取得重大突破，这也是当前世界上规模最大的集风力发电、光伏发电、储能系统、智能输电于一体的新能源综合利用示范工程。

18 日　由中国电子工程设计院负责统一规划、可行性研究、设备选型组线和工艺设计的中国首条铅蓄电池清洁生产闭合产业链落户山西。该项目位于山西省阳泉市，总投资约 14 亿元，占地面积 34.7 万 m^2(520 亩)，建成后将具有年处理 20 万 t 废铅酸蓄电池和生产新品电池 500 万 kVA · h 的能力，是我国首条铅蓄电池生产—废铅蓄电池回收—无害化处理—资源化利用的全闭合循环产业链。该项目所在的山西吉天利循环经济科技产业园区已被列为中国“资源综合利用全国示范园区”，并承担了国家“建立规范废旧铅蓄电池回收再利用体系”的试点任务。

26 日　单机容量 115 万 kW 的辽宁红沿河核电站 3 号核能发电机从东方电机有限公司完工发运，核电红沿河 3 号发电机是东方电机 2012 年核电批量生产的首台产出项目。至此，该公司累计生产发电设备产量已突破 3 亿 kW，成为世界上为数不多的拥有产出发电设备 3 亿 kW 业绩的企业之一。

★　我国关键核电辅机产品——三门 1 号核电辅机定子冷却水系统集装和密封油系统集装控制系统，通过业主及国外核电技术专家的验收。这标志着哈电集团哈尔滨电机厂有限责任公司首台 AP1000 核电辅机产品制造成功，开创了我国核电控制设备国产化制造的先河。

28 日　国电南瑞科技股份有限公司承担的 700MW 巨型水电机组励磁系统研制及其应用项目在北京通过中国水力发电工程学会组织的鉴定。鉴定委员会一致认为：700MW 巨型水轮发电机组励磁系统设计合理、技术先进、功能齐全、性能优越，各项技术指标均达到或优于国际标准、国家标准和电力行业标准，达到了国际先进水平。该项目填补了大型水轮发电机组励磁系统国产化的空白，开创了国内大型水轮发电机组励磁系统自主配套的先河。该系统已在三峡地下电站成功投运并稳定运行超过一年。

30 日　由远景能源自主研发的全球首台 1.5MW/93m 超大风轮低风速机组在安徽来安风场并网发电。

5 月

7 日　中国西电电气股份有限公司(简称中国西电)联手通用电气(简称 GE)旗下能源业务建立全球战略联盟，双方在西安签署了相关协议。根据相关公告，中国西电将与 GE 开展一系列的战略合作，具体包括：以 GE 入股中国西电作为战略合作的纽带，GE 将以现金认购中国西电 15% 的股份(增发后)，交易金额约 33.8 亿元；设立自动化合资公司从事智能电网相关二次设备业务；合作拓展海外市场。

8 日　《高端装备制造业“十二五”发展规划》由工信部印发。根据《规划》要求，到 2015 年，高端装备制造业销售收入要从 2010 年的约 1.6 万亿元，增长到 6 万亿元以上。现阶段高端装备制造业发展的重点方向主要包括航空装备、卫星及应用、轨道交通装备、海洋工程装备、智能制造装备等五大领域。

11 日　平高集团有限公司自主研发的世界首台 1 120kV 直流隔离开关在中国电力科学研究院武汉试验基地顺利通过操作冲击电压试验。至此，该产品已完成了绝缘关键性试验，标志着世界首台最高电压等级直流隔离开关的绝缘参数满足了工程需求，对于百万伏直流旁路开关、穿墙套管等直流场设备的外绝缘设计具有借鉴意义，为我国特高压直流输电设备的国产化奠定了坚实的基础。

16 日　天威新能源控股公司类单晶铸锭技术和背接触电池组件研发实现新突破。采用类单晶铸锭制造的太阳电池光电转换效率达到 18%且生产成本更低；背接触电池标准组件输出功率已达 265W，组件效率达到16.5%，达到世界领先水平。

23 日　三峡电站最后一台 70 万 kW 机组顺利通过满负荷并网 72h 试运行。

6 月

11 日　天威保变电气股份有限公

司为国家电网公司锦屏—苏南特高压直流输电工程承制的 ZZDFPZ-363400/500(±800)换流变压器在其下属子公司——天威保变(秦皇岛)变压器有限公司通过所有试验项目考核,主要技术性能指标优于合同要求,标志着世界上容量最大的±800kV 换流变压器诞生。该产品是天威保变电气有限公司继成功研发世界首台 1 000kV特高压交流变压器后研制的又一填补世界空白的重大产品,标志着该公司在特高压交流、直流两个领域同时站上了行业最高峰。

14 日 杭州汽轮机股份有限公司的大型开发项目"100MW 等级工业汽轮机系列技术"通过评审验收。该项目的完成,标志着杭州汽轮机股份有限公司已成为世界上为数不多的拥有设计制造 150MW 以下工业汽轮机能力的企业。该项目开发了完整的 100MW 等级工业汽轮机的大型模块系列,可以与现有的模块交叉配合使用,与现有的反动式工业汽轮机模块系列实现了"无缝连接",最终形成覆盖 150MW 以下的工业汽轮机技术新体系。该项目的完成,使杭州汽轮机股份有限公司成为全球除西门子外,唯一能向市场提供 100MW 功率等级工业汽轮机技术和产品的公司。

17 日 中国酒泉卫星发射中心向中国德力西控股集团有限公司颁发了"天宫一号神舟八号首次交会对接任务贡献单位"奖牌与证书。该公司为助力"神九"飞天,向酒泉卫星发射中心提供了价值 200 多万元的电气产品。

20 日 德国福伊特集团旗下上海福伊特水电设备有限公司为溪洛渡电站提供的发电机转子正式进行吊装,标志着溪洛渡工程建设取得重大阶段性成果。该转子的直径 13.734m,高度约 4m,重量 1 380t,是溪洛渡发电机整体起吊最重的部件,也是国内外规模最大、制造难度最高的发电机设备。

7 月

1 日 我国《铅蓄电池行业准入条件》正式实施。

★ 我国开征废弃电器电子产品处理基金,这是国家为促进废弃电器电子产品回收处理而设立的政府性基金。《废弃电器电子产品处理基金征收使用管理办法》中指出,缴纳该基金的对象为电器电子产品生产者、进口电器电子产品的收货人或者其代理人,其中电器电子产品生产者包括自主品牌生产企业和代工生产企业。基金将分别按照电器电子产品生产者销售产品数量、进口电器电子产品的收货人或者其代理人进口的电器电子产品数量定额征收。

4 日 中国能源建设集团有限公司承建的三峡地下电站 27 号机组发电,标志着总装机 34 台、2 250 万 kW 的世界最大水电站——三峡电站全部机组投产,中国能源建设集团有限公司完成 65%以上的工程量。

13 日 我国著名水利水电工程专家、国家电网公司高级顾问、中国工程院原副院长、中国科学院和中国工程院两院资深院士、中国水力发电工程学会名誉理事长潘家铮,因病在北京逝世,享年 85 岁。潘家铮院士先后参加和主持过黄坛口、新安江、磨房沟等大中型水电站的设计工作,指导了龙羊峡、三峡等大型水电工程的设计工作。

27 日 保定天威保变电气股份有限公司为神华神东电力公司店塔电厂承制的世界首台电压等级最高的 750MV·A/750kV 现场组装主变压器顺利通过出厂验收,成功发运。变压器设计成厂内分解、解体运输、现场搭建厂房、现场组装的结构,将变压器的主要部件合理地分解为几个运输单元,每个单元的运输重量只有三相一体变压器运输重量的 15%以下,从而大大降低了运输重量,减小了外形尺寸,所需安装面积为 3 个单相变压器的 50%以下。该产品的研制成功,打破了外资企业长期对我国大容量现场组装式变压器的技术垄断,是我国超高压、大容量现场组装式变压器真正实现国产自主化战略的一次重大突破,提升了我国变压器行业自主创新能力和民族重大装备业的制造水平。

8 月

6 日 国家能源局正式发布《可再生能源发展"十二五"规划》。根据《规划》,"十二五"时期可再生能源发展的总体目标是:到 2015 年,可再生能源年利用量达到 4.78 亿 t 标准煤,其中商品化年利用量达到 4 亿 t 标准煤,在能源消费中的比重达到 9.5%以上。2015 年各类可再生能源的发展指标是:水电装机容量 2.9 亿 kW,累计并网运行风电 1 亿 kW,太阳能发电2 100 万 kW,太阳能热利用累计集热面积 4 亿 m^2,生物质能利用量 5 000 万 t 标准煤。

8 日 由上海电力修造总厂有限公司自主研发并拥有自主知识产权的国内首台 1 000MW 机组超超临界锅炉给水泵出厂交付使用。该产品入口流量 1 800t/h、出口流量 1 700t/h、入口压力 1.5MPa、出口压力 35MPa、扬程 5 200m、功率 21 276kW、转速 5 700 r/min、效率 86%,技术指标达到世界先进水平,不仅填补了该型给水泵国产化设备的空白,也打破了外商长期对同类产品的市场和技术垄断。

9 月

1 日 GB 18613—2012《中小型三相异步电动机能效限定值及能效等级》国家能效标准实施。国家将依据新版电动机能效标准开展电动机能效标识、节能认证和惠民工程等政策的实施。GB 18613—2012 全面提高了我国电动机的能效指标,能效 3 级、能效 2 级与国际标准 IEC 60034-30 的 IE2 和 IE3 保持一致,并率先将国际标准中的 IE4 指标作为我国的 1 级能效写入国家标准中,将促进我国电动机能效值达到欧洲水平。新标准实施后,原标准 3 级水平的电动机将成为淘汰产品,将被禁止生产、进口销售。

10 日 国务院正式发布了由工业

和信息化部牵头、会同国家发展和改革委员会等 13 个部委起草的《关于促进企业技术改造和产业升级的指导意见》,对进一步推动企业技术改造工作做出重要部署。

10—14 日 中国电器工业协会在上海国际会议中心承办了 IEC TC112 国际会议,同期全国绝缘评定标委会主办了与新能源/新材料相关的绝缘评定技术发展国际论坛。此次国际会议是 IEC TC112 自成立以来首次在我国召开的国际会议,来自世界各地 10 个国家的 60 余名代表出席了会议。西门子 AG 公司副董事长 Martin Kaufhold 做了题为"调速电力驱动系统中点击绕组绝缘的电压、电气强度和可靠性"主题报告,阿尔斯通公司经理 Thomas Hillmer 做了题为"阿尔斯通大型发电机的电器绝缘系统——早期的运行经验、现状和前景"主题报告,IEC/TC112 主席 Roger Wicks 做了题为"为适应电气设备发展需求而不断变化的绝缘系统的测试方法"主题报告。

20—21 日 南京电气(集团)有限责任公司自主研发的 830(760) kN 直流盘形悬式玻璃绝缘子通过国家级技术鉴定,产品综合技术性能达到同类产品国际领先水平,填补了国内空白,其强度等级亦创同类产品世界之最。830(760) kN 直流盘形悬式玻璃绝缘子采用南京电气(集团)有限责任公司专有的直流玻璃配方和专利伞形设计,爬电距离大、重量轻、机械破坏负荷及残余强度高、分散性小,结构设计合理。鉴定委员会认为,该产品综合技术性能达到同类产品的国际领先水平,同意通过技术鉴定,可以投入生产,并建议挂网运行,积累运行经验。

26 日 由中国电器工业协会电线电缆分会、印尼线缆协会、国际铜业协会、马来西亚线缆协会、越南线缆协会以及中国台湾地区线缆协会等 6 个国家(地区)线缆行业协会联合发起的亚洲电线电缆行业合作组织(AWCCA)成立仪式在上海举行。中国电器工业协会副会长、电线电缆分会理事长、上海电缆研究所所长魏东为第一届亚洲电线电缆行业合作组织主席,印尼线缆协会为秘书长单位,国际铜业协会为副秘书长单位,秘书处设在中国电器工业协会电线电缆分会对外工作交流部。

28 日 天津电气传动设计研究所完成改制,变更登记为天津电气传动设计研究所有限公司(英文 TIANJIN DESIGN & RESEARCH INSTITUTE OF ELECTRIC DRIVE CO., LTD.,简称 TRIED)。仲明振任董事长;章晓斌任总经理,林立功、刘国林、王建峰任副总经理;于淑华任监事会主席。

10 月

8 日 哈电集团哈尔滨汽轮机厂有限责任公司研制的代表核电领域最高水平的世界首台 AP1000 三代 125 万 kW 等级核电汽轮机最后一套低压内缸,在秦皇岛重装基地完工,启运发往三门核电站。哈尔滨汽轮机厂有限责任公司由此成为当今世界唯一拥有制造二代核电、三代核电汽轮机产品业绩并拥有二代加核电产品制造合同的企业。

18 日 由平高集团有限公司自主研发的 ZF□-1100(L)/6300-63 型气体绝缘金属封闭开关设备用断路器顺利通过国家能源局在北京组织的技术鉴定,其技术指标达到国际领先水平。该项目攻克了百万伏 63kA 灭弧室开断技术、大功率液压传动可靠性、盆式绝缘子等绝缘件浇注、关键零部件制造等多项技术难题,实现了原创性自主创新,是百分之百的国产化。该公司由此成为国内首家完成百万伏双断口断路器自主研制的开关企业。

24 日 国务院常务会议讨论并通过了《核电安全规划(2011—2020 年)》和《核电中长期发展规划(2011—2020 年)》,为未来 5~10 年中国核能的发展指明了方向,并对当前和今后一个时期的核电建设做出了"稳步有序推进、科学布局项目、提高准入门槛"的部署。其中包括新建核电机组必须符合三代安全标准;"十二五"时期只在沿海安排少数经过充分论证的核电项目厂址,不安排内陆核电项目等要求。

11 月

1 日 商务部决定对原产于欧盟的太阳能级多晶硅进行反倾销和反补贴立案调查。

5 日 我国自主制造的世界最大水轮机组——单机容量 80 万 kW 的向家坝水电站 7 号机组正式投入商业运营,标志着我国第三大水电站向家坝水电站开始投产发电。

7 日 美国贸易仲裁委员会做出了对中国光伏产品"双反"的终裁,认为中国太阳电池和组件的进口对美国的光伏产业造成"实质性的损害",开始对中国产晶体硅光伏电池及组件征收惩罚性关税:18.32%~249.96%的反倾销税以及 14.78%~15.97%的反补贴税。同一天,欧盟发布公告,启动对中国光伏反补贴调查。加之 9 月 6 日宣布的对华光伏组件、关键零部件如硅片等发起反倾销调查,欧盟对华光伏正式升级为"双反",涉案金额超过 200 亿美元,是迄今为止欧盟对华发起的最大规模贸易诉讼。

10 日 特变电工新疆新能源光伏产业循环经济建设项目 2×35 万 kW 热电联产机组工程输煤系统进入单体设备试运行阶段。该输煤系统由 11 套履带式输送机组成,总长 1 074.739m,每小时输煤量达到 1 200t。该项目是国家重大科技支撑计划项目实验机组项目,工程总投资 29 亿元,设计年发电量 44 亿 kW·h、供热 840 万 GW。

12 日 我国首个"绿色煤电"项目——华能(天津)1×25 万 kW 整体煤气化—燃气—蒸汽联合循环(IGCC)示范工程正式移交生产,为探索煤电站污染物、CO_2 近零排放奠定了基础。

20 日 由特变电工沈阳变压器集团有限公司自主研发生产的 ±186kV 干式直流套管已在高岭背靠背扩建工程上安全运行一个月,标志着该套管正式实现挂网运行。该套管是国内首支用于直流输变电工程的国产干式直流套管，一举打破了国外技术垄断和高昂价格的制约，为推动我国重大电力装备国产化进程、解决“空心化”问题作出了积极贡献。

23日 中国机械工业联合会批准的第四批机械工业工程（技术）研究中心和重点（工程）实验室建设方案中，明确机械工业玻璃绝缘子工程技术中心在南京电气（集团）有限责任公司立项建设。机械工业玻璃绝缘子工程技术中心代表了国内玻璃绝缘子研究开发的主要方向，工程化的主要工作是研发和生产面向高压输变电系统用户的钢化玻璃绝缘子产品开发和关键技术研究。玻璃绝缘子工程技术中心项目建设期两年，自2012年9月至2014年9月。

12月

8日 2012年度美国机械工程师学会理事长奖颁奖仪式在北京举行，原中国机械工业部副部长陆燕荪获得该奖项。美国机械工程师学会理事长奖是美国机械工程师学会（ASME）为表彰为机械工程学科和机械工业发展作出杰出贡献的个人和机构设立的最高荣誉奖项，每年颁发1～2位个人或机构，陆燕荪是获得该项荣誉的第一位外籍人士。

★ 我国首台适用于风速低于7m/s的低风速风力发电机在中国南车株洲电机有限公司成功下线。这一大功率风力发电装备的问世，将“激活”我国中部和东南部风能资源，有望解决长期困扰我国风力发电产业的“并网难”“输送难”等关键瓶颈问题。

10日 国内首台压力等级最高、直径最大、壁厚最厚、吨位最大的德士古式气化炉在哈尔滨锅炉厂有限责任公司生产成功。该气化炉筒身壁厚达160mm，总长22.17m、宽5.695m、高4.82m，重达404t。

12日 世界输送容量最大（720万kW）、送电距离最长（2 059km）、电压等级最高的锦屏—苏南±800kV特高压直流输电工程投运。

18日 美国商务部做出反倾销和反补贴终裁：认定中国输美应用级风塔企业的反倾销税率为44.99%～70.63%，反补贴税率为21.86%～34.81%。

19日 国务院召开常务会议，提出要“着力推进分布式光伏发电，鼓励单位、社区和家庭安装、使用光伏发电系统”。

30日 拥有世界最大、最长引水隧洞的雅砻江锦屏二级水电站的首台60万kW机组正式投产发电。锦屏二级水电站工程总投资预计410亿元左右，计划装机60万kW机组8台，总装机480万kW，年平均发电量242.3亿kW·h。该水电站计划于2015年竣工。

30 感恩

热烈祝贺中国机械工业年鉴系列

出版三十周年（1984–2013）